ヘーゲルハンドブック

W. イェシュケ

ヘーゲル ハンドブック

——生涯・作品・学派——

神山伸弘・久保陽一・座小田豊
島崎　隆・高山　守・山口誠一　監訳

知泉書館

Hegel-Handbuch

Leben - Werk - Schule

(ISBN: 978-3-476-01705-5)

by

Walter Jaeschke

J.B. Metzlersche Verlagsbuchhandlung
und Carl Ernst Poeschel Verlag GmbH Stuttgart, Germany
Copyright ©2003

Japanese translation rights arranged with
J.B. Metzlersche Verlagsbuchhandlung
und Carl Ernst Poeschel Verlag GmbH Stuttgart, Germany,
through Japan UNI Agency, Inc., Tokyo

凡　例

　ヘーゲルへの手引き書というものは，ヘーゲル自身が公刊した比較的少数の主要な著作の叙述に限られることはできない。それは彼の著作のすべてを含まなければならない，──実際「小さなテクスト」といえども，およそ消滅してしまうべきでない限り，不釣合いかもしれないが，注意が注がれるべきである。またヘーゲルの講義，つまりヘーゲルが自分の哲学を体系的な主要な著書とは別に大学の講義で述べたような部分も，彼の哲学が及ぼした影響において決定的な役割を果したのだから，それも包括的に顧慮しなければならない。

　彼の著書のすべての部分にとって，とりわけ後に編者が公刊したものにとって，編集の質は決定的に重要である。ヘーゲルの著作は，現在の編集作業の状態が許す限りにおいて，歴史的批判的全集版から，すなわち『ヘーゲル全集（アカデミー版）』（ハンブルク，1968年以後，略記：GW）から引用される。ヘーゲルの講義は可能な限り『ヘーゲル講義選集──草稿および聴講者ノート』（ハンブルク，1983年以後，略記：V）から引用されるが，これはもっか『ヘーゲル全集（アカデミー版）』の枠内の「講義集」の新たな版を準備するものでもある。これらより以前に，しばしば疑念の余地がある条件のもとで企てられ，今日の学問的要求の水準からすると不十分である諸版は，これら二つの批判的な著作集においてまだ扱うことができないような例外的なテクストの場合においてのみ，用いられる。

　本書のそれぞれの項目の最後の箇所に挙げられた文献リストはかなり長いものだが，しかしそこに挙げられていない文献も含む，想像可能なリストの方がもっと長いものになるだろう。その点は，確かに，文献の完全な列挙をめざす書誌学の方が，本書よりも一層包括的であるという研究史的な状況からして，やむを得ないところである。文献を引用するさいの選択の基準は，それらが現在の研究にとってもっている意味であり，この選択は研究史的な記録として役立つものではない。最近の研究によって乗り越えられてしまった仕事は，たとえそれが当時は非常に貢献したものであったとしても，本書で言及されることはない。文献に関する解説は「小さなテクスト」の場合比較的詳しいが，大きな著作の場合は制限されている。というのも，大きな著作に対しては，いずれにせよ，最近の諸版において包括的な文献解説もしくは当該の著作の書誌学的情報があるからである。二度以上にわたって引用される文献は初出の場合に詳しい表題で引用され，その後は略称と出版年でもって引用される（同じ年に出版された諸著作の場合は，それぞれにさらに文字記号が加えられる），また〔巻末の〕文献索引においても詳しく示される。

略 記 一 覧

AA　アカデミー版全集：
　　　『カント全集』，プロイセン・アカデミー編，ベルリン　1902年以後。
　　　『シェリング全集（歴史的批判版）』，バイエルンアカデミー・シェリング委員会による委託，ハンス・ミヒャエル・バウムガルトナー／ヴィルヘルム・G・ヤコブス／ヘルマン・クリングス／ヘルマン・ツェルトナー／ヨルク・ヤンツェン編，シュトゥットガルト・バード・カンシュタット　1976年以後。

ADB　『一般ドイツ人伝記集』，ベルリン　1877年以後。

B　カント『純粋理性批判』第二版，リガ　1787年。

Br　『ヘーゲル往復書簡集』，第Ⅰ巻—第Ⅲ巻，ヨハネス・ホフマイスター編，ハンブルク　1956年（初版），1969年（第三版）：第Ⅳ巻第1部，第Ⅳ巻第2部，フリードリッヒ・ニコリン編，ハンブルク　1977年，1981年。

BSchr　ヘーゲル『ベルリン著作集（1818年-1831年）――ハイデルベルク著作集（1816年-1818年）の先行のもとで』，ヴァルター・イェシュケ編，ハンブルク　1997年。

GA　『フィヒテ全集』，ラインハルト・ラウトなど編，シュトゥットガルト・バード・カンシュタット　1962年以後。

GW　『ヘーゲル全集（アカデミー版）』，ドイツ学術協会との共同，ノルトライン・ヴェストファーレン（1968年-1995年，ライン・ヴェストファーレン）アカデミー編，ハンブルク　1968年以後。

HBZ　『ヘーゲルの同時代人報告集』，ギュンター・ニコリン編，ハンブルク　1970年。

HJb　『ヘーゲル年報』［Hegel-Jahrbuch］，ヴィルヘルム・ライムント・バイヤーの創設，アンドレアス・アルント／カロル・バール／ヘニング・オットマン編，1993/94年の『ヘーゲル年報』以後，ベルリン。

HS　『ヘーゲル研究』［Hegel-Studien］，フリードヘルム・ニコリン／オットー・ペゲラー編（第1巻-第35巻），ヴァルター・イェシュケ／ルートヴィッヒ・ジープ編（第36巻以後），ボン　1961年-1997年，ハンブルク　1998年以後。

HSB　『ヘーゲル研究，別冊』［Hegel-Studien Beihefte］，フリードヘルム・ニコリン／オットー・ペゲラー編（第1巻-第46巻），ヴァルター・イェシュケ／ルートヴィッヒ・ジープ編（第47巻以後），ボン　1963年-1999年，ハンブルク　2000年以後。

Ig　ヘーゲル『法哲学講義』6巻本，カール・ハインツ・イルティング編／注釈，シュトゥットガルト・バード・カンシュタット　第1巻：1973年，第2巻-第4巻：1974年（続巻はもはや刊行されない）。

Jb　年報

Jbb　諸年報

JWA　『ヤコービ全集』，クラウス・ハマヒャー／ヴァルター・イェシュケ編，ハンブルク／シュトゥットガルト・バード・カンシュタット　1998年以後。

KFSA　『フリードリッヒ・シュレーゲル全集（批判版）』，エルンスト・ベーラー編（協力者：ジャン・ジャック・アンシュテット／ハンス・アイヒナー），パダーボーンなど　1958年以後。

LM　『レッシング全集』，カール・ラッハマン／フランツ・ムンカー編，シュトゥットガルト

	1886年-1924年（新刷，ベルリン　1979年）。
MEW	『マルクス・エンゲルス全集』，ドイツ社会主義統一党中央委員会マルクス・レーニン主義研究所編，ベルリン　1956年以後。
N	『ヘーゲル青年期神学論集』，ヘルマン・ノール編，テュービンゲン　1907年（新刷，フランクフルト a. M　1966年）。
PhJb	『哲学年報』，ゲレス協会による委託編集，フライブルク／ミュンヘン。
PLS	『哲学的―文学的な諸論争』二部構成四巻本，ヴァルター・イェシュケ編，ハンブルク　1990年-1995年。分冊刊行：第一巻「美学の基礎をめぐる論争（1795年-1805年）」，第二巻「第一哲学の形態をめぐる論争」，第三巻「神的なものをめぐる論争」，第四巻「ロマン主義をめぐる論争」，ハンブルク　1999年。
R	カール・ローゼンクランツ『ヘーゲルの生涯』，ベルリン　1844年。
StA	『ヘルダーリン全集（シュトゥットガルト版）』，フリードリッヒ・バイスナー／アドルフ・ベック編，シュトゥットガルト　1943年-1985年。
SW	『シェリング全集』，カール・フリードリッヒ・アウグスト・シェリング編，シュトゥットガルト／アウグスブルク　1856年-1861年。
V	『ヘーゲル講義選集――草稿および講義ノート』，ハンブルク　1983年以後。
W	『ヘーゲル全集』，故人の友人の会編，ベルリン　1832年-1845年。
WA	『ゲーテ全集（ワイマール版）』，ザクセン大公后ゾフィーの委託による編集，ワイマール　1887年-1919年。
ZphF	『哲学研究雑誌』，フランクフルト a. M.

日本語版読者へのご挨拶

　19世紀と20世紀の多くの哲学者のうちで，ニーチェを除けば，恐らくヘーゲルほど，現代の哲学者と見なされるにふさわしい者はいないだろう。ヘーゲルにおいて「現代的」な考え方として挙げられるものは，彼が形而上学を批判し，形而上学を論理学によって置き換えたことである。彼の「自然哲学」という構想でさえも，それを正しく理解しさえすれば，いっさいの型通りの非難にも拘わらず，「現代的」である。それに劣らず「現代的」なのは，彼の人間学や法と国家の理解，また彼の歴史の思想や芸術や宗教の哲学である。最後に，哲学史を思想そのものの発展と見なす彼の考え方も，「現代的」である。これらすべての領域において，ヘーゲル哲学は現代思想の一つの重要な基準点をなしている。というのは彼の哲学は現実を認識しただけでなく，同時に現実を形成しもし，そしてこの現実はそれ自身再び彼の思想に連れ戻されることによって理解されるにちがいないからである。それゆえ，ヘーゲル哲学は私たち現代人にとって，他の多くの著作のように，しかも時代的な意味で近代の著作のように，歴史的に隔たって存在しているのではない。私たちはヘーゲル哲学を言わば遠くから，過去の時代に属す思想の一つの形態として見るのではない。ヘーゲルはむしろ私たちの同時代人である，——私たちは彼から200年も離れているにも拘わらず，である。そしてそれゆえに，彼の哲学は，今日，他の多くの思想家の哲学と同様に，たんに解釈されているだけでなく，彼の哲学との闘いが行われてもいる。——しかも，「との」という言葉の二重の意味において。すなわち，彼の哲学は現代の思想的な取り組みにおいて，一方では同志として，他方では敵対者としての役割を果たしているのである。

　しかし以上は真理の「半分」でしかない。他の半分は，私たちの今日の思想が或る裂け目によってヘーゲルの時代の思想から切り離されているということである。疑いもなく，彼の同時代人も彼の思想に難なく接近したわけではない——その点は，ヘーゲルの時代やそれ以前の時代の他の偉大な思想家の場合とも異ならない。しかしそのような理解の困難だけが問題なのではない。問題はもっと根深いところにある。今日の私たちの「現代的」な哲学のやり方がヘーゲルの時代からかけ離れてしまっているのである。それは，ヘーゲルの時代を歴史化することによってだけではなく，19世紀半ば以来，いわゆる「ドイツ観念論の崩壊」以来，「現代的」思想が得意がっている実証主義的な簡略化によっても，そうである。ハイデッガーの『形而上学入門』の適切な言明によると，この「ドイツ観念論の崩壊」という言い方は，「すでに始まっている精神欠乏の状態，精神的な力の消滅，根本を問う一切の根源的な問いの拒絶，またそのようなものに依拠することによって，自分の身を隠し守る，言わば

防盾のようなものである。というのはドイツ観念論が崩壊したのではなく，時代がもはや，かの精神的世界の偉大さ，広さ，根源性に太刀打ちできるほど十分に強くなくなったからである」。同様な考え方が同様な重みをもってアドルノにおいても語られている。それゆえ，ヘーゲル哲学を知ることは，現代を把握するのに適しているだけではない。それは，現代の時代精神の特徴をなすところの，多くの独断的な簡略化と硬直化について理解するのにも適している。思考をすべて経験科学に限定するという「現代的」なやり方にとっては，実際，「精神」について語ることのみならず，すでに「理性」について語ることでさえも，古臭くて見込みがない，理論的な無能力の現れと見なされ，また「効用」と「機能」への現代的関心にとってたんに障害となるだけの，すでに克服された観念への固執と見なされる。けれども，まさにそのような今日普及した考え方に鑑みて，ヘーゲル哲学に立ち返ることは，現代的な思考の簡略化と限定化を矯正するという重要な課題を担うことになる。

けれども，この課題を見てとることができるためには，さしあたり，ヘーゲル哲学について基本的な理解が必要である。しかしそのような理解を困難にするものがある。それは，私たちをヘーゲルから分け隔てる上述の裂け目だけではなく，彼の著作の思想的な広さと深さも，そうである。たしかにそれに対して，熱心なヘーゲル研究が取り組んできてはいる。けれども，この研究は近年非常に増大し，その結果，この研究それ自身が研究の対象となっており，それがヘーゲルの著作への接近を容易にする反面，困難にしてもいる。このような状況から，『ヘーゲルハンドブック』によって，ヘーゲルの著作の発展史の概観，および，ヘーゲルがその著作において提示し，解決を見出そうとしている体系的な諸問題の概観を与えるとともに，それらを最近の研究の概観とも結び付ける，という構想が生じてきた。

それゆえ，私にとっては，『ヘーゲルハンドブック』のドイツ語版がドイツにおいてだけでなく，今やすでに伝統的にヘーゲル哲学への強い関心が存在している国，日本においても多くの読者を見出したことは，大きな喜びである。そして私にとって特に非常に喜ばしいことは，久保陽一氏が神山伸弘氏，座小田豊氏，島崎隆氏，高山守氏，山口誠一氏とともに，『ヘーゲルハンドブック』を有益なものと見なし，それを日本語に翻訳するという多大な労苦を引き受けて下さったことである。一つの短い論文を翻訳することでさえいかに困難であるかということを知る者ならば，このように大部な本を翻訳することが，いかに多くの労苦を伴うことか，いかに困難なものにちがいないかを，推測することができよう。それゆえ，私は，この翻訳に関与していただいたすべての訳者が，日本のヘーゲル研究の関心のためにこの労苦を引き受けてくださったことに対して，心から感謝申し上げたい。そして，私は，ドイツ語版がドイツで多くの読者を見出したのと同様に，日本語版『ヘーゲルハンドブック』も日本で多くの読者を見出すことを，願っている。

ベルリン，2010年秋

ヴァルター・イェシュケ

序　言

　ヘーゲルは，若きマルクスにとっては「現代の世界的哲学者」であり，19世紀末においてもヘーゲルの最後の弟子のカール・ルートヴィッヒ・ミシュレにとって「文句なしの世界的哲学者」であった。すでにヘーゲルの同時代人は彼を「ドイツのアリストテレス」とか「ドイツのプロクロス」と呼んでおり，20世紀にはカール・バルトが，何故にヘーゲルはプロテスタンテイズムにとって，ローマ教会にとってのトマス・アクィナスのような存在にならなかったのかという問いを，――いささか修辞的な問いとはいえ，――立てている。しかし，他方では，ショーペンハウアーにとってヘーゲルはたんなる「ペテン師」であり，――そしてそれ以外にも多くのもっと酷い見方がある。フリードリッヒ・シュレーゲルはヘーゲルを，フィヒテを去勢し猿真似した者と見なし，ヘーゲルのうちに「一切の神的なものに対する鈍感」を見ている。シェリングも動物の国に手がかりを求めて，こう述べている。ヘーゲルはまったく散文的で「否定する精神」のために「猿の仲間」に落ち込んでしまったが，しかしこの精神は「否定を頑固に主張して，面白がっている」。ヘーゲル没後25年にルドルフ・ハイムはベルリンのヘーゲルを，満腹して自己満足した傲慢な実力者という像で描いた。「有力者の贔屓を受け，自分の仕事の成果と名声にどっぷりと浸かり，ドイツの哲学的独裁者として，自らの努力の頂点に達したと見ていた」。そしてヘーゲルの哲学的原理をプロイセン国家と結びつけることができないことがすでに明らかにされてしまった後で，彼は今や，かつて彼に対する任命文書で出された「プロイセンの国家哲学者」という称号を，受け取るようになる。それどころか，20世紀になると，彼は，ルターからヘーゲルを介してヒットラーに至るというドイツ精神の不幸な歴史において，媒介者的な役を果たした支柱，というように類型化されるようになる。

　ここに挙げた評言はごく控えめなものである，――二世紀にわたって生じてきた評言の数々，とりわけ悪臭のするものどもに照らしてみると，ごく僅かなものである。それにもかかわらず，これらの言葉はすでに，ヘーゲルの著作をめぐって展開されてきた，また展開されている論争について，一つの印象を与えてくれる。それは政治的動機や宗教的な動機からヘーゲルと取り組むというやり方だが，それは今日でもなお健在である。もちろんそれらの政治的動機や宗教的動機はもはや正面には出てこず，少なくとも学問的な議論の正面には出てこない。学問的な議論は今日ではもはや彼の人物をめぐってではなく，彼の哲学をめぐって展開されている。しかしまたそれらの議論はしばしば，――「事柄」すなわち「概念」に方向づけられて，――彼の政治的態度や宗教的態度をめぐるかつての思想的政治的な対立や

論争へと横滑りしていく。それらのかつての思想的政治的な対立や論争は今日でも無視されておらず，少なくともまだ無視されていないように思われる。そしてこのことが，ヘーゲルに対する取り組みに或る活気と現代的意義を与えている。それは，現代の私たちに時代的に近い他の思想家の場合とは比べものにならない。哲学のすべての「古典的な」著作と同様に，ヘーゲルの著作も完全な歴史化，すなわち哲学史のうちに埋没させられることに抵抗する，――さらに言えば，彼の著作は二世紀という時間的な隔たりにも拘わらず，多くの点で現代の論議にも関わるものとして存在している。それは政治や歴史，芸術や宗教，自然の哲学や精神の哲学，――とりわけ形而上学をめぐる現代の論議においてそうである。というのはヘーゲルの著作の精神は「形而上学の終焉」とか「ポスト形而上学の時代」という宣言によっても追放されず，――とりわけ，それらがあると推断されている場所に，収まっていないからである。

　またヘーゲルの思想は今日しばしば「ヨーロッパ中心主義」と非難されているが，――これは19世紀始めの思想家に対する時代錯誤の非難であるだけでなく，およそ当てはまってさえもいない！――彼の思想の影響はすでに以前からヨーロッパに限られなくなっている。その影響は彼の著作の読解に依存するけれども，ヨーロッパのみならず，アジアならびに北アメリカや南アメリカにも及んでいる。彼の著作の影響は地域にも宗教にも縛られず，また特殊な社会体制の支配というような前提にも縛られていない。

　このような世界的なヘーゲルとの結びつき，――および反発，――において，つねに同じテーマが前面に出てきたわけではない。時代や場所，また世論の状況が変わるにつれ，彼に対する関心は彼の著作のそのつど異なる部分に向けられてきた。その関心はヘーゲルの包括的な認識要求，すなわち，「世界の根本を包括しているもの」を認識すべしという要求に答えるものである――ただしもちろんファウストにおけるように魔術という形式においてではなく，ヘーゲルが簡略にまた暗示的に語っているように，概念的に把握する思考，「概念」という形式においてであるが。また彼は実際たんなる認識への要求にとどまるのではなく，私たちがその認識を簡単に引き受けられないような場合でさえも，――そういう場合がいかなるものであろうとも，――なお生産的に示されるような多くの認識および認識への道を申し出ている。

　しかしながら，まさに彼の著作のこの広大さ，著作の側面の多様性は，至る所で知られているその理解の極度の困難さと結びついて，今日，専門の哲学者のみならず「ヘーゲル研究者」でさえ，この著作を全体として見渡すこと，――さらに，その詳細な発展史また体系における基礎とその展開を見通すことを，困難にしている。この手引書はこの困難を取り除くためのものである。本書はヘーゲルの生涯の簡単な叙述から始める（第Ⅰ部）。「作品」に向けられた本書の主要部分はさらに二つに分けられる。一方は，ヘーゲルの草稿および公刊された作品を最初の記録から最後の刊行物に至るまで発展史的に叙述する（第Ⅱ部，第１章―第８章）。他方は，後期の「体系」の叙述であるが，ただしこの体系をヘーゲルはたしかにけ

っして完遂はせず,『大論理学』第一巻を除いては, ただ講義において素描し, 予感したにすぎなかった (第Ⅱ部, 第9章)。最後に彼の哲学の影響史に一瞥を与える (第Ⅲ部)。けれどもこの影響の広大さまた持続性のゆえに, 影響の最初の決定的な局面に限らざるをえない。この局面は同時にこの哲学の伝承形態になお相当な影響を与えたもの——すなわち, ヘーゲルの晩年におけるとりわけ「学派」内の争いの局面である。しかしこの争いはたんに「学派」内の争いとして理解されるだけではなく,「3月前期〔1815年―1848年3月革命〕」の抑圧的な雰囲気における精神的な状況のもとでの「学派」の論争の過程としてのみ理解される。ヘーゲルの著作はこのような歴史的連関において初めて, その後の影響史の根底にもあるような形態を獲得する。それと同時に当時彼の著作の理解の幾つかの基本線が引かれたが, それらによって彼の著作の受容が現代に至るまで導かれている。

　ボーフム, ベルリン2003年春

W. イェシュケ

目　次

凡　例……………………………………… v
日本語版読者へのご挨拶……………… ix
序　言……………………………………… xi

I　生　涯

0　シュトゥットガルト（1770-88年）……… 5
1　テュービンゲン（1788-93年）…………… 9
2　ベルン（1793-96年）……………………… 19
3　フランクフルト（1797-1800年）………… 27
4　イェーナ（1801-06年）…………………… 33
5　バンベルク（1807-08年）………………… 45
6　ニュルンベルク（1808-16年）…………… 51
7　ハイデルベルク（1816-18年）…………… 65
8　ベルリン（1818-31年）…………………… 75

II　作　品

1　テュービンゲンからベルンへの移転
　　（1793-94年）……………………………… 99
2　ベルン時代の構想（1795-96年）………… 109
3　フランクフルト時代の構想（1797-1800年）
　　……………………………………………… 123
4　イェーナ時代の著作と構想（1801-06年）
　　……………………………………………… 153
5　バンベルク時代の論考と断片（1807-08年）
　　……………………………………………… 267

6　ニュルンベルク時代の著作と構想
　　（1808-16年）……………………………… 271
7　ハイデルベルク時代の著作（1817-18年）
　　……………………………………………… 337
8　ベルリン時代の著作と構想（1821-31年）
　　……………………………………………… 361
9　ハイデルベルク時代およびベルリン時代の
　　講義（1816-31年）………………………… 415

III　学　派

1　三月革命を前にした時代の初期における
　　哲学の状況………………………………… 623
2　宗教をめぐる論争………………………… 629
3　法と国家をめぐる論争…………………… 651
4　形而上学をめぐる論争…………………… 657

訳者あとがき………………………………… 665
年　表………………………………………… 668
文献案内……………………………………… 671
著作一覧……………………………………… 678
人名索引……………………………………… 695
地名索引……………………………………… 704
事項索引……………………………………… 707
訳者一覧……………………………………… 726

細目次

凡　例	v
日本語版読者へのご挨拶	ix
序　言	xi

I　生　涯

0　シュトゥットガルト（1770-88年） … 5

1　テュービンゲン（1788-93年） … 9
1.1. テュービンゲン大学と「神学寮」への入学　9
1.2. 哲学の研究　10
1.3. 神学の研究　12
1.4. テュービンゲン神学寮における交友関係　13
1.5. ベルンへの移住　17

2　ベルン（1793-96年） … 19
2.1. 政治情勢　19
2.2. シュタイガー家での家庭教師　20
2.3. ヘルダーリン，シェリングとの往復書簡　21
2.4. フランクフルトへの移動　23

3　フランクフルト（1797-1800年） … 27
3.1. 家庭教師生活と交際　27
3.2. 「精神の同盟」　28
3.3. 執筆計画　30
3.4. イェーナへの移動　31

4　イェーナ（1801-06年） … 33
4.1. ヘーゲルとシェリング　33
4.2. 教授資格取得　34
4.3. 教育活動　35
4.4. 交際関係　36
4.5. 哲学の員外教授職　37
4.6. イェーナ時代の終わり　40
4.7. バンベルクへの移転　42

5　バンベルク（1807-08年） … 45
5.1. バンベルク新聞　45
5.2. さらなる計画　45
5.3. 交際関係　46
5.4. 政治的検閲　46
5.5. 新聞のくびきからの解放　47

6　ニュルンベルク（1808-16年） … 51
6.1. 教授兼校長としてのヘーゲル　51
6.2. 結婚，交際関係　53
6.3. 政　治　58
6.4. 校務のむなしさからの解放　60

7　ハイデルベルク（1816-18年） … 65
7.1. 教育活動　65
7.2. ハイデルベルク文芸年報　66
7.3. 家庭生活　68
7.4. 同僚仲間　69
7.5. ベルリンへの招聘　71

8　ベルリン（1818-31年） … 75
8.1. 政治状況　75
8.2. 教員活動　79
8.3. 交際関係　80
8.4. 科学学士院　82
8.5. 学的批判年報　82
8.6. 哲学的な敵対者　84
8.7. 芸術と芸術旅行　86
8.8. 宗教論争　90
8.9. ヘーゲルの晩年　91

II 作品

1 テュービンゲンからベルンへの移転（1793-94年） 99
1.1. 民族宗教とキリスト教 100
1.2. 執筆の第一局面 101
1.3. 執筆の第二局面 104

2 ベルン時代の構想（1795-96年） 109
2.1. イエスの生涯（1795年） 109
2.2. 心理学と超越論哲学に関する草稿（1795/96年） 111
2.3. キリスト教の実定性に関する研究（1795/96年） 113
2.4. 国権（Staatsrecht）と教会法（Kirchenrecht） 117
2.5. アルプス徒歩旅行記（1796年） 118
2.6. 「エレウシス」ヘルダーリンに宛てて（1796年8月） 120

3 フランクフルト時代の構想（1797-1800年） 123
3.1. ドイツ観念論最古の体系プログラム 123
3.2. ヴァート地方（ヴォー地方）のベルン市に対するかつての国法上の関係についての親書 128
3.3. 第一のヴュルテンベルク草稿 130
3.4. 「キリスト教の精神」と関連断片（1797-99年） 133
3.5. 二つの体系断片 141
3.6. 実定性論文の改稿 145
3.7. 弁証法と体系的根本思想の成立 148

4 イェーナ時代の著作と構想（1801-06年） 153
4.1. ドイツ国制批判の諸断片（1799-1803年） 153
4.2. 惑星軌道論 160
4.3. フィヒテの哲学体系とシェリングの哲学体系の差異 163
4.3.1. 成立状況について 163
4.3.2. 絶対者と体系 164
4.3.3. フィヒテの体系の叙述 171
4.3.4. シェリングの哲学原理と哲学体系 174
4.3.5. ラインホルト哲学の批判 178
4.3.6. 哲学史上の意義 180
4.4. エアランゲン文芸新聞所収の書評 182
4.5. 『哲学批判雑誌』の諸論文 185
4.5.1. 『哲学批判雑誌』の編集について 185
4.5.2. 緒論：哲学的批判一般の本質について，とりわけ哲学的批判と哲学の現状との関係について 186
4.5.3. 常識は哲学をどのように理解しているのか 188
4.5.4. 懐疑主義の哲学との関係 190
4.5.5. 信仰と知 194
4.5.6. 自然法の学的取り扱いについて 203
4.6. 体系構想（1801-06） 209
4.6.1. 講義草稿からの断片（1801/02） 209
4.6.2. 人倫の体系 211
4.6.3. 自然法に関する講義 214
4.6.4. 講義草稿（1803）からの諸断片 217
4.6.5. 体系構想 I（1803/04） 220
4.6.6. 体系構想 II（1804/05） 225
4.6.7. 体系構想 III（1805/06） 231
4.7. 精神現象学 238
4.7.1 著作の歩みと体系的機能 239
4.7.2 体系への序文 244
4.7.3 緒論 248
4.7.4 現象する精神の諸形式と諸形態 250
4.7.5. 精神と歴史 263
4.8. 二次的伝承，疑わしいもの，散逸したもの 264
4.8.1. イェーナ時代の雑記帳（1803-06） 264
4.8.2. 「三角形の三角形についての断片」 265
4.8.3. 三角形からのスケッチ 265

5 バンベルク時代の論考と断片（1807-08年） 267
5.1. 抽象的に考えるのは誰か 267
5.2. 論理学の二つの断片 269

6 ニュルンベルク時代の著作と構想（1808-16年） 271

6.1. ギムナジウムの教育課程 271	8.4. 主観的精神の哲学への断片 373
6.1.1. 原資料，教育科目，方法 271	8.5. 見ることと色彩について 375
6.1.2. 論理学 274	8.6. 改宗者たちについて 377
6.1.3. 自然哲学 278	8.7. 学的批判年報掲載書評 378
6.1.4. 精神論 279	8.7.1. 『文芸批判雑誌』から『学的批判年報』へ 378
6.1.5. 法論，義務論，および宗教論 285	8.7.2. フンボルト論評 381
6.1.6. 宗教論 289	8.7.3. ゾルガー書評 384
6.1.7. 哲学的エンツュクロペディー 291	8.7.4. ハーマン書評 388
6.2. 論理の学 294	8.7.5. ゲッシェル書評 392
6.2.1. 論理の体系―論理の学 294	8.7.6. 答　弁 396
6.2.2. 論理学としての形而上学 295	8.7.7. オーレルト書評 399
6.2.3. 形而上学としての論理学 299	8.7.8 ゲレス書評 401
6.2.4. 方　法 300	8.8. アウグスブルク信仰告白祝三百年祭演説 404
6.2.5. 存　在　論 308	8.9. イギリス選挙法改正法案について 407
6.2.6. 本　質　論 313	8.9.1. 成立の歴史的諸関連 407
6.2.7. 概　念　論 320	8.9.2. 情勢と解決の分析 409
6.2.8. 実在哲学への移行 332	
7　ハイデルベルク時代の著作（1817-18年） 337	**9　ハイデルベルク時代およびベルリン時代の講義（1816-31年） 415**
7.1. 『ハイデルベルク学芸年報』から 337	9.0. 講義の中の体系 415
7.1.1. ヤコービ書評 337	9.1. エンツュクロペディー 422
7.1.2. ヴュルテンベルク王国の領邦議会における諸討論 341	9.2. 論理学と形而上学 423
7.2. 哲学的諸学のエンツュクロペディー要綱 343	9.2.1. 伝承資料 423
7.2.1. 成立と役割 343	9.2.2. エンツュクロペディーの論理学（1817年）と『大論理学』（1812-16年；1832年） 424
7.2.2. 1827年版と1830年版 345	9.3. 自然哲学 428
7.2.3. 三つの序言 346	9.3.1. 伝承資料 428
7.2.4. 序論の問題 348	9.3.2. 体系形式 430
7.2.5. 客観性に対する思想の諸立場 349	9.3.3. 自然の概念 431
7.2.6. 「絶対的精神」の構想 353	9.3.4. 自然科学と自然哲学 434
7.2.7. 哲学の三推論 354	9.3.5. 力学 437
	9.3.6. 物理学 439
8　ベルリン時代の著作と構想（1821-31年） 361	9.3.7. 有機的物理学 441
8.1. 法哲学要綱 361	9.4. 精神の哲学 445
8.1.1. 成立事情 361	9.4.1. 主観的精神の伝承資料と体系形式 445
8.1.2. 序　文 363	9.4.2. 精神の概念 449
8.1.3. 受　容 366	9.4.3. 人間学 452
8.1.4. 補　足 368	9.4.4. 精神の現象学 456
8.2. ヒンリッヒスへの序文 369	9.4.5. 心理学 459
8.3. クロイツァーのプロクロス刊行への注釈 372	

9.5. 法哲学	465		9.10. 神の現存在の証明	616
9.5.1. 伝承資料	465		9.10.1. 伝承資料	616
9.5.2. 自然法，法哲学，客観的精神の哲学	467		9.10.2. 体系における位置	617
9.5.3. 自由と必然性	470			

III 学 派

9.5.4. 客観的精神の哲学の体系形式	475
9.5.5. 抽象法	479
9.5.6. 道徳	484
9.5.7. 人倫	488
9.5.8. 国家と宗教	500
9.5.9. 対外主権と対外国法	503
9.6. 世界史の哲学	506
9.6.1. 伝承資料	506
9.6.2. 世界史と歴史性	507
9.6.3. 歴史の構成	512
9.6.4. 歴史における理性	515
9.6.5. 弁神論	520
9.6.6. 自由の意識における進歩	522
9.7. 芸術の哲学	526
9.7.1. 伝承資料	526
9.7.2. 体系形式	529
9.7.3. 精神の自己意識と美	530
9.7.4. 「芸術形式」の歴史	539
9.7.5. 諸芸術の体系	548
9.7.6. 芸術の終焉	558
9.8. 宗教哲学	564
9.8.1. 伝承資料	564
9.8.2. 体系形式	565
9.8.3. 精神の自己意識としての宗教	568
9.8.4. 宗教の概念	572
9.8.5. 規定宗教	574
9.8.6. 完成した宗教	582
9.8.7. 宗教の終焉	590
9.9. 哲学史	593
9.9.1. 伝承資料と「前史」	593
9.9.2. 哲学としての哲学史	594
9.9.3. 哲学史の発端	599
9.9.4. 予備概念，時代区分，資料	602
9.9.5. 古典古代	605
9.9.6. 中世	610
9.9.7. 近代	612

1 三月革命を前にした時代の初期における哲学の状況	**623**
1.1. 時代意識	623
1.2. 影響作用史の基礎としての『友人の会版著作集』	624
1.3. 体系の拡張改装	626
2 宗教をめぐる論争	**629**
2.1. キリスト教哲学と理性哲学との対立	629
2.2. 神の人格性と霊魂の不滅性	633
2.3. 理念の優位か歴史の優位か	639
2.4. 学派の分裂	642
2.5. 宗教哲学をめぐる論争の政治的な意味	643
2.6. キリスト教性と反キリスト教性	645
3 法と国家をめぐる論争	**651**
3.1. 「キリスト教国家」をめぐる闘争	651
3.2. 直接的な影響史の終わり	655
4 形而上学をめぐる論争	**657**
4.1. 宗教批判と「形而上学の終焉」	657
4.2. 「形而上学」の改造ないし限界づけ	658
4.3. 人間学と「形而上学」の対立	660
訳者あとがき	665
年　表	668
文献案内	671
著作一覧	678
人名索引	695
地名索引	704
事項索引	707
訳者一覧	726

ヘーゲルハンドブック
―― 生涯・作品・学派 ――

Ⅰ

生　涯

0

シュトゥットガルト（1770-88年）

ヘーゲルの伝記作家カール・ローゼンクランツ[1]によると，およそ哲学者の経歴は「彼の思想の歴史，彼の体系の形成の歴史」であるが，これはけだし名言である。だがこの思想の歴史は，たいていの場合，生涯の歴史に目をつぶって述べられるものではない。それゆえ，ローゼンクランツも思想の歴史を生涯の歴史と結びつけた。いずれにせよ，おそらく，ヘーゲルの場合ほど，その人生行路における諸々の滞在地が思想の諸々の滞在地と緊密に結び付けられていた哲学者は，ほとんどいないだろう。ちなみに，ディルタイはヘーゲルについて，「哲学者の内的な発展の諸局面は滞在地のその都度の転換とは一致しない」と述べた。ローゼンクランツはこのディルタイの主張をいわば先取りして，それに反駁していることになろう。ローゼンクランツは思想の歴史と生涯の歴史との比較的に広範な一致を正しくも次の点に認めている。思想と生涯がいかなる変転を辿ろうとも，そこには本来の意味において劇的な変化はない。人生行路はたしかにさまざまな精神的な変化や政治的な転機，また難局を経るものであるが，決して「運命の破局」を示すものではない。それと同様に思想の行程も一連の転換を経るにもかかわらず，総じてそこには連続性が認められる。たとえ思想の行程が最初から哲学者の道として始まるのでない場合でも，そうである。

1) カール・ローゼンクランツ（1805-1879）。ドイツの哲学者，ケーニヒスベルク大学教授。ヘーゲル中央派に属すと云われ，彼の『ヘーゲルの生涯』（1844）はヘーゲルの同時代に書かれた伝記として，今日でも充分に資料的な価値をもっている。

ヘーゲルはおそらく1776年にギムナジウムに入学し，1784年に彼の故郷の町シュトゥットガルトの「上級ギムナジウム」に進んだ。「上級ギムナジウム」では彼はすでに作文の成績では傑出していたものの，口述の報告は拙く，当時すでに何度もとがめられていた。彼の当時の関心については彼の〔読書の〕抜書きや「日記」から知られる（1785年7月から1787年1月まで，GW 1. 1-33）。日記は本来一種の「成長の記録」，彼の形成過程の案内であり，その中で彼は自分の成長過程の事細かな事実を一部はドイツ語で，一部はラテン語で書き留めている。けれどもその記述はとりたてて哲学的な関心を認めさせるものではなく，非常に広範な領域への関心を示している。確かにヘーゲルは当時すでに，ギムナジウムで支配的であった哲学を，学び始めている。ヘーゲル自身の報告によると，彼はヴォルフ派の論理学を「すでに14歳で学習し，また明晰観念（idea clara）の定義をすでに12歳で完全に修得した」（R 26）。それはおそらく，ヴォルフ派の手引書『合理的哲学の基礎ないし論理学入門——ヴュルテンベルクの公立学校で使用される教材（Elementa philosophiae rationalis sive compendium logicae. In usum publicum scholarum Wirtembergicarum adornatum）』に基づいており，その著者はおそらく1774年までギムナジウムの校長を務めていた有名なヨハン・クリストフ・クナウスであったろう（Pozzo 1989, 8-10; 1999, 16）。けれども日記の最初の記述は歴史に向けられている。1785年6月26日にヘーゲルは1530年の「アウグスブルク信仰告白（Confessio Augustana）」[1]に関する説教を聞いた後で，ルター派の信条書を書きとめ，これによって少なくとも

彼の「歴史的知識」が増やされたと述べている。翌日には、「私はシュレックの世界史〔J.M. シュレック『青年の初等教育のための世界史の教科書』〕以上に気に入ったものはない」と書いている。それによって、彼が以前から他のわれわれには知られていない「世界史」を読んでいたことが、暗示されている。同じ週の、1785年7月1日には、彼は「実際教訓的歴史 pragmatische Geschichte」の定義を記している。しかし彼は「ギリシア語とラテン語」（GW 1, 30）に、また古典時代の世界に「主な注意」をむけている。それらはこの時期に書かれた若干の課題作文の対象でもある（GW 1, 37-50）。さらに日記には数学に関する一連の記述があるが、——この関心は、ヘーゲルが「若干の幾何学と天文学」に関する個人的な補充授業を「最上級生のドッテンホーファー」から受けたことによって、強められたのかもしれない。ドッテンホーファーは彼を——他の生徒と一緒に——「測量のために、郊外に」連れ出してもいる（R 6）。同時代の政治は日記では言及されていないが、——例外として、農民の「呪われた人々」が「シャルンハウゼンにある大公の城の窓をすべて、投石によって破壊した」（GW 1, 5）ことへの注目が認められるにすぎない。最近の文学もここでは挙げられていない。ただし、わずか8歳の少年〔ヘーゲル〕が彼の「尊敬すべき教師」、ヨハン・ヤコプ・レフラー教諭からエッシェンベルク訳によるシェイクスピア著作集18巻をプレゼントとして受け取ったという事実がある。ローゼンクランツは日記を補足して、「ルソーの『告白』」からの抜粋（もはや現存しない）、クロップシュトックの頌詩の書き写し、美学に関する抜粋集」に言及している。その中には「当時のすべての人気作家」、すなわち「ラムラー、ドゥーシュ、レッシング、ヴィーラント、エンゲル、エーベルハルトなど」が出てくる。ヘーゲルはシュトゥットガルトの王立図書館でラムラー訳によるバトー[2]『美学入門』の一章を読んでいる——もっとも、「他の本が無かったので」（GW 1, 10）という理由からだが。ドイツ古典哲学の開始を告げるこの時代の哲学的著作、すなわちカントの『純粋理性批判』やヤコービの『モーゼス・メンデルスゾーン氏宛書簡におけるスピノザの教説について』の反響は、「日記」にも論文にもまったく見出

されない。むしろ、メンデルスゾーンの『パイドン』の読書が授業で取り上げられ、また彼の教師と散歩のさいにも話題となった（GW 1, 10）。またヘーゲルはメンデルスゾーンの論文「啓蒙とは何を意味するかという問いについて」（1784年9月の『ベルリン月刊雑誌』所収）から詳しく抜き書きしている。

1) 「アウグスブルク信仰告白」は、メランヒトン（1497-1560）が1530年にドイツのアウグスブルクでルター派の教義（神、原罪、キリスト、義、教会の役割、儀式、自由意志、信仰など）を箇条書きにまとめた文書。以後、ルター派の信条書となった。
2) バトー（シャルル・バトー）(1713-1778)。フランスの哲学者、美学者。様々な芸術を単一の原理に還元し、芸術は美しい自然を模倣して美しいものを産み出す技術だと規定した。

ヘーゲルの関心の主題が古典古代に傾いていたにもかかわらず、彼の現存のテキストには18世紀後半のいくぶん素っ気ない後期啓蒙主義の精神の息吹が認められる。この精神は確かにシュトゥットガルトのギムナジウムにおいてのほうが、ヘルダーリンやシェリングが通っていた領邦の修道院学校においてよりも、強く形成されていた。それはヘーゲルが公開の場で行った「ギムナジウム卒業演説」（1788年9月25日）に浸透している。この演説において彼は、「学問の普遍的で広範な効用」を、とりわけ「国家の要請に役立つ有能な人材を育成する」（GW 1, 49）点に見ている。後期啓蒙主義の精神は「日記」や論文にも認められる。論文「ギリシア人とローマ人の宗教について」（1787年8月10日）では、古代の民族宗教の信奉者が「生き生きとした想像力をもってはいるが、啓蒙に欠けた人間」（GW 1, 43）であり、いともたやすく、賢くて悪知恵のある司祭の犠牲になってしまうと見られている。しかしこの点は宗教の歴史の上で最古の時代だけの特徴なのではない。「すべての民族の賤民は神に対して感覚的で人間的な性質を帰し、恣意的な報賞と懲罰を信じこむ」のであり——そしてこのことは「ほとんどすべての時代において同じであった」（GW 1, 44）とされる。この見方は「啓蒙された」現代人における迷信にも確認されると、ヘーゲルは見ている。それは、たと

えば、「猛り狂った軍勢」〔その正体は何かガチャガチャした物音〕への迷信に見られる。ヘーゲルはそれに対してキケロとともに、「おお、何たる時代！おお、何たる道義！（o tempora! o mores !）」（GW 1, 9）と叫んでいる。

後期啓蒙主義の基本的な調子は――まだ付随的にしか伝えられていないが――、1785-1788年の抜粋集（GW 3, 1-206）にも認められる。それらはヘーゲルの形成過程に関するわれわれの知識の重要な資料ではある。しかし、彼の古典古代の文学や歴史への取り組みが十分に確証されているにもかかわらず、ここにはそれが記されていない。その限り、これは一面的な資料でしかない。抜粋集の対象はおもに哲学的－教育学的な著書、――フェーダー[1]の『新エミール』、ドゥーシュ[2]の『趣味の形成に関する手紙』、ビュンシュ[3]の『青年のための宇宙論的対話』、ツィマーマン[4]の『孤独について』、カンペ[5]の『児童心理学冊子』、ガルヴェ[6]の『能力検査試論』、ズルツァー[7]の『すべての学問の精髄』――である。フリードリッヒ・ニコライ[8]の『ドイツ・スイス旅行記』や抜書きされた定期刊行物、すなわち『ドイツ一般図書新聞』（ヘーゲルの父が予約購読していた）、『文学と学芸の新図書新聞』、『ベルリン月報』、『一般文芸新聞』も後期啓蒙主義的な傾向であった。少なくともそれらに現れた書評の中で初めてヘーゲルはカント哲学、すなわちカントの自由の概念や形而上学と宗教の関係の規定に出会った（GW 3, 189以下）。

1) フェーダー（ヨハン・ゲオルク・フェーダー）（1740-1821）。ドイツの哲学者。ゲッティンゲン大学教授。ライプニッツ＝ヴォルフ派の立場で折衷主義的態度をとったが、カントとは対決した。
2) ドゥーシュ（ヨハン・ヤコーブ・ドゥーシュ）（1725-1787）。ドイツの詩人。イギリスの詩人ポープ（1688-1744）の影響を受け、多くの教訓詩を書いた。
3) ビュンシュ（クリスティアン・エルンスト・ビュンシュ）（1744-1828）。ドイツの数学者、物理学者。彼の色彩論はゲーテに影響を与えた。
4) ツィマーマン（ヨハン・ゲオルク・ツィマーマン）（1728-1795）。スイスの医者、作家。ハノーファーの宮廷医。彼の主著『孤独について』（1784/85）は鬱病を扱い、当時のヨーロッパの教養層に知られていた。
5) カンペ（ヨアヒム・ハインリッヒ・カンペ）（1746-1818）。ドイツの作家、教育者。ルソーの『エミール』に取り組み、少女文学やドイツ語辞書も著した。
6) ガルヴェ（クリスティアン・ガルヴェ）（1742-1798）。ドイツ後期啓蒙主義の哲学者。ライプツィヒ大学教授。スコットランド啓蒙主義の影響を受け、心理学、道徳哲学、経済学などに関する多くの著作を書いたが、独自な体系はない。「通俗哲学者」と称され、カントと対立した。
7) ズルツァー（ヨハン・ゲオルク・ズルツァー）（1720-1779）。スイスの神学者、啓蒙主義の哲学者。主著『芸術の一般理論』（1771-1774）はドイツ語で最初に書かれた美学事典。哲学では「感情」を「表象」と「欲求」の中間に置き、「行為」の目的は「幸福」にあると説いた。
8) フリードリッヒ・ニコライ（1733-1811）。ドイツ啓蒙主義の作家。キリスト教を批判し、レッシングやメンデルスゾーンとも親しかった。哲学ではライプニッツ＝ヴォルフ派の合理主義に与し、カント、フィヒテと対決し、文学ではヘルダー、ゲーテ、ロマン主義と対立した。彼の『ドイツ・スイス旅行記』は地理的、経済的、政治的、文化的な考察を含み、たとえばバイエルン人の性格を「自然の素朴な子供」と評している。

テキスト：GW 1. 1-50, GW 3. 1-205.
典拠：Br IV/1. 3-17 における生涯の記録文書, Christiane Hegel, in HBZ 3f.
定期刊行物：Friedrich Nicolai (Hg.): Allgemeine deutsche Bibliothek. 1765-1796. Bde. 1-106: Berlin/Stettin, Bde. 107-118: Kiel; Allgemeine Literatur-Zeitung. Jena/Leipzig 1788, 1792, 1796; Friedrich Gedike/Johann Erich Biester (Hg.): Berlinische Monatschrift. Berlin 1784, 1787; Neue Bibliothek der schönen Wissenschaften und freyen Künste. Bd. 8. Leipzig 1769; darin: Christian Garve: Versuch über die Prüfung der Fähigkeiten.
個別文献：Johann Georg Sulzer: Kurzer Begriff aller Wissenschaften und andern Theile der Gelehrsamkeit, worin jeder nach seinem Inhalt, Nuzen und Vollkommenheit kürzlich beschrieben wird. 2. ganz veränderte und sehr vermehrte Auflage. Leipzig 1759; Johann Jakob Dusch: Briefe zur Bildung des Geschmacks. An einem jungen Herrn von Stande, T. 2. Leipzig/Breslau 1765; Charles Batteux: Einleitung in die Schönen Wissenschaften. Nach dem Französischen des Herrn Batteux, mit Zusätzen vermehrt von Karl Wilhelm Ramler, 3. und verbesserte Auflage, 4 Bde. Leipzig 1769, 新版 Wien 1770; Moses Mendelssohn: Phädon oder über die Unsterblichkeit der Seele, in drey Gesprächen, 3. und vermehrte und verbesserte Auflage. Berlin/Stettin 1769; [J. G. H. Herder]: Der neue Emil oder von der Erziehung nach bewährten Grundsätzen. Erlangen 1774; Wilhelm Shakespeare: Schauspiele. Hg. von

Joh. Joach. Eschenburg. Neue verbesserte Auflage. 22 Bde. Straßburg 1778/ Mannheim 1783; Christian Ernst Wünsch: Kosmologische Unterhaltungen für die Jugend. Bd. 2: Von den auf der Erde sich ereignenden Phänomenen. Leipzig 1779; Johann Heinrich Campe: Kleine Seelenlehre für Kinder. o. O. 1784; Johann Georg Zimmermann: Ueber die Einsamkeit. Leipzig 1784; Friedrich Nicolai: Beschreibung einer Reise nach Deutschland und die Schweiz, im Jahre 1781. Nebst Bemerkungen über Gelehrsamkeit, Industrie, Religion und Sitten. Bde. 4-5. Berlin/Stettin 1785.

参考文献：多くの個々の点では修正されるべきにせよ、ヘーゲルの伝記としてつねになお基礎的なものは、Karl Rosenkranz: G. W. F. Hegel's Leben. Berlin 1844.

近年の伝記：Jacques D'Hondt: Hegel. Biographie. Paris 1998; Terry Pinkard: Hegel. A Biography. Cambridge u. a. 2000; Hans Friedrich Fulda: Georg Wilhelm Friedrich Hegel. München 2003, 22-61, 268-301.——生き生きと書かれているが、叙述に間違いがある、Horst Althaus: Hegel und die historische Jahre der Philosophie. Eine Biographie. München/Wien 1992 は、しばしば小説めいたものに逸脱している。

シュトゥットガルトについて：R3-25; Carmelo Lacorte: Il primo Hegel. Firenze 1959; Bernhard Teyssèdre: Hegel à Stuttgart. In: Revue philosophique de la France et de l'étranger 150 (1960), 197-227; Hegel 1770-1970. Leben, Werk, Wirkung. Eine Ausstellung des Archivs der Stadt Stuttgart. Katalog von Friedhelm Nicolin. Stuttgart 1970, 9-57; Friedhelm Nicolin (Hg.): Der junge Hegel in Stuttgart. Aufsätze und Tagebuchaufzeichnungen 1785-1788. Stuttgart 1970; Hölderlin. Zum 200. Geburtstag. Eine Ausstellung des Schiller-Nationalmuseums Marbach a. N. Katalog von Werner Volke. München 1970, 11-45.; José Maria Ripalda: Poesie und Politik beim frühen Hegel. HS8 (1973), 91-118; Christoph Jamme/Otto Pöggeler (Hg.): »O Fürstin der Heimath! Glückliches Stuttgart«. Politik, Kultur und Gesellschaft im deutschen Südwesten um 1800. Stuttgart 1988; Riccardo Pozzo: Hegel: »Introductio in philosophiam«. Dagli studi ginnasiali alla prima logica (1782-1801). Firenze 1989; Volker Schäfer: Hegel im Landexamen. Eine Ergänzung. HS24 (1989), 15-20; Friedrich Nicolin: Von Stuttgart nach Berlin. Die Lebensstationen Hegels. In: Marbacher Magazin. Sonderheft 56 (1991); Gonzalo Portales: Hegels frühe Idee der Philosophie. Zum Verhältnis von Politik, Religion, Geschichte und Philosophie in seinen Manuskripten von 1785 bis 1800. Stuttgart Bad-Cannstatt 1994; Ricardo Pozzo: Zu Hegels Kantverständnis im Manuskript zur Psychologie und Tranzendentalphilosophie aus dem Jahre 1794 (GW 1, Text Nr. 27). In: Martin Bondeli/Helmut Linnenweber-Lammerskitten (Hg.): Hegels Denkentwicklung in der Berner und Frankfurter Zeit. München 1999, 15-29; Hermes Spiegel: Zur Entstehung der Hegelschen Philosophie-Frühe Motive. Die Stuttgarter Jahre 1770-1788. Frankfurt am Main 2001; Georg Wihelm Friedrich Hegel. Tagebuch aus der Schulzeit in Stuttgart (1785-1787). Kulturstiftung der Länder-Patrimonia 214. Hg. von der Kulturstiftung der Länder in Verbindung mit der Staatsbibliothek zu Berlin-Preußischer Kulturbesitz. Berlin 2002.

1

テュービンゲン（1788-93年）

1.1. テュービンゲン大学と「神学寮」への入学

ルドルフ・ハイム[1]は，ヘーゲルのテュービンゲンの学生時代に「ひそかに」ある精神的な発展が生じたことを，カール・ローゼンクランツよりも一層強調してこう述べた。「もしもわれわれが彼のその後の著作を理解しようとするならば，この点を見逃したり，過小評価したりしてはならない」(31)。その後，ヘーゲル研究はこの点でハイムに従っている。けれどもこのテュービンゲン時代からは，ヘーゲルの生活や関心に関する詳しい，あるいは少なくともたしかな知識を示してくれるような，直接的な証言はまったく伝えられていない。したがってこの時期の研究は，大学や公爵領「公費給付神学生」や「テュービンゲン神学寮」の状況に関する一般的な観察や第三者による後の報告に向けられてきた。またヘルダーリンやシェリングの神学寮での生活に関する一層詳しい報告が，若干，ヘーゲルに対する類推を許しもする。

1) ルドルフ・ハイム (1821-1901)。ドイツの哲学者。ハレ大学教授。彼の『ヘーゲルとその時代』(1857)，『ロマン主義』(1896) などは今日でも標準的な研究書として認められている。

この「三つ星〔ヘーゲル，ヘルダーリン，シェリング〕」の有名な名前は，今日では，ややもすると，当時の大学や神学寮の状態がけっして恵まれたものとは見なされないことを，見逃させてしまう。ヘーゲルは1788年10月27日に――当時すでに300年経っていた――エーベルハルト・カールス大学に入学手続きを行うが，この大学は当時，カール・オイゲン大公[1]が自ら創立した「カールス学院」への肩入れのために，蔑ろにされていた。その点は学生数が著しく減少したことにも現れている。すでに1788年10月21日にヘーゲルは，――9月16日の大公の命令に基づき――「神学寮」に入学を許可されていた。とはいえ，「神学寮」にはもちろん大公の特別な注意が向けられている。学生の大部分はこの寮で生活する。彼らはそこで一般教養の学問だけでなく，厳格な修道院的な行動によって，また学問的および実践的な修練によって，将来の聖職者の職務に備えることになる。そしてこの「神学寮生」はテュービンゲンの町に住む他の学生や「町の住民 (oppidiani)」に対して，特別な――幾分かエリート的でもある――集団をなしている。神学寮に入るさいにヘーゲルと彼の父が署名した指定の義務承諾文書において，ヘーゲルは次のように言わされている。――私は「臣下たる私の懇願と希望に基づき，私が開始した研究を実り多く遂行するために，大公殿下の貴テュービンゲン神学生寮に慈悲深くも受け入れていただきました。その研究を私は，やがて神のお恵みを授かりつつ，もっぱら神学という最重要事に振り向け，そして時が来れば神の教会もしくは学校において神のご意向に従って，貴大公殿下ご指名の職務に従い，奉仕者として用いられたく懇願しております」。――ただし，将来の奉仕を拒否したり，そのような奉仕にたいして体面を汚すような場合には，「私を受け入れてくださった本日から私に掛けられました費用を，厳密にいえば毎年の食事代60グルテ

ンだけを拒むことなく完全に返済いたします」という条件のもとで（Br IV/1. 19f.）。

1) カール・オイゲン（1728-1793）。ドイツのヴュルテンベルク公国の君主（座位1737-1793）。強圧的な為政者で，自分の宮殿の建築のため散財し，国家財政を破綻に追い込んだ。

テュービンゲン神学寮への入学許可はなにか〔学生の家族の〕貧困ぶりを示すものではない。むしろ通常は官僚や聖職者といった，「上流の人」という精神的な指導層，つまりけっして貧乏ではない階層の子弟が受け入れられている。ヘーゲルが神学寮で過ごした時代は，神学寮の歴史においてももっとも緊張に満ちた時代と目される。彼が入学する数年前に，ヴィルヘルム・ルートヴィッヒ・ヴェクーリン[1]とカール・フリードリッヒ・ラインハルト[2]（後のフランスの貴族院議員）が神学寮の状態を厳しく批判していた。ラインハルトはこう述べている。「自由でほとんど奔放な思想と［…］人々が従わされたきわめて奴隷的な扱われ方」——たとえば，ヘーゲルも1791年に，許可なく神学寮を居留守にしたために，禁固刑に服さねばならなかった——「との間の落差は，思想家をして，革命をほとんど不可避的なものとして予感せしめることになる」（Hegel 1770-1970, 80）。神学寮の新しい規則は1793年5月12日に，つまりヘーゲルが大学と神学寮を再び去っていく二か月前に，やっと導入される。

1) ヴィルヘルム・ルートヴィッヒ・ヴェクーリン（1739-1792）。南ドイツのジャーナリスト，作家。啓蒙主義的立場で論陣を張り，1782年-1792年に逮捕拘留されたこともある。
2) カール・フリードリッヒ・ラインハルト（1761-1837）。テュービンゲン大学で神学や文献学を学んだあと，1791年にフランス外務省で秘書となり，その後，ヨーロッパ各地でフランスの大使を務めた。

1.2. 哲学の研究

大学での勉強は二年間の哲学研究から始まり，それに三年間の神学研究が続くという仕組みになっている。哲学の研究において学生たちはすでに入学手続きから6週間後の1788年12月3日に，ある儀式とともに大学入学資格を取得する。シュトゥットガルト・ギムナジウムの「学位授与者」，すなわち学年の卒業生の首席生徒として，ヘーゲルはそのさいに感謝の演説を——それは現存していないが，——述べねばならなくなる（Br 4/1, 34）。それと同時に，シュトゥットガルト時代の草稿（GW 1. 46-48〔「古代詩人と〔近代詩人と〕の若干の特徴的差異について」〕）に依拠しつつ書かれた，教育制度に対して批判的な論文，「ギリシア・ローマの古典作家の作品の読書によって与えられる若干の利点について」（GW 1. 51-54）は，感謝演説とは結びつかないにせよ，大学入学資格の授与とは結びついていたのかもしれない。

哲学部では，当時，神学寮の監督官にしてオリエント学者のクリスティアン・フリードリッヒ・シュヌーラー[1]，自然科学者で数学者のクリストフ・フリードリッヒ・プフライデラー[2]（ユークリッドに関するすぐれた学者），歴史家のクリスティアン・フリードリッヒ・レスラー[3]，哲学者のアウグスト・フリードリッヒ・ベーク[4]とヨハン・フリードリッヒ・フラット[5]）が教えている。ベークは後期啓蒙主義の立場に立っていたが，哲学史や古典古代の作家についても教えている。フラットはカントに対してもヤコービに対しても批判的に取り組んでいたが，1792年に神学部に移るようになる。フラットの代わりに，かつて復習教師をしていたヨハン・フリードリッヒ・ガーブ[6]が就任するようになる。論理学者のゴットフリート・プルーケ[7]は当時病気のためにもはや講義を行っていない。彼は1790年に死去する（Br 4/1. 23-25）。当時哲学部で行われていた講義（Br 4/1. 23-25）のうち，どれをヘーゲルが聞いたかは，知られていない。修士の授業科目は簡単に次のように記されている。「補習授業において，教授レスラー殿による最近の世間の出来事に関する報告，教授フラット殿による〔キケロの〕神々の本性に関する書物および経験的心理学の説明，復習教師修士バルデイリ殿[8]による神学における非教会的著者の方式に関する詳論を聞いた（Praeter consueta audiit Dn. Prof. Roesler, novellas tradentem; Dn. Prof. Flatt libros de natura Deorum et Psych. empiricam explicantem; nec non Dn. M. Rep. Bardili de usu scriptorum profanorum in Theologia disserentem)〔最後のものは神学寮の中での講義である〕」。哲学の講義と並行して彼は神学の講義も聴いている。ローゼンクランツはヘーゲルの「きわめて丹念に筆記された講義ノート」に言及している。それは，シュヌーラーによる『使徒行伝』に関する公的講義と『詩篇』の第1部に関する私的講義（1788/89年），『詩篇』の第2部に関する私的講義と公書〔新約聖書の中のパウロ以外による書簡〕に関する公的講義（1789年），レスラーによる哲学史（「すぐれた哲学者の運命と思想（fata et opiniones praecipuorum Philosophorum）」）に関する1789/90年の私的講義，フラットによるキケロの『神々の本性について（De Natura deorum）』に関する講義（1789年）および形而上学と自然宗教に関する講義（1790年）のノートである。これらのノートは1855年にヘーゲルの遺稿の整理のさいに息子たちによって廃棄されてしまった。さらに，修士試験の討論テーゼ（Br 4/1. 30-32）やこれらの学年における自作論文（Specimina）のテーマから，大学で扱われていたテーマが窺われる。その中に数学の研究に対する強い関心があり，驚かされる。

1) クリスティアン・フリードリッヒ・シュヌーラー（1742-1822）。ドイツの神学者。1775年にテュービンゲン大学の教授，1777年に神学部長，1805年に学長になる。専門は旧約聖書の解釈。
2) クリストフ・フリードリッヒ・プフライデラー（1736-1821）。ドイツの数学者。1781年よりテュービンゲン大学教授。
3) クリスティアン・フリードリッヒ・レスラー（1736-1821）。ドイツの歴史家。
4) アウグスト・フリードリッヒ・ベーク（1739-1815）。ドイツの哲学者。1767年にテュービンゲン大学助教授，1775年より教授となる。
5) ヨハン・フリードリッヒ・フラット（1759-1821）。ドイツの神学者。テュービンゲン大学教授。シュトルと共に「超自然主義」の立場から聖書を解釈し，同大学で初めてカントを批判した。『キリスト教の教義と道徳のための雑誌』（1796-1803）を編集。ヘーゲル，ヘルダーリン，シェリングはフラットの「経験的心理学」の講義を受けた。
6) ヨハン・フリードリッヒ・ガープ（1761-1832）。ドイツの神学者。1798年よりテュービンゲン大学教授。専門は旧約聖書の解釈。
7) ゴットフリート・プルーケ（1716-1790）。ドイツの哲学者，論理学者。1750年からテュービンゲン大学教授。ライプニッツの命題結合術を受け継いで，論理計算を試み，多くの論理学概説書を書いた。1782年に卒中の発作に見舞われ，以後亡くなるまで授業を行っていない。
8) クリストフ・ゴットフリート・バルディリ（1761-1808）。ドイツの哲学者。シェリングの従兄。1786年にテュービンゲン大学で復習教師となり，1794年にシュトゥットガルトのギムナジウムで哲学の教師となる。『第一論理学概説』（1800）でカントの主観的観念論を批判し，合理的実在論の立場で哲学的論理学も構想し，ラインホルトに影響を与えたが，フィヒテによって批判された。ヘーゲルもイェーナ時代初めにバルディリ論理学を批判したが，むしろそれを通して思弁的論理学の道を開いたとも言われる。

これらの教授のヘーゲルへの影響は，フラットの心理学講義がヘーゲルのベルン時代の「心理学と超越論哲学の資料」（本書111頁以下を参照）に及ぼした影響によって確証される。しかしそれ以外では，場合によっては――たとえば，プフライデラーがシェリングのプラトン研究に対してもっていた意味などをもとにして――推測される程度である。むしろ，大学の教授以上におそらく神学寮の復習教師が，――とくにカント主義者の復習教師，なかでもイマヌエル・カール・ディーツ[1]という「熱狂的なカント主義者」が――学生の思想形成に大きな影響を与えただろう。けれどもこれらの関係はむしろ個人的なものにとどまったようにも思われる。たとえば，カール・フィリップ・コンツ[2]がヘルダーリンにとってもっていた意味は確証されるものの，そこからコンツとヘーゲルの関係を推測することはできない。

1) イマヌエル・カール・ディーツ（1766-1796）。ドイツの哲学者。1790年にテュービンゲン大学で神学の復習教師となり，ヘーゲル，ヘルダーリン，シェリングと交流があった。当時テュービンゲンの正当派神学者であったシュトルやフラットの「超自然主義」を，カントの批判哲学の見地から批判し，シェリングなどに大きな影響を与えた。1792年にイェーナ大学に移り，そこでラインホルトと議論を行い，ラインホルトの体系構想の変更を促したと言われる。
2) カール・フィリップ・コンツ（1762-1827）。ドイツの作家。1789年にテュービンゲン大学で神学の復習教師となる。アイスキュロス，アリストパネスやギリシアの抒情詩を翻訳し，自らも多くの詩を書き，とくにヴュルテン

ベルクの風景や歴史を賛美した。

1790年9月22日にヘーゲルは修士の学位を取得する。この学位は他の所で授与される「哲学博士」よりも確かに格下と見られるが，形式的にはそれと同等と見なされる。この日に告知された修士試験のプログラムは，——ヘーゲルが聞いた講義や卒業演説を思い出させるとともに——次のように確定されている。「教授ベーク殿の臨席のもとで弁護された論文，霊魂の不滅を無視した場合の人間の義務について (Dissertationem defendit Praeside Dn. Prof. Boek, de limite officiorum humananorum seposita animi iimortalitate)。」ローゼンクランツはこの修士試験を誤解して，ヘーゲルがこの論文の著者であったと見なした。しかしヘーゲルはたんに，——フィンク，アウテンリート，ヘルダーリンと一緒に——従来の慣例に従って，ベークによって書かれた論文を弁護しているにすぎない。さらに修士試験のプログラムには，ヘーゲルによって（1790年に，同様にベークの周辺で）書かれたが，しかしすでにローゼンクランツには知られないままだった，二つの自作論文が言及されている。それは，「表象の主観性と客観性に関する常識の判断について」と「哲学史の研究について」である。

1.3. 神学の研究

1790年11月22日にヘーゲルは神学部に進学する。そこでは当時，ゴットロープ・クリスティアン・シュトル[1]（大学の評議員でもあった）やヨハン・フリードリッヒ・ル・ブレー[2]やヨハン・フリードリッヒ・メルクリン[3]やルートヴィッヒ・ヨセフ・ウーラント[4]が，また1792年以後はフラットも教えている。ローゼンククランツによれば，ヘーゲルは「1790年から93年における本来の神学課程では」，ほとんどシュトルのもとでだけ，しかも「ルカ，マタイ，ヨハネの福音書，〔パウロの〕ローマ人への手紙や他の手紙を，だがとりわけ教義学」(R 25) を聴講している。さらに，神学寮においては三年間，つまり1793年まで，クリストフ・フリードリッヒ・サルトリウス[5]という非常に保守的な教義学者の

『神学教義学概説 (Compendium Theologiae Dogmaticae)』(1782年) に従って，教義学の諸テーマが扱われたことが，知られてはいる。けれどもヘーゲルはこの討議や論争には（クリストフ・テオドール・シュヴァープに従って）参加せず，またシュトルの有名な信仰論に悩まされることもない。このことは，彼が「修士のときに法律も勉強しよう」としたという，〔妹〕クリスティアーネ・ヘーゲルの報告の信憑性だけでなく，彼をかの討議や論争から引き離したものは，「父親の反対」であったというロイトヴァイン[6]の指摘の信憑性をも物語っている。この勉強の変更は，彼が神学寮から抜け出したこと——そのために，彼にかかった費用の返還が求められた——とも関連があったのかもしれない。

1) ゴットロープ・クリスティアン・シュトル (1746-1805)。ドイツの神学者。1786年よりテュービンゲン大学教授となった。「超自然主義」の立場から聖書を解釈し，フラットと共に「旧テュービンゲン学派」を形成した。共観福音書のうち最古のものはマタイ伝だという通説を斥け，マルコ伝説を唱えた。
2) ヨハン・フリードリッヒ・ル・ブレー (1746-1805)。ドイツの神学者。1786年よりテュービンゲン大学教授，後に学長になる。娘のルイーゼは若きヘルダーリンの恋人であった。
3) ヨハン・フリードリッヒ・メルクリン (1734-1804)。ドイツの神学者。1786-1792年にテュービンゲン大学助教授。『旧約聖書の歴史要綱』(1788) を著した。
4) ルートヴィッヒ・ヨセフ・ウーラント (1722-1803)。ドイツの神学者。1761年よりテュービンゲン大学教授。伝統的な聖書解釈に固執した。
5) クリストフ・フィリップ・サルトリウス (1701-1785)。ドイツの神学者。1754年よりテュービンゲン大学教授。
6) クリスティアン・フィリップ・フリードリッヒ・ロイトヴァイン (1768-1838)。テュービンゲン大学在学中にヘーゲルとカントやフィヒテの哲学について会話を交わしたが，ヘーゲルは当時そのような哲学に興味を示さなかったと伝えている。

ヘーゲルは神学研究のさなかの1791年に何度も，また1793年はじめにも，たえず熱を出し，それを治療するためシュトゥットガルトで休暇をとっている。彼の研究の唯一の証拠である，現存する四つの説教 (1792-93年) は，義務的な演習であり，それらは決してヘーゲルのほぼ同時期に始まった宗教の研究を予示するものではない。1793年6月に彼は神学の

研究を修了する。彼はヘルダーリンや他の七名の卒業候補者とともに、ル・ブレーの神学論文、「復興したヴュルテンベルク教会の災厄について (De ecclesiae Wirtembergicae renascentis calamitatibus)」を弁護する。学位授与のさいにヘーゲルは第4位の成績をおさめる。テュービンゲン神学寮の卒業試験の結果、彼の長所と欠点が次のように記されている。とりわけ、「神学研究は怠りない (Studia theological non neglexit)」また「文献学は未熟ではない (Philologiae non ignarus)」が、「哲学には多くの努力を費やしている (philosophiae multam operam impendit)」。――ただし、後の書き写しの間違いから生じ、エドゥアルト・ツェラーによって広められたように、「哲学には少しも努力を費やしていない (philosophiae nullam opperam impendit)」(1845, 205f.) のではない。この欠点なるもののゆえに、後のヘーゲル批判者ルドルフ・ハイムは次のように主張するようになった。ヘーゲルの教師たちは彼の人生行路のはなむけに、彼は「哲学では愚か者だ」という証言を与えた、と (1857, 40)。

少し後の7月10日に、つまり神学寮における「反宗教的な状態」に対するヘーゲルの対決が頂点に達するよりもまだ前に、彼は――監督官シュヌーラーが少し意地悪にJ. E. H. ショル宛ての手紙で述べているように――「治療という口実のもとで」テュービンゲンを去っていく。シュヌーラーはさらに続けてこう言う。「おそらく彼自身は自宅では父親以上に大切にされているのだろう。自宅での長期の滞在は、家庭教師という必ずしもまったく気楽とはいえない生活に対する本来の準備というものではなかろう。」おそらくシュトゥットガルトにおけるこの夏から秋にかけて休暇の時期に初めて、いわゆる「テュービンゲン断片」が書かれたのだろう。というのはこの断片 (GW 1. 99f.) は、1793年6月16日に行われた彼の4番目の説教 (GW 1. 555-557) と同様に、1793年の復活祭の市で初めて公刊されたカントの宗教論〔『たんなる理性の限界内における宗教』〕の知識を前提しているからである。

1.4. テュービンゲン神学寮における交友関係

ヘーゲルの神学寮における交際関係に関する諸報告は、〔勉学に関する報告よりも〕内容が一層豊富であるが、にもかかわらず決して完璧ではない。それらの報告において一致しているのは、ヘーゲルがときおり見せた「天才的な振る舞い」にもかかわらず、愉快で、人から好かれる社交家だったということである。――カード遊びにおいても、ワインを痛飲することにおいても。また彼の身体的な敏捷さの面での欠陥、つまり不器用さはしばしば社交の妨げになり、それはダンスの場合だけではなかったが、それにもかかわらず彼は少女に対して「キスをしたがって」いたという。ただし、彼の学友、ゲオルク・フリードリッヒ・ファロットはヘーゲルをその記念帳の中で、身をかがめ、二本の杖に支えられた老人として描いている。――けれどもまた「A よ、万歳！」という呼びかけも書き加えている。この呼びかけは革命の英雄を指し示しているのではなく、アウグステ (Auguste)・ヘーゲルマイヤーという、物故したテュービンゲン大学の神学教授の娘で、当時ヘーゲルなど多くの者が言い寄っていた少女をほのめかしているのである。

テュービンゲン時代の資料は、ヘーゲルが当時ヘルダーリンとシェリングととくに親密な関係にあったことを、示してはいない。けれどもこの彼らの沈黙は、友人たちが離れ離れになった後に交わされた最初の手紙によって、埋めあわされるように見える。ヘルダーリンはヘーゲルに宛てた最初の手紙 (1794年7月10日) で、彼らが「「神の国」という合言葉をもちながら、互いに別れた」ことを思い出させている。同様にヘーゲルはシェリングに対して、「依然として理性と自由がわれわれの合言葉であり、われわれを結びつける絆は見えざる教会である」ことを強調し、――さらに「神の国はやってくる、そしてわれわれは怠けて手をこまねいているわけではない」と述べている (1795年1月初め)。しかしこのような言い回しを、ヘーゲルとヘルダーリンとシェリングがきわめて親密な友人同士の間柄であったこ

との証拠として説明する根拠はまったくない。ヘーゲルの仲間としてはおもに別の名前が挙げられる。——クリスティアン・フィリップ・フリードリッヒ・ロイトヴァイン，上述のファロット，そしてまたヘーゲルの同級生カール・クリスティアン・フリッツ，ヤコブ・フリードリッヒ・メルクリン[1]，とりわけヨハン・クリスティアン・フリードリッヒ・フィンクがそうである。ヘーゲルはフィンクをたびたびその故郷に訪ね，フィンクもヘーゲルをシュトゥットガルトで，また後には旅の途中でフランクフルトにも訪ねている（R 34）。両者は手紙のやりとりもしていた。ローゼンクランツはフィンクを「ヘーゲルの一番の親友」とか「心の同志」（R29f.）と記している。もっともそのさい，フィンクが神学寮時代におけるヘーゲルの記述のおもな拠り所であることが，考慮されねばならない。

1) ヤコブ・フリードリッヒ・メルクリン（1771-1841）。ドイツの神学者。1788-1793年にテュービンゲン大学で哲学と神学を研究。1797年に同大学の復習教師となり，1800年にマウルブロン神学校の教師，1821年よりハイルブレン教区監督になる。

しかしシェリングとヘルダーリンに関する報告はこのことと矛盾しない。ヘルダーリンはクリスティアン・ルートヴィッヒ・ノイファー[1]やルドルフ・マーゲナウ[2]とは親密な友情の契りを結び，そのことは手紙によっても十分に確証される。確かに彼は1790年11月半ばに妹への手紙の中で，彼がヘーゲルとともにヴルムリンゲンの礼拝堂へ散歩に行くだろう，と述べているが，——しかしこのことはなんら特別な関係を示すものではない。それは，母への手紙の中で，彼の「順位が二人のシュトゥットガルト出身者，ヘーゲルとメルクリンよりも下がった」ことについて悩みを述べたが，それが何ら特別な関係を示すものではないのと同様である。また，ヘーゲルがヘルダーリンやシェリングと——つまりシェリングが1790年に神学寮に入ってきてから——同じ部屋に住むようになるという報告も，後日有名になったテュービンゲン学生時代における三つ星の回顧談へと導いてはならない。というのもヘルダーリンは上述の妹への手紙の中でさらにこう書いているからである。「私と同期の者が7名この部屋にいる。そ

れが他の6名の見知らぬ人たちよりも愉快であることは，お前にあらためて言うには及ばない。そしてこの少数の他の人たちもしっかりした人たちで，その中には（カール・ヴィルヘルム・フリードリッヒ・）ブライヤーとシェリングがいる」。したがって少なくとも10名の学生がいたことになる[3]。ベルトー（Bertaux 1969, 50）は7名の同期の学生への指摘を消し去り，ヘルダーリンは結局ヘーゲル，シェリング，ブライヤーと同室であったとまとめているが，この見方をヤメ（Jamme 1983, 35）は文字通り受け継いでいる。

1) クリスティアン・ルートヴィッヒ・ノイファー（1769-1839）。ドイツの詩人，牧師。1786-1791年にテュービンゲン大学在学中にヘルダーリンやマーゲナウと詩作の仲間になる。1808-1819年にツェルで牧師となる。『女性文芸年報』（1799-1802）『ドナウ文芸年報』（1814, 1825）の編集を行う。彼の抒情詩はヘルダーリンの初期の抒情詩とも似ており，シラーの影響を受け，とくに田園詩を好んだ。
2) ルドルフ・フリードリッヒ・ハインリッヒ・マーゲナウ（1767-1846）。1819-46年にハイマーリンゲンで牧師となる。シュヴァーベン地方の民間伝説を収集した。
3) イェシュケの説明はこうである。ヘルダーリンの同期に7名の学生がおり（その中にヘーゲルも含まれていた），さらになお「少数の他の人たち」が存在し，「そのうちで」ヘルダーリンは「ブライヤー」と「シェリング」の名を挙げている。これで9名になる。しかし，「そのうちで」さらにブライヤーやシェリングのようなしっかりした人たちがいるのだから，9名以上，少なくとも10名もしくはそれ以上いたはずである。

ヘーゲルとシェリングの当時の結びつきについてはいかなる証拠も残っていない。これに対して，シェリングの息子カール・フリードリッヒ・アウグストは，自分の父とヘーゲルとの付き合いは，「ヘーゲルが他の者とのあいだでは追求したような，社交的な付き合い」であるよりも，「むしろ学問的な考え方に一層多く」関係していたと報告している。おそらくただ一つの「強い持続的な結びつきの手段」がヘーゲルとシェリングを互いに近づけたのだろう。それは「すなわち，カント」である。けれどもヘーゲルの読書について言うと，資料はこれとは反対の報告を示している。ロイトヴァインの報告によると，ヘーゲルの「英雄は，『エミール』，『社会契約論』，

『告白』におけるジャン・ジャック・ルソーであった。［…］ヘーゲルの後の見方は，彼が外国で初めて出会ったものである。なぜならテュービンゲンでは彼はおよそ父なるカントをまったく知らなかったからである」。それゆえ，ロイトヴァインはカントについては別の仲間と議論していた。そのため，ロイトヴァインはヘーゲルに対して「少しも共感でき」なかった。「ヘーゲルは折衷家であり，知識の国ではまだがさつにうろつきまわっていた。」これに対して，シュヴァープは，ちょうどまさにロイトヴァインがヘーゲルと付き合っていた学生時代の比較的はじめの頃に，ヘーゲルが「哲学に熱心に取り組んでいた」ことを報告している。「彼の友人たちの話によると，彼はカントを〈突っついていた〉。」しかし，ヘーゲルがベルンからヘルダーリンとシェリングに出した手紙による限り，ヘーゲルがテュービンゲン時代に非常に熱心にカントを研究したとは推測されない。それらの手紙はむしろロイトヴァインの報告を確証する。（また，ヘーゲルは「猛烈なジャコバン派」であったという主張や，自由の樹に関する伝説に鑑みても，シュヴァーブの言い伝えは慎重に考えねばならない。）

ローゼンクランツはヘーゲルとシェリングとの後年の関係の起源をカント哲学に対する共通の関心にではなく，いわゆる「愚者の団体（Unsinnskollegium）」なる政治「クラブ」における政治的な共感に認めている。この判断は，名前が挙げられていない第三者，おそらくフィンクの発言に依拠しているのだろう。「哲学そのものが当時のかれらの直接的な結びつきの理由であったのではないだろう」（R 41）。ただしフランス革命への共感は神学寮では大いに広まっていた。それは，フランス人の，しかしヴュルテンベルク大公に従っていたメンペルガルド出身の多数の学生[1]のせいだけではない（Jacobs 1989, 12f；Kondylis, 186-217）。しかしまさにそれだからといって，ヘーゲルとシェリングの緊密な関係がフランス革命への共感によって支えられていたということではないだろう。またシェリングとヘーゲルがある素晴らしい晴れた春の朝に，「さらに若干の友人とともにテュービンゲンからさほど遠くない草原に出かけ，そこで自由の樹を立てた」というのは，アルバート・シュヴェーグラー[2]

による「神話的な」（R 29）言い伝えというより，むしろ飾り立てられた物語である。それは今では，シュヴェーグラーの物語が依拠したロイトヴァインの報告と比較してみることによって，シュヴェーグラーの神話的で詩的な想像力の所産として退けられるべきであり——せいぜいのところ，後年の過程との混合物でしかないだろう（Plitt, 3, 251f.）。他の報告によると，革命思想を抱いた神学寮生たちが1793年7月14日に，すなわちバスティーユ襲撃の記念日に自由の樹を立てたというが（StA VI. 618；Beck 1947, 38）——しかし，ヘーゲルは当時テュービンゲンをすでに立ち去っていた。いずれにせよ，ヘーゲルはテロの時期（1793年6月2日—1794年7月27日）のかろうじて最初の4週間をテュービンゲンで過ごしていたにすぎない。

1) 東フランスの町「モンベリヤール」出身の学生たちをさす。当時この町はヴュルテンベルク公国に属しており，ドイツ語で「メンペルガルド」と呼ばれていた。
2) アルバート・シュヴェーグラー（1819-1857）。ドイツの神学者，哲学者，歴史家。1836年にテュービンゲン大学に入学し，F. C. バウル（ヘーゲルの歴史哲学を聖書解釈に適用した，「新テュービンゲン学派」の神学者）のもとで教会史を研究し，『モンタノス派と2世紀のキリスト教会』（1841），『使徒後の時代』（1846）を書いた。1843年にテュービンゲン大学で哲学の私講師，やがて歴史の教授となる。『哲学史概説』（1846/47）を著したが，これは古代ギリシア哲学からヘーゲルまでを扱ったもので，哲学史の標準テキストとして名高く，わが国でも1939年に翻訳された（『西洋哲学史』岩波文庫）。

革命に感激した「神学寮生」の信念のこのようなかつての神話的で詩的な飾り立てに代わって，今日では，いわば歴史的な事実の記述が登場している。たとえば，ヘーゲルとヘルダーリンが1793年5月31日の「ジロンド派」の没落を破局として受け取ったことや（Jamme 1983, 197），「神学寮生」が1793年1月21日におけるルイ16世の処刑を「父殺し」としてではなく，（正当な）暴君の殺害と解していたこと（StA III. 63, 95頁の参照に基づいた，Bertanx 1969, 53）というのがそれである。だがこのような主張は一つのことを簡単に見過ごしている。それは，ヘーゲルの当時の革命に対する態度や革命に続いて起きた諸傾向に対してヘーゲルが語った，もしくは

ヘーゲルについて語った同時代の供述が——たとえば、ヘルダーリンの場合と違って——一つもないことである。言い伝えが不足していることのために、個別の報告が一般化されてしまうことになる。こういう傾向はたしかに分かりやすいが、歴史的な研究にとっては受け入れがたいものである。それは、「神学寮生 Stiftler」というような、潜在的には違いがあるものたちを方法的に均一化してしまう、複数形の慣用的な表現にすでに現れている。あるいは、その傾向は「テュービンゲンの公理」(Kondylis, さまざまな箇所で言及) という表現にもまったく現れている。——まるで「神学寮生」が政治や神学の問題においてつねに同じ見解をもっていたにちがいないかのようである。

また「テュービンゲンの友人たちの著作に吹き込まれている」「黙示録的な気分」という言い方も、この神話化の限度を越えてしまっている。「終末論的な期待、すなわち、神の国が近づいており、人類の運命のときがすでに告げられてしまったという信念、また、天と地が溶け合うように思われるこの過程に少なくとも精神的に参与したいという願望が、神学寮生の霊感の本来の源泉をなしている。[…] 彼らの神学は啓示と革命的な党派性であり、彼らの政治は終末論的な期待の世俗的現象への転用である。」(Kondylis, 46また様々な箇所で言及) この解釈はたしかにヘルダーリンにおける「神の国」という合言葉への使命感に依拠してはいる。けれどもこの解釈を相対化するには、ヘーゲルの手紙や草稿を読みさえすればよい。コンデュリスも、「黙示録的な気分がテュービンゲン断片そのもの（本書100頁以下を参照）では明確に述べられていない」ことを認めている。それにも拘らず、この気分は「彼の根本的な力をなしている。それはヘーゲルを駆り立てて、ペンを取らしめている。しかも［…］民衆の教育者という自覚のもとに」(77)。「黙示録」とか「終末論的な期待」という言葉を「神学寮生」の思想と、あるいはヘーゲルの民衆教育の構想と全面的に結びつける者は、これらの言葉の本来の意味についてまったくわずかしか分かっていないのにちがいない。それに対して、当時革命への感激と興ざめとのあいだの緊張関係が神学寮やその周辺で支配的であったことの、具体的であるが、皮肉っぽい光景を、パールの同時代の小説『ウルリッヒ・ヘルリーゲル修士の物語』(1802年) が描いている。

典拠：GW 1; Lebensdokumente in Br IV/1. 17-55; HBZ 7-19; Hölderlin: Sämtliche Werke. Große Stuttgarter Ausgabe, Bd. 6, 1. 53, 57; Gottlob Christian Storr: Adonationes quasdam theologicas ad philosophiam Kantii de religione doctriam. Tübingen 1793; deutsch: Bemerkungen über Kant's philosophische Religionslehre. Aus dem Lateinischen. Nebst einigen Bemerkungen des Uebersetzers über den aus Principien der praktischen Vernunft hergeleiteten Ueberzeugungsgrund von der Möglichkeit einer Offfenbarung in Beziehung auf Fichte's Versuch aller Offenbarung. Tübingen 1794, 新版 Bruxelles 1968.

参考文献：Johann Gottfried Pahl: Ulrich Höllriegel. Kurzweilige und lehreiche Geschichte eines Württembergischen Magisters [1802]. Hg., eingeleitet und kommentiert von Johannes Weber. Frankfurt am Main 1989; R 25-42; Immanuel Herman Fichte: Hegels philosophische Magister-Dissertation und sein Verhältnis zu Schelling. In: Zeitschrift für Philosophie und speculative Theologie 13 (1844), 142-154; Christoph Theodor Schwab: Hölderlins Leben. In: Hölderlin: Sämtliche Werke. Bd. 2 Stuttgart und Tübingen 1846, 279; Rudolf Haym: Hegel und seine Zeit. Vorlesungen über Entstehung und Entwicklung, Wesen und Werth der Hegel'schen Philosophie. Berlin 1857, 29-38; Karl Klüpfel: Geschichte und Beschreibung der Universität Tübingen. Tübingen 1849, 260-275; Eduard Zeller: Ueber Hegels theologische Entwicklung. In: Theologische Jbb 4 (1845), 192-206; K.F.A. Schelling: Schellings Leben. In: G.L. Plitt (Hg.): Aus Schellings Leben. In Briefen. 3 Bde. Leibzig 1869, Bd. 1. 1-89; Julius Klaiber: Hölderlin, Hegel und Schelling in ihren schwäbischen Jugendjahren. Eine Festschrift zur Jubelfeier der Universität Tübingen. Stuttgart 1877, 新版 Franfurt am Main 1981, 61-102; Wilhelm Dilthey: Die Jugendgeschichte Hegels und andere Abhandlungen zur Geschichte des deutschen Idealismus [1905]. In: Dilthey: Gesammelte Schriften. Bd. 4. Stuttgart 1959, 5-187; Theobald Ziegler: Zu Hegels Jugendgeschichte. Ein Brief von Karl Rosenkranz. In: Kant-Studien 14 (1909), 342f.; Walter Betzendörfer: Hölderlins Studienjahren im Tübinger Stift. Heilbronn 1922, 99; Adolf Beck: Aus der Umwelt des jungen Hölderlin. Stamm- und Tagebucheinträge. In: Hölderlin-Jb 1947, 18-46; Heinrich Hermelink: Geschichte der evangelischen Kirche in Württemberg von der Reformation bis zur Gegenwart. Das Reich Gottes in Wirtemberg. Stuttgart/Tübingen

1949, 310-314; Martin Leube: Das Tübinger Stift 1770-1950. Stuttgart 1954, 106-113; Giesela Schüler: Zur Chronologie von Hegels Jugendschriften. HS 2 (1963), 111-159; Dieter Henrich: Leutwein über Hegel. Ein Dokument zu Hegels Biographie. HS 3 (1965), 39-77; Joachim Ritter: Hegel und die französische Revolution. In: Ritter: Metaphysik und Politik. Studien zu Aristoteles und Hegel. Frankfurt am Main 1969, 183-255; Manfred Riedel: Studien zu Hegels Rechtsphilosophie. Frankfrut am Main 1969, [1]Stuttgart [2]1982; Martin Brecht/ Jörg Sandberger: Hegels Begegnung mit der Theologie im Tübinger Stift. Eine neue Quelle für die Studienzeit Hegels. HS 5 (1969), 47-81; Pierre Bertaux: Hölderlin und die Französische Revolution. Franfurt am Main 1969; Hegel 1770-1970, 58-95; Hölderlin. Zum 200. Geburtstag, 84-143; Dieter Henrich: Historische Voraussetzungen von Hegels System. In ders. : Hegel im Kontext. Frankfurt am Main 1971, 41-72; Martin Brecht: Hölderlin und das Tübinger Stift 1788-1793. In: Hölderlin-Jb 18 (1973/74), 20-48; Martin Brecht: Die Anfänge der idealistischen Philosophie und die Rezeption Kants in Tübingen (1788-1795). In: Beiträge zur Geschichte der Universität Tübingen 1477-1977. Tübingen 1977, 381ff.; Panajotis Kondylis: Die Entstehung der Dialektik. Eine Analyse der geistigen Entwicklung von Hölderlin, Schelling und Hegel bis 1802. Stuttgart 1979; Philippe Muller (Hg.): Religion et politique dans les années de formation de Hegel. Lausanne 1982; Christoph Jamme: >Ein ungelehrtes Buch<. Die philosophische Gemeinschaft zwischen Hölderlin und Hegel in Frankfurt 1797-1800. HSB 23 (1983); Dieter Henrich: Philosophisch-theologische Problemlagen in Tübinger Stift zur Studienzeit Hegels, Hölderlins und Schellings. In: Hölderlin-Jb 25 (1986/87), 60-92; 新版 Henrich: Konstellationen. Probleme und Debatten am Ursprung der idealistischen Philosophie (1789-1795), 171-213; Wilhelm G. Jacobs: Zwischen Revolution und Orthodoxie? Schelling und seine Freunde im Stift und an der Universität Tübingen. Texte und Untersuchungen. Stuttgart Bad-Cannstadt 1989; Riccardo Pozzo: Hegel: »Introductio in philosophiam«. Dagli Studi ginnasiali alla prima logica (1782-1801). Firenze 1989; Marco de Angelis: Die Rolle des Einflusses von J.J. Rousseau auf die Herausbildung von Hegels Jugendideal. Ein Versuch, die »dunken Jahren« (1789-1792) der Jugendentwicklung Hegels zu erhellen. Frankfurt am Main u. a. 1995; Michael Franz: Schellings Tübinger Platon-Studie. Göttingen 1996; Dieter Henrich (Hg.): Immanuel Carl Diez: Briefwechsel und Kantische Schriften. Wissensbegründung in der Glaubenskrise. Tübingen/ Jena (1790- 1792). Stuttgart 1997.; Dieter Henrich: Grundlegung aus dem Ich. Untersuchungen zur Vorgeschichte des Idealismus. Tübingen-Jena 1790-1794. Frankfurt a. M. 2004.

シュヴァーベンの神父たちの伝説について：Robert Schneider: Schellings und Hegels schwäbische Geistesahnen. Würzburg-Anmühle 1938; Ernst Benz: Johann Albrecht Bengel und die Philosophie des deutschen Idealismus. In: Deutsche Vierteljahresschrift für Literaturwissenschaft und Geistesgeschichte 27 (1953), 528-554; Günther Rohrmoser: Zur Vorgeschichte der Jugendschriften Hegels. ZphF 14 (1960), 182-208; 同書に対する批判：Martin Brecht/ Jörg Sandberger: Hegels Beggegnug mit der Theologie im Tübinger Stift. HS 5 (1969), 47-51; Rainer Piepmaier: Aporien des Lebensbegriffs seit Oetinger. Freiburg/ München 1978, 233f. (脚注).

1.5. ベルンへの移住

ヘーゲルのベルンへの移住の事情はハンス・シュトゥラームの研究によってほとんど隈なく解明されている。ベルンの貴族カール・フリードリッヒ・フォン・シュタイガー[1])はさしあたりベルンの作文教師ダヴィド・フォン・リュッテに家庭教師の任命への仲介を依頼する。リュッテはテュービンゲンからシュヴィンドラーツハイム修士という人物を推薦される。この件以外ではよく知られていないベルン人フリードリッヒ・フォン・ジナーは、彼の友人（ヨハン・カール・フリードリッヒ？）ハウフという当時テュービンゲンに住んでいたシュトゥットガルト人から、この候補者に関する情報を手に入れる。そして当の候補者はハウフなどによって余り適任ではないと評価される。彼の代わりに、ハウフはヘーゲルを1793年7月10日に、――この日はヘーゲルがテュービンゲンから旅立った日であり、そのことはおそらく偶然ではない――推薦する。フォン・ジナーはこのことをフォン・リュッテに伝え、そしてフォン・リュッテが今度はシュトゥットガルトの「旅館ゴールドネン・オクセンの主人」、ヨハネス・ブロードハーグに依頼する。ブロードハーグも以前にすでにシュヴィンドラーツハイムの仲介者の名前に加えられていた。ブロードハーグはヘーゲルに関する情報を手に入れ、7月28日にフォン・リュッテにこ

う伝える。ヘーゲルの保証人たちは「ヘーゲル修士が誠実な男で，若者の家庭教師として申し分なく有能であるといって，彼に最も良い点をつけた」。ブロードハーグは8月末にも，ヘーゲルのフォン・リュッテへの1793年8月24日付の手紙の転送によって，もう一度仲介の労をとる。この手紙でヘーゲルは，「14日前に一定の説明」を与えることができなかった「目下の事情」を述べている。しかしまた，彼に提示されている「15ルイドール〔当時のフランスの貨幣単位〕が必要な経費の支払いに十分であるか」どうかについて，若干の懸念も述べている。ブロードハーグは，〔ヘーゲルの8月24日付の手紙に〕添付した，自分の8月25日付の手紙のうちで，ヘーゲルの知り合いのある家庭教師がジュネーブで「25ルイドールの給料」を受け取っていることに言及した。それによって，ブロードハーグはヘーゲルの懸念を緩和したのである（HBZ 20-23）。ヘーゲルはフォン・リュッテに9月11日の手紙で，以前に述べた事情は変わり，いまや，もはや彼にベルンでの職務を引き受けるのを妨げるものはまったくなくなったと伝える。この「事情」とは，ヘーゲルがその職務を引き受ける前になお，シュトゥットガルト宗教局によって試験の前倒しが行われることの容認と，ヴュルテンベルクからの出国許可を必要としていることであったのかもしれない。あるいは，ヘーゲルがシラーの知り合いにおける（フォン・カルプ夫人[2]の家の）家庭教師の職務について聞いており，そこで決定をなお留保したがっていることでもあったのかもしれない。ゴットホルト・フリードリッヒ・シュトイドリン[3]は9月20日にシラーへの手紙で，ヘーゲルが「すでに家庭教師としてベルンのほうに雇われることになり，いまや他の一切の目論見を永久に放棄した」こと，そして彼の友人，ヘルダーリンにフォン・カルプ夫人のもとでの職務に注意を促したことを述べた。ヘルダーリンもノイファーとクリスティアーネを介してベルンへ送った最初の手紙で（1794年7月10日）この点に立ち返り，「もしも僕たちの友情がなければ，君は自分の良い運を私に譲ることで，少し癪に障ったに違いないかもしれない」と述べている。ヘーゲルがこの「譲渡」を行ったのは，彼がベルン共和国のほうを好み，ヴァルタースハウゼン〔そこにカルプ家が住んでいた〕を取りやめにしたためか，あるいは彼がベルンではフランスの革命的出来事をいっそう身近に感じると信じたためか，それとも第3の理由がベルンへの選択を決定づけたのかは，もはや見極められない。けれどもヘルダーリンがのちに，ヘーゲルにフランクフルトで家庭教師の仕事を世話しようと努力したのも，この「譲渡」という背景のもとで見られるはずである。

1) カール・フリードリッヒ・フォン・シュタイガー（1754-1841）。スイスのチュックの大地主。ベルンで竜騎兵隊長になり，1785年にベルン大市参事会員，1803年以後エルラッハの郡長になる。
2) フォン・カルプ夫人（シャルロッテ・フォン・カルプ）（1761-1843）。女流作家。シラー，ゲーテ，ヘルダーリン，ジャン・パウルと親しかった。1794年にヘルダーリンはヴァルターハウゼンでシラーの仲介で彼女の息子の家庭教師になる。
3) ゴットホルト・フリードリッヒ・シュトイドリン（1758-1796）。ドイツの詩人。テュービンゲンの若い詩人と交流し，彼らの詩を自らが編集した詩の雑誌で発表した。1793年にはヘルダーリンの詩も紹介している。フランス革命に共鳴したが，1796年にシュトラスブルクで自殺した。

8月末，遅くとも9月初めにヘーゲルは彼に提供された職務のために，宗教局に修了試験を前倒しして行ってもらうよう申し出た。9月13日にはヘーゲルに対して修了試験を「今年の9月19日の午前8時に」行うことが許可された。そして9月20日にヘーゲルはこの試験に「申し分なく，合格した」。宗教局からヘーゲルは「ベルンのシュタイガー家の主人のもとでの家庭教師を引き受けることが許可されるが，それは，彼にはまだ非常に欠けていた説教の練習に勤勉に励むこと，また祖国におけるあらゆる招聘にただちに応じるという条件のもとにおいてである。一般に，彼が自分のおもな使命を忘れず神学研究を疎かにしないこと，そして尊敬すべき宗教局にときおり自分の状態について報告するということが，期待される」。10月9日にヘーゲルはシュトゥットガルトの友人の仲間と「送別の夕べ」の宴を行う。10月10日に彼はベルンへ旅立っていく。

2

ベルン（1793-96年）

―――――

2.1. 政治情勢

ベルンでヘーゲルを待ち受けるのは，家庭教師生活という慣れない職業事情だけではない。寡頭制貴族国家（ein oligarchischer Patrizierstaat）という馴染みのない政治環境もそうである。さらに，当時この寡頭制貴族国家は，フランス革命によって，州会議長ニクラス・フリードリッヒ・シュタイガーを中心としたプロイセンおよびイギリス寄りの「戦争派」と，フランス内での発展に好意的な「中立派あるいは和平派」とに政治的に分裂させられていた。だがこうした緊張関係は別としても，ヘーゲルはベルンの政情のひどい有様を描きだしている。「最高議会（conseil souverain）」にむけた選挙について書かれた1795年4月16日付のシェリング宛て書簡のなかでは，選挙では人道的に事が進んでいるため「さまざまな宮廷での親類縁者たちの策謀すべてが，ここでつくられる連合に対してはなにものでもない」と言われており，こうした評価から始まって，ヘーゲルのこうした貴族批判は，カルの『親書』（本書128頁以下参照）を経て，論稿「イギリス選挙法改正法案について」（GW 16. 330）に至るまで続いている。『法哲学』219節および258節における，王政復古の唱導者のひとりカール・ルートヴィッヒ・フォン・ハラーに対するヘーゲルの論難は，この時期以来抱かれたベルン貴族への反感の部分的な残響として理解できる。ハラーは，ヘーゲルのベルン時代当時，政府の委員会書記官 Kommissionssekretär の職にあった。しかしヘーゲルの批判の矛先は，表立って感じとれる政治環境にだけ向けられているわけではない。この時代の抜き書き（GW 3. 223-233）も，カルの『親書』に後々付された注記も，ヘーゲルがベルンの体制のたしかなイメージを得ようとしていたことを裏づけている。

しかしながら，ヘーゲルの注意を引きつけるのはベルンの諸事情だけではない――フランスでの出来事もそうである。フランス革命に対するヘーゲルの立場の根本特徴は，テュービンゲンではまだどこかぼんやりしたままであったが，ベルン時代にはじめてはっきりと認識できるようになる。1794年のクリスマスの夜に，ヘーゲルがシェリングに報告するところでは，彼は「アルヒェンホルツの『ミネルヴァ』に載った，君もご存じ『パリ書簡』の執筆者」（D'Hont 1968, 7-43）コンラート・エンゲルベルト・エルスナーと話し合ったとのことであり，エルスナーはヘーゲルに「パリに住む幾人かのヴュルテンベルク出身の人たちについての情報」をもたらしてくれたという。また（ナントの大量処刑の責任をとらされて94年12月16日にギロチンにかけられた）ジャン・バプティスト・カリエに対する裁判ざたが，「ロベスピエール派の人々のまったくもって卑劣な所業を暴露」した，と報告しているのである。このように，革命という理想に賛成し，革命の経過に失望するという，同時代の人々に総じて特徴的な愛憎相半ばする感情が，ヘーゲルにとってもつねに存在し続ける。後年の『美学講義』においても，ヘーゲルはクロップシュトックの晩年の革命頌歌を称賛し，次のように述べている。「国民があらゆる種類の桎梏を打ち砕き，千年に及ぶ不正を踏みしだいて，は

じめて理性と法権利の上に自らの政治的生活を基礎づけようと欲したという現象に参加すること」は，「老人の心」を「宣揚」する——その一方で，「自由というこの美しい夜明けが，残虐に満ち，血なまぐさく，自由を奪われた一日に姿を変えたことほど」，「鋭い怒り」が詩人をとらえたことはなかった（W X/3. 477f.），と。こうした言葉でヘーゲルは回想的観点からフランス革命に対する自身の立場の変化を少なからず述べているわけである。

2.2. シュタイガー家での家庭教師

貴族の住宅街の宏壮な邸宅で（Nr. 51），あるいは夏季ならチュッグの別荘で，ベルンの「われらが高貴にして忠実なる市民スタイグール・ド・チュッグの子どもたちの家庭教師」（Br 4/1. 70）として過ごすヘーゲルの日々に，以上のような地域的で対外政策的な諸問題がどこまで関わりをもっていたかということは，わずかな情報では知りようがない。ヘーゲルの雇い主であるカール・フリードリッヒ・フォン・シュタイガー大尉は，ベルン政府とはいくらか距離があったとはいえ，一つの指導的な貴族の家系に属する人であった。ヘーゲルの授業や，彼に任された子どもたち——勤務開始当初8歳だったマリア・カタリーナと6歳だったフリードリッヒ・ルドルフ——との関係についても，ほかには何も知られていない。しかしながらシュトラームによって伝えられた往復書簡からは，シュタイガーが「改革派宗教や，諸言語，とりわけフランスの作家たちに通じていて，自然史や歴史や地理学や算術に関する知識」，さらには「音楽の良きたしなみと素養」を期待していたことが分かる。唯一残されたヘーゲルの雇い主宛て書簡（1795年7月9日）から推測することができるのは，家庭教師たちのつねとしてヘーゲルもまた，雇い主の不在時には教育的任務のほかに，たとえば砂利採取場の作業〔を見る〕などといった家政の監督役を引き受けるとともに，これについて報告をしなければならなかったということだけである。そういう具合なので，ヘーゲルがシェリングに向かって，「あまりに雑然としすぎていて〔勉強の〕妨げになってばかりの仕事」をしているのに，自分には「相応な権利を何も認めてもらう」ことができない，と嘆くのも理解できないことではない（1794年12月24日，1795年1月末にも類似したものがある）。ここから心的葛藤を見てとることはできない。ただヘーゲルの雇い主の兄弟〔仲間〕からその雇い主に宛てた書簡だけは，〔両人の〕不和のようなものをほのめかしている。——だがこの書簡は1796年11月7日，つまりヘーゲルがベルンを退去するときに書かれたものである。退去するという事態が——ほかの種々の理由にもよるのだろうが——この不和のようなもののきっかけとなっている可能性がある。不和の背景となる一つの漠然とした徴候が，ベルンでの教育成果に関する諦めの念に認められるだろうが，この諦めをヘーゲルは同じ頃（1796年11月）に，目前に迫ってきたゴーゲル家への転勤や，自分の未来の生徒たちのことを視野に入れながら，ヘルダーリンに向かって次のように表明する。「彼らの頭脳を言葉と概念で満たすというのは，たしかに当たり前のことのように聞こえるが，しかし両親の精神が家庭教師の尽力と調和しない場合には，家庭教師は，性格形成というもっと本質的なことにわずかな影響しか及ぼすことができないだろう。」

家庭教師という状況についてのこのような不平に，さらに「学術活動の舞台から遠ざかっていること」についての不平が付け加わる。シェリングに向かってヘーゲルは，「ぼくの孤独な状況にあっては，君やほかの友人たちから時々便りをもらうということがどんなにぼくを元気にしてくれることか」と強く言う（1795年8月30日）。シュトラームとボンデリは，チュッグの立派な図書館や，ベルンの市民図書館および当時のベルンの精神生活のことを参照するよう指示し，そのことによって，上のヘーゲルの発言を典拠として特にフーゴー・ファルケンハイムによって描かれた否定的な印象を和らげようとした。とはいえ，ヘーゲルの立場でどれほどこうした〔学術〕生活に入り込むことが可能であったかどうかという問題は未解決のままである。ヘルダーリンとシェリングはたびたび，テュービンゲンでともに学位を得た仲間のフリードリッヒ・ハインリッヒ・ヴォルフガング・メークリンク——この彼もまた同じくベルンで，あるいはシェリングの皮肉を込めた書き方によれば，「ベルンの小さな村で」家庭教師とし

て働いていた——によろしく伝えてくれるように頼んでいるが（Br 1. 10, 13, 29, 34, 36），彼らのこの挨拶は，少なくとも〔ヘーゲルとメークリンクとが〕折に触れて連絡をとっていたことを示している。しかし知られているのはただ，メークリンクもシュタイガー家に出入りしたということだけである。そうなるとヘーゲルの社交上のつながりに関する情報として残っているのはローゼンクランツの指摘だけになる。それによると，元彫刻家にして化粧漆喰職人で，その当時は「学術的デッサン」の教授だったヨハン・ヴァレンティン・ゾンネンシャインの名が挙げられており，彼は故郷から逃れてきて今ではベルンに居住しているシュヴァーベン人で，彼の家庭ではピアノを弾いたり，とくにシラーの詩歌を歌ったりする（R 43），と伝えられている。ヘルダーリンは1794年7月10日に，エミリー・フォン・ベアレプシュとイェンス・バッゲゼンのベルン滞在のことに言及して，「二人のことについてしっかりと詳しく」書いてほしいとヘーゲルに頼んでいる。——だが，保存された書簡の中でヘーゲルはその二人のことにまったく言及していない。啓蒙哲学者であるフィリップ・アルベルト・シュタプファーの周辺の仲間たちともヘーゲルは接触してはいなかったようである。このように孤立している理由の一つは，ヘーゲルの家庭教師という仕事にまとわりつく諸々の社会的な問題の中にあるのかもしれない。しかし他方では，チュッグのビーラー湖畔にあるシュタイガー家の別荘で過ごす夏季の長期滞在もまた，ベルンでの社交に励もうとするには必ずしも有益ではなかったのかもしれない。

とはいえヘーゲルにとっては，その地に建つ立派な図書館がこの滞在の埋め合わせになったことであろう。それでも，「多くの書物から遠ざかっている」とか，自分は「図書館を自由に利用できない」（1795年4月16日）といった不平の背後に隠れているのは，自分がなにも産みだせずにいることや，自分が哲学的に，テュービンゲンとかイェーナ近辺とかにいて哲学的重大事件に直接参画している友人たちに対して遅れをとっていることを弁解したいという希望ばかりではないことはたしかである。というのも，——シュナイダーとヴァシェクにより明らかにされた，後年の競売カタログから見てとることができるように——この図書館がたしかにどのような収集品を所蔵していたにせよ，当時の議論の急速な動きを追跡できるだけの著作群がこの図書館にはやはり欠けていたからであって，その当時の議論こそが，ヘルダーリンやシェリングと交わすヘーゲルの往復書簡を決定づけているものだからである。

2.3. ヘルダーリン，シェリングとの往復書簡

この往復書簡は遅れてようやく始まった。すなわち1794年7月10日付のヘルダーリンの書簡，もしくは1794年12月24日付のヘーゲルからシェリングに宛てた書簡をもって，したがってヘーゲルがテュービンゲンを去ってから1年もしくは1年半後にようやく始まった。ヘーゲルの最初のシェリング宛て書簡は，パウルスの『回想』に掲載されたシェリングの論文『最古の世界の神話，歴史的な伝説，および哲学的な理説について』をヘーゲルが読んだことがきっかけになったのである。ヘーゲルは，この論文でシェリングが「重要な神学上の概念を解明し，徐々に古いパン酵母を取り除く助けとなるような［…］古くからの道」の途上にあると見なしている（1794年12月24日）。往復書簡で目につくのは，視点の取り方の違いである。シェリングは，テュービンゲン神学によるカント哲学の改悪について多くを語って慨嘆しており，テュービンゲン神学はいまや「ありとあらゆる教義」に「実践理性の要請」という印を押して，「天上にまします人格的，個体的な存在者」が機械仕掛けの神（deus ex machina）のように飛び出してくるかのように神の存在の道徳的証明を「陰で操る」すべを知っていると言う（1795年1月6日）。ヘーゲルもたしかにこのことに同意を示してはいる。しかしそれは，シェリングが嘆き悲しんでいる実践理性の操作について同意するものではない。ヘーゲルはそのテーマにむしろ宗教政治的な変化を加えてこう述べている。正統派というものは，「その職業が世俗的な諸利益と結びつき，国家全体の中に織り込まれている限り揺らがされることはありえない」（1795年1月末），と。1795年4月16日付の書簡でもヘーゲルはこのテーマを繰り返している。

「宗教と政治はぐるになって戯れてきたのであり，宗教が教えてきたのは，専制政治が望んだこと，すなわち人類を軽蔑すること，つまりは人類にはなんらかの善をなす能力がないし，自分自身によって何ものかになる能力がないということであった。」こうした分析のうちにはカントの『啓蒙とは何か』の余韻が鳴り響いているのであるが，それがまさに，カントでもってこの状況を打開しようとするヘーゲルの試みのうちに共振しているのである。ヘーゲルは数年来「カント哲学の研究をふたたび始めていた」（1795年1月末）のである。「すでにせわしなくなりはじめていた神学は，今やまもなく，かつてよりももっと健全でもっと強固なものとなって悠然と現れてくるだろう」とシェリングが診断するのに対し，ヘーゲルが表明するのは，神学者たちが「教義学に降りかかった大火事を消火するために」，「カントの薪の山」から批判という名の「木材」を「拝借する」ことによって，「いつまでも燃え続ける炭」，つまり哲学的理念を家の中に持ち込んでまき散らすことになるという確信である。シェリングのフィヒテに寄せる熱狂的な希望に対してヘーゲルは，フィヒテの『あらゆる啓示の批判の試み』がカントを神学的に誤解する「扉をあっさりと開いて」しまったとして，いくらか距離をとる。こうした「狼藉」の根をすでにカントの要請説のうちに見出すかわりに，ヘーゲルはむしろ，もしも時間があるなら，探求してみたいことがある，と次のように注記している。「道徳信仰を確立したあとに，たとえば目的関係を説明する場合などのように，正統化された神の理念を遡って用いることがぼくらにどこまで許されるのか，また今この神の理念を道徳神学から自然神学に持ち込んで，そこで今その理念をどこまで意のままにすることが許されるのだろうか」，と。こうした計画を抱いていたヘーゲルは，テュービンゲン神学がカントをわがものとしたやり方からそれほど遠いところにいるわけではない。ヘーゲルもまた，人格神の現存在を少なくとも道徳神学という方途で確保しようという，カントが申し立てた要求に固執しているのであり，だからこそシェリングに向かって，私たちが個別的で人格的な存在者の思想にまでは到達しないとでもあなたは思っているのかどうかと，どこか不可解な調子で問い合わせているのである。

なるほどヘーゲルの気持ちを傷つけないためであろう，シェリングはこの再度の問い合わせの方向を転換し，ヘーゲルはただシェリングの考え方に関してたしかめようとしただけなのだろう，なぜなら，レッシングの信奉者としてのヘーゲルにとっても，まさしく正統な神概念がもはや私たちにとって存在しないというのは決定的なこととして妥当させざるをえないことのはずだから，と述べる。こうしてシェリングはヘーゲルに向かって，そうこうするうちに自分はスピノザ主義者になったという告白を書き添えるのである（1795年2月4日）。

「カントの体系とその最高の完成から［…］ドイツにおける一つの革命」をなお期待し，「実践理性の要請の新たな研究」に着手する中で（1795年4月16日），ヘーゲルはヘルダーリンとシェリングが自分に報告してくれる哲学的革命を跡づけることにどうにか成功する。この哲学的革命の第一の契機は，フィヒテの『全知識学の基礎』（1794/95年）にある。しかし，友人たちがすでに先んじてこれを受容していたし，それどころかシェリングは二つの論文を書いてすでにフィヒテに応答してしまっていたのに対して，ヘーゲルの方では1795年4月16日にやっと，『知識学』を「夏のあいだに研究する」計画を立てている。ヘーゲルはさしあたり，哲学的革命の第2の契機，すなわちヤコービの『モーゼス・メンデルスゾーン氏宛て書簡におけるスピノザの教説について』を通じて図らずも引き起こされた，1790年代のスピノザ・ルネサンスの方は度外視する。——少なくともギムナジウム時代の終わり頃には，レーベルクの著作の批評の中でスピノザの哲学に出会っていたにもかかわらず（GW 3. 192）。スピノザに対するシェリングの信仰告白のことを，ヘーゲルは返事の中で一言も取りあげていない。それゆえに，シェリングの1795年1月6日付と2月4日付の書簡と，ヘルダーリンの1795年1月26日付の書簡に見られるように，フィヒテの「絶対的自我」とスピノザの実体を同一視するというこの哲学的革命の第3の契機もヘーゲルは捉え損なうのである。

しかしながら，友人たちから遅れをとらせたのは，ヘーゲルが学術の舞台から遠ざかっていたという理由によるだけではない。ヘーゲルにしてみれば，「もっともっと深いところに入り込んでいこう」と

する最近の諸々の営みは、「一般的に使用可能な諸概念に大いに適用可能であるということよりもっと詳細な意義をもつのは理論理性にとってだけである」と思われたのである。「だからぼくはこういった営みのことを、それぞれの目的に関して詳しくは知らない」(1795年1月末) というのである。ヘーゲルはカント的当為に定位したままで (1795年4月16日)、シェリングによって切りだされた問題に対し、テオドール・フォン・ヒッペルの小説『上昇線を描く人生行路』から取った「人生行路」という言葉を度々用いながら答えている。またそれとは逆に、「少なくとも善意を」示すためだけに、シェリングのフィヒテ受容に同意している (1795年8月30日)。

ヘーゲルが1795年の1月末にシェリングに向かって表明している道徳神学と自然神学に関する、また摂理の理念に関する熟慮のことは、かねてよりすでにヘルダーリンに打ち明けていたに違いない。というのも、ヘルダーリンはすでに1795年1月26日に、批判的な調子は否めないものの、ヘーゲルの目論見を支持しているからである。「君が宗教概念に取りかかるというのは、たしかにいくつもの観点からして、良いことだし重要だ。摂理の概念を、君はたしかにまったくカントの目的論と並行したものとして論じている。」1795年8月30日付のシェリング宛て書簡の中でヘーゲルが思い返しているのはこの計画のことであろう。「ぼくはかつて、神に近づくとは何を意味しうるのかということを、ある論文の中で明らかにしようとしたことがあった。そして実践理性が命じるのは現象界とその他の要請に対してであるという点に要請の充足を見出せると思っていた。」残された断片の中には、ここに言われる「論文」と同定できるものは見当たらない。大全集版第1巻105頁 (GW 1. 105) のテーマがそれを思わせたり、同195頁 (GW 1. 195) のテーマがシェリングと再び関連づけられたりするにしても。

ヘーゲルのベルン時代には途中二つの旅行が入る。あくまで推定にすぎないが、最初の旅行は、1795年3月15日にベルン事務局からヘーゲルにジュネーブ行きの旅券が交付され、帰途にさいして3月23日にヘーゲルが「門の〔通行〕証明書」を受け取った、というものである (Br 4/1. 70 f.)。この——どこにもヘーゲルによる言及が見当たらない——旅行の理由として、ヘーゲルがルソーを高く評価していた点を推測してみることができるかもしれない。だが同じように、旧知の家庭教師を訪問したということも考えられるだろう (Br 1. 433)。二つ目の旅行は、ヘーゲルが三人のザクセン出身の家庭教師たちと一緒に1796年7月25日から31日にかけて行っているものである。これについての情報は、ローゼンクランツによって伝えられたヘーゲルの詳細な『アルプス徒歩旅行記』が教えてくれる (本書118頁以下参照)。

2.4. フランクフルトへの移動

この時期、ヘーゲルはベルンから離れられる機会が訪れることを待ちこがれていた。こうした変化に向けた諸々の計画は、ずっと以前に遡る。1795年11月25日付のヘルダーリンの書簡に認められるように、同じ頃ヘーゲルがテュービンゲンでの補習教師職のことを考えていたのに対して、ヘルダーリンはかねてよりすでにヘーゲルにフランクフルトでの家庭教師職を紹介しようと尽力していたのである。ヘーゲルのそうした考えに対して、1796年10月24日にヘルダーリンは突き放すようなたとえで注意を与える。「全ヴュルテンベルクと、下ってはプファルツからの奨学金からは、いろんな虫がすでに動きまわっている棺桶のような臭いがしてくる。」

1796年の「夏の初め」に、ヘルダーリンはヘーゲルに初めてノエ・ゴーゲル家の家庭教師職について情報を与え、96年10月24日にも注意を喚起している。この (失われた) 書簡が起因となって、ヘルダーリンとの再会の期待の気持ちを具体化した詩『エレウシス』が生まれる (本書120頁以下参照)。シェリングもまたこの時期に、イェーナかヴァイマールでヘーゲルの就職先を見つけるべく尽力するのだが、すでに1796年6月20日にはヨハン・ゴットロープ・ズュースキントを介して、ヘーゲルがフランクフルトでの職を選ぶことになるだろうという情報を得る。ゴーゲル家での職がヘーゲルのために準備されている旨をヘルダーリンが最終的に友に知らせることができたのは、1796年10月24日のことである。ヘーゲルはヘルダーリンの招聘に喜んで従うわけだが、

1796年11月にはそのヘルダーリンに，ベルンでの職を離れられるのが「だいたい年末頃に」なること，フランクフルトへの到着は早くても1月中旬になることを告げている。1797年1月10日，シュトゥットガルトの宗務局がヘーゲルのフランクフルトへの移住を許可する（Br 4/1. 71）。しかしすでに同日，ヘルダーリンはヨハン・ゴットロープ・エーベルに対して，ヘーゲルがその間にも到着していることだろう，と報告している（HBZ 33）。

ヘーゲルはシュトゥットガルトの父親と妹のところで越年する。ここで彼は，その当時父親の家で暮らしていた妹の友達ナネッテ・エンデルとも知り合う。彼女は，ヘーゲル57歳の誕生日にヘーゲルの妹クリスティアーネのところに寄せてある詩の中で，彼女がヘーゲルのネクタイの世話をしてあげたことや，ヘーゲルのキスをやむなくかわさなくてはならなかった時もあったこと，またそればかりでなく，ヘーゲルが「1796年の最後の時刻に」カロリーネ・フォン・ヴォルツォーゲンの小説『アグネス・フォン・リーリエン』を読んで聞かせてくれたことも報告していた（HBZ 28f.）。ここでは，1796年にシラーの『ホーレン』誌で発表されたさいのものを挙げておこう。「私たちは眠りについて夢をみるのもやめて／息もできないくらいに／彼の言葉に目と耳を傾けていた。」

ベルン時代を通じたヘーゲルの心境変化を裏づけるのに適当な資料はいくつかある。シェリングはすでに1796年7月20日に，ヘーゲルが「優柔不断で，そのうえ意気消沈した状態」にあると診断し批判しているし，ヘルダーリンも1796年11月20日に，「君の状況のせいで，君は皆がよく知っているいつも朗らかな心根をいささか失ってしまったように見える」とヘーゲルを戒めている。ヴィンディシュマン宛て書簡（1810年5月27日）に綴られるヘーゲルの回顧は，おそらくこうした局面に関係づけられるだろう。「私は，理性がかつて興味関心と自らの予感を携えて現象の混沌に立ち向かったときの自分の経験から，心情の，あるいはむしろ理性のこうした気分を知っています［…］。私はこの心気症に二年間，衰弱するほどまでに苦しみました。およそどんな人間にも，このような人生の転回点，すなわち自らの本質が収縮するという闇に包まれた時点が確実にあるのであって，人はその隘路を何とかして通り抜け，自分自身の自信をたしかなものとし，そして自分自身をたしかめるのです。」そして，ヘーゲルの妹クリスティアーネも，彼の死後もなお，当地でのことを回顧している。「1793年秋にスイスに行って，三年たって，〔ヘーゲルは〕内にこもって帰ってきました。親しい仲間うちの中でだけは陽気だったのですが。1797年初めにはフランクフルトへ」（HBZ 27）。

テキスト：GW 1. GW 3. 221-233; Br 1. 4-6, 9-45.
参考文献：R 41-80; Hugo Falkenheim: Eine unbekannte politische Druckschrift Hegels. In: Preußische Jahrbücher 138 (1909), 193-210, ND in: Helmut Schneider/Norbert Waszek (Hg.): Hegel in der Schweiz (1793-1796). Frankfurt am Main u. a. 1997, 261-285; Hans Strahm: Aus Hegels Berner Zeit. In: Archiv für Geschichte der Philosophic 41 (1932), 514-533, ND in: Schneider/Waszek (Hg.): Hegel in der Schweiz (1997), 287-316; Paul Chamley: Les origines de la pensée économique de Hegel. HS 3 (1965), 228ff.; Hans Haeberli: Die Bibliothek von Tschugg und ihre Besitzer. In: Festgabe Hans v. Greyerz zum 60. Geburtstag 5. April 1967. Hg. von E. Walder, P. Gilg, U. Im Hof, B. Mesmer. Bern 1967, 731-745; Jacques D'Hondt: Hegel secret. Recherches sur les sources cachées de la pensée de Hegel. Paris 1968, 7-43; »Minerva«: deutsch: Verborgene Quellen des Hegelschen Denkens. Berlin 1972; Ludwig Hasler: Aus Hegels philosophischer Berner Zeit. HS 11 (1976), 205-211; Wilhelm Raimund Beyer: Aus Hegels Berner Zeit. In: Deutsche Zeitschrift für Philosophie 26 (1978), 246-250; Martin Bondeli: Hegel in Bern. HSB 33 (1990); Christoph Jamme/Helmut Schneider (Hg.): Der Weg zum System. Materialien zum jungen Hegel. Frankfurt am Main 1990; Cinzia Ferrini: Die Bibliothek in Tschugg: Hegels Vorbereitung für seine frühe Naturphilosophie. In: Schneider/Waszek (Hg.): Hegel in der Schweiz (1997), 237-259; Catalogue de la précieuse bibliotheque de feu M. l'Avoyer Christoph de Steiger de Tschugg. […] Ebd. 319-379.

フランス革命について：典拠：GW 3. 217f.
参考文献：Georg Lukács: Der junge Hegel. Über die Beziehungen von Dialektik und Ökonomie. Zürich/Wien 1948; Joachim Ritter: Hegel und die Französische Revolution. Köln/Opladen 1957, ND Frankfurt am Main 1965 sowie in Ritter: Metaphysik und Politik. Frankfurt am Main 1969; Jacques D'Hondt: Hegel secret; Andreas Wildt: Hegels Kritik des Jakobinismus. In: Oskar Negt

(Hg.): Aktualität und Folgen der Philosophie Hegels. Frankfurt am Main 1971, 269-296; Jürgen Habermas: Hegels Kritik der Französischen Revolution. In: Theorie und Praxis. Sozialphilosophische Studien. Neuwied/Berlin 1967, 89-107; Otto Pöggeler: Hegels Idee einer Phänomenologie des Geistes. Freiburg/München 1973, 13-78: Philosophie und Revolution beim jungen Hegel; Henry Silton Harris: Hegel and the French Revolution. In: Clio 7 (1977), N. 1, 5-17; Norbert Waszek: 1789, 1830 und kein Ende. Hegel und die Französische Revolution. In: U. Herrmann/J. Oelkers (Hg.): Französische Revolution und Pädagogik der Moderne. Weinheim/Basel 1990, 347-359.

3

フランクフルト（1797–1800年）

3.1. 家庭教師生活と交際

テュービンゲン期に関してもベルン期に関しても，これらの時期の哲学的成果と，これらの時期から知られるヘーゲルの生活とのあいだに特筆すべき不一致がみられるが，フランクフルト期にはよりいっそうその観がつよい。驚くほどの資料の乏しさが，さまざまな出所の情報が付け足されることでほとんどいつも小説風に脚色された大量の潤色材(コラーゲン)によって，巧みに隠蔽される。たとえば，ヘーゲルの生活圏に属する人々のなかのひとりにそのつど伝わった報告が積み重ねられ，「友人たち」がそう思ったのだとか，ある人の読み物を別の人も分かち合ったにちがいないとか，ある人の生活から報告される出来事に，ほかの人も同じように関わったにちがいないなどと断言されるわけである。このようにして，乏しい資料からさえも，濃厚で色鮮やかであるにもかかわらず，むろん方法論的に疑ってかかるべきイメージが出来上がってくる。

ワイン商で，後の市の参事会員のノエ・ゴーゲルの家でのヘーゲルの家庭教師の条件について報告しているのは，ヘルダーリンの1796年10月24日と11月20日付の〔ヘーゲルへの〕ベルン宛ての書簡だけである。それによれば，ゴーゲル夫妻は「謙虚で，とらわれのない理性的な人たち」で，彼らの社会的な地位や富にもかかわらず，「ほとんど自分たちだけで暮らしている」というのである。ヘーゲルは「さしあたって九歳から十歳までの二人の元気な男の子」と，それに加えて少女たちを幾人か「教育しなければならない」ことになる，というわけである。ヘルダーリンはこの危惧される補習の教育業務に関して，「ひとりの子につき15分くらい楽しく語らえばいいのだ」し，その子がドイツはヨーロッパにあるのだということを記憶するようになれば上々だと言ってヘーゲルを安心させている。「フランクフルトでもっとも美しい家の一つであり，フランクフルトのもっとも美しい場所の一つであるロスマルクトに立っている」ゴーゲル家で，ヘーゲルは「まったく気兼ねなく」生活できることになるであろう，とヘルダーリンは言う。ヘーゲルはそこで，「ささいなことではないのだが，自分用の一部屋に住み」，棒給400グルデンと旅費も支給され，そのうえ「食卓ではとても美味しいラインワインとフランスワインを飲める」であろう，と。1797年2月9日に，ヘーゲルはナネッテ・エンデルに宛てた手紙で，ゴーゲル家の家族に関するヘルダーリンの発言の正確さを知らせている。「私たちの家の中の音といえば，精神と心を欠いたおしゃべりとも，堅苦しさとも同じくらいかけ離れています。なすこと言われることは，友情と朗らかさから生じるのです。」また，ヘーゲルはベルンの友人ゾンネンシャインにも，とてもうまくいっていると報告している（R 80）。

フランクフルトからのヘーゲルの書簡は，1800年11月2日のシェリング宛て書簡のほかには，ナネッテ宛ての数通しか保存されていない。これらの書簡が描き出しているのは，ヘーゲルの生活のそれほど深くもないイメージである。長編小説『アグネス・フォン・リーリエン』の連載を読むことや，ヘーゲルが「とても気に入った」舞踏会を見物したこと，少なくとも週に一度の喜劇見物とオペラ見物といっ

たことである。名前の挙がっている演目としては，『魔笛』と『ドン・ジョバンニ』があるが，そのうち後者をヘーゲルは「音楽を聴きたくて待ちこがれているところです」と述べている。その一方で彼は「社会や，都市生活やそこから生じる娯楽への欲求が私たちの中に混入してくる残りかすについて」社会批判的-ルソー主義的にふれ，さらにこの女友達に対して田舎暮らしを次のように推奨している。田舎で自然の腕に抱かれて自分自身とも人々とも和解することもあれば，「しばしばこの誠実な母のもとに」逃れることもあるが，こうして，「この母のもとで，私が平穏にともに生活している人々と再び仲違いし，彼女の庇護のもとで人々から我が身を守り，彼らとのきずなを無効にしてしまう」。そしてヘーゲルはこの女友達に告白する。「あなたがもはや私を信心深くなるよう促してくださらなくなってからというもの，すべては終わってしまいました。私は教会をいつもただ通り過ぎるだけです。」（1797年11月13日）そのかわりにマイン川での水浴（これについては，1800年8月21日の〔スタンザの〕「つもりの」詩『月明かりを浴びて』の中でも賛嘆している。R 84）のことを持ち出し，また1798年の春マインツを訪れたことにも言及している。その訪問後，フランス革命軍の進出による荒廃のさまをヘーゲルは描写している。——あたかもその荒廃にさいして，自然現象が問題であったかのように，どのような政治的な注釈も加えずに。再び旅券が証拠立てているように，1800年9月19日から22日に，この間にフランス領になっていたマインツをもう一度訪れている（Br 4/1. 77）。——そのさいの彼の旅行目的については推測することしかできない。

ヘーゲルはヴィルヘルム・フリードリッヒ・フーフナーゲルとフランクフルトで社交上の関係をもった。当時フーフナーゲルはフランクフルトの宗務局の最長老であり，その妻カロリーネはヘーゲルの代父ヨハン・フリードリッヒ・ブライアー（なお，彼はヘーゲルの父のいとこにあたる）の娘であった。ヘーゲルが他の有名な人物たちと同じように，フーフナーゲルのとりなしによって「家庭教師としてフランクフルトの家族に紹介され，さらに学問を継続するための重要な縁故や手段，したがってそれぞれの名誉への道」を与えられたという主張（HBZ 35）を裏づけることができないにしても，彼が「靴やお茶やお金やソーセージ」のことに関する感謝の念を記した，1801年12月30日にイェーナからフーフナーゲルに宛てて出した書簡からは，非常に親密な関係がうかがえる。

さらにローゼンクランツの報告によれば，ヘーゲルは「本物のファウスト」のようにして当時一匹のプードルを飼っていたが，その犬の「必然性」のことをきちょうめんに一連の詩にしたためており，「この詩はおそらくヘーゲルの意図からすれば二行詩になるはずであった」（R 83）。ヘーゲルは詩作に野心的であったが，その先の成果がどうであったかについても，ローゼンクランツは——もっともなことだが——否定的な判断を下している。ヘーゲルの哲学的な関心については，彼の指摘はもっと好意的である。ローゼンクランツは当時ヘーゲルの本屋の勘定書を眼前にしており，それを読み解き，ヘーゲルが「主としてシェリングの著作とギリシアの古典作家の最良かつ最新の版を購入し，中でもプラトンとセクストゥス・エンピリクスをおおいに研究したにちがいない」（R 100）と推測している。

3.2.「精神の同盟」

ヘーゲルの周辺から得られる証言のうち，残された彼の断片から推論できるフランクフルト期の哲学的な基調に言及したものが一つも存在しないというのは奇妙なことである。その基調とは，ヘルダーリン，ヤーコプ・ツヴィリングおよびイーザク・フォン・シンクレア[1]とのあいだで交わされた，フランクフルト-ホンブルクの「精神の同盟」のことである。シンクレアは1792年10月にテュービンゲン大学に法学を学ぶために入学手続きをしていた。1795年11月25日のヘーゲル宛て書簡の中のヘルダーリンの指摘から推測されるように，この時期からヘーゲルはシンクレアと知り合いであった。イェーナでの研究を終え，1796年以後は，シンクレアはヘッセン＝ホンブルク方伯に雇われていた。ローゼンクランツの指摘にも，このサークルの重要さを感じ取らせるものはない。この時代のヘーゲルの知人としてローゼンクランツが——元になる資料を提示せずに——

さらに言及しているのは、フリードリッヒ・ムールベック、ヨハン・エーリッヒ・フォン・ベルガー（これは「ブライアー」を「ベルガー」とたんに読み間違えただけであろう。R 144）、ヨハン・エーリヒゾーン（1777年当時、イェーナとグライフスヴァルトの神学生）、ヨハン・ベンヤミン・エアハルト（当時はアンスバッハで、1799年からはベルリンで医者をしていた。これについてはADB 6. 201を参照）である。それとは反対にヨーゼフ・フランツ・モリトール、ニコラウス・フォークト、ヨハン・ゴットフリート・エーベルとヘーゲルは個人的な関係をもっていなかったという点（R 81）に関しては、ローゼンクランツはおそらく1810年8月16日付のシンクレアの書簡から推測しているのであろう。──その際のローゼンクランツのエーベルに関する記載は、エーベルがいずれにせよ1796年から1802年のあいだパリで暮らしていたことを考慮に入れていない。

1) イザク・フォン・シンクレア（1775-1815）。テュービンゲン大学、イェーナ大学に学び、フィヒテを聴講する。ヘルダーリンと親しく交わり、またツヴィリング、ヘーゲルと「精神の盟約」を結ぶ。狂気に陥ったヘルダーリンをホンブルクに引き取る。政治活動も行ったが、のちに著作活動に専念し、『真理と確信』（全三巻、1807-09年）を書く。

この友人たちの同盟に関して多くの浩瀚な研究があるが、それらは伝承された諸資料がなにも語っていない点に触れていない。──とりわけこのサークルにおけるヘーゲルの立場に関してそうである。この件については、この同盟を扱った最新の論述（Waibel 2002）でさえ間接的に証明しているにすぎない。そのうえさらに、この状況を是正しようとして、いかがわしい諸資料が大きな比重をもつようになってきている。ディーター・ヘンリッヒとハンネローレ・ヘーゲルは、シンクレアの現況報告的な詩『交友』を、ヘーゲルとの（1797年の）出会いのことであるとし、オットー・ペゲラー（1983）とクリストフ・ヤメはフリードリッヒ・シュレーゲルとの（1806年の）出会いのことであると解釈している。これらにはもっと優れた論拠が必要である。たしかにヘルダーリンの書簡に、シンクレアとヘーゲルとの関係をうかがわせるものはあるが、当時の「精神の同盟」をうかがわせるものはない。ヘルダーリンはノイファーに宛てて1797年2月16日に次のように書いている。「ヘーゲルとの交際は私にとってとてもためになります。私は知性ある穏やかな人々が好きです。なぜなら、自分自身や世界とどのような事態にあるのか正しく知らないときに、彼らのそばにいればきちんと自分の位置を知ることができるからです」、と。1796年11月20日の時点ですでに、ヘルダーリンはヘーゲルに次のように予測している。「ぼくの心がぼくをおろかな若者にしてしまったとき、君はこれまでに何度もぼくの助言者となってくれた。これからも君は何度も助言者でなければならないだろう」、と。なおも保存されている友人サークルの──シンクレアやツヴィリングが交わした──そのほかの書簡では、ヘーゲルは言及されていない。1797年にはヘルダーリンの『ヒュペリオーン』が出版され、ヘーゲルは一部入手している。──しかしヘーゲルがどのようにヘルダーリンの詩を読んだかについて、証明するものは存在していない。ヘーゲルがのちにシンクレアと交わした書簡が、いくつかのわずかな示唆を与えてくれる。しかしシンクレア宛てのヘーゲルの書簡は失われてしまった。ヘーゲルは1810年10月のシンクレア宛て書簡の草案の中で、論文を贈ってもらったにもかかわらず御礼をしていなかったからという理由で、個人的に面識のないモリトールにお詫びを述べよろしくと言ってくれるよう頼み、さらに次のように続けている。「私は不幸なフランクフルトから高いフェルトベルクとアルケンの山々をよく好んで眺めたものですが、それらにも挨拶しておいてください。君がその麓にいることを知っていたからです」、と。

以上のことはもっとも詳細な証拠とも一致している。それは、時代は下って「精神の同盟」と関係のないある人物のものである。プロイセンのヴィルヘルム皇太子妃、旧姓ヘッセン＝ホンブルクのマリアンネが1830年に「世にも名高いヘーゲル教授」との会食のあとで日記に記しているところによれば、ヘーゲルにシンクレアのことを尋ねたところ、次のようであったというのである。「その際ヘーゲルはシンクレアやボナメス〔フランクフルト郊外のボナメス〕のこと、さらにはシンクレアと一緒に私たちの

山々に登ったことについて話し，それぞれを名指しで呼び——世間から姿を消してしまったヘルダーリンについても話し初め，ヘルダーリンの書物『ヒュペリオーン』について語った」，と。

参考文献：Käthe Hengsberger: Isaak von Sinclair, der Freund Hölderlins. Berlin 1920; Ludwig Strauß: Jacob Zwilling and sein Nachlaß. In: Euphorion 29 (1928), 368-396; Werner Kirchner: Hölderlin. Aufsätze zu seiner Homburger Zeit. Hg. von A. Kelletat. Göttingen 1967, 120 f.; Dieter Henrich: Hegel und Hölderln. Inders.: Hegel im Kontext (1971), 9-40; Hannelore Hegel: Isaak von Sinclair zwischen Fichte, Hölderlin und Hegel. Ein Beitrag zur Entstehungsgeschichte der idealistischen Philosophie. Frankfurt am Main 1971；dies.：Reflexion und Einheit. Sinclair und der »Bund der Geister« - Frankfurt 1795-1800. In: Rüdiger Bubner (Hg.): Das älteste Systemprogramm. HSB 9 (1973), 91-106; Otto Pöggeler: Hölderlin, Hegel und das älteste Systemprogramm. Ebd. 211-259; Pöggeler: Sinclair - Hölderlin - Hegel. Ein Brief von Karl Rosenkranz an Christoph Th. Schwab. HS 8 (1973), 9-53; Pöggeler: Hegels praktische Philosophie in Frankfurt. HS 9 (1974), 75-107; Christoph Jamme (Hg.): Sinclairs Briefe an Hegel 1806/07. HS 13 (1978), 17-52; Jamme: »Ein ungelehrtes Buch« (1983); Jamme / Pöggeler (Hg.) : Homburg vor der Höhe in der deutschen Geistesgeschichte. Stuttgart 1981; Jamme / Pöggeler (Hg.): »Frankfurt aber ist der Nabel dieser Erde« Das Schicksal einer Generation der Goethezeit. Stuttgart 1983; Jakob Zwillings Nachlaß. Eine Rekonstruktion. Mit Beiträgen zur Geschichte des spekulativen Denkens. Hg. und erläutert von Dieter Henrich und Christoph Jamme. HSB 28 (1986); Isaak von Sinclair. Politiker. Philosoph und Dichter zwischen Revolution und Restauration. Anhand von Originaldokumenten dargestellt von Christoph Jamme. Bonn 1988; Violetta Waibel: »Bund unserer Geister« In: Ulrich Gaier u. a. : »Wo sind jezt Dichter? Homburg, Stuttgart 1798-1800 (= Hölderlin Texturen 4). Tübingen 2002. 24-55.

3.3. 執筆計画

直接的な証拠が欠けているにもかかわらず，フランクフルト＝ホンブルクの友人サークルがヘーゲル哲学の展開にとって，とりわけ「キリスト教の精神」とその周辺の草稿に結実する広義の宗教哲学的な草稿にとって大きな意義をもっていたことは疑いがない。ヘーゲルがドイツ憲法論の推敲を重ねたのもその友人サークルに原因があったと言ってもよいであろう。このことは少なくとも，シンクレアが1796年以降ヘッセン＝ホンブルク方伯に勤め，この職務上，当時の外交活動に巻き込まれていた限りで言いうることである。こうしてシンクレアは1798年にラシュタット会議に参加したのである。とはいえ，ヘーゲルの当時の計画のすべてをこのサークルに帰すことができるわけではない。彼がすでにベルン期に形成していた活発な政治的関心は，1798年の最初の出版物となって表に出る。ヘーゲルは『ヴァート地方（ヴォー地方）とベルン市との以前の国法上の関係に関する親書』を匿名で出版する。ベルン貴族の政治に反対するジャン−ジャック・カルの論難書の注釈付き翻訳である（本書128頁以下参照）。もっとも，そこでふせられた名前はモイゼルの『学識あるドイツ』（1805年）の中で明かされるのだが（HBZ 57），ヘーゲルの手になることは，フーゴー・ファルケンハイムによってはじめて一般に知られるようになる。ヴュルテンベルクの政治情勢に関するパンフレットがかろうじて断片的に保存されているが，その公刊をヘーゲルが止めたのは，おそらく友人たちの忠告に従ってのことであろう（本書130頁以下参照）。

これらの二つの計画のうえにさらに，広義の政治的な諸事件がヘーゲルの注意を引き付けた。ローゼンクランツは——いまとなっては失われた——ヘーゲルによるイギリスの新聞からの抜き書きのことを報告しているし，『プロイセン一般ラント法』に対する批判的な態度決定に基づく抜粋のことを伝えてくれている。責任担当の法務大臣フォン・カルマーの発案で，体刑を廃止するかわりに，「囚人を完全に孤独にし，人々との一切の交わりから孤立させ，日常の必需品や快適さを奪うことによって」刑の執行を重くしようとしたのであるが，ヘーゲルはそれを，「捕虜にした自分たちの敵に苦痛を与え，楽しみながら拷問するというイロコイ族流のやり方」だと非難している。「罰したり改善しようとする意図をもったりする道徳的な快楽は，復讐の快楽とそれほど異なるものではない」（R 85 f.）。

このような政治的な関心をもったからといって，

狭義の哲学研究が滞ってしまったわけではない。ローゼンクランツの報告によれば，ヘーゲルは1798年8月10日からカントの『人倫の形而上学』の「厳密な研究」に着手し，合法性と道徳性のカント的対立を「高次の概念において統合しよう」と試みており，「その概念をヘーゲルはこれらの注釈の中でたびたび端的に生と呼び，やがては人倫と呼んでいた」。今日では同じように失われてしまったこの注釈にみられるそのほかの一つの関心事としてローゼンクランツが挙げているのは，国家と教会の二元論の克服である。国家の原理が一つの完全なる全体であるというのならば，「教会と国家が異なるものであることは不可能である。国家にとって考えられるもの，支配的なものは，教会にとってもまさしく，想像力によって描出された生けるものとしての同じ全体である。教会の全体は，全体としての人間が特殊な国家人と特殊な教会人とに分断されているときにのみ，断片と化す」(R 87 f.)。

ローゼンクランツはヘーゲルのフランクフルト期の仕事をさらに一瞥させてくれる。1799年2月19日から5月16日まで，ヘーゲルはステュアートの『経済学原理 Untersuchung der Grundsätze der Staatswirtschaft』のドイツ語訳に，批評を加えながら注釈を書いたというのである。「この注釈はまだ完全に保存されている。そこには政治と歴史に対する非常に大きな視野と，細やかな所見がみられる。ステュアートはなお重商主義の信奉者であった。競争のただ中で，そして労働や流通の機構の中で人間の心情を救済しようと努めることで，ヘーゲルは高貴な情熱をもって，豊富な興味深い事例を用いて重商主義の死者と戦ったのである。」(R 86)

しかしさしあたってローゼンクランツは，そのほかの哲学研究の領域を，たとえば，自然哲学のことを挙げていない。自然哲学については，ヘーゲルが1801年の教授資格取得のテーマを「すでに長らく胸の中にあたためていた」というローゼンクランツのもっとあとの報告からしか推測できない。「力学と天文学に関するカントの著作，ケプラーやニュートンなどからの抜粋が，すでにかなり以前から彼の手元にある。[…]これらの草稿とそれにふさわしい雑然とした計算の書類はいまもなお残っている」(R 151f.)。イェーナでの活動期間の最初の半年間のヘーゲルの多様な計画のことを考慮するならば，ヘーゲルがこの——今日では失われた——自然哲学研究にすでにフランクフルトで着手し，イェーナ以降それを成熟した形式で携えてきたのだと推測せざるをえない (GW 5. 624, 634 参照)。

3.4. イェーナへの移動

ヘーゲルはフランクフルト期のちょうど中頃に，妹のクリスティアーネから，1799年1月15日に父親が死んだという報告を受け取る。1799年2月24日には，遺産問題の整理のために，父親の義理の兄弟で，当時シュトゥットガルトで書記官であったヨハン・クリストフ・ギュンツラーに「無条件の代理権」を委ねた。それは，「遺産整理と，たとえばそれに続く売却，すなわち私のためにしかるべくなしうることをなんであれ売却することなどの一切を，私の名前で行う無条件の代理権」である。ヘーゲルはこの代理権のうちに，「遺産整理ののちにただちに売却し，それからはじめて分配にとりかかる」という自分の意志を宣言しているわけである。それでも1799年3月9日から28日にかけて，彼は自分でシュトゥットガルトを訪れている。遺された資産は——ヘーゲル，弟のゲオルク・ルートヴィッヒ，妹の——兄弟妹間で等分される。その上さらに，二人の兄弟が自分たちの取り分から「自分たちの教育のために生じた出費の補填分として，500フローリン〔＝グルデン〕を妹に対して前もって与えることにしよう」，という取り決めがなされる。——詳しくいえば，「修士先生」が350フローリンで，ゲオルク・ルートヴィッヒが150フローリン負担する，というものである (Br 4/1. 72-74)。ヘーゲルの手元には3154グルデンが残ったが，これによってヘーゲルに家庭教師生活に別れを告げる可能性が生まれる。

しかしヘーゲルが「いまや非常に活き活きとしてアカデミックな場にデビューする」ことを考えていた，といったローゼンクランツの報告を裏づける証拠は存在しない。それどころかローゼンクランツは，「ヘーゲルが，いわば自明のことであるかのように，当時の哲学の理想郷イェーナに行こうとしていた」(R 142) と補足しているが，その証拠もない。

1800年5月23日，父親の死後から一年以上が経ってはじめて，ヘーゲルはシュトゥットガルトの教会役員会に「よその地のいくつかの大学を訪ねさせていただきたいと許可を願い出，と同時に旅費の出資」を申請している。少なくともそこにイェーナという地名は表立って挙げられてはいない。審査された奨学生に関する「1804年の概要一覧」にも，ヘーゲルは「旅行中」だと記載されている（Br 4/1. 75f.）。

イェーナが旅行目的であることを示す第一の証拠は，1800年11月2日付のシェリング宛てのヘーゲルの書簡である。ヘーゲルはこの手紙でシェリングと数年来絶っていた交信を再開しようとしたのである。しかしヘーゲルがこの手紙を書くのは，ただ「ある特別な希望から」，すなわちバンベルクでのいくつかの宛名を紹介してもらいたいためである。私〔ヘーゲル〕はそこで友〔シェリング〕と会って幾時間かを過ごしたいと願っていたが，聞けば，シェリングはすでにイェーナに戻ってしまっているということなので，こうして君にバンベルクか別の都市で滞在するために知り合いの住所を教えてほしい，というのである。――そしてさらにこう付け加えている，「プロテスタントよりもカトリックの都市の方がいい。ぼくはカトリックを一度近くで見てみたいものだ」，と。ところがローゼンクランツは，ヘーゲルが自ら（それともシェリングによって？）「フランクフルトからただちにイェーナへ向かう」ことに決めたのであって，こうして1801年1月にイェーナに到着したと報告している（R 147f.）。

伝承資料が乏しいせいで，ヘーゲルが友人に相談する理由が計画された学術活動ではなかったということを，易々と見過ごさせてしまうのである。ヘーゲルの書簡は，「イェーナの文学騒ぎ」に身を委ねたいという願望を，シェリングがすでに第三者から知らされていることを想定している。われわれはヘーゲルがイェーナの誰と実際に交信していたのか知らない。シェリングの従兄弟で，書簡の中で名前の挙がっているカール・ヴィルヘルム・フリードリッヒ・ブライアーの可能性がある。彼は当時イェーナの私講師をしていた。あるいはフリードリッヒ・イマヌエル・ニートハンマーであった可能性もある。彼は当時ヘルダーリンと密接な関係にあり，ヘーゲルの1801年の教授資格審査に参加し，ニュルンベルク期の終わりまでヘーゲルの助言者であり続けた人物である。しかし，ヘーゲルが「1800年以降，N氏〔ニートハンマー〕と親密な友人関係」（Br 4/2. 241）にあったということは，これまでまだ確認されていない。イェーナ以降の関係ということであれば，ハインリッヒ・エーベルハルト・ゴットロープ・パウルスとも続いていたといえるだろう。パウルスは，フーフナーゲルに宛てた1801年12月30日付のヘーゲルの書簡が示しているように，フーフナーゲルとも知り合いであった。ヘーゲルはパウルスとその家族と，イェーナですぐに非常に親しくなった。それにもかかわらず，ヘーゲルはシェリングを特別扱いしている。「私の周りにいるすべての人たちの中で，世間に対する発言と影響を鑑みても，ぼくの友人であってほしいと思えるのは，君だけだ」，と。とりわけ「鑑みて」という語のうちに，ヘルダーリンとの別れの経験が反響している。フランクフルトに到着したさいのヘルダーリンのイメージが，ヘーゲルの念頭に浮かんでいたのである。

典拠：GW 2; Hegel's Theologische Jugendschriften nach den Handschriften der Kgl. Bibliothek in Berlin. Hg. von Herman Nohl. Tübingen 1907.
参考文献：R 80-99. 141-143; Haym: Hegel und seine Zeit (1857), 123; Hegel 1770-1970. 112-125; Hölderlin. Zum 200. Geburtstag (1970), 164-239; Hartmut Buchner: Hegel im Übergang von Religion zu Philosophie. Philosophisches Jb 78 (1971), 82-97; Dieter Henrich: Der Grund im Bewußtsein. Untersuchungcn zu Höldcrlins Denken (1795-1795). [Stuttgart 1992], insbesondere 23-31.

4

イェーナ（1801-06年）

4.1. ヘーゲルとシェリング

1800年頃のイェーナにおける精神生活の比類なき状況においては，まさにフィヒテ，シェリング，フリードリッヒ・シュレーゲル，アウグスト・ヴィルヘルム・シュレーゲル，とりわけシラーとゲーテの名前が挙げられるべきであるが，そうした多数のビッグネームは，彼らのもとで存在した分派活動を，それどころか「陰謀」があったことさえも容易に忘れさせてしまうものである。そのうえイェーナの名声は，当時すでに色あせている。ヘーゲルのイェーナ到着のときには，フィヒテは，すでに「無神論論争」の結果としてイェーナを退去し（1799年），ベルリンへ赴いた。そこでは同時に，アウグスト・ヴィルヘルム・シュレーゲルもまた，みずからの『文芸と芸術に関する講義』を開始する。そしてフィヒテがイェーナから空間的に離れることと並行して，シェリングとフィヒテのあいだの哲学的決裂もまた発生する。すでにずっと存在する両者の差異は，『超越論的観念論の体系』というシェリングの構想によって，フィヒテにとってもより明瞭となり，その差異は，シェリングの『わが哲学体系の叙述』によって外部に向かって明示される。この著作は，すでにそのタイトルからしてフィヒテとの距離を探るものである。驚く同時代人たちにとっても，シェリングは当時，フィヒテの一人の弟子という役割から抜け出しつつあった。フィヒテも同時代人たちも，シェリングをさしあたり，そうした弟子という役割の中に見ていたのである。同時にヘーゲルは，公衆にとっても巨匠であるフィヒテにとっても，シェリングの一人の弟子という役割の中へと属していく。シェリングはエアランゲン文芸新聞の出版者であるG. E. A. メーメル[1]に，自分の代わりに，批評者として「イェーナのクリプシュタイン庭園在住のヘーゲル博士」を推薦する。だが，その事実だけによっては，〔二人の間の〕この序列づけはそれほどはっきりとは示されない。その中でシェリングは，ヘーゲルに対してメーメルが「まったく有能で説得的な仕事を期待」していいだろう（HBZ 39），と彼に書き送っている。ヘーゲルがフランクフルトの知人フーフナーゲル[2]に伝えたように（1801年12月30日），ヘーゲルはシェリングと一緒に住んでもいる。

---

1) メーメル（ゴットロープ・エルンスト・アウグスト・メーメル）(1761-1840)。エアランゲン大学の教授。思想的にはフィヒテに近い。
2) フーフナーゲル（ヴィルヘルム・フリードリッヒ・フーフナーゲル）(1754-1830)。アルトドルフ，エアランゲンの大学で学び，エアランゲン大学の神学の教授となる。のちにフランクフルトの宗務局に勤務し，教育に功績を残す。

それでもまさに，大変動のこの時代は，ヘーゲルがイェーナでしっかりした地位を築くことを容易にするものである。伝記的な証明は欠いているが，彼の滞在の最初の数か月から，彼が「イェーナの文芸的喧騒」の中へと躊躇なく飛び込んでいるということが知られる。ヘーゲルのシェリングとの共同活動の第一の証明をなすのは，ヘーゲルの著作『フィヒテの哲学体系とシェリングの哲学体系の差異につい

て』である。その著作の仕上げをヘーゲルは，イェーナ到着後まもなく開始しなければならなかった。彼はすでに「1801年7月に」「序言」に署名しているのでなおさらである。疑いもなく彼は，シェリングとの密接な協調関係なしには『差異論文』を書き下ろさなかった。たとえシェリングが1801年10月3日に，駆け引きとは疎遠なことばで，「ここで問題となっているのは，私が何も関与しなかったし，それについてさらに私はけっして妨げることがありえなかった」そうした一冊の本〔『差異論文』〕なのです，とフィヒテに書き送ったとしてもである。

〔ヘーゲルとシェリングの〕共同活動の第二の証拠は『哲学批判雑誌』である。当時，まずフィヒテとシェリングとシュレーゲル兄弟による共同の雑誌のプランや，それどころかゲーテとシラーの協力のもとでの共同の雑誌に対するいくつかのプランがあったが，それらのプランが挫折したあとでは，この新しい企画では，シェリングとヘーゲルだけが編集者になる。そして，アウグスト・ヴィルヘルム・シュレーゲルとシュライエルマッハーが辞退したあとでは，彼ら二人だけが執筆者にもなる。彼らは寄稿論文を署名入りで出さないことによって，彼らの哲学的な一致を宣言する。この雑誌の第1巻第1号をフィヒテに「予期しない形で」送りつけるというシェリングの意図から，この企画がまたフィヒテへの当てこすりを含んでいるということを看取できる。このことは，当時すでにシェリングと懇意な関係にあったカロリーネ・シュレーゲルが，自分の夫であるアウグスト・ヴィルヘルム・シュレーゲルに1801年11月23日に伝えたところから明らかである。すでに1802年1月4日，シェリングはこの号を，アウグスト・ヴィルヘルム・シュレーゲルおよびフィヒテに発送する（HBZ 43）。ヘーゲルはこの号に，「哲学的批判一般の本質に関して」および「常識は哲学をいかにとらえるのか」という2本の論文を寄稿した。したがってこの雑誌の計画は，疑いもなく1801年の前半に遡る。1802年3月にすでに第2号が，ヘーゲルの「哲学に対する懐疑主義の関係」という詳細な論文を伴って現れる。シェリングは〔第2巻〕第3号を一人で引き受ける一方，第2巻の最初の二つの号は，ヘーゲルの「信仰と知」〔第1号〕ならびに「自然法の学問的取り扱いの種類について」〔第2号，第3号〕を含んでいる。

典拠：GW 4.
参考文献：Hartmut Buchner: Hegel und das Kritische Journal der Philosophie. HS 3 (1965), 95-156.

4.2. 教授資格取得

それにもかかわらず，イェーナにおけるヘーゲルの最初の年は，現代哲学とのこうした対決に捧げられただけではない。イェーナの文芸的な喧騒にたいしてだけではなく，学問的な喧騒への彼の参加にとってより重要なのは，1801年8月の彼の教授資格取得である。しかしこのために，ヘーゲルは別のテーマを選んだ。自然哲学である。1801年前半期の，まさに上述の著作に鑑みると，ローゼンクランツによって言及された（R 151f.）このための詳細な準備労作は，フランクフルト時代に由来すると想定されなければならない。

教授資格取得の手続きに関しては，ヘーゲルは誤った期待から出発したように見える。1801年8月8日，彼は哲学部に，テュービンゲンで取得された自分の修士号の「学位認定」を申請する。そしてこれは，彼の修士号が哲学の博士号と同等のものとして認定されることだけではなく，教授資格の前提としての承認を申請することをも意味するものである。それでも哲学部の学部長はいくつかの形式的なことがらと並んで，ヘーゲルが「教授資格取得のための討論か，あるいは目録（Catalogi）の（すなわち講義題目の）印刷以前に試験講義を行わなければならないであろうし，さらになお後者の場合は，復活祭のときにできあがる講義目録の印刷以前に討論を行わなければならない」ということを要求する。それでも学部の構成員たちの半数は，規約を引き合いに出して，つまり討論が講義許可の授与に先行しなければならないということを，学部がまさに「6日前に一致して確定」したということを引き合いに出して，この非常に協力的な学部長の提案を非難する。「シュヴァーベン氏〔ヘーゲル〕」の移住によって教授陣が著しく増大するということへの配慮の観点が欠けているというのである。ヘーゲルがこの決定

を知らなかったということから，講義許可の授与のためにはもっぱら学位承認の申請だけが必要であるという彼の思い込みが説明されるであろう。学部長は8月15日にこの学部決定をヘーゲルに伝達する。

その日にヘーゲルは，〔次のように述べて〕この命令を変更してもらうことを試みる。学部長は次のように「ご自分で判断できるわけです。すなわち，12日から14日のうちにということでは（その期間で，準備講義の目録の届け出がなされなければなりません），討論原稿について，その執筆も印刷も配布も弁護もできません。とはいえ，学位論文の大部分か全体を私がこの期間内に手渡すならば，あなたと学部はたしかに満足されることでしょう。その点を私は疑っていません。私が講義許可なしの学位承認およびその告知を求めることはありませんし，同様に，学位論文の印刷の遅れがあれば，そして翌月のあいだに生ずるかもしれない学位の公開討論の遅れがあれば，私はうまくやりとげることはないでしょう。といいますのも，哲学部が講義許可の停止の可否について手中に収めているからです。」(Dokumente, 31f.) 学部はこの提案を非難し，討論に固執する。しかしながら，さらに続く交渉の中で，1年前フリードリッヒ・シュレーゲルの場合がそうであったように，教授資格取得の論文をあとから提出し，さらに講義開始前に行う試験講義〔の内容〕をあとから提出するということを義務とするならばという条件つきで，ヘーゲルは突如として，「テーゼ」について討論することを許可されるのである。こうしてヘーゲルは，5日以内に，12の『惑星の軌道に関する哲学的論考に先立って報告されるテーゼ (Dissertationi Philosophicae de Orbitis Planetarum Praemissae Theses)』を印刷させる。討論は1801年8月27日，ヘーゲルの31歳の誕生日に行われる。そのときの反論側はニートハンマー教授[1]，シェリング教授，学生のシュヴァルツォットであり，弁明側はシェリングの弟のカールである。続く数週間のうちに，ヘーゲルは疑いもなくすでに言及した自然哲学の原稿の束に依拠して彼のラテン語の学位論文『惑星の軌道について (de Orbitis Planetarum)』を仕上げる。しかもそれは，もともとはドイツ語で書かれたのである。1801年10月18日，彼はこの学位論文を学部に提出し，その翌日，試験講義を行う。その講義については，残念ながら何も知られていない。

1) ニートハンマー（フリードリッヒ・イマヌエル・ニートハンマー）(1766-1848)。イェーナ大学で神学を学び，その神学部の教授となる。のちにバンベルク，さらにミュンヘンで学務・宗務関係の官僚となる。同郷の存在として，ヘーゲルを経済的にも学問的にもおおいに援助した。ヘーゲルのニュルンベルク時代に，彼をギムナジウムの校長に推薦し，哲学の教授を行わせる。その成果は，ヘーゲルの『哲学的予備学』として知られる。

典拠：GW 5. 221-253.
参考文献：Dokumente zu Hegels Jenaer Dozententätigkeit (1801-1807). Hg. von Heinz Kimmerle, HS 4 (1967), 21-99; Kurt Rainer Meist: Texte zur Habilitation (1801), GW 5. 611-651.

4.3. 教育活動

1801/02年冬学期の教育活動の開始とともに，ヘーゲルは彼の体系を形成し始める。最初はただざっとした素描であったものを，彼は続く6年間のうちに，この体系の基礎的な分野に関する講義を行う中で深める。すなわち，哲学入門，論理学と形而上学，自然法，哲学的エンツュクロペディー，自然哲学と精神哲学という講義である（そのさい，ラテン語の）》philosophia mentis (精神哲学)《は，『一般文芸新聞』の中の「学芸欄」におけるドイツ語訳の中で，何度も誤って「常識の哲学」として翻訳される。さらに，哲学史の講義が，そしてまた算術に関する講義が一度行われる。ヘーゲルの最初の聴講者たちの一人，イグナツ・パウル・ヴィタリス・トロックスラー[1]は，最初これらの講義は十分に成功したとはいえない，と書きとめる。というのも，11人の聴講生が最初に登録したヘーゲルの論理学講義 (1801/02年) には，「ゲーテの甥〔…〕であるフリードリッヒ・シュロッサーおよびトロックスラーのようなごくわずかの者しかついてくることができなかったので，講義は取りやめになったからである。それから彼らは，ヘーゲルと私的に交際することとなる」(Düsing 1988, 13)。ヘーゲルはこの失敗を一部は予測したが，一部は自分で引き寄せたのである。

論理学講義のもう一人の聴講生，ベルンハルト・ルドルフ・アベーケン[2]は，次のように報告する。「以前私の中で確固としてあった神，信仰，救済，不死の考えは，〔ヘーゲルの〕新しい教説とどうしてもつながりませんでした。それどころか，矛盾するようにさえ思えました。そして，まもなくシェリングが引き連れてきたヘーゲルは，自分の講義の開始にあたって，ここから入ろうとする汝らはすべての希望を捨てよ，というダンテのことばで呼びかけました。私はしたたかに涙を流したのです…。」（HBZ 41）

1) イグナツ・パウル・ヴィタリス・トロックスラー（1780-1866）。スイスの医師，哲学者，政治家。初め官吏となる。イェーナ大学で医学と哲学を学び，シェリングとヘーゲルの講義を聞く。その聴講のノートがデュージングによって公刊される。のちにバーゼルとベルンの大学で哲学の教授となる。
2) ベルンハルト・ルドルフ・アベーケン（1780-1866）。のちにオスナブリュックで，ギムナジウムの校長となる。

　この最初の学期のためのヘーゲルの告示では，加うるに，「シェリング氏と共同に哲学討論を行うものとする (disputatorium philosophicum communiter cum Excell. *Schellingio* diriget)」となっている。カール・ヴィルヘルム・フェルディナント・ゾルガー，アベーケン，トロックスラーは，ローゼンクランツの推測に反して，この討論が実施されたということを証明する。彼らの報告からは，討論の経過に関する詳細もまた取り出すことができる。テーマにそって，多分，同時に行われていたシェリングの講義に依拠してはいるが，しかしそれに拘束されないテーゼが彼ら参加者によって提起され，議論された。テーゼは「当時の形而上学的思弁の類」に関するものであり，当時の通常の形式で「生き生きと」議論された (GW 16. 79)。しかしながら，ヘーゲルは——共同主催者として行動したとしても——この討論においては遠慮していたので，彼の名前は参加者の報告の中では，一度も挙げられていない。

典拠：Br 4/1. 83-85.
参考文献：Kimmerle: Dokumente zu Hegels Jenaer Dozententätigkeit, 21-99; Friedhelm Nicolin: Aus Schellings und Hegels Disputatorium im Winter 1801/02. Ein Hinweis. HS 9 (1974), 43-48; Solgers Schellingstudium in Jena 1801/02. Fünf unveröffentlichte Briefe. Mitgeteilt und erläutert von Wolfhart Henckmann. HS 13 (1978), 53-74; Schellings und Hegels erste absolute Metaphysik (1801-1802). Zusammenfassende Vorlesungsnachschriften von I. P. V Troxler, hg., eingeleitet und mit Interpretationen versehen von Klaus Düsing. Köln 1988.

4.4. 交際関係

　シェリングはヘーゲルに対して，イェーナの学問的生活への参加のみならず，社交的生活への参加も容易にしてくれた。こうして彼は，1801年10月21日，ヘーゲルのゲーテ訪問を仲介し，彼をまたヨハン・ディーデリッヒ・グリースを囲む輝かしいサークルへ導く（HBZ, 39, 41）。グリースは，とくにタッソー，アリオスト，カルデロンの翻訳者として知られた法律家であった。それに対して，ヘーゲルが当時また，フリードリッヒ・シュレーゲルを個人的に知っていたかどうかは不確かである。たしかにヘーゲルは，あとになって次のように報告する。「超越論哲学の諸講義を携えてのフリードリッヒ・シュレーゲルの登場を，私はさらにイェーナで経験した。」だが，それでもそれは結果的に，これらの講義の早々とした中断と思われるものをかいま見せただけに終わっていた。しかし，この点でヘーゲルは，フィヒテに対するシェリングの主張を繰り返すだけであり（1800年10月31日），それだけでは，ヘーゲルとフリードリッヒ・シュレーゲルのあいだに個人的面識があったかどうかは分からない。こうなると，ヘーゲルがシュレーゲルの「1800年にイェーナで行われた超越論哲学に関する諸講義」に出席した——ともかくその時期は，1801年の1月中旬から3月下旬までのあいだかもしれない——ということを示すために残っているのは，1831年から伝えられてきた無署名〔ヒュルゼマン〕の，ヘーゲル哲学に対立するパンフレットだけである。その中に「まったく信頼に値する男」および目撃者たちの証言がある（Anonymus 1831, XXVII）。兄〔アウグスト・ヴィルヘルム・シュレーゲル〕に対する1804年3月26日のシュレーゲルの劇的な意見表明からもまた，何

ら個人的な知己の関係は推定されることはできない。そこでは次のように書かれている。――シェリングは「ともかくも盗作されることに慣れています」。しかし，「それでも，あのヘーゲルぶりはぼくにとって一層吐き気を催すものです。この人間の書いたものを何か再び読むということは耐えられないことでしょう。時間はぼくにとってますます貴重になりますので」(HBZ 56)。遅くとも1802年の夏に，ヘーゲルはアウグスト・ヴィルヘルム・シュレーゲルと知り合いになったことだろう (HBZ 46)。しかしシュレーゲルは，シェリングに向かってヘーゲルの『信仰と知』を非難する。そしてシェリングがフィヒテに向かって，ヘーゲルの『差異論文』から距離をとったのと同様に，シェリングはまた，1802年8月19日に，「彼（すなわちヘーゲル）がフィヒテの人間の使命について，哲学的観点からは書かれていないと見なしたはずだということを除けば，あらゆる点で」シュレーゲルにまた賛成する (HBZ 48)。しかしながら，当時はまだ形式的にはシュレーゲルの妻であったカロリーネは，またもやシェリングを飛び越して，ヘーゲルに対しても個人的な関係を結び，共同のワイン購入の機会には訪問客であり，同じくソーセージの愛好家でもあったという具合に，手紙の中でしばしば彼に言及する (HBZ 44f., 47, 49)。しかし，のちの1809年10月4日，ヘーゲルは，（パウルスの家族から情報を得たのだろうか）彼女の死亡についてまさに失礼な意見を広める。彼は彼女を，「あのガミガミ女」として――だからまた口うるさい婆さんとして（これはオルリン・F・ズメレルの友好的な指摘であるが）決めつける。「彼女の死を私たちは最近ここで知りました。ここの何人かの者たちは彼女について，悪魔が連れ去ったのだという仮説を立てました」とヘーゲルは述べている。

しかし，イェーナ時代の初め，ヘーゲルは数十年または一生涯続く二つの友情を結ぶ。4歳年長のフリードリッヒ・イマヌエル・ニートハンマーおよび9歳年長のハインリッヒ・エーベルハルト・ゴットロープ・パウルス[1]との友情である。両者ともにチュービンゲン神学校の出身であり，当時イェーナの神学の教授であった。ニートハンマーは1789年の宗教局の試験のあと，1790年4月までまだチュービンゲンに留まっており，神学校においても私的な授業を教授していた (Henrich 1997, CI)。当時ヘーゲルは，彼とすでに知り合いになることはできたであろう。1801年，彼はヘーゲルの討論に参加する。パウルスとの結びつきは，ヘーゲルのフランクフルトの知人のフーフナーゲルによって仲介されたようであり，ヘーゲルは二人〔ニートハンマーとフーフナーゲル〕に対して，パウルスが「復活祭のときに」スピノザの新版を出すだろうということを，1801年12月30日に報告する。この版の第2巻に対する彼ののちの協力については (GW5. 513-516)，彼はまだ何も語っておらず，同時代人に対するおおいにありそうな印象についてのみ語っている。「しかし，昔からの学識ある神学的な公衆は，このパウルス〔使徒パウロ〕をずっと長いあいだ一人の〔異教徒〕サウロと見なしてきたが，彼らは疑いもなく，彼がスピノザのこの版によって（加うるに，彼はこの版に対して自分で金銭上の負担をするのだ！）サウロの第2のポテンツへと上昇したということを見出すだろう。」[2]

1) ハインリッヒ・エーベルハルト・ゴットロープ・パウルス (1761-1851)。プロテスタントの神学者。イェーナ，ヴュルツブルク，ハイデルベルクの大学で教授となる。合理主義者で，奇跡を自然現象として解明しようとした。ニュルンベルクのギムナジウムでは，ヘーゲルの上司だった。
2) 使徒パウロはキリスト教のもっとも功績のある伝道者であるが，かつては，熱心なユダヤ教の信者であり，サウロと名乗っていた。彼は復活したキリストに接して，キリスト教に回心した。パウロは「異邦人の使徒」といわれる。

参 考 文 献：Anonymus [Hülsemann]: Ueber die Wissenschaft der Idee. Erste Abtheilung Die neueste Identitätsphilosophie und Atheismus oder über immanente Polemik. Breslau 1831; Ernst Behler: Friedrich Schlegel und Hegel. HS 2 (1963). 203-250; Ernst Behler: Friedrich Schlegels Vorlesungen über Transzendentalphilosophie Jena 1800-1801 PLS 2. 52-71: Henrich (Hg.): Diez (1997).

4.5. 哲学の員外教授職

イェーナからのフィヒテの退去，およびあとになってからのシェリングとフィヒテの不和がシェリング

とヘーゲルの密接な結びつきを疑いもなく促進したように、大学のさらなる衰退もまた、ヘーゲルの地位確立には有利に働いていたように見える。1803年，何人かの有力な教師たちがイェーナを去る。シェリングは1803年8月31日に，あけすけに一つの「飛散」について，すなわち「そこでいまや一部は南へ一部は北へ投げ出される，イェーナにおけるかつての無差別点の北と南への飛散」について語っている。『一般文芸新聞』はプロイセン領のハレへ移転する。ゴットリープ・フーフェラントおよびパウルスはその地での大学の新編成の動きの中でヴュルツブルクへ招聘される。1年後，ニートハンマーが彼らに続く。ヘーゲルもまたすでにそのとき，イェーナを去り，フランクフルトへ戻り，ギムナジウムの仕事をしようかと考えていた。それは，1803年5月4日のフーフナーゲルの手紙から推測されることができる。私〔フーフナーゲル〕は，「あなたが学問的な経歴をギムナジウムの経歴と取り替えようとなさるなど，ほとんど思ってもみません。われわれの役員会は私を通じて，1人のゴータの教師と交渉にはいっております。といいますのも，ギムナジウムでは，学長代理職が空席だからです。しかし私は，最終回答をまだ待っているところです」。

シェリングもまた，当時はまだ「マダム・シュレーゲル」であったカロリーネと一緒に5月にイェーナを離れて，ヴュルテンベルクへと旅立ち，カロリーネと結婚したということを，1803年7月11日にそこからヘーゲルに伝える。この頃すでに，ヴュルツブルクへのシェリングの招聘についての噂が広まる。そして彼は1803年8月31日，「とてもきっぱりした雰囲気で」ヘーゲルに報告できたのだが，それに対し，ヘーゲルは1803年11月16日，シェリングがいまや「安定した身分に到達した」ということを祝福する。これに伴い同時に，両者によって出版されていた『批判雑誌』の終わりが確認されるが，それは要するに，彼らの哲学的な協力の終わりでもある。彼らの密接なつながりは，シェリングがガーブラー出版社との法的な争いの中でヘーゲルを代理人として指名し，自分の弁護士アッサールに，「ヘーゲルの暫定的な許可がなければ，ことを一歩も前に進めてはならないし，または何か重要なことを提起してはならない」ということを指示する限りで，まだしば

らく継続するのである（HBZ 51）。シェリングは1804年7月14日，彼の将来に予定された雑誌『医療科学年報』のための共同作業へもヘーゲルを招待する。だがヘーゲルは，これに対する返答をようやく1807年1月3日に出す。というのも，彼はこの招きに対して準備のあるところを「同時に行動によって」証明しようとしたが，そのための機会を見出せなかったからである。

他方でヘーゲルは，この新しい，イェーナ大学の困難な状況によって，シェリングの影から抜け出ることができた。すでに1803年11月16日，ヴュルツブルクへの招聘に対する祝福の言葉とともに，彼はシェリングに伝える。「ぼくはすでに講義を再開しており，こうして以前よりはうまくやっている。」彼の評価は，他の人々の判定によっても支持される。1803年の夏，シラーはヴィルヘルム v. フンボルト[1]に対して，ヘーゲルを「少し体が虚弱で，気むずかしい」が，「根本的に哲学的な思考の持ち主」として推薦する。もっとも，「少し体が虚弱で，気むずかしい」というのは，他の人々の意見からは証明されえない特徴づけではある。しかし1803年11月9日，彼〔シラー〕はゲーテに，「われわれのヘーゲル博士は多くの聴講生を獲得しており，彼ら自身は彼の講義に不満足ではないとのことです」と報告している（HBZ 52f.）。シラーとゲーテは，1803年の11月/12月に，ヘーゲルとフェルノフを相互に接近させ，ヘーゲルには自分の観念論を相手に了解させることを学ぶようにし，フェルノフ[2]には自分の浅薄さから免れさせようと企てる。ゲーテは何度も日記の中で，夜の社交界の会話の相手または参加者としてヘーゲルに言及する。そしてシャルロッテ・シラーは，スタール婦人の会話の相手として彼を推薦する。

---

1) カール・ヴィルヘルム・フォン・フンボルト（1767-1835）。ポツダム生まれ。文部大臣，大使などを歴任。文学と言語を研究する。広く全世界の言語に興味をもつ。言語の発生は人間の内的欲求に由来し，世界の言語の多様性は，民族のこの内部形式を表現する外的形式が異なるからだとされる。ヘーゲルに対しては，表面的には自分は彼と親密だが，晦渋で不器用な彼の哲学には親しみがもてない，と評価する。

2) フェルノフ（カール・ルートヴィッヒ・フェルノフ）（1763-1808）。カント哲学を学んだ芸術批評家。イェー

ナ大学の哲学教授となるが, のちにワイマールに移り, ゲーテと交わる。

少なくとも1年たったのちに, K.F.E. フロムマンは, ヘーゲルが「この冬には聴講者からとても褒められ, 好かれている」(HBZ 58)と書いている。そして, 1804/05年の冬にはまだ「ヘーゲルとフリースによっては満足させられて」いなかったCh.F. ランゲ（K.Ch.F. クラウゼ[1]の友人）でさえいまや次のようにクラウゼに報告する。「ヘーゲルの講義はとてもよくなったし, ぼくは彼が, 彼自身を鼓舞する気高い精神のもとで, ぼくに改善への道すじを示してくれることを希望します。」(HBZ 57f.) この数年来, ヘーゲルは一群の学生を自分のまわりに集めるが, その中には一部, あとになってもヘーゲルとつながりをもつ者がいる。なかんずく, ベルリンでのヘーゲルののちの時期の継承者ゲオルク・アンドレアス・ガーブラー[2]であり, 彼はまた, さらに何人かの学生について報告している。さらにたとえば, オランダのペーター・ガブリエル・ファン・ゲールト[3]であり, ヘーゲルは彼をのちに旅行中に訪問した（本書88, 90頁参照）。ならびにまた, やや天才的なところのあるヘルマン・ズートマイヤー[4], すでに結核もちであったクリスチャン・ゴットヒルフ・ツェルマンについてランゲは報告する。とくにツェルマンは, 「ヘーゲルをもっとも内面的に理解するようになって」いるとされる(HBZ 59-62)。

1) クラウゼ（カール・クリスティアン・フリードリッヒ・クラウゼ）(1781-1832)。カントやロマン主義の影響を受けた汎神論者。ドレスデン, ベルリン, ゲッティンゲンの大学で教えた。
2) ゲオルク・アンドレアス・ガーブラー (1786-1853)。シラーの息子の家庭教師をしたことがある。バイロイトで哲学教授となり, のちにヘーゲルを継承してベルリン大学の教授となる。ヘーゲル右派に属し,『ヘーゲル哲学』(1843年) を著す。
3) ペーター・ガブリエル・ファン・ゲールト (1782-1852)。イェーナ大学で学んだのち, オランダに帰国。文部省で公教育の組織化に努めたが, カトリック派との対立に巻き込まれた。
4) ヘルマン・ズートマイヤー (1784-1824)。ブレーメン出身。のちにフリースラントで牧師となる。

この数年間ヘーゲルはゲーテ, トーマス・ヨハン・ゼーベック[1], フランツ・ヨーゼフ・シェルファー[2]と共同して——自然哲学に強い関心を寄せる。ゲーテは以上に挙げた3人について, 彼らが「それだけで一つの学会をなしている」(HBZ 86) と述べている。ヘーゲルはゲーテとゼーベックとともに, 暗箱の中で, 「彩色された光の暖める力の多少に関する実験」(HBZ 73) を行う。1804年1月30日, ヘーゲルは公爵領の鉱物学会の準会員に指名される。1804年8月1日, 彼はヴェストファーレンの自然探究学会の会員となる。この関連で, ゲッチンゲンやハルツ山地への旅行もまた計画されることもありえたであろう。この旅行のために, 彼は1804年5月30日に, 旅券を獲得している。

1) トーマス・ヨハン・ゼーベック (1770-1831)。イェーナ大学で自然科学や医学を学ぶ。教職には就かなかった。イェーナおよびニュルンベルクでヘーゲルと親しく交わったが, のちに絶交する。プロイセン学士院会員となる。
2) フランツ・ヨーゼフ・シェルファー (1778-1832)。イェーナ大学で私講師となり, ハイデルベルク大学で医学の教授となる。シェリングの自然哲学に近い立場をとる。ヘーゲル哲学の崇拝者。

こうした喜ばしい展開にもかかわらず, 哲学の私講師という彼の状況——つまり報酬がない状態——は, しかし不満足なままである。1804年9月7日ヘーゲルは, ハイデルベルクに旅行したグリースに, 「大学に関する状況はそちらではどのようですか。[…] そちらでは, 講座がまだ空席であると聞いています」と述べながら, 問い合わせを依頼する。ほとんど同時期の1804年9月29日, 彼は次のようにゲーテに頼み込んでいる。何人かの同僚たちが「哲学教授への最高に恵み深い任命を待ち受けている」ということを彼が聞いていること, それで彼が「当地の哲学の私講師の中の最年長」であることを思い出したこと, 「少なくともさきの冬, 講義のさいに私の数多くの聴講生たちが不満足ではなかった」ということを彼が信じていることである。そして彼は, 1804/05年の冬に完成されるべき「純粋に学問的な哲学の仕上げ」について告知する。1805年の2月に, 彼は哲学の員外教授に指名される。もちろんすでに当時, フィヒテとシェリングの哲学の敵

対者として知られていたフリース[1]と一緒にである（Br 1. 456）。

[1] フリース（ヤコプ・フリードリッヒ・フリース）（1773-1843）。ライプチヒ、イェーナで学び、イェーナで員外教授となる。のちにハイデルベルク大学、イェーナ大学の教授になる。ヴァルトブルク祭参加のかどで辞職させられるが、のちに哲学教授として復職する。カント哲学を心理学的に基礎づけようとした。ヘーゲルからカント哲学の浅薄化と厳しく非難される。ヘーゲルの終生のライバル。

この承認にもかかわらず、彼の状況はさらに不十分なままであり、とくに員外教授の任命には、何ら給料の支払いが義務づけられていないのである。1805年の夏、したがってヘーゲルは、とても印象深い手紙の中で（伝承されている手紙の下書きによると）、イェーナからハイデルベルクへ移っていた〔員外教授の〕ヨハン・ハインリッヒ・フォス[1]に、就職のことを懸命に頼み込んでいる。ハイデルベルクでは「学問の繁栄のための新しい曙光が立ち現れることでしょう」とヘーゲルは述べる。それでもフォスは、まず「必要な学科が設置されるまでは、何か特別なことは考えられません」と返答する。カール・ヴィルヘルム・ゴットロープ・カストナー[2]は、化学の教授として同様にイェーナからハイデルベルクへ移っていたが、その彼もまた、フォスが当該の就職口に関して「まったく拒絶的な返答を受け取っていました」（Br 1. 95-103）と報告する。イェーナではまずクラウゼをひいきにしていて、その次にヘーゲルに接近したランゲは、1805年12月4日ハイデルベルクから、カール・ダウプ[3]があなたにとても関心をもっている、とヘーゲルに報告する。それでもランゲは、「すぐれた人物が孤立してそこに存在しており、洗礼を受けている人々に、精神について語りかけようとしています」と述べる。ニートハンマーは一見したところ、ヴュルツブルクへのヘーゲルの招聘に尽力をしていたようだが、ヴュルツブルクはプレスブルクの講和によって、さしあたり再びバイエルンからは分離されていた。そのニートハンマーに対してヘーゲルは、それでも1806年1月14日、それがヴュルツブルクであれ、バイエルンに新設されるか拡張される大学であれ、または再編成されるテュービンゲン大学であれ、そこに関心をもっていると意志表明する。1806年5月25日のシンクレアの手紙では、ヘーゲルがベルリンにおける大学の創設に希望をもっていた、と述べられている。しかし、これらすべての希望は実現されない。したがってニートハンマーは、1806年5月26日、彼を慰めようとして、「しかし主は、イスラエルをきっと解放することだろう」と呼びかけるのである。そしてゲーテは、1806年6月24日、「たしかに私は、もっと多くのことをお知らせしたいと望みました。しかしながらこうした場合、一度でもきっかけがつくられれば、いくつかのことが未来のために獲得されるものです」と述べて、ヘーゲルのために尽力し、100ターレルの年棒を手に入れる。

[1] ヨハン・ハインリッヒ・フォス（1766-1847）。ギムナジウムの校長をする。イェーナ大学の名誉教授になったのちに、ハイデルベルク大学の教授。ゲーテの友人でもある。『イリアス』のすぐれた翻訳を出したが、これがドイツの文化に大きな刺激を与えた。
[2] カール・ヴィルヘルム・ゴットロープ・カストナー（1783-1857）。イェーナ大学でヘーゲルの講義を聞いたのちに、ハイデルベルク、ハレ、ボン、エアランゲンの大学で化学の教授となる。若きヘーゲルとともに、薬学の研究に没頭したことがある。
[3] カール・ダウプ（1763-1836）。ドイツの神学者、1795年からハイデルベルク大学教授。ヘーゲルのハイデルベルク大学転任を促し、その後もヘーゲルと親交を結ぶ。ヘーゲル哲学の強い影響を受ける。

4.6. イェーナ時代の終わり

しかしながら、未来は予期しない姿を取るものである。フランスとの戦争再開の少しあと、イェーナは1806年10月13日、フランスによって占領される。同日、ヘーゲルはニートハンマーに報告する。「皇帝——この世界の魂——が偵察騎行に出かけるために、町を馬上豊かに通るのを私は見ました。馬上にあって一点に集約され、世界に手を伸ばし、それを支配する、こうした個人を見ることは、驚くべき感覚です。」いくらかの住民たちだけが「不適切なふるまいと不注意な見通しによって」、困惑に陥ったのだとされる。この印象は、たとえば、ガーブラ

一のあとからの描写と一致する。ヘーゲルは彼に次のように物語ったという。「ヘーゲルは最初はまだかなりうまくいっていました。何人かの歩兵が，威嚇的な様子で，そして最悪なことも辞さないという感じで，彼の住居へ進入してきました。それでも彼は，その中でレジオンドヌール勲章を帯びている者に対して，彼が胸に付けているその自尊心の印に訴えるすべを知っていました。彼はその勲章を利用して，〔学者である〕自分が要求できるはずの尊敬すべき待遇が本当に与えられるべきだという状況へと，仲間ともどもその歩兵をもっていったのです。彼は自分がもっていた飲食物を彼らに与えましたし，彼らが再び出ていくまでそうしたのです。彼はまったく友好的に，彼らとうまくやりました。」10月13日づけの彼の手紙の追伸に示されるように，彼はその晩は，「国家委員ヘルフェルトの家」に滞在し，「フランス軍大隊が放った火が肉屋，古道具屋などから市場全体に広がるのを」見つめていた。

5日後，ヘーゲルの報告は別のように書かれる。つまり10月13日，イェーナは炎上し，「町は私たちのところで起きたのと同様に悪くなっています」。彼は――多くの別の人々と同様に――略奪されたというのだ。ガーブラーはさらに物語る。「10月14日の昼間，町中全体が破壊され，荒廃しており，ごくわずかの住居が略奪を免れました。そのとき，自宅が安全ではないと考えたヘーゲルが，籠を背負った下女と一緒に私たちのところへやってきました。わが家にしばらくのあいだ宿泊したいというのです。」ガーブラーはあいている学生用の部屋を彼に仲介したが，「その部屋に，ヘーゲルはさしあたり，もってきた財産とともに自分の下女を置いたのです。ともかく，こうした状態は長くは続きませんでした。私が数時間後自宅にもどると，彼がすべてをもって出ていったとのことでした。」(HBZ 67f.) しかし彼は，自宅へ戻ったようには思われない。ガーブラーの報告によれば，自宅でも彼は「いたるところで家屋に侵入するフランス兵たちの凶暴さと殺到ぶりに同様にさらされており，そして結局，(すなわちガーブラーのところへ) 退去せざるをえなかったのです」。彼は自宅へ戻ったのではなく，カール・フリードリヒ・エルンスト・フロムマンとその息子フリードリヒ・ヨハンネスのところへ行ったのだ。両人が一致して報告するところによれば，ヘーゲルは，「自分の一家ごと，6人ともども私たちのもとに宿泊しました」。そして彼は，焼失するおそれのあるゼーベックの家から家財を取り出す作業に加わったのだ (HBZ 75f.)。

ヘーゲルにとって，都市の安全にたいする心配よりもさらに大きいのは，『精神現象学』の草稿に対する心配であったように見える。たしかに草稿の大部分は，彼が10月13日に書いているように，すでに10月の8日と10日に発送されていた。そして彼は，草稿がバンベルクの出版社にも届いたのかどうかということを心配する。しかしヘーゲルは，略奪があったとき，まだ最後のボーゲン分を携えている。それらの草稿はたしかに焼失はしなかった。しかし，「奴らは私の書類を空の宝くじのように無秩序に放り出しましたが，その結果，必要なものを発見するのには，私に多大な苦労がかかることでしょう」。彼はその2日前にニートハンマーに伝えているが，10月20日，この最後のボーゲンを発送しようとする。「それを私は，火災の前の恐ろしい夜に届いた手紙とともに，それ以来いつもポケットに入れてもち歩いたのです。」

戦争という事件のために，学問的な活動は中断する。ヘーゲルは予期されるべき不愉快さ――「物価上昇，盗みなど」――から免れ，むしろバンベルクで『現象学』の印刷を監督しようという目的で，11月の上旬から12月の中旬まで，バンベルクのニートハンマーの近所に滞在する。バンベルクへの旅行の途上から，1806年11月17日，フロムマンに皮肉な報告を送る。「旅行の全日程において，私はフランス人からたっぷりと自慢話（！）を聞かされました。毎日，人々は穀物，ワラ，干し草，その他の家事用の身の回り品の中からわずかのものを利用し，そういう行為をいつも繰り返すという退屈なことをやらざるをえないわけですが，彼らフランス人は，いたるところで人々にそうした退屈さをまぎらわしてくれたのです。このぐずぐずした国民がそのために普段ならば数年数月かかるところを，フランス人は1日でなしとげました。しかしながら，人間が仕事なしでいることはよくないことですから，彼らは人々に，家々を新たに再建したり，いまや家々をより近代的に整えることができるための仕事を残してくれ

たのです。」1807年1月3日，ヘーゲルは再びイェーナからシェリング宛に手紙を書き，さらに1807年1月16日の前に，『現象学』への序文の原稿をバンベルクへ送付する。

ともかくもイェーナの困難な状況は，戦争によってさらに差し迫ったものとなった。イェーナからハイデルベルクへこの間招聘されたフランツ・ヨーゼフ・シェルファーは，1807年1月下旬に，次のように書き送ることでヘーゲルを励ます。彼〔ヘーゲル〕が「イェーナを個人として去ること」ができるならば，同様にハイデルベルクへ来て，「批評のための研究所」，つまり創立されるはずの『ハイデルベルク年報』で一緒に働くべきだと激励する。同時にヘーゲルは，シェルファーの退去によって自由になった給料を獲得するための，ならびにまた「公爵領の植物園の現在使われていない住居に移転する」ための請願書をゲーテに提出する。彼は，やがて「哲学の講義と並んで植物学の講義」も行い，ゲーテと金属療法について面白い話をできるために，スイス時代の植物標本室のコレクションにまで遡る植物研究を再度開始することを計画したという。ゲーテとの一件について，シェリングは彼に1807年1月11日，比較的新しい知らせを伝えた。

ヘーゲルが「個人として」来るべきだというシェルファーの助言，ならびにまた住居に関する請願は，多分同じ背景をもっている。1807年2月5日，イェーナでゲオルク・ルートヴィッヒ・フリードリッヒ・フィッシャーが生まれた。彼の父親はヘーゲルであり，彼の母親は，クリスティアーネ・シャルロッテ・ブルクハルト，「伯爵領の役人のかつての妻」である。名付け親は，「フリードリッヒ・フロマン，当地の書籍商」，およびヘーゲルの弟「ゲオルク・ルートヴィッヒ・ヘーゲル，ヴュルテンベルク王国の大尉，皇太子連隊所属」である。フィッシャーという名前を，その息子は母親の旧姓からもらったが，彼女はすでに以前，二人の別の子どもを「私生児として」産んでいた。1801年10月18日にアウグステ・テレジアを産み，1804年3月9日に息子を産む。しかしこの息子は，1806年11月30日に，したがってイェーナの略奪事件とルートヴィッヒの誕生の間に亡くなっている（Br 4/1. 231）。さきの〔ヘーゲルの〕息子はイェーナで，フロマンの義姉妹ヨハンナ・ソフィア・ボーン，およびその姉妹ベティ・ヴェッセルヘーフトの児童教育施設で養育されるが，それはヘーゲルが息子を1817年，自分の家族のもとに引き取るまで続くのである。

4.7. バンベルクへの移転

息子の誕生によってさらに困難になった状況は，1807年2月16日のニートハンマーの提案によって，思いがけない仕方で解決される。バンベルクでは，当地の新聞の編集局が空席になる。ニートハンマーは，自分がこの出版を引き受けられないのかどうか問い合わせを受けたが，自分の代わりにヘーゲルを推薦する。報酬の予期しない減額を考慮して，ニートハンマーは調停策として，「神学校における宗教教師の役職」を世話するという期待を彼に抱かせる。さらにとくに，彼はヘーゲルに，「ミュンヘンにおける秘密学校学生局の実習教員として」すでに復活祭には仕事についているだろうという「秘密」をそっと打ち明ける。ヘーゲルは2月20日，「巡回郵便で」この助言に対して彼に感謝の返事を出す。なぜなら彼はまた，たえず「好奇心をもって世界のできごとを追求している」からである。しかしながら彼は，「この約束ごとを何か最終的なことと見なさない」こともありうると考える。というのもそのさい，彼は，ニートハンマーの将来にわたる影響力のある地位を当てにしており，またハイデルベルクへの招聘の可能性を見込んでいるからだ。1807年2月23日，彼はシェリングにも，「バンベルク政治新聞の編集局」を引き受けるという計画を伝える。それでも彼は，同様に将来，『ドイツ文芸批評雑誌』の編集者としてハイデルベルクに赴くという自分の希望に言及する。そして同時に，彼は『ドイツ文芸雑誌の格律集』もまた企画するのである（GW 4. 509-514）。

3月上旬，ヘーゲルはバンベルクに到着する。そしてそこから，彼はゲーテを仲介として公爵に申請書を提出する。それは，「一時的に従事する私的な仕事」であるということを配慮して，イェーナの彼の教授職に関する休暇を願い出るものである。彼の希望は，この請願書に基づき，100ターレルの年棒をさらにもう少し長く拝受し続けたいということで

あるが，しかしながらそれは実現されることはない。というのも，彼がクネーベルに1807年8月30日に伝えているように，支払いはすでに4月下旬でもって中止されたからである。

典拠：GW 4, GW 5.
参考文献：R 147-230; Hegel 1770-1970, 126-142.

5

バンベルク（1807-08年）

5.1. バンベルク新聞

バンベルクでヘーゲルは，イェーナと比べれば快適な状況を期待する。すなわち，『バンベルク新聞』の仕事は，「学問的な仕事を存続させるための」時間を彼に許容する。彼は出版者のシュナイデルバンガーと，彼に〔大学への〕招聘がさらに来た場合には，彼の編集活動の短期間の終了がありうるという点に関して合意する。そして彼にまるまる1300グルデンが残るように利益を折半とすることに対して，ヘーゲルは彼と同意する。さらに新しい職務は，彼の政治的関心に積極的に照応している。ただし彼は，すでに1807年8月30日，クネーベルに次のように書き送っている。彼の「政治への傾斜」は，「この傾斜がこうして栄養を見出したというよりも，むしろ新聞によって弱まってきました」。そして同時に彼は，クネーベルを報道記者として獲得しようと試みる。すなわち彼によれば，「より高次元の政治への」その手ほどきが，「低次元の新聞書きの政治を高めることを可能とする」わけである。そしてクネーベルは，実際にまた，これが彼の「専門」ではないにしても，ヘーゲルの新聞にいくつかの「政治的ニュース」を寄稿する。

5.2. さらなる計画

この恵まれた状況がヘーゲルをしてまた，「私はこの世界にいて，多くの現世的なことについてこれ以上何を望むのか」と叫ばせる。それでもなお彼は，編集活動を彼固有の哲学的課題からの退却と感じている。この課題に再び接近するために，バンベルク時代の最初に，彼はただちにギムナジウムでの活動を視野に置き，そのためにニートハンマーの支持を当てにするのだ。ニートハンマーを介して，彼は1807年5月30日，ひとつの──紛失されていた──覚え書き「上級ギムナジウムまたは下級ギムナジウムの地位に関する見解」をバイエルンの枢密顧問官フォン・ツェントナーに書き送る。だが，ニートハンマーによってもくろまれた「上級ギムナジウム用の論理学の仕上げのための仕事」には，ヘーゲルは，こうした論理学が「古い論理学」の単にわかりやすい形態にすぎず，むしろ「新しい学」が重要であるという理由で，まったく懐疑的に対立してしまうのである（1808年5月20日）。もちろん彼は，プロテスタント教会の監督のもとバンベルクの学校で「啓蒙された宗教論」を教えるという考えには，なおさら親しむことはできない。──これは，「佐官屋と煙突掃除夫を一緒にやる」ことを意味するようなものだとされる。「長年広々とした岩の上で鷲のそばで巣をかけており，自由な山の空気を吸うのに慣れていましたが，死に至った思想かまたは（現代の）死産した思想の亡骸によって食いつなぐこと，また，空虚な無駄話の詰まった鉛のように重苦しい空気の中で自分がただ植物のように生きること，をすんでのところで学ぶところでした」（1807年11月），と彼は伝える。

5.3. 交際関係

すでにヘーゲルの到着の1月後，ミュンヒェンで学校制度および教会制度のための地方行政顧問官として活動するために，ニートハンマーはバンベルクを去る。しかしこの頃，ヴュルツブルクでの4年の活動のあと，ヘーゲルのイェーナ時代の知人パウルスが，郡視学官として家族とともにバンベルクへやって来る。しかしながら，二人の心からの関係は——まさに密接なつながりのゆえに——ただ今日では，ヘーゲルが病気のときに交わされた手紙の中で理解されるだけである。ドロテア・シュレーゲルはズルピッツ・ボアスレ[1]に1808年8月20日，ヘーゲルが「毎晩パウルスのところにいます」とさえ報告している。そして彼女によれば，両者〔ヘーゲルとパウルス〕は，「私があらゆることについて二人と議論し，そうして自分をさらけ出さなければならなかった」ところにまで，自分をもっていくところだったとされる。「さらにそのとき，彼らの側から原則が示されるのですが，それらはまったく理解できないものなのです。まったくひっくり返った考え方だけではなく，ものの状態についてのまったくささいとはいえない知識が示されます！　すべての概念について，すぐにひっくり返るのです。このようなことが支配するかぎり，世の中はうまくいくはずがありません。」(HBZ 89)

1) ズルピッツ・ボアスレ (1783-1854)。ドイツ中世美術の収集家。

　もちろんヘーゲルの交際関係は，パウルス一家だけに限られるわけではない。1807年7月8日，彼はニートハンマーに，上級法律顧問官ヨハン・ハインリッヒ・リーベスキントとその妻（ともにシェリングおよびその妻と知己である）が「私にとって大きな収穫であり，私はほとんどもっぱらこの家を訪問しています」と書き送っている。それでも彼は，夕食後一杯のワインを，誠実な「ホーフラート・リッターのところで」飲むことを愛好する（1807年8月8日）。1807年7月，ヘーゲルはまた，ジャン・パウル[1]がバンベルクを訪れたさいに，彼と知り合いになる。そしてパウルは，ヤコービとの親しい関係にもかかわらず，「すべての期待を超えて，ヘーゲルは私の気に入っています」(HBZ 86) と判定する。それと並行して，ヘーゲルはイェーナの友人たち，クネーベルおよびトーマス・ヨハン・ゼーベックと文通をする。ゼーベックは彼に，化学の新しい実験について講義をする。これに対し，シェリングとの文通は，1807年11月2日の彼からの手紙でもって中断したままであり，その中で彼はヘーゲルに，彼がこれまで『現象学』の序文だけを読んだこと，また，形式主義に対するそこで提起された論争を，彼自身が「厄介払い」をしたいと願っている「口真似をする人々」にもっぱら関係づけて，自分自身に関係づけるつもりはないこと，をヘーゲルに伝える。これにたいしシンクレアは，『現象学』についてのバッハマンの書評から，ヘーゲルがそこで「シェリングのいかさまぶりおよび彼の一派」に対して批判の矢を向けており，シェリングのいかさまぶりが「方法論のなさと証明されない馬鹿話以外の何ものでもなく，その馬鹿話がくだらない熱狂ぶりの影に偽善的に隠れている」(1810年8月16日)，という印象を抱く。

1) ジャン・パウル (1763-1825)。ドイツの作家で，文学上の立場としては古典主義とロマン主義のあいだに立つ。本名は，ヨハン・パウル・フリードリッヒ・リヒターであるが，ジャン=ジャック・ルソーへの賛美からジャン・パウルに改名。ゲーテに対抗する。ヘーゲルによって，「バロック的寄せ集め」と批判される。

5.4. 政治的検閲

ヘーゲルによって指導されたバンベルク新聞は当時，官製の新聞と比べると，地方的な広がりをもった民間の新聞である。それでもこの新聞は，地方官庁による厳しい検閲にさらされる。政治的なものの編集においては，当時の政府の傾向を徹底して共有することが，ヘーゲルにとって疑いもなく役に立つ。つまりそれは，ナポレオンによるドイツ国家の新編成と内部的な構造改革である。ドイツの領主たちが何の考えももっていないすべてのことについて組織化

するという課題を,「偉大なる国法の教師はパリに住んでいます」(1807年8月29日)と述べて,ヘーゲルは彼〔ナポレオン〕に帰するのである。フランスの政治状態は,ヘーゲルにとって一般に模範的であり,しかもまったく,より大きな民主化の側面からしてそうである。「政府の利益および民衆の利益に関する政府と民衆の対話は,フランス国民およびイギリス国民の力の最大の要素のひとつです。」(1808年2月22日)

　政治グループと何ら固有のつながりをもてず,またその可能性も探索できない比較的小さな新聞は当時,同様に検閲のもとで出版される限りでの他の新聞から,一般に記事を獲得する。こうして編集者の自筆原稿は,そうした情報の選択とつなぎ合わせにおいてのみ通用することとなる。いざこざの場合には,このやり方が編集者にとって安全弁の一要因を提供する。1808年11月9日の時点では,自分によって有効に利用された,ゴータおよびエアフルトで現れた新聞に依拠することが,ヘーゲルにもまた必要であるように思われた。しかしながらこの手法は,バイエルン政府によって望まれる規律的な効果をもっていなかったように見える。というのも,政府はすでに1808年3月16日,「もっぱら公的な典拠からの公的な情報のみを新聞に転載して」よろしいということを規則として定め,しかもそれを「公的なもの」と見なすからである。これは,バンベルク管轄の「マイン州の政府委員」フォン・シュテンゲル男爵が,——ヘーゲルが伝えるところでは,彼はまだフランスおよびヴェストファーレンの監督官にすぎなかったが——その彼が伝達するところである(GW 5. 688)。バイエルン政府のイライラさせるような予測できない処置によって,とくにここ数か月,ヘーゲルは新聞業を非常に問題含みのものと考えるようになった。「新聞の商売は,一家族の資産のかなりの部分を含んでおり,私の生計はまったくそれに依存していますが,同様に,二人の既婚の労働者および何人かの他の人々も同様なのです。これらすべてが,不届きとみなされるただ一つの記事によって危険にさらされます。そして,こうした記事を引き受けるかもしれないのがこの私であり,同時に,何がひんしゅくを買うかもしれないかについては以前にもまして不確実なのです。新聞書きは,まさに盲目のままで手さぐりで捜し回るというわけです。」そしてこのことは,何らたんなる杞憂ではない。すなわち,「バイロイト新聞とエアランゲン新聞」は当時すでに一時休刊となっており,ヘーゲルの〔バンベルク〕退去のわずか数か月後,バンベルク新聞もまた禁止され,印刷所は閉鎖される(1809年2月20日)。こうして,彼はこの十分な理由からもまた,彼の「新聞奴隷船からついに離れること」を切に望むのである(1808年9月15日)。

5.5. 新聞のくびきからの解放

　たとえ本来の望まれた仕方ではないにしても,この解放はそのとき身近に迫っている。イェーナ後期の数年間すでにそうであったように,ヘーゲルの視線はいまやまた,多様な場所と活動に向けられる。彼は1808年7月9日,イェーナの友人のフリードリッヒ・フロムマンに,自分が一番帰りたいのはイェーナだということを伝える。しかし,「正規の給料がなければ,私は行くことができません。そうした給料であれば,心から行く気になるでしょう。もし私が正しく考えるならば,むしろどこにも行かないでしょう。ほとんどイェーナ以外ではまともな仕事に戻れないのではないかと,私は疑っています。」しかしながら同時に,彼はハイデルベルクとのコンタクトを維持する。そしてクロイツァーが1808年5月29日,彼を『ハイデルベルク文芸年報』での共同活動へと招待したときに,ヘーゲルは1808年6月28日,哲学的著作に対する一般的な指示のほかに,いくつかのタイトルを名指しで提案する。たとえば,アウグスト・ヴィルヘルム・シュレーゲル『ラシーヌのパイドラとエウリピデスのパイドラとの比較』(これはまた,彼の蔵書の中に保存されていた),フィヒテ『ドイツ国民に告ぐ』,さらにまたヤコービとシェリングの学術講演であり,それは両者〔ヤコービとシェリング〕に対立して現れた仮綴本を伴っている。これら仮綴本は,「バイエルン的な流儀一般を受容したり,とくにより高次の外国の教養の産物を受容するという,より一般的な関心を惹くかもしれない」。

　この後者の観点において,当時ヘーゲルは分裂の

さなかにある。一方では彼は，北ドイツからバイエルンにやって来た学者に対抗する「新カトリシズムの自惚れ」に立ち向かうのである（1807年11月）。彼は1807年12月23日，ヤコービに対立するカール・ロットマナー[1])のパンフレットを厳しく批判する。つまり，「R氏はすべてのバイエルンの下品な見解と結びつき，その見解の表明を哲学の義務と自称して」きたとされる。奇妙であるのは，ヴィンディシュマンに宛てた1807年12月31日のシェリングの報告に比べての，この評価の対立である。つまりヤコービに対立するロットマナーの著作は，〔シェリングによれば〕「対象としては十分によく」，彼〔ロットマナー〕のような若い男を当地で眺めるのは喜ばしいこととされ，これに対して悲しむべきは，「ついには子どもや未成年者までもが叫ばざるをえないことであり，それを成人や老人は見たくはない」ということである。この葛藤の中に，シェリングからのヘーゲルの離反，およびヤコービへの彼の傾倒がすでに暗示されている。

1) カール・ロットマナー（1783-1824）。バイエルンの著述家。

さらにまたヘーゲルは，彼が以前イェーナでプロイセンに向けて行ったように，バイエルンの情勢にたいする批判を惜しんではいない。だが他方では，彼は，ニートハンマーの配慮によってバイエルンで就職したいという希望をもっている。「ここに，そして新聞編集に，私を置き去りにしていかないでください」として，彼はすでに1807年12月23日，ニートハンマーに懸命に頼み込む。彼はそのさい，とくにエアランゲンのようなプロテスタントの大学を考えており（1808年2月11日），さらにまた，彼がどこかわれわれの主要な地方都市の一つの「ギムナジウムの校長」になりたくないかという，1808年5月8日のニートハンマーの問い合わせを喜んでいる。それは，1808年5月20日にヘーゲルが飛びつき，自分の希望する方向へと向けようとする提案である。「人は，自分が何であろうとも，国家の中に存在すべきですし，首都に住むことが一番いいことです。地方都市での滞在は，つねに追放と見なされることができます」。ともかく大学都市ならば，「首都とはりあう」ことができるというのだ。こうして彼は，ミュンヘンでの短期の活動や，エアランゲンへの近々の転勤などをあれこれと考えている。

1808年8月5日のニュルンベルクへのヘーゲルの訪問において，そのときギムナジウムにおけるヘーゲルの活動の詳細が取り決められたように思われる。というのもヘーゲルは，1808年8月20日，たとえそれが「上位にない」としても，ニートハンマーに向かって彼の「任命」について語る。それでも，「私が新聞業界に携わった時間はことごとく失われ，台無しになった人生です」（1808年10月1日）と述べながら，戦争のあらたなる勃発がまた彼自身の「新聞のくびきからの解放」を遅らせるかもしれないという心配が彼を落ちつかせない。1808年10月26日，ニートハンマーはヘーゲルに，彼が「哲学的予備学の教授，および同時にニュルンベルクのギムナジウムの校長に任命されました」と報告する。したがって，彼の友人パウルスがすでに少し前に地方視学官に招聘された，その都市にヘーゲルは赴くのである。こうしてヘーゲルは，1808年10月28/29日，ニートハンマーに感謝の念を捧げるが，もちろん同時に，アルトドルフのプロテスタント系大学の改革，およびそこでのニートハンマーとの学問的共同にたいして視線を投げかけることを忘れてはいない。だがそれでも，彼は明快な言葉で，「あなたはこの私の創造者であり，私はあなたの被造物です」と述べる。これにたいしクレメンス・ブレンターノは，サヴィニーに向かって，ヘーゲルの招聘をシェリングの影響に帰する旨のことを書く（HBZ 93）。だが，ブレンターノの「報告」は，他にもまた何度も創作の領域に属するものを述べており，これもその一つである。

またニュルンベルクにおける就任にさいして，ヘーゲルは，ヴュルテンベルクへ戻るための権利を喪失しないために，ヴュルテンベルクの聖職省に許可を申請する。そしてこの許可は，彼にまた——あまり気もちのよくない理由でもって——与えられる。すなわち，「ここ数年行ってきた研究の方向性によれば，ヘーゲル教授は教会の職務にたいして，ふさわしい能力も要求される性向ももはやもちあわせていないように思われる。そして，ヘーゲル教授が役に立つような教授職には，現在，欠員はない」

（Br4/1.96）と述べられる。

たしかに就任は，1808年11月4日の「最高訓令」があらかじめ官僚的手続きを通り抜けなければならないので，いくらか遅れる。それでパウルスは，すでにニュルンベルクへ旅立ったヘーゲルをさしあたりもう一度バンベルクへ送り返し，そしてニートハンマーは，1808年11月17日，自分の「信仰心の薄い友人」をなだめて，もう一度ニュルンベルクへ行くことを指示する。1808年11月23日，ヘーゲルはついに任命を受領し，1808年の11月に彼は，イェーナの哲学の員外教授職という職務からの解任をカール・アウグスト公に願い出る。こうしてヘーゲルは，一方でニュルンベルクにおける任官とともに大学からは遠ざかる。だが他方，彼は学問には再び一歩近づいたのであり，これによって，彼に必要と思われる活動に近づいたのである。「私は日ごとにますます確信するのですが，理論的な仕事は，この世の中で，実践的な仕事よりもより多くのことをなしとげるものです。まず観念の世界が革命的に変われば，現実の世界はもちこたえることができません。」（1808年10月28日）

典拠：GW 3. 589-44/. 682-696.
参考文献：R230-255; Hegel 1770-1970, 143-148; Wilhelm Raimund Beyer: Zwischen Phänomenologie und Logik. Hegel als Redakteur der Bamberger Zeitung. Köln ²1974; Manfred Baum/Kurt Rainer Meist: Politik und Philosophie in der Bamberger Zeitung. Dokumente zu Hegels Redaktionstätigkeit 1807-1808. HS 10 (1975), 87-127.

6

ニュルンベルク（1808-16年）

6.1. 教授兼校長としてのヘーゲル

哲学的な準備学のための教授，および，校長という二つの職務に，ヘーゲルはおよそ何の準備もしないまま就任した。1808年11月22日においてもまだ，ヘーゲルは，ニートハンマーに次のように伝えている。「私は実際また，ギムナジウムで教えることになる哲学系の授業科目あるいは哲学系の諸学について，まだ何の心得もありません。教える際に手引きとして参照しうる書物についてもそうです。また，私の授業が，さまざまなクラスに，つまり，さまざまに割り振られることになるのかどうかということも，分かりません。それで私は，［…］ほとんど恐ろしいばかりなのです。」とはいえ，彼個人のこうした知識の欠如は，たんに当時の世間一般の混乱の一端を示すものであるにすぎない。その混乱を，ヘーゲルは，1809年2月12日に，こう表現している。「何ら互助的な救済も施されることがなく，まさにいたるところでお金が不足している」，と。彼の友人であり，また――郡当局および教育庁の役人としては――上司でもあるパウルスは，すでに1808年11月28日，ヘーゲルに対して，こう警告している。「観念論者の方々は，高所から」，われわれを即物的で穢れた物欲の化身から守り，まったく清らかなままにさせてくれている，と。――ただし，むろんのこと，こう付言してもいる。「いまいましい，すべての観念論者たちよ」，と。

教師の活動が，どう編成されるのかもまた，当初一般にはまだ知られていなかったが，教える内容を規制するニートハンマーの『規準』は，すでに「先行的に」パウルスの手にわたっていた。それゆえに，パウルスは，ヘーゲルに対して，皮肉な語り口で，次のように指示できたのである。まもなく大学に進学する第1クラスの生徒たちへの「最後のお清めの水」は「貴殿方の黄金の口（Dero os aureum）を通して，生徒たちに対して相も変わらず［…］あびせられるにちがいないでしょう。授業の配分は，第2クラスにおいては，論理学の訓練を含む哲学入門に四時間，第3クラスにおいては，諸学の一般的連関に関する知識への入門に四時間，そして，第1クラスにおいては，宗教-法および義務に関する知識に四時間ということになっていますね。これによって清めの香油が塗られ，皆に平安が訪れますように」。

12月の始めに，ギムナジウムが新たに開校され，パウルスの講演とヘーゲルの宣誓が行われた。ヘーゲルは，ニートハンマーに宛てて，1808年12月14日に，次のように報告している。ギムナジウムには30人の生徒たちがいて，「そのうち8人が上級クラスです」。そして，あらかじめ生徒たちのクラス分け試験が行われたのだと思いますが，その後，授業も程なく始まりました，と。彼はニートハンマーに対して，「三倍も，七倍も，九倍も」の感謝の意を表している。というのも，彼の『規準』における計画によれば，「ギリシア語の学習が非常に重視」され，「科学技術，経済，チョウの採集等々のばかげた科目はすべてが削除」されているからである。ヘーゲルの「本来の任務」は「哲学的な準備学」に向けられている。しかし，彼は，上級クラスにおける数学の授業も引き受ける。というのも，この授業のため

に予定されていた教師が,「代数学をまったく理解できなかった」からである。ヘーゲルは,その代わりにこの教師には,「下級クラスにおける,宗教と義務論」を任せることになる(本書285-286頁参照)。

「哲学的予備学」に関するヘーゲルの授業は,一部は彼の草稿によって,また一部は生徒たちによる口述筆記録(これは筆記者によって仕上げられている)によって,あるいはまた一部は,彼が授業中に原稿なしに説明したものの筆記録によって,伝えられている。これらの資料によって与えられるのは,ギムナジウムの授業の印象というよりも,彼の体系の広大な部分,とりわけ,論理学とエンツュクロペディーが,どのように継続的に仕上げられていったのか,をめぐる印象である。また彼自ら,まずは1812年3月24日に,ニートハンマーに宛てて,ギムナジウムでの哲学の授業が多すぎるという見解を伝えている。「下級クラスでは,哲学なしですませた方が適切であるように思われます。」1812年10月23日には,彼はニートハンマーに,「ギムナウジウムにおける哲学の講義に関する」自らの「考え」を送っている。——そしてここで彼は,次のような挑発的な見解に思いをめぐらせている。「ことによると,ギムナジウムにおける哲学の講義はすべて余計であると思われても,しかたないかもしれません。古典期の人々についての学習こそが,ギムナジウムの若者たちにもっとも適した哲学への入門であり,また,それが,その内実からして,哲学への真の入門でもあるのです。」

哲学の授業をする意義について,このような疑念をもっていたにもかかわらず,ヘーゲルの授業方法と職務遂行に関して,第三者によって伝えられている陳述は,すべて高評価で一致している。当時の生徒の一人だが,また,後の反対論者でもあって,「思弁的有神論者」の一人に数えられうるヨハン・ゲオルグ・アウグスト・ヴィルツ[1])でさえも,ヘーゲルを高く評価する。つまり,彼は,自らの記憶に基づいて,ヘーゲルの教授方法をも,また,彼の生徒たちとの交流の形態,つまり「自由な教育」をも,称賛している。「ヘーゲルは,ニュルンベルクにおける校長として,限りなく豊かな恩恵をもたらしました。」(HBZ 114-116, 128-136)

1) ヨハン・ゲオルク・アウグスト・ヴィルツ(1798-1848)。ドイツの法律家であり作家。三月革命前までの時期(三月前期)における政治家。

とはいえ,校長としてのこうした活動には,本来の教育的な課題を越えて,多数の雑事もまた含まれている。さしあたり,学校の二つの建物に「トイレ」が設置されるよう取りはからわなければならない。そこで,ヘーゲルは,「警察を通じて対策を講じてもらうために」,軍総務長官に助言を求めなければならないのである——「というのも,これらの地方の一部では,軍人や夜間警備員たちが,設置に必要となる場所を所有しているからである」——それで,彼は,こうした「トイレの困窮」で自らの時間を空費することを嘆いている(1809年2月12日付)。

あれこれ差し迫る苦境を乗り越えるための彼の数々の尽力は,加えて,あまり芳しいとは言えない雰囲気の中でなされていた,と言っていいだろう。このことについて,ヘーゲルの友人で,市場の管理責任者,パウル・ヴォルフガング・メルケル[1])が,1812年,クネーベル[2])に宛てて報告している。「政府が公僕たちに要求することは,ほとんど実現されません。人々が都合よく事を運ぶことができるなどということは,10の事例のうち,ほとんど一度もありません。やがては,人々は,ぞんざいに取り扱われ,不満でいっぱいになるのです。人々が望むことのほとんどは,惨めで間の抜けた形で一覧表に書き込まれているのであり,そのことで,人々は死ぬほど苦しめられているのです。」(HBZ 112)似たような嘆きを,ヘーゲルは1809年6月26日に,ニートハンマーに宛てて書いている。「可能な限りのすべての報告書,証明書,通達,さまざまなリスト等々を,このように書き写すことは,私の勤めのうちで,もっとも面倒なものの一つです。こうした仕事は,校長に期待するべきものではないように私には思われます。」ところが,ヘーゲルは,多くの行政上の義務をこのように嘆いているにもかかわらず,1813年12月13日には,その彼に,パウルスの後任として,「国王所属の市管轄内における,学校学術報告官が,ここにこのうえなく慈悲深くも,委嘱される」のである。——これをヘーゲルが甘受するのは,これに

伴って300グルデンの昇給があるからである。そして，彼がこの職務を引き受けてから，たったの一年後——ニートハンマーの不在の間に——ミュンヘンにおいて，ニュルンベルクのギムナジウムの閉校が決定される（もっとも，これはさまざまな方面からの介入によって，再び白紙に戻される）。こうした経緯を通して，ヘーゲルは，自らが「ニュルンベルクへの愛国心」と自らの「私的関心」との間の矛盾に陥っていることに気づく——というのも，もしギムナジウムが閉校されたとすれば，ことによると，大学へ復帰するという，彼本来の目的の実現が近づいていたのかもしれなかったのだから（1810年11月3日，および，12月22日付）。

1) パウル・ヴォルフガング・メルケル（1756-1820）。ニュルンベルクの商人であり，市場管理責任者。バイエルン州議会の初代下院議員を勤める。
2) カール・ルートヴィッヒ・フォン・クネーベル（1744-1834）。ドイツ（プロイセン）の士官，詩人。特にイェーナ期ヘーゲルとの間に往復書簡が残されている。

6.2. 結婚，交際関係

生活状況が安定したことで，ヘーゲルの中に，もう一つ別の希望が湧く。それについて，彼は，1809年10月4日に，最初にニートハンマーに語っている。「とうとう私も，もう一つの仕事に取りかかり，それを成し遂げられたらと願うに至りました。ほかでもない，妻をめとること，あるいはむしろ，妻を見つけることです！［…］私はシュヴァーベン人で，近々40歳になります。それで，実際よくは分からないのですが，完全に40になってしまう前に，こうした歩みを，あらかじめ急ぎ進めておいた方がいいのではないかと思うのです。というのも，40歳になってしまってはそれはもはや不可能であるかもしれないからです。しかし，あるいは，私の場合すでに，シュヴァーベン出身の40歳という影響が，出てしまっているのでしょうか。」しかし，彼は，このような，当時の言い習わし[1]に由来する危惧と，かの希望とを抱いていたにもかかわらず，1810年3月15日に，彼の友人のパウルスが自分の娘「エミ」を彼に「託した」さいには，ほとんど喜びもしない。——

自分は，夫として，彼女に向いてはいないというのである。ただ，おそらく彼は当時すでに，将来の妻となる，優に20歳も若いマリー・ヘレナ・スザンナ・フォン・トゥーヒャー[2]と知り合っている。というのも，彼は，すでに1810年5月11日，ニートハンマーに宛てて，こう語っているからである。自分は永遠の幸福に恵まれるか，それとも，肘鉄をくらうかの分かれ目にいます，と。——また，友人メルケルが，この件の仲介をしてくれています，とも。ヘーゲルはまた，パウルス一家にも，自らの計画を打ち明けている。というのも，彼は，すでに1810年12月15日には，フォン・トゥーヒャー嬢に，キャロライン・パウルス[3]を紹介しているからである。彼は，1811年4月13日，一篇の詩をよんでマリーに求婚しており，3日後には，彼は彼女を「私のマリー」と呼ぶことができ，そして，その翌日には，もう一篇の詩の中で，自分の幸福をうたっているのである。とはいえ，ヘーゲルは，最も信頼をおいた友人，ニートハンマーにさえ，1811年4月18日になって初めて，彼の花嫁の名前を告げている——もっともそれと同時に，（およそ意図的ではない，ということはおそらくないであろうが）彼が伝えるのは，自分の幸せが，一つには，大学教授の職を得るという条件と不可分であるということである。しかし，この希望は，さしあたり実現されないにもかかわらず，1811年9月16日に結婚式が行われる。そして，1811年10月10日，ヘーゲルはニートハンマー宛の手紙の中で，この件を次のように締めくくっている。「これによって私は，全体としてみれば——いくつかの，なお願わしい進捗は別として——自分の現世での目標を達成しました。というのも，この世は官職と愛妻を得ることに尽きるからです」，と。1812年6月27日生まれの娘をすぐに亡くした後，1813年6月7日に，カール・フリードリッヒ・ヴィルヘルム[4]が，そして，1814年9月25日には，トマス・イマヌエル・クリスチャン[5]が生まれている。

1) シュヴァーベンの人は40歳になってやっと分別がつくとの言い習わしがある。
2) マリー・ヘレナ・スザンナ・フォン・トゥーヒャー（1791-1835）。ニュルンベルク市議会議員の娘。ヘーゲル41歳のときに結婚。3人の子供を出産（第一子は誕生

3) キャロライン・パウルス（生没年不明）。H.E.G. パウルスの妻。
4) カール・フリードリッヒ・ヴィルヘルム（1813-1901）。マリーとの間に生まれたヘーゲルの長男。高名な歴史学者，政治評論家。エアランゲン大学教授。
5) トマス・イマヌエル・クリスチャン（1814-1891）。マリーとの間に生まれたヘーゲルの次男。保守政党の中心的指導者でブランデンブルク州の宗教局長官となる。

　ヘーゲルの結婚の後に，そして，おそらくはこの結婚の影響がなかったわけではないであろうが，妹のクリスティアーネ[1]に，精神疾患の最初の兆候が現れる。ヘーゲルは，1814年4月9日，ニュルンベルクの自分の元に引越してくるように彼女に勧める。彼女は，その地にヘーゲルを訪ねるが，しかし，1815年11月には，従兄弟のルートヴィッヒ・フリードリッヒ・ゲリツ[2]の住む地域，アーレンに引越す決心をする。それは「私に示してくれたすべての愛と，あなたたち（ヘーゲルとその妻）が私に分け与えてくれたあらゆる幸福に心から感謝しながら」（Br 2.58）であった。しかし，同時にそれはまた，「義姉」，マリー・ヘーゲル「に対する『深い憎しみ』」と，「兄に対する大きな『不満』に満たされて」のことでもあった。しかも，こうした憎しみや不満は，その他何人かの彼女と親密であった人々に対しても向けられていたのである（Br 2.486f.）。彼女の状態がさらに悪化した後には，彼女は，1820年から1821年の半ばまで，ツヴィーファルテンの施設で生活する。その後，シュトゥットガルトに移り，カール・エバーハルト・シェリング[3]（哲学者シェリングの弟）に医療面で世話になり，資金面では，ヘーゲルからわずかながらの援助を受ける。彼の死からわずか三か月後，おそらくはまたその死と無関係ではないであろうが，彼女は，ナーゴルト川に身を投げ，自らの命をたつのである（R 425; Lucas 1987）。

1) クリスティアーネ・ルイーゼ・ヘーゲル（1773-1832）。ヘーゲルの妹。1814年以降，精神疾患を患い，シェリング（哲学者シェリングの弟）が主治医を務める。ヘーゲルの死後の翌年，タイナッハで入水自殺。
2) ルートヴィッヒ・フリードリッヒ・ゲリツ（生没年不明）。ヘーゲルの従兄弟で，ヘーゲルの妹クリスティアーネが託される。
3) カール・エバーハルト・シェリング（1783-1854）。ドイツの医師。哲学者シェリングの弟。イェーナで医学を学び，1801/02年のヘーゲルの最初の講義（『論理学・刑而上学』）の聴講生でもある。ヘーゲルの妹クリスティアーネの主治医を務め，ヘーゲルとは終生親交を結ぶ。

　1810年まで，すなわち，パウルスが，アンスバッハとハイデルベルクとに招聘されるまで，ヘーゲルは，とりわけパウルスとその家族と非常に親しく暮らしており，イェーナおよびバンベルク時代以来の久しい友情関係を保ち続けている。ヘーゲルはまた，他の同僚たち，とりわけ，「実業高校」，つまり，ギムナジウムと並ぶ第二の高等学校における同僚たちとも，交誼を結んでいる。1809年に，ヨハン・ヴィルヘルム・アンドレアス・プファッフ[1]が，同校に招聘されるが，彼は，1791年から93年にテュービンゲンの神学校にいた。それゆえに，彼がそれ以来ヘーゲルと知り合いであったということはたしかである。1812年の夏に，ヘーゲルの『大論理学』に対して，プファッフの，本質をついた批判的で詳細な態度表明がなされるが，たとえそうであっても，ヘーゲルは依然，彼と友好的な関係にあった。1809年5月7日には，ヘーゲルは，ニートハンマーに感謝の意を表している。というのも，ニートハンマーが，「実業高校」のために「りっぱな人材」を送り込んで，私，ヘーゲルに「友情と交友の機会」を与えてくれた，からである。――すなわち，校長として紹介されたのは，イェーナ時代，彼〔ヘーゲル〕とシェリングの聴講者であったゴットヒルフ・ハインリッヒ・シューベルト[2]であり，また，歴史学の教授として紹介されたのは，ヨハン・アーノルド・カンネ[3]である。三人とも，この実業高校時代に，学問の上で名をなした人物である。すなわち，プファッフは数学者として，カンネは，文献学および「神話学」者として名をなし，シューベルトは，彼の「自然科学の暗黒面に関する諸見解」（1808年）によって，すでにそれ以前に名を知られており，この論文をヘーゲルはもう1808年6月26日には批評しようとしていた。ヘーゲルは，第三者に対してシューベルトを何度も「友人」と呼んでいる。しかし，1810年3月13日付のニートハンマー宛の書簡では，幾分皮肉を込めて次のように述べている。シューベルトは，

「ピエティストたちのもとで天上における慰めを探し始めています。彼に神のご加護あれ！　おそらくその慰めを彼は，カトリック教会においてやっと見つけることでしょう」。しかし，彼には，「なお地上における慰め」もまた「快いものであり」ましょう，と。シューベルトは，彼がヘーゲルに再会したさいのことをシェリングに伝えており，また，シェリングは，その返答のなかで，ヘーゲルをこう描写している。「あの類の内も外も全く散文的であるような純粋な輩は，過度に詩的なわれわれの時代においては，神聖に扱われなければなりません。あちらでもこちらでもわれわれはみな感傷に襲われています。それに対して，あの類の否定する精神は，優れた調整剤です。というのも，その精神は，思い上がって何でもかんでも否定し去ってしまうやいなや，かえって人々を快くさせてくれるのです。とはいえ，メフィストフェレスによらなければ，この世のすべての快楽を手に入れることはできないと，ファウストは嘆くわけですが，このメフィストフェレスの効力を，かの精神が産み出すことはできません。人々は，この精神を一旦は理解するのですが，結局は無視するのですから。」シューベルトは，この特徴的な描写を，後年の自らの『回想録』において——批判的に響く箇所を省略しながら——伝えており，その際また，こう強調している。すなわち，われわれはシェリングの言葉を「この手紙の書き手が結び合わせている意味，つまり，あのとおり敬意を払い認めもしているという意味で，とらえなければならない」，と（HBZ 95f., 101）。しかし，当時すでにシェリングとヘーゲルとの間の哲学的相違がどれほど大きなものになっていたかは，1812年10月23日，ニートハンマーに宛てて書かれたヘーゲルの言葉から分かる。「シェリングは，当地に私を親しく訪ねてくれましたが，私たちは，哲学的な話題にはふれませんでした。」——しかも，この訪問は，「神的な物事をめぐる論争」においてヤコービに向けたシェリングの論駁が，出版された年のことなのである。

1) ヨハン・ヴィルヘルム・アンドレアス・プファッフ（1774-1835）。ドイツの数学者，物理学者，天文学者。後に，ヴュルツブルク大学，エアランゲン大学で教鞭をとる。占星術の研究もある。

2) ゴットヒルフ・ハインリッヒ・シューベルト（1780-1860）。ドイツの医師，植物学者。神秘主義者であり，また，ロマン主義の自然哲学を展開する。

3) ヨハン・アーノルド・カンネ（1773-1842）。ドイツの神話学，言語学者。

　ヘーゲルのシェリングに対する関係が冷めたものとなる一方で，『信仰と知』（1802年）における論争を通じ非常に張り詰めたものとなっていた，フリードリヒ・ハインリッヒ・ヤコービに対する関係は，改善される。それは，とりわけニートハンマーの仲立ちによるのだが，ヤコービに対するヘーゲルの関係がこのように変化したことの根底にあったのは，哲学的なことというよりも，とりわけ，政治的そして個人的なことである。バンベルク時代以来，ヘーゲルは，ニートハンマーとの書簡のやりとりのなかで，しばしば，ヤコービに言及するが，それは，——実際，職務上の理由からでもあるにせよ——ヤコービとの和解への関心からなされたことである。ヘーゲルが次のように書き記すとき，ヤコービとの関係が負担になっていることに関して自らの負うべき咎を，暗黙のうちに告白している。すなわち「燃えさかる炭火を身にかぶることなしには」，望んだ変化は叶わないでしょう。「もとより，その炭火は私が自分で手を貸して焚きつけたようなものなのですが」，と（1807年5月30日付）。こうして彼は，さしあたりまだ距離を置き，皮肉な態度のままではあったが（1807年8月8日），1807年8月1日付の「バンベルク新聞」において，バイエルン学士院の創設にさいしてのヤコービの講演にふれている。それどころか，彼はミュンヘンからその新聞を取り寄せ，それを「新聞売り場」で販売するのである——もっともそれは，「果樹の栽培」に関する本のすぐ隣に並べられたのだが（GW 5. 427）。ヤコービの演説そのものについては彼は，1807年8月29日，ニートハンマーに宛てて，ヤコービの引用は抜きで，次のように記している。「ここで表現されている，学問に対する気高い心情などは，たしかに歓迎されるべきものです。私はあなたが示された聖書の格言[1)]を反芻しました。そのようなことが，干からびた木材に生じるのであれば，まずもってどんなことが，生木には起こるでしょうか。」

1) 新約聖書ルカ伝23節31，イエスが磔刑になる前に，それを嘆いた民衆達の言葉の一つ。

これに続くヘーゲルの書簡，すなわち，ニートハンマー宛（1807年12月23日付）とクロイツァー[1]宛（1808年6月28日付）の書簡から窺えるのだが，それまでは非常に張り詰めたものであったヤコービとヘーゲルとの関係に，変化を与えるきっかけとなったものは，ヤコービに向けられた度重なる嫌疑や攻撃である。すなわち，ヤコービは，バイエルン学士院の院長の職にあるが，よそ者であり，また，とりわけプロテスタントであるという嫌疑や攻撃に，しばしばさらされたのである。ニートハンマーは，ヤコービが自然に，ヘーゲルの友好的な言明に親しむように仕向け（1808年1月22日），それによって，とりあえず挨拶を伝え合うということだけで続けられてきた二人の関係を，改善の方向に向ける。この二人，つまり，ヘーゲルとヤコービとが出会い，心から交流し合うに至るのは，もう少し後のことで，新たな哲学－神学論争，すなわち，神的な物事をめぐるヤコービとシェリングとの間の論争（1811/12年）がなされた頃である。

1) クロイツァー（ゲオルク・フリードリッヒ・クロイツァー）（1771-1858）。ドイツの言語学者，考古学者。マールブルク大学教授後，ハイデルベルク大学に赴任し，言語学と古代史を担当する。ヘーゲルとの往復書簡も多い。

この第3の（1785年の汎神論論争および1798年の無神論論争に続く）哲学－神学論争では，もはや，一方の有神論に対して他方の汎神論あるいは無神論，という固定的な対立が問題なのではない。そうではなく，問題は，有神論という概念そのものが是認しうるのかどうかである——それゆえに，最近，この論争を「有神論論争」と呼ぶことが提案された（PLS 3. 4f.）。この論争を引き起こしたのは，ヤコービである。彼は公然とシェリングに無神論の嫌疑をかけたのであり，シェリングは，これに，全力で論争を挑み，答えたのである（PLS 3/1）。この論争に対するヘーゲルの立場は，奇妙なほど控えめである。彼は交友関係からヤコービの側につくのだが，このことはとりわけ，カロリーネ，および，ハインリッヒ・エバーハルト・ゴットロープ・パウルスから届く，1812年夏の書簡から明らかである。パウルスは，この書簡の中で，シェリングに対し激しい口調で，こう弁じる。「つまり，奴は，あなたとシュレーゲルの骨〔あなたがたの言葉〕を利用してヤコービの絞首台を建て，そして，自分の手は汚さずにすすごうという腹なんだ。」ヘーゲルがこの論争に対して，決してはっきりとした態度を取らなかったことは，おそらく，こうした個人的な人間関係から理解されてしかるべきだろう。というのも，ヘーゲルは，理性的に「学的に」，神を認識するという計画——シェリングが，最後になお，この論争において主張する計画——に，事柄として馴染んでいるにもかかわらず，シェリングの度重なる誘いによってもこの論争に引き入れられることは，やはりなかったからである。ヘーゲルは，自らの書評においても，ただ次のように述べるにとどまっている。すなわち，この論争を引き起こしたヤコービの著作は，「なお多くの人々の記憶のうちにあるが，しかしそれは，これ以上長く記憶にとどまったとしても，何の益もないであろう」（GW 15. 22; S 257），と。

同じ時期，1812年夏に，ヤコービは旅の途中でニュルンベルクも訪れるが，それを目の前にして，こう書き記している。私はそこで「ヘーゲル，カンネ，シューベルトという」「これまでおよそ話したことのない」「人々にもっぱら」出会うことになろう，と。この滞在の後には，ジャン・パウルがこう断言している。ヤコービを「愛さないということ」は不可能である。「いまでは，彼の哲学上の敵対者であるヘーゲルでさえもが，彼を愛している」（HBZ 108），と。1812年7月19日にはまた，ニートハンマーに宛てて，ヘーゲルがこう書いている。ヤコービは「私に好意的な気持ちで接し，厚く遇してくれましたが，それは，間違いなくあなたのおかげです。私は，そのことについてあなたに感謝しなければならないと，肝に銘じています」，と（1812年8月13日付書簡を参照）。もっともヤコービは——1812年10月29日付でフリースに伝えているように——ヘーゲルの論理学を「たった一度かじっただけで，その後はずっと脇にどけておいたままでした」（Henke 324）。ヤコービは，当時歳をとったせいで，ますます頻繁にこう対処せざるをえないのだ，と悟っている。引用した手紙の中で，このほかに彼が認めてい

るのは，ラインホルトは彼にとって「あまりにも骨の折れる」ものとなってしまったということ，そして，ヘルバルト[1]哲学に対して彼の頭は「まったくついて行けなくなって」しまったということである。——もっとも，ヤコービは，ヘーゲルの論理学に関するフリースの書評について，「卓越して」おり，「〔ヘーゲル論理学の〕無骨なやり方に対する寛大なるいたわり」であると述べている（同上330あるいはHBZ 118, 142f.）。

1) ヘルバルト（ヨハン・フリードリッヒ・ヘルバルト）（1776-1841）。ドイツの心理学・哲学・教育学者。イェーナ大学で学ぶ。その教育論『一般教育学』は，近代教育学の出発点となる。

1815年の初秋にはまた，ヘーゲルが，ミュンヘンにヤコービを訪ねている。そして，その直後の1815年10月21日，ヤコービは，ヘーゲルがベルリンに招聘されるよう，ニコロヴィウス[1]に働きかける——もっとも，それは，ヤーコプ・フリードリッヒ・フリースの代わりが必要となった場合に限ってのことなのだが。「ヘーゲルが最近ここに来たので，私は，彼のことを君に話しておくと約束しました。彼は，もはやイェーナにいたときの彼ではまったくありませんし，もしベルリンで，フリースに敵対する一味があまりにも強力であったのならば，そのあとがまとして，君に彼を十分に推薦できましょう。必ずやまた推薦することになるようにと，私としては，願っています，しかも，このうえなく強く願っています」（HBZ 119）。その後，二人は，挨拶を交わすだけでなく，いまや互いに出版物を贈呈しあうようになる。ヘーゲルは，ニートハンマーを介して，おそらく『大論理学』の第2巻を贈っている（1815年9月20日）。（ホッフマイスターは，このときに，第3巻を贈ったと想定しているが，そうではない。というのも，第3巻は，その一年後にようやく出版され（GW 12. 326），ヘーゲルから，出版者のシュラーク[2]を介して，1816年10月6日にヤコービに贈られているからである）。ヤコービは，ヘーゲルに自らの『著作集』版の第2巻を贈っている（1815年12月28日）。「最愛にして最良なるヤコービ」の手になるこの第2巻を，ヘーゲルは，すでに11月には，「憧れを抱きつつ」，「もう一度，哲学を想い起こし，刺激を得るため」に待望していた（1815年11月23日）。——1815年12月28日に，ヘーゲルは，このことをニートハンマーに宛ててこう書き記している。「私はとりわけ好奇心の向くところだけを，まだ一読しただけですが，全集に追加された素晴らしい序論の中に，優れた点，新たな点を，非常にたくさん見出しました。それは，理念の全体に，新たな，明るく温かな光を投げかけています。親愛なる長老に対して，私は望まずにはおられません。彼の被った論争的な側面からの痛みが永遠に和らぎ，ただ彼の高貴な精神と素晴らしい心情によって享受される楽しみのみが，濁りなく，およそ自足して，変わることなく続くこととなりますように」，と。1816年1月19日付のニートハンマーの書状から読み取れるように，ヤコービは，それどころか，名づけ親に選び出されてさえいた。もっとも，その計画は，1815年末のマリー・ヘーゲルの流産によって，実現しえなかったが。「すばらしい私たちのヤコービは，名づけ親になる機会を失ったことを残念に思い，とても率直にこう述べてくれました。あなたがた[3]は，実際，真剣に，代わりの子供のことを考えなければならないでしょう，と」。しかし，度重なる流産で，そのような「代わりの子供」を得るに至ることは，もはやなかった。そのため，ヤコービが名づけ親になることもなければ，彼らが個人的に出会うこともももはやなかったのである。

1) ニコロヴィウス（ゲオルク・ハインリッヒ・ルートヴィッヒ・ニコロヴィウス）（1767-1839）。プロイセンにおける教会局，学務局の局長を務める。
2) シュラーク（ヨハン・レオンハルト・シュラーク）（1783-1858）。ドイツの書籍商，出版者。ウイーンで書籍店を経営していたが，ナポレオンによる占領後，ニュルンベルクに移る。1810年には自らの出版社をニュルンベルクに立ち上げる。
3) 原文では，ここで「あなた方 Sie」と表記すべき箇所が，「彼ら sie」となっているため，この誤記を示す（！）が，著者イエシュケ氏によって挿入されている。

しかし，ヘーゲルは，ニュルンベルク時代の終わり，もしくは，ハイデルベルク時代の初頭の数か月において，1816年夏に出版されたヤコービ著作集版第3巻の書評を書いている（本書337頁参照）。それ

以外には，ヘーゲルの多岐にわたる新たな職務のせいで，つまり，まずはハイデルベルクにおいてだが，その後，間もなくベルリンへと転出したことにより，ニートハンマーとの書簡のやりとりも，また，それと共にヤコービとの連絡も，以前に比べると疎遠なものとなった。だが，そうしたことには影響されることなく，心からの温かな交友関係は保たれていた。というのも，ベルリン時代の初頭，1819年1月19日にニートハンマーは，ヘーゲルに次のように告げているからである。「ヤコービは，最近，私に会うたびごとにほとんどいつも，ヘーゲルからの便りは相変わらずないのかね，とたずねます」，と。しかし，まだヘーゲルがその返事を出さないうちに，彼は，ヤコービの訃報を受け取る。彼は，悲しみにくれて，ニートハンマーにこう書いている。「ヤコービの死に，私は，個人として心痛を覚え，また，打ちひしがれる思いがします。というのも，あなたが手紙に書いていたように，彼は私から便りがないか，たびたび尋ねていたわけですが，いまや彼がベルリンからの私の便りを手にすることは，もはやなくなってしまったからです。若いときから見上げていた老いた大樹のますます多くが枯れてゆくにつれ，私たちはいつもながら寂しさを味わいます。彼は，時代の，また個々人の精神を形成する際の一転換点となった人物の一人でありましたし，また，私たちが，現にそこに存在していると考えている，この私たちの世界にとって，確固としたより所の一つであったという，そういう人物の一人でもありました。」（1819年3月26日）

参考文献：Gotthilf Heinrich Schubert: Der Erwerb aus einem vergangenen und die Erwartungen von einem künftigen Leben. 2 Bde. Erlangen 1855; Ernst Theodor Ludwig Henke: Jakob Friedrich Fries. Aus seinem handschriftlichen Nachlasse dargestellt. Leipzig 1867; Hans-Christian Lucas (Hg.): »An Mademoiselle Christiane Hegel«. Ein unveröffentlichter Brief Hegels und ein Briefkonzept des Dekans Göriz. HS 22 (1987). 9-16.

6.3. 政　　治

政治という観点から見た場合，ヘーゲルのニュルンベルク時代は，まずはナポレオンのこのうえない大勝利の時代であるが，しかし，引き続きまた，その敗北の時代でもある。この点に関して，ヘーゲルの同僚であるシューベルトは，自分とプファッフおよびカンネの見解は同様だが，しかし，それと，ヘーゲルの見解との間には深刻な相違がある，と強調している。すなわち，シューベルトたちにとって，ヘーゲルは「この偉大な最高指揮官，民衆の征服者をあまりにも無条件に崇拝する者であると」映ったのである。ヘーゲルが政治的な選択をなすにさいしては，すでにイェーナにおいてそうであったように，二つの要素が結びついている。すなわち，ナポレオンの偉大さに魅了されているという面と，反動的な政治に対して嫌悪感を抱いているという面とである。この反動的な政治の代表例として，この間ヘーゲルが目の当たりにしたものこそが，オーストリアとロシアである。1809年5月7日，彼は，「敵からの解放」すなわち，オーストリア軍からの解放を祝し，ニートハンマーにこう述べ，満足感を示している。「フリードリッヒ・シュレーゲル[1]が私たち皆を解放し，カトリックへと改宗させるということが，まさしく奴らの目の前で起こったわけですが，そのシュレーゲルは，いまなお絞首台に掛けられないままだというだけで，幸運だと思わなければならないでしょう」，と。何人かのニュルンベルク人たちは，侵入してきたオーストリアの槍騎兵を「同胞万歳と叫んで迎えた」のだが，ヘーゲルは，その理由を，このかつての自由帝国都市〔ニュルンベルク〕においては，多くの住人が，伝統的に「帝国寄りの」心情をもち，バイエルン的なものの見方をしなかったということのうちに見てはいない。そうではなく，「フリードリッヒ・シュレーゲルが，この地に，彼と同じ類の多くの者ども，つまり，職も財産もなくしたならず者たちを抱えている」ということこそが，その理由であると見なしている。ヘーゲルは，外国の支配から解放されたことによる国民的な歓喜を目の当たりにして，それをまったく理解できないでい

る。彼が,「すばらしい解放者たち」について語る際に,解放者たちということで思い浮かべているのは「コサック人,バシキール人,それに,プロイセンの愛国者たち」である(1813年5月21日)。彼は,「我々の解放者たちが列を組み,群れをなして歩み行くのを眺めること」を軽蔑し,そのかわりに,こう約束する。「ひょっとして,解放されたという者を,ひとたび見ることができようものなら,私も,その者のところへ出かけていきましょう」,と。しかし,まずもって彼が行ったことは,フランス人の挙動と宿営にかかる費用とを,バイエルン人,オーストリア人,さらに,そのうえロシア人のそれと,比較することである。そしてまた,彼が認めたことは,「上品なブルジョアのご婦人」にとっては,この都市の44人の志願兵の誰か一人よりも,三人のロシア人の方が,いっそう好ましいものであったということである(1813年12月23日)。そのうえまた,「かつてのすばらしさ」の復活に対する不安が,ヘーゲルに,目下の軍事的状況に関する冷静な判断を狂わせる。連合軍がすでにパリに進入した1814年4月10日の時点でもなお,彼は「この進入によって,連合軍は,たんに何らかの没落という事態から免れただけである」と考え,その没落を期待している。彼の唯一の解放体験と言えば,それは「代用酒を飲まなくてすむ」こと,再びコーヒーを飲むことができることであった(1814年4月29日)。とはいえ,ナポレオンの退位後の今,彼は,すでにこの「大変動」を,『精神現象学』において,絶対的自由を批判することによって予言していたと主張する。だが,それだけではない。彼はまた,この大変動について,驚くべき,しかし,熟慮に値する言い回しでこう語るのである。「大事件が,私たちの周辺で次々と起こりました。とてつもない天才が自ら破滅する様を見るのは,空恐ろしい演劇を見るようです。——それは,現に存在するもっとも悲劇的な出来事です。凡庸な群衆たちはことごとく,休むことも和解することもなく,鉛のもつ絶対的な重力によって,自分よりも上のものを自分と同じ水準か,もしくは自分以下に引きずり下ろすまで,鉛のように圧迫し抑圧し続けます。このように全体が大きく転換するに至る転換点——すなわち,こうした群衆が支配的な権力をもち,古代ギリシア悲劇の合唱隊のように後々まで残り,最上位の席を占め続ける根拠——は,偉大な個人自身が,そのような権利を群衆に与えてあげなければならず,したがってまた,この個人がその身を滅ぼすということなのです」,と。

1) フリードリッヒ・シュレーゲル(1772-1829)。ドイツロマン主義の思想家,文芸評論家,小説家,詩人。兄A. W. シュレーゲルとともに,シュレーゲル兄弟として知られる。イロニー概念は初期の中心思想となる。1808年頃に,カトリックへ改宗し,晩年はさらにカトリックに深く帰依し,神秘主義的思想を目指していた。

そして,ヘーゲルは,この大変動だけでなく——それとともに始まった反動をも予言していた,と主張する(1816年7月5日)。当時その反動は,バイエルンにおいて,1808年から09年にかけて自由主義的に始まった,宗教政策および学校政策の修正という形で現れる。この修正がきっかけとなって,ニートハンマーは,すでに1815年11月19日に,こう述べている。「幸いなことに,教育の避難所を,もはやバイエルンに求める必要はありません。いずれにしてもバイエルンでは,教育をおびき寄せて打ち殺そうとしていただけのように見えるのです。」国王は,プロテスタントの人々の専門教育を向上させようとするニートハンマーの努力を咎めているが,ニートハンマーは自説の論拠をここに見ている。すなわち,「この国のプロテスタントの人々は,正真正銘,何の法的権利ももっていません[…]。そうであるにもかかわらず,プロテスタントの人々は,それについて,何を訴えようとしてきたでしょうか。そもそも憲法によって保障されているのは,いったい誰の権利なのでしょうか」(1816年7月16日),と。ヘーゲルは,1816年7月5日に,こうした嘆きに対して,自らの確信をこう語っている。「私たちが目撃した,ボナパルトに対する,もっともすごい反動」でさえ,物事の本質をさほど多くは変えませんでした。「目下の時代の世界精神〔ナポレオン〕が,前進せよと号令を発したのです。この命令は聞き入れられました。ここに,この世界精神は,鎧で身を固めて堅く結束したファンラクス〔マケドニア軍の密集軍隊〕のように,抗いがたく悠然と歩み,ちょうど太陽がゆっくりと進み行くように,ほとんど気づかれることなく動き,次々と迫り来るどんな苦難をも乗り越

このように確信しつつ，彼は，1816年7月12日に，「カトリック的なものとプロテスタント的なものとの」区別をめぐる彼独自の視点に基づいて，宗派に関して政治的に尽力するニートハンマーを力づける。「私たちのなかに平信徒はいません。プロテスタンティズムは，教会の序列的な組織に身を委ねることはなく，ひたすら普遍的な洞察と教養のうちに身を置いています。私はこの視点を，プロテスタントの聖職者たちが，いっそう優れた精神形成を成し遂げようと欲する際にもつ視点の一つに，なお付け加えておきたいと思います。また，それどころか，こうした視点こそが，私にはもっとも本質的なものであるように思えます。この本質的な視点をこそ，どこかで紹介し，また，詳しく説明する機会を得たいものです。私たちの大学や学校が，私たちにとっては教会なのです。」このような後の文化プロテスタンティズムを準備する観点を，ヘーゲルは，すでに1810年11月3日に，さらには1816年10月10日にも，ほとんど同様の口調で表明している。すなわち「プロテスタンティズムは，ある特殊な宗派のうちにあるのではなく，むしろ，熟考の精神や，いっそう高次の理性的な教養の精神のうちにあるのです」。それゆえ，いっそう高次の教育施設は，プロテスタンティズムにとっては「教会と同様に」かけがえのないものであり，また「間違いなく，教会と同じだけの価値をもつものなのです」。「すべてのプロテスタントの人々は，自らにとってのローマや司教の座を仰ぎ見るようにして」，こうした教育施設を仰ぎ見るのです，と。

6.4. 校務のむなしさからの解放

　ヘーゲルは，自らの現世での目標——官職と結婚——を達成したにもかかわらず，1811年10月10日に，なお「願わしい」若干の「修正」なるものを一括して提示する。1813年のはじめには，彼は，シンクレアへの手紙の下書に，それをこう明示している。すなわち「私の唯一の，そして，最終的な目標は，大学の教員になることです」，と。この目標を達成するために，ヘーゲルは，ニュルンベルクから，数々の地域に目配りをする——チュービンゲン（1811年12月28日，1812年2月5日），ハイデルベルク，そして，フィヒテの死後のベルリン（1814年7月30日）に。また，それどころか，彼のイェーナ時代の教え子であるファン・ゲールト[1]が，自らにとってのチャンスであると見ていたオランダ（1809年8月4日，1809年12月16日）にまでも。とはいえ，ニートハンマーは，ヘーゲルをエアランゲンに招聘すべく手を尽くしていたのだが，そうしたニートハンマーの継続的な骨折りでさえも，ヘーゲルのその他さまざまな努力奮闘と同様，何年も実を結ぶことがないままであった。

　ようやくチャンスが到来するのは，フリースがハイデルベルクからイェーナに招聘されることをヘーゲルが耳にするときである。1816年5月2日に，ヘーゲルは，ハイデルベルクのパウルスに，自分の採用の見込みをたずねている。カロリーネ・パウルスなどは，はやくも1814年8月16日に，自らの「運命論」に照らして，こう太鼓判を押している。私たちは，これまで，イェーナ，バンベルク，そしてニュルンベルクで一緒だったのですから，これからもおよそ変わることなく，あなた，ヘーゲルは，ハイデルベルクに来るに決まっています，と。そして，こうつけ加えている。「ワインを指キャップに注いで飲むというあの砂漠のベルリンで，いったいあなたは何をしたいのですか」，と。ズルピッツ・ボアスレ[1]もまた，1816年6月11日，ニュルンベルクを訪れた際に，弟メルヒオル[2]に相談し，今回のヘーゲルのチャンスについての情報をハイデルベルクで手に入れようとしている（HBZ 122）。そして，パウルスは，1816年5月28日に，ヘーゲルに対して「人に見せてもいい手紙」を自分宛てて書くよう助言し，ヘーゲルは1816年6月13日に，二つ返事でその助言どおりにしている。もとより，7月11日付のパウルスの返事は失われているが，しかし，7月20日付のヘーゲルの返事からは，大学での諸々の案件はすでに大方調整されているということが読み取れる。すなわち，すでに問題は，着任旅費，宿舎費用，そして遺族年金の額なのである。カールスルーエの政府の決定だけがまだ下されていないのだが，このことについては，ヘーゲルが同じ7月20日に，ボアスレに対しても言及している通りである。ヘーゲルは，

自らの招聘に対してボアスレが「非常に好意的な関心」を寄せてくれたことに感謝している。7月30日には，パウルスは，ヘーゲルに，金銭面の最終調整のために，もう一度いくつかの助言を行っている。そして，すでに同じ日に，神学者であり，後にヘーゲルの友人となるカール・ダウプが，はたしてヘーゲルは「ここの大学の哲学の正教授職を引き受けることに乗り気である」のかどうか，問い合わせている。ヘーゲルは，1816年8月8日にパウルスに書いているように，いまや「私たちの学校や研究施設でのむなしさから解放されること」を待ち望んでいる。8月11日，彼はニートハンマーには，さらに「組織に関わるむなしさ」をも付け加えている。さらに8月16日のカール・ダウプの簡明に記された書面に対して，ヘーゲルは，8月20日に，応諾の意を伝えている。

1) ズルピッツ・ボアスレ（1783-1854）。ドイツの美術研究家，収集家。弟メルヒオルとの自国の芸術作品の収集展示活動は，ドイツにおける美術受容に大きく貢献した。ヘーゲルは，パウルスを介し，ニュルンベルク時代，ハイデルベルク時代にかけてボアスレ兄弟と親交を結ぶ。ハイデルベルク就任にも，S. ボアスレは尽力した。ケルンの大聖堂建設の重要な後援者でもある。
2) メルヒオル・ボアスレ（1786-1851）。ズルピッツ・ボアスレの弟。ボアスレ兄弟として知られ，兄とともに，F. シュレーゲルの私的講義を受け，ドイツの芸術作品の収集展示活動に勤しむ。

ヘーゲルは，どこかからの招聘を非常に長い間待ち望んでいたが，それが叶うことはなかった。しかし，その後，1816年の夏に，一度に三つの招聘を受けることになった。ベルリンでは，1814年に死去したフィヒテの後任がなお決定されなければならなかった。そこでは，デ・ヴェッテ[1)]が，フリースの招聘をすすめていて，その際にニコロヴィウスの助力を期待していた（本書57頁参照）――けれども，当のニコロヴィウスは「聖書協会の一員で，これにはマールハイネケ[2)]も属しているのです。そして，マールハイネケは，しばしばニコロヴィウスのところに行って，フリース，あなたに分の悪いことを言い，ヘーゲルに有利な発言をしているようです。一度などは，ヘーゲルがベルリンに招聘されるなどという噂もありました。私は，ゾルガー[3)]のいる前でそれには強い反対の意を表明しましたが，ゾルガーは，ヘーゲルを非常に思慮深い頭脳の持ち主であると擁護しました。さて，どうしたらよいのでしょう。[…]こちらでは，神秘主義がひどく有力で，いかに人々がその深みにはまっているかは，ヘーゲルのことを思い浮かべてみれば明らかです。あれほど混乱した頭をもった人間を，私は知りません」（HBZ 117）。1816年3月6日の投票のさいには，思弁哲学の教授職については，ヘーゲルが，他方，実践哲学の教授職については，フリースが，大多数の票を獲得する。しかし，ヘーゲルの招聘は遅れる。なぜなら，デ・ヴェッテが，ヘーゲルに対する単独の反対投票を行うからである。彼は，ヘーゲルの講義は支離滅裂だと言い，所轄の大臣である――自然哲学を嫌っている――フォン・シュックマン[4)]に対して，ヘーゲルはシェリング主義者であり，それゆえ，自然哲学者であると訴え，その信用を失わせようとするのである（HBZ 121）。そこでまず，滞った手続きを再び動かすために必要なのは，フリードリッヒ・ゲオルク・ルートヴィッヒ・フォン・ラウマー[5)]がニュルンベルクを訪問することである。彼は，フォン・シュックマンに，ヘーゲルとのさまざまなやりとりについて報告するとともに，1816年8月2日にヘーゲルが手紙で伝えた「大学における哲学の講義をめぐる見解」についても報告している。彼によれば，ヘーゲルの話は「流ちょうで，分かりやすい」ので，「大学の教壇での講義でも，こうした特質が欠落する」（HBZ 124）とは思えないという。ほぼこの時期に，バルトホルト・ゲオルク・ニーブール[6)]もまた，旅の途中でヘーゲルを訪ねており，8月4日ニコロヴィウスに，ヘーゲルがベルリン行きに関心をもっていること，また，ヘーゲルに好印象をもったことを伝えている（HBZ 123f）。そしてついに8月24日，ヘーゲルのもとに，フォン・シュックマンの書面が到着する。その中でシュックマンは，ヘーゲルに，彼の講義への懸念には，自ら毅然と対応してほしいと頼んでいる。だが，同じ日に，ハイデルベルクに，ヘーゲルがその地への招聘を受諾する書面が届いており，またさらには，彼がバイエルンで退職願いを申請したのも，同日付なのである。

1) デ・ヴェッテ（ヴィルヘルム・マルティン・レーベレヒト・デ・ヴェッテ）(1780-1849)。ドイツの神学者。1810年に創立されたばかりのベルリン大学に赴任。フリースの影響を受け、ヘーゲルには敵対しており、ベルリンへはフリースの招聘を進める。しかし、1819年には、コッェブーの殺害者ザントの母に同情的な手紙を送ったために、ベルリン大学を追われる。
2) マールハイネケ（フィリップ・コンラート・マールハイネケ）(1780-1846)。ドイツのプロテスタント神学者。ハイデルベルク大学教授後、1811年にベルリン大学教授。1820年からは三一教会説教師を務める。ヘーゲル右派の代表者としても見なされ、ヘーゲル『宗教哲学』の編集を行う。
3) ゾルガー（カール・ヴィルヘルム・フェルディナンド・ゾルガー）(1780-1819)。ベルリン大学教授で、ロマン主義の美学者。ヘーゲルのベルリン招聘に大きく寄与する。シュレーゲルとともにその「イロニー」概念は、彼の芸術哲学の中心概念である。
4) フォン・シュックマン（フリードリッヒ・フォン・シュックマン）(1755-1834)。プロイセン王国の州大臣（内務大臣）、プロイセン国家評議会委員を勤める。
5) フリードリッヒ・ゲオルク・ルートヴィッヒ・フォン・ラウマー(1781-1873)。ドイツの行政担当の法律家、および、歴史学者、政治家。1804年以降上級公務員として勤めた後、進路を変え、1811年にハイデルベルク大学にて博士号を取得。ブラスラウの大学で国家学と歴史学の教鞭を取る。1819年にベルリン大学に招聘され、後に学長、哲学学科長を歴任する。
6) バルトホルト・ゲオルク・ニーブール(1776-1831)。コペンハーゲン生まれ、古代史を専門とするドイツの歴史家。その学問的方法論において、文献学的-批判的な歴史学の創設者の一人となる。『ローマ史』を著し、同時代の歴史家ランケにも大きな影響を与えたとされる。

　その翌日に、ミュンヘンの行政府——ここに、ヘーゲルはすでに、即刻の退職願いを告知していたが——は、彼を「エアランゲンの文献学研究科の科長職、ならびに、弁論、詩作、および古典ギリシア・ローマ文学の正教授職に」招聘することを最終的に決定する。ヘーゲルは、ニュルンベルクの市委員会に対して、「いまエアランゲンで得られた職位を、ハイデルベルクへの招聘よりも優先しないのかどうか」（1816年9月5日）について、自らの考えを明らかにしなければならない。その返答の中で彼は、このことも考慮してほしいと述べている。すなわち、この間に彼は、すでにハイデルベルクに行くことを決めてしまったために、「有名なベルリン大学」への招聘さえも断らなければならなかったのだ、と。

　ここでの表現から伝わってくることは、彼が長い間待ち望み、いまあまりにも遅ればせに届いたエアランゲンへの招聘を、断ったことへの満足感だけでなく、すでに8月11日に、ニートハンマーに伝えていた次のような思いでもある。「私の妻はこんな話を少しも聞きたくないでしょうが、おそらくはまた、かの地（すなわちベルリン）の職位の方がいっそうすばらしいものでありましょう。このすばらしい方を、最初の方（すなわちハイデルベルク）よりも後回しにするなどということは、愚かなことでありましょう。」こうして、ヘーゲルは、8月28日にもまた、フォン・シュックマンに対して遺憾の意を表している。ハイデルベルクへの招聘を受け入れたために、「ベルリン大学で、いっそう広い見地を獲得するという望みを断念することになりました」、と。

典拠：GW10.
参考文献：R 246-295; Max Lenz: Geschichte der Königlichen Friedrich-Wilhelms-Universität zu Berlin. Halle 1910. Bd. 1. 578-580; K. Goldmann: Hegel als Referent für das Nürnberger Lehrerseminar und Volksschulwesen 1813-1816. ZphF 11 (1957). 387-394; Hussel, Kurt: Hegel als Rektor und Lehrer am Gymnasium in Nürnberg. In: Mitteilungen des Vereins für Geschichte der Stadt Nürnberg 48 (1958). 306-313; Beyer, Wilhelm Raimund: Hegel als praktischer Verwaltungsbeamter (Lokal-Schulrat in Nürnberg). In: Deutsche Zeitschrift für Philosophie 9 (1961). 747-766; Georg Wilhelm Friedrich Hegel in Nümberg 1808-1816. Mit Beiträgen von Wilhelm Raimund Beyer, Karl Lanig, Karlheinz Goldmann. Nürnberg 1966 (Beitrage zur Geschichte und Kultur der Stadt Nürnberg, Bd. 13); Hegel 1770-1970, 149-171; Georg Wilhelm Friedrich Hegel als Rektor des Nürnberger Gymnasiums 1808-1816. Ausgewählte Dokumente. Nürnberg 1977; Wilhelm Raimund Beyer (Hg.): Die Logik des Wissens und das Problem der Erziehung. Nürnberger Hegel-Tage 1981. Hamburg 1982. 1-39; Friedrich Strack: Hegels Persönlichkeit im Spiegel der Tagebücher Sulpiz Boisserées und der Lebenserinnerungen C.H.A. Pagenstechers. HS 17 (1982). 25-40; Wilhelm Raimund Beyer: Nürnberg als die Geburtsstadt der entoptischen Farben. (»Gevatter« Hegel). In ders.: Gegenwartsbezüge Hegelscher Themen. Mit unbekannten

Hegel-Texten zur Farbenlehre. Köinigsstein/Ts. 1985,　49-120.

7

ハイデルベルク（1816-18年）

7.1. 教育活動

大学への復帰によって、ヘーゲルには——官職と結婚に続き——、まだ満たされていなかった最後の望みも叶えられることとなる。1816年10月28日、彼は、自らの講義を始めるに際し、こう「着任の辞」を述べる。すなわち、現実をめぐる闘争に終止符が打たれ、再び哲学が注目され愛好されると期待されてよいこの時機に、自らの哲学的キャリアを再開できるということは、私にとって、とりわけ喜ばしいことであります。「ドイツ国民」は「血路を開いて、もっとも粗野なものから脱出しました。というのも、ドイツ国民は、その国民性を、すなわち、生き生きとした全生命の基盤を守り抜いたのですから」、と。ヘーゲルは、以前こうした語り口はしなかったのだが、いまやナポレオンに魅了されているのである。——しかし、彼は、このように国民性が再生する際に何を期待するのかを、非常に精緻に述べている。それは、「あらゆる利害をがぶがぶ飲み込む国家のみでなく、［…］再び神の国にも思いを巡らすこと、言い換えれば、政治的関心、および、下劣な現実と結びついたその他の利害関心のほかに、純粋学、すなわち、精神の自由で理性的な世界もまた、再び気高く花開くこと」である。ドイツ国民の固有性およびその特別の使命は、哲学の神聖なる炎の番人たることである。「ちょうど、かつて世界精神が、自分自身を最高度に意識しうるように、ユダヤの民を消し去ることなく残しておいたことにより、そこから世界精神が新たな精神として生じたのと同様

に」（GW 18. 3-8）。こうして、彼は、自らの時代における哲学の「凡庸さと浅薄さ」に対し論争をしかけ——彼の聴講生の誰もが容易に理解しうる言い回しを用いて、彼の先任者であるフリースを論難する。フリースは、まさにこの数年間、「ユダヤ人への憎悪とゲルマン民族主義」を掲げて頭角を現していたのである（ボアスレのゲーテ宛書簡、1817年10月9日付）。

しかし、ヘーゲルは、大学への復帰を、同時に新たなものへの移行とも感じていた。イェーナにおいて私講師および員外教授として数年間過ごしたにもかかわらず、ヘーゲルは、1817年12月11日、ニートハンマーにこう告白している。「私はようやく新米の大学教授になりました」。——そのうえ私は、講義する諸学に「実際ほとんど初めて取り組まなければならないのです」、と。ここから明らかになるのは、ヘーゲルが、ハイデルベルクでの四学期間、自らの講義を繰り返すということである。すなわち、「エンツュクロペディー」に関して三回（1816/17年、1818年、および、スウェーデンの王子グスタフ[1]のための私的講義として1817/18年、GW 13. 628参照）、哲学史に関して二回（1816/17年、1817/18年）、美学に関して二回（1817年、1818年）講義しており、また、論理学（1817年）、人間学と心理学（1817年）、そして自然法（1817/18年）に関して、それぞれ一回ずつ講義している。少なくとも1816/17年の冬学期終盤には、『哲学的諸学のエンツュクロペディー要綱』（本書343-344頁参照）を、将来の諸講義のための概説書として、印刷に回しており、おそらく直後に、最初の「エンツュクロペディー」の講義へと移っている。そして、1817年4月19

日には，その書物が，夏学期に間に合うように出来あがらなかったことに，遺憾の意を表している。それが出版されたのは，ようやく1817年「6月初めから6月23日の間」のことである（GW 13. 631, HBZ 145）。

1) グスタフ王子（グスタフ・フォン・ホルンシュタイン＝ゴットルプ）（1799-1877）。スウェーデン王グスタフ4世アドルフの長男。1809年，父王とともに廃位され，亡命生活を余儀なくされる。後に，オーストリア軍の将校となり，1829年以来，「ヴァーサ公」（Prinz von Wasa）の称号を授けられる。

ヘーゲルは，教育の成果に満足している。1816年10月29日には，一つの講義にたった四人の聴講生しかいないと，妻に嘆いているが，その後，フロムマン[1]には1817年4月19日に，こう告げている。私の論理学の講義には70人の聴講生がいます。「そして，最初の学期ではなく，私の第2の学期にこれだけの聴講生がいるということが，私にはいっそう嬉しいのです」，と。「彼の数多くの聴講者のほとんど」（HBZ 144）が，彼の講義に不平をもらす。にもかかわらず，やはりヘーゲルの肩をもつ者も何人かはおり，彼らとはヘーゲルは生涯を通じて親交をもち続ける。たとえば，フリードリッヒ・ヴィルヘルム・カローヴェ[2]であるが，彼は当時の学生組合の一員としての活動のために，後々教授資格を得ることができないこととなる。また，イーザク・ルスト[3]とは，ヘーゲルは後に，宗教哲学上および教会政策上の諸問題をめぐり，交わりを結ぶ。そして，ヘルマン・フリードリッヒ・ヴィルヘルム・ヒンリヒス[4]の宗教哲学には，ヘーゲルは1822年，前書きを執筆している（本書369頁参照）。さらにまた，リチャード・ローテ[5]の名も挙げなければならない。彼は，父親にヘーゲルの講義のことを何度も書き送っており，また，多少のためらいはあったにせよ，ヘーゲルの後を追ってベルリンに行く（HBZ 683）。そして，エストニア人のバロン・ボリス・フォン・ユクスキュル[6]である。彼は，ヘーゲルがハイデルベルクから去った後の1818/19年の冬になお，「ヒンリヒス博士の談話会」を訪れているが，「そこでは，四学部すべてから論者が姿を見せ，その際の論議の手引きとなったものは，精神現象学の解説であっ

た」（R 303），という。その後ユクスキュルは，同じくヘーゲルを追ってベルリンに行く（Kreysing 1996, 6-10）。

1) フロムマン（カール・フリードリッヒ・エルンスト・フロムマン）（1765-1837）。イェーナの出版業者。1786年に父から書店の経営を受け継ぎ，1798年にこれをイェーナに移す。ヘーゲルと親交を結び，ヘーゲルの庶子（ルートヴィッヒ・フィッシャー）に対しても，ヘーゲルがイェーナを去った後，その養育に当たった。
2) フリードリッヒ・ヴィルヘルム・カローヴェ（1789-1852）。ヘーゲルの弟子・信奉者。1816年ハイデルベルク大学に入学し，ヘーゲルの影響を受ける。ハイデルベルク・ブルシェンシャフトの穏健派リーダーとして活動する。1818年の冬学期に，ヘーゲルにしたがってベルリンに移る。
3) イーザク・ルスト（1796-1862）。1815年よりハイデルベルクで哲学と神学を学び，ヘーゲルの影響を受ける。カルヴァン派の神学者，教会政策者。
4) ヘルマン・フリードリッヒ・ヴィルヘルム・ヒンリヒス（1794-1861）。ヘーゲル右派の哲学者，プロテスタント神学者。ストラスブールで神学を，ハイデルベルク大学でヘーゲルの元で哲学を学ぶ。1824年ハレ大学の正教授となる。その著作『学問との内面的な関係における宗教について』（1822年）の「序文」はヘーゲルが執筆する。その内容が，ヘーゲルが汎神論者として攻撃されるきっかけとなった。
5) リチャード・ローテ（1799-1867）。プロテスタント神学者。1817年よりハイデルベルク大学にてプロテスタント神学と哲学を学ぶ。考古学者のクロイツァー，神学者のカール・ダウプの影響を受け，さらにヘーゲル哲学に魅了される。1819/20年の冬学期にヘーゲルの後を追ってベルリン大学に移る。
6) バロン・ボリス・フォン・ユクスキュル（1793-1870）。エストニア出身。騎兵大尉，文筆家。

7.2. ハイデルベルク文芸年報

イェーナにいるときにすでに，ヘーゲルは，ハイデルベルクで「文芸批評協会」なるものを作る計画を抱いていた（シェルファー[1]のヘーゲル宛書簡，1807年1月末。ヘーゲルのシェリング宛書簡，1807年2月23日）。ハイデルベルクに着任した後，彼は，『ハイデルベルク文芸年報』の編集にとりかかる。これは，創刊からわずか数年で，すでに広く認められる文芸批評誌となった。だが，この活動は早々に

予期せぬ結果を招来する。それは，同様にまだイェーナにいるときに築かれたパウルスとの心からの親交の破局である。パウルスによる「フォン・ヴァンゲンハイム[2]の憲法理念の哲学的評価」は，編集者の全員によって，長すぎるとして却下される——これがもとでパウルスは，ヘーゲルとの関係を絶ってしまう。もっとも，決定的であったのは，批評の長さではなく，むしろ「その全体にわたって露わになっているやり方に手をつけないまま，その批評を掲載することは，得策ではない」という事情である——編集者であるヘーゲル，ヴィルケン[3]，ティボー[4]が，1817年1月29日に，そう述べている。ヘーゲルがニートハンマーに宛てた1817年4月19日付の書簡からは，その政治的背景がさらに明確になる。すなわち，ヴュルテンベルク王国の大臣であり，ドイツ同盟議会への派遣代表であるカール・アウグスト・フォン・ヴァンゲンハイム（彼は，ドイツ同盟議会において，「三極構想」，すなわち，プロイセンとオーストリアという二大強国の間で，ドイツ同盟における第3勢力になるという計画を，主唱している）に対するパウルスの批判について，ヘーゲルはこう言っている。それを書いた「人物は陰険」で，そこに書かれた「事柄はきわめて凡俗」である，と。

パウルスの合理主義とヘーゲルの思弁的な宗教解釈との間の神学上の相違は——どこにも明言されてはいないにしても——とにかくもたしかにすでに存在していた。それは，パウルスと，ヘーゲルに依拠するカール・ダウプとを比較することによって推し量ることができるのだが，この比較を，もう少し後に（1823年）父親宛の手紙の中で，かなりドラスティックにやってみせたのが，ルートヴィッヒ・フォイエルバッハ[5]である。とはいえ，パウルスとヘーゲルとのあいだのこの相違が，個人的に付き合う限りでの二人の友情に悪影響を及ぼすということは，なかったように見える。とりわけ，二人は政治的には軌を一にしていたので，そのこととこの相違とが，長年バランスを保っていたからである。1813年5月23日にもなお，パウルスは——すでにハイデルベルクから——ヘーゲルに宛てて，こう書いている。私は「そこからあらゆる救済が到来する，ライン川とヴォゲーゼン山脈の彼方」に目を向けています，と。カロリーネ・パウルスは，1815年12月12日に，「きわめて愚鈍な大衆」に憤慨している。大衆は「おろかにもドイツへの無謀な宙返りをやってのけ，ありとあらゆる十字架をぶら下げています」。そして，それらの十字架の上では，ドイツ人の自由だけが磔になるのです，と。とはいえ，彼女は，すでにこの手紙のなかで，「祖国の領邦議会の歴史」に言及している。この歴史の中で，彼，パウルスは，その後何年にもわたって，きわめて力強く活動に打ち込む。ヘーゲルは，1817年4月19日，彼をまさに「われわれの領邦議会の神」と呼んでいる。

1) シェルファー（フランツ・ヨセフ・シェルファー）(1778-1832)。自然哲学者，植物学者，磁気療法士。
2) ヴァンゲンハイム（カール・アウグスト・フォン・ヴァンゲンハイム）(1778-1850)。ドイツの法学者であり政治家。また，ヴァンゲンハイム王国で文部大臣を短期間務める。
3) ヴィルケン (1770-1840)。ドイツの歴史編集者，とくに十字軍時代が専門。
4) ティボー（アントン・フリードリッヒ・ユストゥス・ティボー）(1772-1840)。ハイデルベルク大学教授。ベルリン大学教授サヴィニーとの民法典論争で知られる。
5) ルートヴィッヒ・フォイエルバッハ（ヨハン・アンドレアス・フォイエルバッハ）(1804-1872)。ヘーゲル左派の哲学者。ベルリン大学でヘーゲルの講義を受け，影響を受けるが，『ヘーゲル哲学批判のために』(1839年) を機にヘーゲル批判へ転向。

政治上の相違は，その他にハイデルベルクでの社交生活にも悪影響を与えていたように見える。ズルピッツ・ボアスレは，1817年7月13日に，ある船遊びの折りの印象を，こう書きとめている。「革命を語る無遠慮な無法者。[…] 船上での，ヴェルッカー[1]のダウプに対する粗野なふるまい。折しも，ヘーゲルがスウェーデン皇太子の健康を祈念して乾杯をしているときのこと。『皇太子が，ようやく栄冠を手にしますように。ドイツの自由と——領邦議会に乾杯！』」(HBZ 147f.)。この年の秋，ヘーゲルもまた，こうした対決に，著作「ヴュルテンベルク王国の領邦議会における諸討論」を携えて介入する。この著作において，彼は，ナポレオンが打ち立てたドイツ国憲法に基づいて，「古き法（権利）」の擁護者たちに反論するのである（本書341頁参照）。

1) ヴェルッカー（カール・テオドール・ヴェルッカー）（1790-1869）。ギーセン大学およびハイデルベルク大学にて法学、国家学を学ぶ。私講師を経て1814年にギーセン大学の正教授に招聘。その後、キール、ハイデルベルク、ボン、フライブルク大学にて教鞭を取る。自由主義派の政治家としても活動。

7.3. 家庭生活

ニュルンベルクには、ヘーゲルは、1808年独身者として移り住んだが、ハイデルベルクへは、妻が二人の息子たちとともに、彼に連れ添う。また、「フリッツ[1]」、すなわち妻マリーの妹も、1817年の秋までハイデルベルクに滞在している。彼の所帯は、彼がいまや息子ルートヴィッヒ[2]を自分のもとに引き取ることができると見なしたことによって、さらに大きくなる（本書42頁参照）。すでに1816年8月28日、ヘーゲルは、イェーナ時代の知人フロムマンに、このもくろみを伝えている。1817年4月にルートヴィッヒがイェーナを発ち――フランケンに滞在した後――ハイデルベルクにやってきます、と（Br 4/1. 234f.）。1817年5月31日、ヘーゲルが再びフロムマンに伝えるところによると、ハインリッヒ・フォスが、ルートヴィッヒを「届けて」くれ、また、ルートヴィッヒに彼の母親の死を明かした（ヘーゲルは、フォスから彼女の死を知った）。「彼女の死は、私よりも、ルートヴィッヒに衝撃を与えました。私の気持ちは、彼女については、とうの昔に片が付いています。私にできたことといえば、せいぜい彼女がルートヴィッヒと――それゆえ間接的には私の妻と――不快にも接触するという、私にとってこのうえなく不愉快なことが起こらないように、気遣うことくらいでした。」1808年7月9日には、ヘーゲルは、フロムマンに対してなお、後悔の気持ちをこう語っている。自分がブルックハルト婦人[3]、すなわち、「私の子供の母親であり、そのことによって生じるありとあらゆる責務を私に対して要求せざるをえなかった」婦人を、「そうした状況から救い出してやることが、これまで完全にはできませんでした」、と。とはいえ、すでに1811年5月18日には、彼は、「恥知らずのブルックハルト」について語っており、それゆえ、自分の結婚計画が事前に彼女に知られることのないよう願っていたのである。

1) フリッツ（生没年？）。ヘーゲルの妻、マリーの妹。
2) ルートヴィッヒ（ルートヴィッヒ・ヘーゲル）（1807-1831）。イェーナ時代に生まれたヘーゲルの庶子。当時の下宿の家政婦ブルックハルト婦人との間に生まれる。
3) ブルックハルト婦人（クリスティアナ・シャルロッテ・ブルックハルト）(1778-1817)。1807年にヘーゲルの庶子ルートヴィッヒ（1807-1831）を産んだ女性。

しかし、この息子については、ヘーゲルは、さらに次のように記している。「ルートヴィッヒのことは、私も妻も楽しみにしています。[…] 彼は頭の良さを発揮しています。いま、この地のギムナジウムに通っていますが、もちろんこのギムナジムは、よい方の部類に入るでしょう。しかし、私が大いにいぶかしく思っていることは、彼がこの冬、どれだけのラテン語を学んだのかということです」、と。これに続く数年については――三人の息子たちの誰についても――その消息はほとんど知られない。ベルリンでは、ルートヴィッヒが、1821年11月5日に、コレージュ・フランセに――「ゲオルギウス・ルードヴィクス・フレデリクス・ヘーゲル」という名前で――入学登録をする。ルートヴィッヒの堅信礼[1]の後、ヘーゲルは、1822年4月8日、フロムマンにこう相談している。すなわち、ルートヴィッヒ――彼自身は、医学を学ぶことを希望している、と告げていた――を、二人の知り合いのシュトゥットガルトの商店に、見習いにやろうと思うのですが、と。また、たしかにルートヴィッヒは、たいへん立派になり、いっそう成熟し、自尊心も身につけました。しかし、社会は、彼にとって依然として危険であり、それで、自分としては彼を「好意的に見守ってくれないような見ず知らずの人たちのなかに」放り出したくないのです、と。1823年、ルートヴィッヒは、再び「フィッシャー[2]」と名乗る。――これは、ヘーゲルに強いられたためであると、ファルンハーゲン[3]は、ハインリッヒ・レオ[4]の1844年の説明を根拠に、述べ伝えている。しかし、彼が伝えるそのほかの事柄の間違いが目につく限り、そうであったかどうかは未定のままにしておかなければならない（Br. 3. 434f.）。同じ1823年、ルートヴィッヒは、

おそらくは彼の希望に反して，このシュトゥットガルトの商店に勤め始めた。そして，1825年，彼は「店主」との争いの後，またもやその店を去った。ヨハンナ・フロマン5)からゾフィー・ボーンとベティ・ヴェッセルヘフトに宛てた，1824年から25年のいくつかの書簡には，ルートヴィッヒを嘲弄し，こう書かれている。彼は「毛の生えた心臓」の持ち主であり，それどころかまた，彼の心臓の場所には石が入っているのだ，と。彼が親密な関係をもったのは，（6歳上の）姉，テレーゼ・ブルックハルト6)とである。ヘーゲルとの関係については，ルートヴィッヒは，自らの目に映る限りのことをこう記している。「私がイェーナからハイデルベルクに来たときに，愛情に満ちた教育と待遇を受けられるとの希望は，ものの見事に裏切られました。継子として，ということですが，父よ——私はいまとなってはもはや彼を父と呼ばないでしょうが——私は，自ら二人の実の息子をもつ継母から，ないがしろにされました。そうした中で，私はいつも恐れを抱いて生きており，両親に愛情を抱くなどということは，一度もありませんでした——それは，うまく働くことなどはおよそない緊張感を絶えず生み出さざるをえない関係でした。」シュトゥットガルトから旅立った後，ルートヴィッヒは，ニーダーラント〔オランダ〕の軍隊に入隊した。ヘーゲルは，1827年の秋，ニーダーラント連合王国〔オランダ〕を訪問した際（本書90頁参照），彼の教え子であり友人でもあるファン・ゲールトと，明らかにルートヴィッヒのことを話したようである。というのも，ファン・ゲールトが，ルートヴィッヒを役立てることができると申し入れているからである（1828年5月23日）。ヘーゲルの返答については，不明である。1831年8月28日，ルートヴィッヒは，ジョクジャカルタで「炎症性熱病」のため死去した（Br 4/1. 237-246）。

1) 「堅信」とは，「キリスト教で受洗後，聖霊の賜物によって信仰を強める秘蹟」（『広辞苑』第六版）。
2) フィッシャー。ルートヴィッヒ・ヘーゲル（1807-1831）の別名。ルートヴィッヒの母，ブルックハルト婦人の旧姓。
3) ファルンハーゲン（カール・アウグスト・ファルンハーゲン・フォン・エンゼ）（1785-1858）。ドイツにおける年代記作成者。医師の息子として生まれ，ベルリンの医学校で学ぶ。後，ユダヤ系の中産階級の家庭教師を務め，その間，ロマン主義の多くの詩人と交流をもち，詩人の会，詩集などを発行。また，オーストリアの士官として対ナポレオン戦争に参加し，その後，プロイセン外交官も務めるが，民主主義思想の嫌疑から解雇される。ロマン主義の時代から1848年革命まで，および，その後の反動期の10年についての年代期を作成。遺言により死後もさまざまな手記，書籍，絵画などがベルリンの王立図書館に寄贈される。
4) ハインリッヒ・レオ（1799-1878）。歴史家，政論家。1816年よりブレスラウ，後，イェーナ，ゲッティンゲン大学にて学んだ後，1822年にベルリンに移住し，ヘーゲルの元で哲学を学びはじめる。1824年教授資格論文をベルリンにて完成し，1827年までベルリン大学の歴史学の助教授を務める。ヘーゲル学派の機関誌『学的批判年報』（ベルリン年誌）の書記長も務める。学派の分裂については，ヘーゲル死後，保守的な立場から「青年ヘーゲル党」を厳しく断罪した。
5) ヨハンナ・フロマン（1765-1830）。出版業者フロマンの妻（ヨハンナ・ヴェッセルヘフト）で，フロマンとの息子以外に，幼い頃に孤児となった養女を一人育てる。
6) テレーゼ・ブルックハルト（アウグステ・テレーゼ・ブルックハルト）。ヘーゲルの庶子，ルートヴィッヒ・ヘーゲルの姉。

7.4. 同僚仲間

先に触れた1817年5月31日付のフロマン宛の手紙の中で，ヘーゲルは，同僚の仲間たちとのうち解けた関係に立ち入っている。たしかに，ともに過ごすということが頻繁に行われているわけではありませんが，心からの交流がなされていて，もめ事の種は何もありません。「そうした種は幸いにも，あなた方のもとに私が着任する以前に追い払われていました」，と。——その種とは，つまり，フリースのことである。さらには，パウルスの落ち着きのなさやおせっかいは，何もだめにはしませんが，また，何の役にも立ちません。ティボーとの関係は，「友情に満ちた，ほとんど打ち解けあった基盤」のうえに築かれています。「彼は，誠実で，またうれしいことに率直な人間です」，と。当時は，民法法典の編纂をめぐるティボーとサヴィニー1)の論争が起こって間もない頃であった。この編纂をめぐるサヴィニーの敵対に対して，ヘーゲルは，『法哲学要綱』

§211で内実ある批判を展開しているが，それもなお，このようなティボーとの結びつきの余韻といってよいであろう。彼のもとで催された音楽の夜会にも，ヘーゲルは参加している。フェルディナント・ヴァルター[2]は，ヘーゲルの関心を次のように伝えている。「この冷静で，鋭い，そして，真なるものと偉大なるものをことごとく敏感に感受する精神の持ち主は，まずは耳を傾け正確に聞き取り，次に，自分の目的に適うよう物事の手はずを整えました。それで彼は，自宅で演奏会を開いてもよいと何度も申し出るなどということまでしたのです。」(HBZ 157)

1) サヴィニー（フリードリッヒ・カール・フォン・サヴィニー）(1779-1816)。ドイツのローマ法学者であり，近代私法の基礎を築く。ベルリン大学の総長も務める。ドイツにおける，ナポレオン法典の排除について，また，それに代わる新たな法制度の導入をめぐりティボーとの法典論争を展開。法は「制定される」ものであるよりも，「生成するもの」であることを主張。
2) フェルディナント・ヴァルター (1794-1879)。ボン大学教授で，プロイセン国民議会議員。1814年からハイデルベルク大学で法学を学ぶ。ここで，特にカローヴェ，ティボー，ヘーゲルと親交を結ぶ。1826年よりボン大学正教授。

ヘーゲルは，カール・ダウプとフリードリッヒ・クロイツァーをも，自分の友人に数え入れている。クロイツァーとヘーゲルとを結びつけていたのは，新プラトン主義，とりわけプロクロス[1]への関心である。二人の歩む道は，1820年代の半ばに分かれたとはいえ，クロイツァーは，回顧録の中で，自分の『プロクロスの神学綱要』が出版できたのは，ヘーゲルに負うところが大きかったと認めている。ヘーゲルは，その印刷原稿を精読し，コメントを付したのであり，クロイツァーは，その刊行本をヘーゲルに献呈したのである（本書372頁参照）。——とはいえ，ハイデルベルクの友人たちの中で，両者の個人的な友情が哲学の受容ということと結びつき，しかもその結びつきがもっとも緊密であったのは，ダウプである。ヘーゲルがベルリンに移った後，ダウプは『精神現象学』に関する講義を行う。若きルートヴィッヒ・フォイエルバッハを，ベルリンのヘーゲルのもとに送るのも，ほかならぬダウプである。

ヘーゲルの依頼によって，彼は，1826年から27年にかけて，ハイデルベルクにおいて『エンツュクロペディー』第2版の校正の作業行程を監督する。そして，ヘーゲルの死後，彼は自著『教義学的神学』の冒頭に次のような献辞を掲げる。「永遠の友人であるヘーゲルの思い出に，間もなく後継者たちのあらんことを望みつつ，喜んでこの書を捧ぐ。」

1) プロクロス (412-485)。ギリシア末期の哲学者，初期のスコラ学者。シュリアノスの元で新プラトン主義を修める。当時の拡大するキリスト教勢力に対抗して，伝統的なギリシア宗教を新プラトン主義哲学に基づいて体系化することを試みた。

ハイデルベルクで同僚たちとともに過ごした際に迎えたクライマックスは，手元の資料によれば，1817年の夏，六月から八月のあいだに，ジャン・パウルが初めてこの地を訪れたときである。1817年7月11日，ハインリッヒ・フォスのところでポンチを楽しむ夜会があって，その会の終わりに，ヘーゲルは，ジャン・パウルへの名誉博士号授与を提案する。はやくもその五日後には，学部が決定を下す。「まさしくいま，われわれの町に滞在中の高貴なる作家，ジャン・パウル・フリードリッヒ・リヒター氏に対し，学部長により起草された名誉学位記を授与する」，と。——これはたしかに全員一致であったが，ある同僚の抱く疑念に対抗してのことでもあった。すなわち，疑念が生じたのは，「第一に，ジャン・パウルのキリスト教信仰は，どうも怪しいからであり，第二に，彼の道徳心も，どことなくいかがわしいからであります。しかも，ジャン・パウルは，大酒を食らいすぎるのであるからであります」。しかし，ヘーゲルは，この同僚に対して，非常にきまじめに，いつにない多弁をふるって——しかも，幾分ひょうきんに——「ジャン・パウルは，まったくすばらしいキリスト教徒であります」，と証拠立ててみせたという。7月17日に，ヘーゲルとクロイツァーは，博士号の学位記を届け，7月19日には，全員がそろって「博士号取得の祝賀会」を催す。その席でヘーゲルは，ジャン・パウルのキリスト教信仰についての同僚の猜疑が，それでもまだ完全には拭いきれていないということに，「太っ腹に喜んで」みせる。ジャン・パウルもまた，妻に語っている。教

授や芸術家の皆さん，そして「ボアスレのような芸術通の収集家の人たち」(HBZ 149-152) ばかりと過ごした「虹のような輝かしい夜会」でありました，と。

ヘーゲルは，ズルピッツ・ボアスレとは，すでにニュルンベルク以来，多方面にわたる交際をしてきた。ヘーゲルは，当時まだハイデルベルクで展示されていた，ボアスレの収集絵画を鑑賞し，そこで，クセラー[1]，シュレジンガー[2]，そしてケスター[3]といった画家たちと知り合うが，彼らとは，後にベルリンにおいてもなおつながりをもち続けることになる（HBZ 452）。ズルピッツ・ボアスレは，なおまた，イェーナ以来中断してしまっていた，ヘーゲルとゲーテとの交際をめぐり，その再開の仲立ちもする。1812年から13年へと年が変わる折に，ゲーテは，ヘーゲルに対して暗澹たる気持ちを抱く。というのも，彼は，トロックスラーが文脈から引きちぎって，モットーとして利用した，ヘーゲルの『精神現象学』からの引用句を，自然哲学の「すばらしい尽力」に反するものであると，感じ取るからである。——しかし，この疑念は，ヘーゲルの友人であるゼーベック[4]が晴らすことになる（V 6. 413f.）。『エンツュクロペディー』が刊行されると直ちに，ボアスレはゲーテに，光および「ニュートンの天体運行論」を論じた数ページを送る。折り返し，ゲーテは，ヘーゲルが「非常に力強い加勢をしてくれます」と謝意を表し，ヘーゲルに，まずはボアスレを介して色彩論の諸資料を送る。しかし，彼はまた直接にも，1817年7月8日，発行されたばかりの論文「自然科学一般について」を送り届ける。こうして，イェーナですでになされ，ベルリンでもまた継続して行われる，色彩論に関する両者の共同研究が，再開されるのである。

1) クセラー（クリスティアン・クセラー）(1784-1882)。ドイツの画家，美術品の修復技術者。ハイデルベルクでボアスレ兄弟の絵画の修復作業を行う。ハイデルベルクでのさまざまな人的交流によって風景画家に転向。さらに，1825年，シュレジンガーの元でベルリン絵画を修復するために，同地に呼ばれる。クセラーのベルリンでの功績は高く評価され，1857年には教授の称号を得る。
2) シュレジンガー（ヨハン・ヤコブ・シュレジンガー）(1792-1855)。ドイツの画家，美術品の修復技術者。1809年から16年までハイデルベルク大学に通い，その後，マンハイムやミュンヘンで修行を積む。ハイデルベルクのボアスレ兄弟の元で修復技師として活動し，1822年，ベルリンの王立博物館の教授兼総監督修復技術者に就任する。ヘーゲルの死の直前に作成された肖像画（1831年）で有名。
3) ケスター（クリスティアン・フィリップ・ケスター）(1784-1851)。ドイツの画家，美術品の修復技術者。ハイデルベルク大学で官房学（Cameralistik）を学ぶが，芸術への関心から独学で画家としての修業を積む。1813年にボアスレ兄弟と知り合い，修復技師として雇われる。ヤコブ・シュレジンガーは義兄にあたり，ともに活動する。
4) ゼーベック（トマス・ヨハン・ゼーベック）(1770-1831)。ドイツの物理学者，医師。イェーナにて，ヘーゲルとともにゲーテの光学実験の手伝いを行うなど，両者と交流がある。ヘーゲルとは書簡も多い。1821年にゼーベック効果を発見。

7.5. ベルリンへの招聘

初めてのことなのだが，ヘーゲルがハイデルベルクから出した手紙には，総じてある話題が欠けている。それは，それまでの十年間，述べ続けられたこと，すなわち，自らの職業上の環境を変えたいという願望であり，新聞のゲラ刷り編集の奴隷的作業であれ，校務のむなしさであれ，そこから解放されたいという願いである。にもかかわらず，まさにこの地で，驚くほど足早に変化が到来する。すでにその秋には，カール・ジークムント・フランツ・フォン・シュタイン・ツム・アルテンシュタイン[1]が，ハイデルベルクを訪れる。それは，おそらく，とりわけボアスレの絵画コレクションゆえのことであるが，その折に，彼はまた，ヘーゲルとも個人的に知り合う。そして，その際，こう遺憾の意を示す。ベルリンへの招聘は，「不幸な偶然によって」遅きに失してしまいました，と。アルテンシュタインは，創設された「聖職者，並びに，教育・医療関連職務に関する省」の長官に任命された後——彼は，この官職を，死の前年の1839年まで勤めることになるが——，とりわけフィヒテの後任教授ポストを再度埋めることに尽力する。そのために，彼は，1817年12月26日付の親展の書簡で，ヘーゲルにこう語りかけている。「あなたは，ハイデルベルクで負っている義務を，

差し控えることはできましょう。むろん、そうした義務がどういうものであるかは、私も分かっているつもりです。しかし、あなたは、学問に対してなおいっそう重要な義務を負っているのです。この地〔ベルリン〕では、学問のために、いっそう広がりのある、いっそう大切な活動の領域が、あなたに開かれているのです。この点で、ベルリンがあなたに何を与えることができるのかを、あなたはご存じです。しかし、私は、そう望んでいるのですが、あなたの期待は、さらに期待以上に叶えられることになるはずです。そうなるように、さまざまな計画が、いっそう詳細に練られていますし、そうした計画を推し進めることが、私にとっての義務なのです。」こう述べることで、彼がほのめかしているのは、計画中のベルリン科学アカデミーの改組である。これに、ヘーゲルは、1818年1月24日にお礼の手紙を書く。その際には、なおいくつかの財政上の願いを申し立てている。これに続いて、アルテンシュタインが、国王に、自らの提案を述べている。「この地の大学で、哲学の授業を、高い信頼性のもとに委ねることのできる唯一の学者は、私の確信するところでは、ヘーゲル教授です。〔…〕この上なく純粋な性格で、まれに見る多様な知識のもち主であり、精神的に成熟し、そのさまざまな著作が証言するように、鋭い哲学的な洞察力をもつ男です。彼は、宗教的な熱狂からも、また、不信心からも、同じく遠く距離をとっています。そして、哲学的な深遠さのうちに身を置きつつも、なおかつ、また教育の一般的な技法に関する貴重な見解をもち、さらにそのうえ、その技法に関する実践的な知識をももち合わせているのです。」(HBZ 168) 1818年3月16日、かの省は、ヘーゲルの諸要求が承認されたことを、ヘーゲルに伝える。これには、3月18日付で、アルテンシュタインの個人書簡が添えられている。そして、3月31日、ヘーゲルは招聘を受け入れる。

1) カール・ジークムント・フランツ・フォン・シュタイン・ツム・アルテンシュタイン（1770-1840）。プロイセンの政治家。ベルリン大学およびボン大学の設立に尽力。1817年、初の文部大臣に就任し、フィヒテの後任としてヘーゲルのベルリン招聘を進める。

すでに、1808年5月20日にヘーゲルは、ニートハンマーに宛てて、こう書いている。首都で生活することが最善です、と。そのさい、念頭にあったのは、ミュンヘンである。1818年9月12日には、妹に対しても同じ論拠に立って語っている。「ベルリンは、それ自体、大きな中心点なのです」、と。そして、さらにこう付け加えている。「哲学は、昔から、南ドイツよりも、北ドイツにおいて必要とされ、そこを故郷としてきたのです」、と。さらに、1821年6月9日には、ニートハンマー宛に、こう書いている。私がベルリンに来たのは、「地方にではなく、中心にいるためです」、と。こうした考え方には、明らかに、彼の妻もまた納得していた。ヘーゲルは妹に、さらにまたこう書き送っている。ハイデルベルクを去るという考えは、最初マリーを憂鬱にしました。「けれどもいまでは、彼女は、勇気と自信を抱いて、そのことを甘受しています」、と。そして、母、スザンナ・フォン・トゥーヒャーもまた、彼女を力づけている。「地図をもっていって、大国の隣に、ごくちっぽけな土地の国を立てなければいけません。そこには子供や、そのまた子供が、自分たちの小屋を建てるための十分な場所を見つけることでしょう」(HBZ 171)、と。

もっとも、ハイデルベルクでの学生であり、また、その後のベルリンでの学生でもあるリチャード・ローテは、さらにまた別の考慮についても語り伝えている。すなわち、当時のバーデンにおける王位継承争いが、「ベルリンへの招聘をヘーゲルが受諾する気になった、いくつかの原因のうちの一つともなっています。というのも、そういうことにでもなれば、ハイデルベルクは、容易にバイエルン風になりうるのですから。彼は、こうして再びまたバイエルン風の支配のもとに置かれることを、恐れたのです。それは彼にとっては、ひどくいとわしいことなのです」(HBZ 174)、と。そして、もう一つ別の理由を、ヘーゲルは、1818年4月21日にバーデンの内務省に提出した退職願いの中で、ほのめかしている。それは、「とりわけ、さらに年を重ねた暁には、大学で哲学を講じるというやっかいな職務ではなく、それとは別の活動を託されて、そこで必要とされるであろう、といういくつかの好機への見通し」である。ここでヘーゲルが拠り所としているのは、フォン・アルテンシュタインが、1818年3月18日、ヘーゲル

に具体的に述べた，いくつかの示唆である。すなわち，「私は，ここの王立科学アカデミーの大変革を行おうとしています。その際には，あなたに非常にすばらしい実力を発揮してもらう機会を，そして，将来的にあなたの収入を増額する好機を得たいと望んでいます」，と。

おそらく1818年9月18日に，ヘーゲルは，家族とともにハイデルベルクを発ち，9月19日には，フランクフルトからプロイセン文化省に手紙を書く。9月23日から26日のあいだに彼は，イェーナとワイマールで知人——フロムマン，ゲーテ，および，クネーベル——に会う。そして，おおむね9月29日に——ヴァイセンフェルス，ライプツィヒ，および，ヴィッテンベルクを経て——ベルリンに到着する。

典拠：GW 13, GW 15, GW 18; Ludwig Feuerbach: Gesammelte Werke. Hg. von Werner Schuffenhauer. Bd. 17. Briefwechsel I (1817-1839). Berlin 1984. 33-38.

参考文献：R 295-312: Pöggeler: Hegel und die Romantik. Bonn 1956; Friedhelm Nicolin: Hegel als Professor in Heidelberg. Aus den Akten der philosophischen Fakultät 1816-18. HS 2 (1963), 71-98; Wilhelm Raimund Beyer: Aus Hegels Familienleben. Die Briefe der Susanne von Tucher an ihre Tochter Marie Hegel (1816-1832) (Fortsetzung). In: HJb 1967, 114-137; Hegel 1770-1970, 172-188; Hans-Georg Gadamer: Hegel und die Heidelberger Romantik. In Gadamer: Hegels Dialektik. Fünf hermeneutische Studien. Tübingen 1971, 71-81; Pöggeler: Hegel und Heidelberg. HS 6 (1971), 65-133; Strack: Hegels Perönlichkeit im Spiegel der Tagebücher Sulpiz Boiserées und der Lebenserinnerungen C.H.A. Pagenstechers. HS 17 (1982), 25-40; Wilhelm Raimund Beyer: Sulpiz Boisserée als Wegbegleiter Hegels in Nürnberg und Heidelberg. In ders.: Gegenwartsbezüge Hegelscher Themen. Mit unbekannten Hegel-Texten zur Farbenlehre. Königsstein/Ts. 1985, 78-84; Christoph Burchard: H.E.G. Paulus in Heidelberg (1811-1851). In: Semper Apertus. Sechshundert Jahre Ruprecht-Karls-Universität Heidelberg 1386-1986. Festschrift in sechs Bänden. Bd. 2. Berlin u.a. 1985, 222-297; Katharina Comoth: Ein Dokument über Hegels Aufenthalt in Heidelberg. HS 20 (1985), 117-120; Helmuth Kreysing: Boris Uexkülls Aufzeichnungen zum subjektiven Geist-Eine Vorlesungsnachschrift? In: Jahrbuch für Hegelforschung. Hg. von Helmut Schneider. Bd. 2. Sankt Augustin 1996, 5-25.

8

ベルリン（1818-31年）

8.1. 政治状況

ヘーゲルが1818年10月，〔ベルリンに〕到着したとき，プロイセンでは改革派と復古派の両潮流間の緊張が著しく深刻であった。改革派の活動が頂点に達したのは，大学創立とも時を同じくして10年ほどまえに遡る。そして，国王フリードリッヒ・ヴィルヘルム3世は，「国家に憲法を制定する」と1815年5月22日に約束したことをあえて思い出してもらいたがることももはやなかった。それは，国家元首フォン・ハルデンベルクが1820年1月17日に，国王が憲法制定の約束を繰り返すように，日々の政治事件の圧力から迫ることができたときにも変わることはなかった。プロイセンは，ウィーン会議でヨーロッパの強国としての地歩を固めた。その地歩を固めたのは，プロイセンが「神聖同盟」を締結していたオーストリアやロシアと肩を並べ，親密に結束したおかげであった。メッテルニッヒの政治をおしなべて支えていたのは，ドイツ諸邦会議つまりフランクフルト帝国議会だった。ヴィルヘルム・フォン・フンボルトやカール・フリードリッヒ・フォン・バイメといった改革派は，1819年に辞任している。「皇太子党」――「宮廷奸臣」がその蔑称である――が，かれらの辞任と入れ替わり政治的原動力としてしだいに形成された。皇太子党の力には，フォン・ハルデンベルクも晩年には個人的エネルギーでも政治権力でももはや対抗することはなかった。とりわけ大学は，ますます強まる復古政治の標的となった。とはいえ，明らかに幸運な状況であったことは，文化政策所轄部門が1817年に内務省から切り離され改組されてアルテンシュタイン指揮下の新設省になったことである。この新設省によって，復古派が大学に直接干渉できなくなり，多くの緊縮指令がひじょうに長く引き延ばされ，骨抜きにされた。そして，ついにそれらの指令はとるにたらないものとなった。

ヘーゲルがベルリンに入り，ハイデルベルク就任演説と比べてもわずかしか加筆しなかったベルリン就任演説（1818年10月22日）で改革時代に言及したとき，以上のような複合的な関係はまだ明確ではなかった。なぜならば，「プロイセンは知性の上に築かれている」（GW 18, 4）という常套句を取り上げているからである。1818年の文化政策のために，このような常套句は，1819年にも依然として眼目となった。ヘーゲル招聘はアルテンシュタインの努力からすれば，重要ではあるがその努力の一例でしかなかった。アルテンシュタインは，まことに多様な潮流の著名な学者たちをプロイセンとりわけベルリン大学のために獲得しようとしていた。これらの努力は必ずしも成功しなかった。A. W. シュレーゲルは，プロイセンの新しいボン大学を優先したし，L. ティーク[1]は，すでに崇敬の念から友人ゾルガーの後任招聘を断った。とはいえ，ゲーテの次のような印象が広まった。ゲーテは，S. ボアスレに反対してヘーゲルとゼーベック[2]の招聘を目の当たりにして，こう定式化した。「アルテンシュタイン大臣は護衛親衛隊を調達しようとしているように思われる」（HBZ 173）と。

---

[1] ティーク（ルートヴィッヒ・ティーク）(1773-1853)。ドイツの文人。シュレーゲル兄弟に並ぶ初期ロマン派の代

表者で，シェイクスピアの翻訳でも知られる。
2) ゼーベック（トーマス・ヨハン・ゼーベック）(1770-1831)。イェーナ大学で自然科学と医学を学ぶ。イェーナとニュルンベルクでヘーゲルとも一時親交があった。のちにプロイセン学士院会員になる。

当時，政治的に緊張した雰囲気がベルリンだけを覆っていたわけではない。すでに現存しているプロイセン王国やオーストリア王国やナポレオンが新たに樹立した諸王国もまた，国民国家樹立の希望——それは解放戦争ともよく結びついていた——に反対した。そのさい，弾圧処分を伴うことも珍しくなかった。ヴァルトブルク祭での改革記念祝典（1817年10月）をめぐっては，新たに成長した国民意識が表面化している。しかし，この国民意識とともに，この意識の暗部もすでに明らかになっている。それは，ユダヤ人憎悪と焚書である。焚書の中には，作家にしてロシア人枢密顧問官 A. コツェブー著『ドイツ帝国の歴史』も含まれている。K. L. ザントは，エアランゲン学生組合の委員のとき，儀仗衛兵としてヴァルトブルクの旗手と並んで行進した。そして，ほぼ1年後ザントは，マンハイムでコツェブーを暗殺した。この暗殺は，政治環境汚染の徴表であった。つまり，この暗殺は，学生組合内の同調者によってだけではなくて，むしろザントに同調する何人かの大学教授によっても，「すばらしい信念」から生まれたということで，けっこうで，いやそれどころか「すばらしい」所業として美化された。

このような議論は完璧に心情倫理的であって，ヘーゲルからすると国家の現実的人倫に反している。そのような議論のために，ヘーゲルのベルリン大学の同僚にしてプロテスタント神学者デ・ヴェッテ——フリースとザントの母の親友——は，殺害に対して弁明している。そしてこう続けている。「この純粋で敬虔な青年が信仰と訓育のゆえに」起こした出来事は，「時代のすばらしい証言である。一人の青年が一人の人間を抹殺することに命を賭けた。その人間をひじょうに多くの人々が偶像崇拝している。このことは何の効果も及ぼさないというのか」(Br 2. 445)。その後で，デ・ヴェッテは即刻解雇される。国王は，大学評議会による解雇反対の反抗をにべもなく却下している。「わたしが暗殺をさまざまな条件や前提のもとで正当化し続けている人に若者の授業を任せようとするならば，わたしは自分の良心を傷つけることになろう」(Br. 446)。しかし，教授たちの間では，国家に解雇する権利があるかどうかをめぐって鋭く対立することになった。ヘーゲルは，「国家が教師に給料を与えていさえすれば，教師を罷免する」権利を支持している。ヘーゲルは，1819年5月2日にシュライエルマッハーとともにピヒェルベルクでの学生組合員の祝祭に参加した（HBZ 193f.）。シュライエルマッハーは，ヘーゲルの見解を「なっていない」と評し，それに対してヘーゲルは，「同じくらい露骨に」抗弁している（Br 2. 450）。とはいえ，ヘーゲルは，デ・ヴェッテのための同僚の集会に25ターラーを寄付して参加してもいる。

諸政府は，1819年8月の「カールスバート決議」——1819年9月20日にフランクフルト連邦議会で満場一致で採択されている——で弾圧を新たに強化して，コツェブー殺害とその正当化に対して返答している。大学は以前は検閲から自由であったが，この自由は廃止された。強い権限を供与された政府委員が大学に投入された。扇動策動の嫌疑を受けた学生と教授には解職処分あるいは追放処分が迫った。「扇動家迫害」は，非常に度を超して，信条を嗅ぎ回ることになった。しかしながら，この迫害に対するもっと新たな憤激の行き着く先はこういうことであった。この迫害の犠牲者を一括して「自由主義的」という体裁にして，次のようなことをわざと無視したのである。たとえば，「体操の父ヤーン」の周辺で「ドイツ的自由」を引き合いに出すことを陰鬱な外国人憎悪，とりわけフランス人憎悪と結びつけることや，ユダヤ人憎悪と結びつけることにも見て見ぬふりをしたのである。その憎悪が暴発して，ダルムシュタットでの学生組合員の集会も迫害を受けた。

この時代の政治衝突がヘーゲルに与えた印象をおそらくもっともよく映し出しているのは，1819年10月30日にハイデルベルクの友人フリードリッヒ・クロイツァーに宛てたヘーゲルの文言であろう。「わたしはまもなく50歳になります。そのうちの30年を，恐怖と希望にみちたこの永遠に安まることのない時代に過ごし，いつかは恐怖と希望も終止符を打つように期待しました。いまわたしの目前では，事態は

ずっと続いています。それどころか，陰鬱な時間が過ぎてゆくなかで思うに，事態はますますいとわしくなっているのです。」ヘーゲルは，ベルリンでの最初の年にすでに何度もそうした〔時代との〕対決に引きずり込まれている。ハイデルベルクでもなおヘーゲルのもとでフリードリッヒ・ヴィルヘルム・カロヴェが学生組合の憲章に関する著述で学位申請している。カロヴェ（Br 2. 455-468）は，ヴァルトブルク祭にも参加している。カロヴェは，ハイデルベルク学生組合を指導する人物ではあったし，学生組合の非国家主義的方向を支持していた。イェーナのヘーゲルの知人の息子，グスタフ・アスヴェルスは，1818年の夏にイェーナを出て，ハイデルベルク学生組合にも加入した。とはいえ，アスヴェルスは，ハイデルベルクの膨張しすぎた自由主義について友人に怒りながら報告している。「君がこのことを考えることができるときだけ考えなさい。わたしたちにはいまや全学生組合があります。［…］あなたがた，すべてのユダヤ人たち，すべての外国人たちは，神が同情することを欲しています。［…］しかし，とりわけこのことで責められるのは，陰鬱な無頼漢カロヴェです。カロヴェをわたしは，最近はイェーナでいつもすでに憎悪していました。そして，いまやますます憎悪の怒りが募っています。［…］不平等なものたちもまた平等であると信ずるだけです。友人カロヴェあるいはガロ―ヴェー Garo-weh! は，いまや不平等なものたちを普遍的なものや純粋に理性的なものに慣れさせました。それは次のような具合にしてでした。つまり，不平等なものたちがきわめて普遍的にだらだらと過ごすことになお甘んじ続けている……というように。学生組合がドイツ的であり，放縦な野獣などを根絶やしにすることを一度力強く決意するならば，学生組合はそういったくだらないものを存在させねばならなくなるのです」。このような緊張状態にあって，普遍的なものや純粋に理性的なものを目指すヘーゲル路線と，ユダヤ人たちや外国人達に反対し，「放縦な野獣」の抹殺に向かう路線とがはっきりと区別される。しかし，アスヴェルスは，ヘーゲルとともにベルリンに向かった。アスヴェルスは，自分の両親宛て書簡でヘーゲルの国家論が思索にほどよく影響していることをはっきりと描いている。にもかかわらず，アスヴェルスは，扇動家に対する迫害が活発化して，1819年7月15日には逮捕される。ヘーゲルは，保証人の立場からしてもアスヴェルスを保釈してもらおうとする。しかし，保釈は1820年6月7日まで長引いている。1820年10月11日にアスヴェルスは友人にこう書いている。学生組合は「政治目的をもつ必要はありません。なぜならば，それは愚かだからです。国家の理念などもっていないわたしたち若い洒落者たちが，どうして今日の縺れた政治関係を見通したり，とりわけ改善したりできるでしょうか。［…］政治的なことだけは除外です。［…］なぜならば，そうでなければ，学生組合は政治結社に他ならず，愚行へそそのかされるからです。［…］このようなばかげたことは，ルーデン氏やヴェッセルホェフト氏以外のだれによっても学生組合にもち込まれることはありません。両人をわたしは心から恨んでいます。自由，真理，祖国はいつも両人のいまわしい復讐に由来しています。それでそのさいには両人は極端な利己主義者であり，もっとも虚栄に満ちた阿呆であり，もっとも戦慄すべきいかさま師であり詐欺師なのです」。そして，アスヴェルスは，ヘーゲルに同調するように友人に勧めて手紙を結んでいる（Br 2. 432-442）。アーノルド・ルーゲは，のちにこう報告している。イェーナ学生組合は，アスヴェルスがヘーゲルに熱狂して賛同したので〔アスヴェルスを〕「文字どおり酷評した」（HBZ 424），と。

ヘーゲルは，1821年6月9日付ニートハンマー宛て書簡で次のように最終判断を下している。「扇動による窮境を危険なく乗り切りました」，と。ヘーゲルは両面がよく分かっていた。「その一方の面は，個々の扇動家たちの哀れな状態と自業自得の運命」であり，他の一面は，「役所の正義――それは，確かにこのようにあいまいな物事の場合にはすぐに最初から出てくるものではないが最後には出てくるものである――そしてその正義以上のものである」，と。――ヘーゲルは，そういうわけで以前扇動家の嫌疑を受け逮捕された復習教師フォン・ヘニングの勤め口を指示している。

この件をめぐってはヘーゲルの同僚ゾルガーは，「ヴァルトヴルクの能弁家たちのおしゃべり」について，あるいは10年来学生たちに「説教じみ」たことをした者たちについて，ヘーゲルと似たようにこ

う表明している。「かれらは、賢者であり優秀な者たちである。かれらから国家と教会の再生が出発しなければならない」、と。そしてゾルガーもまた、この「うぬぼれた高慢な者たち」を蔓延させた者たちを、シュライエルマッハー、フリース、デ・ヴェッテといった名前で呼んでいる。ヘーゲルは、これらの文言を3人の名を挙げることなく、のちにゾルガー書評で（GW 16. 90f.）引用している。そしてヘーゲルは、これらの文言を自前の経験からこう解説している。まことに悲しむべきことに、ゾルガーは、当時必要な対決を公には実行しなかった、と。そのおかげでゾルガーが、晩年の数か月間「予期されうる悪しき敵対とは卑屈な心情に関する誹謗などを免れた」ままだったことは、ヘーゲルにとって喜ぶべきことだったにせよ（本書387頁参照）。

　というのは、ヘーゲル自身に対して、卑屈だとか現状へ順応しているといった、非難が高まっていたからである。それどころか「プロイセンの御用哲学」というヘーゲル晩年のレッテルも他ならぬそのことをまさに意味していたからである。こうしてヘーゲルが政治的殺害を断固として拒否したことや学生を鎮めるように影響を及ぼしたことが、『法哲学要綱』（1821年）への〔そのレッテルの〕誘因となった。そして、ヘーゲルが、死後にはヘーゲル哲学も、文部大臣アルテンシュテイン側の確固とした支持を得ていたことも〔そのレッテルの〕誘因となった。とはいえ一方でアルテンシュタインは、事態のゆえにさらに力を入れて次のような人々にも支援をした。それは、シュライエルマッハーなどのように、〔ヘーゲルとは〕違った政治選択をした人々である。アルテンシュタインはシュライエルマッハーを、復古派の干渉からいろいろなかたちで免れさせた。そして他方でアルテンシュタインは、ますます影響力を増していた復古的「皇太子派」や「宮廷派」側からの高まる抵抗や攻撃から、非常に成果を上げた文化政策路線を擁護しなければならなかった。ヘーゲルが「宮廷」と直接関わった機会は、長い年月のなかでも2回だけであることがよく知られている。ヘーゲルが学長在任中の祝宴に関するプロイセンのヴィルヘルム皇太子妃の報告（本書29頁参照）およびヘーゲルと皇太子との会話に関するアーノルド・ルーゲのあてにならない報告（本書466頁参照）、この二つの報告のおかげで知られている。アルテンシュタインは、ヘーゲルのために招聘状で予告した計画を首尾よく実現できなかった。ヘーゲルは多くの同僚と違って枢密顧問官に任命されることは決してなかった。ヘーゲルが晩年シュライエルマッハーとおなじく受勲した赤鷲三等勲章もまた宮廷との距離をかろうじて証明している。というのもこの際問題なのは、まことにささやかでしかない栄誉だからであり、そのうえ、ファルンハーゲンは日記帳にこう記しているからである。つまり、赤鷲勲章授与は1827年にすでに期待されていたのであった。とはいえ、1830年にはアルテンシュタインが提案したヘーゲル受勲ではなくて、アレクサンダー・フォン・フンボルトが提案したエンケ[1]、ミットシャーリッヒ両教授受勲がその年になされたのである、と。ファルンハーゲンはこのことを、「本来の権限よりも多くの権限をもっている一種の副省庁が存続している」（HBZ 335, 410）ことの証拠と評価した。

[1] ヨハン・フランツ・エンケ（1791-1865）。短周期彗星の発見者でベルリンの天文台の台長。

　ヘーゲルは、明らかに「学問上」だけではなくて「政治上」もアルテンシュタイン大臣の「親衛隊」に数えられる。しかし、ヘーゲルの政治選択の多様性はそれを超えて驚くほど遠くまで広がっていた。ヘーゲルは毎年7月14日にはバスティーユ襲撃（HBZ 299, vgl. 214）を祝って乾杯している。ヘーゲルのナポレオンへの関心と畏敬は依然として衰えていない。しかし、ヘーゲルは自分の家族にも国王誕生日に健康を祝って乾杯することを勧めている。なぜならば、「国王[1]の健康は尊敬すべき価値ある健康だからである」（10. 8. 26）。これに対して「プロイセンの御用哲学者」という盲目的定式は、評価すらいつも定まらないアルテンシュタイン大臣の政治と「プロイセン国家」とを同一視している。そして、この年の異なるいや対立しさえするさまざまなグループや傾向を無視している。

[1] フリードリッヒ・ヴィルヘルム4世（1795-1861）。欽定憲法を制定して上からの近代化を進めた。

参考文献：Max Lenz: Geschichte der Universität Berlin (1910), Bd. 2/1: Ministerium Altenstein, 177-404: Unter dem Gestirn Hegels; Hans-Joachim Schoeps: Das andere Preussen. Konservative Gestalten und Probleme im Zeitalter Friedrich Wilhelms IV. Berlin ⁴1974; Reinhart Koselleck: Preußen zwischen Reform und Revolution. Allgemeines Landrecht, Verwaltung und soziale Bewegung von 1791 bis 1848. Stuttgart ²1975.

8.2. 教員活動

ヘーゲルの教員活動に関する当時の証言は，実にさまざまである。それは，政治上の視点や社会的視点に応じて異なっている。ヘーゲルの同僚カール・ヴィルヘルム・フェルディナンド・ゾルガー――ヘーゲルはハイデルベルク以来，1818/19年冬に教育施設についてゾルガーと意見を調整している（Br 2. 189）――は当時，ティークに次のように書き送っている。「善良なるヘーゲルが印象深いことを成し遂げるようにわたしは熱望しました。彼についてとやかくいう者はいません。なぜならば，ヘーゲルは静かで勤勉だからです。非常に愚かで受け売りする者だけがやってきてしかるべきだ。かれらがかりにもそのような類のことをあまりにもやたらに期待するとしたら，警鐘が大いに乱打されることでしょう。そして，学生たちは，自分たちの魂を癒し救うためにヘーゲルの公開講座へ行けといわれることでしょう」（GW 16. 121）。

しかし，ヘーゲルのベルリン時代の活動に二つの根本特徴があることは明白である。第1に，ヘーゲルのベルリン時代は，体系の一貫した拡充の時期である。その拡充は出版によるものというよりは，かれの講義によるものである。ヘーゲルは，ベルリン時代にやや浩瀚な著作をなんとか公刊している。1820年10月に『法哲学要綱』が刊行されている。『哲学的諸学エンツュクロペディー』と『論理学・第1編』をヘーゲルは〔ベルリン時代では〕第2版においてしか提示していない。ただし，第2版はほとんど新しい本という性格をもっているのである。それに対して，『哲学的諸学エンツュクロペディー』の第3版は，矢継ぎ早に続いたが，第2版とはかろうじてわずかに区別されるだけである。講義の枠内でのヘーゲル体系の各分野の仕上げと同様に，このような新版の特徴は，一方でヘーゲルの体系思想のさらに深遠な貫徹と仕上げである。また，他方でヘーゲルがベルリン時代にヘーゲル哲学の全領域で仕上げた素材の充実を特徴とする。同時代の自然科学の研究また「アジア」研究を，ヘーゲルが集中して受容したことが，とりわけ際立っている。

ヘーゲルの教員活動のもう一つの特質は，学校教育へのはっきりとした傾倒にある。ザビーニは，1821年11月26日にすでにマールブルクへ向かいながらこう報告している。「非常に熱心で狭量な学徒たちを引きつけているヘーゲルは，哲学界を支配しています。大部分の学徒たちは，まったく理解していません。また，ポーランド人――かれらはドイツ語もできませんし，何一つ概念的に理解してもいません――は，熱狂的にあがめています」（HBZ 230）。ヴィルヘルム・フォン・フンボルトは，かれの友人にしてメッテルニッヒの秘書フリードリッヒ・ゲンツにこう報告している。ヘーゲルは，「自分の理念だけで影響を及ぼそうとする哲学者の部類ではない。ヘーゲルは学派を，しかも意図的に形成している」（HBZ 380）。ヘーゲルの聴講者ヴィルヘルム・ヘリングは，ヴィリバルト・アレクシスというペンネームの方が通りがよいが，このことをもう少し造形的に表現している。「偉大な哲学者はさらにずっと偉大な軍司令官だった。彼は，他の軍司令官がお供を引きつける程度の各徴兵区から軍隊を徴用している。ヘーゲルはすべての能力を使う術を心得ていた」（HBZ 302）。

ヘーゲルの教授効果や学校教育への傾倒は，ヘーゲルの講義スタイルに照らすと少なくとも自明ではない。それどころか，ヘーゲルは1816年にベルリンへの招聘に対して憂慮してもいた。数多い描写（HBZ 181, 203, 207, 246, 274, 276, 284, 375-379, 421f., 442-444, 548）は，次の点で一致する。さまざまな草稿の頁をめくったり，咳や咳払いをしたりで講義を中断したと描写しているのである。また，語り口が聴講者に向けられているというよりは内面にずっと向けられていることを描写している点で。その語り口は，シュライエルマッハーの輝きに満ちた弁論術と著しい対照をなしている。しかし，それらの描写は次のことでも一致している。ヘーゲルの講義は，

まずもってヘーゲルの奇癖に慣れるならば，思想的な富を開示した。その富は，うわべだけ輝いている多くの講義には欠けている。したがってヘーゲルは，いつも学生にはまったく限定されない多くの公衆を前にして講義をした。ヨハン・エドゥアルト・エルトマンは，「教員活動の絶頂」の時期を，聴講者数を中心にしないで，ヘーゲルの講義を中心にして，ヘーゲルのパリからの帰国後，1827/28年の冬学期とした（HBZ 355）。

　以下の弟子たちのうちの何人かは信頼されてもいたが，彼らは，哲学的著作からではなくてヘーゲルの伝記上の交際範囲からよく知られていた。ハインリッヒ・ヴィルヘルム・アウグスト・シュティークリッツ[1]，ハインリッヒ・ベーア[2]，あるいはフリードリッヒ・フェルスター[3]である。多くの者は，すでにこの年以降，ヘーゲル哲学のいっそうの形成や学派の対決に参与していた。ガンス[4]，エルトマン，フォン・ヘニング，ヒンリックス，ホトー，ミシュレ[5]である。しかし，交友生活についての報告において3人の弟子の名が欠けている。この3人は，学派の範囲を超えてヘーゲルの思索を受容した。しかし，さらに仕上げて，哲学，神学，精神科学において固有の歴史的意味を獲得した。ルートヴィッヒ・フォイエルバッハ，ダーフィット・フリードリッヒ・シュトラウス[6]そしてヨハン・グスタフ・ドロイセンである。

1) ハインリッヒ・ヴィルヘルム・アウグスト・シュティークリッツ（1801-1849）。ベルリン大学のヘーゲルの弟子で，その熱烈な傾倒者。
2) ハインリッヒ・ベーア（1794-1842）。ベルリンの農業家。作曲家，マイカー・ベーアの弟。
3) フリードリッヒ・フェルスター（1791-1868）。著述家・歴史家。ベルリン博物館主査。
4) ガンス（エードゥアルト・ガンス）（1797-1839）。ヘーゲルの弟子で，比較法学の創設者。ベルリン大学教授。ヘーゲル全集の企画者の一人。
5) ミシュレ（カール・ルートヴィッヒ・ミシュレ）（1801-1893）。ヘーゲルの弟子で，ベルリン大学やフランス系ギムナジウムで教えた。ヘーゲル全集の企画者の一人。
6) グーフィット・フリードリッヒ・シュトラウス（1808-1874）。ヘーゲル学派の神学者。『イエス伝』を著し，学派の分裂を招き，ヘーゲル左派の首領とみなされ

た。

参考文献：フォイエルバッハについて Simon Rawidowicz: Ludwig Feuerbachs Philosophie. Ursprung und Schicksal. Berlin 21964. ‒ドロイセンについて Jörn Rüssen: Begriffene Geschichte. Genesis und Begründung der Geschichtstheorie Johann Gustav Droysens. Paderborn 1969; Christoph Johannes Bauer: »Das Geheimnis aller Bewegung ist ihr Zweck«. Geschichtsphilosophie bei Hegel und Droysen. HSB 44 (2001).

8.3. 交際関係

1826年8月27日のヘーゲルの誕生祝いが弟子たちの間での社交好き人生の頂点となった。その際にヘーゲルの誕生祝いは，伝統的に翌日のゲーテの誕生祝いと結びつけられた。フォス新聞は，この「すばらしい二重祝祭」を，それについて詳しく報告するに足るほど十分に重要と評価した。――それは8月に生まれた国王[1]の不快感をひじょうに誘い，それに引き続いて国王は私的な祝いについての報道を禁じた（HBZ 303-315, 318）。

1) フリードリッヒ・ヴィルヘルム3世（1770-1840）。対仏戦争敗北の危機にあって，改革の能力を欠いていたが，文武ともこの時代に有能な人物が輩出し，近代化が徐々に進んだ。

　にもかかわらず，さしあたってベルリンへの転居はヘーゲルの社交にとってまったく喜ばしい区切りとはなっていない。ヘーゲルは，ベルリンに到着してからなお1年後，クロイツァー宛て書簡で新しい環境とハイデルベルクの環境とを比較している。後者の環境は，ヘーゲルがそこで過ごした数年の間，まだ激化してゆく派閥化で引き裂かれてはいなかった。「わたしはまだ友人のグループを見つけていません」（1830年11月19日）。続く年々にもヘーゲルには，同僚グループに，神学者フィリップ・マールハイネケと言語学者にしてインド学者フランツ・ボップ[1]を除けば，友人はごくわずかしかいなかった。これに対して，ヘーゲルは，アルテンシュタイン大臣の参事官それにヘーゲルの聴講者にして隣人ヨハネス・シュルツェとは親密な友人となった。アルテ

ンシュタイン大臣とヘーゲルとの関係は私的性格を帯びている。この特質は，社会的地位のうえで距離をとっているにもかかわらず，次のことからも明らかになる。それは，アルテンシュタインの女きょうだいの一人はおそらくヘーゲル夫人をよく知っていて，ベルリンへの引っ越しの手助けをしたことである（Br 2. 180, 188, 192）。ヘーゲルが1830年5月27日にアルテンシュタインに彼の妻の死後に宛てたお悔やみの手紙は，大臣に深い印象を残した。アルテンシュタインは礼状で礼節に反していつもヘーゲルに「（ヘーゲル）閣下」と呼びかけているほどである。カール・アウグスト・ファルンハーゲン・フォン・エンゼともヘーゲルは，長年にわたって格別ではないにしても良好で親しく交際していた。ラーエル・ファルンハーゲンもその交際に引き入れられていった（HBZ 345f.）。これに対して，同僚との関係は，少しましな場合でもうち解けそうになっているにしても，お互いに尊敬しあうところまでである。たとえば，アウグスト・ボェックの側からの場合（HBZ 298, 302, 318-322），だがまたヴィルヘルム・フォン・フンボルトの場合（HBZ 379f.）もそうである。また，あまりよくない場合には，極端な外交儀礼に限られた。アレクサンダー・フォン・フンボルトは衝突すると，そのような外交儀礼をあからさまにした（Br 3. 424-426）。それと並んでザビーニとの関係やシュライエルマッハーとの関係の特徴となっているほとんど表面化している敵対状態もある。そのさい，両人とも，その専門性にとって範型となっている。

1) フランツ・ボップ（1791-1867）。ヴィルヘルム・フンボルトやウィルキンスとも知り合いで，サンスクリット語文法の研究に従事した。

この年あたりにはゲーテとの関係は非常に親密であった。とりわけ，すでにイェーナ期からヘーゲルがゲーテの色彩論に寄せていた関心のおかげでそうなのである。色彩論は，当時すでにニュートン光学に対して学問的に信頼がおける対抗選択肢としては認められていない（本書376頁参照）。ゲーテは，ヘーゲルを歓迎すべき共同戦士としてみなしているだけではなかった。さらに，その眼差しがゲーテ自身にとっても多くのことを明らかにしてくれる哲学者としてもみなしていた（HBZ 224-226）。さらにヘーゲルは，クリストフ・ルートヴィッヒ・フリードリッヒ・シュルツ[1]と親密に接触していた。シュルツは，大学の統治全権者であるだけではなく，色彩論の信奉者でもあった。ヘーゲルのおかげで，弟子フォン・ヘニングもゲーテの色彩論に熱中させられている。ヘニングは，色彩論について講義までしているし，ヴァイマールにゲーテをよく訪ねている。そして，ベルリン学士院が色彩論のために独自に設置した部屋で実験をしている。ゲーテは，このような共通の関心のゆえにヘーゲルに1821年4月13日に「曇りガラス製グラス」を進呈している。このグラスをつてに「原現象」，明と暗の間の境界における色彩の生成を研究することができる。そして，ゲーテはさらに献詞を付け加えている。「絶対者に心から友好的な歓迎のために原現象が勧められる。ヴァイマール，1821年初夏」，と。

1) クリストフ・ルートヴィッヒ・フリードリッヒ・シュルツ（1808-1874）。1817年に員外教授としてベルリン大学の全権を揮うものの，1824年には大学とアルテンシュタインとの板ばさみになり，解任される。ローマ史研究で知られる。

とはいえ，ヘーゲルとゲーテは色彩論だけに限って交流し合っているのではない。なるほど，ゲーテは，ヘーゲルの哲学著作の表現には決まって訝しげに反対している。しかし，「ヘーゲルのような人が印刷物で伝達するさいに，わたしたちの欲求にとって直接に身につけることはできないので，わたしたちには不明瞭で難解に思われることも，生き生きとした会話の中ではすぐさまわたしたちに所有される。なぜならば，わたしたちは，根本思想と気構えにおいてヘーゲルと一致することを確認するからであり，したがって，両者の側による展開と開示でお互いに近づき合致できることはほぼ間違いないからである」（HBZ 358）。それゆえに，ヘーゲルはヴァイマールにゲーテを幾度か訪ねている。1818年にはベルリンへの引っ越しをするさいに，1827年にはヘーゲルのパリからの帰りに，1829年にはカールスバートからの帰還旅行のさいに訪ねている。

参考文献：Max Lenz: Geschichte der Universität Berlin (1910), Bd. 2/1: Ministerium Altenstein, 177-404: Unter dem Gestirn Ziegels; Hugo Falkenheim: Anhang zu Kuno Fischer: Hegels Leben, Werke und Lehre. Bd 2. Heidelberg ²1911, 1216-1223 bzw. 1223-1229; Hegel in Berlin. Preußische Kulturpolitik und idealistische Ästhetik. Zum 150. Todestag des Philosophen. Hrsg. von Otto Pöggeler. Berlin 1981; Hegel und die »Gesetzlose Gesellschaft«. Ein neu aufgefundenes Dokument mitgeteilt von Andreas Arndt und Wolfgang Virmond. HS 20 (1985), 113-116.

8.4. 科学学士院

しかし，この時代にはすべてがヘーゲルの願いどおりに流れていたわけではない。とりわけ，1817/18年にアルテンシュタインによって喚起された「いくつかの機会への見通し——それは哲学の講義を大学で担当し，他の活動に充当して使うこともできるようにという困難な役割に関わっている——は，さらに移ろいゆく年月のなかでかなえられないままであった」。そのことをヘーゲルは，1818年4月21日にバーディシュ内務大臣に送った割愛願いの中で表明している。そこで意味されているのは再設置後の科学王立学士院の院長である。それは，ミュンヘンにおけるヤコービやシェリングの立場と似ている。とはいえ，ヘーゲルはこの学士院には決して受け入れられなかった。ヘーゲルの受け入れをめぐる長年にわたる確執はこの学士院にとってまことに不名誉で，その哲学部門そして歴史=文献学部門にとっても有害であった。これは，ヘーゲルの死によってやっと収束した。シュライエルマッハーは，長年ヘーゲルの受け入れを妨害した。次のような議論で妨害したのだった。すなわち，その議論は，すでに1811年1月19日にシュライエルマッハーが最初に行った学士院講演で主張され，表向きは事実説明であったが，さしあたっては，フィヒテの入会にはいささかも反対していなかった。その議論によれば，最高でもっとも普遍的超越論的で形而上学的な思弁は，「まったく孤独な仕事であり，それは各人が自分の精神の内面で完成させなければならない」ということである。それゆえ，孤独な仕事は，共同作業が企画されるべき学士院にそぐわない（KGA I/11. 11）。——その議論は，シュライエルマッハーが自分自身の哲学を学士院で講演することを妨げなかった。そして，最後には，哲学部門の枯渇と完全廃止に寄与したし，歴史=文献学部門の形成に寄与した。1830年になってやっと少なくともこの部門では，ヘーゲルの入会を回避することはできないという見通しになった。そして，シュライエルマッハーでさえもヴィルヘルム・フォン・フンボルトやアレクサンダー・フォン・フンボルトと共同で，ヘーゲル入会のために生き生きと序曲を奏せざるをえなくなるのを見た。とはいえ，投票がなされないうちにヘーゲルは死んだ。

参考文献：Adolf Harnack (Hg.): Geschichte der Königlich Preußischen Akademie der Wissenschaften zu Berlin. Bd 1/2. Berlin 1900, 691ff., 726-730, 754-741, 753ff., 760-763; Max Lenz: Geschichte der Universität Berlin (1910), Bd. 2/1. 177-404: Unter dem Gestirn Hegels.

8.5. 学的批判年報

この間の「学的批判協会」設立とその『年報』創刊は，ヘーゲルが学士院に入会しないことの代償ともみなされる。この解釈は，シュライエルマッハーの「協会」入会に対する同様にきっぱりとしたヘーゲルの嫌悪をとりわけ引き合いに出すことができる。しかし，『年報』創刊はこの視点から真っ先に理解されたり判定されてはならない。ヘーゲルはイェーナですでに同様の計画を追求している（GW 4. 507-514, 549-553）。そして，ハイデルベルクでは，『ハイデルベルク文芸年報』の編集者として活動した（本書66頁参照）。このようにして，ベルリン招聘後ヘーゲルが雑誌創刊の計画を再び採用したことはそれなりに自然なのである。とりわけベルリン大学は当時まだ代表的の出版機関誌を手中にしていない。なるほど，『一般文芸新聞』は，1804年にイェーナからプロイセンに移転させられている。だが，ベルリンではなくてハレへの移転である。ハレは当時もっとも誉れ高いプロイセンの大学町であった。1819/20年冬には，ヘーゲルと所轄大臣フォン・ア

ルテンシュタインとが雑誌創刊について会談した。そして，1820年2月27日にはヘーゲルは大臣に「文芸批判雑誌の設立について」という提案を送っている（本書379頁参照）。ヘーゲルのこの計画は，国家の後援による雑誌ということで注意が向けられた。それは，メッテルニッヒの指示で創刊されたウィーンの『文芸年報』や『知識人の新聞』と似ている。だが，その計画は，「自由主義的」とか「国立の」といった標語には簡単に還元されてはならない諸理由から実現しなかった（Obenaus 1994）。

ヘーゲルの雑誌計画はほとんど20年間にわたって追求されたのにもかかわらず，『学的批判年報』は，1826年にヘーゲルの主導ではなくて本質的にヘーゲルの友人にして法学部のより若い同僚エドゥアルト・ガンスの骨折りによって実現した（Br 3. 390-390）。ガンスが『ベルリン文芸新聞』創刊のために出版人ヨハン・フリードリッヒ・フォン・コッタ[1]のもとで1825年夏に独自に働きかけたことに，ヘーゲルは当初かなり立腹して反対している（HBZ 325-330）。それは，ヘーゲルが文芸雑誌のために私的に負担をすることは経済的理由からも学問的理由からも過重負担だとすでに見ていたからである（GW 16. 432f.）。カール・ダウプは，ガンスのハイデルベルク訪問ののち，1826年3月29日付けのヘーゲル宛て書簡で計画中の年誌について最初の指示を与えている。春にガンスは，とりわけヘーゲルとファルンハーゲン・フォン・エンゼと会談し，1826年7月18日には1826年7月23日の会合に両人を招待している。その会合で学的批判協会が設立されるのである。この協会は，哲学部門，自然科学部門，歴史学・文献学部門に分かれていて，その各々を秘書がとりしきっている。その最初の総括秘書がガンスであり，1828年以降は，レオポルド・フォン・ヘニングである。

1) ヨハン・フリードリッヒ・フォン・コッタ。コッタ書店店主。

同時代者によって『年報』に反対してすでに唱えられた二点の憂慮は，『年報』の性格や目的を誤認していることが，すでに創刊スタイルを通してわかる。『年報』は，『ヘーゲル新聞』でもないし，『国家新聞』でもないのである。『国家新聞』という点では，『年報』は最初からやっかいな状況にあった。『年報』は財政援助がなくても支えられるという希望はわずかなので，編集者は，すでに1826年に国家補助を申請している。——というのは，当時は別の助成機関は存在していないからである。しかし，国家の補助を願うのと裏腹に，そのような援助は国家の影響力の行使の試みを自分の方へ引き寄せるかもしれないという心配がある（HBZ 336）。けれども，際だった財政難や協会側からの長年にわたる努力にもかかわらず，文部大臣は，編集人コッタの働きかけや印刷所のベルリン移転ののちでやっと，1830年から毎年800ターラーという比較的わずかな補助を赤字の企画のために認めている。それは，『年報』を『御用新聞』にするためではなくて，迫りくる廃刊を回避するためだった。そうでなくても，国家の影響を受けるかも知れないということは，すでにあった。それは，『年報』が他の刊行物と同じように検閲に従うからである。ヘーゲル存命中プロイセン政府は1回だけ，1831年2月に『年報』の内容に影響力を行使しようとして，ヤールケ[1]の著述に関する批判的論評をガンスを通して妨害しようとした。というのも，ヤールケは，『ベルリン政治週報』の編集者として予定されており，この新聞はプロイセンにおける保守的・復古主義的傾向の集約点と考えられていたからである（Obenaus 1994, 28-38）。

1) カール・エルスト・ヤールケ（1801-1852）。法学者にしてロマン主義の立場をとった。

他方で『年報』は『ヘーゲル新聞』だという非難が引き起こされている。ヘーゲルとかれの弟子たちが『年報』の編集においてと同様に「協会」においても明らかに中心的役割を担っているというのである。他方で，企画を当初からヘーゲル学派だけによって形成されない広い基盤に据えようという，発起人の努力も見過ごされるべきではない。そして，ボェック，ボップ，クロイツァー，ゲーテ（WA 42/1. 20-54 参照），W.v. フンボルト，A.W. シュレーゲル，リュッケルト，ティボー，ファルンハーゲンといった名前が示しているように，成果がなかったわけではない。いま名前を挙げた人たちの何人かは，

ためらいがちながら参加したり，また何人かは個々の書評に対する憤りから，あるいは協会のやりかたについての憤りからたとえ脱退しているとしてもそうである。そのような著名人たちが雑誌刊行のためにまとまることはそのつど繰り返し困難だったろう。ヘーゲルやかれの弟子たちの書評への今日の関心は，それらの仕事は『年報』に量のうえではごくわずかしか関与していないという事情を覆い隠している。それらの仕事に対立しているのが，自然科学，数学，医学，歴史学の書評であり，それらはヘーゲル哲学とは何の関係もない。これに対して，ヘーゲル哲学を宣伝しようという目的のためには，人物のうえでは，ヘーゲルの弟子に制限し，テーマのうえでは，哲学や近接領域に制限することが有利だったであろう。ファルンハーゲンは，ヘーゲルのやりかたを的確に書いている。「ヘーゲルは，党派をつくることを求め，心構えより状況に立脚する個人的信奉者を求めている」（HBZ 323）。それと一致するのが，ニートハンマーやロートに反対するヘーゲルの理由づけである。「〔私が〕最終的に発言する権限をもつ必要があるでしょう」（1811年9月26日，vgl. GW 16. 428）。1829年10月29日にヘーゲルは『年報』の目標についてもう一度ニートハンマーにこう反対している。ニートハンマーは「『年報』でもって機関誌を作ろうとしている。それどころか，それは，機関誌以上のもの，反啓蒙主義に反対する刃物を作り出そうとしている。たとえ，あれこれの面からであろうと，神秘的な風変わりさか，平板な些末さかで注意を引こうと，そうなのである」（Br IV/2. 72）。

『年報』をめぐる争いに関して注目すべきは，アウグスト・ボェックの証言である。初期ベルリン時代にボェックがたびたび強調していることは，自分とヘーゲルは友人ではまったくないことである。にもかかわらず，ボェックは，1827年8月5日にカール・オットフリート・ミュラーにこう書いている。「ところでヘーゲルはいまやここであらゆる面から攻撃される。しかも，無骨な仕方や卑怯な仕方で攻撃される。ヘーゲルの方では自制をすぐに始めているのにである。すべてのこのような激情的攻撃は，ヘーゲルとわたしがもはや折り合うことがないほどに厭わしい。そして，決して見過ごされてならないことは，ヘーゲルに反対して徒党を組んでいた者たちは，盲目的な激情によって巻き込まれ，その激情はまったく度を越していて，事柄が問題ではなくて個人だけが問題になっていたということである」（HBZ 345）。

典拠：GW 16; BSchr 101-428.
参考文献：Max Lenz: Geschichte der Universität Berlin (1910), Bd 2/1. 308; Pöggeler (Hg.): Hegel in Berlin (1981); Christoph Jamme (Hg.): Die »Jahrbücher für wissenschaftliche Kritik« –Hegels Berliner Gegenakademie. Literaturzeitung oder »Hegelblatt«? Die »Jahrbücher für wissenschaftliche Kritik« im Spannungsfeld preußischer Universitäts- und Pressepolitik der Restauration und des Vormärz.

8.6. 哲学的な敵対者

1820年代なかば以来，ヘーゲルの哲学が公に認められるようになるにつれ，ヘーゲルを「毛嫌いする」者の数も増加する。たとえば，その一人が，復古的な国家論（1820年）の編者であり，外務省で「枢密公使館参事正」を勤めていたヨハン・ペーター・フリードリッヒ・アンション[1]である（HBZ 345）。政治的というより哲学的な反感ではあるが，哲学的な違いの一切の度を越してほとんど病的なまでの反感を示しているのは，ヘーゲルに対するアルチュール・ショーペンハウアーの態度である。ショーペンハウアーは，教授資格を取得する前にすでに，「ヘーゲル教授が主要な講義を行っている」時限を自分の講義に「もっともふさわしい」時間帯だとみなした。教授資格取得時の軋轢も，純粋に哲学的な対決とは理解されないものである（HBZ 202, 212）。

[1] ヨハン・ペーター・フリードリッヒ・アンション（1769-1837）。プロイセンの政治家で歴史家。陸軍大学教授，学士院会員，外相などを歴任。

ヘーゲル哲学のおもな敵対者は，1828年までの歳月では，フリードリッヒ・シュレーゲルである。シュレーゲルは，ヘーゲルのなかに「抽象というひどく内的な空自慢によって強化され改良された——とヘーゲル自身が信じているような——フィヒテでは

なく，むしろ反対に去勢されたフィヒテだけを」見てとる（HBZ 227）。シュレーゲルがヘーゲルの著作のなかに見たのは，フィヒテの「高貴な不整合」の代わりに，「空虚で抽象的な思考の無限な流れや支流のもとで，神的なものすべてに対する絶対的な鈍感というあまりにも凡庸な制限が登場すること」であった。「こんなふうに猿真似されたフィヒテの抽象的歪曲」は，ただ「敵意を惹き起こすだけ」であろう。1824年秋，ヘーゲルはウィーンからの帰路の途中，ドレスデンでの交友関係の中でシュレーゲルにも出会っている。しかしながら，ヘーゲルは，1824年10月8日付で妻に宛てて記しているように，シュレーゲルのことを「彼が立去ったあとにようやく気がついた」のである。ランケ[1]が1828年3月10日に伝えているところでは，ランケがウィーンを訪問したさい，シュレーゲルが，「ヘーゲルはあらゆる人間でも最低のやつ」と吐き捨てたとしている（HBZ 381）。にもかかわらず，この抗争の中で問題になるのは，人格的なものではなく，むしろ理性哲学とキリスト教哲学のあいだでの態度決定なのである（本書629頁参照）。アウグスト・ヴィルヘルム・シュレーゲルは，1827年にこうした点を戯画詩の始まりの詩節で表現した（HBZ 362）。

  シュレーゲルが説教するはヘーゲル，
  ケーゲルを悪魔に押しつけ轟かすがヘーゲル[2]。
  ヘーゲルが嘲笑するはシュレーゲル，
  いわく，でたらめに喋るシュレーゲル。

1) レオポルト・フォン・ランケ（1795-1886）。歴史家。ベルリン大学教授。
2) ケーゲル（Kegel）はボウリングのピンだが，ペニスの換喩でもある。Kegel schieben で同衾と雷鳴の含意もある。

これに対し，シェリングは，新しく設立されたミュンヘン大学で1827年に講義を再開して以来，部分的に同じモチーフで規定されているにもかかわらず，みずからの敵意はあまりむきだしにしていない。ズルピツ・ボアスレは，1828年1月16日付のゲーテ宛で次のように伝えている。シェリングは，自分の初期の自然哲学ですべてが希望通りに達成されたわけではないことを認めていたが，ヘーゲルは「シェリングの試みを繰り返し，しかも不完全で恣意的で不自然なものすべてをそのまま真似してきたために，まったく猿のような状態に陥っている」と述べたと伝えている（HBZ 372 f.）。ヘルマン・フォン・レオンハルディ[1]は，K・Ch・F・クラウゼに対して，「ヘーゲルやヤコービなどに対する」シェリングの「論争はとても意地悪なもので，この論争でシェリングはたいていの人たちから嫌われている」と伝えており，ヘーゲルの友人ではなかったクラウゼですら，「ヘーゲルに対して部分的にしか当たっていない冗談にシェリングが得意になっているのはよろしくない」と認めている（HBZ 412 f., 417）。

1) ヘルマン・カール・フライヘル・フォン・レオンハルディ（1809-1875）。クラウゼの弟子で，師の亡きあと，全集の編集にあたった。のちに，プラハ大学宗教学教授。

ヘーゲルはこうしたことを内面に秘めたままにしていたように見える。このことは，シェリングとヘーゲルがカールスバートで偶然に出会ったことについて，それぞれの妻に宛てた両人の描写から明らかになる。シェリングは次のように記している。シェリングは，「おぼろげに聞き覚えのあるいくぶんわずらわしい声」が自分に向かって声をかけるのを耳にしたという。午後になって，ヘーゲルがもう一度「息せき切ってひどく馴れ馴れしくまるで私たちのあいだになにも遮るものがないかのように」やって来たが，学問的な会話には至らなかったとしている。ヘーゲルは，利口な人物だったから，シェリングと夕刻までよく語らったものの，シェリングのところを訪問したりはしなかったという。ヘーゲルにとっては「度のすぎたこと」だったとしている（HBZ 403）。これに対して，ヘーゲルは，この出会いについて1829年9月3日付で——やや神経質に——マリーに対して報告している。「私たちは，ともにこの再会を喜び，昔ながらのうち解けた友人として一緒に過ごしている。今日の午後，私たちは，連れ立って散歩をし，その後コーヒーハウスで『オーストリア・ベオバッハター』紙に載ったアドリアノープル占領の記事を公式に読み，夜もともに過ごした。」翌日，ヘーゲルはシェリングと昼食をとった。ヘーゲルは，1829年9月27日付で，「私はカールスバートで古くから親密な友人関係にあるシェリングと5

日間いっしょに過ごした」とダウプに伝えており，同じことを1829年10月3日付でフリードリッヒ・フェルスターに伝え，ファルンハーゲンにも伝えている（HBZ 404）。

典拠：Friedrich Schlegel: Kritische Ausgabe (hg. Behler), VIII. 595; Schelling: System der Weltalter. Münchener Vorlesung 1827/28 in einer Nachschrift von Ernst von Lasaulx. Hg. und eingeleitet von Siegbert Peetz. Frankfurt am Main 1990.
参考文献：BSchr LXIII–LXVII.

8.7. 芸術と芸術旅行

気難しく青ざめた哲学者というヘーゲル像とあまり合致しないのは，ヘーゲルが哲学者であると同時に——ソプラノ歌手のヘンリエッテ・ゾンターク[1]や批評家のモリッツ・ザーフィル[2]と並んで——「当時のベルリン社交界における華やかな主要人物」の一人と呼ばれていたことである（HBZ 301）。ヘーゲルは展覧会を愛好し，とりわけ演劇やオペラを愛好したので，芸術サークルや芸術家たちの交流の場であったサロン，とくにメンデルスゾーン家やベーア家へは，ほかの多くの同僚たちよりも頻繁に足を運んだ（HBZ 344）。それに，ヘーゲルによる評価は重みをもっていたように思われる。当時，ヘンリエッテ・ゾンタークは，王立シュタット劇場で歌っていた。ラウヒ[3]の弟子であるルートヴィヒ・ヴィルヘルム・ヴィヒマン〔1788-1859, ドイツの彫刻家〕は，ゾンタークとヘーゲルの胸像を作り，ゲーテは両方の胸像を「並べるのを好んだ」（HBZ 418, Br 3. 401）。三人目の有名人，モリッツ・ザーフィルはハンガリー出身で，ウィーンからベルリンにやって来た。ザーフィルは，ベルリンではとくに風刺詩の編集者として知られ，また雑誌『文学・演劇・社交のためのベルリン速達便』の創設者としても知られていた。1826年にヘーゲルも同誌に，彼を楽しませたエルンスト・ベンヤミン・ザロモ・ラウパッハ〔1784-1852, 劇作家〕という作家の作品『改宗者たち』について寄稿している（本書377頁参照）。ザーフィルは，ベルリンに滞在したわずかな歳月のあいだに雑誌『ベルリン・クーリエ』や，のちにフォンターネ[4]も属した文学結社「シュプレー川越えトンネル」を設立した。さらにヘーゲルは，一度，あるもめごとで決闘の挑戦状伝達者としてザーフィルのために貢献したが，同時にこのもめごとが血を流さずに調停されるよう配慮したのである。

1) ヘンリエッテ・ゾンターク（1806-1854）。ドイツのソプラノ歌手。ベートーベンの第九交響曲初演の独唱者。
2) モリッツ・ゴットリープ・ザーフィル（1795-1858）。作家，編集者。
3) クリスティアン・ダニエル・ラウヒ（1777-1857）。ドイツ古典派を代表する彫刻家の一人。代表作は『信仰・愛・希望』。
4) テオドール・フォンターネ（1819-1898）。ドイツの市民生活を描いた小説家。

ヘーゲルがオペラや演劇を偏愛したことについては，間違いなくたいていのところ型にはまった報告が数多く流通している。テオドーア・ムント[1]はのちに述懐している。ヘーゲルは，「大学の鐘が6時を告げるやいなやすぐさま，『音楽は空虚な夢の芸術である』という自分の命題に終止符を打ち，グルックのオペラを上演している真向かいにあるオペラハウスに一目散に飛び込んできょろきょろし，女性歌手のミルダー〔1785-1838, 悲劇女優〕に熱狂的な拍手を送る。さもなければ，ゾンタークを聴くために辻馬車に乗って王立シュタット劇場へと向かう」とみなされていた。ヘーゲル家にしばしば宿泊したアンナ・パウリーネ・ミルダー＝ハウプトマン，アンジェリカ・カタラーニ〔1780-1849,（伊）ソプラノ〕，ヘンリエッテ・ゾンターク，といった当時の偉大な女性歌手たちをヘーゲルは崇拝した。また，ヘーゲルは，女優のアウグステ・スティッヒ〔1795-1865〕，のちのクレリンガーとも個人的に知りあっていた。

1) テオドーア・ムント（1808-1861）。ドイツの哲学者。ブレスナウ大学教授，ベルリン大学教授を歴任。

ヘーゲルが王立オペラと宮廷劇場と王立シュタット劇場のどれをどのくらい贔屓にしていたか，という点までは，伝えられている報告を通しても知るこ

とができない。まして，そうした報告がヘーゲルの美学講義の判断を補うこともできない。ヘーゲルは，親しくしていたラウパッハの喜劇を評価する一方で，モリエールの『タルチュフ』を演じた俳優ルートヴィッヒ・デブリエント[1]にも拍手喝采した（HBZ 276）。ヘーゲルは，グルックのオペラについて表向きは意見を述べなかったが，モーツァルトの『魔笛』や『ドン・ジョバンニ』を評価し，それに対して，妻と連れだって観たカール・マリア・フォン・ヴェーバーの『プレチオーザ』については「気取った小娘」と吐き捨てた（1824年9月11日）。ところが，それにもかかわらずヘーゲルは，その年にヴェーバーの『オイリアンテ』を聴きに出かけていった（HBZ 284）。もっとも，イタリア人スポンティーニ[2]に対抗するかたちでドイツ人ヴェーバーに向けられていた国民的熱狂にヘーゲルが唱和したわけではない。ヘーゲルは，ガスパーレ・スポンティーニの『オリムピア』の平土間席入場券を予約してもらっていたからである（1824年2月7日）。しかしまた，ヘーゲルは，批判を差し控えたりしなかった。「音楽が聴こえなかった，というくらいにひどいスキャンダルが舞台の上でもオーケストラのなかでも起きた。」（HBZ 378）ウィーンでロッシーニのオペラを体験したとき，ヘーゲルは興奮をあらわにしたが，ロッシーニの『ゼルミーラ』はヘーゲルを「第1幕でひどく退屈にさせた」（1824年9月23日）。そして，パリでは，ロッシーニの『セミラーミデ』の上演後，「とくにベルリンでは，『アルジェのイタリア人（！）[3]』のようなガラクタだけがロッシーニ風と知られているか，そう呼ばれるかしている」と1827年9月30日付で残念がっている。1829年，ヘーゲルは，音楽史とともに文化事業にかかわる事件の目撃者になる。ヘーゲルはメンデルスゾーン指揮の『マタイ受難曲』を2回も鑑賞した。ツェルター[4]の証言によれば，たしかにヘーゲルの〔実際の〕美学講義では，メンデルスゾーンが以下のことに気づいている〔とされていた〕。すなわち，バッハは「正しくは分からない音楽だ。ひとは，なかなかまだ正しいところにはほど遠いのかもしれないが，いまようやくかなり前進してきたのだ」（HBZ 392）。ところが，ヘーゲルは，刊行された証拠〔『美学講義』〕にしたがうと——明らかに『マタイ受難曲』の上演を念頭に置きながら——バッハを「巨匠」と呼び，「彼のぶっきらぼうだが同時に学識豊かな真にプロテスタント的で偉大な天才を，完全に再評価することを学んだ」と述べている（W X/3. 208）。

1) ルートヴィッヒ・デブリエント（1784-1832）。豪放磊落な芸風で知られたベルリン生まれの俳優。
2) ガスパーレ・ルイジ・パチフィコ・スポンティーニ（1774-1851）。イタリアの作曲家で指揮者。ベルリンで宮廷楽長を勤めた。
3) Italienerin（イタリア女）であるべきところ，ヘーゲルがItalienerと記しているため，強調点がつけられている。
4) カール・フリードリッヒ・ツェルター（1758-1832）。音楽指揮者・作曲家。ゲーテやシラーの詩に曲をつけた。ベルリン大学教授。

ヘーゲルは，ハイデルベルクにおいて，ボアスレのコレクションで絵画鑑賞に耽ることができた。これに対して，オペラ鑑賞に耽ったのは，フランクフルト時代が最初だったが，ベルリンで再度耽けることになる。ベルリンでの展覧会や上演会の豊富さは，逆に，さらに他の都市や国々——ドレスデン，ネーデルラント，ウィーン，パリ——を訪ね知るまでにヘーゲルを鼓舞したのである。

ヘーゲルの最初の「芸術旅行」は，1820年8月から9月のドレスデン行きだった。ヘーゲルは8月26日に同地に到着し（HBZ 215），はじめて「ラファエッロの『システィナ礼拝堂の聖母像』，コレッジョの『夜』の前に」立った（HBZ 213 f.——しかし，フリードリッヒ・フェルスターは，ヘーゲルの最初のドレスデン訪問をバスティーユ攻略についてのヘーゲルの回想と混同したために，その訪問時期を7月半ばに変更している）。ヘーゲルは，そこでベッティガー[1]にも会い，ゲーテの誕生日の祝典ではルートヴィッヒ・ティークにも会った。ティークは，『オセロ』を朗読し，そのさい，シェイクスピアの心について二人の評価が違っていることがほぼはっきりしたのだが，このことで決してヘーゲルとティークが仲たがいすることはなかった（HBZ 217）。実際早くも1年後，ヘーゲルは，再びドレスデンに行ってその近郊とピルニッツを訪れ，ピルニッツでは国王[2]の家族が食事をするのを目にしている。ヘーゲルは，ギャラリーで「昔から愛好されてきた名

作」を仔細に眺め，夜はまたティークが朗読するのを聞き，ベッティガーから「松明の光の中で骨董品」を見せてもらった（1821年9月20日）。そして，ヘーゲルは，ウィーンから帰る途中の1824年10月10日にも，ドレスデンに到着したのち「すぐにティーク」のもとへ向かったのである。

1) カール・アウグスト・ベッティガー（1760-1835）。文献学者・考古学者。ドレスデンの美術館長も勤めた。
2) ザクセン国王フリードリッヒ・アウグスト一世（1750-1827, 在位1806-1827）。

　1822年9月と10月，ヘーゲルは，ネーデルラント連合王国に旅行をした。ヘーゲルは，マクデブルクで，革命期やナポレオン時代の昔日の戦争大臣ラザール・ニコラ・カルノー[1]を訪ね，ケルンでは，ヴィンディッシュマン[2]と個人的に知り合い，リュバースベルク[3]やヴァルラフ[4]の絵画コレクションを観たり，ヒルン夫人[5]のガラス絵窓コレクションを観たりした。また，アーヘンでは，ベッテンドルフ[6]の絵画コレクションを観たりもしたが，カール大帝の玉座に座ったりもした。しかし，「自分ごときがこの椅子に座ったことをひたすら陳謝する」。ヘーゲルは，旅行中，ルーフェン（「美しい家々やゴチック様式の市庁舎のある大都市」）を回ってから，ブリュッセルでイェーナ時代の教え子ファン・ゲールトを訪ね，まず彼と一緒にヘントとアントウェルペンに向かったのち，ブレダ（そこで偽ミケランジェロ名義の霊廟を訪ねた）を通って，デン・ハーグ，アムステルダム，ハンブルクへと戻った。ヘーゲルは，ブリュッセルで「誘惑」に駆られた。「急行郵便馬車」に乗りわずか3日でパリに向かい，同様にロッテルダムを出て「小型蒸気船」に乗りたった24時間でロンドンに向かう「誘惑」である。

1) ラザール・ニコラス・マルグリット・カルノー（1753-1823）。フランスの共和主義政治家で，将軍として革命軍を組織した。立法議会と国民公会の議員や公安委員も務めた。のちに，スイスとドイツに亡命。帰国してナポレオンの百日天下の時に内相となるが，ルイ十八世の時ふたたびオランダに亡命し，マルデブルクに没した。
2) カール・ヨーゼフ・ヒエロニムス・ヴィンディッシュマン（1775-1839）。カトリック哲学者・医師。アシャッフェルベルクの宮廷医。ボン大学の哲学教授。
3) ヤコブ・ヨハネス・ネポムク・リュバースベルク（1761-1834）。ケルンの大商人・美術収集家。
4) フェルディナント・フランツ・ヴァルラフ（1748-1824）。植物学者，数学者，神学者で，古代芸術の収集家，古銭学者でもある。
5) ヒルン夫人。ケルンの商館と芸術コレクションの所有者。
6) ベッテンドルフ（1744-1809）。アーヘンの美術収集家で，中世ドイツ絵画のコレクションで知られた。

　ヘーゲルは，大臣アルテンシュタインによる財政支援のおかげで，1824年9月と10月に次の旅行をしウィーンへ向かった。ヘーゲルはその途中で最初にまたドレスデンを訪ねた（そこで，再度，絵画ギャラリーへ行ったり，ベッティガーとともに古美術を「見尽くし」たりして，またまたティークを訪ねていったが，ついには「ドレスデンはもう十分すぎるな」ともらした）。ヘーゲルは，次に，テプリッツェを越えてプラハに向かい，同僚のヒルツの教え通りにプラハでの視察日程を組んだ。フラッチャニ地区は，近代的な宮殿であり，「ニュルンベルクの城のように無骨で角張った不格好な住みにくい窓のない五角形の名状しがたい物件ではなかった」ようだ。ヘーゲルは，カルルシュテインを「古い絵画でも架かっていなければ観るべきものはなにもない」古びた城館だと特徴づけた。ヘーゲルは，9月20日の夕方にウィーンに到着するとすぐ，「イタリア全土の選り抜き」が当時客演していたイタリア・オペラに向かった。「ミルダー夫人が［…］私を呼び寄せたからです。」彼女がヘーゲルに「イタリア・オペラを観るために，ウィーンに，しかもフォルクスガルテンに来るよう」に「命令」したということである。ヘーゲルは，最初の日の夜，メルカダンテ[1]の『ドラリーチェ』を，2日目にはロッシーニの『オテロ』を，3日目には同じく『ゼルミーラ』を聴いた。4日目には，イタリア・オペラが上演されていないので，「世界的に有名なカスパール」[2]を観に「レオポルト・シュタット劇場」に行った。だが，5日目にはまたロッシーニの『セヴィーリャの理髪師』を聴き，6日目には「愛するハーレキンと彼の誠実な――なんとも感動的に誠実なコロンビーネ」[3]を観にでかけた。7日目にはモーツァルトの『フィガロの結婚』，8日目にはブルク劇場，9日目にはロッシーニの『コッラディーノ』，10日目にはもう一

度『セヴィーリャの理髪師』などなど。そして、ヘーゲルは次のように告白する。「私はついに、ロッシーニのこの〈フィガロ〔セヴィーリャの理髪師〕〉がモーツァルトの〈ノッツェ〔フィガロの結婚〕〉よりずっと限りなく私を満足させてしまうほどに、自分の趣味をもう台無しにしてしまいました。」なぜなら、詳しくいうと、「『フィガロの結婚』のような内容豊かな音楽では、イタリア人の喉がその声をとても甘美に聴かせて輝かしく響かせる技を披露するチャンスがあまりないように見える」からである。これに対し、ヘーゲルは、ロッシーニの音楽について、それが「歌われたものとしての意味しか」もたず、自分にとっても「音楽としてはときどき退屈」だったと言っている。

1) サヴェリオ・メルカダンテ (1795-1870)。イタリアの作曲家。
2) カスパール (Kasperl) は、役者であるラ・ロッシェ (La Roche, Johann Josef, 1745-1806) が考案した道化役。それが登場する多くの作品がレオポルト・シュタット劇場で上演された。今日の人形劇と異なる喜劇 (Lustspiel)。当日の演目は、Adolf Bäuerle の *Die Schlimme Liesel* である。
3) 「愛するハーレキンと彼の誠実な——なんとも感動的に誠実なコロンビーネ」は、コンメディア・デッラルテ (Commedia dell'arte) の一つと思われる。ハーレキンは道化師、コロンビーネはその恋人。

このように、たいていの夜がイタリア人の招待公演に捧げられたのに対して、昼はさまざまなコレクション——皇帝の美術館、リヒテンシュタイン美術館、エスターハージィ美術館、動物園、図書館、宝物館、カール大公のコレクション——に費やされた。そして、ヘーゲルは、「われわれの場合には収集するのに難儀で保有が不十分なのに、それについて大量の評論を書かせるだけのものが、ここには十分豊富にある」と総括した。ヘーゲルは皇帝[1]と皇后[2]を目にした。「あのお方は、実際、とても威厳のある美しいご容貌をされている。」しかも、ヘーゲルは、「美しく可愛いご容貌で、黒味がかった金髪をして、穏やかで真面目な、しかも自然な態度」をした「小さなナポレオン」[3]も見た。いたるところで入場料を要求し、フリードリッヒ大王の犬の墓地ですら入場料をとる「ベルリンやポツダム風の意地汚さ」に、ヘーゲルは腹を立てた。とはいえ、ヘーゲルは、皇帝の私庭と比べてベルリンのプファウエンインゼル[4]の花をほめたのだった。

1) 初代オーストリア皇帝フランツ一世 (1768-1835, 在位1804-35)。最後の神聖ローマ帝国皇帝フランツ二世でもある (在位1792-1806)。
2) カロリーネ・アウグステ (1792-1873)。
3) ナポレオン・フランソワ・シャルル・ジョゼフ・ボナパルト (ナポレオン二世、1811-1832)。ナポレオン一世とマリ・ルイーズとの子。1814年オーストリアに戻り、メッテルニッヒの監視下にあった。
4) ヴァンゼー湖にある孔雀が放し飼いされている島。

3年後ヘーゲルは、1827年8月から10月にかけて、自分にとってもっとも長く広範囲にわたる旅行を試みた。カッセル、コブレンツ、トリーア (そこでヘーゲルは「注目に値するローマ時代の廃墟」を見せてもらった)、ルクセンブルク、メスを越え、最初の革命戦争の地やカタラウヌムの野を通り過ぎて、パリに向かい、「文明化された世界の首都」に着いた。ヘーゲルは、パリに着いてからの日々を、たいてい、哲学者のヴィクトール・クーザン[1]と過ごした。二人はすでにハイデルベルクで知りあっていた (HBZ 158 f.)。ベルリン時代、マインツの調査委員会の執拗な煽動家追跡者の命によってクーザンがドレスデンで逮捕されたとき、ヘーゲルは、クーザン〔の釈放〕のために尽力した (HBZ 272 f.)。ヘーゲルは、自分の妻に宛てて、パリが次のような都市だと描写している。パリでは「何百年間、芸術や豪華絢爛を好んだ国王たちが、また最後のナポレオン皇帝や裕福な者たちにいたってはなおのこと〔…〕あらゆる種類の財宝をかき集め」、すべてがベルリンの3倍、4倍、10倍の規模なのです、と。ヘーゲルは、ルーブルで「もっとも高貴な巨匠たちの有名な作品」を目の当たりにした——「ラファエッロ、コレッジョ、レオナルド・ダ・ヴィンチ、ティツィアーノなど」である。ヘーゲルが劇場で観たのは、ヴォルテールの『アルジール』やモリエールの『亭主学校』、さらにチャールズ・ケンブル[2]率いるイギリスの演劇集団であった。しかし、この集団の演技法は、パリで出会ったフォン・ラウマーが感じたのと同様に、ヘーゲルにはあまり気に入るも

のではなかった。「いましがた，私は，イギリス人のケバケバしいまでの凶暴さを見たのだが，それがどれほどシェイクスピアを台無しにしてしまうかは唖然とするほどだった。」ヘーゲルがいだいたパリの全体的印象は，ウィーンほど圧倒的なものではなかった。ヘーゲルは，9月13日付で妻に宛てて，「私がパリで過ごした今週の生活は，君に教えなければならないほどあまり多彩なものではなく，反対にとても単調だった」と記している。

1) ヴィクトール・クーザン（1792-1867）。フランスの哲学者。ソルボンヌ大学教授。ヘーゲルの死後はシェリング哲学を支持した。
2) チャールズ・ケンブル（1775-1854）。イギリスの俳優・演出家。シェイクスピア作品を古典的な演出法で上演したことで知られる。

旅行の帰途は，ブリュッセル（そこからヘーゲルは再度ヘントやブリュッヘに遠出したが，それは，ヘントに残されていた祭壇の一部のほかにファン・アイクやメムリングの絵画を観るためであった），ルーフェン，リエージュ，アーヘンを越えて，ケルンへ向かった。ヴィクトール・クーザンは，ケルンまでヘーゲルに随行した。さらに旅行を続けて，ヘーゲルは，ボンでもう一度ヴィンディッシュマンとアウグスト・ヴィルヘルム・シュレーゲルをも訪ね，ヴァイマルではゲーテを訪ねた（HBZ 350）。

参考文献：Inge Blank (Hg.): Dokumente zu Hegels Reise nach Österreich. HS 16 (1981), 41-55; Rudolf Honegger: Goethe und Hegel. Eine [...] literarhistorische Untersuchung. In : Jb der Goethe-Gesellschaft 11 (1925), 38-111; Emil Wolff: Hegel und Shakespeare. [...] In: Fritz Martini (Hg.): Vom Geist der Dichtung. Gedächtnisschrift für Robert Petsch. Hamburg 1949, 120-179; Pöggeler (Hg.): Hegel in Berlin; Otto Pöggeler/Annemarie Gethmann-Siefert (Hg.) : Kunsterfahrung und Kulturpolitik im Berlin Hegels. HSB 22 (1983).

8.8. 宗教論争

ヘーゲルが2度目にファン・ゲールトを訪問したさい（1827年10月7日），重要なテーマとなったのは，教会と国家の関係への問いとともに信仰告白への問いである。ブリュッセルで国家公務員試補として教会問題を担当していたファン・ゲールトは，それ以前にもニーダーラント〔オランダ〕での信仰告白論争について手紙で報告していたが，ヘーゲルは，1826年3月8日付で，ファン・ゲールトに対してとても自信たっぷりにこう答えている。「私たちは，ここプロイセンでそのような闘争のすべてから脱け出しており，この種の異議についてはなんら知りません。私たちのもとでは，自由という状態が際立っているのです。」

こうしたとても肯定的な言明は，現実を背景にして検討されなければならない。1825/26年の冬学期に，聖ヘートヴィッヒ教会堂の助任司祭は，カトリックの宗教を誹謗中傷したかどでヘーゲルを大臣アルテンシュタインに告訴した。ヘーゲルは，全実体変化説[1]を取り扱うさいに，聖餐式のパンを食べたネズミも，そしてまた同じようにその糞も，神的な栄誉を享受しなければならないだろう，と指摘したというのである。大臣は，この件に関してヘーゲルに弁明を要請したものの，告訴は退けた。しかし，国家によるこのような保護にもかかわらず，それでもなお，ヘーゲルが「暮らし死ぬことを」望んでいたクプァーグラーベン〔ベルリンでの居住地名〕を「ベルリンのみじめな出来合坊主説教」がヘーゲルから「完全に奪い取ってしまう」かもしれないという恐怖は，ヘーゲルのもとに残されたのである（1827年10月12日）。

1) 聖餐式でパンとブドウ酒をキリストの肉と血に変化させることができる，というカトリックの教義。

しかしながら，信仰告白をめぐるこうした争いは，ささいな意味しかもたない。もっと深刻だったのは，すでに1820年代なかば以来，ヘーゲルの哲学が汎神論なのではないかという疑いが，またその後ほどなくしてもしかすると無神論なのではないかという疑いがたたみかけられた点である。そうした疑いは，敬虔主義の理論家フリードリッヒ・アウグスト・ゴットトロイ・トルック[1]（もちろん匿名）や哲学史家ゴットロープ・ベンヤミン・イェシェ[2]といった有名な著者たちによって提起されたものであった。

ヘーゲルは，このような攻撃を退けるのに十分な余地を講義のなかに設けるのみならず（V 3. 273-277），公刊物の中で抗弁することも必要だとみなしていたのである。その抗弁は，すでに『エンツュクロペディー』第2版の序文や§573の中で（本書345頁参照），さらにその手の著作に対し突きつけたみずからの「答弁」の中でも示されている（本書396頁参照）。というのも，当時この種の攻撃はまったく無害ではなかったからである。フィヒテが無神論論争でイェーナでの教授職を失ってから，まだ30年も経っていなかった。こうしたことがヘーゲルの生涯の最後になって頻繁に議論となったのは（1831年11月4日付ファルンハーゲン発ヘーゲル宛），おそらく当時話題となっていた「ハレ論争」を視野に入れてのことであろう。ハレでは，1820年代，すでにいくぶん時代遅れになっていた神学的合理主義（ヘーゲルの古い友人パウルスも属していた）がまだ勢力を保っていた。その代表者は，ユリウス・アウグスト・ルートヴィッヒ・ヴェークシャイダー[3]とヴィルヘルム・ゲゼーニウス[4]であった。1826年にフリードリッヒ・アウグスト・ゴットトロイ・トルックがベルリンからハレに向かうときはまだ，ヘーゲルは，「古いハレの合理主義をやっつけてしまいなさい」と言って，激励したものだった（HBZ 289）。しかし，1830年，ヴェークシャイダーやゲゼーニウスは，ふたたび強くなった正統派と新敬虔主義と政治的復古（皇太子派，いうなれば「宮廷内の黒幕」に属するゲルラハ兄弟[5]によって代表される）の同盟の側から，神学的に正統ならざるものとして弾劾された。そして，当時，このことは政治的にも許されないものであることを意味していたのである。このようなかたちで新たになされた自由への陰謀も，当時はまだ大臣アルテンシュタインの慎重な措置によって挫折させられていた（Schrader 1894, 165 ff.）。だが，そこにはすでに，10年後にアルテンシュタインが死んだのち，ヘーゲル学派をめぐる対決をかたちづくるような情勢が暗示されている。

1) フリードリッヒ・アウグスト・ゴットトロイ・トルック（1799-1877）。東洋語学を修めて神学に転じた。ベルリン大学とハレ大学で教えた。
2) ゴットロープ・ベンヤミン・イェシェ（1762-1842）。ポーランドに生まれ，ケーニヒスベルクでカントに学ぶ。カント哲学の普及者を自認していた。
3) ユリウス・アウグスト・ルートヴィッヒ・ヴェークシャイダー（1771-1849）。プロテスタント神学者。カントの影響を受け，合理主義的神学を展開した。
4) フリードリッヒ・ハインリッヒ・ヴィルヘルム・ゲゼーニウス（1786-1842）。神学者。セム語学の見地から，先入観にとらわれない聖書解釈を提示した。
5) 兄エルンスト・ルートヴィッヒ・フォン・ゲルラハ（1795-1877）は，サヴィニーやハラーの影響をうけ，民族精神を説き，弟ルートヴィッヒ・フリードリッヒ・レオポルド・フォン・ゲルラハ（1790-1861）は，プロイセンの陸軍大将を勤め，ビスマルクの側近でもあった。

典拠：BSchr (hg. Hoffmeister) 572-575.
参考文献：Wilhelm Schrader: Geschichte der Friedrichs-Universität zu Halle. Bd 2. Berlin 1894; Rolf J. de Folter: Van Ghert und der Hegelianismus in der Politik der Niederlande. HS 14 (1979), 243-277.

8.9. ヘーゲルの晩年

ヘーゲルの生涯の晩年は，外目には，その影響や名声が頂点に達していたように思わせるところがある。1829年秋から1830年秋にかけて，ヘーゲルは，大学の学長職に就き，おしなべて平穏にこれをつかさどった。しかも，この職務は，ありきたりな大学の学長ではなく，プロイセンの「中心」にある大学の学長であった。ベルリン大学は，ヴィルヘルム・フォン・フンボルトなどが作り上げた構想に立脚して，創設からすでにちょうど20年を経ており，ドイツの他の大学に対して優位を占めていたのである。ヘーゲルは，三等赤鷲勲章で顕彰された（もっともそれは高い名誉でもないのだが）。彼の講義の聴講生たちは，アウグスト・ルートヴィッヒ・ヘルト[1]が彫ったメダルでヘーゲルを驚かせ（HBZ 419 f.），ヘーゲルは，このメダルを友人の多くに贈った。ただし，そのさいツェルターとゲーテは，十字架の彫られた裏面については処置なしだと思った（HBZ 420, 430）。

1) アウグスト・ルートヴィッヒ・ヘルト（1805-1839）。ベルリンのメダル製作家，彫刻家。

しかしながら，ヘーゲルが認められたからといって，彼の哲学も広範に承認されたという話にはならない。ダウプは，1829年10月11日付でハイデルベルクからヘーゲルに宛てて，「あなたの体系はここでも他の土地と同様にいまになっても折りあいがよくないですが，ベルリンは例外ですか？」とこぼしている。しかし，ベルリンでこそヘーゲルの影響は文学部に制限されていたのである。神学部はシュライエルマッハーによって支配され，ここには，ヘーゲルの友人で思弁的神学の同志は，コンラート・フィリップ・マールハイネケしかいなかった。また，法学部では，エードゥアルト・ガンスが孤立していただけでなく，嫌われて軽蔑されてもいた。フォン・サヴィニーは，ガンスが任用されて以来，学部業務を避けていた。プロイセンの他の大学でも，ヘーゲルの哲学は決して強く支持されてはいなかった。ケーニヒスベルクやボンでも，ブレスラウやグライフスヴァルトでもそうだった。ただハレにおいてだけは，ヘーゲルのハイデルベルク時代の古くからの教え子ヒンリッヒスが教壇に立っていた。のちにヘーゲルの伝記を執筆するカール・ローゼンクランツは，ようやくこの年にヘーゲルの哲学に出会うのである。また，プロイセン以外の大学――たとえばゲッティンゲン，ハイデルベルク，ミュンヘン，テュービンゲン――でも，ヘーゲルの哲学は，どのみち完璧に拒絶されていたのである。

1830年6月の「アウグスブルク信仰告白（Confessio Augustana）」300年祭でヘーゲルが演説してからわずかひと月後，フランスにおける七月革命のニュースが入り，ポーランドにおける動乱やベルギー革命のニュースがそれに続いて，政治的平穏を揺るがした。ヘーゲルがとくに関心をもったのはベルギー革命であるが，その理由は，それによってヘーゲルの友人ファン・ゲールトの仕事が潰されたからであった。ファルンハーゲンが，あらかじめ何度も指摘していることだが，ヘーゲルの脳裡のなかにまさにフランスやイギリスの政体といった立憲政体がどれほど多くあったとしても，それらが動揺しているという印象のもとでは，ヘーゲルは「まったく絶対主義的」になってしまう。「ヘーゲルは，とくにベルギーの動乱を嫌って憤慨しきっており，この動乱が鎮圧できなかったとき完全にわれを忘れた。」

（HBZ 333。なお323, 355も参照）後世の歴史家ヨハン・グスタフ・ドロイゼンも，フランスにおける復古体制への傾向をヘーゲルのせいにした。ドロイゼンは，ある友人に対して「ヘーゲルを復古の哲学者として描写して，できればシェルブールにご同行いただくことを密かな愉しみ」にしたいと記している（HBZ 431）。シャルル十世がイギリス亡命に向けて航海に出た土地にあてつけているわけである。のちにハイムは，ウィーン会議の反動的政治家やヘーゲルのような復古の哲学者たちに「限りない不快感」が襲ったと記した（459）。ローゼンクランツも，七月革命がヘーゲルを「最大級の恐しさで」震えあがらせたと報告している。ローゼンクランツは，「この時代のヘーゲルの心境をもっと精密に描く書かれたドキュメントの多くが欠けている」から，困難な逃げ道を探ることもできない，とたしかに認めている。「しかし，ヘーゲルがいっそう平穏で落ち着いており，荒れ狂う戦争や軍部の専制をイメージして思い悩まなかったにせよ，ヘーゲルの心境をローマ史家ニーブールの心境と比較することはできる。」（R 418）これは，カール・ヘーゲルがのちに訂正した主張である。そのさい，たしかに次のように証言している。すなわち，彼の父親が七月革命のなかに「理性的な国家の確固たる地盤を揺るがすように見えるほどの」カタストロフを「震撼しながら」見ていたが，「ヘーゲルは，ニーブールとは違って，その革命がわれわれを専制や野蛮状態へ連れて行くとは考えていなかった」としたのである（HBZ 415）。ヘーゲルは，まさにこの歳月のすべてにわたって，ドイツとフランスの復古イデオロギーに敵対していた。というのも，ヘーゲルは，フォン・ハラーやフリードリッヒ・フォン・シュレーゲルを批判し，ラムネ神父[1]やエックシュタイン男爵[2]をも批判していたからである（GW 18. 188 f.）。ヘーゲルの忠実な教え子の一人カール・ルートヴィッヒ・ミシュレは，やや異なった言い方で，ヘーゲルが「一度たりとも七月革命を是認しなかった」のは，まさしく新政府が「不安定でそれゆえ信頼できない」からだったと記している。ただし，アンションと同席したさい――したがって復古の代表者との会話の中で――ヘーゲルは，「ひとが市民の王と折りあうようになるのは，王が理性的に振る舞うとき

です」と注意を与えている（HBZ 415）。ヘーゲルの友人ヴィクトール・クーザンは，ヘーゲルに書き送ったように，新政府によって「国務院の評定官にして四等レジン・ドヌール勲章受勲者」に任命されたのである（1831年9月13日）。

1) フェリシテ・ド・ラムネ（1782-1854）。聖職者・作家。『宗教的無関心』で称賛されるが，その後，ローマ・カトリックと政治的自由主義の結合を主張して，破門された。
2) フェルディナン・エックシュタイン（1790-1861）。フリードリッヒ・シュレーゲルの影響でプロテスタントからカトリックに改宗した文筆家。フランスでは官吏として，カトリック文献編纂官を勤めた。王政復古と法王至上権主義の熱狂的な支持者。

　ヘーゲルは，苦労してようやく設立された政治秩序が部分的に崩壊するのに遭遇したのであって，みずからが革命の目撃者だとすっかり錯覚した学生たちの感激を分かちあっていなかったのは，疑いない。この革命の世界史的意味は，1789年の革命の世界史的意味を凌駕するにまだほど遠かったからである。ヘーゲルは，「熱狂の時期」の誘惑に屈したりしなかった。ハインリッヒ・ハイネが『ルートヴィッヒ・ベルネ覚書』[1]という追想文でこの誘惑を清算するのは，もう少しあとのことである（DHA 11. 9-132）。ドロイゼンも，ヘーゲルの死後，それもわずかに後れて，次のような憂鬱な文を記している。「ニーブールやヘーゲルのやり方が七月をもって終わったと，私たちは申しあわせたのだが，七月の衝撃そのものがもはやほとんどついえてしまったように思える。そうでないのなら，なぜ世界は鬱陶しさに覆われているのだろう？」（HBZ 490）

1) ルートヴィッヒ・ベルネ（1786-1838）。青年ドイツ派の急進的な共和主義者で，激しい政治文学でジャーナリズムを賑わせた。ヘーゲルが創設に関わった雑誌『ベルリン批評年報』をプロイセン政府の危険な道具と非難したこともある。ベルネとともに当時の文学的リーダーとされていたハイネは，1840年にベルネの革命観を批判した『覚書』を発表して物議をかもした。

　文献的証拠はこの時期から不足していく。たしかに，ヘーゲルは，若干の手紙の中で政治的事件に触れてはいるが，1830年8月から1831年1月までの手紙の中では，自分の病気である「悪寒」への言及，ワイン提供への返礼，とりわけ『エンツュクロペディー』の新版に対する報酬計算ほどのスペースも政治的事件については触れられない。ヘーゲルにとって重要だった歴史的経験は，疑いなく，フランスでの最初の革命が四半世紀に及ぶ戦争につながった，という点であった。そして，フランスがライン川国境の〔領土割譲への〕要求を更新したこと（したがってこの要求はプロイセンの西側国境に向けられていた）によって，さらに，（プロイセンの東側国境で起きた）ポーランド蜂起によって，新たな戦争がにわかに起こりうるものになった，という点であった。ヘーゲルは，新たな戦争へのこうした恐怖について，数十年前のイェーナ会戦直前の数日間と同様の印象をもち，それをそのときとよく似たかたちで的確に述べている。当時（1806年9月17日）述べられたのは，一つの懸念である「戦争」が，それ以外の錯綜したすべての懸念——たとえば「神はわれらのもとにおられるか」といった懸念——を「うち破り」，学者もたいてい戦争に巻き込まれてしまうだろう，ということであった。これに対して，1830年12月13日の時点でヘーゲルは，ゲッシェル[1]に宛てて次のように記す。「しかし，現在では，途方もない政治的利害関心が他の利害関心すべてをのみ込んでしまいました。——これまで通用してきたものすべてが疑わしくされてしまうように見えてくる危機なのです。」（1831年3月30日付のラコウ[2]宛参照）さらに，ヘーゲルは，1831年1月29日付でシュルツに宛てて「屈辱を与えられたのは正当なのにこれに対して憤慨し，名声と侵略を渇望するフランス人の心情がとても騒がしく伝わってきますが，こうした心情が現れたことによって情勢はまだまだ重苦しさに覆われる」でしょう，と記している。

1) カール・フリードリッヒ・ゲッシェル（1781-1861）。哲学者で法学者。プロイセンの司法官。ヘーゲル右派で，ザクセンの宗教法院長にもなった。ヘーゲル哲学とキリスト教信仰の一致を目指した。
2) ラコウ。ヘーゲルの教え子。ツェデニックの法務委員。

　ヘーゲルが講義の中で七月革命に時間を割いたのは，次の2箇所である。一つは，世界史の哲学につ

いての講義の最後であり，もう一つは，宗教哲学講義の一文である。後者は，たしかに世界史からかけ離れた位置にあるという事情があるためか，めったに解釈に引き出されることがない。七月革命についてヘーゲルが描写する像は，ウジェーヌ・ドラクロアの絵画〔『民衆を導く自由の女神』〕とはまったくもって似ていない。ヘーゲルには，革命的な国民大衆に対する感激が欠けていた。とくに，国民が掲げる自由が正しく理解された自由である，という確信をヘーゲルは持ちあわせていなかった。しかし他面で，ヘーゲルの態度決定の煮え切らなさは，この復古哲学者が革命を名状しがたいほど怖れている，という軽率な主張を立証するにはふさわしくもない。これ以前の年にもこれ以後の年にも，ヘーゲルは，とりわけ政治と宗教の関連に目を向けながら，フランスの復古政体に対して，じつに厳しい留保をつけていたからである。

錯綜した政治的利害関心のすべてが明示されてもいるのは，1831年4月末にプロイセンの『一般国家新聞』で公表された『〔イギリス〕選挙法改正法案』についてのヘーゲルの評論である（本書407頁参照）。このイギリスでの下院の選挙制度改革をめぐる対決についても，フランスでの事件についてと同じく，ヘーゲルは国家秩序を不安定にしてしまうことを危惧していた。

そのうえ，ヘーゲルは，個人的に脅かされた状況のなかで，この政治的動揺に喘いだ。ヘーゲルと妻は，1830年の9月から12月にかけて「悪寒」に苦しめられ，講義の進行が妨げられた。この件をきっかけに，ツェルターは，心配して何通もゲーテに連絡した（HBZ 417-420）。ヘーゲルは，1831年5月29日にコッタ宛で記したように，「健康を守るため」，1831年夏に，当時ではベルリン市外となるクロイツベルクのうえにある園邸の2階に住居を借りた。この「クロイツベルク宮殿」で，ヘーゲルは夏場を過ごしたのである。ヘーゲルは，そこで，（シュティークリッツとツェルターが伝えるところによれば）自分の家族やツェルター，シュティークリッツとその妻シャルロッテとともに，最後の誕生日を祝い（HBZ 434, 436），翌日には，近接するティボリ「遊園」でゲーテの誕生日を，ツェルターやレーゼル[1]，画家のクセラー，ローゼンクランツらと祝った。ローゼンクランツは，「マールハイネケの客人としてマールハイネケとその妻とともに参加した」（HBZ 433：ローゼンクランツはこの日の祝賀を「ヘーゲルの誕生祝い」だと称している）。

1) ヨハン・ゴットリープ・サムエル・レーゼル（1768-1843）。風景画家。ヘーゲルやゲーテと親交があった。

このようにくつろいだ内輪でさえも，日々の現状は，会話のテーマとして完全には黙殺することができず，ヘーゲルも，ハインリッヒ・ベーアからの祝辞に感謝を述べたさいに，このテーマに触れている。「ゆっくりと忍び寄り，私たちのもとで昼も夜もいつも話題になっているコレラに対しましては，あらゆる面からみて，健康で品行方正であることが，いろいろな予防策に並んでもっとも信頼するに足る［…］手段であります。［…］私は，いまでもなお，私たちがコレラを完全に遠ざけることができると信じております。私は，金曜日に仕事を終えますと，あちらで起こっているといわれていることが収まるのをわが宮殿に泊ってここで待っています。」（1831年8月29日）ヘーゲルは，やがて『全集』を刊行することになるドゥンカー＆フムブロート出版社と，1831年10月1日の日付で二つの契約を結んだ。それは，『精神現象学』の新版と「神の現存在について」の著作の契約であった。しかしながら，10月末，冬学期の開始に向けてヘーゲルは再び都市に戻った。ここでヘーゲルは，さらに1831年11月7日に『大論理学』第1部の新版序文に署名した──「時局のにぎやかな喧騒や，空想による麻痺した冗舌が［…］いまとなってもまだ，思考に専念する認識という，情動に左右されない静寂にあずかる余地を開いてくれるだろうか，という疑念」（GW 21. 20）をもちながら。

1831年11月11日の金曜日，ヘーゲルは，哲学史と法哲学について最後の講義を行った。ダーフィト・フリードリッヒ・シュトラウスは最後の文章を次のように筆記している。「自由はもっとも内的なものであり，自由から生じるのは，精神的世界の建造物全体がたち現れることである。」（Ig 4. 925）ヘーゲルは，まだ土曜日には，フォン・ラウマーと一緒に試験を執り行っている（HBZ 465）。日曜日の午前

中，ヘーゲルは，くつろいだ朝食のあとで，胃痛と吐き気を訴え，医師の努力にもかかわらず11月14日の午後に亡くなった。医師たちの診断にしたがえば，死因は「劇症コレラ」(HBZ 457) であるが，これは繰り返し疑われている。特別な許可がおりて，ヘーゲルは，都市の外ではなく，フィヒテやゾルガーと並んで埋葬された。ヘーゲルがゾルガーの葬儀のさいにみずから望んだ通りにしてもらったのである（1819年10月30日付クロイツァー宛）。大学の大講堂での追悼演説のなかで，マールハイネケは，「彼はたえずみずからの思考や行いのすべてにおいて救世主の名を讃えてきました」と述べ，ヘーゲルを「救世主」と並び立てた。フリードリッヒ・フェルスターは，墓前での講話のなかで別の比較を持ち出している。「アレクサンダー亡きあと，その王座につく後継者はいないでしょうし，サトラップたちは人気のない田舎へと散り散りになっていくでしょう。」(HBZ 473-478)

典拠：GW 14-21; BSchr ; Hegel: Berliner Schriften. Hg. von J. Hoffmeister. Hamburg 1956, 507-577: Gutachten und Stellungnahmen; 579-674: Aus den Akten der philosophischen Fakultät; Heinrich Heine: Ludwig Börne. Eine Denkschrift [1840]. In: Heinrich Heine: Historisch-kritische Gesamtausgabe der Werke. Hg. von Manfred Windfuhr. Bd. 11. Hamburg 1978.
参考文献：R 315-428; Hegel 1770-1970, 189-242; Pöggeler (Hg.): Hegel in Berlin (1981); Walter Jaeschke: Politik, Kultur und Philosophie in Preußen. In: Pöggeler/Gethmann-Siefert (Hg.): Kunsterfahrung und Kulturpolitik im Berlin Hegels. HSB 22 (1983), 29-48.

II

作 品

1

テュービンゲンからベルンへの移転（1793-94年）

ヴィルヘルム・ディルタイの弟子ヘルマン・ノールは，ディルタイの『ヘーゲルの青年時代』によって示唆を受けて，テュービンゲン，ベルン，フランクフルトで書かれたヘーゲルの手稿を，1907年に初めて包括的に編集した。それによってヘーゲル哲学に取り組む新しい時代が切り開かれることになった。しかしながらこれらのテキストが通常の意味において神学的でも哲学的-神学的でもないにもかかわらず，ノールは『初期神学論集』という表題をつけた。これらのテキストは，カントの道徳神学に依拠する18世紀最後の10年間に，カントによって廃棄された自然神学の代わりに，初めて，宗教哲学が哲学的な学問という水準における独自の分野としてもたらされた，その初期の形態を示している。同時にそれらは，宗教の社会的政治的次元に向けられたヘーゲルの政治的な関心を示してもいる。それに対して，伝承の不都合，すなわちこの10年間には宗教哲学的なテキストしか残されていないという事情から，青年ヘーゲルは神学的なテーマにしか携わってこなかったという印象が生じてしまった。──このような印象に対してジョルジュ・ルカーチは執拗に反論した。

これらの研究論稿は，ほとんどすべてが断片的である。あるいは少なくとも断片的に伝えられている。しかしこの論稿が「故人の友人の会」によってもたらされたヘーゲル全集の中に入れられなかったのは，たんに断片的形態のせいだけではない。そうではなく，『友人の会版ヘーゲル著作集』がヘーゲルの体系形式を世間に効果的に呈示することに関心をもっていたのに対して，この論稿は明らかに体系形式に当てはまらなかったからである。それにもかかわらず，これらの論稿は，この著作集の刊行がまだ最終の段階にあった時に，すなわち1843年および1844年に，ローゼンクランツの抜粋により知られるようになった。ツェラーとノアックがこの論稿を扱った。ハイムはすでにこの青年ヘーゲルの論稿を後期ヘーゲルに対立させ，ディルタイはこの点では──非常に多くの点で──後にハイムに従っている。それにもかかわらず，青年ヘーゲルの論稿はヘーゲルの宗教哲学や思弁的神学の可能性をめぐる当時の議論に対していかなる意味ももたなかった。しかしながらローゼンクランツはこれらのテキストは，将来の神学のために何らかの役割を果たすと予測している。「これらのテキストに立ち帰って，とくに神学が研究されなければならない。というのは，このテキストは根本的に，われわれが必要とする新しい神学を明確に含んでいるからである」〔Hegel als dentscher Nationalphilosoph〕(1870, 40f.)。──だがこの予測は，ほぼ20世紀全体にわたりこれらのテキストが熱心に受容されたにも拘わらず，当たらなかった。

参考文献：Karl Rosenkranz: Aus Hegels Leben. In: R. E. Prutz (Hg.): Literarhistorisches Taschenbuch. Bd. 1. Leipzig 1843, 89-200; R45-62, 462-470; Eduard Zeller: Ueber Hegels theologische Entwicklung. In: Theologische Jbb 4 (1845), 192-206; Ludwig Noack: Der Religionsbegriff Hegels. Darmstadt 1845; Haym: Hegel und seine Zeit (1857); Rosenkranz: Hegel als deutscher Nationalphilosoph. Leipzig 1870, 33-43; Wilhelm Dilthey: Gesammelte Schriften. Bd. 4. Stuttgart / Göttingen 1959, 8-16; Theodor Steinbüchel: Das Grundproblem der Hegelschen Philosophie. Darstellung und Würdigung. Bd. 1. Die Entdeckung des Geistes. Bonn 1933; Georg Lukács: Der junge Hegel. Über die Beziehungen von Dialektik und Ökonomie. Zürich / Wien 1948; Antonio

Negri: Stato e diritto nel giovane Hegel. Studio sulla genesi illuministica della filosofia giuridica e politica di Hegel. Padova 1958; Carmelo Lacorte: Il primo Hegel. Firenze 1959; Adrian Peperzak: Le jeune Hegel et la vision morale du monde. La Haye 1960; Wolf-Dieter Marsch: Gegenwart Christi in der Gesellschaft. Eine Studie zu Hegels Auffasung des Mythos in seinen Frühschriften. München 1971; Henry S. Harris: Hegel's Development. Toward the Sunlight. 1770-1801. Oxford 1972; Herbert Scheit: Geist und Gemeinde. Zum Verhältnis von Religion und Politik bei Hegel. München / Salzburg 1973, 13-95; Masakatsu Fujita: Philosophie und Religion beim jungen Hegel. Unter besonderer Berücksichtigung seiner Auseinandersetzung mit Schelling (HSB 26); Hubertus Busche: Das Leben der Lebendigen. Hegels politisch-religiöse Begründung der Philosophie freier Verbundenheit in seinen frühen Manuskripten HSB 31 (1987); Gonzalo Portales: Hegels frühe Idee der Philosophie. Zum Verhältnis von Politik, Religion, Geschichte und Philosophie in seinen Manuskripten von 1785 bis 1800. Stuttgart-Bad Cannstatt 1994.; Thomas Sören Hoffmann: Hegel. Eine Propädeutik. Wiesbaden 2004, 73-113; Nikolaj Plotnikov: Gelebte Vernunft. Konzepte praktischer Rationalität beim frühen Hegel. Stutgart-Bad Cannstatt 2004.

1.1. 民族宗教とキリスト教

(1) これらの断片の最初の部分は1793〜1794年に書かれたものだが，ノールによって「民族宗教とキリスト教」という適切な表題がつけられている。これらの断片において初めてヘーゲルは哲学者として登場するのだが，この時期にはテュービンゲンの学友たちは彼をまだ哲学者としては認めていなかった。シュトゥットガルトのギムナジウム時代から伝わっている手記（GW 1. 1-54）においては，ヘーゲルの精神が啓蒙主義と古典古代への志向との間の緊張関係の中で展開しているのを見出すことができる。しかしこのギムナジウム時代の手記には，まだ本来の意味での創作という性格が認められない（本書5頁以降参照）。同じことは，ヘーゲルが「神学奨学生の規則」に従って1792年から1793年にかけて食事中に食堂で行わねばならなかった説教訓練のための，四つの下書き（GW 1. 55-72）についても言われうる。これらの下書きの月並みな内容は，彼の学校の作文よりもさらに個性に乏しいものである（ニコリン1998は別な見方をしているが）。ヘーゲル自身がこれらの下書きを保存していたという事情をもとにして，ヘーゲルがこれらに自分の著作として重要な意味を認めていたと想定してはならない。

(2) 「民族宗教とキリスト教」のテキスト群は二つの執筆局面に分類することができる。第一の局面は断片「宗教はもっとも大切な事柄の一つである」（テキスト16〔GW 1における編者によるテキストの番号付け；以下，同〕）と，これに関する覚書（テキスト12-15）である。この断片には「テュービンゲン断片」という名称が定着しているが，むしろヘーゲルがテュービンゲンを旅立った後に成立した見込みが大きい。この断片はフィヒテの『あらゆる啓示の批判の試み』に関する知識——おそらく1793年の春に出版された第二版に従っているのだろう——だけを前提としているのではなく，1793年の復活祭の市に向けて出版されたカントの著作である，『単なる理性の限界内の宗教』に関する知識も前提としている（GW 1. 99f.）。これらの著作の反映は1793年6月16日の説教にも認められている。いずれにしてもヘーゲルは10月7日以降，テュービンゲンにはいないのであるから，「テュービンゲン断片」はむしろ学業が終了した後に，シュトゥットガルトで過ごした夏の月日のあいだに，ベルンへ旅立つ前に書かれたと推測できる。ひょっとすると，この断片が執筆されるためには，休暇が必要であっただけでなく，神学校の重苦しい雰囲気から解放されることも必要であったろう。

これらの論稿をヘーゲルはベルン時代前期においてもさらに展開する（テキスト17-26, 28-30）。のちの時期〔ベルン時代前期〕のテキストのうち若干のものは，明らかに以前のテキストへの加筆であることが認められる（とりわけ GW 1. 103 と 138 と 155 を参照）。したがって，強調点が推移することによって，しだいに諸々の断片に思想的な統一が浮かび上がるのではあるが，第一回目の転居〔テュービンゲンからベルンへの転居〕はまだ構想に関するいかなる中断をも意味してはいない。

初出：N3-71.
テキスト：GW 1. 55-164, 195-203.

参考文献：Friedhelm Nicolin: Verschlüsselte Losung. Hegels letzte Tübinger Predigt. In: Philosophie und Poesie. Otto Pöggeler zum 60. Geburtstag. Hg. Annemarie Gethmann-Siefert. Bd. 1. Stuttgart-Bad Cannstatt 1988, 367-399; Thomas M. Schmidt: Anerkennung und absolute Religion. Formierung der Gesellschaftstheorie und Genese der speklativen Religionsphilosophie in Hegels Frühschriften. Stuttgart-Bad Cannstatt 1997, 24-55.

1.2. 執筆の第一局面

(1)「民族宗教とキリスト教」という表題は、扱われているテーマに鑑みて適切である。しかしこの表題が表そうとしているものは、この断片が近代における社会的-宗教的な生活の分裂に対する抗議を、しかも、それ自身内的な緊張によって引き裂かれた抗議を申し立てることではない。この断片が問うのは宗教の真理ではなく、ただ宗教が思想的ならびに社会的な分裂に対する治療としてもつ適性についてである――さらに言うと、それはフランス革命の中で宗教が果たす社会的な役割についての議論と合致してもいる。公共的宗教についてヘーゲルが語るさいに、「公共的宗教 öffentliche Religion」の名の下で理解されているのは、「神と不滅性に関する諸概念」（GW 1. 86）である。ヘーゲルは、ロベスピエールも追求したこのテーマを受け入れている。これらの同時代的な要素は、ルソーへの暗示、当時の感傷主義的文化、美しいギリシアの生に対する熱狂、また「神と不滅」をも実践理性の要請としてこの時代の哲学的議論へ立ち戻らせたカント主義のたえぎる高まりと、並立しているものの、それらと調和がとれているわけではない。

たとえこの断片がもともとカントの『宗教論』のテーマに基づいて執筆されたのではないとしても、結局のところ、カントの『宗教論』に立ち戻ることによって、この断片の中心的な問題提起が定式化されることになる。すなわち、理性信仰と呪物信仰（Fetischglauben）、すなわち外的な物や行為に宗教的な意味を認める信仰との間には、越えられない溝がある。しかし民族宗教は明らかにたんなる理性には基礎づけられず、つねに実定的な契機――歴史や伝統、したがって、この呪物信仰の手がかりとなるもの――を含むのだとすると、「民族宗教は一般にどのようにもたらされなければならないかが［…］問われる」。この問いは、否定的には――できる限り教義の文言や儀式にこだわらないように、そして肯定的には――「民衆が理性宗教へと導かれ、理性宗教のための感受性を得る」に至るために問われる。しかしまた、この狙いを外さないために、そのような民族宗教は何を回避しなければならないのかも問われる（GW 1. 99f., 103）。

理性宗教と、神の啓示によって与えられる実定的宗教とを、媒介するために必要となる問題を、カントは『宗教論』で触れたものの、説得力をもって問題を解決したとは言いがたい。なぜなら、宗教一般のもつ純粋に道徳的な特徴に鑑みて、どうすれば実定性が、つまり非道徳的でまた歴史的に与えられた内容が〔道徳的なものへと〕仕上げられるようになるのか、という問題をカントは扱っていないからである。また理性宗教は普遍的に理解されるものの、実定宗教は地方に限定された範囲内で通用するものであるし、また歴史的な解説も必要となるとするならば（イェシュケ 1986a, 89）、どのようにしたら実定的で非理性的な宗教が道徳的宗教に「わかりやすさ Faßlichkeit」を与えることができるのか、つまり理性宗教の「運搬具 Vehikel」として役立てるようになるのかについて（VI. 165, 118）、納得のゆく説明をカントが行っているわけでもないからである。

(2) ヘーゲルはこの問題を解明するために、歴史的現象としての「宗教」という見方に根ざし、また時代の理論状況にもしっかりと根ざした、新種の宗教哲学を練り上げる。ヘーゲルの宗教概念は、二重の形態をもった二分法に基づく構造をもっている。すなわち宗教概念は、一方ではヘーゲルがすでに気づいていたように主体的宗教と客体的宗教との対立からなり、他方では私的宗教と民族宗教との対立からなる。しかし主体的宗教は決して私的宗教と一致しないし、また客体的宗教は決して民族宗教と一致しない。ヘーゲルは伝統的な用語を用いて「信じられる信仰（fides quae creditur）」、つまり神学体系の形式の中で教えられ、信じられるような信仰内容を客体的宗教と呼ぶ。しかし主体的宗教のもとでヘ

ーゲルが理解しているのは，——並行論的な言い方が勧められるように——「信ずる信仰（fides qua creditur）」，つまり信ずることに基づいて内容が信じられるような，内面的な信仰ではない。ヘーゲルは，宗教の実践的側面にのみ関心をもっている。ヘーゲルによれば，宗教とは「感覚と行為の中でのみ自己を表現する」，心の内の働きであり，外に向かう活動である。一切がそのような感覚と行為にかかっている。宗教は普遍的であろうとする傾向をもっているものの，客体的宗教を伴わずには歴史的に登場することはないように思われる。たとえ，客体的宗教が主体的宗教において「ほとんど効力を及ぼさないわずかな部分」をなしているにすぎないとしても（GW 1. 87f.）。私的宗教は，——それは執筆の第二局面で初めて意味をもつようになるが——「個人の性格に適った教養形成」（GW 1. 102）を含むにすぎない。それに対して，民族宗教は客体的宗教と主体的宗教とを媒介せねばならず，客体的側面を通じて構想力と心に作用し，心に力と熱狂的信心を吹き込むものである。したがって民族宗教は明らかにルソーの『社会契約論』における「市民宗教 religion civile」よりも一層広い意味に規定されている。ルソーの「市民宗教」の構想は，国家的義務と宗教的義務のうちどちらが優位かを争う自然法的問題から導出されていたものである。

カントにしたがって，ヘーゲルも宗教を第一義的には「実践的」と認めている。しかし厳密に道徳に関係するものとして，つまり道徳法則の妥当性に関係するものとして認めているわけではない。ヘーゲルの眼差しはここでは，——ヤコービや後のフォイエルバッハのように——「人間全体」，「人間一般」に向かっており，——そのさいに，「感性が人間のあらゆる行為と努力における主要契機である」ことをヘーゲルは認めている。感性に対しては実にもっぱら感性によってのみ影響が及ぼされる。したがって宗教的な動機も感性的であることになる（GW 1. 84-86）。その限り，さしあたりヘーゲルは彼岸における報酬の約束や，罰による脅しといった粗野な感性的動機も動機として認められるとする，『純粋理性批判』における動機に関する教説を固く支持している。なぜならこの感性的動機があることによってのみ，道徳法則はたんなる「空想の産物Hringespinst」になり下がらずにすむからである（KrV B 839）。ヘーゲルは感性的動機を不可欠だと確信していたため，この執筆の第一局面では，カントの『実践理性批判』における自己修正に対して目を閉ざしてしまったのだろう。カントの自己修正とは，道徳が純粋であるためには法則だけではなく，行為する気にさせる動機も純粋に道徳的でなければならないというものである。

（3）確かに実践的であるものの，カントの意味では純粋に道徳的ではないような，この曖昧に捉えられた宗教概念が，同じように広く理解される動機についての教説と結び付けられる。そこから，この断片が民族宗教の基準について立てる二つの問いへの答えが出てくる。この問いは，民族宗教はどのようなものでなければならないか，また民族宗教が回避しなけなければならないのは何かというものである。後の問いに対する答えは，いずれにしても簡単である。すなわち，その答えは呪物信仰を回避しなければならないということである。ただし「啓蒙主義などに関する長広舌によって理性の要求が満たされたと思われてしまい」，そして「いつまでも教義学的な教えについて言い争っている」ような啓蒙化された呪物信仰も，回避しなければならない（GW 1. 103）。最初に挙げられた問いに対する答えは一層複雑であり，すなわち〔以下で見るように〕三重になっている。

「I. 民族宗教の教義は，普遍的理性に基づかなければならない。」というのは，神の意にかなうために推奨されるどのように特別な方法も批判の対象となったり，「祭司による支配」という悪用の対象となったりするのに対して，思考するどんな人にも要求することのできるような教義だけが，直接に道徳性に関わっているからである。この普遍性が含意するところは，単純であることである。教義は「博識な考証資料も，骨の折れる証明に費されることも必要としない」。ヘーゲルが挙げている第二の意味は，人間性という「重要で困難な要求」である。けれども彼は人間性を，「精神の文化」と道徳性のその都度の段階に適うこととして理解している。その例として，ヘーゲルは「賢明で慈悲深い摂理」への信仰を挙げている。一方で「思い上がりの知ったかぶり」は神の道を探り出し熟達することができると

思い込むが，それに対して「賢明で慈悲深い摂理」への信仰は正しい仕方で「神に対する完全な忠誠」に導くのである (GW 1. 103f.)。

(4) 〔上で見たような〕民族宗教の教義に関する第一の基準に関しては，ヘーゲルは啓蒙主義の基盤の下にとどまっている。〔次のような〕第二の基準とともにヘーゲルは啓蒙主義の基盤から脱するように見える。すなわち，「Ⅱ．想像 Phantasie，心 Herz，感性は，何も得られずに終わってしまってはならない」。民族宗教は自然の美しい糸を，気高い帯のうちに編みこむのでなければならない。だが批判的で規範的なヘーゲルの関心が，最も明確に明らかになるのはまさにここにおいてである。というのは，自分自身に没頭してしまう想像は，怪物をも生み出すことができるからである。だから，ヘーゲルは「想像するさいに生じる珍奇な逸脱を防ぐために，せめて想像に美しい道を示し，その道に想像が花をふりまくことができるようにするために，宗教そのものに神話を結びつける」ことを勧める。キリスト教はたしかに現世という「舞台」に向かって，想像のために或る目標を定めはするのだが，同時に「どす黒い怒りによって彩られる場合には，──恐ろしげな世界を描写する」というような，「余地をまだ多く残している」。他方では，まさにここで「われわれの偉大なキリスト教の叙事詩人は，かつておよそ一詩人の魂のうちで生じたいかなるものよりも，より壮厳な描写，より身の毛のよだつような光景，より感動的な画像を生み出した」(GW 1. 79)。ここで念頭におかれているのはクロプシュトックの『救世主』であるが，それにもかかわらず，この作品は，二つの理由から，想像と感性の満足への要求を満たすのに適切ではないとされる。第一の理由は，『救世主』は教養人向けであるが，「民衆の想像力が指導されていない」という点にある。そして第二の理由は，ここで描かれている想像の世界がなじみのない表象世界につなげられているという点にある。この議論の根底にあるのは，神秘的なイメージの世界とそのような世界を生み出す民族精神との統一に関する，ヘルダーに依拠した理論である。ヘルダーの理論が問題にしているのは，芸術的制作だけでなく，歴史的に考えられた物語に方向づけられた素朴な表象世界でもある。キリスト教の中で想像は，

「人類の原始時代の物語でもって──他民族の歴史でもって──つまり，われわれとは何の関係もないような他民族の王の偉業や悪行でもって，満たされている」(GW 1. 80)。これに対し，礼拝を通じて想像と心と理性を同時に満足させる民族にとっては，「ただ数千年前にシリアでのみ理解され，シリアの地でのみ適しかった言い回しとイメージに，丸七日間も耳を貸す」(GW 1. 126) というのでは，心が満たされないだろう。というのはこのようなイメージは，「オリエント的であり，──われわれの大地の上で育まれていない」からである。キリスト教の信奉者は，「決してこのようなイメージを取り入れることはできない」(GW 1. 140)。それゆえにヘーゲルは，民族宗教が満たすはずの心や想像，感性の充実を，民族的制限の下に置いている。ただし彼はギリシアの想像世界に対しては民族的制限をこれと同じようには認めていないのであるが。

(5) 民族宗教の第三の基準は包括的なものである。「Ⅲ．民族宗教は，生活のあらゆる欲求が──つまり公共的な国家の行為が，この宗教と接続するものだという性質をもたなければならない。」民族宗教は，至るところで人々に伴われるものでなければならない──厳粛な事柄にはその威厳を与えなければならず，また人間の逸脱行為すら聖化しなければならない。シュライエルマッハーが少し後に書き記した周知の次の文も，ヘーゲルのこの断片に由来するのかもしれない。すなわち，「宗教的感情は聖なる音楽のように，人のあらゆる所業に伴われるべきである。人はあらゆることを宗教とともに (mit) なすべきであり，宗教に基づいて (aus) なすべきではない」というものである (KGA I/2. 219)。民族宗教は，政治的関係とともに民族の精神を形成しなければならない。というのは，この精神，歴史，宗教，そして政治的自由の度合いは，「一つの絆の中に編みこまれている」からである (GW 1. 103, 109-111)。

キリスト教は民族宗教の理想像を，もちろん〔上で述べた〕三つの点のうちどの一つにおいても満たしてはいない。すなわち，〔第1に〕キリスト教の教義は，普遍的で単純で人間的な理性を越えてしまっている。そして〔第2に〕想像の面でのキリスト教の形成は，精神と真理のうちで神を崇拝するとい

う，自身の綱領的な要求によってすでに妨げられている。それゆえに，〔第3に〕キリスト教は自らの広範囲に及ぶ政治的課題を満たすことができない。なぜならキリスト教は，人間を「天国の住民」になるように教育しようとするものだからである。〔ヘーゲルの〕宗教の哲学は自らを，先に挙げられた三つの面のすべてにおいてキリスト教に対する批判だと明言している。しかしヘーゲルは，キリスト教に民族宗教の単なる理想を——彼は民族宗教の歴史的な典型を，ギリシア人の美的な生の諸関係のうちに認めうると信じているが——対置してしまわないように求めている。

　美しいギリシア世界と近代世界とが一致しない原因への問いが心にすぐに浮かぶが，もちろん的確な答えは得られない。この問いは，ヘーゲルが「ギリシアとドイツの守護神 Genius」を対照としているところで，暗に答えられていると同時に，行き詰まっているのを認めることができる。とくに「ドイツ人の守護神」が「たとえば，大酒を飲んだくれるというような，ドイツ人の最大の娯楽」GW 1. 81）だとすると，それは，ゲルマン世界のみならず，本来ならばロマン民族的世界の守護神をも包含しなければならないであろうからである。かの問いは，また，ヘーゲルがユダヤ教という，非常に多くの点でギリシア宗教に対立している宗教に言及していることによって，答えられていると認めることもできる。それにもかかわらず，そのさいにこの〔ユダヤ教的〕伝統の歴史的な展開に対する原因について，さらなる問いが立てられる。ヘーゲルは当時まだ，人間の生活の諸条件の社会的歴史的差異に関する理論をまだわがものにしていない。そのような理論ならば，少なくともかの問いに対して満足のゆく答えを与える手がかりを示すことができようが。

1.3. 執筆の第二局面

(1)　ベルン時代の前半に，すなわち1795年半ば頃までに，ヘーゲルはこの当初の試みを一部は拡大し，また一部は改訂しており，そのさいに一層明確なアクセントを付け加えている。すなわち，この頃には一層厳密なものとなってくるヘーゲルのカント主義（Kondylis 1979. 235-256）が改訂の一つの焦点をなし，私的宗教の概念がもう一つの焦点をなす。

　私的宗教の概念は，執筆の第1局面ではまだ少ししか輪郭が与えられていなかったために誤解され，そのうえに「主体的宗教」の概念と同じものとして扱われていた（Timm 1979. 35）。執筆の第2の局面では，私的宗教の概念がキリスト教評価のための手がかりとなる概念になる。第1の局面において民族宗教に対するキリスト教の適性の不十分さが裏づけられたが，ヘーゲルは今やそれを，イエスによって興された宗教が本来は私的宗教であるということから説明している。ヘーゲルはイエスの道徳を，「法則に対する最高に無条件的な服従が，肝に銘じられる」という独特の仕方によって，「最も崇高な道徳」と一致すると見ている。しかし，この〔キリスト教の〕初期の形式からどのように後のような変容が生じうるのかが，説明されなければならない。ヘーゲルは，「小さな家族だけに該当することが，誤って市民社会に広げられた」ことに，〔キリスト教の後の変容の〕一つの原因を認めている。喜捨や財産共有制，あるいは武器を用いる反抗を断念するというような初期キリスト教の習俗は，私的宗教の枠内でのみ可能であり，「たんなる小さな共同体や，小さな村の原理として」さえも可能ではないのである。私的宗教が公共的宗教のうちに受け入れられるとなると，私的宗教にとってはふさわしい儀式も，その意味と精神を失ってしまう。そうである限り，のちのキリスト教の堕落は，その世界史的な展開の不可避的な結果であったろうが，それは予見できるものではなかった（GW 1. 150, 129-131）。

(2)　しかしこの論証の筋道に加えて，さらに第2の論証の筋道がある。それは，のちにまったく有害であることが歴史的展開の条件のもとで初めて明らかになるような，そういう「きざし」がすでに最初の形態のうちにあるのだから，私的宗教から民族宗教への移行は避けられない帰結だという見方である。——その展開については，エドワード・ギボンがすでにキリスト教的色彩を帯びていた古典古代後期の恐怖感とみじめさを描いた描写を通じて，ヘーゲルが解説しているところである。たとえば戒律はすでに私的宗教のうちにあるが，しかしそこでは家族の範囲内にあり，さしあたりまだ，「支配欲と偽

善」(GW 1. 133) を生み出すことになるような帰結は存在していない。別の都合の悪いきざしは、ソクラテスとキリストの対比の中で明らかになる。この対比の議論は啓蒙主義の後期に特徴的である。ソクラテスは教え、キリストは説教する。またソクラテスは大勢の生徒を公的にもち、キリストは将来いつか「司令官や侍従長の立場」に就くことを希望する若者たちの閉鎖的な集団を相手にしているのである。しかも、「ユダヤ教徒による間違った不道徳な概念」――「他の民族に対する」ユダヤ教徒の憎悪と「エホバの不寛容さ」は――「キリスト教の実践と理論に」入り込んでおり、そこで絶え間なく害を加えている (GW 1. 121)。したがって洗礼者ヨハネの「贖罪をなせ」から、イエスの「贖罪をなして福音を信ぜよ」を介し、使徒たちの「キリストを信ぜよ」に至るまでの原始キリスト教の時代に、すでに道徳からの逸脱が据えられていたのである (GW 1. 151)。キリスト教徒は、キリストと神を崇拝するという迂路を通って初めて、再び道徳に戻ってくるのである。ヘーゲルによる批判の背景には、レッシングの『賢者ナータン』からのキリスト教徒に関するシターの言葉がある (2幕 V. 82-85)。

「あの教祖以来の、迷信に人間らしさで味をつけるようなものでさえも、キリスト教徒が愛するのは、それが人間らしいからではない。キリストがそれを教えているからであり、キリストがそれを行ったからだ。」

ここから、「このような救済における多くの事柄に光を当て、そこから一層健全な考え方があまねく根付くようにすること」(GW 1. 153) が、ヘーゲルの課題となる。

しかし他方では、この迂路が理想の教養形成への手引きを行っているのだから、ヘーゲルはこの迂路の実践的な意味についても承知しているのである。彼は次のように注目すべき転倒するなりゆきを分析している。すなわち、人間的な力でもって人間的な葛藤に打ち克つソクラテスという人物は、同時に徳にふさわしい模範であるだろう。これに対して神的な力を備えているキリストは、感性と義務の衝突も知らなければ、方策を欠くことも知らない。それにもかかわらず、まさにこのように神的なものが混合されていることによって、有徳な人間であるイエスの方が徳の理想にふさわしい――つまり、「人間的であること以上のものである理想をめざす、われわれの傾向に」(GW 1. 149) 照応しているのである。

(3) 理想としてのイエス、つまり人間の姿を与えられた徳の理念としてのイエスという考え方を、ヘーゲルはカントの『宗教論』から読み取っている。『宗教論』の受容は『実践理性批判』の受容とともに、執筆の第二局面を特徴づけている。執筆の第一局面では、ヘーゲルは、感性的動機だけが感性に影響を及ぼすことができることに、力点を置いていた。それに対して、今やカントが実践理性に高い評価を与えることに賛同している。すなわち、理性は難なく「義務と徳の自足に関する偉大な原則」に向かうが、その原則に比べるならば、「それよりもっと異質な動機」は神聖さを汚すものなのである (GW 1. 141f.)。ヘーゲルは1794年12月24日にシェリングに、マウハルトの『経験的心理学および類似の学問のための一般的便覧』に対する書評(『上部ドイツ一般文芸新聞』所収)を請い求めているが、その書評もこのテーマに関係している。今やヘーゲルは、さらに「道徳的立法者としての神の理念を通じて、道徳的であるための動機を増大すること」(GW 1. 153) だけに、宗教の働きを見さだめている。これによってたしかにヘーゲルは、カントが行った解決の思想的水準にまで自分を高めている。しかし同時にまたカント的解決の宗教史的な適合性の問題や内面的な整合性の問題を、自分自身の立場のうちにもち込むことになる。感性や想像が理性とのあいだで繰り広げる争いは、とにかく理性に有利な結果になるように定められている。つまり、理性は義務に基づく行為を要求するので、もはや「聖なるしきたり」とは相いれないのである。しかしヘーゲルがこの〔争いの〕中に認めているのは、外からの攻撃だけではない。この外的な争いに照応して、宗教の制度や想像世界の内側からの腐食がある。宗教的制度や想像世界は、一方ではもはや理解されておらず、また他方では支配欲の産物であることが暴かれている。しかしヘーゲルは、歴史的な「理性の進歩」とともに多くの感覚が絶え間なく失われていくことも記している。――感覚が失われることを、「われわれがしばしば残念に思うことは、けっして間違いではない」(GW 1. 124) ような喪失である、と。

(4) ヘーゲルは，キリスト教が拠りどころとしている歴史的真理が，同じように内面的にむしばまれるままになっていることを認めている。歴史的真理のうちで奇跡的な事柄がたえず懐疑の的になることは，キリスト教が私的宗教である限りでは大した問題ではないが，キリスト教が公共的宗教として奇跡への信仰を求める場合には，重大な問題となってくる。しかし理性がまず自分の自律性を確認して，「歴史的信仰とその論拠をまったく尊重せず」，このために理性が論難される場合には，理性は対抗策としてこれらの歴史的真理を崩壊させようとする。それに関連してヘーゲルは，啓蒙主義の中で始められた聖書のテキストに対する歴史的批判を，理性が「自らの武器を用いて歴史的信仰を」打ち破るために，歴史的なものの次元で取り組んでいる一つの闘いであると，見きわめている。そして彼もこの闘いのうちで理性の「自律」の側に身を置いている。つまり彼は「歴史的真理が伝播されることに心砕いている」人々の権威に対して，立ち向かっている（GW 1. 140, 159f.）。

(5) しかしヘーゲルは第3の領域〔宗教と国家との関係〕においてもまだ動揺している。すなわち彼岸への期待に関する理性の活動範囲を判定する際にも動揺している。たしかにヘーゲルは，よく知られた彼岸への「想像による宗教的な逸脱」を，「諸器官を根本的に崩壊させて，しばしば治癒不可能にさせるような，最も痛ましくて最も不安げな絶望の吐露」として拒絶している。しかしヘーゲルはカントと同様に，どの宗教にも見られる「来世での報いと罰に対する期待」は，現世の生命と将来の生命との間に道徳的関係を確立させようとする，「理性の実践的欲求の中で自然に」作られたということを認めている。だからヘーゲルは，彼岸への期待を過大なものに見せかけることを慎むように忠告するだけであり，そうすれば，彼岸への期待は道徳宗教にふさわしいままであろう。しかしそれに加えてヘーゲルは，古典古代とは異なり現代のわれわれは不幸を不正義と捉え，したがってまたそこから調停を行う正義への要求がわれわれのうちに芽生え，そのことが道徳的な世界秩序に関する誇張した考えを前提していないかどうかも，検討している。つまり，「われわれはむしろ，自分たちが自然に一層多く依存しているとみなすことに，慣れなければならない」（GW 1. 146f.）のである。

(6) カントの読書を再開したことは，シェリング宛の書簡によっても裏づけられているが，その後にフィヒテを読み，さらに最後に1795年の春にシェリングの哲学的な処女作である「哲学一般の形式の可能性について」（AA I/1. 263-300）を読むことを通して，ヘーゲルは「ただ実践理性だけが神に対する信仰を基礎づける」ことができるという確信を得るようになる。ここから徳を世間一般に流布させる可能性も明らかとなる。キリストへの信仰，つまりキリストの処刑による受難を徳の前提条件と見なす「愚劣な想念」への信仰を受け入れる場合には，非キリスト教徒の徳を「きらびやかな悪徳」と非難する「心ない教父〔アウグスティヌス〕がたくらんだ」，「みすぼらしい答え」しかないのである（GW 1. 164, 195-205, 156）。

傾向としては完全な最初の出版：Hegels theologische Jugendschriften nach den Handschriften der Kgl. Bibliothek in Berlin hg. von Herman Nohl. Tübingen 1907, 3-71, 355-367.

テキスト：GW 1.75-114（第一局面）bzw. 115-164, 195-203（第二局面）.

典拠：Gotthold Ephraim Lessing: Nathan der Weise. Ein Dramatisches Gedicht, in fünf Aufzügen. Berlin 1779; Edward Gibbon: The History of the Decline and Fall of the Roman Empire. A new edition. Bd. 1. Basil 1787; H.C.A. Hänlein und C. F. Ammon (Hg.): Neues theologisches Journal. Bde. 2-4. Nürnberg 1793-1794.

参考文献：Franz Rosenzweig: Hegel und der Staat. München / Berlin 1920, Bd. 1.17-30; Hans Liebeschütz: Das Jugentum im deutschen Geschichtsbild von Hegel bis Max Weber. Tübingen 1967; Klaus Düsing: Die Rezeption der Kantischen Postulatenlehre in den frühen philosophischen Entwürfen Schellings und Hegels. In: Rüdiger Bubner (Hg.): Das älteste Systemprogramm (1973), 53-90; José Maria Ripalda: Poesie und Politik beim frühen Hegel. HS 8 (1973), 91-118; Bernhard Dinkel: Der junge Hegel und die Aufhebung des subjektiven Idealismus. Bonn 1974; Ripalda: The Divided Nation. The Roots of a Bourgeois Thinker. G. W. F. Hegel. Assen / Amsterdam 1977, 15-84; Kondylis: Entstehung der Dialektik (1979); Hermann Timm: Fallhöhe des Geistes. Frankfurt am Main 1979; Robert Legros: Le jeune Hegel et la naissance de la pensée romantique. Bruxelles 1980.

11-69, 260-308; Laurent Paul Luc: Le staut philosophique du Tübinger Fragment. HS 16 (1981), 69-98; Bondeli: Hegel in Bern (1990), 96-146; Hans Friedrich Fulda / Rolf-Peter Horstmann (Hg.): Rousseau, die Revolution und der junge Hegel. Sttutgart 1991; Schmidt: Anerkennung und absolute Religion (1997), 24-55.

2

ベルン時代の構想（1795-96年）

2.1. イエスの生涯（1795年）

(1)「イエスの物語は実に非常に重要な実践的意義を有している」(GW 1. 148)。「民族宗教とキリスト教」の執筆の第二局面に書かれたこの文は，「イエスの生涯 Leben Jesu」という表題で有名となったヘーゲルの草稿をほとんど先取りしている。この草稿にはいくつかの観点から，特殊な位置が帰せられる。この草稿は——内部に一つの中断箇所 (GW 1. 216) があるにもかかわらず——全体としては断片的ではない。その点はベルン時代の著作としては唯一のものである。この草稿は最初と最後の日づけが「1795年5月9日から1795年7月24日」と記されていることから，一つのまとまった，刊行の準備がほとんど済んだ作品として，ヘーゲルによって特別に扱われている。それにもかかわらずヘーゲルは，1795年8月30日のシェリング宛の手紙の中でこの草稿については一言も言及していない。ひょっとすると，ヘーゲルが目論んだのは，「イエスの生涯」にさらに「パウロ書簡のパラフレーズ」を続けさせることであったのかもしれない。少なくともヘルダーリン宛の1795年11月25日の手紙の中のある文言は，そのように解釈されうる。

(2) ローゼンクランツは「イエスの生涯」という表題を，〔手稿の〕カヴァーの頁に書きとめた。この際に念頭におかれていたのは，ヘーゲルの弟子であるダーヴィット・フリードリッヒ・シュトラウスによる『イエス伝 Leben Jesu』（1835/36年）をめぐる，当時の激しい神学的論争および神学的・政治的論争である。シュトラウスのこの本は，ヘーゲル学派の団結に対し，さらには体系的神学と歴史的・批判的研究とのつながりに対して重大な結果をもたらした（本書639頁以下参照）。したがってローゼンクランツは，ヘーゲルのベルン草稿を，チューリッヒのヨハン・ヤーコブ・ヘスの『イエス伝』（1768年）に始まり，もう一人のチューリッヒ人であるヨハン・カスパール・ラファーターの作品『ポンティウス・ピラトゥス』に連なることのできる伝統のうちに位置づける。だがたとえヘスの作品が神学史的には初期合理主義に分類されるとしても，ヘスの作品は，シュライエルマッハーによるイエス伝講義をよく知り，あるいはシュトラウスをまったくよく知っていた者〔ローゼンクランツ〕に対して，ラファーターの作品よりも少なからず感化を与えている。批判的な内容に関して言えば，ヘーゲルの「イエスの生涯」における釈義は，少し前に画期的な論争を巻き起こした作品である「ヴォルフェンビュッテルの匿名者」の断片，すなわちヘルマン・サミュエル・ライマールスの『神の理性的な崇拝者に対する弁明書あるいは弁護論』とかなり近い関係にある。このライマールスの著作の中から，1770年代にレッシングによってとりわけ「復活の物語について」と「イエスと彼の弟子の目標について」という2つの断片が出版された。そしてシェリングはヘーゲルを「レッシングの腹心」（1795年2月4日〔の手紙〕）と呼んでいる。たとえヘーゲルにとってレッシングの『賢者ナータン』が大きな意味をもっていたことが，まずもってこの言い回しのきっかけとなったかもしれないとしても，しかしレッシングの神学的な論争書について，ヘーゲルがまったく知識をもたな

(3) もちろんヘーゲルの手がけた「イエスの生涯」には，〔ライマールスの〕殆ど隠しだてのない憎悪の念というものが欠けている。このライマールスの憎悪の念は，ライマールスの作品（もしくはレッシングによって出版されたライマールスの断片）に対して同時代の人々をいたく憤らせることになったものだが。またヘーゲルの「イエスの生涯」にはとりわけ，イエスには不成功に終わる政治的なもくろみがあり，またイエスの弟子たちにも偽りのもくろみがあった，と想定するライマールスの試みが見られない。ライマールスは，諸々の信仰表明を歴史的に基礎づけようとする見せかけに対して，論戦を挑んでいる。しかしヘーゲルはこの点について言及していない。ヘーゲルは福音書を典拠として，「自分の翻訳に基づく諸々の福音書の融合」，もしくは「さまざまな福音書の中で一部は分散され，一部は逸脱しながら伝えられた事実を合致させるための大要」を書き上げている（R 51）。これについては，ローゼンクランツによるカヴァーの頁の表題から読み取ることができるだろう。しかしヘーゲルは，〔福音書の中の〕どんな証言に対しても，ただ「単なる理性の限界内」で顧慮を払っているにすぎない。生誕の物語の神話的な部分は削り落とされ，イエスはマリアとヨセフを両親とする。誘惑の物語は，他の多くのものと同じように，イエスの想像力の前を通りすぎるだけである。イエスは道徳の教師として登場し，いかなる奇蹟をも行わない。そしてイエスはサマリア人の女性のために，「ただ理性とその精華である道徳法則が支配する」精神の中で，神があらゆる人々に崇拝される時を指し示すのである。このような表現に対して想像が敵意を抱くという，かつてのヘーゲルならばもっていた懸念は，いまやカント主義を前にして沈黙する。ヘーゲルは，「天の父」に関するイエスの祈りと発言が単なる道徳性を越えていると認めるものの，そのイエスの祈りと発言はまだ啓蒙主義的な理神論の枠内に留められている。たった一度だけ，イエスは道徳の伝道者に割り当てられた役割から外れることになる。祭司長が，イエスに「神の子であるのか」と尋ねたとき，イエスが次のように答えたときのことである。「わたしは神の子であり，〔…〕また神と徳に捧げられた卑しい人間であるが，汝らはいずれ栄光に包まれた姿を，星の彼方に見やるであろう」（GW 1.213, 271）。この発言に基づいてイエスには有罪の判決が下され，十字架に架けられ，埋葬されることになる。イエスについては，これ以上何も伝えられるべきことはない。

(4) ここでヘーゲルがなおも神話の概念を考慮することなく，福音の記録を自らの道徳に還元することを通じて成し遂げた「非神話化」は，これからあとのヘーゲルに続く合理主義によるイエスの生涯に関する研究——ヘーゲルの個人的な友人である H. E. G. パウルスやカール・アウグスト・ハーゼスの研究も——あるいはシュライエルマッハーの研究もすっかり越えている。諸々の福音書の精確な融合にもかかわらず，聖書のテキストと較べると，ヘーゲルはこれらの人々よりも相当に自由な態度をとっている。ヘーゲルはイエスの生涯のうちに織り込まれている超自然的な特徴を決して心に留めることはないし，またその超自然的な特徴を人間的・理性的なものの中へ正しくというよりむしろまずい仕方で歪曲せざるをえない，合理主義的な聖書釈義のまずさをも逃れている。そのかわりにヘーゲルが取り組むのは，理性的で思慮深い民衆の教師という，カントの『宗教論』で推奨され，験し済みの解釈学上の原理を自分のものにすることである。つまりヘーゲルは聖書を，「聖書の本質的な内容に従い，普遍的で道徳的な信仰箇条との合致にもたらすようにする」（AA IV. 111）限りにおいて，解釈するのである。ヘーゲルがその生涯において最も緊密にカントに結びついたのは，ほかでもなく，1794/95年であり，なかでも「イエスの生涯」であった。また他の聖書解釈者の場合にも，道徳的な宗教概念の歴史的なキャパシティーを測るために，聖書のテキストに関するカントの道徳的な解釈を，〔ヘーゲルと〕同じようにとことん追求した，いかなるテキストも存在しない。

(5) したがって，まさにこの極端なものにされた解釈が挫折したことから，当然ながら，「イエスの生涯」は総じてヘーゲルにおけるカント主義における転回点とされ，またとりわけ道徳的な宗教概念の転回点とされる。というのも福音書を全面的に道徳に制限しようとする試みに対して，福音書には抵抗

があることが判明するからである。道徳的でない性格がヘーゲルの「イエスの生涯」にすら入り込んでいる。イエスの宗教には道徳的な生き方や道徳的な教義以上のものが含まれていることを，当時ヘーゲルはこのテキストとほぼ同時期のテキストのうちで隠してはいない。「徳の宗教を推奨することに加えて，イエスはまた必然的につねに徳の宗教の教師でなければならず——また自分の人格への信仰を要求しなければならなかった。」イエスの権威が「道徳性に対する義務の原理」（GW 1. 290f.）となったのである。また同時に実定性の契機が，再び純粋道徳と宗教の相違に関する基準として表に現れるようになる。ベルン時代最後の年におけるヘーゲルの宗教哲学的な考察は，このテーマをめぐるものである。

初出：Hegels theologische Jugendschriften, 73-136．
テキスト：GW 1. 205-278.
イエスの生涯に関する当時の研究の原資料：Johann Jakob Heß: Geschichte der drey letzen Lebensjahre Jesu. Nebst einer Einleitung, welche die Jugendgeschichte Jesu enthält. 2 Bde, vierte durchaus verbesserte Auflage Zürich 1774（第1版1768）; G. E. Lessing: Zur Geschichte und Literatur. Aus den Schätzen der Herzoglichen Bibliothek zu Wolfenbüttel. 4. Beitrag 1777, darin u. a. »Über die Auferstehungsgeschichte«; Von dem Zwecke Jesu und seiner Jünger. Noch ein Fragment des Wolfenbüttlerschen Ungenannten. Hg. von G. E. Lessing. Braunschweig 1778; Johann Kaspar Lavater: Pontius Pilatus. Oder Die Bibel im Kleinen und Der Mensch im Großen. 4Bde. Zürich 1781-85; Heinrich Eberhard Gottlob Paulus: Philologisch-kritischer und historischer Kommentar über das neue Testament, in welchem der griechische Text, nach einer Recognition der Varianten, Interpunctionen und Abschnitte, durch Einleitungen, Inhaltsanzeigen und ununterbrochene Scholien als Grundlage der Geschichte des Urchristentums bearbeitet ist. 4 Bde. Lübeck 1800-1812; ders.: Das Leben Jesu, als Grundlage einer reinen Geschichte des Urchristenthums. Die Geschichterzählung nach den vier vereint geordneten Evangelien in Beziehung auf eine wortgetreue, erklärende, synoptische Ueberzetzung derselben. 2 Bde. Heidelberg 1828; David Friedrich Strauß: Das Leben Jesu, kritisch bearbeitet. 2 Bde. Tübingen 1835/36; Friedrich Daniel Ernst Schleiermacher: Vorlesungen über das Leben Jesu [1819-1832]；将来の版 KGA II/15.

参考文献：Horst Renz: Geschichtsgedanke und Christusfrage. Zur Christusanschauung Kants und deren Fortbildung durch Hegel. Göttingen 1977, 55-75; Bondeli: Hegel in Bern (1990), 147-165.

2.2. 心理学と超越論哲学に関する草稿（1795/96年）

(1) ヘーゲルの「心理学と超越論哲学に関する草稿」は，宗教哲学的研究に比べて未知の思考世界のうちに導くものである。この草稿の成立時期は，さまざまに判断されている。〔アカデミー版ヘーゲル全集の〕編者はそれを——字体統計のやり方によって，つまり個々の文字の書き方において注目に値する変更から，日付けの推定を行うことによって——1794年と見ている（GW 1. 484）。だがエヴァ・ツィーシェは——紙の透かし商標が1795/96年の「実定性論文」の大部分と一致することを理由に——1795/96年と見ている。

　この草稿は心理学を経験的心理学と合理的心理学とに区分することから始まっている。経験的心理学では，魂（Seele）が「諸部分の列挙によって」認識される。また合理的心理学では，合理的心理学の概念が経験のうちに存在しないので，合理的心理学の可能性に関する研究が先行していなければならない。「第1章　認識能力」（しかし第2章は続かない）は，感覚および想像という下級認識能力と，悟性および理性という上級認識能力とに分類される。「感覚」章では，外感と内感（GW 1. 169-173）が取り扱われている。「想像」章では，諸表象の残存（Aufbehalten）と再生（Wiedererweckung），認知（Rekognition），想起（Erinnerung），詩作能力（Dichtungsvermögen）が扱われる。その際に，夢遊病とスウェーデンボリの視霊者が話題となるようなテーマに行きつく（GW 1. 173-184）。最後に「悟性」章では，まず「A．概念の能力」と「B．判断の能力」（GW 1. 184, 16-186, 11）が主題とされる。そして，「理性は推論する能力である」という言葉でもって論究の主軸がさらに簡単に取り上げられる前に，カントの超越論的論理学に関する挿入文が続いている（GW 1. 186, 12-189, 19）。その後，主

題は，予告されていなかった「宇宙論」(GW 1. 190-192) という見出しの下で，理念論 (Ideenlehre) に関するカントの合理的心理学と宇宙論への区分に関する簡潔な素描へ移行する。そして純粋理性のアンチノミー（この用語が使われているわけではないが）に対するコメントでもって中断している。カントの超越論的弁証論の第三の主要部である純粋理性の理想に関する教説については，言及されていない。こうして「超越論哲学」のテーマが，ここでは心理学の内部で認識能力の論究の中にはめ込まれている。

(2) この草稿によって，宗教哲学的諸断片の一連の繋がりは中断される。このことは，この草稿を恐らく初めに手にした人々が，なぜこの草稿に言及しなかったのか，についての理由になるかもしれない。ローゼンクランツは，ヘーゲルの「神学的研究」と並んでただ「歴史的研究」(R 59) だけを挙げているものの，心理学に関する草稿を挙げていない（R86f. の簡単な指摘がこの草稿を指しているのでなければ）。しかもハイムとノールもこの草稿について沈黙している。それはおそらくこの時期を神学的時期として解釈しようとし，その首尾一貫性を分断させないようにするためである。だが，ヘーゲルの心理学に対する関心は，この時期の他の原資料によっても裏づけられる。すなわち，ヘーゲルは，シュミットの『経験的心理学』に対して1792年に出た書評を抜粋している (GW 3. 209f.)。また，1794年12月24日にヘーゲルはシェリングに頼んで，ヨハン・ゴットローブ・ジュースキント（シェリングの卒業資格同級生。当時補習教師をして，シュトールの『カントの哲学的宗教論に関する注釈』の翻訳における注釈の執筆者である，彼の兄フリードリッヒ・ゴットリープ・ジュースキントと混同されてはならない）が，『上部ドイツ一般文芸新聞』掲載されたマウハルトによる『経験的心理学のための一般便覧』の書評を自分に送付してもらうように言づけている。しかしながら，この非常に詳細な書評に対するヘーゲルの関心は，そこに含まれている，ラップの論文「道徳的動機について」に対する批評にも関係しているのかもしれない。

(3) しかしこの草稿が特殊な位置を占めているのは，その主題によるだけではなく，ヘーゲルが少なくとも厳密な意味において，自分をその思想的な原著者と呼ぶことができないからでもある。この草稿は，内容に関しては大部分のところ，おそらく1789/90年冬学期にヘーゲルが——1790年の修士課程のカリキュラムから確認できるように——受講したフラットの心理学講義に従っている (Br 4/134)。ディーター・ヘンリッヒはテュービンゲン大学図書館でヘーゲルの学友アウグスト・フリードリッヒ・クリュプフェルによるこの講義の講義録を見出し，その一部を，〔当草稿の〕出版のための注釈において再現した (1965. 70f.)。この講義録は，「広範な文言に関してヘーゲルの原稿と内容的に重なり，またしばしば文字通り一致している」(GW 1. 484.)。しかし，ベルン時代に関する字体統計と紙の質から判断するならば，最初の編者であるホフマイスターが推測したように，ヘーゲルの草稿が講義の筆記録に該当するということは，退けられる。しかしながら，この草稿のもとには或る講義録があることは疑いない。それが他人の講義録であるにせよ（ひょっとするとわれわれに知られていないヘーゲルと関連のあるベルンのカント主義者の仲間によるものにせよ，あるいは当時同じようにベルンで生活し，上述のジュースキントとのつながりがあった卒業資格同級生のメークリングによるにせよ），あるいは，とくにローゼンクランツがヘーゲルの講義録一覧表の中でこの講義について何も記していないことから，ヘーゲルが推敲のさいに破棄したかもしれない自分の講義録であるにせよ，そうである (R 25)。

(4) しかしながら，心理学に関する草稿の目的は不可解である。この草稿が，たとえたんなる講義の再録に限るのではなく，「悟性と理性」に関する論述において〔フラットの講義とは〕別の資料を取り入れているとしても，フラットの講義に類似している以上，ヘーゲルが出版を計画していたなどとは考えられないだろう。さしあたり，低次の認識能力に関する論述と，「悟性」章の始め (GW 1. 167-186. 11) は，フラットの講義に緊密に依拠している。〔しかし〕「判断する能力」の叙述は，カントの『純粋理性批判』と『判断力批判』ならびにとくにヨハン・シュルツェ（すなわち Schultz）による『カント教授「純粋理性批判」の解明』に方向づけられている。さらにもう一度だけ，「判断する能力」

（GW 1. 189. 20-190. 6）としての理性に関する論述の初めに，手短にフラットの講義に従った後は，フラットの講義の展開を考慮することをせずに，再びカントとシュルツェに従っているのである。

講義筆記録に対するこの補足は，カントとシュルツェがもち出されることによって，明らかに手の込んだやり方となっている。その上この補足は，ヘーゲルがカントの『純粋理性批判』に取り組んだ最初の証拠資料であろう。しかしながら，リカルド・ポッツォ（1999, 24）は，次のように推測している。「ヘーゲルは資料を集めて自分で編集を行ったのではなく，自由な使用に任されている講義録から抜き書きしたのである。」そしてこの自由な使用に任されている講義録とは，クリュプフェルのもののようにただフラットの講義を繰り返すのではなく，すでに述べた三つの源資料との関連を含んでいるものである。ポッツォの仮説の長所は，位置づけが定まらないこの草稿をベルン時代の著作の中で説明し，またローゼンクランツがこの草稿に触れなかったこと，またヘーゲル自身による言い回しがなかったことをも納得のゆくものとすることである。手書き原稿から読み取ることのできる限りでは，ヘーゲルが原著者であると推定するいかなる根拠も存在しない。ただし，ヘーゲルがシュミットの『経験的心理学』に対する書評を読んだ痕跡が，——もちろん淡い痕跡にすぎないが，——「心理学と超越論哲学に関する草稿」のうちに残っており，その痕跡がポッツオに対する反対を物語っているようにみえる（GW 1. 167, 1-3; 167, 15; 167, 16）。この書評からヘーゲルは，「むしろ少し後に」（GW 1. 486）一つの章句の抜き書きをも行った（GW 3. 209f.）。しかしながらこの三つの引用箇所〔GW 1. 167, 1-3; 167, 15; 167, 16〕のうち最初のものは——当時あまねく流布していた——「合理的心理学」という用語にだけ関わり，さらに続く二つの箇所は草稿に対するヘーゲルによる欄外の書き込みに関わっているのであるから，このような事情から，ポッツォの仮説を裏づける状況証拠をも得ることができる。

初出：Hoffmeister (Hg.): Hegels erster Entwurf einer Philosophie des subjektiven Geistes (Bern 1796). In: Logos 20 (1931), 141-168.

テキスト：GW 1. 165-192.

典拠：Johann Schulze[d. i. Schultz]: Erläuterungen über des Herrn Professor Kant Critik des reinen Vernunft. Königsberg 1789. Neue und verbesserte Auflage Frankfurt / Leipzig 1791; Carl Christian Erhard Schmid: Empirische Psychologie. Jena 1791: GW3. 209f. 参照；Oberdeutsche allgemeine Literaturzeitung (1792/93); J. D. Mauchart (Hg.): Allgemeines Repertorium für empirische Psychologie. Nürnberg 1792ff.

参考文献：Dieter Henrich: Leutwein über Hegel. Ein Dokument zu Hegels Biographie. HS 3 (1965), 39-77; Eva Ziesche: Der handschriftliche Nachlaß Georg Wilhelm Friedrich Hegels und die Hegel-Bestände der Staatsbibliothek zu Berlin Preußischer Kulturbesitz. Wiesbaden 1995, 2 Teile. (=Staatsbibliothek zu Berlin Preußischer Kulturbesitz. Kataloge der Handschriftenabteilung. Hg. von Tilo Brandis. Zweite Reihe: Nachlässe. Bd. 4). II. 26, 65f.; Riccardo Pozzo: Zu Hegels Kantverständnis im Manuskript zur Psychologie und Transzendentalphilosophie aus dem Jahre 1794 (GW 1, テキスト 27). In: Bondeli/ Linneweber-Lammerskitten (Hg.): Hegels Denkentwichlung in der Berner und Frankfurter Zeit (1999), 15-29.

2.3. キリスト教の実定性に関する研究（1795/96年）

(1) 心理学に関する草稿とほぼ同時期であるベルン時代最後の年に，ヘーゲルはテュービンゲンからベルンへ移転するさいにすでに始めていた叙述を再び取り上げている。いくつかの箇所は，またしてもこれらの叙述の加筆とも初期ベルン時代の草稿の加筆とも見なすことができる。しかしながらヘーゲルの論述は，いまや一貫して高次の反省のレベルで展開している。包括的な問題解決の能力も，はっきりと目に見えてより高次の水準で展開されている。たとえ計画の構想全体をもはや知ることができないとしても，伝えられている三つの断片は，おそらく計画全体の一部をなしている。

(2) ヘーゲルは，最も詳細な断片「互いにきわめて矛盾した考察は，いかなるものであれ……」（GW 1. 281-351）を1795年半ば頃に書き始めた。ヘーゲルはすでに草稿の終わり頃に1795年「11月2日」の日付けを，最終ページには「1796年4月29

日」の日付けを記している。この日にヘーゲルは執筆を終えたのだろう。この断片の中でヘーゲルは，自分の新しい問題提起を展開している。ヘーゲルの問いは，いまや民族宗教がどのようなものでなければならないかではなく，当初道徳的であった宗教が実定的宗教に堕落することがどのように捉えられうるかということである。「イエスの生涯」において，つまり純粋実践理性の理想として道徳的に様式化され洗練化されたイエスの叙述においてとは異なり，ここで大事な問題は，キリスト教の歴史における内面的な論理を，実定的宗教としてのキリスト教の形成を規定した外面的な事情との関連の中で理解することである。だがこの歴史的な問題提起においても，宗教に関するカントの道徳的概念が基本的であり続けている。すなわち，ヘーゲルはカントとともに，「あらゆる真の宗教における，またわれわれの宗教における目的と本質とは人間の道徳性である」（GW 1.282）ことを強調している。しかしながら道徳的宗教と法規的宗教との関係についてのカントの解決が問題となってくる。カントは法規的宗教を道徳的宗教の運搬具だと主張した。しかし法規的宗教がそのような機能を決して担ってはおらず，むしろその反対のものだということは，歴史的に振り返るならばただちに証明される。この展開は，イエスによる初期の道徳的宗教から離れて，実定的宗教へ，法規的宗教へと行き着く。このカントの『宗教論』から構想された問題提起に加えて，レッシングの『賢者ナータン』の中で浮き彫りにされた問題が，難なく取り入れられる。その問題とは，キリスト教信者は自らの行為の指針を自らの理性から獲得するのではなく，つねに最初にイエスという――幸いにも一人の善良な人間であったが――人物という迂路を介して獲得するというものである（〔『賢者ナータン』〕第二場 86節以下）

(3) キリスト教は当初イエスの純粋な道徳性の中にありながら，そこから急速にまた宿命的に実定性へと転落したが，その原因に対する問いについて，ヘーゲルは一つの答えだけで満足することはない。むしろヘーゲルは，純粋道徳の教師が実定的宗教のきっかけになることについて，議論の性格に関しても重要さに関しても非常にさまざまな，構造的ならびに心理学的な議論の長いリストをあげる。たしかにイエスは，「彼自身，彼の時代と彼の民族が罹った病から自由である」。そしてイエスは「純粋道徳的宗教の教師であり，実定的宗教の教師ではない」（GW 1.283, 285）。それにもかかわらず実定性の傾向は，後になってようやく出てくる衰退現象などではない。実定性の傾向はすでにイエスの活動の状況のうちに示されていた。

(4) ヘーゲルの最初の議論は，同時代のネオロギー〔啓蒙主義的神学〕が弁明の目的で形成した適応テーゼを用いているが，このテーゼは批判的に鋭いものとなる。すなわち，およそ人々に影響を与えることができるために，イエスは，実定的律法に盲目的に服従するユダヤ教の法規的な構造に適応せざるをえない。だからイエスは自らの教えを「〔ユダヤ教の律法と〕同じような権威に基礎づけざるをえない。理性にのみ依拠しようとすることは，魚に説教するようなものであったろう」（GW 1.289）。適法性の原理によって支配されている宗教の中で，道徳性も，適法性への関連づけによる以外には，導入されることができない。当時普及していた救世主待望論は，たしかに掟の思考の代わりになるものをなすが，しかしこれも権威ある信仰に拘束された状態にとらわれたままである。イエスは自分に向けられた救世主という期待に対して，直接異論を唱えるのではなく，救世主待望論の意味を慎重に道徳的なものへとこじつけようと試みることによって，救世主待望論の前触れのもとでのみイエスの教えは受け入れられるのである。純粋道徳の教師の悲劇は，ただ彼が純粋道徳の特性を裏切り，それによって後に誤りが生じることになる基礎を置くことによってしか，自らの教えを聞かせることができなかった点にある。

このような実定性の結晶の核となる部分に，さらなる一続きの特徴が容易に接続してくる。イエスの出現のただならぬ印象，イエスの生涯と受難の物語，イエスの不当な死によって想像力が魅了されるので，その結果，想像力の肥大によってイエスの教えの内容が圧迫されるようになる。この点に関してもイエスの伝道に対する宗教的な環境が決定的であるが，道徳の教師にも欠点が生じることになる。たとえば，そもそも限定された弟子の集団を形成するかのように，弟子たちを選別したこと，またそれによって制度化した形式が純粋な道徳宗教に持ち込まれたこと

である。ヘーゲルはここでもう一度，すでに初期に援用したソクラテスとキリストとの比較に遡っている。ソクラテスが友人と交際する仕方は，実定性に陥ることを阻げるものである。ソクラテスは彼の徳と哲学のゆえに愛されているのであり，ソクラテスのために徳が愛されているのではない。それに対して，至福の条件が徳のうちにだけあるのではなく，イエスを信じることのうちにある場合には，理性は「ただ受容するだけで，立法を行わない能力」にされてしまう。イエスについては，「実定的宗教の教師の口からのみ可能で，徳の教師の口からは可能ではない」言葉が伝えられている（GW 1. 297）。

イエスの伝道のやり方には，さらに，ユダヤ人が適法性の思考のうちに巻き込まれたことにのみ帰せられるのではないような特徴もある。それがこの実定性を強めている。たとえば，弟子の短期間の派遣がそれで，これは性急に結果を得ようとしたもので，道徳的な生のイメージを作りだすことなどできない。またとりわけイエスのものとされる奇跡ももちろんそうである。たとえ当時のように奇跡がもてはやされる時代には，奇跡がまったく奇異な感じを与えなかったのだとしても，次の点が認められる。「おそらく奇跡に対する信仰ほど，イエスの宗教を実定的にし，イエスの宗教を徳の教えに関してすらすっかり権威の上に基礎づけてしまうのに，貢献したものはなかったろう」（GW 1. 291）。

(5) この指摘は，どのようにイエスの純粋道徳宗教がキリスト教の実定性の教えになったのか，という始めの問いに対して，問題の立て方を修正しつつ，答えを与えている。その答えとは，イエスの宗教は，始めから純粋な徳の教えなのではなく，「実定的な徳の教え」だというものである。しかしそれと同時に，イエスももはや純粋実践理性の理想ではなくなってしまう。このように実定性はすでにつねに据えられていたのだが，さらに歴史的展開によってイエスの宗教はたえず一層深く，実定性におちいることになる。ヘーゲルはこの解明のために，私的宗教から公共的宗教への移行の論理に関する考察に立ち戻る。しかしながら彼は私的宗教と公共的宗教との相違を，信者のたんなる人数の相違に帰するのではなく，共同体が設立されることに伴って，法的諸関係が質的に変化するようになったことに根拠づける。

いったんこのような社会に入ると，ひとは社会の規則に従わされることになる。そこでは，ひとが信仰するのは「社会が信仰するように命じるからである」（GW 1. 310）。そして教団が国家共同体をあてにして，最終的に国家共同体を自らの目的のための手段として利用するときに，集団の中でこのような隷属はさらに強まるのである。

このような考察は，教会が道徳を，「神への従属」と権威かさもなくば意志の自由と自律かという二者択一へと追いやることになるのではないか，という一般的な疑惑に行き着く（GW 1. 342f.）。ヘーゲルによってカントの文言を越えて強化されたカント主義は，カントが自分の定式の中で固守しようとする道徳と宗教の統一——それは，道徳から宗教への不可避的な移行が存在し（VI. 618），宗教とは道徳的な掟を神の掟として理解することだというものであるが（V. 129, 480）——そういう道徳と宗教との統一を打ち砕く。というのは，カントの定式は，宗教の概念のためにさまざまに誘導された実定性の意味を見逃しているだけではなく，とりわけ，道徳的な掟を神の掟と解することによって，まさにこの道徳的な掟を道徳的なものとしては無くしてしまい，実定的なものに形を変えてしまうことを隠しているからである。実定的宗教の概念において最優先なものは，いまや，宗教が「道徳法則を人間に所与のものとして提示すること」という契機になる。ただし同時に，もっぱら道徳的な動機は——カントと同様に——道徳法則への尊敬の念である。そしてヘーゲルは，「いったい教会の骨の折れる規則体系によって，人類は何を獲得したのか」（GW 1. 344）という締めくくりの問いに答える。すなわち，ただ，この規則の体系が専制政治にとって障害となるものを取り除いたことを指摘することでもって答えるのみである。しかしそれによって，「純粋に道徳的な宗教」の思想は「木製の鉄」と見すかされてしまっている。

(6) 「実定的信仰は……」という小さな断片（GW 1. 352-358）はこの批判を強めている。というのは，その断片は，権威の概念からカントの要請論に対する鋭い批判へと移行しているからである。そしてこの要請論批判は，ヘーゲルとシェリングとのあいだの手紙のやりとりの反響と解することができる。すなわち，正統主義は，純粋理性によって道

徳の基礎づけがきっと可能になるだろうことを認めるにちがいないが，その後で，正統的信仰は次のような最終的な点に固執しようとする。すなわち，人間の究極目的の実現は，幸福の割り当てや自然に対する支配の割り当てを賦与することのできる，人間とは疎遠な存在者にかかっていると考えられる。正統主義はそのように人間の究極目的を規定している。これは，ヘーゲルが皮肉めかして言うように，道徳性と幸福の調和による「名高い欲求」（GW 1. 358）である。それは表向きには理性の欲求であるが，真実には感性の欲求である。この欲求は，もちろん他ならぬカントが純粋実践理性の要請として唱え，正統主義の兵器庫に提供したものである。

（7）第三の断片である「あらゆる民族は…」（GW 1. 359-378）は，字体統計的にも，またシェリングの『独断主義と批判主義に関する哲学的書簡』（AA I/3. 47-112）をほのめかしていることから見て取れるように，おそらく最後に書かれたものである。この断片は，まず，神話の民族的特性という既知のテーマ，またキリストがあらゆる民族の「民族的想像」を打ち壊し，それを自分の支配下に引き込んでしまったことへの嘆きという既知のテーマを繰り返している。また，すでに以前にこれと結びつけられたテーマ，教養人と「民衆」との間の社会的な隔たりというテーマも，ここであらためて見出される。ヘーゲルは，「民族の失われた想像を回復する」ことが「前々から無駄で」あったことを，非常に強調して説ききかせる。ヘーゲルは，国民の教養層におけるギリシア神話に対する感受性は，自由な美的享受を可能とする，「悟性からのもっと広範に自立し，独立する」ための徴候であると評価している。それに対してクロップシュトックが頌歌「丘と林」の中で，同時代人たちが始めた熱狂的ギリシア崇拝に対して行った修辞的な問いは，「アカーヤ〔ギリシア〕がトゥイスコー〔ゲルマン民族の始祖〕の祖国なのか」というものである。ヘーゲルはそれに次のような問い返しによって返答している。すなわち，「ユダヤがトゥイスコーの祖国なのか」，と。たしかに社会における疎外の問題は，〔ドイツ人が〕アカーヤ〔ギリシア〕へ帰還することによっても除去されないが，それはクロップシュトックにおけるユダヤへの帰還によっても除去されないのと同様である。つまり，両者とも「教養人」であることに留まっている（GW 1. 362）。

既知のテーマをこのように言語的にも思想的にも成熟した形式のうちで取り上げ直すことと並んで，彼は古典古代世界の衰退を社会的な分業という観点また政治的自由と自立の喪失という観点のうちで解釈するようになる。共和制以後の古典古代が社会的に腐敗し，無力で衰退したものとなり，風俗が退廃していく様子に関する叙述は，少なくとも部分的にはエドワード・ギボンの『ローマ帝国衰亡史』によって提唱されたものである。それは同時に，古代末期ローマのすべての宗教に対する一般的な宗教批判，およびとくにキリスト教に対する宗教批判のための土台をなす。この叙述は急進性という点ではたしかにドルバック男爵によるフランス啓蒙思想に遅れをとっているが，後に行われるルートヴィッヒ・フォイエルバッハによる批判を先取りしていることが見て取れる。

古典古代末期の世界の重苦しい生活環境のもとで，この嘆かわしい現世に，現世に対する補完的な装置として想定される天国が対置される。人間は最善の状態が施された別の世界を，自分たちの欲求を充足するものとして考え出す。天国の幸福は現世の悲惨さに対応し，天国での恩寵が現世における永劫の罰に対応する。そして現世での貧困は，ひょっとしたら，天国に投影された富の一部によって軽減されることができる。しかし別の世界を考えだし，現世で苦しみを与えた者に対してその別の世界でいつの日か勝ち誇るであろうと考えるのは，本来ルサンチマンではない。別の世界が考え出されるのは，むしろ不可避的な心のメカニズムによっている。しかしながらヘーゲルは，すでに彼の時代がこの形而上学的な隔たりを克服する過程にあるのに気づいている。「以前の試みのほかにも，天国で浪費されている宝を，人間の所有物として少なくとも理論のうちで返還を求めることが，素晴らしくもわれわれの時代に委ねられている。しかしどのような世代が，このような権利を行使し，手に入れる力をもつのであろうか？」（GW 1. 372）。

しかし本来の補完は客観的な神自身という思想であり，客観的な神を人間の欲求の本性に対する補完として捉える考え方である。補完は，はるか彼方に

ある神々の系譜の過程で生み出されるのであるが，それは人間の社会的歴史的発展と並行している。「神の客観性は人間の腐敗および隷属と歩調を合わせた。神の客観性は本来的には或る啓示 Offenbahrung にすぎず，このような時代の精神の現れにすぎない。人間が神について非常に多くのことを知り始めたときに，このような仕方で，その客観的な神を通して，この時代精神が明らかにされたのである offenbarte sich。」

初出：Hegels theologische Jugendschriften, 152-239.
テキスト：GW 1. 279-351, 352-358, 359-378.
参考文献：Peter Cornehl: Die Zukunft der Versöhnung. Eschatologie und Emanzipation in der Aufklärung, bei Hegel und in der Hegelschen Schule. Göttingen 1971, 93-119; José Maria Ripalda: Poesie und Politik beim frühen Hegel. HS 8 (1973), 91-118; Ripalda: The Divided Nation. The Roots of a Bourgeois Thinker. G. W. F. Hegel. Assen/ Amsterdam 1977, 15-84; Bondeli: Hegel in Bern, 165-207; Schmidt: Anerkennung und absolute Religion (1997), 61-87.

2.4. 国権（Staatsrecht）と教会法（Kirchenrecht）

(1) しかし「互いにきわめて矛盾した考察は，いかなるものであれ……」という断片の哲学的な内容は，決してキリスト教の実定性の原因への問いに尽きてしまうわけではない。実定性が成立するという脈絡の中で生じてくる「国家」と「教会」という二つのキーワードの故に，ヘーゲルは自らの本来的なテーマをほぼ見捨ててしまい，教団と国家共同体の現象形式に関するさまざまな論理の分析へ移行する。つまり，ヘーゲルが自分の最後の著作の中でまで従事することになるテーマへと移行するのである。たしかにヘーゲルはこの国教会の法的な遂行を，「実定性論文」のテーマと結び合わせている。そしてそれをまたレッシングの『賢者ナータン』からの詳細な引用によっても，はっきりと「実定性論文」のテーマとつなぎ合わせている。しかし国教会の法的な遂行は，法と道徳の関係，ならびに法と義務の基礎づけについての法哲学的研究を前提しているのであっ

て，このような研究はヘーゲルによる当時の国権に関する取り組みという背景に由来するのであり，そうして初めて第二次的に「実定性論文」の文脈の中で受けとめられているといってよいだろう。これらの研究は，また，ちょうどこの当時教会と国家の関係に関してフランスで行われた熱狂的な論争の反映としても読まれなければならないだろう。

(2) ここでのヘーゲルの関心はもはや実定性の成立にあるのではなく，むしろ初期教会から「精神的な国家 geistlichen Staat」へ，すなわち国家の形態をとった教会の構造への移行に伴った，法状態の変化に認められる。初期教会からの離脱は市民法に関わることがないのにひきかえ，「精神的な国家」から抜け出した者，あるいは排除された者は，この「精神的な国家」が市民的国家と一致することになったために，同時に市民としての存在を失ってしまうことになる。プロテスタント教会およびカトリック教会における精神的な国家の性格を，ヘーゲルはここでなおも啓蒙主義的に基礎づけている。すなわち，「教会とは，特定の信仰や特定の宗教的信念で結ばれた社会のあらゆる構成員を守りあい，この社会の維持のため，またあらゆる構成員の信仰を堅固にするための処置を講じようとする，一人によるあらゆる人との契約，またあらゆる人による一人との契約である」。ヘーゲルはこの契約法の構造を——市民的な服従の契約と似たように——服従と考え（しかも教会の場合には自発的な服従として），統治者によって表明された精神的な国家の一般意志のもとにあるとしている。これによって精神的な国家は，「市民的な起源からまったく独立な法と義務の拠り所」となる。ヘーゲルは，この法と義務の拠り所を「純粋な教会法」という表題のもとにまとめており，すでにその契約法的な根拠づけを考慮して，この法が「各人の自然の権利」を侵害しないことをはっきりと強調している（GW 1. 315）。

(3) しかしながら，この純粋な教会法が教会にとって満足いくものではないことから，問題が生じてくる。純粋な教会法と市民法とは別々の立法の指示に従うにもかかわらず，教会は国家と結びつけられている。教会法の立法と市民法の立法とが均一化されることによって，「不純な教会法」が生じてくる。市民が他人の権利を侵害しない限りにおいて，国家

は──市民の信仰には構わずに──市民の権利を守らなければならない。それに対して教会には，教会の立法に従わない者を締め出すことのできる権利がある。たしかにこの点に関して市民的国家は精神的な国家にならう必要はないが，しかし〔市民的国家と精神的な国家との〕両者は，その領域においては一致しているために，国家の法に対して教会の法を規則どおりに押し通そうとして，衝突が生じてくる。教会をめぐる諸権利が失われることになれば，市民の諸権利もまた失われることになる。精神的な国家が市民的国家との衝突の中で自分を主張できるのは，精神的な国家が市民的国家を構成する機能を，市民的国家のために果たしているからである。市民的国家の中に参入する活動がすでに当時は，実際，教会の活動でもある。たとえば，洗礼がそうである。また市民の生活共同体の基礎としての結婚契約も，また死亡の場合も同様である。これらの事柄において市民的国家は精神的な国家に「自分の権利と職務を譲り渡してしまった」。あるいは，歴史的により適切に言いかえるならば，市民的国家はこれらの権利を19世紀になって初めて要求することになるだろう。市民的な国家は，教会に教育権をも委ねてしまう。つまり教会は，「魂の髄に至るまで信仰を押し込むこと」によって，人間のすべての思考と行為に影響を与えることを義務と解している（GW 1. 317, 325）。

（4）しかしながらヘーゲルは，市民的国家と精神的な国家における契約法的な規則のそれぞれの内容が，正確に対応できないことをも認めている。つまり，人は市民的契約の中で個別意志を一般意志に従わせることができ，一般意志を法として承認することができる。しかし自分の意見を多数意見に従わせることは，「意見の本性に反している」。それゆえに信仰の問題における社会契約は，「まったく価値がなく，取るに足らないものである」。このことは信仰の問題に関して多数意見によって決定しようとする教会会議にもあてはまり，初期のように会議が代表制の性格を備える場合でさえもそうであり，ましてや後になればなおさらのことである（GW 1. 328f.）。

（5）ここでヘーゲルは自由な宗教的実践を，まずもって教会の構成員としての人間に認められる権利ではなく，国民としての人間に認められる権利として，すなわち「いかなる社会であろうと，社会への参入によっても放棄することのできない人権」として，また自己立法に対する「譲渡することのできない人権」として特徴づけている（GW 1. 335, 351）。それゆえにヘーゲルは，この点においてさらに1830年に，「アウグスブルク信仰告白」（1530年，本書404頁参照）の提出のさいにこの自由な宗教的実践の権利を支持した領主たちを称賛するのである。ヘーゲルはすでにここで，自由な宗教的実践の保護と思想の自由の保護とは，教会の側よりも国家当局によってはるかに大事に扱われるという，ドイツのプロテスタント主義，とくにルター主義に特有の歴史的根本経験を表明している。このような歴史的経験から，後のヘーゲルによる自由の保証人としての国家への選択も導き出される。教会制度の根本的な誤りは，「人間的精神のあらゆる能力に関する権利を誤解していることであり，とくにこれらの誤解されている権利のうち第一のものは理性の能力に関する権利である」。そしてそれに照応して教会制度とは，「人間を軽視」する制度でしかありえない（GW 1. 349）。教会が思想に影響を及ぼそうとするために，教会は意志の自由を抑圧することになる。教会は，市民的自由と生命の享受とは「天国の富に比べれば糞だと蔑む」ように教えている（このようにこの文は〔教会の立場から自由が蔑まれている〕GW 1. 345とは反対に，〔自由の見地から教会の誤りが指摘されるように〕読まれてしかるべきである）。それとともに，教会は専制政治を助長することになる。このような言い方によって，ヘーゲルは，シェリングに対して述べた注意，すなわち専制政治と教会とはぐるになってきたという（1795年4月16日〔の手紙〕：本書22頁参照），自分の発言を言わば具体化してみせているのである。

テキスト：GW 1. 306-351.
参考文献：Rosenzweig: Hegel und der Staat (1920), Bd. 1. 34-39.

2.5. アルプス徒歩旅行記（1796年）

（1）ヘーゲルのジュネーブ旅行を知らしめる資料は，

公式の旅券だけである。これに対してベルナーオーバーランドを通ってローヌ渓谷へ至り、フィーアバルトシュテッター湖を通ってルツェルンに至るまでの一週間の徒歩旅行について、ヘーゲルはみずから非常に事細かに記している。ローゼンクランツはこの記録を『ヘーゲルの生涯』の中で伝えた。しかしそれ以降、この記録は所在が不明となっている。問題となっているのは、日記としての記録ではなくて、旅行の後で書かれ、おそらく公刊する意図をもって文学的なスタイルで書かれた記録である。この記録は、風景や、そこの住民、彼らの生活様式や衣食、かれらの慣習や仕事ぶり、かれらの政治的権利や言葉に関する描写が、うまい具合に混ぜ合わされたものであり、それらが、美的判断やウィルヘルム・テルの歴史的な記憶、またチーズの調合や雪崩に備えて安全を心がける教えのヒントと織り交ぜられている。

（2）ヘーゲルはこの徒歩旅行を、目前に迫ったベルンからの別離を見据えて企てたのであろう。というのは、この時期に、ヘルダーリンからヘーゲルに対してすでにゴーゲル家での家庭教師の職について、最初の便りが届けられているからである。1796年7月25日朝に、ヘーゲルはベルンで「3人のザクセンの家庭教師、トーマス、シュトルデ、ホーエンバウムと共に」旅を開始している。トーマスは、ヘーゲルの雇用者の兄弟であるヨハン・ルードルフ・シュタイガーのもとで家庭教師をしていた。ヘーゲルとトーマスとの交際は、それ以外については知られていない。行程は、クリストフ・マイナースが『スイスに関する手紙』の中に書きとめた旅行コースに、できる限り従っている。マイナースの記録と注意が機会に応じて試されており、その一部は確認され、また一部は修正される。それどころか、山行記録から察するに、ユーモラスな詩を用いて訂正されている〔GW 1. 392にマイナースを皮肉めかしたヘーゲルの詩がある〕。全体としてはマイナースの『手紙』は、主要モチーフのようにヘーゲルの叙述を貫いている。

（3）この記録は、自然に対するヘーゲルの立場が認められるために、哲学的に興味深いものとなっている。すでに旅行の始めに、ヘーゲルにとって渓谷の狭さは、「何か圧迫するもの、何か不安にさせるもの」である。水しぶきが「しきりにとどろく」のは、「結局は退屈」を引き起こすことになる。それに対してラウターブルンネンで水煙をあげて流れる小川からヘーゲルが見出すのは——マイナースとは反対に、しかしシラーの『優美と尊厳』（1793年）の読者として——「完全な満足」である。というのは、「優美で強制されないままに自由に水しぶきが流れ落ちるさま」は、「何か愛しいもの」があるからである。そして、これは、下手な牧歌の意味で言われているのではない。「威力や大きな力が見られないことによって、思想は自然の強制 Zwang や自然の必然から距離をおいたままでいる。また生き生きしたもの、つねに自らを解体するもの、離れ離れに飛び散って、一つのまとまりへ統合されず、むしろ永遠に自己を続け、活動するものは、自由な戯れというイメージを生み出すのである。」あたかもここでは、言ってみれば、自然の必然性が芸術の自由の中へと解消されるようである。これに対して、氷河の観察は、「何の関心も引き起こさない。これは、たんに新たな見方と呼べるものでしかなく、しかし精神にまったくさらなる作用も及ぼさない」。氷河の光景には、「高尚なものも愛しいものもない」。ヘーゲルは次のように——アーヘンでカール大帝の椅子に座った際の記述（本書88頁参照）を予示するかのように——要約する。「私は目下のところ、私が氷河に触れ、氷を注視できるほど、そのような氷河の近くにいるという満足のほかに何も見出さなかった。」山の絶壁と氷河の生気の無さにかわって、再び見物人ヘーゲルの心を揺り動かすのは、ライヘンバッハの滝の「永遠の生命、激しい活発さ」である。「見物人はこの滝の中で永遠に同じ像を見るが、同時に像が決して同じではないものを見ている。」これに対して岩に向かってとどろく波が押し寄せることによって、見物人は「自然の必然性 Müssen の純粋な概念」を得る。しかしその中では、自由な遊戯という契機が欠けている。岩のながめ、つまり「この永遠に死んだ塊」は、見物人の中に、ただ「あるがままにある es ist so という単調で長くて退屈な表象」を呼び覚ますのでしかない（GW 1. 383-392）。こうしてヘーゲルは自然のどこにも美を認めず、崇高すら認めない。

（4）ヘーゲルは自然を美的見地から評価すること

に対して距離をとっている。これは、山々の巨大な形姿を堕罪の結果として理解する近代初期の形式においてにせよ、神が人間のために自然を合目的的に用意したと理解しようとする同時代の形式においてにせよ、自然に道徳的考察や神学的考察を加えることに対して距離をとっていることと同様である。むしろ自然から学ぶことができるのは、自然が岩塊を「目的もなしに」相互に積み上げることであり、たとえ人間が時折自分の目的のために岩塊の偶然の配列を利用する術を知っていたとしても、「最も信仰深い神学者」ですら、慰めもなく目的もない自然が「人間にとって有用であるという目的をあてがうこと」を、あえてする必要はない。少なくとも山地の住民は、「どのように自然が人間の享受と快適な生活のためにあらゆるものを用意したのかを、人間のうぬぼれに対して証明する」ような、自然神学の部分をけっして思いもつかなかっただろう。それは、「同時にわれわれの時代を特徴づけているうぬぼれである」（GW 1. 390f.）。さらに別の観点においても、ヘーゲルは宗教哲学的研究を伴ってこの徒歩旅行をしている。たとえ「遊牧民たちの子供のような感受性」が自然の諸形態に神話を結びつけるとしても、「キリスト教の構想力は悪趣味な言い伝えしか」もたらさない。──そしてそのことが、どのようにして「子殺し」礼拝堂が命名されたかについて、船員によって物語られた「気の毒な話」においても問題になっているのだろう（GW 1. 395f.）。

初出：R 470-490.
テキスト：GW 1. 381-398.
典拠：Christoph Meiners: Briefe über die Schweiz. T. 1-4. Berlin 第1版 1784-1790, T. 1-2 第2版 1788.
参考文献：Ruth und Dieter Groh: Zur Kulturgeschichte der Natur. Bd. 1: Weltbild und Naturaneignung. Frankfurt am Main 1991; Hegel: Journal d'un voyage dans les alpes bernoises (du 25 au 31 juillet). Traduction de Robert Legros et Fabienne Verstraeten. Grenoble 1988 (mit Rekonstruktion der Reiseroute und Illustrationen); Bondeli: Hegel in Bern (1990), 212-214.

2.6. 「エレウシス」ヘルダーリンに宛てて（1796年8月）

(1) カール・ローゼンクランツは、ヘーゲルの「あるべき」詩に関して、不当ではないにせよ、厳しい判断を下した（R 84）。しかし、ローゼンクランツは、ヘーゲルが「友人に対するきわめて情熱的な憧れに満ちて」1796年8月にヘルダーリンに宛てた「神秘的な」詩、「エレウシス」を──比較的申し分のないこのヘーゲルの詩句には、非常にたくさんの韻律の違反があるにもかかわらず──この批判の中に含めなかった。

この詩は、テュービンゲンでともに過ごした時期や「昔の絆」を思い出させている。そしてこの思い出を前にして再会への期待が、また「自由な真理のためにのみ生き、けっして、けっして信念と感情を規制する規則との和解に至ることのない」昔の絆を強めることへの期待が押し出されてくる。この詩はアルプス徒歩旅行から帰ってすぐの翌月に、チュッグのビール湖畔にあるシュタイガー家の夏の別荘で書かれており、この「白条」の湖は詩の中で嬉しげに輝いている。この詩には、ビール湖と聖ペテロ島周辺のこの地方をもはや離れようとしなかった、ルソーに対する想起が込められていることは明らかである。だが、徒歩旅行の記録と同時期であることから、詩の中に「自然の神秘」を見出そうとするいかなる試みも妨げられる。際立った対照をなすのは、（ルソー的な）自然と社会ではなく、日中の「退屈な喧騒」と「夜の解放者」である。この詩は「自然賛歌」である以上に「夜の賛歌」なのである。ヘーゲルは、日中のせわしなさと夜の静けさや自由との対立を、高尚な教えで満たされた神秘の沈黙と今やあらゆるものを満たしている最近の永遠の死者の「うつろな言葉のがらくた」との対立に──シラーの「ギリシアの神々」に同感して、美しい世界の喪失を嘆きながら──対応させている。

(2) ローゼンクランツはこの詩を最初に公刊したさいに、それがヘーゲルの遺稿から他の草稿と一緒に保存されていたことを、とくに指摘しなかった。だがこの詩はヘーゲルの遺稿の一部であり、おそら

くこのためにヘーゲルはこの詩をたしかに「ヘルダーリン宛て」に書いたのだが，それを送ることはなかったのだろう。それゆえにおそらくフリーメイソン的な「ひそかな交友」（ドントに着目した，Bondelli 1990, 67）がもたれることはまったくなく，軽はずみに書かないようにと，ヘルダーリンに宛てられた二重にぼかして表現された忠告は（Bertaux 1969, 111f.)，決して名宛人に発送されることはなかった。ヘーゲルの側からも，ヘルダーリンの側からも，ヘルダーリンがこの詩の写しを保存していたことを，指摘するようなものは存在しない。また，「エレウシス」からすぐに想起させられるただ一つの文書があるが，それが意味しているのはまったく正反対のものである。すなわち，ヘーゲルがヘルダーリンの来訪を大いに喜んで承諾している（しかしそれにもかかわらず，一連の金銭的な調整を依頼している）1796年11月の手紙で，ヘーゲルは次のように記している。「君への憧れがどれほど大きく私の速やかな決断に関係しているか，どれほどわれわれの再会や君と過ごす楽しい未来の光景が，この合間に私の目の前に浮かんでいるか，――それについては何も言うまい。」

初出：Rosenkranz: Aus Hegels Leben. In: R. E. Prutz. (Hg.): Literarhistorisches Taschenbuch. Bd. 1. Leipzig 1843, 89-200, ここでは 94-102; R78-80.

テキスト：GW 1. 399-402.

参考文献：Johannes Hoffmeister: Hegels Eleusis. Eine geistesgeschichtliche Studie über die Erlebnisgrundlagen der Hegelschen Philosohie. In: Geisteskultur 40 (1931), 209-226; Jacques d'Hondt: Hegel secret. Recherches sur les sources cachées de la pensée de Hegel. Paris 1968, 227-281; deutsch: 193-237; Bertaux: Hölderlin und die Französische Revolution (1969); Manfred Züfle: Prosa der Welt. Die Sprache Hegels. Einsiedeln [1968], 269-301; Herbert Anton: »Eleusis«. Hegel an Hölderlin. In: Hölderlin-Jb19/20 (1975-77), 285-302; Jamme: »Ein ungelehrtes Buch« (1983), 133-138; Bondeli: Hegel in Bern (1990), 72-83.

3

フランクフルト時代の構想（1797-1800年）

3.1. ドイツ観念論最古の体系プログラム

(1) フランツ・ローゼンツヴァイクは，ヘーゲルの手稿の中にあった断片「倫理……」を，その最初の出版の際にこの表題〔「ドイツ観念論最古の体系プログラム」〕で掲載した。この断片がフランクフルト時代に書かれたかどうかは定かでないにもかかわらず，そこではヘーゲルのフランクフルト時代の最初のテキストとして扱われている。ヘーゲルがこの断片を書いた者であるということだけでなく，この断片の起草者であるということも，たしかではない。ローゼンツヴァイクは断片がヘーゲルによるものであることを否認して，この断片をシェリングに帰属させる。それは，1796年のドイツでただ一人だけが持っていた「青年の意気揚々たる語調」のためでもあり，また「私は……することだろう ich werde」という屈託のない堂々とした目標設定のためでもある（これには，いわば高きめぐり合わせによってシェリングの草稿を発見しようとする，反ヘーゲル学派による願望がまったく関与していないわけではない）。アードルフ・アルヴォーンとクルト・シリングは，とくに1796年という時点でシェリングへの帰属が考えられることに疑念を抱いている。ヴィルヘルム・ベームは同じ理由から，「体系プログラム」がヘルダーリンに帰属することを主張したが，ルートヴィッヒ・シュトラウスはベームを論駁し（しかしそれに対してベームは答弁するのだが），再びローゼンツヴァイクによるこのテキストのシェリングへの配属を選択している。著者論争は長く中断した後に，オットー・ペゲラーがヘーゲルを起草者としても支持した。1969年に著者を明確にするために開催された研究集会では，クラウス・デュージングとオットー・ペゲラーが（のちにはミヒャエル・フランツも）再びヘーゲルを支持する一方で，ヘルマン・ブラウンとクサヴィア・ティリエットが再びシェリングを支持し，フリードリヒ・シュトラックがヘルダーリンを支持している。これに続けて，フランク・ペーター・ハンセンは，受容史と解釈を詳細に叙述する中で，これまですべての研究者に一致して受け入れられてきた1796/97年という年代に疑念を抱き，1795年春／夏を支持するようになる。近年では，新しい世代によって，かつての種々の選択が再び新しいやり方で取り扱われ，その一部は新しい論拠によって裏づけられている。たとえば，エッカルト・フェルスターはヘルダーリンを，マンフレート・バウムはシェリングを，ヘルムート・ヒューン，フベルトゥス・ビュッシェ，ヴィオレッタ・ワイベルはヘーゲルを支持している。さらに——ローゼンツヴァイクにおいて言わば神の思し召しによって根拠づけられた前提——挙げられた三人のうちの一人だけが起草者でありうるという前提でさえ——たとえ「体系プログラム」を〔これら三人とは異なる〕フリードリッヒ・シュレーゲルに帰属させる試みがほとんど納得のゆかないものだとしても——今日ではもはや異口同音に受け入れられるということはない。それにもかかわらず，長いあいだ作者に関する議論が定まらなかった，クリンガーの『ボナベントゥラの夜警人』について，最近行われた意外な解明によって，本当ならば考えられる起草者の集団を狭

く制限することに対して，幾分慎重であるように促されることになろう。

(2) 起草者問題に関する論争はもうすでにほぼ100年を経ているのに，まだ決着がついていない。それにもかかわらず，論争はいたずらになされていたわけではない。論争を通じてこのテキストについて思いつく限りの解明が要求されたが，とりわけ，原著者を明確にするのが困難であった限り，テキストの一層広い周辺に対する解明が要求された。論争によって，文献学的方法と哲学的方法を十分に満たす兵器庫も開発された。具体的には，遺稿の研究，透かし模様の分析，文字の分析——本人あるいは他人による書き写しの技術だけでなく，あり得る聞き間違いも含めて——文体・語の韻律・語の使用度・伝記的な背景・思想的な背景・文学的形式・起草候補者の発展史，そして最後には哲学の体系の展開にいたる理論的可能性の分析が開発された。この研究がひどく妨げられたのは，第二次世界大戦によって引き起こされた諸々の出来事の結果，草稿をつい最近まで入手することができず，そしてこのためにローゼンツヴァイクの（後にはルートヴィッヒ・シュトラウスとマルティン・ブーバーの）所有する写真版によって代替されなければならなかったことによっている。この草稿は，わずか20年このかた，ようやくクラクフのヤギェウォ図書館で，かつてのプロイセン国立図書館の写本部門の別の蔵書とともに，再び入手可能となっている。このために研究に必要なステップが通常の手順では踏まれてこず，重要な情報は，この20年のあいだにようやく知られるようになったのである。

この紙片は1913年3月にレーオ・リープマンスゾーン書籍商によって競売にかけられた。それをベルリンの王立図書館が，さらにその後にプロイセン国立図書館が入手した。ディーター・ヘンリッヒは，在庫目録の自家用本のうちに，この草稿は「フリードリッヒ・フェルスターの遺稿」，つまりヘーゲルの弟子の遺稿に由来することが，メモしてあるのを発見した。フェルスターは——ルードヴィッヒ・ブーマンとともに——『故人の友人の会版著作集』の枠内で『未整理論集』を刊行しようとして，最初に，ヘーゲルの書いた全遺稿を入手した者である。このさいにフェルスターは自分が刊行した部分のほとんどを保存していた（当時の慣例ではまったくなくはないことである）。保存された遺稿は20世紀初頭に，「〔1800年〕体系プログラム」の少し前に，同じようにフェルスターの遺稿から，自筆原稿の売買が行われるに至った。

ローゼンツヴァイクはこの断片を——ヘルマン・ノールが『初期神学論集』を刊行する際に活用しえた——字体統計のやり方で，成立時期を「エレウシス」の「詩の執筆前に，ほぼ確実に等しい蓋然性でもって」決定しており，つまり1796年4月29日（「実定性論文」の最後の部分）と8月の間の月と決めている。これらの日付けはいまでは磐石ではないことが明らかになっている。というのは，この断片は，1796年に製造されて1796年と1797年の変わり目に用いられたことが明らかであるメミンゲンの製紙工場の紙に，書かれているからである。ヘーゲルがこの紙をすでにベルンで使用したかもしれないことは，当時その地におけるこれらの紙の普及について鑑みると，とうていありそうもないことである。ヘーゲルはナネッテ・エンデルへの1797年3月22日の手紙の中で，「メミンゲン経由で旅行したこと」を思い出している。おそらく1796年の終わりはベルンからシュトゥットガルトへの帰途であり，この際にヘーゲルはこの紙を入手できたのだろう。しかし——よりメミンゲンに近い——シュトゥットガルトでもわずか数日後に入手可能であったと，考えられないことはない。この点は，ヘーゲルがすでにテュービンゲン時代始めに書いた覚書の紙（GW 1. 80）に——より古い——メミンゲンの紙を使用していることから，うかがわれる。

(3) このテキストは——たとえその思想過程のすべてが紙上に保持されているように見えるとしても，断片的に始められている。「倫理 eine Ethik.」という最初の二つの語は，明らかに先行する文章の末尾をなしている。これらの語を表題として読む根拠は存在しないが，またヘーゲルがこれらの語から最初に執筆し始めたと想定する根拠も同じくらい存在しない。〔しかし〕後者の想定は，ヘーゲルが恐らく——いまや現存する——一個の紙片を，これとつながっていた紙の左の縁から切り離した後に初めて，字を書いたということから，裏づけようとすることができるかもしれない。というのは，この紙は

余白がない状態で字が書かれているにもかかわらず，テキストが失われることもなく，切り取られているからである。だがこのテキストの始まりは，のちにヘーゲルかフェルスターか第三者によって知られざる理由から破棄された，任意の別の紙に書かれたのかもしれない。

ヘーゲルにとって変則的な仕方で，余白がない状態で書かれているこの断片において問題となっているのは，草稿ではなく，写しである。この点についてはつい最近まで一致が得られていた。この断片には，写し間違いと解釈される多くの間違いが示されている。ローゼンツヴァイクはそれだけではなく（あまり納得のゆかない解釈ではあるが），わずかに広くなった語の間隔と（不必要な仕方で線を引いて消された）コンマとを，ヘーゲルが自分の文書を書き写す場合にそうするのがつねであったよりも，一層注意深く原本を保存しようとしたことだと解釈している。ここからローゼンツヴァイクは，ヘーゲルがここで他人の原本を書き写した——その原本はまた，当時のヘーゲルに特徴的ではないsの筆形を用いる気をも起こさせた——と結論づけた。

「体系プログラム」は恐らくこの時期において最も良く編纂されたテキストであるにもかかわらず，この紙片の清書の特徴と起草者の探求によって，テキスト批判は独特の仕方でテキストの背景のうちに入り込まされてゆくことになる。ディーター・ブレマーはようやくごく最近になって二つの重要な改訂に寄与した。それは，表側頁の33行から34行の破格構文である「私は今や確信している。理性はあらゆる理念を含むのであるから，理性の最高の活動は美的活動である，と（Ich bin nun überzeugt, daß der höchste Akt der Vernunft, der, indem sie alle Ideen umfaßt, ein ästetischer Akt ist)」は，次のように理解されなければならない。「理性の最高の活動は，そのうちで理性があらゆる理念を含む活動であり，美的活動である…（… daß der höchste Akt der Vernunft, der, in dem sie alle Ideen umfaßt, ein ästetischer Akt ist)。」裏側頁の23行から25行に関する提案ももっともなものである。「哲学者を感性的にするためには，神話は哲学的にならなければならず，民衆は理性的，哲学は神話的にならなければならない（die Mythologie muß philosophisch wer- den, und das Volk vernünftig, und die Philosophie muß mythologisch werden, um die Philosophen sinnlich zu machen)」は，その代わりに，対比の口調にされる。「神話が哲学的にならなければならないのは，民衆を理性的にするためであり，哲学が神話学的にならなければならないのは，…のためである（die Mythologie muß philosophisch werden, um das Volk vernünftig, und die Philosophie muß mythologisch werden, um …)。」ここで問題となっているのはヘーゲルの写し間違いではなく，聞き間違いだというブレマーの論拠から離れても，この両方の提案は納得のゆくものである。——この聞き間違いの例として，さらにブレマーは，「だから最後には啓蒙されたものと啓蒙されていないものは手を握り合わなければならない（So müssen endlich auf- geklärte und Unaufgeklärte sich die Hand reichen)」（裏側頁22行から23行）における小文字表記から大文字表記への転換をも引き合いに出している。これまで写し間違いと理解されたあらゆる書き間違いは，聞き間違いとしても解釈されるようになる。——裏側頁9行で「歴史」という語が削除されているが，この削除の原因が，後述されるはずの語〔「歴史」〕を〔間違って〕先取りしてしまったことにあり，そしてそれは口述するさいの〔原稿の〕読み間違いというようにも理解できる。したがって，この間違いすらも（ローゼンツヴァイクの解釈とは異なり）聞き間違いとして解釈されることになる。

さらに他の方法によっても，これまで明白な帰属先が明らかになることはなかった。サビエ・ティリエッテは——エサウ-ヘーゲルの粗毛の手を見て，ヤコブ-シェリングの大きな声を聞いていると思っているが[1]——原作者がシェリングであるとするための哲学的議論を，ヘーゲルとシェリングの用語法の統計的な比較によって裏づけようと試みている。この比較はたとえ明白ではないとしても，シェリングにとっては好都合となるものである。これに反して，フリードヘルム・ニコリンによって報告された，言葉のリズムについてのそれより以前の統計は，ヘーゲルに与したものである。帰属先を明らかにするために用いられる哲学的でない手段は，これらによって——明確な結論に行き着くこともなく——利用し尽くされてしまっているといってよいだろう。

1) エサウとヤコブは旧約聖書中の人物で，双子の兄弟である。父イサクは長男エサウを後継者に望むが，母は次男ヤコブを後継者に望み，ヤコブに毛皮を纏わせ毛深いエサウを装わせて，目が見えなくなったイサクの所へ連れて行き，祝福を受けさせた。

（4） 著者問題をめぐるこのような論争とは異なり，テキストの哲学的評価という点に関しては広範な一致が見られる。それは，「体系プログラム」は或る理論的な環境に由来しているということ，すなわち，何がしかテュービンゲンの神学寮を通してもたらされたということである。「体系プログラム」は，カントの——そしてシラーによって拡張された——問題状況に馴染んでいる受容者の集団を相手に，書かれている（「君たちは見る… (Ihr seht …)」）。「体系プログラム」は少なくとも，フィヒテの知識学をめぐる議論にも馴染んでいる集団における綱領的な自己表現としては，場違いだろう。ローゼンツヴァイクの見解とは異なり，「体系プログラム」はたんにドイツ観念論最古の体系プログラムでないだけでなく，本来はまったく体系プログラムではない。むしろそれは哲学的な扇動の綱領である。あるいは少なくともこれを体系的に実行するために自由にこなすような方法を知りえぬままに，その起草者がなしとげようと考えているものを，たんに布告した文書でしかない。

ディーター・ヘンリッヒは，「体系プログラム」のあいまいさを際立たせている。「体系プログラム」は，カントを手本にした捉え方をしながら，カントの基盤上に移し変えることのできない哲学的プログラムを展開しようとしている。形而上学全体が，将来，道徳に属するとされ，「カントは二つの実践的要請を挙げて，ただ一例を与えたにすぎない」（それにしても，この見方はカントの曲解である）とされるのだから，「体系プログラム」は倫理学を，あらゆる理念のあるいはあらゆる実践的要請の完全な体系として構想している。第一の理念は，「絶対的に自由な存在者としての私自身に関する表象」であり，この自由な存在者とともに，同時に「全世界」が無から生じてくる。ここから，著者は「自然学の領域に降りて」，「世界が道徳的存在者にとってどのようなものでなければならないか」という問いに答える。著者は，自然から「人間の作品 Menschenwerk」を経て「人類の理念」へ至ろうとする。また著者は，国家が機械的なものであり，自由な人間を「歯車装置」のように扱うがゆえに，国家のいかなる理念も存在しないことを示す。著者は「人類の歴史のための諸原理を書き記し，国家や憲法や統治や立法というみじめな人間の全作品を顕わにしようとする」。次いで，「道徳的世界，神，不死の理念」に言及し，さらに「あらゆる迷信」と理性を装いつつ僧侶ぶる態度を「理性そのものによって」「覆すこと」に言及する。理性の最高の活動は，（ブレマーの改訂文に従えば）そのうちで理性があらゆる理念を含む活動であり，美的活動である。他のあらゆるものを一つにまとめる最高の理念は，美の理念である。それと同時に体系の実際の素描は終わり，著者は自分の民衆教育の関心事に移っていく。そして構想力と芸術の多神信仰と，理性と心の一神信仰との調停に移り（ゲーテについては，PLS 3 / 1. 324f. 参照）——民衆を理性的にし，哲学者を感性的にするために「理性の神話」でなければならない「新しい神話」の探究に移る。

（5）「体系プログラム」をめぐる多様な努力によって，二つの重要な成果が——成立時期の修正と，草稿がヘーゲルの遺稿から出てきた由来の解明が——もたらされた。さらにこのような努力から，短い草稿の場合，その成立時期を字体統計の方法を用いることによって確定することは，当てにならないということに——透かし模様の分析のおかげで——新たに注意が呼び起こされた。しかしこのような努力も著者問題をめぐる議論には決着をつけなかったどころか，ほとんど影響を及ぼすことができなかった。その問題の決着のためには，内容的な議論が必要である。しかしながら事柄のうちに含まれている不均衡のために，帰属先を定めることは困難なものとなる。「体系プログラム」の中で述べられている思想を，考えられうる一人の起草者の思想展開の中にあてはめるだけでは，帰属先を明らかにするのに十分ではない。しかしながら思想があてはまらないことは，その帰属先に反論するための十分な理由にはなる。それゆえに，これまでに十分に委曲を尽くした，高度な論証を通じてなされる分析が説得力をもつのは，次の場合である。すなわち，「体系プログラム」の或る概念あるいは思想過程が，該

当する時期に問題となっている起草者のうちの一人の発展史と一致しないことを，その分析が論証する場合である。そのさいにもちろん考慮しなければならないのは，1796年と1797年の変わり目という〔テキスト自身の〕成立時期は，それに先立って（ante quem），下書き（もしくは口述）の原本がもっと前に成立したことをも決して排除しないことである。というのは，1796年と1797年の変わり目にかけては，シェリングもヘルダーリンも自分の理論的構想の中で，「体系プログラム」の立場を明らかにしのぐような問題提起とそれに解答をするための手段を形成していたからである。ヘーゲルの思想の中にあてはまる多くの要素があるにもかかわらず，「体系プログラム」の文体のゆえに，依然として，ヘーゲルが起草者であることに対する反論がある。しかも「国家や憲法や統治や立法というみじめな人間の全作品を顕わにしようとする」起草者の意図は──〔ヘーゲル自身が確かに〕「国家機構」（GW 1. 369 参照）に対して世間並みに中立的に言及していたとはいえ──彼の国家の思想に関するあらゆる証言と余りに相いれず，とくに彼の諸々の執筆のうちに反映されているフランスでの発展への彼の関心と余りに相いれない。そのために，ヘーゲルは考えられうる起草者の範囲から除外されることになる。1790年代半ばにおける議論の状況に関する今日の知識も，「体系プログラム」によって課せられた謎を解くのに充分なほど委曲が尽くされておらず，包括的でもないのである。

初出：Das älteste Systemprogramm des deutschen Idealismus. Ein handschriftlicher Fund. Mitgeteilt von Franz Rosenzweig. Heidelberg 1917 (Sitzungsberichte der Heidelberger Akademie der Wissenschaften, Phil. — hist. Klasse 1917, Abh. 5).
テキスト：とりわけ GW2.
参考文献：Wilhelm Böhm: Hölderlin als Verfasser des »Ältesten Systemprogramms des deutschen Idealismus«. In: Deutsche Vierteljahrsschrift für Literaturwissenschaft und Geistesgeschichte 4 (1926), 339-426; Adolf Allwohn: Der Mythos bei Schelling. Berlin 1927 (Kant-Studien, Ergänzungsheft 61), 新版 Vaduz 1978; Ludwig Strauss: Hölderlins Anteil an Schellings frühem Systemprogramm. In: Deutsche Vierteljahrsschrift [...] 5 (1927), 679-734; Böhm: Zum »Systemprogramm«: Eine Erwiderung. Ebd. 734-743; Otto Burger: »Eine Idee, die noch in keines Menschen Sinn gekommen ist.« (Ästhetische Religion in deutscher Klassik und Romantik). In: Albert Fuchs und Helmut Motekat (Hg.): Stoffe, Formen, Strukturen. Studien zur deutschen Literatur. München 1962, 1-20; Otto Pöggeler: Hegel, der Verfasser des Ältesten Systemprogramms des Deutschen Idealismus. HSB4 (1969), 17-32; Bubner (Hg.): Das älteste Systemprogramm (1973); Pöggeler: Hölderlin, Hegel und das älteste Systemprogramm. In: HSB9 (1973); Bernhard Dinkel: Der junge Hegel und die Aufhebung des subjektiven Idealismus. Bonn 1974, 215-244; Michael Franz: Hölderlin und das »Älteste Systemprogramm des deutschen Idealismus«. In: Hölderlin-Jb 19/20 (1975/77), 328-357; Friedhelm Nicolin: Aus der Überlieferungs- und Diskussionsgeschichte des Ältesten Systemprogramms. HS12 (1977), 29-42; Friedrich Strack: Nachtrag zum »Systemprogramm« und zu Hölderlins Philosophie. In: Hölderlin-Jb21 (1978/79), 67-87; Manfred Frank: Die Dichtung als »Neue Mythologie«. In: Recherches Germaniques 9 (1979), 122-140, 新版 in Karl-Heinz Bohrer (Hg.): Mythos und Moderne. Begriff und Bild einer Rekonstruktion. Frankfurt am Main 1983, 15-40; Klaus Düsing: Ästhetischer Platonismus bei Hölderlin und Hegel. In: Christoph Jamme/ Otto Pöggeler (Hg.): Homburg vor der Höhe in der deutschen Geistesgeschichte. Stuttgart 1981, 101-117; Frank: Der kommende Gott. Vorlesungen über die Neue Mythologie. 1. Teil. Frankhurt am Main 1982, 153-187; Christoph Jamme / Helmut Schneider (Hg.): Mythologie der Vernunft. Hegels »ältestes Systemprogramm« des deutschen Idealismus. Franfurt am Main 1984; Bernhard Dinkel: Neuere Diskussionen um das sog. »Älteste Systemprogramm des deutschen Idealismus«. PhJb 94 (1987), 342-361; Jamme: Ideen und Mythos. Replik zu B. Dinkel: Neuere Diskussionen um das sog. »Älteste Systemprogramm des deutschen Idealismus«. PhJb 95 (1988), 371-375; Frank-Peter Hansen: »Das älteste Systemprogramm des deutschen Idealismus«. Rezeptionsgeschichte und Interpretation. Berlin / New York 1989; Jamme: »Ist denn Judäa der Tuiskonen Vaterland?« Die Mythos-Auffassung des jungen Hegel (1787-1807). PLS 1.137-158; Ulrich Stadler: System und Systemlosigkeit. Bemerkungen zu einer Darstellungsform im Umkreis idealistischer Philosophie und frühromantischer Literatur. Ebd. 52-68; Eckart Förster: »To Lend Wings to Physics Once Again«: Hölderlin and the »Oldest System-Programm« of German Idealismus. In: European Journal of Philosophy 3 (1995), 174-198;

Helmut Hühn: Mnemosyne. Zeit und Erinnerung in Hölderlins Denken. Stuttgart / Weimar 1997, 106-110; Dieter Bremer: Zum Text des sogenannten ältesten Systemprogramms des deutschen Idealismus. In: Hölderlin-Jb 30 (1996/97), 432-438; Hubertus Busche: Hegels frühes Interesse an einer Mythologie der Vernunft-Zur Vorgeschichte des ›Ältesten Systemprogramms‹. In: Bondeli / Linneweber-Lammerskitten (Hg.): Hegels Denkentwicklung in der Berner und Frankfurter Zeit (1999), 295-320; Manfred Baum: Nochmals: Zum Ältesten Systemprogramm des deutschen Idealismus, ebd. 321-340; Violetta L. Waibel: »ein vollständiges System aller Ideen«. Zum ältesten Systemprogramm des deutschen Idealismus, ebd. 341-363.

3.2. ヴァート地方(ヴォー地方)のベルン市に対するかつての国法上の関係についての親書

(1) ヘーゲルの第二の「フランクフルト時代」の著作も，若干の制限を付けさえすれば，このフランクフルト時代の著作のうちに数え挙げられる。それは，彼が匿名で出版した『親書』，すなわち『ジャン・ジャック・カルからヴォー地方の財務官ベルナール・ド・ミュラルへの，当該地方の公的権利および現実的出来事に関する手紙』(パリ，1793年〔フランス語〕)の注釈つきのドイツ語訳である。ヘーゲルのこの最初の出版物は，彼の政治哲学をめぐってなされた19世紀の議論の中では，知られていない。ヒューゴー・ファルケンハイムが初めて1909年に「地味ではあるが，決して無視することのできない発見」を行った。つまりモイゼル社の出版図書目録(1805年)とカイザー社の出版図書目録(1834/35年)との中にこの訳書の編纂者としてヘーゲルの名前が記載されているというのである。ヘーゲルが同書の編纂者であることを示すさらなる証拠として，ファルケンハイムはスイスの大評議会議員の選出方法を揶揄する表現(下記の文献リストのうちにある〔ファルケンハイムの論文の〕194頁-198頁)と，1795年4月16日付けのシェリングに宛てたヘーゲルの手紙(本書19頁参照)とのあいだの類似点をあげている。その後，さらにこれを裏づける証拠としてヘーゲルの蔵書が競売にかけられた時のカタログにある記載(Nrr. 1219-1221)と，ヘーゲル自身による「ベルンの国家体制についての抄録」(GW 3, 221-233)とがあげられるようになった。

(2) 『カル親書』の存在をヘーゲルは間違いなくベルンで知った。またヘーゲルが翻訳の際に付した注釈のための資料も，フランクフルトよりは，むしろベルンとチュグにおいて入手したものと思われる。上述したベルンの国家体制に関する抄録はベルン製の紙に書かれているので，ヘーゲルの注釈の部分もベルンで書き終えられたものと思われる。しかしながら，翻訳の公表の計画に関する言及が一切欠けているため，ヘーゲルが翻訳の仕事をすべてベルンでし終えていたのかどうかについては断定できない。ベルンではフランス語で著された『カル親書』のオリジナルもすでに発禁処分を受けていたため，ヘーゲルがベルンで訳書を公刊することはもちろん不可能であった。

(3) ヘーゲルは『カル親書』をそのまま翻訳したわけではない。個人的な後書き部分を削除するだけでなく，原文に付いている親書8と親書9とを削除したりすることによって，『カル親書』のもつ効果を高めると同時に，脚注を加えたり，十二通の親書の中の一つには，終了部分に詳細な注釈を付すことによって短縮を補っている。これらの脚注および注釈は，そのテーマが『カル親書』の内容と適合する範囲で，スイスの歴史についての詳細な叙述(これに関してヘーゲルは，とりわけ自分でもそこから抜き書きを行った，フランソワ・セイニョーと，ヨハネス・フォン・ミュラーとに依拠している)や，税制の細目や，大評議会および小評議会からなる複合体制に関するものであったが，最終的にはベルン市の軍隊がヴァートに宿営した際(1791/92年)に政治的弾圧の手段としてとられた諸々の方策に関わるものである。これによってヘーゲルは若干の削除を施しただけで，カルがベルン政府の寡頭政治について描いた構図を，つまりベルン政府の行う寡頭政治がヴァートのいわゆる「古い法」をあらゆる点で侵害するという内容を，より深めている。ただカルがイギリス的自由と自己課税権との間に関連性をみているのに対して，ヘーゲルは次のような指摘を与え，カルとの見解の相違を示している。すなわち，「近

年においては」(つまりウィリアム・ピット (小) の政治下においては) イギリスの政治状況も非常に悪化し，国民は議会において，もはや自己の投票権を行使できなくなっている。そのため「イギリス国民に捧げられた敬意の念が，多くのイギリス贔屓の人々の許ですらも失われつつあるということだ」(81)。── ここでは対仏同盟において演じられたイギリスの役割が，英国の新聞報道を評価するヘーゲルの目を厳しくしたものと思われる (R 85)。別の資料の中では称賛されているベルンの司法についても，ヘーゲルはそれを，おぞましい光景として描写している。「拷問」はなおも行われ，犯罪者の告白は，死刑宣告の際に必ずしも必要とされない。また被告は自己弁護もできないほど畏縮させられてしまっている。しばらく前までは，判決宣告の後に初めて公での被告の弁明が，見世物の口論として認められていた (ただし下された判決への影響は認められない)。しかし，このような怒りを誘う茶番ですらも廃止されることになり，「文明国の市民の高く評価されるべき諸権利の一つとして，僅かながらもまだ残っていた恩恵すらも，掻き消されてしまったことになる」。併合された大きな連合体の下のいかなる州にもみられないほど，「多くの者が絞首刑や轢死や斬首や焚刑にかけられている」(116-120)。

(4) ファルケンハイムは，ベルンの政治的諸関係を厳しく弾劾しているこの翻訳書を公刊した理由の一つを──そしてファルケンハイムに続いてローゼンツヴァイクも──「ヘーゲルがシュタイガー家の仲間のうちでたえず目にした高慢な態度」とベルンの都市貴族の名だたる矜持と傲慢さのうちに見ている。シュトラームはこのような見解に反対して，シュタイガー家の友好的で上品な家風と，ヘーゲルの雇い主がベルンの都市貴族たちから距離を保っていたこととを指摘している。シュトラームはヘーゲルの翻訳書をむしろ「ベルンの支配層に対する」シュタイガー「一族の恨み」の反響として解釈している。──しかしながら，これはとりわけヘーゲルがシュタイガー家に強い恩義を感じてシュタイガー家の関心に基づいて『カル親書』の翻訳を行ったという事実を示すものが何も存在しないことを考えると，前者とは逆の立場からなされた誇張のように思われる。

ファルケンハイムがあげた政治的理由の方が，はるかに高い真実性をもつように思われる。すなわち，それは，自由主義的な要素と法を隠れ蓑にして宮廷の陰謀政治の水準へとなおも逆戻りしてしまうような政治を促進する国家形態に対する，ヘーゲルの政治評論家としての闘いであったというのである。ヘーゲルはこの翻訳書で個人的な恨みを晴らしたのではない。彼はこの翻訳によってベルンとヴァートとをめぐる政治的対立へと介入したのである。ヴァート側の方には，後にヘルベチア共和国の理事会のメンバーになったフレデリック・チェーザー・ド・ラ・ハルペと弁護士のジャン＝ジャック・カルとがいた。カルは1790年の初頭にベルンに対抗してヴァート地方がもつ権利を擁護し，そこで生じた紛争の結果，ベルン市によって追放され，1793年3月にフランスに逃れた。だがジロンド派の敗北のために，さらにアメリカに渡った。彼は，しかしヘーゲルの訳書の扉に記されているように，アメリカで没したわけではない。ヘーゲルの扉表紙は，事実の誤認か，あるいはカルの痕跡をぼやけさせるためか，アメリカで死去したかのように伝えている。ベルン側ではなかんずくカール・ルートヴィッヒ・フォン・ハラーが，とりわけ1799年の『ヘルベチア年代記』の中で，帰郷したカルに個人的にも向けられた反論によって抜きんでている。これによって，ヘーゲルがフォン・ハラーに対して抱いた嫌悪の日付けが特定できる。そして，この嫌悪は『法哲学』の§219と§258においても表明されているが，ここには現状に対する危惧も混じり合っている (本書363頁参照)。

(5) ファルケンハイムはヘーゲルの翻訳が公刊された時点で，この文書が「ある程度」古くなっていたことを指摘している。というのは，1798年1月28日に，ラ・ハルペによって要請されて，スイス共和国への干渉を目的とするフランス軍の侵攻が行われ，1798年3月5日にベルンの降伏が起こったためである。扉表紙にある〔ヴァート地方とベルン市との〕「かつての」関係と，ベルンの「かつての」寡頭政治についての文言は，ヘーゲルの「序文」と同じように，このような情勢の展開を前提として書かれている。つまり，翻訳のタイトルがのちに変更された可能性を想定しなければならない。しかし，このこ

とはヘーゲルが，時局が戦争へと向けて急進化しつつあるという現状認識の下に公的関心の高まりをみて，翻訳の公刊を決断したという事実を排除するものではない。というのもベルンがすでにヴァート地方およびフランスと対決している最中にあっては，ヘーゲルがベルンの政治を暴露するなどということは，『カル親書』のオリジナルとともに，まったく意味をもちえないものとなってしまっていただろうからである。むしろヘーゲルにとっての緊急の課題は，ドイツの現状に対する〔ヴァートの事例の〕「有効適用」であったと思われる。これについてヘーゲルは「序文」で次のように述べている。ヴァートの事例の「有効適用」についてくどくどしく説明する必要はないであろう。というのも時代の出来事がそれだけで十分に示しているからである。「これらの出来事は地上で声を大にして叫んでいる。汝ら，警められたものとして正義を学べ（Discite justitiam moniti）と。しかし聾者をその運命が手厳しく襲うであろう」（ヴェルギリウス『アェネイス』第Ⅵ巻，620頁参照）。彼の訳書におけるこのような論証の意図は，ベルンの寡頭政治の終焉を必然的な前提としている。カルの著書は，たんにジャーナリステイックに行われた扇動という意味だけではないにせよ，やはりそういうものでもある扇動が政治的に成功した例として，絶対主義的なドイツにおける同じように維持不可能な状態に対する警告の書をなす。ドイツの絶対主義的な状態に対して，ヘーゲルは〔ベルンと〕類似の運命を予測している。

初出とテキスト：［匿名］Vertrauliche Briefe über das vormalige staatrechtliche Verhältniß des Waadtlandes (Pays de Vaud) zur Stad Bern. Eine völlige Aufdekkung der ehemaligen Oligarchie des Standes Bern. Aus dem Französischen eines verstorbenen Schweizers übersetzt und mit Anmerkungen versehen. Frankfurt am Main 1798. 新版 Göttingen 1970.

典拠：GW 3. 221-233: Exzerpte zum Berner Staatswesen; Jean Jacques Cart: Letters à Bernard Demuralt, Trésorier du Pays de Vaud, sur le droit public de ce Pays, et sur les événements actuels. Paris 1793.

参考文献：Hugo Falkenheim: Eine unbekannte politische Druckschrift Hegels. In: Preußische Jahrbücher 138 (1909), 193-210, 新版 Schneider / Waszek (Hg.): Hegel in der Schweiz (1997), 261-285; Rosenzweig: Hegel und der Staat (1920), Bd. 1.47-54; Strahm: Aus Hegels Berner Zeit (1932), 514-533, 新版 Schneider / Waszek (Hg.): Hegel in der Schweiz (1997), 287-316; Jacques d'Hondt: Hegels secret, 76ff.; Rolf Konrad Hočevar: Stände und Repräsentation beim jungen Hegel. Ein Beitrag zu seiner Staats- und Gesellschaftslehre sowie zur Theorie der Repräsentation. München 1968, 128-137; Wolfgang Wieland: Nachwort zu: Hegels erste Druckschrift. Göttingen 1970; Wilhelm Raimund Beyer: Der »alte Politicus« Hegel. Frankfurt am Main 1980, 14-20: Hegel und die Waadtlandschrift; Bondeli: Hegel in Bern (1990), 25-36; Hans-Christian Lucas: Hegels Vergessen der (in Bern noch gewürdigten) nordamerikanischen Revolution. Von der Cart-Schrift zu den Vorlesungen über die Philosophie der Geschichte. In: Schneider / Waszek (Hg.): Hegel in der Schweiz (1997), 207-236; ders.: Der junge Hegel zwischen Revolution und Reform. Politische und rechtsphilosophische Optionen Hegels im Übergang von Bern nach Frankfurt. In: Bondeli / Linneweber-Lammerskitten (Hg.): Hegels Denkentwicklung in der Berner und Frankfurter Zeit (1999), 251-276.

3.3. 第一のヴュルテンベルク草稿

（1）1798年の二つ目の政治的著作，すなわち，いわゆる「第一のヴュルテンベルク草稿」（1817年の第二のヴュルテンベルク草稿に対して「第一の」とよばれる）については，すでにカール・ヘーゲル〔ヘーゲルの息子〕が──草稿の鉛筆書きのメモを頼りに──ただ「一つの断片 Ein Fragment」（R 91 には「幾つかの断片 einige Fragmente」とあるが）を見つけた。ヘーゲルは，この草稿を──ローゼンクランツも言及しているように──シュトゥットガルトの三人の友人にもみせていたので，これは，残された資料による限りでは未完のものである。その理由としては，政治的に急進的な内容をもっていたためであることが容易に推測できる。ローゼンクランツはこの草稿の「見事な書き出し」を伝えているが，それに続く数節を，ローゼンクランツより少し後にルドルフ・ハイムが自分の手許にあった抜き書きから補足している。

ローゼンクランツはこの草稿のタイトルの変更について報告しているが，不正確である。タイトルの

中にある "Daß die Magistrate von den Bürgern gewählt werden müssen. An das Wirtembergische Volk. 1798."（「市参事員は市民によって選出されねばならないこと。ヴュルテンベルク公国民に宛てて」，1798年）という文章において，ローゼンクランツは "Magistrate"（市参事員）を "Würtenberger Magistrate"（ヴュルテンベルクの市参事員）と補足しているが，ヘーゲルがこのパンフレットのタイトルを，すでにパンフレットを書いている時点で二回変更したのかどうかについて，すなわち(1) "Daß die Stä[nde]"（諸身分）を "Daß die Magistrate"（市参事員）に，(2) "vom Vol[k]"（国民によって）を "von den Bürgern"（市民によって）に変更したのかどうかについて，はっきりさせていない。ローゼンクランツは最終的なタイトルを，"Ueber die neuesten inneren Verhältnisse Würtembergs, besonders über die Magisterverfassung"（「最近のヴュルテンベルクの内情について，とくに市参事会制度について」）だとしている。すでにハイムがタイトルの結語は "über die Gebrechen der Magistratsverfassung"（市参事会制度の欠陥について）であったに違いないとクレームをつけている。さらにローゼンクランツは最初のタイトルが他者の手によって削られ，第2のタイトルと取り替えられたことを隠している。また "An das Wirtembergische Volk"（ヴュルテンベルクの公国民に宛てて）という献辞もヘーゲルによって削られたのではなく，他者の手によって削られ，まずは "Wirtembergs Patrioten gewidmet"（ヴュルテンベルクの愛国者に献じる）と書き換えられた。しかもそれも再び削られている。このタイトルの変更は何らかの政治状況の変化を示すというものでは恐らくない。そうではなくて，むしろ草稿における議論の中の或る内的な変化を示すものであろう。すなわち市民による市参事員の選出という政治的要求から，ヴュルテンベルクの内的諸事情の観察への変化を示すものであろう。

(2) ベルンからフランクフルトへの移動の途中でヘーゲルは1796年から1797年への年の変わり目にシュトゥットガルトに滞在し，そこで政治的に極度に緊張した状況に直面する。1796年9月22日にシュトゥットガルトの君公は新しい税制を導入するために，1770年以来一度も開催されたことのない領邦会議を招集したが，これらの税はフランスに支払うべき戦争賠償金を捻出するために必要なものであった。しかし領邦会議の招集は，ただでさえ険悪な対立状態を悪化させることになる。君公と「身分代表者によって構成される委員会」との間に以前から存在した緊張関係が，両者の激しい権力争いによって増幅され，この争いの先鋭化は，君公フリードリッヒが1797年の末に政権の座に着くことによって頂点に達する。

(3) 現在まで伝わっている欠損のあるこの文書からは，君公と代表委員との衝突という文脈の中で，また今日では18巻からなる『領邦議会関連文書』に収められた168にのぼる個別の文書の中にあって，ヘーゲルがどのような立場を占めていたのかを明瞭に見通すことはできない。ただし，ヘーゲルはこれらの文書の中から多くのものを自分の蔵書に加えていた（Lucas, 1983, 80）。郷土史研究（Hölzle, Vopelius-Holtzendorff）にとっては，ヘーゲルの断片は，その作者の名前があまりにも有名であるということ以外に大きな興味をそそるものではない。ローゼンクランツによって伝えられている導入部分は一般的な考察に限られており，この背後にはすでに『カル親書』からもうかがえる要求，すなわち小事の私事を捨て，「公平を期す」という要求がある。——しかしながら，この点においてすべての党派がつねに一致を見るにせよ，ただしそれは，具体的な場合において何が正しいのかが問題とされない限りにおいてである。同じように，「変化が避けられない場合には，何かが変えられなければならない」という命題についても，すべての党派の一致するところであろう。しかしヘーゲルは，この「不毛の真理」をはっきりと明言しておかねばならないと考えていた。というのも，必要とされる変化を「起こすしかすべがないという不安」によって遂行するのか，それとも「起こそうという気概」によって遂行するのかの相違を，意識のうちに呼び起こす必要があると考えていたからである。これは修辞的な常套手段であり，これをみれば，古典に通じた者の目にはただちにセネカの言葉，「運命を引きずるのではなく，進んで引き受けよ（docunt volentem fata, trahunt）」が浮かぶことであろう。しかし，これに

対して，ヘーゲルの断片の導入部分は，想定された「変化の必然性」が本当に存在したのかどうかということについて，何も語っていない（R 93：1842年に「変化の必然性」はルートヴィッヒ・フォイエルバッハのプログラムの基本公式となった）。また一定の与えられた場合にいかなる処置がなされるべきかについても，何も語っていない。

しかしながら，ハイムは彼の許にまだ存在していた抜き書きの中の，導入に続く部分を視野にいれて，次のように証言している。すなわち，ヘーゲルは「十分に準備をした上で」ヴュルテンベルクの制度の弱点と，その弱点から生じる制度の乱用とを分析している，と。またヘーゲルの「批判的な立証方法」が「鋭い」のに対して，彼の変革に対する提案の方はためらいがちなものにとどまっている，と。ヘーゲルはこの提案を行うさいに，英国の野党の党首であるチャールズ・ジェームズ・フォックスが，自由に慣れている英国民（英国民に対してはさらなる自由の権利を認めることができるという）と絶対主義に隷属していたフランス国民（これはヴュルテンベルク公国民と類似のものである）とのあいだに立てた区別を，示している。「啓蒙されていない，盲目の服従に馴れた，そして目前の印象に左右されてしまう集団に突然，代表者としての選挙を一任すること」は賢明なこととは言えないだろう。現状では「国民投票は，ただわれわれの体制の全面的な崩壊をもたらすに益するだけであろう。大切なことは，偏見のない誠実な人々からなる，宮廷からは独立した集団の手に選挙権を委ねることである。しかし私は，いったいどのような選挙形態の下で，たとえ選挙権および被選挙権が綿密に規定されたとしても，以上に述べたような集団の会議の開催が可能となるのかわからない」。このためハイムは解きがたい対照をみている。つまり，ヘーゲルの文書は一方で「領主と領邦議会との間で結ばれた古い取り決めの内容と結果について極めて実証的で詳細な分析を行っている」。そしてそれは君公によって買収された公吏の上層部と弁護士と顧問役（とりわけアマドゥス・シュトックマイヤー等の顧問役たちのことと思われる）と君公自身とに対する厳しい批判を伴うものであった。この君公は「遠大なる先見性から（ex providentia majorum），すべての暴力を己れの手中に掌握し，人権の承認と尊重に対して何の保証も与えない人」であった。しかし他方でヘーゲルの文書は，形勢が現状維持のままにとどまる「限り」，この状況からの突破口は不明であると認めている。そして歴史的展開そのものが突破口を見出すであろうという希望的観測を行っている。しかし，これは理論家としての予測能力の欠如を意味している。そのためハイムは以下のように要約している。ヘーゲルの「諸要求は，あらゆる改革にとって必然的な条件である現状の認識という点において鈍い。そして彼の改革に向ける情熱と熱のこもった雄弁が，先が読めないという諦めと理論的無策とにすり替わってしまっている。」同じような対照が，ヘーゲルの最後の政治的草稿である——「イギリス選挙法改正法案」（本書407頁参照）——をも特徴づけている。

（4）　ヴュルテンベルクの状況を注視する他の批評家たちとヘーゲルとの個人的な関係については，たしかな報告が何も存在しない。シンクレアは，「愛国者」の中心的な人物であったクリスチャン・フリードリッヒ・ヴァーツと1798年3月以来，親交があった——しかし，その頃にはヘーゲルの草稿も少なくとも，ほとんど完成の状態に近かったと思われる。ヘルダーリンは「公使館書記官のグッチャー」と1798年の11月にラシュタットの国際会議で知り合いになったが（Lucas, 90），この時期はヘーゲルが草稿を書き上げてから，数か月が経った頃である。シンクレアとヘルダーリンとヘーゲルは，すべての者を揺り動かしたこれらの諸問題について話し合ったと思われるが，このような推量を裏づける証拠はない。ローゼンクランツは，ヘーゲルが三人のシュトゥットガルトの友人たちに彼の文書を伝えたことを，報告している。「この三人の友人たちはヘーゲルになおも適切な変更を加えるよう指示を与え，ヘーゲルの資料を強化する手伝いをしてくれたが，最後には出版を諦めるよう忠告した。というのも，この文書が現状の変化を助けるものではなく，むしろ害を与える結果となりかねないためであった。」この報告から，現在は失われてしまっているが，より詳細な手紙の交換が存在していたことが推測される。この三人の友人たちの名前もローゼンクランツは（政治的配慮からか）伝えていない。しかし，手紙の中にみられる内容も，ヘーゲルの文書がもっていた

問題設定の範囲を見通すのにたいして役立つわけではない。——たとえば，ヘーゲルが身分代表による自立的な外交権の請求に対してどのような見解をもっていたのかという問いに対して，何の解答も与えない（外交面におけるヴュルテンベルクの影響力の増大という傾向において，君公が行う政治と唯一の一致点が存在しえたと思われるのであるが）。ただ，ある一つの点において，この手紙は一つの逆の推理を可能にする。つまり，ヘーゲルが領邦会議を定期的に開くように要求を掲げたことはたしかなようである。というのも，友人の一人が1798年8月7日に，これについて懐疑的な意見を述べているからである。「ところで他の処置が立法に向けてなされない限り（ここでもまたハイムが断罪した「限り」が使われている），多くの領邦会議においても，27年の間にやっと一回きりの領邦会議が開かれたといった程度の結果をみるだけのことである。このような領邦会議は，裏切られたと感じる国民にとって新しい重荷にすぎない。あなたが，まったく何気なく言ってのけた議会幹部たちの解任ですらも，ほとんど恣意的なものでしかない。」この「忠告」は，それ自身が，進行中の内政状態を目前にした深い困惑状態を示すものである。

　内政上の問題点は，とりわけ外交上の問題点によっても，すなわちヴュルテンベルクの「愛国者たち」からみればたんなる裏切りとしか感じられないフランス人の行動によっても，強められた。つまり総裁政府とナポレオンは，司令官のオージュロー将軍とともに謀られた反乱計画（Bertaux, 1969, 97）を粉砕し，そしてまたフランス人は軍事上および同盟上の理由から1796年以来，革命的な潮流をもはや支援しなくなったのである。革命の推進に代って，フランスの利害関心はラシュタットの国際会議の場合と同じように，カンポ・フォルミオの和約の際にも領土の獲得，さしあたってはラインの左岸の獲得に向けられていた。そのためヘーゲルに宛てられた手紙の中では次のように語られている。「偉大なるフランス国民の代弁者は人間性という神聖な権利を，われわれの敵の蔑みと嘲りの中に投げ捨ててしまったのだ。私はどうすればフランス人が仕出かしたこの犯罪ともいうべき行為に報復を加えることができるのか，わからない。このような状況の下では，あなたの論文の公表もわれわれにとって恩恵となるよりは，むしろ災いとなることでしょう」（R 91）。——ヘーゲルがベルン時代後期の草稿や「第一のヴュルテンベルク草稿」（Haym, 67頁）のうちでよく使っていた「人権」という言葉について，それ以来語らなくなってしまったのも，おそらく偶然のことではあるまい。

初出：ローゼンクランツによって断片的に伝えられているテキスト，R 91-94, および Haym: Hegel und seine Zeit, 65-68, 483-485; Hegel: Kritik der Verfassung Deutschlands. Aus dem handschriftlichen Nachlasse des Verfassungs hg. von Georg Mollat. Nebst einer Beilage. Kassel 1893, 138-143.
テキスト：GW 2.
参考文献：R 90-94; Rosenzweig: Hegl und der Staat (1920), Bd.1.54-63; Erwin Hölzle: Das alte Recht und die Revolution. München / Berlin 1931, 181-184; Hočevar: Stände und Repräsentation (1968), 137-147; Bertaux: Hölderlin und die Französische Revolution (1969), 96-103; Hans-Christian Lucas: »Sehnsucht nach einem reineren, freieren Zustande«. Hegel und der württembergishe Verfassungsstreit. In: Jamme / Pöggeler (Hg.): »Frankfurt aber ist der Nabel dieser Erde« (1983), 73-103; Barbara Vopelius-Holtzendorff: Das Recht des Volkes auf Revolution? Christian Friedrich Baz und die Politik der württembergischen Landstände von 1797-1800 unter Berücksichtigung von Hegels Frankfurter Schrift von 1798. Ebd. 104-134; Andreas Arndt: Zum Problem der Menschenrechte bei Hegel und Marx. In: Konrad Wegmann / Wolfgang Ommerborn / Heiner Roetz (Hg.): Menschenrechte: Rechte und Pflichten in Ost und West. Münster 2001, 213-236.

3.4.「キリスト教の精神」と関連断片（1797-99年）

(1) 以上に挙げた二つの政治的な著作と並行して，ヘーゲルはフランクフルト時代に自らの宗教哲学に関する研究も継続して行っている。そしてまたたえまない加筆や推敲の作業に示されているように，ヘーゲルはこの時期に彼の構想をさらに練り上げてゆく。ただ残念なことに，これらの多岐にわたる展開を具体的に明示し，立ち入った解説を可能にすることのできるような信頼のおけるテキストの公刊がま

だ行われていない。そのため，ヘーゲルが抱いた複数の腹案に関しても，ここでは一まとまりとして取り扱うことになる。

　ベルン時代の後期の仕事と比較して，フランクフルト時代のテキストはすでにその初期の段階のものから，明らかにベルン時代後期のものとは異なる性質を示している。これらのテキスト群は，実定性の根源を新約聖書の範囲を越えて遡り，詳細に探った後，それを「ユダヤ教の精神」のうちに見出し，最終的にノアの洪水という天災に起因する，自然に対する信頼の喪失のうちにつきとめる限りにおいては，ベルン時代の著作における問題設定と確かに連続性がある（ノアの洪水は，その限り，ヘムステルホイスの『アレクシス』とヘルダーリンに範を取って，日付けを確定できる出来事として役立っている。Kondylis 1979, 69, 468 を参照）。ノアの洪水によって惹起された「自然との分裂状態」は「自然に対する支配権」の獲得を強要するものであったが，この「ユダヤ教の精神」がさらに明確な姿に結実した例として，ヘーゲルはアブラハムとモーゼを挙げている。——モーゼは神官としての教育を受けながら宮廷で育ち，孤独の中で彼の民族の解放計画を練る。もっともユダヤの民の方は使命感と使命からの離脱とのあいだで揺れ動き，ただ強制によってのみ手なずけられるような人々であった。また，とりわけアブラハムは，自然との結びつきから自分を切り離し，父祖の土地を捨て，自分の神性という「より高次」の「無限の対象」を映し出す鏡のうちに自己保存の欲求を直観した遊牧者であった。（そして，このアブラハムの精神のうちに遊牧民の宗教社会学へと発展する端緒が存在し，それはフォイエルバッハの投影理論の出発点ともなっている）（N 368-373）。ヘーゲルはアブラハムの運命を定めた分裂という行為を，当時アウグスト・ヴィルヘルム・シュレーゲルのシェイクスピアの翻訳によって強い印象をもって生き生きと描写されたマクベスの運命と比較している。しかし，アブラハムのこの行為は，彼に基づく民族およびこの民族の宗教の性格をも決定づけるものである。アブラハムが，愛する意志の欠如から，同胞および自己の自然との関係を断ち切ったように，ユダヤの民もまた敵対的な自然とユダヤの民を取り囲む異民族とに対して——すなわち（ヘーゲルがマルキオンの用語をマルキオンが使ったのとは反対の意味に使っているように）「疎遠な神」によって支配された「徹底して対立的な世界」に対して——「厳しい対立」の関係を保つことに固執する。自然の中に存在するいかなるものもこの神に関与せず，またどのような神もこの神と並び立つことを許されない。ユダヤの神は目に見えぬ絶対的な客体である。そして神が客体であるというまさにこの理由から，人間が神と対面する時，人間は自らを絶対的な主体として主張できるのである。〔神と人間との〕このような関係のうちにヘーゲルは「いわゆる唯一の総合 Synthese をみているのであり，対立諸項 Antithesen は一方がユダヤの民によって，他方がユダヤの民を除くすべての人類と世界とによって構成されている」。そのためユダヤの民の他の民族に対する関係は「憎悪という悪霊」によって，すなわち「人類への憎悪（odium generis humani）」によって統べられている。そしてその後に続く「非常にけちで，悪意に満ち，みすぼらしい状況という，今日もなお認められるようなユダヤの民族の状態は彼らの根源的な運命の展開と帰結以外の何ものでもない」。このようなユダヤの民の状況は「美の精神によって運命と和解し，この宥和によって解消されるまで」自らの運命によって翻弄され続けるのである。〔以上にみてきたように，ユダヤの運命に対するヘーゲルの〕予測は〔キリスト教との〕同化による〔ユダヤ民族の〕解放への要請として理解されよう。——ただ，この「ユダヤ教の精神」が「キリスト教の精神」にとっても運命とならなければの話しであるが。というのも「ユダヤの運命の全体を克服しようとする」イエスの高邁な試みが，「その試みのゆえに彼自身の民族であるユダヤ人の下で挫折せざるをえず，そしてイエス自身がこの運命の犠牲者となってしまう」からである（N 234-261）。

　(2)　イスラエルについてのこのような解釈を可能にする概念的地平は，もはや実定性の成立を純粋に道徳的な宗教の範囲において問題とすることによって得られるのではない。そうではなく，分裂と合一との対照によって得られたものである。ディルタイはヘーゲルのこの変化をカント主義から「神秘的な汎神論」への転換として捉えた（〔Dilthey, Die Jugendgeschichte Hegels〕43-187）。そしてディル

タイは，シャフツベリおよびヘムステルホイスならびにヘルダーがヘーゲルに与えた影響が引用によって証明できないことを嘆いている（148）。ヘンリッヒはディルタイによって触れられただけの，この影響関係を，プラトンを源流として脈々と受け継がれてきた合一哲学 Vereinigungsphilosophie の伝統としてより詳しく特徴づけた。そして合一哲学がシャフツベリやヘムステルホイスの「欲望に関する書簡」やヘルダーの「愛と自己性」で決定的なモチーフとなっていることを示し，さらにシラーの「ユリウスの神智学」において，またヘルダーリンの『ヒューペリオン』に至るまで決定的なモチーフとして扱われていることを示した。コンディリス（〔Kondylis, Die Entstehung der Dialektik〕261-409, 450-529）はこれらの諸関係を広範囲にわたって詳述し，ハルフヴァッセンは近年，ヘーゲルのフランクフルト時代の構想の背景に新プラトン主義の影響があることを強調している。（独自の仕方でコンディリス〔501〕は同じようにヘーゲルのフランクフルト時代のテキストの調子が「疑いようもなく黙示録的である」と特徴づけてもいる。——ヘーゲルが聖書のあちらこちらの箇所を駆け巡る中で，一度であるが，マタイ伝4章17節を引用しているという理由によって）。

ヘーゲルが当時ヘルダーリンと親密な友好関係を結び，またフィヒテ哲学を乗り越えたヘルダーリンの考え方に親しむようになったことから，ヘーゲルはフランクフルト時代の最初の時期にカントとフィヒテの実践哲学を合一哲学によって置き換えるようになったと考えられる。そしてそれとともに「道徳性」——すなわち宗教解釈におけるヘーゲルのこれまでの中心的概念——が最初は「愛」によって置き換えられ，その後ただちに「生」によって置き換えられる。「生」による置き換えはフランクフルト時代の後期に至るまで続くが，最終的にはイェーナ時代に「精神」によって置き換えられる。「実定性と道徳性との対立」という，より初期の対照は今やそれ自体が合一哲学の思考の地平において解釈される。「実定性」は，先には道徳性の中に解消してしまうことのできない宗教の規定性として存在したが，今や合一不可能なものの合一として理解される（N 377）。そしてカント哲学の意味における「道徳性」をヘーゲルは支配として，「普遍的なものの下における個別的なものの隷属として，すなわち普遍的なものと対立する個別的なものに対する普遍的なものの側の勝利」として理解するようになる。しかしながら道徳性が正しく理解された場合には，道徳性は「個別的なものが普遍的なものへと高まることであり，普遍的なものと合一することである。——すなわち二つの対立する存在が合一することによって止揚されることなのである」（N 387）。カントの義務による要請をヘーゲルは今や——シラーの『優美と尊厳』の影響の痕跡がみられる中で——「〔徳へと向かう〕傾向性」や「志操」によって補完する。しかしヘーゲルは律法と傾向性との対立を克服し，両者の一致を「法の補完（πληρωμα）」として考えることによって，この〔律法と傾向性の対立という〕カントの道徳的用語のもつ基盤を解消する。〔律法と傾向性との〕一致が「生であり，そしてそれは異なるものの関係として，愛なのである」（N 268, 390）。

この新しく獲得された愛の概念が体系の中で占める重要性がヘーゲルを愛の概念の一層詳しい分析へと，そしてこの概念を誤って理解することのないよう予防線をはることへと向かわせる。生の合一作用として愛は分裂を前提としている。そして結合点が多岐にわたればわたるほど，愛は一層親密なものとなってゆく。しかし同時に愛が親密なものになればなるほど「一層排他的にもなり，それゆえ他の生の諸形式に対して冷淡になる」。愛は自己を他者から切り離し，敵対関係を作り出しさえする。すでに，以上のような洞察がヘーゲルにこのような愛を，「普遍的な人間愛という素晴らしい理想がもつ不自然性と空虚性」と混同することを禁じる。普遍的な人間愛をヘーゲルは，たんなる思考の対象の中にも徳が真に素晴らしいものとして現れることができるように，思考の産物でしかないものに対して理想的な諸要求を，すなわち諸々の徳を立てざるをえない時代に特有の発明品とみなしている（N 322f., 295）。——これはとりわけシラーの「歓喜に寄せて」に当てはまるあてこすりであろう。この歌をヘーゲルはベルンにいた時にはまだ彼の友人たちとともに歌っていたのではあるが（本書21頁参照）。

フランクフルト時代の諸断片は部分的に複数の

〔異なった時期に成立した〕草稿を含んでいるが（Jamme 1982），これらの断片の最初の編纂者〔ノール〕はそれら諸稿を入り混じった状態で〔一個のテキストとして〕編集を行ってしまった。これらの断片の一部には——ちょうど「道徳性・愛・宗教」と名づけられた断片が示すように——一続きのものとして記されたと考えるのは難しいと思われるものが存在する。「道徳性・愛・宗教」の出だしの部分はフィヒテの『全知識学の基礎』の実践的部分の概念規定に則して書かれているのに，おそらく少し時間を置いたあとに書き続けられた部分（「宗教，宗教を興すこと」）は合一哲学に則して書かれている（Kondylis 444, 451。N 374 以下を N 376 以下と比較せよ）。そのためヘーゲルによる新しい概念の形成については今のところ——歴史的批判的全集版が出版されていない現時点では〔GW2 は2014年に出版された〕——たえず必要とされる〔諸稿の〕区別を行いながら形成の過程を跡づけることは，たとえ研究文献の中に，テキストの諸稿を——たとえば，「キリスト教の精神」における諸稿を——区別する最初の手がかりが見られたとしても（Jamme 1985, 271ff., 295, 382, 395），不可能である。ヘーゲルはすでにフランクフルト時代の最初の数か月のうちに愛の概念を——自然と自由の合一として，主観と客観との合一として——宗教哲学上の基礎概念として導入していたと思われる。「宗教は愛と一つである」（N 377）。しかし他方で宗教はたんに客観と一つになって存在することであるのでもない。宗教的な関係は愛を客観化することを必要とする。そしてここでもまた「投影」について語られる。「構想力から出発して存在者へと至ったこの愛こそ神性である」（N 376）。その限りにおいてヘーゲルは「宗教」を「愛」を越え出てゆく関係として理解している。「志操は実定性を，律法の客観性を廃棄する。愛は志操の限界を廃棄し，宗教は愛の限界を廃棄する」（N 389）。愛と宗教とをこのように区別することが，最後の晩餐を愛の聖餐とみるヘーゲルの解釈に幾らかの影響を与えている。「愛はまだ宗教ではない。それゆえ，この聖餐も本来的な宗教的行為ではない。というのも愛のうちにある合一が構想力によって客観化されたものだけが，宗教的な崇拝の対象となりうるからである」（N 297）。これと同じ考えをヘーゲルは別の文脈においても繰り返し述べる。「この愛〔すなわち教団の成員がお互いのあいだでもつ愛〕は神的な精神であるが，まだ宗教ではない。愛が宗教となりうるには，愛は同時に客観的な形式において自らを呈示しなければならない。感情であり，主観的なものである愛は表象されたものである普遍的なものと融合し，それによって崇拝することの可能な，そして崇拝するに値する存在者という形式を獲得するのである」（N 332）。

（最初のまだ展開されていない一致の状態という意味における）「合一の思想」から考えられた愛の概念に対して，ヘーゲルは一層具体的な愛の概念を，つまり反省の（論理学的に表現すれば非-同一的なものの）概念をその内的な補足として含む愛の概念を対置する。そしてこの展開された愛の概念が，反省という自己破壊的な一面性の概念と，未展開な合一という概念とを自分のうちに止揚する（N 302）。「宗教的なものとは，それゆえ（反省と愛とを一つのものとなし，両者を結びつけられたものと考える）愛の補完（πληρωμα）なのである」（N 302）。宗教的なものというこの考え方において，同一性と非同一性との同一性という論理的構造をもった概念上の関係が獲得されている。

（3）このように概念的に理解する方法をヘーゲルはたんにユダヤ教の解釈に適用するのみならず，キリスト教の解釈に対しても使用する。ヘーゲルはキリスト教を，イエスがユダヤの民の許で見出した分裂の状態を愛によって合一へともたらそうとする試みとして，解釈する。すなわち律法への隷属を主体性によって克服し，「人間をその全体においてふたたび確立しようとする」イエスの試みとして解釈する。このような再生はもはや実定性に，あるいは道徳的な戒律のもつ合法性に，道徳的な自律という考え方を対置させることによって成就するのではない。なぜなら，もしそのような方法がとられた場合には，先に外面的であった支配が内面的な支配に，すなわち「自己の律法の下での部分的な隷属」（N 293）に取って代わるだけだからである。「特殊なものにとって，衝動にとって，傾向性にとって，あるいは偏愛にとって，また感覚にとって，これらを人が何とよぼうとも，これらのものに対して普遍的なものは必然的な存在であり，永遠に疎遠なものであり，客

観的なものである。このような客観性は滅ぼすことのできない実定性として残り続ける」（N 266）。愛という思想は〔外的〕支配に対立するという点において，また道徳の戒律がもつ内的支配に，つまり「カント的な徳がもつ自己強制」（N 293）に対立するという点にその特徴がある。イエスは「イエスの生涯」においては筋金入りのカント主義者として解釈されていたが，「実定性論文」においては，すでに宗教を純粋に道徳的に解釈する方法からいちじるしく距離がとられるようになり，今やまったくの反カント主義者として解釈されている。イエスは律法に注意をはらうことを説くのではなく——マタイ伝5章17節の新解釈の中では——律法を満たすとともに律法それ自体を廃棄する者として登場する。イエスは律法の補完（πληρωμα）によって，すなわち傾向性を律法と一致させることによって，律法を遵守すると同時に不要なものとなる。そして傾向性と律法との一致の状態が「生」なのである（N 268）。

　カント哲学的に解釈された道徳性一辺倒の解釈に対するヘーゲルの方向転換は，（ヘーゲルも知っていたように，多くの伝承が繋ぎ合わされて成立した）物語である，「有名な美しい罪人」のマグダラのマリアがイエスの足を高価な香油を塗って清めたという話の解釈において明瞭となる。イエスの弟子たちの行状を告発するために発せられたパリサイ人のシモンの言葉と比較して，ヘーゲルはそのような高価な香油は貧者のために売られるべきであったとするイエスの弟子たちの見解を，「はるかに高貴な関心」として，「道徳的な関心」として際立たせている。しかしヘーゲルはイエスの弟子たちに「弟子たちのもつ善意に基づいた賢明さは，すなわち注意深い徳性は悟性と結びつけばたんなる粗野にすぎない」という批判を加えることも忘れていない。「というのも彼らはこの美しい情景を理解しなかったのみならず，愛の心情からなされた聖なる香油の清めを侮辱しさえもしたからである。」この場合の愛の心情はイエスのために「良き行為」をなしたのであるのに（N 292f.）。

　人生を道徳的な支配・被支配の関係によって統制することに対してヘーゲルは「生の純粋な感情」としてのイエスを対置する。純粋な感情としての生は概念的な固定化をすり抜ける。「神を愛するということは生の全現象において自己を遮るもののない無限のうちに感じるということである」（N 296）。この感情のうちに存在している神的なものが純粋な生である。「生について語られる時，純粋な生が問題となっている場合には生は対立するものを何一つ内に含むことがない。そして客観的なもののもつ諸関係や活動についてなされる反省の表現は，その客観的なやり方のゆえに避けられ〔ねばならない〕。」「神的なものについては，それゆえ感動をもってのみ語られうることになる。」神的なものは神的なものの作用のうちにおいてのみ存在しうる。すなわち愛による「個々の精神の結合」のうちにおいてのみ存在しうる（N 304f.）。意識の関係がもつ対立のうちに神的なものは定着しえない。純粋な生について考えるためには，「すべての行為，人間がかつてあったものまたこれからあるであろうもの一切」から遠く隔たってあることが必要となろう。——すなわち生の純粋な現在を固持することが必要となろう。しかしヘーゲルがここで二回も「自己意識」ないしは「純粋な自己意識」という概念を「純粋な生」ないし「純粋な生の意識」と置き換えているのは，たんなる偶然ではない。また「純粋な生の意識は，人間の本来的なあり方についての意識でなければならないであろう」というような接続法を用いているのも偶然ではない。——ただしヘーゲルはこの接続法を一切の規定されたものの捨象という意味で使用しているのではない。なぜなら規定されたものの捨象であれば，そこから出てくる結果はたんなる「否定的な無規定なもの」となってしまうからである。おそらく，この「純粋な生」をヘーゲルは無限なものと有限なものとの統一を表現しようとして，あるいは神的な自然と人間的な自然との実体的な統一を表現しようとして使ったものと思われる。しかし，これらの表現は克服されるべき条件として存在する〔神性と人間性という〕差異を言葉の上でなお固定化してしまう。そのため「純粋な生」という言葉は，ヘーゲルがヘルダーリンの思考から馴染むようになった表現としてのみ，とりわけ「判断と存在」の断片（StA IV. 216f.）から馴染むようになった表現としてのみ解釈することが可能である。それはすべての対立に先立って存在するものへの関係を表すために使われているのである。つまり「純粋な生と

は存在なのである」(N 303)。コンディリスとバウムはさらに進んで、「存在」および「生」についてヘーゲルが加えたこの説明は、その背景をなす（したがってヘルダーリンの生の概念の背景をもなす）ヤコービの「愛についての根本的思想」を理解することなしには「ほとんど理解不可能」であることを示した。それは、すなわち、「愛を、生が生けるもの同士の相互の関係のうちで自分を経験するものとして理解し、そして神はこの愛の中に具現する」という考え方である。——そのさい、ヤコービの「人格神による天地創造の形而上学」が無視されており、その代わりに、神はすべての定在のうちなる存在であるという、ヤコービによる汎神論の規定がその背景をなしているとしても（JWA I. 39, 117, Baum 47f.; Kondylis 513 参照）。(N 303-305)。

純粋な生というこの感情を神性と人間性との統一体であるイエスの意識の中に限定してしまうことにより、当然のことながら、この感情が歴史的に挫折してしまうことは、「実定性論文」においてイエスを純粋な道徳性と見なす考え方が失敗したのと同じように明らかである。〔この挫折についての〕説明に関してはまったく修正の必要性がない。というのもイエスの合一の試みが失敗に終わった条件を、ヘーゲルはここでもイエスを取り巻く文化的状況のうちに見ているからである。しかし、この文化的状況については以前よりもずっと激烈な調子で語っている。「精神的な関係という点できわめて貧しいユダヤ的教養」はイエスに最も精神的なものを、「不毛な現実」に属するような言語的表現の中に無理やり押し込むよう強要する（N 305f.）。「ユダヤ的なもののもつ暴力の下に」捕らえられてあるという「生の汚辱」のゆえに、イエスは神の国をただ心の内に保つことができるだけである（N 328）。「神についての理念がどんなに純化されようとも、思考と現実の対立という、あるいは理性的なものと感覚的なものとの対立というユダヤの原理は、依然として生の分裂であり、神と世界との死せる関係であり続ける。そのような繋がりが生けるもの同士の関係として捉えられることがあるとしても、そこではお互いを結びつける繋がりについてただ神秘的に語られうるにすぎない」（N 308）。無限の精神は「ユダヤ的魂という牢獄のうちに占めるべき場所をみつけることができない」（N 312）。

(4) ヘーゲル哲学の後期にみられる体系的な思想に関して決して歴史的に正しい評価を下したとはいえない哲学史の状況の中で、ディルタイは、ヘーゲルがフランクフルト時代のこの宗教哲学的断片以上に「美しいものを決して書かなかった」と主張したが、それはある独断的な解釈を惹き起こした。この断片には「ヘーゲルの歴史的な天賦の才が、その新鮮さにおいて、そして体系という拘束にまだ縛られず、遺憾なく」発揮されているとディルタイは言う（Dilthey 1905, 68）。それゆえディルタイによって触発された研究は多くの〔彼らの言う〕美しくないものに関して驚くばかりの鷹揚さをもって無視したばかりでなく、ヘーゲルのテキストを美しい作品（καλόν ἔργον）として、つまりカント哲学のもつ諸分裂を克服するだけでなく、のちのいわゆる硬直化した体系をも凌駕する「美しい作品」として解釈した。しかし、そのさい『ヒュペーリオン』や『エムペドクレス』に見られるヘルダーリンの合一哲学において獲得された考え方が、どの程度宗教哲学的に有効な手段として示されるかという問いは立てられることさえなかった。

この場合、先に引用された、ユダヤの宗教についての容認しがたい表現が、ことごとくフランクフルト時代に成立したものであるという事情（この残響はフランクフルト時代に書き始められた「憲法草稿」GW 5, 158 の中にも聞き取ることができる）に思い至ることがあれば、警告として役立ち、評価も違ったものとなっていたであろう。ベルン時代にはユダヤ人の共和制の伝統の徴候として捉えていた歴史的な進行過程（GW 1, 371）を、ヘーゲルは今やユダヤ的狂信の最後の抵抗として解釈する（N 324 参照）。これを、ヘーゲルが当時はじめてユダヤ人の生活に触れることができるようになったという地域的条件に帰すことも——とりわけフランクフルトのユダヤ人居留区が1796年に戦闘行為によって破壊され、ユダヤ系の市民は応急の一時しのぎの状況のもとで収容されていただけになおのこと——そのように帰すこともできよう。しかしヘーゲルのここにみられる理解力の乏しい、歴史的にも不十分なユダヤ教に対する低い評価は、合一の思想を宗教理論に適用するという危なっかしい論理がもたらした概念

的帰結の表れである。この論理は，まったく異質の根源に由来する合一の思想を，体系的にもっともらしく導入してゆくことができるように，分離を，すなわち分裂を歴史的現実として前提する。それはヘーゲルのベルン時代の解釈の中でみられたように，純粋な道徳の思想がたんなる実定性を前提していたのとちょうど同じである。あるいは一層広い宗教史の文脈の中で見られるように，救済の思想が初めて，救済を待ち望むものとしての世界の解釈を付随的に作り出すのに似ている。ヘーゲルが宗教的合一の計画の頓挫に対して責任あるとみなした偶然的で文化的な根拠は，むしろ一方では合一哲学の論理から，そして他方では宗教的関係一般のもつ論理から出てくる，構造的な根拠として認識されなければならない。

ヘーゲルがイエスの運命に関して行った解釈におけるこのような二重の論理的帰結は，イエスの二重の対立のうちに反映されている。すなわちユダヤ民族の「守護神」に対する対立（N 317）と「世界」に対する対立とにおいてである。一方で，愛と合一との原理がイエスという形態の中に厳密に集束させられることによって初めて，旧約聖書的な結束が「憎悪から生じた古い結束」へと堕落させられることになる。他方では，そのような集束の原理に基づいた説明が，イスラエルの周期的に生じる邪神崇拝への傾斜を「より美しい精神」への予感として定式化してしまう（N 257f.）。神との一体化というイエスの意識はかの合一の構造的な補完として，反対に「自然」と「世界」とに敵対する対立を生み出してしまう。「そのためイエスの存在は世界からの離反であり，世界から天上への逃避であった。」しかしこの対立をイエスの存在の帰結として捉えることはできない（N 328f. に反して）。

しかしながらキリスト教団の成立に視点を合わせると，ヘーゲルは他の人間から乖離することによって成立した〔教団の〕合一が対立という構造を恒久化し，否定的なもののうちに囚われたままであり続けるという事実を鋭く看破している。「キリスト教団の結束の本質は人間の選別であり，仲間内の愛である。そしてこの選別と同志愛とは必然的に分かつことができない。〔しかし〕このような愛が個々の個人の間に成立する合一であるはずもなければ，ま

たありえもせず，ただ神においてのみ存在する合一である。そして神においてのみ，すなわち信仰においてのみ，現実には対立しているものを合一することができるのである。」これに対して世界に対する関係は「世界と接触することに対する不安によって〔…〕すなわち，あらゆる生の形式に対する恐れによって」形成されている。なぜなら世界のもつ客観性と関わりをもつことはどのようなことであれ，神との対立という結果をもたらす恐れがあるからである（N 330）。そのためイエスによって示された，もっと詳しく言えばイエスによって立てられた合一は，常に部分的にまた失敗に終わる。そしてこの失敗は論理的な根拠に基づくものであって，福音書家のユダヤ的教養に基づくものではない。このような構造についての洞察をヘーゲルは自分でも，「愛が自己を他者から切り離し，敵対心すらも生み出してしまうことは」，愛が愛であるがゆえの「必然性である」（N 322）と述べて暗示している。これと類似してヘーゲルによる福音書の合一哲学的解釈も必然的に敵対関係をはらむものとなっている。

(5) 合一性のもつこの欠陥をヘーゲルは，後のキリスト教で問題とされた多くの主題の下で分析している。最後の晩餐という象徴的な行為は「飲み食べるという行為と——イエスの精神において一つにあるという感情とが一つになっていなければならないとされる。しかし物と感情とは，あるいは精神と現実とは混ざり合わない」。「いつも二つの事柄が存在している。すなわち信仰と物とが，あるいは敬虔と目で見て味わうこととが。」「神的なものは，それが神的であるがゆえに，食べたり飲んだりする対象の形態のうちに存在することはできない。」というのも「神的なものが期待されていたのに，それは口の中で溶けてなくなってしまう」（N 300f.）からである。

以上の秘蹟についての教えにおけるのと同じように，精神と現実との合一は——二重の点で——キリスト論においても挫折する。神との合一というイエスの意識は，「イエスと，イエスへの信仰がその生命となった者たちとの，言い換えると，神的なものが彼ら自身の許に存在するような者たちとのあいだの本質の相違」として誤解される。そして「人格性に反対する」イエスのあらゆる抗議は，すなわち

「イエスの完全なる友〔となった信者たち〕に対立する形で立てられたイエスの個体性に反対する（人格神という考え方に反対する）」イエスの抗議は，顧みられぬまま放置される。その際「イエスの個体性という考え方の根拠をなすのは，信者とは異なるイエスという存在の絶対的な特殊性であろう」(N 315f.)。そしてイエスの死後には，イエスのうちに直観され，死によって破壊された純粋な生が，復活したものという形像の下に，言い換えると「この形象化された愛」のうちに，宗教的な要求を満たす形式を見出すのではあるが，しかしこの「崇拝」のうちには，あるいは「神格化」のうちには，何か「まったく客観的なものが，個人的なものが付け加わる」。これは「神格化されたイエスの足元に，地上に引きずり落とそうとする錘のようにぶらさがる」。この場合の地上とは「棺の中に脱ぎ落とされた現実性という〔イエスの〕衣服」であり，個体性のことなのである。ギリシア人たちが神となったヘラクレスに対してただ祭壇を献じただけであるのに対して，キリスト教信者は十字架に架けられた者に対しても祈る。「この恐るべき一体化は何世紀ものあいだにわたって神を求める幾百万もの人々によって闘い取られ，彼らを苦しめ続けてきたものである。」しかし〔イエスの〕個体性との一体化は永遠に不可能である (N 334f.)。

(6) ヘーゲルの説明のもつ妥当性は，合一の思想が宗教哲学の中心概念として有効であることに基づいている。しかし合一の思想がギリシアの民族宗教にとって前提とされたことは一度もない。さらにヘーゲルは自己の解釈の信憑性を旧約聖書と新約聖書との両方の伝承の広範な部分を無視することによって獲得しているようにもみえる。——たとえばパウロの神学をヘーゲルは完全にぼかしてしまっている。そして最終的にヘーゲルの合一哲学の視点はイスラエルの宗教の次のような徴候に対して一括した決め付けを行う。それは，まさに近代におけるこの宗教の世界史的合理化の徴候として好んで取り上げられるものである，世界から神性を剥奪することである。この世界から神性を剥奪することは，合一哲学の用語からみれば，たんに分析する悟性的反省の基本的な失策として映る。悟性的反省が〔社会的〕生活のうちでも十分に用いられうることは，ヘーゲル自身によって選ばれた例によって具体的に説明されている。すなわち，悟性的思考に対置される「生けるもの同士の生き生きとした関係」は個別者の全体への同化へと，すなわち個別者の種族への同化へとつながる。そしてこのために戦時においては，「そのような素朴でまだ分裂していない民族のもと」では「すべての個人が最も過酷なやり方で虐殺される」。これに対して「現在のヨーロッパでは」「個人に対してではなく，個人の外側に成立している全体に対して戦争が行われる」(N 308)——これは戦争のヒューマニズム化ではあるが，それは合一哲学的観点からみれば，当然のことながら不備なものである。

合一哲学に寄りかかるということとは別にして，キリスト教に関するヘーゲルの分析は少なくとも一つの面において方法論的に模範となりうる。つまり宗教的な思想がもつ「真理」を，歴史学的研究にとって受け取られている事実という意味の「現実性」(N 340) から区別をした点である。「レッシングの信奉者」(Br 1.21) としてのヘーゲルにとって，宗教を歴史的事実の上に立てることができないことは自明の理であった。宗教において問題となるのは歴史的な出来事ではなく，つねに「歴史的な出来事が想像力の中で，すなわちユダヤ人たちが自らの生を想起する中で，どのように存在したのか」(N 249) なのである。それゆえ歴史的な意味における現実性については「まったく語られない」(N 292) のである。宗教によって伝えられた「事実 Facta」は，いずれにせよ「聖霊が証言者たちの上に来た」後の時間になって初めて成立したものである。聖書の証言は歴史的な記録ではない。聖書の証言は聖霊の降臨によって初めて成立する。そして——近代的な表現を使えば——福音宣布の物語がもつイメージを示すものであって，歴史的な事実を提供するものではない。

(7) ベルン時代の「実定性論文」の断片と同じように，「キリスト教の精神」のための諸構想も，宗教哲学的関心という主要な関心からかなり外れた内容をもつ部分を含む。「実定性論文」では国家によって保護された教会のもつ権利について詳述されていたが，それに対応して，「キリスト教の精神」諸稿では「犯罪と処罰と和解」(N 276-289) といったテーマに関する付論が見られる。この付論は，ローゼンクランツによって伝えられた，先述の（本書30

頁以下参照）の「一般ラント法」の中の刑法の基礎づけに関する詳述と，内容的には多くの共通点がみられる。そして同時に『法哲学』にみられる犯罪および刑罰についての後の理論をさし示してもいる。しかしながら犯罪や刑罰といった主題の取り扱いを「生」との関連に組み込んでいる点に〔後の理論との〕違いがみられる。「犯罪は自然の破壊である。そして自然は一つのものであるので，破壊を行うものにも破壊されたものと同じだけの破壊が起こる。」「処罰とは侵害された法のもたらした結果である。」そして法の領域では犯罪と刑罰という対立は克服不可能であり，和解はありえない。しかし「運命としての処罰は犯罪者自身の行為のしっぺ返し〔である〕。」運命において人間は自分自身の生を認識するのであり，その生は「失われた生への憧れを引き起こす」。この時期のヘーゲルは，まだかなりの程度において，カントや「一般ラント法」やスチュアートから学んだ法哲学的関心を，ヘーゲル自身の宗教的関心を押しのけるような形でなおも強固に保持している。富の蔑視という宗教的要求はヘーゲルにとって，言わば「ただ説教や詩句の中にこそとどめられるべき繰り言でしかなかった。なぜならそのような要求はわれわれにとって真理をもつものではなかったからである。所有という運命はわれわれにとってあまりにも強大なものとなってしまっているので，所有についての反省は耐えられないし，所有がわれわれから分離することは考えられないことであろう」(N 273)。

初出：N 368-385, 385-402, 243-342.
テキスト：GW 2.
参考文献：Dilthey: Die Jugendgeschichte Hegels (1905), 54-60; Dilthey: Friedrich Hölderlin. In: ders.: Das Erlebnis und die Dichtung. Lessing-Goethe-Novalis-Hölderlin. Göttingen 14, o. J., 242-317; Dieter Henrich: Hölderlin über Urteil und Sein. Eine Studie zur Entwicklungsgeschichte des Idealismus. In: Hölderlin-Jb 14 (1965 / 66), 73-96, 新版 in ders.: Konstellationen. Probleme und Debatten am Ursprung der idealistischen Philosophie (1789-1795). Stuttgart 1990, 49-80; Bernard Bourgeois: Hegel à Francfort ou Judaisme-Christianisme-Hégélianisme. Paris 1970; Dieter Henrich: Hegel und Hölderlin. In ders.: Hegel im Kontext. Frankfurt am Main 1971, 9-40; Thomas Baumeister: Hegels frühe Kritik an Kants Ethik. Heidelberg 1976; Werner Hartkopf: Der Durchbruch zur Dialektik in Hegels Denken. Studien zur Entwicklung der modernen Dialektik III. Meisenheim am Glan 1976, 103-156; Werner Hamacher: pleroma-zur Genesis und Struktur einer dialektischen Hermeneutik bei Hegel. In : Hegel: »Der Geist des Christentums«. Schriften 1796-1800. Mit bislang unveröffentlichten Texten. Hg. und eingeleitet von Werner Hamacher. Frankfurt am Main u.a. 1978; Hegels Frankfurter Fragment »welchem Zwekke denn«. Mitgeteilt und erläutert von Christoph Jamme. HS 17 (1982), 9-23; Jamme: »Ein ungelehrtes Buch« (1983); Jamme: Liebe, Schicksal und Tragik. Hegels »Geist des Christentums« und Hölderlins »Empedokles«. In: Jamme / Pöggeler (Hg.): »Frankfurt aber ist der Nabel dieser Erde« (1983), 300-324; Baum : Entstehung der Hegelschen Dialektik (1986), 38-75; Schmidt: Anerkennung und absolute Religion (1997), 88-122; Jens Halfwassen: Die Rezeption des Neuplatonismus beim Frankfurter Hegel-Neue Quellen und Perspektiven. In : Bondeli / Linneweber-Lammerskitten (Hg.): Hegels Denkentwicklung in der Berner und Frankfurter Zeit (1999), 105-125; ders.: Hegel und der spätantike Neuplatonismus. Untersuchungen zur Metaphysik des Einen und des Nous in Hegels spekulativer und geschichtlicher Deutung. HSB 40 (1999); Yoichi Kubo: Der Weg zur Metaphysik. Entstehung und Entwicklung der Vereinigungsphilosophie beim frühen Hegel. München 2000.

3.5. 二つの体系断片

(1)「体系断片」というタイトルの下にヘルマン・ノールは彼の編集になる『初期神学論集』の中で，あるヴォリュームのある手稿の中の二つの断片を収めている。この手稿の最後にヘーゲルは「1800年9月14日」の日付けを行っている。これらの現存している二つのボーゲン〔一枚の紙〕には「hh」ないしは「yy」の文字が記されているので，この断片はもともと，それぞれの24ボーゲンに対してほぼ二つの「アルファベット」を，つまり「a, b, c…」の文字が打たれた一続きと，「aa, bb, cc…」が打たれた一続きとを含み，それ故全部で47ボーゲンを——「実定性論文」の19ボーゲンに対して——含んでいたと想定されている。すでにローゼンクランツが二つの断片から広範にわたる抜粋を報告してい

る（R 94-99。ローゼンクランツは，彼が誤って記したように，9月の中旬に完了した「帰結」の部分だけから報告しているわけではない）。ローゼンクランツは二つの断片をヘーゲルの「実定的宗教の概念についての批判」の文脈の中に位置づけているが，しかしすでに，ヘーゲルがこの草稿の中で「宗教の概念を，ヘーゲルがこの時期に着手していた全哲学の体系との関係において，果たして一つの草稿において展開したのかどうか」について検討している。「そして，この草稿に関しては，なおも，アルファベットの文字が記された幾つかの〔！〕ボーゲンが存在している」（R 94）。ハイムもヘーゲルはここで彼の体系の「敷居」（〔Hegel und seine Zeit〕86）の間近に立っているとみている。そしてその敷居からの最後の一歩を必要としているにすぎない，と。

ノールは「体系断片」という表題を与えた理由を，一つには草稿が元々相当な領域を含んでいたと推測されることによって，正当なものとみなし，もう一つには，ヘーゲルがシェリングに向けて発したコメント，すなわち「青年時代の理想」は「反省の形式へと，同時に一つの体系へと変化」しなければならなかった（1800年11月2日）——このコメントは最初の草稿の脱稿の後，数週間経って書かれたものである——によって正当化されるとみなしていた。しかしながら，この体系がどのような形態をもち，どのような基礎づけの構造をもっていたであろうかについては，現在まで伝わっている資料の状況に基づく限り，もはや確定できない。元々の草稿が，またしても宗教のみに関係するものであったのか，そうではなくて本当に体系的な性格をもっているものであったのか，また体系的な性格をもっていたとして，現在にまで伝わっている二つのボーゲンに対して，すでに定着している「体系断片」という名前が正当なものであるのかどうかさえも，はっきりとすることができないのである。ところが，1907年と1917年にそれぞれ付けられた二つのタイトル〔「体系断片」と「最古の体系プログラム」〕が類似していたために，「体系断片」そのものを，近年に至るまで一連の有名なヘーゲル解釈者たちまでが「最古の体系プログラム」と混同してしまうという事態が引き起こされた。

　(2)　フランクフルト時代の宗教哲学的断片に固有な特徴は，二つの「体系断片」のうちに「最も明確に」表れているとディルタイが主張したのは正しいことであった（141）。全体についての記述をヘーゲルはおそらく「キリスト教の精神」の第二稿を書き終えた直後に始めたと思われる。「キリスト教の精神」の捉え方は「体系断片」にも影響を与えているが，しかし「体系断片」の場合には，ユダヤ教あるいはキリスト教にたえず遡及するようなことはなく，より自由な形式において展開されている。

　(3)　二つの断片のうちの最初の断片（N 345-348）は全テキストの最後の四分の一の部分の始まりをなす。それは対立と合一というよく知られた用語で始まり，この用語の内包する論理構造の説明へと向かう。「個体性という概念は無限な多様性との対立を含んでいるが，また無限な多様性との合一を含んでいる。」個体は自己の存在を自己の外側に存在するすべての生との関係において，しかし同時にそれらとの対立においてもっている。われわれの観察にとっては「われわれの制限された生の外側に立てられた生は，無限の生であり〔…〕，多様性としては諸々の組織，諸々の個体からなる無限の多様性であり，単一性としては唯一の組織された，分割されていると同時に一つにされた全体——すなわち自然なのである」。自然はそれゆえ「有限なものと無限なものとの合一と，有限なものと無限なものとの分離とを内に含んでいる」。けれども自然はそれ自身生ではないので，「自然を観察し，思考する生」は，自然のもつ諸対立から生けるものを際立たせる。この生けるものとは「消滅するものから自由」なものであり，「生命に漲り，力に溢れた無限の生であり，これを神とよぶ」。——そして，それは「精神とも名づけられよう〔…〕。なぜなら精神は，それぞれが精神の形態として，お互いに対立して存在する多様なものの生ける単一体であるからである」。

生ける法則である精神との結合によって，多様な「個々の生ける器官は無限の全体に，生の無限の総体」になる。しかしながら個別の生のこの合一からも「対立は，すなわち死は」排除されえないであろう。——「しかし生は合一として，すなわち関係としてのみは考察されえず，同時に対立としても考察」されねばならない。つまり「対立と関係との結合」として考察されねばならない。しかし，〔対立

と関係との結合という〕この複雑な表現もヘーゲルにとって，ここでは満足のゆく概念的な解決と映るよりも，たんに反省がもつ不適切性の証拠として捉えられている。そのためヘーゲルはこの表現を導入するに当って接続法を使用しているのである。「私は生を結合と非結合との結合と表現せねばならないであろう〔müßte〕。」しかし，この〔結合と非結合との結合という〕表現も無限に続く遡及へと，また「止むことのない前進」へとつながる。この無限の連続から解放されるのは，唯一次のような反省（ここで便宜上「反省」という表現を使用したが，この時点ではヘーゲルはまだ「反省」の概念を確立しておらず，「総合と反定立との総合」という表現を使っていることに注意）だけである。すなわち，いわゆる「総合と反定立との結合」が一つの反省されたものであるのではなく，「それが反省に対してもつ唯一の性格とは，反省の外側に存在するということである」。

この「対象」（この〔反省の外側にある〕存在を，ヘーゲルはここで「対象 Objekt」と名づけているが，それは，本来，正しい表現ではない）との関係において，「思考する生」は「決して思考するものではない」。このような関係は，もはやフランクフルト・ホンブルグの交友サークルのもとで「分離」を含意すると見なされた反省ではなく，「有限な生を無限な生へと」「高めること」である。したがって宗教あるいは神への崇拝を意味する。「まさにこの理由から宗教において哲学は仕事を止めねばならない。なぜなら哲学は思考することであるからである。すなわち哲学は一方では思考ではないものとの対立であり，他方では思考するものと思考されたものとの対立であるからである。」哲学は——反省として——自己の限界を宗教においてもつだけではない。哲学は宗教に対して入門的な機能をもっている。「哲学はすべての有限なものにおいて，その有限性を示さなければならず，理性によって有限なものの完成を促進しなければならない〔…〕。そして有限なものの外側にある真に無限なものを措定しなければならない。」

このような表現は，実際に神秘思想を思わせるような，言葉との格闘を示している。それは，言葉による，あるいは思考によるすべての固定化を超越して存在するとされるものを，なおも言葉によって把握しようとする闘いであった。そのためヘーゲルは「けっして思考することのない」ような思考する生について語る。つまり「反省されたもの」ではないような「対象」について，あるいは「無限なものの存在」について語る。しかし，この無限の存在は反省によって措定されたものではなく，制限されたものを制限するものにより補足することによって考えられうるものではない。なぜなら，その場合，制限するものも再び制限されたものとして考えられねばならないであろうからである。そしてヘーゲルは存在が反省に対してもつ唯一の特性についてこう語る。それは「反省の外側に存在するということである」。宗教的な高まりによって補完され，克服されるはずであった哲学的反省の無限の遡及は，〔哲学的反省における無限性に〕劣らず無限な宗教的な高まりのうちで，繰り返される。つまり無限の遡及を回避するための定式化の過程〔「宗教」における「有限な生を無限な生へと高めること」という過程〕の中で繰り返される。この潜在的には無限な過程は，しかしながら断片の中断のため絶たれている。

(4) 二つの断片のうちの二つ目のもの（N 349-351）が草稿の最後の部分をなす。二つ目の断片は最初の断片との間に15ボーゲン，つまり60ページにわたる隔たりをもって始まっている。構想の基礎をなす諸概念はすでに展開されたものである。しかし，この断片は宗教的儀礼に関する説，さらに宗教のもつ全体性を理解するための手がかりを示し，最後にはヘーゲルが幾人かの彼の同時代人に対して抱いていた見解を示してくれる。

儀礼に関するヘーゲルの解釈の最初の部分は失われてしまっているが，ヘーゲルが最初に，儀礼の中に現れる神的なものの客観性を時間の流れという視点から取り扱ったであろうことは，それまでの経過から推測できることである。「先に」「時間の二律背反，すなわち生の瞬間と時間とが，必然的なものとして措定され」たあとで，ヘーゲルは空間についても，同様の二律背反の考察を行っている。諸々の宗教は空間にも宗教的な性質を与える。——たとえば太陽の昇る方角あるいはまたたんに「姿形を持たず，特定の空間にすぎないもの」のように。祭礼における神の臨在性によって「対象という観点からみ

た客観的な二律背反が措定される。すなわち，無限の拡がりをもつ空間の中に存在する無限の存在者が同時に特定の空間の中に存在する」。この規定は次の賛美歌の一節によく表現されている。

　　「至高の天さえ包み込まなかった者，
　　　その者は今，聖母マリアの懐に安らう」〔N 349〕

すでにディルタイ（〔Jugendgeschichte Hegels〕1905, 150）は，以上の主題設定の中に組み込まれて作用するようになった思想が，1799年に匿名で出版されたシュライエルマッハーの講話集『宗教について——宗教を軽んじる教養人に宛てた講話』（KGA, I/2, 187-326）に対するヘーゲルの暗黙の対立を含んでいると推測していた。ヘーゲルはここで——断片の最初の部分から認められる限りにおいて——「多くの人々にとって合一点」を与えるような純粋に空間的な客観性と，主観性から生じてきたものではあるが，たんに「可能的にすぎない客観性」との間に違いを立てている。後者のような主観性を強調しかねないあり方に対抗して，ヘーゲルは次のような反論をあげている。「有限なものについて無限なものを感じるという神的な感情は，これに反省が加えられ，反省がこの感情に対してとどまり続けることによって初めて完全なものとなる。」しかし感情に対する反省の関係は感情を認識することでしかなく，それは「反省から切り離されて存在する感情を，感情から切り離された反省が反省するという行為である」。シュライエルマッハーの宗教的関係の主観化に対抗して，すなわち宗教の中心的概念としての感情（あるいは直観）の強調に対抗して，ヘーゲルはすでにここで，宗教的な関係のための規定的カテゴリーとしての「客観性」を強調している。

これに対してヘーゲルが「客観的な神を吟味し思考する考察をやめ，あるいはむしろ生けるもののもつ主観性とともに喜びの中に客観的な神と融合すること」を「礼拝の本質」として規定していることは，矛盾しているようにみえる。そのような主観性は，しかしながらシュライエルマッハーによって喧伝された個人的な「宇宙の直観」という形式において表明されているのではない。ヘーゲルの主観性は共同体の儀礼的生活の諸形式のうちに自らの場所を占めるのである——つまり賛美歌と踊りのうちに。ヘーゲルの主観性はそれゆえ「生けるものとして秩序づけるものであるような秩序」を必要とする。このような仕方で「司祭」を導出する論証のスタイルは『大論理学』（GW 12, 236）および『法哲学』（§ 279）を先取りしている。すなわち，欲望に満ちた外的な生活のもとで——つまり分業社会の中で——司祭も同じようにより分けられた一個の人間なのである。

宗教的儀礼についての詳述という文脈においてヘーゲルはさらに犠牲の論理について述べている。そしてここにおいてヘーゲルはまたもや合一哲学の要素を引っ張り出してくる。宗教的な生活の中では「対象」に対するまったく相反する価値を含んだ関係が支配的である。——たとえば，対象に生気を吹き込むことを重視する一方で，客観的なものを客観的なものとしてそのまま立てることや，生けるものの客観化についてまで言及している。というのも宗教的な合一のうちで人間は，「絶対的な客観性から自由であらんとし」，自己を有限な生命を超克する存在にまで高めよという宗教のもつ諸条件を満たすことができないからである。なぜなら人間は財産から自由にはなれず，また有限な目的に適った奉仕における客観の棄却からは自由になれないからである。しかしながら犠牲において人間は神の前に自己の財産の一部を，有限な目的を追求することなしに捨てることができる。「そして，この棄却の無目的性を通してのみ，この棄却のための棄却によってのみ，人間はそれ以外の場所でもつ，目的にかなった棄却という部分的な関係をよきものとなすのである。そして同時に対象がもつ客観性を，自分自身のためではない棄却によって，つまりその完全な没関係性によって，すなわち死によって完成させたのである。」

ヘーゲルは草稿を諸宗教の全体への展望で終えているが，この展望はヘーゲルの時代の他の宗教解釈と比べると，多くの点で驚くべきものである。第1の特徴は，当時なおも優勢をほこっていた自然宗教の思想に関して黙殺していることである。ヘーゲルはいずれの宗教をも「規範的な宗教」として特別扱いをすることはなく，たんに諸宗教に関する形式的概念のみを扱っている。宗教は「有限なものを無限なものへと高める働きである」——しかしながら，この高まりの中では「有限なものを［…］可能な限

り消し去ること」が必要なのでは決してない。同じようにヘーゲルは後に諸宗教をすべて絶対的精神の概念の下に置くようになる。このことによってもまた，標準となるような完成態が示されているのではない。むしろ，ここでもすでに示されたようなことが妥当している。すなわち「人間のある種族の特定の本性〔民族性〕が対立と合一のどの段階にとどまっているのかは，無規定的な自然を考慮すれば，偶然的なことである」。この理由からヘーゲルはここで，合一の達成の度合いを尺度にして諸々の宗教を一つの位階的に秩序づけられた宗教史のうちに組織化するようなことを，試みない。宗教的な高揚の歴史的な形成は，民族が啓示を受けているのかどうかによって区別されるのではない。そうではなくて，それは民族が歴史的に偶然な生の形式との関係によって区別されるのである。幸福な民族は一層完全な合一に至り，これに対して不幸な民族においては「分裂の下で個々の成員の維持に，すなわち独立性に心を砕かなくてはならない。不幸な民族は独立性を喪失するような試みを行ってはならない。彼らの最も高い誇りは分裂を堅持し，そして一者を維持し続けることでなければならない」。つまり，主観性の独立性と同時に，決して到達することのできない神的な対象をも維持し続けなければならない。この対立のもつ文化的な状況の下で，すなわち主観的なものと客観的なものとの固定化という文化的な状況の下で，神の優位を恐れるか，「あるいは」——ちょうどヘーゲルがフィヒテの『公衆に訴える』（GA I/5, 451f.）から引用しているように——「この身体という瓦礫の上に，輝く諸太陽を越えて，幾千もの天体のかなたに，そして君たちすべての人間の数と同じように数多く存在する新しい太陽系を越えて，つまり諸太陽を照らす諸太陽の上に，純粋な自我としての自己を立てるのか」は，まったくの「偶然」なのである。（ここでのヘーゲルによるフィヒテの引用はコンディリスの主張するように「パロディ」（Kondylis 1979, 479）として見るべきではないであろう）。

ヘーゲルは「キリスト教の精神」においてなおもカントによる神の考え方を，そこに暗示される対立のゆえに厳しく批判していたとはいえ，彼は今や自分の「体系」を，無神論者として告発されたフィヒテのこのような弁護で終えている（しかし無神論論争についての文献にはヘーゲルによるフィヒテのこの弁護は知られていない）。すなわち，フィヒテの神についての考え方はたしかに「美しく人間的」とは言えないが，「恐ろしいほど崇高」である。そしてフィヒテの，支配によって特徴づけられた自我のもつ歓喜は「根底において」キリスト教の神と，すなわちこの，「人間がなることのできない絶対的に疎遠な存在者」と「同じ意味」をもつものである。あるいは「絶対者がそういう人間に届くものに（つまり時間のうちで）なったとしても，この合一の中にも絶対的に特殊なものが，ただ絶対的な一者のみが，とどまり続ける」——そのためフィヒテの考え方が無神論であるとの告発は何ら根拠のないものとなる。当時の条件の下では，すなわち，「時代との合一が高貴なものとはなりえず，卑俗なものとならざるをえないであろう」（ここで使われている「あろう〔wäre〕」という話者の強い確信を表す接続法的表現は，前文の「絶対者が人間に届くものになったとしても〔wäre〕」のたんなる仮定とは違うことに注意！），という条件の下では，フィヒテの自我がもつすべての客観性に対する対立は，たんに疎遠な神と「同じ意味」をもつにとどまるのみならず，「最も価値の高い，最高に高貴なもの」として現れてくるのである。

初出：N 345-351.
テキスト GW 2.
参考文献：Dilthey: Jugendgeschichte Hegels (1905), 141-144, 148-153; Manfred Baum: Zur Vorgeschichte des Hegelschen Unendlichkeitsbegriffs. HS 11 (1976), 89-124; Baum: Entstehung der Hegelschen Dialektik (1986), 68-75; Shen Zhang: Hegels Übergang zum System. Eine Untersuchung zum sogenannten »Systemfragment von 1800« HSB 32 (1992).

3.6. 実定性論文の改稿

(1) いわゆる「体系」の脱稿からほんの十日経ったばかりの，そしてマインツへの二度目の旅から帰還した直後の1800年9月24日に，ヘーゲルは「実定性論文」の書き出しの部分に手を加えている。——こ

れは，ヘーゲルの哲学的な立脚点がベルン時代の最後の二年間以来かなり違ったものとなってきているにもかかわらず，ヘーゲルがなおもこの草稿の出版を望んでいたことの証しとなる。独自の方法で，導入の部分と論文の本体との部分に加えられた変更は，問題設定の観点からして明瞭な進歩を示してはいるが，フランクフルト時代の合一哲学の片鱗は微塵も感じられない。それはあたかも，この草稿がもつ歴史的な性格と思想的な統一性とを〔合一哲学という〕後の捉え方によって，ひどく変えてしまうことのないよう努めているかのようである。ヘーゲルによって企図された変更は実定性の概念(2)についてと，問題設定の一層の明確化(3)と，啓蒙の宗教批判に対する立場(4)とに関するものである。

(2) 推敲の仕事の最も重要な成果は，以前には深く考慮されることなく用いられていた実定性の概念が，それ自身問題とされていることである。ヘーゲルはもともと宗教のもつ「実定性」を，宗教のもつ道徳的な性質に対立させて規定していたのであるが，今や人間の本性という概念と自然宗教という概念とが実定性の対立概念として登場してくる。しかしながらヘーゲルは，この対立概念がまさに問題を含むものであることを示す。この二つの概念は，何百年もの長い発展において獲得された，またそれと同時に適切ではないある前提条件に基づいている。その前提条件とは，人間の本性がもつ諸現象の歴史的な多様性は一つの概念のうちに統一されうるというものである。しかしながら人間の本性という概念は無限の変容を許すものでもある。人間の本性のもつさまざまな様態は，概念と対立した単なる偶然的なものではなくて，本来的に生けるものであり，自然なものであり，そして美しいものなのである。

したがって宗教のもつ実定性は純粋な道徳性との対比において，あるいは抽象的な人間の本性との対比において，規定することはできない。実定性は内容的に固定できるものなどでは決してなく，人間の本性と人間の欲求は歴史的に変化し形成していくものだという考えに対立する概念としてのみ固定化されうる。「時代の本性」に適合した宗教を実定的と名づけることはできない——たとえ，この本性がまだどんなにみすぼらしいものにみえようとも。というのも「人間の本性という普遍的な概念はあまりにも空虚なので，宗教性のもつ特殊で必然的に多様な要求に一つの尺度を与えることはできないだろうからである」（N 141)。たとえば，自由の意識における歴史的変化によって，すなわち宗教の安定した現象形式と，変化の生じてきた欲求との間の不均衡が意識の歴史の上で形成されるようになって初めて，宗教は実定的なものになるのである。

実定的宗教の概念のこのような訂正は，しかしながら，自分自身と時代との一致という尺度のみを使用する，粗雑な歴史的相対主義になりかねない。「きわめて愚かで，きわめて頑迷な迷信も，人間の姿をしていても魂のない者にとっては，実定的なものなどではない。」迷信は，もはや普遍的に信じられているものではないという点によってのみ，信仰から区別される。そのためヘーゲルは実定性概念の訂正の帰結を，迷信の信奉者の視点と宗教を考察する考察者の視点との間にある相違によって強化する必要性をみてとった。信奉者にとっては，迷信は実定的なものではない。「しかし批評するものにとっては，人間性という理想が念頭にあるからこそ，迷信は必然的に実定的なものである。」これによって「実定性」についての決定は再び理性の下に帰するようにみえる——そこでヘーゲルはもう一度詳しく論じる必要性に迫られる。「人間の本性という理想は，しかしながら人間の規定についての一般的な概念とはまったく別のものである。」人間の本性という理想は特殊性をも許す。それは「普遍的な概念のもつ灯火」の下では余分なものと映る宗教的な感情や行為までも促しさえする——すなわち，素朴な行為や，罪のない感情や美しい夢想の描写といったものは永遠なものを偶然なものと結びつけるものであるが，これらのものを促しさえするのである。このような要求とともに，ヘーゲルはしかしながら彼の宗教哲学の出発点〔想像力の宗教〕へと逆戻りしているのではない。むしろヘーゲルは今や実定性の中へ脱線してしまう点を非常にきびしく強調している。「もし〔行為，感情，夢想の描写などの〕余計なものが自由を棄却した場合には，つまりもし余計なものが悟性や理性に対して尊大な要求をなし，悟性と理性との必然的な法則に異議をとなえる場合には，余計なものは実定的になる。」悟性と理性の方にもまた，あらゆる人間的な諸関係の中に介入できるよ

うな権限はない。悟性と理性は，両者に「要請された場合にのみ」，裁定者としての権限が付与される。「悟性的であれという要求も，また理性的であれとの要求も，いずれもなされていないものについては，まったく両者の権限の及ぶところではない」（N 142）。

宗教の解釈についての以上のような考察によって，ヘーゲルは，諸宗教の歴史的な特殊性を視野におさめた，柔軟な手段を手に入れる。しかし，この手段がもつ，批判的な潜在能力はなおも強く制限されている。非難すべき「実定性」は，人間が永遠に聖なるものを何か偶然的なものへと結びつけてしまうような場合に存在するのではもはやなく，「もしそのようなものとしての偶然的なものが，つまり悟性にとって存在するようなものとしての偶然的なものが，不滅性や神聖性や崇拝を要求するような場合」にのみ存在するのである。「そのような場合には，実定性について語るべき理性の権利が現れてくる」（N 143）。このような条件は，しかし一層古い宗教にはあてはまらない。なぜなら，一層古い宗教は悟性の支配の下や理性の法廷の前に立つことがないからである。一層古い宗教を近代において迷信として異端視したことは，反対に悟性への「きわだった迷信」であることを露呈してしまう。この悟性は用語的にはすでに宗教の「きわだった実定性」と対をなす役割を果たしている。すなわち，人間の本性は「神的なるものから絶対的に区別されて」おり，「人間の本性にはいかなる媒介も――ただ一人の個人を除くならば――許されていない」という見解と対をなす役割を果たしている。しかしながら，そのような媒介を考えるという試みは，「最後に，有限なものが無限なものに対してもつ関係の形而上学的な考察へと移行しなければならない」――そうなると，このような考察はフランクフルト時代の草稿がもつ思考の地平を越えてしまうであろう（N 144, 146）。

自分は啓蒙されていると自惚れる宗教批判的態度の「途方もないおしゃべり」に対してヘーゲルは，今や自己の解釈を導く原理について，ほとんど挑発的に言明する。それは「何百年もの長きにわたって信じられてきた確信は，すなわち今世紀にもまだそれによって生き，それによって死ぬ幾百万もの人間が，義務とみなし，聖なる真理と見なしてきた事柄は――少なくとも多くの人々の見解においては，単なる無意味でもなければ，ましてや非道徳性などではなかった」という想定である。解釈という仕事の課題は，「宗教が人間の本性に適ったものであること，すなわち人間の本性がさまざまな世紀にどのような変容を受けてきたのかを，示すこと」である（N 143f.）。この原理はさらに彼の後の宗教哲学講義をも規定している（V 3, 107）。

しかし人間の本性に加えられる変容をヘーゲルはここでは静的なものとして，そして歴史的に偶然なものとして――いわば実証主義的また相対主義的に理解している。ヘーゲルは人間の本性を，たしかに「慣習や民族のもつ性質，そして時代との関連の中に」（N 144）見ている。すなわち，そのつど違ったあり方で存在する人間の本性の要求を表現したものとして見ている。しかしヘーゲルはこの多様性を，まだ一つの原理によって秩序づけられたものとは見ていない。このような基礎の上に成立する宗教の歴史は，たんに人間の欲求の本性の歴史としてのみ可能であろう。――つまり，それは歴史記述（historia）という伝統的な意味において理解された「本性の歴史 Naturgeschichte」として，すなわち人間の本性のさまざまな現象形式の物語 Enzählung として理解されるのであって，人間の本性の連続的な発展としては理解されてはいない。

しかしこのような変容からは，一見したところ，「われわれの意識のうちにある人間的な行為よりも一層高い存在者を承認し，かつこの存在者の直観に，生活の有用性の面を度外視して，自己を捧げるという欲求が，人間の本性そのもののうちに〔存在する〕という」（N 146f.）〔宗教の〕基本的な特徴が取り除かれているようにみえる。だがヘーゲルは人間の本性のこの欲求から，啓蒙によって「非難された教義学を導き出し，その自然性と必然性を示すこと」を「時代の欲求」とみている。この課題の設定が，暗示的にではあるものの，同時に明瞭なヘーゲルの自己批判を示している。というのもベルン時代の最初からヘーゲルの宗教哲学的草稿は，啓蒙の精神によって影響を受けていたからである。この啓蒙の精神についてヘーゲルは，それはパンを欲しがる子供に石を与えるようなものだと語っている（N 142f.）。このようにヘーゲルは，この推敲において

も「レッシングの信奉者」であることを示している——というのもレッシングは1771年1月9日にモーリス・メンデルスゾーンに次のように告げていたからである。「しかし私はやっと昨日以来、私がある種の先入観を少しばかり多く捨てすぎてしまったために、私は捨てた分の中から、また拾い戻さねばならないものがあるのではないかなどと心配することをやめにしました。」

(3) 宗教学的方法論に続けてヘーゲルは論文の目的を要約して次のように規定している。「キリスト教の成立そのもののうちに、キリスト教が実定的になるような誘因が存在したのかどうかを」探ること——すなわち「キリスト教がイエスの口や彼の生き様のうちから成立してきた、その仕方の中に、実定性を直接促すような事情が生じているのかどうか」を探ること。「それに加えて、どうして偶然なものが偶然的なままに永遠なものとして受け取られるようになったのか」について探ること。すなわち「キリスト教がそもそも、そのような偶然性の上に基礎づけられているとするならば、それは理性によって非難されるような主張であろうし、また自由によって突き返されるような主張となろう」（N 147f., 145。「基礎づけられる gegründet wäre」の代わりに「突き返される zurückgestoßen wäre」と読めるであろう）。フランクフルト時代のヘーゲルはベルン時代のカント主義の影響から離れたという印象のために、以上のような問題設定が文字通りにカントの『宗教論』〔『たんなる理性の限界内における宗教』〕につながるものであることは、見過ごされがちである。カントにとって、キリスト教は「第一の教師の口から、規約としてではなく、道徳的な宗教として諭されているという点で、ユダヤ教に対して優位を」（AA IV, 167）保っている。この見方の対極をなすのが、キリスト教の優位を、キリスト教が「実定的にイエスの口から出てきた」（N 144）という点にあるとみなす党派である。したがって「実定性論文」の目的はカントの主張の正しさがもつ歴史的解明という点にある——少なくともキリスト教の後の実定的な性格に——あるいはカント的に言えば——「法規的」性格に焦点をあてることによって。

ヘーゲルにとって、近代的な悟性の普遍的な概念において見られた場合に、宗教的な教えが何がしら偶然的なものであり、「余分なものであるため、非理性的で我慢のならないものとなってしまっている」ということが問題なのではない。というのも、宗教を偶然的なものと見なす考え方は、啓蒙の反省が行う抽象的な成果の産物だからである。ヘーゲルにとっては「消失するものでありながら、より高次の意味をもち、制限されたものでありながら、神聖で崇拝に値すると見なされる」宗教的対象そのもののもつ偶然性の方が、より重要な問題なのである。なぜなら実定性の新しい概念によれば、宗教にとって内在的ではあるが、それ自身としては偶然的であるにすぎないものが〔それが神聖視される場合に〕実定的なものとして非難されるようになるからである（N 147）。

しかしながら、もし宗教のもつ実定性の決定が偶然的なものの二つのあり方のあいだの——すなわち、近代的な悟性のいう偶然性と、宗教に内在的なもののもつ偶然性、とのあいだの——決定に依存するものであるならば、以下の問いが立てられることになろう。「イエスの行為の仕方や話し方に現れる偶然的なものとは、それでは何であるのか。そして、そのようなそれ自身偶然的なものが神聖なものとして受け取られ崇拝されうるのは何故なのか」（N 151）。しかし、この問いでもって「実定性論文」の序文の推敲は中断されている。

初出：N 139-151.
テキスト GW 2.
参考文献：Hartkopf: Durchbruch zur Dialektik in Hegels Denken (1976), 198-206.

3.7. 弁証法と体系的根本思想の成立

(1) ヘーゲルがフランクフルト滞在の最後の数か月まで書いていたテキストは、形式的な点からも内容的な点からも、ヘーゲルがイェーナ時代の初期に書いたものとは異なる。ヘーゲルはフランクフルト時代の最後に書いた草稿を出版する心積もりでいたようであるが、結局それらの草稿の中の少なくとも幾つかのものは断片にとどまり、そして断片ではない

ようなものもヘーゲルは出版を控えた（これらの草稿をヘーゲルは一生のあいだ，保管していたのではあるが）——その理由としては，ヘーゲルがこれらの草稿のうちのいずれも出版にふさわしい完成度に達していないとみていたことや，一つの草稿を完成させると同時に，そこでその都度練り上げられた立場から再びはなれてしまったことや，出版の見込みが立たないために取りやめられたことなどが考えられる。これに対して，ヘーゲルが1801年から書き始めたテキストは，同時代の議論に直接介入するという点で，一貫している。しかし，これらのテキストはとくに，もはや第一義的に宗教哲学的な問題設定や，時局にかなった政治的動向（「カル親書」，「ヴュルテンベルク草稿」）や，あるいは書籍に関する動向（カントの『人倫の形而上学』）といったテーマに寄せられるものではなく，哲学の学問的な理論という範囲の中で成立したものである。そして哲学体系の形成に，少なくともそのような体系をめぐる論争に，寄与するものであった。すでに1801年から1802年の冬学期に成立したもっとも早い時期の体系構想の中に，ベルリン時代における後期の体系へと連続的につながる思考の道筋をみてとることができる。このことは以下の主張の正しさを示すものといえよう。すなわち，1801年から書き始められた草稿において——つまり絶対者の認識可能性について初めて（1802年に）「決定」された（Kondylis 1979, 526）ことからではなく〔1802年より少し前から〕——一つの区切りがつけられたということ，そしてまだ体系的思考によって構成されていない著述を「初期の著述 Frühe Schriften」と——たとえ「青年期神学論集 Theologische Jugendschriften」と名づけることができないとしても——名づけることの正当性を示すものとなろう。

転換点について語ることは，しかし同時に連続性について語ることにもなる。——すなわち，生の連関の連続性のみならず，思想の発展の中での諸契機の連続性も語ることになる。けだしこのような思想の発展は，一つの区切りによっては恐らくけっして完全に寸断されるものではなく，時期的な区別がつけられるにすぎないか，発展の方向において変化が生ずるにすぎないからである。そのため，どこに区切りをつけるのかという問いは，同時に問題設定の連続性を構成する諸契機の同一性についての問いを立てることにもなる。——そしてさらに後期の体系のうちに保持された初期著作の哲学的成果についての問いも立てられることになる。

(2) ベルン時代の草稿にみられる，カント（およびカント後の幾つかのヴァリエーション）によって規定された宗教の道徳的解釈がもつ問題点へのヘーゲルの洞察は，彼の後期の思想の中でも有効性を保っている。宗教は道徳によって完全に理解されるものではなく，またシュライエルマッハーの講話が示したような，形而上学と道徳との悪しき織り合わせでもありえない（KGA I/2, 199）。宗教とは，人間がその中で自分を包括的な現実との関係の中に置くという，思想の形式および生の形式なのである。ただしそのさい同時に人間はこの包括的な現実を構成する要素でもある。しかしながら，カントの『宗教論』と関連する形で——革命の最中にあるフランスにおける宗教政策を背景に——ヘーゲルによって定式化された問題設定は，すなわち純粋に道徳的な宗教と実定的な宗教との関係についての問いと実定性の成立についての問いとは，カントおよびカント以後の問題状況の中でのみ重要性をもつ。これらの問題は純粋に道徳的な宗教の起源についてカントが（不適切に）立てた前提条件から派生してきた帰結である（AA VI, 167）。それゆえ，1790年代の末に道徳的宗教をめぐる論争が終焉をむかえると，これらの問題設定はヘーゲルの後期の哲学体系にとって何ら決定的な意味をもたないものになってしまう。カント以後の哲学の発展に目を向けてみても，またヘーゲル個人の思想の発展に目を向けても，このような問題提起は袋小路に陥ってしまう。これらの問題設定に通じることによって，ヘーゲルは宗教的生活のもつ思想的条件や歴史的条件また政治的条件について多様な洞察をうることができたが，しかし同時にヘーゲルが同時代の哲学の進む方向へと邁進することを妨げもした。

(3) 宗教哲学的観点から見るなら，宗教を合一哲学の道具立てによって把握しようとしたフランクフルト時代のヘーゲルの試みについても，同様のことが言える。ヘーゲルは一面的で——終末論とパウロの神学論とを削った——その上，間違ったキリスト教像を構想して，見せ掛けの確証性を作り出し，こ

の歪められた構図にさらなるたしからしさを付与する目的で，イスラエルの宗教に関して怒りを禁じえぬような戯画をこのキリスト教像に先行させている。宗教理論的観点からみても，このような着手の仕方は袋小路に行き詰る。「実定性論文」というベルン時代の断片を出版のために推敲するという，フランクフルト時代の最後の数か月におけるヘーゲルの企図は，以上の問題点にヘーゲルが気づいていたことの証拠といえよう。ヘーゲルのフランクフルト時代の宗教観は，ベルン時代のそれと同様に，少なくとも彼の後の宗教哲学講義にとっては重要ではなくなる。

(4) それにもかかわらず，フランクフルト時代の成果はベルン時代の成果のように，ただ否定的なものであった訳でもない。なぜなら合一哲学のもつ問題設定から，一方では合一哲学に沿う形で，他方では合一哲学と対立する形で，概念の諸関係についての洞察が得られたからである。そして，この概念の諸関係は合一哲学的な着手点の宗教理論への誤った適用とはまったく無関係なものであった。そして，この諸関係によってヘーゲルは超越論的哲学と実体的哲学とをめぐる，同時代の論議に介入する立場に立つようになる。——というのも当時の合一哲学の形態にみられる概念の道具立てそのものが，この対決をめぐる議論に由来するものであったからである。ヘンリッヒ（1971, 39）は以上のことを簡潔な文章で表現している。「フランクフルトでヘルダーリンと知り合う以前のヘーゲルは教会の批判者であり，歴史的および政治的関係においてはジロンド派に与する分析者であった。ヘルダーリンへの傾倒と反発とによってヘーゲルは彼の時代の哲学者となったのである。」ここには，後期の体系へと「中断なく」導かれてゆく基本的思想の成立が表現されている。——より踏み込んで言えば，ヘーゲルの「弁証法」の成立が表現されている。

(5) この弁証法的な思考の形成の過程のうちには，しばしばヘーゲルが初期の著述の中で獲得した体系的な成果が見られる——それは一つの確信であり，その中で鋭い対立をなす〔二つの〕説明が相互に接点を見出すものである。この確信は，〔一方で〕神学的な解釈にとっては，ヘーゲルが聖書のテキストに即して，とりわけヨハネによる福音書の冒頭と三位一体論的思想に即して，哲学者となったという点で関心を集めるものとなる。〔他方で〕ルカーチのグループにみられるようなマルクス主義的解釈にとっては，ヘーゲルによる社会の諸関係の分析が彼を哲学者に押し上げた。そしてハルトコプフのようなルカーチの批判者にとっても，初期の著述は，「弁証法的なものの根本的な洞察と弁証法の発展にとって決定的な動機を」（〔Durchbruch zur Dialektik〕 222f.）認めさせるものである。ハルトコプフは「ヘーゲルの思考における弁証法の出現」を非常に早い時期に，すでに「実定性論文」のうちに見ている（37, N 219-229 参照）。しかしヘーゲル独自の発見としてではなく，人間的なものの基盤の上に，フィヒテの『知識学』やシェリングの初期の著作によって刺激を受けて獲得された成果として見ている——またシェリングの弁証法への逆戻りともみなしている（29, 220ff.）。そのため「ヘーゲルに近代的な弁証法の構想の成立を帰すことはできないし，弁証法の発展の主要部分をヘーゲルに帰すことなど到底できない」（208）とハルトコプフは言う。このような表面的な説明は〔弁証法の成立という〕問題の解決を導くものではない。しかしこの説明は，これが弁証法の出自をヘーゲルの把握の仕方に求め，彼の扱った資料や（三位一体論といったような）主題に求めているのではないという点において正しい。ヘーゲルがヨハネの福音書の冒頭に取り組んでいるところ（N 306f.）は，明らかに，ヘーゲルが彼の把握の仕方をテキストに則して獲得しようとしているのではなく，テキストを彼の把握の仕方の光の下で読み解こうとしていることを示している。

ベルン時代の草稿へ遡及する解釈とは異なり，最近の三十年間に次のような見解が浸透してきている。すなわち，弁証法の生成は——たとえ，それが初期の草稿の中においてであったとしても——合一哲学のヘーゲル固有の受容のうちに見られる，すなわち愛と生の概念のうちに見られるという見解が浸透してきている。バウムは弁証法の生成の「前史」を区別しているが，この前段階を彼はとりわけ「愛」の断片に基づいて描写している（N 378-382）。この断片は「後期の弁証法的な事柄の記述を思わせるような，人間と愛についての記述を」含む。しかし論理的な用語はまだ生じてきていない。「対立物ないし

は矛盾の弁証法的取り扱いへの最初の出発点」をバウムは1798年から1799年の冬におけるこの断片の改稿の時期のうちに初めて認める。この改稿の中でヘーゲルは「愛という自己感情のうちにある」生を「二重化と合一との一体性として」考えている（〔Entstehung der Hegelschen Dialektik〕1986, 38-43）。

　本来的な「弁証法の始まり」（48-75）を，バウムは「信仰と存在」の断片のうちに初めてみている。この断片をバウムはヘーゲルのカントとの対決として――『スピノザの教説について』と題されたヤコービの書簡の中で使用された信仰と存在という概念（JWA 1 参照）に基づいて解釈している。この断片の中でヘーゲルは『純粋理性批判』で有名になった言葉「アンチノミー」を，合一哲学の問題設定のうちに導いた。「アンチノミー」が，言いかえると，二つの対立物が統一されているところの，その統一は，ここでは「統一される対立物とは区別される三つ目の関係項ではなく，合一する活動そのものである」。そして，これが反省されたものとして信仰の対象となる。しかしながら，このような考え方は――バウムによれば――ヘーゲルの思想の形成のこの段階において，なおも問題を残す。ヘーゲルは「生の形而上学」という文脈においてこの問題を克服しようと試みる。

　合一にいたる条件についてのヘーゲルの洞察は，二つの「体系断片」の最初のもののうちにもたどることができる。この中でヘーゲルは，結合と非結合との統一をめざすのだが，その統一が「非結合」という契機によって絶えず新たに補完される無限の運動の過程に陥るため，その無限の進行に対して，統一を次のことによって守ろうと試みている。すなわち，ヘーゲルは，「結合と非結合との結合」という定義を不適切なものとして非難し，信仰のみが到達できる「反省の外にある存在」を考えることによって，無限の過程を遮断するのである（本書143頁参照）。

　ここにおいてヘーゲルは後期の根本思想に，その他の初期の著述のどの部分よりも接近している。――しかしながら，まだ後期の根本思想に到達しているわけではない。根本思想への最後の一歩と，それによって後の「弁証法」の原理に到達するための最後の一歩を踏み出すためには，ヘーゲルは「結合と非結合との結合」として思考することを試みた，かの結合が，二つの関係項に先行して存在する統一として存在するのではなく，ただこの関係においてのみ成立しているという洞察を完遂する必要があった。このような思想のうちにヘンリッヒ（〔Hegel und Hölderlin〕1971, 36）はヘーゲルの「固有の思想」を，すなわち「対立のうちに存在する関係項は確かに全体から理解されなければならないが，しかしこの全体は関係項にとって存在として，あるいは知的直観として先行するものではなく，そうではなくて全体は関係そのものが展開された概念なのである」という思想を見ている。断片という状態にもかかわらず，ヘーゲルのフランクフルト時代の資料はヘーゲルの思想が，ヘルダーリンの合一哲学への取組みやヤコービの『スピノザの教説について』への取組みから，どのようにして生じてきたのかを具体的に示している。しかし，これらの断片は，接続法の言い方で導入された「結合と非結合との結合」という定式を，絶対者の「弁証法的」哲学の根本思想である――同一性と非同一性との同一性という定式へと組みかえるという最後の一歩がなされたことを証明するものではない。最後の一歩とはフランクフルトからイェーナへの一歩と呼ぶことができよう。それは宗教的かつ合一哲学的問題設定から哲学の体系という脈絡の中での絶対者の解明に至る一歩として理解される。

参考文献：Henrich: Hegel und Hölderlin (1971), 27-34; Hartkopf: Durchbruch zur Dialektik (1976); Kondylis: Entstehung der Dialektik (1979), 494-526; Baum: Entstehung der Hegelschen Dialektik (1986), 48-73; Henrich: Der Grund im Bewußtsein. [Stuttgart 1992].

4

イェーナ時代の著作と構想（1801-06年）

フランクフルトからイェーナへの転地，家庭教師の生活からシェリングの周辺での大学教員活動への転身，個人的な文芸論的習作から教育と出版とを通じた公的活動への転換，これらはヘーゲルの活動のなかでももっとも大きな転機をなしている。――伝記的に見た場合だけでなく，作品史的に見た場合でもそうである。すでにイェーナに到着した年にヘーゲルはみずからの哲学を体系形式においてまとめはじめる――しかもとりわけ後の体系形式を先取りするような体系形式において，である。もちろんフランクフルト時代の著作との連続性もここで書き留められなければならないが（本書4.1と4.2参照）――それでも差異がはるかに勝っているのである。

もっともこのことは〔テキストの〕現在の受容局面においてはじめて明らかとなってきたのである。ローゼンクランツはこの境目の時期を，体系構想Ⅱ（1804/05年）の年代確定を誤ることによって，フランクフルト時代へとずらしてぼやけさせてしまった（R102-133）。またルドルフ・ハイムはローゼンクランツの年代確定をなるほど部分的には訂正したが，必要な範囲にわたって訂正しなかった。実在哲学のホフマイスター版が出たあとで，ようやく最終的に，歴史的批判的全集版に先立った仕事，とりわけハインツ・キンメルレの仕事がテキストの執筆年代確定表を完全に訂正した――この仕事はとりわけヘーゲルの筆跡の発展に関する文字統計的分析と講義予告とに依拠している。この新しい執筆年代表は主要な点ではエーファ・ツィーシェによる紙の透かし模様分析によって立証されている。これらの仕事によってはじめて，以前は「体系の現象学的転機」（R201）に向かった跳躍的前進であるかのように思えた，ヘーゲルの思考の歩みが直線的で連続的な形で明らかとなった。

参考文献：Heinz Kimmerle: Zur Chronologie von Hegels Jenaer Schriften. HS 4 (1967), 125-176; Kimmerle: Die Chronologie der Manuskripte Hegels in den Bänden 4 bis 9. In: GW 8.348-361; Henrich / Düsing (Hg.): Hegel in Jena. Die Entwicklung des Systems und die Zusammenarbeit mit Schelling. HSB 20 (1980); Henry S. Harris: Hegel's Development. Night Thoughts (Jena 1801-1806). Oxford 1983; Eva Ziesche: Der handschriftliche Nachlaß Hegels (1995).

4.1. ドイツ国制批判の諸断片 （1799-1803年）

(1) しかし，フランクフルト時代とイェーナ時代とのあいだの切れ目はヘーゲルの二つの著作計画，すなわち自然哲学研究（4.2）と政治的研究には，当てはまらない。「ドイツ国制批判」のための計画，あるいは短く，「ドイツ憲法論」はフランクフルト時代の半ばまで，おおよそヘーゲルが「ヴュルテンベルクの内情」を発表しないという決心をした時期にまでさかのぼる。しかしイェーナ時代の最初の三年間，ヘーゲルはこの計画にこだわっていた。けれどもこの計画は次から次へと引き続いて起こる政治的な出来事（1798年ラシュタット会議，第二回対仏同盟戦争，1801年2月9日リューネヴィユ和約）によってつねに新たに踏みにじられてしまったのである。「帝国代表約定」（1803年2月25日），すなわちフランスに接する消失してしまったライン左岸の地

域に対する補償とそのために実施された教会財産国有化についての決定のあとにはじめて，ヘーゲルは出版計画を放棄する——その間にも彼の願いが満たされることはなかったのであろう。「ドイツ憲法論」の主導的命題「ドイツはもはや国家ではない」は，実のところ1806年8月6日になってはじめて，フランツⅡ世がナポレオンに強制されてドイツ帝国帝冠を断念するとともに，立証された。それはヘーゲル自身が論述を中止した時には，そうなるとはまったく予測できなかった仕方においてである。

「ドイツ憲法論」は『友人の会版著作集』には収録されなかった。ローゼンクランツがはじめてこの著作について報告し，抜粋も伝えた——ただしヘーゲルはこのテキストを1806年におけるドイツ帝国の形式的な解消の後になってはじめて，つまり彼の『バンベルク新聞』の編集活動の周辺において，しかもフィヒテの『ドイツ国民に告ぐ』の類似品として書いたという，間違った仮定のもとにではあったが。ハイムがすでに（1857，485）1800年ごろの出来事に関するよりたしかな知識に基づいて，この間違った年代確定を訂正し，さらに幾つかの断片も公表した。

(2)「ドイツ憲法論」というのは，厳密に言うと，「著作」ではなく，分量の多い，ローゼンクランツとハイムとによる点検の前にもまた，後にももう一度減らされた文章の束（Konvolut）である。この文章の束は断片的な予稿，草案，1802年晩秋の清書，抜き書きから成り立っている。この抜き書きはとりわけ当時の指導的な憲法学者ヨハン・シュテファン・ピュターの作品からと同時代の史料からのものだった。今や個々のテキストは，ハインツ・キンメルレのイェーナ時代著作執筆年代表（GW 8. 352-355）に基づき，同時代の出来事との関連で——エーファ・ツィーシェ（27-29）〔の年代確定〕と一部若干異なりつつも——アカデミー版全集第五巻の編者によって年代確定され，四つの改訂段階に割り振られた。もっともフランクフルト時代からの失われた前段階〔の文書〕がどのくらいの範囲で存在していたのかは，未決定のままにとどまらざるをえない。

(3)「ドイツ憲法論」の断片は，総じて「ヴュルテンベルクの内情」のわずかばかり残っている文書とは際立って異なった姿勢によって，すなわち辛らつな皮肉によって書かれている。当時ヘーゲルの友人たちによって定式化された経験，すなわち，人権の代弁者たち〔フランス人〕がシニカルな権力政治にとって有利なようにこの人権を放棄してしまったことが，「ドイツ憲法論」の時代的な出発点をなすばかりでなく，事柄の出発点をもなす。この著作は総じてドイツ帝国の当時の状態とそれに対する三十年戦争以来の決定的な要因との仮借のない分析である。この分析は，その通達と行動によってドイツ帝国を内部の敵にとっても，外部の敵にとっても物笑いの種にしてしまった人々に対する，辛らつな皮肉によって貫かれている。ハイムは（1875，69）この発展の後期段階を的確な定式によって捉えた。「帝国議員は皇帝を見捨てて裏切った。皇帝は議員を見捨てて帝国を裏切った。」

しかしドイツの窮状は外的要因にも左右されている。「ヴュルテンベルクの内情」に対して目新しいことは——しかも同時代の経験によってもたらされていたことは——革命期フランスの外交政策に関するヘーゲルの批判的な視点である。フランスから押し寄せてきた（そしてドイツで熱烈に受け入れられた）「自由を求める叫び声」，「自由の妄想」（GW 5. 132, 148）は，領邦間のあくどい取引（Länderschacher）と帝国の解体とに事実上向けられた，きわめて目的追求的な権力政治を隠しているにすぎない——それはちょうど三十年戦争においてすでに，グスタフ・アドルフの「きわめて誠実で人情味豊かな政見」（GW 5. 215, 126）が彼の権力政治を気づかせないでおくことになったのと同じである。ヘーゲルの批判はここでナポレオンにも向けられている。ナポレオンは一方でジュネーブ共和国を政治上の地図から消失させたが，サン・マリノ共和国には「大砲を二，三発お見舞い申した」。なぜなら「共和国に対する尊敬という名の下に大口を叩く」（GW 5. 141）ことだけがここでは重要だったからである。そのような二枚舌に対するヘーゲルの批判の手厳しさはおそらく，彼自身が以前には共有していた幻想をこのさい精算しているということから理解されるべきであろう。あらゆる歴史的な例が教えることは，主権国家の権力政治の内的論理に対して道徳的な呼びかけを対置させても無駄なことである。「いった

い人間というものは，まことに愚かなものであって，このように良心の自由と政治上の自由とを私心のない態度で救助しようとする理想主義的な光景に目を奪われて，また内面的感激の情熱にうかされて，権力のうちにある真理を見落とし，こうして正義の人間的な営みと虚構の夢想が自然と真理のより高次の正義に対して確実であると信じてしまうのである。しかしこの高次の正義は困窮を利用し，人間を強制し，あらゆる確信と理論と内面の灼熱を無視しつつ，その支配のもとに置くのである」(GW 5. 107)。

「権力のうちにある真理」というこの表現は，声高にそして一般読者には効果的な仕方で，道徳的戦慄を呼び起こす中で，幾度も引用され，非難されてきた――しかもヘーゲルの「権力国家的思考」（Heller 1921）に対するもっとも初期の証拠として，である。しかしそのような批判がこの表現をその文脈から孤立させることにより忘れさせようとしているのは，この表現が国家の態度に対する道徳的規準としてではなく，国家の実際の態度の記述として，近代初頭――しかも近代初頭だけではないが――の政治史の冷静な「教訓（fabula docet）」として評価されることを望んでいることである。それゆえヘーゲルの表現は道徳的な憤慨によってではなく，歴史的批判によってのみ論破されるべきなのである――すなわち歴史的発展は［道徳とは］別の動因によって規定されてきたという証明によってである。だが当然のことながら，道徳を説く批判者たちの誰ひとりとして，ヘーゲルが数百ページにわたって綿密に描いている，当時の政治情勢の像を修正しようとする（いずれにしても無駄な）試みを企ててはいないのである。

親愛なる神聖ローマ帝国は，
いかにしてなお存立するや。
（『ファウスト』アウエルバッハ酒場）

(4) 当時このように問うたのはアウエルバッハ酒場の酔っ払いだけではなかった。ヘーゲルはこの政治的な，それゆえいやみっぽい歌詞を口ずさむのをはばからなかった。「ドイツ憲法論」の伝承された断片は，つねに繰り返し掲げられた挑発的な中心命題「ドイツはもはや国家ではない」を繰り返し実証している。ドイツの困窮の回顧的な分析は三十年戦争を越えて封建制度にまで，また「ドイツ的自由」の原理にまでさかのぼっている。ヘーゲルはこの原理を――モンテスキューとともに――「ゲルマンの森」にその故郷があると見ている。けれども「ドイツ的自由」のこの原理が間違っているのではなく，その近代的な展開の形式が間違っているのである。この形式はいわば私法的な封建領土関係を近代の主権国家の条件のもとで継続し，こうして私法（Privatrecht）と国権（Staatrecht）とを混同している（GW 5. 11 および各所で）。ヘーゲルにとって同時代の困窮の根源はこのような混同に存している。ドイツはもはや国家ではない，なぜなら公的法をなさなければならないはずの法が，私法として取り扱われているからである。この洞察は，ヘーゲルが後に『法哲学』258節において，フォン・ハラーの『国家学の復権』というプログラムに対して論争するさいの激しさの一部を説き明かすものである。ハラーのプログラムは，新たに設立された公法的関係を廃止して，私法的・世襲財産的関係に有利になることを目指していた。

もちろんヘーゲルによって告発された私法と国権とのこのような混同はたんなる「カテゴリーの取り違え」ではない。この混同はドイツ諸侯の（誤って考えられた）利害状況の概念的表現である。ドイツ諸侯は彼らの国家の利害を――それは，加えて，彼らの私的利害と混同されたが――他の個別国家とドイツ帝国とを犠牲にして，追求する。そのさい彼らは，この政治によって，彼ら自身によって十分に理解されていた利益にも害を与えていることに気づいていない。諸侯がこのように堕落して特殊利害を追求しているにもかかわらず，主権国家は帝国同盟に固執し，ドイツは国家であるべきだという要求に固執している。ここには「もはやいかなる国家も可能でも現実的でもないが，それでいてなおドイツは端的に一つの国家として認められるべきだというように，帝国議員間の関係を規定する」という「矛盾」がある（GW 5. 194）。もっとも関心というレベルでは，「帝国の連関」に対する憶測上の関心も結局は自分の利益に対する関心にすぎない限り，この「矛盾」は解消してしまうのだが（GW 5. 44）。これに対して国権のレベルではこの矛盾は残ってしまって

いる。それゆえヘーゲルは逆説的に思われる定式に手を伸ばす。ドイツ人は「その国家の結びつきが，どのような国家の結びつきも立ち行かないように組織されている，おそらく唯一の民族であろう」。国権は「国権に対立して」組織されている（GW 5. 56f.）。「帝国」という国権上の表現は，ドイツはもはや国家ではないという事実に代わる，たんなる婉曲語句である。主権をもつ個々の国家間の結びつきは，帝国外の国家との他の同盟よりもゆるやかである。個々の国家は，お互いに提携するだけで，「何か共通のものをもとうとすることはない」。それゆえドイツは「観念 Gedanken において」国家であるにすぎず，「現実においては国家ではない」。ドイツは「形式上の」国家であり，実際には「国家の非存在」，それゆえたんなる観念上の存在あるいは「観念国家」である（GW 5. 194）。

（5）当時のドイツの国権上のリアリティーと事実上のリアリティーをこのように仮借なく暴露することより以上に――また加えてヘーゲルによって強調された政治権力の実際の意味について道徳的に憤慨することより以上に――それよりけっして重要でなくはない第二の視点が見過ごされてきた。それは，「ドイツ憲法論」のなかで獲得された，宗教と国家との関係についての洞察である。ヘーゲルがここで手に入れた洞察は，カール・シュミットを範として，最近数十年の政治的理念史によってはじめて受容され，通用するようになった。すなわち近代国家の成立は本質的に，16世紀末から17世紀にかけての宗派をめぐる内戦の産物である，という洞察である。

けれどもこの過程において，二つの局面が区別されるべきである。それは「破壊」と「適応」として区別することができる。宗派の分裂は伝統的な国家を引き裂く――なぜならこの国家は，その自己理解によると，宗教と一体をなすからである。「宗教は自分が分裂することにより自分を国家から分離することをせずに，むしろこの自身の分裂を国家のうちに持ち込み，国家の廃止に最大の貢献を行った。宗教は国憲 Verfassung と呼ばれるものの中に自分を組み込み，こうして宗教は国権の条件となっている。」ドイツにとって宗教と国家との統一がこのように引き裂かれることはとりわけ危険であるのは，次の理由による。他の国々に対して比較的緩やかな国家連邦という基盤においては，宗教と国家が引き裂かれることによって，「いわばほとんど唯一の紐帯さえも引き裂かれてしまう」（GW 5. 96）からである。まさにそれゆえにこの破壊がここでさらに目的意識的に促進される。宗教と国家との統一の原理に固執することは，当時，諸侯の特殊利害のためになることであった。それによって彼らは帝国連邦を弱めた。「宗教の分裂はこの国家連邦を引き裂き，このように引き裂くことを合法的なものにすることに，おそらくもっとも貢献したのであろう。なぜなら諸侯はそのためのもっともよい手助けを，臣民の良心において以外には見つけることができなかったからである。あるいはまたこのような宗教分裂が起こった時代はあまりにも不器用だったために，教会を国家から分離できず，また信仰の分裂にもかかわらず国家を完全に維持するということができなかったからである」（GW 5. 20-22, 98 参照）。このことに対する例はたとえば「分派行動（itio in partes）」という国権上の制度が提供してくれる。すなわち帝国議会は異なる宗派のグループへと分かれるが，一方のグループが他方のグループを投票で打ち負かすことはしないのである。この制度は宗教問題にとってはまったく適切だとはいえ，それを越えて，本来は政治的な決定を妨害するための致命的な道具として働いてしまう。またフランスの政治も，宗派の分裂を通じた帝国の政治の無力化に関心をもつようになる。フランスの政治はきわめて意識的に宗教的対立を権力政治的道具として導入し，ドイツを弱体化させる。こうしてフランスの政治は自国では力ずくで阻止する状況を，ドイツでは促進するのである（GW 5. 128）。

だがこの破壊的な傾向と目的は新しい原理の歴史的な形成によって修正される。これはあたかも意識的な目的よりもまさった，社会的関係に内在する理性によって修正されるかのようである。ドイツ諸国家の政治的条件のもとでは，宗派と国家との統一はもはや実現されないのだから，事実上の「分裂」は別の対象と別の役割とを得るようになる。分裂は国家を引き裂くのではなく，宗教と国家の統一という原理を廃棄して，「いろいろな宗教が存在するにもかかわらず，一つの国家が可能である」（GW 5. 22）という洞察にいたらせるのである。「宗教は，国家

を完全に分裂させたことによって，同時に，一種奇妙な仕方ではあるが，そのうえに国家が基づくことのできるいくつかの原則の暗示を与えた。宗教の分裂は人間をそのもっとも内面的な本質において引き裂くが，それでもなおある結合が存立するべきであるので，この結合は戦争遂行などの外的な事柄を通じて外面的に結ばれなければならない。この結合が近代諸国家の原理なのである」（GW 5. 99）。それゆえヘーゲルは歴史的発展の獲得物を国権上の原理に纏め上げるのである。「ただ一つの国家が可能であるためには，宗教と政治との分離は必要である」（GW 5. 46）。

ヘーゲルのこの洞察は，彼の時代に限ったことではないロマン主義化する傾向に対立する。この傾向は，教会と国家の理想化された中世的統一――これはノヴァーリスの『キリスト教世界あるいはヨーロッパ』（1799年）において典型的に現れている――という，より大きな枠組みの中における諸宗派の統一への回帰を夢見ている。ヘーゲルの視点からすると，そのような回帰は――その実現可能性に対する問いは別として――社会生活を形成するためには，まさに間違った道なのであろう。なぜならこの道は，苦労して獲得した政治的自由の原理を再び廃棄してしまうとされるからである。

(6) ルドルフ・ハイムはすでに「ヴュルテンベルクの内情」のヘーゲルと同様に，「ドイツ憲法論」のヘーゲルを，「自分の前提から実践的結論を導き出すことになると，動揺してしまう理論家」として批判している（1857, 74）。もし『ドイツ憲法論』をもっぱら政治的パンフレットとして読むならば，こういう見解を共有できる。ドイツの再編成を代議制に委ねるというヘーゲルの提案を，人はこの政治的パンフレットの類に数え入れるかもしれない。この代議制はオーストリアに倣っており，オーストリアの憲法は――プロイセンとは異なり――すでに代議制の契機を含んでいるとされる。しかしドイツを一つの国家へ統一することは，連邦分立主義が支配的であることに鑑みると，権力によってのみ行われるというヘーゲルの主張は，すでに，そのような優柔不断な「実践的結論」と見なされるのではなく，おそらく不人気ではあるけれども先を見通した予測と見なされる。「ドイツの一般民衆は，地方民会――この民会はドイツ民族から分離することしか知らず，この民会にとってドイツ民族の統一はまったく無縁のことである――とともに，ある征服者の権力によって，一つの集団にまで結集されなければならないであろう。すなわち彼らはドイツに属すると自認するように，強制されなければならないであろう」（GW 5. 157）。ヘーゲルはこの統一の偉業を「テセウス」の功績としている。そのさい，従来の研究がおもにかかわってきたのは，この「テセウス」ということでヘーゲルはいったい誰のことを考えていたのか――ナポレオンなのか（Dilthey 1905, 137），それとも皇帝フランツⅡ世の兄弟で，1800年ごろ国家官房（Staatskanzlei）と宮廷参謀会議（Hofkriegsrat）の長官として，ハプスブルク家の〈有力者〉であった，カール大公なのか（Rosenzweig 1920, Bd 1. 126f., Pöggeler 1977, 99）――という人物確認の努力であった。より重要なのは，帝国創設までの前史が70年後〔1871年に〕この予測を立証したことを見ることである。すなわち，ドイツ諸邦の連邦分立主義は「権力」によってのみ克服されたのである――そのさい事実的なもののレベルは，望まれたもののレベルと混同されてはならないが。

(7) けれども「ドイツ憲法論」の意義が存するのは――この著作にたしかにふさわしい――政治的パンフレットという性格においてよりもむしろ，ヘーゲルがこの著作の中で政治評論を国家哲学へとさらに発展させ，またそのさいにみずからの国家理解の決定的・永続的特徴を修得した――たとえばすぐ前で触れられた国家と宗教の関係に関して――ことにおいて，である。

ヘーゲルがヴェストファーレン和約以来のドイツ史とフランス史とを対照させた経験から獲得した国家概念の中では，「権力」の契機――したがってヘーゲルを権力国家思想の先駆者のように思わせた契機――が支配的である。フランツ・ローゼンツヴァイクは，『ドイツ憲法論』に関して，ヘーゲルに対する全面的な反感を次の文によって表現した時，ヘーゲル批判の一流派にとって典型的な文体を形作ってしまった。「〈権力，権力，もう一度権力〉とこの国家体系の入り口には書かれている。この太陽の光を前にしては，国家的生活のあらゆる内的多様性が，

国民的生活のあらゆる精神的豊かさが，思想家の目をくらまされた視界から消え去ってしまう」（〔Resenzweig, Hegel und der Staat,〕109）。だがここでは，解釈者によってほとんど悪意をもって歪められた思想家の視界からよりも，解釈者のくらまされた視界からの方がはるかに多くのものが消え去っているのである。

ドイツはもはや国家ではない，なぜなら帝国にはジャン・ボーダンの意味での主権が，「最高権力（summa potestas）」が属していないからである——せいぜい観念上の権力として属しているのであって，現実の権力としてではない。しかし主権のない政治的組織はすぐれて近代的意味における「国家」ではない。政治権力の中枢としての近代国家というこの根本概念を無視したために，帝国連邦は自国の諸侯と外国の征服者たちのあざけりの的になってしまったのであり，彼らの権力利害に委ねられてしまった。この基礎的で理論的な，またドイツの近隣諸国によっても実践されている洞察に反対して，ローゼンツヴァイクとともに「国民的生活の精神的豊かさ」を傾注することは，何の役にも立たない。国家の無権力状態はむしろまさにこの「国民的生活」の消失へといたってしまう——すなわち帝国の事実上の分裂と数百年にもわたる帝国の諸権力による継続的な分断へといたってしまう。ヘーゲルはこの諸権力の政治に対して，以前は夢見心地に閉じていた目を開き，近代国家の本質を教えたのである。

ヘーゲルの「権力国家」に対する批判は，さらにこの国家の基本的には防衛的な性格については沈黙している。「国家の概念」というタイトルのもとでヘーゲルは次のような定義からはじめている。「一つの人間集団は，その所有物の全体を共同して防衛するように結びついている場合にのみ，国家と称することができる」（GW 5. 165, 66-68 参照）。このように所有物を防衛するという利益のために，最高権力を形成するように結びつくことは（ヘーゲルが何度も繰り返すように）国家の中核をなし，二つの本質的な「主要権力」〔防衛権力と財政権力〕が結晶化する点をなす。かつての公的な権力から，打算的な，高給が支払われる権力へと移行してしまった（GW 5. 92）政治的状況においても，統率された，攻撃力のある軍隊が必要である。しかしこの軍隊は，〔かつての〕「帝国軍」のように，逸話の材料にのみ役立つものではない。また統一的な財務機関も必要である（GW 5. 81-87）。しかしこの機関は，帝国戦争金庫がまだ500グルデンも入っているとか，少し後では300グルデンしか入っていないなどと，定期的におおやけに報じることによって，せいぜい帝国の敵をおもしろがらせることに貢献するにすぎないものではない（GW 5. 84, 184）。

ヘーゲルの「権力国家」に対する批判がさらに頑固に黙っていることは，最高権力としての国家という思想から帰結する機能を，すでにあげられた二つの機能，すなわち防衛のための権力と財政権とに制限するべきだと，ヘーゲルが強く主張していることである。なるほどローゼンツヴァイクはこのことを一度認めているが（111），まさにこの初期ヘーゲルの国家概念のいちじるしい特徴をできる限り軽く評価しようとする——ヘーゲルはここで，きわめてはっきりしているにもかかわらず，である。外的安全と内的安全とを維持するための最高権力の組織にとって必要ではないことを，政府は「市民の自由に委ね」なければならない。そしてヘーゲルはこう強調する。「そういう事柄について市民の自由な行為を許容し保護することほど，政府にとって神聖なことは何もないはずである。しかも利益の観点を抜きにしてもそうである。というのもこの自由はそれ自体で神聖だからである」（GW 5. 175）。民法の統一ですらヘーゲルによって国家の本質をなすとは見なされていない——ヘーゲルはこの主張を革命前のフランスの非常に連邦分立主義的な法体制を回顧することによって，また次のような思考実験によって証明しようとする。すなわちローマ法がヨーロッパ諸国において統一的に通用するとしても，このことによってヨーロッパ諸国が一つの全体国家へと構成されることはないであろう（GW 5. 69f.）。誹謗されることの多いヘーゲルの〈権力国家〉は，その限りで今日のなんらかの国家よりもはるかに少ない機能しか含んでおらず，またこの意味でかなり「自由主義的」な国家である。

ヘーゲルはいまやそのような自由を許容する国家の反対が，みずからにとって以前は自由の故郷であったところ，革命期のフランスにおいて実現されていると見ている。いまやヘーゲルは革命期フランス

の内的構造を手厳しく批判する。「自称哲学者・人権の教師」によって唱道され、フランスにおいて実現された政治は、「衒学癖」をもって、生活上のあらゆる関係をそのもっとも小さな細目にいたるまで「上から下へと向かって」規則づけようとする。この政治は「国家というものは、ただ一つのバネがその他の無数の歯車のすべてに運動を伝達する機械である、という根本的な偏見」にたよって生きている。しかしこの政治は「退屈な、おもしろみのない生活」を生み出すにすぎない。革命期のフランスにおいても、また他の前提のもとではフランスに見かけ上は対立している、絶対主義王制のプロイセンにおいても、そうである。重要な審議や決定への直接参加という古いヨーロッパ的な理想はたしかに現代の大規模国家（Flächenstaat）という条件のもとではもはや可能ではない。けれども所有物を守るために必要でない業務は、市民による管理に委ねられるべきなのである（GW 5. 172-177）。

（8）ヘーゲルは、自分が仮借なく暴露した間違った諸事情を「意識させる」（GW 5. 54）という自らの意図を表明しているにもかかわらず、そのようなより良い意識が直接政治的に影響を及ぼすとは期待していない。なぜなら「必然性の概念と洞察は、行動自身にまで働きかけるにはあまりにも無力なものである。概念と洞察はなにか自分に対する不信を伴うので、概念は権力を通じて正当化されなければならず、そのとき人間は概念に服従する」（GW 5. 158）からである。これもまた——おらくは敗北主義的叙述ではあろうが——しかし道徳的な疑念に基づいて非難されるべきものではなく、必要な場合には歴史的により適切な叙述によって取って代わられるべきものである。もちろんこの種の評価は政治的パンフレットの意義を疑わせる。しかしヘーゲルは他方でそれでもみずからの詳述の目的を次の点に見ている。すなわち「有るところのものを理解すること、そしてそれによってもっと落ち着いた見解や、現実の接触においても言葉においてもこの見解に節度をもって耐えることを促進すること」（GW 5. 163）である。ヘーゲルはこの言葉でもってはじめて、みずからにとってはのちにはもはや政治的ジャーナリズムの狭い課題ではなく、みずからの哲学全体の課題を示すこと、すなわち「有るところのもの の理解」を基本方針として表明するのである

初出：Hegel: Kritik der Verfassung Deutschlands. Aus dem handschriftlichen Nachlasse des Verfassers herausgegeben von Dr. Georg Mollat. Nebst einer Beilage. Kassel 1893.

テキスト：GW 5. 1-219, 453f.; Editorischer Bericht: 552-611.

典拠：Johann Stephan Pütter: Historische Entwicklung der heutigen Staatsverfassung des Teutschen Reiches. 3 Bde. Göttingen 1786-1787.

参考文献：R 235-246; Haym: Hegel und seine Zeit (1857), 68-80, 485-492; Dilthey: Jugendgeschichte Hegels (1905), 126-137; Rosenzweig: Hegel und der Staat (1920), Bd. 1. 104-130; Hermann Heller: Hegel und der nationale Machtstaatsgedanke in Deutschland. Ein Beitrag zur politischen Geistesgeschichte. [1]1921, ND Aalen 1963; Hans Maier: Einige historische Vorbemerkungen zu Hegels politischer Philosophie. In: Bubner (Hg.): Das älteste Systemprogramm (1973), 151-165; Shlomo Avineri: Hegels Theorie des modernen Staates. Frankfurt am Main 1976 (englisch 1972), 49-81; Hočevar: Stände und Repräsentation (1968), 147-182; Otto Pöggeler: Hegels Option für Österreich. Die Konzeption korporativer Repräsentation. HS 12 (1977), 83-128; Marie Jeanne Königson-Montain: L'écrit de Hegel sur la constitution de l'Allemagne (1799-1802). In: Henrich / Horstmann (Hg.): Hegels Philosophie des Rechts. Die Theorie der Rechtsformen und ihre Logik. Stuttgart 1982, 38-55; Udo Rameil: Restitutio Imperii? Betrachtungen zu Sinclairs Entwurf einer Verfassungsschrift Deutschlands mit Rücksicht auf Hegels Verfassungsschrift. In: Jamme / Pöggler (Hg.): »Frankfurt aber ist der Nabel dieser Erde« (1983), 135-167; Domenico Losurdo: Hegel und das deutsche Erbe. Philosophie und nationale Frage zwischen Revolution und Reaktion. Köln 1989, 特に 135-141; Matthias Pape: Revolution und Reichsverfassung—— Die Verfassungsdiskussion zwischen Fürstenbund und Rheinbund. In: Elisabeth Weisser-Lohmann / Dietmar Köhler (Hg.): Verfassung und Revolution. Hegels Verfassungskonzeption und die Revolutionen der Neuzeit. HSB 42 (2000), 40-84; Hegel: Über die Reichsverfassung. Hg. von Hans Maier. Nach der Textfassung von Kurt Rainer Meist. München 2002.

4.2. 惑星軌道論

(1) いつ，どのような条件のもとで，ヘーゲルがイェーナで教授資格を取得することを目指す決心をしたかは，もはや知られていない（本書34頁以下参照）。これに対してキンメルレの研究以来正確に知られているのは，この手続きの個々の措置である。この措置はイェーナ大学のいわゆる『規則書 Modell-Buch』の中で，またそれに追加される学部決定によって取り決められている。ヘーゲルは少なくとも後者については完全に熟知はしていなかったようである。彼は「資格認定」のための，すなわちテュービンゲン大学の修士号をイェーナ大学の学部に承認してもらうための，1801年8月8日付けの申請書が講義開始の前提条件としては十分であると想定していたようである。けれども学部によって指摘されたことは，教授資格を認可し講義目録に記載する前に，ヘーゲルが教授資格取得のための討論を行うか，あるいは試験的に講義を行うかしなければならないことであった。知られている限りでは，この手続きは8月初めになってはじめて学部により「全会一致で」定められた（Kimmerle 1967, 30）。こうしてヘーゲルにとってはひどく時間がなくなってしまった。彼が8月18日にはじめて受け取った通知は以下のようなものである。すなわち冬学期に講義ができるようにするためには，印刷された著作とそれに添付されたテーゼに基づいては討論できないというのであれば，ヘーゲルは（以前にはフリードリッヒ・シュレーゲルがすでにそうだったように）少なくとも印刷されたテーゼに基づいて討論し，学期がはじまる前に試験的に講義をして，論文を印刷にまわさなければならない，というものである。時間がなかったにもかかわらず，ヘーゲルは学部の条件を満たし，8月27日，みずからの誕生日に討論を行った。「擁護者はシェリング氏〔哲学者シェリングの弟〕で，ヴュルテンベルク出身の反論者はニートハンマー教授，シェリング教授，学生シュヴァルゾットであった」（Kimmerle 1967, 43）。

(2) こうしてヘーゲルは十二条の『暫定テーゼ』を討論のための基礎として，8月18日から22日までの間に起草し，印刷にまわした。このテーゼは『就職論文』を越えて，理論哲学と実践哲学とにおける，教授資格請求者の学問的な特徴の深さと広さを明らかにし，またもちろんテーゼの逆説的な定式化を通じて，活発な議論のための材料も提供したはずである（GW 5. 616-618）。このテーゼはヘーゲル哲学のさらなる形成にとって決定的となっていったいくつかのテーマを暗示している。とりわけテーゼ第Ⅰ条（「矛盾は真理の規則であり，非矛盾は虚偽の規則である（Contradictio est regula veri, non contradictio, falsi）」），第Ⅱ条（「推理は観念論の原理である（Syllogismus est principium Idealismi）」），第Ⅳ条（「理念は無限と有限との綜合であり，全哲学は理念のうちに存する（Idea est synthesis infiniti et finiti, et philosophia omnis est in idcis）」）がそうである。目立つのはカントに対する批判（第Ⅶ条「批判哲学は理念を欠くがゆえに，懐疑論の不完全な形式である（Philosophia critica caret ideis, et imperfecta est Scepticismi forma）」）とそれに対するスピノザの強調である（第Ⅷテーゼ）。実践哲学に関するテーゼ（Ⅸ-Ⅻ）の中でも第Ⅹテーゼと第Ⅻテーゼとは暗に批判主義に反論している。

(3) 討論がどのように経過したかを示しているのが，二枚綴り紙（Doppelblatt）――ここにヘーゲルは「討論のために（Zur Disputation）」というラテン語の言い回しを書き留めていた――と『暫定テーゼ』の自家用本に記されたシェリングのメモである。後者が明らかにするのは，しっかりと決められていた役割分担が討論のあいだに崩れはじめてしまい，「反論者」シェリングがヘーゲルの有利なように，自分の弟に「擁護者」としての役目を果たすよう注意している（GW 5. 229-231, 611-616）ことである。

(4) ヘーゲルは指定されていたラテン語論文――『惑星軌道論』――を討論と講義開始との間，1801年10月中旬になってはじめて印刷にまわしていた。しかもより分量の多いドイツ語の準備稿（Vorstufe）に基づいて，である。ローゼンクランツは報告している。彼は遺稿の中に「ケプラーとニュートンとの関係についてのたいへん素晴らしい研究」を見つけた。ヘーゲルは「惑星相互間の距離の法則に関する研究を明らかに三回行った。最初は純粋な計算の中でだが，私はこの計算もまた見つけて

いた。第二にこのドイツ語論文の中でだが，この論文は本来世界霊に関するシェリングの本と同じテーマを，すなわち力学的なものと有機的なものとの区別を，またとりわけ絶対的力学と有限的力学との区別を扱っている。第三にラテン語論文のなかでだが，この論文はドイツ語論文の三分の一を含むにすぎない」(GW 5. 537, 634 と R 151f. を参照)。

この研究は間違いなくフランクフルト時代の自然哲学に関する抜き書きから生じてきた。ローゼンクランツは，ヘーゲルが惑星相互間の距離というテーマをすでに長いあいだ暖めていた (R 151) と一言することによって，この抜き書きのことを暗示している。加えて1801年におけるヘーゲルの多面的な研究からしても，ドイツ語著作はすでにフランクフルトで成立していたとするのがもっともらしい。けれどもいつヘーゲルが分量の多いドイツ語原本からラテン語の出版本を作成したのかは不明である。8月16日という日付でヘーゲルは学部長に対して次のことを強調している。講義要綱の編集までの「12日から14日のあいだで」，「討論が書かれることも，印刷されることも，手渡されることも，弁護されることもできません。しかし私が就職論文の大半の部分をあるいは全部をこの期限よりも前に提出すれば，貴兄と哲学部とが満足されるであろうことを，私は疑っておりません」(Kimmerle 1967, 31)。ヘーゲルはここでドイツ語版について何も言及していないので，彼は当時すでに就職論文のラテン語テキストを少なくとも部分的に使用できたと推測される (GW 5. 630 は別の見方をしているが)。8月末に印刷された討論テーゼの表紙もすでに，二か月後に出版されるだろう就職論文のタイトルを掲げている。すなわち『惑星の軌道に関する哲学的論文に先立って報告される諸テーゼ〔暫定テーゼ〕(Dissertationi philosophicae de orbitis planetarum praemissae theses)』である。

(5) ヘーゲルの「初期の著述」〔3.7.(1)参照〕から見ても，また論理学と精神哲学とが支配的となるもっと後の作品から見ても，ヘーゲルが自然哲学的研究によって教授資格を得たというのは意外である。このことは，ヘーゲルがみずからの哲学上の重点に反してこのテーマを選ぶことにより，シェリングの自然哲学的関心に敬意を払ったという疑念を招く。だが若きヘーゲルが自然哲学の研究を控えていたという印象は，もっぱら伝承状態が好ましくないことから生じている。フランクフルト時代の研究についての，またシェリングの関連する著作をヘーゲルが読んでいたことについてのローゼンクランツの報告 (R 100) は，自然哲学に対するヘーゲルの純粋な関心を十分に証明している。加えて天体力学というテーマを選ぶことで，またニュートンとケプラーとの関係を解釈することで，ヘーゲルは，シェリングにとってはいずれにせよ周辺にある領域 (AA I/5. 193; しかし SW I/4. 473 を参照) に足を踏み入れた。なるほどローゼンクランツは，まさに引用されたように，ヘーゲルの分量の多いドイツ語著作はシェリングの『世界霊』とまったく同じテーマを扱っていると判断している。けれどもヘーゲルはラテン語の就職論文によって，テーマ的にも，方法的にも，自分自身の特色を獲得している——シェリングはこのことを当時ヘーゲルの研究を指摘することによってはっきりと認めている (SW I/4. 330, 432)。

惑星軌道に関する論文の根底には結局方法論的な，それどころか〈科学論的な〉問題が存している。自然の説明における，数学と物理学と哲学の関係という問題である。ヘーゲルは次のことから出発している。「天文学が示している」諸法則は「実を言えば，自然そのものから取り出される，あるいは理性から構成されるというよりもむしろ，それらの根源を他の学問，すなわち数学から演繹している (quas scientia astronomica exhibet, ab alia scientia, a Mathematica potius originem ducere, quam ex ipsa natura vere petitas, seu a ratione constructas esse)」——そしてヘーゲルの就職論文の攻撃は数学と物理学とのこのような混同に対して向けられている。「私たちは純粋に数学的な観点と物理学的な観点とを混同しないように注意しなければならない。たとえば私たちは幾何学が定理の証明を図で描くために用いる線を，軽率にも力とあるいは力の方向と考えてしまうのである。(caveamus, ne rationes pure mathematicas cum rationibus physicis confundamus, lineas, quibus geometria ad construendas theorematum demonstrationes utitur, temere vires aut virium directiones putantes)」(GW 5. 238)。ヘーゲルはこの批判点をつねに新しい言い回しによっ

て徹底させようとする。数学においてのみ実在性を持つものに対して物理学的実在性を認めてはならない。そしてこの犯罪的な見せかけの混同を行ったとしてヘーゲルはニュートン（および，より正しくは18世紀末のニュートン主義）を非難する。これに対してケプラーであれば，彼によって発見された不変的法則の物理学的形態を容易に純粋数学的定式によって表すことができたであろう——だがケプラーはこの種の混同に耐えることができなかった。

(6)「惑星軌道論」がヘーゲルに大学における経歴を開始させた。けれどもこの論文は同時にヘーゲル哲学に対する偏見を生み出し，固めてしまった——しかも彼のテキストの意味の曲解と，彼にまつわるほほえましい逸話とに基づいてこういうことになるのである。あたかも思弁的哲学者は経験を介して発見された惑星を，「事実にとってはより一層都合が悪い」という決まり文句でもって，証明によって消し去ろうとしていたかのようである。

就職論文の最後でヘーゲルの話は，「自然（natura）」と「理性（ratio）」との関係，経験と合理的説明との関係という文脈の中で，当時思わしくないと感じられていた状況に及ぶ。すなわちティティウス・ボーデの惑星系列の中で，等差数列（4, 7, 10, 16, 28, 52, 100）の第五項には（当時知られていた）何らの惑星も対応していないという状況である。ヘーゲルはこの種の等差数列を引き合いに出すことを哲学から締め出す（「哲学とはまったく関係ない（ad philosophiam nullomodo pertinet）」）。そしてもしそのかわりにピタゴラス数列（1, 2, 3, 4, 9, 16, 27）を根底に置くならば，この場所〔火星と木星のあいだ〕に何らの惑星も予測されないだろう，ということにヘーゲルは注意を向けさせる。「もしこの数列が，あの等差数列よりも真の自然秩序に符号しているとすれば，四番目と五番目の箇所のあいだに大きな空間が横たわっていることも，またその個所に惑星が予測されないことも明らかである（quae series si verior naturae ordo sit, quam illa arithmetica progressio, inter quartum et quintum locum magnum esse spatium, neque ibi planetam desiderari apparet）」（GW 5. 252）。けれども明らかに仮説的な考察によってこの第二の数列を真なる数列だと主張することが，ヘーゲルの意図ではけっしてない。彼はむしろ，自然的な物の存在を比較的任意な数列を引き合い出すことによって基礎づけようとすることに対して全般的に反対している。任意な数列からは同様に任意な結果が導出されてしまうのである（Schelling, I/4. 472f. 参照）。

さてピアッツィは火星と木星とのあいだに惑星ケレスを発見し（1801年1月1日），この発見はそれ以後数年が経過するうちに，推測から確証された認識へと高められた。この発見はティティウス・ボーデ系列の発見術的機能と，したがって自然的関係を等差数列へと還元することが可能であることをさしあたって輝かしい仕方で立証し，ヘーゲルの疑念——ちなみに他の著名な天文学者の疑念も同様に——を打ち消したように見えた。けれども少し後で続いた惑星パラス（1801），ユノ（1804），ヴェスタ（1807）の発見は再び惑星相互間の距離と等差数列とをこのように密接に結びつけることをまさに打ち消した。というのはまさにもしティティウス・ボーデ系列を根底に置くならば，この三つの惑星は存在してはならないであろうからである。そしてこの後者の三つの発見は，等差数列が有する存在を証明する力に対するヘーゲルの疑念を再び立証したのである（現代の発見についてはまったく言わずもがなであるが）。それゆえヘーゲルがのちに『エンツュクロペディー』初版の中で，自分の惑星軌道論から距離を置いたのもなるほど理解できはする。「惑星の系列に関して言うと，天文学は惑星のもっとも大事な規定性，すなわち距離についてまだ何らの現実的な法則も発見していなかったし，理性的なものはさらにごくわずかしか発見していなかった。——私が以前の論文の中でこの点について試みたことを，私はもはや満足のいくものと見なすことはできない」（1 § 225, V 7. 43 参照）。しかしながら，この距離が数列によって把握されうるのかどうかという決定的な点において，明らかに自己修正など必要ないのである。現代にまで広まっている批判は，ここでルサンチマンと無知とが支離滅裂に混ぜ合わさりながら，「転倒した世界」の例を提供している。思弁家で経験の敵と誤って考えられたヘーゲルは，まさに抽象的なモデルから経験的実在性を推論することに反対して議論している。その一方で表向きは自然科学的に成功したティティウス・ボーデ系列はま

さに経験にではなく，創造主の活動についてのまさに「神学的でアプリオリ的な」想定に基づいているのである。この想定がヘーゲルの非難の的にされたのである（Neuser 1986, 56）。

初出ないし草稿：Dissertationi Philosophicae de Orbitis Planetarvm Praemissae Theses [...]. Ienae o. J.
草稿：討論について――Dissertatio philosophica de orbitis planetarum [...]. Jena 1801.
テキスト：GW 5. 223-228 ないし 229-231 ないし 233-253.
参考文献：R 151-159; Kimmerle: Dokumente zu Hegels Jenaer Dozententätigkeit (1801-1807). HS 4 (1967), 21-99, 特に 28-43; Theodor G. Bucher: Wissenschaftstheoretische Überlegungen zu Hegels Planetenschrift. HS 18 (1983), 65-137; Hegel: Dissertatio Philosophica de Orbitis Planetarum. Philosophische Erörterung über die Planetenbahnen. Übersetzt, eingeleitet und kommentiert von Wolfgang Neuser. Weinheim 1986; Ricardo Pozzo: »Der Natur näher«. Zu Hegels Kritik an Decartes in der Dissertatio de orbitis planetarum. HJb 1989, 57-62; Stefan Büttner: Wozu taugt Hegels spekulative Naturphilosophie? Eine unzeitgemäße Naturbetrachtung dargestellt am Beispiel der spekulativen Rekonstruktion des Sonnensystems. In: Philosophie und Religion. Schriftenreihe des Forschungsinstituts für Philosophie Hannover. Jb 1990/91. Hg. von Peter Koslowski und Reinhard Löw. Hildesheim 1990, 68-97; Cinzia Ferrini: Guida al »De orbitis planetarum« di Hegel ed alle sue edizioni e traduzioni. Bern / Stuttgart / Wien 1995; Kurt Reiner Meist: Editorischer Bericht. GW 5. 622-651.

4.3. フィヒテの哲学体系とシェリングの哲学体系の差異

4.3.1. 成立状況について

（1）1801年はじめにヘーゲルがイェーナで見出した哲学の状況は，シェリングがイェーナへと招聘された1798年の状況とはまるで違っていた。この変化は一部には，1798-99年の「無神論論争」によって直接引き起こされたのであり，一部にはこの論争の結果によって引き起こされた。この論争のためにフィヒテは教授職を失い，イェーナからベルリンへと移住している（Kodalle / Ohst 1999）。さらに哲学的状況は地域的事情を越えてますます進む分裂によっても特徴づけられていた。1799年3月のフィヒテ宛ヤコービ書簡（PLS 2/1. 3-43, JWA 2. 189-258）は当初フィヒテを無神論の告発から免れさせるのに役立つはずだったが，この書簡が『公開書簡』として公表されるという形をとると，むしろ責任追及を強めたように見える。したがってこの書簡はヤコービとフィヒテとの関係を疎遠にしてしまった。ラインホルトとフィヒテとの間も決裂してしまった――しかもヤコービ書簡と時を同じくした，ラインホルトのフィヒテ宛『公開書簡』（PLS 2/1.47-56）のためではなく，ラインホルトが少し後でクリストフ・ゴットフリート・バルディリの『第一論理学概要』（1800）に依拠したためだった。『19世紀初めの哲学の状態を簡単に概観するための寄与』第一冊（1801）のなかでラインホルトはフィヒテの「知識学」からバルディリの「論理学」へと移行することを公言している。フィヒテさえをもこの歩みへ転向させようとするラインホルトの誘いを，フィヒテは『バルディリ書評』（1800）によってきっぱりと断っている。またフィヒテはこのように挑発してラインホルトに新たな『公開書簡』を書かせ，これにフィヒテは『返答書簡』によって答え，これにラインホルトは再び返答している（PLS 2/1. 126-181）。

しかしフィヒテとシェリングが空間的に離れたことは，いずれにせよすでに長い年月の間存在していたものの，それ以前にはうまく隠されていた彼らの哲学的「差異」を，はっきりさせるのには好都合でもあった。遅くともシェリングの『超越論的観念論の体系』（1800）の出版後，シェリングの自然哲学は「知識学」の一部門あるいは補足ではないことが，はっきり浮かび上がってきた。シェリングは自然哲学に特別な体系的意味を与えるが，この意味はシェリング独自の哲学の二元的分岐を必要とし，そこでフィヒテの「知識学」の着想とは相容れないものとなる。この差異はフィヒテの『シェリングの超越論的観念論を読んださいのコメント』（1800）と両者の往復書簡（PLS 2/1. 183-232）のなかに現れている――もっともこの差異は当時さしあたってまだ一般読者に知られていなかったのだが。

(2) 分派化が先へ先へと進んでいくことによって特徴づけられたこのような哲学的状況は、イェーナに到着したのちのヘーゲルに、「人間の生への介入へと立ち戻る」機会をまたたく間に与えた。ヘーゲルは1800年11月2日付けシェリング宛書簡の中でこの機会をいまだ探し求めていたのである。多くの先行する——しかも『カル親書』を除いては、出版へといたることのなかった出版計画の後で、「フィヒテとシェリングの哲学体系の差異」に関する著作は、最初の本来的なさらには最初の哲学的な出版物である。ヘーゲルは1801年初頭にイェーナに到着した後すぐにこの著作を書きはじめた——そのさいおそらくはフランクフルト時代の草案を部分的にふたたび取り上げていたのであろう。ヘーゲルがしばしば引き合いに出すラインホルトの『寄稿』第1冊は、おそらく1月の末にすでに刊行されていたのであろう。ヘーゲルは1801年4月にはすでに執筆を終えていたのだろう。というのもヘーゲルはおそらく4月に刊行されていただろうラインホルトの『寄稿』第2冊に、ある脚注の中で、もともとの本文執筆からのちに刊行された出版物として言及している（GW 4. 80）にすぎないからであり、さらに1801年5月に刊行されたシェリングの『わが哲学体系の叙述』はまだまったく言及されていないからである。このことは『差異論文』の版が1801年の5月と6月とに組まれていたという想定によって説明される。「緒論」——通常は本文の版を組んだ後に書かれるのだが——には「イェーナ，1801年7月」と日付が入っている。8月の中旬以前にはすでにこの本は、ヘーゲルがメーメルに宛てて書いているように（Br IV/2.6）、「印刷中」であった。この日付はイェーナ大学教授ウルリヒによっても間接的に確認されている。1801年8月13日，ウルリヒは同僚に、ヘーゲルの著作のために「校閲証Censurを持ってきた」と伝えている——けれどもそのさい校閲が行われた日付には言及されていない。9月30日あるいは10月1日に『差異論文』は刊行された。というのもシェリングは1801年10月3日フィヒテに宛てた手紙の中で、「この一両日中に刊行されたばかりの」本として『差異論文』を引き合いに出しているからである（GW 4. 524）。

4.3.2 絶対者と体系

(1) よく知られている短い書名『差異論文』は、この著作の詳しい書名のアクセントが「体系」という言葉に——したがって1800年11月2日付シェリング宛の手紙の中でヘーゲルが驚くべきことにもすでに導入していた言葉に——存していることを、表現していない。ヘーゲルの著作の体系的関心は、目を凝らせている一般読者にフィヒテとシェリングとの差異を洞察させること、あるいはそれどころかシェリング自身に「差異を鏡として、フィヒテに対するみずからの立場の正しさ」を明確にする（Tilliette 1980, 15）ことに存するのではない。このような差異については、どっちみち1801年に交わされた両者間の往復書簡のなかでつねに問題になっていたのである。ヘーゲルの関心はむしろ哲学の体系思想と体系形式との問題に向けられている。ヘーゲルは「フィヒテ体系の叙述」の箇所においてはじめてというわけではなく、自分の着想をあらかじめ示した予備的考察「現在の哲学的営為に現れている、種々の形式」の中ですでに、ある体系思想に断固として反対している。この体系思想は「諸命題の有機的組織としての体系」を、最高の、自己自身によって確実な、したがって絶対的な根本命題の中で基礎づけることができると信じている。けれどもこれはさしあたりラインホルトが「根元哲学」の中で展開した体系思想である。ラインホルトはこうして、「認識全体の形式」や、超越論哲学の「必然的法則にしたがって連関する体系」といったカントの考えを、「一つの原理から」実現しようとするのである（B 673）。けれどもヘーゲルはラインホルトにもはやっきりとは反対しない。哲学を一つの原理から構想しようとする試みを、ゴットロープ・エルンスト・シュルツェが彼の著作『アエネシデムスあるいはイェーナのラインホルト教授によって提出された根元哲学の基礎について』（1792）の中で徹底的に批判していたのである。そうではなく、フィヒテが『全知識学の基礎』の中でこの体系思想を修正した形で受容し、三つの根本命題の定式化によってさらに展開した（GA I/2. 255-282）さいの形式に、ヘーゲルは反対するのである——そのさいフィヒテが1798-99年の

大学の冬学期における講義『新しい方法による知識学』の中で，自身この最初の着想から距離を置いていることを，ヘーゲルは知ることができなかった。ラインホルトに対してすでに改良された1794-95年のフィヒテの根拠づけの試みもまた「それ自身においてすでに無効である。というのも反省によって措定されたもの，つまり命題は，それだけでは，制限されたもの，制約されたものであり，自らの基礎づけのために他の命題を必要とする，等々というように無限に続くからである」。こうしてヘーゲルはこの種の体系思想をきわめてあからさまに「迷妄」と呼んでいる。この迷妄が自分を正当なものと見なすのは，とりわけ「体系そのものがその原理である絶対者を命題あるいは定義の形式で表現する時である。この形式は，しかし，根本においては二律背反であり，それゆえ，たんなる反省そのものに対して措定されたものとして自己自身を廃棄する」(GW 4. 23f.)。

(2) 『差異論文』の中でヘーゲルは絶対者という概念をみずからの哲学の中へと導入する——この概念は1790年代の最初の三分の一の年代以来，カントに続く哲学にとって中心的な意味を獲得していたものであるが。なるほどカント自身「絶対的」という形容詞に重要な意味を与えているが(A 324)，「絶対者」という名詞の形はカントの自家用本の欄外注(A 265)の中に，たった一度だけ見られるようである。もっともカントは「無制約なもの」あるいは「無制約な全体性の理性概念」については幾度も語っているだけでなく，実際にこの無制約なものが問題となっていることを，カントはまったく疑ってもいない(B XX, 444, 592 f., 787f.)。しかしカント以前の哲学においては——まばらにすぎないとはいえ——絶対者の概念を把握する二つの異なる伝統が見られる。一方で絶対者は端的に第一のもの，すべてのさらなるものを制約する，無制約なものとして——しかも存在論的な意味においても，論理学的な意味においても——考えられている。この「無制約なもの」という意味において，ライプニッツも「絶対者の観念」について幾度も語っている(ed. Gerhardt 6. 592;また『人間知性新論』II, 2, 17, §3)。そしてさらに「もっとも絶対的な，端的に無制約な根本命題」(GA I/2. 255)というフィヒテの言い方はこの伝統のうちにある。

他方で絶対者はニコラウス・クザーヌスの『学識ある無知について』I, 2 以来「絶対的最大者(maximitas absoluta)」として考えられている。「したがって，絶対的最大者は一なるものであり，またすべてのものである。また，この一なるものは最大者であるから，そこにすべてのものがある。のみならず，最大者に対立するものは何もないわけであるから，最大者は，同時に最小者と一致し，それゆえにまた，すべてのもののうちにある。さらにそれは絶対的であるために，現実的な仕方で，すべての可能的存在である(Maximum itaque absolutum unum est quod est omnia; in quo omnia, quia maximum. Et quoniam nihil sibi opponitur, secum simul coincidit minimum. Quare et in omnibus. Et quia absolutum, tunc est actu omne possible esse)」〔ニコラウス・クザーヌス『学識ある無知について』山田桂三郎訳，平凡社，1994年，19頁以下〕。なるほどクザーヌスは1800年頃はほとんど知られていなかったが，絶対者のこのような思想はジョルダーノ・ブルーノにおいても見られる。彼は1600年にローマで異端者として火あぶりの刑に処せられてしまった。なるほど彼の哲学の影響史は，彼の本が廃棄されてしまったために，ごく限定的である。しかしヤコービはブルーノの哲学を——『スピノザの教説について』(第2版，1789年)の補遺Iにおいて——「スピノザ以前のスピノザ主義」として取り上げ，こうしてブルーノの哲学の幅広い受容を呼び起こした——哲学史的な諸著書からシェリングの対話編『ブルーノあるいは事物の神的原理と自然的原理について』(1802)に至るまでの受容である。ブルーノはその著作『原因，原理，一者について』(1584年)において，とくに第五対話の冒頭において，絶対者を，すべてを包括する，自己の外に何ももたない，自己の中で差異化された全体として理解する。しかしまさにこの——1800年頃の議論に照らしてみて爆発力をもった——文を，ヤコービは『原因について』の彼の部分訳には取り入れなかった。このことは，「絶対者」という術語が1780年代の終わりにはまだ「刺激的な言葉」ではなく，1790年代の，ヤコービによって引き起こされたスピノザおよびブルーノ・ルネサンスを経て初めて，概念として

普及した，ということに対する証拠である。すなわち，「すべてのものである一なるもの（unum quod est omnia）」——あるいは同様にヤコービによって伝えられたギリシア語の表現「一にして全（ἓν καὶ πᾶν）」（JWA 1. 16）——は絶対者である。

(3) ヘーゲルの「絶対者」という言い方はこの二番目の伝統のうちにある——しかもこのことは偶然ではない。ヘーゲルは絶対者をあらかじめ立てられた無制約なものとして考えていない。というのもこういう思想は無限背進へと至るか，あるいは空虚さのうちにとどまっているか，そのどちらかであるとヘーゲルは見ているからである。端的に第一のもの・無制約なものが存在するとしても，この無制約なものは，それにもかかわらず，それによって制約されたものを，それの外にもつことになるだろう——なるほど自己の制約としてではないだろうが，それでもやはり，制限され，したがってまさに端的に無制約なものではなくなるであろう。絶対者の概念の問題史において明らかとなるのは，この概念の語義によって突き動かされる内在的論理である。他のものによって制約されていないが，他のものを制約するものも，まさにこの制約関係によって制約されたものから解き放たれておらず，したがって「解き放たれて（ab-solut）〔絶対的で〕」はない。他のものとの関係にないもののみが，完全な意味での「絶対者」として考えられうるのである。したがって絶対者は——それが正しく考えられているというのであれば——自己の外には何ももちえないのであるから，絶対者は必然的にすべての規定性を自己のうちにもち，自己自身の規定性として措定しなければならない。それゆえ「絶対者」は——人がこの概念をその内在的論理にそくして考えようとし，端的にははねつけないならば——ここで導入された第二の意味において考えられなければならない。ヘーゲルはこの意味を後に的確にも「真なるものは全体である」（GW9. 19）と述べている。ヘーゲルは同じ思想をすでに『差異論文』の中で同じような言葉を使って表現している。「絶対者は，哲学的思索において反省によって意識に対して産出されるのであるから，これによって，絶対者は客観的全体性，知の全体，諸々の認識の有機的組織となる。この組織においては，あらゆる部分が同時に全体である。というのも，部分は絶対者への関係として存立しているからである。他者を自己の外部にもつ部分としては，いかなる部分も制限されたものであり，ただ他者によってのみ存在している。制限として孤立されるならば，いかなる部分も欠陥のあるものとなる。部分が意味と意義とを有するのは，ただ全体との連関によってのみである」（GW 4. 19）。

(4) 絶対者を全体として理解することには，特別な体系形式を採用するように決断することが，結びつけられている。哲学の「体系」は端的に無制約な根本命題に基づく命題——あるいは形式に関してであれ，内容に関してであれ，制約された根本命題と無制約な根本命題との連続に基づく命題——からの帰結として構想されるべきではない。むしろ，絶対者が自己の中で差異化された「全体」として，あるいは内在的に構造化された現実性の連関として，思考の中で把握され，再構成される，というように哲学の体系は構想されるべきである。「絶対者は意識に対して構成されるべきである。」だから絶対者はその内的な（「有機組織的な」）体制にしたがってのみ，それゆえ「体系」としてのみ構成されうる。したがって絶対者を概念把握することは，絶対者を「体系」として概念把握することである。体系とはいわば全体としての絶対者の内的構造の模写であり，あるいは「完成された全体性の中で，自己自身にとって客観的となっている絶対者の直観」である。これは，ヘーゲルがさらに宗教的意味合いをも与えている見解である。この直観は「神の永遠なる受肉についての直観」（GW 4. 75）である。ヘーゲルはこの宗教的な言い回しの背後に隠れている体系的意義をまさに次の点において見ている。すなわち絶対者の思想の中で，あらゆる現実性のもっとも内的な原理が外的な現実性へとむけて形態化され，客観性を獲得する——またその限りでロゴスがあたかも肉となる——という点においてである。

(5) 意識による絶対者のこのような構成のうちに，ヘーゲルは「哲学の課題」を見ている。この「構成」は「再構成」と述べれば，もっと適切であろう。絶対者はたしかに意識によってはじめてもたらされるわけではない。もしこのことを「反省の形式」において表現しようとするならば，絶対者はむしろ意識の「前提」をなしている。「哲学的思索の道具」

として，それゆえ体系としての絶対者の構成の道具として，ヘーゲルは「理性としての反省」（GW 4. 16）を挙げている。ヘーゲルは「反省 Reflexion」という言葉をここで（同時期に成立した諸体系構想においてもそうであるように，本書210頁参照）たんに「思弁 Spekulation」（Düsing 1969）に対する反対概念としてだけでなく，広い意味でしかもアンビバレントな意味で使用している。この意味は数多くの補足によってはじめて的確に叙述される。ヘーゲルはある文脈においては，「孤立された反省」や「有限者の能力としての反省」について語っているが，「思弁としての［…］反省」や「理性としての［…］反省」（GW 4. 16-18）についても語っている。「反省」は規定性と対立を措定する。しかし反省は（悟性のように）対立には固執せず，この対立を（理性のように）再び廃棄し，こうして絶対者を意識に対して産出する。この産出は二つの契機を含んでいる——措定と規定性の廃棄とである。したがって「反省」はここでは，対立する役割をもつ，思考の運動以外の何ものをも表していない。反省は哲学を，体系へと組織化された，知の全体性として産出する。この全体性はそのものとしてはあたかも絶対者の像であり，したがって絶対者の「直観」を可能にする。

(6)「反省」とその産出との概念におけるこの緊張は，反省自身によって克服されるべきであるような，あるいは他の認識形式によって除去されるべきであるような，欠陥から帰結するのではない。この緊張はむしろ絶対者の内在的体制の中で，あるいは絶対者の「生」の中で，すなわち多者や有限者の差異化と，この非同一的なものの包括的な同一性への廃棄とのあいだの緊張の中で，根拠づけられている。絶対者は同一性でもあり差異でもある。それゆえ絶対者は「同一性と非同一性との同一性」である。哲学においては「絶対者への関係を欠いたまま措定されたものは存立しえない」（GW 4. 27）。非同一的なものとだけ関わってきた哲学は，それゆえ有限者を同一性との関係の中で措定しなかった哲学は，「哲学の課題」——意識に対する絶対者の構成——を果たしそこなった。こういう哲学は有限者の学となるであろう。同一性のみを主題とし，非同一的なものを押しのけようとするような哲学は反対の誤りへ

と陥るであろう。こういう哲学は非同一的なものについて，言語も思考も失うであろう。

自己の中で差異化された「全体」としての，絶対者のこのような体制の中で，絶対者を命題の形式において叙述することの困難が根拠づけられる。というのも「命題は，それだけでは制限されたもの，制約されたものであり，自らの基礎づけのために他の命題を必要とする等々というように無限に続く」からである。「存在するもの」すべてについて，存在も非存在も，存在するもの自身もそれに対立するものも，言い表されなければならない。悟性としての反省は「自分が措定したものに対立するもの，この措定したものの限界，根拠および制約を正しく示さなければならない。だが，理性は，これらの矛盾するものを合一し，両項を同時に措定し，そして止揚する」。反省は「命題が悟性にとって固有の命題とみなされる場合には，絶対的綜合を一つの命題で表現することはできない。反省は，絶対的同一性においては一つであるものを分離し，綜合と反定立とを別々に二つの命題において，つまり，一方で同一性を，他方で分裂を表現せざるをえないのである」（GW 4. 23f.）。

ヘーゲルはこの事態の形式的構造を二つの命題，「A＝A」と「A＝非A」（あるいは「A＝B」）においてわかりやすく説明しようとする。「A＝A」という命題においては，「純粋な同等性」にのみ注意が向けられて，不等性は捨象される。この不等性は，等号の一方の側にある「A」が他方の側にある「A」とは別のものであること，に存する——そしてこの不等性は第二の命題「A＝非A」によって表現されている。あるものとあるものとが同等だとすることは，あるものと他のものとの差異が現に存在し，この差異が捨象されることを必要とする。さらに——しかも問題がないとは言えない仕方で——わかりやすく説明することに役立っているのは，フィヒテの『全知識学の基礎』（GA I/2. 256f.）に由来する，よく知られた，「A」の「自我」による置換である。というのも自己に関係している自我は第二の自我とは別の自我である。前者の自我は主語〔主観〕であり，後者の自我は客語〔客観〕である。両命題は「矛盾の命題」である。「同一性の命題である第一命題は，矛盾＝0であることを表している。

第二命題は，第一命題に関係している限り，矛盾も無矛盾と同様に必然的であることを表している。両命題はともども，命題としては，勢位の上で同等の，それだけで措定されたものである。」ヘーゲルは両命題の同等の-妥当性（Gleich-Gültigkeit）（すなわち懐疑主義的「等価性 Isosthenie」）を，カントの超越論的弁証論に言葉の上で立ち戻りつつ，「二律背反」と呼んでいる。そしてヘーゲルは二律背反のなかに「絶対的同一性の表現」を見ている——ただし実際には適切でない表現としてではあるが（GW 4. 25f.）。

それゆえヘーゲルは『差異論文』の中で「二律背反」の意味を形式的で否定的なものに制限している。「たんに思弁のもつ形式的なもののみが反省され，知の綜合が分析的形式のうちで確保されるならば，二律背反，つまり自己自身を廃棄する矛盾が，知と真理の最高の形式的表現である。」あるいは別の言い方をすると，矛盾は「絶対者の純粋に形式的な現象」であるにすぎない。二律背反はたんに「知の消極的な側面であり，理性に支配されて regiert〔否定されて negiert？〕，自己自身を破壊する形式的なものである」（GW 4. 26f.）——しかも考えられる限りで最大の範囲において破壊する。「思弁は意識的なものと無意識的なものとの最高の綜合において，意識そのものの否定をも要求する。これによって理性は，自己の絶対的同一性の反省作用，自己の知および自己自身をも自己自身の深淵へと」，「生の真昼であるところの，たんなる反省と論弁的悟性にとっての夜へと沈めるのである」（GW 4. 23）。

反省あるいは悟性と「生」とのこのような対立には，ヘーゲルのフランクフルト時代の構想の中で，宗教を哲学の反省文化よりも上位に置くまでになっていた，反定立的関係の，その余韻がまだ残っている（本書143頁参照）。だがイェーナ時代のはじめ以来すでにヘーゲルはこの遺物を取り除いている。1807年の体系〔『精神現象学』〕の「序文」において没反省性が激しく攻撃されるが，そのことはこの自己修正の痕跡としても読める。この攻撃のなかで「夜」は反省によって引き起こされるのではなく，反省を断念することによって引き起こされるのである（本書245頁以下参照）。テーマの区切り方を見ても，仕上げがまだ低いレベルにあることを見ても，さらにまたそういった発展史的な段階の差異を見ても，『差異論文』をヘーゲル哲学への導入として読むことには問題がある。

もちろん『差異論文』においても，知は純粋に消極的なままで，「否定」という意味合いを含んだままであるわけではない。「この消極的な側面のほかに，知は積極的な側面，つまり直観をもっている。」ヘーゲルはこの両側面，反省の「消極的な」側面と直観の「積極的な」側面とをここではまだ方法論的に厳格に分離したままにしている。「積極的なもの」は——後述のように（本書306頁参照）——矛盾の結果ではなく，外からそれへと付け加わる（たしかにフィヒテもこう言ってシェリングに反論したように。PLS 2/ 1. 200 参照）。けれども両者は知の必然的な契機である。ヘーゲルはこのことを言葉の上でカント（B75）を想起させる言い回しの中で説明している。「直観なき知」は「矛盾において対立しあうものの否定である。直観は，対立項のこの綜合を欠くならば，経験的で，所与的で，無意識的なものである。超越論的知は反省と直観の両者を合一する」（GW 4. 27）。

「反省と直観」によって，「哲学的な」あるいは「超越論的な」あるいは「思弁的な知」にとって構成的となる対概念が示される。ヘーゲルはここで「直観」を経験的直観の意味でではなく，「超越論的」直観，「主観的なものと客観的なものの同一性」に向けられた直観の意味で理解している。この直観は独特な概念であり，ヘーゲルによってのちにこのような基礎づけの役割においてはもはや使われなくなった（Zimmerli 1974. 205f.）。しかし「反省と直観」という対概念を導入する体系的意義は，矛盾の「消極的側面」に対する「積極的側面」の起源を示すことに存するよりもむしろ，主観的なものと客観的なものとの領域を差異化することを導入することに存する。「反省と直観」として超越論的知は「概念であると同時に存在でもある」。そのさいヘーゲルはなるほど反省をまず第一に概念に，直観をまず第一に存在に割り振るが，にもかかわらず「存在と概念との絶対的対立」を避けている。物と概念はともに「絶対者の形式」であり，引き離されえない。「哲学知においては，直観されたものは，同時に知性と自然との活動であり，同時に意識と無意識的な

ものとの活動である。直観されたものは，観念的世界と実在的世界の両方の世界に同時に帰属する。観念的世界に帰属するのは，それが知性のうちに，したがって自由のうちに措定されているからである。実在的世界に帰属するのは，それが客観的全体性のうちにその位置を占め，必然性の連鎖の一環として演繹されるからである。」(GW 4. 27f.)

(7)「概念」と「存在」との二重性をこのように強調すること——両者の対立という意味においてではなく，両者の差異化された調和という意味において——はすでに「理念」の側面としての「概念」と「実在性」という，後に出てくる区別（本書327頁以降参照）を先取りしている。これに対して別の視点からすると，『差異論文』のスケッチ風な導入部の文はフランクフルトからイェーナへの移行の記録をなしている。このことは，「哲学の欲求」に関するヘーゲルの詳論において，「生」に対して「反省の夜」が低く評価されることから見て，すでに示されていた。「哲学の欲求」においても「生」の概念は再び決定的な役割を果たす。哲学を駆り立てるのは本来，生の欠陥——生の「分裂」——である。この概念はフランクフルト時代の「合一哲学」の中ですでに「合一」の反対概念として役割を果たしていたが（本書135頁以下参照），『差異論文』がはじめて「分裂」を「哲学の欲求の源泉」(GW 4. 12)として理解している。

さらに分裂の概念はいまやヘーゲルによる「相対的分裂」と「絶対的分裂」との区別によって，もっと明確な輪郭を獲得する。「相対的な分裂」は絶対的同一性の概念自身とともに与えられている，廃棄されえない規定である。そのような分裂はすでに絶対者の内在的関係構造の中にあり，また絶対者の現象の必然的形式の中にある。相対的分裂がなければ「同一性」は関係を欠き，したがって意味のない言葉となるであろう。この最初の意味において「分裂」は生一般に対する存在論的前提を表している。「必然的分裂は生の一要因である」(GW 4. 13)。これに対して相対的分裂から区別された「絶対的分裂」は絶対者の現象が絶対者から孤立させられていることに存しており，有限者の自立性を固定化することに存している。絶対的分裂は傷ついた生の指標であり，この分裂からはじめてこの生の回復の欲求が——したがってまた「哲学の欲求」が——生じる。「合一する力が人間の生から消え失せ，対立項が，それらの生き生きとした関係と交互作用を失って自立的となった時，哲学の欲求が生じる」(GW 4. 14)。

「哲学の課題」は以前には（本書166頁参照）理論的に，意識に対する絶対者の構成として規定されていたのだが，こうしてこの課題に実践的な構成要素が付け加わる。ヘーゲルはいまや「分裂を廃棄することを哲学の課題」だとする(GW 4. 64)。それどころかヘーゲルは「全体性の回復」に対するこのような欲求の中に「理性の唯一の関心」を見ている。それによってヘーゲルは独自な，しかし体系的には重要なカントの概念（B 832 および各所）にまでさかのぼっている。この実践的関心には理論的側面も属する。意識に対して絶対者を構成することは，固定化してしまった対立を廃棄することへの理性の関心に奉仕する形で行われる。ヘーゲルはここで哲学に，フランクフルトではまだ哲学が引き受けることのできなかった治療的役割を与えている。というのもフランクフルト時代の構想によると，哲学は分裂の領域を克服しないからである。〔今や〕哲学は絶対的分裂を思想の中で廃棄することができる。なぜなら絶対的分裂はその場所を思想の中にのみもつからであり，哲学はまさに絶対者の思想のなかでこの分裂を越え出ていくからである。哲学は「すべての制限」を絶対者の現象として把握し，こうして固定された現象としての制限を消失させることによって，この制限を否定する(GW 4. 15, 13)。

「相対的分裂」が絶対者の内在的構造を，絶対者と現象との関係を言い表す存在論的なカテゴリーである一方で，「絶対的分裂」は文化哲学的なカテゴリーである。このカテゴリーを使用することは二つの問いを誘発する。すなわち，〔第1に〕いったいどのようにして，必然的な相対的分裂に基づいて，そのような間違った絶対的分裂に至るのか。〔第2に〕なぜ合一の力は消え失せるのか，そしてこの力の廃棄はどのような地位を持つのかという問いである。もしも合一の力が哲学によって持続的に廃棄されるならば，哲学は自己自身を余分なものにしてしまうであろう。けれどもヘーゲルはこれらの問いにはっきりとは立ち入っていない。なるほどヘーゲル

は分裂を「時代の教養」と，現代の悟性的文化と関係づけている。だがそう呼ばれた文化形式が少なくとも現代の生の支配的な形式へと発展してきていることの条件を，ヘーゲルはここで探求していない。「引き裂かれた調和」（GW 4.12）というヘーゲルの言い方は，かつてあった無傷の調和状態を，またかつてあったこの調和を回復する状態を連想させる。これは，ヘーゲルの「自然法講義」断片（本書214頁以下参照）をもまだ特徴づけている，好んで用いられはするが，受け入れることのできない神話的思考モデルに従っている。けれども『差異論文』は満足させる答え（たとえば，思考の不変的構造の指摘による，あるいはすでに言及されてもいる「理性の歴史」のスケッチによる）にまで至るような着想をまだ何も見せていない。しかもこのことは，ヘーゲルが『差異論文』の中で「歴史」一般というテーマに取り組む仕方と，関わりないというわけではない。

(8) それどころかヘーゲルは「一般的な反省」を「諸哲学体系の歴史的見解」についての所見からはじめている（GW 4.9-12）。このことのきっかけとなったのは，哲学史記述の理論に関する，当時すでにはじまっていた議論（Geldsetzer 1968），とりわけこの議論に対するラインホルトの寄与であった。この議論の中ではじめて，18世紀の「批判的歴史（historia critica）」に対して，哲学史の記述を標準的な哲学的諸学の内部で独立した部門とする構想が現れてくる。このような哲学史の記述が二十年後にヘーゲルの講義のなかでその古典的な形を獲得するようになる（本書593頁参照）。

けれども『差異論文』の中ではヘーゲルは「諸哲学体系の歴史的見解」に対してほとんどもっぱら論争的な態度をとっている（Kolmer 1998, 154ff.）。ヘーゲルの軽蔑的な評価は，以前の「哲学史」（哲学者たちの生活状況と構想についての物語，という意味での歴史）の想起によって，同様にアプリオリなものの領域と歴史的なものの領域とのあいだにある，調停不可能な差異の——合理主義にとって特徴的な——想定によって，すでに前もって形成されていたのであろう。このような想定は，シェリングの〔現在の立場に〕直接に先行する『最近の哲学的文献の一般的概観』（1797-98年）の結末部分（AA I/4. 188-190）における知と歴史との対立や歴史哲学の不可能性の証明をもやはり特徴づけていた。

「知」と「歴史」との同じ対立が，哲学的体系の歴史的な扱いに対するヘーゲルの批判の根底に存している。なるほど哲学のあらゆる体系は歴史的に扱われうるであろう。——しかしそれは，何ものもそのような間違った扱いから身を守ることはできない，という意味においてでしかない。けれども体系の生き生きとした精神は「類縁な精神」に対してのみ顕現するのであり，歴史的な扱いに対して顕現するのではない。歴史的な扱いは，哲学を実地検証するのだが，それによって，たんに「ミイラをいたずらに蒐集したり，偶然的なものを幅広く集積して増やす」にすぎないのである。

けれどもヘーゲルの批判は，登録し博物館に蒐集する哲学史に対してのみ向けられるのではない。彼の批判は，哲学史を進歩する発展の歴史として描こうとする当時としては新しい種類の着想——しかもヘーゲルは再びラインホルトを挙げている——にも向けられる。哲学の「目的論的な見方」，哲学の「完全性」の思想は，哲学を「一種の手細工品」へと，進歩しながらの改良が可能な機械的技術へとおとしめている。この種の見方に反対してヘーゲルは二つの議論をもち出している。第一の議論は，後に他の人々によってヘーゲルの哲学に向けられることになる。「目的論的な見方」はこれまでの体系を「偉大な頭脳の予行演習」へとおとしめてしまう。そうすると，歴史的にのちに現れた思想家は先行する思想家に対してつねに正しいことを言っていることになるであろう。このヘーゲルの議論は——厳密に言うと——何ら議論ではなく，むしろのちに生まれた人の恩恵を，思い上がった仕方で確信することに対する，道徳的な否認である。これに対して第2の議論は哲学的である。絶対者とその現象である理性は永遠に一にして同一である。自己自身をめざし，自己を認識した理性はすべて「一つの真なる哲学を産出し，あらゆる時代にわたって同一な課題を解決してきたのであり，その解決も同一なのである」。「哲学はすべてそれ自身において完成しており，真の芸術作品と同様，自己において全体性を有している。」

しかしこの議論もむしろ信念の性格をもっている。

この議論は，哲学だと自称する構想がどういう場合にこの言明を満たすのか，このことに対する基準を与えていない。しかもこの議論は「絶対者」と或る一つの哲学的体系の形態との関係という，競合的な見方を前提している。しかしこの見方は完全性の思想に劣らず問題があるのだ。加えてこの議論は永遠に同一的な絶対者の現象形式の多様性の問題に直面することになる。この絶対者が芸術の領域において――アペレスとラファエロに対して，ホメロスとシェイクスピアに対して――現れる仕方は，真理要求によって特徴づけられている哲学に対して現れる仕方とは，少なくとも同じではない。

　ヘーゲルは理性のこのような同一性を，哲学における「諸々の固有性」という言い方に反対するという意味でも，主張している。哲学的思弁が永遠に「一にして普遍的な理性」へと高まることは，まさに固有性のそのような制限からの解放である。だがここでヘーゲルは歴史的なもののぶっきらぼうな拒絶を少し後で打ち破るのに適した，一つの文を定式化している。「ある哲学の真に固有なものとは，理性が特殊な時代を素材として自己を形態化した個体性にほかならず，まさしくこれが関心を引くのである。」この定式化（この中に――歴史的に見ると，なるほど正しくはないが――フリードリッヒ・シュレーゲルを思わせる節があると思われている）はまさに，ヘーゲルが少し前で非常に激しく攻撃していた理性と歴史との関係を，回復させている。歴史への方向づけは，「哲学の欲求」を扱う次節の冒頭でも強められている。哲学の特殊な形式は一方では「精神の生きた根源性」から発現する。精神はこの根源性のなかで自己を語るのである。だが他方で哲学の特殊な形式は「分裂の有する特殊な形式から発現する。体系が現出するのはこの分裂からである」。けれどもこのような手がかりがあるにもかかわらず，ヘーゲルが省察していないことは，この「特殊な形式」が偶然的・特殊的な，したがって非概念的な形式ではなく，歴史的に媒介されていることであり，――またこうして「歴史」という要因は，そのような分裂から現出してくる哲学的体系の構成に影響を及ぼすことである（GW 4. 9-12）。

4.3.3. フィヒテの体系の叙述

(1)　「諸哲学体系の歴史的見解」に対するヘーゲルの批判は，先行する哲学の批判的な再検討をけっして排除しない。ヘーゲルの批判は，哲学の「生きた精神」が「類縁な精神を通して産みだされ」なければならない（GW 4. 9）という，少々不明確な要求においても，汲みつくされてはいない。『差異論文』の体系的意図はたしかに批判と肯定のためのある基礎を必要としている。ヘーゲルはそのような哲学の評価のための基準を，「真正なる思弁」と「体系」との一致，あるいは「体系の哲学」と「体系」との一致――あるいはもう一度別の言い方をすると，哲学の「原理」とその体系的解明の形式との一致において，見ている。

　けれどもこの内在的と思われた基準は解釈者に，ある哲学的体系に関して，「原理」と「体系」とを差異化する権限を与えている。すなわち著者の哲学的意図が選ばれた体系的形式のなかで実現したのかどうか――あるいは両者がばらばらになってしまったかどうか――を，著者よりもっとよく評価する権限を解釈者に与えている。ある体系において「根底にある要求が完全には形態化されないことになれば」，それはなるほど体系としては独断論になる。「しかし相互に独断論とか精神錯乱と非難しあう，まったく異なる哲学のうちにも真の思弁は見出されうる。」したがって解釈者の批判的課題は，ある哲学のこの内的な意図をその外的な体系形態に対しても際立たせ，現実的なものとすることに存する。「哲学史が価値をもち，関心を引くのは，それがこの見地を固持する場合に限られる。そうでなければ，哲学史が，無限に多様諸形式のうちで自己を現す永遠で唯一の理性の歴史を与えることはない」（GW 4. 31）。

(2)　ヘーゲルは一つの可能な――哲学的な！――哲学史への着想を，「諸哲学体系の歴史的見解」についての方法論的所見においてではなく，――「緒論」における先取りの議論の後で――「フィヒテの体系の叙述」へ移行してはじめてスケッチしている。この着想はヘーゲルのフィヒテ批判の基本線を一般化したものとして述べられう

るだろう。ヘーゲルはフィヒテに「もっとも根本的で深遠な思弁，真性の哲学的思索」(GW 4.34)，「大胆に語られた，思弁の真正な原理」を繰り返し認めている。だが彼は続ける。「だが，思弁がおのれ自身から立てた概念の外に出て，自らを体系へと形成するや否や，思弁はおのれ自身とその原理とを放棄し，この原理に戻ることはない」(GW 4.6)。しかしそのさいに問題となっているのは，たとえば哲学一般の体系形態に対する現代的な疑念の先取りではなく，哲学的原理とフィヒテの——ヘーゲルから見ると——特別に不適切な体系形式とのコントラストを明らかにすることにすぎない。

(3) フィヒテの体系形式の不適切さに関するヘーゲルの論述は，暗黙のうちに，ヘーゲルがシェリングの体系形式を選択したことに基づいている。ヘーゲルはこのシェリングの体系形式を体系的哲学の課題をうまく果たしたものとして，したがって，それに即して他の構想が測られるべき基準としても紹介している。この視点からすると，フィヒテの哲学は傑出しているが，それでも欠陥のある着想のように——あたかもシェリング体系への途上における第一歩のように——思われるのである。それでもヘーゲルの批判の中には，内在的批判の文脈でも正当だと言えるような，いくつかの視点が見出される。

フィヒテの体系形式に対するヘーゲルの批判はもっぱらフィヒテの『全知識学の基礎』(1794/95年)(GA I/2) に向けられている。他のテキスト——たとえば1797/98年度の『哲学雑誌』において公表された『知識学の新しい叙述の試み』(GA I/4. 183-281) ——をヘーゲルは参照していない。しかもヘーゲルは「知識学」を批判の対象にしているにもかかわらず，「知識学」という言葉はテキストのなかにほとんど現れてこない。というのもヘーゲルはフィヒテ初期の主著を「知識の学」としてではなく，一つの欠陥のある同一性哲学として解釈するからである。

「フィヒテの体系の叙述」は，シェリングの体系構想に基づいて『知識学』のプログラムを再定式化することからはじまる。ヘーゲルは知の概念を「一切の経験的意識と純粋意識とが同一であること」として規定している。「また哲学は，これら両者が同一であることを知るものであり，知の学である。そ れは，経験的意識の多様性が純粋意識と同一であることを示さなければならない。それも，行為により，自我から客観的なものを現実に展開することによってである。また，それは，経験的意識の全体性を自己意識の客観的全体性として記述しなければならない。」哲学によって「超越論的意識と経験的意識との表面上の対立は」克服される。あるいは「経験知の客観的全体性が純粋な自己意識と等しくされる」(GW 4.35f.)。

けれどもヘーゲルは，哲学のこの規定がフィヒテの知識学」によって傷つけられたと見る。『知識学』の第一根本命題「自我＝自我」は，経験的自己意識に対立する純粋な自己意識の意味をもつにすぎない。しかもさらなる展開においても，両者の現実的な合一には至らない。ヘーゲルはこの批判を，ラインホルトによって特徴づけられた体系形式への批判と結びつける。この体系形式はあらかじめ立てられた「根本命題」から出発する。あるいはこの体系形式はそれどころか，フィヒテにおいてまさにそうであるように，「絶対的活動が複数個あるということ」から，つまり，自我の無限な措定作用，絶対的な反措定作用，この両者の（試みられた）結合という諸根本命題から出発する。しかしこの綜合においては，純粋意識，主観的自我は自我＝自我であり，経験的意識，客観的自我は「自我＝自我＋非我」である。なぜなら「第一根本命題の活動と第二根本命題の活動はまったく対立した活動である」からである (GW 4.37f.)。

それゆえフィヒテの体系は——ラインホルトが主張するように——「絶対的主観性の体系」あるいは「独断的観念論」ではない。というのも，フィヒテの体系が「絶対的主観性の体系」あるいは「独断的観念論」だということは，フィヒテが「主観的なものを客観的なものの実在根拠として」措定したことを意味するであろうからである。フィヒテはむしろ「主観的なものと客観的なものを同じ実在性と確実性の等級に」置く。しかし自己自身をあるいは事物を措定することは自我に属するので，「自我は体系においてそれ自身主観＝客観になることはない。主観的なものはなるほど主観＝客観であるが，客観的なものはそうではない。それゆえ，主観は客観に等しくないのである」(GW 4.41)。あるいは別の言い

方をすると，自我はなるほど「主観的な主観―客観」であるが，客観的なものは「客観的な主観―客観」ではない (GW 4. 65)。

したがって『知識学』の冒頭で確認された「絶対的対立」を，すなわち，事実として受け容れられた「障害 Anstoß」を「絶対的客観」によって克服することにフィヒテは成功しない。しかもこのことは，ヘーゲルから見ると，フィヒテを「観念論」からさえ隔ててしまう。というのもフィヒテにとって客観的世界は廃棄されることができない，自己意識の条件として現れるからである。これに対して「観念論の原理」は，「世界は知性の自由の所産である」ということである。だからこの原理を一つの体系へと構成することにフィヒテが成功することはありえない (GW 4. 43)。しかもこのことは『知識学』の理論的部門だけでなく，その実践的部門にも妥当する。両者の最高の綜合は「当為」である。すなわち「自我は自我に等しくあるべきである」。しかしまさにこうして，この綜合は考えられたあるいは要求された綜合であるにすぎず，現実的な綜合ではない。この条件のもとでは自由も「対立物を廃棄することではなく，対立物に対立することである」(GW 4. 45)。

この対立は，主観的な主観―客観における自然と自我との対立という形式においても現れる。自由と自然は超越論的立場にとって「一にして同じもの」であり，両者の相違は現象に属するにすぎない。しかしその一方で反省にとっては「一方は他方の制約」をなし，「自然と自由との」現実的な「綜合」のかわりに，自然は反省の支配 (Botmäßigkeit) に服することになる。主観的なものは支配するものとなり，客観的なもの，自然は支配されるものとなる。自然は「まったく客観的なものないしは死せるもの Tod という性格」を帯びている (GW 4. 49-51)。

(4) ヘーゲルがこのように自然の真なる和解という思想を主張する点において，シェリングの体系構想がもっともはっきりと感じ取られる。けれどもヘーゲルは，フィヒテの実践哲学における――さしあたっては『自然法の基礎』(1796, GA I/3-4) における――「概念のもとへの自然の隷従」というテーマをさらに見ていくことによって，追加的にこの構想の叙述への移行を準備する。そこで行われた「自然の演繹」には「自然と理性の絶対的な対立と反省の支配がもっとも厳しい形で示されている」。ヘーゲルは『自然法』についてのみずからの所見を，自由と「概念のもとへの隷従」との対立というテーマに限定する。ヘーゲルの議論はのちの法哲学をも貫いているテーマをすでに感じ取らせている。すなわち，自由の概念が間違っているのは，自由がさしあたって純粋に観念的な要素として，「絶対的な無規定性」として考えられる場合である。この無規定性は副次的に他者との共同性の中ではじめて制限されるべきなのである。ヘーゲルの批判は――ここではまだ暗黙のうちに，後にはっきりと――ルソーとカントにも向けられる。「もし理性的存在者の共同性が本質的に真の自由の制限であるとすれば，それは本来最高の専制であることになろう。」

この条件のもとでは制限が，「窮乏状態」が「絶対的な必然性」と見なされている。さらにこの制限は，当然の帰結ではあるが，「制限されることが無制限になされなければならないという二律背反」にまで拡大され――自由に対する可能な侵害行為を予防するために，強制手段を正当化するようにまでなり，社会的関係を細部にわたって規制するようにまでなる。そこでは「警察は市民の一人一人が一日のどの時刻にどこにおり，何をしているかをかなりよく知っている」。もちろんフィヒテは，ここで行う個々の提案によって，現代では「自由主義」国家においても普通になっているやり方をおおむね先取りしている。これに対してヘーゲルはこの「窮乏国家」に対して，ここではまだフランクフルト時代の構想を想起させる未来像，「真に自由な，それ自身で無限で無制限の，すなわち美しい生の相互関係」あるいは「共同的で，豊かな生の有機的身体」としての民族を対置している。しかしヘーゲルの批判は，機械的組織としての国家のメタファーと有機的組織としての国家のメタファーをフランス革命後に対立させるようになった，そういうもっと大きな文脈のうちにもある。1790年代にロマン主義の周辺で起こった機械論的――したがって決定論的――世界解釈に対する批判は，完全な機械としての世界ないし国家と完全な有機的組織としての世界ないし国家という二つのメタファーを――この二つのメタファー

は近代初頭以来同じ意味だったが，——区別した。この過程は，ヤコービが『デービッド・ヒューム』第二版の中で，「有機的機械」を「有機的存在者」へと二度も差し替えたことにその跡をたどることができる（JWA 2. 82）。個人に，すなわち「諸々の隔絶した点の実体性」の数多性にもっぱら依拠している原子論的な社会モデルは，諸々の点の間の結びつきを，外的な悟性によってのみ，強制法としての法によってのみ，確立することができる（GW 4. 53-58）。

(5) ヘーゲルは，支配と服従とのこのような間違った着想がフィヒテの『道徳論の体系』（1795, GA I/5) をも規定していると見る。ただし，自然法的に構想された国家においては，支配するものが諸個人の上に存在しているが，その一方で道徳性においては，この支配関係が個人のうちへと移されている，という区別を伴っている。「道徳論においては，概念と自然が一にして同一の人格のうちで一緒に措定されなければならない。」しかし自由と自然との対立がこのように人間の中に持ち込まれることによって，この対立は内的な，それゆえ自然に反する「自然の抑圧」となる。「命令するものが人間自身のうちに置かれ，人間のうちで命じる者と従う者とが絶対的に対立している限り，内的な調和は破壊されており，不一致と絶対的な分裂が人間の本質をなすのである。」「自由と必然性の絶対的な対立が固定的となっている」という点からすると，「いかなる綜合も無差別点も考えられない」。「概念による自然の完全な規定は悟性による心情の絶対的な支配である」（GW 4. 58-61）。

このような診断にもかかわらず，ヘーゲルはフィヒテの実践哲学の中により良い解決のための一つの手がかりを見ている。すなわち，フィヒテもまた「悟性と心情の結合帯としての美的感覚」について語っている。だがここでは「美的教養」には「理性の目的を促進する」役割しか与えられていない。美的教養はいかなる自己目的でもなく，道徳性の地盤を用意するという課題しかもっていない。「したがって，美的教養は道徳が登場する時にはすでに仕事の半分が終わっていること，つまり感性の桎梏からの解放が終わっていることを見出すのである。」他方でヘーゲルは「支配」のフィヒテ的モデルの中に，この種の媒介を行う余地をまったく見ていない。フィヒテは「すぐれたことを語っているが，しかし体系に関して首尾一貫しないことを」語っている。従うということは，私たち自身に従うということである。このことが意味するのは，私たちの自然的傾向が私たちの道徳法則に従わなければならないことだけである。そしてそのような「服従という分裂状態」は美的直観に反するのである。こうしてフィヒテ自身は，シェリングにもっとも近づいている点において——美的直観を評価することにおいて——やはりみずからの体系の根本欠陥を，すなわち絶対的な対立を繰り返し産み出しているにすぎない（GW 4. 60-62）。

4.3.4. シェリングの哲学原理と哲学体系

(1) フィヒテ哲学の原理とその体系形式との間の溝のこのような批判に引き続いて，ヘーゲルはシェリングの体系構想を報告している。この構想は，ヘーゲルの批判においてこれまで語られなかった基準をなしている。この章のタイトル——「シェリングとフィヒテの哲学原理の比較」——は二重の観点から適切ではない。第1にここでは「原理」の比較が問題というよりも，体系形式の比較が問題である。というのもフィヒテとシェリングとの差異はおもにこの形式に存するのであって，原理にはそれほど存していない。また第2にもともと「比較」が，少なくとも偏見のない比較が問題なのではなく，ヘーゲルはフィヒテの体系形式に対してシェリングの構想をまさっているものとして対置している。そのさいにヘーゲルは，奇妙なことに，シェリング哲学が自然哲学の諸構想の後に，1800年の『超越論的観念論の体系』の中に見出していた体系形成の状態に，ほとんどもっぱら依拠している——もっともシェリングの『私の哲学体系の叙述』はすでに1801年5月に（PLS 2/1. 196f.），すなわちヘーゲルが『差異論文』の緒論に署名する二か月前に，出版されていたのではあるが。おそらくヘーゲルは『差異論文』を当時すでに組みにまわしていたのであろう。ヘーゲルがシェリングの『超越論的観念論の体系』——すなわちシェリングの発展によってすでに追い越されてしまった立場——を引き合いに出していることは，数

多くの引用のなかで，しかしまたすでにシェリングによる超越論哲学と自然哲学との並置のヘーゲルによるスケッチ（GW 4. 67f.）の中でもたしかにわかってしまう。この並置の背景としては，スピノザの定理「観念の秩序と連結は物の秩序と連結と同じである（ordo, et connexio idearum idem est, ac ordo et connexio rerum）」（*Ethica* II, 7）が透けて見えている（GW 4. 71）。

ヘーゲルのフィヒテ批判はシェリングの体系構想から考案されているので，この批判は，シェリングがまさっているとヘーゲルが見ている視点をすでにほのめかしていた。第一の視点は「原理」と「体系」との統一に存している。両者はここでは，フィヒテにおけるように，バラバラにはなっておらず，調和している。というのも原理である主観─客観は始まりをなしているだけでなく，体系が進展するうちに自己自身のもとに還るのである。原理と体系はここでは統一をなす──しかもそれは，シェリングが「主観的な主観─客観」に補完として「客観的な主観─客観」を対置するからであり，つまりフィヒテにとっては主観によって，「概念」によってたんに支配されていたものであるにすぎない自然を，それ自身一つの主観─客観として考えるからである。「ここにおいてのみ，真の同一性がある。すなわち，主観と客観の両者が主観─客観であるという同一性がある。と同時に両者がもちうる真の対立がある」（GW 4. 66）。

(2) この少々図式的な印象を与える定式の背後には，対立ではなく，対立するものの媒介に向けられた，現実性とこの現実性を概念把握することとしての哲学とについての，〔フィヒテとは〕異なった見解が隠されている。現実性の統一の構造が誤認され，その思想が破壊されるのは，現実性が，主観と客観の対立，無限なものと有限なものの対立，自己意識と自然の対立という，反省の完成が見られる対立に制約されていると見られる場合である。ヘーゲルは「哲学の形式的な課題」を「分裂の廃棄」に置いている。しかしそのような廃棄は対立するものの一方を否定することによっては実行されえず，対立するものの他方を無限なものにまで高めることによっても実行されえない。そうではなく「分裂を廃棄するためには，対立する両項，主観と客観とが廃棄されなければならない。両項が主観および客観として廃棄されるのは，両項が同一にされることによって」，しかし両項の差異も保持されたままであることによってである。こうして両項は「絶対的同一性」の中でたんに否定されるだけでなく，この同一性の中で自分の実在性をももつ。両項は分離されたものであり，また同時に分離されることなく同一的なものでもある。それゆえ哲学は両者──分離と同一性──をその同時性の中で保持しなければならない。「しかし，それゆえにこそ，絶対者そのものは同一性と非同一性との同一性なのである。対立することと一つであることとが絶対者のうちでは同時に存在するのである」（GW 4. 63f.）。

(3) 「主観」と「客観」との同一性と差異とに関するこのような思想はここで認識論的に深められることはない。ヘーゲルにとってはシェリングの体系構想だけが，超越論哲学と自然哲学との関係だけが問題である。『超越論的観念論の体系』においては，何があらかじめ導き出されなければならなかったかは，たしかに明白である。すなわちシェリングは「超越論哲学」をカントの意味で，フィヒテの意味で，あるいはまたヤコービの意味で，ある哲学的な着想のタイトルとして理解しておらず，たとえば「実在論」のある形式に対立するものとして理解しておらず，また「知識学」に対する別の言葉としても理解しておらず，そうではなく哲学の二重の体系の両面のうちの一方として，「自然の体系」に対する「知性の体系」として理解している。それゆえより狭い意味における主観と客観の関係がテーマとなっているのではなく，この両方の「体系」あるいは学の関係だけがテーマとなっている。フィヒテにとって「知識学」は「超越論哲学」として哲学一般の唯一真なる始まりをなし，この始まりに基づいて「自然」もまたはじめて対象となりうる。このフィヒテとは異なり，シェリングは「自然」と「自己意識」とをそれぞれ自身の学の中で展開しようとする。けれども両者の並行的な構造が，両者が相互に関係していることを，両者の内的な統一を明らかにする，というように展開するのである──しかもまさに両者が「主観─客観」として概念把握され，体系の中で解明されることによってである。フィヒテ的な特徴を伴う超越論哲学とは異なり，この着想は自然の

規定性をたんに「知によって自然に与えられた形式」としてでなく，自然自身の規定性として理解する。「自然と自己意識とはそれ自体で，それぞれ自身の学のうちで思弁によって措定されるようにしてある。」両方の学は，一方の学が「主観」だけを，他方の学は「客観」だけをテーマとする，というようには相互に関係していない。両方の学はたしかに「主観―客観」を対象にしている。そして両者の違いはただ次の点にのみ存する。すなわち超越論哲学においては知性が，自然哲学においては自然が第一のもの，実体であり，それぞれの場合に他方のものが偶有的なものである。あるいは別の言い方をすると，一方の超越論哲学では主観的な主観―客観が，他方の自然哲学では客観的な主観―客観が第一のものである（GW 4. 65-67）。

　(4)　けれどもヘーゲルは，この，シェリングの『超越論的観念論の体系』に代表される体系構想を超えて――シェリングの「同一性体系」を見ている。知性と自然との両体系のなかで絶対者を解明する立場よりも「より高次の立場」が存在する――ただし，この立場を捉えそこなう三重の危険も存在するのだが。ヘーゲルはここで――後の表現を先取りして言うと――「客観性に対する思想の」三つの「立場」（本書349頁参照）をスケッチしている。ヘーゲルは最初の間違った展開を，両方の学相互の因果的な関係による，両方の学の「混合」の中に見ている。この混合は，自然科学が知性の体系に混入されると，「超越的な仮説」にいたり，知性が自然の体系に混入されると，「超自然的なとりわけ目的論的な説明」――すなわち18世紀に支配的だった自然神学――に至る。この批判は総じて伝統的な形而上学に対してなされているのであろう。ヘーゲルは第二の可能な間違いを――おそらく経験科学を特徴づけるであろう――二つの体系の平和的な「二元論」の中に見ている。この二元論は二つの体系をその――矛盾する――要求にしたがって，「絶対者の学」として捉えないのである。これに対してヘーゲルはきっぱりと「絶対者はけっして並存ではない」と表明している。しかしこの言い回しはシェリングの二重の体系構想に対する批判としても読み取ることができる。

　ヘーゲルは第三のそして「もっとも注目に値する立場」として「通常そう呼ばれている超越論的観念論」を挙げている。この観念論にとって，「主観的な主観―客観の学は，それ自身，哲学にとって不可欠な学の一つではあるが，またその一つにすぎない」。ヘーゲルはこの着想を驚くべきことに――おそらく以前の草稿を引き合いに出して――カントの自然概念のみに基づいて説明している。『判断力批判』はなるほど自然の所産を自然の目的と見なし，こうして見かけ上は自然を主観―客観にしている――ただしこれは，自然の実在性については何も語らない反省的判断力に対してのみ，である。「それゆえ考察の仕方は徹底して主観的なものにとどまり，自然は純粋に客観的なもの，たんに思考されたものにとどまる。」カントの『自然科学の形而上学的原理』にとって，自然はいずれにしても物質であるにすぎず，力学の対象であるが，この物質は「貧弱であるとはいえ引力と斥力というものをもちこむことによって」，「すでに豊かなものにされすぎている」。というのもそのような力はすでに「自己自身を措定するもの＝自我」であるが，このようなものは純粋に観念論的な立場からは物質に帰しえないからである。そのような見かけに反して，自然はこの第三の立場にとっては「物質であるにすぎず，主観―客観ではない」。したがって捜し求められていたより高次な立場は間違っている。それどころかヘーゲルは「完全性という点からして」自然神学的な考察方法に優位を認めている。ちなみにこのことは，18世紀にとって自然神学が学問史上大きな意味をもったことに基づけば，ありそうもないことではない（GW 4. 68-71）。

　(5)　絶対者の解明をしそこなっているそのような学の構想に対してこのように一線を画した後で，ヘーゲルは知性と自然の両方の「体系」の関係をさらに解説することによって，「より高次な立場」に向けた決定的な一歩を踏み出しはじめる。そのさいヘーゲルは両方の学の二重体制の必然性も両方の学の同一性の必然性も強調する。両極構造はたんなる事実的なものではない。この構造は絶対者自身の現象の概念の中で根拠づけられている。「現象することと自己を分割することは一つのことである。」このためにヘーゲルはさらにある名前の挙げられていない「もっと古い時代の哲学者」，すなわちスピノザ

の権威をも拠り所にしている。スピノザは二つの異なる「体系」の統一を表明していた（本書175頁参照）。しかもヘーゲルは両「体系」の対応関係を――主観的あるいは客観的――主観―客観という術語を介してだけでなく，自由と必然性の概念を介して，ならびに理論的なものと実践的なものという概念を介して，打ち立てようとする。自由と必然性も二つの「体系」に割り振られるのではない。自由と必然性は両体系に属する――必然性は「知性の体系」にも属するし，自由は「自然の体系」にも属する。自然は存在であるだけでなく，生成でもある。「自然の無意識的展開は生き生きとした力の反省である。この力は，自己を果てしなく分割するが，制限されたどの形態においても自己自身を措定し，しかも同一のものである。そうである限り，自然のいかなる形態も制限されておらず，自由である。」また「自然の学」は総じて哲学の理論的部門ではあるが，やはり実践的部門をももち，他方で「知性の学」も理論的部門をもつ。

しかしこの両方の学が絶対者の叙述の形式として相互に関係することによって，「両者は同時に一つの連続性において，連関する一つの学と見なされなければならない」。二元性の中にあって両方の学は「相対的全体性」である。両方の学は「無差別点」に向かって努力する。無差別点は同一性としては両方の学の内にあり，全体性としては両方の学の外にある。だから両方の学は「同一性が全体性へと自己構成する」形式であり，この形式は「絶対者の自己構成」である。こうして「両方の学の分離の廃棄」が実行されるが，ヘーゲルはこう要約している。「これが唯一のより高次の立場である。この立場においては，両方の学が相互のうちに解消している。」

この「より高次な」また最高の点からヘーゲルは哲学体系の内在的過程を記述している。しかも――おそらく冒瀆的に思えるだろうが――伝統的な神話学説と神学教説へと立ち戻りつつ，そうしているのである。「根源的同一性は，その無意識的な凝集 Kontraktion――主観的には感情の凝集，客観的には物質の凝集――を，際限なしに組織された時空の相互並存および相互継続にまで，すなわち客観的全体性にまで拡張した。そしてこの拡張 Expansion に，拡張の否定によって（主観的）理性の自己認識の点にまで自己を構成する凝集，すなわち主観的全体性を対置した。いまや，根源的同一性は，このような主観的全体性と客観的全体性の両者を合一して，完成した全体性において自己自身にとって客観的となる絶対者の直観としなければならない。――つまり，神の永遠の受肉の直観，初めのことばの証しの直観としなければならない。」しかし新プラトン主義的思想にまでさかのぼり，カバラの中ではよく知られていた「拡張」と「凝集」という術語は，ここではその以前の意味を失っている。というのもこの両術語はもはや宇宙発生論的過程の諸段階ではなく，自然と知性との構造的両極性を名づけているからである。ちょうど同じように，「神の永遠の受肉の直観」についての説もその以前の意味を失っている。哲学体系における絶対者の自己産出の叙述は，宗教において「神の受肉」というタイトルのもとで語られている思想の真理である（GW 4. 71-75）。

(6) ヘーゲルはシェリングの体系構想の叙述を，哲学と精神的生の他の諸形式との関係のスケッチによって締めくくっている。このスケッチは本来，たいていはそのように定式化されているのだが（Jaeschke 1986 a, 149），「体系スケッチ」などではなく，まして特有な体系構想ではけっしてない。このことは「より mehr」ないし「主として überwiegend」といった言葉のひんぱんな使用――このような言葉の使用はたとえばシェリングの『芸術哲学講義』（SW I/5. 380）の中にも見られる――による，術語の固有なあいまいさからすでに見てとれる。絶対者自身の本質の中にある両極性構造は，絶対者の直観形式，すなわち芸術と思弁をも貫き通っている。そして芸術の側では，両極性がもう一度狭い意味での芸術と宗教という二つの形式へと継続して入っていく。したがって宗教は広い意味での芸術に従属しており，狭い意味での芸術と並存している。芸術作品は継続的であり，「天才の」所産でありながら，「人類に帰属している」。宗教は「生き生きとした運動」であり，「一般的天才性」の所産でありながら，「各個人にも帰属している」。芸術において絶対者の直観は「より一点に集中して，意識を打ち消す形で」現れる。すなわち「より絶対的存在の形式で」現れる。思弁において絶対者の直観は「より意識として，また意識の中で展開されたものとして，

すなわち客観性と無意識的なものを廃棄する主観的理性の行為として」，あるいは「より無限の直観のうちで自己自身を産出するものとして」現れる。芸術と思弁は「その本質において礼拝である。両者は絶対的な生の生き生きとした直観であり，かくして絶対的な生と一つであることである」（GW 4. 75-77）。

4.3.5. ラインホルト哲学の批判

(1) フィヒテとシェリングの哲学の差異に関する本来の叙述は以上をもって終了した。けれどもヘーゲルはこの叙述にラインホルト哲学に対する手厳しい批判をつけ加えている。ヘーゲルはこの批判を，みずからの著作のめったに引用されることのない完全なタイトル〔『ラインホルトの「19世紀初めの哲学の状態を簡単に概観するための寄与」第一冊に関する，フィヒテとシェリングの哲学体系の差異』〕のなかですでに告知している——しかもシェリングの『超越論的観念論の体系』に対する，ラインホルトの，意図から見ると仮借のない批判に対する返答として，である（GW 4. 564-566 参照）。この間にシェリングもこの時代のラインホルトを論駁のもっとも重要な標的にしている（PLS 2/1. 261-333）。ラインホルトを引き合いにだすことに存する構想上の断絶をもみ消すために，ヘーゲルはこの章を次のような注意書きからはじめている。「一方でフィヒテ哲学とシェリング哲学に関するラインホルトの見解について一言し，他方でラインホルト自身の哲学について語る」ことがまだ残っている。

フィヒテとシェリングの体系に関して，ヘーゲルはラインホルトを「第1に体系としての両哲学の差異を見落とし，第2にそれらを哲学と見なすことをしなかった」と言って非難している。もちろん第1の非難は同様にフィヒテにも——またフィヒテとともに，当時の議論に参加した他のすべての人々にも——該当する。というのもシェリングの出版活動がはじまって以来，シェリングとフィヒテの間に存在していた体系上の差異は，『超越論的観念論の体系』が出版されるまで意識的に隠されていたのであり，この著作においてすらこの差異は公然とは表明されていなかったからである。フィヒテも『体系』出版後はじめて，この以前からすでに予感されていた差異に関連して弁明を行っている。またフィヒテは同時に，超越論哲学が影響力を持ち続けるために，この差異が公に知られないように努力している（PLS 2/1. 216）。

ヘーゲルは第二の非難を，ラインホルトのフィヒテ解釈に対する批判を通じてではなく，ラインホルトのシェリング解釈に対する批判を通じて，具体的に表している。ヘーゲルはラインホルトが『超越論的観念論の体系』の緒論を誤解しているとして非難している。しかしヘーゲルは『思弁的物理学雑誌』からの，シェリングののちのテキストも参照するよう指示している。だがこの雑誌はラインホルトの『寄与』執筆と同時にあるいはそれどころか執筆後にはじめて公表されたのである。

ヘーゲルの批判は一方で，ラインホルトが「絶対的同一性」としての，主観—客観性としての，シェリングの絶対者の概念を誤解していることに向けられている。他方でヘーゲルは，これまでの哲学が——あたかも心理主義的に——「思考をたんに主観的な活動という性格のもとで考えてきた」とするラインホルトの非難を斥ける。「超越論的直観の主観的なものの捨象」はむしろシェリング哲学の「形式的な根本性格」なのである。ヘーゲルはこのことを〔シェリングの『思弁的物理学雑誌』からの〕ある引用によって証明する。「人々は，純粋に理論的に，まったく客観的に，主観的なものの一切の混入を斥けて思考することをまず学んで，このこと〔「自然」の中に「理性」があること〕を理解することができるであろう。」ここには「客観的思考」というヘーゲルののちの概念に対する最初の根源がある。

第三の視点は哲学の方法と目標設定との差異に関わる。ラインホルトにとって哲学の「もっとも本質的な仕事は」，「認識の実在性を分析すなわち分離することによって基礎づけること」に存する。これに対して思弁の「最高の課題」は「分離を主観と客観の同一性の中で廃棄」し，「絶対的合一」を生じさせることに存する。ヘーゲルはこうして際立たせられた差異を唯物論に対する立場にそくして説明する。ラインホルトは唯物論を「精神錯乱の面からのみ」捉えるが，「そうした精神錯乱はドイツに生まれた

ものではないとされる。そしてラインホルトは唯物論の中に，精神と物質という形式をとった分裂を廃棄しようとする，真の哲学的な要求を何も認めない」。また同様にラインホルトは，ドイツにおいて唯物論が疎遠であることが，「〔ドイツの〕文化 Bildung における〔唯物論的とは〕反対の一面性」からの帰結でありうることを認めない。

　最後にヘーゲルは，ラインホルトによるフィヒテとシェリングの体系の道徳的非難に対して断固として反論する。すなわちラインホルトは「これらの体系の特殊性を不道徳から説明しようとし，しかも不道徳がこれらの体系においては，原理と哲学との形式をもっているかのように説明したのである。人はそのような言い方を卑劣であるとか，憎悪のとる非常手段等々，好きな表現で呼び，罵倒することができる。というのは，そのようなことは無法状態だからである」。なるほど哲学は「不道徳」から，すなわち「時代の分裂状態」から生まれる——しかしそれは時代の分裂状態に対し「人間をみずからの手で回復する」ためにのみである（GW 4. 77-81）。同様の仕方でシェリングはすでに『哲学書簡』（AA I/3. 58）の中で，哲学的差異と道徳的告発とのこのような混同を批判していた。「私たちの最近の哲学者たちの証明を信じない人には，道徳的下劣さという呪いがついてまわっている。」

　(2)　けれどもフィヒテとシェリングに対するラインホルトの関係を振り返ってみることは，序幕としてしか役立たない——すなわち哲学的体系の基礎づけをめぐるラインホルトとの対決，しかしまたラインホルトが以前の年月に通り抜けてきた幾重にもわたる「革命」——カント主義者からフィヒテ主義者に，さらにヤコービ主義者に変貌した——についてのヘーゲルの嘲笑，しかしとりわけラインホルトの最後の立場，クリストフ・ゴットフリート・バルディリの『第一論理学綱要』への転向に対するヘーゲルの対決，こういったことへの序幕である。

　ラインホルトはこの——1799年の秋には出版されていた——バルディリの著作を「大喜び」し，「うっとり」しながら迎え入れたが，彼の多くの友人はきわめて不愉快な気分になっていた。ラインホルトはこの著作をヤコービにもフィヒテにもたいへん熱心に勧めた。フィヒテには「超越論的観念論のまったく新しい叙述」として「——あるいは本来，新たなまったく別の方法に基づく超越論的観念論の発見」として勧めた（PLS 2/1. 67, 69）。もっともラインホルト自身少し後で，バルディリによってもたらされたみずからの立場を「合理的実在論」と命名しているのだが。フィヒテはバルディリの『綱要』をラインホルト宛ての手紙の中でも書評の中でもまったく不十分なものだとして批判した。ラインホルトは公開の場でこの書評に返答した。そしてこの問題を通じてフィヒテとラインホルトのあいだは決裂してしまった（PLS 2/1. 110-134）。ヘーゲルはフィヒテの批判を受け継いでいる。ヘーゲルがバルディリとラインホルトに反対票を投じていることは，フィヒテに間接的に賛成票を投じていることである。そしてヘーゲルは他方でヤコービをラインホルトから引き離そうとしている（GW 4. 88, 34-35, 84-85 脚注）。

　ヘーゲルはバルディリの『綱要』に対して「哲学を認識の形式的な側面，すなわち論理学に変え」たとして，いやそれどころか哲学を論理学へと還元したとして非難している——この非難はヘーゲル哲学の影響史の中で彼自身に向けられることになるだろう。この「還元」の叙述の中でヘーゲルはラインホルトによるバルディリの紹介——思考概念の区別，すなわち「思考の適用」と「思考の適用の素材」との区別——にほとんどもっぱら依拠している。この区別は，ヘーゲルの見解によると，思考をまさにたんなる主観的な活動にし，またその限りでラインホルトの要求に矛盾する。哲学が論理学へと還元されるのは，ラインホルトがバルディリに従って，「真の哲学」を「思考としての思考の適用の分析」へと移し置くことによるが，この分析を通じて，「根源的に真なるものが真なるものとともに，また真なるものが根源的に真なるものを通じて」発見され措定されることになる。

　ヘーゲルはバルディリとラインホルトの『根元哲学』との関係をより詳細に取り上げている。しかもここでヘーゲルは，ラインホルトの抗議にもかかわらず，再びフィヒテの『バルディリ書評』に従っている。フィヒテはバルディリの本を「ラインホルトのかつての根元哲学の改作」と呼んでいた（PLS 2/1. 115f.）。ヘーゲルはこれにバルディリの『論理

学』とラインホルトの『人間の表象能力の新理論の試み』とのより詳細な比較を証明としてつけ加えるのみである。それゆえまたヘーゲルはバルディリの『綱要』にラインホルトが示す喜びを，「自分の酒蔵から出された酒で知らぬ間にもてなされ，満足しきった」男の喜びとして描き出している（GW 4. 81-90）。

(3) けれども他の点では，すなわち哲学の基礎づけの問題に関しては，ラインホルトが以前の「根元哲学」から離れていたことは明白である。1789年から1791年にかけての著作の中でラインホルトは，哲学体系の基礎づけの問題を自己自身によって確実な命題，意識の命題へとさかのぼることによって解決しようとしていた（本書164頁参照）。この着想の挫折を通じて，またこの着想に対するフィヒテの『知識学』による修正に対する懸念を通じて，ラインホルトは基礎づけの問題をより慎重な仕方で解決するべきだと確信した。哲学はたんに仮説的・蓋然的に前提される真なるものからはじめて，この真なるものから前進して行くうちにはじめて根源的に真なるものへと到達するのでなければならない。ヘーゲルは『大論理学』においてもまだこの着想に対して懸念をいだき，この着想を非難している（GW 11. 34f.）。『差異論文』においてヘーゲルは「仮説的・蓋然的な真理によってはまったく何ものも基礎づけられていない」として異議を申し立てている。そしてヘーゲルは次のような疑念を表明している。この種の予行演習は「あれこれと忙しくしていることによってますます増大する落ち着きのない不安」——すなわち「知へと分け入っていくことに対する不安」——の表現であるにすぎない。この不安に残されているのは，「愛や信仰や目的志向的な固定的な傾向のために，分析することや方法化することや物語ることに熱を上げること」だけである。

結局はまさに「この助走を真の仕事とする」，この基礎づけを行う反省に対して，ヘーゲルは他の，もはや外在的ではない基礎づけの形式を対置する。全体としての哲学は「自己自身のうちで自己を，また認識の実在性を，その形式と内容に関して」，基礎づける。絶対者を解明すること，しかも絶対者がみずからそれを解明することとして，哲学は知の連関のこの種の内在的形成以外の基礎づけをすることはまったくできない。哲学が自己を基礎づけるのは，「哲学がその諸部分の一つ一つを絶対的に措定し，そのことによって，始元と個々おのおのの点において，一つの同一性と一つの知を構成することによってである。知は自己形成を進めれば進めるほど，客観的な全体として，同時にそれだけ自己を基礎づける。そして，その諸部分が基礎づけられるのは，ただ認識のこの全体と同時のことにすぎない」。この言葉でヘーゲルは哲学体系の基礎づけの形式をすでに先取りしている。けれどもヘーゲルは『差異論文』を書き終えたのちになってはじめて，哲学体系を構築しはじめるのである（GW 4. 81-83）。

4.3.6. 哲学史上の意義

(1) イェーナに到着したばかりの彼は，『差異論文』においてその哲学的デビューを果たしている。哲学の基礎をめぐる当時の激しい論争は彼に「人間の生へと介入する」機会をさっそく与えた。彼は1800年11月2日のシェリングへの手紙の中ではこの機会をまだまったく漠然と望んでいただけだった。彼がこの機会を利用する仕方は，当時におけるシェリングとの密接な結びつきによって特徴づけられている。というのも「フィヒテの問題にしている事柄とシェリングの問題にしている事柄をますます区別する」（メーメルへの手紙，Br IV/2. 6）必要性は，フィヒテから距離をとる傾向に対応しているからである。シェリングはこの傾向をすでに『超越論的観念論の体系』の中でとりはじめ，1800年11月以来，フィヒテとの——たしかにヘーゲルには知られていた——往復書簡のなかでこの傾向を押し進め（PLS 2/1. 185-232），1801年5月の『わが哲学体系の叙述』の発表とともにこの傾向を公表した。「わが体系」というタイトルは，この体系プログラムの独自性を一般読者の前で強調するために，慎重に選ばれていたのである。

フィヒテとシェリングの往復書簡は，両者の差異が——この差異が往復書簡の中ではきわめて問題なのである——彼らの哲学的な交流のほとんど最初のころにまで及ぶことを示している。1801年に差異が公表されたことも，ヘーゲルがイェーナに到着したことがきっかけとなったのではなく，一部には，両

者の哲学的着想が別々に展開していったことがきっかけだったのであり，一部には，個人的な感情がきっかけだった。ラインホルトも『寄与』の第二冊においてそのような差異を指摘している。この論争におけるヘーゲルの役割は，本来存在している差異を，ラインホルトのように，外側から気づかせるだけではない，ということに限られている。というのもこういうことは敵対者の策略としてともすれば軽視されかねなかったからである。これに対してヘーゲルは「フィヒテの問題にしている事柄とシェリングの問題にしている事柄」のあいだの断絶を内側から，超越論哲学の陣営から遂行し，またこうして断絶を反駁しようもないほどに本当らしくしている。しかしシェリングはフィヒテに対して1801年10月3日に『差異論文』をあたかも一般読者のいわば中立的な意見であるかのように言っている。「ここ一両日中にはじめて，きわめて優れた頭脳の持ち主の本が出版されました。この本はフィヒテとシェリングの哲学体系の差異というタイトルをもっています。私はこの本に関与していませんが，しかしこの本の出版を妨げることもけっしてできませんでした」（PLS 2/1. 222）。この点に『差異論文』の「哲学政略的な」，影響史的な意義がある。この著作は超越論哲学が統一体として現れることのできた時代を終わらせたのである。

（2）この意義のために『差異論文』は今日にいたるまでおおいに注目されてきた——この著作がフィヒテの信奉者たちによって必死になって反駁されてきただけだったとしてもである（Girndt 1965, Lauth 1987）。他方でこの著作は——デビュー作として——ヘーゲルの体系的意図への導入にはとりわけ適しているように見える。だがこの著作は，ヘーゲルの他のどんなテキストよりも，まさにこの目的には適していない。この著作は，イェーナにやっと到着したばかりの人，哲学における公の第一歩を踏み出すにあたって自分の指導教員（Mentor）の体系的意図と業績とに明らかに頼っている人——しかもこの意図や業績を少なくともはっきりとは疑問視していない人，こういう人の思考についての証言なのである。

しかしヘーゲルはとりわけこの著作を教授資格取得よりも前に——したがってみずからの体系形成よりも前に，示しているのである。この著作はシェリングの観点からフィヒテの体系とシェリングの体系との関係を扱っているのであって，ヘーゲルの固有な体系構想から扱っているのではない。1801年初頭の数か月に関してそのような「体系」についてそもそも語ることができる限りでは，この体系はフランクフルト末期のテキストによって表されている。それゆえ『差異論文』は，ヘーゲル哲学の導入にも，彼の後の体系の批判にも，さらにフィヒテとシェリングの「差異」の信頼できる叙述にも適していないテキストなのである。特別な，今日ヘーゲルという名前と結びつけられる体系形式の形成は，1801-02年冬学期の講義開始とともにはじめて始まる（本書209頁参照）。

初出：Differenz des Fichte'schen und Schelling'schen Systems der Philosophie in Beziehung auf Reinhold's Beyträge zur leichtern Übersicht des Zustands der Philosophie zu Anfang des neunzehnten Jahrhunderts, Istes Heft. Jena 1801.
テキスト：GW 4. 1-92.
典拠：Carl Leonhard Reinhold: Versuch einer neuen Theorie des menschlichen Vorstellungsvermögens. Prag / Jena 1789; Reinhold: Beyträge zur Berichtigung bisheriger Mißverständnisse der Philosophen. Jena 1790-1794; Reinhold: Ueber das Fundament des philosophischen Wissens nebst einigen Erläuterungen über die Theorie des Vorstellungsvermögens. Jena 1791; [Gottlob Ernst Schulze:] Aenesidemus oder über die Fundamente der von dem Herrn Prof. Reinhold in Jena gelieferten Elementar-Philosophie. Nebst einer Vertheidigung des Skepticismus gegen die Anmaaßungen der Vernunftkritik. [Helmstädt] 1792; Christoph Gottfried Bardili: Grundriß der Ersten Logik, gereiniget von den Irrthümern bisheriger Logiken überhaupt, der Kantischen insbesondere; [...]. Stuttgart 1800; Fichte: Bardili-Rezension. PLS 2/1. 115-123; Carl Leonhard Reinhold (Hg.): Beyträge zur zur leichtern Uebersicht des Zustandes der Philosophie beym Anfange des 19. Jahrhunderts (1801).
参考文献：Helmut Girndt: Die Differenz des Fichteschen und Hegelschen Systems in der Hegelschen »Differenzschrift«. Bonn 1965; Manfred Zahn: Fichtes, Schellings und Hegels Auseinandersetzung mit dem »Logischen Realismus« Christoph Gottfried Bardilis. ZphF (1965), 201-223, 453-479; Ingtraud Görland: Die Kantkritik des jungen Hegel. Frankfurt am

Main 1966, 16-53; Lutz Geldsetzer: Die Philosophie der Philosophiegeschichte im 19. Jahrhundert. Zur Wissenschaftsstheorie der Philosophiegeschichtsschreibung und-betrachtung. Meisenheim 1968; Ludwig Siep: Hegels Fichtekritik und die Wissenschaftslehre von 1804. Freiburg / München 1970; Helmut Girndt: Hegel und Reinhold. In: Reinhard Lauth (Hg.): Philosophie aus Einem Prinzip. Karl Leonhard Reinhold. Sieben Beiträge nebst einem Briefekatalog aus Anlaß seines 150. Todestages. Bonn 1974, 202-224; Walter Christoph Zimmerli: Die Frage nach der Philosophie. Interpretationen zu Hegels »Differenzschrift«. HSB 12 (1974); Xavier Tilliette: Hegel in Jena als Mitarbeiter Schellings. In: Henrich / Düsing (Hg.) Hegel in Jena (1980), 11-24; Reinhard Lauth: Hegel vor der Wissenschaftslehre. Mainz / Stuttgart 1987; Petra Kolmer: Philosophiegeschichte als philosophisches Problem. Kritische Überlegungen namentlich zu Kant und Hegel. Freiburg / München 1998; Klaus-M. Kodalle / Martin Ohst (Hg.): Fichtes Entlassung. Der Atheismusstreit vor 200 Jahren. Würzburg 1999; Ludwig Siep: Der Weg der »Phänomenologie des Geistes «. Ein einführender Kommentar zu Hegels »Differenzschrift« und zur »Phänomenologie des Geistes«. Frankfurt am Main 2000, 24-51.

4.4. エアランゲン文芸新聞所収の書評

(1)『差異論文』を発表する前にすでにヘーゲルには望んでいた「人間の生へと介入する機会」がもう一つ与えられていた。ヘーゲルは書評を通じて、イェーナだけでなく、この時代一般の「文芸にまつわる大騒ぎ」へと身を投じていった。この大騒ぎへといたる道筋をヘーゲルのためにつけたのはシェリングの推薦だった。シェリングは1801年7月4日に『エアランゲン文芸新聞』の編集者ゴットリープ・エルンスト・アウグスト・メーメルに、ブーターヴェクの『思弁哲学の始元根拠』の書評者として、自分の代わりにヘーゲルを指名している。メーメルはヘーゲルに対して「きわめてしっかりとした詳細にわたる仕事」を期待してもよいという（GW 4. 527)。メーメルとヘーゲルの間の往復書簡はこのことに結びついている。ヘーゲルは1801年8月はじめに書評の依頼を受諾し、さらなる著作を提案している。「フィヒテの明々白々たる証明」（ヘーゲルはこの証明を「思弁を大衆向きにする，悲しむべき主観的な試みとして」扱わなければならないだろう），また見本市のカタログには広告されていたが、ヘーゲルはまだ知らなかった「リュッケルトの観念論，シュルツェの理論哲学批判，——おそらくはカントの宗教に対する補足としての啓示と神話について。私が思い出す限りでは、ドゥーテンホーファーの試論がすでに広告されている」（Br IV/2.5f.)。けれどもフィヒテ、グローマン、ドゥーテンホーファーの著作は当時すでに『エアランゲン文芸新聞』において論評されていた。リュッケルトの『観念論』とシュルツェの『批判』はシェリングないしヘーゲルによって、エアランゲン『文芸新聞』廃刊後に、『哲学批判雑誌』の中で手厳しく批判されている（GW 4. 239ff.ないし 197ff.：本書190頁以降参照)。『エアランゲン文芸新聞』のためにヘーゲルは——当時の習慣に従って匿名で——そのかわりにヴェルネブルク、クルーク、ゲルシュテッカー、フィシュハーバー、ヘルダーの本を書評している。

(2) メーメルはブーターヴェクの『始元根拠』を1801年8月16日にヘーゲルに送り、ヘーゲルは1801年8月26日にはすでにかなりの分量の完成した書評とともに返答している。それは、教授資格取得のための討論のたった一日前である。ヘーゲルは『始元根拠』の中に折衷主義を、しかもヘーゲルがほとんど十把一絡げで哲学に敵対するものとして非難している種々の立場の折衷を見出している。すなわち、『差異論文』の中ですでに批判されていた暫定的な哲学的思索の方法と、哲学の基礎づけのための心理学への還帰と、同様にカントの超越論哲学の諸契機への正確さを欠いた還帰との折衷を——しかもこれらが腹立たしいほどいい加減な言葉で講じられているのを、——見出している。ブーターヴェクは、「絶対者の理念」へと高まろうとしている場合ですら、「理念原理」と「実在原理」との対立にとらわれたままである。これでは『始原根拠』はみずから立てた問題を正当に扱うことはけっしてできないであろう。この問題はまさに、『精神現象学』に至るまでの年月においてヘーゲルの中心的な問題でもある。すなわち懐疑主義の反駁による思弁哲学の基礎づけという問題である。この反駁はさしあたってみずから懐疑的方法を用い、懐疑主義を内側から克服

しようとする。けれどもブーターヴェクによるいわゆる「反駁」は、「懐疑主義者が否定するものを肯定的に主張すること」にのみ存している。「この反駁は、もしそれがもっと根本的に受け取られるならば、懐疑主義は本来反駁不可能であるという洞察に存する。」それゆえにヘーゲルは最終的にブーターヴェクにおける主観と客観の対立の「実在原理」に対して、「主観と客観の対立を［…］廃棄するために、まさにそのためにのみ哲学的に思索する」という自分の考えを対置する（GW 4.95-104）。

(3) 懐疑主義の内在的な克服を通じて確然的確実性を基礎づけるというブーターヴェクのプログラムは、ヘーゲルがイェーナ時代にスケッチしているプログラムと形式的には比較可能である。これに対して『エアランゲン文芸新聞』における、ヴェルネブルク、ゲルシュテッカー、クルークの著作に対する、他の三つの同様にたいへん手厳しい書評は、ヘーゲルの体系的意図からは大きな隔たりがある。これはヘーゲル自身の哲学形成にとってとくに深い意味をもたない、臨時の頼まれ仕事である。ヘーゲルは1802年の初頭に三つの書評を、おそらくは一気に書き上げてしまった。というのも1802年3月26日にヘーゲルは三つの書評を——フィッシュハーバーの書評とともに——編集者のメーメルに送っているからである。

ヘーゲルはヴェルネブルクの二冊の「小冊子」に関して「きわめて尊大な思い上がり」を非難している。著者はこの思い上がりとともに「フィヒテ体系の無根拠さを証明」しようとするばかりでなく、当時の哲学学派についての待望された「審判員」気取りになっているのである。ヘーゲルの短評の核心は、ヴェルネブルクの「主要原理」——「意識のなかで根元的に合一されたもの」を分離し、根元的に分離されたものを再び「根元的に合一する」という哲学者の課題——を定式化する長めの引用文に存する。「物（他我 das Du）、根源的に必然的なもの」と「知性、精神（自我 das Ich）、根元的に自由なもの」は「根元的に合一されている」。第1のものを捨象することは観念論であり、第2のものを捨象することが独断論である。ヴェルネブルクの著作は総じて「観念論と独断論の単調な、心気症的な、荘重な対置」である。なるほどヘーゲルは、この著作の「根本理念」の中に「哲学の根本理念が表現されうるであろう」ことを認めている。しかしその点について決定を下すのは（ここでは与えられていない）学問的な展開なのである（GW 4.105f.）。

もっと詳細に、しかし好意的でない仕方でヘーゲルが報告するのは、ゲルシュテッカーの『法概念の演繹』——『知の最高の根拠からの演繹を一般の人にも理解しやすいことと一致させる』試みとして——ただしそのさい、ありがちなことだが、一般の人にも理解しやすいことがまさっている——である。ヘーゲルはゲルシュテッカーによる、形式的な法概念から法の実在性を分離することとしての、「形而上学」と「法の自然学」との導入的な区別を非難する。ゲルシュテッカーは三部に分かれた論文の第1部において「常識から法的判断活動の一般的概念を聞き出そう」としている。しかしそのさい彼はただちに彼自身の概念に耳を傾けているにすぎない。第2部でゲルシュテッカーは「知の最高根拠へと登りつめ」ようとする、ないしは法の演繹を「理性の最奥の深みから汲み上げ」ようとする。そのさい彼は二つの無限者、自由な自我と外的な力、へと到達しているが、両者の結合についてはもはや何も語ることができない。「両者は永遠に合一できないままにとどまっていなければならない。二つの対立するものの各々のものはそれだけで絶対者であるが、各々のものは他のものによって制約されてもいる。」ヘーゲルはこの答えの中で「フィヒテ的な色合いを帯びた、きわめて卑俗できわめて形式的な二元論が、信心を高める雄弁な敷衍によって存分に塗り固められている」のを見ている。法の実際の演繹はどこにも認められず、「二元論として捉えられ、空虚な大言壮語のはずみをつけて講ぜられた、カントの道徳哲学とフィヒテの観念論の言葉以外の何ものも」認められない（GW 4.107-111）。

ヘーゲルはクルークの『哲学の新オルガノンの構想』についての短評をもっとも手短に済ましている。本に立ち入るかわりに、ヘーゲルは一方で、『オルガノン』をこれから出版されることになるだろう付録なしで評価するなというクルークの要求をたてにとり、他方でヘーゲルは「シェリングとヘーゲルによる、哲学批判雑誌における、クルーク氏の哲学的努力一般についての評価」——すなわちヘーゲル自

身のクルーク批評（本書188頁以下参照）──を参照するように指示している。そしてヘーゲルは，計画されている付録の中で，「このオルガノンのなかに哲学的傾向を証明しようとする苦労を省く」ようにとの，クルークに向けた忠告で締めくくっている。「というのもそれは明らかに無駄な苦労だからである」（GW 4. 112）。

（4）この三つの書評とならんでヘーゲルはさらに三つの，だが今日では紛失してしまった書評を書いている。ヘーゲルはフィッシュハーバーのフィヒテについての叙述に関する書評を1802年3月26日メーメル宛てに，すでに挙げられた書評とともに送っている。この書評の内容とそれが発表されなかった理由については何も知られていない。書評の冒頭は──ヘーゲルはメーメルにこう書いている──「当新聞における大言壮語されている書評」と関係している。このことから，この書評に対してヘーゲル自身の書評が批判的な傾向をもっていたということが推測される。（GW 4. 517, 554f.）。

ヘルダーの『神』新版の書評をヘーゲルはさしあたって中止してしまったが，このことをヘーゲルは1801年8月28日付のすでに挙げられた手紙の中でメーメルに伝えている。「ヘルダーについては旧版の『神』をあらかじめ手もとにもっていなければなりません。というのは新版について説明しようにも，当地で自家用の旧版をもっていないからです──ヤコービがそれについて手紙の中で語っている［すなわちJWA 1. 219-231］ことを，ヘルダーが削除したことだけはわかっています。もしヘルダーがこのことをもともと把握していたならば，彼はすべてを削除しなければならなかったでしょう。」1802年3月26日にヘーゲルはメーメルに報告している。自分は「数日のうちに」初版を手に入れて，それから「この勘定書の項目も即座に全額返済しましょう」と。ヘーゲルはこの書評も完成させている。ローゼンクランツはまだこの書評を手にしており，この書評は「再版と初版との違いを辛辣さをゆるめて分析している」と伝えている（R223）。ヘーゲルはおそらくこの書評をもはや郵送しなかったのだろう。なぜなら『エアランゲン文芸新聞』は1802年に発行をやめてしまったからである（GW 4. 517, 554）。

『ハレ一般文芸新聞』のためにヘーゲルによってさらに書かれた書評も，やはり紛失してしまっている。この書評は，ニートハンマーが1805年11月29日に，編集者クリスティアン・ゴットフリート・シュッツに宛てて出した推薦状にまでさかのぼる。手紙のやり取りから，ヘーゲルがニートハンマーの求めに応じてヤーコブ・ザラートの本を書評することになっていることが明らかとなるが，数多くの著作の中のどれがヘーゲルの書評対象だったかはわかっていないが，──おそらく『破壊の精神に対する改良の精神について』（1805）であろう。ヘーゲルは書評を1806年5月ごろに完成し，『ハレ一般文芸新聞』に送っている。1806年8月6日にヘーゲルはニートハンマーに対して述べている。書評はまだ出版されておらず，また「おそらく出版されることもないでしょう──この書評はとりわけ長すぎるという欠点ももっているのです」。ニートハンマーが幾度か介入したにもかかわらず──ヘーゲルの推測は立証されてしまった。ただしおそらくはヘーゲルによって挙げられた理由によるのではなく，『ハレ一般文芸新聞』がシェリングとヘーゲルの哲学に対してたいへん批判的な態度を取っていたが，ザラートの哲学に対してはたいへん肯定的な態度を取っていたからである。またニートハンマーのザラートに対する関係は緊迫していたために，ヘーゲルの書評もたいへん批判的なものになっていたのであろう（GW 4. 518, 555f.）。

初出：ブーターヴェクに関しては，Litteratur-Zeitung. Hg. von G. E. A. Mehmel. Erlangen 1801, Bd. 2, Nr 181, 15. September (Sp. 1441-1448), Nr 182, 16. September (Sp. 1449-1451). ヴェルネブルクに関しては，Litteratur-Zcitung. IIg. von G. E. A. Mehmel und K. Chr. Langsdorf. Erlangen 1802. Anzeigenblatt. Nr 14, 9. April (Sp. 105-107). ゲルシュテッカーに関しては，ebd. Kritikenblatt. Nr 35 (28. April) (Sp. 276-280). クルークに関しては，ebd. Anzeigenblatt. Nr 22, 4. Juni (Sp. 169).
テキスト：GW 4. 93-112.
書評された著作：Friedrich Bouterwek: Anfangsgründe der speculativen Philosophie. Versuch eines Lehrbuchs. Göttingen 1800; Johann Friedrich Christian Werneburg: Kurze wissenschaftliche Darlegung der Unhaltbarkeit und Grundlosigkeit sowohl des transcendentalidealistischen Systems von Fichte, als auch des Systems der eitlen Genußlehre seiner Gegenfüßler und

des kritischen Systems. Leipzig 1800; Werneburg: Versuchte, kurze, faßliche Vorschilderung der AllWissenschaft-Lehre oder der alleinigen sogenannten Philosophie, und faßlichere Darstellung der Grundlosigkeit beider extrematischen Systeme des Idealismus und des Dogmatismus, […]. O. O. 1060 [d. i. 1800]; Johann Gottfried Herder: Gott. Einige Gespräche. Gohta 1 1787 bzw. Gott. Einige Gespräche über Spinoza's System; nebst Schaftesburi's Naturhymnus. Zweite, verkürzte und vermehrte Ausgabe. Gotha 1800; Wilhelm Traugott Krug: Entwurf eines neuen Organon's der Philosophie oder Versuch über die Prinzipien der philosophischen Erkenntniß. Meissen und Lübben 1801; Karl Friedrich Wilhelm Gerstäcker: Versuch einer gemeinfaßlichen Deduction des Rechtsbegriffs aus den höchsten Gründen des Wissens als Grundlage zu einem künftigen System der Philosophie des Rechts. Breslau 1801; Gottlob Christian Friderich Fischhaber: Ueber das Prinzip und die Haupt-Probleme des Fichteschen Systems, nebst einem Entwurff zu einer neuen Aufloesung derselben. Carlsruhe 1801; Jakob Salat: (恐らく) Ueber den Geist der Verbesserung im Gegensatze mit dem Geiste der Zerstörung. Ein Versuch, mit besonderer Hinsicht auf gewisse Zeichen unserer Zeit. Den Freunden des Vaterlandes und der Menschheit gewidmet. München 1805.

参考文献：Ulrich Dierse: Bouterweks Idee einer Apodiktik. PLS 2. 32-51.

4.5.『哲学批判雑誌』の諸論文

4.5.1.『哲学批判雑誌』の編集について

『差異論文』と『エアランゲン文芸新聞』の書評のために想定されていたヘーゲルとシェリングの共同作業は、『哲学批判雑誌』(1802/03年) の共同編集によって制度的な土台を得ることになる。これに先立って、一方でフィヒテとシェリング、他方でシェリング、シュレーゲル兄弟、シュライエルマッハーが、〔彼らの間の〕協力関係は入れ替わりながらも、できる限りゲーテとシラーの参加を得て「批判的な研究機関」を設立しようと尽力していたが、芳しくない、実りのない結果に終わっていた。それは、相互に接点を持つことについての恐れ、(現実のものであれ、たんなる杞憂であれ) グループ間の主導権争いのためであり、加えて、1801年に超越論的観念論、思弁、合理的実在論、ロマン主義サークルへの党派の分裂が起こり、その結果として、フィヒテとラインホルト、ならびにフィヒテとシェリングのあいだに個人的対立が生じ、またシェリングとフリードリッヒ・シュレーゲルのあいだにもめ事が起こったためであった。こうした状況下、シェリングはヘーゲルと共同で『哲学批判雑誌』を出版するという計画のために、著名な出版社であったコッタ社と話をつけた。シェリングはこの計画をフィヒテにも秘密にしていた。後にシェリングの妻となるカロリーネは1801年11月23日に、ベルリンにいた (当時の) 夫アウグスト・ヴィルヘルム・シュレーゲルに (フィヒテも当時ベルリンに滞在していた)、シェリングがヘーゲルと批判雑誌を出版すると手紙を書いている。「フィヒテにはまだ言わないでください。シェリングは彼には第一号を突然送りつけ〔て驚かせ〕たいと思っています。」(HBZ 40)。およそ1か月後、1801年12月末あるいは1802年1月はじめには、すでに第1巻第1号が刊行された。

この計画でヘーゲルに〔シェリングの〕「弟分 Juniorpartner」という役割——したがって、フィヒテがいつもシェリングをそう見ていたような役割——が与えられていたことは、すでに表紙を見れば明らかである。その表紙は〔彼らの名前の記載順が〕アルファベット順になっていない (「Fr. Wilh. ヨーゼフ・シェリング、G. ヴィルヘルム・Fr. ヘーゲル編」) だけでなく、シェリングの名前は活字によっても強調されており、したがって、ほとんど無名であったヘーゲルは、彼の補助的な立場におとしめられてしまっている。同時代人たちによっても、二人の関係は広くそのように理解されていた。フリードリッヒ・ケッペン[1]は、ヘーゲルをたんに「シェリングの体系に属する個人」(GW 4. 541) と表現している。ただしヤコービ[2]の言葉では、「ヘーゲルの報告からは」彼が「シェリング派であることを認めることは」できないとされている (JWA 2. 339)。したがって、ヘーゲルが、少なくとも客観的に間違った情報の執筆者を「嘘つき」と説明する機会を逃さなかったことは、理解できる。それにはこう書かれていた。「シェリングは彼の祖国から生き

のいい剣士 Vorfechter をイェーナに連れてきた。そしてこの男を通じて，フィヒテもまた深く彼の見解の下にあることを，驚嘆する公衆に知らしめようとしている」（GW 4. 190）。

1) フリードリッヒ・ケッペン（1775-1858）。ランツフートおよびエアランゲンで哲学の教授となる。観念論に反対する。フィヒテとシェリングの論敵であり，ヤコービへの賛成者。
2) ヤコービ（フリードリッヒ・ハインリッヒ・ヤコービ）（1743-1819）。デュッセルドルフに生まれ，商業に従事したのちに哲学を始める。のちにミュンヘン学士院の総長となる。体系的思考を嫌い，ドイツにおける信仰哲学の形成者となる。「スピノザの教説に関する書簡」（1785年）が思想界に大きな影響を与える。ゲーテ，ヘーゲル，シェリングらから批判される。

シェリングとヘーゲルは編集者であるだけではなかった。彼らは『哲学批判雑誌』の執筆者でもあり，彼らだけが執筆者だった。——なぜなら A.W. シュレーゲルとシュライエルマッハーにヤコービを攻撃する寄稿を書かせるというシェリングの試みは，失敗に終わったからである（GW 4. 535）。分量から言えば彼らの寄稿はおおよそ同程度のものだった。ただし，ヘーゲルの論文は，シェリングのより長い三つの寄稿よりも，彼の哲学の発展にとってより大きな意義をもっている。シェリングの三つの寄稿とは，ラインホルト[1)]に対する論駁である「絶対的同一性の体系とその最近の（ラインホルト的）二元論との関係について」，および「自然哲学の哲学一般との関係について」と「哲学における構成について」の二論文である（第1巻第1号および第3号）。

1) ラインホルト（カール・レオンハルト・ラインホルト）（1758-1823）。ウィーン生まれのドイツの哲学者。初めカトリックであったが，のちにプロテスタントに転向。イェーナ大学で哲学教授となる。カント哲学の普及に努める。意識律の提唱によって体系を構築しようとする態度は，シェリング，ヘーゲルらのドイツ観念論の展開に大きな刺激となった。

どの論文にも著者名は記されていない。それは確かに当時の書評制度に対応するものであったが，それだけでなく，著者たちが一体となるほど一致しているという印象を与えるためでもあった。そして，同時代人たちはすでに「まずい書きぶり」（GW 4. 541）から，どれがヘーゲルの寄稿であるのか理解したにもかかわらず，彼の死後，彼の友人と弟子たちが論文「自然哲学と哲学一般の関係について」を全集に収録しようとしたさいに，著者問題をめぐって対立が生じた。彼らは，自分が著者であるというヘーゲル自身の（本当であれ，思い込まれたものであれ）主張（GW 4. 543-546）を根拠としてあげたが，このことは，シェリングがはっきりと主張しているからというだけでなく，内容的な理由からも納得できるものではない（Jaeschke 1986a, 162-181）。それより大きな論文の著者の特定については，意見の対立はない。にもかかわらず，執筆にあたっては，もはやどの程度か特定できないほどの影響をパートナーは互いに与えあったことだろう。

参考文献：Harmut Buchner: »Hegel und das Kritische Journal der Philosophie.« HS 3 (1965), 95-156; GW 4. 529-549: Editorischer Bericht; Klaus Vieweg (Hg.): Gegen das >unphilosophische Unwesen< – Das Kritische Journal der Philosophie von Schelling und Hegel. In: Kritisches Jahrbuch der Philosophie 7, Würzburg 2002.

4.5.2. 緒論：哲学的批判一般の本質について，とりわけ哲学的批判と哲学の現状との関係について

(1) 上述の制約にもかかわらず，比較的大きな論文については，それぞれ二人のいずれが著者であるのか特定されうるのに対して，この「緒論」に関して著者を一人に特定することは不可能である。ヘーゲルはイェーナ時代に書いた履歴書では，これを自分の著作であるとしている。シェリングは1838年10月31日に，C.H. ヴァイセに次のように伝えている。「緒論」は，「部分的には H（ヘーゲル）によって書かれたものだが，にもかかわらず多くの箇所（しかし私は今すぐ正確にそれがどこか示すことはできないのだが），および主たる考えは私のものである。少なくとも私が手を入れていない箇所はないと言ってよいだろう」（GW 4. 541f.）。たとえば，次のような文に見られる口調はヘーゲルのものとは思えないものである。「哲学はその本性からいえば何か秘教的なものであり，それ自身で賤民のために作られた

ものでもなければ，賎民のために準備されうるものでもない。」デカルト的二元論の帰結に対する抵抗も，これにすぐ続くシェリングの「最近の（ラインホルト的）二元論」批判を思い起こさせるものである（GW 4. 124 および 126）。しかし，共同著作物において，著者自身がのちに特定することのもはやできなかったような個々の分担箇所を区切ろうとすることは有意義ではない。

(2)「緒論」は『哲学批判雑誌』の課題のための条件を定式化している。つまりそうした条件の下で初めて，批判は客観的な評価として可能となるはずなのである。芸術において「美なる芸術の理念」がそうであるように，哲学においては「哲学の理念」が，内在的な批判の不可欠な条件であり前提である。こうした内在的批判は，主観性に対して主観性を対置するだけでなく，「絶対者を被制約者に」対置し，それによって判断の客観性を要求しうるようなものであるとされる。にもかかわらず，「哲学の理念」はどこでも共有されているわけではない尺度であり，それゆえに「批判」（これは後の青年ヘーゲル派を彷彿とさせる表現である）が向けられている名宛人のグループは，四つに区別されている。

〔第1の批判対象である〕「非哲学」にとって，批判は「疎遠な法廷」であり，これに対しては，その「浅薄さ」を暴露する以外に道は残されていないとされている。この事例に関連づけられうるのは，1801年1月12日にフーフナーゲル宛の書簡で，ヘーゲルが次のように報告していることである。『雑誌』には「非哲学的な狼藉 Unwesen に目的と尺度をあてがうという意図があります。雑誌が用いることになる武器はとても多様なものです。人はそれを，棍棒，鞭，打ち箆とでも呼ぶことになるでしょう。——すべては良きこと，神の栄光（gloriae Dei）のために起こることなのです。なるほどあちこちでこの雑誌について文句が言われることになるでしょう。しかし実際，荒療治 kauterisieren が必要だったのです」。

それに対し根拠づけが必要なのは，次の——第2の——〔批判対象の〕事例である。つまり，「哲学の純粋な理念も，精神を伴った学問的な広がりを欠いては，体系的な意識の客観性に到達しない素朴さとして表現される。それは，思考の堕罪の前に身を守ることをあえてしようとしないという怠惰さを持ちながら，堕罪に落ち込む勇気，自身の罪をその解消にまで貫徹する勇気を欠いていた美しき魂の複製である。しかし，それゆえに美しき魂は，学問の客観的な全体における自己直観にも到達しなかったのである」。このグループの代表者はヤコービかもしれない。注目すべきは，1795年8月30日付けフィヒテのヤコービ宛て書簡に見られる〔この指摘との〕類似点である。人類が哲学の禁じられた果実を味わわなかったならば，人類は哲学を知らなかったかもしれない。しかし，この堕罪への衝動は人類に植え付けられており，「最高点にまで勇敢に前進することによってのみ鎮められ」うるのであり，「この最高点から，思弁的な点と実践的な点が合一されて現れる」のである。「われわれが哲学し始めたのは思いあがりからであり，それによってわれわれはみずから無垢さを失ったのである。そうして，われわれはわれわれが裸であるのを見出したのであり，それ以来，必要から救済を求めて哲学しているのである」（GA III/2. 392f.）

第3のグループは「哲学の理念」をすでに「もっと学問的」なものと見なしている。しかしそれは「まだ自由の直観の明晰さにまで高められて」いないか（この場合には，「批判は［…］努力を見そこなって」はならない），あるいは理念はより判明に認識されたが，みずからを救済するために主観性が哲学から身を守ろうとしているのである。そして後者の場合には「主観性が哲学を逃れるために用いている口実が見出されなければならない」。

最後に第4のグループは「浅薄さ」において第1のグループと一致している。しかし，このグループは哲学を所有していると思い込みながら，ただ空虚で内容のない霞のような言葉だけを発している。「こうして哲学の真摯さを浅薄さに変えることほど吐き気をもよおさせることはないのだから，批判はこうした不幸を防ぐために，全力を尽くさなければならない。」（GW 4. 117-120）

(3) カントとフィヒテによって確立された，学問としての哲学の自己理解は，「それぞれの哲学的な始まりが学問と体系に拡張されるという——〔したがって〕すでに存在する哲学にのっとって，〔哲学者を〕自称することは恥だと見なされるという」結

果をもたらした。「そして自己思考は，完全に自分自身の新しい体系を見出す独創性によってのみ，みずから名乗り出なければならないと考える。」しかし，この場合問題となっているのはただ，「特殊な反省形式」，「独創性であると思い込み，それを自称する特殊性にすぎない」。このことは，この特殊性が，他の諸体系の中に哲学の理念を認める代わりに「自分自身の哲学という名前」をみずからに与えるということの中にすでに示されている。批判哲学は，こうした〔方向に〕推し進める Treiben のに「すばらしくよい貢献をした」。つまり批判哲学は，理論理性は「矛盾に陥っているにすぎない」という教説によって，経験論の手助けをした。しかし他方，批判哲学は「少なくともかなりの数の有限な形式を疑わしいもの，あるいは役に立たないものにしてしまった」のであり，それによって同時代人たちが，「自分たちが制約されているということへの洞察と一種のやましい良心」をもつのに役立ったのである。しかしこのことは，有限なものから，ただ蓋然的かつ仮言的に出発することを帰結したに過ぎない。そこでは，真なるものに到達するという要求にもかかわらず，「もっぱら有限なものの救済が問題となった」に過ぎない。したがってこの批判は，すでに『差異論文』においてそうだったように，バルディリ[1]によって媒介されたラインホルトの「合理的実在論」に向けられているのである。

1) バルディリ（クリストフ・ゴットフリート・バルディリ）(1761-1808)。テュービンゲン大学に学び，シュトゥットガルトの士官学校およびギムナジウムで哲学の教授を勤める。カントの批判主義に対抗して，世界は思考の表現であるという合理的実在論を説く。

「制約されたものの救済」——この表題のもとに著者たち（そしてここではヘーゲルの声が聞き取られうるのだが）は，同時代の諸々の哲学的構想をまとめている。しかしそうした諸構想は「反省文化」にとらわれたままであるにかかわらず，やはりそれだけ「対立の最高の抽象の形式は，最高に重要であり，このもっとも先鋭的な極から〔こそ〕真の哲学への移行がますます容易になる」。同様の傾向は，諸学問の領域からも生じるとされる。こうした諸学問は，北西世界に内在的な生けるものの断裂，デカルトによって哲学的形式で言い表された，生けるものの二元論的断裂の上に基礎づけられてきた。しかし「諸学問の退屈さは，何ともひどいことに，啓蒙的，あるいは道徳的理性という借りものの名前で，最終的には神学をも破壊したのだが，この諸学問の退屈さ，つまり理性に見捨てられた悟性の建築物の退屈さは」，「全く皮相な広がりを耐え難いものに」し，少なくとも「生けるものの認識への」憧憬をかりたてる。しかし，「こうした認識は理性によってのみ可能なのである」。ここですでに「信仰と知」の主要思想が暗示されている。つまり，反省哲学の，そしてそもそも時代の反省文化の完全な拡張のうちに，真の哲学への歴史的な媒介があるのだということである（GW 4. 120-128）。

初出：『哲学批判雑誌』第 1 巻第 1 部 Kritisches Journal der Philosophie. Bd. 1, Stück 1. Tübingen 1802, III-XXIV.
テキスト：GW 4. 117-128.

4.5.3. 常識は哲学をどのように理解しているのか

最初は『エアランゲン文芸新聞』のために計画されていた（本書182頁を参照）ヴィルヘルム・トラウゴット・クルーク[1]の『哲学の新オルガノンの構想』に対する書評を，ヘーゲルはその代わりに，クルークのさらなる二著作，つまりフィヒテに批判を向けた『知識学に関する書簡』および『最近の観念論に関する書簡』（最近の観念論とはつまりシェリングの『超越論的観念論の体系』のことであるが）に対する批判とともに，『批判雑誌』に発表した。

1) ヴィルヘルム・トラウゴット・クルーク (1770-18423)。ヴィッテンベルク生まれ。ラインホルトに学び，その影響を受ける。フランクフルト，ケーニヒスベルク，ライプツィヒなどの大学で教授する。主著は『根源哲学』(1803年)。超越論的総合主義を唱える。

ヘーゲルは，クルークの著作を疑いなく上述の第 4 のグループ，「哲学の真摯さを平板さに変える」ことによって特徴づけられるグループの代表とみなしている。彼はクルークの『知識学』批判を次のように非難する。つまりクルークの批判は，理論的な

ものにおいてはその決定的な点，外的世界の観念性と実在性についての超越論哲学的教説をとらえ損ねており，自我の自己制約という思想に，それを理解することなく向き合っているのだ。シェリングの『体系』に対するクルークの批判も同様の内容であるが，しかし，叙述において「より向こう見ず」であるという。その第 1 の異論は，哲学に要求される前提の不在とその絶対者の前提の間の矛盾（と称されているもの）に向けられている。超越論的観念論は，犬も猫も，なるほど決して「クルーク氏の筆先」も決して演繹しはしないのにもかかわらず，クルークは「第 2 の不整合」を，超越論的観念論がすべてを演繹することを要求している点にあるとする。「クルークの筆先」〔というフレーズ〕は，とりわけ，その演繹への要求を退けようとするヘーゲルの二つの試みによって，それ以来一つのトポス〔常套句〕となった。そのさい視野から抜け落ちているのは，クルークがこの要求を（主張されているように）『知識学』に対して行ったのでもなければ，いやそもそも要求さえしておらず，ただシェリングの論証を反転し，それによって論駁しようとしたに過ぎないということである。シェリングは，「独断主義的」あるいは実在論的認識論を批判し，いまだかつて誰も「かの外的な作用の仕方を描写し叙述することに着手したことがない。しかしこのことは，まさに知の全実在性が依拠する理論の必然的な要求として，正当に期待されうるものなのである」（SW I/3. 429）と述べている。クルークはただ，実在論者も，観念論的な要求に次のように応答し「うるかもしれない」と応えたに過ぎない。「外的対象（たとえば私の筆先）の特定の表象の成立の仕方を描写し，叙述することに着手した観念論者はいまだいない。」（『最近の観念論に関する書簡』74 頁）今日一般に無視されているこのクルークの要求の文脈は，すでに二つのことを明らかにしている。クルークは決して筆先の存在を演繹することを要求しているわけではない。そうではなく，彼は，観念論も〔実在論〕同様に満たされえない要求に直面しうることを示すことによって，実在論的認識論の観念論的批判を退けているのである。それゆえ，この筆先の「演繹」の失敗はクルークにとって実在論の勝利を意味するわけではなく，ただ実在論と観念論の等価性（Isosthenie）の証明を意味するに過ぎない。つまり，観念論が有限な個物を演繹できないように，実在論は認識プロセスの詳細を説明することができないというのである。

ヘーゲルは筆先の表象の発生を描写するという認識論的要求を，存在論的で，有限性への関心から発する要求と誤解している。しかし「いつか再び神を前方へ向かって，絶対的に万物の唯一の根拠としての，唯一の《存在かつ認識の原理（princpium essendi und cognoscendi）》としての哲学の頂点に据えること」が，「一般に今の瞬間においてはまず哲学の関心」なのであり，もはや神を有限性の脇に据えること，あるいは「絶対的な有限性から出発する要請としての目的」などというものに結びつけることではない。こうした言い回しは，学問の発展の道のりにおいて，いつかクルークの要求も満たすことができるとヘーゲルが見なしていたかのような印象を引き起こすかもしれない。それは，ヘーゲルが後に「無力」と「偶然性」を自然の構成的契機と呼び，それゆえ，演繹への要求を退ける時（〔『エンツュクロペディー』〕第 250 節）に回顧しながら定式化しているように——もし思弁が「天上においても地上においても，現在においても過去においても，すべてのとても重要なものと折り合いが付くとしたら」そうなのである。

しかし，ヘーゲルの本来の主張は「クルーク書評」においても，演繹をギリシア暦（ad calendas graecas〔存在しない時〕）に押しやろうというものではない。彼はクルークのシェリングへの攻撃を二重の戦略で退けている。意味のないものと思い込まれている何かを演繹するという恵み深いと思われている要求は，より普遍的なもの（たとえばここでは金属）の演繹を前提するので，そのような演繹を真に複雑なものとする。そしてこのより普遍的なものの演繹のために，ヘーゲルはクルークに自然哲学を指示する。それは「彼がその超越論的観念論との区別についてまったく知らないように見える」ものである。超越論的観念論にとってとらえがたいそのような諸規定は，自然哲学に属する。しかし，それはただ「クルーク氏の筆先ではなく，そうした諸規定について哲学において語られうる限りにおいて」のみである。したがってヘーゲルはここで自然哲学に

この「演繹」という課題を帰している。それは「樫の木，バラ，犬，猫といった組織体」をも概念把握するという意味においてである。しかし，ヘーゲルは個別的対象の演繹への要求を，同様にはっきりと退けている。わずか後に『精神現象学』は，演繹への要求を次のような対抗要求を通じて受け流している。つまりかの要求は，「どの・この物，どの・この私をそれが考えているかをいうはずだろう。しかし，このことを語ることは不可能なのである」（GW 9. 66）。

初出：Kritisches Journal der Philosophie. Bd. 1, Stück 1. Tübingen 1802, 91-115.
テキスト：GW 4. 174-187.
書評対象：Wilhelm Traugott Krug: Briefe über die Wissenschaftslehre. Nebst einer Abhandlung über die von derselben versuchte Bestimmung des religiösen Glaubens. Leipzig 1800; ders.: Briefe über den neuesten Idealism. Eine Fortsetzung der Briefe über die Wissenschftslehre. Leipzig 1801; ders.: Entwurf eines neuen Organon's der Philosophie oder Versuch über die Prinzipien der philosophischen Erkenntniß. Meissen und Lübben 1801.
参考文献：Henrich: Hegels Theorie über den Zufall. In ders.: Hegel im Kontext (1971), 157-186.

4.5.4. 懐疑主義の哲学との関係

(1) ヘーゲルの懐疑主義論文は，『エアランゲン文芸新聞』のためにゴットロープ・エルンスト・シュルツェの『理論哲学批判』の書評を執筆するという計画から生じた。ここで取り上げられているのは，1792年に古代の懐疑主義者エーネジデムスの名で，カントの理性批判と，この理性批判を体系的な形で展開しようとするラインホルトの基礎づけの試みとを批判した男の新しい著作である（本書164頁を参照）。このタイトルを，書評のタイトルとして『文芸新聞』の編者メーメルに提案したのはヘーゲル自身である。しかし，この書評は『文芸新聞』ではなく，1802年3月に『批判雑誌』に発表される。しかも，シュルツェの著作の書誌情報がテキストの冒頭で示される限りにおいては，書評という形式がなおも保たれているが，しかし，内容的にはもはや書評ではなく，独立した論文となっている。ヘーゲルがこの論文の著者であることについては，はじめから疑いなかった。ゲーテは，シェリングの訪問を受け，おそらくは彼からこの新しい分冊を受け取ったと思われる日の2日後，1802年3月15日の日記にすでに「ヘーゲル 懐疑主義」と記している（GW 4.538）。

(2) ヘーゲルは彼の論文の主題の重点がどこにあるのかを，この論文の——滅多に完全に引用されることのない——タイトルで示している。〔つまりそれは〕「懐疑主義の哲学との関係，そのさまざまな変容の叙述，および最近の懐疑主義の古代のそれとの比較」〔というものであった〕。ヘーゲルはここで，シュルツェの懐疑主義だけでなく，古い懐疑主義と新しい懐疑主義も含めた懐疑主義の，哲学との関係を一般に扱っている。しかもそれには実際的なきっかけがあった。つまり，18世紀の末には，懐疑主義が広い範囲で評判と注目を受けていたのである。懐疑主義の新たな攻撃先はシュルツェの著作の副題やタイトルから明らかである。シュルツェの著作は，一方では「理性批判の僭越に対する懐疑主義の擁護」（1792年）を，他方では「実在論的独断主義の批判」を，またさらに「カントの超越論的観念論」の批判を狙っている。ザロモン・マイモン[1]の懐疑も同じ文脈にある。しかし，初期近代，つまりまだピエール・ベイルも属する伝統の場合とは異なり，理性が矛盾に懐疑的な形でとらわれているとしても，それは今や信仰を王位につけるという護教論的関心に役立つのではない。むしろそれは「常識 common sense」の地位の確立に役立つのである。

[1] ザロモン・マイモン（1753-1800）。ポーランド生まれのユダヤ人。ドイツの哲学者。カントの批判哲学を研究したが，カントの物自体を矛盾した概念だと主張した。経験とはたんなる知覚にすぎないとして，ヒュームの懐疑論の立場に立つ。

しかしヘーゲルはすでに早いうちから古代の懐疑主義も知っていた。それはテュービンゲンにおける学校の教科の対象であった。ニートハンマーはまだヘーゲルの学生時代にセクストゥス・エンピリクスの翻訳の「試み」を発表しており，シュトイトリンは懐疑主義の歴史について書いている。ただし，ヘーゲルは後者を，後に「戯れ言」と呼んでいる（GW 4. 211）。ベルン時代には，シェリングが新旧

の懐疑主義に関するツェーンダーの著作についてヘーゲルに教えている。おそらくヘーゲルはベルンに住んでいたツェーンダーと個人的に知り合っていたと思われる（Hasler 1976）。最後に，フランクフルト時代に関しては，ローゼンクランツによれば，ヘーゲルがとりわけ「プラトンとセクストゥス・エンピリクスに多く取り組んでいた」に違いないことを，書店の領収書から見てとることができる（R 100）。そして，たとえばシュレーゲルといった，他の同時代人たちもまた懐疑主義に注目していた（Vieweg 1999）。

（3）ヘーゲルの論文は，〔ヘーゲルが〕古代と近代両方の懐疑主義によく精通していたことを示しており，そして後者を貧弱な「私生児」と性格づけている（GW 4. 206）。近代の懐疑主義は古代の懐疑主義者の名前（エーネジデムス）で装っているにもかかわらず，古代の懐疑主義の体系的内容や細分化について，まったく歴史的に適切な理解をもっていない。近代の懐疑主義は，むしろ古代のそれとは正反対のものである〔とヘーゲルはいう〕。なぜなら，古代の懐疑主義の開始を告げるピュロン[1]の懐疑主義の比較的古い十のトロポスは，「感覚的知覚の不確実性」にのみ関わっているからである。それらは哲学に対してではなく，「常識の独断主義 Dogmatismus des gemeinen Menschenverstandes」，野卑な（gemein）意識に対して向けられたものであり，こうした意識は「事実」，あるいは間違ってそう思い込まれた有限なものの真理に依拠しているのである。

---

[1] ピュロン（365-270B.C.）。ギリシアの懐疑主義者。著作は皆無であるが，弟子のティモンによると，彼は，無判断の段階からアタラクシア（平静不動の境地）に達すると主張した。ピュロン主義の祖。セクストゥス・エンピリクスの著作によって知られる。彼らの古代懐疑主義は，ヘーゲルによって近代の懐疑主義よりも高く評価される。

後期古典哲学における歴史的な細分化過程とともに初めて，「一方では独断主義〔すなわちストア派のそれ〕に対する，他方では哲学そのものに対する」懐疑主義の転換が生じ，〔それは〕「後の5つのトロポス」に定式化される。このトロポスに対するヘーゲルの評価はアンビヴァレントなものである。

「有限性の独断主義に対してはこれ以上に有用な武器はない。しかしそれは哲学に対しては完全に役に立たない」（GW 4. 218f.）。なぜならこれらのトロポスは「独断主義によって主張される必然的なアンチノミーの部分のかたわらに，もう一つの〔アンチノミー〕の部分を据える」理性に属しているからである。しかし哲学はこの反省の対立を超え出て行くとされる。ヘーゲルは，間違って思い込まれている——そして破滅的な——「独断主義か懐疑主義か」という二者択一を，独断主義，懐疑主義，および哲学という三重性に拡張しようとしている。つまりそれは，彼がすでに古代における独断主義，懐疑主義および新アカデメイア派の対比のうちにモデルを見出す三重性である。「哲学」は——非哲学的でもある——独断主義に対する懐疑的な批判を用いなければならない。しかし哲学はたんなる対立，「二律背反」にとどまっていてはならない。したがって，強調された意味での「哲学」の可能性の条件は，懐疑主義によって呼び覚まされた矛盾が最後のものではなく，それが肯定的な帰結を持つことのうちにある。

（4）それに対し，ヘーゲルがシュルツェの自称懐疑主義を批判するのは，哲学を無視し，独断主義と懐疑主義の二者択一にとどまっているということだけではない。シュルツェの懐疑主義は〔ヘーゲルによれば〕さらに「もっとも粗野な独断論」と一つになっている。なぜならそれは，ピュロニズムと厳しく対立しながら，「否定できない確信と真理を意識の事実の中においてしまうという野蛮」に陥っているからである。さらにそれ以上に，この懐疑主義は「まだ近年の物理学と天文学をも」「あらゆる理性的な懐疑主義に抵抗する学問」として理解しているのである。この懐疑主義は，《真理を見出すという哲学者のあまりにもしばしば繰り返されてきた試みが無駄に終わっているのは，哲学の「原罪」である》というありがちな大言壮語から始まり，そのような不成功に終わった努力に代わって，「それ自身で思弁的理性の死にとらわれている」「哲学的な無為 Apragmosyne」を説く。

シュルツェの理論哲学批判は，みずからを学として把握する理論哲学の可能性を論駁する三つの根拠の定式化において頂点に達する。(a) 学問として登

場する哲学は無条件に真なる根本命題を必要とする——しかしそのような根本命題は不可能である。(b)理論哲学の最高の諸原則は「たんに概念の中で把握され考えられている」——しかしたんなる概念に取り組む悟性は「或るものを現実性に従って，たんに表象することさえもできない」。(c)理論哲学が絶対的な諸原則について知るのは，結果の性質から原因の性質への推理に基づいてである——しかしそのような推理を行うことはできない。ヘーゲルにとって，これらの根拠は決して「懐疑的」ではない。それは「概念と存在は一つではないという，一つのドグマ以外の何ものも表現」していない。つまりそれは，カントによっても主張された「ドグマ」である。懐疑主義とカント主義とのあいだのこうした関連について，ヘーゲルはすでに彼の「教授資格取得」の第七テーゼで表明している。「批判哲学は理念を欠いており，懐疑主義の形式は不完全である。(philosophia critica caret ideis, et imperfecta et Scepticismi forma.)」(GW 5, 227)。そうしてヘーゲルは，シュルツェの「懐疑主義」が実際の懐疑主義の伝統よりも，むしろカントの伝統，より詳しく言えば，ロックとライプニッツに対する批判のあと，最終的に600頁を費やしてカント自身に対して向けられたカント主義の伝統の中にあると見ている(GW 4, 224-228)。

(5) 「懐疑主義論文」の意義はシュルツェ批判にあるのではない。それは，ヘーゲルがとりわけ古代の懐疑主義との対決において，懐疑と哲学との関係を新たに規定していること，そして，このことを背景として，初めて彼自身の哲学の方法に対する懐疑的な態度の意義を浮き彫りにしたところにある。ヘーゲルは，彼の新たな観点を次の文に要約している。「懐疑主義の哲学との真の関係の規定なしに，そしてそれぞれの真の哲学と懐疑主義そのものが内奥では一つであり，それゆえ懐疑主義でも独断主義でもなく，したがって同時に両者である哲学が存在するという洞察なしに，懐疑主義の一切の歴史と物語，そして新たな義務は何ももたらさない」(GW 4, 206)。懐疑主義と哲学は敵対しながら向かい合っているのではない。「真の懐疑主義」の「高貴な本質は」あまりにもしばしば見逃されているのだが，その「真の懐疑主義」は独断論と対立する，より特殊な体系ではなく，その場所を哲学自身のうちに持っている。というのも「真の哲学は必然的にそれ自身で同時に，一切の制約されたもの，それに伴って意識の事実の山に対して」向けられた，「否定的な側面をもっているからである」。懐疑主義は「絶対者の認識の否定的な側面」に過ぎない。完成した「真の懐疑主義の記録と体系」としてヘーゲルが認めるのは，プラトンの『パルメニデス』である。というのも，この対話篇は悟性真理へのたんなる懐疑を含んでいるだけでなく，「そのような認識の一切の真理の全的な否定へと」進んでいくからである。そしてここでヘーゲルは，新プラトン学派の神学的な解釈に対決して，そのような認識の成果を純粋に否定的なものと見なす『パルメニデス』解釈に与している (GW 4, 197, 206-208)。

プラトンの『パルメニデス』において懐疑主義は「その純粋に明示的な形で」登場するのに対し，どの他の「真なる」哲学的体系においても，それは暗示的な形で登場する。——なぜなら「真の」哲学は有限性の，そしてまた有限な対立にとらわれている悟性の抹殺を望んでいるからである。真の哲学はセクストゥス・エンピリクス[1]によって定式化された「懐疑主義の原則」，つまり「いかなる言説にも，それと同等の言説が対置される ($παντι\ λογω\ λόγος\ ίσος\ άντικειται$)」，によって完遂される (GW 4, 208)。しかし，どの「ロゴス」にも等価なロゴスを対立させるということは，そのつど矛盾律を犯すということである。したがって，懐疑主義の哲学への統合は矛盾律の止揚を代償としてのみ達成される。——そしてヘーゲルはこの帰結を意識している。「いわゆる矛盾律はそれゆえ，理性にとってはたんなる形式的な真理さえ持たないので，逆にどの理性命題も概念に関しては矛盾律への違反を含んでいなければならない」。

[1] セクストゥス・エンピリクス（紀元前2－3世紀）。ローマやアレクサンドリアで活躍する医者だった。懐疑主義に関するまとまった著作以外には，その生涯はほとんど知られていない。その著『ピュロン哲学の概要』（全三巻）によって，ピュロン派の懐疑論が広められる。

(6) 背反的に対立する命題の定立という懐疑的な態度を，ヘーゲルはここで「弁証法」とは呼ばずに

「二律背反」の定立と呼んでいる。この表現を選択することで，彼は言葉の上では，懐疑主義をカントの純粋理性のアンチノミー論と結びつけている（B 432-595）。これによって，そしてまた真なる哲学の一契機として懐疑主義を統合するという彼のプログラムによって，ヘーゲルはこのアンチノミーの解消可能性を暗示し，——そしてこの課題を，彼は哲学に帰しているのである。しかしそれはすでに，このたんに背反的な対立の中にあるのではなく，したがって両命題の止揚のうちにあるのでもない。ヘーゲルがこの文脈においては，矛盾の（否定的な）止揚から（肯定的な）理性認識への歩みの詳細な解明に取りかかっていかないとしても，彼はやはり矛盾が，そしてまた，理性的なものがどの水準に定着しているのかを示唆している。「もし，理性認識を表現する或る一つの命題において，その反省されたもの，つまりその命題の中に含まれている概念が分離され，それらが結びつけられる仕方が考察されるとすれば，これらの概念が同時に止揚され，あるいはそれらが矛盾し合うような仕方で合一されていることが示されなければならない。」したがって矛盾は，一つの理性命題に含まれている概念同士の対立の中に，それらがその規定性のために相互に有している否定的な関係の中にある。しかしヘーゲルは，二つの命題の矛盾がたんなる否定的な帰結，有限なものの無化を持つだけでなく，同時に肯定的な帰結をどのように持つのかを示しはしない。しかし，「弁証法」をこのようにのちのいわゆる「否定的で-理性的なもの」に制限するのは「懐疑主義論文」に特殊なことではない。それはこの同時期の論理学にも合致している（本書209頁以下を参照，GW 4. 208）。

　（7）ヘーゲルの「懐疑主義論文」には，つい最近まで知られていなかった後日談がある。それは，最近クルト・ライナー・マイストによって発見されたものであるが，同時に『精神現象学』の前史において重要な段階をなすものである。ヘーゲルの論文のわずか一年後，副題が「このたびは匿名の，しかしまったく無名ではない著者による」と書かれた『絶対者についてのアフォリズム』が出版された。この著作は少なくともシェリングとヘーゲル自身の筆によるものではないにしても，彼らの周辺から出た著作だと間違って思われていたが，しかし，実際にはG.E. シュルツェによるものであった。彼は〔この著作で〕，「シェリング（およびヘーゲル）によって説かれた，諸学の『絶対的な』体系の基礎としての絶対者の概念の，方法論的ないしはメタ理論的要請に一貫して（偽りの）適応をすることによって，ここでは誤った原則の配置が，馬鹿げたことに，すでにその端緒から失敗に終わらなければならないということを，みなに反駁の余地なく証明する」（Meist 1993, 192）ことを目指していた。こうしたシュルツェの批判にもかかわらず，シェリングは彼の『自然哲学への導入に関するアフォリズム』（1806年）で，この絶対者の概念を支持している。加えてシェリングは，あたかもシュルツェの『絶対者についてのアフォリズム』がまさに「懐疑主義論文」への応答などではなかったかのように，シュルツェに対して「すばらしい」この論文を参照して，勉強するよう求めている（SW I/7. 153）。シュルツェは『人間の認識についての懐疑的な思考方法の主要契機』（1806）という彼の著作で——今度は自身の名前で——さらに二度目の応答を行う。そこで彼は「絶対的観念論」と根本的に対決するのである。

　シュルツェは，絶対者における対立物の止揚という「懐疑主義論文」の主張内容に関連して，思弁哲学の絶対者が「もっとも純然たる単純性およびもっとも純粋な統一であり，そこでは何も相互に区別されえない」（PLS 2/1. 344）ことを暴き出す。これは，ヘーゲルの後の絶対者批判，つまり「その中ではすべての牛が黒い」（GW 9. 17）夜としての絶対者批判が，以前はシェリングと共有していた自身の立場の，シュルツェによって促された見直しであることを知らせる定式化である。そしてシュルツェのさらなる論争的な言い回しもまた，ヘーゲルによって『現象学』の「序文」に取り上げられ，退けられている。たとえば，眠りの中で受け取られた知恵もまた，夢からなるものであるに過ぎないこと（PLX 2/1. 378 を GW 9. 14 と比べよ），あるいは，学問は個人に「はしご」を提供しなければならないこと，精神としての実体は「浄化された本質性」であること（PLS 2/1. 350 を GW 9. 22f. と比べよ），といった言い回しである。『現象学』はしかし，体系への「序文」において，暗黙裏にシェリング，および彼と以前共有していた自分の立場に向けられているだ

けではない。それ以上にずっと実り多いのは，ヘーゲルが「緒論」において，シュルツェの懐疑主義的な主張との対決において「みずからを完遂する懐疑主義」としての「現象する知の学」という自分の構想（GW 9. 56）を展開していることである。この『現象学』のプログラムをなす自己理解は長年のシュルツェとの論争に刻印されており，そしてその限りでその——ヘーゲルの見方では不完全な——懐疑主義には，『現象学』の構想に対して少なからず誘発的な意義が帰されるのである。

初出：Kritisches Jounal der Philosophie. Bd. 1. Stück 2. Tübingen 1802, 1-74.
テキスト：GW 4. 197-238.
書評対象：Gottlob Ernst Schulze: Kritik der theoretischen Philosophie. 2 Bde. Hamburg 1801.
典拠：F.I. Niethammer: Probe einer Uebersetzung aus des Sextus Empirikus drei Büchern von den Grundlehren der Pyrrhoniker. In: Georg Gustav Fülleborn (Hg.): Beyträge zur Geschichte der Philosophie. H. 2, Züllichau / Freystadt 1792; Salomon Maimon: Versuch einer neuen Logik oder Theorie des Denkens. Nebst angehängten Briefen des Philaletes an Aenesidemus. Berlin 1794; [Gottlob Ernst Schulze:] Aphorismen über das Absolute. Von einem für dieses Mal ungenannten, aber nichts weniger als unbekannten Verfasser. In: Neues Museum der Philosophie und Litteratur. Hg. von Friedrich Bouterwek. Bd 1, H.2. Leipzig 1803, 107-148 (PLS 2/1. 337-355); Schulze: Hauptmomente der skeptischen Denkart über die menschliche Erkenntniß. Ebd. Bd. 3, H. 2. Leipzig 1805, 3-57 (PLS 2/1. 356-383); Schelling: Aphorismen zur Einleitung in die Naturphilosophie. In: Jahrbücher der Medicin als Wissenschaft. Hg. Von A. F. Marcus und F.W. J. Schelling. 1805/06. SW I/7. 140-197.
参考文献：Roger Verneau: L'essence du scepticisme selon Hegel. In: Histoire de la Philsophie et Métaphysique. Recherches de Philosophie I. Paris 1955, 109-151; Nicolao Merker: Hegel e lo scetticismo. In: Società 16 (1960), 545-583; Hartmut Buchner: Zur Bedeutung des Skeptizismus beim jungen Hegel. HSB 4 (1965), 49-56; Ludwig Hasler: Aus Hegels philosophischer Berner Zeit. HS 11 (1976), 205-211; Valerio Verra : Hegel e lo scetticismo antico: la funcione die tropi. In: Lo scetticismo antico. Napoli 1981, Bd. 1. 47-60; Giuseppe Varnier: Skeptizismus und Dialektik. HS 21 (1986), 129-141; Michael Forster: Hegel and Scepticism. Cambridge, Mass., London 1989; Hartmut Buchner: Skeptizismus und Dialektik. In: Manfred Riedel (Hg.): Hegel und die antike Dialektik. Frankfurt am Main 1990, 227-244; Giuseppe Varnier: Ragione, negatività, autocoscienza. La genesi della dialettica hegeliana a Jena tra teoria della conoscenza e razionalità assoluta. Napoli 1990 ; Kurt Rainer Meist: »Sich vollbringender Skeptizismus«. G.E. Schulzes Replik auf Hegel und Schelling (1993). PLS 2. 192-230 ; Hans Friedrich Fulda / Rolf Peter Horstmann (Hg.): Skeptizismus und spekulatives Denken in der Philosophie Hegels. Stuttgart 1996; Klaus Vieweg: Philosophie des Remis. Der junge Hegel und das >Gespenst des Skeptizismus<. München 1999; Dietmar H. Heidemann: Hegels Realismus-Kritik. Philosophisches Jb 109 (2002), 129-147; Massimiliano Biscuso: Hegel, lo scetticismo antico e Sesto Empirico. Lo scetticismo e Hegel. Napoli 2005; Klaus Vieweg: Skepsis und Freiheit. Hegel über den Skeptizismus zwischen Literatur und Philosophie. München 2007; Gilles Marmasse: Hegel und der antike Skeptizismus in den Jenaer Jahren. In: Thomas Sören Hoffmann (Hg.): Hegel als Schlüsseldenker der modernen Welt. Hamburg 2009 (HSB 50), 134-150.

4.5.5. 信仰と知

(1) 懐疑主義論文のわずか4か月後，ヘーゲルの論文「信仰と知」は，発行順序に反して『批判雑誌』の第2巻第1号として出版された。それは表紙と出版社広告に記されているところによれば，「この雑誌の第1巻を極端に大部なものとしない」ためであった（GW 4. 313, 505）。この理由づけはたんに口実としていわれているだけではない。「早急に」，しかし実際は1802年の12月にようやく書店にならんだ第1巻第3号は，シェリングの論文を掲載したものであったが，実際100ページほど薄かった。シェリングは1802年7月16日，A.W. シュレーゲルに「信仰と知」を送っているが，再びヘーゲルから距離をとっている（本書34頁以下を参照）。ヤコビの思弁的な側面は「実によくフォローされているが，ひょっとしたらあなたは，ヤコビに関する部分が，あれほど好戦的でなく，かげりのないものであったならと望まれるでしょう。［…］同様に卓越したものである最初の理念について実際，残念に思われるかもしれないのは，その理念がより明晰かつ正確に際立たされていないことです。フィヒテの箇所のせいで，あなたがたの友情は実際に幾分窮地に立たされ

るかもしれません。しかし，もしあなたができうる限り折り合いをつけられるのなら，彼〔フィヒテ〕にこの箇所を見せないよう切にお願いしたいのです。というのも，この箇所について彼が少しも理解しないであろうこと，そして，いかにフィヒテを啓蒙思潮 Aufklärerei，ないしベルリン主義と一つにしうるのかを，まったく把握できないと思うであろうことを実際に私としては確信しているからです」。1802年8月19日のシェリングのもう一つの書簡からは，シュレーゲルがヘーゲルの論文を，とりわけ次のような論拠によってであるが，非難しているのを見て取ることができる。つまりヘーゲルは「フィヒテの『人間の使命』を哲学的な観点で書かれたのではないもの」と見なすべきだったのである。ただし，この批判に対しては，シェリングは友人〔ヘーゲル〕を弁護している。彼は少なくとも，フィヒテの著作が「この観点においては実際にゼロである」ことを示した。──そしてそれでもこのフィヒテの著作が「実際彼の哲学の精粋なのだ」，と（GW 4. 538f.）。

(2)「信仰と知」は，書評としての性格をもたない初めてのヘーゲルの論文である。それは自由な形式でカント，ヤコービ，フィヒテの全著作と対決しており，彼らの哲学を驚くべきことに「反省哲学」という共通の見出しの下にまとめている。この言葉でヘーゲルが示しているのは，「知が形式的なものであり，理性は純粋な否定性として絶対的な彼岸であり，〔しかし〕この絶対的彼岸は，彼岸であり否定性である限り，此岸と肯定性によって制約されて」おり，したがって「無限性と有限性の両者が，ただその対立と等しいものとしてのみ絶対的である」（W 4. 346）という立場である。カント，ヤコービ，フィヒテはこの対立にとらわれたままであり，したがって彼らは──彼らの自己理解に反して──「幸福主義と啓蒙の基本性格」をぬけださずに，これを「むしろ最高にまで完成させただけ」なのである。「彼らが意識して採っている方向は，直接的には幸福主義の原理に立ち向かっている。しかし，彼らがこの方向以外の何ものでもないということによって，その肯定的な性格がかの原理そのものになっているのである。」彼らは，無限なものと有限なものとの，つまり理性には把握できない神的なものと有限な「絶対的主体」との絶対的な対立に拘泥している。そうして「この絶対的有限性と絶対的無限性の上で，絶対者は理性の空虚さ，確固とした把握不可能性と信仰の空虚さにとどまっている」。この原理の内部では，彼らはたしかに対立し合っている。カントは客観的な側面であり，ヤコービは主観的な側面であり，フィヒテは両者の総合である。しかし彼らは，それゆえに，この原理の可能な形式の総体性を表しているので，この原理は彼らにおいて歴史的に汲み尽くされているのである（GW 4. 319-321）。

ヘーゲルは，この哲学史的な論証形式とともに，先行する継承モデルを取り上げる。つまり，独断的な道と懐疑的な道に対する第3の道としてのカントによる批判的な道の提示（B 789），およびフィヒテによる──その後シェリングによって取り上げられた──独断主義と批判主義の新たな対立（GA I/2. 264-282）である。似たような形で，ヤコービものちに，批判哲学および，その年長の娘（フィヒテ）と年少の娘（シェリング）の像を描いている。カントからフィヒテを経由してシェリングに至る（延長可能な）歴史的路線のこうした影響力の大きいモデルに対して，ヘーゲルは，カント，フィヒテとともに，走破された諸形式の循環の完全性に注意を喚起する。この路線の証明は新たな，しかも真なる思考形態の歴史的な導入に対する十分な正当化をなす。それゆえヘーゲルもまた，より大きな規模で捉えられた歴史的枠組みにおいて，「思考の独断論」としての「反省哲学」にさらに「存在の独断論」を先行させる。こうした広い意味において「教養形成の完全性」は独断的な「客観性の形而上学」と「主観性の形而上学」を包括する（GW 4. 412f.）。これは，ヘーゲルが後に「体系構想II」において別の意味を与える用語である（本書227頁参照）。

(3) このように，ヘーゲルはカント，その批判者であるヤコービ，そして同様にヤコービによって批判されたフィヒテを，驚くべきことに同列に置くのだが，このことは「信仰と知」の伝統的な対立の，同時代における練り上げが特殊な仕方でこの3人の著作に結びつけられているということによって，さしあたりの正当化を獲得する。つまり〔一つは〕，「信仰に場所を譲るために」（B XXX），知を退け

aufheben なければならなかったというカントの言い回しであり，〔次に〕ヤコービの（ハーマンに依拠した）信仰概念の導入（JWA 1. 115f.），および（ヒュームに依拠した）その正当化（JWA 2. 7-100）であるが，それと並んで最後に，フィヒテの『人間の使命』においては「知」と「信仰」が第2巻と第3巻のタイトルになっている。ヘーゲルはこの三者の非常に異なった知から信仰への遡及を，彼によって——すでにそれ以前にヤコービによっても——認識されていた「啓蒙の弁証法」（いまだそうは呼ばれていなかったとはいえ）の証拠として解釈することによって，相互に結びつけるのである。宗教的信仰（そしてこれは実定性一般に拡張しても良いのだが）に，ただたんに対置されるにすぎない啓蒙的理性は，時代の卓越した思想家たちにおいて，その制約の自己認識に到達し，これによって，次のことを強いられる。つまり「この啓蒙的理性が，実際にそれがそうであるよりもより良きものを，それがただたんに悟性に過ぎないがゆえに，彼岸として，自己の外部および自己を超えたところで，信仰の中におくこと」である。啓蒙は自分自身の否定性を把握してはいるが，そのさいには，一方で有限なもの・経験的なものの肯定的な知の中に，他方では永遠なるものの「憧憬と予感の主観性」の中に落ち込むのである。この主観性によって啓蒙は，そうでなければ無限に空虚な知の空間を満たすのである。ヘーゲルはこれによって，彼の弟子である，ハイネ，エヒターマイアーおよびルーゲが後にロマン主義の成立の中に示すことになるのと同じ傾向を，彼の時代の諸哲学体系に関して分析する。ロマン主義の傾向は「カトリック化された特質」を持っているように見えるのに反して，〔実際には〕満たされざるプロテスタンティズムの産物，とくに「辺境の砂の上に座り」，魔法の薬を切望していた「哀れな渇望者たち」（PLS 4/1. 141-325, insbes. 153）の産物である。

ヘーゲルはこれによって初めて主観性原理の超越論哲学的練り上げと，意識の歴史における，「強力な精神の一形式」としてのその包括的な意義とのあいだの内的な関連を初めて分析した。彼はこれを地理的観点からは，「北方の原理」として，そしてキリスト教史的 konfessionsgeschichtlich 観点からは，プロテスタンティズムの原理として規定している。「プロテスタンティズムの美しき主観性」の自己内への沈潜は，客観性との亀裂を広げた。それは，客観的なものを「何の価値ももたないもの，無であるもの」，—つまり，主観を汚すに過ぎないたんに実定的なものにおとしめた。しかしこの原理は，その寺院や祭壇をなお心の中にだけ建て，もはやその和解を外的な現実性の中に見出すことはできないので，その憧憬の中で必然的に有限性を超えて手を伸ばし，空虚で理解不能な彼岸，認識不可能な神へと手を伸ばす。この神は「理性の境界標柱の彼岸にあり」，直観の対象ではありえない。なぜなら，直観はただ肯定的なもの，有限なものにしか関係しえないからである。ここでまだはっきりと言及されていない「美しき魂」は，ヤコービがこれを「宗教的唯物論」を批判して用いている言い回しと同様に〔プロテスタンティズムの主観性の〕一例である（JWA 3. 46-48）。

したがってヘーゲルは，——これもまた初めて——たしかに素描に過ぎないにせよ，しかしそれにもかかわらず包括的な，〔ヘーゲルにとっての〕近代の意識史の過程の一部についての解釈を提示している。この過程はのちに，彼の弟子たちによって初めて（文化史的カテゴリーの意味における）「世俗化」という呼称の下に立てられることになるものである。しかし，この過程の根は曖昧なままにとどまっている。ヘーゲルはただ「宗教的に見れば」プロテスタンティズムであるとされる，「北方の原理」〔という言葉〕を用いているに過ぎない。主観の自己内への沈潜はそれゆえまだ，主観性の世界史的な形成という，のちのしかし必然的な段階として現れているわけではなく，そしてまたキリスト教という宗教一般の帰結として現れているわけでもない。

にもかかわらずヘーゲルは，この原則のアンビヴァレントな作用を非常に具体的に叙述している。自己に固定された主観性は空無なものと見なされる有限なものを超え出て逃れていくが，その結果，物象化する悟性に有限なものをゆだねることになる。美は「物一般に，杜は材木に」なる。そしてもし理想が「完全に理解可能な実在性において丸太や石と見なされえ」ないならば，それは「まがい物」になってしまうだろう。理想に対するそれぞれの関係は

「本質を欠いた遊技，あるいは客観への依存，そして迷信として」現れる。したがってヘーゲルは，まさにヤコービがたんにカントの批判主義の帰結として攻撃したものが，この運動の中に生じているのを見るのである（JWA 2. 261）。つまりそれは，《理性が悟性にもたらされる》ということである。

ヘーゲルの解釈は，悟性によって刻印された，近代の世界解釈の意識史的前提を，自己の内部への主観の沈潜に認める。しかし世界の悟性的解釈とのその関係は，悟性概念の優位の下でも記述されうる。ヘーゲルによって「無限なるものへの憧憬」というキーワードの下に批判されたヤコービは，この同じ仕方で同じ過程を理解しようとしている。そこにおいて優位は，近代の悟性的学に帰される。この悟性的学の成功を考えれば，人間はもはや「天の栄光と威厳」の前に膝を屈することはなく，人間が驚嘆するのは「学問によって奇跡を終わらせ，天からその神々を奪い，宇宙を脱魔術化することのできた人間悟性を前にしてのみである」（JWA 2. 399）。これによってヤコービは，実に初めて，マックス・ヴェーバーの『職業としての学問』以降よく知られることになった「脱魔術化 Entzauberung」というキーワードを用いたのである。——しかし彼はヘーゲルとは異なり，世界の脱魔術化を主観性の自己内への沈潜の結果ではなく，むしろその前提と理解している。なぜなら，自然科学による脱魔術化は，世界連関の機械論的な，まさに決定論的な解釈をもたらしたのだからである。脱魔術化はこうして（もう一度ヴェーバーとともにいえば）「鉄の檻 Stahlharte Gehäuse」を作り出す。主体がなおもその自由とその神の意識を引き留めておくことができるのは，この自己内への沈潜においてだけであるゆえに，この「鉄の檻」は主体に自己自身の内への後退を強いるのである。

ヘーゲルの「主観性史的な」解釈もヤコービの「合理性史的な」解釈も，何が当のプロセスを最終的に引き起こしたのかという問いに答えるものではなかった。ただ，より容易にマックス・ヴェーバーの分析と一致させうるのは，疑いなくヤコービの解釈の方である。しかしヘーゲルは，ヤコービによって扱われていない問題を投げかけている。それは，根源的に永遠の美と浄福にあこがれる主観と，有限性の中に主観が住処を見出すという最終的な幸福主義とのあいだの分裂〔という問題〕である。ヘーゲルは後者を「幸福主義と啓蒙の基本性格」の結果と見ており，この基本性格は「プロテスタンティズムの美しき主観性を経験的な主観性に，〔そして〕経験的な存在とともにすべての和解をはねつけるプロテスタンティズムの痛みの詩情を，有限性でのこうした満足と，これについての良き良心という散文に変えてしまったのである」。しかしヘーゲルは，要求されているはずの，この変転の根拠への洞察の代わりに，皮肉な当てこすりをするのである。「時がきてしまったのち，無限の憧憬は身体や世界を超え，存在と和解した。」神の国の到来に対する聖書の言い回しはここで皮肉な仕方で，「野卑な現実性」の国との悪しき和解の始まりを示している。この和解においては経験的主観が自己の下にあり，みずからを享受しているのである。つまり，「全能の時代とその文化」は，感性に触発された理性の哲学に対するこうした立場を固定してしまった。したがって，或る時代の哲学は，たしかにその内在的な史的発展において主題化されなければならないが，しかしヘーゲルは，この発展を同時に普遍的な意識史というより大きな枠組みにおく。その主題化のために必要なはずの道具立てが，たしかにここではまだ，彼には欠けていたのである（GW 4. 315-324, 412-414）。

（4）「カント哲学」に関する章において，後から来た主観性の哲学者であるヘーゲルは，「主観性の原理」の批判者として登場する。そして彼は，カントがこの原理を少なくとも「率直に白状している」ことを，カントに好意的に酌量を許す事由として評価している。真の哲学の唯一の理念は精神と世界，魂と身体，あるいは自我と自然の反省的対立が「絶対的に止揚されていること」であり，カントの理念は，それが「観念論」である点においてたしかにこの理念と一致している。しかし，カントの理念は有限な認識を唯一可能な認識と見なすことで，「絶対的な有限性と主観性」に再び落ち込んでおり，「絶対者の認識ではなく，この主観性の認識，あるいは認識能力の批判」になってしまっているという。さらにヘーゲルはこの主張をロックの『人間知性論』から長い引用をすることで補強している。

ヘーゲルは急ぎ足でカントの三批判書をさらいな

がら，いくつかの思弁的な洞察を際立たせるのだが，この思弁的な洞察は上の〔カント哲学の主観性の哲学への〕割り当てに基づけば，むしろ偶然的な発見物であるように思われる。ヘーゲルはすでに，アプリオリな総合判断の可能性への，カントの問いの中に「真なる理性理念」を認めている。しかし，ヘーゲルは「アプリオリ」を「絶対的に同一的」という意味で理解しており，カントが彼の問いに対して正しい答えを見出したことを証明している。つまり，アプリオリな総合判断が可能なのは「同種でないものの絶対的同一性によって」なのである。同様の仕方でヘーゲルは，絶対的同一性の哲学の視点から，『純粋理性批判』のさらなる中心的主張内容，つまり超越論的演繹論，パラロギスムス，純粋理性のアンチノミー，そして最後に思弁神学の批判をも注釈し，評価している。またさらに，実践理性批判および判断力批判も，非常にわずかにではあるが扱われている。

「カントの功績」としてヘーゲルが強調するのは，「カントが思考，あるいは形式を，主観的にではなく，それ自身で〔即自的に〕うけとり，何か形式を欠いたもの，空虚な統覚としてではなく，思考を悟性として，真の形式として，つまり三重構造として概念把握したこと」である。この三重構造の中には「思弁的なものの芽」がある。というのもそこに「アポステリオリ性の可能性そのものも存してして」おり，これによってアポステリオリ性は「アプリオリに対して絶対的に対立することをやめる」のだからである。しかし全体的に支配的なのは厳しい批判である。

パラロギスムスについてヘーゲルが批判するのは，カントが「《われ思う》を絶対的な知性的点」にしてしまい，そのために「以前の独断的客観的有限性を独断的主観的絶対的有限性に変えてしまった」ことである。二律背反については，カントが反省的対立を止揚するために，理性をその否定的な側面にしたがってのみ利用していることを批判している。しかし思弁神学の批判においては，「先行する哲学の恐るべき無分別に対して，非哲学が完全に勝利して」いる。それはカントが「彼が利用できる」もっともひどい形式の神の存在論的証明を，つまり現実存在を神の性質の中の一つと主張するメンデルスゾーンの形式におけるそれを論駁したのであるからなおさらである。すでにホッブズがこうした証明に対する批判を，デカルトの『省察』に向けていたのである。

ここでヘーゲルは『純粋理性批判』の帰結を，「理性の完全な踏み消し，みずからを絶対的なものと告げる，悟性と有限性のそれにふさわしい歓喜」のうちに見出す。この有限性は，その肯定的な形式においては「実践理性」と呼ばれる。この実践理性の中で，ヘーゲルは弁証論だけを，しかも不死性の要請ではなく（なぜならそのカントの叙述は，「それが哲学的考察に耐えうるものとなる，独自の側面を一切欠いているからである」），神の要請を扱っている。ヘーゲルはそこに「理性が同時に絶対的実在性を持ち，この理念の中で自由と必然性の対立の一切が止揚され，無限の思考は同時に絶対的実在性，あるいは思考と存在の絶対的同一性であるという理念がまさに表現されている」と見る。しかしこうしたことはすべてたんに主観的で不十分な叙述の中にあるのである。

ここですでにヘーゲルにとって，「カントの体系のもっとも興味深い点」と思われるのは，それが「経験的多様と絶対的に抽象的な統一の中間である領域を認識していること」である。それは「自然概念と自由概念のあいだの媒介項」，つまり『判断力批判』である。ここでカントは，「絶対的に必然的な理念」としての「原型となる直観的な悟性」の理念へと導かれている。つまりそれは，「その中で可能性と現実性が絶対的に同一である理性の」理念である。しかしカントは，この理念を哲学体系の組織的な organisierend 中心にすることはなかった。むしろカントがこの理念について語る仕方においては，「ここで理性の領域にいるのだというわずかの予感さえ」示されていないのである（GW 4. 325-346）。

（5） ヘーゲルはヤコービの立場も，彼の比較的大きな著作はすべて用いて叙述しており，小説『ヴォルデマール』へのほのめかしも含まれている。しかし『ヤコービのフィヒテ宛書簡』はフィヒテの章にとっておかれている。絶対的有限性に刻印された共通の領域内部でではあるが，ヘーゲルはヤコービの著作を「カント哲学とは正反対の極」と解釈する。カント哲学の客観的な形式に対して，ヤコービは

「主観性を、まったく主観的に個体性にしてしまう。この主観的なものの中の主観的なものは、そのものとして再び内的な生命を獲得し、それによって感覚の美を受け取る能力を得るように見える」。他方、ヤコービは実在論の名においてカントの超越論的観念論を批判しているために、彼には客観的なものの契機が帰されるように見える。──しかし、ここにあるように見える改善は、「本当には、絶対的な独断主義、そして有限なものの即自への格上げ」を構成しているとされる。

ヘーゲルはスピノザについて、ヤコービとの詳細な対決に着手する。彼のスピノザについての知識は、彼の当時の友人であり助言者であったH.E.G.パウルスのスピノザ著作集の刊行に協力することによっても向上したのかもしれない（GW 5. 513, 720-729）。ヘーゲルは、ヤコービが多くの箇所で、まっさきに有限性の関連をスピノザの哲学の中にもちこんだことを批判している。これは〔ヘーゲルにとって〕理解できないことである。なぜならヤコービはいずれにしても、彼にとって絶対的である有限性と現象から手を切ることができないからである。ヘーゲルは、ヤコービとヘルダーが一致して、学的認識にとって存在する形式を片付けてしまおうとしていると見ている。ヤコービの「理性的認識に反する直観」は、まさにカント哲学の思弁的な点に対して向けられており、これに対して、間違った引用を通じて簡単に勝利しようとしている。──そしてこのことが意味するのは「死せる犬よりもずっとひどい」扱いをカントにするということなのである。これは『スピノザ書簡』の中で、ヤコービによって伝えられたレッシング[1]の言葉、人々は「死せる犬のようにスピノザについて」語っている（JWA 1. 27）、をより辛辣にしたものである。

1) レッシング（ゴットホルト・エフライム・レッシング）(1729-1781)。牧師の家に生まれ、神学を学び、劇作家、批評家として活動する。シェイクスピアを模範として、ドイツ独自の演劇を確立しようとする。啓蒙思想の完成者といわれる。『賢者ナータン』(1779年) は、ヘーゲルの強い共感を呼んだ。

ヘーゲルの論文は非常に多くの多彩な激しい非難の言葉をさらけ出している──「寒々とした気の抜けた心情の吐露」、「駄弁を弄し続ける」、「悪意あるものにまで歪曲する」、「誹謗」、「がたがた言う」、「ののしり」、「無意味さの縒りあわせ」。しかしこうした非難の言葉は、のちに彼自身の叙述に向けられることになる。こうした批判の激しさは、1801年の終わり頃にまずはヤコービが、つまりその直前に出版された、ヤコービのカント批判論文「理性を悟性にする批判主義の企図について」（JWA 2. 261-330）が、ヤコービとシェリング／ヘーゲルのあいだの決定的な不和をもたらしたことをうかがわせる。

ヘーゲルはヤコービを、「絶対的有限性と主観性の独断論」と批判する。この独断論は、観念論哲学による有限なものの無化について「手に負えない悲鳴」をあげる。信仰の概念でさえ、ヤコービは「経験主義者の祖、経験主義者の基礎であるヒュームとロックから」借りてくるのであり（ここでヘーゲルはハーマンが媒介者の役割を果たしていることを無視している）、ヤコービはこの語で経験的現実性の確実性を表している。それゆえヘーゲルは、ヤコービとの対決でこれを可能とは見なさなかったメンデルスゾーンをも擁護する。しかしやはりヤコービは、有限性へのこうした信仰以外にも、もう一つの信仰、「絶対的客観」としての永遠なるものへの信仰も知っている〔とヘーゲルはいう〕。無邪気な、真なる信仰においては、「有限性、それ自身或るものであること、感性のすべての領域が、ここで一つとなる永遠なものの思考と観照の前で沈み込む。主観性という一切の虫〔蚊〕は、この燃えさかる炎の中で消滅するのである」。しかし、この無邪気な信仰を、哲学の中へと助け上げることはできない。「信仰は哲学の中に導かれると、完全にかの純粋な無邪気さを失う。」信仰は反省の対立に感染しており、それゆえ信仰の超感性的なものには「不動の感性」が対置されている（GW 4. 346-380）。

しかし、ヘーゲルによるカントとヤコービの評価は、実践哲学の領域において反転する。彼はカントの実践理性に対して『差異論文』と似た批判を行っている。カントの実践理性は、客観性を望むがゆえに、「圧政の体系、人倫と美を引き裂く体系以外の何ものも生み出さない」。カントの法論は「必然的に人倫的自然を、著しい恥辱で汚さなければなら

な」かった。それに対し，ヤコービの概念に対する憎しみは法という形式をはねつける。——そうして，ここでヤコービは，ヘーゲルが「美しく完全に純粋な」と形容する立場に到達する。〔つまりそれは〕「デズデモーナが死に瀕しながら嘘をついたように」嘘をつきたいというヤコービの告白〔である〕。「安息日に麦を摘むのは，私が空腹だからでしかなく，法は人間のために作られているのであって，法のために人間が作られているわけではない」（JWA 2. 211）。ヘーゲルはのちにも，このくだりを引用している（GW 15. 20, 256 参照）。確かにそのくだりは，ヤコービの他の例同様に，それ自身で取り上げれば「法的・客観的側面をないがしろにしたもの」，「客観性の意識的な欠如」として，カント的・フィヒテ的法と比べて一面性だけを表現してもいる。しかし，ヘーゲルはこのくだりを非常に高く評価している。なるほどそれは，「ヤコービにおいて，プロテスタントの主観性が，カント的概念形式からその真の形態に，感覚の主観的な美および天への憧憬の叙情詩に戻ったように見える」からである。しかし，有限なものと無限なものの対立の絶対性という条件のもとでは，そのような回帰は成功しえない。ヤコービは美しき個体性を「最高の気まずさ，憧れをもったエゴイズム，人倫的長患い」に置き換える。ヤコービの小説の主人公たちは「自分自身を永遠に熟視し続けるという苦しみ」の中に生きており，「自分自身と放埒」を行い，そうすることで，「気取ったあるいはつまらない女たちと神経質な市民を」元気づけようとしている（GW 4. 380-384）。

（6）ヘーゲルは『差異論文』同様に，ここでもシュライエルマッハーに寄り道している。シェリングとヘーゲルは，シュライエルマッハーをも，ヤコービに対抗する『批判雑誌』の同志として——失敗に終わったといえ——望んでいたことがあった（本書185頁参照）。しかし，シュライエルマッハーの講話『宗教論』（KGA I/2. 185-324）が，今やヤコービの原理の「最高の強化」，プロテスタンティズムの最高峰と見なされる。プロテスタンティズムは「主観性というその性格から抜け出すことなく［…］此岸で和解を求める」。しかしこれに伴って，此岸もその形態を変えることになる。『宗教論』においては「自然が有限な現実性の集合として抹殺されており，宇宙として承認されている。これによって憧憬が，現実性を超え逃れていくことから，永遠の彼岸へ引き戻され，主観あるいは認識と，到達不可能な絶対的客観の間の隔壁が取り払われており」，したがって両者の和解が実現されている。それでも「宇宙の直観のこうした主観—客観性は，やはり再び特殊なもの，主観的なものにとどまっている」。つまりそれは，「宗教芸術家の名人芸」，「直観の主観的な独自性」が生み出した作品であり，ヘーゲルは皮肉を込めて次のように付け加える。「愚か者とは，独自性を自分の中にもつ者である」。「真の名人芸」は，名人の「普遍的な原子論」において客観性をあきらめる代わりに，「法において，そして民族と普遍的な教会という身体において，その客観性と実在性を受け取らなければならなかった」（GW 4. 383-386）。

（7）カントとフィヒテがヘーゲルの厳しい批判に応えることはなかった。おそらくは，まったく知らなかったと思われる。それに対しヤコービは，1802年2月8日のラインホルト宛の書簡に，彼がシェリングとヘーゲルの彼に対する悪意ある攻撃を予測していた，そして今実際に〔その予測が〕当たることになった，と書いている。「ひどい文章から」，彼は著者がヘーゲルであることを確信している〔と書いている〕。「もし，この忌々しいヘーゲルがもっとうまく書いていさえすれば〔よかったのだが〕。私は彼を理解しようと何度も努力してみた」。そして彼は，ケッペンの『シェリングの教説または絶対無の哲学の全体』への補論として発表された，1802年8月，9月の「フリードリッヒ・ケッペンへの三つの書簡」において，ヘーゲルの攻撃に，同様の厳しさで応答する（JWA 2. 331-372）。その最初の書簡でヤコービは，ヘーゲルの罵詈雑言と批判を非常に詳しく伝えているが，それはすでにそうすることでこれをさらしものにするためであり，これを笑いものにしようとしたのである。ケッペンの手前，ヤコービは間違った引用をしているという批判を退けてはいるが，しかし原理的な対決はしないで済ませている。ただそれは，問題はおのずと片付けられるとの想定からである。「おかしなことは，いかにこの人たちが急にフィヒテを攻撃し始めたかだ。まるで彼らが今まで何も彼と意見を同じくしていなかったか

のように。[…] この一味は皆まったく無茶だ。彼らは互いに首のへし折りあいをさせて，死ぬまで暴れさせなければならない。」(Zoeppritz, I. 311 f.)

(8) ヤコービの発言は，ヘーゲルが——少なくとも部分的には，そのあいだに起こったシェリングとフィヒテの決裂のために——「信仰と知」で，『差異論文』よりもかなり辛らつに，フィヒテの哲学を批判していることに関わっている。『差異論文』では，ヘーゲルは，フィヒテの哲学の体系形式に批判を向けていたが，しかし，それに「真に思弁的な原理」を認めていた（本書172頁を参照）。それに対して「信仰と知」では，ヘーゲルは，次のようにフィヒテの体系を批判している。フィヒテの体系は「普遍的な人間悟性の原則から aus dem Princip des allgemeinen Menschenverstandes heraus 生じたものではない。フィヒテの体系は常識の体系 das System des gemeinen Menschenverstandes ではなく，思弁的な体系であるという間違った先入観が広まってしまったあとでは，正当にもこの体系は，新たな叙述でこの先入観を根こそぎにする最大限の努力を行う」。この当てこすりはフィヒテの『人間の使命』(1800年) を標的としたものである。この著作は『差異論文』（そこではヘーゲルもまたこの「先入観」を広めている）の執筆のさい，たしかにすでに出版されていたが，もはやヘーゲルによって考慮に入れられることはなかった。それが，今や「主として」批判の対象とされるのである。ヘーゲルは，奇妙なことにフィヒテの『人間の使命』が，一言一句まで『ヤコービのフィヒテ宛書簡』(JWA 2. 187-258) に対する直接的な応答をなしているということに，どこにも言及していない。ヘーゲルがやはりヤコービの絶対的二元論の「根本命題」を，フィヒテの「原則」と，同一視しているにもかかわらず，そうなのである。

「主として」『人間の使命』に向かうと主張されているにもかかわらず，ヘーゲルは再び大変広くかつ詳細に——『全知識学の基礎』から，彼の実践哲学を経て無神論論争に関する著作に至るまで——フィヒテの哲学を取り扱っている。こうして彼は，『人間の使命』をこれらの以前の著作から区別している断絶を無視している。

ヘーゲルは，すでに彼の論文の組み立てによって，フィヒテの哲学をヤコービの「憧憬」とカントの「客観性」の総合として構成している。そして以前カントがそうであったように，彼は今やフィヒテを，「ロックとヒュームの文化に（そしてデカルトによってでは，まったくない！）刻印された伝統」，つまり世界を「主観の立場から」計算し，説明する伝統に加える。これによって主観と客観の「絶対的対立」は，すでにあらかじめ指定されている。この対立は，そのプログラムにもかかわらず，体系が練り上げられたとしても，再び止揚されることはないとされる。フィヒテは端的に真で確実な或るものから出発する。しかしこうしたものが演繹の原理になるのはただ，それが不完全であり，したがって非真であると証明されることによってのみなのである。理念的なものは，実在的なものによって統合されなければならない，つまり，はじめ完全に空虚であった知は，経験的実在性によって満たされなければならない。経験的実在性はフィヒテにとっても「絶対的実在性」をもつ。それゆえ，フィヒテの絶対的主観性の哲学は，ヤコービによって要求された二元論を超えることは決してない。したがってヤコービは，フィヒテの「超越論哲学のニヒリズムが，心臓を彼の胸からちぎり取る」(GW 4. 387-401) ことを恐れる必要はまったくないとされる。

「絶対的対立」は，同様に実践哲学の基本構造をもあらかじめ示している。「主観性，自我，純粋意志は，客観性に対置されている限り，絶対的な対立の内にあり，同一性と統合という課題を端的に解決することができない。」こうした条件の下で，道徳性は支配，まさに「絶対的な圧政」となる。「法は法ゆえに，義務は義務ゆえに成就されなければならないという。そしていかに自我が感性的なものと非感性的なものを超え，世界の瓦礫の上で漂っているのかという，空疎な大言壮語以外の何ものでもないもの」にとどまっている。最後の言葉は，フィヒテの定式化に対する当てこすりであるが，ヘーゲルはフランクフルト時代の最後には，そこから肯定的な側面を手に入れようとしていたものであった（本書145頁参照）。

この「崇高な空疎さと，比類なく一貫した空虚さ」に対して，ヘーゲルは，シェリングに依拠して「自然」という概念を持ち出す。そして彼は『人間

の使命』の第1「幕」における，「自我」の「とてつもない高慢」と「闇の狂気」を批判する。この幕は「永遠の自然が自我の内で行為すること」について，もの悲しげになっている。この「幕」（ヘーゲルは，『人間の使命』の演劇的な舞台装置がゆえにこうした言葉を用いるのだが）に存在している「自然」を，フィヒテは確かに純粋に宿命論的に，自我の一切の自由に媒介なく対立したものとして，描いている。しかし彼がここで輪郭を描いているのは，たんに失敗した，克服されるべき構想のイメージであるにすぎない（これはヘーゲルの批判からは明らかにならないことである）。同じことは第二「幕」についても当てはまる。そこで自我は，いまや超越論哲学の知によるこの自然の喪失について，「再び同様に慰めなく」嘆くのである。ここでもフィヒテは，確かに彼の以前の超越論哲学に依拠したイメージの輪郭を描いているが，それは克服されるべきイメージなのである。

しかし，ヘーゲルが『人間の使命』内部の——決定論から超越論哲学を経て信仰に至る——上昇運動を正当に評価していないということが，すでに彼の本来の批判の効力を奪うというわけではない。決定論と自然神学にとって，そしてまた超越論哲学にとっても，「自然」はそれ自身で，「絶対的に聖ならざるもの，死せるもの」であり，それは自分自身の中にみずからの目的を持たない。自然は——義務の素材であれ——たんなる素材になり，場合によっては瓦礫にもなりうる。この瓦礫の上には自由な理性存在が漂っているかもしれない。「自然神学における自然が，永遠なる真理の表現であるように，カントとフィヒテの道徳神学〔!〕において，自然は抹殺されるべきものであり，そこで理性の目的は永遠に，まず実在化されなければならないものである。そしてさらにそこでは自然は，真理を失っており，それ自身で醜悪さと反理性性をまとっている。」そうして道徳的行為の対象として，しかしその障害としても考えられている自然は，一貫して，道徳的要求の「不適切な」受取人となる。「しかし，そうして永遠にそのままであるべきだということはありえない。」

この「絶対的対立」に対して，ヘーゲルは，「絶対的同一性」から考えられた自然概念だけを対置しているわけではない。彼はプラトンや宗教からも，助けを得ようとしている。プラトンにとって，神の理性は世界を「浄福な神として生んだ」。そして宗教は，悪を避けうるものとしてはとらえず，そして火山〔の噴火〕が徐々におさまり，病が徐々に和らぎ，暴風雨が弱まるかのような，フィヒテ的な進歩において最小化しうるものとしてはとらえない。宗教は「悪をむしろ有限な自然の必然性として，自然の概念と一つのもの」として把握しているが，しかしこの必然性に，永遠の，つまり「真に実在的で，現前する救済」を対置し，自然に「可能な和解」を提供するという。「この和解の根源的な可能性は，神の根源的な似姿における主観的なものであるが，しかし宗教の客観的なもの，〔つまり〕その永遠の受肉における現実性でもある。人間となった神と主観的なものが一つになったものとしての精霊〔精神〕Geistによる，前者の可能性と後者の現実性の同一性は，したがって世界そのものを構成し，救済し」，フィヒテによって目指されていた世界によってとは「まったく違う仕方で神聖化する」。フィヒテが目指した世界は，今そうであるようなものに，端的にとどまるべきではないのだが，やはり他のものになってもならない。というのも，さもなければこの世界は，もはや義務の素材として役立たないからである。

(9) どんな些細なものも放っておかない，ヘーゲルの批判の詳細さと厳しさを見ると，彼がそれにもかかわらず，最終部で「反省哲学」に結びつけている転換は驚くべきである。反省哲学は，有限性と無限性の対立にとらわれたままであるにもかかわらず，やはり無限性を絶対的なものとしており，そのような「無限性の哲学」は，「有限性の哲学よりも無限性の哲学に近い」。それによって「絶対者の哲学」に帰されるのは，二重の課題である。〔第1に〕絶対者の哲学は「無限性，自我，〔…〕がこの点に固定され，主観性となる」のを妨げなければならない。そして〔第2に〕絶対者の哲学は，上述の諸哲学の中に存在する否定性の契機を，つまり「以前は教養形成の中で歴史的であったにすぎない痛みを，そして新たな時代の宗教が依拠する感情，つまり神自身が死んだという感情として存在していた痛みを，純粋に契機として，しかし最高理念の契機に他ならな

いものとしても表現し」なければならない。「新たな時代の宗教」という文句で，ヘーゲルは哲学の課題定立についての反省を，時代診断的文脈というよりは包括的な宗教史の文脈においている。「独断論的な諸哲学と自然宗教の，一層屈託がなく皮相でこまごまとしたもの」は，否定性の深み，有限なものの無化を欠いており，そうしてそれは消え去らなければならない。しかし同様に，この——宗教によっても表明されたが，契機として表明された——否定性をたしかに認識しているが，しかし有限なものに対する絶対的な対立に固執する哲学も，克服されなければならない。哲学が無限の痛みを，最高理念の一契機に変えることによって，哲学は独断論哲学と批判哲学を超えていくだけではない。哲学は宗教にも接続する。しかし哲学は宗教の歴史的な聖金曜日に，「思弁的な聖金曜日」におけるその適切な実存を与え，したがってこの聖金曜日を，総体性の形態のもっとも陽気な自由における，総体性の復活の前提条件にする。

初出：»Glauben und Wissen oder die Reflexionsphilosophie der Subjectivität, in der Vollständigkeit ihrer Formen, als Kantische, Jacobische, und Fichtesche Philosophie.« In: Kritisches Journal der Philosophie. Bd. 2. Stück 1. Tübingen 1802, 1-189.
テキスト：GW 4. 315-414.
典拠：Fichte: Die Bestimmung des Menschen. Berlin 1800, GA I/6. 189-309; Friedrich Köppen: Schellings Lehre oder das Ganze der Philosophie des absoluten Nichts. Hamburg 1803; Rudolf Zoeppritz. (Hg.): Aus F.H. Jacobi's Nachlaß. Ungedruckte Briefe von und an Jacobi [...]. 2 Bde. Leipzig 1869.
参考文献：Görland: Kantkritik des jungen Hegel (1966), 16-53; Brady Bowman: Sinnliche Gewißheit. Zur systematischen Vorgeschichte eines Problems des Deutschen Idealismus. Berlin 2003; Jaeschke: Der Zauber der Entzauberung. In: Glauben und Wissen. HJb 2002. Berlin 2004, 11-19.

4.5.6. 自然法の学的取り扱いについて

(1) ヘーゲルの「自然法論文」は『批判雑誌』に掲載された比較的大きな論文としては最後のものである。その主要部分は，1802年の第2号に，結論部は1803年，第3号に発表された。それはおそらく，（「信仰と知」が掲載された）大部の第1号の後で，第2号を再び過度にふくれあがらせないようにと，出版社が考えたからであった。しかし，両方の部分が（異なったページ組で）第2号に併せて製本されている版も存在する。ヘーゲルは両方の部分を，おそらくは同時に組み版に回した。『批判雑誌』の第2巻は1802年の12月に出版された（GW 4. 539）ので，ヘーゲルは彼の論文を夏か初秋に執筆したのだろう。したがって，それは1802年夏の「自然法，市民法および国際法（ius naturae, civitatis et gentium）」についての彼の最初の講義と並行していたことになる。

(2) 実践哲学の問題は，すでにこれ以前のヘーゲルのテキスト，とくに政治的著作に影響していたとしても，ヘーゲルの自然法論文は，このシェリングにはない彼固有の領域における——現存するものとしては——最初の作品をなしている。文章構成上の（literarisch）形式においても，より大きな独自性が示されている。これまでの論文とは違い，ここでヘーゲルは書評形式からも，「信仰と知」がまだ刻印されていた，先行する諸体系の包括的な批判という形式からも離れている。それに対して，彼のアプローチの哲学的な基礎づけはなお，シェリングの同一哲学的体系構想——たとえば彼の体系スケッチにおける（GW 4. 433）——と，1801/02年冬学期に初めて素描された彼自身のアプローチとのあいだで，揺れ動いている。それはとりわけ，次のようなヘーゲルの言い回しにおいて見られる。経験的学は，多様であってもすべてその念頭には，「すべてのこの関連のない諸規定と，単純な根源的必然性との絶対的統一の像と，それへの欲求が同時に」なければならない。それはつまり「絶対者の［...］反映」である（GW 4. 418-422f. 本書211頁を参照）。

(3) すぐあとの「人倫の体系」とともに，この「自然法論文」は「古典的実践哲学の再生」（Siep 1979, 159）に努めるものであるが，それは，近代自然法，とくに「理性法」としてのカント・フィヒテ的な形式における自然法とは逆の動きをなしている。ヘーゲルが出発点とするのは「自然法学」の哲学一般との関係である。自然法学はたしかに一つの哲学的学である。しかし——哲学の他の部門と同様に——形而上学によって占められている哲学の中心

からますます遠ざけられ，経験のそばに押しやられてしまっている。したがってヘーゲルは，「自然法学」において，彼が診断するように，アプリオリなものから経験へと強調点が押しやられていることを，この学の経験科学の領域への自発的な移動としてではなく，強力な哲学概念によって強いられ，その後はしかし受け入れられた〔自然法学の〕市民権剥奪過程として理解している。この過程は同時に自然法の学問としての性格の否認を含んでいるのである。ヘーゲルはその帰結として，「自然法の以前の取り扱い方」に，「学問の本質に対するどんな意味も」否認し，これを単なる「学の歴史的なものに対するたんなる好奇心」の対象であると宣告する。それに対して，「絶対者を完全に実践哲学の中においた」カントとフィヒテの超越論的観念論を，彼は，経験的なものの無限の拡大という，この過程に対する対抗運動として理解する。しかしそれは，経験と媒介されることなく，したがって「純粋に形式的な学」として，経験的な学にたんに補足として対置されているにすぎない，そういう学の形式の更新として理解されているのである。

(4) これに対して，ヘーゲルにとっては，絶対者の一切の反射光にも与らない，たんなる経験は存在せず，自然法の学的取り扱いのこの二つの「真ならざる種」のうちの第1のものを——ここではまだ展開されていない「絶対的人倫」という彼の理念を先取りする形で——「絶対的理念が絶対的形式の諸契機にしたがって，この取り扱いの中でどのように現れるのかという仕方」から見て性格づけている。経験もまた総体性 Totalität の表象とその内的構造化によって，学の形式をみずからに与えようとする。「有機的諸関係の統一」から，経験は個別的諸規定を切り離し（たとえば，国家罪 staatliche Strafe の個別的な基礎づけのような），それを他の規定に対する支配関係の中に置く。しかし，このやり方から帰結する，原則，法，目的，義務および権利の多様性の上では，「絶対者の反映」としての「これらすべての関係を欠いた諸規定の絶対的統一の像とそれへの欲求が」漂っている schweben。一方で，この絶対的統一は「われわれが根源的と名付けうる単純な統一」として——虚構の自然状態としてであれ，あるいは人間の自然〔本性〕と使命〔規定〕として

であれ——現れ，他方では「経験的知の反映における総体性として」現れる。しかし経験科学的取り扱いは，この二つの統一を切り離されたものとしてとらえ，それらの同一性の中ではとらえない。それは，経験的な知を「根源的で絶対的な統一の濁った予感」にしかしない。経験科学的取り扱いは，対立しあう諸規定が「万人の万人に対する闘争（bellum omnium contra omnes）」に巻き込まれていると見て，それらが無に還元されていることを認識しない。最終的に，経験科学的取り扱いは，この自然状態に，法状態の神的性格という対立像を対置し，それによって当然の帰結として「諸主体のかの最高の権力の下への絶対的服従関係」が定立される。

こうしてヘーゲルは，この「科学的経験」が，その内在的な構造によって駆り立てる矛盾を分析している。学〔科学〕の形式は，総体性の本来経験的な直観の中に，反省性，上下秩序の契機，したがって支配の契機を持ち込む。不十分な概念的手段で絶対者の像をまねても，結局絶対者をゆがめてしまうことになる。ようやく第2の「真ならざる」形式の「帰結」ではなく，すでに科学的〔学的〕経験のそのような「帰結」に対して，ヘーゲルは「まったく一貫していない古い経験」に相対的な正しさ Recht を認める。確かに悟性にとっては，その「本質を欠いた抽象」とともに，こうした経験を攻撃するほど容易なことはない。しかし古い経験は経験と反省のごたまぜに比して，何倍もの正しさを持っている。それはつまり，〔1〕自然法学が「経験に依拠しなければならない」ことを要求することによって，〔2〕「原則の枠組みや作為」を批判することによって，〔3〕「理論が必然的な実践に矛盾する」と主張することによって，〔4〕そして経験が哲学することに「その諸概念の内容をもたらす」ことに注意を促すことによってである。ヘーゲルは素朴な経験が，その首尾一貫しない内容の連結にもかかわらず，すでに学的 wissenschaftlich な経験による，「本質を欠いた抽象と個別性の」「切り刻み」や「絶対者への格上げ」よりも，有機的な総体性の理念に近いと見ている（GW 4. 421-430）。

(5) ヘーゲルは反省に対するこうした批判を，自然法の「純粋形式的な」取り扱いに対して，さらに強める。彼はこの批判を二つの段階に分けて展開す

る。〔第1に〕純粋形式的自然法は，絶対者の間違った概念を根底においており，それゆえ〔第2に〕この概念から人倫的内容，「人倫の体系」に到達することは，この自然法には不可能である。

すでに『差異論文』および「信仰と知」でなされた論駁をさらに論述しながら，ヘーゲルはこの形式的「自然法」——つまりフィヒテの『自然法の基礎』(1796, GA I/3-4) とカントの『道徳の形而上学』(1797, AA VI) ——は，たしかに「絶対者を完全に実践哲学の中においた」(GW 4. 419) が，しかしそれは真の絶対者に到達する代わりに，たんに否定的絶対者に到達したにすぎないということを批判する。それゆえヘーゲルは，この自然法の「否定的な絶対者の中に真なる絶対者を示すという間違った試み」に論難を加える。ヘーゲルがこの絶対者を「否定的」と形容するのは，それが「形式の抽象」であり，「純粋な同一性」として「直接的に純粋な非同一性，あるいは絶対的対立」であるからである。したがってこの哲学の原理は，多なるもの・実在的なものに対する，理性の純粋な統一の対立であり，この多なるもの・実在的なものは，まさにそれゆえに非理性的なもの，あまりに否定されるべきものとして規定され，「経験的なものという忌まわしい名」(GW 4. 425) の烙印を押されている。その一方で逆に，理念的なものはこうした経験的なものに，たんに対置されたままにとどまっており，実在性に至ることはない。ヘーゲルはたしかに，実践理性のこの分裂も，純粋な統一も両方，経験的な意識の中に見出しうることを認めている。しかし，彼はこの立場を，無限なものと有限なものの相対的な同一性の一面として把握しようとし，これが「絶対的な立場」であることを否定しようとする。この立場はむしろ，絶対的な立場を気取る一面的な立場として「非人倫の原理」なのである (GW 4. 430-437)。

(6) 脱線めいた挿入 (GW 4. 431-433) で，ヘーゲルは絶対者の否定的概念に対する彼の批判の基本線を，体系思想の中に定位しようとする。この体系思想は，その新奇さや独自性を考慮しなければ，構想から見ても，用語法から見ても，当時なお親密であったシェリングとの共同作業のはっきりとした痕跡を示している。ヘーゲルがまず，否定的絶対者の思想の——失敗に終わった——体系的基礎づけとして特定するのは，フィヒテの『全知識学の基礎』の第三根本命題である。〔つまり〕「自我における可分的な自我の可分的な非我に対する対立措定」〔である〕(GA I/2. 272 を参照せよ)。ヘーゲルの目では，このようにして根拠づけられた構想は，絶対者をただ「理念的なものと実在的なものの非同一性」にもたらすにすぎない。それゆえ，ヘーゲルはこの構想に，シェリングの同一哲学に依拠する「理念的なものと実在的なものの絶対的同一性」としての絶対者の構想を対置している。この絶対者は「無差別と関係の統一」として考えられなければならない。「そしてこの絶対者は二重化されたものなので，〔第1に〕絶対者の現象は，無差別と関係との統一として規定されているが，その関係とは，多なるものが第1のもの，肯定的なものである関係であり，つまりそうした相対的な同一性である。〔第2に，再び〕無差別と関係の統一として規定されているが，この関係とは，その中で統一が第一のもの，肯定的なものである関係である。前者の統一は物理的自然，第二の統一は人倫的自然である。」(GW 4. 433) この構想の思想的な背景をも，ヘーゲルははっきりと表明している。つまりそれは，実体の二つの属性が実体を表現し，絶対的かつ無限であるとされる，スピノザの実体形而上学である。しかしスピノザとシェリングに対して，ヘーゲルの試みが新しいのは，「絶対者の現象」を相関的に，統一〔一性〕Einheit と多性の複雑で，多層的な関係として規定しようとする点である。しかしやはりこうしたヘーゲルの独自性にもかかわらず，この体系スケッチは自然法論文の文脈において孤立しているだけではなく，それはさらに，当時の講義における（本書209-238頁を参照）比較的安定した体系発展と対照的である。この対照性は，当時のシェリングとの哲学的協働からしか説明できないものである。

(7) 基礎づけに続いて，ヘーゲルは第2の歩みにおいて，いわば原則の批判の正しさのテストとして，「いかに無限なものあるいは否定的絶対者が，それ〔自然法〕を肯定的な有機組織にもたらそうとし，失敗したのか」(GW 4. 421) を分析する。そのさいヘーゲルは一貫して，実践哲学を形式的な原則に基づけることが必要であるというカントの自己理解に依拠している。両者の差異は，そのようなアプロー

チの実践哲学に対する功績の評価において初めて示される。そしてここに,「自然法論文」の思想的な中心,そして,それと同時にカントとヘーゲルの倫理学と両者の理性概念が,互いに分かれる点がある。ヘーゲルは,意志の一切の質料〔素材〕の捨象,つまり,意志の格率の,普遍的立法の原則への適性の精査を唯一の内容として持つ,自己立法への理性の制限が,必然的に同語反復に終わると見ている。「そして真理によれば,純粋実践理性の立法の自立という崇高な能力は,同語反復の生産に存している」(GW 4.435)。

この批判は,カントが決してたんなる同語反復の中をうろつき回っているわけではなく,倫理学も法論も彼の原理に基づいているという,すぐに思いつかれるような反論によって,すでに骨抜きにされうるわけではない。やはりこのことはヘーゲルにも,知られないままだったわけではないのだ。彼の批判はむしろ,形式的な原則からは,そのような内容は,信頼できる道のりでは導き出されえず,絶対的形式の制約された内容との混ざり合いによって,まんまとせしめられ,まさに「奇術」によって取り出されるというものである。たしかにヘーゲルは,ここでは——彼自身の要求に従って——敵の勢力圏内に飛び込み,カントの究極目的の思想に対する定言命法の形式性の複雑な関係に対しても,彼の批判を証明するのを怠っている (GW 4.434-449)。

(8) さらに,実践理性の形式的命題に基づく,倫理的および法的方向づけの可能性を度外視しても,カントとヘーゲルのあいだの不和の決定的な点を定式化するのは可能である。ヘーゲルは「自然法論文」の結論部で初めて,その組織的な思想を記している。そして彼はそのためにモンテスキューの「不滅の著作」である『法の精神』を引き合いに出す。自然法の二つの「真ならざる種」とは違い,このモンテスキューの著作は「個々の制度や法をいわゆる理性から演繹したのでもなければ,経験から抽象したのでもない。そうではなく[…]完全に全体およびその個体性の性格から把握したのである」。これとともに『法の精神』は,「理性および人間悟性,そしてまた経験から特定の法が生まれるにしても,こうした理性,人間悟性,経験は,アプリオリな理性や人間悟性,アプリオリな経験(そうしたものは絶対的に普遍的なものであろうが)でもなく,ただ唯一民族の生き生きとした個体性であるということ」を示したのである (GW 4.481)。

これによってカントの実践哲学に対するヘーゲルの差異が明確になっている。実践理性は,アプリオリな理性として把握されうるのだろうか,あるいは「全体およびその個体性の性格と」媒介された,したがって歴史と媒介された理性として把握されうるのだろうか。当時ヘーゲルは,モンテスキューを選択すること,歴史と媒介された理性概念を選択することが,彼がほんの数か月前に厳しく批判した思想家に彼を近づけていることを自覚していなかったのであろう。つまり彼はここで,ヤコビが同様に,時折モンテスキューを引き合いに出しながら定式化している,「理性とはいえない」啓蒙的「理性」(JWA 4) に対する批判に近づいている。

ここで表明されている思想を,ヘーゲルは以前に自然法の二つの「真ならざる種」に対する批判とつなげて,「人倫の絶対的理念」という表題のもとに展開している。そしてこの文脈において,彼はすでに上の結論部からの引用を先取りしていた。それは,純粋形式的自然法の「否定的な絶対者」に,「絶対的人倫的総体性は民族以外の何ものでもない」という肯定的なものを対置することによってである。フランス革命以降に登場した,したがって当時「現代的 modern」であった——「たんなる機械論的なもの」に対する「有機的統一」の対置にもかかわらず,そしてのちに有機体概念に結びつけられる生物学モデルにもかかわらず,ヘーゲルはここで「民族」を,自然主義的な意味においてではなく,「政治的な意味」において,つまり「人倫によって構成された verfasst 集合」(Schnädelbach 2000, 43) として理解している。しかし,民族概念へのこうした依拠には,「世界市民主義の無定形さ」,「人権 Rechte der Menschheit の空虚さ,諸国〔諸民族〕連合国家と世界共和国の同じ空虚さ」に対する拒否が結びついている。ヘーゲルはここで連合国家と世界共和国を区別していない (GW 4.484)。

しかしヘーゲルは,「絶対的人倫」を内的構造や緊張を欠いた,非歴史的社会状態として考えているわけではない。プラトンとアリストテレスに依拠しながら彼は,「人倫的なものの絶対的必然性」に根

拠をもつ，自由身分と非自由身分の分化を導入する。この差異は，それにもかかわらず，ヘーゲルがギボンの『ローマ帝国衰亡史』に依拠しながら示しているように，歴史的な変化の影響を被りうるのである。「ローマ人の長期的平和と同形の支配は，密かにゆっくりと効く毒を帝国の生命力にもたらした」（GW 4. 456）これと関連しているのは，「戦争の必然性」についてのヘーゲルの確信である。この確信は，彼の時代にはまれではなく，過去を振り返ってみればまったく理解できないというわけではない。それはたんに戦争が不可避であるというだけでなく，戦争は「諸民族の人倫的健康」と，これを「腐敗」から守るのに役立つと考えられている。「持続的な平和は，いわんや永遠平和は，諸国民を腐敗させるであろう。」GW 4. 450; 本書504頁を参照）。ローマ帝国の広い範囲は当時，私的生活の無気力な無関心さ」に沈み込んでおり，民族は全体として非自由階級の地位に落ち込んでしまっている。そしてこの私的生活の普遍性をヘーゲルは——のちに『精神現象学』でローマ世界を「法状態」と性格づけるように——「形式的な法関係」と描写している。

しかし「絶対的人倫」は，身分の分化を必要とする。それは，近代世界においては「人倫の絶対的意識」と「ブルジョワ」のあいだの緊張という形を受け取る。〔そこで〕ブルジョワは，その「政治的なゼロ性」を，その生業の成果をより確実に享受することで，補うことができるのである。ヘーゲルは，驚くべきことに悲劇と喜劇の理論に脱線めいた形で訴えることで，ここにある対立，しかしまた和解をも把握しようとする。絶対者は，永遠に自分自身と「人倫的なものにおける悲劇」を演じ続けるという。「その形態と客観性における神的なものは，直接的に二重化された本性〔自然〕をもつ。そしてその生命は，この〔二つの〕本性〔自然〕が絶対的に一つであることである。」しかし同時に，両本性〔自然〕の絶対的対立と犠牲の運動がある。ヘーゲルが『オレステイア』について短く報告することで，具体的に示しているこの解釈は，疑いなく「芸術の哲学」についてのシェリングの同時期の講義の反映であり，しかも文言に至るまで一致している（GW 4. 459をSW I/5. 698と比較せよ）。ヘーゲルの「神曲〔神的喜劇〕」についての話もまた，当時のシェリングのダンテに対する熱狂を暗示している。しかしヘーゲルは，「神的」ということで，近代のそれとは区別された古代の喜劇を理解している。とはいっても，社会関係の解釈のために悲劇理論に訴えるのはヘーゲルの独自性である。しかし，彼はここで，近代性を批判しているわけではない。というのも，ヘーゲルは悲劇に訴えることで，彼の目には必然的で，時代によって変化しない，《絶対的な意識》対《経験的な意識》，《生き生きとした精神》対《身体的かつ死すべき魂》への社会の分化を説明し，正当化しているからである。近代批判の側面はただ近代喜劇の解釈の中で見られるだけである（GW 4. 454-462）。

とはいえ，ヘーゲルの論述の体系的な強調点は，美学的なカテゴリーを社会の身分分化へ応用したことにあるわけではない。それは自然に対する精神の構造的卓越性の証明にある。ここでヘーゲルは，シェリングの概念用法に訴えながら，それにもかかわらず，彼の同一哲学の構想を乗り越えようとしている。「人倫の絶対的生命という理念」は，「無限性と実在性が一つであること」を明らかにする。この統一において「神的本性〔自然〕」が現れるのである。大地の「体系」は，「人倫的自然の絶対的無差別において初めて，すべての部分の完全な同等性，個別者が絶対者と絶対的に実在的な一つであることに収斂する」。本性〔自然〕は決して，体系を「本質および実体との絶対的な無差別」にもたらしはしない。しかし知性 Intelligenz は，「絶対的な個別性」として同時に「絶対的な普遍性」であり，「絶対的否定および主観性」として同時に「絶対的な定立 Position かつ客観性」である。自然はたしかに「絶対的な自己直観」であるが，しかし精神は「自分を自己自身として直観すること，あるいは絶対的認識」であり，したがって精神は自然より高次であり，絶対者の本来的な概念なのである（GW 4. 462）。

（9）直前に考察した第2部最後の論述は，結論的箇所のように読まれ〔う〕る。しかし，続いて第3部に登場する「結論」（GW 4. 467-470）が，あとから付け加えられたということはありえない。というのも，その内容はすでに「自然法論文」のタイトルで告知されているからである。つまりそれは「自然法の実定法学との関係」（GW 4. 470）である。ヘーゲルは，この関係の解明に，個別的なものの「実在

的絶対的人倫」に対する「絶対的人倫」の関係についての，そして自然法と道徳の関係についての短い論述をさらに先行させている。そこで彼は「道徳にそれ自身否定的なものの領域だけ」を，つまり「ブルジョワと私的人間の人倫」を割り当てている。しかし「自然法には真に実定的〔肯定的〕positiv なもの，つまりその名に従って，人倫的自然がいかにしてその真なる法に到達するのかを構成すべきであるという〔意味で〕，肯定的なものを割り当てている」。これによってヘーゲルは，すでにカントにおいてアンビヴァレントなものとして現れていたこの語に，特有の意味をあてがっている。

　ヘーゲルは法学の「実定性」を，その経験的な手法の意味において，即ち，その「現存する国制と立法の個別的諸体系との」関係という意味において見ているが，そのような「実定性」をもって，法学を哲学から排除する根拠としては見なしていない。そのことは，宗教の「実定性」の必然性に関する，ヘーゲルの以前の認識の帰結であったのかもしれない。なぜなら「哲学から生じるものほど現実性に対して適用可能なものはない」に違いないからである。ヘーゲルにとって法学が，批判的な意味での「実定的学」になるのは，二つの仕方においてである。一つは，法学が歴史的なものにだけではなく，「それ自身で an sich 理性に属し，内的な真理と必然性を表現するはずであるもの」に関係することによって，しかし〔もう一つは〕これを哲学に対抗して保持し，それによって「私念 Meynen」にとらわれることによってである。法学の実定性に対するこの根拠は形式のうちにある。それは，「つまり理念的であり，対立し一面的であるもの，しかし対立物との絶対的同一性において実在性をもつものが，孤立させられ，それ自身で für sich 存在するものとして措定され，或る実在的なものとして」，──つまり，全体の絶対的な関係に対して自立的な或るものとして──「表明されることによって」そうなのである。

　しかし「質料」の側面からも「実定性」は生じうる。そしてそれは決して必然的な特殊性一般によってではなく，民族の生の中にある，非同時性によってである。この非同時性は，生けるものと死に絶えたものとの並在と，その中で根拠づけられる習俗と法の分離に帰着する。「習俗と法が一つだったとき，規定性は何ら実定的なものではなかった。しかし，全体は個人の成長と同じ程度で進歩しないことで，法と習俗が分離される。［…］そして全体の現在においては，もはや絶対的関係も必然性もない。」ここでヘーゲルは「実定性」の歴史哲学的概念に取り組んでおり，彼はこの概念から歴史法学に橋を架けることができる。ある民族の歴史的発展は「法相互間の内的な矛盾」に至る。歴史法学は「現在において生ける真の根拠をもたないもの」の根拠を過去のなかに示す。しかし歴史法学は，純粋に歴史的な説明に制約されたままである。歴史法学は「過去の生においてのみ真理をもっていた法が，それによって現在に対して正当化しなければならないとき，自身の規定と真理を踏み越える」だろう。したがって，ヘーゲルがすでにここで練り上げているのは，彼が20年後に当時ようやく定式化された「歴史法学派」に対して主張することになる立場である。歴史的法認識はたんに「失われた習俗と死に絶えた生に」依拠しているにすぎない。現在の法関係の形成に対しては，この法認識は批判的な意味も肯定的な意味ももたない。それに対して，「絶対的人倫」の思想を絶対精神の自己直観と自己認識の思想として展開することは，哲学に帰される〔課題〕である（GW 4. 470-485)。

初出：Ueber die wissenschaftlichen Behandlungsarten des Naturrechts, seine Stelle in der praktischen Philosophie, und sein Verhältniß zu den positiven Rechtswissenschaften. In: Kritisches Journal der Philosophie. Bd. 2, Stück 2 bzw. Stück 3. Tübingen 1802, 1-88, bzw. 1803, 1-34.
テキスト：GW 4. 417-485.
参考文献：Rosenzweig: Hegel und der Staat (1920). Bd. 1. 155-174; Manfred Riedel: Hegels Kritik des Naturrechts. HS 4 (1967), 177-204; Scheit: Geist und Gemeinde (1973), 96-126; Hegel: Frühe politische Systeme. System der Sittlichkeit; Über die wissenschaftlichen Behandlungsarten des Naturrechts; Jenaer Realphilosophie. Hg. und kommentiert von Gerhard Göhler. Frankfurt u. a. 1974; Ulrich Claesges: Legalität und Moralität in Hegels Naturrechtsschrift. Zur Problematik der praktischen Philosophie im Deutschen Idealismus. In: Ute Guzzoni / Bernhard Rang / Ludwig Siep (Hg.): Der Idealismus und seine Gegenwart. Festschrift für Werner Marx zum 65. Geburtstag. Hamburg 1976, 53-74; Ludwig Siep: Aner-

kennung als Prinzip der praktischen Philosophie. Untersuchungen zu Hegels Jenaer Philosophie des Geistes. Freiburg / München 1979; Andreas Wildt: Autonomie und Anerkennung. Hegels Moralitätskritik im Lichte seiner Fichte-Rezeption. Stuttgart 1982, 312-320; Bernard Bourgeois: Le droit naturel de Hegel (1802-1803). Commentaire. Contribution à l'étude de la genése de la spéculation hégéliennee à Iéna: Paris 1986; Pierluigi Valenza: Logica e filosofia pratica nello Hegel di Jena. Dagli scritti giovanili al sistema dell'eticità. Padova 1999, 299-353; Herbert Schnädelbach: Hegels praktische Philosophie. Ein Kommentar der Texte in der Reihenfolge ihrer Entstehung. Frankfurt am Main 2000, 11-75.

4.6. 体系構想（1801-06）

4.6.1. 講義草稿からの断片（1801/02）

(1) ヘーゲルは自分の教育活動を，1801/02年の冬学期イェーナ大学において「論理学と形而上学」および「哲学入門」に関する二つの講義で始める。それと並んで，彼はシェリングと共同で，哲学討論（philosophisches Disputatorium）を行う（本書34頁以下参照）。ローゼンクランツは，これらの講義からのいくつかの断片を伝えてきた。そして彼の（すでに断片となった）情報は，長い間われわれの知識のための唯一の典拠となった。しかしその間，彼によって利用された断片が再発見された。それらの断片はこれら二つの講義の詳しい姿を何ら伝えるものではないが，それでも，ヘーゲルの最初の包括的な体系の素描についての認識，およびこの体系の最初の分野を構想するためのもっとも早い時期についての認識を提供する。これらの断片は「論理学と形而上学に関するヘーゲルの講義の主要理念」という短いまとめによって補完され確証されている。それは，当時のシェリングおよびヘーゲルの聴講生であったイグナツ・パウル・ヴィタル・トロックスラーによって筆記されたものである。

(2) ヘーゲルは「哲学入門（Introductio in philosophiam）」という講義について，手書きの掲示で「哲学の実践的な関心に関する無料の講義」として告知する。もし彼が——告知に同意を与えなければならなかった正教授（Ordinarius）のヘニングスによって多分強制されたのだが——欄外において，「それへの（すなわち哲学への）入門として」というふうに正確化しなかったとすれば，この掲示のもとでは〔上記二つの講義以外の〕三番目の講義として理解されなければならなかったことであろう。こうして，この講義の構想は講義開始の少し前まで不確定であったように思われる。最初は一般的な入門講義として告知され，それから「哲学の実践的な関心に関する」講義として計画されたのである。

そういうわけで，二つの遺された断片のうちの第1のもの「これらの講義は…Diese Vorlesungen...」は，——「批判主義，懐疑的方法，さらに独断論に対する抗議」に向けられた，入門の講義にとっては意外な——言い回しから始まる。つまりそこに，「学としての哲学は，入門を必要としないし，入門を許容しない」と述べられている。むしろ，「まさに避けられるべきは，哲学全体がそれ自身，一つの入門へと転換されてしまうことであり，または，入門することが哲学〔そのもの〕と見なされることである」と述べられる。なぜヘーゲルが以後，「哲学入門」に対する講義を二度と再び行わなかったのかについての理由は，この確信の中にあるだろう。1801/02年に，ヘーゲルは当然にも，哲学入門はそれにもかかわらず可能であるという観点を示す。それは，「主観的な形式と客観的かつ絶対的な哲学との間の，一種の結合手段および橋渡しとして」可能だとされる。これとの関連でヘーゲルは，両方の告知されたテーマ——「実践的な関心」に関する理解と入門の機能——を相互に結合するが，そのさい彼は，『差異論文』の場合と同様に，「哲学の欲求 Bedürfniß der Philosophie」へと言及するに至る。すなわち，哲学の欲求に対する問いは，「いかなる限りで哲学は実践的であるのか」という問いと一つとされる。そして「それでも，哲学の真の欲求は，哲学から，そして哲学によって生きることを学ぶこと，まさにそのことを目指すのである」（GW5. 259-261）。哲学のこの規定の簡潔にして要領を得た鋭さは，哲学と生活 Leben の対立という背景を考慮して初めて明らかとなる。そしてフィヒテはほんの少し前に，その対立について，「生活はそもそも

まったく哲学することではない。哲学することは，そもそもまったく生活することではない。わたしはこれ以上に，両概念の的確な規定を何ら知らない。」(PLS2/1.61) と表明してきた。

第1の断片とは異なり，第2の断片「絶対的実在の理念は…Die Idee des absoluten Wesens...」は，ヘーゲルのもっとも早い時期の体系構想への洞察を提供する。そしてこのようにして，この断片は同時に，ヘーゲルの最初の講義から彼の最後のテキストに至るまでの，この体系構想の驚くべき持続性を証明する。哲学の体系形式は，自己自身を実現する真なるものとしての絶対者の概念によってあらかじめ与えられている。つまり理念における絶対的実在がいわばそのイメージを計画し，自然の中で自己を実現し，精神として自己へと還帰し，自己自身を認識する。そのように哲学もまた，さしあたり認識のための理念を展開し，それから差別へと四散し，さらにその差別をつねに同時に統一の中で保持しなければならないとされるが，最後には，「人倫的および精神的自然の全展開を唯一の理念の中で総括する。またはむしろ，それが依然として唯一の理念の中へと総括されたままにとどまっているということに対する反省を，〔哲学は〕まさに究極的に行うものである」。

すでにこの体系の素描は，絶対者の「無差別点」における——自然哲学と超越論哲学の——特殊同一哲学的な均衡の痕跡を示していないし，「主観—客観」の構成の痕跡もまた何ら示してはいない。それは，シェリングの監視のもとでヘーゲルが当時公刊した体系の素描とは異なっている。哲学の課題は絶対者の運動の再構成であり，「理念」から始まり，自然における実現を通過して，精神における自己の回復および自己認識へと至る。「絶対的実在の理念」のこの規定は哲学の体系の根本構造に形を与えるが，しかも論理学と形而上学の帰結，自然哲学と精神哲学の帰結を伴った『エンツュクロペディー』の構造へと至る。ヘーゲルの後期の体系全体の発展を，この最初の体系の素描の変容した，具体化された，だが断絶のない展開と見なすことができる。そのうえそれは，ようやく端緒的に素描された精神哲学が自然哲学に対して哲学の体系の中でより高い段階に位置することを証明しているとすらいえる。すなわち

ヘーゲルは，自然から精神への進展を，「みずからを上へと引き上げて」理念が自己内へ還帰し，自己認識をする姿へと至るものとして記述するのである。

体系構想のこの驚くべき持続性に対立して——テキストの一時的喪失のゆえに——ヘーゲルの体系が当時，三部門であったのか四部門であったのかという，おおいに議論された問いが副次的に存在する。疑いもなく後者が妥当する。なぜならば，「自由な民族」が「最終的に，宗教と芸術の哲学という第4部門において純粋理念へと還帰し，こうして神の直観を組織化する」ということを，ヘーゲルが語っているからである。しかしこのことは，ヘーゲルがいわゆる後期の「絶対的精神の哲学」を，そのとき彼の精神哲学の第3の最後の部門として構想したのではなくて，基本的に「欲求と法の国」として構想された精神の国と関連させ，一つの独自の体系部分として構想したということを意味するにすぎない。

(3) ヘーゲルは第2講義「論理学と形而上学 (Logica et Metaphysica)」を，最初11人いた聴講生のうちの少なくとも何人かが立ち去ったために，中断しなければならない。それでも彼は，なおしばらくのあいだ，二人の学生（トロックスラーとシュロッサー）のために私講義の形式でこの講義を継続する。この講義のタイトルをヘーゲルは，伝統への配慮によってだけではなく，「有用性の観点」からここで承認している。そして，自分にとって「論理学」と「形而上学」という両構成要素の関係がバンベルク時代に変わりはしたけれども，彼は最後のベルリンでの自分の講義に至るまでの30年間，このタイトルに固執している。

「論理学と形而上学」に関する最初のこの講義において，両分野の内的関係はまだなお一義的に確定していない。ヘーゲルは論理学に対して，悟性によって切り離された有限性の諸形態を提起し，それを無化するという課題を帰している。しかしそれは，すべての要請的な歩みの中で理性によって導かれねばならないという課題なのである。その限りで，論理学と形而上学は，相互に悟性と理性の学，反省と思弁の学という〔単純な〕関係にはない。というのは，悟性もまた理性によって導かれており，そして論理学の「反省」の中においてもまた，一部は悟性

によって模写される「原像」として，一部は理性の「否定的認識」として，そこに理性が現前しなければならないからである。論理学が認識の有限な諸形態の内実を理性に対して示してやるという「思弁的側面」からして，たしかに「もっぱら論理学が哲学入門として役に立つ」ことができるといわれ，論理学によって「本来の哲学または形而上学への移行が行われる」とされている。しかしそこから，論理学がなお「学」の前庭に存在するということを帰結するわけにはいかない（Düsing 1969 ならびに1988, 158）。なぜならば，もしそう考えられてしまった場合，論理学は反省に対してまた，「絶対者の像をいつもいわば反映の形で」差し出すことができないだろうからである。それでも論理学は，学への入門として，同時にすでに学に帰属する。それは，『精神現象学』に至るまでのこれに続く数年間においても効力を発揮し続ける関係である。それゆえまたヘーゲルは，論理学または「観念論」を，はっきりと「理念そのものの拡張された学」として特徴づけ，「形而上学が理念そのものの学としてそうであるように」，論理学が「制限された哲学体系の偽りの形而上学を無化する」（GW5. 263）であろうというのだ。

論理学の（否定的で）体系的な機能に関して非常に詳しく述べられたこの言明とは対照的に，形而上学の内容に関するヘーゲルの情報は，非常にはっきりしないままである。形而上学は「全哲学の原理を完全に構成しなければならない」。「いつの時代でも，ただ一つの，まさに同一の哲学が存在してきた」という確信が，形而上学から生ずるだろうというのである。形而上学は「もっとも古いものを復元」しなければならないし，近代の非哲学の誤解からみずからを純化しなければならないとされる。さらにヘーゲルは聴講者に，彼が「哲学を驚かそうとしてきた懐疑主義の幽霊を［…］白日のもとにさらし，それを剥き出しの姿で認識する」だろうこと，そしてついにカントとフィヒテの体系の叙述を鎖につなぐだろうということを，約束する。しかしながらまさに，彼の「懐疑主義論文」および「信仰と知」に向けてのこの見通しは，少なくとも，遺されてきた諸断片が論理学に対立する形而上学の独自の体系的内実を認識させるわけではないということを強調している

（GW5. 269-275）。〔論理学と形而上学という〕二つの分野の関係は，最初から未決定である。——それは，ヘーゲルが彼のバンベルク時代の構想（本書296頁参照）において，論理学に有利に決定するまで未決定である。

部分的な出版：R. 189-192.
テキスト：GW 5. 255-275. -Literatur: Klaus Düsing: Spekulation und Reflexion. Zur Zusammenarbeit Schellings und Hegels in Jena. HS 5 (1969), 95-128; Eva Ziesche: Unbekannte Manuskripte aus der Jenaer und Nürnberger Zeit im Berliner Hegel-Nachlaß. ZphF 29 (1975), 450-4441; Jaeschke: Äußerliche Reflexion und immanente Reflexion. Eine Skizze der systematischen Geschichte des Reflexionsbegriffs in Hegels Logik-Entwürfen. HS 13 (1979), 85-117; Manfred Baum: Zur Methode der Logik und Metaphysik beim Jenaer Hegel. In: Henrich / Düsing (Hg.): Hegel in Jena (1980), 119-138; Düsing: Schellings und Hegels erste absolute Metaphysik (1801-1802). Zusammenfassende Vorlesungsnachschriften von I.P.V. Troxler, hrsg., eingeleitet und mit Interpretationen versehen von Klaus Düsing. Köln 1988; Varnier: Ragione, negativita, autocoscienza (1990). 41-132; Anne-Kristina Kwade: Grenze. Hegels »Grenz«-Begriff 1804/5 als Keimzelle der Dialektik. Würzburs 2000, 36-68.

4.6.2. 人倫の体系

（1）ローゼンクランツはヘーゲルの遺稿の中に実践哲学のための清書稿を発見し，その原稿に——ここで現れた言い回しに従って——『人倫の体系』という，内容的にふさわしい名前を与えた。しかしながら彼は，この草稿を誤って，ヘーゲルのフランクフルト時代の「最初の体系」の終結部分と見なしてしまった。彼はその体系を——またもや誤ってであるが——イェーナ後期の体系構想に基づいて，それ自身別の全体の中へと組み入れた。これに対して，最近の研究は，この清書稿の日付を1802/03年の秋から冬へと（GW8. 354），だから「自然法論文」ならびにまた「ドイツ憲法論」の最後の執筆時期付近へと確定し，さらに1802年夏および1802/03年冬の自然法に関するヘーゲルの最初の講義の付近へと確定する。しかしながら「人倫の体系」は，何ら講義草稿でもなく，ヘーゲルによって1802/03年に告知さ

れた口述筆記のための草稿原本でもなくて，彼の場合しばしばそうであったように，最後の部分が急いで書かれたとしても，この著作は，出版を視野に入れて著述された清書稿なのである。

(2)「人倫の体系」には，ヘーゲルの著作の中で例外の位置づけが与えられる。それはたんに，この著作が実践哲学の最初の体系的形態化であるというだけではなく，その成立時期の事情によって二重に刻印されているからである。すなわちこの著作が，シェリングとの共同の作業であるということ，およびフィヒテに対立して書かれたということ，である。多分この著作の著述は，フィヒテの自然法を批判するというヘーゲルの計画とさらに関連している（Meist 2002）。彼はこの批判を最初1802/03年の冬の講義で遂行しようと考えたが，しかしそれも，イェーナの学部の規約にもとづいてこの計画が却下されるまでの話ではあるけれども。それでも，カントの『人倫の形而上学』(AA VI) およびとくにフィヒテの『自然法の基礎』(GA I/3-4) がヘーゲルの視野に収められていることから示されるように，「人倫の体系」は全体として近代の自然法に対する反対の構想を形成している。だがそうであるとしても，この著作はほとんどつねに直接の論争を差し控えている。その論争の場は，同時期に公刊された「自然法論文」である。

この著作の成立の時期に対して第二の状況証拠を成すのは，そのシェリング化された方法である。その概念的発展の形式，直観と概念の「完全な同等性」を目指すための直観と概念の相互包摂の方法，普遍と特殊の相互包摂の方法，さらに「ポテンツ」による構成の方法——これらは，シェリングへの無類のオマージュである。すでにハイムは，『人倫の体系』の典型的なこの特徴を，ドラスチックに「相互の包摂作用および適合的措定作用という図式主義，概念と直観による差別の措定およびさらなる無差別の措定の図式主義」として言明し，「表層においてシェリングの構成主義の手法が広がっており，われわれの眼前に示されるのは，シェリング的な絶対的無差別または同一性の名前と特徴のもとにおける，およびこの同一性のシェリング的ポテンツの名前と特徴のもとにおける絶対的精神とその契機なのである」と述べる（Haym 1857, 174）。

(3) それでも，ヘーゲルがあとになって決して繰り返さなかった，こうした図式主義的な「表層」の下には，人倫的世界の構築物の豊かな詳細部分への彼の鋭い眼差しがたしかに窺われるのである。彼は，近代自然法においてステレオタイプ的に繰り返されるテーマ（自然状態，契約，義務論，法論）およびそれらを導出するための方法に自己限定せず，社会的世界の全現象をみずからのアプローチの中へと編入する傾向をもち，こうしてようやく，それを一つの現実的な「人倫の体系」へと仕上げる。つまり彼は，社会的「自然」としての「絶対的人倫」の「現象学」を提示するわけであり，このようにして，図式的で，それでもなお首尾一貫していない根本構成が浮かび上がる。思想世界が解明されるのは，構成からではなく，取り扱われたテーマの充実からである。それらのテーマとは，実践的感情，労働，道具，機械，承認，交換，契約，貨幣，取引，支配と隷従，犯罪であり，そこから，民族，国制，統治，正義，国家形態論へと，および国家形態論と宗教との結びつきを含む「絶対的人倫」へと至る。

他方で，これらのテーマ的な拡大に劣らず注目すべきは，ヘーゲルの実践哲学の分類に帰属させられるテーマの短縮である。たしかに『人倫の体系』は，社会関係の記述から体系的に独立した倫理学というものを何ら知らない。「法論」と「徳論」という二重性（カント），または『自然法の基礎』と『道徳論の体系』という二重性（フィヒテ）は，18世紀の経過の中で，以前には統一的であった自然法の中から分化してきたものであり，その二重性がここで再び（内的に分化した）一つの統一へと連れ戻される。「ここでは，自然法からの道徳の区別が措定されているが，あたかも後者が前者から排除されるかのように，道徳が分離されるというわけではない。そうではなくて，道徳の内容は完全に自然法の中にあり，徳は，絶対的に人倫的なものに即して現象するものであり，さらにただその経過的性格の中にだけ存在する。」(GW5, 328)

(4) 以前分離されていた両分野〔法と道徳〕の新たな統合のための鍵となる概念は，しかしながら，もはや近代自然法のそれではなくて，「人倫」の概念である。その中で人間の生活関係の全体が考えられ，その内部では，道徳または法は抽象的な契機を

形成するにすぎない。「人倫」というタイトルのもとで，ヘーゲルは，その中で人間の生活が形づくられる諸形式を考えている。それらの形式は——結婚の場合のように——生物学的・自然的なものの領域にまで下降して到達するが，しかし本質的には，それは，精神的生活に内在する固有の形式を形成し，精神的生活に，いわば自然的に備わっているがそれでも歴史的に変化しうる形式を形成するのである。

　ヘーゲルは，人間の共同生活の近代に特殊な契約説的な基礎づけと矛盾する形で，根源的に社会的な「人倫的生活」のこうしたイメージを立案する。つまり彼は，人間という諸々の原子から初めて二次的に構成されるのではない「人倫的生活」のこうしたイメージを立案するのである。彼はこのようにして，社会的生活の「古典古代風の」反近代的な解釈の印象を，それどころか彼にとって，暗黙のうちに重要なのは「古典古代的な生活の内実の回復」（Haym 1857, 161）なのだという印象を復活させる。ここでは，アリストテレス的な原理に従えば（GW 8. 257），そのうえまたヤコービによってしばしば引用された原理「全体が部分より先立つことは必然的である（Totum parte prius esse necesse est）」（JWA 1. 111. 115）に従えば，民族の「絶対的な」人倫的共同体は人間生活の究極的な地平を形成するのである。

　しかしここで，社会関係の個人主義的な解釈と集団主義的な解釈のあいだの差異が問題になるだけではない。そもそも「人倫の体系」で国家の概念がまさに挑発的な形で欠如していることに示されるように，人倫的民族は近代国家の市民の数のうえでの全体性ではない。しかしさらに，それは古典古代的なポリスの理念化された民族である。それは「生き生きとした無差別である」。「すべての自然的な差異」は，それ〔人倫的民族〕の中で無化されている。「それは最高の主観客観性 Subjectobjectivität へと到達している。すべてのもののこの同一性は，まさにこのことによって，抽象的なものでもなく，市民性の平等性でもなく，経験的な意識の中において絶対的かつ直観的な同一性である。」「直観および一者存在」は，直接的であり，たんに象徴的ではない。まだ形式的に現存する対立は，「絶対的直観自身の内部で生じており，それはたんに戯れとして自己を表現するにすぎない」。「特殊性を端的に自己と合一させている普遍性は，民族の神性であり，そして特殊性の観念的形式において直観される普遍的なものは，民族の神である。」（GW5. 325f.）絶対的精神の領域がまだなお客観的精神から分離されていなかったという意味で，ヘーゲルの後期の思索からすると古典古代的な人倫の欠陥を告知するであろうものは，ここではなお，閉鎖的な人倫的生活が望ましいということの印づけとして無条件に現れている。

　(5) それでも，以上の状況証拠に支持された「古典古代風の」印象は，まさに一面的である。古典古代的なポリスの理念化された民族への言及ですら，フランス革命の内部の諸潮流がこうした古典古代的な形式の更新を意図するような時代においては，アンビヴァレントなものとなる。そして元来，『人倫の体系』の古典古代的と近代的の二重の相貌は，ただちに最初に，概念の選択によって看取されるようになる。というのも，ヘーゲルが「絶対的人倫」について，「その人倫の絶対的直観は絶対的民族である。その人倫の概念は諸個体性の絶対的一者存在であることだ」（GW5. 279）と述べるからである。両者（「絶対的民族」と「諸個体性の絶対的な一者存在」）は人倫の概念にとって根本的である。こうして以上のことは，自然法に対して意識的に守ってきた距離にもかかわらず，ヘーゲルがこれらのテーマ——交換，契約，貨幣——を取り扱っているということをたんに不思議がらせるだけではない。彼は自然法さえも超越して，近代的「国民経済学」のテーマにまでも言及する。そして彼は，労働の概念を「自然法的な」脈絡へと導入する。労働の内的な論理において，労働は内部で相互に「配分され」「個別的な労働」になる。「道具は機械へと移行する。」機械的な生産は自分固有の欲求の満足に役立つのではなくて，他人の利用に役立つものであるが，この機械的生産の補完物として，社会的分業による他人の欲求の満足が前提される（GW5. 297）。こうして「欲求の体系」は，「全面的に相互的な物的依存性の体系」となる。「欲求の総体性に対しては，だれも独立的ではなく，個人の労働は，それが自分の欲求をどのように満足させようと，各人にこの満足を保証しない。それは疎外された力であり，それに対して各人は何ごともなしえないものであり，さらに，各人が所有する余剰物が各々にとってすべて

の欲求を満足させるものであるかどうかということは，その疎外された力に依存している。余剰物の価値，すなわち，欲求に対する余剰物の関係を表現するところのものは，欲求からは独立しており，変化するものである。」(GW5. 350)

(6) ローゼンツヴァイクはヘーゲルのこの分析，およびこうした関係の調整についての彼の考慮（それは「温和な重商主義」に親近性をもつものだが）に対して，「深く掘り下げていく認識と希望をもったユートピアとの混合物」と証言した（このユートピアはもちろん，あとになって失われたものである）(1920, Bd. 1. 148-153)。「絶対的な自由の人倫の身分」「実直さの身分」「自由のない，または自然的な人倫の身分」(GW5. 334) を含むヘーゲルの身分に関する学説はまた，政治的かつ経済的に無力な個人と，その個人によってもはや認識されない全体とを媒介するというこの目的に役に立つものである。そのさい，帝国代表者会議主要決議（1803年）の準備的な段階の中で，ヘーゲルが当時の「第二身分」である僧侶に対して何ら言及するに値しないとしているということは注目すべきことである。19世紀後半の政治的論争以来，不要になったはずの遺物としての身分的編成が出現するという事情が，まさに当時の修正された身分論に対して一つの「近代的」機能を帰属させることへと観点を移動させるのである。すなわち，啓蒙主義の機械的な国家の理想に反対して，身分論は，全体への個別的なものの埋め込みによって，〔ヘーゲルにとって〕社会的生活の新しい「有機的な」構造化を生ずるべきものになる。

そしてついに，ヘーゲルはここで初めて，次のイェーナ時代のアプローチの中でさらに遂行することとなる，二つのさらなるテーマに触れる。すなわちそれは，「承認」ならびに「支配と隷従」というテーマである（GW5. 290 または 305：本書224頁を参照）。フィヒテとヘーゲルのあいだの影響作用史の現代的な評判はこれら二つのテーマのおかげである。まさにフィヒテの著作によって始められたこのテーマによって，ヘーゲルの——フィヒテの『自然法の基礎』から受けた——著作の影響作用史の独自の訂正が行われる。

部分的な初出：Hegel: System der Sittlichkeit. Aus dem handschriftlichen Nachlasse des Verfassers hrsg. von Georg Mollat. Osterwieck/ Harz 1893.

テキスト：GW5. 277-361.

参考文献：R 103, 124-133; Haym: Hegel und seine Zeit (1857), 159-179; Rosenzweig: Hegel und der Staat (1920), Bd. 1. 130-155; Heinz Kimmerle: Das Problem der Abgeschlossenheit des Denkens. Hegels »System der Philosophie« in den Jahren 1800-1804. HSB 8 (1970), 215-243; Scheit: Geist und Gemeinde (1973), 96-126; Hegel: Frühe politische Systeme. System der Sittlichkeit; Über die wissenschaftlichen Behandlungsarten des Naturrechts; Jenaer Realphilosophie. Hg. und kommentiert von Gerhard Göhler. Frankfurt u. a. 1974; Walter Christoph Zimmerli: Schelling in Hegel. Zur Potenzenmethode in Hegels »System der Sittlichkeit« In: Hasler (Hg.): Schelling. Seine Bedeutung für eine Philosophie der Natur und der Geschichte. Stuttgart 1981, 255-278; Wildt: Autonomie und Anerkennung (1982), 320-325; Pierluigi Valenza Logica e filosofia pratica nello Hegel di Jena. Dagli Scritti giovanili al sistema dell'eticità. Padova 1999, 299-353 Schnädelbach: Hegels praktische Philosophie (2000), 76-116; Christine Weckwerth: Metaphysik als Phänomenologie. Eine Studie zur Entstehung und Struktur der Hegelschen »Phänomenologie des Geistes«. Würzburg 2000, 37-69; Hans-Christoph Schmidt am Busch: Hegels Begriff der Arbeit. Berlin 2002; Kurt Rainer Meist: Einleitung zu: Hegel: System der Sittlichkeit [Critik des Fichteschen Naturrechts]. Hg. Von Horst D. Brandt. Hamburg 2002, IX-XXXIX; Steffen Schmidt: Hegels System der Sittlichkeit. Berlin 2007.

4.6.3. 自然法に関する講義

(1) 「人倫の体系」と直接に関連させて，ローゼンクランツは今日では散逸してしまった，ヘーゲルのさらなる二つの草稿を提示する。すなわち，ローゼンクランツは，まだフランクフルト〔時代〕に由来すると言われている短い一節を，精神哲学の最初の結論部分と見なす。しかしながら〔彼によると〕ヘーゲルは，「彼がのちほどイェーナにおいて，彼の哲学を口述で講義したときに」，したがって1802年の夏から1805年の夏までに，しばしば繰り返された自然法に関する講義において，彼はもはやこの結論部分に満足しなかったというのである。それでヘーゲルは，「統治組織の区別という考え方」をさらに練り上げ，なかんずく，宗教の考察をともなった彼

の最初の体系を仕上げたといわれる（R 132f.）。〔そして第2に〕その口述の伝達の中から，ローゼンクランツは，ハイムによって確証されることであるが，より短いが詳しい一つの断片を伝える。しかしながら，以上の二つの草稿は，何ら進行中の〔ヘーゲルの〕思想行程を形成していないし，以上の年に行われたさまざまな講義に属するものではないだろう。

(2)〔以上の〕両方の断片はそのテーマ構成によって，はっきりとそれ以前のフランクフルト時代のテキストからは区別されるし，さらにまた，『差異論文』のシェリング風の「体系の素描」（GW4.75f.）からも，同様にシェリングの「キリスト教の歴史的構成」（Jaeschke 1986a, 159-181）からも区別される。——もっともそれらの断片は，部分的にシェリングの理解の仕方に拘束されたままであるけれども。しかしながらそれらの断片は，『体系構想Ⅲ』の宗教哲学的な部分からも同様に大きく隔たれている。第1の断片では，芸術・宗教・哲学は，もはや同一哲学的な図式の中で一体化されてはいず，よりあとの時期の分類を先取り的に指示する形式の中で一体化されている。宗教と「学」は同一の内容をもつが，それでもその内容は，「学」の中では観念性の形式において，宗教の中では実在性の形式において存在し，それゆえ，宗教は思弁的な側面と並んで，なお「実証的側面」をもつといわれる。すなわちそれは，「民族の経験的な定在から取り出された限定」をもつ。ハイムの報告によれば，ヘーゲルは民族宗教において「民族の国民的・政治的な全体的状態の反映像だけを徹底して見ている。彼の神は，民族の神性の度合いを測るための尺度であり，または人倫の理念が民族の中でどこまで発展しているかという，その度合いを測るための尺度である」（GW5. 465）。

（芸術および「学」と区別された）宗教のさらなる特徴として，ヘーゲルは実践的なものを考えているが，しかしこれは，カント的な倫理神学の意味におけるものではなくて，芸術および学を補完するもの，つまり一つの行為を考えている。すなわち宗教とは，第一義的に「礼拝である。それが［…］個別性の一部を犠牲にし，この献身によって残りの財産を解放することによって，主観性および自由を最高の享受へと高めるのである」。「自然法論文」および「人倫の体系」にとってもまた重要な犠牲というこの思想を，しかしながらヘーゲルは，初期ロマン主義の中心概念との関係の中に置く。「この行為は，人間の消滅すべき功利的な行為に対するイロニーなのだが，宗教の根本理念としての和解である。」

(3) 第2のより詳細な断片は，歴史的に具体化されているとしても，「宗教史」の一つの神秘的な図式を構想しており，——《根源的な統一—分裂—統一の再構成》という一つの系列を，または《同一性—相対的同一性を伴う差別—絶対的同一性のもとでの相対的同一性の包摂》という一つの系列を構想している。ヘーゲルはギリシア的「自然宗教」を，根源的和解の時期として特徴づける。「ギリシア的自然宗教の汎神論の空想にとって自然それ自体が一つの精神であり，神聖なものである。」ここでたしかに，個別的なものへの逃避が存在するのかもしれないが，「だが，自然の普遍的なものは，何ら神から見捨てられていない」。この「美しい神々の世界」に対して，ヘーゲルは，厳しい必然性を提示する。神々の世界は没落し「なければならない」。「観念的な原理は普遍性の形式の中で構成されなければならない」し，「精神は生き生きした自然の中にあるみずからの住居を去らなければならない」し，「人倫的な苦痛は無限でなければならなかった」。それでもヘーゲルは，この何度も繰り返される「必然〔ねばならない〕」の根拠に関しては沈黙する。そしてこのことは偶然ではない。というのも彼は，のちほどそれによってこの種の展開をたんに神話的に図式化するのみではなくて，歴史的に把握することになるのであるが，そうした精神概念をまだここで自家薬籠中のものにできていないからである。その代わりに，ここで彼はさしあたり，正体不明の必然性にたんに歴史的に証明可能な系列を服属させる。

それでも，形式的に想定されたもののように見える彼の言明のいくつかは，分析の成果として考えられることができる。すなわち，観念的な原理が普遍性の形式の中で構成されることによって，実在的なものは個別性として措定され，そして自然は「その両者のあいだで汚された亡骸として横たわった」ままである。分裂の時代に，「根源的同一性は［…］苦痛を超えてその永遠の力を高めなければならなかった」。そしてこの再生の現場は，もっとも不道徳

な民族でなければ「ならなかった」。「なぜならば，その民族の中で苦痛はもっとも深く，その主張は全世界にとって理解できる真理をもたねばならなかったからである。」「ねばならない」というこのステレオタイプは，それが目的論的な歴史構成として理解されるときには疑わしいものと思われるのは不可避であるが——後期古典古代的な折衷主義の思想的な含蓄物およびその影響作用史の把握の試みとして理解されるときには，そうではないのである。

ヘーゲルは，世界史的なこの状況を通して，新しい宗教の「二つの必然的な要素」があらかじめ形成されていることを見る。すなわち〔第1に〕「自然の脱神化したがって世界の軽蔑であり，そして〔第2に〕この無限の分離の中で，それでも或る人間が絶対者と一体であるという確信を自己の中に担っていたということ」である。キリストを「種族の民族神」へと高める，同一性と差別のこの内的な二元性は，キリスト教のさらなる両義的な歴史に対して根本的であり続ける。すなわち，イエスという人間の神性が世界の新しい厳粛さを創り出すが，これに対して，イエスの唯一性が世界の持続的な軽蔑を，それどころか世界に対する「根絶の戦争」をもたらすのである。キリスト教は，和解と無限の苦痛という，二つの相反するこれらの傾向を合一する。というのも，苦痛なしには，和解は何ら意味をもたないのであり，したがって，キリスト教は，「永遠に和解することができるように，この苦痛を永遠に生産しなければならないからである」。

しかしながら，カトリックの中にヘーゲルは，個体化された「新しい厳粛さ」の契機が優勢であることを見て，こうしてカトリックは，「美しい宗教」になるという。これに対してプロテスタンティズムは，たしかにこの「厳粛さの詩情」をさしあたり止揚するが，しかしそれは，「苦痛とその和解という循環を憧憬へと，さらに憧憬を和解についての思考と知へと」転化させる。こうしてプロテスタンティズムは，「そこにある現実との経験的和解の中へと移行し，直接の妨げられない沈潜は，経験的実在および日常的必要性の卑俗さの中へと移行する」ことができた。

さらにローゼンクランツは，「キリスト教から，哲学の媒介によって宗教の第3の形式がさらに形成されるだろう」とヘーゲルが信じていた，と報告する。というのも，「プロテスタンティズムがよそよそしい厳粛さを脱したあと，精神はあえて，精神として固有の姿で自己を神聖化し，自己との根源的な和解を新しい宗教の中で回復するからであり，その宗教の中へと，無限の苦痛とその対立の重さ全体が受容されることになるからである。しかし，自由な民族が存在し，理性がみずからの実在性を人倫的な精神として再生させることとなり，そのさいに，その精神が自分固有の基盤において，固有の尊厳性から発してその（宗教的な——ハイム）純粋な姿を受け取る大胆さをもつことができるときに，上記の苦痛と対立は曇りなく純粋に解消するのである」（Haym 1857, 165）。

ヘーゲルがここで，「最古の体系計画」（本書123頁を参照）またはフリードリッヒ・シュレーゲルの「神話に関する講演」（KFSA Ⅱ. 311-322）によって提出された「新しい神話」に結びついているわけではないということ，このことは強調されるべきである。要求されているのは，新しい神話ではない。それは，近代の条件のもとでは，せいぜい夢想的な世界をつくることができるか，または直接的な統一と思い込まれているイデオロギー的な仮象すらも広めかねないものである。要求されているのはむしろ，「偉大な必然性がどこへ向かおうとするのか」を認識することであり，したがって，歴史に内在的な傾向の認識である。そして，ヘーゲルはこの認識を哲学に帰する。しかしながら，哲学は「自己の中に総括すると同時に，自己を超えてみずから高まるためのエネルギー全体の認識，それも苦悩と対立（この対立は世界と世界の形成のすべての形式を2000年間支配してきたものであるが）のエネルギー」全体の認識を可能とするものであるとされる。

初出：R 133-135 bzw. 135-141; Haym: Hegel und seine Zeit (1857), 164f., 414-416.
テキスト：GW 5. 459-460 bzw. 460-465; 465-467.
参考文献：Johann Heinrich Trede: Mythologie und Idee. Die systematische Stellung der »Volksreligion«in Hegels Jenaer Philosophie der Sittlichkeit (1801/03). In: Bubner (Hg.): Das älteste Systemprogrannm (1973), 167-210; Jaeschke: Kunst und Religion. In: FalkWagner / Friedrich Wilhelm Graf (Hg.): Die Flucht in den Begriff.

Materialien zu Hegels Religionsphilosophie. Stuttgart 1982, 163-195; Jaeschke: Die Vernunft in der Religion. Studien zur Grundlegung der Religionsphilosophie Hegels. Stuttgart-Bad Cannstatt 1986, 157-181.

4.6.4. 講義草稿（1803）からの諸断片

⑴ この表題のもとでは，ローゼンクランツの報告が今日現存するテキストの範囲を網羅している以上，すでに彼がこの形式において見出した三つの断片が存在するのみである。或る特定の講義に対するこれら断片の関連づけ如何は，「講義草稿（1801/02）」の場合と同様の仕方で確定されているわけではない。草稿は1803年の夏学期を示しており，その学期にヘーゲルは，自然法に関する講義，および「普遍哲学の素描，過ぎし夏の概説から（テュービンゲン，コッタ社）(Philosophia universae delineationem, ex compendio currente aestate)（Tub. Cotta.）」に関する講義を告知した。しかしながら，その概説は，当時ヘーゲルによって告知された他の著作と同様に現れなかったし，そもそも講義が行われたのかどうかも不明である。多分三つの断片では，講義および教科書のための仕上げが問題となっている。これを示すのは，――「講義草稿（1801/02）」と比較して――より自由で同時により自信に満ちた，思考の態度である。

⑵ 「普遍的なものを目指して…ist auf das Allgemeine...」という〔第1の〕断片は，「覚醒する意識」の「神と世界への」関係をテーマとしている。ヘーゲルが「自我の構成」を，分離した「世界の構成」に先行する意識の行為と見なさず，両者〔自我と世界〕の同一性を強調する限り，ここで彼はさしあたり，超越論的観念論の洞察を継承している。つまり「同一の行為において，ただちに意識にとって他者への関係が生じている」わけである。

それでも，こうした冒頭部分にもかかわらず，ヘーゲルにとって重要であるのは自我の構成と世界の構成の関係の理論ではなくて，たとえ彼がこのことを最初は隠しているとしても，彼の時代の分裂の診断と治療なのである。覚醒する意識が関係を結ぶ世界は，この意識にとって，超越論哲学的に構成されかつ管理される，みずからの対象の世界として現れるのではなくて，「偶然性の集積」として現れるのであるが，「［…］それらの個別性は，それでも同時に，それらに即して，盲目的な隠された威力が混乱した遊戯へと個別的なものを抗いがたくさらっていき，他のすべての個別と同様に，それを消失させてしまうような撚り糸なのである」。

たしかに意識は，「かの必然性の戯れ」からみずからを引き離そうと試みるが，「だが，さきの絶対的な盲目的な威力に対するこの抵抗は欺きにすぎず，その威力の豊かさの一片を苦労して闘い取り，自分固有の領域をしつらえたという確信は，錯覚にすぎない。というのも，汝がつくった織物の中で織り込んだと思いこんでいるかの撚り糸が，それが属する世界の威力から逃れてはいないからである。そして，撚り糸による調整という汝の活動が，汝自身を世界の中へと織り込んでしまい，かの威力にみずからを完全に与えてしまうからである」。自我は，「必然性の盲目的」威力に対する闘争，および「偶然性の織物」に対する「闘争」の中にあり，「それ自身，織物の暴力の中に」存在するとされる。

この劇的な記述は，世界に対する自我の関係に大体において当たっているように思われる。特定の時代との関連は，ヘーゲルのさらなる注釈によってようやく生ずるように思われる。すなわち，純粋な自我は，世界に対する「絶対的な関係」において，まさにその「絶対的対立」の中にあり，そして自我がそれ自身として主張する「絶対的な自由」は，「かの錯覚の最高の表現」にすぎないといわれる。「一種の共同的な行為」を考案するという試みさえもが――すなわち自然の決定性を，意識自身によって意図された合目的性と称するという試みさえもが――もっぱら「欺かれつつ演じられる一致」へ導かれるといわれるのである。

それでもヘーゲルは，「個体の個別性を世界の普遍的なものと和解させるということを哲学の課題」と規定する。そして彼は，これに対して二つの解決を用意する。第一の解決は，自我と世界との関係に関する最初の想定を訂正することである。「世界それ自身が，世界に対する個別性の対立の解消を含んでいる。」しかし，もし世界が前述の「盲目的な隠された威力」であるとしたならば，各人がつねにすでに世界との関係の中に存在するという指摘は，こ

の問題を解決しないだろう。したがって明らかに，最初に普遍的なものとして導入された世界概念の訂正が必要である。それ自体としての世界は，盲目的必然性の錯綜したものと見なされるような遊戯では決してないとされる。世界はそのような遊戯として，覚醒する意識に現れるわけではなくて，「自然に対する，目的にそった振る舞いの法則の体系および熟慮の体系の中で，それから習俗の体系および正と善と見なされるものの体系の中で，さらに学の全体の中で，最後には宗教的直観の姿の中で――一つの全体および普遍的なものの有機組織が創りあげられる。それは，普遍的なものとして自立しており，そしてまた，普遍的なものが各個人の精神であることによって，要求された調和を完全に遂行するのである」。

しかしながら，それ自体として存在する世界と自我との和解へのこの指摘は，たんに懐古的であるにすぎない。この指摘は，まさにこの調和が「覚醒する意識」によって破壊されるということを無視している。このようにして，調和が観念的に分化して実在的な対立となり，社会的・宗教的な関係が規定されて，いまやようやく，このように暗い色で塗られた「没形式的で盲目的な必然性」として出現するとされる。まさに，以前にこのように劇的に記述された世界理解において，超越論哲学によってラディカルにされた，時代の文化的な解決の傾向は，一つの特殊な表現を見出すのである。

他方また，この診断はヘーゲルの最後の言葉ではない。すなわち，自我・世界・神のあいだの「捩じれ」の中から，哲学の欲求が，しかも超越論哲学に対する歴史的な対立がまさに示すように――何らかの特定の哲学ではなくて，強調された意味での「哲学というもの」の欲求が発生するというのである。ヘーゲルはその哲学に，自我と世界の関係の展望をはらんだ第2の解決を帰する。というのも，この哲学の中で「生き生きとした生命の精神」がみずからに新しい理想的な，絶対に自由な姿を与えるからである。この展望は明らかに，ヘーゲルが「自然法講義」の末尾で定式化する，そうした思想が変容されて具体化したものである。というのも，そこでヘーゲルが哲学の精神の中から一つの新しい宗教の誕生をそこで期待している一方（本書216頁参照），ここではまさに哲学，つまり「自己を無限に自己の中で形態化する」（GW5. 365-369）認識の，純粋な透徹したエーテルについてしか問題となっていないからである。

(3) 〔第2の〕断片「精神の本質は…Das Wesen des Geistes…」の本来のテーマは，精神概念ではなくて，自然概念である。それにもかかわらず，この断片は，ヘーゲルの精神哲学についての発展史にとって卓越した意義をもつ。ヘーゲルが自然に対する精神の優越性をすでに以前，多様に書きとめていたとしても（本書207頁参照），それでもここで初めて，彼は精神の概念について比較的詳しく述べている。――その言い回しの強い調子は，彼ののちの精神哲学についての断片をすでに思い起こさせるものである（本書374頁参照）。すなわち，精神は存在ではなく，生成したもの，活動であり，みずからの他者としての自然の認識であり，まさにそこにおいて，精神はみずからの他者の止揚，自己自身の解放，自己への還帰，自己のもとにあること Beisichsein，自己自身との同等性である。

ヘーゲルはここで，のちになってももはや修正されることのない，彼の精神哲学の根本思想を定式化するが，――しかもそれを，超越論哲学との対決の枠内において，とくに対立という問題のあり方の中において獲得した洞察を考慮しつつ行うのである。すなわち，「性格のエネルギー」の点で，個別的精神は自然を自己から遠ざけたままにし，それを軽蔑することができ，「実際，個別的な〔精神〕は，その自然への軽蔑が大きい限りでのみ，偉大で自由である」。しかし，この対立の中では，精神自身はたんなる「特殊なもの」になってしまい，「この対立の中では真なる精神」とはならない。自然の捨象および軽蔑による，見せかけ上の自然への優越は，「したがって自己自身のもとにあることではなく，精神であり続けることでもない」。

複合的な，それでも簡潔な言い回しで，ヘーゲルは自然と精神の関係を規定する。この点で彼は，自然の超越論的ならびに同一哲学的な規定から離反する。すなわち「自然は，精神の他在であることによって，それ自身として自己に同等なものである。それは，自分が他者であり，対立物であることを知らないし，または，その同等なもの〔自然〕は，その同等性の中にあって自己に対して一個の他者である

というわけでもない。したがって〔自然は〕そうではなく実は，それ自身として一個の他者なのである」。精神はみずからのイメージを自然の中に直観し，自己に向かいあって立つ。そしてその中で自然であることをやめ，自己自身を喪失するというのである。「それ〔精神〕は空虚であり，それには宇宙の内実の全体が対峙する。こうして，解放という否定的なものが措定されている。」それでも，この否定的な解放は，まだなお真なるものではない。「生き生きとした解放または精神の中への生命の〔措定〕は，精神がこの宇宙を自己自身として認識することである。」または換言すれば，「精神は，全自然を自己に対立してもつほどに空虚なものになることによって自由であり，この全体を自己に同等なものとして措定することによって，精神は生命に満ちている」。

この関係をヘーゲルは，「自然に対する思想の三つの立場」の素描によってより詳しく解明する。すなわち，〔第一に〕普通の認識は，自然を，ただ精神の他在として，没精神的で経験的な必然性とみなす。この認識にとって，「自然それ自身」は，不可知なもの，彼岸的なものにとどまり，それは，神すなわち自然と名づけられようとかまわないものである。「第2の立場」を詩的な直観が形成する。それは自然を全体としてとらえ，——ヘーゲルがゲーテ『ファウスト』(WA I, 14. 163) を暗示して述べるように——「藪の中にも，空気の中にも，水の中にも兄弟を」認識する。しかしこの生命性は，形態化の点では，相互に破壊しあう個々の個体性からなる一つの無限性である。詩は無限なものに形態を与えなければならず，こうして自然を超え出て，人倫的な個人や神々の姿へと到達する。しかしまた，これらの姿は制限されたままであり，「絶対的精神」(これはここではまだなお後期の意味においては理解されることはできないけれども) は，「詩情それ自身から逃れる。絶対的精神はもっぱら哲学において表現されることができる」。最後に「自然に対する思想の第3の立場」は自然の哲学を形成する。これが初めて，「自然を形式的ではない絶対的な全体へと」高め，個別的で制限された生命性を超え出て，その生命の豊かさへと到達するというのである (GW5. 370-373)。

(4) 最初の二つとは異なって，「その形式に…seiner Form…」という〔第3の〕断片は，特殊な領域を，つまり或る民族の芸術による「絶対的精神」の形態化を取り扱う。その断片はギリシア神話への回顧から始まる。しかしこの神話は，もはや素朴に「自然宗教」になるのではなくて，「自然法講義」(本書214頁参照) におけるのと同様に，「根源的な和解」の段階がそこで宣言される。絶対的内容は——構造的な理由から——個別的な形態によっては論じ尽くされえない。一つの「形態は必然的に他の形態を併存してもたねばならず，天は神々でいっぱいになる」。これらの形態化のための「素材」は，最初は自然から取られるが，のちには人倫的生活から取られる。古い自然の神々は，「意識的な世界の境界にまで戻ってくるが」，他方において，人倫的生活の自己意識は，その生活の局面の多様性を多数の人倫的な神々という形で形態化している。それでもその神々は，諸々の個別性として，「絶対的な自由の中でみずからの特定の作品を完成する」。しかしまさにこのことによって，人倫的神々は，自分とも他の神々とも葛藤に陥り，その限りで (初期ロマン主義の余韻を伴って)，「イロニーを自分の中でもつことになる」。

この神々の系譜は，人倫の分化に適った，神的な個体性の豊かさに向かっての，「絶対的精神」の生き生きとした自由な形態化によって遂行されるが，それはつねに，ヘーゲルにとって，そのつどの制限された民族精神の地平において生ずる。そしてこれがヘーゲルに，欄外の注で，イスラエルの宗教の或る局面に対して脇から一撃を加えさせるきっかけとなる。すなわち，「一つの民族の精神は他の諸民族の精神を，自分と並んで承認しなければならない。そうすれば，これらの個体は，みずからの神それ自身の中で生き生きとした契機となり，特殊な神々となる。自分の神と並んで何ら他の神々を承認しない民族は，自分の神を普遍的なものにしてしまうが，それでも，それを民族精神としてひたすら自分の神にしつらえることだろう。そうした民族は最悪なものとなり，その宗教は厭うべきものとなるだろう」。

ヘーゲルは神話の発展を「記憶の女神 Mnemosyne」に帰し，それにもまして「絶対的なミューズ神」としての芸術に帰する。神話はそれ自

身「芸術作品」であるが，それは（ヘーゲルがのちにしばしばヘロドトスを引用するように，ヘシオドスやホメロスのような）個人の芸術家の作品ではないとされる。むしろ神話は，「万人の作品」であり，作品を完成させる個人の芸術家は，たしかに「記憶の女神のお気に入り」ではあるが，それでも〈民族精神の代理人〉にすぎない。そして神話が個人の作品ではなく，普遍的なものとしての精神の作品であるのだから，それは一つの歴史をもつ。それは世代から世代へと発展し，「絶対的な意識の解放」という尺度に従う。「自然法講義」においてまだ美しき神話を囲んでいる直接性と根源性の外観は，ここではすでに歴史的観点に譲歩した。まさにそれゆえに，神話と芸術の関連についてのヘーゲルの歴史的解釈は，すでにここで，「芸術の終焉」に関する後期のテーゼをあらかじめ指示している。生き生きとした世界が芸術作品をもはやみずからの中で造形しないならば，「芸術家は自分の想像の〔中で〕過去の世界へと移らざるをえない。芸術家は一つの世界を夢想せざるをえないが，しかしまた，芸術家の作品に対しては，夢想の性格，生き生きとしないものの性格，過去の性格がひたすら押し付けられている」(GW 5. 374-377)。

部分的な初出：R 180f., 187f.
テキスト：GW 5. 363-377.
参考文献：Henrich/ Düsing (Hg.): Hegel in Jena ((1980).

4.6.5. 体系構想Ⅰ（1803/04）

(1) ヘーゲルのイェーナ時代最初の体系については，以上に語られたわずかの断片（本書209，217頁参照）が保存されているにすぎなかった。完全ではないが，比較的詳しい形で遺された第一の体系構想は，1803/04年の冬学期に，以下の講義の周辺から発生している。それは，「a）論理学と形而上学すなわち超越論的観念論，b）自然の哲学，c）精神の哲学を含む思弁哲学の体系（philosophiae speculativae systema, complectens a) Logicam et Metaphysicam, sive Idealismum transcendentalem b) philosophiam naturae et c) mentis)」という講義である。したがってここでは，「思弁哲学」という表現は，たんに論理学と形而上学のみではなくて，自然哲学と精神哲学もまた含んでいる。〔ところで〕当時シラーは，1803年11月9日ゲーテに宛てて次のように書いている。「われわれのヘーゲル博士は，多くの聴講者を獲得しているとのことですが，彼ら自身はヘーゲルの講義に不満足ではないようです。」(HBZ 53) いまなお保存されている〔この講義の〕リストは，30人の登録済みの聴講者を記録している。

しかしながら，この講義から遺されたテキストは，連続的な講義草稿という形を少しもなしていず，そこには一連の断片が遺るだけであり，一つの思想を簡潔に表現しようとして繰り返されるそれら断片のアプローチは内容的に幾重にも重なり合う。第一の体系部分である論理学と形而上学に対しては，何ら断片が保存されていないが，多分それは，ヘーゲルがここで利用した素材にあとになって手を加え，もともとの草案を破棄したからであろう。彼が当時「論理学と形而上学」もまた講義したということを，精神哲学の冒頭部分が逆に証明する。すなわち，「哲学の第一の部分は理念としての精神を構成した。それは，絶対的な自己同等性へと，絶対的な実体へと到達した」(GW 6. 268) という箇所である。これに対して，後続の1804/05年，1805/06年の「体系構想」は体系のすべての部分を含んでいるわけではないが，多分それは，全体を講義の対象にすることをもはや許容しないような改訂が進んでいたためであろう。つまり「体系構想Ⅱ」はただ論理学，形而上学，自然哲学だけを含んでおり，「体系構想Ⅲ」はただ自然の哲学と精神の哲学を含むだけである。

(2) 「体系構想Ⅰ」の遺された断片の3/4以上は，自然哲学に該当する。これまで取り扱われたテキストが教授資格論文「惑星の軌道について（De orbitis planetarum）」を除くと——自然哲学の発展を何ら認識させていないという事情に直面すると，このことは驚くべきことである。それでも偶然に遺された資料のゆえに，ここでヘーゲルの哲学的な仕事の重点についての歪んだイメージが発生した。それどころかローゼンクランツは，自然哲学に関するヘーゲルの仕事がすでにフランクフルト時代の後期に見られると報告する。自然哲学が明らかに強調されていたことを，彼の教授資格取得，および1803年までのシェリングとの密接な共同作業がさらに物語る。

こうした解釈には，また同様に，「体系構想Ⅰ」の最初の部分が関係する。

そしてまた，さらにシェリングは，上記の共同作業を超えて「体系構想Ⅰ」の自然哲学の中にも姿を現す——それはたしかに，ヘーゲルがここではなお完全に解放されてはいなかった同一哲学的用語を通じてである。それでもなお，彼の構想はシェリングの自然哲学のコピーには還元されない。だがそれは，ヘーゲルが自然をすでに「絶対的実在」から精神への途上の姿として，自然を精神の他者として捉えているから，という理由によってではない。多分断片的な初めの部分であるために，残念ながら，自然概念と精神概念のこの関係の詳細な考察が欠けている。しかしながら，「自然」をたんにその事実のままに受容するのではなくて，自然の組み立て，自然の「体系構成」を諸段階からなる一つの体系として理解し，その体系を精神の領域へと続けようとするヘーゲルの試みは明快である。

遺された諸断片は，内容上それに続く論証の行程に追加されるものではない。それらの一部は以上と並行するような端緒を形成するのであり，その中でヘーゲルは，多様にかつ具体的に一つの思想を仕上げるのである。それら断片は，「惑星の軌道について（De orbitis planetarum）」ではもはや扱われないテーマ構成を開始する。すなわちそこで，「天上の体系」から「地上の体系」への移行が始まる。ヘーゲルはその移行を「静止への運動の還元」および「両者の分離」として記述するが，しかしながら，その分離によって両者は「端的に相互に関係づけ」られている。「地上の体系」は三つの「ポテンツ」において展開される。最初は機械的連関において展開され，それは化学的連関へ移行し，最後には有機的自然学へと移行する（GW 6.19f.）。

ヘーゲルは機械的連関（GW 6.23-42）を，「生命のない質量と運動とが一つであること」という表題のもとに置く。ここでは，梃子の法則，重力，落下運動のような，ここで期待されるべきテーマと並んで，彼はさらにまた，「地上に向けての天体の運動の表現」としての引き潮と満ち潮，または電気のような他の現象について語る（GW 6.32 bzw. 40）。化学的連関では（GW 6.42-109），ヘーゲルは最初，化学的元素 Elemente の概念を展開する。それらの元素は，たしかに分割可能でも溶解可能でもないが，だが絶対に変化不可能というわけではなく，相互に結合可能なものとして展開される。ヘーゲルはここまでまた同時代の化学の概念と取り組む。たとえばそれは，そのいわゆる不可測性がまさにその物質性に対立する「熱素」の概念であり，また，化学がそれによって実在性と観念性の境界にとどまり，絶対的な概念へとは移行しないような「潜在性 Latescenz」の概念である。「その結果，実在性は一つの規定としてそれ自体観念的であり，その存在においてみずからの対立物へと移行する。」他方において化学は，これらの成素を「成素として固定するが，その消失においてすら，それらの隠匿性という口実によって，成素をなお実在せしめるのである」（GW 6.48）。化学は化学的元素の単純性という「死んだ概念」を止揚し，「単純性に対立する」（GW 6.59）一つの統一を暗示すると，ヘーゲルは強調する。化学的元素の概念に対して，彼はここで，「物理的元素」（火，気，水，地）（GW 6.74）を対立させる。彼はこれら元素の諸相を次に取り扱うが，「火」というタイトルのもとでは，色の現象もまた扱われ，そのさい彼はまた，手短にニュートンとゲーテのあいだの差異に立ち入る（GW6.83）。それは彼を，ベルリン時代にまで導いていくテーマである（本書375頁を参照）。その次にヘーゲルは，これら元素の関係をもう一度詳細に，「物理学」（GW 6.110-173）のタイトルのもとで取り扱うが，しかしながら，「化学的連関」に対するこの節の関係を説明することはなされない。こうして彼は，またここでふたたび，「選択的親和性」（GW6.151-156）の概念をめぐっての論争など，化学の概念を話題にする。有機的なものの考察が自然哲学のもっとも詳しい部分をなすが，有機的なものは，「化学的な過程の中にあるような，自然の自己自身に対する反省なのである」（GW 6.173-265）。この領域は，方法論的に，先行する領域から区別される。「総体性の諸契機が本質的に無限性の中で一つの関係をなしており一体化しているということは，これまではわれわれの反省に属していたが，このことが〔いまや〕有機的なものの中に実在している。」（GW 6.184）最初ヘーゲルは，有機的なものの普遍的な理念を展開し，次に「有機的なものの現実存在」の非常に詳し

い論述へと移行する（GW 6. 193）。

保存されているこの最初の自然哲学的な構想は，自然科学的な経験と哲学的思弁との適切な関係をめぐっての格闘を示している。ヘーゲルは，当時の物理学的または化学的な仕事の豊かさに取り組んでいる。彼は，プリーストリー，トロムスドルフ，ベルクマン，ベルトレ，ブルーメンバッハ，シュネヴィ，フォルスター，リヒテンベルク，ドゥ・リュク，プレヴォ，J. W. リッター，シュテッフェンス，ヴォルタ，ヴィンタールの名前を挙げており，そして，同様に多くのさらなる同時代人についての，とくに化学的著作についての彼の知識が，彼の遺した断片から推測されることができる。このことは，当時の研究が集中的に受容されていたことを証明する。ローゼンクランツはこれら数年に書かれた「小さな二つ折り版」について報告しているが，それはとくに，「自然科学的な書物からの彼の抜粋からなっている」（GW 5. 485）。自然哲学の分野でも，ヘーゲルの志向は，経験的な研究と思想的な浸透のあいだの（困難な）媒介に向けられているが，それは精神哲学においても異ならない。

(3) 自然哲学に続く体系の部分を，ヘーゲルは1803/04年の冬，最初「精神の哲学（philosophia mentis）」として告知するが，それは当時としては誤解される言い回しである。というのも，告知のドイツ語版は，ここでは「魂の学説 Seelenlehre」といわれるからである。ともかくこの翻訳は，1806年の夏のための告知におけるのちの翻訳と同様に，ヘーゲルに由来したのではないだろう。なぜならば，1806年の夏に，「精神の哲学（philosophia mentis）」は「人間悟性の［…］哲学」と翻訳されるからである。これをヘーゲルは，あとになって「精神哲学 Geistesphilosophie」と訂正する（Kimmerle 1967, 54f.）。

なぜならば，ヘーゲルは「精神」のもとで，いまや，伝統的に「心（mens）」によって表現されるよりも広いものを理解しているからである。「精神」についての自分の以前の語り口を超えて，この中でヘーゲルは精神独自の構造を定式化する（Henrich 1980, 109ff.）。すなわち，精神は自己自身の他者における自己関係である。したがって精神は，「延長するもの（res extensa）」と，それと併存する「思考するもの（res cognitans）」との場合のように，たんに自然と併存するような固有の現実性というわけではない。そうではなくて，精神は自然の本質なのである。つまり「精神の中で，自然は本質的にそうであるものとして実在する」。〔逆に〕自然の中で精神は本質的にそうであるものとして実在するのではなくて，「隠されたものとして，まさに自己自身の他者として」実在する。したがって自然の中では，「われわれの認識」は「実在する精神」であり，一つの外面性，不等性である。この外面性は，精神が精神を志向する場合には，だから「われわれの認識」が「精神自身の認識」であり，そのことによって精神の自己認識である場合には，止揚されるような外面性である。ヘーゲルはここで，意識を精神の実在の第一の形式とみなす。意識は自然の中に実在するのであるから，たとえ意識が自然に否定的に関係し，だから「自然の観念性である」としても，意識は自然的要素へと引き戻されるのである（GW 6. 265-281）。

この否定的関係を，ここでヘーゲルは，なおもシェリング的方法に用語的に依拠して，言語／記憶，道具／労働，財／家族という三つの「ポテンツ」の形式で展開する。そのさい，各々の概念の対のもとで一つの総体性が扱われる。「言語」は「観念的なものの総体性」（GW 6. 297），「理論的ポテンツ」であり，このタイトルのもとで，ヘーゲルは基本的な記号論，さらに「記憶」について展開する。つまり，より普遍的な意味で，感性的なもの，空間および時間を「思考されたものとなし」，あるいはさらに外的な「記号」を「名前」や言語の要素とするような「決定機関」について，彼は展開する。自分の体系の以後のどの箇所においても，ヘーゲルはこれほど集中的に言語の問題に携わったことはなかった（Bodammer 1969; GW 6. 282-289）。

この初期の「精神哲学」では，ヘーゲルは，認識のさまざま形式についての学説を一つも展開していない。むしろ彼はここで，プログラム的に，総体性としての意識に関する自分の特殊なアプローチを定式化する。「われわれは自己を組織化する意識の契機を，能力，傾向，情熱，衝動などの形式で主観の側から考察するのでもないし，物の規定として，対立物の他の側から考察するのでもない。そうではな

くて，われわれは，意識を両者の統一と媒介項として，絶対的に対自的なものとして考察する。」意識は，対象性の側面に対する，そうした対立の一側面であるだけではなくて，全体であり，「本質」「絶対的実体」である。このアプローチによって，ヘーゲルは強い調子で，ヤコービの『デーヴィド・ヒューム』以後激しく争われてきた，「いわゆる観念論」と「いわゆる実在論」のあいだの認識論的な論争に立ち向かっている。両者は，規定性を客観に置くか主観に置くかという意味で，いずれも一面的な立場である。しかしこうして，「論争問題がもっとも素朴な仕方で」立てられるといわれ，それゆえ，「こうした非理性的な争いについて，そもそも理性的なことが何もいわれることが」できないのである。規定性をただ主観の中に置き，こうして主観を守ろうとする観念論は，「まったく笑うべき観念論」であり，それは，関係の破棄によっては主観ももはや主観ではないということを把握しない観念論であるというのだ。同様なことが実在論に対してもいえるだろう。実在論は，観念論が笑うべきものであるのと同様に，愚かな実在論であろう。こうしてヘーゲルは，これら両方の一面的な認識モデルとその調停できない争いにはっきりと向き合う。「われわれが考察しているのは，精神，意識，この絶対的なものである。」(GW 6. 290-296)

「実践的ポテンツ」，道具のポテンツにおいては，意識は「絶対的に対立するもの，生きていない物に」関係する。ヘーゲルはこの否定的関係を，動物的欲望，狭義の労働および道具という段階において展開する。道具は「実在する理性的媒介項，実践的過程の実在する普遍性」である。なぜなら，「道具は受動的なものに対する活動的なものの側において現れ，加工されるものに対して活動的なものであるからだ」(GW 6. 297-299)。

これら両方の「観念的なポテンツ」に対して，「所有のポテンツおよび家族のポテンツ」は，その中で両側面に対する媒介が生じているものであり，家族が愛と結婚という形で「生き生きとした一体化」の中にある以上，それは一つの総体性である。「家族財」の強調の背景には，(さらに体系構想Ⅲ GW 8. 213 におけるように)，家 (οἶκος) というアリストテレス的伝統が疑いもなく存在し，伝統的には，結婚のカント的なたんなる契約論的な解釈に対するヘーゲルの激しい論争もまた現れる。それでも，これらの伝統に固着した傾向と並んで，家族の承認論的な解釈のような，非常に「現代的な」解釈もまた現れる。すなわち，家族において意識は独立的になった。「個人は他者の中に自己自身を直観する。他者は同じ意識の全体であり，個人は自分の意識を他者の中にもつ。」(GW 6. 301-306)

この「体系構想Ⅰ」の最後の断片では，自然的なものが精神的なものへと転換したり，または最初にあった個別性が普遍性へと転換したりすることによって，三つのポテンツが，それらの最初に展開された概念に対立して「民族における」現実性の中で変化するさまをヘーゲルは示す。このことはとりわけ，労働において一目瞭然となる。すなわち，労働はたしかに個人の欲求〔充足〕を目指すが，だが民族の中で普遍的な労働となる。労働は本能ではなくて，精神的なものであり，それゆえ習得されなければならない。道具は機械によって代替され，機械が人間のために働く。しかし，自然に対するこの欺きは人間に対して復讐し，人間に残された労働は，いまやそれ自身機械的になる。労働がそのようなものになるほど，生産力が上昇するとしても，それはますます少ない価値をもつようになる。それは，ヘーゲルがアダム・スミス『諸国民の富の本性と原因に関する研究』に言及して詳論するとおりである。労働は社会的に組織されるようになる。それはもはや，欲求の充足という現実性を目指さず，貨幣の中に存在する，その可能性を目指すしかない。個人の労働と個人の欲求の満足のあいだに，「全民族の労働」が挿入されるが，それでもこの関連は見渡せないものとなり，こうして「盲目的な依存性」となる。

(4) しかしまだ，最初にそう思われているようには，家族は現実的総体性および「実体」を形成せず，「民族の絶対的精神」がまずそれを形成する。この民族の中で初めて，言語のような観念的「ポテンツ」が成立し，また個人は民族の構成員として，民族の習俗に加わることによって，初めて「人倫的実在」となる。ここでようやく，民族精神の「絶対的意識」の中で止揚されているという点で，経験的意識がその道程の最後に精神として実現されていることをヘーゲルは理解する。ヘーゲルは民族精神を

「絶対的な〔実体〕」と，まさに「絶対的に単純な，生き生きとした，唯一の実体」と呼ぶ。こうして彼は，またもや民族精神に，個人に対する優位性を帰する。個人が法的・人倫的・宗教的な実在であり，さらにまた労働する実在でもあるのは，ひたすら一つの共同体の構成員として存在することによってである。この〔個人に対する民族精神の〕優位性のゆえに，ヘーゲルは民族の契約論的な構成をここではっきり拒否する。

それにもかかわらず，個別者と「民族精神」のあいだの関係は，こうしたアプローチが最初に期待させるものよりも，より複雑なものである。「実体」はそれどころか何ら神秘的な存在ではなく，しかしまた生物学的に与えられた統一性でもない。それはまさに，自己を自己と媒介する，民族の精神的生命の現実性である。その基礎として，実体は「相互的な承認一般」をもつ。そのうえヘーゲルは，民族精神を「万人の共同の作品」と呼ぶが，したがってそこには，以前に神話を特徴づける概念がともなっている（本書219頁以下参照）。作品という概念によって，現存するもののたんなる直接性とは違った「活動」の契機が強調される。すなわち，民族精神は「精神への永遠の生成としてのみ存在し」，民族精神は，個別者たちの「行為」としてのみ，民族精神はこうした生成なのであるが，しかしこれらの個別者は，まさにこの「行為」の中で個別者としては止揚される。「したがって，この個別者たちの作品は彼ら自身の精神そのものである。彼らは民族精神を産出しているのに，〔他方〕彼らはそれを独立的に存在するものとして尊敬しているのだ。」（GW 6. 274, 281, 307-326）

(5)「承認」という上述の概念を，ヘーゲルはすでに「自然法論文」および「人倫の体系」で導入している。それでも「体系構想Ⅰ」で初めて，この概念は体系的な意義を獲得し，「体系構想Ⅲ」でついには社会化の基礎的概念となる。それは中心的な機能を，『精神現象学』においても保持する（本書251頁以下参照）。その後この概念は意義を失うが，それでもまだ『法哲学綱要』において顔を出している。

フィヒテが初めて『自然法の基礎』（GA I/3. 349-360）で，「承認」を個体性の発生のための根本的原理として，法の人格間の構造が依拠する，相互の実践的行為として仕上げたのである。ヘーゲルはこの概念を，民族の「絶対的精神」の生成の脈絡の中へと置き，こうして承認の過程はフィヒテを超えて，「生死を賭ける闘争」へと先鋭化する。なぜならば，ヘーゲルは個別者の意識を「世界の観念的存在」として捉え，その結果，「個人の占有および個人の存在の個別性は，ことごとく彼の全本質に結合して現れ，彼の無差別へと受容される」からである。こうして個別者たちは，「否定的な絶対的個別性として総体性である」。その中で彼らは他者を毀損し総体性として他者を否定し，「他者の死へと」向かうが，そのさい，みずからを死の危険性へとさらすのである。こうして彼らは，個別性の総体性としてみずからを措定するが，同時にこの総体性としての自己を破棄するという意味で，「絶対的矛盾」に陥る。それでも意識は，「彼らがそのものとして自己を保持することによって，個別的な総体性が存在を欲し，自己自身を絶対的に犠牲にし，自己を破棄するという」この運動を，それ自身認識する。「こうしてこの運動は，それが向かっていくものの反対のことを行うのである。」しかしながら，承認をめぐるこの闘争は，たんに個別者の水準において解決されるのであり，個別的な意識と普遍的な意識とのあいだにおいて解決されるわけではない。普遍的な意識は当事者ではなくて，結果である。個別的な意識は，止揚されたものとして自己自身を措定し，「こうして絶対的に普遍的な意識である。個別的な総体性の止揚態のこの存在は，絶対的精神としての絶対的に普遍的なものとして，総体性である」（GW 6. 307-312）。

(6) 断片的に遺された資料を見る限り，「絶対的精神」はここではなお，厳密にいって民族精神の地平の内部にある。それでも，「体系構想Ⅰ」の範囲に属する断片「たんなる形式にすぎない ist nur die Form」（GW 6. 330f.）は，体系の結論部分が，すでにここで，もはや人倫的な領域の概念の中では定式化されえないという印象を呼び起こす。その断片は，絶対的な意識への個別的な意識の関係を究極的なものと呼ぶ。すなわち，「生き生きとした関係とは，民族が個別性という形式の意識として普遍的な作品を完成し，その中で個別性が自己の絶対的な意識を，形あるものとして直観するというものであるだろ

う」。しかし，この絶対的な意識，表象された神的なものは，個別的な意識にとって，その前では自分が「ただみずからを無化するしかない」ような「絶対的な彼岸」である。芸術もまた，絶対的な意識にふさわしい姿を与えることはできない。ここでもまた，初期の著作から後期の著作へと持続する，終末論批判の主題がふたたび想起される。すなわち，「過去と未来という彼岸」への絶対的内容の分裂は克服されなければならず，絶対的な自己享受は，思弁の形式において実現されねばならない（Jaeschke 1986a, 190f.）。

初出 Jenenser Realphilosophie I. Die Vorlesungen von 1803/04. Aus dem Manuskript hg. von Johannes Hoffmeister. Leipzig 1932.
テキスト：GW6.
典拠：Adam Smith: An Inquiry into the Nature and Causes of the Wealth of Nations. London ¹1776, ³1791; Edward Gibbon: The History of the Decline and Fall of the Roman Empire. A new edition. Bd. 1. Basil 1787.
参考文献：Theo Bodammer: Hegels Deutung der Sprache. Interpretationen zu Hegels Äußerungen über die Sprache. Hamburg 1969; Jürgen Habermas: Arbeit und Interaktion. Bemerkungen zu Hegels Jenaer »Philosophie des Geistes«. In ders.: Technik und Wissenschaft als Ideologie. Frankfurt am Main 1969; Kimmerle: Dokumente zu Hegels Jenaer Dozententätigkeit (1967), 21-99; Kimmerle: Problem der Abgeschlossenheit des Denkens (1970), 147-161; Kimmerle: Die Chronologie der Manuskripte Hegels in den Bänden 4 bis 9 (1976), GW 8. 348-361; Dieter Henrich: Absoluter Geist und Logik des Endlichen. In: Henrich / Düsing (Hg.): Hegel in Jena (1980), 105-118; Wildt: Autonomie und Anerkennung (1982), 325-336; Jaeschke: Vernunft in der Religion (1986); Varnier: Ragione, negatività, autocoscienza (1990), 133-206; Paul Ziche: Mathematische und naturwissenschaftliche Modelle in der Philosophie Schellings und Hegels. Stuttgart-Bad Cannstatt 1996; Klaus Vieweg (Hg.): Hegels Jenaer Naturphilosophie. München 1998; Nicolas Février: La théorie hégélienne du mouvement à Iéna. Paris 1999; Schnädelbach: Hegels praktische Philosophie (2000), 117-157; Hans Christoph Schmidt am Busch: Hegels Begriff der Arbeit. Berlin 2002.
承認について：Ludwig Siep: Anerkennung als Prinzip der praktischen Philosophie (1979); Henry S. Harris: The Concept of Recognition in Hegel's Jena Manuscripts.

HSB 20 (1980), 229-248; Wildt: Autonomie und Anerkennung (1982), 336-343; Edith Düsing: Intersubjektivität und Selbstbewußtsein. Behavioristische, phänomenologische und idealistische Begründungstheorien bei Mead, Schütz, Fichte und Hegel. Köln 1986, 308-327; Axel Honneth: Kampf um Anerkennung. Zur moralischen Grammatik sozialer Konflikte. Frankfurt am Main 1992; Robert R. Williams: Recognition. Fichte and Hegel on the Other. Albany 1992; Williams: Hegel's Ethics of Recognition. Berkeley u. a. 1997.

4.6.6. 体系構想Ⅱ（1804/05）

(1)「体系構想Ⅰ」と同様に，この「清書稿の断片」もばらばらであって，それは著作のあり方と資料の遺され方によるものである。それは体系を全範囲に渡って含んでおらず，（「体系構想Ⅰ」ですでに詳しく述べられた）「精神哲学」を欠いている。そしてすでにそれを，ローゼンクランツは断片的に提示した。論理学の冒頭部分は，不明な理由によって〔草稿の〕数ボーゲンと数枚〔のボーゲン部分〕が欠けている。それが清書稿の性格をもつということは，1803年の夏から1805年までの「哲学の体系」に関する出版の，型通りの告知から分かる。それは出版社の広告ならびにまた講義の告示の中にあった。「哲学の全学問，すなわち思弁哲学（論理学と形而上学），自然の哲学および精神の哲学（口述による）

（totam philosophiae scientiam, i. e. philosophiam speculativam, (logicam et metaphysicam) naturae et mentis, ex dictatis）」に関する彼の講義の開始時期に，つまり1804年9月29日に，彼はまたゲーテに宛てて手紙を書く。「この冬」自分の講義のために，彼は「哲学の純学問的な作業」を仕上げ，それをゲーテに提示したいというのである。さらにヘーゲルはこの出版計画を，1805年の5月のフォス宛の手紙のための主要な下書きの中で書きとどめていた。彼はここで，自分の「哲学の全学問に関する講義」の中から生まれてきたとされる一つの仕事を告知する。彼はそれらの講義を「秋に哲学の一つの体系として述べる予定」だというのである。それでもまた，ヘーゲルはこの出版計画をすぐあとになって放棄し，その代わりに，さしあたり清書稿として開始された

草稿にところどころ集中的に手を加えた。――とくに論理学に対してそのようにした。

(2) この草稿の「論理学」は，この学問分野の発展のための特別な位置をもつ。1801/02年の冬学期に由来する，ただざっと素描された，そのうえ著しく断片的な部分のあとでは（本書210頁参照），それは，イェーナ時代の三つの体系構想の中で遺された唯一の論理学であり，その内的な構造ならびにまたその完成度を見ると，最初の素描よりも『大論理学』により近い。その論理学の発展の状態は，この学問分野の集中的な仕上げを前提としており，その仕上げは，とくに「論理学と形而上学」に関するヘーゲルの講義の範囲内で生じたものであろう。それによってヘーゲルは，1802年の夏から1803年の初頭にかけて，講義の告示ならびにまた出版社の広告の形で，とくに「論理学と形而上学」に関する一冊の本について告知することへと導かれた。それは「来るべき見本市において公刊されるであろう（nundinis instantibus proditurum）」とすら述べられるのだが，それは達成されることはなかった。したがって，論理学についての彼の仕事の成果は，最初にして唯一「体系構想Ⅱ」において示されるのであり，それ以後は，〔論理学の成果は〕ようやく再びニュルンベルク時代の構想において示される。

このように進展した発展の状態によって，〔「Ⅰ．単純な関係」〕，「Ⅱ．相関関係」，「Ⅲ．比例」というイェーナ時代の草稿の編別構成は，最初はそうした関連を何ら認識させないとしても，それは『大論理学』との比較すらも許容するものである。それでも，この編別構成の状態のもとで，〔『大論理学』との〕類比的な思想構築が明らかとなる。ヘーゲルは質の概念から始め，それから量と定量へ移行し，さらに「無限性」へと至る。この点で，後期の〔『大論理学』の〕「存在の論理学」〔有論〕の概念枠組みを認識するのに困難はない。同様なことは，第二部の「A．存在の相関関係」の節に対しても妥当する。後期の本質の論理学〔本質論〕においてと同様に，ヘーゲルは実体，因果性，交互作用という関係のカテゴリーを取り扱う。他方，「B．思考の相関関係」という節では，後期の概念の論理学〔概念論〕の第一部が「概念」「判断」「推理」という形で先取り的に述べられている。そして，「Ⅲ．比例」のもとで取り扱われるテーマである定義，分類，認識は，その〔『大論理学』概念論の〕第三部である理念論を先取り的に示している。こうして，『大論理学』につながるテーマが輪郭の点で際立つのみならず，存在論的・本質論的・概念論的な思考規定からなる〔『大論理学』と〕一致する帰結もまた示される[1]。それでも，この内容的な共通性にもかかわらず，イェーナ論理学は，その体系的な意味によって，後期の論理学から厳密に区別される。というのも，ここでもまた，ヘーゲルはイェーナ論理学を，まだ形而上学から分離された，それに先行する学問分野と理解しているからである。

1) 『大論理学』の体系は，存在論・本質論・概念論と三分される。存在論はさらに，「規定性（質）」「大きさ（量）」「度量」に区分される。「規定性」において無限性が扱われ，「大きさ」において量，定量が扱われる。さらに本質論の「現実性」において，実体，因果性，交互作用が扱われる。

(3) この構想の形而上学は論理学と類似した特別な位置をもつ。というのも，1801/02年冬学期の上記の不十分な素描を捨象すると，それは，この学問分野〔形而上学〕の，イェーナ時代から遺された唯一のテキストであるからだ。そして論理学とは異なって，形而上学は完全に保存されている。しかしこれによって，カント以後の形而上学の構想の困難さもまた，明らかとなる。その中心概念は，他者に向けられるのではなくて，自己自身を対象とするような認識の概念である。この形而上学の第1の部分において，ヘーゲルは「諸原則の体系としての認識」というタイトルのもとで，同一律，排中律，根拠律 Satz des Grundes を取り扱う。したがってこれらの原則は，伝統的に論理学の中にその場所を見出し，最終的には「純粋悟性のすべての原則の体系」（B 187）におけるカントの超越論的論理学の中に場所を見出したような内容を取り扱う。この第1の部分のタイトルもまた，まさにこの点を暗示している。ヘーゲルはそれらの原則を形而上学に帰属させるが，その方法論的な論拠は，われわれの意識に属して自己運動する反省という，論理学にとって特徴的な形式がここで退場し，これらの原則における認識が自己自身に関係づけられるということである（GW7．

128-138)[1]

[1] イェーナ時代の形而上学は，まず「I．諸原則の体系としての認識」のもとで，「同一律または矛盾律」「排中律」「根拠律」が扱われ，さらに，「B．客観性の形而上学」「C．主観性の形而上学」が展開される。そして「客観性の形而上学」のもとで，「霊魂」「世界」「最高存在」が扱われる。「主観性の形而上学」のもとでは，「理論的自我または意識」「実践的自我」「絶対的精神」が扱われる。なお，II．は欠如している。

〔イェーナ形而上学の〕第2の部分は，以前の形而上学に対するこの形而上学の曖昧な位置をとくにはっきりと際立たせる。ローゼンクランツですら，この「極度の努力によって貫かれた展開」を「非常に不明瞭」（R 110）であると呼ぶ。この部分は，たしかに「客観性の形而上学」という新しいタイトルをもつが，霊魂・世界・「最高存在」というテーマによって，カント以前の「特殊形而上学（metaphysica specialis）」の組み立てに厳密に従っている。それでも，このあらかじめ与えられた枠組みの形態形成は，またもや伝統の看板を否認するものである。ヘーゲルは，根拠と認識の概念を経過して霊魂へと導くのだ。霊魂は認識の内容と絡まっているが，霊魂は同時に，この内容に対するみずからの関係，それゆえみずからの規定性を止揚し，「自己自身における絶対的な反省」であるとされる。彼はいわば通りすがりに，「霊魂の不死を主張し，証明するという」以前からの試みに触れるだけである。彼はたしかに霊魂を「実体」と特徴づけるが，――しかしもはや，カント以前の「単純実体（substantia simplex）」という意味においてではなく，その活動を基にして，自己における反省とみなす。後期の有名な言い回しを先取りするような仕方で，こうして彼は，同時に実体概念を精緻化する。すなわち，「実体はむしろ主体である」。それどころか，それは「実体性と主体性の一つとなったものである。それは真の実体でもなく，真の主体でもない」（GW 7. 138-142；本書245頁参照）。

特殊形而上学（metaphysica specialis）の二つのテーマである「世界」と「最高存在」の取り扱いは，霊魂に関する詳論以上に，批判以後の形而上学を構想するという試みの方法的および内容的な困難さを反映している。それらは，以前の合理的な宇宙論および神学のほとんどパロディーとして現れる。カントの二律背反によって退場させられた伝統的なテーマである〈世界は有限か無限か〉または〈物質の単純性〉という問題は，無視されたままである。純粋理性の「第三の論争」のテーマ，つまり〈自由と必然性〉の問題をヘーゲルはたしかに取り上げているが，だが彼は――カントとは異なって――この〔自由と必然性という〕概念の対を「物自体」と「現象」へ割り当てることによって解決しようとしてはいない。すなわち，自由と必然性は「同一の事柄の異なった見方」ではないとされる。両者の「同時存在［…］は仮象ではなくて」，「各々は他のものの契機である」。

〔自由と必然性という〕この概念の対と並んで，さらに二つの概念の対が登場する。すなわち，ヘーゲルは霊魂の概念を，モナドの概念としてより詳細に規定するが，そして彼は――同様にライプニッツ的ではあるが――「モナドの連鎖」の概念を用いて，類過程と自己保存の過程の概念へと至る。――そのさいまたもや，ライプニッツの概念が，だがとくに，「自己の存在に固執するという努力（conatus in suo esse perseverandi）」というスピノザの概念がここで反響するのである〔スピノザ『エチカ』第3部第7命題など参照〕。ヘーゲルは世界過程を「類過程」として規定し，この類過程を個別的なものの自己保存の挫折とその没落の過程として規定する。こうして類過程は，「世界の現実存在」に生成する（GW 7. 142-150）。

「自己保存」と「類」という，多分自然的生命の領域に属するとみなされるこれらの概念は，たんにこの〈合理的宇宙論〉の根本となる概念の対を形成するのみではなくて，さらにまた，〈自然神学 theologia naturalis〉のそれもまた形成する。すなわち，「最高存在」に関する章の概念の対も形成するのである。突然の転回において，ヘーゲルは自己保存と類の中から，形而上学の中心思想すらも獲得しようと試みる。思考と存在の同一性がそれである。すなわちヘーゲルは，次のように述べる。「自己保存の過程を，そこにおいて，絶対的に規定されたものが自己自身と同等であり，多くの規定性を自己の中に観念的に措定し，それら規定性の止揚において無差

別的に自己自身と〔同等に〕とどまるものとみなした場合，その自己保存の過程を思考と呼ぶこととする。だが〔他方〕，類の過程を〔…〕存在または延長と呼ぶこととし，その類の過程では，端的に個別的なもの自身が普遍的なものの中にあり，存在にとって端的に一つの可能なものが存在すると見なそう。そして以上の両者〔自己保存の過程と類の過程〕が一体であるとすれば，以上の条件によって，思考と延長または存在とは，端的に一つである。」「絶対的な類」としての類は，それ自身「最高存在」である。それは他者に対する一つの実在ではなくて，「むしろ絶対的な現実存在であり，一つの必然的なものではなくて必然性それ自身である。それは，共通の空虚な普遍的なものではなくて観念性ではあるが，そこにある共通性がそれ自身であるような観念性であるだろうし，だからその共通性が観念性の本質または実体であるような観念性である」。そこでヘーゲルは，さらにこの思想の反デカルト的でスピノザ的な色彩を強調する。「この最高存在は，自己保存的なものまたは思考と，存在または延長との対立をもつが，その対立はまさに属性，契機としてあり，自己内における観念的なものとしてある。最高存在は実体や即自的に存在するものではなくて，むしろそれの自体 An sich であり，区別されたものはただ観念性や無自体に属する。」

これらの規定を基礎として，ヘーゲルは——まずは反復によって厳かな効果を生み出しながら——最高存在が自体であること，そして最高存在だけが自体であるということが「証明される」と強調する。最高存在には，創造された世界が否定として，非存在として対立し，また悪が自身の中で自惚れる原理として対立するという。それでもヘーゲルは，この対置状況ならびにまた証明の力を再度破棄する。すなわち，否定的なものはたしかに最高存在の中で消失するが，だが，まさにその中で否定的なものはみずからの独立存在をもち，「絶対的存在」から分離したままであるという。こうして「絶対的存在」は，みずからの概念に対立して，本当に「最高存在」であるわけではない。そしてまた，彼はこの（そう思い込まれた）「最高存在」の証明の形式を批判する。すなわち，（宇宙論的な）証明は，ただこのもの〔最高存在〕の中へと還帰するだけであり，そこから出現するものではなく，「現実存在 Existenz」から出現するといわれる。こうして「最高存在」は，本当は「絶対的な否定」であり，しかも「この単純な反省として，自己自身における絶対に単純な反省として，自我または知性として」，「絶対的な否定」なのである。

「客観性の形而上学」から「主観性の形而上学」へのこの移行は，つまり「最高存在」から理論的自我および実践的自我へのこの移行は，古い特殊形而上学（metaphysica specialis）の体系的機能を破壊する。形而上学の伝統的構造への結びつきは，〔それが見られるとしても〕体系の見取り図の中で後続する「意識というテーマのあり方がもっぱら絶対的意識の一つの展開として生じる」（Kimmerle 1970, 130）ことができるだけだということを示してはいない。ヘーゲルはむしろ，特殊形而上学（metaphysica specialis）のテーマが内的な非真理の状態にあることを証明する。すなわち，自我が「最高存在」の真理である。というのは，モナドにとって，そしてなおさら「最高存在」にとって，他者はただ否定的存在にすぎない。これに対して自我にとっては，〔他者は〕「自我と同等なもの」である。形而上学の叙述はここでもまた，同時にその批判でもある。

しかしこの「自我」は，何ら単純なもの，構造のないものではない。したがってヘーゲルは，理論的自我の矛盾をはらんだ構造を仕上げるが，実践的自我の構造の場合はそれほど具体的ではない。この分析は，この分野ではもっとも詳細でもっとも徹底したものの中に数えられる。その個別性において，自我は「絶対に普遍的なもの」だとされる。それは自己内で反省するが，それでも「世界の一部」であって，自己と同等であるが，それでも「絶対に規定されたもの」といわれる。そしてこの規定性は，根源的なものとして，（フィヒテの表現を使えば）「自我自身の内的な絶対的本質において〔…〕無限な衝撃 Anstoß」として現れる。自我はただ「自己を見出すものとして」あるといわれ，それ以前に現存するものではない。そして「自我が自己自身のこの見出し Finden〔である〕ということ，このことが自我の絶対的無限性である」。自己を見出すものとして，理論的自我は精神一般とされ，それは実現された実践的自我としては「絶対的精神」とされる。

この自我の概念によって、ヘーゲルはここではまだ——彼ののちの『エンツュクロペディー』の場合のように、「主観的精神」および「客観的精神」に対する第三者、つまり芸術・宗教・哲学を言い表してはいない。ここで彼は最初、精神一般の構造を分析する。すなわち、「精神」は自己を見出した自我であり、その構造は、「ふたつの反省の統一であり、自己自身に関係している。一方の反省は自己自身を保存するものであるが、だがそれは普遍化したものである。他方の反省は、類の反省であり、普遍的なものであるが、それは自己自身において絶対的な個別性をもつような普遍的反省である」。精神は他者への関係における自己関係である。精神は自分の中から生み出される無限性を自己に対置させる。しかしこの無限性は、「精神であるものと同一である」。したがって精神は、たんに自己自身だけではなくて、みずからの他者をも自己として直観する。こうして精神は、自己とも他者とも同等であり、そして「この統一が絶対的精神である」。

絶対的精神のこの概念において、ヘーゲルの「形而上学」は頂点に達する。彼はこの概念をシェリングに対しても差し向ける。シェリングはすぐ前に『哲学と宗教』(1804年)において、無限者から有限者への移行に関する、スピノザによって避けられた問い(JWA1. 18, 31)をあらたに持ち出し、その問いに対して、「跳躍 Sprung」あるいは「絶対者からの離反」というメタファーによって決定しようと試みている(SW I/6. 38ff.)。ヘーゲルは彼に異論を唱える。すなわち、「いかにして無限者が有限者になるのか、またはいかにして無限者が有限者へ向かって出ていくのかということは、問われることはできない。そしてそのようなことは、没概念的な表現である」。というのも、精神という絶対者以外に別の無限性は存在せず、他の〈より高次の〉絶対者は存在しないからである。もちろん、形而上学におけるこの「絶対的精神」は、最初はただ認識に対してのみ、「われわれにとって」のみ、絶対的精神である。または「それゆえ以上示されたように、精神はたんに理念にすぎない」。——『大論理学』の表現でいえば、それは「絶対的理念」ということになる。そして「精神の契機がそれ自身この精神であることによって、初めてその理念は絶対的に実現され

ている。しかしそのとき、それを超出するというものもまた、もはや存在しない。」(GW 7. 154-178)

(4) 「体系構想Ⅱ」は——少なくともわれわれにとっては——論理学と形而上学の差異への詳細な洞察を与える最初のものであり、同時にそれは、この分化を貫こうとする最後の構想でもある。すでに1801／02年の素描の中では、すでにカントによって掘り崩された両学問分野の伝統的区別は、不自然なものとなっており、この区別はそれ自身、そこではすでに、用語法的には部分的に突破されている(本書210頁以下参照)。そしてさらに、詳細な「体系構想Ⅱ」における両学問分野の形態形成は、ヘーゲルの元来の意図とは対立して、それら〔論理学と形而上学〕が方法論的にも内容的にも相互に区別されがたいということをはっきりさせている。

ヘーゲルは論理学と形而上学の分離を、弁証法(または「観念論」)と非弁証法との方法上の区別、または反省と「反省一般の否定」との方法上の区別を支えにして主張する(GW 7. 127, 111f.)。それでも、この方法的な企図に反して、「弁証法」は内在的な反省の形式として、「概念の自己運動」の形式として、〔論理学と形而上学の〕両分野に広がっている。〔両者の〕方法上の差異は、自己関係と他者関係の相関のそれぞれ特別な現れとして、より正確に捉えられるであろう。それはまた、論理学の内部でそれ〔方法上の差異〕が変化する場合も同様である。そしてまた、「自己に対して Fürsich」と「われわれに対して Füruns」の差異、内在的な反省と外在的な反省の差異を、ヘーゲルはすぐのちに『精神現象学』の概念的発展の原動力にするのであるが(本書249頁参照)、これらの差異は、論理学ならびにまた形而上学を通じて保たれている(Jaeschke 1978, 106ff.)。

しかし、方法上の差異という想定がなくなれば、二つの分野の内容的な分離もまた正しくは保たれることはできない。だが両者の合一は癒着としてではなく、(いずれにせよひたすら萎縮していく)「形而上学」の崩壊として、およびこの形而上学の残った素材の他の分野への組み入れとして、説明されるべきである。「形而上学」の第一部である「原則の体系」は、伝統的にはもともと論理学の構成要素であり、のちになって〔『大論理学』の〕「本質論」の中

でその体系的な場所を見出すのである。「形而上学」の崩壊のために，ヘーゲルは，この過程から発生する学を「論理学」と呼ぶ。

たとえ「体系構想Ⅱ」までは「形而上学」が「論理学」に対して体系的な優越性を保持してきたとしても，事情はその通りである。すでにこの講義の名称ならびにまた後続の講義の告知において，「論理学」という名称が支配的である（Kimmerle 1967, 62, 87）。そして「主観性の形而上学」というテーマのあり方が，たとえ「絶対的理念」の概念の影響をともなってであるにしても，のちに「精神の哲学」へと移行するのに対して，他方，後期の体系において，形而上学の中心部分には，つまり特殊形而上学（metaphysica specialis）に依拠して構想された「客観性の形而上学」には，何ら生き残る余地が与えられることはない。

(5) 絶対的精神の体系的位置は，ヘーゲルがまた体系のさらなる姿を「絶対的精神の生成」として，この「生き生きした神」の生成として理解する点においても，「絶対的理念」の後期の位置を先取りしている。そして「自己実現する精神の第一の契機」は自然である（GW 7, 187, 177f.）。自然は「自己自身に関係する絶対的な精神」であるが，しかし「囚われた精神」としてそうなのであって，その結果，自然は「それ自体，絶対的な精神であるというその本質に対して〔…〕矛盾をもつ」。自然は「自己自身の他者としての絶対的精神」なのである。

実質的には，「体系構想Ⅱ」の自然哲学は，広範囲に渡って，わずか1年前の「体系構想Ⅰ」に依拠しているが，そのさいその断片的な性格が両者の徹底した比較を妨げる。両者の構想する論理学と自然哲学のあいだの関係もまた，こうして明確には看取されない。しかしながらそれでも顕著であるのは，よりあとの「体系構想Ⅲ」のテキストが用語法的にこの「体系構想Ⅱ」の構想の「論理学」を強く指向しており，そのことによって，以前の「体系構想Ⅰ」のテキストにおいてはなお支配的であったシェリングの同一哲学の用語法からは，ほとんど解放されているということである。

〔「体系構想Ⅱ」の〕非常に詳細な新しい構想において，初めて自然哲学の冒頭部分が遺されており，それは，自然の一般的な概念および完全な「太陽の体系」を伴っている。それでも，草稿は断片的に「有機的なもの」の考察の手前で終わっており，こうして自然哲学の中心部分，つまり生命の概念を欠いているといえる。というのも，自然は精神であり，たとえ「精神の姿において」ではないとしても，自然は自己を認識する精神としてあるからであり，だからやはり，自己内に反省するものとして，一連の自覚的な契機の中で展開される「生命」として存在するからである（GW 7, 179-186）。

〔自然哲学における〕この一連の細部の豊かさに出会うと，〔説明のための〕詳細な叙述は不可能となり，叙述をいくつかの際立つ局面へと限定せざるをえない。以前の〔「体系構想Ⅰ」の〕構想と同様に，この構想もまた，「太陽の体系」と「地球の体系」のあいだに主要な差異を置くことによって，なおも古い宇宙論に取りつかれている。最初の体系の根本概念を，ヘーゲルは「エーテル」または「絶対的物質」と名づける。それは普遍的で無限で，自己と絶対的に同等で「絶対的に弾力的であり」，没形式であり，したがってあらゆる形式を受容するところの，自然の基体一般である。すでにエーテルの中に，ヘーゲルは自己関係の構造を示そうとして，ピュタゴラス的な伝統を受容して比喩的にそれを表現しようとしている。──それは，エーテルの「語り」として，「自己に同等なものによって聴き取られた絶対的なメロディーとして，宇宙の絶対的な調和であるような，無限性の音調の分節化である」。星という点に向かっての「エーテルの純粋性の収縮」に関する語りもまた，歴史的にさらに遡る用語法を用いている。それでも，〔星という〕この収縮の「絶対的数多性」に対して，ヘーゲルは軽蔑だけを示す。すなわちそれは，「それ自体として非理性的であり，崇高ではあるが，それを崇拝することは没思想的といっていいほどに空虚である」。明らかにこれは，星の散りばめられた天空へのカントの「賛美と畏敬の念」に対する，にべもないアンチテーゼである（AA V, 161）。

エーテルという根本概念から出発しながら，だがそれにはますます距離を取りつつ，ならびに論理学と形而上学という概念構成からも距離を取りつつ，ヘーゲルは自然の概念をその総体性において展開しようとする。すなわち，最初彼は空間と時間の概念

を展開し，それとともにこの「太陽の体系」の根本的概念としての運動の概念を展開することを試みる。彼はまた，「地球の体系」の叙述の冒頭部分をさらに記述するが，しかし今度は，彼は，力学の対象として，落下の運動，放物運動，振り子の運動という地上的形式において展開する。しかしそれだけではなく，ヘーゲルは力学を，さらに「実在する物質の構成」に至るまで展開しようと考えた（GW 7. 250）。観念的および実在的な「物質の過程」に捧げられた第2の部分では，化学的関係の概念や，「化学的元素の流動性」の概念がおもに述べられる。さらにヘーゲルは，これに「物理学」という表題のある，非常に詳細な第3の部分を結合する。この部分の課題は，たしかに先行する両部分の総括的な深化とみなされ，「体系構想Ⅲ」の自然哲学の中の「Ⅲ．総体的過程」という節を先取りしている。しかし，その箇所とは異なって，「体系構想Ⅱ」では，まだ有機的なものの考察が続いてはいない。たしかにヘーゲルは，中和の過程の概念から有機的なものの概念までを取り扱っているのだが，それでこの「清書稿の断片」は中断されてしまう。この断片が，もともと有機体の哲学をも，または精神哲学すらも包括していたということは，ほとんどありそうにない。――たとえヘーゲルが，疑いもなくこの点に関する素材を自由に使えていたとしても，そういえるだろう。それらの素材に「自然哲学についての編別構成の断片」が属するといえるかもしれないが，しかしながらこの断片は，新しい「ヘーゲルの草稿の年譜」によれば，「体系構想Ⅲ」のための準備的な仕事として位置づけられるものである（GW 8. 294-308, 359）。

部分的な初出：R 104-123.
初出：Hegels erstes System. Hg. von H. Ehrenberg und H. Link. Heidelberg 1915.
テキスト：GW 7.
参考文献：Kimmerle (Hg.): Dokumente zu Hegels Jenaer Dozententätigkeit (1967); Kimmerle: Problem der Abgeschlossenheit des Denkens (1970), 120-200; Scheit: Geist und Gemeinde (1973), 127-140; Klaus Düsing: Problem der Subjektivität in Hegels Logik (1976), 150-198; Jaeschke: Äußerliche Reflexion und immanente Reflexion (1978); Rolf P. Horstmann: Über das Verhältnis von Metaphysik der Subjektivität und Philosophie der Subjektivität in Hegels Jenaer Schriften. In: Henrich / Düsing (Hg.) Hegel in Jena (1980), 181-195; Varnier: Ragione, negatività, autocoscienza (1990), 206-222; Christophe Bouton: Temps et esprit dans la philosophie de Hegel. De Francfort à Iéna. Paris 2000; Rainer Schäfer: Die Dialektik und ihre besonderen Formen in Hegels Logik. Hamburg 2001 (HSB 45), 91-157.

4.6.7. 体系構想Ⅲ（1805/06）

(1) 実在哲学だけを含んだ部分的な「体系構想Ⅲ」，すなわち「自然哲学および精神哲学」のための草稿もまた，ヘーゲルの講義との関連で生まれた。1805/06年の冬学期，さらにもう一度1806年の夏学期に，「実在哲学，すなわち自然哲学および精神哲学（口述による）(Philosophiam realem, i. e. naturae et mentis ex dictatis)」の講義を行うと，ヘーゲルは告示する。そのうえ彼は，冬学期に初めて「哲学史（Historiam philosophiae）」を，夏に「思弁哲学すなわち論理学（Philosophiam speculativam s. logicam）」を講義する。これらの哲学的講義と並んで，ヘーゲルは，1805/06年の冬学期から1807年の夏学期まで，コンラート・ディートリッヒ・マルチン・「シュタールの『純粋数学の基礎』」，およびヨハン・フリードリッヒ・「ローレンツの『純粋数学の第1教程』」についての講義もまた告示する。――だが，これについては，何ら報告は残されていない。これに対して「体系構想Ⅲ」は，ほとんど完全な形で伝えられているが，ただ自然哲学の冒頭部分ならびに自然哲学から精神哲学への移行部分が欠如している。

(2) 自然哲学の考察は「Ⅰ．力学」という表題で始まる。――すでにその中に，以前の草稿に対するこの草稿のもっとも重要な相違が存在する。前者ではたしかに，同種の表題もまた存在したと推論することも可能であった（GW7. 228）。しかし以前の草稿は，ようやく「地球の体系」の冒頭部分を含むのみである。これに対していまや，以前と異なって，地球の体系に対して，それとは別の「太陽の体系」が先行するわけではない。すなわち，ヘーゲルはこの区別立てを破棄し，以前の「太陽の体系」の内容を力学の中へと統合する。力学はいまや，天体の力学ならびに地球の力学を包括する。それは天体の領域とこの世の領域の分離を破棄して，分化を含んだ

統一という近代の世界像へという変化に対応する[1]。「体系構想Ⅱ」に対する第2の重要な差異は，第3部の有機的なものの更新された考察にある。これら両方の変化によって，ここでヘーゲルは自然哲学の三分法に到達するが，この三分法はそのうえ，たとえ彼がのちに，第2部の表題を「形態化Gestaltungと化学的連関」から「物理学Physik」へと改めるとしても，『エンツュクロペディー』の要綱〔の自然哲学〕をも規定している[2]。

1) 「体系構想Ⅲ」の「自然哲学」の目次は，第1部「力学」，第2部「形態化と化学的連関」，第3部「有機的なもの」となっている。そこでは，「天体の体系」「地球の体系」という区別立てが，目次にはすでに存在しない。それに対して，「体系構想Ⅱ」では，冒頭の部分が欠けていてはっきりしないが，「天体の体系」「地球の体系」と区分され，さらに後者は，「力学」「物質の過程」「物理学」と区分される。そこでは，有機的生命体に関する叙述は欠如している。だが，『体系構想Ⅱ』のこの「力学」という表題はヘーゲルによって明示されているわけではなく，編者が推定して付加したものである。
2) 『エンツュクロペディー』第2巻「自然哲学」の構成は，第1部「力学」，第2部「物理学（自然学）」，第3部「有機的な自然学」である。したがって，『体系構想Ⅲ』の自然哲学の編別構成は，『エンツュクロペディー』の自然哲学のそれに接近している。

しかしながら，上述の変化はこの「力学」の著しい改組に至る。すなわち，「体系構想Ⅱ」の力学では放物運動，振り子運動，梃子の法則および質量と流体の概念が中心に置かれている一方，ヘーゲルは今度は，質量と運動へ移行する前に，以前の「太陽の体系」の概念——空間と時間——から始める（GW 8. 3-34）。第2部では，物理学（「形態化」）のテーマと化学を，ヘーゲルはむしろ外的に結合する。物理学の「重さ」の概念に，ヘーゲルは「化学的連関」における「熱」の概念を対応させる。いずれにせよ，それでも彼は，物理学的—化学的差異を「総体的過程」という概念において媒介しようと試みる。この概念の中でもう一度，「力学」と（「物理的物体」または「地上の火」を含む）「化学的連関」とを関連づける（GW 8. 34-108）。二段階の下位区分の中で「植物的有機体」と「動物的過程」を取り扱う前に，彼はまず「有機的なもの」というタイトルのもとで，非有機的なものの有機的なものへの還帰，および有機的なものにおける非有機的なものの自己自身への還帰をテーマとする（GW 8. 108-184）[1]。

1) 「イエーナ体系構想Ⅲ」「自然哲学」の目次は，さきに述べたように，「力学」「形態化と化学」「有機的なもの」に区分される。さらに第1部の「力学」は，「空間と時間の概念」「空間と時間の実在性——運動」「質量」に区分される。第2部の「形態化と化学的連関」は，「形態化」「化学的連関」「総体的過程」に区分される。第3部の「有機的なもの」は，「植物的有機体」と「動物的過程」に区分される。

「体系構想Ⅱ」のような清書稿の場合とは異なり，ヘーゲルは自然哲学の第3番目のこの構想において，ふたたび詳細に当時の自然科学的な研究に携わる。それは，『月のかつての地表と現在のそれとの類似性』（J. L. Heim, 1802）の研究から，落下の法則と熱素に関する理論を経て，男性と女性の生殖器官の差異に関する当時の最新著作（J. F. Ackermann 1805, G. H. Schubert 1806. GW8の注釈を参照）に至るまでを含む。まるでヘーゲルはここでわざと，彼の第2の体系構想の意図的な出版にさいして，包括的な方針に役立つように詳細部分を後回しにしておいたかのようである。残念ながら，自然哲学の結論部分ならびにまた精神哲学の冒頭部分は遺されてはいないので，ヘーゲルが当時，自然から精神への移行をいかに具体化したのかはもはやわからない。

(3) この断片的な冒頭部分を除くと，この草稿の第2の部分は精神哲学の最初の完全な遂行である。ここで顕著であるのは，『体系構想Ⅰ』に対するその隔たりである。すなわち，以前のシェリング風の用語法およびポテンツ論の形式への依拠は消失している。いまや精神についての教説は三つの部門に区分される。「Ⅰ. その概念から見た精神」（失われた第一の表題への代わりとして推定された表現であるが），「Ⅱ. 現実的精神」「Ⅲ. 国家体制Constitution」がそれである。

第1章では，ヘーゲルは「知性」と「意志」という表題のもとで，——まだ未発達ながら——主観的精神という後期の哲学の前駆形態を展開する。「知性」に捧げられた第1章は，「記号」と「名前」

に関する考察によって，まだ『体系構想Ⅰ』への密接な素材的関係を示している。しかしながらこの類似性を背景にして，以前の意識概念に対して精神概念の強調が際立ってくる。すなわち，精神の関係は（他者への関係としての）意識の関係ではなくて，自己関係である。ここでは対象は，もはや外的なものではない。対象はそもそも，もはや「それが存在するところのもの」ではなくて，対象の自立的な存在は止揚されている。「私が私に対してあるということ mein Fürmichsein が物の本質として対象なのである。」対象は精神の中へと受け入れられており，精神の貯蔵庫に保存されている。

　こうして対象は，まだ精神の光の中へと浮かび上がったものとみなされるのではなくて，その「闇」の中へと，精神の影の中へと沈み込んだものと見なされる。ヘーゲルはこのイメージを暗い言葉の中で表現するが，それはロマン主義に関連づけられた「暗黒面」の発見を想起させるものである。「人間はこの闇であり，すべてをこの闇の単純性の中に包み込む空虚な無であり，無限に多くの表象，イメージに満ちた豊かさであるが，そのうちのどれもただちにだれにも浮かんでくるようなイメージではないし，または現前しているものとしてあるわけでもない。ここに実在するのは闇であり，自然の内部であり，純粋な自己でもある。幻影に満ちた表象の中では，あたり一面闇であり，そのときここでは血まみれの頭部が疾駆し，あそこでは別の白い姿が突然に浮かび上がり，また消える。その人の眼のなかを覗いても，見えるのはこの闇である。恐るべき闇を覗き込むだけであり，ここでは世界の闇が人々に帳となって降りている。」（GW 8. 187f.）

　遺された断片的な資料によって判断すれば，「体系構想Ⅰ」の「道具のポテンツ」に関する章において欄外でのみ言及される実践的な側面を，ヘーゲルはいま初めて「意志」という表題のもとにおく。さらにまた，この章は「衝動」「労働」ならびに「認識」「愛」「家族」を包括している。そしてここから，「承認」および「法の発生」のテーマへと移行する。法は承認行為であり，だから自然的ではない精神的な状態，概念からつくり出された状態である。「根本的な占有取得」（最初の占有 prima occupatio）の権利に関する自然法的な学説に対立して，ヘーゲルは法関係が承認の運動によってのみ創出されるということに固執する。こうして彼は，暗黙のうちに，この問いについて曖昧なままにとどまっているカントの『法論の形而上学的基礎』（AA Ⅵ. 258-270）から距離を取り，彼は，フィヒテの承認概念に，「体系構想Ⅰ」においてよりも密接に接近する。承認されたものはその存在によって妥当するが，この存在は直接的なものではなくて，精神的なもの，「概念から産出されたもの」である。ヘーゲルは止揚の行為を，新しい精神哲学的なアプローチの中では，もはや意識の総体性の概念についてではなくて意志の概念について構築する。すなわち，個別的な対自存在は意志として表示され，「みずからが占有物としてもっていた定在が，自分にとってそのものとして重要であるのではなくて，この自分の知られた対自存在が重要である。こうした存在は自己に関する知という純粋な意味をもち，こうして現実存在へと至る。しかしこうした表現は，自己によって遂行された定在の止揚である」。自己を対自存在として知るものは，「生死を賭けた闘争」から出現し，こうして各々は「他者を純粋な自己と見なして」きたし，それは「意志の知」であり，こうしてその意志は普遍的な意志，承認された存在である（本書251頁参照）。

　(4) 第1章で初めて「主観的精神」に関する後期の学説の構造が暗示されるように，第2章「現実的精神」では「客観的精神」の構造が暗示される。この部門はまた，二つに区分される。そして，最初の部分が「承認された存在」を基礎にして，まずは労働・交換・所有という規定を解明し，それらの規定から「b. 契約」と「c. 犯罪と処罰」へと進展するのであるから，ここではすでに，「抽象法」に関する後期の〔『法哲学』の〕編別構成が明示される。これに対してヘーゲルは，「権力をもつ法律」という第2の部分では，あまり構造化されていない系列の中で，さらなる豊富な法哲学的なテーマを，つまり結婚から司法を経て，刑法上の裁判権までを取り扱う。

　第3章「国家体制」はまた，はっきりした構成上の問題を示している。一方では，その対象である国家は，疑いもなく「現実的精神」というかつての領域に属している。他方では，ここでもまた，体系的

な完成の代わりに，国家概念や身分論への，そして絶対的精神の痕跡となった哲学への，原理的な論述の切れ切れのつながりが見出される。初期のイェーナ時代で支配的である民族の概念は，——用語的な動揺にもかかわらず——その構造的な不十分さのゆえに，国家の概念によって引き継がれる。ヘーゲルは国家の概念を，絶対的な精神的威力として導入するが，その威力は，「個別的なものの完全な自由と自立性の中の普遍性」として，自己自身を目的とする。それゆえ，国家の根本問題は，個別的なものと普遍的なものの媒介であり，——「個別の普遍への生成であり，普遍の〔個別への？〕生成」である。しかしながら，〔この生成は〕「盲目的な必然性」としてあるのではなく，「知によって媒介された必然性である。または各々の個別的なものは，そのさいに自己自身に対して目的である。すなわち，目的はたしかに運動因である。」ヘーゲルはこの二重の運動を，ルソーに反対しアリストテレスに賛成して，「普遍的意志」の概念の中で指示する。「普遍的意志は，最初みずからを個別的なものの意志から，普遍的なものとして構成しなければならない。その結果，個別的なものは原理および要素として現れるが，しかし逆に，普遍的意志は第一のものおよび本質であり，個々人はみずからの否定，外化，教養形成によってみずからを普遍的なものへなさなければならない。普遍的な意志は個々人よりも先にあり，それは個々人に対して絶対的にそこに存在する。個々人が直接に普遍的意志であるわけではまったくない。」
（GW 8. 253-257）

この緊張の中で，前述の部分ですでにヘーゲルの結婚の考察が浮かび上がらせる問題が再び戻ってくる。すなわち，彼は自由意志の宣言の意義を強調するが，それでも，結婚の契約論的な解釈を非難する。彼は個別的な意志を即自的に普遍的な意志と了解することによって，政治的なものの中でこの緊張を解消する。そして，潜在的にのみ普遍的である現実的な意志を実際に普遍的な意志へ向かって高めるのは，「偉人」の働きであり，偉人は個別者の即自的に普遍的な純粋意志を，その意識された意志に向けて動員する。すなわち，偉人は「直接に普遍的意志を自分の側にもっており，個別者は欲しないとしても，偉人に服従せざるをえない」。

国家を特徴づける，個別性と普遍性のこの緊張に満ちた統一の中に，ギリシア的人倫に対する国家の差異もまた存在する。ヘーゲルはここで，直接的統一の分裂という神話的決まり文句をもはや利用しない。そして，「あれほど羨望されてきたし，これからも羨望されるようなギリシア人の美しく幸福な自由」がもはや帰ってこないということを彼に教えるのは，たんに彼の歴史的な現実感覚だけではない。いまや，この直接的統一はまた，まったく望むに値するものではないであろう。というのも，近代的国家は「より高次の抽象」，「より深い精神」によって特徴づけられているからである。「古代人たちやプラトンが知らなかった近代のより高次の原理」は，まさに「より高次の分裂」の中に存在する。この分裂とは，〔各人が〕その自己を普遍的本質として知るための，｜定在する普遍的なものから切り離されるが，それでも絶対的であるもののための，——自分の知の中でみずからの絶対者を直接に所有するための分裂である」（GW 8. 258-265）。

「国家体制」という〔第3〕部を導入するこの考察は近代国家の特徴づけのためのものであるが，この考慮によって，ヘーゲルは彼の実践哲学における劇的な転回をなしとげる。同時に彼は，青年期の理想にも別れを告げる。これに対して，後続の二つの部分は，「定在する有機体」として「自己自身を知る精神」が，「下層の〔二つの〕身分とそれらの心的態度」（農民の身分と商人の身分），「普遍性の身分」つまり（国家の仕事のための配慮という意味での）「実務家〔の身分〕」——ヘーゲルはまた学者および兵士の身分をこの中に数え上げるが——へと編成されるさまを，習熟した仕方で展開する。ヘーゲルはここでもまた，国家の相互の関係を視野に入れて考察を繰り返す。すなわち，国家は自然状態にあり，それらの国家が契約によって結びつくとしても，——違反した場合に十分な制裁を欠くために——市民社会的な契約の特徴をもたない。「条約を締結し，相互に義務づけあい，これらの義務をふたたび消し去ることこそ，この永遠の欺瞞である。〔カント的な〕永遠平和のための普遍的な国民連合はただ一つの国民の支配となるか，またはそれら国民の個別性が抹殺されて，ただ一つの国民だけが，普遍的な君主国だけが存在することとなるだろう。」

(GW 8. 266-277)

(5) これらの身分論から，ヘーゲルはほとんど媒介なしに，「芸術・宗教・〔哲〕学」に関する考察へと移行する。そしてここで，「絶対的精神」の概念は，さらなる体系的展開にとって決定的なものであり続ける意義を獲得する。「絶対的精神」という表現は，ヘーゲルが神話的な存在を哲学へ導入するという隠れた嫌疑に，つねに新しい栄養分を与えてきた。そしてこの嫌疑が，すでに「精神」一般，または「民族精神」と「世界精神」に向けられるとするならば，ましてや「絶対的精神」に対してはなおさらである。他の人々は，〔絶対的精神などの中に〕社会的矛盾の分析からの，のちのヘーゲルの回避に対する一つの証拠を見るのであり，そして伝承された，なおも繰り返される或る表象の世界への後退に対する証拠を見るのである。

そしてそれでも，すべての神話はここでは，ありそうな静寂主義の場合と同様に，〔ヘーゲルにとって〕縁遠いものである。「絶対的精神」は，ただ精神生活の次のような領域を示している。つまりそのなかで，精神が外的現実性からみずからを解放し，自己自身に向き直り，自己を対象とする——そしてまさにその限りで絶対的であるような領域である。以上の限りで，絶対的精神は自己のもとにあり，その中で自由なのである。精神はみずからの本質のこの認識を，芸術・宗教・哲学という三つの形式において獲得する。したがって，精神が絶対的であるのは，「内面性」（意識または意志など）に関する形式として，（主観的精神のように）みずからに外的なものに，つまり精神的ではないものに関係するからということではない。さらにまた，精神が絶対的であるのは，（客観的精神のように）個々の主体によってたしかに産出されるが，いわばそれらの主体を超えて，自己自身の中に安住する人倫の領域であるからということでもない。精神的生命の最高領域としての「絶対的精神」の，主観的精神および客観的精神との構造上の差異は，容易に洞察される。すなわち，それは「絶対的精神」として，自己に還帰し，自己を対象とし，自己を精神であるものとして認識するのである。ここでようやく，こうして精神の概念は，——思考する自己関係の概念として——完成される。

精神の自己回帰の基盤として，ヘーゲルは，精神的な共同体の自己意識を理解する。したがって彼は，ここで芸術・宗教・哲学（または「学」）の中で表現されるような「共同体」の自己意識を理解するのである。そして，それに匹敵するような，精神生活のさらなる形式を見出すのは困難である。芸術・宗教・哲学が区別されるのは，芸術には第一義的に直観が関係づけられ，宗教には表象が，哲学には概念把握する思考が，それぞれ関係づけられるからである。これら三つの形式が実際に，ヘーゲルによって「絶対的」と呼ばれる仕方で精神の自己関係として把握されうるのか，——その中で精神的なものが自己自身に向き合い，自己を認識する形式として把握されうるのか，そのことを人は疑うかもしれない。それでも，「絶対的精神」は哲学的に飼いならされた神話的な存在ではないということ，そしてまたその存在について争うことが無意味であること，に疑念はありえない。

(6) それでも，「体系構想Ⅲ」にとって特殊であるのは，「絶対的精神」の独自の体系的位置である。形式的に見ると，それはさらに国家の領域へと組み入れられている。ヘーゲルは国家を，「自己自身を確信している単一の絶対的精神」（GW 8. 258）とすら呼んでいる。しかしながら，内容的には，この領域は国家とは対立的な形で解放されており，そしてそれゆえ，最初に，絶対に自由な精神は「別の世界を，つまり自己自身の姿をもっている世界を産出する」といわれる。「そこでその絶対的精神の仕事が自己の中で完成されており，そしてそれは，自己のものとしての自己の直観へと到達している。」「知る精神」としてのこの「別の世界」は，人倫的世界の「定在する精神」からは区別され，そしてその知は，「直観」「表象」「概念把握する思考」という主観的形式との関連で，芸術・宗教・哲学の三重の姿をもっている。——そのさいしかしながら，発展史的に見た場合，絶対的精神の三つ組みが，主観的精神の三つ組み〔直観，表象，思考〕に対して優位であるのは当然である。

すでにここで，——彫塑から絵画と詩を経て音楽に至るまで——ヘーゲルは芸術の体系の輪郭を手中に収めている。そして，絶対的精神の形式の階層性もまたすでに確定している。たしかに，「絶対的芸

術とは，その内容が形式に同等である芸術である」といわれる。それでもまさにこの要求を，ヘーゲルからすれば，芸術は解決できない。芸術は「世界を精神的なものとして産出する」。だが，その要素である直観は，精神に不適合である。したがってそれは，「ただ制限された精神を与えるのみである」。美は形式である。だが，それは形式にすぎない。それは「絶対的な生命性の錯覚」である。表現された無限性は，ただ「そう思い込まれた無限性」にすぎない。シラーが『芸術家』（Nationalausgabe. I. 202）において，ならびにシェリングが『ブルーノ』（SW I/4. 226f., 220）において行ったような美と真理の結合に反対して，ヘーゲルは簡潔に異議を唱える。「美は真理の表現というよりも，むしろ真理を覆うベールである。」そして，美的な形式と制限された内容との，芸術にとって特徴的な乖離は，たんなる形式への芸術の還元および内容に対する断念によっては克服されることはできない。というのも，「この内容を人間たちは自分から奪われることを放置しないからである」。こうして芸術は，その本当の姿においては宗教である。すなわちそれは，「絶対的精神としての自己に関する絶対的精神の知」（GW 8. 277-280）である。

（7）「しかし宗教においては，精神は，絶対的に普遍的なものとして，または全自然の本質として，存在と行為〔の〕本質として，そして直接的な自己（Selbst）の形態において，精神は自己に対して対象になっている。」ヘーゲルは宗教のこの概念を，キリスト教という「絶対的宗教」において獲得する。というのも，国家的生活と同様に，いまやまた宗教的生活においても，ギリシア世界は下位の原理によって規定されるものと見なされるからである。神話的な「美的宗教」では，たしかにもはや，「自己がそこでたんに空無にすぎないような自然威力」が支配するわけではないが，それでもその内実は，「本質というものにふさわしくない遊戯であり，根拠性も深みももっていず，そこでは，深みは〔存在するとしても〕未知の運命である。しかし絶対的宗教は，白日のもとに現れた深みであり，——この深みが自我 Ich であり，それは概念，絶対的な純粋な威力である」。

それでもたしかに，「自我」についてのこの語り口は，キリスト教の新しい精神哲学的なヘーゲル的解釈が，直接にその伝統的理解に対する緊張関係の中で解明されるということを明示する。「絶対的宗教は，神が自己自身を確信する精神の深みであるという，この知のことである。——こうして神は万人の自己である。この自己は本質であり，純粋思考である。しかしこの抽象から外化されると，神は現実的自己となる。神は，普通の空間的・時間的定在をもつ，一個の人間〔イエス〕であり，すべての個別者はこの個別者であり，神的な本性は人間的な本性以外の何ものでもない。」そして，抽象的な神的存在のこの「外化」には，人間の外化が対応する。すなわちそれは，たんに教養形成と感性的定在の完全なる外化ではなくて，「全現実性」の完全なる外化であり，その外化は，「無限の苦痛」の中から生じた，ストア派的な自由とキリスト教的な自由の差異に即して，ヘーゲルがのちに解明する先鋭化〔の表現〕である。

こうして，キリスト教を「絶対的宗教」にするのは，精神概念と類比的なキリスト教の構造である。神の人間化というその思想は，表象の形式をまとった思弁的な思想である。すなわち，「絶対的な宗教の思想——内的理念——は，自己という現実的なものが思考であり，本質と存在が同一であるという，この思弁的理念である。そしてこのことは，神という彼岸の絶対的な実在が人間となった，この現実的なものになったというように措定される」。——だが同様に，〔神は〕現実性として，教団の精神へと止揚されている。純粋な意識の内容は，この純粋な意識と世界が経済的な三位一体説において媒介されるような形で，内在的な三位一体説の中で表象される。すなわち，「即自的に存在する実在つまり神は，自然の中に——現実的なものとして顕現する。すべての彼岸は姿を消す」（GW8. 283, 4-6 の代わりに，このように読まれるべきである）[1]。

1) 著者のこの趣旨は，「即自的に存在する実在」という語句は，GW8のテキストでは，前の文章の一部となっていたが，そこから切り離して，むしろ後続の文章に続けたいということのようである。

芸術の解釈と同様に，精神哲学的な宗教の解釈もまた，おそらく普通ではない強調点を含むだけではなく，宗教の肯定とともに，同時にその批判も含む。すなわち，宗教的教説は「意識にとっての表象であり」，そして礼拝は「その表象をつかみとることである」。それでも，宗教が表象という形式のこうした知であるということは，宗教にとっては存在しない。宗教は「表象された精神であり，自己であるが，それは，みずからの純粋意識と現実的意識を合一することのない自己である。その表象された精神にとって，純粋意識の内容は，現実的意識の中では他者として現れる」。したがって，宗教はまた，この純粋意識の内容を正当に評価できない。それは，「思考する精神であるが，だが，自己を自己自身で思考しないものである」。その内容は「たんに語られるだけであり，洞察はなされない。——それは概念ではなく，自己でもない」。そこから，次のような宗教の両義性が生ずる。つまり一方では，宗教は「現実と天国」を分離し，「この世界の向こうの彼岸」にのみ和解を見出し，現在の中ではそうしない。他方では，この乖離は「教会の狂信」へと転換し，「永遠なるもの，天国そのものを地上に導入しようとする，つまり国家の現実に対立しようとする」。——というのも，宗教は，まさに国家が「天国の実現」であるということをよく弁えないからである。宗教にとって，両者〔現実界と天国〕は分離している。宗教は，自己自身を誤解する形の精神である。その内容は「たしかに真であるが，しかしこの真理性は断言であって，洞察がない」(GW8. 280-286)。

(8) 「この洞察は哲学であり，絶対的な学である。」こうしてここに，哲学が自己自身を対象とする，体系内におけるその位置が存在する。——それでものちの『エンツュクロペディー』の最終章の場合と同じく，ヘーゲルはここでもまた，哲学について多くを語る術を知らない。彼は哲学の概念を，一部は「民族」を考慮して，だがとくに宗教を考慮して規定する。そしてこのことは，すでに常習となってきた終末論批判の転回の中で行われる。すなわち，哲学は概念における「絶対的精神の知」である。それは「別の自然」「現存していない統一」を目指すのではない。それは「彼岸および未来に享受され存在するような和解ではない。そうではなくて，ここで——ここにおいて自我は絶対者を認識するのである」(GW8. 286f.)。

(9) それでも，哲学に関するこの節には，ヘーゲルの体系構想の発展にとって非常に重要な一つの素描が隠されている。ヘーゲルはここで「概念の形式」へと仕上げる。すなわち，「a) 思弁哲学，みずからにとって他となる（相関となる）絶対的存在，生命と認識——そして知る知，精神，精神の自己知」という箇所である。このわずかな素描はとくに関心を呼び起こし，詳細な論争を引き起こした (Schäfer 2001, 159-176)。——というのも，その素描は，ヘーゲルの当時の論理学構想をめぐる知にとっての，とくに『精神現象学』に対する論理学構想の関係をめぐる知にとっての鍵となる立場をもつからである。それに関して，ヘーゲルは，『精神現象学』の諸形態がそのつど論理学の一つの概念に対応するということを述べている。そのさい彼は，どのような論理学構想に自分が関係しているのかを語らないままにしておく。——このとき，「体系構想Ⅱ」の論理学構想に関係づけることはむずかしいし，さらにまた，まったくできあがっていないバンベルクおよびニュルンベルクの時代の論理学構想には関連づけられないし，それから「体系構想Ⅲ」の論理学構想にも関連づけられない。というのも，「体系構想Ⅲ」は，そもそも実在哲学のみであって，論理学を何ら含んでいないからである。こうして，『精神現象学』の論理学をこの素描から推論すること，および『精神現象学』の組み立ての一貫性のための論拠をここから獲得すること，が説得性を帯びるのである。

ヘーゲルがそれによってこの精神哲学を閉じるさいの，少なからず重要な指示は，たとえ彼が『現象学』をあらかじめ指示しているとしても，それほど多くの注目を見出したわけではなかった。すなわち，自然および自己知に向かっての精神の二重化 Entzweiung，自己のうちで「静止する芸術作品——存在する宇宙と世界史」として二重化するという箇所がそれである。この二重化が精神の過程の根底にある。というのも，存在する宇宙は，「精神から直接に自由であるが，しかし精神に還帰しなければならない」からである。世界史は，この二重化

を媒介するための精神の運動である。「世界史において、ただ即自的にのみ自然と精神が唯一の実在であるということが止揚されているが、さらにここで精神は自然の知へ至るのである。」(GW8. 286f.)

部分的な初出：R 193-198.
初出：Jenenser Realphilosophie II. Die Vorlesungen von 1805/06 Aus dem Manuskript hg. von Johannes Hoffmeister. Leipzig 1951.
テキスト：GW 8.
参考文献：Kimmerle: Problem der Abgeschlossenheit des Denkens (1970) 162-165-Düsing: Problem der Subjektivität (1976), 156-189; Wildt: Autonomie und Anerkennung (1982) 343-370; Jaeschke: Vernunft in der Religion (1986), 191-198; Schnädelbach: Hegels praktische Philosophie (2000), 117-162; Schäfer: Dialektik und ihre besonderen Formen (2001), 164-176.

4.7. 精神現象学

ヘーゲルは、いくつもの実現されなかった出版告知のあと、『精神現象学』を携えて、ようやく同時代にたいして哲学者として登場した。それは、「フィヒテとシェリングの哲学体系の差異」の洞察力に満ちた分析家としてだけでなく、固有の「体系」を通して示されたフィヒテとシェリングに匹敵する思想家としての登場であった。しかしながら、ヘーゲルが登場した1807年の春の時点、つまりフランス人によるイェーナの占領の後の数か月は、きわめてよくない状況にあった。戦争行為は続けられ、イェーナ大学は確かに再開されたが、教授と学生はもどってこなかった。イェーナ大学の偉大な時代は、過ぎ去っていた。そしてまた、ヘーゲルが介入したはずの哲学の議論も、出現したとたんに鳴りやんだ。その議論とは、かろうじて現れた「体系」が、しかしすぐさま次の体系によって押しのけられる、という反駁の狂乱というものであった。それでジャン・パウルは『四旬節の政治説教』の中で次のように促した。それは、そのつど6から8つの体系を取り集め、反駁された諸体系より先に反駁する体系を読み、またこのように逆に読むことを通して——それは魔女が主の祈りを逆に唱えることで魔法をかけるように——幸運にも魔法を解くことである（SW I/14. 286）。カントは1804年に亡くなり、ノヴァーリスはすでに1801年に亡くなっていた。フィヒテ、シェリング、ヘーゲル、ならびにまたシュレーゲル、シュライエルマッハーも大学で教えてはいなかった。フィヒテは、なるほど「知識学」の新しい構想を休むことなく生み出していたが、それらを公にはしなかった。シェリングは、2年ののち、きわめて決然と「観念論」に対し反旗を翻し、暗黙のうちに初期とは別の方向に歩みだした（SW I/7. 333-352）。そしてその後、10年間ほとんど完全に沈黙していた。しかしこうした状況から、ある象徴的な方向性も獲得された。すなわちヘーゲルの著作の登場は——少なくとも哲学界の人間にとっては——これまでの哲学のかたちを変えたものというよりも、新しい出発であった。いやそれどころか、「ヘーゲル哲学の真の誕生であり秘密」であった（Marx, MEW Ergänzungsband, 1. 571）。もちろんそれは、この著作が同時代に受け入れられることをさらに困難なものにした。

それとは逆に、ヘーゲル自身にとっても、ならびにまた現在の研究にとっても、『現象学』は、イェーナ時代における体系発展の成果である。とはいえ、『現象学』は、ヘーゲル哲学一般の発展史の中で固有の位置を占めている。いわば、一直線の体系発展の中に契機として統合されることのない「漂石」である。論理学ならびに自然哲学、精神哲学へと展開されるヘーゲルの思考の発展は、『現象学』に言及しなくとも、イェーナからバンベルクそしてニュルンベルクへの時代変遷の中で再構成することができる。しかしこのことは『現象学』を余計物にするのではなく、むしろその独自性と並外れた地位を強調するものである。

1960年代の初めから現在の受容段階の始まりまで、『現象学』のこの特別な位置づけは、『現象学』の中に、のちの『エンツュクロペディー』と並ぶ独自の体系像を立てること、場合によってはそれどころかもっと改善された、もはやのちの「スコラ的概念」に煩わされることのない代わりのものを立てようとする誘惑を引き起こすのである。それは、およそ本質的に生産的であり天才的であるヘーゲル哲学像、それどころか「ファウスト的」であるヘーゲル哲学像とまではいわないにしてもそうである。『現

象学』を適切に扱うことができないにも関わらず，こうした『現象学』の解釈は，独自の体系像をもったものとして，マルクス主義，フランス実存主義，新ヘーゲル主義の中に，その影響作用史を鋭く刻み込んでいる。しかし，その影響作用史については，ここでは述べない（最近のものとして Siep 2000, 259-268, Weckwerth 2000, 13, 103-127 を参照せよ）。

初出：Bamberg 1807.
テキスト：GW 9.
参考文献：Jean Paul: Politische Fastenpredigten. In ders. : Sämtliche Werke. Historisch-kritische Ausgabe. Abt. I, Bd.14. Weimar 1939, 286; Karl Marx: Ökonomisch-philosophische Manuskripte. MEW Ergänzungsband 1. Berlin 1968; Haym: Hegel und seine Zeit (1857), 232-260; Alexandre Kojève: Introduction à la lecture de Hegel. Leçons sur la »Phénoménologie de l'Esprit« professées de 1933 à 1939 à l'École des Hautes-Études réunies et publiées par Raymond Queneau. Paris 1947; Jean Gaston Hippolyte : Genèse et Structure de la Phénoménologie de l'Esprit de Hegel. 2 Bde. Paris 1946. – Hans Georg Gadamer (Hg.) : Hegel-Tage Royaumont 1964. Beiträge zur Deutung der Phänomenologie des Geistes. HSB 3 (1966); Görland: Kantkritik des jungen Hegel (1966), 54-237; Pierre-Jean Labarrière: Structures et mouvement dialectique dans la »Phénoménologie de l'Esprit« de Hegel. Paris 1968; Werner Becker: Hegels Phänomenologie des Geistes. Eine Interpretation. Stuttgart 1971; Hans Friedrich Fulda / Dieter Henrich (Hg.): Materialien zu Hegels »Phänomenologie des Geistes«. Frankfurt am Main 1973; Otto Pöggeler: Hegels Idee einer Phänomenologie des Geistes. Freiburg / München 1973, ²1993; Reinhold Aschenberg: Der Wahrheitsbegriff in Hegels »Phänomenologie des Geistes«. In. Klaus Hartmann (Hg.): Die ontologische Option. Studien zu Hegels Propädeutik, Schellings Hegel-Kritik und Hegels Phänomenologie des Geistes. Berlin / New York 1976, 211-308; Eugen Fink: Phänomenologische Interpretationen der »Phänomenologie des Geistes«. Frankfurt am Main 1977; Claus-Artur Scheier: Analytischer Kommentar zu Hegels Phänomenologie des Geistes. Die Architektonik des erscheinenden Wissens. Freiburg /München 1980, ²1986; Ulrich Claesges: Darstellung des erscheinenden Wissens. Systematische Einleitung in Hegels Phänomenologie des Geistes. HSB 21 (1981); Michael N. Forster: Hegel's Idea of a Phenomenology of Spirit. Chicago / London 1993; Terry Pinkard: Hegel's Phenomenology. The Sociality of Reason. Cambridge, Melbourne 1994; Gustav-H. H. Falke : Begriffne Geschichte. Das historische Substrat und die systematische Anordnung der Bewußtseinsgestalten in Hegels Phänomenologie des Geistes. Interpretation und Kommentar. Berlin 1996; Henry S. Harris: Hegel's Ladder. 2 Bde. Indianapolis 1997; Robert B. Pippin: Hegel's Idealism. The Satisfaction of Self-Consciousness. Cambridge / New York 1997; Dietmar Köhler / Otto Pöggeler (Hg.) : Hegel. Phänomenologie des Geistes. Berlin 1998; Jon Bartley Stewart (Hg.) : The Phenomenology of Spirit Reader. Critical and Interpretive Essays. Albany 1998; Siep: Weg der »Phänomenologie des Geistes« (2000), 63-258; Weckwerth: Metaphysik als Phänomenologie (2000); Arndt / Bal / Ottmann (Hg.): Phänomenologie des Geistes. T 1. HJb 2001. Berlin 2002. Hegels Phänomenologie des Geistes' heute. Hg. von Andreas Arndt / Ernst Müller. Berlin 2004; Klaus Vieweg / Wolfgang Welsch (Hg.): Hegels Phänomenologie des Geistes. Ein kooperativer Kommentar zu einem Schlüsselwerk der Moderne. Frankfurt a. M. 2008; Hoffmann (Hg.): Hegel als Schlüsseldenker der modernen Welt (2009); Birgit Sandkaulen u.a. (Hg.): Gestalten des Bewußtseins. Genealogisches Denken im Kontext Hegels. Hamburg 2009, HSB 52.

4.7.1 著作の歩みと体系的機能

（1）ローゼンクランツの報告によると，論理学と形而上学への導入の中で，ヘーゲルは意識が自分自身についてなす経験の概念を展開し，ここから「1804年以降の現象学の構想」が浮かび上がってきたのだという（R. 202, 214）。しかし，今日伝えられている資料では，これがはじめにいつ書かれたのか明確でない。のちの『現象学』に取り組むにあたっての最初の例証となるのが，1805年5月以降に書かれた「絶対知」（GW 9. 465）という断片である。——おそらく現象学はそのあとすぐに書かれたのであろう。というのも『現象学』の印刷はすでに1806年の2月に始まっていたからである（ニートハンマーへの手紙，1806年8月6日）。そしてまた同時期の『精神哲学』（1805/06）においても——これ以上具体化されてはいないが——「意識の経験」（GW 8. 196）が話題となっている。印刷が始まるまで，ヘーゲルの出発点は，なおもこの著作の中で自分の全「体系」を公にすることである。というのもヘーゲルは，1806年の夏学期に，「思弁哲学すなわち論理学（自

著による)(Philosophiam speculativam s. logicam ex libro suo)：学の体系（まもなく公刊される proxime prodituro)」を予告していたからである。しかしここには，のちの表題についても，二つもしくはそれ以上に分かれていく表題についても言及されていない。

ローゼンクランツの報告によると，さらにヘーゲルは，すでに夏学期に『現象学』を講義しており，彼の聴講生に個々の印刷されたボーゲンを手渡している。またさらに，「ヘーゲルが講義のために作った全体からの抜粋は，まだ現存している。ヘーゲルは現象学を論理学への導入とみなし，絶対知の概念からそのまま存在へと移行するという仕方で現象学と論理学を結びつけていた」(R 214)という。しかし夏学期間に，ヘーゲルの草稿は，まだ完成していない。1806年10月20日になってようやく，最後のボーゲンを出版社に送った（ニートハンマーへの手紙1806年10月18日)。そして最後のボーゲンも確かにまだ「序文」を欠いていた。

この時期にようやく，著作は，最終的な標題をもつようになった。というのも夏学期に，1806/07年の冬学期に向け，依然として「論理学と形而上学すなわち思弁哲学，自著による現象学が先行する (Logicam et Metaphysicam s[ive] philosophiam speculativam praemissa Phaenomenologia mentis ex libri sui [!]：学の体系，第1部はまもなく公刊されるだろう (proximime proditura parte prima))」を予告しているからである。たしかにこのように「現象学」というキーワードはすでにあげられているが，依然としてヘーゲルの出発点は，「体系」の第1部が本質的には「論理学と形而上学」を含み，「現象学」はただ「先行」するにすぎないところにある。ヘーゲルがすでに自然哲学や精神哲学を考慮していないということは，この「口述による (ex dictatis)」の諸分野を読むように予告していることから帰結する。こうしてヘーゲルが編集した1807年11月25日付の『バンベルク新聞』の中の自己広告で最終的に示されているのは，第2巻が「思弁哲学としての論理学の体系と，哲学の残りの二つの部分，つまり自然の学と精神の学を含む」であろうということである (GW 9.447)。

しかし，印刷時に生じたことは，（本来的には「学の体系」に先行するにすぎない）『現象学』に対して「学の体系」を切断することだけではなかった。ヘーゲルはこの第1部という表題も変更する。もともと（「序論」と「緒論」のあいだにある）中間表題は，「意識の経験の学」というものであった。それは，「緒論」の中ではじめて正当化され定式化されたものである (GW 9.61)。著作全体の印刷の後，最終的には「序論」の印刷の後ようやく，つまり1807年の初頭，ヘーゲルはこの表題を「I 精神の現象学」と入れ替えた。しかしこの指示に製本工がみな従ったわけではなく，いくつかのサンプルは，二つの表題を含んでいた (GW 9.51, 444, 469-471)。このことはたしかに混乱を引き起こしたが，表題の変更はいかなる構想の違いも暗示するものではない。「経験の歩みと現象学は，二つの方法というよりむしろ同じことがらの二つの局面である。この同じことがらの二つの局面が，この本の二つの表題を特徴づけている。」(Siep 2000, 63)

(2) 時代的な抑圧，最終的には政治的でもある抑圧の下でヘーゲルは『現象学』を書いたのであるが，これらの抑圧は，疑いなく，この著作の中にその痕跡を残している。1807年5月1日付のシェリングへの手紙の中で，ヘーゲル自身があからさまにこのことについて述べている。「詳細に入り込むことは全体を見渡すうえで害になるように感じられます。しかし，全体とはそれ自身，本性上，交錯しながらあちこちへ行くものですから，全体をうまく際立てようとするならば，全体がもっと明確になり完全なものになるまで，私はさらに多くの時間を費やすことになるでしょう。言うに及ばないことですが，個々の部分は，仕上げるためになお多様な下仕事を必要とします。ただ君はそれを余りに過剰だとしか思わないでしょう。〔問題になっている〕最後の部分が不格好なこと〔に関して〕，君の寛容さは，私が編集をそもそもイェーナでの戦闘を目前にした真夜中に仕上げたという理由で，許してくれるだろうね。」

どのように受容するかについては，この点でさまざまな懸念がうごめいているが，これはとても理由のあることであった。フリースは，ヘーゲルの著作が「彼の言葉遣いのために私にはほとんど受け入れがたい」とヤコービに宛てて書いている。ヘーゲル

が欲しているのは,「人間精神あるいは理性の一般的な哲学史である。この歴史は,ただ精神の側面に基づいてなしとげられた,完全にシェリング的な自然哲学であって,ほとんどシェリングを超えることができていない。」これに対して,シェリングは,本当にさげすむように,ヴィンディシュマンに宛てて手紙を書き,次のことに注意するよう求めている。「あなたはもつれた髪の毛をどのようにときほぐすのですか。あなたがこのもつれを神に対する畏敬の念の側面から受け取らないように望みます。また,ヘーゲルが自分の個人的本性に即して認められているものを,普遍的な尺度として樹立しようとするやり方を他方で大目に見るならば,それは誤りでしょう。」フリードリッヒ・シュレーゲルの非難と対応させれば,ヤコービは「フリードリッヒ・ハインリッヒ・ヤコービであること」と「人間であること」を取り違えていることになるだろう (PLS 1/1. 263)。フリースとは異なり,ジャン・パウルは,シェリングに対するヘーゲルのこの距離を感じ取っていた。ヘーゲルがシェリングを驚愕させたのは,「ヘーゲルの明晰さ,文体,自由,そして力強さであった。またヘーゲルは,父なるポリープであるシェリングから解放された。人は,この相互にばらばらになった腕と頭のポリープを再び簡単に父なるポリープにはめ込むことができるのであるが。」(HBS 87-89頁)

(3) こうした生成史から残されたもろもろの痕跡,さらにまたローマ数字もしくは大文字によって分けられたこの著作のもつ二重の編別構成の,そして最後には「精神の現象学」が——極めて短縮されたものとして——のちに『エンツュクロペディー』の三テキストの中の主観的精神の哲学に組み込まれていることは,新ヘーゲル主義の登場以来,『現象学』の基本構想について,いわゆる裂け目や,後の拡張について不適切な仮説を導き出す。そうこうするうちに,この著作の歩みをめぐる解釈の迷路がはっきりしてきた (Pöggeler と Fulda を参照)。ただし,それらをここで描き出すことはしない。

1807年に実現した構想が当初からあったという見方に与するものとしては,——のちにテキストが拡張したことに対する証拠が欠けていること,またテキスト自身のうちにかの見方を指示する箇所が多くあることがあるのだが——それとともに,ローゼンクランツの報告および最近の「現象学の論理学」の研究がある。ローゼンクランツの報告というのは,ヘーゲルが1806年夏学期に「絶対知」から論理学の「存在」に関心を移したというものである。実際ヘーゲルは現象学の最後で,「学のそれぞれの抽象的契機には」(したがって論理学には)「現象する精神の一つの形態」(GW 9. 432) が対応するということを主張していた。こうした情報は,さしあたりヘーゲルの当時の論理学構想がまさに早急な変化の中にあるだけでなく,論理学と形而上学の分離を統一的な形而上学的論理学へと変革しようとしている限りにおいて,研究の方向を誤らせもした。したがって,1804/05年の初期の構想も,ニュルンベルク初期に示されるあとの構想もしくは『論理学』の構想さえも,『現象学』の内的論理の解釈のために考慮に入れることはできない。その内的論理にもっとも近いのは,「体系構想Ⅲ」の中の簡単な体系草案である。その草案から,『現象学』の「諸形態」の全体図を論理学の構造へと写し取ることができる (本書237頁)。このことはもちろん驚くことではない。というのは,ヘーゲルはその草案を,『現象学』の印刷と並行して,しかも『現象学』を見渡しながら,書き留めている。しかし,この草案を実現したようないかなる論理学も認められない。それは,『現象学』の構築のための見取り図というよりも,むしろ『現象学』を度外視したものである。

(4) したがって,『現象学』にまつわる中心的な問いは,このような整合性を問うことではなく,むしろ「体系」における『現象学』の位置づけと「体系」にとっての『現象学』の機能を問うことである。『現象学』のテキストに従わずとも,ローゼンクランツの報告 (R 214) とヘーゲルのシェリング宛の手紙 (1. 5. 07) によると,『現象学』は,体系への「導入」であり,したがって『現象学』は,実際には体系の外にあるということである。これに対して,『現象学』の扉と中間表題によると,『現象学』はそれ自体,体系の第1部なのである。こうした曖昧さを付与するのが,ヘーゲルのイェーナ構想における特徴である。イェーナの体系構想は,1801/02年の冬の最初の草案にまでさかのぼる。——しかしそこでは,論理学は二重の機能が与えられていた。

体系の第1部として，論理学は同時に，体系，より詳しくは形而上学への導入としての役割を果たす（本書210頁参照）。しかしながら論理学は，自己の性格を変え，次第に，本来的な思弁的学として，形而上学と合体することによって，もはや導入の機能を引き受けることができなくなる。

　しかしこうした欠陥は，新しい体系部分，さらにいえば，いかなる模範ももたない体系部分を練り上げるためには十分な根拠をなさない。学を唯一の原理，唯一の絶対的に第1の原則に基礎づけるというカント・フィヒテ的な体系構想（本書164頁以下参照）の挫折にもかかわらず，さらにまた，仮説的かつ蓋然的に真なるものから開始するという後期ラインホルトの試みの挫折や（本書180頁参照），「知的直観」へのシェリングの依拠（SW I/4. 368）の挫折にもかかわらず，──ヘーゲルは「序言」と「緒論」で一致し，「学」の正当化・基礎づけの必然性について主張する。直接的な精神の定在である「自然的な意識」の知と「学」との差異が「知的直観」を必要とするのは，「無味乾燥な断言」を乗り越え，知的直観による真理の表明を立証するためである。というのは，直接的な自己意識は「絶対的なもの」であるからである。すなわちこの自己意識は，「絶対的な自立性」をもち，「絶対的な形式」であり，「無制限の存在」をもつからである（GW 9. 23）。それゆえ，「学」は，学自身から始まることもできず，自己を学へと高める直接的な自己意識への呼びかけから始まることもできない。「学」は，自然的な意識が真の知へとその意識自身の中で進んでいくこと，そしてこの内在的な運動を通じて，「真の知へと推し進められる」（GW 9. 55）こと，つまり明示された運動が自然的意識に固有の運動であること，このことの証明を行わなくてはならない。こうした学一般の生成，あるいは知の生成こそが，学の体系の第1部としての精神現象学が描き出すものである（GW 9. 24）。そして，こうした「学の概念が獲得される道程」とは，「学」が偶然の発見物になってしまうような恣意的なものであってはならない。この道は，思考の諸規定を通じてみずからの方向性や規定性をもつのであり，「そして思考の諸規定によって，同様に，必然性をもった完全なものになるのである」。その結果，こうした準備段階は，偶然的に哲学をするということを解消する。［…］むしろこの道程は，概念の運動を通じて，その必然性において意識の完全な世界性を抱括するだろう」（GW 9. 28-29）。「この道程の学は，意識が行う経験の学である」（GW 9. 29, 61）。『現象学』がこの道程を「現象する知の叙述」として描き出す限りで，『現象学』は，学の内在的な展開の外部にあることになる。しかしこの道程が，それ自身学の必然的な道程であり，したがって学の場の中にある限り，『現象学』はまた，「学の体系」の外部にあるのではなく，むしろ学の第1部をなすのである。

　(5) しかし，自然的意識が学になる道程は，素朴なもしくはお祭り気分の高まりの道程ではなく，破壊と懐疑 Zweifel の道程である。そしてその懐疑はあれやこれやの憶測による真理をたんに疑うことではなく，むしろ「絶望（Verzweifelung）への道程」なのだ。この道程が示すのは，そもそも「現象している知は真理ではないということ」である。この点で，この道は懐疑主義とかかわりをもっている。というのも，古代懐疑主義は，自然的意識が憶測した真理を破壊するものであるからである（本書190頁以下参照）。「現象する意識の全範囲に向けられる懐疑主義は，［…］精神がいわゆる自然的な表象に絶望をもたらすことによって，真理が何であるのかを，精神に初めて巧みに吟味させる。」とはいえ，『現象学』の視野においては，懐疑主義は最終的にはそれ自体，真理ではない意識諸形態の系列に帰属する。というのは，懐疑主義は，真理ではない意識を廃棄しながら，つねにただ純粋な無へと到達するからであり，「こうした無が規定されており，そこからそれが生じた無であるということ」，したがって「規定された否定 bestimmte Negation」であり，それとともに意識の諸形態のなかにある新しい無であることを度外視しているからである。したがって，懐疑主義は，それだけで受け取れば，また導入としても用いることはできない。『現象学』は，初めて真の懐疑主義であり，「自己を完遂する懐疑主義」なのである（GW 9. 56-57）。

　ヘーゲルは，すでに「懐疑主義論文」の中で，同時代のゴットロープ・エルンスト・シュルツェ（本書191頁以下参照）の懐疑主義に対して，もっとよい選択肢として自己の方法を勧めていることに示

れるように，古代の伝統を踏まえるという目的で，自己の立場のために懐疑主義の概念に対して異議申し立てをしない。たしかに，シュルツェの懐疑主義について明らさまには問題にされていない。しかしヘーゲルは，シュルツェが，みずから匿名で著した『絶対者に関するアフォリズム集』の中で，シェリングの絶対者の概念と「知的直観」についてぶちまけていたあざけりに対して明確に答えている。しかも，ヘーゲルは，同様のあざけり的返礼によってではなく，自己修正の性格も伴う構想の変更によって答えているのである。同一哲学における絶対者とは，「そこにおいては何物も他者によって区別されることができないもっとも混じりけのない単一性であり，もっとも純粋な統一」(PLS 2/1.344)なのだというシュルツェのイロニーを，ヘーゲルは，「認識における空虚な素朴さ」に対する侮辱であるということを通じて補強する。その空虚さとは，絶対者を，「よく言われるようにあらゆる牛を黒くするという暗闇」(GW 9.17)と称するようなものである。シュルツェが皮肉ったのは，同一哲学によって吹聴された絶対者の認識が，「絶対者の中に精神が沈み込むことによる精神の変容」(PLS 2/1.350)であるということであった。ヘーゲルの返答は，絶対者の概念を，反省を取り入れることによって具体化し，同時に活性化するというものである。すなわち哲学の場というものは，「精神の生成の運動を通じてのみそれ自身の完成と一貫性」をもつということである。精神の実体は，たしかに「変容された実在性」であろうが，しかし，「みずからがそれ自体単一であるかもしくは直接性そのものである反省」(GW 9.22)としてなのである。シュルツェは「天国の乙女」としての哲学について，「この世のもの」はどんなものであれ，「それに乗って乙女のもとへとどんどん登っていくことができる」どんな梯子にもならない(PLS 2/1.350)のだと嘲弄する。ヘーゲルが人の中に認めているのは，個人にとって，「学が個人に対してこうした立場への少なくとも梯子足りうることを要求する権利」があるということである(GW 9.23, Meist 1993を参照せよ)。こうしてヘーゲルは(ローゼンクランツによると，1804年以降)，はじめから，懐疑主義的な攻撃の鋭鋒をくじくために，同一哲学(1803年から)に対する懐疑主義的批判の正当な契機の統合を試みる。というのは，懐疑主義を自己の外部にもつのではなく「貫徹された」もしくは「完遂された懐疑主義」(〔『エンツュクロペディー』〕第1版第36節)を基礎としてみずからを高めるような「学」が，初めて懐疑主義の攻撃から安全である術を見出すことができるからである。

こうした絶対者の概念をめぐる同一哲学と懐疑主義との議論の文脈を通して，疑いなく，いくつかの時代固有の契機が『現象学』，とりわけその「序文」の中に入ってきた。『現象学』の第2版を用意している晩年，ヘーゲルは，「1807年の著作の改訂のためのメモ」の中で，これについて釈明をしている。「初期の固有の仕事，手を加えていない，——当時の執筆に関連して——序文の中で：抽象的な絶対者が当時は優勢であった。」(GW 9.448)これに関連して，ヘーゲルが引き合いに出すのが，「絶対者に対する単調さと抽象的普遍性」(GW 9.17)に対する初期の論争である。しかしながら，こうした時代の制約性は，『現象学』のテキスト全体に妥当するのではなく，「序文」に対して妥当する。「1807年の著作の改訂のためのメモ」もまた「新しい序文のためのメモ」として理解されるべきである。その一行目で言われているのは「新しい序文」(「再序文」の代わりに)(GW 9.448)である。ヘーゲルの友人であるヨハネス・シュルツェの報告もまた，談話とともにこのメモを引き合いに出して，なおもヘーゲルが始めた加筆は，テキストを「本質においては変更せず，テキストにとって表現がふさわしくなく，あるいは文章の構成が十分明確に示されていないように見える個別の部分において変更するものであって，ちょっとした変更によって叙述をわかりやすくすることを求めるものであるとしている」(GW 9.478；版の比較を参照，GW 9.9-26)。

(6) 後のヘーゲルの観点に関する重大な変更は，思考の展開ではなく，むしろ『現象学』の体系的な位置づけに関わるものである。ヘーゲルは，『現象学』を自己の体系をなす『エンツュクロペディー』の要綱では取り上げない。ヘーゲルが説明するのは，体系の代わりに，要求される「絶望」が「本来的には，すべてを捨象し，みずからの純粋な抽象と思考の単一性を把握する自由を通して，純粋に思考しようとする決意の中に」(〔『エンツュクロペディー』〕

第1版第36節）あるということである。それにもかかわらず，ヘーゲルは，現象学の最初のいくつかの章のテーマ構成を『エンツュクロペディー』の要綱の中に取り入れる。まずは暗黙のうちに主観的精神の中に，のちに明確に（第413-439節），「確信を真理へと高めること」，つまり精神の概念である「理性」（第334節）にまで高めることの中に取り入れる。ヘーゲルは『エンツュクロペディー』の三つの版に緒論を先行させている。さらに後の二つの版にも，論理学への詳しい緒論を先行させている。それが客観性への思想の三つの態度（第26-78節）である。こうしたことを通じて，『現象学』の体系としての機能は根源的な導入から精神哲学の一部へと移される。したがって同時に，『現象学』一般の体系としての要求へのさらなる問いが立てられる。

　すでにヘーゲルの弟子や敵対者は，こうした混乱した状況を詳しく検討してきた。そして，そのさいときおり空想的な解決を行ってきた（Fulda 1965, 57-78）。しかし根本的な特徴の点で，ヘーゲルの解決はとてもはっきりしたものである。(1)ヘーゲルは『現象学』の導入機能に固執した。つまり『現象学』が「純粋学」それゆえ論理学の概念を生み出す（第36節）。あるいは別の言葉でいえば，『現象学』が哲学的学の立場の必然性を証明する（第25節）。(2)しかしヘーゲルは，いまや『現象学』の対象である意識もまた「絶対的な始元ではなく，むしろ哲学の円環の一つの分肢であることを認める（第36節）。(3)それでもヘーゲルは，もはや『現象学』を学の体系の第１部と見なしていない。確かにヘーゲルは『大論理学』の第１版を「学」の第２部として明確には示していない。しかし，そうはいってもヘーゲルは，序文の中で論理学を「現象学に対する第一の帰結」と位置づける（GW 11. 8）。しかしながら，『大論理学』の第２版への補足の中で，ヘーゲルが明確にしたのは，学の体系の第１部という最初のタイトルが，1832年春に企画された『現象学』の新版には「もはや添えられていない」（GW 21. 9）ということである。

　同時期に成立した「1807年の著作の推敲へのメモ」の中でも，ヘーゲルは，「第１部とは本来的に a)学に先行するもの」と注釈している。しかしこのことは，現象学の体系としての機能という評価をのちに修正したということではない。すでに『エンツュクロペディー』第１版で，『現象学』が「純粋な学に先行するはずである」（第36節）と述べられている。そしてすでに，1806/07年の冬学期の講義目録が現象学の刊行を前に，なお「現象学が先行して（praemissa Phaenomenologia mentis）」というかたちで思弁哲学を予告している。したがって，ここでもまた『現象学』はすでに「学に先行するもの」とされているのである。

参考文献：Otto Pöggeler: Zur Deutung der Phänomenologie des Geistes. HS 1 (1961), 255-294; Hans Friedrich Fulda: Das Problem einer Einleitung in Hegels Wissenschaft der Logik. Frankfurt am Main 1965; Pöggeler: Die Komposition der Phänomenologie des Geistes. HSB 3 (1966), 27-74; Fulda: Zur Logik der Phänomenologie. HSB 3 (1966), 75-101, beide auch in: Fulda / Henrich (Hg.): Materialien zu Hegels »Phänomenologie des Geistes« (1973), 329-590 bzw. 391-425; Horst Henning Ottmann: Das Scheitern einer Einleitung in Hegels Philosophie. Eine Analyse der Phänomenologie des Geistes. München 1973; Kurt Rainer Meist: »Sich vollbringender Skeptizismus«. G. E. Schulzes Replik auf Hegel und Schelling (1995). PLS 2.192-230; Siep: Weg der »Phänomenologie des Geistes« (2000), 63-82; Schäfer: Dialektik und ihre besonderen Formen (2001),164-176.

4.7.2 体系への序文

(1)　ヘーゲルの時代には，序文は，著作の印刷の後にようやく書かれている。たしかに，序文は，著作をあらかじめ見渡すものであるが，それは印刷された著作の回顧という形においてである。このことは，ヘーゲルの序文においては，部分的にだけ妥当する。というのは，この序文は，『現象学』に特化されるものではなく，むしろ体系一般への序文であるからである。本の構成において，体系の第一部は，理屈からすると，『現象学』の後にはじめてくるものである。それで，この序文は，一部は，回顧的には『現象学』を見渡すものであり，一部は，『現象学』に続く「真なるものの学」を予見するものである（GW 9.9-30 および 30-49）。ヘーゲルの『現象学』についての自著紹介によれば，序文が表明しているのは，著者にとって「現象学の今日の立場において

哲学の欲求と思えるもの」，さらに現在，哲学を貶めている哲学的スローガンの尊大さと乱雑さや，哲学と哲学研究にとって何が重要であるかについて，である。

(2) このような現代の「哲学への欲求」は，哲学の学への高揚である。というのは，哲学の真の形態は，「ただ哲学の学的体系だけ」であろうからだ。しかし，現在の思考は，均質のものではない。現在とは，「誕生の時代であり，新しい時代への移行のとき」である。「精神は，みずからの定在と表象を伴った既存の世界と断絶している。」イェーナ時代の初期までとは違って，ヘーゲルにとっての哲学の欲求とは，もはや「古代を回復すること」や近代の非哲学の誤解を純化することに向かうのではない（本書212頁を参照）。精神は，確かにつねに「たえず前進する運動の中にある」。しかし，ことに現在は，精神が変革される質的飛躍の時代である。哲学を歴史的に制約しているものを反省することは，いまや哲学の概念にとっての構成的機能を獲得している。もはや，変化に逆らう哲学の独断的な無時間的形態へと方向づけるという意味ではない。ヘーゲルはいまや哲学をこうした精神が絶え間なく前進していくという生産的関係のなかで捉える。というのもヘーゲルは，こうした関係をいまや精神の固有の展開として認識しているからである。

「哲学の学への高揚」，「知への愛」を「現実的な学」へと高めるという企画は，同時代の――感傷的もしくはロマン主義的に性格づけられる――感情への欲求に対抗するものであり，あるいは絶対者の直観もしくはそれへの直接的な知，究極的には「洞察」の代わりに「宗教的高揚」を欲求に対抗するものである。たしかに，ヘーゲルは，こうした要求に，限定つきで，或るもっともらしさを認めている。それは，神の「彼岸的な存在」へ目を向けるというかつての専横的な方向に基づいて，近代の人間を「感性的なもの，粗野なもの，個別的なものへの沈み込みから」引きずり出すことが命じられているように見える場合である。しかしながら，哲学の学的性格から，このような要求は断固拒絶されるべきである。「宗教的高揚だけを求める人は，［…］自分がそれをどこに見つけるかを思うてみるがよい［…］しかし哲学は宗教的に高揚しようとすることに用心しな

ければならない。」（GW 9. 9-15）

(3) 思考の望まれた変革は，しかしまた，困難を伴う諸傾向をもたらしている。つまり以前の諸形態の豊かさの喪失，規定の欠如，「内容の展開と特殊化」の欠如。ここに，ヘーゲルは，普遍的な悟性的性格の不足と，哲学は，いまや「何人かの個人の秘教的な所有物」であるという外観を帰す。こうした傾向に対立して，そして初期のヘーゲル自身による悟性への低い評価に対して，ヘーゲルは，いまや「悟性を通じて理性的な知へと到達する」という意識の要求を正当化する。「学の悟性的形式」へのこうした要求を，ヘーゲルはことに，新しい「形式主義」につきつける。この形式主義とは，あらゆる規定をただ「空虚さの深淵」の中に沈め，絶対者の中ですべては一つであると確信するものであり，このことを通じて，絶対者は，「すべての牛が黒い」夜と称されるのである（本書193頁以下を参照）。しかし，これに対する別の選択肢は，絶対者の思想を断念することではなく，むしろ絶対者自身の本性を理解するために「絶対的現実」を認識することである（GW 9. 15-18）。

(4) こうした認識にとって決定的である「洞察」を，ヘーゲルは，もっともよく引用されるにもかかわらずもっとも理解されていない自身の言葉において述べている。「大切なことは，真理を実体としてではなく，同様に主体として把握し，表現する」（GW 9. 18）ということである。理解するにあたって問題となるのは，実体概念というより主体概念である。というのは，「実体」とは，存在しているものであり，真理のなかに存在している本来的なものだからである。これに対して，「主体」について語ることは，「近代的主体」を連想させるし，あるいはさらにカント・フィヒテ的な「絶対的主体」を連想させる。しかし，ほとんどが〔ヘーゲルの主体概念に〕合致しないのである。カント同様にヘーゲルの哲学を「主体の哲学」と特徴づけることができるが，それらは根本的には異なる意味をもっているのである。真なるものあるいは絶対者を主体として把握することは，その主体性の構造を認識することを意味する。それゆえヘーゲルは，「体系の叙述」に対する先行的把握において，体系でもって何が語られているのかの見取り図を描こうとした。

主体性の根本特徴は，活動である。そしてこの活動は——絶対者の活動として——二つの条件を満たさなければならない。主体性は，第1に，前提された基体に帰することはできない。というのも，絶対者の外部にある基体とはどのような種類のものなのだろうか。そして主体性は，第2に，自分自身以外の別のものに向けられることはできない。——つまり，絶対者の外部に何もない場合，それ以外に主体性はどこに関係づけられるのだろうか。こうした活動性に対して，哲学史には，或る（もちろんパラドックス的な）概念が刻印されている。スピノザの「自己原因（causa sui）」の概念である。そしてこの概念では，主体性概念の二つの契機が考えられている。絶対的な自発性と自己関係性とである。しかしこの二つの契機は，純粋な主体性もしくは経験的主体性の理論という，それらの根源的な文脈からひきはがされ，絶対者の主体性の諸契機に，言い換えれば「絶対的な主体性」の諸契機になったのである。

　主体として把握された実体による，自己自身に向けられた，自己自身を生み出す活動は，ヘーゲルによってさらに「自己自身の生成」として規定される。ヘーゲルは，主体性の概念において，自己への実体のこうした生成を「主体，もしくは自己自身の生成」と語っている。こうした「自己自身を定立する運動」は，しかしながら，思考する主体の内在的構造であるだけでなく，むしろ現実性一般の構造である。すなわち，論理的現実，また自然的そして精神的現実の構造である。「生」とは何か，私たちが有機体の自己関係において認識できる反省性の自然的な形式としてしか解されない。ヘーゲルはこうした連関において，またアリストテレスの目的の概念を想起させる。「目的とは，直接的なものであり，静止的なものであるが，〔他者を〕動かす静止的なもの，すなわち主体である。」日常の生において，もろもろの自己意識的な主体はみずからに目的に従った行動を帰するということは，なるほど正しい。これとの類比として，したがって，自然神学の，たんに教化的でなく学問史的に意味のある偉大な運動は，自然の中に現れる目的関係をただ神的主体によってもたらされた関係として考えることができた。しかし，自然神学の原理的な終焉とともに，こうした目的関係は，それらが自然の中で客観的なものとして現れると考えられる限りで，もはや自己意識的な神的主体の存在に対する表示として考えることはできない。現実に内在する合目的性の構造は，むしろ，反省的判断力の概念として超越論哲学的にか，もしくは実体の主体らしさの表現として思弁的に考えられなければならない。

　活動，関係，自己関係，そして目的関係は，主体性の概念の基礎となる契機である。しかしながらそれらが，主体性の概念を汲み尽くすわけではない。一層高次の契機は精神の知と自己-知である。実体の主体性の構造を示すものは，それゆえ，一方では，精神的実在もしくは，他者についてのこうした知や知の自己関係を通じて際立たせられる「主体」の登場である。他方では，知の自己関係の構造を作り出しているのは，——孤立した主体を超え出て，精神的なすべての生の構造である。というのは，精神の知の自己関係の諸形式，それゆえ「絶対的精神」の三つの形式は，ヘーゲルにとっては，なるほど個別的な主体の自己-知なしには考えることができないような精神の自己-知の形式なのである。一層高次の主体性の精神的契機——知と自己知——は，問題なく精神的実在の現実と結びついている。しかし現実の構造は，単純に個別的な主体の自己-知から導き出すことはできない。個々の主体はこうした主体の知と自己-知の中で論じ尽くされるのではない。むしろ個々の主体がこうした主体を超え出て精神的な現実として現実の最高の領域を作り出すのである。というのは，実体は，それが個々の主体をもたらすことによってあらかじめ主体であるのではなく，むしろ主体性の構造を総体としてもつことによって初めて主体だからである。

　真なるものを実体として，そして実体を同様に主体として把握するということは，ヘーゲルにとって，絶対者は精神であると定式化するさいの彼の最高の表現である。精神の概念の中に，これまでに数え上げられた主体性の契機は取り集められ，体系的連関の中にもたらされる。それらは，活動，生成，自己関係，知と（最高の形式としての）知の自己関係，知るものと知られるものとの同一性である。これらの契機の展開において，ヘーゲルの精神概念は自我もしくは自己意識の超越論哲学の概念の継承物である。

「精神」は実体であるが，同様に主体としても考えられなければならない実体である。「精神」は知として現実的な定在であり，知のほかにはいかなる現実の形式ももたない定在である。精神は，概念と実在性が一つになるまさにそうした現実の形式である。それゆえ精神の概念は，まずは実体概念の中に求められ，主体概念としてさらに規定された絶対者の概念である。しかし，たとえ精神が一つの定在であり知であろうとも，——またこのことが主体性が展開された概念に属していようとも，しかしこの知の内容は，必ずしも同時にこの知の定在ではない。知である定在は，自己以外のものをも知ることができ，——自己自身との関係の中にあるのではなく，むしろ他との関係の中にあるようなものでもある。精神の完全な形態，絶対的な形態は，それゆえようやく，一面では，精神の実在性が精神の自己自身に関する知として把握されうるまさにその形態であり，他面では，知の対象が精神の概念に他ならないまさにその形態である。言い換えれば，ヘーゲルがのちに述べているように，精神の実在性も精神の概念も「絶対的理念の知」であるような，まさにその形態である（〔『エンツュクロペディー』〕第553節）。

(5) 「主体」に関するヘーゲルの語りについてだれもが思いつく誤解を，ヘーゲル自身が，予見して反論していた。もちろんうまくいったわけではないが。誤解とはすなわち，ヘーゲルの定式的表現が次のように述べようとしたということである。つまりそれは，絶対者が，よく知られた言い方の意味で，固定された「主体」として捉えなければならない。あるいはもっとはっきり言えば，このことでもって，キリスト教の教義に匹敵する意味で，人格性または神の人間化が主張されているといったものだ。こうした見方は，たしかに理由のある「要求」に基づいたものである。それはまさに「絶対者を主体として表象すべきだという要求」である。しかしながらすでにヘーゲルが「表象する」という言葉を選んだことが，特徴的であり決定的である。そうしてヘーゲルは，こうした要求を語りだす命題を，容易に絶対者の主体性の正しい認識を狂わせるものにふさわしいものとして見ている。というのは，こうした命題の助けを借りて，絶対者は固定した主体として表象され，その主体にあとから述語が付加されることに

なり，このことによってむしろ実体もしくは絶対者の主体性の認識は誤ってしまうからである。したがってここでは，ヘーゲルは意外なほどはっきりと次のように述べる。「絶対者が主体であるというかの予見は，したがって絶対者の概念はたんに現実性でないばかりか，むしろその現実性を不可能にしている。というのは，かの予見は，主体を静止した点として想定しているが，しかし現実は，自己運動であるからである。」そして積極的に次のように定式化される。「自己をそのように精神として知る精神が学なのである。」(GW 9. 18-22)

(6) 「序文」の第2の部分は，まず現象する精神の道程が，すぐさま真なるものに向かう代わりに，「真なるものの学」にまで追い求めていくことになぜ意味があるのかという問いに答えている。この問いそのものは次のように要約的に示される。この問いは真なるものと偽なるものとの確固とした区別を前提とし，そして歴史的真理と数学的真理と哲学的真理の異なる本性を隠蔽する。たしかに，歴史的真理は偶然的な側面に従った個々の定在にだけ関わっている。しかし，歴史的真理であっても，たんに「ありのままの結果」ではなく，「自己意識の運動」を必要としている。数学的真理は，たしかに哲学的真理と同様に，洞察の対象であるが，「数学的証明の運動［…］は，ことがらに外的な行為である」。こうした外面性のゆえに，ヘーゲルは，それらの真理を，その反論の余地のない証明にもかかわらず，不十分な認識の例証として見るのである。これに対して哲学は，「現実的な，自己自身を定立する，自己の中で生き生きしたものを，つまりその概念における定在を」一つの過程と見なし，「そしてこの完全な運動が肯定的なものとその真理をなしている」。「真理」とは，ヘーゲルにとってここでは，判断の真理や，認識論的真理ではなく，存在論的な真理なのである。

しかし，こうした運動に固有の概念は，そうヘーゲルは言うのであるが，「論理学に帰属するか，もしくはむしろ論理学そのものなのである」。ここでヘーゲルが論理学に与えている記述は，「先取りされた断言」以外のなにものでもない，こうした先取りは別として，『現象学』の「序論」はただ誤った諸形式を退けるだけである。ことにそれは，幾何学

的方法であるが，またカントの「まだ概念化されていない三重構造」であり，そればかりかシェリングの「構成 Construktion」でもある。ここでは両者には「形式主義」が疑われ，したがって，「手品師の技」の疑いがかけられる。「学は概念の固有の生を通してのみ組織化される必要がある。」こうした方法理念を正当化するために，ヘーゲルは，あらかじめ定式化された存在論的な洞察，「体系そのものの叙述を通して正当化されなければならない洞察」に取り組む（GW 9. 18）。「実体は自己自身において主体である」ので，「あらゆる内容は，主体自身の自己反省であり」，みずからの「自己運動」であり，たんに「概念の内在的なリズム」を妨げるだけの，内容にとって疎遠で外的な反省は，必要ない。要求される「概念の労苦」でさえ，ヘーゲルは，構成的にではなく，「概念そのものに注意を向けるものとして」，「概念の運動」を「傍観するもの」として観想的に特徴づけている（GW 9. 30-42）。

(7) 哲学的に証明された概念についてのさらなる誤解は，外的な形式主義からではなく，言語の構造から生まれている。言語は，内容が偶有性もしくは述語として関わる，静止した主語という表象を示唆する。これに対して，そもそも「述語は，実体を表現し，そして主語自身は普遍に属する」。ここで問題なのは，「或る命題一般の形式とその形式を破壊する概念の統一との葛藤」であり，その葛藤において，「主語と述語の区別を自己内に含んでいるような判断もしくは命題一般の本性は，思弁的命題によって破壊されるのである」。ヘーゲルはこの転倒を「神は存在である」と「現実的なものは普遍的である」という命題で説明している。誤って考えられた主語は，そのつど誤って考えられた述語へと「溶解する」。この述語は，実体的な意味，つまり「自己の概念の意味」（GW 9. 42-49）を含んでいる。

こうした思弁的命題の問題性は，のちのヘーゲルの判断論の背景を，ことに真理は判断の形式においては表現されない（GW 12. 28）という思弁的命題に対する評価の背景をなしている。しかし，この問題性は，ヘーゲル哲学の特殊な方法的問題ではなく，哲学的言明一般を特徴づける。ヘーゲルと関連して，ルートヴィッヒ・フォイエルバッハは，のちに，神学的伝統の命題を転倒し評価しなおす。「神は愛である」という命題を，「愛は神的である」と。しかしフォイエルバッハは，ヘーゲルから学んだこうした主語の述語への転換を，思弁哲学一般の改革的批判の方法として拡張したのである（Feuerbach, GW 9. 244）。

参考文献：Frank-Peter Hansen: Hegels »Phänomenologie des Geistes«. »Erster Teil« des »Systems der Wissenschaft« dargestellt an Hand der »System-Vorrede« von 1807. Würzburg 1994; Jaeschke: Substanz und Subjekt. In: Tijdschrift voor Filosofie 62 (2000), 439-458.
思弁的命題について：Reinhard Heede: Die göttliche Idee und ihre Erscheinung in der Religion. Untersuchungen zum Verhältnis von Logik und Religionsphilosophie bei Hegel. Diss. phil. Münster 1972, 205-254: »Der spekulative Satz«; Günter Wohlfart: Der spekulative Satz. Bemerkungen zum Begriff der Spekulation bei Hegel. Berlin / New York 1981; Schäfer: Dialektik und ihre besonderen Formen (2001), 177-193.; Hoffmann: Hegel 2004, 197-278.

4.7.3 緒論

(1) 「序文」が最後に印刷されたテキスト部分であり，「緒論」が最初の，約一年前に印刷されたテキスト部分である。それにもかかわらず，両者の間に構想上の差異はない。しかし「緒論」は，『現象学』に対してのみ向けられた「限定的な」意味だけをもつ。「緒論」は，『現象学』の方法を，認識に先行する批判の「自然な表象」へのよりよい選択肢として勧めることから始める。もちろん，憶測によって正当化されたこの要求を，粗野な道具を用いる表象として暴露することによってなのだが（「道具」「モチ竿」）。それに加えて，この誤ってはいるが綿密に考えられたやり方は，認識とその絶対者からの分離についての，証明されない時代遅れの仮定に基づいているとされる。というのは，絶対者の外部には，認識も真理も存在しえないからである。真理の認識は，それゆえ，あらかじめ生じているのではなく，むしろ，仮象からの学の解放と「真なる知」への高揚として，「現象する知の叙述」の過程の中に生じるのである。

こうした目標への到達は，二重に条件づけられている。まずは，「実在的でない意識の諸形式の完全

性」が，諸形式の必然的な「規定された否定」を通じてつくり出された連関において貫ぬかれているという条件である。こうした完全性の基準に，のちのヘーゲルは，もはや歴史的過程についての叙述を従わせることはしない。このことは，この完全性の基準が果たされることもないし，また目標の到達のためだけにも必要でないというもっともな理由からである。第2の条件は，概念と対象の一致の実現という点にある。この一致が獲得されるのは，「現象と本質が等しくなるところであり，したがって，意識の叙述がまさに精神に固有の学の地点と合流するところである〔すなわち，したがって精神章において〕。そして最後に，意識そのものがこうした自己の本質を把握することによって，それは絶対知そのものの本性を言い表すのである」。

(2) こうした構想にとって根本的なことは，意識の経験の歩みは，「規定された否定」の過程として再構成されうるという確信，すなわち，矛盾の結果がたんなる無ではなく，新しい対象を生み出すという意識過程についてのヘーゲルの確信である。こうした過程をヘーゲルは，「学」を通じた「認識の実在性の吟味」として考えているのではない。というのは，このためには前提された尺度が必要だからである。ヘーゲルはむしろこの過程を「意識の経験の学」として，「知」と「真理」の規定を媒介とした意識の自己吟味の過程として考える。ヘーゲルによる超越論哲学の継承の跡は，この方法の叙述の中にある以上にははっきりと見ることはできない。意識は自己から，対象，自己にとっての真なるもの，自己にとっての「即自」を区別する。しかし意識は同時にみずからの知を通じてこの対象に関わる。「即自」はしたがって意識にとってだけの「即自」である。意識が真なるものとして説明するものが「尺度」であり，そこにおいてみずからの知が測られる。しかしこの尺度は，明らかに同時に知に属している。真なるものが知に，あるいは知が真なるものに一致するかどうか，対象が概念にあるいは概念が対象に一致するかどうかは，そのつど同じものである。概念と対象，対他存在と即自的にそれ自身である存在は，両者とも探究している意識に属している。意識は，対象の意識と自分自身の意識であり，真なるものとこの真なるものについての自己の意識であり，即自とこの即自の意識に対するものとの意識である。意識に対抗させて対象から漁夫の利を得ようとする試みは，必然的に挫折する。それというのも，それぞれの対象は意識された対象だからである。知が知の彼岸にある真なるものへと移行しようとするあらゆる試みは，しかしつねに，みずからの彼岸に移住したと想定されるこの真なるものの知に帰着してしまう。意識がみずからの知が対象に相当しないことを見出すとき，この対象もみずからを変更する。そしてヘーゲルは，次のように要約する。「意識が自己自身に即して，自己の知ならびに自己の対象において行う弁証法的運動は，意識にとって新しい対象がそこから生じてくる限りにおいて，本来的には経験と名づけられるものである。」

この分析には，しかしなお本質的な契機が欠けている。新しい対象が「意識の転換」を通じて生じてくるということは，探求している意識とは異なる観察によるものであり，「われわれの付け足し」なのである。そしてこれによってはじめて，「意識の経験の系列は，学的全体へと高められるのである」。意識にとって新しい対象が生じてくるその必然的運動は，「いわば意識の背後で」進んでいる。この必然的運動は，意識にとってではなく，われわれ観察者にとってのみある即自である。そしてはじめて「この必然性を通して学へのこうした道程はそれ自身すでに学であり，内容的には，したがって意識の経験の学」なのである（GW 9. 53-62; GW 9. 29を参照せよ）。

参考文献：Martin Heidegger: Hegels Begriff der Erfahrung. In ders. : Holzwege. Frankfurt ⁴1965, 105-192; Werner Marx. Hegels Phänomenologie des Geistes. Die Bestimmung ihrer Idee in »Vorrede« und »Einleitung«. Frankfurt am Main 1971 ; Konrad Cramer: Bemerkungen zu Hegels Begriff vom Bewußtsein in der Einleitung zur Phänomenologie des Geistes (1976). In: Rolf Peter Horstmann (Hg.). Seminar: Dialektik in der Philosophie Hegels. Frankfurt am Main 1978, 360-393; Annette Sell: Martin Heideggers Gang durch Hegels »Phänomenologie des Geistes«. HSB 39 (1998).

4.7.4 現象する精神の諸形式と諸形態

(1) 『現象学』が対象としている意識の経験は、「精神のすべての体系、言い換えれば精神の真理の全領域」を包括している。自然な、あるいは直接的な意識が通り抜けるべき、意識の「教養形成」の道程は、したがって、二重化された道である。すなわち、それは、(超越論的哲学の「自己意識の歴史」に依拠した) 精神の「抽象的で純粋な諸契機」であるところの、個別的な意識の諸形式の歴史であると同時に、「意識の諸形態」(GW 9. 61) の普遍的な年代順の歴史でもある。ヘーゲルはこの二つの道程を厳密に区別してこなかった。ヘーゲルは、個別的な意識が行う経験の取り扱いから始める。ところが、まずは第1の道に属しているように思われる意識の諸契機が、「精神の歴史の中で自己を自覚した現象としても」登場 (GW 9. 117) しうるのであり、そして、著作の進行の中で、諸契機はますますこの歴史の諸形態によって置きかえられていくのである。彼にとって新しくそして本来の自己意識の歴史となるような歴史の中から初めて、彼は、最終的に「学」への移行を行うのである。

『現象学』の体系的な機能は、こうした道程の進行過程の中で働いている。しかしながら『現象学』の読者にとって、この道程の諸々の宿駅がすでに目標である。というのも、『現象学』の記述は、驚愕すべき鋭敏な分析ならびに予想外の眼目によって、さらにまた鋭く示されたカリカチュアと辛辣な嘲罵によって際立たせられるからであり、その嘲罵によって絶対者の思想家は、決して絶対的とは思われない現実を糾弾するからである。自己を実現する絶対者のこの画廊の絵画は、さまざまな強度において、全体の内部におけるそれらの位置から独立して、あるいはこの全体の内部におけるそれらの体系的な機能から独立して、個々の絵画としても、研究者を魅了する。しかしただ本を読むことだけが、こうした行程の、この「だれ一人酔わぬことのないバッカス祭」(GW 9. 35) の沸き立つ豊かさを伝えることができる。詳しい注釈でさえその豊かさを補うことはできない。

(2) ヘーゲルは、精神の道程を意識の三つの形式という主題で始める (A)。この道程の初めに、もっとも単純な形式が立たねばならない。「感覚的確信」(Ⅰ) であり、「直接的なものの知もしくは存在するものの知」である。しかし、同時に感覚的認識のもつ「無限の豊かさ」を要求するこの知は、貧しい知として証明される。というのも、それは直接的な知として自己の対象の存在だけを語っているからであり、そして言明の試みの中で、この知に対するみずからの対象は消えうせるからである。もちろんヘーゲルの叙述は「感覚的確信の現象学」というより、哲学史的によく知られている議論のタイプのヴァリエーションのように見える。──すでに彼の『哲学史講義』の中で、とくにメガラ派のスティルポン、キュニク派、ゴルギアス、エピクロス、セクストゥス・エンピリクス、他方でまたデイヴィッド・ヒュームを一瞥することで示されるように。けれども、ヘーゲルの「感覚的確信」の叙述は、たんに哲学史的な追憶として示されるのではない。それは疑いなく、〔史実というより〕それに続く諸形式と同様に一つの構築物である。けれども構築物は、体系的な機能を果たす。すなわち真理を直接的な感覚的確信の中に立てる認識形式が、むしろ言語を欠いたものであり、そもそも真理ではありえないということの証明であるという、機能を果たす (GW 9. 63-70)。

第2の意識形態である「知覚」(Ⅱ) にとって対象は、さしあたり「普遍的なものであり、その単一性において媒介された普遍」である、したがって「多様な性質をもつ物」であり──「原子論的な物の存在論」(Siep 2000. 90) の中にあるものである。しかし、ここで意識が経験するのは、知覚の中で真なるものと見なしていた内容が実際にはたんに形式に属しており、そして形式の統一において解消されるということである (GW 9. 83. 71-81)。

第3章の「力と悟性」では、対象は、直接的に意識にとってあるのではなく、「内的な真」であり、法則の静止した国としての超感覚的な真実の世界という「彼岸」にある。しかしこの静止した国は、それが感覚的世界として表象されるとき、「転倒した世界」にさせられるのであり、──そのとき二つの世界の区別は失われていくのである。ここでヘーゲルは、たとえとてもひそかなものであったとしても、

再びライプニッツやカント，そしてまたもや懐疑論，しかしまた新しい科学史や重力の法則をも，さまざまに暗示しながら考察している。そしてヘーゲルはここでまた，意識関係に，したがって意識と意識の内的な非真理である「物」との間の分離に橋を架ける。意識はむしろ関係の二つの側面にあるとされ，その結果「物についての意識がただ自己意識にとってだけ可能だということのみでなく，むしろ自己意識がもっぱらの〔意識の〕諸形態の真相なのだということである。」ここで生じている「自己意識」は，したがって個人的な心理として捉えてはならず，認識論的な原理として捉えなければならない（GW 9, 82-102）。

参考文献：Joachim C. Horn: Hegels »Wahrheit des Sinnlichen« oder die »Zweite übersinnliche Welt«. In: Kant-Studien 54 (1965), 252-258; Hans-Georg Gadamer: Die verkehrte Welt; Reiner Wiehl: Über den Sinn der sinnlichen Gewißheit in Hegels »Phänomenologie des Geistes«. Beide in: Hegel-Tage Royaumont (1964), HSB 3 (1966), 135-154 bzw. 105-154; Wolfgang Wieland: Hegels Dialektik der sinnlichen Gewißheit (1966). In: Materialien zu Hegels »Phänomenologie des Geistes« (1973), 67-82; Klaus Düsing: Die Bedeutung des antiken Skeptizismus für Hegels Kritik der sinnlichen Gewißheit. HS 8 (1973), 119-150; Robert Zimmerman: Hegel's »Inverted World« Revisited. In: The Philosophical Forum 13/4 (1982), 342-370; L. J. Goldstein: Force and the Inverted World in Dialectical Retrospection. In: International Studies in Philosophy 20/5 (1988), 15-28; Kenneth R. Westphal: Hegel's epistemological realism: A study of the aim and method of Hegel's Phenomenology of Spirit. Dordrecht / Boston 1989; Matthias Kettner: Hegels »Sinnliche Gewißheit«. Diskursanalytischer Kommentar. Frankfurt / New York 1990; Annette Sell: Das Problem der sinnlichen Gewißheit. Neuere Arbeiten zum Anfang der Phänomenologie des Geistes. HS 50 (1995), 197-206; Fulda / Horstmann (Hg.): Skeptizismus und spekulatives Denken in der Philosophie Hegels. Stuttgart 1996; Kenneth R. Westphal: Hegel, Hume und die Identität wahrnehmbarer Dinge. Historisch-kritische Analyse zum Kapitel »Wahrnehmung« in der Phänomenologie von 1807. Frankfurt am Main 1998; Andreas Graeser: Hegels Porträt der sinnlichen Gewißheit; Joseph C. Flay: Hegel's Inverted World (1970). Beide in: Köhler / Pöggeler (Hg.): Hegel. Phänomenologie des Geistes, 35-51 bzw. 89-105; Dietmar H. Heidemann: Kann man sagen, was man meint? Untersuchungen zu Hegels »Sinnlicher Gewißheit«. Archiv für Geschichte der Philosophie 84 (2002), 46-63; Brady Bowman: Sinnliche Gewißheit. Zur systematischen Vorgeschichte eines Problems des Deutschen Idealismus. Berlin 2003.

（3）自己意識（B）の概念，すなわち「自己確信の真理」（Ⅳ）の概念を体系的に導入するために，ヘーゲルはみずからの精神哲学，すなわち「承認」（本書224頁，233頁を参照）のテーマを引っぱり出す。しかし，「承認」が精神哲学では，法関係の生成発展の文脈に位置づけられていたのに対して，ここでは，自己意識の生成の文脈におかれ，したがって再びフィヒテによる承認概念の導入とかなり近い関係にある。承認においてはじめて「或る自己意識は或る〔別の〕自己意識に対して」いる。自己意識の現実化は自己意識の「二重化」を要求している。というのは，ようやく自己意識は，対象であると同様に自我であるからである。すなわち「自己意識は，自己の満足をある他の自己意識においてだけ見出すのである」。

『体系構想Ⅲ』とは異なり，ヘーゲルは現象学では，「承認をめぐる闘争」を「主人と奴隷」のテーマおよび「労働」のテーマと結びつけている。そしてまた，それ以上にそこから，ヘーゲルはいまや，伝統的な認識論にも決して見出せず，現在の認識論にもほとんど見出しえない議論と内容」を，知と対象の構想との関係に対する「『超越論的』な問いの中へ含めている（Siep 2000, 97）。──それは，知の概念を広範囲に意識史的に基礎づけるという関心の中にある。このためにヘーゲルは，近代の学問の歴史のはるか彼方にある，哲学史と宗教史の初期の段階に，すなわち自己確信的な形態としてのストア主義の中に登場する「自己意識の自由」に依拠する。懐疑主義において自己意識の自由は，「自己の自由を確信する中で」みずからの対象を否定的-弁証法的運動において消失させる自己意識の一つの契機へと生成するものとされる。懐疑主義は，「自分自身を思考するアタラクシア」として，「不変かつ真実の自己自身の確信」として現れている。しかし，この意識が「絶対的な弁証法的不安定」であることから，意識の絶え間ない矛盾は結局，没思想の「わが

ままな若者のけんか」として示され，みずからの自己矛盾を通して喜びを得るが，お互いに矛盾の中にとどまっている（GW 9. 103-121）。

こうした回顧は，ヘーゲルの同時期の「哲学史講義」（1805/06）と結びつけられるかもしれない（本書595頁を参照）し，同様にヘーゲルの「不幸な意識」の概念は宗教哲学研究と結びつけられるかもしれない。自己の広範囲な学の歴史・哲学史・宗教史に及ぶ意識の歴史の始まりにおいて，ヘーゲルはこの「不幸な意識」を懐疑主義に続く形態として採用する。この形態は，「自己を解放する，不変で自己に等しいものとしての自己意識であるとともに，絶対的にみずから混乱し転倒する意識として自己を意識する，自覚的に二重化された意識であり，自己矛盾の意識である」。不変と個別のこれらの契機は，「不幸な意識」を三位一体の神の思想へと作り上げる。しかしまたヘーゲルは，ここで初期の草稿から後期の講義の中にまで見出せる紋切り型の批判を再び取り上げている（本書224頁以下，590頁を参照）。すなわち，調停裁判所としての職務を果たすべく規定される「不変なるものの形態化を通じて」，まさに「彼岸の契機は維持されるだけでなく，むしろさらに強化され」ている。というのは，この形態化は，いまや「現実的なもののつれなさの全体」に固着した「不可視な感覚的一者である」からである。したがって，「不幸な意識」は，「こうした自己の対象，自己にとって本質的に個別性の形態をもつ不変が自己自身である」ことを知らない。そして，そのようにして不幸な意識は，この対象に対して以下の三つの関係として関わる。すなわち「敬虔さ」「欲望と労働」，そして自己の「動物的機能」に対する闘争としてである。動物的機能は，——それ自体どうでもいいことであり，無であるが，——闘争を通じて「まさにもっとも価値あるものへと」なるのである。自己をつねに新たに汚されたものとして感じとる「不幸な意識」は，結局，自己の存在を「自分を思いわずらう不幸な人格でもあるし，貧しい人格でもあるもの」として維持していく。

参考文献：Fulda / Henrich (Hg.): Materialien zu Hegels »Phänomenologie des Geistes« (1975). Darin 133-188: Alexandre Kojève: Zusammenfassender Kommentar zu den ersten sechs Kapiteln der »Phänomenologie des Geistes« (1958); 189-216: George Armstrong Kelly: Bemerkungen zu Hegels »Herrschaft und Knechtschaft« (1965); 217-242: Hans-Georg Gadamer: Hegels Dialektik des Selbstbewußtseins; Siep: Anerkennung als Prinzip der praktischen Philosophie (1979), 68ff., 97ff., 203-222; Edith Düsing: Intersubjektivität und Selbstbewußtsein. Behavioristische, phänomenologische und idealistische Begründungstheorien bei Mead, Schütz, Fichte und Hegel. Köln 1986, 312-327; Werner Marx: Das Selbstbewußtsein in Hegels Phänomenologie des Geistes. Frankfurt am Main 1986.

(4)「理性の確信と真理」(C/AA, V) という次の段階を，ヘーゲルは，自己意識の段階と歴史的にもしっかりと絡み合わせている。「不幸な意識」としての意識が，「自己の真理の墓を失って」しまい，「意識の個別性が自己にとってそれ自体で絶対的な本質」となった後はじめて，「この意識は，個別性を自己の新しい現実世界として認めるのである。そこにおいてこの意識は，「自己の固有の真理と現在」をもつのである。ヘーゲルは，こうした新しい時代の概念を，「観念論」に語りださせる。「理性とは，あらゆる実在性であるという意識の確信である。」

こうした特殊な関連におかれているにもかかわらず，「観念論」は，ここでは第一義的に，包括的な文化歴史的なカテゴリーである。このカテゴリーは，思考と現実の新しい関係を示している。この新しい関係とは，普通は観念論とは関連づけられないような，現実の領域にとっても，根本的なものである。意識は，理性を「物の本質であると同時に意識自身の本質でもあるもの」として知っている。そして世界の中で現存しているという，「あるいは現存していることが理性的である」というこの理性の確信は，近代世界のすべての諸関係にとって根本的なものである。——つまりそれは，「観察する理性」としての学にとって，そして「自然の観察」や「自己意識の観察」の学にとって，さらに「人相学と骨相学」における自己意識の「自己の直接的な現実への」関係の学にとってさえも，根本的なものである。観察されたものも，もはや「感覚的なこのもの」という意義をもたず，かえって「普遍的なもの」という意義，普遍的な法則性の事例という意義をもつとされる。もちろんヘーゲルは，こうした観察がやはり自

己自身の誤解にとらわれていることを見ている。というのも「観察はすなわち理性であるが，観察にとって理性はいまだこうした対象となっていない」ので，観察が語ることは，「観察は，自己自身ではなく，むしろ逆に物としての物の本質を経験しようと欲する」からである。こうした誤解は，最終的には，ラヴァターの人相学やガルの骨相学における「自己は物である」あるいは「精神の存在は骨である」という言明において最高潮に達する（GW 5. 507f.）。しかし，そこにおいて意識は，みずから「物を自己として，自己を物として」見出しているのである（GW 9. 132-192, 193）。

すでに「観察する理性」の根底にある理性的な〔自己と物との〕対応構造は，しかし，自己意識が「物」に向かうところではなく，他の自己意識に向かうところでとくに明確になる。こうした関係を一瞥したところで，ヘーゲルは，すでに「精神」について先回りして次のように語っている。「精神とは，その自己意識の二重化において，二つの自立性において，自己自身との統一をもっているという確信である。」こうした「理性的な自己意識の実現」もしくは「自己意識的理性」のこの実現が，理性の「完全な実在性」を獲得するのは，「他者の自立性において他者との完全な統一を直観する」ことにおいてである。しかし，古代の「自由な民」の幸福な生活は，いまだこうした理性を実現してはいない。要求される道程についてヘーゲルが叙述しているのは，同時に二つのことである。すなわち近代についての正当化と辛らつな批判である。「快楽と必然性」「心の法則と自負の錯乱」「徳と世の成り行き」という隠喩的であり同様に緊張をはらんだ表題のもとで，ヘーゲルは，自己意識とその他者との統一の実現という試みにおいて現れる矛盾を浮き彫りにする。ヘーゲルは一部では，ゲーテの『ファウスト』とヤコービの『ヴォルデマール』を暗示する中で，一部では啓蒙主義的で，人間性というもっとも高い理想に熱中する革命的な現在に対する，動じることのない観察者としてそうするのである。「それゆえ，そうして人間の福祉のために心高鳴ることは，バカげたうぬぼれという熱狂へと移り行く。」「公共の秩序のように見えるものは，したがって，各人がなしうることをみずからのもとで引き裂くという普遍的な争

いである。」「人間の最善のものについての大げさな語り」や「徳の騎士」の闘いが示すのは，空虚な「ごまかし」である。――そうしてヘーゲルはいかにして「徳」が「世の成り行き」によって打ち負かされるのかということを，共感なしには見ていない。世の成り行きは，確かに，「それが個体性をみずからの原理としているがゆえに，善の転倒とされるのであるが，しかしながら，個体性が現実性の原理なのである。」「世の成り行きの対自存在」と「徳の即自存在」は，理性の，互いに補完し合う，必然的な契機として示されている。「理性は，いまや即かつ対自的に自己の実在を確信しており，もはや直接的に存在する現実に反対する目的として初めにみずからを生み出そうとすることはない。」（GW 9. 193-214）

同じような展開を，ヘーゲルはまた，理性章の最後の部分の最初の節の「精神的な動物の国，もしくは事そのもの」でも示している。先の「徳」と「世の成り行き」の区別のときのように，ヘーゲルはここで「行為」と「事」の対立を廃棄している。たんに「純粋な事」のために行為する思い上がりは，むしろ「自己自身の行為の享受」に関心をもつ欺瞞として示される。意識はここで「事そのものの本性がなんであるか」を経験する。すなわちたんに事だけでもなく，たんに行為だけでもないという経験であり，「むしろその存在が個々の個体とすべての個体の行為であるような本質であり，その行為が直接的に他者に対してあり，言い換えれば一つの事であるような本質である。そして，事だけがすべての人々と各人の行為としてある。その本質は，すべての本質の本質であり，精神的な本質である。」――それは，「個体性に貫かれた実体」であり，したがって「主体」である（GW 9. 214-228）。

「立法的理性」と「査法的理性」の節において，ヘーゲルは，「健全な理性は何が正義で善であるかを直接的に知っている」という素朴な想定を批判する。二つの憶測された法則「各人は真理を語るべきである」と「汝の隣人を自分自身のように愛せよ」は，当為のもとにとどまっている。それらはいかなる絶対的な内容も語っていない。むしろ「普遍性の純粋な形式」もしくは意識の同語反復だけを語っている。こうした言い回しをもって，ヘーゲルは，カ

ントの実践理性の概念の批判へと移っていく。とはいえ、ここでは実践理性は、自律的理性としてではなく、「査法的理性」としてだけテーマ化されている。査法のためには、ある尺度が要求される。——しかし実践理性があてがおうと試みる尺度は、無矛盾性という思想である。いまやヘーゲルが示しているのは、「所有」とか「非所有」といった原理はともに矛盾を免れているということではなく、むしろ両者は同程度に矛盾しているのであり、そして——簡単に表現すると——「矛盾していない」のである。そして、ヘーゲルは結論に至る。「理性自身が備えている法則の尺度は、したがって、すべてにおいて同様にうまく適合しており、このことで実際には尺度ではないのである。」査法としての立法の表象に対して、ヘーゲルは、ソフォクレス[1]の『アンティゴネー』を援用して、成文化されていないが信頼のおける正義の存在を強調する。「したがって、あるものが矛盾しないと私にわかったからそのことが正しいのではなく、それは正しいから正しいのである。」このことはヘーゲルにとって、いまや同語反復の別の形式ではない。というのは、「この規定もしくは対立した規定が正しいかどうかは、即かつ対自的に規定されている」、すなわち「人倫的実体において」(GW 9.228-237) 規定されているからである。

1) ソフォクレス (496/5-406B.C.)。ギリシアの三大悲劇詩人の一人。ギリシア悲劇の完成者。『アンティゴネ』、『エレクトラ』、『オイディプス王』などを著す。

参考文献: Klaus Düsing: Der Begriff der Vernunft in Hegels »Phänomenologie«. In: Hans Friedrich Fulda/Rolf Peter Horstmann (Hg.): Vernunftbegriffe in der Moderne. Stuttgart 1994, 245-260; Klaus Erich Kähler/Werner Marx: Die Vernunft in Hegels »Phänomenologie des Geistes« Frankfurt am Main 1992; Gary Shapiro: Notes on the Animal Kingdom of the Spirit. In: Stewart (Hg.): The Phenomenology of Spirit Reader (1998), 225-259.

(5) ヘーゲルは、『精神現象学』の中盤で、「精神」をその固有の形態として初めて取り入れる (C/BB, IV)。精神とは、「即かつ対自的に存在する本質であり […]、その本質とは、みずからにとって同時に意識として現実的になり、みずからに対して自己自身を表象するものである」。ようやく精神は「みずから自己を引き受けていく絶対的に実在する本質」であり、意識、自己意識、理性は、「精神からの抽象物」、つまりその「諸契機」にすぎない。したがって、初めて精神の諸形態は、「世界の諸形態」であり、たんなる意識の諸形態ではない。しかしヘーゲルは、こうした精神の概念から——精神がすでにここで宗教現象に入り込んでいるにしても、この段階ではまだ宗教を排除している。したがって、この「精神」の概念の範囲は「客観的精神」にもっともよく対応する。ここではしかし、ヘーゲルがテーマとしているのは、のちの精神哲学の文脈におけるような概念ではなく、古代の人倫の「真なる精神」から教養形成の「自己疎外的精神」を超えて、精神が現存する「自己確信的精神」までの、その歴史的運動におけるまさに「一つの世界の諸形態」である。

それにもかかわらず、こうした諸形態の順序は、歴史的に受け止められたものとしては、恣意的に見えるし、あまりに近代に集中させられているように見える。とはいえ最初は、ヘーゲルは別のあらすじをもくろんでいるのでは、と思える。「その目標と帰結が、絶対的精神の現実的自己意識が生じることである」ような三つの形態として、ヘーゲルは、或る編別構成の素描において「人倫的世界、此岸と彼岸に分裂した世界、道徳的世界観」を挙げる (GW 9.240)。ここから推測されるのは、ヘーゲルがまずは「分裂した世界」として中世を扱おうとしていたことである。またこの点について、またより多くの暗示がなされている。ローマ世界の法状態との関連づけ、「信仰の中に」のみある国と「彼岸」の強調、もしくは「現実世界からの逃亡」である (GW 9.264-266頁)。さらに「分裂した世界」の叙述は、「自己疎外的精神」の叙述によって補うことができる (GW 9.238-240)。

「精神」とは、すでに「体系構想III」にあるように、個々の主体による「精神的成果」と、主体に先行するがまた主体を通じてもたらされる「実体」とのあいだの複雑な関係性が考えられる概念である。——そしてとくに精神は、或る民族の精神的生活の実体性と、個別化された現実へのその分化と、

自己意識の「無限な中間項」との〔三者の〕関係である。そのさい自己意識は，両者〔実体性と個別化された現実〕を合一し，こうして「みずからの自己と実体との統一をみずからの仕事として」産出するのである。「真なる精神」という表題のもとで，ヘーゲルは，アイスキュロスの『テーバイ攻めの七将』とソフォクレスの『アンティゴネー』に立ち戻って，単純な「人倫的実体」が，そこにおいて出現する矛盾を通じて，人倫が崩壊する——ローマ的世界の法状態における「現実的な自己意識」へと進む道を素描している（GW 9. 240-264）。

すでに第2の部分の表題の中でヘーゲルは，「教養形成」と「疎外」との挑発的な関係を打ち出している。——そして彼は，この言葉をさまざまな意味で用いている（Siep 2000, 189-191）が，カール・マルクスによって刻印された社会批判の意味においてではない。根本にあるのは，精神の構造原理としての「疎外」の意義である。「精神」は，まさに媒介された自己関係としての自己意識の（徹底して問題をはらんでいる）モデルに従って考えられており，それゆえに，「疎外」もまた個々の精神の，他者である実体への関係として，精神の基礎構造を形成している。すなわち「直接的な，すなわち疎外を欠いて即かつ対自的に妥当している自己は，実体を欠いており，［…］自己の実体はしたがって自己の外化そのものである」。「疎外」はそのことで，精神性一般に対して構成的である。疎外はまさに精神の「実体」である。疎外されたものでないようなものは，精神的なものでないであろう。

こうした根本意義に，さらに歴史的に変動する意義が接続する。というのも，これらの意義は，分裂のすべての形式を特徴づけるものであり，たとえそれらの意義がそのつど再び克服されざるをえないとしても，精神生活の育成にとって一つの構成的な機能をもっているからである。それらの意義に，まずは「此岸と彼岸に分裂する世界」（GW 9. 240）への宗教批判的「疎外」が算入される。その一方が他方の疎外された現実を形成する。「全体は，したがって，それぞれの個々の契機と同様に，みずから疎外された実在である。」疎外は，「二つの世界において意識をもつ」という点にある。というのも信仰は，「現実世界からの逃亡」であるからである（GW 9. 264-267）。

もう一つのあり方が——そしてこの章を支えているものであるが——「教養形成」という概念において考えられている疎外である。それが基づいているのは，「自己意識が自然な存在を，自己の人格をみずから外化することであり，これを通じて自己意識は，自己の世界を生み出す。自己意識は世界に対して疎遠なものとしてふるまうが，それは，自己意識が世界を今度は自分のものにせねばならないという意味においてである」。自己意識はこの関係において自己を普遍的なものへと高め，そこにおいて自己の現実をもつのである。

「Ⅰ．自己疎外的精神の世界」の節の歴史的関連を，ヘーゲルは，はっきりさせない。いくつかの言い回しは，中世の宗教と封建制への暗示として読めるが（「信仰」「逃避」「高慢な家臣」），他方の言い回しでは，近世の絶対主義への暗示として読める（「絶対的事そのもの」としての「国家権力」もしくは貴族の語りであり，貴族たちは「国家権力への奉仕であるだけでなく，装飾として王座の周りに自己を立て」，「王座に座っている者に対して，その人がなんであるかをつねに語るのである」）。教養形成としての疎外の世界の目印を，ヘーゲルは，「その独特の意味において」示されている言葉の中に見ている。——それは，称賛，へつらい，分裂の言葉としてであり，その特徴として，ヘーゲルは，いくどもディドロの『ラモーの甥』のゲーテ訳（1805年）を引き合いに出している（GW 9. 266-286）。

こうした疎外された世界の内部で，ヘーゲルは，教養形成に，「純粋意識もしくは思考の非現実的世界」を対置している。——それも，立法的理性と査法的理性を追憶しながらである（本書253頁を参照）。しかし，これらの概念は，とりわけ「宗教の形態」においてそうなのだが，「現実の規定」をもっていない。またこの世界においては，またここではまだ「思想の形式」は妥当していない。宗教は，「このもの一般としての現実や，とくに自己意識の現実に対して対立する規定」を備えており，「したがって宗教は，本質的に信仰にすぎない」。「絶対的な実在の純粋な意識が現実世界を自己に対立させるので，この意識はまた，自己自身において世界をもち，そうしてそれは，たん「疎外された意識」ではなく，

むしろ「本質的に自己において疎外されており」，「純粋洞察」と信仰の二つの側面に区別されている。信仰の対象も「なるほど同様に純粋自己意識の場にあるが，しかし，思考においてであって概念ではなく，純粋意識においてであって，純粋自己意識においてではない」。なるほど信仰は「純粋な思想」であろう。だが意識においては，「自己の意識の彼岸に存在するような対象的な存在という意味」を保持するとされる。対象は，思考から表象へと落とされ，「本質的には自己意識の他者であるような」超感覚的世界になる。現実世界から離れているために，「絶対的対象」の三位一体的な「有機組織」をもつ世界のさまざまな区分が基礎におかれる。――これに対して「純粋洞察」においては，ただ自己だけがみずからにとって対象であり，「言い換えれば対象は，それが自己の形式をもつ限りでのみ，真理をもつ」。そして，ヘーゲルは要約する。「自己は純粋な自己として，自己の対象であるという術を知っている。そして，この二つの側面の絶対的な同等性は，純粋洞察の場である。」したがって，純粋洞察は，「すべての意識に向かって呼びかける精神」であるとされる。つまり，「お前たちすべてはお前自身が備えているものに自覚的になれ，――すなわち理性的であれ。」(GW 9. 286-292)

カントの「あえて賢くあれ sapare aude」（AA VIII. 35）の言いかえでもって，ヘーゲルは「II. 啓蒙」に移行する。啓蒙は，初め信仰との対立の中で「固有の活動において」登場する「純粋洞察」の「伝播したもの」である。啓蒙は，「坊主の欺瞞と大衆への欺き」に対する闘いとして，インチキ僧侶階級のぺてんに対する闘いとして，「血の気もなく」そして「痛みもなく」「迷信に対する闘い」を遂行する。「目に見えない，気づかれない精神」として，啓蒙は，「高貴な部分をことごとくそっと通り抜け，すぐさま意識されない偶像の内臓と四肢のすべてをすっかりわがものとしてしまう」。ところが，啓蒙は，自分とそっくりのぺてん師との闘いにおいてみずから罪を犯してしまう。まず啓蒙は，信仰の絶対的内容からその意味を奪い取ってしまい，「精神にとって永遠の生であり，聖霊であるものを，現実のはかない物」，石もしくは丸太もしくはパンの練り粉，「巨大な迷信」とするのである。それに加えて，ヘーゲルは啓蒙を咎めている。まず啓蒙は，そのものとしては絶対的内容を明らかに担うことができない「偶然な出来事についての，偶然な知識」をもち出すことで，信仰を惑わしている。そのことを，ヘーゲルは，レッシングの神学論争とのひそかな結びつきの中に認めていた（LM 13. 1-8）。啓蒙は，絶対的なものからすべての規定を排除し，絶対的なものを彼岸の空虚とするのである。とはいえ，この空虚さは感覚的現実に積極的に関連し，この現実を有用なものとする。これに反して，この事態は信仰にとっては，「身の毛もよだつもの」であり，「端的に忌まわしいもの」であろう。したがって，信仰は，啓蒙に対しては，「神の権利」を主張する。というのも啓蒙は，信仰を捻じ曲げているからである。これに対して，啓蒙は，信仰に対して，「まさに人間の権利」を主張する。しかし，啓蒙の権利が「自己意識の権利」であるとされるのであるから，啓蒙は同時に「絶対的権利」を主張しているのだ。そして信仰は，啓蒙に対して，この権利を拒絶することはできない。というのは，啓蒙は，信仰が地上の世界と天上の世界として，二重の家政と二重の意識において並置させたままにしていた，まさに信仰の諸思想を関連づけるからである。啓蒙は，いわば，信仰の眠っている意識ではなく，信仰の「目覚めている」意識と同盟するのである。この眠っている意識にとって，信仰の内容は，概念を欠いて，「一連の自律的な諸形態であり，そしてそれらの運動は出来事」なのであり，したがって，感覚的な存在と結びついた一つの「表象」なのである。このことを通じて，信仰の国は，「完全に略奪」され，地上のこれまでの内容は，地上の所有物として返還が求められ，置き換えられるのである（本書116頁以下を参照）。こうした喪失を通じて，信仰は啓蒙と同様のものになるのである。すなわち「即自存在する有限なものは，述語を欠き認識されずまた認識できない絶対的なものと関係する意識なのである」。しかし，啓蒙は「満足した啓蒙であるのだが，信仰は不満足な啓蒙」なのであり，信仰は，「ひそかに」「自己の精神的世界の喪失を嘆く陰鬱な精神のあこがれ」といわれる。

啓蒙と信仰のこれまでの分裂は，このことを通じて，啓蒙の内部で新たなかたちで生み出される。闘

う党派という形で，この分裂は，以前の対立した原理をみずからの中に取り入れる。分裂の一つの方向は，絶対的実在を「述語を欠いた絶対者」として理解し，「他方の方向は，それを物質と名づける」。しかし，こうした分離において，両者は，それ自体としては存在と思考が同一であるというデカルトの形而上学に行きつくことはないし，したがって，ヘーゲルの認識論にとって重要な帰結である「思考は物性であり，または物性は思考である」に行きつくことはない。したがって，ヘーゲルは，デカルト主義を，一般的な影響作用史にみられるように，二元論として理解しているのではなく，むしろ一元論として理解している。その本来の概念内容は，たしかに，啓蒙の内部では，信仰と啓蒙の対立の廃棄を通じて即自的には実現されているのであるが，それはまだ，自己自身にとって生じてきていないのである（GW 9. 292-316）。

純粋思考と抽象的物質の間の分離が同時的に進展するときに，実在的世界と超感性的世界のあいだの対立，ならびに対象の確信と自己確信のあいだの対立の実践的帰結を，ヘーゲルは「Ⅲ．絶対的自由と恐怖」の中で，つまりフランス革命についての自分の解釈のなかで主題化する。精神はいまやその純粋な人格性においてあらゆる実在を確信するとされる。「あらゆる実在はまさに精神的なものである。世界は精神にとって端的に自己の意志である。そしてこの意志は普遍意志である。」そして，この意志は自己を「なんの力も抵抗できないような世界の玉座」に高めるのである。こうした言葉で，ヘーゲルは——ナポレオンのイェーナでの戦闘のすぐあとに——フランス革命におけるルソーの「一般意志」の意義をつかんだ。ヘーゲルが見ているのは，個別の意識そのものが普遍的意識になることによって，両者の対立もまた，ここでは廃棄されるということである。「こうした意識の現実の彼岸にあるものは，実在のもしくは信仰の存在の自立性が失われてしまった屍の上を漂っているのであり，空虚な至高存在が気の抜けたガスとなって発散するようなものである。」

しかし，まさにあらゆる規定に対するこうした否定性のために，「絶対自由 absolute Freyheit」は肯定的な作品とならない。それは消えて行く狂乱にすぎないし，「媒介されない純粋な否定」なのである。「普遍的自由の唯一の作品と行為は，したがって死であり，しかも内なる広がりも充実ももたない死である。というのは，否定されるものは絶対自由の自己の満たされない点であるからである。したがってその死は，きわめて冷たい平板な死であり，キャベツの頭を割るとか水を一飲みする以上のいかなる意味ももたない。」そして，ヘーゲルのフランス革命の分析は，同時に近代の全体主義的システムの人間蔑視を先取りしたものである。「したがって嫌疑が代わりに登場する。つまり嫌疑がかけられると，罪になるという意味と効果をもつのである。意図の単純な内面にある，この現実に対する外的反動は，存在するこの自己をそっけなく根絶することになるが，この自己には，ただその存在そのものより他には取り除かれるべきものは何もない。」

この「絶対自由」は，しかし，歴史的にも思想的にも究極のものではない。ヘーゲルが暗に示しているのは，このことがいかにして絶対自由から政治的世界において一つの「有機体」へと至るのかである。しかしこの歩みは，「絶対自由」の論理の中には本来的にはない。というのもそこには特殊性がないからである。ここで概念的解決を図るために，「絶対自由は，その自己自身を破壊する現実から自己意識的精神のもう一つの国へ至るのである」——「普遍的な意志」が「純粋な知と意欲」である精神のもう一つの国である（GW 9. 316-323）。

この新しい国は，「C．自己確信的精神，道徳性」と名づけられている。ヘーゲルが見ているのは，この国では，「自分自身の確信と対象との」意識の対立が廃棄され，このことによって自己意識の知は実体へと生成しているということである。「絶対的実在は，したがって，思考の単純な実在という規定では汲み尽くされず，むしろすべての現実であり，この現実は，まさに知としてある。」意識は，ここではあらゆる対象性を自己の中に取り込み，意識は「自己の自由を知っているという点で，絶対的に自由である」。とはいえ，ここでは意識は「狂気に陥り」，「憧れを伴った消耗性疾患の中で」流れ去っていく。

カントとフィヒテの倫理学とそれらとつながるロマン派とを指し示す「道徳的世界観」についてのへ

ーゲルの論は，こうした二つの与えられた極のあいだを揺れ動いている。「最高善」や神の存在の要請，「魂の不死」についての『実践理性批判』の説明は，ヘーゲルにとって，初期のシェリングとの書簡以来，古ぼけた（本書21頁以下を参照）ものである。それに対する『現象学』独特の批判は次のようなものである。「道徳的世界観」は，たしかに対象を生み出し，こうしてそれを自己自身として立てるが，しかし対象を「自分自身の外へ，自己の彼岸として」立てるのであり，こうして最終的に道徳性を不可能にしてしまうというものである。さらに道徳的世界観は，純粋な義務から行動することを要求するのであるが，しかしこのことは，行動がつねにある特定の目的をもつがゆえに，まったく行動できないことを意味することになってしまう。こうして，道徳的世界観は，カントでもってカントに反していうと，「没思想の矛盾の巣窟」であり，「道徳的意識が存在するということとそれが存在しないこと」との「二律背反」である（GW 9. 323-340）。

こうした矛盾の解消の中から，ヘーゲルにとっては，ここで「第3の自己」である「良心の自己」が登場する。それは「自己を直接に絶対的な真理と存在として知る精神」である。「義務」よりも「自己」を優先することに関して，ヘーゲルはヤコービの次の命題をほのめかしている。すなわち，法は人間のためにあり，人間は法のためにあるのではないと（JWA 2.211, 本書200頁を参照）。ところが，このことによってこの良心は，「絶対自由」と似通ったものとなってしまうであろう。良心は，「自分に対して絶対的なものとして通用する内容は何もないということを認識している。というのは，良心は，すべての規定の絶対的否定性であり」，「結んだりほどいたりする絶対至上の独裁権をもつから」である。したがって，良心は，自己の直接的な確信を「断言」に変換することでようやく，一つの客観性を「精神の定在」である言語の中に見出す。——すなわち「第3の自己」に固有の言語という第3の形式の中に見出す。その内容とは，「みずからを本質として知る自己」である。あらゆる規定性を越えた高みにおいて，良心は，「美しき魂」となろう。それは，力を欠き自己のうちに消えゆくのであるが，また「道徳的創造性をもち，みずからの直接的な知

の内的な声を神の声として知る」のであり，したがってみずから「神の創造力」であり，自己自身の神性を直観するのである。しかし良心は，自己の言語性を通して普遍的なものでもある。こうした言語性を通じて良心は，「教団の祭式」と宗教へと移行する。「宗教とは，直観されたかあるいは現に存在する知として，みずからの精神を越えた教団の語りなのである。」

ここで同時にヘーゲルが見出したものは，精神が自己との和解を果たしたということである。この精神は，「普遍的な本質としての自己自身の純粋な知」であるが，——しかし「自己の反対において，絶対的に自己の中に存在する個別性において」そうなのである。二つの自我，すなわち普遍的に自己を知る知と自己内に存在する知とは，「純粋な知」であり，したがって同一のものである。したがって普遍性と個別性は媒介されている。両者の「和解のそうだ（Ja）」をヘーゲルは，「絶対精神である相互承認」，つまり「みずからを純粋な知として知る両者のあいだに現象する神」として捉えている（GW 9. 340-362）。

参考文献：Emanuel Hirsch: Die Beisetzung der Romantiker in Hegels Phänomenologie (1924). In: Fulda / Henrich (Hg.) Materialien zu Hegels »Phänomenologie des Geistes« (1975), 245-275; Willi Oelmüller: Die unbefriedigte Aufklärung. Beiträge zu einer Theorie der Moderne von Lessing, Kant und Hegel. Frankfurt am Main 1969, 9-34; Judith N. Shklar: Freedom and Independence. A Study of the Political Ideas in Hegel's »Phenomenology of Mind«. Cambridge / New York 1976; Sergio Dellavalle : Freiheit und Intersubjektivität. Zur historischen Entwicklung von Hegels geschichtsphilosophischen und politischen Auffassungen. Berlin 1998, 137-171; Moltke S. Gram: Moral and Literary Ideals in Hegel's Critique of the Moral World View (1978). In: Stewart (Hg.) : The Phenomenology of Spirit Reader (1998), 307-333.

(6)「Ⅶ．宗教」(C/CC)章の位置づけには議論の余地がある。この章は，「絶対知」と「自分自身を知る精神」とのつながりを断ち切っている。他方で，この章の末尾には「絶対知」へのいかなる移行もはっきり示されていない（Jaescke 1983, 61-63）。それに加えて奇妙なのは，ヘーゲルは精神章の冒頭

で，精神を「自己自身を担う絶対的に実在する存在」として理解し，意識，自己意識，理性を精神の「抽象物」や「契機」として理解しているということである（GW 9. 239）。これに対して，宗教章の冒頭で，ヘーゲルは，「精神」もまた契機の一つであると言う。こうした諸契機の進行を，諸契機相互の関係の中にも，「その時代の」宗教の中にも「思い浮かべることはできない。」そしてヘーゲルは，「一つにまとめられたもの」としてのこの世の精神と「単純な総体」としての宗教を区別する。こうして初めて宗教は，「全体的な精神の現に存在する現実」であるとされる。この精神は，「自己の自覚的な精神としての自己にとって現実的になり，自己の意識の対象」となる。そうして，自己の自己確信と自己の真理が一致する精神の自己確信となるのである。そしてヘーゲルは，またこの同一性を，直接的なものとしてではなく，精神の自己知の直接性から自己の形態と自己の知との完全に等しくあることへの運動として考えている。つまり東洋の「自然宗教」から古代ギリシアの「芸術宗教」を経て，「啓示宗教」へと至る運動である（GW 9. 363-368）。

このような宗教史の精神哲学的解釈は，ヘーゲルに，それらの統一の鍵を示す。それは，精神の意識とその自己意識の差異を，次の段階へ移行していく中で廃棄することである。つまりこの解釈は，意識の対象に自己意識の形式を与え，そうしてそれは「神の人間化」のすべての歴史なのである。しかしこのことが意味しているのは，ヘーゲルがはっきりと強調しているように，神が人間の形態の中において，また自己意識として表象されるということでは決してない。さもなければ，宗教史とは，すでにその始まりにおいて完成していたであろう。しかし，「表象化された自己は現実的な自己ではない。」「表象化されたものは，自己が表象化されたものを生み出したこと，したがって対象の規定を自己自身の規定として直観し，そうして，自己を対象の中に直観することを通じて，表象化されることとその知に疎遠であることをやめるのである。」「神の人間化」は，まさに表象された自己が現実的な自己によって次々に段階的に置き換えられることとしての宗教史である。それは，天国で無駄に費やされる財宝を地上に（本書116頁以下を参照）取り戻すこととして，あるいはフォイエルバッハが示したように，見抜くことであり，したがって投影したものを取り返すこととしての宗教史なのである。ヘーゲルにとって，このように見抜くことは，しかし，宗教史に対して向けられてはおらず，宗教史の思弁的な意義は，現実的な精神と宗教的表象との連関への洞察をずっと浮き彫りにし続けることにある。

それでも，ここで標準を定めている宗教史は，ほとんどもっぱら西洋の伝統の枠内に保たれている。漠然と図式的に，インドに根づいた「花の宗教」（Herder, SW XVI. 68）と「動物の宗教」を指摘していることを除けば（GW 9. 376：「カースト」）。「職工師」の（エジプトの）宗教は，たしかに，ヘロドトスやプルタルコス以来，ギリシアの歴史家や哲学者の視界のうちに，したがって地中海領域の文化の中で存続してきた。そして以前は，イランの宗教を暗示するものとされた「光の存在」は，ヘーゲル宗教哲学の草稿との比較で確証されたようにむしろ，イスラエルの神を指示するものである（Jaeschke 1986a, 210-214）。イェーナ時代の終わりに，いや，それどころかベルリン時代の初めまでも，ヘーゲルは，東洋の宗教，あるいはさらにいうとアフリカの宗教についてのさまざまな知識を意のままにできなかった（GW 9. 369-375）。

これに対して，ギリシアの「芸術宗教」についてヘーゲルは熟知している。芸術宗教は，人倫的もしくは真なる精神に割り当てられるが，しかし，「芸術宗教」はこの精神とは異なり，「自己意識の純粋な個別性の原理」を知っているため，「その完成において初めてこの精神の存立から分離されて」登場する，すなわち「民族の実体が自己の中で意気消沈している」ときに登場する。「芸術宗教」は，すでにそこで「実体が落ち込んでいくとき，主体となる夜」の果実である。芸術宗教は，「形態化されない実在」についての名匠となり，人間の情熱の中から，みずからの神々にとっての固有の素材を取り出す（GW 9. 378）。――ヘーゲルが，アレクサンドリアのクレメンスが異教徒の哲学に対して行った（V 4. 662）批判を芸術家に関連づけ，肯定的なものへと再評価したように。ヘーゲルは「絶対的な芸術」を，まったくこの世に，帰している。こうした概念でもって，ヘーゲルは，「体系構想Ⅲ」（本書236頁を参

照）とは違ってここでは，簡潔に，初期の精神の「本能的な仕事」と，概念を自己の形態としてもつような後期の「より高い叙述」とのあいだの歴史的段階を示している。

　それにもかかわらず，「芸術宗教」はなおも神の思想と宗教的生活の諸形式の広範な緊張関係を含んでいる。まず，神の本質は，「自然の普遍的定在と自己意識的精神との統一」であるとされる。立像と芸術家の自己意識的活動との差異の中では，この統一は，しかしながらまだ実現できない。神々の像に欠けているのは，自己意識なのであり，芸術家は，神の名匠なのだという。神々の存在のさらに高度な契機が言葉だとされる。神託の言葉として，言葉は，「宗教的自己意識に対しては疎遠な自己意識の言葉」であり，また同様に，まさに偶然的なものを越えて語るソクラテス的なダイモンの言葉としてある疎遠な自己意識の言葉であるとされる。自己意識的な存在は，言葉を，意識を自己意識へと実際に高めるものとしての礼拝の賛歌の中に――さしあたりは秘儀の中にもっている。つまり自己意識的な存在は言葉を，人間の形をした神の立像が「生き生きとした自己」によって補強される「生き生きとした芸術」の中にもつというよりも，とくに「精神的な芸術作品」の中にもつのである。叙事詩において「意識に示されるのは，礼拝においてそれ自体として生じてくるもの，つまり神的なものの人間への関係」であり，悲劇ではそれは，より高い形式において示される。悲劇が「自己意識的人間」に示しているのは，「その人間が自己の法や目的，そしてみずからの使命の力や意志を知り，かつ語ることができるということである」。こうした現実的な人間が役者であり，仮面をかぶることに示されているように，確かに「芸術は，真の固有の自己をみずからのうちにまだもっていない」。しかし個体性の進展は，「個体性と実在との思考を欠いた混合」を解消することへと導く。したがって，それは「天の住民を減らし」，「こうした没思想的な表象を放逐すること」へと導く。喜劇は，この過程をさらに進め，最終的には，理性的な思考が「偶然的な形態を神的実在から」取り除き，それを美と善の単一な理念の中へと高く」引き上げる。「弁証法の意識」において，思考と行動において，自己意識に対して，「それに敵対する本質性の形式を受け入れた」ものはすべて解消される。すべての普遍的なものは，自己自身を確信する「唯一のパンテオン」の中にとりまとめられ（GW 9. 402），その結果，芸術宗教の内容は，「自己は絶対的実在である」という命題へと最高度に高められる（GW 9. 376-400）。

　キリストの宗教である第3段階を，ヘーゲルは，「啓示の」宗教と名づける。というのも，そこにおいて「神的実在は啓示されて」いるとされるからである。そしてそのことが意味するのは，「自己の啓示された存在は，それがなんであるかが知られるという点において啓示されている」とされる。すなわち自己を意識することであるということである。意識は対象を，絶対的実在を，ここでは，疎遠なものや内密なものとして知るのではなく，自己自身として知るのである。意識の対象は自己であり，この自己は「まさにこの自己内に反省した内的なものであり，それは直接現に存在するものであり，また自己に対して内的なものが現にあるような自己自身の確信である」。このことで，ヘーゲルは，同時に『体系構想Ⅲ』の「神は自己自身を知る精神の深みである」という短い定式を説明している（本書236頁を参照）。そして，ヘーゲルは，さらにまた潜在的にキリスト教の教義に対して，こうした思想の輪郭をはっきりさせる。「神の本性は，人間の本性であるものと同じである。そして直観されるのはこの統一である。」

　「啓示宗教」への歴史的な歩みを，ヘーゲルは，再び「自己意識の諸形態」，つまり「ストア派の思考された人格と懐疑主義的意識の不安定な動揺」を越えて「不幸な意識」へと至る歩みとして見なしている。この意識をヘーゲルは，ここでは，「喜劇的な意識」に対立する立場，すなわち「こうした自己確信においてすべての本質性を喪失する意識と，まさに自己についてのこうした知を喪失する意識」として記している。「つまり自己および実体の喪失」として記している。「それは，神は死んでしまったという厳しい言葉で自己を表明する苦痛なのである」（「神の死」に関しては，Jaeschke 1983, 64-68）。

　ヘーゲルがここで再構築している過程は，逆方向の二つの運動を含んでいる。〔第1に〕自己意識が実体へと外化することである。つまり自己意識は自

己を普遍的な本質として知り，そして「自己意識にとって，実体は自己意識であり，まさにそのことによって精神である」ということである。そして〔第2に〕実体が自己意識へと外化することである。後者の外化がなお不十分であるとかたんに思い込まれたものである限り，対象の即自と対象の意識にとっての現象との裂け目は，寓意的な聖書解釈を通じて調停されなければならない。そのことは，解釈者の精神が対象的な精神よりも，一層絶対的なものの精神化の方向へと進展していくということを示している。

宗教史は，神の人間化の歴史である。そしてキリスト教は，「絶対的宗教」である。というのは，その内容はまさにこの「神的実在の人間化である，あるいは，神的実在は本質的にそして直接的に自己意識の形態をもつ」からである。しかも，「想像」においてであるだけでなく，「神的実在は自己意識において現実となるのである」。この「現実」は，しかし，知の中にある他ない。したがって，ヘーゲルは，あることを遠まわしに定式化しているのである。人間化は「いまや次のような形で現象するのだ。精神が自己意識として，つまり現実的な人間として現に存在するということ，精神が直接的な確信に対してあること，信仰する意識がこうした神性を見たり感じたり聞いたりすることが，世の人々の信仰であることである」というように現象するのである。とはいえ，まさに絶対的な対象が現に存在することを廃棄することが，精神の自己意識の前提をなすのである。「自己意識は，絶対的対象をただ見たり聞いたりしたことを通じて初めて，みずから精神的な意識になるのである。」「絶対的な本質として知られたものである直接的な存在を喪失すること」においてはじめて，「教団の普遍的な自己意識」は生じるのである。教団は，「復活祭」の前に生じるのではなく，「降臨祭」とともに始まる絶対的な内容の仕上げにおいて生じるのである。したがって，ヘーゲルは猛烈に——そして非常に反ルター的な仕方で——歴史的な仕上げの背後で，あるいはさらに「降臨祭」の背後で，「最初の頃の不完全な教団の表象に，あるいはそれどころか現実の人間が語ったもの」に還って行こうとすることに反対するのである。すなわち「個別的に考えられた形態とそれが過ぎ去っていったことの記憶」へと還って行こうとすることに反対する。

キリスト教についてのヘーゲルの解釈は，ここでは，ほぼ同時期の『体系構想Ⅲ』においてよりも非常に幅広くなされている。とくに，ヘーゲルが『体系構想Ⅲ』ではほとんど躊躇したまま採用した概念が，『現象学』以降，はじめはキリスト教の，のちには宗教一般の理解にとっての鍵概念となった。すなわち表象 Vorstellung という概念である。ヘーゲルは，いまや「表象」を「感覚的直接性とその普遍性もしくは思考との総合的な結びつき」として理解している。そのように理解している点で，表象への批判は，すでに暗示されている。表象は，両者の不完全な媒介であり，まだ概念形式をとった思考ではない。表象されたものは，まだ概念把握されたものではない。すなわち概念形式がはじめて真の内容に真の形式を与えるのである。表象は内容に，外的でそのものとしては概念把握されていない事象の形式，自然的関係の形式を与え，すなわち時間的には一回限りの，「此岸と彼岸の和解されない分裂」の形式を与えるのである。表象は，「絶対的な実在」をばらばらの主体の態にに固定し，まさにそのことで，キリスト教を「啓示宗教」となす精神の自己意識への洞察をさえぎるのである。

こうした表象の形式によって制約された歪曲を，ヘーゲルは，宗教的表象によってさしだされた思考・表象（すなわち感覚）・自己意識という三つの孤立した要素をへめぐる中で分析している（Ⅴ 3. 12-69 を参照せよ）。しかしまさに，宗教の中にあるこうした内容がすべて表象の形式にとどまっていることによって，教団は，「自分がなんであるかの意識」さえももたない。「つまり，教団は，精神的自己意識であっても，それは自分にとってまさに自己意識として自分の対象であるのではない。」教団は，精神の自己意識を「他の人があがないをなすという行動」として理解するとされる。宗教の中心をなす中身，すなわち和解は，教団にとって，「遠い将来」と「遠い過去」へと分かれる。教団の和解は，たしかに「心の中に存在し，しかし，その意識は分裂し，その現実は張り裂けんばかりである」。即自は，教団の和解にとっては彼岸となり，此岸は，「その変容がなおも待たれるべき」であるものへとなる。そのようにヘーゲルの「啓示宗教」としての

キリスト教の叙述は，同時に鋭い批判でもある。しかも，今なおいかなる宗教批判も成し遂げてこなかった理論の領域での批判である（GW 9. 400-421）。

参考文献：Harald Schondorff: Anderswerden und Versöhnung Gottes in Hegels »Phänomenologie des Geistes«. Ein Kommentar zum zweiten Teil von VII. C. »Die offenbare Religion« In: Theologie und Philosophie 57 (1982), 550-567; Jaeschke: Die Religionsphilosophie Hegels. Darmstadt 1983, 59-68; Jaeschke: Vernunft in der Religion (1986), 198-218; Josef Schmidt: »Geist«, »Religion« und »absolutes Wissen«. Ein Kommentar zu den drei gleichnamigen Kapiteln aus Hegels Phänomenologie des Geistes. Stuttgart / Berlin / Köln 1997; Luis Mariano de la Maza: Knoten und Bund. Zum Verhältnis von Logik, Geschichte und Religion in Hegels Phänomenologie des Geistes. Bonn 1998.

（7）短い最後の章である「絶対知」（C/DD, VIII）には，現象する精神の全体を顧慮し，「体系」にとっての『現象学』の根本機能を明確にするという課題が割り当てられている。とはいえ，それはすでに広く，タイトルの中に高く掲げられた自負のために，信用がないものと見なされ，つまり「根拠薄弱な思い上がり」，「不遜なもの」と見なされる（Siep 2000, 18-19）。すなわち，絶対的に知られるべきは，たんに，いかなる絶対知も存在しないということなのだ。反形而上学の影響が強い時代には，そもそも一体ヘーゲルはこの刺激的なタイトルで何を扱おうとしているのか，という問いを省くことは，とても納得できるように見える。すなわち，全能で全知の認識論的空想でも，将来実現されるべきものと見なされる知の可能な形態でもなく，むしろヘーゲルが見ているのは，啓蒙の終わりに歴史的に実現された知の形式なのである。

この知をヘーゲルは「絶対的」と名づける。他の「絶対的芸術」あるいは「絶対的宗教」のような造語と類比的に，である。というのもこの知は，みずから自己自身へと関わり，精神の自己についての知であり，自己の本質についての知であるからである。すなわち「自己を精神と知る精神」であるからである。精神が自己を知るのは，精神が，知にとって誤って差し出され，知に対立し，知を限界づけるように見える対象を主観性の規定へと変換し，それでもって自己の対象，自己の他者のうちに，「自己を精神の形態のうちに知る精神もしくは概念把握する知」として，自己を知りまた自己のもとにあることによってなのである。現象する知の道程は，「絶対知」を形成する道程である。絶対知は，歴史に媒介された知であり，意識の歴史の糸すなわち，意識，自己意識，理性，精神，宗教の歴史の糸が，相互にもつれ合って，「実体」を「主体」として示す結び目なのである。

こうした過程を理解するために，ヘーゲルは，しかしながら，単純に無定形の意識の歴史を参照するよう指示することはしない。ヘーゲルは，意識の歴史の構造を詳細に叙述することを試みる。意識の歴史の二つの綱は，「行動しながら自己自身を確信する精神」と宗教を通じて形成される。宗教は，絶対的な内容の自体と発展の側面を表象の中で形成する――ただしそのために，他者の行為の表象として形成する。これに対して，自分自身を確信する精神，つまり対自の側面は，「自己の固有の行為」であるとされる。「自己の行為を，すべての実在性とすべての定在としての自己において知ること。こうした主体を実体として知ること，そして実体を自己自身の行為のこうした知として知ること。」したがって，こうした知に，思弁的な「学」の条件として，二つの綱の統一，つまり真理と確信の同等性が帰属する。

したがって，ヘーゲルは宗教に――「実体」の側面として――意識の歴史にとってはなるほど構成的ではあるが，しかしそれでも，限界をもった意味を帰属させる。宗教は，自分の側にひきよせて，同様に個別と普遍の媒介を遂行するが，「粗暴な意識であり，その内的精神が深ければ深いだけ，より粗野でよりかたくなな存在である」ことになる。宗教の啓示は，「実際には隠されているのである［…］。そして啓示されているのは，自己にとってはただ自分自身の確信なのである。」宗教はたしかに，「時代的には学よりも前に精神が何であるか」を語ったが，「学は，ただ精神の自己自身についての知なのである」。ヘーゲルによる「絶対知」の「現実の歴史」についての顧慮は，したがってたしかに宗教とともに始まるが，しかしヘーゲルは，その歴史を中世でもって終わらせ，ルネサンスならびに近代の哲学史と学の歴史へと移行させる。学の理論的側面――経

験主義と合理主義——およびその実践的側面を，ヘーゲルは，啓蒙とフランス革命を横目で見ながら，フィヒテとシェリングの哲学を超えて，ヘーゲル自身の哲学の入り口にまで導く。したがって意識の対立の克服へと，そして「概念」の概念へと，そして「学」の概念へと——したがってヘーゲルの「体系」がそのうえに根づいた地平へと導くのである（GW 9. 422-434）。

参考文献：Jaeschke: »Das absolute Wissen.« In: Arndt / Bal / Ottmann (Hg.): Phänomenologie des Geistes. T. 1. HJb 2001. Berlin 2002, 286-295.; Matthias Häußler: Der Religionsbegriff in Hegels „Phänomenologie des Geistes". Freiburg/München 2008.

4.7.5. 精神と歴史

(1) 最近の研究で試みられているのは，ヘーゲルの先駆者たちあるいは同時代人のもとでの，そしてランベルト[1]あるいは後期フィヒテのもとでの「現象学」の企画にとって，どのような用語が結合点となるかを示すことである。とはいえ，ヘーゲルの『精神現象学』の構想は，哲学史の中では無比のものである。たとえこの構想がはっきりとは継承されないにしても，この構想は，「精神」と「歴史」の概念的な連関を後々まで変化させてきた。すなわち，「精神」はそれ以後歴史的なものとして考えなければならないし，また逆に「歴史」は精神的なものとして考えなければならないのである。精神概念と歴史概念のこのような連関は，ともかくまだ，『体系草稿Ⅲ』（1805/06）の「精神哲学」から読み取ることはできない。ヘーゲルは，この構想を『現象学』で初めて仕上げたのである。またおそらくは，最初の「哲学史講義」（1805/06）の失われた原稿において仕上げたのである。

1) ランベルト（ヨハン・ハインリッヒ・ランベルト）(1728-1777)。哲学者，物理学者，天文学者，数学者としてドイツで多様に活動する。カントと交流し，哲学史上，カントの宇宙論，認識論の先駆者とされる。数学においてもラグランジェ，ガウスの先駆者といわれ，非ユークリッド幾何学の形成にも大きく貢献した。

(2) いずれにしても異論の余地のない構成の問題を背景にして，精神と歴史のこうした新しい関係は，ルドルフ・ハイム[1]のような批判者に，壊滅的な（誤った）判断をさせるきっかけを与える。「現象学とは，歴史を通して混乱と無秩序へもたらされた心理学であり，心理学を通して破壊にもたらされた歴史である。」(Heym 1857, 243) 方法論や構成理念についてヘーゲルが決定したことすべてを，ヘーゲルの作品についてのすべての判断と同様，後になって正当化しようとすることは，実際にほとんど見込みがない。しかしながら決定的なことは，精神の歴史性をヘーゲルが洞察したこと，したがってヘーゲル体系の認識要求が意識史的に基礎づけられることの必要性を洞察したことである。もっとはっきり言うと，認識論一般が歴史的に基礎づけられることの必要性を洞察したことである。諸概念（そこにおいて思考が解明されるのであるが）はみずから歴史的な性格をもつこと，すなわちその諸概念はさまざまな歴史的含意を通して初めてその特殊な規定性をもつことを——たとえこれらの歴史的に刻印された特性が，それを用いるさいにほとんど反省されないとしても，簡単に反駁することはできない。たいていは，この歴史的特性を直接的なものとして用いる意識は，それを「背後にあるものとして」認識しないままである。——そしてこのことは影響なしとはしない。

1) ルドルフ・ハイム（1821-1901）。ドイツの哲学者，ハレ大学の教授。その著作『ヘーゲルとその時代』（1857年），『ロマン主義』（1896年）などは，今日でも標準的な研究書として知られる。

ヘーゲルは，哲学的な意識を，この意識がみずからの起源に盲目であるために，幾度も批判した。たとえば「観念論」において自己意識は「あらゆる実在である」という要求をもって登場するのだが，「自己意識がこうした実在性になること，あるいはむしろこうした実在性として自己を証明することを通して初めて」こうした実在性であるとされる。しかしながら，「観念論」が〔自己がすべての実在性である，という〕こうした要求をもって登場する限り，それは，或る直接的な確信，「純粋な断言にと

どまり，自己自身を概念的に捉えないし，自己を他者に理解させることもできない」。「というのは，あの忘却された道程こそは，このような直接的に表現された主張を概念把握する過程だからである。」「絶対的な概念」というのは，「それが生成してきた運動の概念的把握」をも含んでいるとされる（GW 9. 133f.）。類似の批判は，哲学史のすべての段階に対して定式化される。こうした批判は，また自己の歴史的制約を確認していない場合に限って，ヘーゲルの体系に対してもまた定式化されるだろう。たとえ，それが哲学史講義の形式の中にあろうとも，さらには意識史の講義の形式の中にあろうとも，もしくは，この確認をたんに歴史的にではなく歴史的回顧と体系的な議論とを結びつける中で貫徹させる『現象学』の形式の中にあろうとも。

かくして『現象学』は，その体系的前提である思考と存在の統一を正当化することによって，体系への導入となる。そして，『現象学』が精神の諸形態の歴史の中でこのような統一の思想が形成されたことを示すことによって，それは体系への導入となる。精神の諸形態の歴史は，むろんたんなる事実上のことなのではなく，むしろ，まさに自己の中で「主体」として証明される「実体」として精神を説明することなのである。ここで獲得された「知」に対して，ヘーゲルは，次のような課題を帰する。その課題とは「知は「区別されたものが，自己自身に即してどのように運動するのか，そしてその統一へとどのように還帰するのかを，ただ観察することである」。こうした規定は当然にも，それぞれの「観察」の中で作用している諸契機の，そしてなおさら一層，現象する精神を叙述するものとしての『現象学』の中で作用している諸契機の，構成的な役割を隠蔽することになる。しかしヘーゲルは，自分の構想のために，その構想が内的な「必然性」を示すということを要求することができる。すなわち，その必然性があるから，「純粋な運動」（GW 9. 431f.）は，意識の歴史の初めの時期から啓蒙の終わりにまで進んでいくのである。ただし，こうした「運動」がヘーゲル哲学をめがけてやってきたという意味においてではなく，むしろヘーゲル哲学が，それ固有の体系的な着手点を，現象する精神のこうした歴史の確認を通して定式化し正当化するという意味においてである。

4.8. 二次的伝承，疑わしいもの，散逸したもの

4.8.1. イェーナ時代の雑記帳（1803-06）

ヘーゲルの伝記をまとめる仕事の範囲の中から，ローゼンクランツは，1842年の『ケーニヒスベルク文芸雑誌』に，次のことを報告している。それは，シェリングがイェーナを去った後，ヘーゲルは，「もともとは自然科学の本からの抜き書きのために精力を費やした小さな二つ折り版のノート」に，「時代の特質や哲学の本質についての，そして哲学が生まれるその時期に対する哲学の関係についての批判的な注釈」を差し挟んでいる。ローゼンクランツは，「一時的な衝動の中でぞんざいに扱われた」批判的な警句集を，最初は，『ケーニヒスベルク文芸雑誌』に，のちには，『ヘーゲル伝』の付録に，部分的には意図的に，部分的には意図なしに，短縮して公表している。

しかしながら，ローゼンクランツは，これらの警句の多くが同じように抜き書きを成していることを見逃している。ヘーゲルが「プロメテウス風の告白」として様式化している膨大なファウストの警句，フリードリヒ・マクシミリアン・クリンガーの小説についてのヨハン・ゴットリープ・グルーバーに由来する評論集がそうである。別の「警句」同様にこれらの出所は，マンフレート・バウムとクルト・ライナー・マイストが，ヘーゲル全集の歴史的批判版の中で初めて明らかにした。これ以外の「警句集」にしても，それらが同様に抜き書きであることが推測できる。

初 出：Kritische Xenien Hegel's aus der Jenenser Periode 1803-6. mitgetheilt von Karl Rosenkranz. In: Königsberger Literatur-Blatt redigirt von Alexander Jung. 1. Jg. Königsberg 1841/42. Nr. 31, 32, 38, 42, 45; vgl. R 537-555.
テキスト：GW 5. 488-508.
参考文献：R 198-201；Hegel's Wastebook 1803-1806; Unbekannte Aphorismen Hegels aus der Jenaer Periode.

Mitgeteilt von Friedhelm Nicolin. HS 4 (1968), 9-19; Manfred Baum / Kurt Meist: Hegels »Prometheische Confession« Quellen für vier Jenaer Aphorismen Hegels. HS 8 (1973), 79-90; GW 5. 709-716, 812-824.

4.8.2. 「三角形の三角形についての断片」

比較的長いパラフレーズをもった文脈の中からローゼンクランツがかいつまんで伝え，それ以後散逸した「神の三角形について」の断片を，彼は，ヘーゲルの初期フランクフルト時代のものと推定している。その中で，ヘーゲルは，三角形の関係の助けを借りて，さらにまたプラトンの『ティマイオス』に立ち戻りながら，父と子と精霊のそれぞれの国の三位一体の関係を解釈する。すなわち，そのつど区別された「中点」の系列を通して神と宇宙の完全な媒介がもたらされる関係を解釈する。結果として，第三の三角形は，「あらゆるものが神そのものへと還帰すること，もしくは万物へと理念が注ぎかけられること」を表現している。

ローゼンクランツは，この断片を，ヘーゲルの「思弁がはじめから神智学的性格をもっていること，しかしそこにおいては，弁証法的思考のエネルギーとグノーシス的な直観形式の形象性とが悪しき分裂に入り込み，そしてやがて，より純粋な，より論理的な形式を必要とした」ということを証明するものとして評定する (R101)。キンメルレ[1]は，この断片が書かれたのは『体系草稿Ⅰ』(1803/04)の時期であると推測する (1967, 162)。というのも，ローゼンクランツの報告によると，ヘーゲルの「三角形の構成」は，「とくにやはり自然を貫通する」ものであり，「動物の構成」のところで中断してしまうからである。こうした指摘は，しかしながら断片を『体系草稿Ⅰ』の文脈にではなく，むしろプラトン的そしてピュタゴラス的な宇宙的思弁の中に位置づけることを許すだろう (GW 5. 707f.)。

1) キンメルレ（ハインツ・キンメルレ）(1930-2016)。イェーナ期ヘーゲルの研究『思考の閉鎖性』(1982年)によって文献学と哲学の統一的研究を開始し，のちにマルクス主義と唯物論的弁証法を研究し，さらにそこから，国際文化哲学の立場から幅広い研究を行った。

初出：Karl Rosenkranz: Hegel's ursprüngliches System. - In: Literaturhistorisches Taschenbuch. 2. Jg. Leipzig 1844, 158-164; vgl. R 101f.
テキスト：GW 5.479-482.
参考文献：Heinz Kimmerle: Zur Chronologie von Hegels Jenaer Schriften. HS 4 (1967), 125-176; GW 5.706-708.

4.8.3. 三角形からのスケッチ

ヘーゲルの遺稿の中に，入念に仕上げられたスケッチが含まれている。それは三角形を示していて，その頂点にはそれぞれ小さな三角形がある。スケッチは，中心の三角形のそれぞれの辺のうえに，魔術的-占星術的なシンボルとともに「精神（spiritus）」という言葉が書かれている。このことは，ヘーゲルが「錬金術，グノーシス，バラ十字会，フリーメーソン，占星術へと関係」しているという主張，および彼が「すべての神秘的なものや何かしら曖昧で秘密めいたものに関心」をもっているという主張を誘引する (Schneider, 73)。しかしながら，ヘーゲルの多くの同時代人の場合と違って，それらの主張はどこでも裏づけられていない。

このスケッチは，まさに扱われていた「三角形の三角形の断片」のなんら解説になっていない。このスケッチはヘーゲルのほかのテキストとの関連ももっていない。これは別として，ヘーゲルの草稿の場合，紙の透かし絵は浮き出てこないので，ヘーゲル自身がそれを描いたのではなく，多分贈り物としてヘーゲルが保持していたものと推測することもできる。さらに奇妙なことは，ローゼンクランツがその草稿に言及していないことである。ローゼンクランツは，ヘーゲルが初期に啓蒙と対立した時代に対して，彼に「神秘的な局面」(R199) があると主張し，さらに「三角形の三角形についての断片」を伝えているにもかかわらずにである。このように見ると，このスケッチがそれどころか，ヘーゲルの死後に初めて彼の遺稿の中に入った可能性を排除できない。

初出：Georg Stuhlfauth: Das Dreieck. Die Geschichte eines religiösen Symbols. Stuttgart 1937, Abb. 16.
図解：GW 5. 533.
参考文献：Helmut Schneider: Zur Dreiecks-Symbolik bei Hegel. HS 8 (1973), 55-77; GW 5.734-736.

5

バンベルク時代の論考と断片（1807-08年）

5.1. 抽象的に考えるのは誰か

⑴　この論文は，その作風において，ヘーゲルの文献全体（Corpus Hegelianum）の中でも他に類をみないものになっている。すなわちこれは，ある機会を得た折に引き受けた仕事であり，その論調において，哲学的-学術的というよりは，むしろ風刺的である。それは，草稿として後へと残されたものであり，知られる限り，ヘーゲルの生前に出版されたことはない。『友人の会版著作集』第17巻の編者であるフェルスターとボウマンは，この論文を，ベルリン時代の「未整理論集」（Vermischte Schriften）の中に収めた。それゆえ彼らは，《「プロイセンの」軍隊においては，兵士には，「ならず者」であるとして体罰を受ける受動的権利がある》とヘーゲルが表現したところを「オーストリアの軍隊においては」と書きかえたのである。おそらくそれは，1830年代においては，ヘーゲルの表現が政治的に不適切なものであったためのみでなく，シャルンホルストの改革（1808-13年）の後では，もはやその言い方は正確でないと考えられたためであろう。こうして暗黙のうちにベルリン時代のものと年代推定されたことに誘導され，ローゼンクランツは，本論文をはっきりとこの年代のものとしただけでなく，それは「ベルリン流儀」の「一風変わった産物」でもあると見た。すなわち，それは，「形而上学と，冗談と，風刺が，それも，実に辛辣きわまりない風刺が，いやそれどころか，腹を抱えるほどのユーモアまでもが混ざりあった，唯一風変わりなもの」であると見たのであった。もっとも，すでにローゼンクランツが認めることだが，ここでのヘーゲルの「シュワーベン風の素朴さ」には，「一般にベルリン人なるものをナンテ・シュトルンプフ[1]のレベルにまで落としても，しばしば大いに魅力的なものとして特徴づけている独特な洒脱さ」が，欠けているのだが（R 355f.）。ホフマイスターが，この論文の成立年代を実に「イェーナ時代（1807/08年）」であると推定したが，最終的にはキンレが，その年代を正確に「1807年4月，あるいは，その二，三か月後」，すなわち，初期バンベルク時代と特定した。この特定は，一つには筆跡鑑定の結果によるものであり，また一つには，1807年1月2日の「教養人のための朝刊紙」に掲載された懸賞応募をほのめかす言及が，この論文のうちにあることによっている。この懸賞の応募締め切りは，1807年7月1日だったのである（GW 5. 678f., GW 8. 360）。

[1]　ナンテ・シュトルンプフ。イロニーとユーモアに長けたジャーナリスト Adorf Glassbrenner（1810-1876）の「街角の立ちん坊ナンテ」（Eckensteher Nante）のモデルとされる人物。荷物運び（赤帽）で，彼が仕事待ちで立つコーナーが「ナンテの角」（Nantes Ecke）と呼ばれ，彼はそこで通り過ぎる人間模様を眺め，機知に富んだ笑いと皮肉を飛ばしたという。それが大衆劇となってもてはやされ，ベルリン子の皮肉と笑いの象徴となった。

⑵　ヘーゲルのこの論文は，この懸賞公募に応えて投稿しようと考えられたものではないだろう。というのも，この懸賞は「韻を踏んだ詩によるエゴイズムの風刺」に懸けられたものだったからである。それにもかかわらず，この論文は，このような「教

養人層」、「美しき世界」に向けて書かれたものであり、ローゼンクランツが考えるように、この世界の人々を「楽しませる」というよりは、むしろ彼らが自らを啓発するよう試みたものである。たしかにヘーゲルは、この試みのために「術策」を用いるようなことはしないと公言している。つまり、「軽妙な会話という見かけの明るさのもとで、思考や抽象を黒く塗りつぶして見えなくし、最後になってこの「見知らぬ客」〔思考や抽象〕が昔からの顔馴染みであったということが露見する、といった「術策」は使わない、と。しかし、まさにこうして術策は使わないと公言することによって生み出される落着きの中にこそ、ヘーゲルの本来の術策がある。というのも、ヘーゲルがまず念頭に置いていることは、「われわれ」がいる「良き社会」においてはいつでも、すでに「思考とは何であり、抽象とは何であるか」が知られているということだからである。なお残される問いはただ「抽象的に考えるのは誰なのか」という問いだけなのである(とはいえ、ヘーゲルは、こう論じることによって、自らの社会を、良き社会であると捉えているように見えるが、本当はこれを良くない社会だと暴いているのであるが)。

ところでヘーゲルは、「抽象的に考えるのは誰なのか」というこの問いに答えている。その答えは、たしかに、彼の哲学に親しんでいる者には驚くべきものではないが、しかし、「偏見」と「抽象的な思考への尊敬」を持っている「良き社会」にとっては驚きに価するものである。すなわち、抽象的に考えるのは、「教養のない人々であって、教養のある人々ではない」というのである。「抽象的に考える」とは、具体的な全体から、なんらかの特性を一つだけ選り分け、抽出し、そして、それを唯一の視点へと高めるということである。たとえば、「殺人者について、彼が殺人者であるというこの抽出された抽象以外には何も見ず、このたった一つの性質によって、この者のその他すべての人間的なものを抹消するということである」。「下賤な民衆にとっては、その者は、殺人者以外の何ものでもない。」彼らは、その刑の宣告において、ただひたすら殺人者を見るということ以上に何ごとかを見ようとする試みをすべて激しく撥ねつける。「淑女たち」が、浮薄にもその殺人者を、美しい、興味をそそる男と感じ取ろ

うとも、あるいは、ある「人間通」がその殺人者の経歴における不幸な境遇をことさらに強調しようとも、あるいはまた、民衆が別の機会であれば「ある物書き」(ゲーテ)の作品を抽象化して、それをもっぱら(若きウエルテルの)「自殺の弁解」の話しなのだとするとしても、下賤な民衆は、それらの試みをすべて激しく撥ねつけるのである。

もっとも、こうした抽象化を避けようとする者が、「まったく逆の抽象化」に陥ってしまうこともありうる、という。たとえば、犯罪者が縛り付けられている刑車と犯罪者自身とに花輪を「散りばめ、〔花輪で〕両者を結び合わせたり」するような「繊細でセンチメンタルなライプツィヒ的世界」がそうである、と。これは、おそらく、もはや知られていない出来事あるいは文学的なフィクションをほのめかしたものであろう。この花輪の散りばめは、むしろ、「センチメンタルな心と悪質なものとの、表面的でコツェブー的[1]な和解であり、両者のいいかげんな宥和の様式」である。そして、ヘーゲルが最初に「下賤な民衆にとっては、殺人者は殺人者以上の何ものでもない」と〔抽象化して〕述べておきながら、最後に彼が見ているのは「下賤な老婦人つまり養老院の女が、この殺人者の抽象化を打ち消すこと」なのである。というのも、彼女は、切り落とされた殺人者の首が「神の恩寵の陽光」に照らされ、そうして「昇る陽光のなかで、それが受け入れられて恩寵に与る」のを見るからである。

1) コツェブー(アウグスト・フリードリッヒ・フェルディナント・フォン・コツェブー)(1761-1819)、ドイツの劇作家、ロシアで官職につき(1781-90)、帰国後、ゲーテやロマン派と対立、主宰する雑誌などで青年層の自由主義的風潮を嘲笑したため、学生 K.L.Zand に刺殺された。200篇以上の戯曲を書き、喜劇に傑作がある。Die deutschen Kleinstädter (ドイツの小市民, 1803)。ここで「コツェブー的」とは、「対立的、反動的」な抽象化の意味。

(3) アンケ・ベンホールト=トムゼンは、ヘーゲルの著作に対して他には行われたことがないような詳細な文体分析を行い、まさしく「認識の一シーンを作り上げようとしている」ヘーゲルのこの論文を、社会を主題とした「ある種の喜劇」と見なした

（182, 193）。「思考の行程が，舞台の上での筋書きの進行の代わりをするのと同様に，文体が喜劇的な形態の代わりをする」（195）。つまり，この論文でヘーゲルが意図している《社会のそれ自体との和解》は「喜劇にたとえうる和解」なのだというのである。そうである限りこの和解は，懸賞公募によって促された「風刺」とは相反するものである。後のヘーゲルの観点からすれば，風刺は「本物の文学的な解決」を，それゆえ，「本物の和解」を何ら成立させることがないのである。それに対して，「教養ある社会」は和解に至るという。なぜなら，その社会は，思考こそが「社会を教養ある社会にするのか，それとも教養のない社会にするのか」（194）――言いかえれば，具体的に考える社会にするのか，それとも，抽象的にしか考えない社会にするのか――を決めるものであるということを認識しているからなのである。

初出：W XVII. 400-405.
テキスト：GW 5.379-387.
参考文献：Anke Bennholdt-Thomsen: Hegels Aufsatz: Wer denkt abstrakt? Eine Stilanalyse. HS 5 (1969), 165-199; GW5.677-681.

5.2. 論理学の二つの断片

(1) 機会を得て引き受けた仕事である論文「抽象的に考えるのは誰か」と並行して，ヘーゲルは自らの体系構築の仕事を再開する。体系について彼は実際，――予告に反して――それまでにやっと導入部としての『現象学』を公刊しただけだったのである。『現象学』の自著広告によれば――それは，いまや彼によって編集されることになった1807年11月25日の「バンベルク新聞」に載ったものであるが――彼は，〔『現象学』に続く〕第2巻が，「思弁哲学としての論理学の体系と，哲学のその他の二つの部分をなす体系，すなわち，自然の学および精神の学とを含む」（GW 9. 447）であろうと予告している。ヘーゲルがこの二つの実在哲学（Realphilosophie）の分野に携わっていたということを証拠立てるものは，バンベルク時代からは得られない。しかし，論理学については，これを証拠立てるものがある。ニートハンマーがヘーゲルに「ギムナジウム上級クラス用の論理学の完成原稿」を依頼しようと考えたとき，ヘーゲルは，1807年7月8日付でこう返事をしている。「私は今，事情が許す限り，私の一般論理学の研究に取り組んでいて，これは早急には仕上がらないでしょう」，と。一年後の1808年5月20日には彼は，ニートハンマーに対し自分の「論理学」について，こう語っている。「それはいま，ものになり始めていますが，それについて私はイェーナではほとんど基礎づけてはおらず，また詳しく講義をしたわけでもありません」，と。この「ものになる」過程での一つの成果をなすのが，二つの断片，「認識について」と「機械的連関，化学的連関，有機的連関，および認識について」である。これら両断片の年代は，筆跡変化の経緯からしても，また用紙の質からしても，バンベルク時代のものと推定されるし，また，論理学の発展史においても，それらは，イェーナ時代最終期の諸研究とニュルンベルク時代初期の諸研究著作との中間に位置づくものである。

(2) 第1の断片「認識について」は，第2の断片の最終節「認識」へと至る，完全に定式化された前段階をなしている。この第2の断片は，まさしくバンベルク時代のものである論理学構想の一端を知るための唯一の原資料である。とはいえたしかに，論理学構想の改変にかかわる中心的な問題が，この断片を手がかりにして論じられうるわけではない。しかし，それにもかかわらず，この断片は，それが――「自由な機械的連関」および「化学的連関」を論述するとともに――後の「客観性」章につながってゆく諸要素を含んでいる限りで，論理学の発展史に重要な貢献を果たしている。それゆえ，この断片は，イェーナ時代の諸構想を超え，また直前の論理学の素描（Skizze）をも超えたものなのである（GW 8. 286）。

この断片に見られる独特の萌芽は，それが初めて「機械的連関」，「化学的連関」および「有機的連関」というテーマを，自然哲学のそれとしてではなく，論理学のテーマとして取り扱った点にある。ちなみに，そこでは推論の概念が非常に強調されているが，おそらくこれらのテーマは，それに先立つ推

論論を引き継いだものなのである。とはいえ，そこにおいては目的概念の論述なしに，また，境目もなしに，「化学的連関」から「有機的連関」への，さらに「認識」への移行がなされている。他方，「生命」と「認識」とが，別枠の「理念論」のうちに体系的に位置づけられるのは，ニュルンベルク初期の草案以来である。この断片は，したがって，論理学の発展の一つの階梯を証拠立てるものであり，この階梯において論理学は，たしかに，後に「客観性」という表題の下で論述される諸テーマを統合しはじめてはいるが，しかしまだ，これらのテーマが「理念論」において完結するには至っていない。

初 出：Otto Pöggeler (Hg.)：Fragment aus einer Hegelschen Logik. Mit einem Nachwort zur Entwicklungsgeschichte von Hegels Logik. HS 2 (1963), 11-70.
テキスト：GW 12.257f. bzw. 259-298.

6

ニュルンベルク時代の著作と構想（1808-16年）

6.1. ギムナジウムの教育課程

6.1.1. 原資料, 教育科目, 方法

(1) 1808年から1816年にかけて，ヘーゲルはニュルンベルクのギムナジウムで哲学関係の教鞭をとり，この教育活動を背景に体系を仕上げていった。ただ，このことは，この年代に出版された主著，『大論理学』の陰にいつも隠れてしまっている。「故人の友人の会」として結束した友人や弟子たちは，たしかにヘーゲルのこの時代の膨大な草稿を意のままにすることができたのであるが，しかし彼らは，まずはそれらを自分たちの著作集から除外してしまったのである。ヘーゲル哲学の発展にとってこれらの草稿のもつ重要性を最初に認識したのはローゼンクランツであった。それは彼が「1838年秋に旅の途中でベルリン立ち寄ったさい」その文献を目にしたときのことである。その結果，これらの文献は，――「故人の友人の会」の側からの何度かの抵抗を克服した後で――，『友人の会版著作集』に第XVIII巻として補足的に追加されたのである。

ローゼンクランツの功績は，ニュルンベルク時代の諸文献を考慮に入れることで，ヘーゲルの文献全体（Corpus Hegelianum）の中にその発展史的要素を導入したことにある。ただ，彼はこれらの文献を，新たな解釈を促し要求するにはまったくもって不十分な形で紹介してしまったために，その功績は割り引かれることとなる。というのも彼は，何度も繰り返された教育課程の間にある差異をきれいさっぱりとなくしてしまい，諸文献をあえて相当奔放な仕方で提供したからである。その結果，これらの文献は，たしかにヘーゲル哲学の発展史において，イェーナ時代とハイデルベルク時代との間の一要素として認知されることにはなるが，諸文献相互の差異は見えなくなるのである。またさらに別の観点からいうならば，ローゼンクランツはこの時期の文献に損傷を与えた。というのも彼は，ヘーゲルの未亡人や友人の会に，借用した草稿のすべてを返却したわけではなかったからである。すなわち，そのいくつかのものは彼の甥（姪）の息子であるアーノルド・ゲンテを経てアメリカ合衆国に渡り，そしてそこで一部分は紛失し，残りの一部分だけがハーバード大学のホートン図書館にたどりついたということのようである（Henrich, 1981, 586f.）。このホートン図書館の文献に基づいて，ヤコブ・レーヴェンベルクが20世紀初頭に数冊の文献を公刊した。また, その後, ヨハネス・ホフマイスターが『ニュルンベルク著作集』（die Nürnberger Schriften）の新版を取りまとめたが，その際ホフマイスターは，そのあいだにまたいくつかの草稿が失われたために，一部ローゼンクランツの初版を用いざるをえなかったのである。その他の長い間紛失されたとみられていた分は，三十年前エヴァ・ツィーシェがベルリン国立図書館で再発見した。また，それに加えて，ヘーゲルの弟子たち（マイネル，アベッグ）らの手になるいくつかの筆記録が，新たにこの時代の文献全体（Corpus der Texte）に加えられた。

これまで非常に不十分であった編纂の状態は，いまや全集第10巻が公刊されるにいたってようやく，

残された資料の状況が許す範囲内で，十分に改善された。残された資料の状況はといえば，それには欠落があるだけでなく，偏ってもいる。すなわち，手元の原資料は，一部はヘーゲルの草稿であり，一部は生徒たちによる口述筆記録（これは別の誰かによって清書され，さらにヘーゲルの手が入れられている）である。そしてまた一部はヘーゲルの解説を自由に筆記したものであり，これらの原資料はもっぱらニュルンベルク時代の初期と中期（1808-1813）になったものなのである。ただ，こうしたことはおそらく，たまたま残された資料の状況がそうだったというたんなる偶然によるものではない。そうではなくそれは，ヘーゲルが，後期になると初期の頃ほど熱心に授業準備に取り組まなくなったという事情による当然の帰結なのである。またヘーゲルはとりわけ，初期の時代の資料を続けて利用したり，改訂したりしたために，こうした改訂を，つねに疑いの余地なく後期のひとつひとつの教育課程のものとして指定することはできないのである。

（2）授業目的や授業科目については，その概要が，授業計画，すなわち，『王国における公教育機関の一般的設置規準 Allgemeine Normativ der Einrichtung der öffentlichen Unterrichts- Anstalten in dem Königreiche』をとおして，ヘーゲルに前もって与えられていた。この『規準』は，当時高等審議官としてバイエルン王国の学校制度を所轄していたヘーゲルの友人イマヌエル・ニートハンマーの筆になるものであり，したがって，それは，哲学に関するヘーゲル自身の考えと無関係のものではなかった。その『規準』が「本質的な課題」として挙げていることは，「生徒たちに，思弁的な思考への手ほどきをすること，また，手ほどきをしつつ段階的に訓練をすることによって，大学での講義の出発点である，哲学を体系的に学ぶことのための準備が調う地点にまで，彼らを導くこと」である。下級クラスにおいては，「思弁的な思考の訓練は，哲学の形式的部門，すなわち，論理学から始められる」とされる。中級クラスには，伝統的な特殊形而上学の概説が指定されている。ただし，それはカント的な伝統的形而上学批判という観点からのものである。すなわち，中級の下位クラスには，宇宙論と自然神学が指定され，これらに関して，神の宇宙論的証明と自然神学的証明をめぐるカントの批判を参照するよう指示されている。そして，中級の上位クラスには，心理学と，それに続いて「倫理的および法的な諸概念」が指定され，心理学については〔フリードリッヒ・アウグスト〕カールス（彼の見解はヘーゲルと全く正反対である。本書447-448頁参照）を，また倫理と法についてはまたもやカントを，参照するよう指示されているのである。最後に，上級クラスでは，「それまでに扱われてきた個々の思弁的思考の対象が，『哲学的エンツュクロペディー』において総括される」，とある（65, R 254f. 参照）。

ヘーゲルはこの『規準』を大変好意的に迎え入れている。というのも，彼は1820/21年の冬に，プロイセン学校法の準備に携わったさいにもなお，この授業計画に基づいて「国家教育学に関する本を著すこと」（ニートハンマー宛，1821年6月9日付）について，あれこれ考えていたほどだからである。とはいえ，彼はこの『規準』の細かな点にまでしたがいはしなかった。欠落があるが残された資料から知りうる限り，ヘーゲルはこれまでに挙げた諸科目を，驚くほど自由に，およそさまざまに強調点を変えながら論じているのである。たしかに，「エンツュクロペディー」は，――「論理学」の分だけ短縮した形をもとりつつ――「特殊諸学の体系」として，上級クラスのためにとっておかれるし，精神の学も同様に中級クラスのためにとっておかれる。しかし，ヘーゲルは，論理学を，中級クラスにおいても（1810/11年），それどころか上級クラスにおいても論じている（1809/10年）。他方で彼は，法論，義務論，および宗教論をまっさきに下級クラスに移しているのである。ヘーゲルは，こうした逸脱の理由を，ニートハンマーに宛てた「私的所見」（Privatgutachten）――それは，ギムナジウムでの哲学の講義に関するものだが，この「私的所見」でヘーゲルは，自らの経験と意図とを総括している――の中で述べている。そこで彼がとりわけ書き記していることは，「若者にとって，自然の考察は，ほとんどまだ興味をそそるものではない」から，自然哲学はギムナジウムの講義にはあまり適してはいないということ，また，「哲学的な歴史観」も，一部はなくてすませるし，一部は宗教学の中で扱えるということである。ところで，美学は，当の授業計画にはなかった。

「もしギムナジウムの学生たちが［…］叙事詩，悲劇，喜劇等々の特質について，いっそう明確な理解をえようものなら，それはすばらしく有益なことであろう。美学は，一方で，芸術の本質と目的に関して，さまざまな，より新しい，より優れた見解を提供することができるだろうし，他方でまた，それはむろん，芸術についてのたんなるおしゃべりにとどまることなく，すでに述べたように，まちがいなく，特別な作風や，古代，現代の特殊な創作手法と関わろう。そしてそれは，さまざまな国や時代のもっとも優れた作家との特有の交わりへと導き，しかもこの交わりをさまざまな実例を出すことで支えてくれるであろう。美学はまさに，快適な課程であるというよりも，たいへん啓発的な課程であることになろう。それはもっぱら，ギムナジウムの生徒にとって最高に相応しい知識を含んでいよう。こうして，この学問が，ギムナジウムという公的施設の教育科目になっていないのは，紛うことなき欠陥と見なしうるのである」（GW 10. 823-828）。

（3）自らの授業方法に関してヘーゲルは，この「私的所見」，および，この所見を同封した1812年10月23日付のニートハンマー宛の書簡において，同一の見解を述べている。すなわち，18世紀の講壇哲学の没落後もなお，哲学は「依然として内容豊かな学知の体系的複合体」であり続けており，「絶対的な絶対者の認識は，一つの体系における認識の諸段階を踏まえた全体性の認識」を要求する，と。哲学の授業は，「主要な諸対象に関する最高度の理性的な思考の成果を［…］覚えるということ」を目的とする。つまり，「哲学は他のあらゆる学と同じように，しっかりと教えられ，学ばれなければならない」。ここでヘーゲルは，「無内容のままで哲学することを学ぶべきだという［…］現代の嗜好，特に教育学のそれ」を論難する。哲学の授業とは，「自己思考と自己流の産出のために教育しなければならない」というものではない。ヘーゲルがこのように言う理由はあきらかに，彼が「自己思考」に対して異議を唱えるべきだと考えるからではなく，哲学の内容から切り離された「自己思考」を幻想であると見なし，こうした思考はこの内容を受け入れることによってこそもっともよく伸ばしうると信じるからである。すなわち，唯一そうすることによってのみ，真理が，「憶測，幻想，中途半端，歪み，不確実さ」（GW 10. 828-830）にとって代わるのである。

ただし，ヘーゲルは，思弁的な思考へと生徒たちを導いていくという『規準』の要求に反して，ギムナジウムの授業は，「抽象的な」思考に，また，せいぜいのところ「弁証法的な」思考に限るべきだと考える。それによれば，まずは抽象的な形式が主要課題である。「若者たちにとっては，まずもって見るということ，聞くということが，消えてなくなるのでなければならない。彼らは具体的に思い描くことから引き離され，魂の内なる夜へと引き戻されなければならない。」こうした感覚的なものから抽象的なものへの上昇は，たしかに「より自然に適っている。しかし，だからこそ〔それは本来は〕非学問的な道程」である。この道程は，そのうえ，より容易でもある。「抽象的なものは，より単純なものであるために，より容易に把握されうるのです」（ニートハンマー宛，1811年10月10日付，参照）。このような抽象的な形式によって産み出されるのは「悟性的哲学」，言い換えれば，「豊かな内容を含んだ抽象的な諸概念からなる一塊の体系」である。しかし，通常ならヘーゲルが批判するこういう形式こそ，「ギムナジウムの領野においては，広く行われなければならないものである」と彼には思われるのである。思考の第2の方法，すなわち，弁証法的方法については，カントの純粋理性のアンチノミーを基礎に訓練されるべきこととされるが，それをヘーゲルは若者にとっては比較的難しいし，また，あまり興味をそそらないものであると見なす。それゆえ，「どこででも，また，試みたいときはいつでも，弁証法を試みていいし，また導入できない場合には，弁証法なしに次の概念へと移行してもよい」。こうしたことは，教師の自由であるとされる。「本来的に思弁的なもの，すなわち，対立するものをその統一において認識すること」は「ギムナジウムの講義においては，ただ必要最小限でよい」。本来的に思弁的なものは，たしかに依然目的ではあるが，しかし，〔ギムナジウムでの〕授業は準備段階にあるものとして，抽象的なものに，また，せいぜいのところ弁証法的なものに限るべきなのである（GW. 10. 830-832）。

このように評していたことを考慮すれば，「私的

所見」が同封されたニートハンマー宛の手紙に，ヘーゲルがもう一つ「結びの注」を書き添えるのも不思議ではない。だが，この注に関してヘーゲルは，まだ心が揺れている。その注とは，こうである。「すなわち，ギムナジウムにおいては，ことによるとあらゆる哲学の授業が余計なものであると思われることもありえましょうし，古典の勉強こそが，ギムナジウムの若者たちにもっともふさわしく，実質的に哲学への真の導入にもなりましょう」，と。こうした結語を「私的所見」に盛り込むことを，もし，ヘーゲルに思いとどまらせるものがあったとすれば，それは，おそらく次の二つの理由であったであろう。すなわち，〔第1には〕「哲学の準備学 Vorbereitungswissenschaft の教授」として，彼は自らの存在理由（ratio essendi）を失いたくなかったし，「自ら生計の手段を断ち」たくはなかった，ということである。とはいえ，第2の理由の方が，実際に即した本心である。つまり，彼は，「ひたすら博学を誇るに至り，言葉の知識ばかりを求める文献学」，すなわち，「言葉を批判的に捉え，韻律を重んじる博識」が，いまやかつての「耽美的な饒舌」を一掃しているのだが，哲学がこの博識によって，この饒舌とまったく同じように「ほとんど空虚なものになりさがってしまう」という危惧を抱くのである。

6.1.2. 論理学

(1) ニュルンベルク時代は，――イェーナ時代とバンベルク時代に続き――，論理学の発展史における第3の決定的局面をなす。ヘーゲルは，――『精神現象学』に続いて――，今度は論理学を出版するつもりであると宣言するのだが，その結果彼は，すでにバンベルクでそうであったように，ニュルンベルク時代前半においても，論理学の仕上げに大変な精力を注ぐことになる。ヘーゲルは，論理学を，専門課程の枠組みにおいても論じるし，また「エンツュクロペディー」の枠組みにおいても，それどころか精神哲学との連関においても論じる。ただ，こうした集中的な改変にもかかわらず，〔ニュルンベルク時代の〕予備学的な論理学は，時間の上でも，構想の上でも，『大論理学』と近いものであったために，イェーナ時代の諸草案に見出せるような，それ独自の意義をもってはいない。その意義はといえば，それは，いまやバンベルクの諸断片から『大論理学』に至るまで，論理学の発展史上の一つ一つの進展をほとんど空白箇所なしに追跡することが可能になったという点にある。ちなみに，この進展の時期とは，「イェーナ体系構想Ⅱ（1804/05年）」の最後の仕上げの段階以降，すなわち，イェーナ時代後期およびバンベルク時代の大きな空白期間以降の時期にあたる。こうした〔ニュルンベルク時代の〕予備学的な論理学は，『大論理学』のあらゆる部分領域を構築しようとする，ヘーゲルの継続的な労苦の記録である。それによれば，その構築は，客観的論理学と主観的論理学という二部構成，ならびに，存在論理学，本質論理学，概念論理学という三部構成からはじまり，概念論理学のうちへの「客観性」の領域の挿入を経て，理念論の成立に至るのである。とはいえ，この予備学的な論理学は，「概念の自己運動」の詳細な展開に関しては，それが学校の授業用のものであったということや，そのことに制約されてわずかな仕上げしかできなかったということから，「イェーナ体系構想Ⅱ」の論理学より劣っているのである。

(2) 残された原資料からは，論理学の発展における三つの局面を洞察することができる。すなわち，初期段階の1808/09年，18010/11年の改訂，および，さらに後の再改訂，という三つの局面である。ただし，最後の局面は，年代付記もなく，また年代が特定された比較資料も欠けているため，厳密にはその時期が確定できない。ニュルンベルク時代の最初期の文献，すなわち，「エンツュクロペディー（上級クラス用　1808/09年）」によればすでに，論理学は「存在にかかわる悟性一般の概念体系，ならびに，自己意識的な悟性の概念体系を包括する。論理学の諸概念の各々が，この両規定を直接自らのうちで統一する限り，論理学は同時に純粋な思弁哲学である。というのも，物事の思弁的な考察の仕方とは，物事の本質を考察することに他ならず，また，物事の本質とは，物事の本性や法則がそうであるのとまったく同様，まさに純粋な，理性に固有の概念だからである」（§6）。

それゆえに，ニュルンベルク時代がはじまってすぐの1808/09年の年度には，はじめて論理学が「純粋な学」，あるいは「純粋概念の学」として登場す

る。四年前の「体系構想Ⅱ」では論理学はまだ，導入部であると同時に体系の第1部をなすものとして形而上学に先行するものであったのだが，それはもはやそういうものではない。『精神現象学』を走破し終えたいま，誤って存在論の存在諸規定であると思われていたものは，論理学の思考諸規定と同一のものであると認識されている。こうしてすでに，ニュルンベルク時代の最初期の草案において，思弁的な論理学へと向かう発展史のうえで決定的な歩みが踏み出されていた。そして，この草案の遂行もまた，イェーナ時代のさまざまな萌芽に立ち返るということ以上に強力に，前方を，『大論理学』の方向を向いているのである（GW 10. 61f.）。

出版された形の論理学の基本的な諸特徴をヘーゲルが練り上げたのは，それゆえ，イェーナ時代最後の草案とニュルンベルク初期の草案との間の時期である。というのも，1805/06年という年代が，とりわけ『精神現象学』のために捧げられたことから，論理学の新しい構想がえられたのは，特にバンベルク時代の1807/08年であると推定されなければならないからである。先に言及された二つの断片もまた，この時期のものとして残されている（本書269頁参照）。これらニュルンベルク時代初期の文献は，学校の授業用のものであったために，詳細を練り上げるという点で当然のことながら，出版時（1812-16）の水準にはおよばない。——もっともそれは，イェーナ論理学やバンベルク時代の断片の水準にもまったく同じくおよんではいない。こうした事柄に対して，以下のことは，必ずしも確定的に述べることができるわけではない。すなわち，構想にかかわる個々の違いは，後のものが以前のものを明確にしたものなのだと説明することができるのか，それとも，初期に，哲学的予備学という枠組みのなかで講義されていた草案は，学問という形式においてすでにもっとずっと練り上げられていた構想を，たんに「教授法上，修正」したにすぎないものなのだと説明されうるのかということである。

このニュルンベルク時代初期の論理学の第1部，「存在論的論理学」（GW 11. 32 参照）を，ヘーゲルは，「存在するものの純粋諸概念の体系」と名づけている（§8）。この存在論的論理学は，ここにおいてすでに，（存在，無，生成という概念の三つ組みを伴う）「存在」と，そして「本質」との二つの章からはじまる。ところが，ヘーゲルは，関係の概念である，実体，原因，相互作用を，ここではまだ，「存在」と「本質」の後に続く独立した第3の章において，「現実性」という表題のもとで扱っている。この〔第Ⅰ章〕存在の論理学が，『大論理学』のそれに対してもっている最も著しい違いは，「質」と「量」に並ぶ第3のものが，まだ「度量」ではなくて，「無限性」であるという点にある。〔第Ⅱ章〕「本質」の章には，さらに大きな相違がある。すなわち，ここでヘーゲルは，「本質の概念」，「命題」（これは，イェーナ形而上学に依拠して，同一性，差異性，および，対立の三命題である。GW 7. 128-138），そして，「根拠」を論じているのである。また，すでに言及したように，「第Ⅲ章 現実性」が独立しているということも，大きな相違である（GW 10. 62-69）。

第2部，「主観的論理学」をヘーゲルは，「普遍的なものの純粋諸概念の体系」と特徴づけている。とはいえ，ここに含まれているのは，たんに概念論，判断論，推論論のみである。ただし，ヘーゲルが推論論から目的の概念への移行を行うことで，後の「客観性」章の萌芽がここに予示されている（GW 10. 69-75）。「理念論」は（さらに「生命の理念」，「認識」，および，「絶対的理念もしくは知」に区分されるが），このニュルンベルク時代の最初の構想にしたがえば，主観的論理学と客観的論理学に対して，独立した第3部をなすのである（GW 10. 75-79）。

（3）ヘーゲルが論理学の研究に携わったという証拠は，同年の「哲学への導入としての精神論」（中級クラスのための論理学 1808/09年）の中にも，見出される。これは草稿としても，また口述筆記としても残されている（GW 10. 29-60 ないし，116-136）が，ヘーゲルはこの精神論において，——理性概念に到達した後——§30において，理性の法則についての議論，すなわち，論理学へと移行するのである。とはいえ，ヘーゲルは，この〔中級クラスの〕〈心理学的論理学〉を，同じ年度に上級クラスで講義する〈エンツュクロペディーの論理学〉から区別している。たしかに，この中級クラスの論理学もまったく同様に，客観的論理学，主

観的論理学，そして「理念の論理学」(§31——理念の論理学は，草稿では後から補足的に挿入されているが，口述筆記録でははじめから含まれている) に区分される。しかし，ヘーゲルはここにおいては客観的論理学を，「悟性」，「判断力」，「理性」という区分にしたがって構築する。すなわち，論理的な諸規定は，「確定された規定として」は悟性に帰属し，関係のうちに置かれると判断力に，また，弁証法的な側面から見られると，理性に帰属するのである (§32)。「悟性」の節は，内容的に「エンツュクロペディーの論理学」の同節と対応している。また「判断力」の節でヘーゲルは，「存在の普遍的関係」を，「存在論的な判断」として，すなわち，同一性判断 (同一性，矛盾) ならびに総合的判断 (差異性，対立，根拠：§48) として論じる。最後にヘーゲルは，「理性の弁証法」を，カントの純粋理性のアンチノミーに即して展開してみせる。そこにおいては，アンチノミーの四つの形式が，ヘーゲル自身の論理学にもう一度引き戻され関連づけられる。すなわちヘーゲルは，カントの第一の抗争の形式を「存在のカテゴリーの弁証法」と表示し，第2形式を「本質のカテゴリーの弁証法」，そして，もはや番号づけはされていないが第3形式を，(実体と因果性のカテゴリーが，ここに属するために)「無制約的な諸関係の弁証法」と表示する (§54-83)。ヘーゲルは，もはやここではカントの第4の形式に言及することなく，主観的論理学へと移行する。それは，「エンツュクロペディーの論理学」において，「現実性」章の関係のカテゴリーから主観的論理学へと移行するのと同様である。とはいえ，中級クラスの論理学において主観的論理学は，詳細な判断論までは仕上げられているが，そこで中断されている (GW 10. 29-60)。

(4) 1808/09年の年度には，この [上級用と中級用の論理学という] 二つの異なるテキストがあるわけだが，これらのものに比して，[論理学の] 仕上がりという点で明らかな進展の度合いを示しているのが，「主観的論理学」(上級クラス用 1809/10年) である。これは，[前年の]「精神論への導入」(1808/09年) に基づいた——判断論までしか到達していない——主観的論理学をヘーゲルが改訂したものとして，今に残されているが，またそれは，1809/10年の口述筆記録 (これにもヘーゲルは後の年度に加筆している) としても残されている。1808/09年の課程と比べて変更されているのは，判断論，推論論であり，また，概念論につづく「概念の実現」の論議である。ヘーゲルは，この論議を「B 目的論的推論」(§66) という表題のもとに置く。それによってヘーゲルは，「エンツュクロペディー」(1808/09年) にある目的の概念を，一層強力に推論論と結びつけようとする (GW 10. 263-291)。

ヘーゲルは口述筆記録 (1809/10年) を，1811/12年，1812/13年，そして1814/15年に改訂しているが，そのさいにこの節 [B 目的論的推論] の衣替えをし，それを，「概念論」と並ぶ独立の章「II 客観性」に組み入れる。もとはこの主観的論理学の第3部であった「III. 過程」は，この改訂作業を通じ，新たな「客観性」の章の中の第2区分となり「機械的連関」の後，「目的論」の前に置かれる。「目的論」には「理念論」が続く。「理念論」は，前年の1808/09年では，独立の位置づけがなされていたが，すでに口述筆記録 (1809/10年) において，「主観的論理学」の枠組みの中の第3節となっている。ヘーゲルが『大論理学』の一環として主観的論理学を出版するのは，ようやく1816年のことであるが (GW 10. 291-309)，こうしてみると，主観的論理学を構築するという建築術の構想は，すでに1809/10年の時点で，ずっと先までその下図が描き出されているのである。

とはいえヘーゲルは，この時点で起草された理念論に，のちに改訂を施している。すなわち，1809/10年の口述筆記録では，冒頭の通覧箇所において，理念論はさらに，「生の理念もしくは美の理念」，「認識の理念および善の理念」，そして，「学の理念もしくは真それ自体の理念」(§82) へと区分される。順番は修正されているものの，ここでの区分は真-善-美という伝統的な三理念に依拠している。これに対して，正確に年代を特定できないが，後に行った改訂においてヘーゲルは，「もしくは美の理念」という文言を括弧の中に入れたのである。ただしヘーゲルは，続く表題の行には，この文言をそのまま残したし，続く本文からも「美」という言葉を削除することはなかった。だが，いずれにしてもこ

のテキストでは,「美」よりも「生」の方が,はるかに多く論じられている。こうした点で,理念論の範囲と構造に関して,なお明らかな揺れが見てとれる。しかし,この論述に続く認識の理念,ならびに,善および真の理念は,それぞれ対応する箇所の内容は異なるにしても,すでに『大論理学』の構成を先取りしている。もっとも,ヘーゲルは,ここで「知の理念」を考察するさいには,――かつて「1808/09年 エンツュクロペディー」の§98でそうしたように――「絶対的理念」について語るのではなく,『精神現象学』に依拠しつつ「絶対知」について語る。「絶対知は,自己自身を対象とし,内容とする概念であり,したがって,それ自身の現実性である」(§109)。

(5) ヘーゲルが,口述筆記録「哲学への導入としての精神論」(1808/09年 中級クラス用)に集中的に行った改訂は,その中の「主観的論理学」に対してもなされている。ただし,「主観的論理学」についてはただ「概念論」が詳論されているだけであり,また,この概念論も判断論までしか論じられていない。したがって,この文献からは,構想全体がどのように書き進められたのかについての示唆を受け取ることはできない(GW 10. 127-136)。これに対して,構想全体の変化がくっきりと浮き出るのは,「論理学」(中級クラス用 1810/11年)においてであり,その変化は断片的な草稿によっても,また,口述筆記録によっても裏づけられる。まず,この「論理学」が示すのは,いまや存在の論理学において,1812年に公にされた形式のアウトラインが描き出されているということである。すなわち,この存在の論理学は,もはや1808/09年のように「無限性」で終わるのではなく,「事柄の本性つまり質によって,規定される」(§30)定量の概念としての「度量」で終わっている。ただし,「量」と「度量」という二つの章の間の違いについては,ヘーゲルは,出版に向けてさらにかなりつっこんで展開してみせた(GW 10. 157f. あるいは, 221-227)。

存在の論理学に続く本質の論理学は,いまや,「本質」および「現象」の「諸規定」(「物」,「現象」,「相互関係」という規定)に続き,その第3節に「現実性」を含んでいる。「現実性」は,「エンツュクロペディー」(1808/09年)では,「客観的論理学」の第3部として,「本質論」の後に置かれていた。「現実性」という表題のもとでヘーゲルが論じるのは,しかし,――これまでと同様――関係の諸カテゴリーだけである。後に出版された本質の論理学では,第1章が「絶対者」であるが,ここにはまだそれはなく,様相の諸カテゴリーが,「実体」の論議の中に組み入れられている。本質の論理学を締めくくるのは,いまや,非常に詳細な「アンチノミーに関する付記」である。ヘーゲルが弁証法を完成するために,「純粋理性のアンチノミー」に関するカントの教説がいかに重要であったかを,この「付記」がまたもや強力に物語っている。「カントは,とりわけアンチノミーに注意を喚起したが,しかし,理性のアンチテーゼ論のすべてを汲みつくしはしなかった。というのも彼は,そのいくつかの形式を提示したにすぎなかったのであるから。」(§79; GW 10. 158-181 あるいは, 227-246)。

この1810/11年に起草された主観的論理学は,すでに1809/10年の上級クラス用の論理学が論じていたものと同じ範囲のものを論じている。「概念」に献じられた,判断論と推論論を含む第1節は,いずれにしても,幅広く安定した領域を形づくっている。第2節は,ここでは「目的,もしくは,目的論的概念」という表題をもち,全面的に「合目的性」というテーマに沿って論述が続く。そうである限り,ヘーゲルの立場は,先に言及した後年の改訂のさい以上に,1809/10年の上級クラスのための「主観的論理学」に近接している。というのも,のちの改訂のさいには,このテーマをめぐる諸問題は,さらに展開されて,「客観性」に関する一節をなすに至るからである。こうしたことに対応して,1810/11年の論理学の理念論においてはまた,美の理念が生の理念のうちに組み込まれているが,他方,言及した改訂においてすでに,美の理念は,論理学から削除されようとしているのである。以上のことから推定されうることは,これらの改訂は,年代が確定された比較資料が不足しているために正確な年代が特定できないものの,1810/11年の論理学に対して,それ以後の発展的な諸段階をなすものであるということである(GW 10. 181-195 あるいは, 246-262)。

6.1.3. 自然哲学

(1) 「自然の学」をヘーゲルは，ニュルンベルク時代には，独立した一課程としてではなく，もっぱら「精神の学」とともに，「特殊諸学の体系」あるいは「応用諸学の体系」という脈絡の中で講義していた。そして，これは『規準』に従うことでもあり，また，ヘーゲル自身の判断に基づくことでもあった。すなわち，ヘーゲルによれば，自然の考察というものは，若者にとっては「ほとんど魅力のない」ものであって，彼らはそこに，「人間的で精神的な行為やもろもろの人物像と比べると，理論化することの無益さ」の方を見てしまう。そのうえ，自然の考察は，なかなか困難なものである。「というのも，精神は，自然を概念把握することによって，概念とは反対のものを，概念に変えなければならない」からである。そして最後に，自然哲学は「自然現象についての——経験的物理学についての——知識を前提とするのである」(GW 10. 827)。

論理学に関しては，ニュルンベルク時代の諸文献をもって，その形成過程が，新たな，そして決定的な段階に入るのであるが，それとは異なり，自然哲学に関しては，ヘーゲルはイェーナ時代の膨大な完成原稿を依然引き合いに出す。自然哲学の三部構造は，ニュルンベルク時代のどの文献（1808/09年，1809/10年，1810/11年）においてもそのままである。——もっとも，イェーナ時代の自然哲学の最終的な立場に対して，二重の修正が加えられてはいる。すなわち，「自然哲学および精神哲学 1805/06年」においては，ヘーゲルは，その第1部を「力学」と表示しているが，ニュルンベルク時代には，「数学」と表示しており，これは後年の『エンツュクロペディー』（1817年）においても同様である。この部分の主要な対象をなすのは，どちらの場合も，空間と時間の概念であり，ここで両者の諸次元が論究される。しかし，ニュルンベルク時代になされる変則的な編成の結果，ヘーゲルの論議は「空間と時間」というテーマから，算術および幾何学へ，そして，微分および積分へと移行する。他方，ヘーゲルはイェーナ時代には，「力学」という表題のもとで，空間と時間の概念に引き続き，それらの「実在性」を「運動」との関連で論じるとともに，また，質量の概念を取り上げるのである。

ところで，新しく作られた「数学」という節から排除されたこうしたテーマを，ヘーゲルは，——なお『エンツュクロペディー』（1817年）においても同様なのだが——，「力学」というかつての表題のまま，第2節の冒頭に置いている。そして，この第2節をヘーゲルは，——イェーナ時代の自然哲学から再び外れて——，「非有機的なるものの物理学」と呼び，これには第3節として「有機的な自然の学」が続くとされている（§100）。しかしながら，実際の講義がどう行われたかは，1808/09年の口述筆記録が示すように不明確である。というのも，ヘーゲルは，第2節を〔まずは，§100の叙述とは異なり〕「Ⅱ.）物理学一般」と呼んで，その最初の分野として，第1節から排除された「力学」を論じる（§111）。しかし，その後に，なお，〔§100で述べられた〕「Ⅱ.）非有機的なるものの物理学」（§116）という主タイトルをもつ節がもうひとつはじまり，そして，この物理学でもって口述筆記録は途絶えているのである。すなわち，§100において自然学の第3分野として予告されていた「有機的な自然の学」はもはや論じられないのである（GW 10. 80-83）。

(2) 1810年の——自然哲学の終わりまでしか到達していない——「特殊諸学の体系」に関する口述筆記録は，以上の構想にしたがったものではあるが，しかし，先述の不整合は解消している。この口述筆記録においては，自然哲学の第2部「非有機的なるものの物理学」が，さらに次のように細分化される。すなわち，まずは「力学」（§23-37）であり，次に「非有機的なるものの普遍物理学，もしくは実在的対立における質料（§38-45：重力，光，色，物体，元素）」であり，最後に「非有機的なるものの特殊物理学，もしくは個別的な質料（§46-53：磁気，電気，化学）」である。これに続いてヘーゲルは，「エンツュクロペディー」（1808/09年）ではただ予告されていただけの「有機的なるものの物理学」（§54-61）という部分も素描している。ここですでに，後の『ハイデルベルク・エンツュクロペディー』でもそうであるように，第一の形態として「地球」を論じている。というのも，地球は「有機

的な連関」であるからである。もっとも，それは，今も継続している自己産出によって自己を保持しているのではなく，その形成過程は，もはや過去のものとなってはいるが。これに関連した学として，地質学および鉱物学に言及した後，ヘーゲルは，生理学，植物学，動物学へと移行する（GW 10.85-97）。

（3）この構想は，——もう一度さらに詳しく述べられた形で——上級クラスのための「特殊諸学の体系」（1810/11年）においても保持されていて，続く数年間，この体系は，ヘーゲルが大幅に加筆した講義筆記録の中に存し続ける（GW 10. 311-339）。そして，この構想は，『エンツュクロペディー』（1817年）初版にとっても依然決定的なものである。その限りにおいて，ニュルンベルク時代の自然哲学はまた，その諸対象の考察が，のちのものに比べて概略的ではあるとはいえ，それもまた，この自然哲学という分野の発展史における重要な時期を形づくっているのである。

6.1.4. 精神論

（1）ニュルンベルク時代の体系発展において，——論理学について——第2の要点をなしているのが精神哲学である。これは出版計画との関係からいって疑いない。すなわち，すでに1811年10月10日，ヘーゲルはニートハンマーに宛てて，私は——論理学を，1812年のイースターに是非出版したいと望んでいるが——「その後で」「心理学」を「論理学」に引き続き出版するつもりです，と予告している。心理学に関する研究は，次の三つのレベルで遂行されている。その第1は，「哲学への導入としての精神論（1808/09年）」という課程における入門的な問題提起という観点からのもの（以下の(2)-(4)）であり，第2は，「特殊諸学の体系（1810/11年）」という課程における精神論およびこの精神論に後年ヘーゲル自らが加筆したものに見られる，体系的論考（以下の(5)-(6)）である。そして第3は，「法論，義務論，および，宗教論」（1810/11年，修正版 1811/12年）という何度か繰り返された課程における精神哲学の特定の節をさらに深めたもの（以下の(7)）である。

（2）ニートハンマーの『規準』では，精神論は，ギムナジウムにおける「中級の上位クラス」のために予定されている。このクラスのこの学年において「若者たちは，自ら哲学することで自分自身にたちかえることができるのであり，思弁的な思考を訓練するために，第2の実質的な主要科目として心理学を選択することができる」（66, R 255 参照）。心理学は，このように「中級の上位クラス」用の教材として設定されるのだが，しかしヘーゲルはこの設定を，ニートハンマーの意図に反する形で取り上げる。というのも，ニートハンマーにしたがうならば，心理学の論議は［フリードリッヒ・アウグスト］カールスにしたがうものでなければならないのだが，ヘーゲルは，ニートハンマー宛の「私的所見」（1812年）において，カールスの心理学からは得られるものは何もないと明言しているからである（本書447頁参照）。

しかも，ヘーゲルがニートハンマーの設定に反しているのは，後期啓蒙主義の悟性的心理学を自らの哲学的予備学の対象とすることを，このように素っ気なく拒否するということによってだけではない。彼はまた，——彼のニュルンベルク着任直後からはじまった——この課程の構想を二度までも変更する。第1にまず彼は，この構想を「精神論。霊魂論。意識，知，認識の諸様態について」という表題ではじめるが，しかし，「感覚的意識」，「悟性」，「物と諸性質」という主題をめぐる三節を詳論しているだけである（GW 10.5f.）。この最初の，明らかにただ束の間考慮されていただけの着想は，ここで途絶えている。同頁（206r）欄外の余白に，ヘーゲルは，なお二つの素案を追加しており，それによって第2の構想（§§ 2. 6）が準備される。すなわち，一つ目の素案は，「意識論および霊魂論」からなる二部構成であり，ここにおいて精神の対象のあり方，および精神の活動のさまざまなあり方が論じられる。この素案冒頭には二つの節が付されている。また，二つ目の素案は三部構成の意識論であり，その構成は「A 抽象的な諸対象についての意識」，「B 有限な精神の世界についての意識」，そして「C 汝自身を知れ（γνωθι σεαυτον）という絶対的な精神についての意識」（GW 10. 6f.）である。

第2の構想は，はるかに広範囲にわたってまとめ上げられており，30節に及んでいる。最初の構想は短いものだが，にもかかわらず，第2の構想がそこ

から著しく逸脱していることが分かる。いましがた言及した，冒頭に付された二節を伴う二部構成を，ヘーゲルは，第２の構想の出発点にしている。その言及された二つの「あり方」をめぐる考察が，いまやそれぞれ「意識」論および「霊魂」論と同一のものであると見なされている（§2）。また，上記の三部構成をヘーゲルは，意識論の構造原理とする。その三部構成とは，抽象的な諸対象の意識，有限な精神の世界の意識，そして，絶対的な精神の意識である。新たに構想されたこの意識論は，それゆえ，『精神現象学』と扱う領域が同一であり，ヘーゲルは，この親近性を，この第２の構想全体に「哲学への導入としての精神論」という表題を与えることによって，さらに強調している。つまり，彼は，──最初の構想にしたがうなら，そう見えるように──精神論を哲学体系内の分野とすることではなく，『精神現象学』に類似した「哲学への導入」とすることを企図しているのである（GW 10. 8-29）。

この第２の構想は，ヘーゲルの草稿によって，また，彼によって大幅に改訂された口述筆記録によって裏づけられるものであるが，しかし彼は，この第２の構想についても部分的にしか詳論していない。その第１節「抽象的な諸対象の意識」においてすでに，彼は，理性概念に到達した後で話しを中断しており，ここから論理学へと移行している。この論理学とは先に（本書275-276頁参照），「エンツュクロペディーの論理学」（1808/09年）の二つの異なるテクストのうちの一つとして簡単に素描したものである。──そして彼は，この論理学に，この課程の最大の飛び抜けて大きな部分を割いている。自らの講義対象に関する報告書の中で，彼はそれゆえ，この課程に首尾一貫して「論理学」という表題を付している。「論理学」は，「意識およびそのさまざまなあり方に関する理論からはじまり，続いて諸カテゴリーへ，次に，これと関連したアンチノミーおよびその弁証法へと進展し，その後さらに本来の論理学」──すなわち主観的論理学（GW 10，編者報告）へと「移行した」。したがって，ヘーゲルは，この最初の学年度では，──『規準』にも，また，自らの最初の着想にも反する形で──上級クラスの論理学，および中級クラスの論理学を講義し，そのほかには辛うじて数学だけを講義しているのである。

（３） 最初の構想変更は，まだ『大論理学』出版以前のことであるが，それは，近年さまざまに議論されている問題，すなわち，後期の体系という観点から見た場合，『精神現象学』がどのような役割を果たしたのかという問題を，投げかけるものである。第２の成案に対する，上に言及した二つの素案が示すところによれば，ヘーゲルは，最初に計画した「霊魂論」というテーマを「哲学への導入としての精神論」に置き換えたわけだが，これは，自らの『精神現象学』を課程の基礎にすえるという意図と結びついていた──しかも，ここでの『精神現象学』は彼の目論見においては，まさにその全範囲にわたるもの，つまり，「絶対的な精神についての意識」にまで手をのばそうとするものであった──。彼の付けた日付が示しているように，ヘーゲルは1809年の１月３日には，自己意識の考察を行っている。そして，草稿におけるパラグラフも，ここ（§17）までを数えたところで途絶えている。「絶対的な精神」まで手を伸ばそうという計画を断念し，「導入としての精神論」を「理性」章までに留めるとする彼の決心は，それゆえ，時間不足に起因するわけではない。というのも，ヘーゲルは，その後に，まさに非常に詳細に，最初にはまったく予定されていなかった論理学の考察を行っているからである。また，その決心は，論じる題材が不足していたことに起因するわけでもない。というのも，いうまでもなくヘーゲルは，『現象学』を引っ張り出すだけでよかったはずだからである。テーマ変更をしてもよいと思うに至ったのは，彼が，学術的な「学問の体系への導入」と，教育的な「哲学への導入」との間には意味の違いがあるのだと洞察したからであったかもしれない。すなわち，『現象学』によって，ヘーゲルの体系の立場は正当化されるわけだが，この正当化は，体系の中で展開し，頂点をむかえる意識の歴史の展開を再構成することによる。だが，こうしたことは基本的に，ギムナジウムの生徒を対象とした哲学への導入とは区別されるのである。この導入に適しているのはせいぜいのところ，『現象学』のなかでも，すぐに手の届く個人意識の歴史に属する洞察に関する部分のみであり，集合意識の歴史の諸形態に関わる部分は，すでにこの導入に適してはいないのである。

（4）ヘーゲルは,「哲学への導入」という目的のために『現象学』を用いたり,「中級クラス（1808/09年）」の講義の過程でこれを短縮したりする。まさにこのことによって,当時の「精神の哲学」の形態が見えなくなってしまい,またそのうえ,短縮された現象学が精神哲学の構築において果たす役割も理解できないものとなってしまった。というのもまさに,変更された講義テーマは,もはやまったく「精神哲学」ではないからである。ただし,こうした現象学の利用と短縮とによって,「導入」としての『現象学』の体系上の役割に関するヘーゲルの見解が,すでにそれほどまでに急激に変更されていたのだ,と想定してよいわけではない。実際ヘーゲルは,「理性」という見出し語から,変容された形態の論理学へと議論を移す前に,まず『現象学』の全体を講義する意図をもっていたのである。――つまり,このような議論の移行が可能であったからといって,それによって,『精神現象学』の構想が否定されるわけでもないし,またその体系上の役割が否定されるということでもない。講義のために『精神現象学』を短縮するということについては,ヘーゲルは,1812年のニートハンマー宛の「私的所見」において明確に釈明している。すなわち,私は,心理学の考察を,現象する精神の考察と,即かつ対自的に存在する精神の考察へと分割する。そして,「前者において私は意識を,私の『精神現象学』にしたがって論じるが,しかしそれは,『精神現象学』に示されている最初の三段階にのみ限定される［…］。後者において私は,感情,直観,表象,構想力等々という一連の発展段階を論じる」（GW 10. 825），と。

変更された一つの構想――といっても,残された資料に欠落があるために,ほとんど変更されていないように見える――を提供しているのが,「中級クラスのための精神論（1809/10）」である。ヘーゲルの報告によれば,この精神論のテーマは「意識の諸段階論,および,心理学の理論的部門,すなわち,知性論」から成っている（GW 10,編者報告）。ヘーゲルがこの課程のひな形とするのは,――つねに首尾一貫しているとはいえないが,みずから集中的に加筆した――1808/09年の導入課程の口述筆記録である。ここで彼は,「哲学への導入としての精神論」という表題を,修正を加えずにそのまま使っている。それに対して彼は,『現象学』に即した意識論の広がりに向けてのかつての展望――すなわち,「絶対的な精神という意識」（§6）にまでいたる展望――については,一貫して書き換えている。すなわち,この広い展望は,「a）意識一般,あるいは外的な意識, b）自己意識, c）理性」という意識の諸段階へと縮小されている。さらに,悟性節における§17でヘーゲルは,部分的な修正を施しているが,これによって目下の文書はこれまでのものを補完する新たな内容表現をもった一連の関連文書となる。――ただし,これも理性概念の考察までで終わっている。（ヘーゲルは,1809/10年上級クラスの論理学課程のために,目下の筆記ノートの「主観的論理学」を加筆訂正するが,それはここでの主題とは関係ないので度外視する）（GW 10. 99-115）。カール・ローゼンクランツ編の中級クラスの課程1809/10年に関する残された資料もまた,理性概念の考察で終わっている（W XVIII. 79-90）。「心理学の理論的部門,すなわち,知性論」については,ヘーゲルの講義対象に関する自らの報告において言及されてはいるが,ヘーゲルの草稿としても,また口述筆記録としても残されていない。

（5）精神論が仕上がった際に,それがどのような立場に立つものであったのかを見てとることができるのは,それゆえ,ようやく「特殊諸学の体系（1810/11年）」においてのことである。この文献もまた,草稿ではなく口述筆記録として残されている。ここでヘーゲルは,自然哲学に続いて,「特殊諸学」の第2部として「精神論」を扱う。この文献のテーマは,それ以前の「精神論」に比べても,それ以後の「精神論」（1811/12年）に比べても,かなり広い範囲――『エンツュクロペディー』における精神の哲学の領域――にまで広がっている。すなわち,この「精神論」で論じられているのは,「1）概念にとどまる精神,心理学一般。2）精神の現実化,国家の学と歴史。3）芸術,宗教,学問における精神の完成」（§67）である。これ以外の事柄を考察する「精神論」は,ここでは,拡張された文案の第1部となっている。その見返りに,「現象学」と「心理学」という精神論における二重の内的な区分は撤収されている。すなわち,ヘーゲルは,「精神の現

「象学」については，意識の考察として，あるいは現象する精神の考察として（§65），ほんの少し言及するだけであり，それを独自に考察することはないのである（GW 10. 339-365）。

それとともに，この草案は二つの顔を前後にもつヤヌスの様相を見せる。すなわち，体系的な精神論の第1部を「概念にとどまる精神」の論に縮小する際には，ヘーゲルは，『イェーナ体系構想Ⅲ』（1805/06, GW 8. 185-222）に定位する。それに対して，包括的な精神哲学の上述の三部構成（中間的になされた訂正の過程においては四部構成にさえなる）においては，のちの精神論の構造（主観的，客観的，および，絶対的精神）の原形が初めてはっきりと示されるのである。この原形は『体系構想Ⅲ』においては，内容的には「芸術，宗教，および学問」から独立したものであるにもかかわらず──「憲法」というタイトルのもとで──形式的に身分論に組み込まれているために，いまだそれとして見分けることができないのである（GW 8. ［Ⅵ］）。

この精神論の第1節がどういう位置づけになっているのかは，節区分が首尾一貫していないために分かりにくい。表題「Ⅰ. 概念にとどまる精神」（§§ 68ff.）の後に，第2の表題「Ⅱ. 実践的な精神」（§ 125）が続き，さらに二つの節──「第2節. 実在的精神」および「第3節. 純粋な表出における精神」（§§ 150 または160）──が続いている。こうした節区分の代わりに，第1節を「概念にとどまる精神」と表示し，「Ⅰ. 理論的な精神」をその第一の下位区分とするということもできたであろう。こうした不正確さはもっぱらヘーゲルのせいであるといってよいであろう。ただヘーゲルは，1810/11年の課程においても「概念にとどまる精神」論を，理論的な精神の論と実践的な精神の論とに分割しようとしていた，と想定することは許されよう。というのも，同様の分割が，後に彼がこの課程に訂正を加えたさいニートハンマーに宛てた「私的所見」（GW 10. 826）においても，また，すでに『体系構想Ⅲ』の精神の哲学（GW 8. 185-222）においても，見られるからである。

理論的な精神論の基本構造は，「感情」，「表象」，そして，「思考」という三つ組みをなしている。「感情」（「感覚」と同じものと見なされる）には，三つのパラグラフだけが割り当てられている（§§ 69-71）。それに対して，ヘーゲルが非常に詳細に考察するのは「表象」についてである（§ 72-105）。もっとも，表象の個々の〈諸能力〉（ただし，ヘーゲルはこの言葉を使うことは避けるが）については，その分類の仕方や下位区分の立て方が，必ずしも納得することのできない，交錯したものではあるが。つまり，たとえば彼は，「表象」の第1形式「a. 想起」を，もう一度「直観」，「表象」および「想起」へと区分する。第2形式「b. 構想力」は，「表象一般の再生産」，「活動的な構想力」および「産出的な構想力」へと区分し，──そのさい「活動的な構想力」のもとでは，のちに人間学へと区分けされることになる諸現象，すなわち，「夢睡眠」，「夢遊病」，「狂気」そして「予感，熱狂の幻覚」をも論じている。「表象」の第3形式「c. 記憶」をヘーゲルは，「記号一般」「言語」そして「再生的な記憶」へと区分している。理論的な精神の最後の形式である「思考」（§ 106-124）の区分は比較的明快であり，「悟性」，「判断」（判断力という意味でのそれ）および「理性」である。──ここで「理性」はさらに「否定的，もしくは，弁証法的理性」，「理由づける理性」および「推論する理性」へと下位区分され，そしてさらに，「推論する理性」は，「形式的理性」（推論過程におけるそれ），「目的論的理性」（目的を考察し，設定する限りでの理性），および，最後に「理性理念」へと下位区分される。「理性理念」とは，「概念の外面性，すなわち，概念の現実性が，当の概念によって完全に規定され，その概念としてのみ実在している限りにおける概念」である（§ 124）。すでに論理学においてそうであるように，ここにおいても，また続く箇所においても，その叙述は，イェーナ時代の精神論と比べると，論証的，論述的という面は後退し，より図式的に列挙するという形をとっている──これは明らかに，個々の諸概念を的確に解明するというよりも，むしろ学生たちに対してこの領域の概観的な展望を与えようというヘーゲルの意図に対応してのものである（GW 10. 342-353）。

「実践的精神」の構想は，「理論的精神」のそれに比べると，構造的にさらにはるかに不明確である。すでにイェーナにおいてそうしていたように，ヘー

ゲルは実践的精神を意志の概念からはじめており，この概念に続けて，活動（Tätigkeit）および行為（Handlung）の概念，ならびに実践的感情の概念，衝動（Trieb）の概念，そして，欲望（Begierde）の概念を論じている。だがヘーゲルはさらに，「精神の相互関係は，その純粋概念にしたがえば，一部は道徳的関係になり，一部は法的関係になる」という理由から，精神論の目下の第1節に，法（所有，契約，刑罰）と道徳性（人間の自己自身への諸関係，家族関係，道徳的関係）に関する考察をも含めているのである（GW 10. 353-359）。

したがって，第2節「実在的精神」（§§ 150-159）のために残されているのは，国家だけである。国家は「自由意志によって結ばれた結合体であるとともに，自然によって築かれた結合体でもあり，したがってまた道徳性に基づくとともに法に基づく」とされている。しかしここでもヘーゲルは，二つの構成要素——自然と意志——に言及するにもかかわらず，市民ひとりひとりの個人性よりも一般性の方に，すなわち，内的に統一された個々の国民精神の方に優先権があるということを強調する。とはいえ，この優先権は，次のような関係を廃棄するものではない。すなわち，「国家とその政府に対する市民の基本的な態度のとり方は，命令に対する盲目的服従でもなければ，また，国家政策に基づいたさまざまな措置に対して，各人が個人的な同意を与えなければならないというものでもなく，むしろそれらの措置に対する信頼と，それらを理解した上での服従なのである」（§§ 150-152）。「慣習，法律および憲法が，国民精神なるものの有機的な内的生命を形づくる」（§ 156）。階級の区分は「とりわけ教育や教養の豊かさの相違に基づいており，この相違は一部さらに，出生の相違に基づいている」（§ 154）。憲法が規定するのはとりわけ「国家との関係における諸個人の権利であり，また諸個人が協力し合う際の分担」（§ 155）である。権力分立論に関しては，ヘーゲルは三つの「抽象的契機」——立法権，司法権，行政権——と，「実在的権力」（裁判権，警察権，財政権，行政権，軍事権，および，政治［！］権）とを区別し，「これら実在的権力のそれぞれにおいては，本来，先の三つの重要な抽象的契機が現出する」（§ 153）という。この草案においてヘーゲルは初めて，——国家の考察のすぐ後に——，歴史哲学をはっきりと体系的に位置づける。すなわち，史学的な歴史は，国民精神が，その憲法や法律や運命とともに発展する様を，「外面的方法で」考察するのだが，それに対して「哲学的な歴史」は，国民精神の原理を把握し，「主として，世界の歴史における普遍的な世界精神を考察する。すなわち，世界精神が幼児期的な意識から出発し，分裂して現れる諸国家を通り抜け，教養の歴史をめぐり終えて，いかに「それ自身その自己意識の高みにまで」到達するのかを考察するのである（§§ 157f.; GW 10. 359-362）。

第3節「純粋な表出における精神」は，わずか六節（数え方によっては五節）のみを含んでおり（§ 160-[167]），このうちの最初の四節は芸術に，残りの二節は，それぞれ宗教と「学」とに供されている。この第3節がもつ発展史的な意義は，ヘーゲルがここで初めて「概念にとどまる精神」と「実在的精神」とに相対するものとして，芸術，宗教，および，学の領域を呈示し，この領域で自らの体系が頂点に達するということを明らかにした点にある。それに対して，内容的にはこの節は——その短さからしてすでに——『イェーナ体系構想III』（1805/06）の精神哲学より劣るものでしかない。

芸術に関する節においてヘーゲルは，いわゆる新旧論争に依拠しながら，古代の（造形的-客観的）芸術と近代の（ロマン的-主観的）芸術という二つの主要形態を区別している。彼は，芸術のジャンルを，外的直観に帰属するか（絵画，彫刻），あるいは内的直観に帰属するか（音楽，詩歌）によって，区分する。話術（Redekunst）および建築術は「純粋に美的な芸術ではない。というのも，それらの根底にはさらに，美的なるものを表現することとは別の目的があるからである」。——宗教は，それが「絶対精神の表現を，ただ直観と表象に対して与えるだけでなく，思考と認識に対しても与える限り」，中間に位置づけられるのがふさわしい，とされる。したがってまた，宗教は，芸術と学という，宗教とは異なる形態に特有の二つの認識方法にまで，手を伸ばす。その目的は，そうすることによって，個人を絶対精神へと「高め，個人と絶対精神との合致を生み出すこと，そして，個人にその合致を確信させ

ること」なのである。——最後に「学」は「絶対精神を概念把握する認識」である。学が絶対精神を概念形式で把握することによって，「すべての異他的な存在は，知において解消され，学は自己自身との完全な同一性に到達する。すなわち，まさしく概念がそれ自身を内容としてもち，それ自身を把握するのである」(GW 10. 363-365)。

(6) 精神の全体を包括する，こうした着想により，ヘーゲルは，またもや「精神論」(1811/12年) を「心理学」に限定する。その叙述形式は，すでに1809/10年に計画されたものであるが，その第1部は「意識論」(§§ 6-48) である。ここで新たに，存在する対象に向き合う現象する精神が論じられるが，これは，意識論もしくは「精神現象学」(マイネルの口述筆記録§ 4) なのである。それが，意識，自己意識，そして，理性を考察するという，いまや標準となった短縮形式において論述されるのである。この第1部に対してヘーゲルは，第2部として，再び「本来的な精神論」(§§ 49-94) を対置する。ここで精神は「その自律的活動を通じて，客体からの独立」を産み出すのである (§ 5)。それゆえ，この成案によって，一方では，精神論という脈絡のなかでは「現象学」は，『精神現象学』に比して短縮された形態をとるということが確証できるのである。また他方で，1810/11年の「精神論」でヘーゲルが「現象学」を無視したということが，体系的な意図によるものではなく，もっぱら精神全体を講義するにさいし，時間が足りなかったことから生じた短縮化であったと見なされうるということが，裏づけられるのである。

「精神論」(1811/12年) の残された資料状況からは，同時にヘーゲルの講義形態をうかがい知ることができる。すなわち，マイネルの草稿は94節分の記録を二重の仕方で含んでいる。第1は，口述筆記録 (GW 10. 523-543) であり，第2は，これとは区別された，ヘーゲルが自由に解説したさいの筆記録 (GW 10. 545-606) である。マイネルはまた同じく二重の仕方で「哲学的エンツュクロペディー」(1812/13年) も書き残しているが，これの自由解説にあたる部分は，アベッグもまた筆記している (GW 10. 641-715 あるいは，717-792)。

(7) ヘーゲルは，「特殊諸学の体系 (1810/11年)」の自然哲学だけでなく——その精神哲学についてもまた，正確な日付は確定できないが，のちのある時点に改訂を加えている。そのさい，彼は，(「特殊諸学」の第2部を意味する精神論に付された)「II」という区分番号を「III」に置き換えている (GW 10. 339)。このことは，ニュルンベルク時代を通じて支配的であった「論理学」と「特殊諸学」(これはさらに二つに区分されている) という二部構成を，全体として三部構成に置き換えようとするエンツュクロペディーの教育課程があったことを窺わせる。すでに1811/12年上級クラスの「哲学的エンツュクロペディー」がこうした三部構成であった可能性がある。ここでヘーゲルは「論理学の復習」の後に，「特殊諸学の根本諸概念を体系的序列にしたがって講義」していたのである。しかし，それのみでなく，さらに後の，1812/13年，1813/14年，あるいは1815/16年に，すべて同様に三時間制で行われたエンツュクロペディーの課程のどこかでもまた，三部構成であった可能性がある。その可能性がないと思われるのは，1814/15年の課程だが，この課程には，自然哲学と精神哲学しか含まれていないように見えるからである (GW 10，編者報告)。このようにしてエンツュクロペディーの教育課程が反復されていたことは，ヘーゲルによるこの口述筆記録の改訂が三段階を踏んでいたということ——たとえ，それらは必ずしも相互に区別できないにせよ——が，証明されていることからも推察される。さらには，ヘーゲルのこうしたその都度の介入が，主に，体系構築という大枠の変更に関わるものであり，その細部についてはほとんど手つかずのままであるという事情もまた，哲学全体の概観を示そうとする講義の流れを窺わせるものである。

改訂の第1段階および第2段階は，「概念にとどまる精神」の前に，1810/11年には考察されていなかった『現象学』を位置づけるものであり，それゆえ，四部構成の精神論になっている。改訂の第3段階は，おそらくニュルンベルク時代の終わりの時期になされたものと思われるが，この改訂において，ようやくヘーゲルは，『エンツュクロペディー』(1817年) 以来定番になった，精神論の第1部の構造，すなわち，「人間学」「現象学」「心理学」という新構造に到達したのである (GW 10. 339-341)。

この第 3 の改訂では，しかし「心理学」がさらに（第 3 ではなく）第 2 の分野としても数えあげられている。そうである限りにおいて，この新たな区分が一貫して実現されているというわけではない。すなわち，この手もとの改訂においては，上述の三科目がいまやまずは「主観的精神の哲学」の下位区分を形成するということがどこにも示唆されていないし，またヘーゲルは，精神の哲学の新たな構造化に見合う，それ以上の成果をおよそなにも引き出してはいないのである。さらに彼は，「人間学」という新分野についてはただ次のように言うだけである。すなわち，人間学が考察するのは，「たんに自然なあり方をしていて，有機的な身体と直接に結合し，この結合のゆえに，身体のさまざまな情動や状態に依存する」精神であり，また，「占星術，恒星や地球の影響，病気，気候的な差異」(GW 10. 340) である，と。現在の残された資料状況からは，ヘーゲルがニュルンベルクにおける自らの諸課程において，これらのキーワードを，少なくとも「人間学」の大筋を説明するさいには使用していたということも，確認はできない。しかし，すでにかなり詳細な『大論理学』の素描 (GW 12. 197f.) からは，ヘーゲルがいまや――1816 年に――，あとになって有効になる，精神論のこの第 1 部の形式に到達したということが確かめられる。たとえ「人間学を伴う心理学」への彼の短い言及（フォン・ラウマー宛，1816 年 8 月 2 日付）が，すでに見出されたこの大枠をむしろうまく覆い隠すかのようにみえるにしても，それはたしかなことなのである。

一群の第 2 の改訂メモは，客観的精神の哲学の構想を見てとる上で，比較資料となりうるという意義をもっている。口述筆記録 (1810/11) が，精神論の第 1 節において法と倫理を論じ，第 2 節（「実在的精神」）においては，ただ国家のみを論じている (GW 10. 359ff.) のに対して，いまやヘーゲルはこの欄外のメモ書きに「1.) 法」という表題のもとで，のちの法哲学の構成，すなわち，「a) 法学［…］ b) 道徳［…］ c) 国家学」(GW 10. 355f.) という構成を素描している。――もっとも，口述筆記録においては，ここ〔メモ書き〕から帰結するさまざまな構成上の変更〔二部構成から三部構成への変更〕は，なされてはいない。一群の第 3 の改訂メモは，芸術の哲学に関わるものであるが，しかし，それは構想を変更するものではなく，以前には（§163）一括して言及したにすぎなかった詩の概念を具体化するものである。すなわちそれは，詩の概念を，叙事詩，抒情詩，劇詩という「主要ジャンル」に区分し，さまざまな文学形式をこの主要ジャンルに組み入れるのである。こうした補足を，ヘーゲルはおそらく，「哲学的エンツュクロペディー」(1814/15) において行っている。というのも，彼は，自らの講義テーマについての報告の中で，自分はこの課程において，精神論の「美学的な部分に」「より長い時間を費やした」と述べているからである (GW 10. 編者報告)――また，それによって，すでにニートハンマー宛ての「私的所見」において嘆いていた「学問的な円環全体」における美学の欠落を埋め合わせた，とも報告しているのである（本書 273 頁参照）。

6.1.5. 法論, 義務論, および宗教論

(1) 下級クラスの教育科目を決定する際の『規準』には，ヘーゲルが明言しているように，ある不明瞭さがある。すなわち，『規準』は，その詳細な記述においては，「若者の鋭敏な感覚を訓練する」ためにということで，「論理学」を指定している。だが，これに対して，一覧表においては，「宗教の，法の，そして，義務の知識」が語られているのである。ヘーゲルは，下級クラスの最初の講義 (1809/10) を，たしかに「論理学」から始めている (GW 10, 編者報告) が，しかし，ここでもまた「法論, 義務論，および, 宗教論」へと移行している。これらの「教育科目が，哲学入門を始めるのに適している」がゆえに，ヘーゲルは「論理学」よりもこれらを優先するのである。これらの教科の内容は，「このクラスの年代には非常に親しみやすいもの」であり，また，「学生たちの自然な感情に支えられている。つまり，これらの内容は，彼らの内面のうちに現実性をもつ。というのも，それは内的な現実性そのものという側面をもつからである」。しかし，ヘーゲルは，これらの主題の順序を変更している。すなわち，『規準』において求められた「宗教の，法の，そして，義務の知識」という順序ではなく，自らの体系構想に応

じて，「法論，義務論，および宗教論」という順序で講義しているのである（GW 10. 369-420）。しかも，その講義は1809/10年には，論理学に続く時間に行われているが，しかし，1810/11年以降は，独立した四時間制の課程として，またそのうえそれは，最終年の1815/16年には，法論のみに限定して，行われているのである（GW 10，編者報告）。

「法論，義務論，および宗教論」は，このようにして頻繁に講義されているにもかかわらず，それを伝えているのは，ローゼンクランツ版だけである。ただこれについても，彼が何を原資料とし，いかに編集したかについては，何も知られていない。想定されることは，ローゼンクランツが，数年間にわたる学生たちのノートとおそらくヘーゲルの草稿をも参照していたということ，そして，これらを混ぜ合わせて，ローゼンクランツは，一つの，ほとんど統一的な，と言っていいほどの，議論の筋道を仕立て上げたということである。だが，仕立て上げられたこの筋道のせいで，当科目の展開のプロセスをたどることは，もはやできない。この展開のプロセスという点でローゼンクランツが伝えていることは，ただ次のような彼の推測だけである。すなわち，おそらくヘーゲルは，ここに伝えられている非常に詳細な説明に，なお「学生たちに与える写しのために，後に自ら手を加えたにちがいない」（W XVIII. VI），と。

この教育課程は，その設置だけでなく，その実行についてもまた，学生の授業の必要性に応じて調整されている。このことは，たしかに全体のあらゆるところから窺えるというわけではないが，しかし，いくつかの箇所から明らかである。ローゼンクランツ版から見てとる限り，ヘーゲルは，この課程の前に，ある一般的な「序論」を置いている（§§ 1-12）。この「序論」で，彼は，意志を規定しているが，それによれば，意志とは，「くわしくは，普遍意志に対する特殊意志の関係にしたがって」，この実践的なものの領域の普遍的な基礎をなすものである。「法的，倫理的，および，宗教的諸概念」は，「その根拠が精神そのもののうちにあるという，そういう諸対象」であり，それゆえそれらは，知性的世界に属しており（§ 2），しかも，行為を通じて「外的な存在」を手にするとされている（§ 4）。

ヘーゲルは，この領域のその他の諸概念として，「衝動」と「より高度な欲求能力」としての「本来的な意志」との違いを紹介しており，さらに「行い Tat」と「行為 Handlung」の違いについて，こう説明している。すなわち，行為には，「行いの中でも，決意されているもの，あるいは，意識されていたもの，それゆえ，意志が自らのものとして承認しているもの」だけが含まれる，と。意志の自由，行為を決定する際の知識，そして，行為への決意――これらのうちに「責任」の可能性が存する。また，意志こそが，法論，義務論，および，宗教論の本来的な基礎概念であると，ヘーゲルは規定するのだが，その意志とは，多様な外的内容を自らのうちに取り込みうるという，たんに形式的な自由意志ではない。そうではなく，それは，真に絶対的に自由な意志であって，これは，何らかの特殊な内容に対してではなく，自由で普遍的な意志である自己自身に対してのみ目を向ける意志である。まさに自己自身を意志するという点にこそ，その自由があるような，この自由意志の概念が獲得されることによって，「『法哲学要綱』の出発点」に到達するのである（GW 10. 369-371）。

(2) この序論のすぐ後に，ローゼンクランツは，非常に詳細な「序論への注釈」を付している。その節数（§§ 1〜25）が「序論」の節数とは異なることから，ローゼンクランツはここに別の年度から得た資料を差し挟んだことが推測される。というのも，「序論」と「注釈」との違いは，口述された文言の筆記録と自由に話された文言の筆記録との違いである，ということであるとするならば，節数は一致するはずだからである。――ヘーゲルは，この「注釈」を，意識の概念と理論的精神の諸規定，たとえば，「表象」「構想力」「思考」の関係などに立ち返ることから始めており，その後で，本来の主題である「実践的能力」に移行している。ここで彼は，実践的な領域のために「反省」が果たすと見なされる役割について詳しく論じている。そのさいの反省とは，一つには，「相対的」な，比較する反省としての反省であり，また一つには，「絶対的」な，つまり，純粋な自己関係としての反省である。人間は，実践的な領域において反省を通して，「低次元の欲望能力の領域」を脱し，ただ自己のみを内容として

もつ自我の純粋な自己関係へと高まるのである。この「実践的な，絶対的な反省」から，ヘーゲルは，§14の「意志の自由」へ移行し，これを「普遍的なるものにおける自由」と規定している。「その他の自由」——たとえば，「出版の自由」とか，市民の自由，政治的自由，宗教の自由とか——は，すべてこの「普遍的なるものにおける自由の一種」であるにすぎない。これをうけてヘーゲルは，§22において，法（権利）というものの特徴——たとえば，意図や確信や心情から独立であるということ——について説明し，次に§23において，法と道徳の違いについて説明している。その違いを，彼はとりわけ，道徳には心情が本質的な意味をもつということのうちに見る。だが，そうすると，行為の価値は，行為の結果にはないことになるが，それでもやはり結果は道徳的な考慮のうちに入れられるべきであるとされる。ここですでに際立っていることは，ヘーゲルが法と道徳を，唯一の基準によって区別するのではなく，それについて「多面的な考察」をするということである。さらにはまた彼は，次のような見方をも導入する。すなわち，法の対象としての人間とは，「絶対的に自由な存在」としての人間だが，それに対して道徳の対象としての人間とは，「家族の構成員であるとか，友人であるとか，斯く斯く然々の人物であるとか等々」という，それぞれ特殊なあり方をする人間である。道徳が求めるのは，他者の自由だけでなく，他者の幸せ（Wohl），すなわち，幸運な状態が継続したものとしての他者の「幸福」である。むろん「幸福」とは——ここでは偶然という意味合いでの——「幸運」とは別のものであり，それゆえ，ただ神のみに帰属するような「至福」でもない。そして，さらに別の観点からヘーゲルは，道徳性と宗教という二つの領域を区分している。それによれば，道徳的な意志は，たしかに「完全性という目的」をもつ。しかし，この意志が，この目的へと駆り立てられるのは，——非常に非カント的なのだが——「感性とか個々の事情とかをバネとすることによってでも」ある。またそれは，他者の幸福を実現する手段を，自らの力で手に入れることはできないのである。それに対して宗教（§25）は，「神的な存在，意志の完遂」を考察するのだが，この考察はまた，「心情の完全性」と「力の完全性」という両面からなされる。「神聖なる諸目的は，これらの両完全性において，達成される」のである（GW 10. 372-389）。

(3) この三節のうちの最初の一節，「法論」は，「法（権利）」と「国家社会」という二つの章を含んでいる。ヘーゲルは，「法（権利）」というものを，自由意志である自己自身に目を向ける普遍的意志の現実化と考えており，また，この現実化ということには，「各人が他者によって自由な者として」すなわち，人格として，「尊重され，取り扱われること」（§3）という要求が含まれている，という。こうした人格の自由という概念から彼が導出するのは——ここではカントとの一致がみられるのだが——，法的にいえば「他者の自由を制限することのない，もしくは，他者の行動を阻止することのないすべての行動」が，合法的なものとして許されているということである（§7）。それに対して，「他者の自由を制限する，もしくは，他者を自由な意志として承認しないといった」行為は「違法」であり，合法的な強制は，（ただひとつ）このような違法な強制を阻止するためにのみ許されるものとされる（§6）。このようにして前提される自由は，人間を事物として——たとえば奴隷として——扱うことを禁ずる。こうしたことを許すような実定法は，「理性あるいは絶対的な法に敵対するものなのである」（§5）——ここにおいてヘーゲルは，明らかに「自然法」の概念を避けている。

続いて彼は，自然法，あるいは理性の法についての伝統的な諸テーマを考察している。すなわち，所有者のいない事物を最初に占有取得することによる所有について，あるいは，それに手を加えることによる所有についてであり，また，たんなる占有と，他者に承認された合法的な所有との関係についてである。またさらには，「私の最も固有な人格」を形成する，もしくは，私の本質のうちに含まれている，意志の自由，倫理，宗教等々という譲渡不可能な財産（§13）について，そして，譲渡の諸形式，すなわち，さまざまな諸形式をもつ契約についてである。これらの考察に引き続いてヘーゲルは，権利の侵害のさまざまな形態から，（私の特殊な権利の否定という観点のもとで）民法の概念を手にする。そしてまた，（権利一般の否定——これは，たんに無

効にされるだけではなく,「報復」という積極的な方法で, つまり, 刑罰によって, 廃棄されなければならない——という観点のもとで)「刑法」の概念を獲得するのである (§§ 20f.)(GW 10.389-399)。

第2章で考察されるのは, 法概念が現実化した領域としての「国家社会」である。ここにおいてそれはさらに,「自然な社会」としての「家族」, すなわち, その構成員が, 愛と信頼と自然な従順の念(畏敬の念)によって結ばれている社会と,「法的関係のもとにある人間社会」としての「国家」とに区分される (§ 23)。ここでは, 法こそが国家の「直接的な目的」であって,「道徳, 宗教, 幸福, そして, 富」は, いかに重要であっても, 国家の直接的な目的ではないとされる。また, 同じ理由からヘーゲルは, 法社会としての国家を,「言語, 習俗, 慣習, そして, 教育」によって構築される結合体としての「民族」から区別する (§ 24) とともに, 法的状態としての国家を,——暴力と不法が支配する状態である——「自然状態」からも区別する。人間は, 自然状態から「理性的意志が統制する」状態へと移行しなければならないのである (§ 25)。さらにヘーゲルは, 対内的な国家法(国内法)を,「普遍的な国家権力」のもとに統一された特殊な諸権力の関係であると規定している。すなわち, それは,(普遍的な, 即かつ対自的に存在する意志を表現する)立法権,(行政権と財政権に区分される)統治権, 自立的である司法権および警察権, そして, 軍事権, すなわち「戦争を遂行し, 和睦を結ぶ」権力 (§ 28) といった特殊な諸権力の関係なのである。「注釈」においては, ヘーゲルは, 国家の諸形態とその衰退に関する古代の教えを引き合いに出すが, だからといって, 国家の諸形態の循環を主張するわけではない。民主制は, ただ「簡素な, 腐敗のない習俗のもと, 小さな領域の国家において」のみ「成立し, そして, 維持され」うる。また, 貴族制はある特定の家柄に特権を与えるものである。ヘーゲルが優位におくのは, それゆえ, 君主制である。——ただそれは, 今日の観点からすると見込みのない理由による。すなわち, 君主制においては, 他の諸体制においてよりも「市民の自由がいっそう保護される」から, というのである。——「対外的な国家法(国際法)」は, 諸国家の関係を, 特定の条約や国際公法によって規制する。しかし, 諸国家は「互いに, 法的な関係よりも, 自然的な関係」にあるため, この法は破られ, 戦争によって押しのけられてしまうのである (§ 31)(GW 10.399-403)。

(4) 第2節「義務論もしくは道徳」は, 道徳性の概念についての普通以上に長く詳しい説明から始まり, そこでは再びまた, 道徳性の概念と法の概念との関係が論究されている。法に対して, ヘーゲルは, 「責任」および外面的な遵守の概念を割り当て, それと対比的に, 道徳に対しては「義務」および「心情」の概念を割り当てる。彼はここでは, 一面において, カントの実践哲学を受け継いでいる。すなわち, 道徳性は「本質的に, 心情に関わるものであり, 要求されることは, 行為が義務に対する敬意から生じるということ」であって, 合法的な態度もまた, 「それが法に対する敬意を動機とする限りでは」道徳的なのである。しかし, 彼は,「心情」をたんに「道徳的行為の主観的側面」としてのみ理解しており, この主観的側面にはさらに, 内容的な側面が付け加わらなければならないという。それゆえ, ここでは, 道徳の領域は, 法の領域よりも内容的に豊かなものとして現れる。すなわち人間は, 道徳の領域においては, その自由が侵害されてはならない抽象的な人格とされるだけでなく, さらにはその人の特殊な面や, また, 積極的な善が明らかになる個々の規定のふるまいにしたがって, 評価されるという。(§§ 32-39)(GW 10.403-408)。

とはいえ, この節の主要部を形成するのは, (I)「自己に対する義務」, (II)「家族への義務」, (III)「国家への義務」, そして最後に(IV)「他者に対する義務」についての論究である。その大枠は——人間を個人として, 家族の構成員として, 国民として, および他者への関係において捉えるというようにして——社会的諸関係の類型化という線に沿って進展するが, そこにはまた, 伝統的な自然法における義務のカテゴリーが組み込まれている。ただ, そこで絶えず引き合いに出される「神に対する義務」については, それ以上は, 何も言及されていない。「自己に対する義務」(§§ 41-48) を, ヘーゲルは, 肉体的な個体でもあり, また精神的理性的な存在でもあるという, 人間の二重の性格に基づいて——自己保存の義務と自己の普遍的本性に向けた向上の義務とし

て——導出している。「家族への義務」（§§ 49-52）は，他者に対する諸義務の中の最初のものであると，ヘーゲルは見なしている。この義務は，一家族の構成員たちが相互に相対する人格となることから生じる，という。すなわち，構成員たちは，「本質的に，ただ一つの実体，ただ一つの人格」を形成しているのだが，「その道徳的な絆が解消されたときに」初めて，相互に相対する人格となる，というのである。結婚については，ヘーゲルはここでも，後年におけるのと同様に，「自然的，動物的結合としてではなく，また，たんなる民事契約としてでもなく，かといってまた倫理的慣習的な制度としてでもなく，まさに，「相互の愛と信頼における心情の道徳的結合」として捉えている。道徳的なるものに関する，このような広大な概念把握は，「国家への義務」論（§§ 53-58）においても示される。すなわち，国家というものは，たんなる法の領域を超え出ており，「真に一層高次の道徳的な共同体として，慣習，教養，そして普遍的な思考および行為形態に関して統一体が成立するさいに，その媒介を果たすもの」なのである。「国家への義務」（政府への服従，諸侯と憲法への心服，そしてまた国家への敬愛の感情）については，その根拠をヘーゲルは，こう捉えている。すなわち，こうした義務は，国家の担う防衛の役割という点から見て有利だからとの「計算」によるものではない。そうではなく，それは，「国家の絶対性の意識」，すなわち，個人の意志よりも，また，社会契約説的な諸々の形成体よりも，国家が優位にあるという意識に基づくのである，と。「他者に対する義務」論（§§ 59-70）には，ヘーゲルは，多くのスペースを割いている。ここで彼は，「実直さ」「誠実さ」「普遍的な人間愛の義務」——ただし，この義務は正確には，「なじみ深く友情の関係にあるといった者どうし」に課せられるものであるのだが——を列挙しており，さらには「思慮深さ」や「礼儀正しさ」に言及している（GW 10.408-418）。

(5) 非常に短い第3節「宗教論」（§§ 71-80）へと，「道徳法」の概念をめぐる議論は移行していく。それによれば，道徳法は，「われわれが否応なく尊重せざるをえない永遠の理性法」である。「しかし，そのこととまったく同様にわれわれは，個々人がこの理性法に不適格であるということをも直接的に思い知る。またわれわれは，この法を，われわれよりも高次のものとして，言いかえると」，われわれの意識に現れてくる「われわれから独立の，自立的な絶対的存在として認識する」。このような「絶対的なものについての知は，それ自体が絶対的で直接的な知であり，何か有限なるものをその積極的な根拠とすることはできない。つまりこの知は，それ自身以外の何か別のものによって媒介され，証明されるということはありえない」。しかし，感情と信仰から「神の認識」への前進が果たされなければならず，またそのさい，この認識は，依然として「理性を超え出ることはない」。というのも，理性自身が，むしろ「神の反映」であるからである。こうした移行の議論に続くのが，絶対的な精神としての神の規定である。すなわち「神は自らを対象とするが，しかしながら，その対象においてただ自己自身のみを直観する純粋存在である」。ただヘーゲルは，このような神の規定をやはり，神聖，力，知恵，善，正義という伝統的な神の述語規定によって補完している。人間は，自らの自由によって，普遍者である神から自己を分離することができ，そして，「絶対的に対自的である」ように努めることができるのであって，その限りでは，人間の本性は悪なるものと見なされうる。しかしながら，その本性は，同様にまた，「本質の自己自身との一致」なのであり，その限りでは，「自体的に神的な本性に与るもの」でもある。このように「人間の本性が，本当は，神の本性と疎遠なものではないという認識が，人間に神の恩寵の確信を与え，また人間に恩寵を享受させるのであって，こうして，神と世界との和解が成立するにいたる。つまり，世界が神から離反した，その離反の状態が消滅するのである」（GW 10.419f.）。

6.1.6. 宗教論

(1) しかしながら，ヘーゲルは「宗教論」を「法論，義務論，および，宗教論」という授業の枠内で講義したというだけでなく，1811/12年から1815/16年の学期では，これを，独立の1時間コースにおいて，上級クラスと中級クラスの合同講義として行っている。そして，ヘーゲルは，こうした変更を歓迎している。というのも，ヘーゲルには，「年をおうごと

に，ギムナジウムでは哲学の授業がすでに少々多すぎると言ってほとんどいいほどになってきていた」ように思われ，「いま宗教の時間が1時間削減されれば，なんらかの効果がある」ように見えたからである（ニートハンマー宛，1811年10月10日付）。しかしながら，それ以前にヘーゲルは，宗教の講義を行うことに対して，別の理由から激しく異を唱えていたのである。まだ，1807年11月の時点で，彼はニートハンマーに宛てて手紙を書いている。「神学の授業をすること——この授業こそは，拡声器の役を果たす教師たちにふさわしいもので，この人たちを通してそれは，民衆の耳に届くことにもなろう——そして同時に論理学を書くということが，どういうことなのか，あなたはお分かりでしょう。それは白壁塗り職人であると同時に煙突掃除夫であるようなもの，ウィーン酒を飲んだうえにさらにブルゴーニュ産ワインを呑むようなものです。［…］大学における神学なら，喜んで私は講義するでしょうし，おそらくそれを，何年か継続した哲学講義の後にしたことでしょう。——しかし〔実際ギムナジウムでは〕，それはα）啓蒙された宗教論であり，またβ）学校用であり，またγ）バンベルクにおいてであり，またδ）そこから生じる私への，当地のプロテスタント教会からの要求を見込んだものである，ということなのです。——これは，それを思うと，まるでキリスト教会が充電されたガルヴァニ電池ででもあるかのように，私の全神経を震撼させるような接触です。ただし，ε, ζ, η, 等々。主よ，どうかこの苦難の杯が素通りしていきますように！[1]」

[1] 「マタイによる福音書」第26章39節。「最後の晩餐」の後，イエスは祈りのために弟子たちとオリーブ山に登る。その祈りのさなか，イエスが，これから訪れる自らの死や弟子たちの裏切りを予感して嘆いた言葉。

（2）たしかに，ヘーゲルの危急の祈りは聞き届けられなかったのだが，彼は，危惧していた当面の課題を，自分の他の授業の原則と折り合う仕方で受け入れたのである。1811/12年度および1812/13年度の教育課程は，ヘーゲルの草稿として残されているし，また，マイネル（1811-13年）およびアベッグ（1811-13年）によって作成された，口述筆記録ならびにヘーゲルの自由な解説についての筆記録として残されている。ヘーゲルの草稿は，まず資料収集から始まっており，その末尾に至ってようやく彼は，最初の簡単な節区分案を示し，一定の明確な表現をとるに至っている。この表現はまたその後，口述原稿の一部にもなったものである。1811/12年度には，ヘーゲルは，まず「神の概念について」と題する11節を口述し筆記させている。意外なことに，彼はほとんど挑発的とも思えるやり方で，「神は，1）全存在中の存在である」という神の規定から始める。——これは，ヤコービがスピノザ主義的な神概念の内実を要約した，まさにその定式から始めるということに他ならない。すなわち，「スピノザの神は，全現実中の現実の，現にある全存在中の存在の，純粋な原理である」（JWA 1. 39），と。「純粋な存在」ということを，ヘーゲルはまた，彼の論理学を援用して，こう解釈している。それは，「自己自身への否定的関係である，それ自身において単純なるもの」であり，「自己自身を規定する反省」である，と。しかも，これになお最後に，彼は第3の規定を付け加え，「神は主体であり」，「即かつ対自的であり，精神である」，としている。草稿もしくは口述筆記録の第2部は，「宗教について」と題する詳細な論述からなっている。ここでヘーゲルは，宗教の歴史の三段階説を起案している。すなわち，「形象なきものとしての神の崇拝」から「芸術の宗教」を経て「精神的宗教」にいたる階梯である（§§ 12-18）（GW 10. 197-209）。

その後，1812/13年度の教育課程にも，同じ表題が付されている。とはいえ，ヘーゲルは，ここでは——前年度の第18節から予期されうるように——キリスト教を取り扱ってはいない。そのうえ彼の草稿は，そのほとんどがギリシアの古典時代に関わるものである。そして口述において，彼は——そこでは少々自由に草稿から離れて——「精神的宗教」の現象学に言及している。そこで彼が論じているのは，「啓発」の必然性について，有限な精神と純粋理性との差異について，そして最後に「神意の作品としての，あるいは神的活動の叙述としての」歴史の把握についてである。ヘーゲルによる自由な解説は「注解」に再現されているが，そこにおいても，「精神的宗教」のこのような内容が，自然哲学的および精神哲学的な諸規定を取り込みつつ幅広く論じ

られている。とはいえそれも，個々の宗教に話しを限定してなされているわけではないが（GW 10. 210-218）。

(3) 1811/12年度および1812/13年度の口述，ならびに後者に付された注解には，第1に，同年代にニートハンマーとの往復書簡でヘーゲルが表明しているような，また後年の「文化プロテスタンティズム」という用語で表示できるような，宗教に関する見解の痕跡はひとつもない（Jaeschke 2003）。第2に，それらは，1811/12年度の教材に関するヘーゲルの報告，すなわち，神の存在証明およびそれに対するカントの批判が比較的重要な役割を果たしたという報告を，事実として証明するものでもない。ただヘーゲルが，彼の草稿の導入的な，まだ構成も定まらない部分において，これらのことに言及しているというだけである。実際の課程においてもそうしたかどうかは，不明である。1813/14年そして1814/15年についても，ヘーゲルは，彼の報告において，神の存在証明が中心テーマであると強調しているが，しかし，実際にそうであったという証拠はなにも残ってはいない。ただヘーゲルは，報告書の中で神の存在証明というテーマを非常に重要なものと位置づけているが，こうした位置づけについては，ニートハンマー宛の「私的所見」においても触れている。すなわち，カントの自然神学批判は，「特に，3学年ないし4学年の課程にとっては，歓迎されないわけはない」。「興味を引くことは，一つには，非常に有名な神の存在証明に関する知識を与えることであり，また一つには，同様に有名な，それに対するカントの批判を紹介することであり，さらにまた一つには，この批判を再批判するということである」（GW.10.826），と。このテーマは，ヘーゲルにとって，当時非常に重要になっており，彼は神の存在証明に関する著作を計画するほどであった。というのも，1816年，『大論理学』において彼は，「ある別の機会」に言及し，その参照を求めているからである。すなわち，「論理学的形式主義によって，さまざまな誤解が，神の定在に関する存在論的証明や，その他のいわゆる神の存在証明と称するもののなかに持ち込まれたわけだが，そうした誤解，ならびに，こうした存在証明に対するカントの批判を，詳しく調べて明らかにするということ，そしてこれらの証明の真の意味を確立することによって，その根底にある諸思想の価値と尊厳を取り戻すということ，これらのことについては別の機会」に譲るとしているのである（GW 12. 129）。

6.1.7. 哲学的エンツュクロペディー

(1) これまでに挙げた各分野において展開された内容は，体系全体の建築術の仕上げ，すなわち『哲学的エンツュクロペディー』において，要約されている。しかも，この「エンツュクロペディー」については，『規準』によって要求されて，特別な一課程が開設される。「ギムナジウムの上級クラスにおいては，最後に，それまで個別に取り扱われてきた思弁的思考の諸対象が，哲学的エンツュクロペディーの中で一括して把握される」（66, R255 参照）。体系全体を言い表すこの表題を，ヘーゲルは当初，『規準』から得たと思われる。ドイツ語で書かれた1803年の夏学期の開講案内では，たしかにすでに，「哲学のエンツュクロペディー Encyclopädie，准教授・キルステン氏，および同氏の手引き書にしたがって博士・ヘーゲル氏」とある。しかし，このドイツ語訳は，彼による後年の開講案内の校正から分かるとおり，ヘーゲルによるものではない。彼自身は〔ラテン語で〕「哲学全体の素描」（Philosophiae universae delineationem）と予告しているのである（Kimmerle 1967, 54）。

『規準』の要求にしたがって，ヘーゲルは「哲学的エンツュクロペディー」を毎年，その年の上級クラスにおいて講義している。しかし，この講義はそのように彼の教育活動の核をなすものであったにもかかわらず，彼はまさにこの「エンツュクロペディー」に対して，かなり距離をとっている。この点を彼は，ニートハンマー宛の「私的所見」においてもはっきりと述べている。「それが含み得るのは，哲学の一般的な内容以外のものではない，すなわちただ，哲学の特殊諸学の根本諸概念と諸原理のみである。」それはたんに概要を与えるだけであり，その概要は目的に適っている場合もあるが，余計である場合もある。「というのも，エンツュクロペディーにおいて手短に考察されることになる諸学は，実際には，言うまでもなくそれ自体もっと詳細なもので

あり——大部分は今までに現に講義されたものだからである」(GW 10.826)。ただ一つの分野，自然哲学だけは，ヘーゲルは「エンツュクロペディー」の脈絡に沿って講義している。——しかし，いずれにしても彼は自然哲学を，学校の授業にはあまり相応しくないものと見なしているのである。

「エンツュクロペディー」は講義しなければならない。とはいえ，すでに別の機会で詳しく話してしまったことを大雑把な概要に取り集めるだけにはとどめたくない。ヘーゲルはこういう厄介な状況を，自分の各年の講義にさまざまなアクセントをつけることによって，なんとか切り抜ける。すなわち，彼は1808/09年の上級クラスにおいては「哲学の諸準備学」という表題のもとで，ほとんど論理学のみを扱い，それに自然哲学の冒頭部分が続く。また，1809/10年の上級クラスにおいても，彼は1810年の復活祭まで，詳細に主観的論理学の講義をしており，そして，ようやく残りの数か月で，「特殊諸学の体系」という表題のもとで自然哲学を講じている。1810/11年の上級クラスでは，彼は論理学を講義していない（これは，課程に関する彼の告示からは予想外のことである）。すなわち，彼は「特殊諸学の体系」を，この年再び自然哲学からはじめ，そして，そこから「精神論」に移行している。その結果，彼は，この三度目の試みにおいて初めて，「論理学」を断念してのことであったにせよ，体系を最後にいたるまで，クルリと描いてみせたのである。1811/12年度からは，ヘーゲルは，四時間のエンツュクロペディーの課程の中から，一時間分を「宗教論」に割り当てている。また彼は同時に，——彼の教育活動を見渡すと分かるように——エンツュクロペディーの課程において「体系的秩序における特殊諸学の根本諸概念」を，おそらくもう一度簡潔に講義している。ただし，やはりここでも，個々の分野にさまざまなアクセントがつけられてはいる。実際，彼は，1811/12年にはとりわけ論理学に，1812/13年には自然哲学にそれぞれ比重を置き，そして1814/15年には，彼は論理学を無視して，全時間を精神哲学および特に美学のために当てている。いずれにしても彼は，教育計画にこの二つの分野が欠けていることを「大変な欠陥」と見なしているのである（本書272-273頁参照）。

(2) 1808/09年度のものとしては，ヘーゲル自身が次年度用に加筆した，自然哲学にまで及ぶ，匿名の口述筆記録があり（GW 10.61-83），同様に，続く1809/10年のものも現存するが，これはしかし「特殊諸学の体系」までしか達していない。1810/11年の課程は，同様にして——その後四年間にわたって加筆された——口述筆記録によって確認され（GW 10.311-365），また，1812/13年の課程は，マイネルの口述筆記録，ならびに，ヘーゲルの注釈に関するアベッグとマイネルによる二つの筆記録によって確認される（GW 10.641-792）。それゆえ，「エンツュクロペディー」の発展過程は，ニュルンベルク時代の前半についてだけではあるが，よく確認することができる。とはいえ，さらに入手された原資料——「エンツュクロペディー」に関するもののみではない——を合わせると次のことが明らかにされうる。すなわち，ヘーゲルのニュルンベルク時代の諸課程は，イェーナ時代の体系構想よりも，はるかに高度な意味で，『哲学的諸学のエンツュクロペディー要綱』の発展史を形成しているということである。体系は，ニュルンベルク時代の諸課程において一定の形を得たのであり，それをヘーゲルは，1816年秋，ハイデルベルク転任直後に，講義のための概要として組み版に回したのである。ヘーゲルが，『エンツュクロペディー』(1817年)を「ありえないほど早く書き」上げた（Fulda 2003, 126）かのように見えるのは，もっぱら，全集第10巻の出版にまでなかなかこぎ着けなかったという編集事情のせいである。

この発展の外面的な特徴は，体系構成を，一定の観点のもとに統一化するということのうちに見て取ることができる。つまり，つねに成立しているのは三部構成であるにもかかわらず，ニュルンベルク時代には，当初，体系はおおむね，「論理学」と「特殊諸学の体系」とに二分割されている。さらに両者はまた，それぞれが二部構成になっている。ヘーゲルは，すでにニュルンベルク時代初期において，客観的論理学，主観的論理学，および理念論への三分割を検討してはいるが，にもかかわらず，「客観的」および「主観的論理学」への二分割が支配的な形態であり，それがまた『大論理学』で実現した形態でもある。——とはいえ，ヘーゲルはすでに，「論理

学の普遍的な分割」という節で，「主観的なるものと客観的なるものとの違いには，[…]特別な重みは置かれるべきではなく」，論理学は「いっそう明瞭に」，存在，本質，概念の論理学へと区分されるべきである」と書き留めてもいるのである（GW 11. 32)。『エンツュクロペディー』(1817年）では，論理学の二分割は，もはや体系構成上何らの意味ももっていない。少なからず明確であるのは，「特殊諸学の体系」を「自然哲学」と「精神哲学」という二つの下位区分へと分割することである。後者の第1節は，再び「理論的精神」（「現象学」と「心理学」）と「実践的精神」（「法」と「道徳性」）へと二分割され，同様に，第2節もまた，「家族」と「国家社会」へと二分割される——そして，唯一，第3節だけが，芸術，宗教，学という三項に分割される。ニュルンベルク時代の中期から，ヘーゲルは，体系を連続的な三部構造へと変革することを企てる。——すなわち彼は，ニートハンマーに宛てた「私的所見」（GW 10. 826）に述べたように，哲学を「論理学」，「自然哲学」，および「精神哲学」という「三つの主要学問」へと分割し，これを範例とする。そして同様に，論理学の三分割を格上げするとともに，「精神哲学」に「人間学」を挿入し，なおまた理論的および実践的精神に対する第3のものとして「自由な精神」を加える。そして，最終的には法哲学に「市民社会」を挿入するのである。

初出：W₁ XVIII.
テキスト：GW 10.
典　拠：Friedrich Immanuel Niethammer: Philanthropinismus-Humanismus. Texte zur Schulreform. Bearbeitet von W.Hillebrecht. Weinheim u. a. 1968. Darin 46-67: Allgemeines Normativ der Einrichtung der öffentlichen Unterrichts-Anstalten in dem Königreiche; Teilabdruck in R 254-258; Hegels Entwürfe zur Enzyklopädie und Propädeutik nach den Handschriften der Harvard-Universität. Mit einer Handschriftenprobe. Hg. von Jakob Löwenberg. In: Hegel-Archiv Bd. 1, Heft 1. Leipzig 1912, 15-58.
参考文献：Gerhart Schmidt: Hegel in Nürnberg. Untersuchungen zum Problem der philosophischen Propädeutik. Tübingen 1960; Hegels propädeutische Logik für die Unterklasse des Gymnasiums. Hg. und besprochen von Friedhelm Nicolin. HS 3 (1965), 9-38; Kimmerle: Dokumente zu Hegels Jenaer Dozententätigkeit (1801-1807). HS 4 (1967); Heinz-Joachim Heydorn: Bildungstheorie Hegels. In : Heydorn / Gernot Koneffke: Studien zur Sozialgeschichte und Philosophie der Bildung. II. Aspekte des 19. Jahrhunderts in Deutschland. München 1973, 85-131 ; Eva Ziesche : Unbekannte Manuskripte aus der Jenaer und Nürnberger Zeit im Berliner Hegel-Nachlaß. In: ZphF 29 (1975), 430-444; Friedhelm Schneider: Hegels Propädeutik und Kants Sittenlehre. In: Hartmann (Hg.): Die ontologische Option (1976) 31-115; Friedhelm Nicolin: Pädagogik-Propädeutik-Enzyklopädie. In: Otto Pöggeler (Hg.): Hegel. Einführung in seine Philosophie. Freiburg / München 1977, 91-105; Fragen und Quellen zur Geschichte von Hegels Nachlaß. I. Dieter Henrich: Auf der Suche nach dem verlorenen Hegel. II. Willi Ferdinand Becker: Hegels hinterlassene Schriften im Briefwechsel seines Sohnes Immanuel. In: ZphF 35 (1981), 585-591 bzw. 592-614; Roland W Henke: Die didaktischen Prinzipien von Hegels Philosophieunterricht, aufgewiesen an der »Rechts-, Pflichten- und Religionslehre für die Unterklasse«. Diss. phil. Bonn 1986; Kunio Kozu: Zur Chronologie von Hegels Nürnberger Fassungen des Selbstbewußtseinskapitels. HS 21 (1986), 27-64; Kunio Kozu: Das Bedürfnis der Philosophie. Ein Überblick über die Entwicklung des Begriffskomplexes >Bedürfnis<, >Trieb<, >Streben< und >Begierde< bei Hegel. Bonn 1988 (HSB 30); Udo Rameil: Der systematische Aufbau der Geisteslehre in Hegels Nürnberger Propädeutik. HS 23 (1988), 19-49; Udo Rameil: Die Phänomenologie des Geistes in Hegels Nürnberger Propädeutik. In: Lothar Eley (Hg.): Hegels Theorie des subjektiven Geistes in der >Enzyklopädie der philosophischen Wissenschaften im Grundrisse<. Stuttgart-Bad Cannstatt 1990, 84-130; Udo Rameil: Bewußtseinsstruktur und Vernunft. Hegels propädeutischer Kursus über Geisteslehre von 1811/12. In: Franz Hespe / Burkhard Tuschling (Hg.): Psychologie und Anthropologie des Geistes. Stuttgart-Bad Cannstatt 1991, 155-187; Udo Rameil: Der teleologische Übergang zur Ideenlehre und die Entstehung des Kapitels >Objektivität< in Hegels propädeutischer Logik. HS 28 (1993), 165-191; Texte zu Hegels Nürnberger Phänomenologie. Hg. und erläutert von Udo Rameil. HS 29 (1994), 9-61; Hegels >Philosophische Enzyklopädie< in Nürnberg. Mit einer Nachschrift von 1812/13 hg. und erläutert von Udo Rameil. HS 30 (1995), 9-38; Udo Rameil: Die Entstehung der >enzyklopädischen< Phänomenologie in Hegels propädeutischer Geisteslehre in Nürnberg. In: Köhler / Pöggeler (Hg.): Hegel. Phänomenologie des Geistes. Berlin 1998, 261-287; Kunio Kozu:

Bewußtsein und Wissenschaft. Zu Hegels Nürnberger Systemkonzeption. Frankfurt am Main u. a. 1999; Udo Rameil: Aufbau und systematische Stellung der Ideenlehre in Hegels propädeutischer Logik. In: Ulrich Vogel / Burkhard Tuschling (Hg.): Hegels enzyklopädisches System der Philosophie. Stuttgart-Bad Cannstatt 2003; Fulda: Hegel (2003); Jaeschke: Hegels Begriff des Protestantismus. In: Richard Faber / Gesine Palmer (Hg.): Der Protestantismus-Ideologie, Konfession oder Kultur? Würzburg 2003, 77-91; Klaus Grotsch: Editorischer Bericht zu GW 10. Kunio Kozu: Bewusstsein, Idee und Realität im System Hegels. Frankfurt am Main 2007;

6.2. 論理の学

6.2.1. 論理の体系—論理の学

(1)「論理学と形而上学 Logik und Metaphysik」——より詳細なラテン語表記によれば,「論理学と形而上学,すなわち,反省と理性の体系 (Logica et Metaphysica sive systema reflexionis et rationis)」——に関する書物を,ヘーゲルはすでに,1802年には出版すると予告していたが,当時この約束を果たすことはできなかった。だが,そのうえ彼は,1803年からは,彼の全体系の概要(本書217頁参照)を出版するとの約束もしている。——そしてこれも同じ結果になった。1807年6月には,彼は『現象学』の自著広告を掲載しているが,それは,「思弁哲学としての論理の体系」が,哲学の残りの二分野,すなわち,「自然の学と精神の学」とともに一巻にまとめられて,間もなく出版される,という内容から始まっている(GW 9, 447)。しかし,いままたこの予告も,実現されるには至らない。それどころか,彼は論理学の研究を重ねる中で,その一年後(1808年5月20日付 ニートハンマー宛)には,「イェーナ時代には,論理学の基礎をほとんど築けませんでした」と評するに至っている。そういうわけで,『大論理学』の第1巻,「客観的論理学」だけが出版されるまでにも,なお四年を要するのである。そして,この巻もまた,内容上の理由からではないが,周辺的な諸事情から——そしておそらくまた,時間的な理由から——さらに分割出版される。すなわち,その第1編,存在の論理学は,1812年の4月あるいは5月初めに出版され,その第2編,本質の論理学は,1813年出版となっているが,実際には,1812年12月に出版されている。しかし,第2巻,主観的論理学が出版されるまでには,また四年がかかっているのである。またこの間の遅延は,疑いなく,外的な事情にもよっている。すなわち,その事情の一部は,ヘーゲルの労苦を要する職務遂行(本書51-53頁参照)によるものであり,また一部は,彼の私生活における喜ばしい変化によるものである。彼は,1812年2月5日,ニートハンマーに宛てて,次のように書いている。「30ボーゲンものまったくもって混乱した内容の本を,結婚して最初の学期に書き上げることは決して小さな仕事ではありません。——いや,時期が悪いのです! 私は,まったくアカデミックな人間ではありません。あと一年あれば私は,相応しい形式をととのえることができただろうと思いますが,私にいま必要なのは生活のためのお金なのです。」

(2) 彼の論理学の構想の変化に応じて,いまやヘーゲルは,もはやイェーナにおけるようにその著作を「論理学と形而上学」という表題で予告するのではなく,それを「論理の体系 System der Logik」として予告する。——『現象学』の自著広告においても,また,1812年の復活祭の見本市のカタログにおいてもすでにそうである(GW 12, 322-325)。ただ,その著作が出版されたときには,「論理の体系」ではなく,「論理の学 Wissenschaft der Logik」という表題がつけられる。このことは,この著作についての学問的な要求を,かねての計画どおりに強調した結果であると理解することはできない。学問的な要求は,もとより「学の体系」(GW 9, 1)という表題のもとで,十分に規定され掲げられていたのだからである。おそらく,これには,すでに1811年秋に『論理の体系』が,——しかも,彼の敵対者であるヤコブ・フリードリッヒ・フリースの手によって——出版された,というヘーゲルにとって腹立たしい事情が関連しているであろう。この『体系』,および,とりわけそれに添付された「注釈」について,ヘーゲルは,彼のどの書簡を見ても,おそらくこれほど長く,これほど鋭いものはないというほど

の論駁を行う。つまり，こう記している。それは「まったくもって浅薄で，精神が欠落しており，貧弱で，とるにたらないもの，およそこのうえなくぞんざいな解説を行う，脈絡のない講壇的おしゃべりであり，こういうものは，ただ月並みの頭脳だけが，だらだらとした時間の中で生み出すことができるもの」である，と。（ニートハンマー宛，1811年10月10日付。GW 11. 23; 12. 311f.参照）。

(3) 論理学は——10年間の研究の後——『大論理学』において，いまや体系の第１分野として，決定的な形式とまではいえないにしても，ほぼ確定的な形式を獲得する。その後それは，改変されるが，その改変された成案は，『エンツュクロペディー』の三つの版〔いわゆるハイデルベルク版，および，二つのベルリン版〕に組み入れられており，また，それゆえ，ヘーゲルのハイデルベルク時代およびベルリン時代における「論理学と形而上学に関する諸講義」にも入れられている（本書424頁以下参照）。1827年から，入手可能な『大論理学』初版の在庫がごくわずかになったので，ヘーゲルは新版を出そうと計画する。そして，そのためには，彼は「多くの箇所で鋳直すこと」が必要であると考える。新版の第１巻，「存在論」への序文には，1831年11月７日付の署名があるが，これは彼の死の一週間前のことである。彼はまた，『大論理学』の残りの部分の改訂も計画しており，最初の巻の印刷後「数週間のうちに」残りの部分の改訂原稿も手渡すことを植字室に約束している——ただし，これに関する証明書は残されていない（GW 21. 400-403）。

初出：Bd. 1, Buch 1 (Seinslogik): Nürnberg ^{1}1812. Stuttgart und Tübingen ^{2}1832; Bd. 1, Buch 2 (Wesenslogik): Nürnberg 1813; Bd. 2 Begriffslogik): Nürnberg 1816.
テキスト：GW 11-12 ; GW 21 (Seinslogik 2. Auflage).
典拠：Jakob Friedrich Fries : System der Logik. Ein Handbuch für Lehrer und zum Selbstgebrauch. Heidelberg 1811.

6.2.2. 論理学としての形而上学

(1) 「論理学」というプログラムの一般的な特徴が何であるのかということについては，体系のこの部分の位置づけに関するヘーゲルの詳細な論述をよりどころにして，すなわち，彼がとりわけ，体系の導入部（『エンツュクロペディー』における「客観性に関する思想の三つの立場」という一括りの箇所）で講述する解説に基づいて，示すことができる。というのも，そこで表明される自己理解は，彼の論理学の発展史の諸傾向にも，また，1812-16年に公表された構想にも，合致するものだからである。——もっとも，論理学における，今指摘した冒頭の部分において，ヘーゲルが，第２巻「主観的論理学」に予め目を向けることはほとんどない。このことは，ヘーゲルが，「主観的論理学」を，この導入部の執筆時には，まだ完全に仕上げてはいない状態で公表していたということと関連しているのかもしれない。しかし，後に，第２版において，導入部に加筆がされる際にも，「論理学」のプログラムの進展にとって，「客観的論理学」がもつのと同じだけ重要な意義が，「主観的論理学」にも与えられる，ということはない。このように，ヘーゲルが自ら論述することと実際に行っていることとが，一致しているという想定は，次のような——解釈学的には実り豊である——評価に対して異を唱えることになる。すなわち，その評価によれば，ヘーゲルは，「ほとんど信じがたいほどの名人芸をもって」事を行うが，しかし同時に，その自らが行っていることが何であるのかについて，分かってはいない。したがって，ヘーゲルの解釈者たちの課題は，ヘーゲルの「事柄」に関するたんなる「思い込み」に対して，「事柄」を代弁してやることであり，また，「自らの行いについて無意識である」ために苦しむ『大論理学』の著者に，「彼が実際に行っていることが何であるかを，適切に意識させてやることなのである」（Theunissen 1978, 88f. 等）。

もう一つ別の問いは，こうである。すなわち，当時ヘーゲルは，自らの「論理学」のプログラムを，つねに必要なだけ正確に書き表すということはできなかったのではないか。それは，ことによると，そのプログラムに適した学術用語を，当時ヘーゲルはまだ自由に使いこなすということが，およそできなかったということによるのではないか，と。こうした考えによれば，彼の「論理学」は，次のようなものであると理解されなければならない。すなわち，

それは,「メタ論理学」であり,「反省的思考の, そして, 最終的には哲学一般の, 普遍的な方法論」である (Stekeler-Weithofer 1992, XVI, 9), と。また, それは,「あらゆる[…]意義あるいは意味の分析に関する方法論」であり, それゆえにまさに「思弁的な学」(同書21)である, と。このような解釈の方向は, ヘーゲル「論理学」を, 現代哲学の強力な流れという地平のうちへと位置づける。すなわち, それは, 自らの道具立てによって, ヘーゲル「論理学」を解き明かし, 現代哲学の言語を使ってそれを表現し, また, それを, さまざまな観点において, 予見的な貢献を果たすものとしてとらえる。この予見的な貢献は実に, 今日なお議論に値するというだけではなく, さらには, 現代哲学でなされるさまざまな切り詰めを矯正しようとするさいに, 好適のものなのである。

たしかに, 以上のような試みは, 疑いもなく正当なものであるが, しかし, にもかかわらず, これ以後になされる素描は, 次のような前提に基づいている。その前提とは, こうである。すなわち, ヘーゲルは, 自らの起案する「学」というものについての問題提起をするにさいし, ——たとえ, その「学」というものの歴史上の諸前提のすべて, あるいは, その「学」を遂行する際にたどる, 思考の各段階のすべてについてではないにしても——ある適切な概念をきわめてよく使いこなしているのだ, と。また, 重要なのは, 論理学をめぐるヘーゲルの自己理解を展開することなのだ, と。

(2) 先に引用した (本書269頁参照) ヘーゲルの自己評価, すなわち, 私は, 論理学に対して「イェーナではほとんど基礎づけてはいませんでした」という文言は, この学の基本的な構想の変化を踏まえて, 述べられている。その変化とは, 最後のイェーナ体系構想およびバンベルク時代の研究段階で予測されえていたものだが, それが, ニュルンベルク時代の予備学においてはっきりと認識され, そして,『大論理学』において仕上げられ, 基礎づけられるのである。いまや『大論理学』は,「論理学」と「形而上学」という二分野を, 自らのうちで統一するにいたる。この二分野は, イェーナ論理学諸構想においては, 当初から両者の間の境界問題が認識されていたにもかかわらず, つねに形式的に分離され続けたのである。

伝統的に区別されてきたこの二分野を, ヘーゲルは, このように新たな単一の学へと統合するわけだが, このことは, しかし, ただヘーゲルの発展史を背景に論じるだけでは, 十分ではない。まさに, 両者の独立性は, 古代のアリストテレス主義の諸分野における哲学の区分という端緒にまでさかのぼるのである。すなわち, アリストテレスの『オルガノン』でもまた, ——同時代の諸著作と並んで——「思考法則についての学」という意味でののちの論理学が, その体系的な位置づけを獲得するとともに, 他方,「諸原理の学」としてのちに形而上学と名づけられるものが, 論理学と区分される。ところが, この二つの分野は, すでにアリストテレスにおいて, 互いに触れ合っている。とりわけ, ——意味論的な分析を行う——『オルガノン』の「カテゴリー論」において提示された諸カテゴリーは, 彼の哲学の他の文脈では, 同時に存在論的な意味をもっている。すなわち, それらは, 叙述の形式であると同時にまた存在の形式でもあり, そのいずれとも見なしうるのである。

この両分野をヘーゲルが結合するに至るまでの直近の歴史は, ——彼の自己理解にしたがえば——カントにはじまる。それゆえにまた, ヘーゲルは, 別の箇所においては——とりわけ, 彼の哲学史の諸講義においては——彼自身の着想の先駆者として, フィヒテとシェリングをもまた引き合いに出して, 詳しく論じているにもかかわらず, 彼の「論理学」のプログラムは, ほとんどカントだけを念頭に置いて書き記している。論理学と形而上学という枠組みを組み替えなければならないという, カントの下した診断を, 彼は非常に強調して語る。すなわち, すでに批判哲学が, 形而上学を論理学にした (GW 11. 35), と。両分野をそのような形で同一化するという意図は, 結局のところカントにはなかったのだが, しかし, その着想は, ヘーゲルのみならず, たとえばまたヤコービによっても (JWA 2. 136), そしてフィヒテによっても, 両分野の同一化をもくろむものと理解されたのである——むろん, こうした理解にもそれなりの根拠があったわけである。

実際, カントは,「超越論的論理学」を, アプリオリな認識の「根源, 外延, および客観的妥当性」

を規定する「学」と見なす（B 76-82）。それゆえ「超越論的論理学」は，学としての形而上学はいかにして可能か，という問いを解くために，鍵となる最重要の位置を占める。これによって，論理学と形而上学は，たんに伝統的に理解されてきた以上に一層緊密な関係にあるということになるだけではない。もとより，両者は，それでいてなお独立の分野として存しているのである。むしろ，いうならば，形而上学の認識論的正当性と尊厳が，もっぱら超越論的論理学に基づいている，ということなのである。このことには，さらに次のような事情が付け加わる。すなわち，カントは，超越論的哲学を「純粋理性のすべての原理の体系」として仕上げることがなかったということ（B 25-27）である。そして，それとともにまた，カントは，将来的な「学としての形而上学」が，「超越論的論理学」と区別されるのかどうか，そして，区別されるとするならば，いかに区別されるのかを明らかにしなかったということである。こうした事情を，後継者たちは，次のことを示す証左であると査定する。すなわち，カントは，「超越論的論理学」とは，それ以前の形而上学を正当に継承する分野なのだと理解してもらいたいのである，と。さらにヘーゲルは，カントのいくつかの明確な言表をも，自らの解釈を裏づけるために，要求することができる。たとえば，ヘーゲルの書き記すところによれば，こうである。われわれは，コペルニクス的転回を形而上学において，「似たような方法で試みる」ことができるし，また，このことに引き続き，超越論的論理学の二つの部分と同一の仕方で，「形而上学」を二分割することも，試みることができるのである（BXVII-XIX），と。

伝統的な「一般形而上学」あるいは「存在論」を，超越論的論理学の第1部「超越論的分析論」に置き換えるということ，これが，さらに，カントの形而上学批判の一つの――そしてむしろ寛大な――観点を形作っている。そして，「超越論的論理学」は，何よりも，「超越論的弁証論」というその否定的部分において，前批判期的な特殊形而上学――合理的心理学，宇宙論，および，神学――の解体を遂行する限りにおいて，形而上学の命運を決定するものとなる。とはいえ，こうした諸分野の伝統的な問題群が，新しい「論理学」に組み込まれるわけでもない。たとえ，カントが『実践理性批判』において，――神および魂の不死という――合理的心理学および神学の主題に，ある新たな，しかし，哲学史的にみて短命な役割を割り振るにしても。

(3) ヘーゲルの着想の基本線は，カントが超越論的論理学によって伝統的形而上学を批判するという問題史的な状況によって，広範囲にわたってあらかじめ描き出されている。ヘーゲルは，講壇哲学における特殊形而上学の破滅という否定的な結末をも，我がものとしている。『大論理学』の冒頭において，ヘーゲルは形而上学の喪失を嘆いているにもかかわらず，合理的心理学，宇宙論，神学が，彼の新しい――形而上学と一体化した――論理学の一部を形成することはもはやない。これに対して，一般形而上学，すなわち，存在論の問題領域は，カントも，一括しては疑問視せず，超越論的哲学の着想の諸条件に適うような仕方で再編するのだが，ヘーゲルにおいても，それはまた，従来とは異なった仕方で体系的位置づけを獲得する。すなわち，伝統的形而上学の存在諸規定は，特殊形而上学のうちに備蓄されたさまざまな主題と同じような仕方で哲学的原理論から追放することはできない。そうした諸規定はいまや思考諸規定として認識され，論じられる。存在論は，かろうじて論理学としてのみ可能となるのである。

こうして，ヘーゲルは，論理学と形而上学の関係に関する問題史のうちに占める彼自身の場所を，この両者の原理的な統合という基盤に立って見ている。その基盤とは，彼の見るところでは，カントによって導入されたのである。彼は，彼自身の（形而上学と論理学とを包括する）「論理学」の構想を，カントのプログラムの続行として――もちろん，このプログラムの一連の不整合や誤った判断は取り除かなければならないが，こうしたものを取り除いた新規のものとして――とらえている。彼が自らの構想に与える課題は，思考の諸規定を，いかに体系的に――つまり，完全に，そして方法論的に整備された仕方で――提示するかという問題の解決である。この問題は，カントが――ヘーゲルの見るところ――アリストテレスによる諸カテゴリーの経験的な拾い集めを批判したさいに，また，判断表からカテゴリー表を導出した（B 107）さいに，たしかに

提示したが，しかし，その論及する範囲からしても，また，その方法論からしても，解決できなかった問題なのである。

　自らの論理学の第1部，「客観的論理学」を，ヘーゲルは，伝統的存在論と，また同時に，カントの「超越論的分析論」とを引き継ぐ分野として構想している。むろん，カントの「超越論的分析論」が，あらかじめ形而上学を論理学へと改変していたのだが，とにかくも，この構想のゆえにヘーゲルは，自らの客観的論理学を，何度も「形而上学的，あるいは，存在論的論理学」と呼んでいるのである（とりわけ，ニートハンマー宛，1812年2月5日付）。ヘーゲルは，こうした経緯をニートハンマー宛の「私的所見」において，つまり，彼の『大論理学』の第1巻の出版年に，簡潔に打ち明けている。にもかかわらず，『大論理学』の解釈にとって核心となるこの言明は，ごくまれにしか引き合いに出されない。その言明とは，こうである。「論理的なるものについての私の見方によれば，いずれにしても形而上学的なるものは，ことごとくそれに帰着する。私は，この点に関して，カントを引き合いに出すことができるが，彼こそが先駆者であり権威者である。彼の批判は，従来の形而上学的なるものを，悟性と理性の考察へと還元するのである。それゆえ，論理学は，カント的な意味にしたがえば，次のように解されることになる。すなわち，いわゆる一般論理学における通常の内容とは別に，カントによって超越論的論理学と名づけられたものが，一般論理学と結びつき，しかも，それに先行する，と。こうした超越論的論理学の内容とは，カテゴリー論および反省-概念論であり，次に，理性概念論である——つまり，分析論と弁証論である——。これらの客観的な思考の諸形式は，一つの独立した内容であり，アリストテレスのカテゴリーのオルガノン（Organon de categoriis）に対応する部分——すなわち，かつての存在論である。さらに，その諸形式は，形而上学的な体系には依存しない。——それらは，独断論におけるのとまったく同様に，超越論的観念論においても現れる。その諸形式を，独断論は，存在の諸規定と呼び，超越論的観念論は，悟性の諸規定と呼ぶ。——私は望みたい。私の客観的な論理学が，学を再び純化し，そして，学をその真なる尊厳において打ち立てる，ということのために奉仕するであろうことを。その学がより広く認知されるまでは，あのカント的なもろもろの区別立てが，すでにある。それが，学に代わる一時しのぎのもの，あるいは，粗雑なものを，含みもっているのである」（GW 10. 825f.）。

（4）そして，カントの「超越論的論理学」は，ヘーゲルの構想にとって，こうした原理的な編成の面においてのみならず，その細部においても，決定的なものであることが明らかになる。すなわち，カントのカテゴリー表の構造は，ヘーゲルの「客観的論理学」の内部構造をあらかじめ描き出してさえいる。その第1編，「存在論」の核心的な項目をなすものは——ヘーゲル自身が批判的な注釈を加えているように，逆の順序においてではあるが（GW 11. 41）——カントにおける量と質のカテゴリー群である。——また，それは，量，質というカテゴリーの群名だけでなく，それに含まれるカテゴリー，たとえば，質のカテゴリーである実在性，否定性，制限性である。そして，「論理学（中級クラス用1810/11年）」からは，基本構造のうちに度量のカテゴリーが，質と量に対する第3のものとして追加される。——つまり，ヘーゲルが，伝統的存在論——たとえば，バウムガルテンの『形而上学』，§7——から取り入れ，新たな文脈へと組み込んだ一連の諸規定（たとえば，「存在」と「無」）と，度量のカテゴリーが併置されるのである。同様の仕方で，カントにおける関係と様相のカテゴリーが，「客観的論理学」の第2編におけるカテゴリーの基本項目を形作るが，これらのカテゴリーは，すでに予備学的論理学の諸構想のうちに存しており，——後に幾重にも拡張されるにせよ——不動のものとなっている。

（5）このようにして，伝統的存在論とカントの「超越論的論理学」とが，ヘーゲルの「客観的論理学」のテーマ領域を定めるとともに，内部構造をも，あらかじめ形作っている。だが他方，「一般論理学」——特にカント的な形態をとってはいない，一般的な概念論，判断論，および，推論論——が，「主観的論理学」の核心部を形成する。これは，「主観的論理学」の構想がさまざまに変化しても，変わることのない部分である。もっとも，「主観的論理学」は——もろもろの理性概念を列挙するもの

としては——すでに最初期の予備的諸学において「一般論理学」より以上のものである。こうして，かつては独立していた「形而上学」と「論理学」という二つの分野は，——「超越論的論理学」を通して導かれる体系的な構造転換の帰結として——「思弁的論理学」としての「論理学」へと作り変えられる。というのも，かつての存在論の存在諸規定が，批判哲学によって思考諸規定として認識されることにより，（存在諸規定に関する論述としての）かつての形而上学と，（思考の諸法則に関する論述としての）論理学とを分断する溝もまた乗り越えられることになるからである。いまや，この二つの分野は，同一の主題をもつ。——すなわち，それは，唯一の理性，あるいは，思考そのものである。——しかも，この主題は，カントによっても強調された，思考の相異なる二つの機能——第1には，悟性概念と理性概念による形成的機能，第2には，判断と推論による操作的形式の機能——にしたがって区分される。

こうした洞察は，バンベルク時代にヘーゲルが，「論理学」研究に新たに着手して以来，初めて獲得したものであるが，これによって，ヘーゲルは，論理学と形而上学のかつての関係を逆転させるに至る。すなわち，「イェーナ諸構想」においては，論理学は，形而上学に対して，準備的な役割を担うものなのだが（本書211頁参照），いまや，論理学は，形而上学を自らのうちに受容し，それによって，まさに「純粋理性の体系」そのものになるのである（GW 11. 21）。論理学と形而上学の位置づけにおけるこうした原理的な転換を踏まえ，ヘーゲルは——自らの下準備的な研究を一貫して適切に評価しつつ——こう言うのである。すなわち，自分は論理学については，「イェーナではほとんど基礎づけてはいませんでした」，と（本書269頁参照）。

6.2.3. 形而上学としての論理学

(1) カントの「超越論的論理学」，および，そこでの諸カテゴリーと反省諸概念が，「客観的論理学」の構造にとって，また，主題的に論じられる諸概念にとって（したがってまた，「論理学」の構想全体にとって），とにかくも圧倒的な役割を果たしている。にもかかわらず，ヘーゲルは，カントを批判し，思考の諸規定に対して，カントとは異なる体系的意味を与える。というのも，ヘーゲルの目には，カントは，存在論を超越論的論理学によって代替するさいに，一歩行きすぎたように見えるからである。つまり，たしかに，カントは形而上学を論理学へと作りかえたが，しかし，「客観的なものに対する不安から，論理学的諸規定には，本質的に主観的な意味を」与えたのである（GW 11. 22）。ヘーゲルは，こうした誤りを，「のちの観念論」——すなわち，フィヒテと初期シェリング——もまた同様に犯したと考える。「後の観念論」は，たしかに，カント的な「物自体」の亡霊を追い払うが，しかし，それによって，主観化の傾向を強め，そして，一層強烈で，徹底した観念論に至っている。——ここにおいては，ヘーゲルが必要不可欠であると見なすことが行われていない。すなわち，ヘーゲルによれば，カントの「超越論的演繹論」によって，思考の諸規定が客観的妥当性をもつということのみではなく，また，それらの諸規定が存在の諸規定をも意味するということが，保証されなければならず，思考は「客観的思考」として把握されなければならないのである（GW 11. 19）。

この歩み，すなわち，思考諸規定を主観的なものとして捉えることから，それらを「客観的思考」の諸規定として認識することへの歩みは，自らの『精神現象学』によって初めて成し遂げられる，とヘーゲルは見ている。彼は『精神現象学』を，「純粋な学という概念」の「演繹」と呼び，さらにそのうえ，この学の概念は「これ以外の仕方では，まったく正当化されえない」と付け加える（GW 11. 20）——そして，『精神現象学』に突出した意義を与える，こうした初期の言明を，ヘーゲルは，後の改訂においてもそのまま繰り返す（GW 21. 32f）。『現象学』は，「意識を対立者から解放するということ」を果たす（GW 11. 21）。それによって『現象学』は，主観的な意識内容と客観的な世界との間の，誤って固定的と思われていた対立を克服する。この間に，『現象学』の一部の領野が素材として「精神論」のうちへと取り込まれるわけだが（本書280頁参照），にもかかわらず，ここでヘーゲルが確認していることは，『現象学』が「体系への導入」という役割を果たすということである。——とはいえ，ここでの

導入とはもちろん，体系への教育的な手引きという意味ではなく，体系を概念的に，また，意識の歴史に即して，「正当化する」という意味である。すなわち，「真理とは，純粋な自己意識であり，自己という形態をもつ。また，自体的に存在しているものは概念であり，かつ，概念が自体的に存在しているものである」。「意識を対立者から解放すること」によって，思考の諸規定は，主観的な，「不安げな，不完全な立場」を乗り越え，「客観的思考」という概念へと至る。すなわち，「思考内容が，まったく同様に事柄そのものでもあるという，そうした限りでの思考内容」に，思考の諸規定がなる，という結果に立ち至るのである。そして，「このような客観的思考こそが，純粋な学の内容なのである」（GW 11. 20f）。

(2) ヘーゲル「論理学」は，取り上げる題材の点では，カントの超越論的論理学と類縁のものである。しかし，その体系において意図されたことは——また，これと相俟って，その構想全体も——これまでに見たように，すっかりと変わっている。すなわち，カントの超越論的論理学の課題は，思考規定であると，つまり，主観性の働きであると見なされる論理的諸規定を前提としつつ，いかにして客観性が構築されるのか，また，いかにして経験が可能であるのかを，明らかにすることであった。しかし，ヘーゲル論理学の課題は，そうではない。ヘーゲル論理学にとっての唯一の問題は，論理的諸規定をそれ自身に即して認識することである。すなわち，「いかにして，論理的諸規定が，即かつ対自的に，つまり，そのような［誤って根源を主観的であるとする］制限や観点なしに，論理的なるものであり，純粋に理性的なるものであるのか」ということである（GW 11. 22）。論理的な諸規定そのものが，それ自体として「真なるもの」であり，また，それどころか，真理にして現実性そのものなのである。——そして，それゆえに，「論理学」がまさしく同時に「形而上学」なのである。

参考文献：Fulda: Problem einer Einleitung (1965); Henrich: Hegel im Kontext (1971); Düsing: Problem der Subjektivität in Hegels Logik (^{1}1976); Henrich (Hg.): Die Wissenschaft der Logik und die Logik der Reflexion. Hegel-Tage Chantilly 1971. HSB 18 (1978); Michael Theunissen: Sein und Schein. Die kritische Funktion der Hegelschen Logik. Frankfurt am Main 1978; dazu Fulda / Horstmann / Theunissen (Hg.): Kritische Darstellung der Metaphysik. Eine Diskussion über Hegels »Logik«. Frankfurt am Main 1980; Klaus Hartmann: Die ontologische Option. In: Hartmann (Hg.): Die ontologische Option, 1-30; Stefan Majetschak: Die Logik des Absoluten. Spekulation und Zeitlichkeit in der Philosophie Hegels. Berlin 1992; Hermann Schmitz: Hegels Logik. Bonn 1992; Pirmin Stekeler-Weithofer: Hegels Analytische Philosophie. Die Wissenschaft der Logik als kritische Theorie der Bedeutung. Paderborn u.a. 1992; Klaus Hartmann: Hegels Logik. Berlin / New York 1999; Christa Hackenesch: Die Wissenschaft der Logik (§§ 19-244). In: Schnädelbach (Hg.) : Hegels »Enzyklopädie der philosophischen Wissenschaften« (1830). Frankfurt am Main 2000; Iris Harnischmacher: Der metaphysische Gehalt der Hegelschen Logik. Stuttgart-Bad Cannstatt 2001; Fulda: Hegel (2003), 93-126; Hoffmann: Hegel 2004, 278-383; Michael Spieker: Wahres Leben denken. Über Sein, Leben und Wahrheit in Hegels Wissenschaft der Logik. Hamburg 2009 (HSB 51).

6.2.4. 方法

> 私はそれに多くの時間を費やしてしまった。
> それというのも，完全な矛盾というやつは，
> 賢者にも愚者にも，同じように秘密に満ちたものであることに変わりないからだ。
> 友よ，その技芸は古くて新しい。
> それこそがあらゆる時代の流儀であったのだ。
> つまりは，三にして一，そして，一にして三ということを手段にして，
> 真理の代わりに虚偽を蔓延させるということが。
> 遮られることなく，そのようにひとはしゃべり続け，ひとは教える。
> 誰がそんな愚か者たちと関わろうとするであろうか？
> たいてい，人間というものは，言葉にされただけで，信じるものなのだ，
> きっと，そこには何か思考されるべきこともあるにちがいない，と。
> 　　　　　『ファウスト』「魔女の厨」

(1) このようなメフィストフェレスの疑いは追い払われなければならない。そのために，思考の諸規定に関わる認識は，「論理学」において，この諸規定そのものに即して，二つの条件を満たさなければならない。すなわち，その認識は，自らの学的要請に基づいて，——第1に——思考の諸規定の完全性を保証するとともに，その領域を判明に限界づけなければならず，したがって，それは，そのための原理または手段を要求する。この種の要求は，決してヘーゲル独自のものではない。すでにカントが彼の「超越論的論理学」のために，そうした要求を掲げ，アリストテレスが思考の諸規定を「経験的に搔き集めた」ことに不満を述べている。そのうえで，カントは，「一般論理学」の「判断表」に立ち返ることによって——これは問題がないとは言えないが——この要求を満たそうとする（B 104f.）。ただ，ヘーゲルは，こうした根拠づけの戦略を循環論法であると非難する。すなわち，論理学の行程において初めて立証されるべき原理が先取りされているというわけである。ここに彼は，思考の諸規定の完全性を保証するために，それに代わる手続きを展開せざるをえないこととなるのである。

同じ理由から，思考の諸規定の認識は，——第2に——思考諸規定の全連関を方法論的に規則立てて認識する，ということを要求する。——もしそうでなければ，「論理学」は，「学」であることも，「論理」であることもなく，個別的な諸概念あるいは特殊な概念諸集合の分析を目指す，限定的な意味論であることになろう。そしてこのカントを超えてゆこうという要求，すなわち，論理学の学的要請にとってのこの構成的な要求を満たすため，ヘーゲルはまた再び，超越論的哲学の伝統に，つまり，フィヒテに，より所を求めるのである。すなわち，「思考の諸規定はその必然性のもとで提示されるべきであるということ，その諸規定は本質的に導出されるべきであるということを想起させたという点で」，フィヒテは，（「無限の」，とは言えないが，とにかくも）「多大な功績をあげている」（§ 42）というのである。

思考の諸規定を「その必然性において」導出しようというこの要求は，しかし，前もって与えられている何らかの原理に立ち返ることによっては成し遂げられない。というのも，〈第一哲学〉（prima philosophia）としての「論理学」は，その領域の完全な把握のために，そしてその領域の内的な構造化のために，そのような演繹の原理をあらかじめ用意してくれるような，自らに先立つ何か別の学に，より所を求めることはできないからである。「論理学」は，自己自身を根拠づける学であり，それゆえ，自らは上の二つの要求に正当に応じるのに適している，ということを示す手続きを，それ自身の内部で展開すると同時にまた，それを根拠づけなければならないのである。このことによってまた，二つの要求は，本来相互に関係し合うものであることが明らかになる。というのも，思考の諸規定の数と秩序を規定する原理があらかじめ与えられることはないので，その表示一覧の完全性，ならびに，その秩序，また，その連関の特殊形式は，もっぱら，方法論的に統制されることによって，その全体を再構築するということに基づいてのみ保証されうるからである。

この点に，ヘーゲルの「論理学」にとって「方法」が重要であることの根拠があり，また「論理学」が正当に応じなければならないいくつかの要求の根拠もそこにある。まずは，論理学の学的要請から導かれることは，「論理学」が思考の諸規定を，純粋に内在的な行程をたどって展開しなければならないということである。言い換えれば，「論理学」は「外部」から，つまり，経験から，もしくは，論理学に支えられて成立する主観的な「外的反省」から，何ものをも自らの内へ取り込んではならないということである。——もっとも，ヘーゲルも，問いの方向を転じて，思考の諸規定が経験を構成するという，この諸規定の経験構成的な機能を強調することはあるが，それもカントほどではない。そして次に，「第一哲学」としての「論理学」という立場から導かれることは，その内在的な行程が，内的な明証性そのものに基づいて組織化されるのでなければならないということである。その「方法」は，通常の理解とはちがって，著者が自由に扱える，内容にとって外的な原理ではありえない。つまり，それは，著者が，自分の目的に合わせて内容を配列するための，外的な原理ではない。そうではなく，その方法は，内容の内的な組織化以外のものではおよそなく，概念的な諸関係の再構築なのである。そして，この

諸関係はたんに部分的に，あるいは，およそ個々別々に現れることはないので，その関係を跡づけるということによって，「論理学」は自ずと，「論理の体系」に，もしくは，カントによってもくろまれたが実現されなかった「純粋理性の体系」になるのである（GW. 11. 21.）。

「論理学」の方法概念は，したがって，「論理学」の概念が必然的に含意しているものと解されなければならない。それゆえに，この方法概念を実現しうる「学」の可能性は，その学において取り扱われるべき思考の諸規定を，いかに内的に構築しうるかにかかっている。この学は，思考の諸規定の論理内在的で，包括的な，そして，十分に秩序づけられた連関を，示してみせることができるようなものでなければならない。そして，そこで示される連関は，ある思考規定から別の思考規定への移行として理解されうるのであり，また，これらの諸規定が完全な体系となることによって完結するのである。したがって，これはたんに静的な概念の階層として考えられてはならず，むしろ階層を生み出す動的な連関として，概念の「自己運動」（GW 11.24.）として認識され，再構築されなければならない。

(2) このような運動に，ヘーゲルは「弁証法」というキーワードをあてている。——もっとも，この見出し語は，彼の同時代人には，むしろ彼の企ての疑わしさを示す標識として働いたことであろう。古代にまで遡る，「弁証法」という用語の歴史において，たしかにそれはいくつかの長い道程を経て，近代初頭に至るまで，「論理学」と同意義に使われている。しかし，カントは「弁証法」にある特殊な意味を与えた。そのことによって，ヘーゲルがこの語を選んだということが，裏切りであるとはいわないにしても，とにかくもまずは不器用な選択であると映るのである。というのも，カントにとっては，「弁証法」とは実際，「仮象の論理」のことだからである。その「超越論的弁証法」とは，それゆえ——言葉のそもそもの意味に反して——字義通りの「弁証法」としてではなく，「弁証法的仮象の批判」（B 86）として，理解される。すなわち，それは，経験の領域を超え出てゆくようなすべての判断に付いて回る「自然な，そして，避けがたい幻想を暴き出すもの」なのである（B 354）。

それにもかかわらず，ヘーゲルの用語選択に決定的な影響を与えるのは，ほかでもないカントの弁証法的仮象批判である。というのも，ヘーゲルは，カントの「超越論的弁証法」の中に，理性に内在する矛盾の認識についての言明を見出すからである。もっともヘーゲルはこの矛盾の認識を，——カントの意図に反して——論理的諸規定の連関を彼特有の仕方で完成するための構成的原理へと変換するのだが，すでにカントの「超越論的弁証法」は，「特殊形而上学」を廃棄することによって，「論理学」の中核領域を，「一般形而上学」および「一般論理学」へと限定するという意味を，担っていた。しかし，かの変換によって，「超越論的弁証法」は，一層広範な，そして，「論理学」の「方法」にとって少なからず重要な，さらなる意味を獲得するのである。

とはいえヘーゲルは，カントの発見をある独特の，実に荒唐無稽のようにも見える仕方で利用する。すなわち，一方で彼は，「理性の二律背反的なもの」（GW 10.831）についてのカントの洞察を取り上げる。このカントによって露わにされた「矛盾」は，カント自身のテキストでは，端的に理性そのものに帰属するのではなく，ただ理性が自然的に利用されたさいに，何らかの妨害をされ，理性には異質な関心によって誤った方向に導かれたという，そういう理性に帰属するとされる。しかし，ヘーゲルは，カントがより所としたこのような観点を無視する。ヘーゲルの関心は，理性の更正に向けられているのではない。つまり，それは，最終審で，理性が矛盾とは無縁であることを確証することによって，理性を「救出」することに向けられているのではない。そうではなく，それは逆に，理性それ自体のうちにさらに一層奥深く，矛盾を定着させるということに向けられているのである。したがって，彼にとっては，「超越論的弁証法」の一つ一つの箇所がみな同じように重要であるわけではない。「誤謬推理」あるいは神の存在証明批判は，ヘーゲルが弁証法を仕上げることにとっては，何の意味もない。これに対してカントの「純粋理性のアンチノミー」論は，ヘーゲルがカントを我がものとするうえでも，またカントから離反するうえでも，中心となるものなのである。

他方でヘーゲルは，カントによる理性の弁証法的なあり方の洞察から，カントの意図に逆行する結論

を引き出す。すなわち, ヘーゲルはそのあり方を, 理性が経験の彼岸の領域で活動する能力を欠いていることの証しであると査定するのではなく, むしろ「論理学」のプログラムを実行する前提となるような理性の内的なあり方の洞察であると,――また, それ以上に, 現実性全般のあり方への洞察であると――評価するのである。カントの洞察と意図をこのように解釈しなおすことが, 「純粋理性のアンチノミー」論に対するヘーゲルの批判の前提となっている。この批判を彼は「論理学」において遂行し, またそれをニートハンマー宛の「私的所見」において, こう書き記している。すなわち, カントのアンチノミーは, 「理性の二律背反的なものに関するある奥深い基礎を包含してはいるが, しかし, この基礎は, そこにおいては, あまりにも隠蔽されたままで, いわば無思想的であり, その真実がほとんど認識されてはいない」。それについてのカント的な把握においては, 対立の諸形式が「わざとらしい反対定立 Antithese 以上の何ものでもなく」, それよりは「古代エレア派の弁証法」のほうが「無限に勝っている」(GW 10.831), と。だが, ヘーゲルが, この基礎を一層正確に際立たせているのは, 『大論理学』の序論においてである。すなわち, アンチノミーに関するカントの弁証法的叙述は, 「たしかに, 大きな賛辞に値するものではない。しかし, カントこそが, 普遍的な理念を基礎とし, それを主張したのである。その理念とは, 仮象の客観性であり, 思考の諸規定の本性に属する矛盾の必然性に他ならない」(GW 21.40), と。そしてまたヘーゲルは, 「無限の」という形容詞を独特の仕方で繰り返しつつ, カントの論述に同時にまさに「無限の功績」(GW 12.243) を認める。「弁証法が理性に必然的なものとして再び承認されたということは, 無限に重要な進歩であると見なされなければならない。もっとも, そこから生じたものとは正反対の結果が, 引き出されなければならないのだが」(GW 12.242), と。

したがって, ここでヘーゲルがカントに認めているこの「無限の功績」とは, その結果にあるのではなく, カントによって準備され, 最終的には彼の成果を凌駕してゆくようなポテンシャルにある。ヘーゲルの見るところ, カントは, 「提示された諸規定が矛盾であり無効であること」を明らかにすることこそが弁証法の帰結である, と詐称する従来の立場の克服に, 寄与している (GW 12.243)。彼によれば, こうした従来の立場は, 哲学の歴史において, 二つの相対立する形態をとって現れている。すなわち, その一つは, エレア派によって代表される古典的な形態だが, これは矛盾を (その意図によれば) 客観的なもの, 現実性そのもののうちにあるものと考える。――しかし, それゆえにそれは, 誤って矛盾していると考えられたものは, 実は存在しないのだと結論づける。第2の, 古代の懐疑論のものでも近代のものでもある形態は, 矛盾を主観的なもの, 認識に属するものと考え, それを認識が不備である証拠と査定する。この二つの――相対立するように見える――解釈は, そのいずれもが弁証法にたんに否定的な結果のみを認めるという点で一致する。そして, ヘーゲルは, カントをたいていは――『大論理学』の冒頭においてもそうであるように (GW 11.19)――この後者の方, すなわち, 「弁証法」を捉え損なう主観的な形態の方に含めている。だが, にもかかわらず, 彼はまた, 『大論理学』の最後において, カントが, 決定的な点で, このたんなる否定的な結果を乗り越えていたということを認める。すなわち, 上述の二つの相異なる形態は, たんにそれらが弁証法に否定的な結果を帰するという点で一致するのみではない。両者はさらに, 主観的認識作用が「第三者としての対象に即して」示す諸規定には, 「注意を払わないままであり, この諸規定はそれ自体として有効であると前提する」というやり方においても一致している。「このような無批判的なやり方に注意を引きつけ, 思考の諸規定それ自体を考察するという意味での論理学と弁証法を再興するきっかけを与えたこと, それがカント哲学の無限の功績なのである」(GW 12.243f.)。

(3) ここでヘーゲルがカントに認めている功績は, カントによる弁証法の論述からは見て取ることができない。そういう功績をカントに帰するには, 迂回が必要である。というのも, カントは, 自らが浮き彫りにしたアンチノミーを解決するために, 「思考の諸規定それ自体の考察」をどこかで検討しているというわけでは, 実際まったくないからである。しかも彼は, 弁証法に対して, 肯定的, 概念的な結果を取り戻すように求めているわけでもないのであり,

そこから超越論的観念論のための補足的な議論が得られるということから，たんに「大きな利益」(B 519, B 535) を求めているだけなのである。だが，二律背反の解決のためにカントによって指し示されたこの道も，カント以後の哲学にとって，閉鎖されたままである。というのも，この哲学は，カントによる「物自体」と「現象」の対立を引き受けることがないからである。二つの主張のこの背反的対立は，もはや，仮象的対立という意味での「たんなる弁証法的な対立」に引き下げられるものではない (B 532-535)。したがって，このように「弁証法」という概念を変化させるという前提のもとでは，カントの持ち出す「宇宙論的弁証法を解決するための鍵」(B 518) がうまく合って扉が開くというわけには，もはやいかない。それゆえに，矛盾の問題は，新たに，かつ先鋭に，打ち立てられることになる。こうして，カントの「無限の功績」は，問題を解決したことにあるのではなく，それを立てたことにあるのである。解決への道は，フィヒテの『知識学』によって初めて示された，とヘーゲルは見ている (§ 42)。

このような哲学史的な回顧とは別に，先ほど引用されたヘーゲルの文は，同時にまた，彼の「弁証法」理解に関する重要なヒントを含んでいる。というのも，そこにおいて彼は，「思考の諸規定それ自体の考察」を要求するのだが，その要求を，彼の構想にとって決して放棄しえない，ある想定と結びつけているからである。つまり，その想定とは，弁証法における結果は，たんに否定的であるのみではない，というものに他ならない。仮に弁証法の結果がたんに否定的であるのみであるとするならば，弁証法に与えられるのは，せいぜい，特殊な仕方で意味づけられた方法論的懐疑主義の役割だけということになろう。そうなると，弁証法はただ「純粋理性の体系」に先立つ，露払いの役割を果たしうるだけのものとなろう——もしそれが，総じて局在的で一時的なものであるとして，そのはたらきを制限されることにでもなれば，ますますそうなろう。実際，ヘーゲルもイェナ時代には，弁証法を，そのように否定的な結果に終わる限定された分野であると見ている。——それゆえ，彼は弁証法を，体系の始まりに位置する，あるいは，それどころか，その始まりのはるか彼方にある，導入的な分野の中に移し入れている (本書210-211頁参照)。しかし，弁証法のはたらきに関するヘーゲルの理解は——たんに否定的なあつかいから同時に肯定的なあつかいへと——変化する。これに伴って，弁証法を論理学に限る理由がなくなるし，また，論理学を形而上学から区別する理由 (この区別は，彼の初期の草案においてもいずれにせよつねに問題的であった) もまた，なくなるのである。

こうした歴史の足跡は，ニュルンベルク時代およびそれ以後の時代の用語法にも見出される。実際，ヘーゲルは，「弁証法」については，ある場合には狭義の，またある場合には広義の概念を用いている。すなわち，彼が論理的なるものの「弁証法的あるいは否定的―理性的側面」と「思弁的あるいは肯定的―理性的側面」とを区別する場合には (§§ 79-82)，弁証法概念を否定的なものに制限する従来の使い方が保持されている。しかし，別の箇所では，弁証法の新しい考え方が示されており，この否定的弁証法概念と「思弁」とのあいだの差異が，消滅している。「弁証法的なるもの」にこそ，すなわち，「対立するものをその統一において把握すること，あるいは，否定的なものにおいて肯定的なものを把握すること，そこにこそ思弁的なものは存している」(GW 21. 40f.)。

(4) 「対立するものをその統一において把握する」という，この表現からは，「対立するものの一致 (coincidentia oppositorum)」というかの伝統的な思想の響きが感じ取られる。ヘーゲルの時代に，その代表者として知られていたのは，ニコラウス・クザーヌスではなく，ジョルダーノ・ブルーノである。たしかに，ヘーゲルは，この思想に注目しており，ある別の文脈において——ハーマンのある書簡の中で——この思想に出会ったさいに，それを書き留めている (GW 16. 170)。しかし，哲学史講義において，ヘーゲルは，「対立するものの統一」は，ブルーノによって「さらに詳しく論じられて」(W XV. 239) おり，「ブルーノにおいては，具体的で絶対的な統一を考えることが，大いなる始まりである」，と述べるのみである (V 9. 58)。この一致の原理に対して，ヘーゲルが，こうした言及以上の意味を付与することはない。自らの「弁証法」の構想にとっ

ての，この原理の意味とは，これにとどまる。──これは，先ほど引用された第2の定式的な表現，すなわち，「弁証法的なるもの」とは「否定的なものにおいて肯定的なものを」把握することである，と記された表現と比べると，対照的なことである。

「否定的なものにおいて肯定的なものを」把握するという，このことは，「思考の諸規定それ自体の考察」のうちに体系的に位置づけられる。したがって，思考がこの諸規定のうちに発見する「矛盾」は，次のような矛盾ではない。すなわち，それは，経験を超えて，物自体と現象とを混同し，そして，物自体に，たとえば，《始まりが無い》，あるいは，《分割可能である》といった述語づけをすることで成立するような矛盾ではない──また，同様にそれは，任意の主語に，それに背反的に対立し矛盾する述語が付加されることによって成立するような矛盾でもない。また，それ以外の形式，すなわち，「実在的矛盾」という形式については，いずれにせよまだそれは，「論理学」の領域において言及される問題ではない。問題であるのは，もっぱら次のような矛盾，すなわち──ヘーゲルが確言しているように──「思考の諸規定」の本性に属する矛盾である（GW 21. 40）。ここには，次の二重の問いが結びつく。第1に，こうした矛盾は，いかにして思考されうるのか，と。そして第2に，このように矛盾が思考の諸規定の本性のうちに据えられるということから，何が帰結するのか，と。──とりわけ，論理学では，結論は，決まって矛盾の禁止という定式へと立ち至るのだが，このような索漠とした結論が，以上のような矛盾の考察によって回避されるのかどうか。

(5) ヘーゲルの着想にとって構成的で重要なことは，「弁証法」とは，論理的な承認や否認という次元において探求され，論じられるべきものではないということである。そうではなく，「弁証法」とは，もっぱら思考の諸規定それ自体を考察することによって浮かび上がる真理に即してのみ露わになるものである。それゆえにこそそれは，思考諸規定およびそれらの諸関係のうちに，体系的に位置づけられうるのである。このことが前提するのは，たんに肯定的であると思われる諸規定にしても，また，この諸規定の関係にしても，「否定」の概念なしには思考されえないということである。とりわけ，『大論理学』の冒頭の部分において，ヘーゲルは，さまざまな言い回しを通して，何度もこうした想定を説明し，根拠づけている。それによって，論理学の体系的な前提や，同時にまた，論理学の思想的な出処が，明らかにもなる。──たとえば，こうである。「具体的な全体が，存在の形式，つまり，直接性の形式においてあるというようにして，存在のうちに非存在が取り込まれる。すると，この非存在が，規定性それ自体となる」（GW 21. 97），と。また別に，こうも言われている。「弁証法的なるもの」が，思考の諸規定のうちへと入り込んでいる。なぜなら，規定性は否定なのだから，と。

ここには，正真正銘のヘーゲル的な観点が存している。──だが，それでもなお，この観点の由来は，哲学の歴史をさらに立ち戻ったところにある。すなわち，ヘーゲルは，自らの弁証法概念を説明する文脈で，カントに「無限な功績」を，そして，フィヒテに「多大な功績」を認めるわけだが，それのみではない。彼は，もう一人別の思想家にも，彼らと比肩しうる地位を与えるのである。すなわち，「規定性は，肯定的なものとされた否定である。これが，スピノザの命題《すべての規定は否定である（Omnis determinatio est negatio）》の意味であり，この命題は，無限の重要性をもつのである」（GW 21. 101），と。それとともに，ヘーゲルは，スピノザがヤーリヒ・イェレスに宛てた書簡（1674年6月2日付）の中で展開する詳論──これは，その脈絡においては，むしろ，付随的なものに見える──についても，それが，ヘーゲル自身の着想にとって原理的に重要であることを認めている。しかもまたヘーゲルは，かの命題を，元来の表現どおりに取り上げることはまったくなく，それを，『スピノザ書簡』（JWA 1. 22, 100）の中で与えた簡潔な定式，「規定とは否定である（determinatio est negatio）」という形で表現する。ただ彼は，すでにヤコービが気づいていたこの命題の基本的な意味を強調するために，『ヤコービ書評』（本書337頁参照）以来──また，ここで引用された『大論理学』第2版においても──この命題の文頭に，もう一語「すべての（ommis）」を置くのである。

ある概念の規定性は，もっぱら，その否定にある，すなわち，その他者への否定的関係にある。ある概

念を思考するためには，その思考のあいだ中，その概念のもとに，つまり，その概念のたんなる自己同一性のもとに留まり続けるということであってはならず，必然的にその否定的なものへと移行しなければならない。そうすることで，他者への否定的な関係がその概念に内在化され，そして，その否定的な関係が，最初の概念それ自身の構成的な要素となる。ある概念の否定であるものは，その概念自身のうちに取り込まれ，その内部で考えられなければならない。そのようにして，ある概念は，自らと同時に自らの他者を，すなわち，同一性と非同一性を，自らのうちに包摂する。だが，このようにして，自己に関係しつつ，同時に他者にも関係するという矛盾が，この概念の内部に持ち込まれる。——そして，この〔矛盾の〕関係によって，思考——あるいは，ヘーゲル的に強調された意味での概念——は，ある概念から次の概念へと移行し，ついには，当の概念の規定性が，概念の諸関係の総体において完結するに至るのである。

(6) こうした思想，すなわち，規定性は，絶えず他なるものの総体へと向かい，その総体と否定的に関係することを通じて，確立されるという考え方は，さらにまたあらたに哲学史へと立ち戻ることによって，すなわち，概念の汎通的規定の可能性，および，物の汎通的規定という，カントの思想に立ち返ることによっても説明されうる。すなわち，「どの概念も，その概念自体のうちに含まれていないものに関しては無規定である。つまり，それは，規定可能性の原則にしたがう。どの概念にも，背反的に対立する二つの述語のうちのただ一方のみが，帰属しうるのである」(B 599)。ある物がいかなるものであるかを全面的に，つまり，汎通的に規定するためには，この物を，ありとあらゆる述語の一切と比較することが必要だ，というのである。しかし，カントもまた，こうした洞察を，規定性を産出するための方法論として実りあるものにしてはいない。というのも，この「比較」が，どのような順序で行われうるのかはあいまいなままだからである。実際，カントが指摘するのはただ，このことのみである。すなわち，ある概念に関してそのつど考えることが許されるのは，背反的に対立する二つの述語のうちの一方のみである，と。このことによってまた，そのつど排除された述語も，ある概念を形成するさいの規定的な要素となりもする。——しかし，こうした洞察から，思考の諸規定を提示するために用いられうる，規則づけられた手続きの概念が獲得されることはないのである。

(7) ヘーゲルにおける特有な点は，規定性と否定との連関を洞察することによって，論理的諸規定を学的に産出する方法論が獲得されうる，という想定にある。——また，その方法論とはたんに，一対のものとして提示される二つの項の否定的関係からなる振り子運動の体系——たとえば，存在から無へ，そして，無から再び存在へと戻る運動，あるいは，有限から無限へ，そして，無限から再び有限へと戻る運動——ではなく，むしろ，最高度の原理に向かって，連続的に進行する「概念の自己運動」である。この否定的関係——あるいは，「矛盾」——は，何ら静止状態にとどまるものではないし，また，懐疑主義者が考えるような，否定的に関係しあうもの同士の相互的な廃棄や破壊でもない。思考の諸規定の本性，すなわち，この諸規定の「内的な否定性」をなすものは，概念が他なるものへの否定的関係を，それ自身の構成的な要素としてもっているということである。その結果，「ひとつの体系的な全体の中で，新しい概念のすべてが，それに先行する概念の弁証法によって成立し」(GW 10.831)，最終的に，思考の諸規定の完全で秩序だった体系が，すなわち，純粋理性の体系が成立するのである。というのも，対立し合うものは，たんに対立し合うものとしてのみとらえられるのではなく，——もしそうであれば，進展する運動は起こらないであろう——，同時にそれらは，「その統一」において捉えられるからである。こうして，矛盾は，ひとつの肯定的な成果を獲得する。すなわち「この弁証法的なるもののうちに〔…〕また，それゆえ，対立し合うものをその統一において把握することのうちに，つまり，否定的なるものにおいて肯定的なるものを把握することのうちに，思弁的なるものが存しているのである」(GW 11.27，〔『エンツュクロペディー』〕§ 81 を参照)。

(8) 〈概念の本性〉にのみ従い，思考の内的な道程に外的な反省を一切混入させることなく，純粋な思考諸規定を開示するという，この方法論の理想は，

その結果として，思考諸規定の，確定的で変化することのない体系を要求するように思われる。しかし，発展史的に考察してみると，まざまざと見て取れるのだが，個々の思考諸規定はむしろ，論理的連関の内部で，その体系的な位置づけを絶えず変化させているのである。もっとも，事実上揺らいでいることがこのように洞察されるからといって，ヘーゲルの要請，すなわち，論理学は，思考諸規定を，外部からは何ものをもとり入れない，純粋に内的な道程において開示するという要請が，無効であるとして退けられるとすれば，それは適切ではない。論理学の題材の編成が何度も変転するということは，決して，思考諸規定の連関が恣意的であることを示すものだと査定されるべきではない。それは，『大論理学』においてどうにか行われるにしても，なおそこにおいてさえ，つかの間の休息しか見出すことのできないという，そういう労苦の現れなのである。むろんその労苦とは，思考諸規定が形成する相互的な連関を見出し，解明しようとする尽力にほかならない。だが，とにかくも，論理的内容を――それとともに，思考の諸規定それ自体を――考察するという道筋を経て，この連関を認識し，構成することは，それを発生論的観点からとり扱うことによって再構築しようとすることよりは，有望であると言っていいだろう。

このように体系的な位置づけがさまざまに変化しうるということによって，同時に目の当たりにすることは，これまで何度も引用されてきた次のようなヘーゲルの言明によっては，堅固な基盤がいかにわずかしか獲得されえなかったのかということである。その言明とは，こうである。すなわち，それぞれの段階における第1の規定と第3の規定とが，「神の形而上学的定義と見て取り」うるのに対して，第2の規定は，差異と有限者の定義である，と。これについては，発展史的考察が教えるように，同一の規定が，ある草案においては後者の位置を占め，次の草案においては前者の位置を占めるということが見てとりうる。そうであるとするならば，この種の口当たりのいい説明的な文言のもつ説得力への疑い，少なくとも，それのもつテキストを解明する力への疑いが和らげられることは，もはやほとんどないのである。ただし，発展史的な変形を取りざたすることによって，この型どおりの文言の意味に対して反論する，ということにのみ終始するべきではない。というのも，すでに，「[…]と見て取りうる」という柔らかな表現によって，顕著に距離をおく姿勢が示されているのであり，またさらに，その表現のうちには，ひとつの示唆，すなわち，そこでの問題は，ある伝統的な観念に訴えかけることで人気を得ようという，人気取り（captatio benevolentiae）なのであって，論理学の構成にかかわる言明なのではないという示唆が，含まれているのだからである。さらに，この型どおりの文言につづけてヘーゲルは，定義の形式に関する考えを，次のようにかなり明瞭に述べている。すなわち，定義の主語は，「たんに思い入れられた思想であり，それだけでは無規定的であるにとどまる基体」である。――それゆえに「命題という形式は，かの主語と同様に，まったく余計なものなのである」（第3版，§85），と。

参考文献：Werner Becker: Hegels Begriff der Dialektik und das Prinzip des Idealismus. Stuttgart 1969；Andries Sarlemijn: Hegelsche Dialektik. Berlin / New York 1971；Günther Maluschke: Kritik und absolute Methode in Hegels Dialektik. HSB 13 (1974); Dieter Henrich: Hegels Grundoperation. Eine Einleitung in die »Wissenschaft der Logik«. In: Ute Guzzoni / Bernhard Rang / Ludwig Siep (Hg.): Der Idealismus und seine Gegenwart. Festschrift für Werner Marx zum 65. Geburtstag. Hamburg 1976, 208-230; Rolf-Peter Horstmann (Hg.): Seminar: Dialektik in der Philosophie Hegels. Frankfurt am Main 1978; Jürgen Naeher: Einführung in die idealistische Dialektik Hegels. Opladen 1981; Michael Wolf: Der Begriff des Widerspruchs. Eine Studie zur Dialektik Kants und Hegels. Meisenheim 1981; Terry Pinkard: Hegel's Dialectic. The Explanation of Possibility. Philadelphia 1984; Wolfgang Röd: Dialektische Philosophie der Neuzeit. München ^{1}1974, ^{2}1986; Hegel et la dialectique. Revue Internationale de Philosophie 139/140 (1982); Andreas Arndt: Dialektik und Reflexion. Zur Rekonstruktion des Vernunftbegriffs. Hamburg 1994; Dieter Wandschneider: Grundzüge einer Theorie der Dialektik. Rekonstruktion und Revision dialektischer Kategorienentwicklung in Hegels »Wissenschaft der Logik«. Stuttgart 1995; Anton Friedrich Koch: Die Selbstbeziehung der Negation in Hegels Logik. ZphF 53 (1999), 1-29; Konrad Utz: Die Notwendigkeit des Zufalls. Hegels speculative Dialektik in der »Wissenschaft der

Logik«. Paderborn u. a. 2001.

6.2.5. 存在論

(1) 哲学の「始まり」と哲学体系の基礎づけの問題は，ラインホルトとフィヒテ以来，きわめて重大な問題となった。その問題が，ヘーゲルにとって一段と毒性の強いものとなるということは，――体系の内容を内在的に組織する形式としての――この「方法」の概念が招く当然の帰結である。ヘーゲルは，自らの体系的問題が，こうした哲学史によって条件づけられていることを十分に自覚している。「哲学において，始まりを見出すことが困難であるという意識は，近代になってようやく生じた。そして，この困難の理由と，また同時にその解決の可能性が種々論じられてきた」――とりわけ，ラインホルトとフィヒテによって（GW 21. 53。GW 11. 34 も参照）。ヘーゲルは，それゆえ，自らの『大論理学』を，「学の始まりは，何でなければならないか」という問いの詳細な論究からはじめている。そして，彼はこの問いに，折り返しこう答えるのである。「哲学の始まりは，媒介されたものか，あるいは，直接的なものかのどちらかでなければならない。そして，容易に示されることは，始まりが，このうちの一方でも，他方でもありえないということである。」

この返答が，フリードリッヒ・シュレーゲルの『アテネウム断章 53』を想起させるのはおそらく偶然ではない。「精神にとっては，体系をもつことも，もたないことも，等しく致命的である。それゆえ，精神は，まさに，両者を結合する決心をしなければならないであろう」（KFSA II. 173）。ヘーゲルもまた，哲学の始まりを，媒介されたものであると同時に直接的なものであると見なす決心をする。彼は，独断的回答や懐疑的回答，批判論的回答や「内的啓示」を盾に取る回答にひととおり目を通し――そして，ひとつの的確な回答に至る。すなわち，論理学は，『精神現象学』に基づいており，「結果として純粋知が，精神の最終的で絶対的な真理であると判明する」（GW 11. 35）ということを前提とする，と。しばしば支持される主張は，『現象学』が，学への導入としての役割を後に喪失するというものであるが，こうした主張に反して，この回答は『大論理学』第 2 版においても依然として有効である。「論理学は，その限り，現象する精神の学を，自らの前提とする。そしてこの前提としての学は，純粋知という立場，および，純粋知の媒介一般という立場の必然性と，それゆえに，この立場こそが真理であるということの証明とを包含し，また，この必然性と証明とを実際に提示してみせる。」『現象学』の帰結，すなわち，「純粋知という理念」は，その後も引き続き〔『エンツュクロペディー』の〕「論理学」の前提をなしており，ヘーゲルは，この前提から出発して，そのつど純粋存在の概念へと移行するのである（GW 21. 54f.）。

とはいえ，『大論理学』の両版においてヘーゲルは，もうひとつの選択肢をも考慮している。すなわち，「絶対的学の始まりは，それ自身，絶対的始まりでなければならず，それが前提にしてよいものは，何もない。それゆえ，始まりは，何ものにも媒介されてはならず，いかなる根拠ももってはならない。すなわち，始まりは，むしろ，それ自身が学全体の根拠であるべきである。〔…〕。それ故に，始まりは，純粋存在なのである」（GW 11. 33）。このもうひとつの選択肢は，純粋学の無前提性を際出たせるものであるが，ヘーゲルはまた，これに先だって――すでに『エンツュクロペディー』第 1 版 § 36 においてそうであるように――『大論理学』第 2 版においても，慎重に考慮しつつさらにこう述べているのである。「それはわがままであるとも見えようが，こうした決心，すなわち，思考そのもののみを考察するのだという決心があるのみである」（GW 21. 56），と――このような二つの道筋が示されることによって，純粋学の前提性と無前提性という並立する二つの洞察のいずれもが，成立しうることとなる。すなわち，始まりとは，媒介されたものであるのか，あるいは，無媒介なものであるのか，それとも，むしろ，そのいずれでもないのか，これらのどれかでありうるというのである。しかし，この種の自由な「決心」そのものについて言えば，それが，哲学史および意識史上に十分に確定された場をもつということ――つまり，始まりは，『現象学』において記述される現象知の道程を前提とするということ――このことにヘーゲルは，少しの疑念ももたなかった

といえるであろう。

(2) 「純粋学」の領域は、『現象学』の「絶対知」において到達される。それは、「主観と客観の統一」、言い換えれば、「存在が純粋概念それ自体であり、ただ純粋概念のみが真なる存在であるという、存在と純粋概念との統一」に存する。この統一は、すべての思考規定の媒体である。たとえ思考規定が、その展開過程において、ふたたび「客観的」と「主観的」とに区分され、また、それに応じて「客観的論理学」と「主観的論理学」へと分けられるにしても、この統一が媒体なのである。たしかに、ヘーゲルも言うように、「客観的論理学」は「内容という点では、部分的に、［…］カントでは超越論的論理学であるもの」に対応している。しかし、思考の諸規定がこれと合致した形で述べられているといっても、両者の体系的な意味は、厳格に区別される。すなわち、ヘーゲルにとって、思考の諸規定は、それ自身で存在している諸物に対立する、自己意識の所産、主観的自我の所産なのではない。そうではなく、それは、いわば「意識の背後」で遂行される「根源的な行為」の所産――つまり、「意識における対立から解放された客観化の行為」の所産なのである。それゆえ、思考の諸規定は、主観的意味と客観的意味とを等しく合せもっているのである（GW 11. 30-32)。

(3) とはいえ、「客観的論理学」は、たんに「超越論的論理学」に取って代わるというだけではない。それはまた、まさにこの学に代わるものであるが故に――この学と同様――「一般形而上学」つまり存在論、すなわち、「存在」(Ens)の学、それゆえ文字どおり、〈存在するもの〉(Seiende)の学の代わりもする。しかし、〈存在するもの〉(das Seiende)とは、ヘーゲルにとっては、すでに媒介された規定である。それゆえ、『大論理学』はそこから始まるのではなく、「存在」(Seyn)から始まる。だが、この「存在」は、まさにそれゆえに、もはや、あらゆる存在者を包括したもの、すなわち、そこから個々の一切がただ個別化されることで成立してくるとされるような満ち溢れたものではない。しかしまた、「存在」とは、ヘーゲルにとっては――カントにとってそうであったように――もっぱら、「ある物」の、つまり、「述語を通じて思考される対象」(B 626f.)の、絶対的な「定立」である、ということでもない。そうではなく、それは、あらゆる思考されたものがすでに、思考されたものである限り、そのものに必然的に帰属するもっとも貧素な思考規定である。そしてそれは、もっぱら、こうした無媒介性と無規定性、それどころか、その遍在性にもとづいて、学の「始まり」にふさわしいのである。――ちなみに、このことについてはフィヒテもまた、たしかに、その『知識学』（1794年）においてはまだ詳論してはいないが、しかし、ヘーゲルが知りえなかった私的なメモの中で、シェリングの『わが哲学体系の叙述』に対して異を唱えつつ、こう述べている。「始まりは、ただ、もっとも無規定なもの、もっとも未完成なものでしかありえない。なぜなら、もしそうでなければ、そこからさらに先に進む理由も、また、継続的思考を通じて、それをいっそう鋭く規定する理由も、およそないことになろうから」(PLS 2/1. 200)、と。

ディーター・ヘンリッヒの『論理学の始まりと方法』(1963年)に関する論考は、『大論理学』の解釈史上画期的なものであったが、それ以来、存在の論理学が、存在、無、生成という三つ組みから始まることが、議論の争点になっている。まず議論されるべきは、この存在の概念である。すなわち、最初の思考規定としての存在の概念において思考されなければならないものは、「純粋な無規定性と空虚」である。しかも、それが思考されることによって、この最初の規定から次の思考規定への運動、あるいはまた、その思考的転換が明らかにされなければならない――すなわち、そこから無の概念へと、そして、もう一歩進めて「生成」へと到達する可能性が明らかにされなければならないのである。同様に、議論の余地があるのは、『大論理学』における、こうした方法論的に傑出した思考の第一歩と、それ以後の歩みとの関係性についてである。「存在」と「無」のあいだの〈関係〉――これは、そもそもの言い方ではないのだが――を、ヘーゲルは、同一性であると特徴づける。すなわち、無は、「同一の規定、あるいは、むしろ、規定の欠如であり、それゆえ、純粋存在であるものと、まったく同じものである」、と。存在は、つねにすでに、無へと移行してしまっている。――その限りにおいてヘーゲルは、両者の

この相互的な「直接的消滅」に対して，ある特別な役割を与える。それは，存在の論理学における諸規定のその他の運動形式，すなわち，否定を介した，ある規定から他の規定への「移行」とは，対照的なものなのである（GW 11. 43-58; 21. 68-95）。

(4) ヘーゲルがその『大論理学』においてカントを受け継ぐのは，超越論的論理学の代わりに，「客観的論理学」を立てるという点においてだけではない。同時にまた，カントのカテゴリー表は，『大論理学』の内容を構築する機能をももっている——その表は，方法論的に証明されずに作成されていると，たしかにヘーゲルはつねに批判しもしたのだが——。量と質という最初の二つのカテゴリー群は，存在の論理学の概念的な骨組みを形作り，関係および様相の諸カテゴリーは，本質の論理学の中軸をなす。このことは，『大論理学』よりも『エンツュクロペディー』の論理学において，いっそう明白になる。だが，カントは，これらのカテゴリーを，たんに取り込んで表にするだけで，それ以上の説明については「超越論的論理学の体系」を参照するよう指示するのみである（B 106f.）。これに対して，ヘーゲルは，規定性そのものを，すなわち，これら諸概念の内的な論理的関係そのものを思考しようと試みる。——そして，思考しようと試みるのは，量と質との関係性だけではなく，これらの項目に含まれる，単一性，数多性，全体性というカテゴリー，ないし，実在性，否定性，制限性つまり「限界」というカテゴリーの諸関係であり，引き続き同様に他のすべてのカテゴリーの諸関係である。ヘーゲルは，そのさい，カントのカテゴリー表にだけ目を向けるのではなく，とはいえまた，思考の諸規定を，一種の思考上の〈自然発生 Urzeugung〉をとおして獲得するわけでもない。そうではなく，彼はたえず，哲学の全歴史，ならびに，自然学の歴史や数学史にも立ち返って，そこから諸規定を引き出すのである。これらの歴史は，思考の諸規定を獲得するための豊かな領野を提供しており，したがって，『大論理学』の中には，哲学史および学問の歴史にちなんだものや，それらとの関連が明白なものが非常に多く見うけられる。もっとも，こうした歴史が，思考の諸規定を方法論的に解明する原理を提供するわけではない——とはいえ，かつてヘーゲルは，おそらくまだイェーナにいた頃に，こうした道筋を追求してもいたのだが（本書578-579頁参照）。いずれにしても論理学がはじめて，思考諸規定を内的に関連づけつつ展開するということを要請するのだが，しかし，それはまた，歴史の歩みを暗黙裏に繰り返す，いわば，第２の思考の歩みでもある。『大論理学』は，それゆえ，体系的に形成された哲学史なのである。かの通常の歴史においては，たんに史実的な順序で並べられているだけのものが，ここ『大論理学』においては，自らを思考する思考という地平で，体系的に順序づけられる。こうして，『大論理学』は，純粋な思考諸規定の全体を順次開示する。しかもそれは，この諸規定を，構造化されていない多くのものの寄せ集めとして，あるいは，外的な観点によって整理された多くのものの集合としてではなく，否定の導きのもとに展開される一つの連関として提示する。実際，思考の諸規定は，「概念の自己運動」の根底にある，自らにとっての他者への否定的な関係によってのみ，自らの規定性を得る。この思考の運動において，諸規定のそれぞれは——ヘーゲル特有の三重の意味，すなわち，否定され，保存され，そして，より高次の段階へと高められるという三重の意味において——「廃棄される aufgehoben」。ただし，思考の諸規定の廃棄とは，それらの完全な破棄を含意するものではない。思考の諸規定は，まさに，思考の不可欠の諸規定であり続ける。それらが廃棄されるというのは，もっぱら，自己自身を思考するこうした思考の最高次の諸概念であるようにという，真理要請の側面からなのである。

以上のことがはっきり見て取れるのは，たとえば，無限性の概念においてである。ヘーゲルが，「否定と制限」という思考の諸規定を介して導入する有限性という考えは，無限性という考えと対照的に特徴づけられないときには，空虚な考えである。無限性とのこうした関係ぬきに有限性が考えられうるということは，およそない——というのも，何かを「有限な」ものとよぶとすれば，それは，無限なものをさしあたって非主題的に考え，それを前提しているのでなければならないからである。このように暗黙のうちに無限なものの考えと関係し，そこから立ち返るということなしには，「有限な」とは，いったい何を意味するのだろうか。無限なものは，それゆ

え，まずは，有限なものの他者として導入される——しかし，たんに有限なものの他者であるにすぎない無限性は，それ自身が一つの有限なものである。したがって，それは有限なものの他者ではない。もしも，このような無限性であるならば，それは，有限なものに即して自らの限界をもつことになり，それによって，自らが，無限性の真の形態ではないことを立証することになろう。したがって，無限性という考えは，次のように思考されなければならない。すなわち，無限なものは，有限なものが尽きるところではじめてはじまるものなのではなく，有限なものを包摂し，いわば，それを自己自身のうちに閉じこめておくのである——つまり，それは，有限性と，疑似無限性，すなわち，それ自身有限な無限性との，同一性なのである，と——。第2版においてヘーゲルは，こうした関係性を，いっそう錯綜させ複雑に展開しようとする。「肯定的な無限性」についてのこのような考えは，別の諸領域——とりわけ，神についての考え——に，重要な帰結をもたらす。すなわち，ヘーゲルは，有限なものに，ある固定的な存在を付与し，その彼岸で，無限なものとしての神が，まさに神として存分に振る舞うというような周知のとらえ方を否認するのである。もちろん，このような意味での無限なものとは，それ自身が，もうひとつの有限なものであるにすぎないことになろう（GW 11. 78-85; 21. 116-143）。

（5）だが，ヘーゲルは，無限性の概念を，量の概念の脈絡で説明してもいる。——そしてここでヘーゲルは，ニュートン式の演算であれライプニッツ式の演算であれ，彼にはお手の物であった，微分積分計算の議論と関連づけて，当時よく議論された「実無限（infinitum actu）」の問題に詳しく触れている。この問題に関してヘーゲルは，当時まだ不十分な状態であった微分積分計算の基礎づけの仕方に，思考上，首尾一貫性に欠ける点があるということを際立たせようとする。——そして，とりわけ，その計算においては，量的な無意味さのゆえに，諸項を無視できるという，当時の数学者たちの指示に注目している。ヘーゲルは，こういう考え方の代わりに，最初はたんに量的に見えるこの演算のもつ質的要素を発掘しようとする。同様に彼は，無限の概念を，「無限の進行 unendlicher Progress」という見方から切り離そうとする。すなわち，彼によれば，真の無限性とは，そういう無限の進行なのではなく，質的かつ量的な規定性であることにおいて有限量のあいだに閉じ込められたものなのである。そして彼は，この考え方を直観的にわかりやすく示すために，スピノザの『エチカ』（II, 9）にある，例の図形を引き合いに出している。それは，スピノザの『遺稿集（Opera posthuma）』でも，ほんのわずかに変形した形で，装飾図案 Vignette としてその表紙を飾っているあの図形である（GW 11. 428 参照）。またヘーゲルは，同じく詳細に「純粋理性のアンチノミー」の第1と第2の抗争（B 454-471）を論じている。

（6）「質」と「量」の二つの表題に加え，後になってようやく第3のものとして，「度量」が登場する。ニュルンベルク時代はじめの「中級クラスのための論理学（1808/09年）」においては，まだ簡潔に「存在の諸カテゴリーは，質，量，そして，無限性である」と言われているが，1810/11年に，ヘーゲルは，「度量」を導入する（GW 10. 30, もしくは, 157）——その際の論拠はこうである。すなわち，カントは，量，質，そして関係の後に，様相を扱うが，しかし，これによって正当な第三者を見出すことはなかった，と。カントは，「三重構造という限りなく重要な形式を，諸カテゴリーの類（量，質，その他）に適用することはなく，たんに諸カテゴリーの種に適用しただけであった。つまり，彼においては三重構造とはたかだか，ようやく形だけのひらめきとして現れただけなのである。それゆえに，度量という名称が類に加わることもなく，カントは，質と量に対する第三者に到達することができなかった」のである。似たようなことが，スピノザにも当てはまるという。すなわち，スピノザにとって，「様態とは，そもそも抽象的な外面性であり，質的規定に対しても，量的規定に対しても，同様に無関係なもの」，つまり，「度量の欠落態」である，と。——これに対して，ヘーゲルは，「ここにおいて，様態とは，度量〔尺度〕であるという明確な意味をもつ」と言う。度量〔尺度〕とは，「たしかに，外面的なあり方」であるが，しかし，それは同時に「存在の具体的な真の姿である。民衆は，それゆえ，度量〔尺度〕において，何か不可侵のもの，聖なる

ものを崇めたのである」。「神は，万物の度量〔尺度〕である。」

　ヘーゲルは，「度量の展開」を，「もっとも困難な題材のひとつ」と呼んでいる——というのはとりわけ，「度量が実際に成立するさいのさまざまな形式が，自然の実在性のさまざまな領域にも属する」からである。この領域からは，「自然の数学」なるものが続くべきであろうが，しかし，「展開された度量，すなわち，度量の諸法則が，完全に，また，抽象的に通用するのは，もっぱら機械論の領域においてのみなのである」（GW 21. 324-328）。

　ニュートンに対抗して，ヘーゲルが要求することは，「自然の数学」が「本質的に度量の学」でなければならない，ということである。すなわち，それは，たんに量の諸規定についての経験的認識ではなく，また，たんにこの諸規定を普遍的な諸法則へと統合したり，また，個々の知覚と法則との一致を明らかにすることによって普遍的な諸法則を証明したりする学でもない。「それ以上に要求されなければならないことは，これらの諸法則のいっそう高度な証明である。すなわち，それは，諸法則における量的諸規定を，質から認識する，言い換えれば（たとえば，時間と空間のように）関連しあう特定の諸概念から認識する，ということに他ならない。」しかし，「かの『自然哲学の数学的原理』においては」，あるいは，この種のその他の諸著作には，そのような認識の形跡は見られないのである（GW 21.340）。

　だが，度量という思考規定をめぐっては，ヘーゲルはもっぱら自然学に定位している。このことが同時にまた，ヘーゲルにおいて，この規定の意味が制限されている，ということの指標ともなっている。たとえば，物理的なもの（ここでは，すなわち，化学的現象）において，そして，有機的なものにおいて，度量は，すでに，「もろもろの質の抗争」によって乱されている，という——もちろん，ヘーゲルは，度量の考察を，とりわけ，当時の化学的な見方，たとえば，親和力の法則といったものを引き合いに出して行っている。またさらに，こうも言う。「しかし，精神の領域においては，度量に固有の，自由な展開が，ますます見うけられない」，と。ここにおいても，たしかに，度量の諸関係性は，同じように重要であり，たとえば，よく知られている量から質への転換にとって重要な意味をもつものである。——しかし，もはやそれは，機械的連関におけるように，法則の形で簡潔に表現されることはない。「ほかならぬ精神的なものにおいては，性格の強さの違いや，構想力，感情，表象等々の強度の違いが現れる。しかし，精神的なものの規定が，強弱という，この無規定的なものを超え出て行くことはないのである」（GW 21. 328）。

　ここに存在の論理学から本質の論理学への移行が示唆されている，とヘーゲルは見る。「度量のうちに，すでに，本質の理念が存している。すなわち，それは，規定された存在がそのままで自己自身と同一であるという理念である」（GW 21. 326）。ただし，ヘーゲルは，実際にはこの移行を，「無差別」という思考規定に即して行っている。——そのさい彼はまた，はっきりとそれと分かるような当てつけをも行っている。それは，シェリングの『わが哲学体系の叙述』（1801年）における「無差別」という思考規定の中心的な位置づけに対してであり，また，これと結びついたもう一つのこと，つまり，もろもろの区別を量的意味へと還元するということに対してである。「この面からすると，無差別としての絶対者には，量的な形式のもつ第2の欠点がある。それは，区別がどう規定されるのかが，絶対者によっては決定されない，ということである。それは絶対者が，次のような点で第1の欠点をもつのと同様である。すなわち，それは，区別がただ総じて，絶対者自身のもとで現れ出るだけであるという点であり，言い換えれば，絶対者の設定が，直接的なものであって，自己自身との媒介ではないという点である。」「絶対的な無差別」をヘーゲルは，存在の最後の規定，つまり，いまだ本質の領域に到達してはいない規定であると見定める。そして，彼はこのことを説明するために，言葉のうえでははっきりとスピノザを，ただし，事実上はシェリングを引き合いに出して，こう言う。すなわち，「絶対的無差別」は，そのもとでの区別をたんに量的にのみもつ。それは，「それ単独で存在する絶対者であると考えられることはない」。「あるいは，諸々の特殊なものが，それ自体で，あるいは，絶対者の中で，一個同一のものであるという，こうした事態に留まり続けるものこそが，外的反省である［…］。ここでなお欠けてい

るのは，こうした反省が，思考する主観的意識の外的反省ではなく，かの統一〔絶対的無差別〕における区別のもつ，自己を廃棄するという固有の規定である。かの統一は，実に自らが，絶対的否定性であること，自己自身に対して無関心であり，自己自身に対して無関心であるということに対し無関心であること，また，まったく同様に，他なる存在に対しても無関心であることを，立証する」，と。こうして，諸規定は，もはや存在の諸規定のように外的なものではない。それらは直接的なものとしては廃棄されている。「規定すること，および，規定されることは，移行ではなく，また，外的な変化でも，諸規定のそれ自身における出現でもない。そうではなく，それは，諸規定の自己自身への固有の関係であり，規定自身の，すなわち，規定の即自存在の否定性である。」──そして，これが本質の概念なのである（GW 21. 375f, 380-383）。

参考文献：Dieter Henrich: Anfang und Methode der Logik. HSB 1 (1963), 19-35, sowie in: Henrich: Hegel im Kontext (1971), 73-94; Karin Schrader-Klebert: Das Problem des Anfangs in Hegels Philosophie. Wien/München 1969; Hans Georg Gadamer: Hegels Dialektik. Sechs hermeneutische Studien. Tübingen ²1980, 65-85: Die Idee der Hegelschen Logik; Wolfgang Wieland: Bemerkungen zum Anfang von Hegels Logik. In: Wirklichkeit und Reflexion. Walter Schulz zum 60. Geburtstag. Pfullingen 1973, 375-414; Pirmin Stekeler-Weithofer: Zu Hegels Philosophie der Mathematik. In: Christoph Demmerling / Friedrich Kambartel (Hg.): Analytisch-kritische Interpretationen zur Dialektik. Frankfurt am Main 1992; Ulrich Ruschig: Hegels Logik und die Chemie. Fortlaufender Kommentar zum »Realen Maß«. HSB 37 (1997); Andreas Arndt / Christian Iber (Hg.): Hegels Seinslogik. Interpretationen und Perspektiven. Berlin 2000.

6.2.6. 本質論

(1) 本質論が「論理学」においてもっとも難しい部門であるということ（〔『エンツュクロペディー』〕第3版§114）は，──一般にそう理解されているとおり──本書がいま提起している方法論的問題にだけ当てはまるというわけではない。そのことは，論理学の構想の錯綜した構造転換との関連でもたしかに言えることなのである。本質論理学においてヘーゲルが企てるのは，たしかに，新しい理論類型ではない。しかし，それでもそれは，──論理的な──現実という，実際それまでには見られなかった領域の新しい理論なのである。本質論理学は，それゆえ，論理学の他の二編と同じような仕方で，哲学的伝統に由来する範例に頼ることはできない。それゆえにヘーゲルは，ニュルンベルク時代に，予備学的な論理学の諸草案（本書274頁以下参照）を取りまとめ，その本質論理学を仕上げるさいに，着想を何度も大きく変更することを余儀なくされる。彼の論理学の他の部門──存在論と概念論──は，イェーナ時代の中期（1804年／05年）以降，少なくともその核となる領域については，すでに本質論理学よりもいっそう堅固に固定されている。存在論理学は，量と質という二層構造をとおして，構想上は広範囲にわたって確定している。同様にして，概念論理学も──概念論に対する理念論の位置づけの問題，そして，客観性の章が後に挿入されたという問題があるにしても──判断論と推論論という動かしがたい定点をもっている。概念論は，この点で，伝統的な豊富な題材に頼ることができるのである──もちろん，概念論の課題は，これらの題材を新たに解釈することにあるのだが。こうした事情に応じて，論理学のこれら両編の進展は，どちらかというと直線的な形で遂行されるが，他方，関係のカテゴリーと様相のカテゴリーが，本質論理学において，同様の仕方で，全体を組織化するという重要な役割を担うことはない。本質論理学は，これら〔関係と様相のカテゴリー〕を統合するということを課題とするが，それ以上に，とくに次の構想上の問題を克服しなければならない。すなわち，それは，「イェーナ体系構想Ⅱ（1804/05年）」の形而上学に由来する「原則の体系」を，論理学に組み込むことから来る問題である（本書225-230頁参照）。

こうした理由から，ヘーゲルが哲学史的な観点から行う指摘，すなわち，本質の論理学には「とりわけ，形而上学および諸学一般のカテゴリー」が含まれているという指摘（〔『エンツュクロペディー』〕第3版§114）は，むろん間違いではないが，それほど手助けになるわけでもない。つまり，もしわれわれが，個々の思考諸規定の哲学史的な由来のみで

なく,「論理学」のこの編の構成の問題を理解しようとするのであれば, この指摘が特別その助けになる, ということはない。それよりもはるかに多くの情報を提供してくれるのは, カントの超越論的論理学へのヘーゲルの言及である。カント論理学がとりわけ本質論理学に対してもっている意義といえば, それは, 本質論理学の形成期である初期ニュルンベルク時代には際立っていた。しかし, それは, 『大論理学』になると, もはやそれほど目立ってはいない（本書274頁以下参照）。たしかに, そうではあるが, しかし, 発展史的考察が示しているように, 初期の本質論理学を特徴づけていたのは, ヘーゲルのある苦心であった。すなわち, その時期ヘーゲルは, カントの超越論的論理学によってすでに提供されていた理論的構成要素を, 新たな連関のもとで, 概念的に一貫したものとして導き出そうと苦心していたのである。ヘーゲルは, 伝統的に引き継がれている題材をこのような仕方で仕上げるという道筋をたどりつつ, 本質論理学の妥当な形態を構想する。彼は, 様相と関係のカテゴリー, 反省概念, および, アンチノミーを受け入れる。それどころか, 彼はこれらを選び出して, その一部を, 本質論理学を展開するための, 言い換えれば, 本質論理学の諸規定を弁証法的に進展させるための, 手引きとしている——もっとも, 理論的な端緒を修正することによって, カントの結論にも修正を加えようという意図が, つねにあるのだが。

それゆえ, 本質論理学の成立過程は, 草案から草案へと変化し, 深化してゆく過程である。そこにおいては, ヘーゲル論理学の「構築材料」として彼に前もって与えられていた理論的な構成要素が, そのつど編成し直されるのである。むろん「構築材料」が前もって与えられているからといって, 事が簡単に運ぶというわけではない。少なくとも次のことは, 容易ではない。それは, 論理的諸規定の展開を, 同時に, 思考諸規定の自己完結した連関がそれ自体生成してゆく過程として記述するということ, このことである。しかも, そのさい, この記述は, ある「方法」によって, たとえば, 否定の自己関係という論証図式の反復によって, あるいは, 他の何らかの「根本操作」（本書331頁参照）によって, なされるのである。——むろん, この種の解釈に着手する

ことによって, ヘーゲル自らの思考展開への洞察が, 大いに深まりもした。このような本質論理学の展開によって明らかになるのは, 前もって与えられている理論的構成要素を編成する際の柔軟性であり, こだわりのなさである。ただ, まさに, こうした柔軟性やこだわりのなさのゆえに, 少なくとも嫌疑が付きまとう。その嫌疑とは, こうである。すなわち, それほど複雑ではない構造もしくは操作を手がかりにして, 論理的諸規定を厳密に内在的に展開するということを, ヘーゲルは要求するわけだが, しかし, そうした要求も結局はすべて, そのつど, それまでに下した内容上の諸決定を, 方法論的な観点から事後承認するようにと宣言するということに尽きるのではないか。ヘーゲルは, このこと以外には, ほとんど何も意図しえていないのではないか, と。

(2) 本質論理学と概念論理学の分量は比較的少ない。そのため, 製本上の諸事情から, 本質論理学は, 伝統的に概念論理学とともに合本とされてきた。しかし, ヘーゲルは, 本質論を「客観的論理学」の第2部と解し, それゆえに同様に, それを, かつての存在論を引き継ぐ, いわば, その第2世代の後継分野と理解する。かつての存在論における〔ラテン語の〕「Ens」が,〔ドイツ語の〕「存在 Sein」とも, また「本質 Wesen」とも翻訳されうることに応じて,「客観的論理学」は, 存在および本質の論理学を包括するとされる（GW 11. 32）。そしてまた, ヘーゲルは,「存在する seyn」の過去形の表現が「存在した gewesen」という形をとってきたという事情を, この二領域の共属関係の証拠である, と評価する（GW 11. 241）。しかし, ヘーゲルは, 客観的論理学と主観的論理学という, この二分割を, 別の言い回しをすることでゆるやかなものにしている。すなわち,「本質は, 存在と概念のあいだにあって, 両者の中間項をなし, その運動は, 存在から概念への移行を形づくっている」（GW 11. 243）, と。こうした傾向は, エンツュクロペディーの論理学（1817年）の概要においては一段と強くなる。すなわち, ここにおいては, 客観的論理学と主観的論理学との区分は, 存在, 本質, 概念という三分割を浮き彫りにするために, 無視されるのである。

(3) 存在の領域とは対照的に本質の領域を描写するために, ヘーゲルは,「想起する erinnern, 想起

Erinnerung」という広がりのある語を用いるが，ここにおいて，ヘーゲルは，この語を――内面化するInnerlichwerden,「自己の内に入るInsichgehen」という文字通りの意味で――使用する。もちろん，そのさいには，同時に，「本質」が「現象」として外化するという，内から外への対抗運動もまた，ともに考えられている。このことはたしかに，通常の言語使用における「存在」と「本質」の区別にも対応している。すなわち，「本質」とは，存在の外面的な直接性よりもいっそう深いところにある領域を意味している。存在の表面は，本質へと到達するためにはまず突き破られなければならないのである。存在から本質へのこの移行の根底にあるのは，総じて，ヘーゲルが，その後，根拠という反省規定をめぐってとくに言明する一つの洞察である。すなわち，「存在するものは，存在する直接的なものとしてではなく，むしろ，措定されたものとして考察されなければならない」，と。――それゆえ，この洞察によると，「存在それ自体は，その直接態にあっては非真理なるものであると，そして，本質的には措定されたものであると明らかに言いうるが，しかし，根拠については，それは，真の直接的なものであると言いうる」（GW 11.293）。存在から本質へのこうした運動は，外面的には，抽象として，すなわち，あらゆる有限なるものやあらゆる規定されたものの否定として，記述されえよう――しかし，こうした観点からすると，本質は，外的反省が，規定性を廃棄することによって生み出した何かとして現れることになろう。つまりそれは，本質自身が生み出したものとして現象することはない。それは，本質自身の行う「他なる存在および規定性の廃棄」，「存在の完全な自己還帰」として現象することはないのである（GW 11.242）。

しかし，本質の領域は，たんにこのような媒介によってのみ，存在の領域から区別されるわけではない。この領域の諸規定は，その特殊な論理構造によって，先行する諸規定とは区別されるのである。すなわち，それらは，たんに――存在の領域を超え出た――追加的な諸規定であるのではない。そうではなく，「本質の諸規定は，存在の諸規定性とは違う性格をもっている」。それらは，「それ自身，他なるものとしての他なるものではなく，また，他なるものへの諸関係でもない［…］。それらは，自立的なものであるが，しかし同時に，ただ，相互に統一し合い，一体化してのみある諸規定でもある」（GW 11.242）。それゆえに，この本質領域の諸規定は，――本質的なものと非本質的なもの，同一性と区別，肯定的なものと否定的なもの，根拠と根拠づけられるもの，形相と質料，形式と内容，制約されるものと無制約的なもの等々というように――とりわけ対の形で登場するのである。そして，これらは，その規定性を，なによりもまず，その他者へのこの関係から獲得する。つまり，これらは，とりあえず何かそれだけであるといったものなのではなく，その体系的な意味を，もっぱらこの関係のうちにのみもつのである。「これらの規定は，自己自身に関係する規定であり，したがってまた同時に，他者に相対する規定性から引き出される規定である」（GW 11.259）。この点で，本質の諸規定は，存在論理学の諸カテゴリーから区別される。質と量は，たしかに互いに否定的に関係しているが，しかし，それらは同一性と区別の場合と同じように，それらの完全な規定が，互いの否定的な関係のうちに存している，というわけではない。

（4）第1節の中心テーマは「それ自身における反省としての本質」であるが，これは，「同一性」，「区別」（差異性，対立），および「矛盾」，ならびに「根拠」という反省諸規定の考察からなる。かつてヘーゲルは，このテーマを「形而上学」の問題として位置づけ，「諸原則の体系としての認識」（GW 7.128-138）の章において考察していた。しかし，いまやヘーゲルは，それまで広く認められ，かつ，彼自らも支持していたこの「諸命題〔諸原則〕の形式」，すなわち，普遍的な思考法則の形式を，きわめて自覚的に修正する。それによれば，「自らのうちへと還帰（反省）して措定される存在としての」反省諸規定に「近い関係にあるのは，命題形式そのものである。――しかし，その反省諸規定が，普遍的な思考法則として言表される場合には，それらはさらに，それらを関係づける主語を必要とする」。――これは，前提された主語であり，この主語のせいで，目下の思考は特殊な行為となる。――また，主語を伴うこのような命題の形式は，たんに「余計なもの」であるだけでなく，正しからざるも

のでもある。というのも，こうした形式は，そのような主語へと立ち戻ることによって，存在の領域を再び呼び起こしてしまうからである。さらに，このような諸命題は，もしもそれらが普遍的な思考法則として提示されるとすれば，互いに矛盾するものとなってしまう。したがって，重要なことは，むしろ——すでに，存在論理学の諸カテゴリーがそうであったように——反省諸規定を「即かつ対自的に考察すること」なのである。そういうわけでヘーゲルは，反省諸規定を，それらの相互関係という点から分析する——そのさい，付論のような形で，哲学史上の教材や計算四則に立ち返る——そうして，ヘーゲルは，互いに孤立した状態にある反省諸規定には，いかなる真理も帰属しないということを，示すのである。

このような反省諸規定の最後のもの——あるいは，「根拠」もそこに加えるならば，最後から2番目のもの——が，「矛盾」という規定である。ヘーゲルは，これを，彼の弁証法にとって決定的な意味をもつ規定と見なし，そのような規定として論じる。彼はここで，哲学史に遡及し，そこに見出される含蓄のある関連事項を手がかりにしながら，自分がこの「矛盾」をどのように理解してほしいと考えているのかを，非常に明瞭に示している。それによれば，矛盾は，事物 Ding そのものに帰属する。事物は——途方もないほどこまやかに見れば——矛盾を洗い流したり，矛盾から放免されたりすることは許されないのである。ヘーゲルは，別の箇所においてもそうなのだが，ここにおいても同様に，次のことを非常に重要視する。すなわち，このような「矛盾」は，決して——カントによってそうされたように——「主観的な反省のうちに押し込められる」ものではない，ということである。矛盾は，また，たんなる「異常さ」あるいは「一時的な病的発作」であるのではまったくない。そうではなく，それはむしろ「あらゆる自己運動の原理」であり，それゆえまた，あらゆる運動のうちに存するものである。それどころか，「外的に感覚できる運動そのものは，矛盾の直接的な定在である」。——つまり，それは，運動する物体が，今，ある場所にあると同時に別の場所にもあるという点で，矛盾の直接的な定在なのである。もしも，この物体がただひとつの場所にしか存在しないならば——たとえ時間幅をさらにどれだけ小さく捉えたとしても——それが運動することはないであろう。むしろ，それは静止することとなろう。それゆえ，ヘーゲルは次の結論に至るのである。「古代の弁証法思想家たち（すなわち，エレア学派）は，運動に関して，さまざまな矛盾を明らかにして見せたが，そうした矛盾の正当性を，われわれは彼らに対して認めなければならない。しかし，そこから帰結するのは，それゆえに運動は存在しないのだ，ということではなく，むしろ，運動は定在する矛盾そのものなのだ，ということである。」

このことは，むろんたんに外的運動に関してのみ言いうることである，というわけではない——それは，生命体の自己運動，衝動，そして，総じて生命あるすべてのものにあてはまるのである。「それゆえ，何かが生きているのは，それが自らのうちに矛盾を内包する限りにおいてであり，しかも，矛盾を自らのうちに保持し，それに耐え抜く，そうした力である限りにおいてである。」——さもなければ，それは「矛盾の中で没落する」。このことは，同様に，そして，とりわけ，思考の領域にあてはまる。すなわち，「思弁的な思考が成立するのは，思考が，矛盾を堅持し，また，矛盾のうちに自ら自身を堅持するということにおいてのみである」(GW 11. 287)。思弁的な思考は，まさに，眼前の矛盾をしっかり捉えなければならない——しかも，その際，それはたんに，「精神性豊かな反省」というあり方をする矛盾を，表象において示唆するだけに留まってはいない。「思考する理性は，いわば，鈍化してしまったさまざまなものの相違を，すなわち，表象のたんなる多様性を，本質的な区別へと，対立へと，先鋭化する。種々の多様なものは，矛盾の先端へと突き上げられてはじめて，互いに生き生きと躍動するものとなり，まさに，矛盾のうちにあってこそ，自己運動と生命性との内在的な拍動である否定性を，手にする。」——そして，このことを通じて，矛盾は「絶対的な活動，そして，絶対的な根拠」になるというわけである (GW 11. 288f.)。それゆえヘーゲルが，「矛盾」ということで，まずもって示すのは，このように，現実——つまり，論理的，自然的，そして精神的な現実——が，相互に否定的に関係し合う内在的な構造である。こうした相互否定的な現実

は，回避されるべき矛盾の命題〔矛盾律〕の定式化によって，単純に，排除通告されるものではなく，互いに矛盾しあう諸命題の形式によってのみ言表されうるものなのである。〔たしかにここにおいては，このように一般には受け入れがたい議論がなされている。〕にもかかわらず，「彼〔すなわち，ヘーゲル〕は，『すべて』が理性的であると宣言し，矛盾を『存在論化する』という身の毛もよだつほど恐ろしい試みをしている，と抗議するならば，それは的外れである」(Fulda 2003, 119f.)。この種の抗議が実りあるものとなるのは，ただ，それが同時に，現実とは，ヘーゲルが描いたのとは異なった構図をしているのだ，ということを明示する場合のみであろう。

(5) 反省諸規定に関するこうした考察に対して，ヘーゲルは——『エンツュクロペディー』の論理学とは違って——『大論理学』においては，「仮象 Schein」の章を先行させている。この章では，「本質的なものと非本質的なもの」，「仮象」，そしてとりわけ，「反省」という諸規定が扱われている——そのさい，ヘーゲルは，「仮象」を，「直接的な反省としての反省」と解する。「自らの内へと立ち返っており，それゆえに，自らの直接性とは疎遠になっている仮象にあたる言葉として，われわれは，反省 die Reflexion という外国語をもっている」(GW 11. 249)。こうした「反省」すなわち「絶対的反省」は，「措定する反省」，「外的な反省」および「規定する反省」に区分されるが，ここでヘーゲルが，そもそも「反省」ということで理解しているのは，明らかに，たとえば，絶えず対立をうみ出す悟性のような，主観的な精神のはたらきのことではない。そうではなく，それは，概念の関係，すなわち，内的な「純粋媒介」のさまざまな構造なのである。——すなわち，反省は，「本質の自己自身との実在的媒介」である「根拠」とは異なるものとして理解されている (GW 11. 249)。反省のこうした諸形式，および，これらの諸形式のうちに数え入れられる直接性の諸形式は，これらのものがヘーゲルの方法概念に寄与しているという観点から，最近になって，熱い注目を集めている。すなわち，それら諸形式が，ヘーゲルの方法概念を解明するきっかけを与えるように見えるのである (Henrich 1971)。とはいえ，そのさい，ヘーゲルが，この章を『エンツュクロペディー』には取り入れないという事情によって，この章が，方法論の上で決定的に重要な位置を占めるという点に疑いがかけられる，ということはもっともなことである (GW 11. 244-322)。

(6) 本質論理学の第2節「現象 Erscheinung」を貫いている主要モチーフは，カントとの対決である。これを背景に置いて見ると，数々の諸命題の，含みある挑発的な意味が明らかになる。たとえば，「現象は，物自体である，あるいは，物自体の真理である」というような命題である。ここでの問題は，ただたんに「物自体」と「現象」とのあいだの超越論的哲学上の区別を抹消するということだけではない。さらに，ヘーゲルは，「現象」を「物自体」の「真理」であると定めることによって，この二つの概念の価値を逆転させるのである。すなわち，それ自体としてあるものは，自らの現象以外のどこにも現れない——そして，現象の背後に，また意識の背後に，なお「それ自体」の国を建設し，しかもそれこそが真理であると認定しようとすることは，無意味なのである。現象は，「物自体」に対しても，また，直接的な現実在 Existenz に対しても，「いっそう高次の真理」である。なぜなら，現象とは「本質的な現象であり，それに対して現実在とは，いまだ本質を欠いた現象であるのだから」である (GW 11. 341)。さらにまた，ヘーゲルは，それ以外の対立，すなわち，法則と現象との対立を，現象の概念のうちへと溶かし込む。両者は「一個同一の内容」をもつ。「ただ，法則の国は，現実在する世界のさまざまな内容を，単純で変転しないものとして含んでいるのである。」それは，「現実在し現象する世界の静かな模像である。だが，むしろ，両者は，ひとつの総体であり，現実在する世界は，それ自体が法則の国なのである」(GW 11. 348, 345)。しかし，総体として見れば，即かつ対自的に存在する世界は，再び「現象の世界とは異なる自立したもの」である。そして，後者の現象界は，前者の世界に否定的に関係しており，したがって「即かつ対自的に存在する世界は，現象する世界の逆さまの世界なのである」。——もちろん，ここで，ヘーゲルが，『精神現象学』を念頭に置かずに述べているわけではないということは，疑いようがない（本書250頁以下参照，

GW 11. 323-368）。

　(7)　第3節「現実性 Wirklichkeit」において，ヘーゲルは，論理学的および形而上学的伝統における中心的な論題を扱っている。すなわち，絶対者の概念，ならびに，関係論理学および様相論理学のカテゴリーである。彼は，絶対者の概念の中に，「本質と現実在の規定性，あるいは存在一般の規定性，同様にまた反省の規定性も，すべてが溶解している」のを見ている――というのも，そうでなければ，絶対者は，《端的に無制約的なもの》であることにならないからである。もし絶対者が，ただたんにあらゆる述語の否定としてのみ考えられるなら，それはたんに空虚なものになってしまうであろう――もとより絶対者は，空虚の反対，すなわち，充実そのものであると考えられるべきなのである。ところで，こうした絶対者だが，――その概念が適切に考えられているはずであるならば――それになお外的反省としての思考が，対立しているということはありえない。というのも，もしそのように考えられるならば，まさに絶対者の概念は，廃棄されてしまうであろうからである。つまり，その場合には，むしろ，対立する二者が存在することになり，したがって，およそ絶対者は存在しないことになってしまうであろう。だが，絶対者の彼岸には，いかなる反省も成立しえないのであるから，実際，絶対者の開示が，絶対者にとっての外的な反省へと委ねられるということはありえない。むしろ，絶対者の開示は，絶対者の自己開示でなければならない――そして，この絶対者の自己開示は，「存在と本質の領域における，これまでの論理学的な運動の全体」に他ならず，「その内容は，何か与えられた偶然的なものとして，外部から掻き集められたものでもなければ，また，その内容にとっての外的な反省によって，絶対者の深淵へとうち沈められたものでもない」のである。

　われわれが「絶対者」ということで，どのようなものを念頭に置こうとも，それについて考えようとするのであれば，その概念の論理学には，有限なものと反省とを含めるということが必須である。ただ，絶対者が，いやしくも絶対者として考察されているはずであるならば，有限性と反省は，たんに絶対者の諸要素としてのみ考察されるのであって，それらを，何か絶対者に対立するものであると考え

ることはできない。また，絶対者が，「最初のもの，直接的なもの」であると考えることもできない――そう考えてしまうと，絶対者には，実際《媒介と自由》の要素が欠落することになってしまうからである。完全なるものが，最初に成立するなどということはありえない――これは，神義論の問題をめぐる古代後期の論争以来，シェリングやヘーゲルに至るまで一貫して論じ続けられている思想である。しかしまた，絶対者が，何か他なるものによって生み出されるということもありえない――その場合には，絶対者は明らかに，この他なるものに依存することになるからである――。そうではなく，絶対者は，自らを通して，はじめて自らに成るのでなければならない。それゆえ，絶対者の開示は，「絶対者自身の行為」としてのみ，「つまり，自らにおいてはじまり，自らのもとに至り着くという，そういう行為」としてのみ考察されうる。ヘーゲルは，絶対者のこのような概念の輪郭を，さらにスピノザに対する批判によって，鮮明にする。ただし，これは表向きはスピノザ批判だが，その背後でヘーゲルが行っているのは，シェリングとの対決である。「絶対的な同一性でしかない，かの絶対者は，外的反省の絶対者であるにすぎない」――すなわち，これは，シェリングの同一哲学の絶対者に他ならないのである（GW 11. 370-379）。

　(8)　絶対者の概念のこのような開示もまた，ヘーゲルは，『エンツュクロペディー』の論理学には引き継いでいない。そこでは彼は，「相互関係 Verhältnis」から，すぐに様相のカテゴリーの考察へと移行しているが，しかし，この考察は，独立の章を形成するのではなく，たんに関係 Relation のカテゴリーへの導入部となっている（本書426-427頁参照）。もっとも，『大論理学』においても，ヘーゲルは，その第2章における「現実性」の概念を，真に絶対者の概念へと結びつけるということはせずに，ここでもう一度――「存在」から，様相論理学の概念的な出発点である「現実性」に至るまでの――論理的な諸規定の歩みを総括している。カントとは異なりヘーゲルは，様相のカテゴリーに，独自の地位を与えない。また同様に，カントとは違ってヘーゲルは，様相のカテゴリーを「可能性／不可能性」「定在／非存在」，そして「必然性／偶然性」

といった，一対のカテゴリーとして一括提示して，必然性を現実在と可能性との統一として考察する，ということもない（B 106）。ヘーゲルは，非常に複雑な議論の行程をたどるが，まずはじめに，「偶然性」という表題のうちに，「形式的現実性，可能性，そして，必然性」を組み込み，次に，「相対的な必然性」という表題のうちには，「実在的な現実性，可能性，そして，必然性」を組み込む。他方で，彼は，最終的に，「絶対的必然性」とは総じて現実性と可能性との真理であるとの議論を展開する。絶対的に必然的なものは，「つまり，それがあるがゆえに，あるのである」。

こうして，ヘーゲルは，「もっとも現実的な存在（ens realissimum）」という概念に至ることによって，批判期以前の自然神学において，神の存在論的証明の頂点をなしていた概念，すなわち，《端的に必然的な実在》という概念，つまり，「必然的存在（ens necessarium）」というかの概念に到達する。すでにカントが，この必然性概念に異を唱えていた。それによれば，この概念によって問題となるのは，たんなる唯名論的定義であるにすぎず，これを得たからといって，われわれは「全然賢くはならない」。それどころか，こうした概念によっては，われわれは，「ことによると何も考えていない」ということさえありうる（B 620f）。これに応ずるかのように，ヘーゲルはまた，絶対的必然性を，「盲目な」，「光を忌む」存在であると説明し，結局は，偶然性それ自体に他ならないとする（GW 11. 380-392）。

(9) 概念論理学への移行を，ヘーゲルは，そのつど——『大論理学』においても，『エンツュクロペディー』においても——関係のカテゴリーから行っている。しかし，そのさい彼は，まずは，絶対的必然性の概念のすぐ後に，実体の概念を導入する。絶対的必然性は，「それがあるがゆえに，あるという存在であり，自己を自己自身と絶対的に媒介するという，そういう存在である」。——したがって，それは，彼がここで再びヤコービに倣って簡潔に表現するように，「あらゆる存在の中の存在」なのである（JWA 1. 39）。とはいえ，ここで彼が，すでに「絶対者」の章のテーマであった《実体，属性，および，様態》の相互関係を分析することはもはやない。ここで彼が分析するのは，実体——「絶対的な力」としての実体——と偶有性との相互関係であり，また，因果関係へと至るまでの，この相互関係のさらなる規定である。因果関係については，彼は，これをさらに詳細に，「形式的因果性」「規定的因果関係」，および「作用と反作用」に区分する——さらに「作用と反作用」は，「交互作用」の概念と区別される。ヘーゲルが，交互作用のうちに見るものは，「因果性が，その絶対的概念へと還帰し，そして同時に，概念そのものへと到達している」ということ，このことである。

もっとも，こうした「概念」への移行，「客観的論理学」から「主観的論理学」への移行は，ヘーゲルにいくつかの重大な問題をもたらす。それゆえ，ヘーゲルは，この移行を，概念論理学への導入部の数箇所において——少しずつ強調点を変えながら——何度か繰り返すのである。それによれば，「客観的論理学」は，その全体が「概念の発生論的な開示」である。「したがって，因果性と交互作用とを一貫して貫く実体の弁証法的運動が，そのまま概念の発生である」——そして，この運動は，同時に，「スピノザ主義への，唯一の，また真の反証である」（GW 12. 11-15）。スピノザ主義とは，ヤコービによれば，純粋形而上学を基礎とも手段ともする，反証しがたい哲学の最たるものなのだが（JWA 1. 154）。また，同様に，ヘーゲルは，本質論理学の最後においても，交互作用の関係へと立ち返るが，しかし，ここでの議論では彼は——概念論理学の場合とは異なって——「受動的な実体」の概念から「普遍」へ，また，「能動的な実体」の概念から「個別」へ，そして両者の同一性から「特殊性」へと移行する。「特殊性とは，個別からは規定性の要素を，普遍からは自己のうちへの反省の要素を，直接一体化して取り込み保持しているものである」。ヘーゲルは，——普遍性，特殊性，個別性——という，この三つの総体において，こうした規定性のほかに，同時に「一つの完全に透明な区別」が獲得されていると見る。その区別とは，「規定的な単純性」，すなわち，「かの三つの総体が一個同一であるという，そのような同一性である，単純な規定性」である。——「これが，概念であり，主体性の，あるいは自由の王国である」（GW 11. 393-409）。

参考文献：Peter Rohs : Form und Grund. Interpretation eines Kapitels der Hegelschen Wissenschaft der Logik. HSB 6 (^{1}1969, ^{2}1972); Dieter Henrich: Hegels Logik der Reflexion. In: Henrich: Hegel im Kontext (1971), 95-156, endgültige Fassung in Henrich (Hg.): Die Wissenschaft der Logik und die Logik der Reflexion. Hegel-Tage Chantilly 1971. HSB 18 (1978), 203-324; Manfred Wetzel: Reflexion und Bestimmtheit in Hegels Wissenschaft der Logik. Hamburg 1971; Christa Hackenesch: Die Logik der Andersheit. Eine Untersuchung zu Hegels Begriff der Reflexion. Frankfurt am Main 1987; Gerhard Martin Wölfle: Die Wesenslogik in Hegels »Wissenschaft der Logik«. Stuttgart-Bad Cannstatt 1994; Klaus J. Schmidt: Georg W. F. Hegel, Wissenschaft der Logik. Die Lehre vom Wesen. Einführender Kommentar. Paderborn 1997; Birgit Sandkaulen: Die Ontologie der Substanz, der Begriff der Subjektivität und die Faktizität des Einzelnen. In: Internationales Jb des Deutschen Idealismus 5 (2007), 235-275.

6.2.7. 概念論

(1) 本質から概念へのこうした歩み，すなわち，「必然性の王国」から「自由の王国」への歩みが遂行されるのは，「実体の必然性を形成する，即かつ対自的に存在する同一性が，同時に，廃棄されたものとして，あるいは，措定された存在としてある」ということにおいてである，とヘーゲルは見ている。このことは，概念論理学への導入部である「概念一般について」から見て取ることができる。それゆえに，自由という契機は，実体の概念から消し去ることのできない「存在」あるいは「直接性」の残滓をそのようにして乗り越えることのうちに存している。「概念」という語で，ヘーゲルが理解しているのは，普遍的なるものと個別的なるものの同一性——すなわち，普遍的なるものと個別的なるものの両者がそれぞれ総体であるという意味における同一性——である。ここにおいては，「それぞれが，他の規定性を自らの内に保持しており，それゆえ，この二つの総体は，端的にただ一つのものでもある。また同様に，この統一性は，それ自身，この二重性という自由な仮象へと分離するということでもある」。このような論理的な関係性は，「客観的論理学」のうちにはまだ見出せない。ヘーゲルは，この論理的関係性を「概念の概念」と呼ぶ。——もちろん彼は，こうした概念が，「概念という語で通常理解されているものからは逸脱しているように見えるであろう」ことを十分に自覚している。そして，そうであるからこそ，彼は——概念にあらゆる誹謗中傷を重ねる同時代の試みにもまた対抗しつつ——自らの説く《概念の概念》を明確にし，正当化しようとするのである。

そのために，ヘーゲルは，「自我の本性」を想い起こさせる——というのも「概念は，それ自身自由であるような現実在となった限りにおいて，他ならぬ自我であり，純粋な自己意識であるからである。たしかに，自我は諸概念を，すなわち，規定的な諸概念をもつ。しかし，自我は，概念として定在へと至った純粋概念そのものなのである」。こうした思想を，哲学史的に輪郭づけるため，ヘーゲルは，統覚の根源的-綜合的な統一というカントの概念を引き合いに出し，そしてここで，認識の「客観性」および「真理」というカントの両概念に対し，思想的に最も濃密な論争に数えられる一つの論争を行うのである（GW 12. 17-28）。もっとも，ヘーゲルが，概念を「もつ Haben」と概念で「ある Sein」という両者を区別することによって，まず優先的に取り上げるのは——あからさまには言わないが——ヤコービにおける，属性的理性と実体的理性との違い——すなわち，人間がもつ理性と，人間をもつ理性との違いである。ヤコービの理解するところでは，前者の理性は，「人間が徐々に獲得する人間の一つの特性であり，人間が利用する道具である。つまり，それは，人間の所有物である」。あるいは，ヘーゲルの言葉で言えば，こうである。すなわち，この理性は「一つの能力もしくは性質」として現れる。「この性質は，物の性質が物そのものに関わるのと同じ仕方で自我に関わるような，そういう性質である［…］。このように見れば，自我はさまざまな概念をもつ。スカートをもち，色をもち，その他外面的なさまざまな特徴をもつのと同様に，自我は概念をもつのである」。それに対して，後者の理性によって，人間は人間で「あり続ける。すなわち，人間とは，後者の理性のとる一つの形式である」（JWA 1. 259f.）——まさに，人間は，概念が自由に現実在する形式なのである。

とはいえ，「概念」と「自我」が端的に同一視さ

れる，ということはおよそない。というのも，両者の同一性は，「限りにおいて」という条件のもとで成立するのだからである。すなわち，もとより論理学で主題化されるような現実在しない概念ではなく，自由な現実在となった概念こそが初めて，「自我」である。論理学の思考諸規定は，「自我」と呼びうるものではないのである。このように区別された両者を同一視するさいの前提は，「概念」と「自我」の構造上の類似性にある。すなわち，概念と同様に自我もまた，「第1に，自己自身に関係する純粋な同一性である。そして，自我がこうした同一性であるのは，直接的に，なのではなく，自我が，あらゆる規定性と内容を捨象し，自己自身との無制限な一致という自由の中で，分裂を引き起こさないということによって，なのである。そうであることによって，自我は普遍性である」。すでにこの言い回しにおいて，自我の無限性が概念の無限性と類似したものであることが，示唆されている——しかし，ヘーゲルは，この引用文の最後に触れた「普遍性」を説明するさいに，自我の無限性について，いっそう簡明に，次のように述べている。すなわち，自我の統一性は，たしかに「自己自身に関係する統一性」である。——しかし，この自己関係は，「もっぱら」捨象という否定的な態度において「のみ」，いわば「あらゆる規定性と内容の」解消において「のみ」，成立するのである。こうした普遍性は，「捨象する作用として現れる，かの否定的な態度を通じてのみ，自己との統一であるような統一であり，また，この否定的な態度によって，あらゆる規定された存在を自己の中に解消して保持する統一」なのである，と。

概念と自我との構造上の同一性を適切にとらえるためには，とりわけこの「もっぱら～のみ」が強調されなければならない。すなわち，主体の統一性さえも，何かそれ自体で現存するもの，前提されたものであるわけではない。かといって，それはまた，自我が，自由な振る舞いによってはじめて築きあげるような自覚的な自己関係の結果であるのでもなく，それゆえ，またそれは，内省によって了解しうる振る舞いによって構成されるものでもない。したがって，主体の統一性は，主体がみずからを概念把握しようとするさいに巻き込まれうるような，あらゆる循環に先んじてあるものである。自我は自らの自己認識を目指しているものではない。そうではなく，それは，他者とともに巻き込まれている混乱からつねに繰り返し自己自身へと還帰するものである——あるいは，より正確にいうなら，自我は，自分以外のものによる規定性から，つねにすでに「自己自身との無制限な一致という自由」へと還帰しているのである。まさにここにこそ，自我の概念との同一性，および，自我の無限性が存している。「無限な主体」は，たしかに「規定性と内容と」をもっている——ただし，それは，これによって制限されているのではない。逆に，無限な主体は，規定された存在すべてを自らの内に解消している。そして，それは，まさにこのことを通じて——しかも，このことを通じてのみ——「自己自身との無制限な一致」であるのである。

こうした「否定的な態度」および「捨象」は，ひとつの活動として——ただし，ある必然的な活動として——描写されうる。あるいは，それは——フィヒテを援用するなら——理性の「必然的な行為」であって，およそ自由な行為ではない。フィヒテにとってもまた，「真の哲学者」は，自らに許された唯一の「気ままな振る舞い」，すなわち，「他でもない，哲学することを欲する自由な決断である，この振る舞い」（本書309頁参照）を通して，根源的，必然的に事を運ぶ理性をもつ。この理性によってこそ，哲学者の自我，および，その自我にとってあるものすべてが，そのままに考察されなければならない——こうした理性とは，「およそいかなる外的な目的もなしに，自らの内的諸法則に従って，必然的に事を運ぶ理性一般」，あるいは，「必然的に行為する理性」である（GAI/3. 316）。こうした行為は，また同様に，ある前提された実体によって二次的な活動として，ときに遂行されたり——あるいはまた，遂行されなかったりする——行為なのではない。そうではなく，主体性は，まさに，この必然的な不断の行為のうちにある。それゆえ，この行為を描写するために用いられる諸概念は，自我の自己観察によるものではない。それらは，たとえば，内省あるいは心理学的考察を通して，自我が意のままに用いる諸概念ではない。そうではなく，それらは，もっぱら，自我がどのように振る舞うのかを，超越論的論

理学の手法によって，あるいは，思弁的な手法によって分析するさいの対象なのである。同じことは，「無限な主体性」という概念にも当てはまる。この概念は，論理学的な分析によってのみ明らかになる，こうした自我の必然的な活動を把握するものであって，この活動とはまさに，概念そのものの活動に他ならないのである。——そして，ヘーゲルは，概念と自我との同一性という自らの規定を，さらに考えを推し進めることで，完成させる。それによれば，概念の自己関係的な否定性は，同時に，個別化の原理（principium individuationis）を包摂している。言い換えると，概念の自己関係的な否定性は，普遍性であると同時に個別性，個的人格性である——つまり，それは「絶対的な普遍性，すなわち，まさにそのまま同じく絶対的な個別化でもある普遍性」なのである。そのまま個別化でもある絶対的な普遍性。ここにおいては論理学的な用語が使われてはいるが，しかし，それを通して，あの哲学的-神学的な定型句が聞こえてこよう。すなわち，概念と同様に自我は，《一にして全（ἓν καὶ πᾶν）》なのだ（GW 12. 15-17），と。

(2) この「概念の概念」を，ヘーゲルは，第1節「主観性」において，もう一度概念の「発生」ということから，導出してみせる。概念の「発生」とは，すなわち，「存在」から始まって「本質」を経由する，つまり，「他なるものへの移行」から「措定」に至り，そして再び「根源的存在」へ還帰する，思考の運動である。むろん，ヘーゲルはここで，この「根源的存在」を，より詳しく「概念」の根源的存在として，つまり，論理的な関係性として特徴づけるのだが，この関係性は，先行する思考の諸段階ではいまだ到達されることのなかったものである。さしあたり根源的と思われたもの，端的に直接的なものは，この思考の道程において，媒介されたものであることが，つまり，概念の中につねにすでに含まれていたものであることが，明らかになる。「概念の概念」においては事柄の内的な論理構造は，——表象の場合とは異なり——，「普遍性，特殊性，および，個別性」による構造化であると見なされる。先行する思考諸規定は，普遍，特殊，個別のように，相互に関係し合うことはない。それゆえ，これまでの思考諸規定は，互いのうちへと移行するか，あるいは，他者のうちへと「仮象する」のである。しかし，事柄は，普遍性，特殊性，個別性という諸規定において考察されるとき，そのとき初めて，現実的に「概念把握」されるのである。これらの概念諸規定は，相互に排除し合うことはなく，——たとえば，《類，種，個》の関係にある自然の場合と同様に——相互のうちに入り込み，相互に貫徹し合う。特殊は，普遍に対立するのではなく，むしろ，そのうちに含まれており，同様に個別も，特殊と普遍の両者のうちに含まれている。普遍は，特殊からのたんなる抽象として理解されてはならず，それはむしろ特殊性をみずからのうちに含んでいる具体的普遍である。ますます高次の普遍へと，そして，最高次の普遍へと向かう抽象化の道程を，ヘーゲルは端的に，概念の道程からの「逸脱」と呼ぶ。——というのも，抽象によって「さげすまれ，退けられる個別性」こそが，はじめて「概念が自己自身をとらえる深み，概念が概念として措定される深みなのだ」からである。「それゆえ，抽象によっては，生命，精神，神を——ならびに純粋概念を，とらえることはできない。なぜなら，抽象は，自らの産物から，個別性，すなわち，個性および人格性の原理を，遠ざけてしまうからであり，それによってまた，生命や精神を欠いた，無色，無内容な普遍性以外のものには行き着かないからである。」それに対して，具体的普遍は，特殊および個別をも包括する。それゆえ，ヘーゲルは，具体的普遍を，比喩的に「自由な力」として，あるいは，それどころか「自由な愛，そして，遮るもののない魂性」として描写する。——「というのも，具体的普遍が区別されたものに関わるということは，もっぱら自己自身に関わるということなのであり，こうした関わりにおいて，具体的普遍は，自己自身に還帰するのだからである。」そして，また，ヘーゲルは他のところでも，何度も神学的な語彙を用いている。彼は，概念，すなわち「真なる無限の普遍」を，「創造の力」と呼ぶ。この力によって「措定された存在は，無限の，透明な実在性であり，概念は，この実在性において，みずからの創造物を，また，この創造物においてみずからを，直観する」。しかし，これは，「概念」の神格化であると理解されてはならず，論理学的な還元の手続きであると理解されなければならない。すなわ

ち，宗教において，神の自らの創造物に対する関係として表象される，そうした関係は，むしろ，具体的普遍である概念の，個別に対する関係として理解されなければならないのである（GW 12. 32-52）。

こうした概念の主要点の説明に続いてヘーゲルは，彼の判断論理学を展開する——というのも，ヘーゲルにとって，「判断作用」は，「それが概念の自己自身による規定作用である限りにおいて」，概念把握作用と並ぶ，「概念のもう一つの機能である」からである。概念から判断へのこうした進展において初めて，「規定された概念には，どのようなものがあるのか」が明らかになる。ヘーゲルの判断論理学は，同時代のそれ——たとえば，カントの判断論理学——とは三つの特徴によって区別される。すなわち，ヘーゲルは，判断を，そのような「概念の自己自身による規定」として把握するために，たんなる「命題」から厳格に区別する。たんなる命題の要素は，概念の諸規定とは違って，相互に関係し合うことがないからである。判断は，《ある主語に，ある述語が帰属し，それゆえに，この述語を通じて初めて主語が規定される》という構造をつねにもっている。判断は「二つの概念の結合」，根源的に自立した二極の結合であるのではなく，「概念の自己分裂」なのである。——あるいは，当時，誤りであったにしても，広く流布していた語源学によれば，判断 Urteil とは，概念の「根源-分割 Ur-Theilung」，「根源的な一者の根源的な分割」である。これによって，「両極の自立性」よりも「概念の根源的な一性」が優先するということが，すでに表明されているのである。

こうした特殊な論理形式への遡及によって，可能な判断の全領域は，可能な命題のそれよりもはるかに小さい。このような制限にもかかわらず，ヘーゲルは，判断の諸形式を，カントが彼の「判断表」（B 95）において分けたのと同じ数だけ，すなわち，12通りに区別する。——また，ヘーゲルは，名称においても，序列においても，わずかに変化を加えてはいるが，それでもヘーゲルの判断形式のうちに，カントのそれを認識するのは容易である。カントの「質」という項目の代わりに，ヘーゲルでは，「定在の判断」が置かれる。また，「量」の代わりに「反省の判断」が，「関係」の代わりに「必然性の判断」が，そして，「様相」の代わりに「概念の判断」が置かれる。——そして，それぞれには「単称判断」等のいくつかの付属的な諸形式が伴う。しかし，ヘーゲルは，これらの判断諸形式を一つの「表」にとりまとめるわけではない。そうした「判断表」が成立するかどうかについて，『純粋理性批判』では周知のごとく，なんの説明も与えられてはいないからである。ここでヘーゲルが試みるのは，「判断表」を使わずに，判断の諸形式を——（肯定的な）「定在の判断」から（確然的な）「概念の判断」に至るまで——批判的な道行において，まったく新たに獲得しようということである。それゆえ，判断形式が樹立されるさいの原理を成すのは，その論理的な発生である。このようにして，ヘーゲルは，カントの判断諸形式の「経験的なかき集め」を廃して，その「学的な」導出を試みるのである。

この導出のプログラムは，即座に，そして，不可避的に，《諸判断は，たんに異なっているものとして互いに関係し合うのではない》という結論に至る。実際，弁証法的な行程においては，そのつど，次に来る判断が，先行する判断の「真理」であり，むしろ，そのようにして判断諸形式は，それら一つ一つが真理に値しうる基準に応じて配列されて，一つの階層を形成するのである。判断のこうした「真理」基準は——判断のたんなる「正しさ」とは異なって——判断の，そのつどの形式とそのつどの内容とのあいだの関係に存する。たとえば，カントにとっては，正しく立てられた「肯定的 bejahend」判断が真であるということにはまったく疑いの余地はないが，ヘーゲルにとっては，その肯定的判断に対応する「肯定 positiv 判断」は，すでにその形式からして，真理に値しないものである——というのも，「S は P である」というその形式は，「個別は普遍である」という論理的な意味をもっているからである。しかし，述語の普遍性が，主語の個別性と一致しないということ，それゆえ，主語概念は，述語概念によって適切に規定されはしないということは，明らかである。こうして「この純粋に論理的な内容」のために，「肯定判断」から「否定判断」への進行が——そして，同様に，そこから「無限判断」等々への進行が——要求されるのである。判断の形式は，そのつど，このような「論理的な内容」から

なる。それゆえ，判断の形式は，総じて真理を表明するには適していないのである。とはいえ，「必然性の判断」あるいは「概念の判断」のようなより高次の判断形式は，「定在の判断」あるいは「反省の判断」のような基礎的な形式よりも，こうした「論理的な内容」により適切に対応している。最後の「概念の判断」において，すなわち，その「確然的判断 das apodiktische Urtheil」（「これこれのあり方をする行為は，正義である」）において初めて，主語と述語とが互いに一致する。というのも，主語と述語は，「どちらも概念全体として」あるからである。概念の統一性は，さしあたりただ，こうした直接的な《これこれのあり方》の中にしかないように見える——しかし，このあり方は，概念の両極〔主語と述語〕を結合するのである。「このあり方は，判断の充実した，つまり，内容に満ちたコプラ〔繋辞〕であって，このコプラは，このあり方が両極のうちへと消失していた判断から，再び現れ出た概念の統一性なのである。コプラがこのように充実することによって，判断は推論と成っているのである」(GW 12. 53-89)。

ヘーゲルにとっては，ただたんに推論が「理性的なもの」であるというだけではない。そうではなく，「すべての理性的なものは推論なのである」。さしあたり謎めいてみえるこの主張の意味は，ヘーゲルがこの章の冒頭で行う，伝統との，とりわけ，再びカントとの対決から明らかになる。ヘーゲルはここでも，カントから，すなわち，彼の説く理性の論理的使用と実在的使用との区別からはじめている。それによれば，理性は，推論の能力であるとともに，「原理の能力」でもある。というのも，理性は，それ自体「一定の概念や原則の根源を含んでいる」からである。カントにとってもまた，この「理性」の二つの意味は，互いに無関係に並び立つということではおよそない。なぜなら，カントにとってもまた，〔原理そのものである〕理性概念は「推論された概念」でもあるからである（B 355f., 366）。だが，ヘーゲルは，理性の二つの意味のこうした統一性が，カントによっては十分明らかにされてはいないと見ている。つまり，ヘーゲルの考えでは，カントにおいては「一方の推論する理性ともう一方の理性，すなわち，諸法則や，その他の永遠の真理や絶対的思想の源泉である理性とが，いかに互いに関連しあうのか，ということが，明確でない」のである。したがって，ヘーゲルが要求することは，形式論理的な理性が，「内容と関わる理性においてもまた，必ずや認識されうる」のでなければならない，ということである。そして「かのすべての諸対象〔すなわち，理性概念〕が理性的であるのは，それらのうちの何によっているのか」という問いに対して，それは，まさにそれらの推論的性格によっている，という決定的な答えが与えられる。理性とは「一定の両極からなる統一である。だが，それゆえに，理性的であるものは，ひたすら推論なのである」(GW 12. 90f.)。

初期ニュルンベルク時代に由来する推論論理学は，なお断片にとどまっている（GW 12. 299-309）が，それとは異なり，いまやヘーゲルは，個々の推論形式を考察するさいには，判断形式の大枠に即し——推論を「定在の推論」，「反省の推論」，「必然性の推論」に分類する。そのさい，判断形式の第四分類であった「概念の判断」に対応するものは，推論論理学にはない。また，ヘーゲルは，判断形式の場合と同じように，推論形式をも，進展させつつ階層的に展開する。ヘーゲルは，「定在の推論」では，推論の伝統的な四つの格を挙げる。また，彼は「反省の推論」を，さらに「全体性の推論」「帰納的推論」「類比的推論」へと区分し，「必然性の推論」を，同じく，さらに定言的，仮言的，そして，選言的推論に区分する。

この最後の「選言的推論」において，「推論の形式主義」が廃棄される。形式主義というのは，「両極を媒介するものが，抽象的規定としての概念であるということ，そして，それゆえに，この媒介するものは，その統一が抽象的規定である両極からは，区別されているということ」，この点に存している。「だが，さまざまな種類の推論は，媒介項の充実化あるいは具体化の段階を示している。」このような諸段階の走破のうちに，ヘーゲルは，完全な媒介という自らの計画が実現されるのを見る。こうした計画をヘーゲルは，すでにイェーナ初期に，「美しき紐帯」というプラトンの思想に立ち返りつつ，導入している（GW 4. 65参照）。概念の規定は，あるときには「媒介項」として，またあるときには推論の両極として，そのつど現れ出なければならない。し

たがって,「媒介するものと媒介されるものとの区別」がなくなり,何らかの前提が媒介されぬままにとり残される,ということはもはやない。「媒介されているものは,それ自体,それを媒介しているものの本質的な要素である。そしてまた,どの要素も,媒介されているものの総体としてある。」ヘーゲルは,推論のこうした完成を,同時に媒介の運動全体の廃棄であると見る。また,この完成は,ヘーゲルによれば,「媒介の廃棄によって生じた」ある新たな「直接性」の生成──「客観性」の生成なのである(GW 12. 92-126)。

(3)「客観性」に関するこの章は,『大論理学』の一つの主要部分であるが,これは,ヘーゲルが,『大論理学』の構想のなかに組み込んだ最後の主要部分である。たしかに,「機械的連関,化学的連関,有機体,および認識について」に関する断片(GW 12. 259-298;本書269頁参照)は,すでにバンベルク時代に由来する。しかし,それは,推論の論理学という,より大きな連関に位置づけられるようにみえる。すなわち,ヘーゲルは,推論の論理学から,これらの主題へと何の区切りもなしに移行するのである。だが,これらの主題は,ニュルンベルクの諸草案のはじまり以来,はっきりと区分された理念論のうちに含まれることになる。そして,その後ようやくヘーゲルは,「客観性」に関する章を,目的の概念から着手しつつ,「主観性」と理念論とのあいだに位置するものとして形成するのである。

ヘーゲルは,このように新たに構想された,概念の「主観性」からその「客観性」への移行について,こう述べている。この移行は,「その規定によれば,かつては形而上学において,概念からの推論,すなわち,神の概念からその定在にいたる推論,言い換えれば,神の定在に関するいわゆる存在論的証明として目にされていたものと同じものである」,と。この引用からすでに明らかなことは,存在論的証明の理論的な文脈が,ここにおいて完全に変化してしまっているということである。ここで問題なのは,合理主義的な形而上学におけるように,「もっとも実在的なもの」としての神という思想のうちには,「存在」が,「実在性」の一つとして含まれているということを明らかにすることなのではない。また,問題は,神の概念を「必然的なもの」として解明す

ることでもない。したがって,「神の存在論的証明」の体系上の意味を刷新するというヘーゲルの試みは,必ずしも,この二つの証明形式に反論するカントの立論によって,すでに論駁されてしまったというわけではないのである。実際,ヘーゲルは自ら,かつての「かの証明の形式」を「形式的推論の劣悪な形式」と呼んでいる。他面,このことによって,ヘーゲル自身の立論が,また別様の批判に対し,すでに免疫力をもっているというわけではない──とりわけ,次のことは決して自明ではないのだから。すなわち,「概念の即かつ対自的な存在」という意味での「客観性」へと,まさにこのように移行するということが,そしてまたその進展全体ではないが,「かのようにして論理学的に進展するということが」,「神が存在へといたる自己規定の直接的な叙述である」ということ,このことは,およそ自明ではないのである。加えて,ヘーゲルは,この主題を十分に論じ尽くさず,むしろ「別の機会」を参照するよう指示している。すなわち,この別の機会においては,「論理学的な形式主義のせいで,神の定在に関する存在論的証明,ならびに,その他のいわゆる存在証明のうちへと,持ち込まれた多様な誤解が,それらに関するカントの批判も含め,より詳細に解明されるであろうし,また,それらの証明の真の意義を確立することによって,その基礎となっている諸思想に,その価値と尊厳が取り戻されるであろう」というのである(GW 12. 127-132;本書616頁以下参照)。

客観性の最初の形式として,ヘーゲルは「機械的連関」を考察する。「機械的連関」ならびに「化学的連関」をたんに自然哲学的な概念ではなく,論理学的な概念として導入することは,ヘーゲルが,ここで,この二つの領域を混同しているのではないかという疑いを,しばしば呼び起こしてきた。しかし,ヘーゲルは,機械的連関を,形式的には,「完全で自立的な客体の関係」として規定しており,「そうした客体は,それゆえ,相互関係においてもまた,もっぱら自立的なものとして互いに作用しあうのであって,そのつどの結合においても,互いに外的なままにとどまる」としている──これによってヘーゲルは,自然哲学の背後,「物質的な機械的連関」の背後にまで手を伸ばし,論理学的なものの普遍的

地平を手にするのである——とはいえ，彼の時代には，「機械的連関」と「決定論」は，疑いもなく，すぐれて自然連関を包括的に解釈するさいの原理であるのだが。加えて，ヘーゲルは，自然哲学の主要な用語法を用いるにもかかわらず，明らかに，機械的連関を，自然の領域のみでなく，精神の領域のうちにも位置づきうる論理学的な規定として際立たせようと，苦心するのである（GW 12. 133-147）。

同じことは，「客観性」の第2の形式，「化学的連関」についてもまた当てはまる。たしかにヘーゲルは，元来の自然の形式を「本来の」化学的連関であると述べており，また，とりわけここにおいて彼は，頻繁に，自然哲学の用語法を引き合いに出す。だが，彼は，類似の諸関係を精神的なもののなかにも見出している。すなわち，化学的な連関は，「愛，友愛等の精神的な諸関係に対してもまた，形式的な基盤を」なす——「無頓着な客観性の第1の否定」であるという点で——というのである（GW 12. 148-153）。

「客観性」の第3の形式，目的論は，客観性の章全体の完成にとって，発展史的にも，体系的にも，それ以前のものの結晶である。目的の概念においてこそ，主観性から客観性への移行が実際とりわけ明瞭に見て取れるからである。すなわち，目的とは，主観性に属するものであるが，しかし，その実現は，客観性の領域のうちで果たされるわけである。目的論についてのヘーゲルの考察には，二つの点で，同時代の議論が刻印されている。すなわち，当時，一般的な理解によれば，「合目的性」は，目的を設定する悟性と結びつくものであった。——したがってまた，目的論的に世界を説明しうるためには，「世界の外に存する悟性」が想定されなければならなかったのである。ここから，一つのジレンマが帰結する。すなわち，「目的論的な原理が，世界の外に存する悟性という概念と結びつけば結びつくほど，また，そうである限り，かの原理が，信心深さによってますます引き立てられて，それなりのものになっていけばいくほど，それだけいっそう，この原理は，真なる自然探求からかけ離れるように見えたのである。というのも，真なる自然探求とは，自然の性質を，自然に異質な規定性としてではなく，その内在的な規定性として認識しようとするものであり，ま

た，そのような認識のみを概念把握と見なすものだからである」。それゆえに，目的論的な解釈は，「異種の地平」に見える。それに対して，機械的連関は，その客体の規定性がたんに外的なものと解されるにもかかわらず，目的論よりも「いっそう内在的な見方」であると見なされる。——他方，目的連関は，機械的連関よりも，本来はるかに概念に適合したものである。というのはとりわけ，目的連関は「自由の原理」を捉え，「機械的連関の真理」であるためである。ところで，ヘーゲルは，この独特のねじれ構造をさらに強化する——というのも，彼によれば，機械的連関は，「抽象的な普遍性をとおして，諸力万般へと，また，交互的な諸原因の全体へと」拡大するのだからである。「機械的連関は，自然をそれだけで一つの全体として捉えようとする。この全体は，その概念のために，他のものを一切必要としない〔すなわち，スピノザの意味における「実体」。『エチカ』定義3，参照〕。——この総体はまた，目的のうちにあるというのでも，また，目的と連関しつつ世界の外に存する悟性のうちにある，というのでもない。機械的連関は，ひたすらこうした総体へと突き進むのであり，また，それ自体，そうしたものとして現れるのである。」それに対して，目的——ただし，外的な合目的性の意味における目的——は，つねに特殊なものにのみ関わるのである。——以上を，ヘーゲルはこう総括する。「これによって結果的に明らかになることであるが，ようやくはじめて目的論の形式をとるに至る外的な合目的性は，そもそも，たんに手段に到達するだけで，客観的な目的には達しないのである」，と。外的な合目的性は「手段」を手にし，また，「道具」を得るのだが，しかし，これらのものは外的な合目的性の有限な目的よりも高次のものであって，「理性の狡知」によって，人間の手に委ねられるのである。「人間は，自らの目的に関しては，むしろ，外的な自然に従属している。だが，たとえそうであっても，人間は，道具を利用することで，外的な自然を支配する力を手にしている。」

だが，当時の議論の特色は，カントが，アリストテレスを引き継ぎ，この外的な合目的性に対して，内的な合目的性の思想を打ち出したという点にある。この思想をヘーゲルは，純粋理性のアンチノミーに

おける第3の抗争と『判断力批判』に触れながら解説している。――そしてここにおいて彼は，カントが，目的論的な原理を，もっぱら「反省的判断力に帰属させている」と，また，この原理を「理性の捉える普遍と直観の捉える個別とを結合する媒介項」にしていると批判する。とはいえ，彼は，目的論をこのように二つに区分することのうちにまた，「哲学をめぐるカントの偉大な功績」の一つを見ている――もっとも，彼は，内的合目的性というこの原理を，ここでこれ以上詳細に議論することはなく――それを主観性と客観性とを媒介するものと見なし――そこから「理念」へと移行するのである（GW 12. 154-172）。

（4）カントに対するこのような賛否相半ばする関係によって，「理念 Idee」というヘーゲルの概念がまたどのようなものであるのかが，特徴的に示されている。彼は，まずは，この「理念 Idee」という語の使用法について，英語の「観念 idea」に起因するような，一般的に通用している，たんなる「表象」という意味での使い方を批判する。カントは，この一般的な使用に対して，「理念という表現を，再び理性概念に復帰させる」。ただ，ここにヘーゲルが見るのは，たんに最初の一歩でしかない。すなわち，「理性概念というのもまた，何か不器用な表現である。というのも，総じて概念とは，理性的なものなのだからである。そして，理性が悟性および概念そのものとは区別される限り，理性は，概念と客観性とからなる総体である。――この意味でこそ理念は，理性的なものなのである」。したがって，理性はまた，無制約的なものでもある。なぜなら，制約をもつのは，それ自身によって措定されたものではない客観性へと関係するものだけだからである。――実際また，「無制約者 das Unbedingte」とは，たんに「絶対者 das Absolute」に代わる固有のドイツ語表現であるにすぎない。このようにして，概念にはもはや，なにか見知らぬものが自分に対抗してくるということが，およそなく，それゆえ概念が，「この自らの客観的世界を，自らの主観性において知り，また，この主観性を客観的世界において知る」（GW 12. 30）ということである限りにおいて，概念は自由なのである。

だが，まさにそれゆえにこそ，「理念」は，たんなる「目標」なのではない。つまりそれは，ことによると無限の過程を踏んでそれへと近づかなければならないような，いわば――プラトン的あるいは超越論哲学的な――「彼岸」へと押しやられた，「原像」であるのでは決してない。すべての現実は，「それが，理念を内にもち，そして理念を表現する」限りにおいてのみ，（強調された意味において）存在するのである。理念は，直接性から「解放され，主観性になった概念であり，この概念は，その客観性から区別される。しかし，この客観性もまた，まったく同様に概念によって規定され，自らの実体性を当の概念の内にのみもつ」のである。それゆえに，概念と客観性とのあいだにはいかなる不一致も成立しない，というわけではない。ヘーゲルにとって，両者の不一致が生じうるのは，理念が「本質的に，概念と実在性との統一であり，かつ，まったく同様に本質的に，両者の区別でもある」ということによる。とはいえ，この両者の不一致という側面は，実在性における有限性と非真理性の側面であり，これが「理念」へと移行したからといって取り除かれるわけでは決してない。もちろん，現実といっても，その客観性が概念に適合しないのだとすれば，それは端的に「無」であろう。したがって，「理念」という表題のもとで考えられているのは，存在の領域と並ぶ何らかの新しい領域であり，ことによるとそのうえまた厳粛で高尚な領域でもある，ということではない。そうではなく，実に適切なことに，そこで考えられているのは，もっぱら，存在の概念においてすでに考えられようとしていたものに他ならないのである。すなわち，「存在は，理念が概念と実在性との統一であることによって，真理という意味あるものを得た。それゆえ，存在するのは，今後は，理念であるものに限られる」。すべての現実は，このようにして，概念と実在性との統一であるが，そのうちにおいてこの両者が相互に区別されているという，そういう基本構造をもっている。もしも現実が概念を伴わず，概念を欠いたものであるとするならば，われわれは現実についておよそ何も知ることはないであろう。もしも現実が実在性を欠くとするならば，それはたんなる空想の産物であることになろう。存在するものは，実在するものであるのとまったく同様に，思考されたものでもある。――そし

てこのことは，相互に分離された二つの領域が外面的に一致するという意味で言われているのではなく，思考によって客観性が規定されるという意味で言われているのである（GW 12. 173-178）。

これに続いて「理念」を具体的に説明するにさいし，ヘーゲルは，次のようなありうる誤解を予防しようとする。それは，ここに続く説明が，先行する概念展開に対して，何らかの「実用的論理学」という関係にたつものであるかのような誤解である。彼は，『大論理学』の出版直前においてもなお，どのようなテーマがそこで取り扱われるべきかについて，必ずしも確信をもっていたわけではない。それゆえに彼は，何度も，「美の理念」をそこに取り入れようと決するが，しかしその度に，再度抹消したのである（本書276-277頁参照）。これに対して，「認識」は，理念論の確固たる構成部分を成している。──というのも，「絶対的真理が論理学の論じる対象であり，また，真理そのものが本質的に認識のうちにあるのだとするならば，少なくとも認識は論じられなければならないはずである」からである。そして，その認識の必然的な前提として，ヘーゲルは，「直接的な理念」を取り扱う。というのも，一つには，認識は概念であるということによって，しかしまた一つには，概念とは，そのものだけで，主観的なものでありつつ，客観的なものへと関係しているという限りにおいて，概念は理念に，つまり，前提された，あるいは直接的な理念に関係するからである。だが，直接的な理念とは，生命である」。

生命の概念に関しては，ヘーゲルは，「機械的連関」と「化学的連関」に関するものと同様の疑念を払拭しなければならない。つまり，彼は，「論理学的生命」を，自然哲学および精神哲学における生命と対照的に輪郭づける必要があると考えている。したがって彼は，それを，概念によって全面的に貫徹された客観性と規定する。すなわち，それは，「もっぱら，客観性と特殊化とのこのような否定的な統一として，自己自身に関係し，それ自体で独立に存在する生命，すなわち魂である。それゆえ，それは本質的に，客観性に，つまり，非生命的な自然という他者に関係する，個である」。しかし，ここにはすでに，生命の一般的概念における，自然哲学との聞き逃しがたい共鳴が，混在している。──しかも，「生命的個体」，「生命の過程」，「類の過程」といった後続のテーマにおいては，なおさらそうである。あるいは，それどころか，「感受性」，「興奮性」，「再生産」といった諸規定，さらにはヘーゲルが生命ある自然の特権と見る「痛み」の規定にもまた，同様の共鳴がある（GW 12. 179-191）。

「認識の理念」を論じる段になってようやく，ヘーゲルはこうした自然の領域を離れる──実際，彼はこの理念をまたしばしば「精神の理念」と呼んでいる。とはいえ，彼はそのために今度は，いかに，自らの精神哲学との境界づけをするかという問題に陥っている。「理念とは，自己自身を対象とするものである限り，思考，精神，自己意識は，いずれも理念の規定である。そして理念の定在，すなわち，理念の存在の規定性とは，自己を自己自身から区別することである。」これにひきかえ，ヘーゲルは，合理主義的な「精神の形而上学」に対しては，首尾よく，明確な区別立てを行う。そのさいの「精神の形而上学」とは，「実体，単純性，非物質性」を──不死の──魂の述語と見立てて，あれこれと行う学である。また，この区別立ては，カントによる《合理的な霊魂論の誤謬推理批判》に対しても，首尾よくなされる。というのも，ヘーゲルは，カントの批判にはっきりと同意を示すとともに，また同様にはっきりと，自己意識および自我の本性に関するカントの説明を退けるからである。自己意識とか，あるいはまた，自我の認識のために自己自身を利用しなければならず，したがって，循環に陥ってしまう自我とか，といったものは，「粗野と呼ばれるべき表象」である。──自己意識とは，「まさに，現に存在している，それゆえ経験的に知覚可能な，純粋な概念」であり，「自己自身との絶対的関係」なのである。

伝統的な理念の三つ組みに依拠して，ヘーゲルは「認識の理念」を，さらに「理論的理念」と「実践的理念」とに下位区分する。前者，すなわち，「真なるものの理念」に関しては，ヘーゲルはまずは，再びカントのカテゴリー理解を論駁する。すなわち，カントは，カテゴリーを，もっぱら主観的な思考諸規定として理解するのであって，もとより，そこからは「認識の背後にある知られざる物自体なるもの」の想定が必然的に帰結する，と。だが，これに

続けて，ヘーゲルは，「分析的認識」と「総合的認識」という形式を論じ，後者ではその契機として「定義」「分類」「定理」を——数学史と哲学史とに立ち返りつつ——取り上げている。それによれば，久しくスピノザの幾何学的方法が，総合的な認識の模範例と見なされてきた。「しかし，実は，カントとヤコービによって，従来の形而上学の全様式が，またそれとともにその方法が，まとめてひっくり返されたのである。」そしてヘーゲルは，明らかにヤコービに好意的に論を進める。すなわち，ヤコービは，形而上学を「とりわけ，実証する仕方という側面から非難し，問題点を，このうえなく明瞭に，かつ，このうえなく掘り下げて，際立たせた。すなわち，その問題点とは，そうした実証の仕方が，有限なるものの硬直した必然性の環のうちに完全に縛りつけられてしまっていること，そして，自由，すなわち，概念が，またそれゆえにすべての真なるものが，形而上学の彼岸に位置し，形而上学によっては獲得されえないということである」。ここにヘーゲルが見て取るものは，総合的認識における理念はいまだ真理に到達してはいないという洞察である——というのも，この理念においては「対象が主観的な概念に適合していないのだから」である（GW 12. 192-230）。

「実践的理念，行為」，「善の理念」とは，「すでに考察した認識の理念よりも高次のもの」である，とヘーゲルは宣言する。——というのも，理論的なものにおいては，主観的概念は「客観的世界と対立しているのだが，にもかかわらず，この世界から一定の内容と充足とを手に入れるのだからである。ところが，実践的理念においては，主観的概念は，それ自体現実的なものとして，現実的なものに向き合っている」。ここ〔実践的理念〕において主観的概念は，自らの現実性を確信すると同時に，自らに対立している客観性が無効であるとの確信を得ているのである。しかし，ここにおいても，主観的概念は，自らの有限性を克服しているわけではない。善は，言うまでもなく，形而上学の歴史の中で非常に長いあいだ，概念の階層において最高位のランクづけを得てきたし，またカントによって，「善き意志」として，たしかに主観性のうちに組み込まれてはいるが，しかしなお，その純粋性が守られてきた（AA IV. 393）。そうした善がここでは，有限な目的の内容となり——それゆえに，有限で移ろいやすいものになっているのである。「善が再びまた有限なものとして固定され，本質的に有限なものであるのだとするならば，それはまた，その内的な無限性にもかかわらず，有限性の運命を免れることができない。」すなわち，善は，外的な，偶然的な定在の中に歩み入り，破壊されるのであり，「善の衝突と抗争」の中に引き込まれ，腐敗して悪となるのである。ただ，他方，「完全な善の理念」なるものが，「透明な思想の空間のうちにある主観性の王国」において，絶対的な要請として設定される。そしてそれは，乗り越えがたい障壁である「開かれることのない闇の王国」に，無力に向き合うのである。それゆえに，ヘーゲルは，理論的理念と実践的理念とを相互媒介させることを試みる。たしかに，現実性とは，見通すことのできない直接的な定在ではなく，概念によって規定されたものである。また，善とは，反省から生み出される，制限された，まずもって実現されるべき目的である，というわけではない。「眼前に見出される現実性は，同時に，遂行された絶対的な目的として規定されている。といっても，それは，探求的な認識の場合のように，たんに概念の主観性を欠いた客観的世界としてではなく，その内的な根拠と現実の存立が概念であるという，そういう客観的世界として規定されているのである。そして，これこそが，絶対的な理念なのである」（GW 12. 231-235）。

このような究極的な「絶対者の定義」を定める段になって，——そもそも「論理学」においては絶対者の定義が問題であろうから——ヘーゲルは，ほとんど絶対者賛歌といっていいような表現をするほどまでになる。「絶対者以外のすべては，誤謬，混濁，憶測，希求，恣意，無常であって，絶対的理念のみが，存在，恒常的な生，自己を知る真理であり，そして，全真理である。」絶対的理念とは，ヘーゲルにとって，「哲学の唯一の対象であり，内容である」。——とはいえ，それは，哲学がその他の哲学的諸問題を忘却してよいという意味ではおよそない。そうではなく，哲学はこうした他の諸問題すべてを，絶対的理念の自己規定の諸形式として認識するとともに，絶対的理念をそれら諸問題のうちに認識する

というのである．つまり，哲学は，自然と精神を，絶対的理念の定在の形式として，また芸術と宗教を，「絶対的理念が自らを把握し，自らにふさわしい定在を与えるさまざまな仕方」として，――そして最後に哲学を，「絶対的理念を把握する最高の仕方」として，認識するのである．

　この高揚した言い回しに比べると，これに続く箇所については，読み進めるうちに酔いがさまされることになる．というのも，ここでヘーゲルは，彼の高揚した言い回しが関係するはずの本当に新しい思考規定を現に導入するということは，しないからである．それはすでに『精神現象学』の最後，「絶対知」章においてそうであった．ヘーゲルがここで行っているのは，本質的に，これまで辿ってきた概念の道程の諸段階を回顧することなのである．ただし，この回顧は，――『精神現象学』においても，目下においても――説明して理解を促すという役割をもつものではなく，「論理的な学が自分自身の概念を把握した」ということ，このことを表現するものなのである．その学が何であるかということは，そのはじまりにおいては，たんに外的反省に委ねられるしかなく，いまだそれ自身の知ではありえない．その学の経過の中で初めて明らかにされ，その結末において最終的に示されるのは，その学が，その学とは異なる対象についての外的な知であるのではなく，その学「それ自体が自らを対象とする純粋概念であり，［…］，それが，自らを実在性の全体として，学の体系として形成していく」ということなのである．ここで到達されたこの知を，彼のもっとも簡明な定型表現を用いて言うならば，「規定性は，内容という形態をとるのではなく，端的に形式として」あるということになる．「まず所与の客体が基盤としてありえて，この基盤に，絶対的形式が外面的で偶然的な規定としてのみ関係する」というのではなく，「むしろ，絶対的形式こそが絶対的な基礎であり，また最終的な真理であることが，明らかになった」のである．いわゆる直接的な所与とされるすべての内容，つまり，「ある」といわれるいかなるものも，ここでは，概念の自己運動，つまりは純粋な思考の自己運動のうちに解消している．その結果「概念がすべてであり，また，その運動が，普遍的，絶対的な活動であり，自己自身を規定し実現する運動なのである」．はじまりにおいて成立していたようにみえた「物の実体性」は，いまや，自己を知る概念の所産であると認識されるのである．

　このような語り方で表現されているのは，総じて現実性というものの新たな見取り図である．《外側にあって目に見えている現実性が真の現実性であると見なされてはならない》というのは，哲学にあっては，何も珍しいことではない．しかし，ヘーゲルにとっては，真の現実性というものは，その現象から区別されて，それ自体として存在するような諸事物の王国であるのでもない．諸事物を強調された意味での現実性にしているものは，まさにその論理的な内実，言い換えると，自己思考的な思考そのものに他ならない．そしてまた実際，これを超えてなお真なる世界が求められうるということはないのである．

　とはいえ，純粋な学としての論理学が自らの概念を捉えるのは，その内容を事後的に検証したり再評価したりすることによってではなく，そうした結果へと導いた道筋，すなわち，方法に関して了解することによってである．ヘーゲル自身，ここでしばしば「方法」について語る．――といっても，もちろん明らかなように，ここで問題なのは，《目標に至るために，外的な反省によって選ばれた，可能な道筋》という意味での「方法」ではない．そうではなく，問題は，思想の内在的な継続的形成という「絶対的方法」のみなのである．具体的に言えば，ヘーゲルは，「論理学」の始まりの問題にもう一度立ち返る．この問題がここで，回顧的な視点から，変容した形で叙述されるのである．すなわち，今や，論理学の最後で，最初の直接的なものが何であるのかが知られるに至った．つまり，絶対者が何であるかが知られるに至ったのだが，冒頭の存在とは，実に，この絶対者の「最初の定義」と見なされていたのである．ここでもまた，ヘーゲルは，再び――ラインホルトに反対して――強調する．始まりとは，暫定的，仮定的に想定された真なるものであってはならない．そうではなく，それは，もっとも貧弱な思考規定としての存在でなければならない，と．――ただし，いつものことだが，この思考規定の体系的な意味は，その後の進行過程において変化した．「だが，このように円環のうちに巻き込まれる方法は，

時間的に展開するのであり，始まりがすでにそれ自体導出されたものであるということを予見することはできない。」しかも，存在の意味が変わるように，そもそも論理学の意味もまた変わるのである。「存在においては，すなわち，論理学の内容の始まりにおいては，論理学の概念は，主観的反省のうちにあって，当の概念に対する外的な知として現れる。しかし，絶対的認識の理念においては，その概念は，論理学固有の内容となっている。論理学は，それ自体が純粋な概念であり，この概念は自らを対象としている。」たしかに，われわれは，絶対者から出発しなければならない。そうでなければ，決して絶対者に到達することはないであろう。とりわけ，進展過程のすべてが必然的に絶対者の自己解釈であるのだから，そうであろう。──しかし，まさにそれゆえにこそ，絶対者の概念には，最後になってようやく到達する。「概念の完成においてのみ，絶対者は絶対者なのである。」

ここでヘーゲルは，「方法」について詳述を行うが，そこに，はっきりと「弁証法」という表題を付す。──そして彼は再び，弁証法概念との結びつきが特に際立っている二人の哲学者を引き合いに出す。すなわち，プラトンとカントである。プラトンにおいて彼は，思考規定の内在的発展という彼の方法の先駆的形態を見ている──紛れもなく，後期の対話編，特に『ソフィステス』や『パルメニデス』では，次のように言われている。認識は，「それ自体あるがままの〔即かつ対自的な〕諸事物を考察しなければならず［…］，ただそれだけを問題とし，それらに内在的であるものを意識にもたらすのでなければならない」。彼は，カントを，この方法を再び新たなものとした人物であると見ており，次のように強調する。「再び弁証法が理性にとって必然的なものであると認められたということは，限りなく重要な前進と見なされるべきである。もっとも，カントの考察から生じたのとは逆の結果が引き出されなければならないのではあるが。」すなわち，引き出されなければならないのは，すでに古代後期の懐疑主義が示したような，相互に矛盾する諸規定の（主観的な）無効性や認識のもつ欠陥ではなく，また，すでにエレア派が説いたような，互いに矛盾する諸事物の（客観的な）無効性でもないのである。そしてヘーゲルがいまいちど「カント哲学の無限の功績」であると強調するのは，弁証法には「ただ否定的な帰結しかない」とする「非批判主義的なやり方」に注意を引きつけたことである。これによってカントは，「論理学および弁証法を，思考諸規定それ自体を考察するという意味に即して再構築するきっかけを与えた。［…］思考や概念を伴うことのない対象は，一つの表象，あるいはまた名目的なものであり，対象が，まさに当の対象そのものとして存在するのは，思考と概念の諸規定においてこそなのである」。

このような哲学史的な位置づけを説いた後，ヘーゲルは，彼の論理学的な手続きについて，やや抽象的な，それゆえ決して十分とはいえないが，しかし，一つの有効な素描を示している。すなわち，「普遍的な，即かつ対自的に考察される第1のものは，それ自身の他者として」現れる。そうであることによって成立する第2のものは，「第1のものにとっての否定的なもの」であり，それ自体「第1の否定的なもの」である。──しかし，それは決して「空虚な否定的なもの，無」ではなく，むしろ，「第1のものの他者，直接的なものにとっての否定的なもの」である。それゆえにそれは，媒介されたものであるが，しかし同時にまた媒介するものでもある。この否定的な規定は，他者へと関係づけられており，それゆえ，「それ自身の他者を自らのうちに」含んでおり，「したがって，矛盾として，その規定自体の措定された弁証法として，ある」。そしてこの第2の否定的なものの運動は，「そのもののうちに含まれている統一を措定すること」にある。この否定性に「概念の運動の転換点」がある。──したがってまたそこには，「すべての活動の最内奥の源泉，すなわち，生命や精神における自己運動の最内奥の源泉，弁証法の魂がある。この魂は，すべての真理を手にしているのであって，その魂によってあるもの，それだけが真理なのである。というのも，この主体性に基づいてのみ，概念と実在性とのあいだの対立の廃棄，つまり，真理である統一が，可能となるからである」。「この生命と精神の最内奥の，最も客体的な契機によってこそ，主体は人格であり，自由なるものである。」したがって，これらのものは，決して直接的なものなのではなく，もっぱら以上に示された論理的構造からのみ把握されうるものであ

る。——そして，「このうえなく鋭く研ぎ澄まされた最高の頂点は，純粋な人格性であり，この人格性は，ひたすら，その本性である絶対的弁証法によって，すべてを，〔外化するのと〕まったく同様に，それ自身のうちに把握し保持するのである」。

ヘーゲルは，以上のような概念の行程を，数の導入によってなおいっそう分かりやすく説こうとする。——だが，たちまち明らかになるように，そのような数遊びによっては，むしろ誤解が惹き起こされるのである。すなわち，第2のものは第3のものとも解されうるし，三重構造は四重構造とも見なしうる，という。——だが，そういうことがなされうるのは，後（本書585-586頁参照）の三位一体論におけるのとまったく同様に，「抽象的な数の形式」には何の意味もないからである。それは濫用のきっかけを与えるだけである。〔実際ヘーゲル自身もそう言う。〕「たしかに形式主義は，同じように三重構造を我が物とし，その空虚な図式をより所としてきた。近代哲学のいう，いわゆる構築という浅薄なたわごと，この不毛なもの，それはかの形式的な図式以外の何ものでもない。それは，概念も内在的な諸規定も抜きにしてどこにでもくっついて，上っ面の整理整頓に役立つという代物であるが，これがかの形式を退屈で悪評高きものにしてしまったのである」，と。ここでヘーゲルは，またもやシェリングと彼の自然哲学信奉者たちを視野に入れている。——とはいえ，そこからはまた，ヘーゲル弁証法を形式化しようとする試みへの警告も読み取りうる。とりわけ，これまでのそのようなさまざまな試み（Günther 1978年）によって，特に何事かが明らかにされたということはないのだから。

弁証法の結果は，たんなる否定的なものなのではなく，新たな概念であるということによって，認識の内容が，論理学的な進展そのものをとおして導出され，立証される。「方法そのものが，こうした局面を経ることで拡大し，体系に」，すなわち「総体の体系」になる。とはいえ，さしあたりはただ論理学の体系になるのだが。論理学は，「自らのうちで結び合わされた円環として」提示される。「円環の終わりが，その始まり，つまり，単純な根拠へと立ち返り，両者が媒介によって結び合わされる。ここにおいて，この円環は，多くの円環からなる一つの円環」である。そして，ヘーゲルは，個々の諸学を「この連鎖の断片」と見ている。この「個々の諸学」という言い方は，「論理学」よりは，むしろ「体系」一般を示唆するものであるが，しかし，それもさしあたりはなお，「純粋思考」の文脈のうちにある。これに引き続いてようやくヘーゲルは，「論理学」から実在哲学へと移行する準備をする。「純粋な真理は，最後の帰結であるとともに，もうひとつ別の領域，別の学のはじまりともなる」（GW 12. 236-253）。

参考文献：Wolfgang Krohn: Die formale Logik in Hegels »Wissenschaft der Logik«. Untersuchungen zur Schlußlehre. München 1972; Gotthard Günther: Idee und Grundriß einer nicht-Aristotelischen Logik. Die Idee und ihre philosophischen Voraussetzungen [...]. Hamburg ²1978, darin Anhang: »›Materialien zur Formalisierung der dialektischen Logik und der Morphogrammatik 1973-1975‹ von Rudolf Kaehr«; Ludovicus de Vos: Hegels Wissenschaft der Logik: Die absolute Idee. Einleitung und Kommentar. Bonn 1983; Anton Friedrich Koch / Alexander Oberauer / Konrad Utz (Hg.): Der Begriff als die Wahrheit. Zum Anspruch der Hegelschen »Subjektiven Logik«. Paderborn u. a. 2003; Chong-Fuk Lau: Hegels Urteilskritik. Systematische Untersuchungen zum Grundproblem der spekulativen Logik. München 2004; Georg Sans: Die Realisierung des Begriffs. Eine Untersuchung zu Hegels Schlusslehre. Berlin 2004; Miriam Wildenauer: Epistemologie freien Denkens. Die logische Idee in Hegels Philosophie des endlichen Geistes. Hamburg 2004 (HSB 47); Andreas Arndt / Christian Iber / Günter Kruck (Hg.): Hegels Lehre vom Begriff, Urteil und Schluss. Berlin 2006.

6.2.8. 実在哲学への移行

(1)「論理学」の始まりの場合と同様に，その「実在哲学」への，狭い意味では自然哲学への移行の箇所も，つねに，論理学のとりわけ問題的な箇所の一つと見なされてきた。とはいえ，そこでの問題は，いかにして論理学に入って行けるか，ではなく，いかにして再びそこから，すなわち「ただ神的概念のみを論じる学」から出て来られるか，なのである。この問題は，無限なものから有限なものへの移行の問題として，この時代を通じて繰り返し論じられた

のだが，それは，ヤコービがレッシングとの対話について，次のような報告をして以来である。「すなわち，レッシングは，無限なものから有限なものへの移行をことごとく退け，一時的な原因，副次的な原因，もしくは遠隔の原因といった，そうした原因はすべて拒否した。そして，彼は，もっぱら内在的な無限の神（Ensoph）を，放射する神の代わりに，据えた。これは，それ自身のうちで永遠に変わることのない，内在する世界原因である。それは，そのすべての帰結と一まとまりになった一個同一のものであるということができるだろう」（JWA 1. 18）。ヘーゲルの体系観からすれば——シェリングがかつてはっきりとそう書いているように（SW I/6. 38），そして後にヘーゲルを批判しているように——「飛躍」あるいは「絶対性からの完全な断絶」あるいは「絶対者からの離反」といったことは要求されない。ヘーゲルが要求するのは，純粋な思考の領域と，自然と精神におけるこの思考の現実との，それどころか，この現実におけるこの思考の「実在化」との，体系的な連関であり，媒介である。ヘーゲルは，この移行を，まず次のように理念を規定することによって，概念的に把握しようとする。すなわち，理念は，「自らを純粋概念とその実在性との絶対的な統一として措定し，それによって，自らを統括し，存在の直接性となる」。理念は，こうした総体として「自然」である，と。しかし，彼はこの移行を，例えば主観性から客観性への移行とは区別する必要性に迫られる。これは，形式的な観点から考慮してみても，すでにもっともなことである。すなわち，実際，「論理学」は，「絶対的理念」に至ることによって，たんに終わりに到達したというだけではなく，その完成に至ったのである。したがって，この内在的な根拠に基づけば，それ以前の場合と同じように考えられうるような論理的関係が，ここで設定されるということはありえないのである——そうでなければ，論理学は，むしろ完成していないということになってしまうだろう。

それゆえ，ヘーゲルは，もう一つの別の道，つまり，二重の道を行く。まず，彼が詳論するところによれば，純粋な理念とは「むしろ，絶対的に自由になること〔解放〕であって，それに対してはもはやいかなる直接的な規定もなければ，同様にまた，そ

れはいかなる措定されたものでもない。それは，概念なのである。したがって，このような自由においては，いかなる移行も生じない。理念は自らを単純な存在へと規定するのだが，その単純な存在は，理念にとって完全に透明であり続ける。それは，その規定において自己自身のもとにとどまる概念なのである」。このような「絶対的な解放」に関する言表は，その文脈から十分に理解されうる。つまり，「論理学」の終わりにおいては，「絶対的な理念」に至ることによって，それに対しては，もはやいかなる直接的な規定もありえないという，そういう思考が達せられている。というのも，「純粋な思考の王国」の一切は，まさにこの理念の前進的展開に他ならないからである。その限りで，理念はこの王国において「自由」であり，あらゆる対立とあらゆる直接性から解放されている。——そしてこのことは，「論理学」の内部で，「絶対的な理念」と「存在」とのあいだに見出される関係においてもまた明らかになる。すなわち，「理念が自らをそれへと規定する単純な存在は，理念にとって完全に透明であり続ける。それは，その規定において自己自身のもとにとどまる概念なのである」。

この論理学-内在的な関係とは区別して，ヘーゲルは，第2の歩みとして，「空間と時間の外面性」への移行の問題に取り組む。そして，彼の見通しでは，概念は「精神の学においては，自らの解放を自分自身で完遂する」のであるが，この見通しにおいてはまた，論理的な理念が直接性とのあいだに引き起こす，もう一つ別の新たな紛糾が，前提される。すなわち，理念が概念の「他者」，すなわち自然に関係するさいの紛糾である。ここで彼が語っているのは，「理念が自己自身を自由に解き放つ」ということについて，また，それどころか，「自らを外面的な理念として規定しようという，純粋理念の行う次の〔すなわち，第2の〕決断」についてである。こうした説明は，多くの疑問を惹起する。とりわけ，「解放」とか「自由」とかは，ここにおいて何を意味しうるのか，という疑問である。——というのも，ここで自由意志の振る舞いが語られるということは，ありえないからである。彼の返答は，精神哲学的な連想を呼び起こすだけではなく，神学的な連想をも呼び起こす。というのも，そこには，そのような自

由な「決断」を下すと見なしうるような神的な主体が仕込まれているようにも見えるからである。しかし，ここでの問題は，自由意志ではありえないし，また同様に，そのような神的な主体でもありえない。たしかに，ヘーゲルは，まさしく神的な主体の自由な決断といったことを主張していたかのようにも見える。もしわれわれが，しばしば引用されてきた，そして今でもなおますます頻繁に引用される彼の文言に接して，ヘーゲルは，彼の「論理学」とは，世界創造以前の神の思考の叙述であると称したのだ，と信じて疑わないのであれば，たしかにそう見える。そしてその場合には，もはや，自由な意志の振る舞いをなしうる候補を長々と捜し求める必要はないであろう。しかし，このような，すでにほとんど独断的と言ってよいほどの主張は，無頓着かつ大胆に原文を無視するものである。すなわち，それは，ヘーゲルに対して，彼がおよそ自らの「論理学」の基礎とはしていない，新プラトン的な，後にキリスト教化された思考様式を擦り付けるものである。むしろ，彼は書いている。「純粋理性の体系としての，純粋な思考の王国としての」「論理学」は，「覆い隠すベールなしに，即（かつ）対自的にあるとおりの真理そのものである。だからこそ，論理学の内容は，自然および有限な精神の創造に先立って，その永遠の本質のうちに存しているという，そのような神の叙述である，と言ってみることもできるのである」(GW 11. 21), と。したがってまた，「言ってみることもできる」という控えめな言い方を無視するならば，ヘーゲルの言おうとすることは，明らかである。すなわち，「論理学」は，その前提となる神的主体の思考の叙述なのではなく，いわばこの神的なものそのものの叙述——すなわち，自然および有限な精神に先立ってある真の現実性の叙述なのだ，ということである。それゆえ，彼は，『エンツュクロペディー』（第1版§17）において，その体系の終わりから見て，論理学に「思弁的神学という意味」の存することを認めている——これはたしかに，後の両版においてはこのようには繰り返されることのない言表ではある。しかし，にもかかわらず，それは，宗教哲学の立場からも認められうる（本書571頁参照）ように，依然有効なのである。思考を帰することができる，前提としての神的な主体などというものは，ヘーゲルにとっては，たんなる宗教的な表象であるにすぎないだろう——しかも，それは概念的思考を促進するどころか，阻害する表象なのである（本書247頁参照）。

(2) それにしても，ここでの移行は，「自由な解き放ち」といわれるにせよ，「決断」といわれるにせよ，あるいは，それどころか「離反」であるとされるにせよ——これらの言い回しにぬぐいがたく伴っている比喩的性格は，およそ度外視するとして——はたしてこのいずれかによって適切に思考されているのだろうか，という疑念は残されたままである。だが，体系を要求するにさいして決定的であるのは，これらの漠然とした言い回しではない。これらの表現は，論理学から自然哲学への移行過程を洞察するものであると自称するが，しかし，実際はむしろ，解決を示すというよりは窮状をあらわにするものであるにすぎない。決定的であるのは，むしろ，はたして自然的および精神的な現実のうちに「概念」が見出されうるかどうか，ということである。「論理学」において，ヘーゲルはこの現実と概念との関係をあらかじめ見通しており，また，それを根拠づけの関係であると考えている。すなわち，論理学は，たしかに「絶対的形式の学」ではあるが，しかし，「存在，本質，概念という純粋な諸規定は［…］，精神の諸形式の基礎をなし，また，その内的な単純な骨組みをなす」。論理的形式は，この根拠づけの性格ゆえに，「概念」の非精神的-自然的形態およびその「精神的形態」から独立しているが，しかし，それ自身，この実在哲学の二領域の基礎なのである（GW 12. 20）。したがって，ヘーゲルは，また同様に次のように表現することもできる。自然および精神を論じる具体的な諸学は，「かつて論理的なものもしくは概念を，自らの先駆的範例的な形成者としていたが，今でもなおそれを，自らの内的な形成者とし，保持し続けている」(GW 12. 25), と。だが，概念と実在哲学とがこのような関係にあることは，すでに『大論理学』の叙述からして明らかであるということはないし，いわんや，『大論理学』がその最終節でこの関係を示唆しようと試みるさいの謎のような表現から，このことが明らかになるなどということはおよそない。そのような根拠づけの関係が現にあるということを確証するというこ

と，そこにこそむしろ初めて，自然哲学と精神哲学の体系的課題がある。——そして体系連関が，崩れることなく保持されるのは，もっぱら，この課題が解決されることによってなのであって，この保持がすでに，『大論理学』の最終部の比喩表現によってなされるというわけではない。そして，『哲学的諸学のエンツュクロペディー要綱』において，ヘーゲルが，こうした体系連関を初めて全体的に叙述し，公にするのは，このわずか一年後のことである。

参考文献：Karl-Heinz Volkmann-Schluck: Die Entäußerung der Idee zur Natur. HSB 1 (1964), 37-44; Hermann Braun: Zur Interpretation der Hegelschen Wendung: frei entlassen. In: Hegel. L'Esprit Objectif. L'Unité de l'Histoire. Actes du IIIeme Congres International de l'Association Internationale pour l'Étude de la Philosophie de Hegel. Lille 1968, 51-64; Henrich: Hegels Theorie über den Zufall, 164f.; L. Bruno Puntel: Darstellung, Methode und Struktur. Untersuchungen zur Einheit der systematischen Philosophie G. W. F. Hegels. HSB 10 (1973); Dieter Wandschneider / Vittorio Hösle: Die Entäußerung der Idee zur Natur und ihre zeitliche Entfaltung als Geist bei Hegel. HS 18 (1983), 173-199; Brigitte Falkenburg: Die Form der Materie. Zur Metaphysik der Natur bei Kant und Hegel. Frankfurt am Main 1987; Stefan Büttner: Natur als sich fremde Vernunft. Studien zu Hegels Naturphilosophie. Diss. phil. München 1991, Darmstadt 1993, 44-46; Marco Bormann: Der Begriff der Natur. Eine Untersuchung zu Hegels Naturbegriff und dessen Rezeption. Herbolzheim 2000, 30-60.

7

ハイデルベルク時代の著作（1817-18年）

7.1. 『ハイデルベルク学芸年報』から

7.1.1. 『ヤコービ書評』

(1) ヘーゲルがハイデルベルクにおいて最初の著作を公刊するのは，1817年の初め，それゆえ彼の着任後わずか三か月後のことであり，その著作とは，1816年夏に出版されていた，まだヤコービの自己編纂版であった彼の『著作集』第3巻に対する書評である。この書評は，『ハイデルベルク年報』の1817年第1号および第2号に掲載されており，当時ヘーゲルはその年報の編集者でもあった。

ヘーゲルは，1802年に『信仰と知』（本書194頁以下参照）においてヤコービを考察し論争を仕掛けているが，この論争は，口調においても，事柄においても，行き過ぎた相応しくないものであった。この論争を背景にしてみて驚かされることは，今回のヘーゲルの書評においては——もちろん，ここでもまた，ヘーゲルは個々の点では批判を切り詰めることはおよそないにしても——総じてヤコービを大変高く評価しているということである。この急変は，ヤコービの思考が変化したことによるなどということでは，およそない。いずれにしても，論評されている第3巻に公表された諸作品は，そのほとんどがすでに『信仰と知』以前の初期の時代に属するものであり——たとえば，「ヤコービのフィヒテ宛書簡」など——また，後に書かれたものでも——たとえば，著作『神的な事物とその啓示について』のように——その着想は初期のものと異なってはいないのである。

しかし，そのあいだに出版されたヘーゲルの諸著作にしても，まだヤコービに対する新しい立場を予感させるものはない。たしかに『精神現象学』においては，ヤコービが何度も登場する（Falke 1996）のであるが，しかし，こうしたほのめかしからして，すでにヘーゲルの判断に原理的な変化が認められる，ということはない。『大論理学』においては，ヘーゲルがヤコービを引き合いに出すということは，ほとんどない。これがなされるのは，ようやく——すでにそれ以前に，ヤコービのカント批判がそのためのきっかけを何度も与えていたにもかかわらず——1816年に出版された「概念の論理学」（GW 12.229）においてである。そして，ようやく『大論理学』の第1編「存在論」の新改訂版（1832年）が，ヤコービの死後だいぶ経ってからではあるが，その哲学の要点にいっそう詳細に立ち入る（GW 21. 82-85）。しかも，明らかに今回の書評によってあらかじめ描かれた線に沿って。

(2) ヘーゲルのヤコービに対する判断は，この数年の間に，おそらくニートハンマーの仲介によって，そして彼に薦められて個人的な面識を得たことで，初めて変化したのであろう（本書55-58頁）。ヘーゲルは，『信仰と知』においてはシェリングの方を高く評価しようと努めるあまり，ヤコービに対しては粗雑な論争的な口調となった。しかしいまや，1785年から1815年までの30年間，ヤコービが哲学の領野で果たした中心的であり，かつ独特でもある役割を，哲学的にも，また歴史的にも，より公正に見る見方が，かの口調に取って代わったのである。

実際ヘーゲルは，啓蒙期の終わりに，ヤコービの『スピノザ書簡』(1785年，JWA 1)によって決定的な衝撃を受けた世代の哲学者の一人である。この本の及ぼした影響は，レッシングはスピノザ主義者であったのか，という皮相に論じられるだけであった問いによるものではない。——というのも，これはおよそ哲学的な問いではないからである。それは，伝記的-歴史的な関心をひく程度のものであり，ほとんどそれ以上のものではない。しかも，この関心も実質満たされはしない。この〔M. メンデルスゾーンとの〕やりとりを証拠立てるものとしては，唯一，このヤコービの報告があるだけだからである。この本の及ぼした影響は，むしろ，ヤコービが，その中で長く後にまで印象づけた，次のような評価によっている。すなわち，スピノザの哲学は，唯一の首尾一貫した哲学である。しかし，それは首尾一貫した悟性的哲学である限り，不可避的に汎神論に，ひいては無神論に流れ着くことになり，したがって，その種のすべての悟性的哲学とは，決別されてしかるべきである，と。このテーゼによって，ヤコービは「スピノザ論争」もしくは「汎神論論争」を引き起こした。そしてこの論争は——彼の意図に反して——スピノザ受容の波を引き寄せたのであった。ここに挙げられるのは，ヘルダー，フィヒテ，ヘルダーリン，シェリング，そしてシュライエルマッハー，またさらには，ゲーテといった名前である。このような受容の結果，ヘーゲルの友人，ハインリッヒ・エバーハルト・ゴットロープ・パウルスが，スピノザの著作集の新版を刊行し，ヘーゲルもそれに協力したのである（本書37頁参照）。

(3) 汎神論論争からわずか十余年ののち，新たな論争，無神論論争が同時代の人々を大いに刺激した。その過程で，フィヒテがイェーナ大学の教授職を失った（1798/99年）。この論争は，たしかに，ヤコービが引き起こしたものではないが，しかし，彼はそれに巻き込まれた。そして，ヤコービは，当初フィヒテ擁護を目論んだものの，かえってその攻撃を強める結果となった『ヤコービのフィヒテ宛書簡』によって，この論争と汎神論論争との内的な結びつきを明らかにした。それによれば，フィヒテの超越論的哲学は，「裏返しのスピノザ主義」であり，その哲学に当てはまることは，それ以前に，スピノザの実体哲学にも当てはまることに他ならない。つまり，それは首尾一貫した哲学である限り，神の思想を思考することはできない，ということである。——そしてさらに十余年ののち，ヤコービは，有神論の正当な理解をめぐって，シェリングと激しい論争を行った。すなわち，「神的な事物をめぐる論争」あるいは「有神論論争」である。目下ヘーゲルの論評の対象となっている巻には，ヤコービの詳細なカント批判（「理性を悟性化する批判主義の企てについて」1802年）が，汎神論論争についての彼の著作（『ヤコービのフィヒテ宛書簡』1799年），および，有神論論争についての著作（『リヒテンベルクの予言について』1802年，『神的な事物とその啓示について』1811年）とともに一つにまとめられて，納められている。

(4) これら四つの作品を論評するに先だって，ヘーゲルは，ヤコービが彼の時代の哲学に果たした意義に対して，次のような賛辞を贈っている。啓蒙期の終わりに，形而上学が，「禿げ頭の生き残りたち」のもとで，「疲れ果てた余生を，みすぼらしく送っている」ところへ，ヤコービが登場し，「抜きん出た優越性」を発揮した。彼は，生き残りたちに対して，絶対者の「最高の直観」を提示し，しかも，それをたんに感情や表象においてだけではなく，思想において示してみせた。というのも，彼は，スピノザとともに「最高の直観が，思考の最終的な真なる帰結であるということ，首尾一貫して哲学すると，どれも必ずスピノザ主義に行き着くということ」を認識していたからである。——すなわち，その行き着く先は，否定の否定としての絶対的実体の概念なのであり，この否定においては，有限なものは否定的なものであるとされ，それゆえに，否定されるのである。ちなみに，この回顧の中でヘーゲルは，ヤコービのスピノザについての研究報告（JWA 1. 22, 100）に依拠しながら，「すべての規定は否定である（omnis determinatio est negatio）」という，完全に定式化された表現を初めて刻印している。しかし，ヘーゲルはここで，ヤコービには何よりも次のようなさらに前進的な洞察のあることを認めている。すなわち，にもかかわらず，真なるものは，スピノザの絶対的実体という形で把握することはできない。なぜなら，真なるものは，絶対的実体という形をと

る限り,「まだ絶対的精神として捉えられてはいない」からである, と。ヤコービは,「絶対的実体から絶対的精神へのこの移行を, 彼の最も奥深い内面において行ったのであり, 抗いがたい次のような確信の感情とともに宣言したのである。すなわち, 神は精神であり, 絶対者は自由にして人格的である, と」。このような評価のうちによく示されていることは, ヤコービが, ヘーゲルに, 実体から主体へという彼独自の思考の道筋を表すスローガンを給付した思想家である, ということである。とりわけまたここでヘーゲルは,――彼の思考において, それこそまさにいきなり, 無媒介に登場する――「精神」という言葉を, ヤコービに由来するものとしているのである (GW 15. 7-13)。

しかし, そのように評価しつつも, いまなおヘーゲルは, ヤコービの「絶対的精神の意識は, 直接的な, たんに実体的な知の形式に」, つまり, 反省的意識の形式に, 固執するものだと見ている。それによれば, ヤコービは, いわば, ただスピノザを超えて――ただ, その実体概念を超えて――一歩進んだだけであって, 同時にまた, やはりその実体性を補完するものでしかない直接性を超えて, さらにもう一歩, 精神に相応しい知の運動にまで歩みを進めることはない。したがって, ヤコービの思考にとっては, 精神および理性の概念が, 本来それにそなわっているはずの有機的に働く機能を獲得していない。すなわち, 彼は, 前もって「悟性による水の洗礼」を受けていた認識を, 今度は理性と精神によって洗礼することを, 怠っているのである。とはいえ, このような留保つきではありながらも, ヘーゲルはヤコービに, その時代の思考を開く鍵であるとの位置づけを与えている。「かつての形而上学に対して, その内容に関してだけでなく, とりわけ, その認識の方法に関して, 一旦終止符を打ち, それとともに論理的なるものに関するそれまでとはまったく違った見解の必然性を基礎づけたこと」, これは, ヤコービとカントの「共同作業」であった。「ヤコービは, こうして [...] 哲学一般の歴史において, ゆるぎない一時代を築いたのである」(GW 15. 11-13, 24-29)。

(5) 批評の対象である第3巻の四つの論文について, ヘーゲルは, 次のように言っている。それらは「十分すぎるほど一般に知られているが, しかし, それが出版された当時の情熱は, もう消え去ってしまったと見ていい」。――それゆえ, 考察も「本質的なものに限る」ということでいいだろう, と。――ヤコービの論文「理性を悟性化する批判主義の企てについて」(1802年, JWA 2. 259-330) は, ヘーゲルによれば, カント哲学を「真正な仕方で, すなわち, 弁証法的に, 取り扱った」ものと認められる。ヘーゲルは, ヤコービとともに, アプリオリな総合判断の可能性についてのカントの問いが, それ自体なおもカントの時代の形而上学の思考様式によって, つまり, 抽象的同一性の支配によって, 制限されてしまっている, との評価を下すのである。とはいえ, ヘーゲルは, ヤコービに反して, そのような抽象的なものが空虚であることの立証が, たんに外的反省の手でなされてはならないのであり, その「内在的な否定性」が「客観的弁証法」を通して立証されるのでなければならない, と主張する。そして, 彼はとりわけ, ヤコービが『純粋理性批判』の「無限の功績」を取り上げなかったことに異を唱える。すなわち, 『純粋理性批判』においては,「精神の自由が, 理論的な観点においても, 原理として」, つまり, 超越論的統覚の概念のうちにある自己規定の原理として,「認識されていた」のに, その功績を, ヤコービは取り上げなかったというのである。これに対して, ヘーゲルはまた再び, カントの「散文的な語りぐせ」に対するヤコービの批判を取り上げる。それは, ヤコービを, 彼の「友人たち」の企てに対して不利な証言をする共犯証人として呼び出すためである。というのも, 彼の友人たちは,「批判哲学の改革」の道を見出したと信じたからである。すなわち, 彼らは, 認識する精神の認識が, 人間学の扱う事柄となりうるということ――かの精神の認識は, 意識において目の当たりにされるはずの諸事実を単純に散文的に語ったものとなしうるということ――この点に, 改革の道があると信じたのである。――ちなみに, ヤコービは, こうした考えのもとで, ヤコブ・フリードリッヒ・フリースの「理性の新批判」(1807年) といまいちど論争を行っている。

『ヤコービのフィヒテ宛書簡』(1799年, JWA 2. 187-258) を, ヘーゲルは, 無神論論争 (1798/99年) という元来の視点のもとで見るのではなく, カ

ント-フィヒテ的な「理性の道徳原理」（本来はたんなる悟性の原理）に対するヤコービの批判という視点で見ている。この抽象的な理性に対して，「具体的な理性，よく知られた名前では，心 Herz」を対置すること，このことを，ヘーゲルは，ヤコービの当然の権利として支持している。その折に，引き合いに出されるのは，魂の非論理的な面を，ソクラテス的道徳によって廃棄するということに対するアリストテレスの批判である。――とはいえ，彼はまたヤコービを批判する。というのも，ヤコービは，「ここで心を，それ自体として善きもの，それ自体として真なるものと対立させている」からである。ここでもまた，ヘーゲルは，先に（本書199-200頁参照）すでに引用した「すばらしい箇所」を指示する。そこでヤコービは，カント-フィヒテ的な理性法則，純粋な「何も意志しない意志」に対して，自己意識の「絶対性」と「神的本性」を対置しているのである。だが，ここでもまた，ヘーゲルは，ヤコービが「人格の尊厳という無規定的な面」に訴え，それによって，やはりまったく同様に「何も意志しない絶対的な意志」を語りだしている，と主張する。――この「絶対的な意志」とは，倫理的な諸規定を取り除くだけで，それら諸規定に「積極的な有効性」を認めることのない，無規定的で一般的なものなのである。しかし，ヘーゲルによれば，哲学とは，「倫理的諸規定とそれらの有効性が，こうして必然的であるということを明らかにするとともに，それらを根拠づけ，まさにそれゆえにそれらに勝る権威と尊厳をもつ，より高次のものを提示する」ものでなければならないのである（GW 15. 18-22）。

　著作『神的な事物とその啓示について』（1811年，JWA 3）の前には，ヤコービが，それに先立つ彼の論文『リヒテンベルクの予言について』（1802年）を収録したのだが，ヘーゲルは，この『神的な事物とその啓示について』もまた，ヤコービとシェリングとの間の「有神論論争」という，この著作本来の脈絡のもとで読み取る。すなわち，この著作は「それが最初に出版されて以来，いまだに強く読者の記憶にあるので，あまり長くそれに関わるのは，得策ではないだろう」，と。――だが，それ以上に，おそらく別の理由から，こうも言われる。「この著作に関するさまざまな討議の中で表面化したさまざまな誤解を解こうとするのは，実りのないむなしい努力であろう」，と。このような外交辞令的な発言によって，ヘーゲルは，有神論論争に遅ればせに介入するという面倒な課題に片を付ける。――というのも，彼は，個人的にはたしかにヤコービに傾いてはいるが，しかし，とりわけ，哲学的にはこの論争においてシェリングの側に立つ，あるいは，ここでは名指しはされないが明確に述べられているように，「自然哲学」の側に立つからである。こうして彼は，シェリングの「自然哲学」への理解を求める。すなわち，この哲学は，一方では「学的な形式」をいまだ見出してはいないし，他方ではその叙述のいずれにおいてもその内容を汲みつくしてはいない。したがって，それは，「論争にさいして攻撃する側にさまざまな有利な面」を提供している，というのである。ヤコービの「積極的な諸理念」については，ヘーゲルは，「断言であるという」，幸運な思いつきであり含蓄に富んだ作り事であるという以上の価値を，認めない。そして彼は，ヤコービの「精神豊かなもの〔諸理念〕の曙光」を，啓蒙に相対するものとして大いに歓迎するのであるが，同時にまたその曙光は，彼には――その間にも明るく輝く「理性の光」に比べると――まったくのところ「暗がり」とも映るのである。しかし，ヘーゲルは，彼の書評がこのような不調和のままで終わるのを避けるために，最後に再び立ち返って，ヤコービの一般的な重要性を特徴づけるのである（GW 15. 22-29）。

　（6）ヘーゲルの書評は，多くの賛同を得た。――たとえば，ターデンによって。ターデンは，1818年4月26日に，ヘーゲルに宛てて次のように書いている。この書評は，「良質の問題に並々ならぬ尽力をなしたものであります。――そして，まったくもって，あなたはこの称賛を受けて大いに当然なのです。なんと穏やかにその弱点に触れていることでしょう。なんと万事好意的に，首尾よく収まっていることでしょう」。もちろん，ヤコービは，この書評を異論なしに受け入れたわけではないが，それは彼自身をも喜ばせた。このことは，彼の何通かの書簡や，ヘーゲルのニートハンマー宛の書簡（1817年4月19日付）によっても，また，ヘーゲルとヤコービとの変わることのない親密な間柄によっても，裏づけられる。たとえば，1817年5月30日付のヨハン・ニープ

宛の書簡の中で，ヤコービは，非常に的確に自分とヘーゲルとの違いを，こう述べている。すなわち，ヘーゲルにとっても，スピノザ主義が，思考の最終的な，真の帰結である。にもかかわらずヘーゲルは，思想の道を辿って，この帰結を超え，自由の体系へと至る。それに対して，私，ヤコービは，たった一回のジャンプで，そこに行き着くのである，と。また，こうも言う。ヘーゲルが「おそらく正しいであろう。思考の力だけで何ができるのかについて，そのすべてを，私は彼とともに喜んで，もう一度徹底的に調べてみたい。もしもそのためにこの老人の頭があまりにも衰えてしまっている，ということではないのであれば」(HBZ 142f.)，と。そしてジャン・パウルもまた，ヤコービに対するヘーゲルのこの新しい立場が，間違いのないものであると認めている。つまり，彼は，1817年9月3日に，ヤコービにこう書いている。「ヘーゲルは，君にずっと近づいてきたよ，ただ一点，意志に関する点を差し引けばね」(HBZ 156)，と。

初出：Heidelbergische Jahrbücher der Litteratur. 10. Jahrgang, 1. Hälfte. 1817.
テキスト：GW 15. 7-29; BSchr 8-40.
参考文献：Gustav-H. H. Falke: Begriffne Geschichte. Das historische Substrat und die systematische Anordnung der Bewußtseinsgestalten in Hegels Phänomenologie des Geistes. Interpretation und Kommentar. Berlin 1996; Birgit Sandkaulen: Grund und Ursache. Die Vernunftkritik Jacobis. München 2000, 51, 55, 75, 238; Christoph Halbig: Objektives Denken. Erkenntnistheorie und Philosophy of Mind in Hegels System. Stuttgart-Bad Cannstatt 2002, 279-324.

7.1.2. ヴュルテンベルク王国の領邦議会における諸討論

(1) 以上のような『ヤコービ書評』の穏便な傾向とは対照的に，『ハイデルベルク年報』に発表された，ヘーゲルの第2の，とはいえ匿名の論文は，論争的で突きかかるような傾向の語り口である。それは，いわゆる『第二ヴュルテンベルク論文』あるいは『領邦議会論文』，すなわち，「ヴュルテンベルク王国の領邦議会における諸討論」についてのヘーゲルの批評である。この著作は，形式上は，公表された1815年と1816年の討論記録についての批評であるが，実質的には，このうえなく広範囲で，影響力も絶大な，ヘーゲルの政治パンフレットである。

ヘーゲルが以前からヴュルテンベルク王国に目を向けて政治参加し（本書130-133頁参照），何年にもわたって手紙をしたためていたということから，彼がこの地の政治情勢に，継続的に，しかもたいていは非常に論争的に関与していたということが，裏づけられる。『ハイデルベルク年報』の編集者として彼が，同僚の編集者たちとともに行ったことは，長年の友人，H.E.G. パウルスが領邦議会の視点から作成した，国王とヴァンゲンハイム内閣に対する批判的な対決文を，周囲の諸事情からまずは拒絶する，ということであった。1817年4月19日，ヘーゲルは，ニートハンマー宛にこう書いている。パウルスは，「領邦議会の神様です」。彼はヴァンゲンハイム内閣に対して，「人格については意地悪く書かれ，事柄については極端に通俗化された，並みの人間の理解力にぴったりの」批判をしました。そして，そのために彼は，私とともに「編集者として，簡単なメモ書きを受け取ることと」なりました，と。このことと，おそらくまた総じて，ナポレオン時代後に突然生じた彼らの政治的対立とが，二人のあいだに癒しがたい断絶を招くことになったのである。

(2) 国王と領邦議会との軋轢は，国王が1815年に――いまや，それ以前の公国に比べれば領地が飛躍的に拡大した独立国家の支配者として――公布した憲法をめぐって引き起こされる。その間，国王によって招集された議会は，国王を革命以前の時代の「古き法（権利）」，あるいは，それどころか「古き良き法（権利）」に縛りつけようとしていたのである。この争いにおいて，ヘーゲルは，ほとんど無条件に，国王の側につくが――それは，憲法を考慮してのことであるとともに，歴史的な経験に基づいてのことである。すなわち，フランス革命以降の政治的な大変動の中で，「ドイツ帝国」とよばれた，より的確には，「無政府状態の樹立」とよばれた「無意味な制度」もまた，「とうとう，その当然の［…］不名誉な終局を迎え」(GW 15. 31, 100ff. 参照)，ヴュルテンベルクは，帝国の一封士から独立王国へと昇格した。こうした大変動によって憲法の基盤が非常に急激に変化した，と彼の目には映る。したがっ

て，また，「古き法（権利）」を盾に取るということは，ちょうど，沈んでしまった自分の船に対して，船主が法（権利）の申し立てをすることに等しいのだ，とも。それゆえ，ヘーゲルは，国王の憲法を，寛大な意思表示であるとして，歓迎している。すなわち，ナポレオン時代以来，王国の基盤をなしてきた「権力」（絶対主義的な，しかもほとんど啓蒙されてない権力）が，いまやこの憲法に基づき，国民の代表機関の「意思」を通して補完されるのである。これに対して，領邦議会議員たちは，革命以前の彼らの「古き法（権利）」に依拠しているので，ヘーゲルは，当時フランス人の帰国者たちに向けて声高に言われた非難をそのまま議員たちに向けたのである。「彼らは何も忘れず，何も学ばず」，この教訓に豊んだ25年間を「眠って過ごしていた」（GW 15. 61f.），と。

このように領邦議会議員を帰国者に喩えるということのうちにはすでに，ヘーゲルが議会を鋭く批判するさいの背景となっている彼の経験が，暗に示されている。すなわち，議員たちが要求する「古き良き法（権利）」とは，結局のところ，いわば「小市民的な貴族階級」の特権なのであり，かつてそれが勝手気ままに利用しつくされたことによって，住民の困窮が招かれたのである。「古き法（権利）」の「呪文」（GW 15. 80）を楯に取る見せ掛けが横行するなかで，重要なのは——マルクスの言うように——ヘーゲルの見るところ，もっぱら「昨日の卑劣」（MEW 1. 380）を，今日と明日の法的な状態として，新たに，将来のヴュルテンベルク憲法に書き記すことなのである。ヘーゲルはまた，いうところの「古き法（権利）」の支配を，こう特徴づけてもいる。すなわち，それは，たんに「私的利害という泥沼と化した」状態であり，またそれどころか，「知性が泥沼化し」，領邦が，とりわけ「書記たち」の層によって，「私的に略奪」された，そういう状態であるにすぎない（GW 15. 48, 57, 97），と。

（3）『領邦議会論文』では，多くの箇所，とりわけ「書記たちの駄文のくだらなさ」の批判の箇所で，強い地方色が出ている。しかし，この論文においても別の箇所では，ヘーゲルの政治哲学のさまざまな基本的な特徴が現れている。ヘーゲルは，政治的な悲惨さの原因を，すでに『ドイツ憲法論』（本書155頁参照）において，また後には『法哲学』において，そうであるように，国法を私法に貶めたことにあると見ている。「私的所有の管理から国法による管理への移行は，当時導入されたもっとも重要な移行の一つである。」（GW 15. 42）それゆえ，ここでもまたヘーゲルは，王と議会，あるいは領主と臣下の関係を，契約法に基づくとする解釈を論駁するのである。すなわち，彼によれば，たしかに契約思想は「統治機関と諸侯が神的権威に基づいているという，思想を欠いた，理性的であるとは見なされない考えに代わって登場」（GW 15. 60）した——とはいえ，それは，一方で「有機的秩序」の原理に反しており，また他方で，的を外した誤ったものなのである。なぜなら，それは「執政官」，もしくは，紛争事例を裁く国家権力を要求するからである。すなわち，こうした権力は，その役割ゆえに，それはそれで契約法に基づいて根拠づけることはできないのである。ヘーゲルの法哲学の，もう一つの変わらぬ特徴は，国王によって企図された選挙方式に対する批判にある。詳しくはそれは，まさに国家公務員を有権者から除外するとともに，選挙権を終身年金と結びつけるということへの批判である。ヘーゲルは，この最後に挙げた規程のうちに，また，代表機関という思想に関する特殊な把握の仕方のうちに，つまり，選挙人を「孤立した原子」として単独化するということのうちに，次のことを見ている。すなわち，王国の憲法草案が，まさしく「たんなる数と財産量とから成るフランス的抽象物」にとらわれているということである（GW 15. 37ff., 44）。

（4）選挙方式や代表機関の形態について，このように批判するさいには，ヘーゲルは，国王の腹案から離反している。しかし，一般的には，彼は，その腹案に賛同している。その腹案とは，それが把握され表現された当初のものではあるが，実はそれ以上に，議会との討論において内閣によってすでに修正されているものである。国王への彼のこの断固たる加担は，この彼の著作が別刷りとなって流布するというおまけが付く結果となった。また，それだけでなく，この加担によって，彼が，国王や諸官庁に有利になるように行った「およそ思弁的ではない横やりの非難」（ニートハンマー宛，1818年1月31日）の動機が問われるという事態が，引き起こされ，そ

れについては，ヘーゲルの死後，ルドルフ・ハイム の告発があったのである。彼によると，ヘーゲルは，ヴュルテンベルクという「垣根で囲われたような王国を，アジア的な雄弁な賛辞で」称賛したが——それは，結局のところ，ヴァンゲンハイム大臣を通じてテュービンゲン大学事務局長の職を手に入れるためだったというのである。しかし，すでにローゼンツヴァイクが指摘したように，ハイムは，この（今日でも広まったままの）告訴を，かなり後になってから，人目につかないような箇所で撤回した。ヘーゲルの議論は，いずれにしてもヴァンゲンハイムの政治路線にはおよそ沿うものではなかったのである（Bd. 2. 51-55）。

（5）もっとも，ヘーゲルにも分かっていたことだが，同時代人たちもまた『領邦議会論文』を受け取ったさいには，まっぷたつに割れた。ニートハンマーでさえ，1817年12月27日付の書簡において，ヘーゲルは「ひどい事案の申し立てを，才気走って」行った，と非難している。すなわち，ヘーゲルは，国王と議会との対決に，こと細かに，また，物知り顔に立ち入り，議会と内閣側との双方に等しく「理性」と非理性とがあるとしているのである。ニートハンマーから『領邦議会論文』のことを知らされたシェリングの見るところでは，こうである。すなわち，ヘーゲルは，「連邦議会を無視することによって」，連邦もしくは連邦議会を「間接的に＝0とする。——これはおそらく，人ができる最善のことであろう。つまり，領邦議会の誤謬とはそもそも，それが欲することを言ってはならないということだったのである。［…］しかし，ヘーゲルは，おそらく，〈自分が欲することを出来ない者は，自分が出来ることを欲するべきである〉ということが，ここでもまたあてはまるにちがいないと考えているのであろう」（HBZ 163），と。ヘーゲルは，この著作のこれ以後の原稿を送付するさいに，議会の討論の特殊性を示唆することで，こうした批判の勢いを削ごうとしている（ニートハンマー宛，1818年1月31日付）。

しかし，ローゼンツヴァイクは，次のように指摘している。すなわち，ヘーゲルのこの論文が出たすぐ後に，1819年に新しく選ばれた領邦議会の諸政党は，「古き法（権利）」に依拠することを早くも放棄し，ヘーゲルの論拠の多くを自らのものとした。——「リベラル派」も，それどころか，とりわけ「市民の友」も。「ヘーゲルによって主張された思想は，一つには，こうして1819年に，全面的に勝利を収めた。その思想とは，たとえば，古き法（権利）の妥当性の否認，理性の賞賛，保険組合や委員会に対する戦いなどである。これらは，また一つには，党派ごとに別々に展開されていったのである」（Bd. 2. 57-60）。

初出：Heidelbergische Jahrbücher der Litteratur. 10. Jahrgang, 2. Hälfte. 1817.
テキスト：GW 15. 30-125.
参考文献：Haym: Hegel und seine Zeit (1857), 347-356; Rosenzweig: Hegel und der Staat (1920), Bd. 2. 30-62; Hočevar: Stände und Repräsentation (1968), 183-208; P. Gehring: Um Hegels Landständeschrift. Friedrich List im Spiel? ZphF 23 (1969), 110-121; Christoph Jamme: Die Erziehung der Stände durch sich selbst. Hegels Konzeption der neuständisch-bürgerlichen Repräsentation in Heidelberg 1817/18. In: Lucas / Pöggeler (Hg.): Hegels Rechtsphilosophie im Zusammenhang der europäischen Verfassungsgeschichte. Stuttgart-Bad Cannstatt 1986, 149-173; Rolf Grawert: Der württembergische Verfassungsstreit 1815-1819. In: Jamme / Pöggeler (Hg.): »O Fürstin der Heimath! Glükliches Stutgard«. Politik, Kultur und Gesellschaft im deutschen Südwesten um 1800. Stuttgart 1988, 126-158; Dieter Wyduckel: Die Idee des Dritten Deutschland im Vormärz. Ein Beitrag zur trialistischen Verfassungskonzeption des Freiherrn von Wangenheim. Ebd. 159-183.

7.2. 哲学的諸学の エンツュクロペディー要綱

7.2.1. 成立と役割

（1）ヘーゲルは，熱望しつつも長年叶わなかった大学への復帰を果たし，その直後には，すでにイェーナにおいて（本書217頁参照）抱いていた計画を実現する。それは，彼の講義の概要である『哲学的諸学のエンツュクロペディー』の出版である。彼は，この企画をきわめて早く実現することができたのだが，それは彼が，先に見たように，1808年以来，ニ

ュルンベルクにおいて「エンツュクロペディー」の成案をしたため，すでにこの企画の準備をしてきたからである（本書291-292頁参照）。ヘーゲルは，1816年10月にハイデルベルクに着任するが，早くも夏学期初めには，最初の印刷稿を彼の聴講生に配布しており，「1817年5月には」序言に署名し，そしてその巻が，1817年6月中旬に公刊される（GW 13. 631）。こうしてみると，彼が『ハイデルベルク・エンツュクロペディー』——それは通常こう呼ばれる——を，おおむねニュルンベルクで作成し，ハイデルベルクでは1816/17年の冬学期に，もっぱら彼のエンツュクロペディー講義の枠内で，最終的な修正を行っただけだったと想定することが可能である。——というのも，とりわけ1816年末の何か月かには，彼がひどく忙しい思いをすることとなった諸講義（ニートハンマー宛，1817年12月11日）のほかにも，まだ『ヤコービ書評』の仕上げの仕事があったからである。

　(2)『エンツュクロペディー』によって，ヘーゲルは初めて，自らの構想を実現する。すなわち，「真なるものは，ただ総体としてのみ存在しうるのであって，ただ区別すること，および，真なるものの諸区別を規定することによってのみ，諸区別の必然性でありうるし，また，全体の自由でもありうる。したがって，この総体は必然的に体系である」（第1版§7）。しかし，ヘーゲルのこの書物は，このような「体系」をまったく含んではいない。それゆえヘーゲルは，この著書には，「学の体系」という，以前授業一覧や出版カタログで予告され，なおまた，『精神現象学』の冒頭には付されていた書名を，つけない。つまり，彼は，それを『哲学的諸学のエンツュクロペディー要綱』と名づけるのである。これは，ニートハンマーの『規準』（本書272-273頁参照）を通して再度彼に強く勧められた伝統的な書名を，さらに前進させたものであるとも読むことができる。しかし，とくに評価しなければならないのは，こうしたことによって，次のことが示唆されているということである。すなわち，ヘーゲルは明らかに，この著書が彼の「体系」の丁寧な叙述であると理解されることを望んではいない，ということである。「だが，学は，エンツュクロペディーである限りでは，特殊化されたうえで詳細に展開され叙述される，などということはありえず，その議論は，特殊な諸学の端緒とその基本概念に制限されざるをえないのである」（第1版§9）。

　こうした事情は，書名に加えられた「要綱 im Grundrisse」という二語によって，いっそうはっきりと表現されている。ここで問題なのは，「学の体系」——その第1部をなすのは，いまではもはや『精神現象学』ではなく，『大論理学』である——の適正な叙述ではなく，もっぱら「自らの講義に使うための」体系の「要綱」である。——これは，当時の実践的なやり方に従ったものである。すなわち，講義を教科書に基づいて行うことは，たしかに当時もはや一般的に要求されるやり方ではなかったが，それでもそれはなお通常，広く行われていた方法なのである。1816/17年の冬学期になされた，エンツュクロペディーに関する彼の最初の講義には，彼はまだ自らの書物を引き合いに出すことはできない。むしろ，おそらく講義と並行して，彼は本文を整理，編集し，最終形態へと取りまとめているのである。彼が最初に『エンツュクロペディー』に基づいて講義をするのは，1817年の夏学期のことであり，その講義とは，論理学および形而上学（V 11）に関するもの，ならびに——彼の私家本への書き込みから読み取れるように（GW 13. 311）——人間学および心理学に関するものである。また，さらに1817年/18年冬には，『エンツュクロペディー』に基づいて，スウェーデンのグスタフ王子のための私講義が行われる（GW 13. 628）。

　『エンツュクロペディー』の講義概要というこの位置づけについて，ヘーゲルはつねに非常に明確な見解表明を行っている。すなわち，〈体系〉に代わる『エンツュクロペディー』という書名は，「一つには，全体のひろがりを告知するはずであり，また一つには，口頭で行う授業のために細部は残しておくという意図を表示するはずである」（GW 13. 5），と。のちに彼は，この概要と講義からなる二重の構想を，再度いっそう簡明にこう説明している。すなわち，「エンツュクロペディーという手引き書」は，そのものだけで成り立っているのではない，と。のちの増補版をみても，その規定は変わらず，それは，「口頭の授業を通じ，必要な解説が加えられるべき講義用テキストとして用いられる」（GW 19. 5; 20.

27, 31）ものとされるのである。

したがって，『エンツュクロペディー』は，全体として，これらの諸講義を統合して成り立つ一つの構成要素なのである。――そして，これらの諸講義とは，たんに特殊な「エンツュクロペディーに関する諸講義」（本書422-423頁参照）だけでなく，彼の体系のその他の個別的な諸分野に関するものでもある。ヘーゲルが『エンツュクロペディー』に基づいて講義したのは，たしかに，彼の体系の全分野ではないが，しかし，それでもやはり，論理学，自然哲学，および（主観的）精神の哲学は，それに基づいてなされている。これらの諸分野においては，『エンツュクロペディー』を詳論することが講義の主要部分をなしており，したがってここでもまた，それぞれの分野に関する講義の脈絡の中で『エンツュクロペディー』を論じるということが，自然に行われたのである（本書424-465頁参照）。

7.2.2. 1827年版と1830年版

(1) ヘーゲルは，1817年版『エンツュクロペディー』を10年間――のちの二つの版よりもはるかに長く――彼の講義の基礎となる概要として使っている。この長い年月のあいだも，彼はそこで起案された骨組みに基づいて，休むことなく研究を進める。こうした研究の進展を証拠立てているのが，精神哲学に関する彼の私家本である。彼はその中に後のメモ用の紙片を何枚か綴じこんでもらってある。おそらく同様に『エンツュクロペディー』の他の二つの部分，すなわち，論理学と自然哲学とに関するこうした冊子もあったのであろうが，しかし，それらは保存されてはいない。それ以降の諸講義の筆記録の中にもまた，これらのメモのすべてが再発見されているわけではない。それでも，こうしたメモは，この主題全般に関する休みない研究の記録である（GW 13. 250-543）。これ以外に，『エンツュクロペディー』の題材に関する彼の研究の進展を証拠立てているものが，口述用の筆記メモ（GW 13. 581-596）と追加された草稿であるが，しかし，これらについては，おそらくその一部分がかろうじて保存されているだけである（GW 13. 545-580; 19. 419-435）。

だが，ヘーゲルのなした『エンツュクロペディー』に関するその後の研究は，たんにこのような補足的な文章に限られるわけではない。すでに1822年7月30日には，彼はデュボックに対して改訂の意思を打ち明けている。すなわち，私がもくろんだのは，「哲学を学にまで高めるように努めることです。［…］私は一つの展望を，私のエンツュクロペディーによって示そうと試みましたが，しかし，それは大いに改変する必要があります」，と。しかし，彼が改訂に取りかかるのは，第1版が1825年に絶版になった後の，ようやく1826年のことであり，その作業は1827年の初頭まで続くことになる。この改訂版は――彼のハイデルベルク時代の友人である神学者，カール・ダウプが校正の手助けをしたおかげで――おそらく1827/28年の冬学期開始直後に出版されるのである（GW 19. 462）。

この第2版は，初版と比較すると大筋では一致しているものの，まったくもって，新しい書物である。すなわち，節数が100も増加しただけでなく，文体も，細部についての考慮の仕方も，まったく異なっている。にもかかわらず，これもまた，変わることなく講義概要と解されるのであり，「学の体系」の叙述と見なされることはない。これに対して，ヘーゲルの聴講者の数が増加したために，早くも1830年には第3版が必要となるが，この版の相違点は，取るに足らないものであるように見える。実際，この第3版は，ヘーゲル全集（GW 20）には，一つの特例的な補助資料として記載されている。

(2) ローゼンクランツの判断にしたがえば，『エンツュクロペディー』の初版は，「最初の作品としての創造的な息吹を，いまもそのままに」保持している。「たしかに，後の二つの版は，個々の点の詳述において，とりわけ論争的な，そして弁明的な注釈において，はるかに詳細にはなっている。しかし，ヘーゲルの体系を，それが，はじめての出版のさいには総じて注がれる全力をまさに注ぎ，力強く世に出た，そのときのままに，その凝縮した総体を手にするためには，われわれは，つねに初版に立ち返る必要があろう。それゆえ，われわれは，それを再び出版しなければならないだろう」（R 306）。もっとも，こうした判断は，ニュルンベルクの教育課程における「エンツュクロペディー」の長い成立史を，あまりにも考慮しなさすぎている。初版もまた，い

うならば，ギリシアの女神アテナのように，完全武装で主神ゼウスの頭部からいきなり生まれ出たようなものではなく，それは，長年の発展が産んだ晩生の果実なのである。しかも，ローゼンクランツの視点はすでに，『友人の会版著作集』の枠組みで出版された第3版の新刊に，影響をうけたものと言えよう。というのも，この新刊は，「補遺」を付け加えることで，ヘーゲルの「エンツュクロペディー」の性格を後々にまで残るほどに変えてしまっているからである。この補遺は，もはや見通すことのできないやり方で，何よりもまず講義筆記録に，しかしまたヘーゲルの草稿にも基づいて，構成されているのである。このような拡張によって，実際，新しい書物ができあがった。あるいは，こう言った方がいいかもしれない。論理学，自然哲学，そして精神哲学に分かたれた三巻本ができあがったのだ，と。この変化は，特に，1842年に発行者のミシュレが，それ以前に出版された『エンツュクロペディー』の第2部に付した表題を見れば，明白となる。すなわち，その表題とは，「哲学的諸学のエンツュクロペディー要綱，第2部，に帰属する，自然哲学に関する諸講義」である。こうして，性格がまったく変化したこの著書は，にもかかわらず，現在に至るまで，ヘーゲルの著書としてヘーゲル学派にあまねく受け入れられている。その限りでは，ヘルマン・グロックナーが，「友人の会版」〔ベルリン版〕の複製版を，自ら編纂した『記念版全集』として出すさいに，この拡大版をこんりんざい，「哲学的諸学のエンツュクロペディー要綱」という書名にはせず，「哲学の体系」という，ヘーゲルの明白な意向に反する新たな書名にしたということも，当然の成り行きなのである。それは，たとえひとえに，『エンツュクロペディー』という著書の特殊な性格がこのように破壊された結果であるとしても，そうなのである。『エンツュクロペディー』（第3版，1830年）の新版が，フリートヘルム・ニコリンとオットー・ペゲラーによって1959年に刊行されるまで，『エンツュクロペディー』は，もっぱらこのような，影響作用史という点でたしかに強い影響力をもったが，しかし倒錯した形態で，受け入れられてきたのである。

7.2.3. 三つの序言

(1) ローゼンクランツがそのように書き記した，『エンツュクロペディー』の後の両版における「論争的な，そして弁明的な」口調が，もっとも鮮明に浮かび上がるのは，おそらく，初版と第2版との二つの序言を比較するさいであろう。たしかに，初版の序言においてすでに，当時の特有の諸現象に対して論争が仕掛けられている（1817年，GW 13. 5-7）。──すなわち，その諸現象とは，後期啓蒙主義の「浅薄さ」とその思考の貧しさであり，また，同様に，その敵対勢力であるロマン主義の「気ままさ」である。一時感銘を与えたロマン主義も，今では「自ら熱狂にまでのぼせ上がった狂気と見なされ」ている，という。これら息の途絶えた諸形態に抗して，ヘーゲルは，すでに「ハイデルベルク版〔初版〕序言」で，またすぐ後の「ベルリン大学就任演説」で，そうであるように，「ドイツ的真摯さ」と「若返る精神の曙光」なるものを唱える（GW 18. 1-8, 9-31）。そして，たんに「直接知」や「感情」に依拠することに対し，彼は，その感情のうちにも働いている「理性的洞察の衝動」に着目するよう喚起する。この衝動によれば，直接知の立場そのものも，なお「哲学知の結果」と解される──こうした言い方は，彼の『ヤコービ書評』そのままなのである（GW 15. 9）。

(2) それに対して，第2版序言（1827年，GW 19. 5-18）は，たんに論争と弁明にだけ多くの紙幅を割いているわけではない。加えてそれは，ほぼ一貫して「私事に関わる（mea res agitur）」という意識を露わにしている。すでに1821年5月末に，ヘーゲルは，クロイツァーに対して，次のような危惧を表明している。「われわれの時代に特有の敬虔さや，われわれの時代にも別の時代にもある悪しき意志──たとえば，周知のごとく，敬虔さの花を満開に咲かせる扇動家たち──によって例の指導者たち〔すなわち，思弁哲学を無神論に還元する者たち〕が容易に登場するに至るであろうし，かつて再び名指しされたが，今ではほとんど忘れられた無神論という標語が再び受け入れられることになろう」，と。その後ほどなく，「扇動家たちへの追及」が終わろ

うとするあいだ，疑念に充ち満ちた王政復古の雰囲気の中で，ヘーゲルは，彼に向けられた「汎神論」であるとの匿名の告発に対し，自分の身を守らなければならなくなる。その告発とは，最初は1823年で，フリードリッヒ・アウグスト・トルックによってなされたものである（第1版1823年，234頁，第2版1825年，231頁，ヘーゲル講義録全集（V）第4巻，763頁参照）。「汎神論」（あるいは，「スピノザ主義」）とは，当時，もとよりたんに神学上の誤った教義を指すばかりでなく，同時にまた，全道徳の崩壊を意味する。というのも，スピノザ主義と同一性の体系にとっては，すべてが一つであるのだから，神と人間との，また，善と悪との違いは，たんなる仮象へと引き下げられ，すべての倫理は廃棄される——したがって，市民としての地位，なかんずく，若い大学生たちの教師という地位を占めるための基礎となるものもまた，廃棄されるからである。当時もなお危険であったそのような匿名の告発に対して，ヘーゲルが取った防衛策は，スピノザ主義から距離をとることではなく，汎神論論争（1785年）がなされたにもかかわらず，当時相変わらず「死せる犬」とされていたスピノザに関して啓蒙を行うということである。彼によれば，スピノザの実体の統一性という思想においては，たしかにいかなる区別もない——しかし，それはまさに，神と人間，あるいは善と悪といった対となる語が，この思想の次元に，なおまったく属してはいないからなのである。

ヘーゲルは，それゆえ，「敬虔主義的傾向の熱狂的な代弁者」であるトルックを，三箇所の脚注で，また，第2版573節への参照を促しつつ——彼の告発にはっきりと言及することなく——こう，とがめる。すなわち，トルックは，通例のごとく悟性的な対立に巻き込まれているとか，彼は「独特の不手際や錯誤」を犯しているとか，また彼は，「汎神論の饒舌」に加わっており——さらにそのうえ，三位一体論を放棄した，内容空虚な神学を唱えているとか，と。こうした内容空虚な神学に対して，ヘーゲルは，フランツ・フォン・バーダーを引き合いに出す。というのも，当時ヘーゲルは，宗教の客観的な内容に目を向ける限り，バーダーと見解が一致していると信じているからである——とはいえ，彼は，バーダーのグノーシスという特殊形式については，同じ脈絡でそれを相対化し，拒否する。神的なるものの啓示の「いささか濁った諸形態」，すなわち，「グノーシス的，カバラ的諸幻影」に関わる代わりに，ヘーゲルは，プラトンとアリストテレスを通じて理念が獲得した形態へと立ち返ることを薦める。その形態とは，すなわち，「限りなく，何よりも尊厳のある形態」であり，（あえてスピノザにしたがえば）「真理自体と誤謬との指標（index sui et falsi）」としての真理である，という。

(3) 第2版の序言にすでに刻印されている弁明的傾向は，第3版になると，さらに一段と強まる（1830年，GW 20. 27-32）。「汎神論」であり「無神論」であるという，ヘーゲルに対する，神学的-宗教的に動機づけられた攻撃の数々，そしてますます強まるその激しさが，ここでもまた彼を強いて——彼の『答弁』（本書396頁以下参照）を補足しながらの——反撃へと向かわせるのである。この反撃の向けられる相手とは，「自分たちこそが，キリスト教精神の独占的な所有者であると断言し」，それゆえに，僭越にも「ペテロの鍵を自在に使って」，同時代の人々に「永遠の地獄行きの刑を宣告する」権利を行使する者たちである——この彼らの宣告は，ダンテの場合のように，すでに死去したものたちだけに，しかも，「神的な詩歌の霊感的な力によって」下されるのではない。こうした自ら予知した運命から逃れるために，ヘーゲルは，聖書から多くの箇所を取り集め，差し出す。——もっとも，それによっても，彼の告発者たちを得心させるとか，あるいは，少なくとも宥めるとか，ということにはならなかった。また，そのうえヘーゲルは，この断固たる「キリスト教精神」の立場に，ある点で一種の権利（正当性）をすら認めている。すなわち，この「敬虔な告発者たちの思い上がり」は，それと対立する「自由な理性の思い上がり」と対比させてみると，理解できないことはない。後者の思い上がりも，たしかに「精神の無限の権利の範疇」に属するものではあるが，——しかし，それはたんなる「否定的なものの形式主義」に凝り固まっており，「気の抜けた，生気のない合理主義的な悟性の水の抽象物」を撒き散らしてきたのである，と——こうした叙述は，明らかに，彼のかつての友人であり，1817年以来頑強な政治的論敵となった，合理主義的神学者，パウル

スへの当てこすりでもある（本書341頁以下参照）。

　しかし，ヘーゲルは，何よりもまず，哲学にとって好ましからざるこうした論争の前提と帰結について，こう診断を下す。すなわち，「人間本性の無制約的な関心」から発現する，精神の「深く，豊かな内実」は「腐り果てて」おり，敬虔で反省的な宗教心は，共同して「内容のない最高の満足」に浸っている。——そして，このためにまた，「哲学は，ひとつの偶然的で，主観的な欲求になってしまっている」，と。とはいえ，ここにもまた，ヘーゲルの思考の根本的な特徴が示されている。すなわち，彼は，このような形而上学的な内実の喪失をたんに長々と嘆いているわけではない。彼は，諦めへの誘惑に負けて，〈形而上学の終焉〉を嘆き悲しむのではなく，むしろ，それに抗して次のような新たな確信をもつに至るのである。それによれば，いまや哲学は「主観の自由な欲求の手に完全に委ねられている。哲学は是非ともなされなければならないという，いかなる強制も，主観に対して課されることはない。むしろ，かの自由な欲求こそが，それがある限りでは，どんな疑念や諫止があろうとも，許容されるのでなければならない。この欲求は，主観よりもいっそう強力な内的必然性としてのみ存するのであって，この欲求が生じると，この必然性によって，主観の精神は，休みなく駆り立てられることになる。その結果，〈この精神は打ち勝ち〉，理性の希求に品位ある享楽を授ける。こうして，この学に従事することは，宗教的権威であれ，何であれ，何らかの権威によって喚起されるのではなく，むしろ，余分なことであると，あるいは，危険な，もしくは，少なくとも怪しげな贅沢であると宣告されることによって，それは，それだけますます自由に，ただ事柄と真理への関心にだけ基づくものとなるのである」。

7.2.4. 序論の問題

(1)　こうしてヘーゲルは，この三つの「序言 Vorrede」において，自らの思考を，時代の精神ならびに精神の欠如とに関係づけて述べている。しかし，その一方で，論理学への「序論 Einleitung」と「予備概念」という二つの形態において素描されていることは，彼が，哲学一般を，また，すでに上で述べた，「エンツュクロペディー」という，哲学の特殊な提示形式を，どのように理解しているのかであり，その理解をめぐるいくつかの基本的な確定事項である。序論（1817年）においては，彼は哲学を「理性の学」として特徴づけている。——ただし，それは，たんなる主観的な理性の学なのではなく，「それ自身を全存在として意識するに至る」理性（第１版，§5）の学である。この理性は，真なるものを「総体」として，「体系」として包括する——とはいえ，この体系とは，超越論的哲学の体系のように，何らかの特殊な原則に基づくものなのではない（第１版，§8, 111, 117, 178頁参照）。

(2)　1827年および1830年の序論では，哲学をこのように「理性の学」として規定するということが繰り返されることはない。そこにおいては，いまや哲学は，（強調された意味に解される）現実の「思考する考察」として特徴づけられる（第２版，§2）。そういうものとしての哲学は，一つには宗教に，また一つには経験諸学に関係する。——しかも，ヘーゲルは，哲学が「現実および経験と一致する」ことを，外的な「真理の試金石」と呼んでいる。哲学の原理としての「熟慮」は，決して「経験」を排除するものではない——とにかくも，意識のうちにあるものすべては，経験されるのだからである。たしかに，哲学には——「自由，精神，神」といった——有限な事物の領野には属さない対象領域もある——とはいえやはり，「哲学の発展は，経験のおかげでもあろう」ということは，「正当な，根本的意味をもっている」（第２版，§12）のである。このように経験概念に強いアクセントを置く点に——また同時に，「理性の学」という合理主義的な慣用表現を放棄するとともに，そのほかの箇所では広範囲にわたり第１版と同じ言い回しがなされるという点に，——第１版に対するのちの二つの版の序論の種差（differentia specifica）がある。

(3)　第１版の序論も後の両版のそれも，もっぱら，後続の学へ向けての暫定的な解説，多弁を弄した先回り的な説明という性格をもっている。それらは，ヘーゲルが1807年の『精神現象学』に付与した，哲学の体系への学的「序論（導入 Einleitung）」という機能をもってはいない。この重要な違いについて，ヘーゲルは，またもや，それほど重要ではないわず

かの違いを見せつつ, 論理学の「予備概念」においてそのつど言及する。第1版§36でヘーゲルが述べるところによれば, イェーナにおいて彼は,「意識の学的な歴史」としての『精神現象学』を,「哲学の第1部として論じた。それが, 哲学の第1部であるというのは, それが, 学の概念を創出するものであり, したがって, 純粋な学に先行すべきものであるという意味において, である」。しかし, こうした意識もまた,「絶対的な始まり」ではなく,「哲学という円環のうちの一部をなすものである」。もし, ほかにそれに代わる導入（序論）の形式があるとするならば, それは懐疑主義であろう——とはいえ, 懐疑主義がなしえようこと,「すべてを疑うこと」は,「本来, 純粋に思考しようとする決断において, すべてを度外視する自由によってこそ成し遂げられるのである」, という。したがって, この「決断」においては, 導入問題は, 廃棄されているように見える。——ここではまた, この種の「決断」の成り立つ諸条件が話題になるということもない。

いっそう異なるのは, 第2版と第3版の§25における基礎づけである。それによると,『精神現象学』は,「直接的な意識」から出発して, その意識の進展を辿り描写しようとするものであった。しかし, それは,「たんなる意識のうわべの形式だけに」とどまることができずに,「意識の具体的な諸形態」を前提とし, それらを,「最初はたんにうわべの形式にだけ限られているように見える, 意識のかの発展のうちへと」取り込まざるをえなかった。それゆえに, 叙述は「ますます込みいった」ものになった。というのも,「具体的な叙述部分に属するものが, 一部すでに序論の中に含まれる」のだからである。ここでヘーゲルは,『精神現象学』の叙述問題を簡潔かつ適切に記述している。すなわち,『精神現象学』が学への導入を果たしうるためには, それは, 学の成果を前提としなければならないのである。

とはいえヘーゲルは, ここでこの叙述問題をたんに諦めたまま, つまり, 叙述を体系〔学〕の「立場」にまで高めることをたんに諦めたまま, 放置しているわけではない。彼がその代わりにもちだすのは, 概念へと高めるということである。まさに「概念の規定と妥当性をめぐってこそ, 当代の哲学的立場に立つ関心が引きつけられるとともに, 真理への希求や真理の認識がなされようとするのである」。この「絶対的な対象」としてヘーゲルが導入するのは,「客観的思考」という, すでに『大論理学』に由来する周知の概念である。——このことは, 逆説的に見える「厄介な」概念構築である。しかし, まさにここにこそ, この概念構築の体系上の重要さが存している。つまり, この概念構築によって, 思想は,「世界における理性」,〈客観的理性〉と見なされるのである。もとより, これはこれでまた〈主観的理性〉の対象である。また, ここにおいては, 思想とは, たんに, 現実と対比される自己意識的な思考の産出物にすぎないものと見なされるのではなく, 同時に客観的なものと捉えられるのである。

(4) 『精神現象学』は, 倫理, 政治, 宗教, および〈学〉を包括する意識の歴史を経巡り,「絶対知」の立場, それゆえ, 体系の立場にまで高まる。したがって, こうした包括的な歴史は, ここ〔エンツュクロペデーの「予備概念」〕においては,「客観性に対して思想のとる」三つの「立場」という, ——たしかに体系上中心的であるとはいえ——小規模な類型論的観点に限定される。ただ, この類型論こそが, 同時に, 客観的思考という概念へと高まるものと見なされるべきものでもある。「客観性に対して思考に与えられる三つの立場こそが, いまや考察されるべきである。それは, ここで論理学に与えられている意義および立場を解明し手に入れるための, いっそう詳細な手引きとなるはずのものである。」

7.2.5. 客観性に対する思想の諸立場

(1) 第1の立場（§§26-36）は, ヘーゲルが「とらわれのない unbefangene 手続き」として特徴づけるものである。すなわち,「それは, 自己のうちにも, また, 自己に対しても, いまだ対立の意識を伴わず, 熟慮によって真理は認識されるという信念を含みもつ」手続きである。歴史的に見ると, それは, その始まりからカントに至るまでの形而上学を包括する。ヘーゲルは, 彼の「論理学および形而上学講義」(GW 23) の中で, ギリシア哲学も, はっきりここに組み込んでいる。——そして次のコメントは, この立場と関連する。すなわち, この最初の

立場はまた「正真正銘，思弁的に哲学すること」でありうる（§27），と。このように広く捉えられた画期的な特徴づけに対して——たとえば，古代の懐疑主義や，あるいは，デカルト的懐疑などのような，「とらわれのない手続き」というキーワードに収めるには無理のある考え方を参照するよう求めて——一つ一つ異議を申し立てようとすることは，不当なことであろう。いずれにしても，ヘーゲルは，この二つの形態をも自分の図式に当てはまるものとして取り上げることができよう。というのも，彼は，古代の懐疑主義を，第一次的には感覚に突きつけられたものと見るからであり，また，デカルトの方法的懐疑は，結局のところ18世紀の批判主義以前の講壇哲学，つまり形而上学という形式を基礎づけるものなのだからである。すなわち，この形式とは，ヘーゲルがこれ以降，範例的に，ある境界線上の形態と見なすものであり，——その境界線上の形態とは，その「とらわれのない手続き」にもかかわらず，「有限な思考諸規定のうちに」，また，「いまだ解消されない対立のうちに」とどまっているという，そういう形態なのである。

一般的には，合理主義的形而上学に対する評価は低いが，それに対して，ヘーゲルは，これを次の一点で，傑出したものと見なしさえする。というのも，それは「思考規定を事物の根本規定と」見なすという点で，また，それは，「存在するものは，それが思考されることによって，それ自体として認識される」と確信しているために，「後の批判哲学よりも高く」位置づけられるという点で，である。——もとより，この地位は，彼自身の哲学を基準に査定されている。とはいえ，同時に彼は，二つの異議申し立てをしており，これによってこの優位は再び水泡に帰すことになる。すなわち，〔第1に〕それは，この思考規定を，絶対者に述語として付与するが，しかし，そのさい，その判断形式が真理を含みもっているかどうかについては探求しない。そして〔第2に〕それは，自らの諸対象——魂，世界，神——を，表象から受け取っている，というのである。この批判は，明らかに，思考するものと思考されるものとの一致という「とらわれのない」想定に向けられているのではない。そうではなく，それはもっぱら，思想の第1の立場が，その歴史的な最終形態をとるに至った合理主義的形而上学の，形式と内容に向けられているのである（§§26-36）。

(2)「客観性に関する思想の第2の立場」という標題の下で，ヘーゲルは，思考の二つの流れを統合する。この流れとは，別の観点から見れば，相対立して現れるもの，すなわち，経験論とカント哲学である。——もとより，ここには，批判主義を中傷するという意図があるわけではない。むしろヘーゲルは，経験論のイメージを，非常に肯定的な，彼自身の哲学に近いものとして描くのである。すなわち，経験論のうちには，「この主要原理が存している。つまり，真なるものは，現実のうちになければならず，また，現に知覚されているのでなければならない，と」。——また，真なるものは，なすべきものであるのでも，彼岸にあるものでもない。「経験論と同様に，[…]哲学もただ，存在するもののみを認識する。」またさらに，ヘーゲルは，経験論のうちに——合理論のうちにはおよそないもの——すなわち，「自由という重要な原理」を発見する。その原理とは，「人間は，自らの知のうちに自らが正しいと認めるべきものを自ら見出し，そこにこそ自分自身がいるのだということを知るべきである」という原理である。

たしかに経験論は，真なるものを，思考そのもののうちにではなく，経験のうちに求める。——とはいえ，この経験は，決してたんに思考に対立するだけのものではない。むしろ，経験論は，一つ一つ知覚された内容を「普遍的な表象，命題，そして，法則という，形式」へと高める。それは，いわば，それなりに思考の手助けをしているのである。——しかし，それは自ら手にした成果の真の特性を認識し損なっている。すなわち，経験論においては，「これらの普遍的な諸規定（たとえば，力）は，知覚から得られるより以上の意義や有効性を，それだけでもつということはなく，また，現象において立証することのできる連関以外のいかなる連関も，正当性をもつことはない」のである。ここに，ヘーゲルの批判の核心がある。「学的経験論における根本的な錯誤」は，思考諸規定を，「まったく無批判的で無意識的な方法」で用い，それゆえ，悪しき形而上学のうちにとりこまれ，そして，自らの成果である普遍的なものを，普遍的で必然的なものと認識しない，

ということのうちにある（§§ 37-39）。

（3）まさにこのような認識のうちにこそ，カント哲学と経験論との重大な差異がある。とはいえ，ヘーゲルは，批判哲学を経験論に分類するのである。というのも，批判哲学も，経験論とまったく同様に，経験を認識の唯一の基盤とするからである。けれども，批判哲学は，経験論とは異なって，経験を真理とするのではなく，たんに現象として認めるだけである。（ここで「経験論」とは，ヒュームを例とする「最初」の経験論を指すのであって，多弁を弄し，独断的な「結論」に至る，唯物論的で，自然主義的な経験論のことではない。§60参照）これに続くカント哲学の素描は，すでに『大論理学』からの周知の路線を踏襲しており，これをヘーゲルは，後年，彼の『哲学史講義』の中でもう一度なぞっている。そしてそれは，多くの点でいまだ暗示にとどまるとはいえ，しかし，批判哲学一般に対する，体系的に最もまとまった対決を展開してみせている。

この主題的な問題について議論するにさいし，ヘーゲルは，まずは『純粋理性批判』の超越論的分析論を手がかりとする。——そして，ヘーゲルは，いくつか疑問の余地のある表現を用いつつも，非常にはっきりとした認識を示す。すなわち，カントはここにおいて，客観性に関する思想の立場についての従来の想定に対して反乱を起こす，と。すなわち，客観性と主観性の概念が，新しい体系的な意味を獲得するのである。いまや，これらは，「経験の内部における領域の区別」を表示する。「客観性とは，ここにおいては，普遍性と必然性，すなわち，思考諸規定そのもの——いわゆるアプリオリなもの——の領域を意味する。」そして超越論的感性論の帰結に基づけば，経験の外部はもはやないのであるから，客観性は丸ごと「主観性のうちに」含まれるのである。——これは，一つの解決策ではあるが，ヘーゲルには「主観的な（月並みの）観念論」と映り，その限りで，あまりにも高い代償であがなわれたものと見なされる。思考と対象との従来の「とらわれない」統一は，両者の違いに通じる知によって破られるが，しかし，その統一が，批判哲学によって，もっぱら主観の構成作用をとおして，再び打ち立てられる。——だが，それゆえにこの統一は，自己意識の統一の内部に厳密にとどまり続けるのである。この統一に相対しているように見えるのは，かろうじて「物自体」だけである。（「物自体」に関して，ヘーゲルは，ヤコービに同調して，これを単数で捉え，したがってまた，物自体のうちに「精神や神までも含まれている」かのような誤解をも引き継ぐ。）——しかし，それゆえに，物自体とは，すべての規定性を完全に捨象した結果なのであり，誤って，何の媒介もなしに思考に相対するものと考えられたものなのである。そうしたものとして，それは，それ自身むしろ，たんなる「思考の産物」として，抽象の「死せる頭脳（Caput mortuum）」として考えられている，というのである（§§ 40-45）。

「『純粋理性批判』の第2側面」としての超越論的弁証論に対して，ヘーゲルは，はるかに多くの紙面を割き，また，はるかに高い重要性を認めている。そして「この第2側面は，それだけで，第1側面よりいっそう重要なのである」。もとよりヘーゲルは，カントによる従来の特殊形而上学批判について，その詳細をことごとく批判するわけだが，しかし，にもかかわらず，ヘーゲルは，そのテーマ——誤謬推理，アンチノミー，神の存在証明——のいずれについても，カントの批判に対抗して，当の形而上学を復興しようとするわけではない。むしろ，彼が試みるのは，カントの立論のうちに思想のダイナミズム，すなわち，カントをも超えて，さらに「客観的思考」の概念にまで行き着くダイナミズムを，明らかにしてみせることである（§§ 46-52）。この道筋に沿った歩みを，ヘーゲルは，すでにカントの実践的な「要求」のうちに見ている。その要求とは，「善なるものは，この世の存在を，外的客観性を，もつべきであるという，すなわち，思想はたんに主観的であるのではなく，総じて客観的であるべきであるという，要求」である。また，ヘーゲルは，それ以上にかの歩みを，『判断力批判』のうちに，つまり，「直観する悟性の原理」のうちに見ている。彼は，この原理のうちに，「理念の思想が語り出されているのを」見て取り，そこに，「悟性の普遍的なものが直観の特殊なものに対してもつ」真の関係を見出す。——もっとも，この関係はさしあたり，ただ予見されているだけであって，抽象的-普遍的理性という考えを伴う，無媒介の形態をとっている。つまり，そこには，いまだ「この関係が真の関係である

という，否，それどころか，それこそが真理そのものであるという洞察」が欠けている，というのである（§§ 53-60）。

（4）ヘーゲルは，すでに自らの『ヤコービ書評』において，次のことを認めている。すなわち，ヤコービはカントとともに「従来の形而上学と決別した。それはまた，その内容に関してではなく，むしろその認識の方法に関してである」。そして，これによってヤコービは，「論理的なるものに関する，それまでとはまったく異なる見解を示すとともに，その必然性を基礎づけた。こうしてヤコービは，［…］哲学一般の歴史において，消えることのない一時代を画したのである」，と（本書338-339頁参照）。こうした評価の具体的内容を，彼は，その10年後に，「真理に関する思考に与えられる，第3の立場」（§ 73，ここで彼は一度，このように他とは違った言い方する）を批判する中で，補足している。それによれば，この立場の特徴とは，「思考というものを，ただ特殊な思考の活動としてのみとらえ，それによって，思考には，また同様に，真理を把握する能力がないと宣言する」ところにある。したがって，この「第3の」ものは，否定の否定，つまり，有限性を超える高まりなのではなく，有限性の新たな一形態なのである。この立場にとって，思考諸規定は，神も人も同じように感じ考えるという「神人同感説 Anthropopathismus」に沿うものであり，思考は「ただ有限化するだけの活動」である。「カテゴリー」は，ここでは，カントにおけるように，ただその主観的な起源のゆえに，有限なものとされるのではなく，「それ自体として有限なものと見なされる」のである。

結局のところ，こうした見解は，ヘーゲルにとって受け入れ可能な解決策を，ほとんど提供しない。にもかかわらず彼は，こういう見解も，何か真なるものを語り出しているということを認める。その真なるものとは，有限なものの領域に関する真理であり，この領域においては，自然科学がその「輝かしい成果」を賛美しているのである。「ヤコービは，媒介の中をひたすら前進する途上の行く先には，これ以外のいかなる結末も存さないことを見ていたが，この点では正しい。」これに対して，ヤコービが誤っているのは，このように有限性に固執することに対して，ただ「直接知であり，信仰である」理性へと飛躍することのみを対立させるということである。とはいえ，この「直接知」に対するヘーゲルの批判は，以前と比べると，いまでは非常に穏やかなものである。すなわち，「直接知」とは，「無限なるもの，永遠，神というわれわれの表象のうちにあるものもまた，存在するということ——この表象とその存在の確信とが，意識のうちで，直接的に，分離することなく結びついているということ」を，知っている知である。そして，この直接知に対して，「哲学」は決して異論を唱えはしない。——「哲学」が異論を唱えるのは，ただ，そのような「直接知」を哲学に対抗して要求する，排他的で，孤立した立場に対してのみである。こうした立場とは，さらに言うならば，直接知は「事実 Thatsache であると」，「意識の事実 Factum」であり，真理の規準であると，「解されるべきである」とする立場である。この立場においては，直接知の根底に必ず存している媒介と高次のものへの高まりとが排除されるのだが，哲学は，こうした立場に異論を唱えるのである。このようにして，ヘーゲルは，この第3の立場に，それが実際非真理であることを認めさせる。そしてその立場に，——おそらくやはり，その立場の自己了解に反して——それ本来の洞察として，こう表明させるのである。「たんなる主観的な思想としての理念も，たんにそれだけである存在も，どちらも真なるものではない。」そうではなく「理念は，ただ存在に媒介されてのみ，また逆に，存在は，ただ理念に媒介されてのみ，真なるものなのである」，と。

しかし，こうした洞察を，さしあたりヘーゲルは，彼自身の哲学の基盤へと高まる決定的な歩みとしてではなく，「とらわれのない形而上学」の始まりへの回帰として，すなわち，デカルトへの回帰として，特徴づける。デカルトの「私は考える，ゆえに，私は存在する（Cogito, ergo sum）」を，ヘーゲルは，「それを中心に近代哲学の全関心が回っている，と言いうる命題」と呼ぶ。——というのも，この命題が主張しているのは「思考している者〔私〕の思考と存在との単純な分離不可能性」であり，また同様に「神の表象とその現実在との非分離性」だからである。これに対して，「当代の立脚点」は，自らの学的認識の方法を有限性の範囲に限定するという点

で，デカルトとは異なる。したがって，それは無限なるものを認識するための方法を手元に残しておらず，「想像と断言の粗野な恣意，道徳性のうぬぼれ，そして，感覚の傲慢に」身を委ねるのである（§§ 61-78）。

それゆえ，さらにもう一歩の前進が必要であるように見える。——とはいえ，それは，学の「まったくの無前提性」への洞察であるとか，あるいは「純粋に思考しようとする決断」であるとかという，§ 78 においてヘーゲルが——第 1 版の § 36 に立ち返りつつ——述べているような，たんに否定的なことなのではない。そうではなく，要求されるのは，むしろ，無限なるものを認識することもできる方法を，——いっそう適切に言えば，知の全領域を包括する普遍的な方法を，——形成することであり，あるいはまた，もう一度『ヤコービ書評』の言葉を用いれば，要求されるのは，「論理的なるものに関する，それまでとはまったく異なった見解」（本書339頁参照）なのである。

(5) このようにして，関連づけたり批判したりすることによって，彼の論理学の「より詳細な概念」への移行が予示され，遂行される。とはいえ，このことによって，思い違いを犯してはならない。というのも，論理学への，またそれと同時にエンツュクロペディーに示される体系への，このような「序論（導入）」という形式は，決して『精神現象学』と同等のものを提供しているのではないからである。形式的な見方をすれば，いまやヘーゲルが，彼自身自らの『精神現象学』に対して循環を犯していると異を唱える，まさにその循環が繰り返されている。すなわち，『精神現象学』は「学」の内容と方法を予め把握していなければならないが，しかし，「学」は，『精神現象学』によってはじめてその正当性が認められる。このことが繰り返されるのであれば，近代哲学史のダイナミックな動きを，彼自身の哲学に向かって突き進む運動として簡潔に叙述しようとする，目下のヘーゲルの新たな試みは，論理学に至ってはじめて現れる思考諸規定をあらかじめ基準と見なすということを，いよいよ前提していることになるのである。しかし，こうした誤解については，彼自身は，誤解することなく，こう明言している。「ここでこれから行われようとする考察には，(『精神現象学』よりも）なおいっそう，ただ歴史的に，また，理由づけるという仕方でしか振る舞うことができないという窮屈さがある」（§ 25），と。たしかに，それは，概念を解明しようという要求を呼び起こすことはありうる。——しかし，それが，「純粋に思考しようとする決断」を，固有の学的な要求に匹敵する仕方で正当化することはありえないのである。

参考文献：Hegel: Der »Vorbegriff« zur Wissenschaft der Logik in der Enzyklopädie von 1830. Hg. von Alfred Denker / Annette Sell / Holger Zaborowski. Freiburg / München 2010.

7.2.6.「絶対的精神」の構想

(1) 授業でヘーゲルは，「講義用テキスト」としての『エンツュクロペディー』に依拠しつつ（本書344-345頁参照），論理学と形而上学，そして，自然哲学と（主観的）精神の哲学という個別分野を講義している。——だたし，客観的精神の哲学は，講義していない。というのも，彼はそれ専用の概要，『法哲学要綱』を仕上げているからである（本書361頁参照）。また，世界史の哲学，および「絶対的精神」の哲学も講義してない。これらにはまた，それぞれ独自の草稿（本書506頁以下参照）を作成しているのである。にもかかわらず彼は『エンツュクロペディー』の最終章では，「絶対的精神」を取り扱っている（第 1 版 §§ 453-477，第 3 版 §§ 553-577）。この最終章の叙述と，美学，宗教哲学，哲学史の諸講義とのあいだの違いは明らかである。すなわち，諸講義においては，それぞれの個別分野に関して，体系的で歴史的な観点から，包括的に議論が仕上げられるのに対して，『エンツュクロペディー』では，短い序論（§§ 553-555）に続き，芸術については，主としてギリシア芸術が（§§ 556-563），宗教についてキリスト教が（§§ 564-571），そして哲学については——ヘーゲル体系への特別な視点から——暗黙裏に近代哲学が主題化されるのである（第 2 版 §§ 572-574，第 3 版 §§ 572-577）。

このことがきっかけとなって，あれこれと考えが巡らされることとなった。すなわち，『エンツュク

『ロペディー』における絶対的精神の哲学は，芸術，宗教，哲学という三部門の歴史上の完成形態を示すということに限定された，絶対的精神の縮小版を提供するだけなのか。それとも，むしろ，それは，ギリシア芸術からキリスト教へ，そしてまた，近代哲学へ，というプロセスである「絶対的歴史」という形態に即しつつ，絶対的精神を開示する「絶対的精神の体系化」という，独自の説明であるのか，と。もし後者であるのならば，『エンツュクロペディー』における絶対的精神の哲学についての要綱は，単純に，絶対的精神を，芸術，宗教，哲学というその三形式に置き換えることによって，具体化され了解されるべきではないであろう。絶対的精神の統一は，それによって，むしろ粉砕されてしまうであろう（Fulda 1965, 225-251; 2001, 242-255）。

絶対的精神の歴史を世界の歴史から区別することに十分な意味のあることは，争えない。前者は，いわば後者の精神的実体を成すものである。それに対して，争いうるのは，はたして絶対的精神の歴史は，ギリシア芸術，キリスト教，近代哲学という三形態に限定されるのかどうかということである。そして，むしろ絶対的精神の歴史は，芸術，宗教，哲学の三部門の歴史の総体を包括するものであり，この歴史の内部においては，この三部門の完成形態〔ギリシア芸術，キリスト教，近代哲学〕が，もとよりそのつど際立った発展段階を示すというものなのではないか，ということである。「絶対的歴史」をこの三つの完成形態にのみ限定することを最も強力に支持する議論が，この三形態が順に展開される「絶対的精神」の章にある。しかし，ここでもヘーゲルは，自分はこうした見解を採っているのだと，簡潔明瞭に公言しているわけではおよそない。実際，芸術の節は，古典的芸術ではないもの，すなわち，象徴的芸術，およびロマン主義的芸術にも立ち入っている（§§ 561-562）。また，哲学の節には，明らかな時代関連を認識させうるものは何もない。しかし，とりわけかの解釈〔絶対的精神の歴史を三つの完成形態に限定する解釈〕と相反しているのは，ヘーゲルが自らの私家本に書き込んだメモであり，そこに見られる『エンツュクロペディー』の要綱をめぐる詳論である。すなわち，そこにおいては，芸術，宗教，哲学が，歴史的，地理的広がりという点で，講義と同一傾向のもとで論じられている。ここに，芸術，宗教，哲学という三者の歴史の総体と，そのつどの完成形態に限定された「絶対的歴史」とのあいだの相違を見て取ることは，できない。しかもそのうえ，「絶対的歴史」は，哲学史全体の明確な概説を含んでいるのである（GW 13, 503-543, Jeschke 2000, 387）。残念ながら，ヘーゲルの「エンツュクロペディーをめぐる諸講義」は，筆記録として残されていない（本書422頁参照）。したがって，また，ある特別な「絶対的歴史」というものを想定することに賛成するか反対するかに関して，これ以上の補足的な論拠を筆記録に基づいて手にする，ということはできない。ただ，つけ加えるならば，ヘーゲルにとっては，やはり，芸術，宗教，哲学の完成形態だけでなく，それらの全形態が「絶対的精神」のうちに数え入れられている，ということである。したがって，この全形態よりわずかのものしか含まない「絶対的精神の歴史」なるものを擁護する人は，ほとんどいないのである。

7.2.7. 哲学の三推論

(1) ここ何十年かの研究においては，『エンツュクロペディー』の最後の四つの節，いわゆる「哲学の推論」を説明する箇所（§§ 574-577）に，とりわけ注意が向けられてきた。とはいえ，その研究は，広く一般に受けいれられるような成果を挙げてはいない。むしろ，その研究の結果とは，このうえなく広範囲にわたって不一致を示すさまざまな解釈が提起された，ということにある。この研究は，テキストの逐語的な理解から始まり，ヘーゲル哲学の構想全体のために果たしうる，どのような機能が，これらの推論に付与されているのか，という問題が提示されることで終わる。これらの推論の論議のうちに，現存する著作や体系部分と合致するものを見出そうとする試みは，こう熟慮することへと変化する。すなわち，もしかすると，ヘーゲルはここで，『エンツュクロペディー』と並んで，彼の体系のもう一つ別の形態を――あるいは，それどころか，『エンツュクロペディー』の複数の形態さえをも――構想しているのかもしれない，と。

(2) それに加えてさらに，当該の四つの節は，発

展史上の謎をかけてくる。『エンツュクロペディー』の第1版には，それら四節は含まれている（第1版 §§ 474-477）が，しかし，1827年版には欠けている。ところが，第3版は，またもや，哲学の推論で終わっているのである。こうした変化の痕跡は，細部の一定の表現にもはっきりと残っている。一般に他では見られない，このような変遷がなされた理由を，確実に名指すことはできない。推測はいくらでもできるし，この節の最後で，踏み込んだ解釈をしようと考えられてもいる。ただ，いずれにしても，第2版における推論論の放棄と，第3版におけるその再受容は，その他の構想の変化と関連しているようには見えない。むしろ，それは，何らかの形成上の不確実さを表現しているように見える。残念ながら，ヘーゲルの手になる『メモ』（GW 13.537-543）も，三推論の理解に，決定的に寄与するということはない。

（3）§§ 575-577 は，異論の余地なく推論論理学の構想であるわけだが，ここにも，問題がなくはない。すなわち，この構想の構造は，『大論理学』の推論論を引き写したものなのか，それとも，『エンツュクロペディー』の推論論なのか，という問題であり，また，それぞれの節の基礎に置かれているのは，どの格の推論であるのかを断定することができるのかどうか，という問題である。とはいえ，明らかであるのは，ヘーゲルが目下の構想を，完全な三段論法として考えていることである。完全な三段論法とは，三つの推論からなる一つの推論であり，ここにおいては，いずれの項も，初項であり，中間項であり，また帰結項なのである。ここで模範となっているのは，プラトンの『ティマイオス』（31c-32a）の「美しき紐帯」説である。ヘーゲルは，すでに『差異論文』において——しかも，彼の定型表現，「同一性と非同一性の同一性」を展開する脈絡において——この思想を引用している。ヘーゲルは，この円環構造のうちに，完全な媒介という自らの理想が満たされているのを見る。というのも，こうした媒介という仕方によってのみ，無媒介，無証明の前提が，一つも残されないことになるからである。

（4）この四つの節の内容は，そもそも何であるのか，ということに関しては，かなりの見解の相違がある。——しかも，ヘーゲルは，この問いに，比較的はっきりと答えているように見えるにもかかわらず，そうである。§ 574 は論理学を主題にしている——しかし，それは，論理学が『エンツュクロペディー』の始まりをなしたという意味で，それを主題にしているのではない。かの『大論理学』においては，論理学は，いわば「自然および有限な精神を創造する以前の［…］神の叙述」（GW 21. 34）と捉えられる。それに対して，ここでは，論理的なるものは，具体的内容によって——まさに，自然哲学および精神哲学によって——「実証された普遍性」であるという意味をもつ。ヘーゲルの『メモ』では，明確にこう言われている。すなわち，論理的なるものは，結果である。「自然——および精神——という，その他の豊かさと相並ぶ分離し孤立した〔論理学の〕展開」が，適切に補完されるなどということはありえない，と。また，誤解されている論理学の「直接性」と始まりとなることとについて，『メモ』では，こう説明される。「始まりにおいて——ひとはこの〔孤立した〕立場を直接的に取りたがる」（GW 13. 537），と。ここで示唆されているのは，始まりが，本当は，こうした直接性に限定されるべきではないということ——始まりはただ始まりとなるものとして，直接的なものとして受け取られるだけでなく，また同様に，結果としても受け取られるべきである，ということである。そして，学の「結果」について語るさいに，第1版では，こう説明される。「学の概念の前提となっているもの，あるいは，その始まりの直接性，そして，始まりにおいて学がそれ自身まとっていた現象という側面は，廃棄されている」，と。

この「現象」というキーワードは，§§ 575-577 において，再び取り上げられる。§575 では，「第1の現象」——自然——が中心に置かれ，したがって同時にそれに，この第1の推論における媒概念の位置づけが与えられる。とはいえ，こうした自然による媒介は，自立的なものの，すなわち，「他者として，もっぱら他者どうしを結びつけるだけのもの」の，肯定的なはたらきであると解されてはならない。というのも，一つには，自然は，決して真に自立的なものではないからである。自然には，それ独自の現実性は認められず，また，それはたんに

「自体的に理念」であるにすぎないのである。そしてまた、一つには、自然はただ「通過点にして否定的な契機」であるにすぎないからである。『メモ』には明確に次のように記されている。「自然、媒介するもの。抽象的な他者存在、自己を廃棄するもの――有限性――として。精神は、そこから、自己のうちへと還帰し、論理的なるものと一体化する――充足――論理的なるものの具体化。」さらに、『メモ』では、集録文献〔§ 575〕における言表、すなわち、概念の媒介は「移行という外的形式」をもつという言表に下線が引かれ、「しかし、移行は、主要事項」と記されている。こうして、ヘーゲルは、この媒介を、――他者への移行（§ 161）という――存在論のカテゴリーの運動様式を引き継ぐものと見なす。実際このことは、第1版が、こう示唆することで終わっていることに対応する。すなわち、学は、この推論において「存在の」形式をとる、と。

　（5）§ 576 は、現象の第2の形式を論じている。ここでの中心点は、認識する主観的活動としての有限な精神である。この認識作用は、自然に相対するのだが、しかし、それは、周知のように、それが自然を設定するという仕方で、これに相対するのではない。そうではなく、この認識作用が自然に相対するのは、それが、自然をもっぱら前もって設定〔前提〕し、それを論理的なるものとつなぎ合わせるという仕方において、である。もとより、このつなぎ合わせは、この認識作用が、自然のうちに論理的なるものを認識し、際立たせる限りにおいて、なされるものである。こうした主観的な認識作用の「目的」は「自由であり、また、この認識作用そのものが、自らに対して自由を産み出す道程である」。こう、ヘーゲルは、第3版で初めて付け加える。――彼は、明らかに、第2の推論の場合にのみ、自らの推論論に立ち戻っている。というのも、彼は、この推論を「理念における精神的反省の推論」と名づけるからである。――もっとも、このさかのぼっての関連づけについては、「反省の推論」がそれ自身のうちにまたもや三分割構造をもつということが示唆される（§ 190）というだけで、それ以上の詳しい説明がなされるわけではない。『メモ』に記された次の言表と反省の推論の第1格とのあいだには、この関連を暗示する以上のものは、ほとんど見出せない。その言表とは、「ひとりひとりの個人こそが、哲学する者である」、というものである。また、反省の推論すなわち「全称の推論」の第1格とは、ここにおいて中間項は「同時に、ひとりひとりの具体的主体のすべて」と考えられるべきである、というものである。いずれにしても、ここに属するその他の形式――帰納および類推の推論――が、§ 576 に反映されている、ということはない。

　（6）たしかにヘーゲルは、§ 577 で叙述される第3の推論をめぐっては、いかなる推論様式も述べ立てていない。しかし、彼はそれを、「自己を知る理性、すなわち、絶対的-普遍的なるものを、媒概念とする哲学の理念」と特徴づけている。内容的にはこれは、哲学の概念を、「自己を思考する理念、知る真理」として導入する § 574 の冒頭の箇所を、指し示すものである。そして構造的に見れば、それは「必然性の推論」を指し示している。この推論も――第3格の推論（特殊 B-普遍 A-個別 E）にしたがって――普遍的なものを媒概念とするのである。さらに、この〔必然性の〕推論の第3種、選言的推論とのなお特別な一致も数々指摘されうる。論理学の教えるところによれば、選言的推論においては、「媒介する普遍的なものは、そのさまざまな特殊の総体としても、また個々の特殊なもの、排他的な個別性としても、設定されている。［…］こうして、一個同一の普遍的なものが、こうした諸規定において、ただ形式の点でのみ区別されたものとしてある、ということになる」（§ 191）。§ 577 に見られるこれと対応する言いまわしとしては、この普遍的なものが「精神と自然とに二分される」という表現だけでなく、また、§ 575 以降考察されてきた「両現象へと、理念が自己を根源分割する Sich-Urtheilen」といった言い方もある。この言い方は、『メモ』の次のような明確な表現と相容れるものとなっている。すなわち、『メモ』の記すところによれば、「哲学は、自らその主観性を廃棄する、すなわち、自らの理念のこれら二極への分離を、認識するのである」。

　§ 574 においては、自己を知る理性であるとして、具体的内容とともに実証された論理的なものは、たんに結果として見てとられただけであったが、ここ〔§ 577〕においては、次の「両現象」として顕

現する中間項をなす。すなわち，一つは，それ自体として存在する理念の過程としての，自然（§575では，それは「自体的に理念」である，と言われていた）であり，もう一つは，理念の主観的な活動の過程としての有限な精神である。しかし，そうであることによって，これら二つのものが，ある意味で同等の要素となっているというわけではない。——このことは§577から結論づけられよう。実際，第1版では，きわめて明確にこう断定されているのである。すなわち，そのように分離された極として「自然は，直接的に，たんに設定されたものであるにすぎない。また，精神も，それ自体，前提なのではなく，自己へと還帰する総体なのである」，と。

（7）また，三つの推論がいわば連続する連関をなすかのように見る見方は，生じうるもう一つ別の誤解である。この誤解は，たしかに第1版にさかのぼってみても取り除くことはできないが，しかし，それについての『メモ』にまでさかのぼれば，それは可能である。こうした誤解に対しては，『メモ』に，次のように明確に書き留められている。すなわち，「三つの見地はすべて，一つに統一される。a.）運動を続けるということが事柄の本性であるということ，b.）運動とは，認識活動であるということ，c.）まさにここに存するのは，主観的なものでも，客観的なものでもなく——自らを呈示する唯一の理念であるということ。この理念は，特殊な諸領域を貫いて自らを展開するが，そのさいに同時に，契機でもある。つまり，こうした一つの理念である」，と。全体としてみれば，『メモ』のこうした回顧は，明らかに§577の最後の主要命題の原形をなすものである。とはいえ，§577では非常に曖昧なままに平然とした表現で「このことが理念のうちで統一される」と記されたのに対し，『メモ』では，それよりはるかに明確に，こう言われている。すなわち，三つの推論はこの最後の推論で統一される——最初の二つの推論は，この最後の推論の二契機をなすにすぎない——，と。実際，§575は，「移行という形式」（§575）でなされる「事柄の本性」の運動を対象としており，§576は，認識活動の運動を対象としている。そしてこれら二つの節においては，そのほかの節では，たんに推し量ることができるのみであることもまた，明確に述べられている。すなわち，§577で語られる「絶対精神」は，「認識活動」に属するものではなく，自然の運動および認識の運動に対する第三者なのである，と。

（8）ヘーゲルの三推論についての説明は，並外れて重層的であり，見通すことがむずかしい。それゆえ，それについては，解釈者と同じ数だけの解釈があるとしても，驚くにはあたらない。それらの共通点といえば，それは，ほとんどこの点にしかない。すなわち，三推論の全体を，『エンツュクロペディー』で描かれた体系の大筋と調和させるのは難しい，と。論理学の，そしてまた，客観的精神の所在はどこなのかという二つの問いを手がかりにして，その点は，いっそう詳細な解説がなされるべきである。

論理学については，§574で，それは「具体的な内容とともに［…］実証された普遍性」である，と言われている。にもかかわらず，大筋として，論理学は，体系のどこに位置づくのかという問題は残される。「実証されたもの」である限り，論理学はまた，絶対精神によってまさに余すところなく飲み込まれてしまうのである。§575以降でヘーゲルは，論理学の根源的な意味について語っているように見える。それゆえに，これらの節では，絶対精神への言及はまったく見あたらない。だが，この関係は，§577で——きわめてありそうなことだが——逆転する。自然と精神とに分離する「絶対的-普遍的なるもの」（§577）ということで，仮に絶対精神が理解されているのであれば，論理学は，体系のうちに占める場所をもたないことになる。逆に，「絶対的-普遍的なるもの」とは，論理学そのもの（つまり，具体的なものとともに実証されたものとしての論理学ではないもの）であると理解されるとすれば，その場合には絶対精神の場所がなくなるであろう。——絶対精神が，主観的認識作用の側に居場所を移すのであれば，話は別であるが，しかし，そういうことに同意は得られない。——こうした難問は，最初期のヘーゲルの体系素描を思い起こさせる。それは，彼がイェーナ期の初めに，シェリングと共同研究をしていた時代に書き留めたものである（本書209-210頁参照）。そこで展開された絶対的無差別点の哲学においても，——主観的なものと自然とに並ぶ——論理学には，正当な場所が与えられていないのである。

しかも，§577で輪郭を描かれた構想において場所が見出せないのは，論理学だけではない。三つの推論のすべてが主題としているのは，ただ主観的な精神としての有限な精神のみであり，そこで，客観的精神に言及されることはない。それゆえ，精神がこの三推論に立ち入るのは，それがすでに，絶対的無差別という超越論哲学の要因としてもっていた規定に関わる限りにおいてのみである。客観的精神の体系内に占める場所に関する問いについても，初期の同一哲学の構想をさらに参照するようにとの指示が，なされることになろう。

　(9)　これまでのことから引き出されうる結論は，ただ一つである。すなわち，三推論についての解釈が難しいのは——少なくともその一部は——ヘーゲルがここで『エンツュクロペディー』に，彼の体系構想の最初期の段階に属する媒介モデルを，接ぎ木したことによる，ということである。§577でヘーゲルが起草している媒介モデルの基礎にあるのは，主観的な超越論的直観と客観的なそれとのあいだの対立を骨組みとする，絶対者の初期の構造である。——「主観的直観が自我，客観的なそれが自然であるが，この両者が，自己自身を直観する絶対的な理性の，最高度の現象である」(GW 4.77)。ただし，自然に対する精神の側の優位という点にだけは，ヘーゲルがその後，といっても，すでに1803年には獲得するに至る洞察，すなわち，精神がより高い地位を占めるという洞察の痕跡が，示されている。

　しかし，その他にも初期と後期の構想の関係は，用語選択にまで立ち入って，追うことができる。すでに，先の引用における「現象」の話も，両者の関係を示す証左の一つだが，それだけではない。『差異論文』では，自然哲学と知性の哲学という哲学の両面を視野に入れ，次のように明言されている。「これまでわれわれは，内的には同一であるこの二つの学を，相互に対立させてきた。絶対者は，一方の学においては，主観的絶対者であり，認識という形式をとり，他方の学においては，客観的絶対者であり，存在という形式をとる」(GW 4.74)，と。『エンツュクロペディー』の第1版にしたがえば，学は，現象の第1の形式においては「存在の」形式（第1版§475，第3版§575をも参照のこと）をとり，また第2の形式においては，それは，「主観的な認識作用として」現象する（第1版§476，第3版§576をも参照のこと）。

　また，「三推論」の話は，体系構想の発生の時期にまでさかのぼる。とはいえ，奇妙なことに，それがこの時期のヘーゲルの著作のうちにあることを，示すことはできない。だが，おそらくそれは，この種の着想に対してシェリングのなした批判のうちに確認できよう。彼は，たしかに，この着想の首唱者の名を挙げていないが，しかし，それがヘーゲルであると見なしうることは，確実である。シェリングは，哲学に対して論理学がもつ意義を批判するという脈絡で，ある構想を素描している。それは，絶対者が，形相と質料の観点から，三推論のそれぞれへとばらばらになって崩壊していくというものである。そして彼はそこで『ブルーノ』に，冷ややかな批判を語るよう仕向けるのである。「だから，この種の認識のうちに哲学を求め，しかも，絶対者の存在をも，こうした道筋で，あるいは総じて，証明しようとするすべての人々について，われわれは，こう判断するだろう。すなわち，彼らは，いまだ哲学の入り口に向かって挨拶をしたこともないのだ，と」(SWI/4. 300)。このすぐ後の著作『哲学と宗教』においても，シェリングは，もう一度このことを引き合いに出している（PLS 3/1. 106）。

　しかし，三推論についての論述を，このようにして——構想および用語という——二重の観点から，最初期の諸構想に立ち返ってとらえるとしても，それは，イェーナ初期の考えに本当に戻ってしまうということを意味するわけではない。というのも，それは，のちの構想にはもはや適合しない道具立てに立ち返ることなのだからである。もとより，その道具立てによって，体系内に占める論理学の場所を規定することは許されないし，また，ヘーゲルの精神哲学全般に混乱がもたらされもするのである。こうした混乱がもたらされるというのは，この道具立てにおいては，客観的精神の現実在が無視されるとともに，次のような事情がまた看過されるもするからである。その事情とは，絶対精神の考察は，もはや——絶対的無差別を考察する場合のように——自然学と主観的精神の学という二つの学に端的に対立するのでなく，一つの精神哲学の内部で，主観的精神と客観的精神に対する第三者を形成する，とい

うことである。

このように，三推論に関する論述はその後の体系構想と相容れないのだが，このことが理由で，ヘーゲルはこの論述を1827年には『エンツュクロペディー』〔第2版〕から排除したのかもしれない。その§574も，まずは第3版と一致している。すなわち，論理的なものは，精神的なものであり，そうしたものとして結果である，と言われる。だが，ヘーゲルは，これに続けてこう言う。「この精神的なものは，自らが即かつ対自的に存在する真理であることを明らかにした。また，それは，その真理の前提となる判断から，すなわち，真理の内容をなす具体的な直観と表象から，出発して，同時に自らにとって本来の場でもある自らの純粋な原理にまで，自己を高めたのである」，と。〔第2版における〕体系のこのような終結は，精神哲学全般の，また，とりわけ絶対精神の新たな構想に，対応している。とはいえ，ヘーゲルは，この終結を，これまでと同様に，〔第3版では〕またしても退ける——おそらくその理由は，この終結が，彼の哲学体系を担う包括的な自己媒介という理念を，ただ不十分にしか実現していないということであろう。——もとよりヘーゲルは，この理念を，プラトンの『ティマイオス』を引用しつつ，それに関連づけ，そして，§192においてもまた，語っているのだが。このような事情から彼は，三推論に関する論述を，『エンツュクロペディー』第1版の折に手に入れた形式のまま，〔第3版で〕再び取り上げるのである。もっともそのさい，ただほんのわずかの修正はなされた。しかし，それも，この三推論の構想を，明確にするというよりむしろ，不明瞭にするだけのものであったというのが実情である。

初出：Heidelberg ¹1817; ²1827; ³1830.
テキスト：GW 13; GW 19; GW 20.

典拠 [Friedrich August Gotttreu Tholuck]: Die Lehre von der Sünde und vom Versöhner, oder: Die wahre Weihe des Zweiflers. Hamburg ¹1823; ²1825.
参考文献：Karl Rosenkranz: Kritische Erläuterungen des Hegelschen Systems. Königsberg 1840 (ND Hildesheim 1963); Fulda: Problem einer Einleitung (1965); 169-202; Reinhard Heede: Die göttliche Idee und ihre Erscheinung in der Religion. Untersuchungen zum Verhältnis von Logik und Religionsphilosophie bei Hegel. Diss. phil. Münster 1972, 276-303; Bruno L. Puntel: Darstellung. Methode und Struktur. Untersuchungen zur Einheit der systematischen Philosophie G. W. F. Hegels. Bonn 1973; Emil Angehrn: Freiheit und System bei Hegel. Berlin/New York 1973; Ernst Behler: Friedrich Schlegels Enzyklopädie der literarischen Wissenschaften im Unterschied zu Hegels Enzyklopädie der Wissenschaften. HS 17 (1982); Vittorio Hösle: Hegels System. Der Idealismus der Subjektivität und das Problem der Intersubjektivität. 2 Bde. Hamburg ¹1987; Karen Gloy/Rainer Lambrecht: Bibliographie zu Hegels »Enzyklopädie der philosophischen Wissenschaften im Grundrisse«. Primär- und Sekundärliteratur 1817-1994. Stuttgart-Bad Cannstatt 1995; Herbert Schnädelbach (Hg.): Hegels »Enzyklopädie der philosophischen Wissenschaften« (1830), Frankfurt am Main 2000; darin: Christa Hackenesch: Die Wissenschaft der Logik (§§ 19-244); Wolfgang Neuser: Die Naturphilosophie (§§ 245-376); Hermann Drüe: Begriff des Geistes (§§ 377-387), Der subjektive Geist (§§ 388-482); Schnädelbach: »Der objektive Geist (§§ 483-552); Annemarie Gethmann-Siefert: Die Kunst (§§ 556-563); Walter Jaeschke: »Die geoffenbarte Religion« (§§ 553-555, 564-571), »Die Philosophie« (§§ 572-577); Fulda: Hegels Begriff des absoluten Geistes. HS 36 (2001), 171-198; Halbig: Objektives Denken (2002), 219-324: Drei Stellungen des Gedankens zur Objektivität.; Hans-Christian Lucas / Burkhard Tuschling / Ulrich Vogel (Hg.): Hegels enzyklopädisches System der Philosophie. Von der ,Wissenschaft der Logik' zur Philosophie des absoluten Geistes. Stuttgart-Bad Cannstatt 2004.

8

ベルリン時代の著作と構想（1821-31年）

8.1. 法哲学要綱

8.1.1. 成立事情

(1) のちの『エンツュクロペディー』改訂版，および『論理学』改訂版を除けば，ヘーゲルが公刊した最後の著作は『法哲学要綱』，あるいはあまりよく知られていない表題によれば『自然法と国家学の要綱』である。「国家学 Staatswissenschaft」という用語は，18世紀に登場してきた。しかしヘーゲルはこの語を，たとえばフォン・ハラーの『国家学の復権』（1816-1834）から借りてきているのではない。すでにニュルンベルクにおいて，ヘーゲルはこの語を「法学 Rechtswissenschaft」の補足語として用いており（本書281頁および285頁参照），またハイデルベルクでの講義題目（V 1.1）でも同様なのである。それに対して「法哲学 Philosophie des Rechts」というのは，当時は新しくて耳慣れない造語であって，どうやらヘーゲルの講義によってはじめて定着したようである。ヘーゲル自身は，この書名がとりわけ気に入っていた。たとえば，1919/20年冬学期の講義予告は，以下のようなものであった。「自然法と国家，すなわち法哲学（Ius naturae et civitas, i.e. philosophiam iuris）」（Br IV/1. 114）。

『エンツュクロペディー』と同じく，この『法哲学要綱』も，委細を尽くした「体系」部門ではないし，それだけで独立してもいない。むしろ，タイトルページによってさらに裏付けられるように，「講義用に使用するための」概説なのである。この概説は，ヘーゲルのハイデルベルク時代，そしてベルリン初期の法哲学についての講義から生まれた。またその一方でさらにのちの時期の講義の基礎となっており，それゆえそれ自身が以上の法哲学講義のひとつの構成要素なのである。ヘーゲルが講義の際に，まずはそのつどのテーマに即したパラグラフを読みあげ，あとでそれを注釈したと考えないとしてもである。このように概説と注釈は絡み合っているので，繰り返しを避けるために，ここでは「法哲学講義」の論脈において，はじめて法哲学の構想内容に触れることにしよう（本書465-506頁参照）。

(2) 1817/1818年冬学期（ハイデルベルク），そして1818/1819年冬学期（ベルリン）の「自然法と国家学」についての講義を，ヘーゲルは『エンツュクロペディー』に基づいてではなく——それはおそらくあまりに詳細でないから——口述に基づいて行っている。ヘーゲルがこの講義を矢継ぎばやに繰り返したために，フォン・ターデンはその公刊をヘーゲルが意図していると考えたのである（ヘーゲル宛1818年11月12日付）。しかしその当時，あるいはすでにハイデルベルクで，ヘーゲルが法哲学の出版を考えていたという証拠はない。ヘーゲルは，1818年2月1日にハイデルベルクの出版社ヴィンターに，「ヒューゴ氏[1]の法学史」——それに対してヘーゲルはのちに『法哲学要綱』の中で論争している——を請い求めている（Riedel, Bd. 1. 15）。この些細な事情は，決して出版計画の十分な証拠であるとはいえない。1819年3月26日のニートハンマー宛書簡において，はじめてヘーゲルはこの意図を次のように表明しているのである。「ライプツィヒの定期市ま

でに，わたしはなお一冊の書物を書かなければならない（わたしのパラグラフ形式での自然法）」。この簡潔な報告は，重大な情報をいくつか含んでいる。つまりヘーゲルがこの本をなお「書か」なければならないということは，彼がただテーゼ形式による口述原本を活字にしようと考えていたのではない，ということを意味している。また，ヘーゲルがパラグラフに言及していることは，それが講義で使用される概説書であるということを示すのである。また上述の定期市とは，1819年秋の「聖ミカエル大天使の日」の定期市でしかありえないし，その時点では「喜び呼ばわれの主日」の定期市が間近にさし迫っており，この「なければならない」が意味するのは，ヘーゲルが当時すでに出版社とコンタクトをとっており，ひょっとするとそれどころか契約を結んでいたということである。また，おそらくは8月に作成された冬学期の予告は，続けて出版される教科書を次のように予示するのである。「引き続き現れる概説書に（ad compendium proxime in lucem proditurum）」（Br IV/1. 114）。

1) グスタフ・ヒューゴ（1764-1844）。法学者。ゲッティンゲン大学教授。

　成立史についての次なる証拠は，ヘーゲルの1819年10月30日付けクロイツァー宛書簡である。そしてこの書簡ゆえに，検閲を恐れて法哲学の出版が表向き遅れたのだという伝説が纏いつくことになる（反論はルーカス／ラマイル参照）。伝説を作り出すことへの憧れはつねに広がっているが，しかしこの書簡もその憧れに反対もするのである。というのも，これは政治的にたいへん混乱した時期に書かれたからである。つまり，カールスバートにおいて会議を開いた大臣による「カールスバート決議」ののちの，そしてフランクフルトの連邦議会によって可決されたドイツ諸邦の，そしてプロイセンの政府に限定された反動的決議が強制されてすこしのちの，「扇動家迫害」の時期に，である（本書76頁参照）。ヘーゲルは，クロイツァーの献本に対して「法哲学についてのふたつの全紙パラグラフ」をもって喜んで応じること，しかし彼はクロイツァーほど仕事に勤勉でも，活発でもないことを書いている。「わたしは連邦議会の決議が到着すると同時に印刷を始めさせたかった。というのもわれわれはいまやどこに検閲からの自由をもっているかを知っているので，近々それを印刷するのだ。」

　この一節は，こうも誤解される。「夏の終わり」，あるいは「秋の初め」には（イルティングに引き続いてシュネーデルバッハ2000年，165頁，170頁も同見解），ヘーゲルは『法哲学要綱』の「印刷準備のできた草稿」（Ig. Bd. 1. 64, 67, Bd. 2, 7）を持っており，そして彼はいまやそれを新たな状況にあわせるために，改作する必要に追われていたとみられるのである。そしてそこから『法哲学要綱』が，1820年の10月になってようやく出版されたということが，説明されることになるだろう。イルティングは，こう主張している（1975年, 69f.）。ヘーゲルがカールスバート決議によって，「彼の近代国家の構想を犠牲とし，それを現状にあったものとするために近代国家の理論を二つの部分へと崩しており，それらは互いに結合できないのである。叙述の不明瞭さは避けられず，そのことがこれまで決定的な破損に対して——人々は固有の諸原理に対する裏切りについて語りたくなる——その破損にふさわしい注意が決して払われてこなかったことの原因なのである」。

　イェーナ時代の最初の数年以来の，ヘーゲルの出版告知，そして出版の方法を先入観なく眺めてみてわかることは，〔出版の〕遅延が政治的に制約されているとでっちあげられたが，その遅延は，いわくありげなことを何もそのうちに隠してはいないことである。出版告知の履行は，概してというか，いつもというか，遅れがちであった。しかしなによりもヘーゲルは——この時代のほかの著者と同じく——出版物を，全体としてではなく，ひと続きの小部分ごとに活字にしたし，それを個々の印刷全紙で保管し，場合によっては聴講者や友人に配布したのである。こうしたやりかたに，あきらかにヘーゲルはここでも従おうとしたのだ。それどころか彼はクロイツァーに対して「数枚の全紙」について語っている——ここから完全な一連の印刷物や保管された草稿をただちに推測してはならない。そうではなくただたんにヘーゲルは始まりの部分，おそらくは「序論」を，ちょうど印刷可能なものとして持っていたのである。そしてまたヘーゲルは，クロイツァ

ーにも決して彼の本が新たな政治的状況ゆえに遅延することを告げておらず，それどころか彼がこの部分を「いまや次には印刷に付す」であろうと告げているのである。しかし学期はすでに始まってしまっており，最初の全紙ができあがったとき学生たちにとってはどちらにせよ遅すぎたであろう。それでヘーゲルは残った部分を，みずからの法哲学の講義と並行して仕上げて，1820年の6月9日にようやく前半「（あるいはそれより少し多め）」を，出版社「ニコライ書店」へと送ったのである。この前半がすでに検閲を通過しているように要望し，しかし「わたしがじきに送るであろう残り部分も検閲から戻ってくるまで，印刷をはじめさせない」と要望しながら。この時点において『法哲学要綱』は基本的には完成されていたであろう。1820年6月25日の序文の署名は，彼の仕事の終了のしるしである。

そして『法哲学要綱』が1820年10月上旬に，しかし「1821年」という日付とともに出版されたという事情の背後にも，いわくありげな，どんな隠された意図をも嗅ぎつけるべきではない。なぜならこれは今日でも普通に行われるやりかただからである。だから，そうなれば『法哲学要綱』のいかなる一節についても，政治的な事情の変化や，あるいは事後的に情勢に合わせることが影響していると主張することには，根拠がない。むしろ不思議なのは，次のことである。『法哲学要綱』がフリードリッヒ・カール・フォン・サヴィニーに反対して，きわめて明瞭に法典の制定（そして暗黙には憲法の制定をも）を擁護していること（§211, vgl. GW 4. 470），そしていわゆる「ハラー反駁」（§258, 219）において，当時の反動の実質的な主導者であり，のちのプロイセンの「皇太子党」のお気に入りであるカール・ルートヴィヒ・フォン・ハラーをほとんど比類ない鋭さで非難していることである（Jaeschke, 1986b, 227-234）。

1820年10月10日，ヘーゲルはフォン・アルテンシュタイン大臣に宛てて『法哲学要綱』を送っているが，送り状の草案で次のように述べている。自分の本がもたらすのは，「わたしが法という論題について講義する諸原則の範囲についてこのやりかたで知らせることであり——それはわたしがこの王国内で，また閣下の公明正大なる庇護，驚くべき援助という高き導きのもとで享受されるべき哲学の真の自由に際して，わたしの責任として果たすべき弁明」である，と。首相ハルデンベルク侯あての送り状の草案において，ヘーゲルはより明瞭に説明している。自分の学的努力は，「哲学という名称を不当に簒奪するものを哲学から排除することへと向かい，そしてむしろ国家の本性がそもそも必要としている原則と哲学との一致を証明することへと向かい，しかし［国王陛下］のもとで明るくされた統治のもとで，そして閣下のプロイセン国家のための賢き指導のもとで，まさにそのゆえその国家に属することがわたし自身をとくに満足させなければならないことと哲学との一致を，一方では維持することと，他方でさらに幸運に維持することへと」向かうのである，と。しかし首相が手紙の存在に気づいたとき，当時は政治的に正しく暗示的であったが，今日は恭しくみえる言い回しの背後にある憲法制定の約束を履行せよという助言から逃れることは難しかったであろう。

8.1.2. 序文

(1) 『法哲学要綱』へのヘーゲルの「序文」（GW 14. 7-19）は，法哲学講義への導入ではない。しかしこの序文は，受容史を形成し決定してきた。疑いもなく，それはヘーゲルのもっとも輝かしい，しかし同時にもっとも破壊的なテクストである。この序文は，今日でもなお「ジャーナリスティックな災難」，または「哲学政治的なパンフレット」（Schnädelbach 2000, 327）として，それどころか政治的反動の表明として読まれるのである。——いうまでもなく，この序文がかつて当時の反動勢力の政治的構想にかかわっていたということを証明できない批判者たちによってそう読まれるのである。そしてこの「序文」が惹起した批判的留保は，『法哲学要綱』にとどめられたままであることはない。多くの場合，それはヘーゲルの哲学全体への不信になってゆくのである。

(2) 「序文」の反動的性格は，また次の格言にいわば集約されているように思われる。「理性的なものは現実的である。そして現実的なものは理性的である」（GW 14. 14）。しかし，この「二重命題」が，

既存の政治的諸状況のたんなる正当化として読まれるべきでないということを確信するには，とにかくわずかな解釈学的技術がありさえすればよい。というのもこの「序文」は，「哲学の現実性に対する立場」を，ことごとく「現実的な理性」と「皮相なものにおいてみずからを示す諸形態および偶然性」との「存在論的差異」によって描き出すからである。哲学が「自然において現在し，現実的な理性を，皮相なものにおいてみずからを示す諸形態および偶然性ではなくて，むしろ，理性の永遠の調和を，自然に内在的な法則として探求しなければならないし，概念把握し包み込むものとしてとらえられなければならない」ということ，そのことは哲学が人倫的世界を認識するさいも同様なのである（GW 14, 1. 8）。哲学は，人倫的世界の内在的な法則性を際立たせなければならない。それは国家の内的論理を，「国家を理性的にする建築術を――それは公的生活の圏域と権能とを区別することで，また柱・アーチ・搖壁が保たれる度合いの厳密さによって，全体の強さを諸部分の調和から生じさせる」（GW 14, 1. 10）――際立たせなければならないのである。というのも，この内在的理性構造こそが，本来的に「現実的なもの」なのであり，それ自身哲学の対象なのであって，その時代の政治的な争いでも，ましてや政治的なアジテーションでもないからである。

そういうわけで，時流は，みずからを哲学であると思っているが，ヘーゲルの目には「直接性」を援用して「この形成された建築物を溶かしつくして『心情，友情，感激』という粥状のものにする」ことであるように見えた。それに対して，ヘーゲルは論争を挑むのである。こういった「群集」が，哲学的概念を欠いているばかりでなく，おまけに哲学に不信を抱かせるのである。とくにヘーゲルは，彼がこの「群集」のいわば具現であるととった一人の男，かつての仇敵ヤーコプ・フリードリッヒ・フリースを，「哲学を自称する浅薄さの将師」と呼ぶ。この批判は卑劣だといわれることもある。というのも，そのころフリースは「デマゴーグ的策動」，とりわけヴァルトブルク祭での演説ゆえに，地位を失っていたからである。しかしその一方で，ヘーゲルはただ昔の，つまり彼がまだニュルンベルクの教師であったが，フリースがハイデルベルクで教授であった頃の批判を繰り返しているだけなのである。そしてなによりも，フリースによる哲学への貢献について，彼の政治的アジテーションの国家主義的かつ反ユダヤ主義的基盤を隠すにはおよばない。それはヘーゲルによって批判された同時代のもうひとつの「空虚さ」の内容物と，分かちがたく結びついている。つまり当時政治的暗殺の正当化にあろうことか利用された，敬虔さと結びついているのである（本書76頁参照）。

一方では反動に対して，また他方ではそれに対立する「デマゴーグ的策動」に対して，ヘーゲルが「法への嫌悪」（GW 14. 10）という同一の概念のもとで批判を行っているということは，これまで指摘されていないことである。一方では，理性認識よりも「感情」や「友愛という聖なる鎖」（その場合そこからは全住民のうちある特定のグループが排除されてしまうことになる）を援用しようとするところに，ヘーゲルはこの嫌悪を見て取っている。また同様にヘーゲルは反動的な態度のうちにも，「すべての法，立法，あらゆる形式的，法の下に定められた権利への激しい嫌悪」を見て取るのである。「法への嫌悪，そして法の下に定められた権利への嫌悪という合い言葉のおかげで，狂信や愚鈍やみせかけの善意があらわにされ，平素これらがどのような装いで身を隠していても間違いなくその化けの皮をはがされる」（§ 258 注）。

(3) したがって「序文」は，偶然的にあるものを正当であると自称することや，ましてすでに過去となったものの綱領的な反動ではない。むしろ哲学からそのような時事的な政治的対立を排除して，共同体の現実の理性構造を非政治的に認識することを哲学に課すよう試みている。そのことによって「序文」は，哲学政治的な論考となっている。哲学は，現象の富の「多彩な外皮」を突き抜けなければならない。「しかし，この外面態となっていて，そのうちへ本質が映現することによって形成される無限に多様な諸関係，この無限な材料とその規制は，哲学の対象ではない。それを対象にすると，哲学は自分に関係のないもろもろの物事に介入することになるだろう」（GW 14, 1. 14f.）。それというのも，哲学が悪しき確信をもって現象を無視するからではなくて，哲学には普遍的なものの認識が課せられているから

なのである。

　時事政治の意味では非政治的なこの綱領文書は，もちろん一層安定した観点を含んでいる。精神世界に内在する理性を認識することは，ただ存在するものの認識でしかつねにありえない。認識は，現在を超えることはできない。個人がいずれにせよ「時代の子」であるように，哲学もまた「思想において把握されたその時代」である。それでも哲学は，純粋な現在のうちに住まうと一度ならず述べられている。「世界の思想として，現実がその形成過程を完了しておのれを仕上げたあとで，哲学ははじめて時代のうちにあらわれる。［…］哲学がおのれの灰色に灰色を重ね塗るとき，生のひとつの姿はすでに老いており，灰色に灰色ではその生の姿は若返らされはせず，ただ認識されるだけである。ミネルヴァのふくろうは，たそがれがやってきてはじめて飛び始める」(GW 14. 17f)。哲学は，この認識を課される。哲学は，国家をあるべきふうに構成する必要はない。「存在するものを把握することが哲学の課題である。なぜなら存在するものが理性であるからである」(GW 14. 15f)。

　このようにしてもっぱら存在するものを認識することを課題とするのが，哲学だと考えようとする。そのことのうちに，復古によって条件づけられた諦念的性格が読み取られてきた。しかし，ヘーゲルがすでに『ドイツ憲法論』において——復古時代のそれとはまったく異なった状況のもとでも同様に——，存在するものの後追い的な認識というこの役割でもって哲学を性格づけているようにみえるということを，このような時系列は無視している（本書159頁参照）。もちろんこの哲学概念のあきらめの性格のテーゼは，哲学の課題との類推によって強められこそすれ，否定されることはない。しかしこのことで，哲学の概念の妥当性については，なにものもまだ生まれてはいないのである。

　(4)　理性的なものを説明する文脈に，現実的なものが理性的であるというテーゼを導入することで，ヘーゲルにとって問題だったのは，まさに偶然的現象を正当化することだったというような致命的誤解を避けることはできなかった。そのような現象には，本来哲学が関与するべきではなかったのである。この現実的なものを理性と等置する直接の先駆形式については，このような誤解はより少なかった。定式化「理性的なものは，生起しなければならない」は，1817/1818年講義の聴講者ノート（V1. 192, u.o）を一貫しており，また1819/1820年の講義，そしてまだ「序文」ではなくとも『法哲学要綱』に取り組んでいた時期にも，「理性的なものは現実的となり，現実的なものは理性的になる」（Henrich, 1983, 51）という類似した表現が伝わっている。ここに「二重命題（Henrich）」が，少なくともみずからのうちに孕んでいる批判的なポテンシャルが現れる。ハインリヒ・ハイネがヘーゲルとの会話を伝えており（虚構的であるとはいえ），これもまたこのことを際立たせる。「わたしにとって『存在するあらゆるものが理性的である』という言葉が不満であったとき，ヘーゲルは不思議に微笑んで，それは『あらゆる理性的なものは存在するべきである』ともいえるのだと言いました」（HBZ 255）。しかし1819/20年の同じ講義のリンギア（J. R. Ringier）によって残された資料は，いずれにせよ「理性的なものは現実的であり，その逆もまたしかり」というように『法哲学要綱』に従っており，『法哲学要綱』の意味において徹底的に厳密に規定している。「しかし，混乱していることもありうる個体性や特殊的なものにおいてではない」（V 14. 8）。

　(5)　「二重命題」の衝撃，少なくともそれが政治的静観主義という意味で「容易に誤解されやすいということ」（R 335）により，ヘーゲルは『エンツュクロペディー』の第2版（§6）において，この「単純な諸命題」の意味を精密に規定するように迫られた。それは『論理学』における定在 Dasein, 現実存在 Existenz とほかの諸規定との区別された把握を援用するのと同様の強い意味で，「現象 Erscheinung」と「現実性 Wirklichkeit」を区別することによってである。しかしそうなれば，このような説明を逃げ道として，厳しい政治の世界からただ思惟する認識という情熱なき平穏への引きこもっているとみることは正当ではなかろう。というのは，「序文」がいずれにしても遂行している偶然的な「現象」と「現実性」との区別立てを，それは越えることはできないからである。それどころかこの説明は，同時に「現実性」のことを，政治的情勢という平坦な事実性の対概念という意味で語っている。

またいまやヘーゲルは，日常生活においてのみ「もっとつまらない，はかないものが，それぞれ偶然的な仕方でひとつの現実性」と呼ばれると強調する。しかし「普通の感情にとって」も，たんに偶然的であるにすぎないものと，肯定的な意味で現実的なものとの違いはおのずと知られている。そしてこの現実的なものは，あまりに優れすぎてもおらず，またあまりに妄想的なものでもないような理念の契機だということであるが，それは理念がみずから現実になるためなのである。「しかし人は何が現実的なのかを知らねばならない」(V 8. 50)。

8.1.3. 受容

(1) 『精神現象学』あるいは『論理学』といった大著とはちがって，『法哲学要綱』は同時代人に大きな反響を呼び起こした。——しかしヘーゲルにとって，それは全然喜ばしくないことであった。それは，決して理解しがたいことではない。——なぜなら『法哲学要綱』によって，ヘーゲルは当時の文書合戦に参与していたあらゆる党派との緊張関係に陥ったからである。フーゴーを批判したために歴史法学派と，法典編纂を要求したためにフォン・ザヴィニーの政治選択と，フォン・ハラーを鋭く論難したために復古主義と，「序文」のために，ヴァルトブルクでの演説者とドイツ国家主義を共有する者たちとの緊張関係に陥った。反対に『法哲学要綱』の哲学的実質を，知るのは大変困難であった。カール・ヨハン・フリードリッヒ・ロート[1]のようなよき知人でさえも，1820年12月18日に「わたしはパラグラフをまったく理解できないし，注解も多くを理解できないという遺憾の意」を表明している。「[…] これほどの精神力をもった人物が，入門書には無力であるというのはわたしにはありえないことと思います。入門書は，全篇を通じてではなくとも，最初は平易でなければならないというのがわたしの意見です」。同様の問題をニートハンマーもかかえていたのだが，彼は1821年4月16日に次のように要約している。「しかしわたしの気付くことのできたあらゆる疑念にもかかわらず，われらが居酒屋世論家ばかりでなく，われらが国家学者がナンセンスや浅薄さへと向かう時代であったということはいえます。このことについて，あなたがいかなる感謝を受け取らないとしても，そのほかのことについてだけは，よりいっそうたしかにそうなのです」。そしてヘーゲルの忠実な友であり，まじめな生徒であると自称するフォン・ターデンは，1821年8月8日にこの書物の影響を次のように簡潔にまとめている。「あなたはこれまでより大きな戦いを始められ，味方や敵の感情を手加減なしに害され，傷つけられています［…］。大事件はいまや頂点を迎えています。そして戦争が精神という基盤において学という正当な武器でもって遂行されるならば，だれが正しい法を叙述しており，そのことによって現実的な権利をもっているのかということがじきに決定されるに違いありません」。ようやく遅ればせながら，1821年8月24日にフォン・アルテンシュタイン大臣は，ヘーゲルにひたすら感謝をこう述べている。ヘーゲルが「此岸的なもの，現実的なものをつかむこと，そして理性的なものを自然と歴史において概念把握すること」へと突き進むとき，「あなたは，わたしの見るところでは，現実性に対する唯一で正しい立場を哲学に与えられました。そしてあなたは，現存するものを認識してしまうことなしに非難し，とりわけ国家については無内容な理想を恣意的に作り上げる有害で不遜な輩から聴講者を守ることに確実に成功されるでしょう」(R 337) と。

1) カール・ヨハン・フリードリッヒ・ロート (1780-1852)。ニートハンマーの友人で，最初のハーマン著作集を編集した。

(2) マンフレート・リーデルは，『法哲学要綱』への数々の書評に「できそこないの受容」というタイトルを与えている (1975, 1. 17-20)。——そのうちのいくつか（ヘルバルト，Z. C.〔Carl Salomo Zachariae〕，コールマン）はとても詳細であり，事柄に即した分析に努めているのではあるが。それに対して，ヘーゲルの旧友であり，のちの敵（ヴュルテンベルクの憲法論争以来，本書341頁以下参照）であるパウルスによる匿名で現れた書評は，——それは他の書評においても同様に重要な地位をたしかに占めているヘーゲルの「序文」にもっぱらかかわっている——ほとんど他に類をみないまでに論争的

である。これはむろん，ヘーゲル自身がひき起こしたことである。1821年5月9日にヘーゲルは，自分は「序文」によって「この禿げで思い上がりの党派を，つまりシュヴァーベンでよくいわれるところの牛〔＝ばか者〕を，ぶちのめすつもりであった」とダウプに書き送っているのである。そして1922年7月18日にヘーゲルは，ニートハンマーに宛てて，同じく徹底して的確に語っている。このような題材については，いずれにせよわずかしか賛同を期待できないというわけである。「しかしわれらが自由のならず者たちにもっとよく受け入れられたいとは思わないことを，わたしはすでにはっきりと表明しました」。彼のフリース弾劾を，どっちみちすでに罰を受けている者に対する個人的誹謗であるとした『一般文芸新聞』については，ヘーゲルはあまりに憤激したので，その非難を書き写して，「教育省の広い通達において，このような（彼の言うところの）中傷に対抗する庇護を（R 336ff）」望んだほどである。とはいえ，まったく成果はなかったのだが。

ヘーゲルがヘラクレイトス流に「人を寄せつけず」，「謎めいていること」（Paulus Riedel 1975, 1. 53），のほかに次のことが主要な標的として批判された。それは，現存するもののたんなる弁護として把握された，現実的なものが理性的であり，そして理性的なものが現実的であるというヘーゲルの「二重命題」である。それは平板な同一化へと至っている。「現実的なものは，つまり直接に知覚されるものは，だから経験的なものである」（『一般文芸新聞』；Riedel 1975, 1. 147）。さらに，フリースの「浅薄さ」に対するヘーゲルの攻撃（パウルスは，「時局の多くの現象」は，「過去を叫びたてるものによって，健全な道徳的意図を攻撃」させる定めにあると思っていた：リーデル55），そしてヘーゲルが道徳的に根拠づけられた「べし」ではなく，「存在するもの」の概念把握へと哲学を導くことがさらなる一般的な批判点となる。この観点において，Z. C.〔Carl Salomo Zachariae〕は「このような哲学は，もちろんあらゆる日常的なものに順応することができるのである」と真先に結論する。

こういった共通のもろもろの異議とならんで，すべての書評はそれぞれ独特な視点を主張するのである。グスタフ・フーゴーは，ヘーゲルによるローマ法の取り扱いを（そしてヘーゲル固有の「法学史」を）まったく否定的に，批判しており，それをヘーゲルは「説明」とともに書き写した（GW 14. 289f）。しかし他の書評は，哲学的にか法学的に対決しようとしている。今日においては争う余地のない二つの点が，問題をもたらす。一つは，ヘーゲルが「国家」と「市民社会」とを区別していることである（Z. C.〔Carl Salomo Zachariae〕；Riedel 1975, 1. 134）。もう一つは彼が古き自然法のかわりに，「法の哲学」，あるいは「法哲学」という概念を導入していることである（Z. C.〔Carl Salomo Zachariae〕とコールマン：Riedel, 1.107, 159）。

書評者たちは，たしかにいくつかの点で一致しており，また部分的には「賛辞」を捧げてはいるものの，批判のほうがはるかに凌駕している。ヘルバルトは，なるほどヘーゲルを「雄々しき思索者」と見ているが，しかし彼はシェリングの「スピノザ主義への沈潜という不幸」によって引き裂かれ，『法哲学要綱』のうちで改良されたスピノザ主義を，カントの超越論的自由の成分とプラトンのイデア論に混ぜて提示するのである（Riedel 1975, 1.98）。『一般文芸新聞』は同様に，ヤコービの言い回しのひそかな適用のうちに（vgl. JWA. 1.122），「展開されていない，あるいは新手の混乱したスピノザ主義を見て取る（Riedel 1975, 1. 151）。Z. C.〔Carl Salomo Zachariae〕もまた，ヘーゲルが同一哲学の眼鏡を通して見ており，「フーフェラント[1]，ホーフバウアー，マースなどがヘーゲルより前に歩んできた道を，歩んでいない」ことを残念がる。コールマンは結局のところ『法哲学要綱』を，「途方もない作品であるが，そのはかり知れない高みのゆえにこそ，人間的なものをはるかに超越していて」――かくして，必然的に失敗した作品とみている（Riedel 1975, 1.144f. bzw. 167）。

1) ゴットリープ・フーフェンラント（1760-1817）。経済学者・法学者。イェーナ大学，ヴュルツブルク大学，ランツフート大学教授。ダンツィヒ市長。

（3）ヘーゲルの法哲学は，「とくに大学の講義としては，ことのほか幸運な成果をおさめた」とローゼンクランツは強調する（R 337）。しかし『法哲学

『要綱』の公的な受容における転換は、ヘーゲルの死後になってはじめて訪れた。理解されない「二重命題」を、ダンテ風の「あらゆる希望を捨てよ（Lasciate ogni speranza）」としてヘーゲルの概念地獄の門上に掲げる者たちに、エドゥアルト・ガンスは彼の『法哲学要綱』の新版への序文において反対しており、ヘーゲルの哲学はむしろ「自由という金属から建てられるのだ」（W VIII. X）としている。カール・フリートリッヒ・ゲッシェルのほとんど忘却された『法学者手元参考資料雑誌』も、カール・マルクスの『ヘーゲル法哲学批判序論（1843年）』へといたる『法哲学要綱』の影響史の、短いけれども生産的な段階の初期の証拠である。

8.1.4. 補足

(1) 『法哲学要綱』の印刷されたテキストには、後から二つの補足が付け加えられた。第1のものは、ヘーゲル自身が行ったものである。『エンツュクロペディー』（1817年）におけるのと同様に、ヘーゲルは『法哲学要綱』でも自家用本を「挿入された紙」とともに綴じさせた。しかし伝承自家用本は、『法哲学要綱』の第1部のみを含んでいる（§180まで）。おそらくヘーゲルは、第2部についても同様に私家本を持っていたであろうが、このことについては何の証拠もない。ゲオルグ・ラッソンは、この覚え書きをヘーゲル・アルヒーフにおいて編集した（1914-1916年）。のちにラッソンは、それを『法哲学要綱』の自分の版に追加し、のちの編集者はそれを改善しつつ、ついには『大全集版』へと付け加えた（GW 14. 292-773）。さらにこの自家用本への覚え書きのために、ヘーゲルがさらなる草稿を所持していたというのはありそうなことである。しかしそれは、わずかな残余（GW 14. 285-288）を除いて、遺されていない。

(2) 第2の補足は、ヘーゲルの死後の時代に属する。1833年にヘーゲルの生徒であり、友人でもあるエドゥアルト・ガンスが、『法哲学要綱』を「友人の会版」の一環として出版した。その際、彼によると「エンツュクロペディー」の編集者と同様に、講義筆記録から「補遺」を作成した。現在にいたるまでのヘーゲル法哲学の影響において、この「補遺」は大変重要となった。それはこの「追加」は、これがなければ知られなかったような拡張を『法哲学要綱』にさらに与えたからというよりは、むしろ講義筆記録での語り口に加えて、ガンスによる自由な編集が、ヘーゲルのパラグラフと注釈のテキストよりも、ある種の理解の困難を取り除いたがゆえにである。しかし「エンツュクロペディー」におけるのと同様、ここでもこの補遺は決してヘーゲルが公にした書物の構成要素ではありえない。それより講義筆記録のそれだけで分離された版のほうが、今となっては内容的に良いのである。それは、今日現存するホトーとグリースハイムの筆記録に含まれている。この補遺には、受容史上の意義があるにはあるけれども、だがそれだけのことである。

初出：Grundlinien der Philosophie des Rechts. Naturrecht und Staatswissenschaft im Grundrisse. Berlin 1821.
テキスト：GW 14. 書評：[H. E. G. Paulus], in: Heidelberger Jahrbücher der Literatur, April 1821, 392-405, Nrr 25-26; Gustav Hugo, in: Göttingische Gelehrte Anzeigen, 61. St., 16. 4. 21, 601-607; Anonym, in: Allgemeines Repertorium der neuesten in und ausländischen Literatur für 1821, Leipzig 1821, 436-441; [J.F. Herbart], in: Leipziger Literaturzeitung, 20. -22.2.22, 353-371, Nrr 45-47; Z. C. [Carl Salomo Zachariae?], in: Hermes oder Leipziger kritisches Jahrbuch der Literatur, Januar 1822, Bd. 1.309-351; Anonym, in: Allgemeine Literaturzeitung, Halle, Februar 1822, 305-317, Nrr 59-40; [K. Chr. Collmann], in: Jenaer Allgemeine Literatur-Zeitung, Januar 1828, Ergänzungsblätter Nrr 2-7, S. 9-53; alle in Riedel: Materialien zu Hegels Rechtsphilosophie. Frankfurt 1975, Bd. 1.53-206.
参考文献：Carl Friedrich Göschel: Zerstreute Blätter aus den Hand- und Hülfsacten eines Juristen. 3 Bde. Erfurt/Schleusingen 1832-1842; Karl Marx: Zur Kritik der Hegelschen Rechtsphilosophie (Manuskript und gedruckte Einleitung. 1843), MEW 1. 201-333 bzw. 378-391; Haym: Hegel und seine Zeit (1857), 357-391; Hanns Henning Ritter (Hg.): Eine polemische Erklärung Hegels zur Rechtsphilosophie. HS 5 (1969), 31-39; Hegel: Vorlesungen über Rechtsphilosophie 1818-1851. Edition und Kommentar in 6 Bänden. Hg. von Karl Heinz Ilting. Stuttgart-Bad Cannstatt. Bd. 1 1973, 23-126: Einleitung; Manfred Riedel: Materialien zu Hegels Rechtsphilosophie. 2 Bde. Frankfurt am Main 1975; darin 52-78: Karl-Heinz Ilting: Die Struktur der Hegelschen Rechtsphilosophie; Hans-Christian Lucas/Udo Rameil: Furcht

vor der Zensur? Zur Entstehungs und Druckgeschichte von Hegels Grundlinien der Philosophie des Rechts. HS 15 (1980), 63-93; Dieter Henrich (Hg.): Hegel. Philosophie des Rechts. Die Vorlesung von 1819/20 in einer Nachschrift. Frankfurt am Main 1983; Jaeschke: Die Vernünftigkeit des Gesetzes. Hegel und die Restauration im Streit um Zivilrecht und Verfassungsrecht. In: Lucas/ Pöggeler (1986), 221-256; Adriaan Th. Peperzak: Philosophy and Politics. A Commentary an the Preface to Hegel's Philosophy of Right. Dordrecht 1987; Ludwig Siep (Hg.) : G. W. F Hegel, Grundlinien der Philosophie des Rechts. Berlin 1997; Schnädelbach: Hegels praktische Philosophie (2000), 163-370; Jaeschke: Ein Schwabe als preußischer Staatsphilosoph? In: Patrick Bahners / Gerd Roellecke (Hg.): Preußische Stile. Ein Staat als Kunststück. Stuttgart 2001, 249-259.

8.2. ヒンリッヒスへの序文

(1)　ハイデルベルク時代の学生であるヘルマン・フリードリッヒ・ヒンリッヒス（1794-1861年）の博士号請求論文への序文のおかげで，ヘーゲルも当時の或る論争に関与している。その論争は法哲学上の論争ではないけれども，宗教哲学をめぐってやや先鋭になったのである。ヒンリッヒスはすでに1820年の10月半ばに，そしてその後たびたび旧師に自分の著書への序文を請うており（ヘーゲル宛書簡，1820年10月14日，1821年3月14日，1821年4月22日，1821年5月28日），ヘーゲルは1821年4月7日にこれを承諾している。とはいえ，政治も，宗教も撹乱されているこの時期に合わせて，宗教哲学を内容とする書物を出版することに，ヘーゲルは後になってから心配になったのである——それはヘーゲルが1821年夏学期に，宗教哲学についての初めての講義を行ったことに，疑いなく関連している。

進行中の論争であり，そして中傷し合っている雰囲気だという印象をもちながら，1821年5月の終わりに書かれたハイデルベルクの友人フリードリッヒ・クロイツァー宛書簡の下書きにおいてヘーゲルは次のように懸念している。ヒンリッヒスの本が，ヘーゲルに無神論の嫌疑をもたらしうるすべてを実際に回避することができるかどうか，と。「わたしはヒンリッヒス自身にこの点について書き送るでしょう。わたしは彼の草稿を，手許にあったそのときにはこの観点からはよく見ませんでした。つまりどれくらいそれは言い回しにおいて誤解のきっかけを与えるのか，をです」。ヒンリッヒスも，危険な状況をよく承知していたのである。だからヒンリッヒスは，1821年10月13日にヘーゲルに対して，自分にとって自負の著作にふさわしく思われたタイトル『学による宗教の哲学的基礎づけ』は，「不測のあまりにも刺激的な誤解ゆえに，たしかにあまり賢明でない」という懸念を伝えていたのである。そのかわりにヒンリッヒスは，この書簡でタイトルとして，『ヤコービ，カント，フィヒテ，シェリングによってなされた宗教を学的に把握し，その主要内容にしたがって展開する試みの哲学的基礎づけ』を提案した。1822年1月25日に，ヒンリッヒスはなおもくわしく彼の労作の立場について報告している。またその際ヒンリッヒスは，ヘーゲル哲学の宗教への関係について繰り返し論じているのである。

(2)　この報告をヘーゲルは彼の序文の最後に引用しているが，二三の文体を改めたり，しかしまたいくつかの重要な改変をしたりしている。彼はヘーゲル哲学の破壊的影響についてのヒンリッヒスの表明を，一般的なものに変更している。その表明は，ヘーゲルに対して公然と用いられる場合もあった。ヒンリッヒスは，1822年1月25日にこう書いている。「しかしあなたの学は，わたしからこの表象という圏域を取り除きました。わたしがあなたの学によってひきおこされた最高の分裂と最高の絶望をなくそうとして［…］骨折った［…］ということほど当然なことはありません。もしわたしが，絶対的真理としてのキリスト教のうちに存するものを，知の純粋な形式におけるヘーゲル哲学によって把握することができないとすれば，わたしは哲学についてもはや何も知ろうとはしないことでしょう」。

ヘーゲルはそれに対して，中立的な異稿を公刊しており，そこではもはやヘーゲルの哲学ではなくて，端的に「学」あるいは哲学が問題となるのである。「学は，わたしから表象という圏域を取り除いた。［…］わたしが学によってひきおこされた最高の分裂と最高の絶望をなくそうとして［…］骨折ったということは何と当然のことであろうか。もしわたしが，絶対的真理としてのキリスト教のうちに存する

ものを，純粋な知の形式における哲学によって概念把握することができないとすれば，わたしはあらゆる哲学についてもはや何も知ろうとしないであろう」(GW 15. 142)。

この修正（ここでは圏点で示した）に，ヘーゲルは書簡においても触れている。ヘーゲルは序文の主要な部分を送ってから三日ののちに，その書簡とともに序文の最後の部分をヒンリッヒスに送ったのである。ヘーゲルがなした修正を決して元に戻さないようにという，じつに断固とした要求とともに。「あなたの草案のなかのわたしの哲学を詳しく表現した言葉を，わたしは抹消しました。[…] 少なくともそのままにしておくことが望ましいし，そのままにしておかなければならない」(1822年4月7日)。

(3) ヒンリッヒスの論文が，その言い回しが無神論だと誤解される危険が大きくて，それによる衝突，このことをヘーゲルは恐れた。しかし，そうはならなかった。とはいえ，それが相当な衝突をひきおこしたのは，ヒンリッヒスのせいではなくて，むしろヘーゲルの前文によるのである。というのは，ヘーゲルはここで一般的な神学の損失を嘆くばかりでない。彼はまた「意識された真理，客観的内容，信仰論の欠如を」嘆いており，それは「実際に純粋で真実で，つまり無知による無邪気な遠慮深さをもっている家畜」(GW.15, 131, 134) に対立するものなのである。ヘーゲルはここで，名指しではないけれども，シュライエルマッハーを周知のように批判することになる。それによって彼は，形式的で慇懃な手紙（1819年11月16日）によって円滑になっていたとはいえ，デ・ヴェッテをめぐる論争以来（本書76頁参照）どのみち破られていた関係のうちに身をおくことになる。「（シュライエルマッハーの『信仰論』第9節にあるように，）人間における宗教が感情にのみ基礎づけられ，そしてそれには人間が帰依しているという感情以上の規定が正しくあるというのでないとすれば，犬がもっともよきキリスト教徒であることになろう。というのも犬は，これをもっとも強固に持ち合わせているし，とりわけこの感情のうちに生きるからである。空腹が骨によって満たされるときには，犬は救済の感情すらもっているのだ」(GW15. 137)。

これらの言い回しによって，ヘーゲルはただベルリンの就任演説においてすでに述べられていた「理性的自己意識の動物的形式」(GW 18. 24) としての感情を繰り返し批判しているだけである。しかしたとえ言明されないにせよ，その批判をシュライエルマッハーに差し向けることで，ヘーゲルはいまやそれに特別な鋭さを与えたのである。この形式による批判は「スタイルにおいてはたしかに逸脱であり，しかし実質においては宗教を感情の上に基礎づけることに対するヘーゲルの主張による断固としたあてこすりにほかならない」(ランゲ 1983, 218)。ヘーゲルが1822年4月4日にヒンリッヒスに宛てて，前文を次のように性格づけたとき，彼はこの論争を軽く見ている。「この前文は，われらが現在の神学にときおり直接に関連します」，と。しかしヘーゲルの非難の激しさは，現在にいたるまで多くのグループに憤慨を惹起し続けているのである。ヘーゲルがシュライエルマッハーの批判において触れたような，感情という見地の問題へは具体的に入りこまなくともよいと信じられていたということに対しても，ヘーゲルは批判するようになった。シュライエルマッハー自身もまた，この攻撃に意識的には応答することはなかった。1822年12月28日にカール・ハインリッヒ・ザックに，また1823年夏にデ・ヴェッテに対して書簡でその理由を述べている（『書簡集』4. 306, 309)。

(4) シュライエルマッハーの『信仰論』に対するヘーゲルの批判には，二つの次元が区別できる。ひとつは哲学的であり，もうひとつは神学的，つまり教会政治的である。ヒンリッヒスやハイデルベルクの友人たちとの往復書簡のうちでは，教会政治的な次元が前面に出ている。ヘーゲルは，当時基礎づけられたばかりのプロイセンの合同教会の神学的方向をめぐるルター派と改革派の公然たる争いを解決するために，『ヒンリッヒスへの序文』というきっかけを必要としたのである。しかしヘーゲルは1822年4月4日にヒンリッヒスに宛てて，ハイデルベルクの神学者たちと友人カール・ダウプに「厚顔愚劣にも合同福音教会の教義であるとわれわれに対して差し出されたものが——もちろん第1部だけで，おそらく今日のいわゆる弾圧の時代に，これ以上はできなかったのでしょうが——実際に合同福音教会の教義であるのか，はっきりとした説明を」望む，と書

いている。またさらにヘーゲルは，1822年4月7日に〔ハイデルベルクの友人に〕書いている。「われわれがだんだんと声をあげる必要があります。ダウブに，次のように内密に話してください。大臣の考えでは，神学と教会について会談するようにダウブとシュヴァルツをここに招待するつもりなのです。［…］大臣殿からこのことについて話があれば，わたしは次のように言うでしょう。ふたりには1．合同教会の条文〔ここで考えられているのは，バーデン教会合同の実現である〕と，2．福音教会の教義（すでにクリスマスに第2部が出版されるはずだったのに，著者は出し渋っています）の批判を求めておけばよろしい。すぐに，二人が神学について，そしてこのようなベルリンの神学についてどんな意見を持っているかが十分にわかるであろう」，と。しかし，これは，ヘーゲルの期待だけに終わった。

ヘーゲルの批判は，シュライエルマッハーの『信仰論』を基礎づけている二つの概念へと哲学上で向けられており，その二つの概念はともに「帰依の感情」という定式を担っている。つまりそれは「帰依」という論題，そして「感情」という論題に対する批判なのである。たしかにヘーゲルは，キリスト教以前の宗教におけるそのような帰依の感情の役割を決して軽視してはいなかったのではあるけれども，「帰依」にもとづくいかなる思想であれ，ヘーゲルのキリスト教理解からはほど遠い。たしかにヘーゲルは，このような帰依の感情が宗教において先に来るものであることについては争わない。しかしまさにそれゆえに，それは宗教の真の内容が欠如していることの指標なのである。『信仰論』の第1巻を1821年の6月（KGA I/7, 1. XXX）の出版直後に受容するにあたり，ヘーゲルは1821年夏の宗教哲学講義において，まずシュライエルマッハーの帰依という言葉と衝突している。「帰依の根本感情」という定式化は，「主への恐れ」，そして民族の奴隷性という文脈で，さっそくイスラエルの宗教の叙述においてみられる（V 4. 64）。しかしヘーゲルは，帰依の感情とローマの宗教との関係をさらに緊密にみている。帰依の感情は，政治権力の宗教的崇拝，そして最終的な帰結においては悪魔崇拝に至るのである。「帰依の感情から悪魔を崇拝すること／皇帝――現実的な人間を神として崇拝すること――諸状態の原因，熱病およびペストとしての多くの不愉快――空腹の支配者，生の直接的支配者――崇拝された悪魔――この点に最も強い帰依の感情」（V 4. 648）。反対にヘーゲルは，キリスト教のうちに帰依の感情の出番はないと考える。ヘーゲルにとって，キリスト教は「帰依」のこのような語り口の対極にある。というのも，主の霊のいるところには，帰依ではなく，自由があるからである（第2コリント書3章17節：イェシュケ 1985, 1158f）。「服従と，それゆえ迷信が最強であるようなもっとも悪しき宗教という場においてさえも，人間が神へ高揚することで，おのれの自由，無限性，普遍性，つまり感情そのものではなく精神に発するところの高きものを感じ，直観し，享受するということがおこる」（GW 15. 137）。

二つ目の要素である感情については，ヘーゲルの批判は簡潔に定式化されている。それはヘーゲルの宗教哲学講義で，とりわけ1824年の講義のある部分で，より詳細に展開されている。そこではシュライエルマッハーとの対決色が濃いという印象のもとで，宗教的意識についての形態論が定式化されているのである（V 3. 175-183）。宗教の内容は，感情でもなければならない。しかし感情とは，たしかに良くも悪しきも任意の内容をみずからのうちに取り上げるような空虚な形式ではあるが，しかしまさにそれゆえにその内容を正当なものとして示すことはできないのである。そのためにヘーゲルは，聖書の引用ばかりでなく，ほかのましな論証をも挙げる場合がある。またここでヘーゲルは，カントの感情批判と一致する場合がある。つまり正当化する力には，感情ではなくて，思惟のみがある。ほかの問いは，シュライエルマッハーのいうところの敬虔の感情，そして帰依の感情の問題が，暗示された感情概念のうちに包摂されてしまうのかということ，またそうでない場合には，この定式化はどのように理解されるべきなのかということである。この問いに対する答えは，周知のように今日でもなお多様に探られているのである。（Arndt 1996, 1200-1209）

初出：Hermann Friedrich Wilhelm Hinrichs: Die Religion im innerenVerhältnisse zur Wissenschaft. Nebst Darstellung und Beurteilung der von Jacobi, Kant, Fichte und Schelling gemachten Versuche, dieselbe wissenschaftlich zu erfassen, und nach ihrem Hauptinhalte zu entwickeln. Mit einem Vorwort von Georg Wilhelm Friedrich Hegel. Heidelberg 1822. Vorwort: I-XXVIII.

テキスト：GW 15. 126-143, BSchr62-86.

参考文献：Friedrich Daniel Schleiermacher: Der Christliche Glaube nach den Grundsätzen der evangelischen Kirche im Zusammenhange dargestellt (1821/22). Kritische Gesamtausgabe. Bd 7/1. Berlin-New York 1980; Aus Schleiermacher's Leben. In Briefen. Bd. 4. Berlin 1863, ND 1974; Dietz Lange; Die Kontroverse Hegels und Schleiermachers um das Verständnis der Religion. HS 18 (1983), 201-224; Jaeschke »Paralipomena Hegeliana zur Wirkungsgeschichte Schleiermachers.« In: Internationaler Schleiermacher-Kongreß Berlin 1984. Hrsg. Von Kurt-Victor Selge. Berlin-New York 1985, 1157-1169; Andreas Arndt (Hg.): Friedrich Schleiermacher: Schriften. Frankfurt am Mein 1996.

8.3. クロイツァーのプロクロス 刊行への注釈

(1) 次に続くヘーゲルの出版物は、彼の短くも実り多きハイデルベルク時代へと再び立ち返るものである。つまり友人クロイツァーのプロクロス刊行への注釈である。クロイツァーは、のちに回想録でヘーゲルが協力してくれたことを次のように報告している。「ヘーゲルはプロティノスよりプロクロスを高く評価しており、とくにこのプロクロスの本に高い価値を認めていた。だから彼は、わたしがプロクロスの本のための自筆原稿を持っていることを知ると、それをあらたに仕上げることを熱心にすすめた。そしてわたしが彼に印刷した全紙を送り、彼がわたしにそれについての注釈を伝えるという条件で、わたしはそれに応じた。このことは、はたせるかな書面によって彼のほうからもちかけられた。だからわたしはその注釈を、続く数年のうちに刊行された版の余録というかたちで印刷させ、彼に献呈したのである」(GW 15. 305)。

(2) なおこの申し合わせは、ヘーゲルのハイデルベルク滞在のあいだに実現されたことになる。というのも、それはのちの往復書簡の主題ではないからである。しかしヘーゲルの注釈の成立過程は、続く時代の書簡によってより正確に描くことができる。

クロイツァーが『象徴と神話』の改訂を終えてからちょうどすぐにあとに、1820年5月30日に、彼はヘーゲルに宛てて、共通の知人であるヴィクトール・クーザンについて書いている。「しかしわれらがクーザン教授殿は、わたしに対してよい態度をとりませんでした。あらゆる軽薄さが、何の助けになるというのでしょう。あなたもご承知のように、彼はギリシア語はまったく分からないと自分で言っていたのです。さて彼は、わたしにただ次のことを要求しました。a) わたしは、彼のためにプロクロスの選集をたった500フローリンで、やすやすと売り渡さなければなりません。b) わたしは、彼がプロクロスを編集するために、彼にドイツの出版社を探してやらなければなりません。返事をしないのもまたひとつの返事であるとわたしは考え、別に一つの出版告知を印刷させました。さていまや彼は、プロクロスのいくつかの作品をみずからラテン語に訳したもの——大部分はファブリキウスに拠っていますが——を携えて登場し、——わたしには何だかわからないが——ティーデマンとテンネマンより先にわたしに贈呈しておきながら、わたしのプロクロスの版は永遠に刊行されないだろうと公衆に請合っています。だからわたしは次のことを公衆に言ってやらねばなりませんでした。つまりわたしの版は実際に印刷されること、そしてクーザン氏は彼が知りうること以上のことを、そしてだれもクーザン氏に尋ねてもいないことを請合いすぎだということです。あなたはこのギリシア語の本を秋に入手されるでしょう。歓迎されることをお願い致します。」

1821年5月の終わりにヘーゲルは、(おそらくは〔『神学綱要』〕第3部の) 最初の八つの全紙を手に入れ、クロイツァーに次のように感謝を述べている。「翻訳と注釈——そしてテクストの完成と改良——、プロクロスのこの著作は、新プラトン主義についてわたしの目につくもののうちで、わたしにとって最も愛すべきで、最も価値があるもの——つまりプラトン的な弁証法です。そしてまたプラトンよりもさらに高くプロクロスのうちで開始している体系形成およびその体系形成における理念の有機化は、そこから後のものが次々に作り出された哲学における途方もない進歩であり、それはとりわけプロクロスの功績なのです。あなたはこの版によって偉

大なる要求に応えられました。わたしの哲学史講義で，プロクロスに，そしてとくにこの著作に注意を喚起するのを欠くことはできません。この著作は，古代から近代への，そして古代哲学からキリスト教への移行の真の転換点であるようにわたしには思えます。そしてこれを現在また妥当するようにすることが重要なのです。ですからこのプロクロスの新しい版は，まことに時宜を得たものであるとわたしは思うのです。」

続く何か月かのうちに，ヘーゲルは彼の注釈を完全なものとして，クロイツァーに送ってしまったに違いない。書簡と草稿は残されてはいないけれども，1821年9月8日にはクロイツァーがもう次のように報告している。「わたしはプロクロスの小著『神学綱要』をたしかに引き渡しました。しかし植字工が待ってはくれないので，わたしはこの休暇の最初の週のうちになお一つ余録を作らなければなりません。というのもわたしは，近頃やっと三つの別の写本からのいくつかの筆記異本を，またこの著作のテイラーの英訳を，やっと手に入れたからです。［…］この余録の中に，とりわけあなたの注釈にも場所がありましょう。そのことについてわたしは，あなたに一番感謝しなければなりません」。1821年9月11日にヘーゲルは，自分が現在テキストを「12番目の全紙まで手許に持っている」ことを報告しており，それにクロイツァーは1821年9月25日に次のように返答している。「プロクロスのテキストは完成しました。余録がどうしても必要となったために，あなたは結論部を11月にようやく手にされることでしょう」。1822年1月26日に，クロイツァーは最終的に次のように告げている。「2月に『神学綱要』を入手されるでしょう。それはあなたへと捧げられており，またあなたも恥ずかしくは思わないであろう文献学者，ファン・ホエズデ[1]へと捧げられています。彼はよくプラトンについて研究し，またドイツ文学についての知見をもっております」。

1) フィリップ・ヴィルヘルム・ファン・ホエズデ（1778-1839）。オランダの哲学者にしてユトレヒト大学文学・歴史学教授。

(3) ヘーゲルは，この種の文献学的な仕事に疎遠ではなかった。20年前から，ヘーゲルは当時の友人であったパウルスのスピノザ刊行に関与していた（本書37頁，199頁参照）。ヘーゲルによるクロイツァーの刊行への注釈が示す限り，それはただ三つの短いパッセージにかかわるだけであるとはいえ，このヘーゲルが慣れ親しみ，また彼が高く評価していた後期古代哲学領域へのテキスト・クリティークの専門知識を証明するものなのである。

初出：Initia philosophiae ac theologiae ex platonicis fontibus ducta sive Procli Diadochi et Olympiodori in Platonis Alcibiadem Commentarii. Ex codd. mss. nunc primum graece edidit itemque eiusdem Procli institutionem theologicam integriorem emendatioremque adjecit Fridericus Creuzer. Pars tertia. Francofurti ad Moenum 1822, insbesondere 319-332: Epimetrum.Variae Lectionis et Annotationis.
テキスト：GW 15. 253f.
参考文献：Creuzer: Aus dem Leben eines alten Professors. Leipzig und Darmstadt 1848, 124.

8.4. 主観的精神の哲学への断片

(1) ベルリン時代の初めまで，ヘーゲルはニュルンベルク時代の出版計画を堅持していた。それは，体系の個々の諸分野を，もはやイェーナにおいて彼が試みたようにひとまとまりにしてではなく，つぎつぎに学的形式に仕上げて出版するというものなのである。この出版計画においてヘーゲルは，体系構成とは逆に，精神哲学を自然哲学よりも優先して認めている。すでに1811年10月10日に，ヘーゲルはニートハンマー宛てに，論理学の「あとに」心理学を続けたいと書いている。この心理学において，主観的精神論の第2部と——1816年からは——第3部ばかりではなく，その全体がたしかに考えられているのである（本書288頁参照）。『エンツュクロペディー』（1817）の第1版§367において，ヘーゲルは「心理学の最高にひどい状態」を嘆いている。そのことはさらに次のことと対照をなす。つまり，「心理学にはよりいっそうの重要性が与えられた」ということ，心理学は「その経験的状態においてではあるが，形而上学の基礎をなすはずであり，そのような学と

して心理学は，人間的意識の事実以外のいかなるもののうちにも，しかも事実を与えられたとおりに経験的につかみ，分析すること以外のいかなることのうちにもない」ということと，対照的である。フリースの『理性の新批判』へのターデンによる当てこすりにおいて，それは繰り返されている。ターデンは1818年４月26日に，エンツュクロペディーの精神哲学が極端に圧縮されているのを嘆いている。そしてターデンはここで，のちのちの啓発を望んでいる。「たしかにわれわれは自然と精神の両方の章について，コメンタールをなお待たのぞまなければなりません」，と。ヘーゲルは法哲学の講義において，自分の出版計画に再び立ち戻る。彼は『エンツュクロペディー』の§363から§399において，精神の学の「基本的特徴」を叙述し，そして次のように注釈する。「通常心理学と呼ばれている精神の理論ほど，ゆるがせにされ，ひどい状態にある哲学的学は容易にはない」，と。それゆえヘーゲルは「そのさらなる詳説をいつか著すことができればよい」と望むのである。（『法哲学要綱』§４補遺）

（2）ここに予告された「さらなる詳説」へと変更された（一方ではより拡張されており，他方ではより縮小されている）着手点を，『主観的精神の哲学への断片』は提示する。それが上述の§363から§399までの節が意味する「心理学」を含むばかりでなく，主観的精神の学一般を含む限りにおいて，それは拡張されている。たとえ『断片』の現存する範囲が，ただ精神の理論への導入と人間学のみを含むばかりであってもそうなのである。すでにその外的形式，つまり節に分かれていることが示すように，ヘーゲルが『論理学』に比せられるような体系への学的彫琢ではなく，『法哲学要綱』においてなしたように，彼の講義のための概説書を仕上げようと考えたという点において，縮小されているのである。1821/1822年の変わり目に出版されている（ヒンリッヒスよりヘーゲル宛，1822年１月25日）ヘンリク・シュテッフェンスの『人間学』（1822）への言及があることから，開始の時期（terminus post quem）がわかる。またこの言及が1822年の精神哲学に関する講義についてのミシュレの報告（GW 15. 302）と言葉遣いが似ていることから，両者の時点がそれほど離れていないことがわかる。それに対して，パラグラフ形式において書かれていないこの『断片』への「付録」は，1825年の講義録と定式化においてちょっと驚くほど一致しているがゆえに，「きっと講義で使用するためにわざわざ下書きされたのであろう。おそらく1825年になってようやく」。（Nicolin1961, 11）

（3）『エンツュクロペディー』（1827年）の第２版の仕事にとりかかるとともに，『主観的精神の哲学要綱』を出版する計画を，ヘーゲルは1825年ごろには放棄しているようである。少なくともヘーゲルが，1825年以降に『断片』にさらに取り組んだという徴候はない。しかしヘーゲルが『エンツュクロペディー』において第１版に対してほどこした拡張は，もはや追求されなかった精神哲学のための概説書の企画とけっして同じものではない。というのも，この断片はそれ自体においてなお，断片的であり，——まだけっして印刷される前段階でなく，欄外書き込みが示すように，ヘーゲルはさらにそれに手を加えようとは思っていたのであるが——精神概念の最も印象深い詳説を提示するからである。

（4）ヘーゲルが自然と神という両極の「あいだ」にあり，「自然的世界と永遠の世界のあいだに」ある精神の独特の地位について，出発点と目的地のあいだの「あいだ」として叙述するとき，ヘーゲルの言語は，概念的に鋭くなるとともに，詩的に美しくさえなっている。精神の概念規定は，さしあたり，精神がどこから来て，そしてどこに行くのかという二つの問いを含む。しかしさらに次のことが明らかとなる。この二つの問いこそが，「精神がなんであるかということが，それによって認識されるところの真実なものである。精神はどこからきたのか——それは自然からである。それはどこに向かうのか——おのれの自由へとである。精神がなんであるかということは，まさしくこの運動そのものを自然から解放することなのである。あたかもその活動が，偶然性であり，つまりその外部にそれがあるような一種の状態であるかのように，これやあれやをもたらしたり結果したりするような確固とした主体として，それについて語るのではない。むしろその活動が実体性であり，その活動性がその存在である。その限りでこの運動そのものは，精神の実体そのものなのである」（GW 15. 207, 249）。

たしかにヘーゲルが「実体」から「主体」への，そしてまた人格という「確固とした」主体性から精神という真の主体性への移行について，簡潔にしてはっきりと同時に述べている箇所はほかにない。そしてヘーゲルは，ここでかつてほとんど達することのない明晰さでもってほかの一連の諸事項になお言及しており，たとえば彼の精神哲学とそれに先行する経験的・合理的な精神の理論との関係について言及している。さらにそれは「客観性に関する思想の第 2 の態度」における経験概念の出現とも一致している（本書350頁参照）。精神の哲学は，「経験的でも形而上学的でもありえず」，それは「精神の概念を，それ自身からその活動性の体系への内在的で必然的な展開のうちで考察し」なければならない。しかし「経験的」および「形而上学的」という二つの一面的な契機の価値づけは，大きく違っている。「学」が，最終的には現象の経験的知見と「なにかまったく異なるものを要求する」にしても，しかしその知見は「最も重要であり，たしかに決して欠くことのできない知見」なのである。反対に，合理的心理学については，それは精神を「全く抽象的な普遍性において」観察するのであるが，しかし「このような考察方法においては，精神がそれによって精神であるところのものは，現れてこない」（GW 15. 211, 213）。

当時比較的流行していた「人類学的種別化」という最新テーマ，あるいは「人類の人種の差異と呼ばれていたところのもの」を，ヘーゲルはそっけなく，また自信をもって論じている。ここにおいて記述されなければならない差異は，「人類の特殊的自然に属する」のである。だからその差異は「理性それ自身にではなくその客観状態の種類および仕方にかかわり，そして自由という観点からの根源的な差異性，およびいわゆる人種のもとでの正当化を根拠づけることはない」。同様の意味において，ヘーゲルの講義では次のように言われている。ひとはその種別性について自然に対していかなる非難もすることはできないし，またその必要もない，と。──「なぜなら本質的なことは，人間が人間であることなのであり，人間を人間へと作りなしているものに対しては，すべての人間が同等の権利をもつからである」（V 13. 49）。この断固たる言明は，当時「進歩的」であったし，かつ20世紀にまでいたる学問，つまり「頭蓋論 Cranioskopie」という背景のもとに見られなければならない。その著名な代表者（ザムエル・トーマス・ゼンメリンクなど）は，ほかの人種の頭蓋範囲の計測によって，またそこから脳の容積を計測することで，ほかの人種の劣等性を「学問的に証明」しており，そこからさらに政治的な推論が容易に正当化されることになる。

「人種の差異」の問題にかかわる同時代の議論である「人種は一組の夫婦から分かれたのかどうか」を，ヘーゲルは「理念と自然的現実存在とが混じりあっている」，「幻想的な奇抜さ」（GW 15. 224-227）として信用しない。さらに完全な原始状態あるいは黄金時代への問いも同様である。この問いは「精神の本性についての完全な誤解に」基づくのである。というのもそれは精神の真理を直接状態に見出そうとするからである。むしろ直接状態というそのようなロマン主義とは反対に，次のことが妥当である。「思惟がみずからを自由なものとしてしまい，たしかに魂のたんなる直接状態という仕方で本質的に自由にする限りで，思惟はただ知，認識でしかありえない」（GW 15. 245-247）。

初出：Ein Hegelsches Fragment zur Philosophie des Geistes. Eingeleitet und hg. von Friedhelm Nicolin. HS 1 (1961), 17-48.
テキスト：GW 15.207-249.
典拠：Henrik Steffens: Anthoropologie. 2 Bde. Breslau 1822.
参考文献：Friedhelm Nicolin: Einleitung zum Erstdruck, ebd. 9-17.

8.5. 見ることと色彩について

(1) よく知られており，そしてしばしば笑い飛ばされることであるが，ヘーゲルはイェーナ，ハイデルベルク，ベルリンにおいて一貫してゲーテの色彩論に関心を示しており，またこのことがヘーゲルとゲーテを結びつけたのであった（本書38頁参照）。しかしヘーゲルが『エンツュクロペディー』および『論理学』における言及をこえて，見ることや色彩について独自の論考を草したことは，最近まで知ら

れていなかった。それはたしかにヘーゲルが1822年9月15日にニーダーラント連合王国〔オランダ〕への旅の途上で，マグデブルクからゲーテにあてて書いた手紙において言及されている。ヘーゲルはまず，ほかの手紙，たとえば1821年2月24日の手紙と同様に，色彩論の問題について詳細に立ち入ったのち，次のようにむすんでいる。「最後に，勝手ながら二，三の論考を，あるがままの姿で浄書させ，同封させていただきます。それらの論考は，まったくシュルツ氏およびフォン・ヘニングとのこの前の冬の談話のおかげでもともと生まれたのであり，いくつかの付随的諸事情にかかわります。第1の論考には，複視をきっかけとしてこちらに来ようとする近さや遠さを取り除くためには，さらなる興味があるかもしれません。第3の論考について，わたしにはもう原稿を整理する時間がありえませんでした」。ヨハンネス・ホフマイスターは書簡集において，これに次のように注記している。「これらの論考については，ローゼンクランツの『ヘーゲル伝』の339頁に，第1の論考を含んでいたかもしれない生理学的色彩についての自筆草稿があったことの指摘があるほかは，何も知られていない」。この最後にいわれた手書き草稿ということで，たぶんヘーゲルによって言及された第3の論考が問題となるであろう。それに対して，ゲーテに送られた二つの論考は，今では出版されている。

(2) 新しく発見された二つの論考のうちの第1のものは，元来は色彩論にかかわるものではない。その論考は，「枢密顧問官シュルツ殿」[！]による1816年の著述にかかわっている。それは，「生理学的な視覚現象と色彩現象について」であり，「その主要な主題は複視である」この問題はまた，クリストフ・ルートヴィヒ・フリードリッヒ・シュルツ，フォン・ヘニング，そしてヘーゲルによる1821/1822年冬の一連の「夕べの談話」のテーマでもあったし，そこにヘーゲルは単独で立ち入っている。しかしヘーゲルの論文の焦点はシュルツの論考であり，とりわけそこに含まれるとても複雑な図案であって，その知識なしにヘーゲルの論文を理解することは不可能なのである。というのはヘーゲルは，この「複視の現象」の元の説明になっている，この図案が，「その機縁に関して一つの誤解を与えるように見える」ということを示そうとするからである。またヘーゲルは，シュルツがヘーゲルの論文に対して口頭で申し立てた「興味深い異議」について報告しており，それを論破しようとしているからである(GW 15. 255-269)。

(3) 2つ目の論考もまた，シュルツとの「夕べの談話」の一つへとさかのぼる。まずこの論考は色彩論を主題としており，クリストフ・ハインリッヒ・プファフ——ヘーゲルのニュルンベルク時代の同僚の兄弟であり，ニュートンの信奉者である——が，ニュートンの色彩論についての論文（1813年）において記述している，一つの実験に基づいている。「黒の背景の上に青と赤の方形を水平に並べておきプリズムで観察すれば，青いもののほうが赤いものよりずれている」。ヘーゲルはプファフの「いわゆる経験」に対して反対しており，「フォン・ゲーテ殿」は「それをすでに十分に解明しており，その無根拠さをあきらかにしている」のである。ヘーゲルはこの実験の手順に対して，決定的な事情を見のがしていると主張する。プファフは「その限りニュートンの足跡を辿っていることになり，そのニュートンの実験についてゲーテは十分に次のことを明らかにしてしまったことになる。つまりそのうちの多くにおいて，何が問題となっているのかということを隠しているところに主要な価値があるのであると」。ヘーゲルは，批判を補強し，現象を解明するために，フォン・ヘニングが取り組んだ材料をも引き合いに出している。ヘーゲルは批判を強めながら，次のように結論づける。「プファフ氏が行っているような実験作業や推論の仕方や，その強みは，他でもなく問題であるところの当の諸事情を無視するところにあるのだが，このような実験や推論の解明がいかなる種類の内容へも至らないという不快感もある」(GW 15. 270-276)。

初出：Wilhelm Raimund Bayer: Nürnberg als die Geburtsstadt der entoptischen Farben. (»Gevatter« Hegel). In ders.: Gegenwartsbezüge Hegelscher Themen. Mit unbekannten Hegel-Texten zur Farbenlehre. Königstein/Ts. 1985, 49-120, insbesondere 93-112.
テキスト：GW 15.255-276.
参考文献：R 339f.; Wolfgang Bonsiepen: Bei Goethe in Weimar. In: Otto Pöggeler (Hg.): Hegel in Berlin.

Preussische Kulturpolitik und idealistische Ästhetik. Zum 150. Todestag des Philosophen. Wiesbaden 1981, 171-180.

8.6. 改宗者たちについて

(1) この小文の投書「改宗者たちについて」は同時代の芸術についてのヘーゲルの批評にとってやや重要な投書である。そして，それは，1826年の1月に二つの記事として総計5回の連載で，『文学・演劇・社交のためのベルリン速達便』(モーリッツ・ザフィール編集)において匿名で出版された。この『ベルリン速達便』という雑誌は，週に3回発行され，とりわけベルリンの文学，演劇生活に紙面を割いていた。それは『ベルリン速達便への付録』，『批判および反批判のためのベルリン速達便への伴走車』によって補完される。もともと『速達便』のタイトルページには，ゲーテの『御者クロノス』(第6行から第8行)からのモットーが掲げられている。「ただ元気よく，切り株や石の上でつまづこうとも，速い足取りで人生を行く」。ヘーゲルの第1の記事の結びの言い回しは，このモットーを暗示している。『伴走車』は，シラーの『ヴァレンシュタインの陣営』のプロローグの第138行をモットーとしている。「生は深刻で，芸術は明朗である」。

(2) ヘーゲルの投書「改宗者たちについて」は，彼が出版したすべてのテキストのうちでは，もっとも幸運に恵まれなかったものである。『反批判的なもの』というサブタイトルがつけられた第一の記事は，破損していて，その内容のおおよそ4分の1に短縮されたかたちで伝承されている。この記事の四回分の連載を『友人の会版著作集』の第17巻に採録するにあたって，フリードリッヒ・フェルスターとルートヴィヒ・ボウマンはヘーゲルの結びの言い回しを削除してしまったばかりではない(GW 16. 13, 20-25)。彼らは，『ベルリン速達便』第10号の第3分冊を見落とし，そのことで最初の記事の4回分連載の3回目をまったく見落としてしまっているのである(GW 16. 8, 1-10, 20)。のちの版も例外なくこの欠如を踏襲することで引き継いでおり，そしてこのテキストがこの切断された形式では首尾一貫して理解されないということに，研究されながらも突き当たらなかったのである。このテキストは，新しい『ベルリン著作集』(BSchr)の学生版によってはじめて完全なものとされた。こうして意図的に削除されたものであれ，忘れられたものであれ〔「改宗者たちについて」という〕テキストの章節は，初めて活字になってからも，少し以前までは知られないままであったのである。

さらに不幸な運命をたどったのは，「追伸」と題された第2の記事であった。この記事はすべての過去の版がことごとく無視し，2001年の出版(GW 16. 14f.)に至るまで研究上まったく知られないままであったのである。

(3) 『改宗者たち』というのは，「五幕ものの喜劇」の題名であり，作者のエルンスト・ラウパッハという詩人は，当時ベルリンではよく上演されていた。またラウパッハとヘーゲルとは，個人的に知り合いでもあった。この喜劇は，思い違いの喜劇である。二人の恋人，クロティルデとトルクァートは，お互いの愛を誤解したために別れてしまう。クロティルデが結婚しなければならないとき，トルクァートの伯父である伯爵が彼女と婚約する。というのも伯爵は，自分の甥のために花嫁を守ってやりたいからである。にもかかわらず，伯爵はローマへ行って死んでしまったということにして，しかし世捨て人として戻ってくる。道化師バルキエロと侍女フィアメッタの，熱心ではあるがつねにうまくゆくとは限らない手助けのもと，伯爵は数多くのいざこざののちに最終的には幸福な結末に至るように計らうのである。

(4) ヘーゲルは，「改宗者たち」の初演を，1826年1月3日に王立劇場で観劇した。この上演について『ベルリン速達便』において——名前は記されておらず，おそらく編集者であるモーリッツ・ゴットリープ・ザフィールによるのであろうが——一つの人物描写が現れた。それは作品にも，上演にも立ち入っている。それはけっして完全に軽蔑的なものだというわけではない。ザフィール(彼についてはクーノー・フィッシャーの『ヘーゲル』1236頁以下のフーゴー・ファルケンハイムによる付録を参照せよ)は劇に対して喝采を送り，そして次のような言い回しで締めくくっている。「全体としてこの作品

は，さらに夕べごとに公衆を楽しませるであろう」。ヘーゲルの抗弁，そして匿名の「反批判」によって誘発された，この作品に対する一連の異論が存在したのではあるけれども。

筋立て——あるいはむしろヘーゲルが書いたように——筋立ての欠如という観点から，ザフィールは次のように異議をはさむ。「われらが最近の喜劇詩人たちは，商業の実にまったくひどい状態について教えられているようである。作品の中で，あらゆる筋書き（商売）を避けているのだから」。「敬愛する作者氏の才能は，わたしは多くの制作において高く評価するし，その精神はまた今日では多くの美しい情景においてあきらかであるが，本質的でないこと，偶然的なことで戯れることで，あまりにも悦に入りすぎているのである」。ヘーゲルが触れているように，ザフィールは，作品の題材が「盲目的な偶然のエキセントリックな暴力沙汰に」由来しており，そのためにその喜劇としての特有性を損なっていることをはっきりと非難する。「決して喜劇ではなく，むしろ道化劇である。善良なる伯爵がみずから名づけているように」。ヘーゲルが書いたような批判的記事が，はじめから二人の主要登場人物をあまりに脆弱であると見たこと，つまり，彼らは一目見てたちまち互いに抱きあわざるをえない程に，脆弱であると見たこと，このことはザフィールの言い回しでも同様に取りあげられている。「人々はあまりに脆弱であり，改宗しがちであるから，聖書協会は彼らと友人になれるであろう」。そして，道化師と侍女が作品を長びかさなければ，この作品が最初の一幕からすでに終わってしまっているということは，ザフィールの次の文に認められる。「侍女フィアメッタと道化師バルキエロは，この作品を長びかさなければならない。さもなければこの作品は，一幕でもう終わってしまっているであろうから」。ヘーゲルはこれらすべての視点を，ザフィールの非難に合わせて受けいれているのであるが，包括的な美学的検討によって，あるいは当時演じられたほかの作品との比較によって，またとくに「改宗者たち」を非常に強調することによって，それらの非難を無力化しようとしているのである。

(5) 第2の短い記事「追伸」において，ヘーゲルは自分が親しくしている劇作家の仕事へ改めて言及するばかりでない。「改宗者たち」だけでは劇場の夕刻の予定を埋められないために，その初演の後の夕刻に，あるいは第2回目の上演の前の夕刻にそのつど上演された二つの作品，つまりヴォードヴィル「女の中に男一匹」，およびバードの喜劇「脈拍」にも言及しているのである。このように不必要な「お荷物」を将来には回避するために，ヘーゲルは「何がわれわれのレパートリーに残されるべきか」という「改善の画廊」を提案している。それはゲーテの「希望と要求」，そして「ベルリンへ」における次のような提案と一致しているのである。つまり，「芸術愛好家たちが，読んだり，観察したり，考えたりするための材料のうちで，順々に，そして何度でも，ぴったりで快適なものを容易に見つけることができる」ように，「ハウデ・ウント・シュペーナー社のベルリン便りにおける劇に関する注意や批評を，抜粋して一冊にまとめること」なのである。

初出：第1の記事：Ueber die Bekehrten. Antikritisches. (Eingesandt.) In: Berliner Schnellpost für Literatur, Theater und Geselligkeit. Folgen 1–3: Sp. 31–40, Nrr 8–10; Mittwoche, 18. Januar, Sonnabend, 21. Januar, und Montag, 23. Januar 1826, jeweils in der Abteilung »Remise für Theater und Novellistik«. -Folge 4: Beiwegen für Kritik und Antikritik zur Berliner Schnellpost. Nr 4; Montag, 23. Januar 1826, unpaginierte S. 第2の記事：Postscript. In: Beiwegen für Kritik und Antikritik zur Berliner Schnellpost. Nr 6; Sonnabend, 28. Januar 1826, 2 unpaginierte S.

テキスト：GW 16, 1–15; Bschr 87–100. —

批判的テキスト：Die Bekehrten. Berliner Schnellpost für Literatur, Theater und Geselligkeit. Nr 3, 7. 1. 26, Sp. 11a–12a, in der Abteilung »Remise für Theater und Novellistik«.

典拠：Ernst Raupach: Die Bekehrten. Lustspiel in fünf Akten. Hamburg 1827; Goethe: Über Kunst und Alterthum. WA 40. 122–124, 126

8.7. 学的批判年報掲載書評

8.7.1. 『文芸批判雑誌』から『学的批判年報』へ

(1) ヘーゲルの取り巻きとその学派における「学的

批判協会」の設立と，その協会による『学的批判年報』創刊は，たしかに変則ながら，書評の機関誌を発行するというヘーゲルがイェーナ時代にすでに懐いていた計画を実現することになった。ヘーゲルはもうそのころに，『ドイツ文芸雑誌の諸原理』を定式化していた（GW 4. 509-514）。しかしながら精力的な終結文「1807年7月をもって開始される」は，当時の困難な政治情勢のうちでは実現されなかったのである。そしてまた，イェーナからハイデルベルクへと招聘され，そこで『ハイデルベルク年報』の編集を主導するというヘーゲルの希望も，さしあたりは満たされなかった（ニートハンマー宛，1807年2月20日）。そのかわりヘーゲルは1807年から1808年にかけて『バンベルク新聞』を編集したのであるが，そのことで思いがけなく，またいやいやながらも編集経験をつむことになったのである。10年後にようやく，ヘーゲルはハイデルベルク招聘後に，『ハイデルベルク年報』にもかかわることになった。そこに「ヤコービ書評」と「第2ヴュルテンベルク論文」が掲載されたばかりでなく（本書341頁ないし345頁参照），その編集にも関与したのである。だからヘーゲルがベルリン招聘後に，批評機関の設立計画をさらに遂行したことは明白である。とりわけベルリン大学は当時，重要な出版機関を意のままにすることができなかった。というのも『一般文芸新聞』は，1804年にイェーナからプロイセンに移されたが，移転先はベルリンではなくて，当時最も威信あるプロイセンの大学の所在地ハレであったからである。

（2）ヘーゲルのベルリン招聘後すぐ，1819年から1820年にかけての冬に，ヘーゲルと担当大臣フォン・アルテンシュタインとのあいだで雑誌設立に関する会談がもたれた。そして，1820年の2月27日にヘーゲルは，大臣に提案書「文芸批判雑誌の設立について」を送った。この構想内容については，少し以前まではただヘーゲルの自筆構想と，そこから多くの点で逸脱した「故人友の会版」第17巻版のみが知られていた。最近になってようやく，ヘーゲルが送り状とともにフォン・アルテンシュタイン大臣に送付した浄書稿もまた出版されたのである。

この構想内容は，国家の庇護下にある雑誌，「王立の国家当局保護下にある」雑誌を目指している。

そしてそのことは，メッテルニッヒ体制のもとで設立されたウィーンの『文芸年報』，そしてとりわけ『知識人の新聞』と類似しているのである（vgl. HBZ 326f.）。マックス・レンツは，この計画は「ナポレオン的要素」を含んでいると断じる（308）。しかしそれは結局一連の理由から実現することはなかったが，その理由は「自由」および「国家的」というスローガンによって単純化されるようなものではない（vgl. Obenaus 1994）。ヘーゲルの構想内容のほかにも，大臣のもとにはなお多くの提案が差し出されたが，アルテンシュタインはそのすべてを拒否した。「案件があまりに困難であるがゆえに，案件にはいかなる帰結も与えられない。プロイセンを知的過重から解放して高めてゆくそのような手段にも，もっと大きな意味が見出され，その実現のための資金にも人材にも，もはや不足しないような時がくるでしょう」。

（3）この計画が頓挫してほんの少しのちに，ヘーゲルの弟子たちと友人たちが新しい雑誌『哲学，歴史，文学，芸術のための新ベルリン月報』を創刊しようとした。その主導者は，フリードリッヒ・フェルスター，レオポルト・フォン・ヘニング，そしてフリードリッヒ・ヴィルヘルム・カローヴェであったが，しかし当時憶測されたように（ヒンリヒス宛，1821年4月7日）ヘーゲルなのではなかった。だが『新ベルリン月報』は，たった一年しか続かなかった。さらなるプロジェクトが続いた。そればかりか，エドゥアルト・ガンスからハインリヒ・ハイネへの，法および国家学のための『ベルリン批判雑誌』を編集するという提案さえも続いたのである（Hogemann 1994, 60）。

（4）ヘーゲルがほとんど二十年以上雑誌の計画を遂行したとはいっても，1826年の『学的批判年報』の設立は，ヘーゲルの主導のもとに行われたのではなく，本質的にはヘーゲルの友人で，法学部の若き同僚であるエドゥアルト・ガンスの手柄によって行われたのである（1836; vgl. Br 3. 390-399, HBZ 325-330）。1825年夏にガンスは，シュトゥットガルトの出版商ヨハン・フリードリッヒ・フォン・コッタのところで，ベルリン文芸雑誌設立を勝手に推進した。それとは対照的にさしあたりヘーゲルは，ずっとぐずぐずしていた。ヘーゲルは，経済的かつ学

問的な理由でその気になれば，文芸雑誌が生産的ではないとみていたからである（GW 16, 432f.）。計画された『年報』についての最初の言及は，ガンスのハイデルベルク訪問直後，1826年3月29日のカール・ダウプのヘーゲル宛書簡にみられる。春にガンスは，とりわけヘーゲルとファルンハーゲン・フォン・エンゼと相談し，1826年の7月18日にヘーゲルは1826年7月23日の会議を招集して，そこで「学的批判協会」が創立されたのである。この協会は，哲学，自然科学，歴史的=文献学の部門に分かれており，それらの部門ごとに一人の秘書がとりまとめた。最初の総秘書は，まずガンスであったが，1828年からはレオポルト・フォン・ヘニングである。

創立の事情からして，以下のことがわかる。『年報』に対してすでに同時代人が抱いていた二つの疑念は，それが「ヘーゲル雑誌」ではないし，また「国家雑誌」でもないという『年報』の性格を見落としているのである。後者の観点からは，『年報』はそもそものはじめから厄介な立場におかれていた。『年報』が資金援助なしにやっていける見込みは薄かったので，編集部は1826年にはすでに国家援助を申請する道を探っていた。というのも，当時ほかには助成機関が存在しなかったからである。しかし国家的援助の望みに対して，そのような手当てを受け取ることで国家によって干渉されるかもしれないという懸念は，早い時期からすでにあった（HBZ 336）。そうはいっても，資金面での著しい困難と，「協会」側からの幾年かにおよぶ骨折りにもかかわらず，文部省はコッタ書店が介入したのち，そして印刷地をベルリンに変更したのちの1830年から，ようやくこの赤字事業に対して年間800ターラーという比較的僅少な補助金を承認した。これは「国家雑誌」にするためではなく，その脅迫的な立場を妨げるためなのである。財政援助とかかわらなくとも，どのみち国家によって干渉される可能性はすでにあった。なぜなら，ほかの出版物と同じように『年報』も検閲を受けなければならなかったからである。知られている限りでは，ヘーゲルの生前にプロイセンの行政が『年報』の内容に干渉しようとしたのは，たった1度，1831年2月だけである。それはヤルケの論文をガンスが批判的に論評したのを，妨げようとしたのであった。ヤルケは『ベルリン政治週報』の編集者に予定されており，その『週報』はプロイセンにおける保守的傾向と復古的傾向の焦約点であると考えられたからであった（Obenaus 1994, 28-38）。

他方，『年報』が「ヘーゲル雑誌」であると非難されたのは，ヘーゲルとその弟子が「協会」においても，また『年報』の編集においても中心的な役割を演じていたためである。もう一方で，はじめから決してヘーゲル学派のみによってということではなく，幅広く形成された基礎の上で事を運ぼうと主唱者たちが骨折ったことは見のがすことができない。そしてベック，ボップ，クロイツァー，ゲーテ（WA 42/1. 20-54），ヴィルヘルム・フォン・フンボルト，A. W. シュレーゲル，リュッケルト，ティボー，ファルンハーゲンといった名前が示すように，このことは決して無駄ではなかった。たしかにこのうちの幾人かはこの企画に参加するのにためらいがなくもなかったし，ほかの幾人かは個々の書評や，「協会」のあり方に立腹して再び去っていったのではあったけれども。これほど輝かしい多くの人々が一つの雑誌の編集に携わるというのは，困難なことではないだろうか。こんにちの『年報』への関心は，もっぱらヘーゲルとその弟子のうち幾人かによる書評を対象としているが，そのために次のような事情が見えにくくなっている。つまり彼らによる仕事は，『年報』のうちの量的にわずかな部分を占めるにすぎないことである。そのほかに自然科学的，数学的，医学的，歴史的，文献学的な多くの書評があり，それらはヘーゲル哲学にはまったく関係ないのである。そのような例として，ここではフリードリッヒ・リュッケルトの東洋文学の研究だけを挙げておこう。反対に，ヘーゲル哲学を宣伝するというのが目的であったならば，参加者はヘーゲルの学派に限られたであろうし，『年報』のテーマは哲学に限定され，また類縁的な領域が優先されたことであろう。ファルンハーゲンは，ヘーゲルの態度を次のように的確に記している。ヘーゲルは「党派を作ろうとした。［…］だが，それは志操よりむしろ状況にもとづいた個人的な取り巻きであるが」（HBZ 323）。このことはヘーゲルの，ニートハンマーとロートに対する正当化と一致している。「〔私が〕最終的に発言する権限をもつ必要があるでしょう（Il faut enfin avoir la parole)」（ニートハンマー宛，1826年9月11日，vgl. GW 16. 428）。

『年報』をめぐる争いを瞥見するに，アウグスト・ベックの証言は参照する価値がある。ベルリン時代初期には，ベックはヘーゲルとは決して友人ではないと幾度も強調している。しかし1827年8月5日に，ベックはカール・オトフリート・ミュラーに宛てて次のように書いているのである。「ちなみに今となっては，ヘーゲルはあらゆる側面からの攻撃にさらされています。しかもヘーゲル自身がまさに自制しはじめているこのときに，野卑で不正な仕方においてなのです。このような感情的な攻撃はわたしにとってはあまりに不快であり，これほどわたしと彼を和解させるものはほかにはもはやないくらいなのです。そして見過ごすことができないのは，彼に反対して党派を作っている連中がまったく節度のない盲目的激情に心を奪われていることです。そして彼らにとって問題なのは，事柄ではなく，個人になってしまっているということなのです」（HBZ 345）。

この「協会」設立と『年報』の創刊は，ときにヘーゲルがアカデミーに迎えられなかったことへの埋め合わせとして，そして「反アカデミー」の設立としてとらえられる（Jamme 1994）。これは，ヘーゲルが，シュライエルマッハーを「協会」へ迎えることに決然と反対したことに，とりわけよりどころを求める解釈である。そしてこれは，シュライエルマッハーがヘーゲルを王立アカデミーに迎えるのを妨げたことへの逆襲だというのである（HBZ 329f. 本書86頁参照）。しかし『年報』の創刊は，第一義的にこのような個人的なライヴァル意識という狭い視野において見られるべきではないし，判断されるべきでもない。その特色は，一方では当時の文芸雑誌にとっては新しく，現在においては自明となった書評というきわだった特色にあり，また他方では普遍的なもの（universale）への志向，総合大学（universitas litterarum）を目指す発端ということにこそ特色がある。個人的な，あるいは時代に制約された論争や，ヘーゲルが自分の哲学を宣伝する基盤を作ろうとしたということが特色ではないのである。

『文芸批判雑誌の設立について』**初出**：W XVII. 368-390.

テキスト：GW 15. 147-187 (草稿); GW 16. 423-439 (浄書稿)

参考文献：Neue Berliner Monatsschrift für Philosophie, Geschichte, Literatur und Kunst. Berlin 1821, ND Stuttgart-Bad Canstatt 1988; Eduard Gans: Rückblicke auf Personen und Zustände. Berlin 1836, ND Stuttgart-Bad Canstatt 1994, 215-256: »Die Stiftung der Jahrbücher für wissenschaftliche Kritik«; Lenz: Geschichte der Universität Berlin (1910), Bd 2/1. 308; Christoph Jamme (Hg.): Die »Jahrbücher für wissenschaftliche Kritik«. Hegels Berliner Gegenakademie. Stuttgart-Bad Canstatt 1994. Darin15-56: Sibylle Obenaus: Berliner Allgemeine Literaturzeitung oder »Hegelblatt«? Die »Jahrbücher für wissenschaftliche Kritik« im Spannungsfeld preußischer Universitäts-und Pressepolitik der Restauration und des Vormärz«; 57-87: Friedrich Hogemann: Die Entstehung der »Societät« und der »Jahrbücher für wissenschaftliche Kritik«; 204-227: Gunter Scholtz: Schleiermacher, Hegel und die Akademie; 377-390: Helmut Schneider: Die Zusammenarbeit von Hotho und Varnhagen im Rahmen der »Jahrbücher für wissenschaftliche Kritik«. Hothos Rezension der »Wanderjahre«; Norbert Waszek (Hg.): Materialien zu den »Jahrbücher für wissenschaftliche Kritik«. (1827-1846). Stuttgart-Bad Canstatt 1994.

8.7.2. フンボルト論評

（1）ヴィルヘルム・フォン・フンボルトによる論文「バガヴァット・ギータの名で知られたマハーバーラタのエピソードについて」についてのヘーゲルの論評は，1827年1月に『学的批判年報』が公衆の前にはじめて現れたさいの論評である。それどころか本当はひょっとすると『年報』巻頭文だったかもしれないのである。この論評の成立史については，1826年12月19日のカール・ダウプに対するヘーゲルの短い手紙による発言のほかはまったく報告されていない。いろいろ理由はあるにせよ，とりわけこの論評の最初の記事のせいで『エンツュクロペディー』第2版のための仕事が妨げられてしまったというのである。おそらくこのことは1826年の下四半期に関係するであろう。『年報』は1826年7月23日にはすでに正式に編集されており（本書380頁参照），フンボルトはもう彼の論文の第1部を1825年6月30日に，第2部は1826年6月15日にアカデミーで講演

していたのである。しかしフンボルトは1826年9月30日になって，ようやく論文の抜き刷りをよその友人たちに送付したのである。フンボルトの『著作集』の編者であるアルベルト・ライツマンは，ゲーテ（1826年9月30日），シュレーゲルとヴェルカー（同10月10日），そしてフリートレンダー（同10月22日）を受取人として挙げている。ファルンハーゲンがフンボルト宅訪問にさいして報告しているように，「新しい文芸雑誌のことをまさに」語っており，「それはフンボルトにとってもっとも関心があるように見えた」そんなときに，フンボルト論文は現れたのである。同じ頃ヘーゲルもまた，1828年になってやっと書店に並んだフンボルト論文の一冊を購入している。

(2) この論評の当時の反応についてもほとんどわかっていない。たしかにフンボルトは，この論評の「第1の記事」が出版されてすぐのち1827年1月25日に，ヘーゲルに対して友情に満ちた言葉で感謝を述べている。「わたしの最近の学術論文についてのあなたの批評を手にして読みましたが，わたしの仕事をよく，また過分に公衆へと紹介してくださったことに対するわたしの親愛なるまた暖かい感謝を貴兄にささげることは，わたしにとって真に欲していたことなのであります。あなたが大変機知豊かで繊細な仕方で展開された諸理念につきまして，さらに口頭にて話していただけることを希望いたします。あなたの記事の終わりは，大兄がさらにわたしの論文に従事されるというご親切をしてくださるという，身に余る様子でもってわたしを驚かせました」。この会談が実現したのかどうか，また論評の進行にさいしてフンボルトがヘーゲルにどのように応答したのかということは知られていない。しかしそのうちにフンボルトは「学的批判協会」のメンバーになった。彼の名は，『年報』の1827年の10月号に掲載されている。この「協会」の会議の枠内で，会談は自由に行われたであろう。ここに引用された表現が往々にして儀礼的なものであったこと，そしてフンボルトの感謝の念が実際に繰り返されることがなかったということは，1828年3月1日のフンボルトのフリードリッヒ・フォン・ゲンツ宛書簡が教えてくれる。彼はここでベルリンの『年報』について，いくつかの卓越した記事にもかかわらず，全体として趣味に合わないと報告している。そしてさらにヘーゲルについて両義的な感情を表明している。「ヘ・ー・ゲ・ル・はたしかに深遠で，稀有な頭脳の持ち主だが，このような哲学が本当に定着するなどということは，わたしには考えられません。少なくともわたしは，今まで試みた限りですが，決して馴染むことはできませんでした。講義が不明瞭であることが，彼にとって大きな損失なのかもしれません。この不明瞭は刺激的ではなく，またカント哲学やフィヒテ哲学の不明瞭と同じくらい巨大でもないし，墓の深淵のように崇高でもなくて，あきらかに不器用さに起因するのです。まるで言語が作者に浸透していないかのようです。というのも，彼はまったく通常のものごとを扱う場合ですら，けっして軽妙でも上品でもないからです。これは想像力の大きな欠如に基づくのかもしれません。しかし哲学について裁定を下すのはやめておきましょう。公衆は，ヘーゲルの意図という点では，二つの階層に分けられるようにわたしには思われます。つまり無条件に彼に追従する階層と，けわしい切石のように彼を避けて意図的に回り道する階層とにです。彼は，その影響をただその理念にまかせる哲学者ではなく，学派を作り，しかも意図的に作ります。年報もまたそこから成立したのです。わたしはそれゆえ，ひとが年報をそのように考えなくてもよいということを示すために，わざと協会に入会しているのです。とはいえ，わたしはヘーゲルと付き合っており，外面的には彼ときわめて親しくしています。内面的にも彼の能力と才能に大きな尊敬を払っておりますが，上のような欠点を見逃したりはしません」。これに関連して，フンボルトはヘーゲルの論評についても語る。「わたしにくわえられた長文の論評をわたしは決して認めることはできません。それは哲学と寓話を，本物とそうでないものとを，根源的古代と近代とを混同するのです。どんな種類の哲学的歴史にそんなことがいえましょうか。しかし論評の全体はわたしに対しても，ひそかにではあれ，向けられている。それはわたしが哲学者である前に全体であるという確信からはっきりと出てくるのです。それでも，これによってわたしが論評に対して党派的にさせられるとは思いません」(Schlesier, 1840, 298f.)。

このフンボルトの懸念は，ほとんど正しくない。

たしかにヘーゲルの論評への留保は，理解できなくはない。その留保は，ヘーゲルの「論評」の主要な欠点を全然はっきりと述べていないのではあるけれども。ヘーゲルの「論評」は，厳密な意味で論評といえるものではなく，おもにインドの宗教と文学についての資料の豊富な広がりというべきものである。インドの宗教と文学については，ヘーゲルは彼の宗教哲学講義および哲学史講義との関連で詳細に講演したことがあった（特にV 4.835-858, V 6.458, 462-483）。反対にフォン・フンボルトの第1の論文の主題と方法は，しばしば参照されるにもかかわらず，あきらかにされることはない。そして第2の論文には，ヘーゲル自身が論評の「第2の記事」の終わりで認めているように，どのみち立ち入らないのである。

(3) ヘーゲルの論評の出発点となっているのは，『バガヴァット・ギータ』の諸部分の研究報告である。ヘーゲルはウィルキンスによる英訳とアウグスト・ヴィルヘルム・フォン・シュレーゲルによるラテン語訳とを念入りに比較し，可能な限りでフンボルトの抄訳を考慮している。そのさいヘーゲルの哲学的な関心は，インド的な概念をヨーロッパ言語によって再現することの困難へと向けられている。このような困難は，思想の世界の差異に属しているわけであるが，そういった差異ゆえに，類似した諸概念であろうと，おそらく実に異なった意味内容をもつものであるということが想定される。ヘーゲルが，たとえば「義務」の概念について明らかにしたように。この〔義務〕にあたるサンスクリット語は，ウィルキンスによって「duty」，シュレーゲルによって「officium」と訳される。しかしインドの叙事詩では，近代哲学における内面化された義務の思想ではなくて，インド社会におけるカースト制度から発生した「義務」が扱われるのであって，それゆえわれわれの言うような「道徳的態度」が扱われるのではない。さらに，ヘーゲルは「ヨーガ」という語によって表示される思想体系の意味と，それとサーンキヤ派の体系との関係を理解しようとしており，そのことでフンボルトが「ヨーガ」を「深化Vertiefung」と訳したことが妥当であるかを検討している。「まったく固有の観点から発生したある言語の表現を，ほかの言語のただ一つの単語へと置き換えるようなあらゆる翻訳は，不十分なままにとどまる」（GW 16.32）という事情に直面しながらもである。フンボルトばかりではなく，シュレーゲルに対しても，ヘーゲルは大きな敬意を払っている。反対に，彼は両者によるアルノルト・ヘルマン・ルートヴィヒ・ヘーレン[1]への批判を，好んでとりあげるのである。

1) アルノルト・ヘルマン・ルートヴィヒ・ヘーレン（1760-1842）。歴史家にしてゲッティンゲン大学哲学教授。

(4) しかしヘーゲルの論評は，このように，フンボルトの論文によって投げかけられた一般的な問いにとらわれたままではない。ヘーゲルはじきにフンボルトの論文も，『バガヴァット・ギータ』のテキストも放り出してしまい，そのかわりに彼が宗教哲学講義や哲学史講義でも用いたすべての材料を披露してゆくのである。それどころか当時大量に出版されたインドおよび東洋文化一般に関する報告を，ヘーゲルは実に貪欲に受容している。『バガヴァット・ギータ』の複数の翻訳にとどまらず，『アジア研究（Asiatic Researches）』に掲載された諸論考，とりわけヘンリー・トーマス・コールブルックによる諸論考，同様にコールブルックによる『王立アジア学会紀要』（1824年）掲載のインド哲学についての詳細な論考を受容しているのである。またさらに彼が入手できた当時のインド文学の諸部分のすべてのほかの翻訳，たとえば彼のベルリンでの同僚であり，また友人であったインド学者，フランツ・ボップのさらに長い『ラーマーヤナ』の抄訳，またイギリスの旅行者および官吏による報告，ジェームス・ミルの『英領インドの歴史』からの長い部分もそうである（V 4.835-858の文献目録参照。ないしはV 6.485-497）。

(5) しかしヘーゲルの批評のうちに実は存在している批判的な言外の響きと自分を個人的に関係づけながらも，フンボルトはヘーゲルの留保をほとんど適切にとらえてはいない。ヘーゲルはむしろ，インドのテキストが哲学に対してもつ可能的な意義を導出するために，実質的な対決を試みるのである。ヘーゲルは，文献学者としてではなく，哲学者として

このテキストに入り込むのである。そして、そのことが彼がはっきりと留保を付ける理由である。それはフンボルトを顧慮した結果ではなく、インドのテキストの哲学的な地位を顧慮した結果なのである。たしかにヘーゲルにとってこのテキストは、絶対精神の歴史的な富の展開がひろがっていることの証拠なのであるが、しかしただ絶対精神の歴史のうちで、もはやわれわれのものではなく、すでにギリシア世界によって置き去りにされたような段階の証拠にすぎないのである。神的なものや人倫的なものについての問いに対しては、ヘーゲルにとっては現代の精神を満足させるようないかなる答えもそのテキストには認められない。

新しく獲得されたより広範囲にわたる文学史的、宗教史的な知見がもっている哲学的に顕現可能な潜在力について、ヘーゲルは冷静かつ批判的に問いかけていた。そのうえその問いは、ロマン主義によって、あるいはロマン主義的なアプローチへとのちに方向転換することをも含め、東洋の思想世界を手に入れたという思い込みに対立することによって、特別鋭さを獲得している。さしあたりロマン主義は、時代遅れとなったキリスト教のましな代用物として、東洋をとらえるのである。若きフリードリッヒ・シュレーゲルは、『詩文芸に関する対話』(1800年)所収の「神話について」において、「東洋の宝」を、そして東洋のうちに「最もロマン的なもの」を探ることを呼びかけていた(PLS 1/1. 119)。そして若きヨーゼフ・ゲレスも、『アジア世界における神話の歴史』において、東洋の神話の想像力に富んだあり方を、同時代人にむかって真理のより深い源泉として提示しようとした。しかしのちになっても、一方が転向し、また他方は回帰した後になっても、東洋は少なからず重要な役割を演じている。東洋は、もはや知恵のより深い泉ではないにせよ、当時流行し、またシェリングによっても強調されて述べられたように、神的な根源の啓示の証拠なのであって、東洋の神話はその散り散りになった破片なのである。このような想定は、ヘーゲルの「フンボルト論評」の時代には、とりわけフランスのキリスト教復興の礼拝において大きな役割を果たした。

ヘーゲルの意図は、その反対に、このかつては知られていなかったテキストへの批判的関係を打ち立てること、そしてこのようなテキストがわたしたちにはじめて明らかになるという喜び以上に、そのようなテキストがわたしたちに対して何を言うはずであるかという問いをなおざりにしてはならないということなのである。ヘーゲルはテキストを、とくにのちの歴史主義がやったように、ただ実証的にのみとらえるのではないし、また独断的に手段として利用するわけでもない。むしろそれを精神の包括的な歴史の枠組みのうちで理解し、またその歴史的な位置を認識するのである。このような手続きの仕方によって、今は亡き同僚カール・ヴィルヘルム・フェルディナント・ゾルガーとも一致することを、少なくとも『ゾルガー遺稿集』の出版後に、ヘーゲルは知ることができたのである。

初出：Jahrbücher für wissenschaftliche Kritik, 1827, 51-63 (Nrr 7/8), 1441-1492 (Nrr 181-188).
テキスト：GW 16. 19-75; Bschr 101-173.
書評対象：Wilhelm von Humboldt: »Über die unter dem Namen Bhagavad-Gítá bekannte Episode des Mahá-Bhárata. Gelesen in der Akademie der Wissenschaften am 30. Juni 1825 und 15. Juni 1826.« In: Abhandlungen der historisch-philologischen Klasse der Königlichen Akademie der Wissenschaften zu Berlin. Berlin 1828, 1-44, 45-64.
典拠：Friedrich Schlegel: Gespräch über die Poesie. In: Athenäum. Eine Zeitschrift von Augst Wilhelm Schlegel und Friedrich Schlegel. Bd. 3, Stück 1. Berlin 1800, 103 (PLS 1/1. 99-137); Joseph Görres: Mythengeschichte der asiatischen Welt. 2 Bde. Heidelberg 1810; Karl Wilhelm Ferdinand Solger: Nachgelassene Schriften und Briefwechsel. Hg. von Ludwig Tieck und Friedrich von Raumer. 2 Bde. Leipzig 1826 (ND Heidelberg 1973). Bd1. 709, 757f.; Eduard Gans: Rückblicke auf Personen und Zustände. Berlin 1836, 251-256.
参考文献：Gustav Schlesier (Hg.): Schriften von Friedrich Gentz. Ein Denkmal. Bd. 5. Mannheim 1840; Albert Leitzmann: »Bemerkungen zur Entstehungsgeschichte«, in: Wilhelm von Hunboldt: Gesammelte Schriften. Bd. 5. Berlin 1846, 479; Michel Hulin: Hegel et l'Orient. Suive de la tradition annotée d'un essai de Hegel sur la Bhagavad-Gita. Paris 1979.

8.7.3. ゾルガー書評

(1) ヘーゲルのベルリンでの同僚カール・ヴィルヘ

ルム・フェルディナント・ゾルガーの『遺稿著作・書簡集』（＝NSB）の書評は，「フンボルト論評」以上に，ヘーゲルのロマン主義との対決圏内にある。成立については何もわかっておらず，ヘーゲルのゾルガーとの関係についても，ヘーゲルの書評を除けば，ほんの少しの手がかりしかない。だから1801年から1802年にかけて，一緒にイェーナにいた時代から彼らは知り合いだったのか，そうであるならどの程度であったのかということすら不確かである。書評の冒頭で，『遺稿集』の二人の編者であるフリードリヒ・フォン・ラウマーとルートヴィヒ・ティークによるゾルガーの生涯についての叙述をヘーゲルは参照している。そして，ゾルガーは1802年にシェリングの講義を聴講するためにイェーナに行ったと，その報告に暗示するように訂正している。イェーナではゾルガーも，シェリングとヘーゲルによって主導された論争に参加しており，そのことでヘーゲルとゾルガーが早くから知り合いであったことが確証されるように思われる。しかし学友トロクスラーやアベケンとは異なり，ゾルガーは書簡でヘーゲルにたったの一度も言及しておらず，またヘーゲルの講義の聴講者にも名を連ねていない（Nicolin 1974；Henckmann 1978, 59）。ゾルガーは，1811年にベルリン大学に招聘されている。1816年のヘーゲルのベルリン招聘の最初の試みにゾルガーは尽力し，また1818年の招聘にあたっては，次のように歓迎している。「ヘーゲルがここに来ることによってどんな効果があるかをわたしは知りたくてたまりません。たしかに多くの人々は，彼の来任がわたしにとって不愉快だと信じています。しかしわたしがヘーゲルを最初に推挙したのです。請合っていいのは，わたしが彼になにか期待しているとすれば，それは哲学への感覚をより生き生きとさせることに尽きるのであり，だからけっこうなことなのである，ということです。［…］わたしはヘーゲルをいたく尊敬しており，まったく驚くべきことに，多くの点において彼と一致しています。弁証法において，わたしたち二人は互いに独立に，ほとんど同じ道を歩んできました。少なくとも事柄を同じ側面から，しかも新しい側面からとらえている。わたし固有のほかの多くの点についても，彼が同じようにわたしと了解しあうことができるかどうかは，わかりません。わたしは

思惟をふたたび生命と同化させたいと思っているのです」（NSB 1. 619f）。ヘーゲルは，ハイデルベルクにいるうちからハイデルベルクでのかつての同僚であり，ベルリンでの同僚になるヴィルケンを通し，ゾルガーの1818/1819年の冬学期の開講科目を，ゾルガーに問い合わせ，彼と調整しようとしていた。1818年の5月ごろ，ゾルガーはヘーゲルに対してこの点について回答したあとに，次のように続けている。「首尾よくあなたのご厚情を得ることができればと思います。あなたの著書がかねがねわたしの心に注ぎ込んだ誠実な深い尊敬の念について，わたしはくだくだしく前口上を申し上げようとは思いません。わたしは仕事をわたしの流儀で，そしてまた別の仕方で試みてきました。そしてこのことがあなたにとってそれほどご不満でなければいいがと願っていました。わたしたちはただ協調するというばかりでなく，了解しあって働くことがおそらくできるでしょう。そしてこのような幸福は一般にほとんどみられないものですから，それだけいっそう大切にしましょう」。ヘーゲルの就任演説の日，ゾルガーはフォン・ラウマーに宛てて書いている。「ヘーゲルは，わたしの帰郷の少しまえにここにやってきました。わたしは引越しに忙しかったので，直前になってはじめて彼はわたしを訪問しました。わたしは彼が気に入っています。それでもっとよく知りたいものだと思っています」（NSB 1. 681f）。このような言い回しは，少なくともイェーナ時代に親密な知り合いであったということを暗示していない。1か月のちにゾルガーが書き記したことは，すでに上述したように，ベルリンでの活動の最初期にはヘーゲルが注目されなかったことについての，不審の念であった。ヘーゲルもまた，1819年10月30日に，もう一度だけゾルガーに言及している。しかしこのときヘーゲルは，2日前にゾルガーを埋葬したことを，フリードリヒ・クロイツァーに伝えなければならなかったのである。ゾルガーの墓は，フィヒテの墓から遠からぬところにあり，そこにヘーゲル自身ものちに埋葬されることになった。

（2）ヘーゲル哲学との関係について，ゾルガーはただ一度だけ，1819年1月1日にティークに対して表明している。彼はここでまず「S〔つまりシュライエルマッハー〕の学派」の欠陥すなわち，「すべ

ての真理は，常識が従っている物の見方とは，ただ程度の点で異なるにすぎない」と主張するシュライエルマッハー派の欠陥を批判する。それに続けて，彼は反対の見解について語る。「厳密さを愛する哲学者たちは別の欠点に陥っています。わたしは今とりわけH〔ヘーゲル〕をその一人に数えています。その豊富な知識，思惟能力のさまざまな学問的メタモルフォーゼへのその明晰な洞察，これらのゆえに彼を高く評価しなければならないにしても，そうなのです。こういう哲学者たちは，なるほどより高次の思弁的思惟を通俗的な思惟とまったく別種の思惟として認識してはいますが，しかしあくまで思弁的思惟をもってその法則性と普遍性とにおいて唯一の現実的な思惟とし，ほかの一切は，経験的認識でさえ，これが前述の法則に完全に還元されない限り，欺瞞的な，あらゆる点で空しい思惟の断片であるとするのです。一見したところ，このことはまさしくわたしの思い込みであるように見えるかもしれません。彼らにとっては，そうでないことを望みます。わたしは決して，真ならざる認識およびその対象があることは否定しません。両者は，ありすぎるほどにあります。しかし空無として，一言でいえば悪としてあるのです」(NSB 1. 702)。ヘーゲルは，彼とゾルガーとの差異がここにあるということを否定した（GW 16. 103 脚注）。──ヘーゲルはゾルガーと自分の思惟のあいだに疑いなく存する区別を制限しようとし，そのことによって多くの可能な論争点を沈黙し，無視しているのである。

(3) ヘーゲルの「ゾルガー書評」は総じて，ゾルガーとの対決であるというより，ゾルガーをめぐる論争，ゾルガーの死後の同盟をめぐる論争である。ヘーゲルは自分の関心のうちで，ゾルガーとルートヴィヒ・ティークとの親密な友情をすべて承認するにもかかわらず，ゾルガーとロマン主義者たちのサークルの美学上の結びつきを，あとから解きほぐそうとする。ゾルガーの作品と人格性における諸傾向──それによって彼がロマン主義に分類される──とは反対に，ゾルガーを古典的なものに取り組んだ思想家，そして人格形成からしても「古典的」であり，そのことをもってヘーゲルと血縁関係にある思想家であるようにみせるような諸契機を，ヘーゲルは強調するのである。つまり，ゾルガーによるソフォクレスの翻訳，ゲーテ理解，フリードリッヒ・シュレーゲルの「厚顔さ」の対極にあるイロニーへの深い解釈と体系的な限定を強調する（GW 16. 114-118; vgl. W X/1. 84-90.『法哲学要綱』§ 140）。ヘーゲルがゾルガーの誤りを槍玉に挙げる箇所でも，それはゾルガーの初期に属するか，ティークやそれ以外の友人によって引き起こされたのであって，それどころかヘーゲルとの友情からは「引き離された」というような印象を喚起する（GW 16. 85）。ロマン主義との対決，その「趣味の誤り」との対決，客観的なものを侮蔑することとの対決，これらはヘーゲルがゾルガーをめぐる闘争の関心から行ったものである。この対決によってこの批評は，まったくヘーゲルのロマン主義批判の手がかりとなるテキストとなる。ヘーゲルの『美学講義』が出版されるまでの短い期間，この批判は一般によく知られるものとなった。ファルンハーゲン・フォン・エンゼは，この書評が「ティークとフリードリッヒ・フォン・シュレーゲルへの辛辣さゆえに，当地にて大変注目」されると報告している（HBZ 383）。ここで言明されたヘーゲルの批評，それはここに挙げられたティークとシュレーゲルに対してのみならず，ロマン主義全体に対するものである。そして，のちにテオドール・エヒターマイヤーとアルノルト・ルーゲの（ヘーゲル左派的な）『ハレ年報』における宣言，『プロテスタンティズムとロマン主義』があとに続くような系列を，すでに予示しているのである（PLS 4/1. 192-325; s. 434, 527）。

(4) 近代文学についてよりも，思弁哲学についての判断において〔ヘーゲルとゾルガーとの間に〕より緊密な共通点がある。〔自分と〕よく似ていて，またまさにロマン主義からも遠くはなれたゾルガーの思考の歩みを，ここでヘーゲルは強調する。たとえば，否定の否定を肯定として理解することがそうなのである（GW 16. 101）。しかしヘーゲルは，ゾルガーとの差異についてもはっきりと言明している。ゾルガーは，諸カテゴリーの無批判的な使用のうちに，また最高の観点との関わりが首尾一貫しないままに立ち止まっているのだ，と。ゾルガーは概念の進行の内的必然性を認識しておらず，弁証法を対話的なものを介して会話にしてしまった，と。（GW 16. 106-114, 119, 124-127）。

哲学の宗教に対する位置づけに関して，さらなる共通点がある。たとえば「キリスト教がいかに純粋に思弁的な諸根拠から理解され，洞察へともたらされうるか」を示すというゾルガーの計画に注目するときに（GW 16. 105; vgl. NSB 1. 349）。また，ヘーゲルが三位一体論の意義を承認していると解釈する，ゾルガーの発言に注目するときにである（GW 16. 101; vgl. NSB 1. 632f.）。しかしここにもまた数多くの，架橋しえない差異が残っている。とりわけ，ゾルガーがヤコービに想起させた啓示概念の拡張（GW 16. 105, 109-113; NSB 1. 461），そして哲学は信仰のうちに要石を見出さなければならないというゾルガーの見解（NSB 1. 599-605）に対する差異が残っている。

(5) しかしながら，ヘーゲルとゾルガーを結ぶこのひたすら破れやすい一致は，近代文学についての，あるいは哲学と宗教の関係についての判断にとどまるものではない。ある他の領域においてこの一致は，見たところ隔たりのないもののようであった。つまりそれは，同時代の政治的対立への態度における一致である。ヘーゲルによって引用された「ヴァルトブルク祭での演説家のおしゃべり」についての一節，あるいは10年来学生たちに説教してきた人々についての一節「君たちは賢者もしくは優れた人間であってほしい，君たちから国家および教会の再生は出発しなければならない」というように，そして「卑屈な心根ゆえの誹謗」についての言及は，まったく明瞭である。ゾルガーがここで述べるのは，当該の時代の出来事へ向けたヘーゲル自身の態度そのものなのである。そしてゾルガーは，さしあたりは自分の沈黙のおかげで，次には彼自身の死のおかげでここでの誹謗を免れたままになったのだが，それをヘーゲル自身が被ることになったのであった。しかし，次のことには触れておく価値がある。つまりどのみちほとんど隠されてはいない彼の批判者たちを，実名を挙げて明かしているゾルガーの一文を，ヘーゲルは黙ってやり過ごしたということである。ヘーゲルによってまことに控えめにハイフンを入れられた箇所は（GW 16. 90, 34），ゾルガーの『遺稿集』において次のようになっている。「S-r と F-s とは，本来は互いにちっとも似ていない哲学者であり，激しく争いあうはずなのである。しかし彼らがある程度共通のものを作り，それどころか第三者である弱々しい d. W に関わらねばならないということは，時代の不幸であろう」。（NSB 1. 725f.）当時，ここでシュライエルマッハー，フリース，そしてデ・ヴェッテのことが言われているとわからなかった者など，だれひとりとしていなかったであろう！　驚くべきことに，フォン・ラウマーは1819年4月21日のゾルガーからの書簡を，このようにあまりにあからさまな形式で出版したのであったが，それはヘーゲルにおいては緩和されている。ヘーゲルのベルリン時代には，政治的な対決が大きな重要性をもっていて，それによっておそらくこうなる。つまり，ヘーゲルがゾルガーのこの見方と完全に一致しているからといって，そのことが，いささかなりとも，ゾルガーを単純に彼の敵から受け取るようなことはさせずに，むしろゾルガーを性急な読者に対してヘーゲル自身の同志として描くようにすること，そういうことの根拠にはならなかったのである。――それでもって，ほかの前述の〔哲学上および宗教上の〕接点が，決して隠蔽されてはならないのではあるけれども。

(6) しかしながら人口に膾炙した略称『ゾルガー書評』は，『フンボルト論評』の場合とは異なり，かてて加えて特徴のある意義をも帯びている。ヘーゲルは決して『遺稿集』のみに触れるだけなのではなく，ゾルガーの作品を，さらにそれをこえてゾルガーという「人間全体」の性格描写を与えるのである。とりわけ，このゾルガー書評のうちであれほどはげしく攻撃されたフリードリッヒ・シュレーゲルが，ヤコービの小説『ヴォルデマール』への書評において練り上げたような「書評」のある種のタイプを，ヘーゲルがここで繰り返していることは奇妙なことである。ヴィルヘルム・フォン・フンボルトはフリードリッヒ・ハインリッヒ・ヤコービに宛てた1897年1月23日の書簡において，次のように述べていた。「（この種の批評は）決してある著者のある作品，いやむしろ一緒にとらえられたすべての作品に，立ち止まったことはありません。むしろ，つねに同時に全人間そのものを批評するのです」（PLS 1/1. 271）。それに関して，ゾルガーの場合，フンボルトがここでシュレーゲルの「ヴォルデマール書評」を非難しているような「悪意ある」書評が問題なので

はなく，あとから宣伝された，死後の結盟を狙った叙述が問題なのである。

初出：Jahrbücher für wissenschaftliche Kritik, 1828, Bd. 1. 403-428 (Nrr 51-54), 838-870 (Nrr 105-110).
テキスト：GW 16. 77-128; BSchr 174-241. ―書評の対象：Solger's nachgelassene Schriften und Briefwechsel. Hg. von Ludwig Tieck und Friedrich von Raumer. 2 Bde. Leipzig 1826, ND Heidelberg 1973.
参考文献：Otto Pöggeler: Hegels Kritik der Romantik. Bonn 1956, ND München 1999; Hermann Fricke: Solger. Ein brandenburgisch-berlinisch Gelehrtenleben an der Wende vom 18. zum 19. Jahrhundert. Berlin 1972; »Aus Schellings und Hegels Disputatorium im Winter 1801/02. Ein Hinweis.« Von Friedhelm Nicolin. HS 9 (1974), 43-48; »Solgers Schellingstudium in Jena 1801/02. Fünf unveröffentlichte Briefe. Mitgeteilt und erläutert von Wolfhart Henckmann.« HS 13 (1978) 53-74; Henckmann: Solger und die Berliner Kunstszene. HSB 22 (1983), 199-228; Heinrich Clairmont: ›Kritisieren heißt einen Autor besser verstehn als er sich selbst verstanden hat‹. ― Zu Hegels Solger-Rezension; Giovanna Pinna: Kann Ironie tragisch sein? Anmerkungen zur Theorie des Tragischen in Hegels Solger-Rezension. Beide in: Jamme (Hg.): »Die Jahrbücher für wissenschaftliche Kritik«, 257-279 bzw. 280-300.

8.7.4. ハーマン書評

(1) ヘーゲルの「ハーマン書評」も，この種の「同時に全人間の」批評というタイプに属する。ヘーゲルの批評のうちで，これほどヘーゲル自身の哲学に触れるものはほかにない。ここでヘーゲルは，彼にとって疎遠な思惟の世界へと突入するが，この世界はヘーゲルにとっては疎遠なままにとどまる。ハーマンはヘーゲルにとって，哲学史の形態であるよりは，むしろ特異な「固有体」なのであって，そのうちでこれまた固有の時代の情勢があらわとなるのである。批評の冒頭で，ヘーゲルはこの情勢の直観的イメージを，簡潔に素描する。「ハーマンのいた時代とは次のようである。つまりその時代にあっては，ドイツにおける思惟する精神が，――それにとって独立性はまず講壇哲学のうちにあらわれた――いまや現実化し始め，そして確実であり，真であるとされるものへと異議申し立てがなされ，その全領域が返還請求されはじめた」。ドイツにおいては，この「偉大なる脈動」は「二つの異なったキャラクター」へと分かれてしまった。一方では，「中心点」，つまりベルリンでの啓蒙主義という乾いた悟性的思考へと。また他方では，周縁，つまりケーニヒスベルクでの，ヴァイマールとイェナでの，ペンペルフォルトとヴォルフェンビュッテルでの「オリジナルな個人たちのサークル」へと。後者において「天才，精神と理性の深さのうちに咲き誇った」ものは，「前者である中心から，悪意に満ちた攻撃を受け，そして蔑視され」た。しかしこの「個人たち」のうちで，ハーマンは「ただオリジナルであったばかりでなく，オリジナル以上のものであった。というのも，彼は自分の深遠な特有性を集中させることに固執し，その特有性ときたら，思惟する理性の広がりの普遍性であれ，趣味の普遍性であれ，あらゆる種類の普遍性が不可能であると示してしまったのである」。ハーマンには，「ただユーモラスな，才気あふれる，脈絡のない表現だけが可能である」。「思惟する理性の欲求」は，彼にとって「疎遠で，理解不能なままである」(GW 16. 131-133)。

それゆえに『哲学史講義』の中で，ヘーゲルはハーマンの著作を扱っていない。少なくとも，現在知られている限りではそうである。しかし，かくのごとく評価と距離感とが相半ばするのは，決してヘーゲルに限ったことではない。一般にハーマンとの関係について，このことは同時代人（とりわけゲーテにおいて）に共通である。ヤコービとそのサークル（ハーマンの『著作集』の編者であるカール・ヨーハン・フリードリッヒ・ロートも数えられる）が，少なくとも部分的には，この距離をまったく克服してしまったのであるが。しかしヤコービもまた1788年にハーマンとの個人的関係を，次のように要約している。「わたしがそれに寄与しようと思ったほどには，わたしは彼の生き方，幸福になる仕方に貢献しようと思ったわりに，それらの土台になることはなかった」(GW 16. 183)，と。

(2) ヘーゲルがハーマンの著作に触れたのは，ヤコービやそのサークルとの結びつきのおかげである。たしかにロートは，ヤコービを通してではなく，初期からすでにヘーゲルには周知であった。書簡においてヘーゲルは，彼のことを1808年10月1日にニー

トハンマーに対してはじめて言及している。そして少なくともニュルンベルク時代の最初からヘーゲルはロートと個人的にも，のちには友人としての親交を結んだ。そのころロートはニュルンベルクの財務官である。1810年には彼はミュンヘンで上級財務官に就任し，1817年には大臣，1828年にはプロテスタント上級宗教局の局長に就任している。ニートハンマー宛書簡で，ヘーゲルはロートをしばしばヤコービとの直接的なつながりにおいてとらえている。両者はそこで同じ家に住んでいたのである（クーザン宛，1818年8月5日）。ロートとの学問的なつながりについては，ヘーゲルが『ハイデルベルク年報』の編集者として，1817年4月19日にニートハンマーに宛てて，ロートに批評を引き受けるつもりかどうかたずねるように頼んでいることに，はじめてあらわれる。1820年12月18日にロートは，ヘーゲルの『法哲学要綱』の送付に対して謝辞を述べており，しかしその際ロートはパラグラフはまったく理解できず，注釈もすべてが理解できるわけではないと打ち明けている。そしてヘーゲルの贈り物に対して，「復活祭に，純粋に文献学的なハーマンの著作集の第1部でもって返礼できる」希望を表明している。1821年6月9日には，ヘーゲルはニートハンマーに，「ロート上級財務官殿に［…］多くの豊かな贈り物に対する，彼の善意によってわたしが抱いたさしあたりの感謝を伝える」ように頼んでいる。〔「贈り物」が〕複数形であることは，ロートがハーマンの著作集の第1巻とともに，彼とフリードリッヒ・ケッペンが編集したヤコービの作品集もヘーゲルに送った証拠となりえよう。1年たって，1822年7月18日にヘーゲルは，『ヒンリッヒスへの序文』の献本を，これまたニートハンマーを介してロートに送り，再び「わたしにとって大変興味ぶかいハーマンの著作という贈り物」へ感謝している。これはきっと，1821年に出版された第2巻に対するものであろう。

『学的批判年報』の設立後，1826年9月11日にヘーゲルはニートハンマーを介してロートにも参加を求め，またハーマンの版への書評を予告している。「わたしは，われわれがこの大市で，それだけで価値のあるであろう第8巻を入手することを熱望しています。そしてわたしがハーマンの存在と営為をめぐって『学的批判年報』寄稿の記事を，わたしの考えているとおりに書くために，この第8巻をなお待たなければなりません」。ニートハンマーは1826年10月12日にヘーゲルに宛てて，ロートが「招待に対してなにも返事をよこさな」かったと報告している。「それに対して，ロートはわたしに，あなた〔ヘーゲル〕が掲示したハーマン著作集の広告に関して，次のことを書くよう依頼しました。1）作品集は第7巻をもって完結するものとみられるべきである。というのも，第8巻はもともと索引のみを，そのほかにはたかだか二，三のわずかな重要でない補遺を含むであろうから，とのこと。2）この第8巻の出版はすぐには期待できない，とのこと。作品集についての広告掲示のあとも，とても多くのことをめぐってなお第8巻を延期するつもりであること，それは可能な場合にはその中である場所をあなたによる広告との関係でオープンなままにしておくためです。3）しかしとくに，ハーマンがあまりに理解されなかったし，理解されない理由を，たとえばホメロスについての批評にみられるように，ハーマンがしばしばとても高い立場をとったことだと，あなたがみずから見出すであろうこと」。そしてニートハンマーは，次のように個人的な注釈を付け加えている。「わたしは，あなたのハーマンの著作への批評を熱望しています。わたしは彼の立場を，次のように理解しています。つまりわたしは彼についての根本的な判断から，一般の見解によればそこで哲学と歴史が互いに並び立つような苦境を解消することを期待しているのです。しかしそのような解決は容易ではありません。彼の時代とわれわれの時代の比較において，ハーマンが彼の同時代人たちを超越した予見者としてあることに，異論を唱えるのは難しいでしょう。しかしわれわれの時代は，この偉大な名前に追随しようとしても，彼自身の時代よりも彼を一層理解していません。だから蒙を啓くことのできる人物が登場するならば，申し分ありません。わたしはそのような人物を心から歓迎します！」

ロートの提案とは逆に，ヘーゲルは版の完成を待つために，批評をさらに遅らせた。1827年8月9日に彼はニートハンマーに宛てて書いている。「わたしはハーマンに取り組もうと思ったけれども，しかしいまなお第8部とそこでの必要な解説を待っています」（しかしこの巻は，ヘーゲルの死のはるかの

ち1842年と1843年になってはじめて二つの部分にわけて，グスタフ・アドルフ・ヴィーナーの編集によって出版された）。この書簡の二か月のちに，ヘーゲルはパリからの帰途ゲーテを訪問した。エッカーマンが会話を報告している。「ハーマンについてしばしば話されたが，とりわけヘーゲルが言葉を導いて，かの非凡な精神についてたいへん根本的な見解を展開した。対象をきわめてまじめに良心的に研究してはじめて生まれてくることができるとおりに」(HBZ 351)。このときにはヘーゲルは，出版されている七つの巻のみを対象に論評するということを，どうやら決心していたようである。書評のほかに，どうやらその準備作業から，「ハーマンについてのメモ」が残されている(GW 16. 407f)。

(3) ニートハンマーをめぐるサークルにおける，とりわけ編集者ロートによる『ハーマン書評』の受容については情報がない。ミュンヘンの友人たちのサークルにおいて，相当な感情のもつれを誘発したという推測は容易である。その出版前に，ニートハンマーは1828年の1月になお書いている。「年報は，いつもではないにしても，わたしを十分に喜ばせますので，その喜ばしい発展と繁栄を心から望みます」。しかしニートハンマーによって伝えられた次の書簡は，やっと1831年5月27日に書かれたものである。ニートハンマーはここで，ヘーゲルが「宗教改革演説」，すなわち「アウグスブルク信仰告白(Confessio Augstana)」（本書404頁参照）の祝三百年祭演説と，1830年12月のはじめにヘーゲルに敬意を表して作られたメダルを送付してもらったことに対して，感謝を述べている（vgl. Br 3. 462, HBZ 419)。しかしこの時期両者のあいだの文通が完全に打ち切られたわけではない。そのことは，残念ながら記録だけではあるが，新しく知られるようになった，ヘーゲルからニートハンマーに宛てた詳細な書簡によって裏付けられる。この書簡は，むろんはっきりと『ハーマン書評』に立ち入ることはない。ヘーゲルがそこで「ニートハンマーの留保（つまり年報に対する留保）を吹き飛ば」そうとしていることは，『ハーマン書評』への反応にも，しかしまた上に引用した1828年1月の書簡にも関連づけうる(Döderlein 1978, 75f.)。このような感情のもつれを，次のことがもっとあきらかにしている。ロートによ

って依頼されたハーマン著作集第8巻の編集者，グスタフ・アドルフ・フォン・ヴィーナーが〔第8巻の〕第1部門の補遺において，ゲーテ，クラウディウス[1]，ヤコービ，ラーファーター，レッシング，ジャン・パウルによるハーマン関連の発言を報告しているのだが，しかし次のように簡潔に記している。「ある書評は，ハーマンの人格的価値も，著述家としての価値も，ひどく見損なっている。その両者は，ハーマンにおいてはとても緊密に連繋しあっており，また彼の全生活の立場を描き出すものであったのだ。この書評については，ここではもう考慮しないほうがよいであろう」(VIIIf.)。

1) マティアス・クラウディウス (1740-1815)。イェーナ大学で学んだ後，詩人になった。

ほかの同時代人たちには，ヘーゲルの「ハーマン書評」は概して好意的に受け止められた。カール・アウグスト・ファルンハーゲンは，「すぐれており，注目すべき彼の書評」に言及している。またファルンハーゲン自身が或る本をヘーゲルに献呈するにあたって，「ゾルガーとハーマンについてのすぐれた，非常に鋭くかつ同時におだやかでもある性格描写」に触れ，そこで，「あなたは今日的な意義と，他の時代や状況の正当性を同じくらいに顧慮した」，と述べている。ファルンハーゲンは，この書評について「穏やかで内容豊かな批判のもっとも美しい見本であり〔…〕，一連の批評の中でわたしはこの本が一番好きです」と述べている（ファルンハーゲン1830年, IV; vgl. Br 3. 455)。さらにのちにも1838年4月27日に彼は日記の中で，この書評を読み直して「大きな喜びと真の満足を覚えた。ヘーゲルはハーマンを，あの稀少で驚嘆に値するフクロウを，よく捕らえた！」と記している（グリュンダー1961, 91)。ゲーテの判断については，エッカーマンが記している。「ヘーゲルは，とゲーテは続けた。ベルリン年報にハーマンについての書評を書いた。このところそれを何度も読みなおしているが，これを絶賛せざるをえない。批評家としてのヘーゲルの判断は，いつものように立派なものであった」(HBZ 391f.)。

反対にハーマンの追随者からこの批評は，誤解を

受けた。ヘーゲルがハーマンの個人的な生活の事情へと，とりわけ彼の「事実婚」に立ち入っているがゆえに，ハーマンの名誉への攻撃であるとして，かくして前述の種類の（本書372頁参照）「悪意ある」書評であるというのである。ハーマンの娘の一人であるマグダレーナ・カタリーナ・ローゼンベルガーはヘーゲルに宛てて，「偶然年報に目を通していると」，この「誹謗の書」が目にとまったと書いている。彼女のより長い書簡は，本質的に告発で構成されている。ヘーゲルは，ハーマンを論題にして「誹謗中傷」をなしたのであるという（Br 4/2/84-87）。ヘーゲルは，批評の論題となったロートによる版においてすでにまとめられていた消息を報告しただけだったのだが。それにもかかわらず，この批判によって実にありがちながら次のような事態が引き起こされた。つまり，こういった側面について詳細に述べられていた「ハーマン書評」の『第2の記事』の最初のふたつの段落は，『友人の会版著作集』の新しい版では削除されたのである。初版の859段から864段までが，そこでは注釈なしで欠けている（W XVII. 66 および GW 16. 149-151 参照）。これは，ラウパッハの『改宗者たち』についての記事の場合（本書377頁参照）と同じような見落としによるとするのは困難である。とりわけ，『第2の記事』冒頭の削除とともに，書評冒頭の『第1の記事』という表題もまた削除されているのである。

（4）子供らしい敬虔さと驚愕という観点からのこの批判を，ヘーゲルの『ハーマン書評』は正当化しない。ハーマンの人格の変化にとんだイメージ，すなわち初期のイギリスでの滞在，リガでの混乱，ふたつの家庭教師のポストと税関倉庫管理者としての業務の緊張，カントも含めたケーニヒスベルクの友人たちとの誤解，そして最後にミュンスターとペンペルフェルトでの滞在。これらのイメージは，ヘーゲルの批評した版から，さらにそれに補足してハーマンとヤコービの往復書簡および，ヤコービの『往復書簡選集』から取り出されている。しかしヘーゲルは，沢山の個々の書簡の箇所と報告から，このイメージを部分的には入念に構成しなおしている。というのもヘーゲルは，ハーマンの「書簡の書き手としての性格」を，「まったくもってすでに描写された人格的特性の表現以外のなにものでもない」と考

えるからである（GW 16 161）。このイメージの本質をなすものは，ハーマンの敬虔さの独特な形成であって，それが彼の文学的スタイルを形造っている。そこでは「抽象的な内面性」が，三位一体および宥和という客観的な教義への固執と結びついている（GW 16. 154, 158）。しかしそれは，「こわばった正統神学」（GW 16. 132）という仕方においてではない。ハーマンが「根っから反逆的であること」，彼の公衆に対する「敵意に満ちた感覚」，また同様に彼の「尊大で，また最高に誇張された心情の吐露」（GW 16. 171, 169）を見ると，作品と人格とは互いに切り離されないのである。そういうわけで，ハーマンは，ヤコービがそうであったように，書物らしい書物を書くことができなかった。そしてヘーゲルは，編集者であるロートを引き合いに出す。ハーマンの著作は，「真に即興的著作であり，人格的，地域的で，また同時代的な現象や経験に満ちていると同時に，しかし彼の住まう書物の世界への暗示にも満ちているのである」（GW 16. 161）。

ヘーゲルは，ハーマンのもっとも重要な哲学への貢献を，メンデルスゾーンの『イェルサレム』（1783年）の批判である『ゴルゴタとシェプリミニ』だと見ていた。とりわけ，彼の「じつに注目に値する」（「注目に値する」というのは，昔の，肯定的な意味においてである！）「純粋理性の純粋主義のメタクリティーク」のうちに見ていたのである。「理性的存在(entia rationis) の超越論的迷信」への批判によって，ハーマンは理性の問題の核心に身をおくが，彼はこの問題を「言語という形態で」とらえるのである。ヘーゲルがいずれにせよヘルダーを貶しめるいかなる機会も逃さなかったように，彼はここでも次のような文句をつけている。ヘルダーのハーマンとの往復書簡が「わざとらしい調子」と「みすぼらしさの退屈へと落ち込む」一方で，ヘルダーはこの泉〔言語〕から「大いなる暗闇から現れ，正当にも軽んじられて受容され，いまや長いあいだ忘れられていたメタクリティークを汲み取った」のである（GW16. 167f., 177）。ハーマンのヤコービとの関係に目を向けるとき，ヘーゲルは次のことを実に鋭く見て取っている。たとえばヤコービの「信Glauben」という概念で，ヤコービがどれほどハーマンに従おうとしたかということを。しかしどれほ

どハーマンが，ヤコービに「あらゆる拒絶の爆発を」しかけたかということを。というのも，ヤコービは「スピノザを，つまり『デカルト的＝カバラ主義者的夢遊病者の哀れなごろつきを，まるで胃の中の石のように』，ずっと気にかけているからなのである」。このことはヤコービの，ハーマンへの内的な信頼を弱めることはなかったにせよ。それでもなおヘーゲルは，次のことについて報告した書簡の，言外の響きをとても正確に聞き取っている。その書簡は，ハーマンのミュンスターとペンペルフェルト訪問のことや，また「まるで半身のようにわたしの魂の理想にぴったり適っている」友人たちとの生活のことを報告している。この書簡では，独特な不一致が明らかである。それはハーマンが終末の現前としても，「天による地の支配」としても定式化しているような感覚と，「悪しき霊がかわるがわる火の中，水の中へと投げ込むような」「取り憑かれた人」の落ち着きのなさとのあいだでの不一致なのである。したがって，ヤコービは自分が受けた印象を次のように総括する。「真なる全 ($π\hat{α}ν$) は，調子が合っていることと調子が合っていないことによる，光と闇による，精神主義と物質主義によるこの人である」。ここからまたハーマンがジョルダーノ・ブルーノの「一致の原理 (principium coincidentiae)」に関心を示したことが理解できる。このことはヤコービとは違って，ヘーゲルとハーマンに共通する点である。ヘーゲルは，ハーマンの敬虔さには，ヤコービと違って，何がしかよそよそしく対立していたのではあるけれども (GW 16, 170)。ヘーゲルは最終的に，次のようにまとめる。ヤコービはハーマンがいたおかげで気違いとなったのではないが，しかし気違いのままなのである。そしてこの相克において，ヘーゲル独自のハーマンへの態度も形成されたように思われる (GW 16. 182-184)。

初出：Jahrbücher für wissenschaftliche Kritik. 1828. Bd. 2. 620-640 (Nrr 77-80), 859-900 (Nrr 107-114)
テキスト：GW 16. 129-187; BSchr 242-317. 書評の対象：Friedrich Roth (Hg.): Hamann's Schriften. 2 Bde. Berlin 1821-1825.
典拠：Moses Mendelssohn: Jerusalem, oder über religiöse Macht und Judenthum. Berlin 1783. [Johann Georg Hamann:] Golgathia und Scheblimini! Von einem Prediger in der Wüsten. [Riga] 1784. 38 (Hamann Sämtliche Werke. Hg. von Nadler. Bd. 3); Jacobi: Werke. Bd IV/3: J. G. Hamanns Briefwechsel mit F. H. Jacobi. Leipzig 1819; Friedrich Heinrich Jacobi's auserlesener Briefwechsel. 2 Bde. Leipzig 1825-1827, ND Bern 1970.
参考文献：Karl August Varnhagen von Ense (Hg.): Denkwürdigkeiten des Philosophen und Arztes Johann Benjamin Erhard. Stuttgart und Tübingen 1830; Käthe Nadler: Hamann und Hegel. Zum Verhältnis von Dialektik und Existentialität. In: Logos. Internationale Zeitschrift für Philosophie der Kultur 20 (1951), 259-285; Karlfried Gründer: Nachspiel zu Hegels Hamann-Rezension. HS 1 (1961), 89-101; Johann Ludwig Däderlein (Hg.): Regest eines Briefes von Hegel an Niethammer. HS 13 (1978), 75f. vgl. Br 4/2. 72; Stephen N. Dunning: The Tongues of Men. Hegel and Hamann on Religious Languages and History. Missoula, Montana 1979.

8.7.5. ゲッシェル書評

(1) それ以前の書評群とはちがって，「ゲッシェル書評」では，ヘーゲルは弁明にまわっている。少しのちに続く「弁明」と同様に，「ゲッシェル書評」も主として弁明する批評のグループにはいるのである。この書評もまたすでに弁護にまわっているが，しかしながらそれはむしろ暗黙にである。この書評が書かれたのは，ヘーゲル哲学が汎神論であるという非難が集中する情勢においてであった（本書90頁参照）。知られている限りでは，ベルリンの神学者であり，同僚であったフリードリッヒ・アウグスト・ゴットトロイ・トルック（1823年）がはじめて，ヘーゲルを汎神論の廉で，匿名で告発したのであった（本書629頁参照）。この種の，もちろん政治的に実りのない攻撃は，かつてもベルリン大学の内外でも，フォン・カイザーリンクとゴットロープ・ベンヤミン・イェッシェによってなされていた（Lenz1910, 294；Jäsche 1828）。

ヘーゲルがこのような状況下で，ゲッシェルの哲学にはっきり味方をするばかりでなく，「敬虔な心という権威の証明」をヘーゲル哲学にかわって解説する書物を，快く受け止めたことはけっして意外なことではない (GW 16. 215)。そういうわけで，ヘーゲルは『エンツュクロペディー』(§564) においても，「神の存在の証明についての講義」(GW

18.252）においても，この〔ゲッシェルの〕書物を参照するように指示しているのである。そのころマリー・ヘーゲルは，ヘーゲルの妹であるクリスティアーネに次のように報告している。「最近ヘーゲル哲学のことが，さんざん書かれました。多くは苛烈だったり，またとげとげしいものばかりです。ヘーゲル哲学が広がれば広がるほど，そして信奉者が増えれば増えるほど，それに対する妬みや厄介事が惹き起こされます。そしてそのことで，ヘーゲル哲学の国は壁につきあたり，あるいは終わりがきてしまいます。［…］あまりに多くの苛烈な告発に対してわたしにとって快くしてくれて，ヘーゲル哲学を暖かく擁護してくれた論文は，わたしの知らないナウムブルクの学者によるものです」（HBZ 396f.）。その著者であるカール・フリードリヒ・ゲッシェルは，決して職業的な「学者」などではなく，ナウムブルクの上級裁判所判事であり，それゆえ影響力豊かな保守主義者にしてのちの「ハレ闘争」の主導者，エルンスト・ルートヴィヒ・フォン・ゲルラハの同僚であった（本書91頁参照）。

このようにヘーゲルは，ゲッシェルの『アフォリスム集』を喜んで歓迎したにもかかわらず，ヘーゲルがゲッシェルと個人的に知り合うまでには，なお数箇月を要したのであった。1829年5月10日にヘーゲルは，かつての弟子であるラーヴェンシュタインに「2，3箇月前に当地にて［…］出版された論文」の参照を指示しており，それについて以下のように述べている。「著者はこの論文の中で，とりわけわたしのキリスト教的見地の叙述に取り組んでおり，それをあらゆる側面にわたって正当化しています。そして，深いキリスト教的信仰と，根本的な思弁的思惟とのすばらしい統合が明らかにされています」。ラーヴェンシュタインは，このことについてゲッシェルに問い合わせ，そして1829年9月21日のヘーゲルへの返事に，すでにヘーゲルによる書評を顧慮しているゲッシェルの記述を引用しているのである。「ベルリン年報に掲載されたヘーゲル教授殿のわたしのアフォリスム集への書評によって，教示を受けたばかりでなく，私をすべての人に向けさせてくれたことを，隠すことができもしません。そこには，際立った鋭さとならんで穏やかさがあり，それをわたしはとても喜ばしく思いました。わたしは，勤務に忙殺されながら書きとめた文書をこのように認めていただいたことを，大きな尊敬と愛への報いであると考えています。このような尊敬と愛をもって，わたしはわが哲学の師と知りあうことなく，10年来心に抱き続け，個々の誤解に対してはしばしば口頭にてできる限り擁護を行ってきたのです。にもかかわらず，わたしは今に至るまでこの大変尊敬する師と，いかなる連絡もとることができていません。とにかく，わたしはいまや少なからぬ観点から，師への書面による感謝をむける義務があると感じます。あなたはヘーゲル教授殿にわたしよりも早く手紙を書かれるでしょうから，次のことをぜひお願いしたいのです。わたしが大変尊敬しており，また感謝していることを，わたしの名前で前もってヘーゲル先生に伝えてください。この感謝は，先生がわたしに友情を示してくださったことに対してばかりではなく，10年来わたしが先生から学んだすべてのことに対するものなのです」。しかしヘーゲルはかつてすでに，ボヘミアへの旅の途上でゲッシェル訪問を意図していたようであるが，その機会を逸した。そのことはヘーゲルへ宛てられた最初の，そして非常に詳細な記述のうちに読み取ることができる。これをもって，両者の文通は開始された。ヘーゲルは1830年12月13日になってから，ようやく──「失礼なほどの遅延」とともに──返事をしたのであるが，しかしそれは詳細なものでもあったので，そのことについてゲッシェルはこの年の大晦日に感謝を述べている。ゲッシェルのヘーゲルに宛てた最後の書簡，つまり1831年2月24日の書簡は，ヘーゲルへの赤鷲勲章の受勲祝福を含むものである。

（2）ゲッシェルの論文は，たしかにヘーゲルの書評によって，より多くの読者層に知られた。しかしそれは紹介されたというより，むしろ同時に隠蔽されたのでもあった。さらにその読まれ方には，ゲッシェルがのちに復古の周辺で演じた役割が，暗い影を落とすことになる。同様のことは，ヘーゲル主義法哲学の研究においてこれまでずっと無視され続けてきた，彼の『法学者手元参考資料雑誌』についても言えることである。だから，ヘーゲルの喜びと感謝に満ちた握手は，決して無制限の同意を意味するのではないということも，見過ごされる。それはむしろ「外交的で」，政治的な応答なのである。

（3）ヘーゲルは，『アフォリズム集』の「卓越したもの，そして稀少なもの」を，以下のようなことに見ていた。つまりこの著者が，「誠実な意味において，かつての，つまり本来のキリスト教的な信仰論の真理にも，思惟する理性の要求にも満たされており，またしかも練りに練られた教養でそれを表明した。それゆえここでは内容的にも形式的にも，関心が直接に思弁哲学の中心点に見出されるのである」。ゲッシェル論文は，「キリスト教と思弁的理性とのかの根源的統一，そしてそれらの自覚的な合一が，どうして表象にとっては把握できないものとして示されうるのかという主観的な謎の解消に」取り組んでいる。というのも，このような把握不可能性のうちに，聖書を盲信するキリスト教徒が，その敵である理性信奉者たちと，思弁哲学に対抗して同盟を結ぶチャンスがあるのである。しかしそのことによって，両者の特質は腐敗させられてしまうのではあるけれども（GW 16. 188-191）。

「無知 Nichtwissen」の宣言という，時代を同じくする現象を，ゲッシェルは〔『アフォリズム集』〕第1部においてヤコービを手がかりとして分析している。そして1820年代のゲッシェルの著述が，ヤコービの狭い意味での哲学的著作と同様に，ヤコービの小説群ともきわめて徹底的に対決しているのであろうことは，ほとんど知られていないのである。ゲッシェルはここでは，さしあたりヤコービの立場に身をおく。つまり，信は「学」によって破壊されてしまうという立場であり，あるいはヤコービの著述『神的な事物とその啓示について』によれば，学が関心をもつところのものは，決して神が存在しないということなのである。そしてゲッシェルは，徹頭徹尾ヘーゲルの手段でもって，神への無知を強調することが陥る矛盾を分析している。それはまず悟性的な自己同一性（「神は神である」）に固執するが，やがて神から取り去ったあらゆるもの——とりわけ人格性を——を付け加えようとする。そしてついには，この矛盾の意識から，神の認識不可能性および把握不可能性を主張することへと逃避することになる。ヘーゲルは，ゲッシェルの証明を次のように強調している。「このようなしかたでみずからの無知を演繹する者は」，それが批判する者と「同様のニヒリズムに陥っているのである」。それがヘーゲルに対してはじめて汎神論の非難をあげた論文について，そしてまたヤコービ自身について，ゲッシェルが用いた証明なのである（GW 16. 194）。

「絶対知」を扱った『アフォリズム集』の第2の主要部分について，ヘーゲルは同じように論評している。そこでゲッシェルは，『精神現象学』の「絶対的実体はまた同様に主体であり，絶対的主体はまた同様に実体であること」という命題に立ち返る。ゲッシェルはここでさらに，「知の自己神格化」という非難を却下する。というのも彼は，「人間が神を認識することのうちには，神が人間のうちにあるということのみならず，人間が神のうちにあるということを示すのである。ただし，人間が神のうちにあるということを示すだけであって，人間が神であるということなのではない」（GW 16. 199-201）。ゲッシェルの〔『アフォリズム集』〕第3章において，ついに「知と信仰の近代における対立が，あらゆる側面と表現からとりあげられ，知と信仰が両立できないという思い込み，そして両者の分離可能性そのものが，むなしいものであることが示された」。ここでヘーゲルは，理性主義へのゲッシェルの内在的批判を報告する。理性主義は，「ひたすら解釈的に，ひたすら聖書に忠実で」あろうとするのだが，そのことによって「解釈を行っているのは自分自身の精神であること」を隠蔽するという自己欺瞞へと陥るのである。そしてヘーゲルは，いずれにせよまさに彼自身の解決でもあるゲッシェルの解決に，次のように続ける。知と信仰とのあいだの区別を「否定することはできない。しかし同一性は区別を排除するものではないのだから，いかなる場合でもたしかに他者があり，みずからを区別するのであるが，また同様に分かちがたく結ばれているものとして示すのである」（GW 16. 210-215）。

（4）ゲッシェルの『アフォリズム集』の中で，ヘーゲルが信仰と知とのあいだの和平の「曙光」を好意的に迎え入れたのは，次のような範囲内においてである。つまりゲッシェルが，ヘーゲルが強調するように，汎神論という非難からのヘーゲルの防壁として，そして擁護者やヘーゲル自身の次のような主張の下支えすることに対する非難への反攻として機能する限りでなのである。その主張とは，哲学は宗教と一つの同一の内容，つまり絶対的なものをも

っており，それは信仰ばかりではなく，概念把握する思惟によって近づきうるのであって，ましてや決して感情などが近づきうるのではない，というものである。反対に，このような哲学概念を超えてゆくゲッシェルの傾向を露呈するような発言については，ヘーゲルは沈黙したままである。このことがとりわけ明らかとなるのは，ヘーゲルの堕罪の把握についてのゲッシェルの「あとがき」（ゲッシェル 1829, 190-195）において，そしてまた序文における次のような主張においてである。「否定性の悲惨と，すべてを崩壊させ，粉砕する弁証法に耐えうるのは，主体が信仰の領域にとどまり，あらゆる苦境において神の言葉としての聖書によりどころを求めるときに与えられるような，思弁的な精神のみである」（ebd. VII）。同様のことが，II頁（第1コリント書. 1, 20-23），IX頁（第1コリント書. 3, 18f.），X頁（コロサイ書. 2, 8f.）の三つのモットーについてもあてはまる。最初の二つにおいては，この世の知恵が神における愚かさと同一視されている。それに対して最後のものにおいては，哲学によって虜となりキリストから離反することに対して警告が与えられているのである。

いわくありげな沈黙とともに，ヘーゲルは，ラーヴェンシュタインとゲッシェルによって書簡において使用された明瞭な敬虔の，そして少なくとも敬虔主義の周辺にある言い回しを見のがす。たとえばラーヴェンシュタインは，彼にとって「キリストが，ただ完全に砕かれている心にのみ住まうこと」があきらかになったと書く（1829年9月21日）。またゲッシェルは，自分の論文と，敬虔主義の生き生きした信仰の側面との矛盾によって，自分が「キリストと結ばれていると感じている」所以のものを最も鋭く問い直し，自分が苦しんだということを告白している（1829年10月14日）。しかしながら，これらの書簡とゲッシェルの『アフォリズム集』とを比較しなければ，ヘーゲルの書評はたしかにゲッシェルと継ぎ目なく一致しているような印象を喚起するのである。

(5) そういうわけで，この書評のおかげで，かつてはよそよそしいままであった，ないしは距離をおいていたサークルからヘーゲルが喝采を浴びたというのも，不思議なことではない。たとえば，イマヌエル・ヘルマン・フィヒテからの1829年10月12日の書簡が示すように。フィヒテは，彼自身の哲学がゲッシェルと一致していると考える。しかしヘーゲルに対しては，ひとつの「キリスト教哲学」のプログラムを主張するのであるが，その課題は，神の人格性と魂の個体としての不死性の証明にある。カール・エルンスト・ヤルケ（のちのプロイセン保守主義者グループの重要な代表者のひとり）の義理の父であるカール・ヨーゼフ・ヒエロニムス・ヴィンディッシュマンは，ヘーゲルに対して1829年10月27日に，フランスの復古主義イデオローグの影響力豊かな書物（ジョセフ・ド・メストル『ペテルブルク夜話』）の翻訳への彼の序文において〔ヘーゲルの考えに〕賛同を表明したことを示唆している。他方で，ヘーゲルは——のちのローゼンクランツの報告によれば——，たいへん驚かせている。というのもヘーゲルは，ゲッシェルが「弁護士らしく練達した護教的才能によって」「証明したヘーゲル哲学のキリスト教的性格をまったくまじめに自分の誉れであると考え，ヘーゲルがその哲学によって大衆に与えた悪い見かけを十分に意識したうえで，自分を正当化するために，すべての公衆の前で著者〔ゲッシェル〕と親しく握手をしてみせた」からなのである（R 400, vgl. GW 16. 215）。

(6) にもかかわらず，1844年の〔ローゼンクランツの〕評価がこのようによそよそしい調子であることは，おそらく1840年ごろにおけるヘーゲルの宗教哲学をめぐる論争や学派内の対立とともにゲッシェルの戦線の変更によって初めて，腑に落ちるであろう。ゲッシェルは敬虔主義と結ばれているとつねに感じていたので，彼はヘーゲルの死後になって次のことを企てた。つまり，すでに以前に誓われていた「生き生きした信仰」を，まさしく無媒介で疑いえない仕方でヘーゲル哲学と結びつけること，そして敬虔さについての関心のうちでヘーゲル哲学へとさしむけられた諸要求を，つねにすでにヘーゲル哲学によって満たされたものとして示すことである。そのさいにゲッシェルは，自分の見方を正当化するべく，つねにヘーゲルの「感謝に満ちた握手」を盾に取ることができたのである。このことは，とりわけデーヴィト・フリードリッヒ・シュトラウスの『イエスの生涯』（批判的改訂版）（1835/1836年）をめぐる争いののちに，厄介なことになった。この争い

の結果，ゲッシェルは完全にヘーゲル哲学から逸脱して，当時の敬虔主義と反動の同盟に加わったのである。そのことは，プロイセン国家評議会のメンバーに，そしてマグデブルクの宗教局長に任命されたことによって，彼には職業的な実りをもたらすこととなった（本書644頁参照）。

初出：Jahrbücher für wissenschaftliche Kritik 1829. Bd. 1. 789-816, 833-835 (Nrr 99-102, 105-106).
テキスト：GW 16. 188-215; BSchr 318-353.
書評の対象：Carl Friedrich G.....l: Aphorismen über Nichtwissen und absolutes Wissen im Verhältnisse zur christlichen Glaubenserkenntniß. Ein Beytrag zum Verständnisse der Philosophie unserer Zeit. Berlin 1829.
典拠：Joseph de Maistre: Abendstunden zu St. Petersburg oder Gespräche über das Walten der göttlichen Vorsehung in zeitlichen Dingen. Mit Beilagen von C. J. H. Windischmann. 2 Bde. Frankfurt am Main 1825.
参考文献：Gottlob Benjamin Jäsche: Der Pantheismus nach seinen verschiedenen Hauptformen. Bd. 2. Berlin 1828, XXII, XXVII, XLIV; Göschel: Zerstreute Blätter aus den Hand- und Hilfsakten eines Juristen. 3 Bde. Erfurt, Schleusingen 1832-1842; Lenz: Geschichte der Universität Berlin (1910), Bd. 2/1. 294; Jaeschke: »Urmenschheit und Monarchie. Eine politische Christologie der Hegelschen Rechten.« HS 14 (1979), 73-107; Arndt Haubold: Karl Friedrich Göschel (1784-1861). Ein sächsisch-preußisches Lebensbild des Literaten, Juristen, Philosophen, Theologen zwischen Goethezeit und Bismarckära. Bielefeld 1989; Peter Jonkers: Unmittelbares Wissen und absolutes Wissen. Göschels Aphorismen über Jacobis Nichtwissen. In: Walter Jaeschke/Birgit Sandkaulen (Hg.): Ein Wendepunkt der geistigen Bildung der Zeit. Friedrich Heinrich Jacobi und die Klassische Deutsche Philosophie. Hamburg 2004, 359-375

8.7.6. 答弁

（1）おそらく「ゲッシェル書評」に取り組んでいたあいだに，ヘーゲルは自分の哲学へと，とりわけヘーゲル哲学とキリスト教（それとともに国家）の関係へと向けられた主要な5つの匿名論文に対する反論をすでに開始していた。エールトマン（1896, § 332, 1, Bd. 2. 642）は「ヒュルゼマン」なる人物を第1の論文の著者として名指しているのであるが，しかしその人物については，ヘーゲルに対抗してさらにもう1度論文を書いたこと，そしてそのさい自分の匿名を取るに足らぬこととして止めた，ということ以上多くのことは知られていない。あとのほうの論文『理念の学について』（1831年）への序文は，総じてヘーゲルの書評への再弁明をなすものである。ここで著者は，1人のヘーゲル主義者とも，そして全くヘーゲルとも接触したことがなく，ヘーゲル哲学についてはただ講義を通じて知識を得た32歳のプロテスタントであるとみずから名乗っている。多少のちには，彼はかつてはプロイセンの将校であったが，いまは傷痍退役しているという。

（2）それに対してヘーゲルは第2の論文の二人の著者のうちの一人，カール・エルンスト・シューバルトとは，以前には親密で友好的な，ゲーテのとりなしを仲介として縁があった。ゲーテがシューバルトに共感を覚えたのは，シューバルトがゲーテの色彩論に関心を示したからである（Br 2. 485）。1821/1822年の冬にシューバルトは，ヘーゲル，シュルツ，フォン・ヘニングをめぐるサークルに属しており，このサークルはベルリンにおいて色彩論の研究を遂行し，またそこからヘーゲルの光学についての諸論考があらわれたのである（本書375頁参照）。のちの1827年5月9日に，ゲーテはシューバルトのプロイセンの機関への就職を，ヘーゲルに依頼している。1827年6月18日，ヘーゲルがアルテンシュタインに「謹んでのお願いを提示するための」会見を求めているが，これはおそらくシューバルトに関するものであろう。1827年6月29日にヘーゲルはゲーテに返事をして，シューバルトのプロイセンでの就職成就の見込みを高めるためには，何を顧慮すべきであるかという助言を与えている。「個人的な斡旋」だけでは，十分ではない。というのも国王は，「紹介された者の能力を，規定に従って確かめること」を主張しているからだ，と。その結果としてゲーテは，1827年7月9日シューバルトに，アルテンシュタイン大臣への申請書をどのように書かなければならないかという，とても詳細な指示――それはほとんど手紙の事前定式化とも呼びうるものである――を与えている（WA IV, 42. 250-253）。1827年8月17日に，ゲーテはヘーゲルに，彼がシューバルトの運命に同情したことに感謝をして，さらにここではシューバルトのことを「若干気難しいことが欠点では

あるが，すぐれた男」と呼んでいる。しかしおおよそこの頃には，シューバルトはすでにヘーゲルに対抗するパンフレットを手がけている。というのも彼は，1829年1月16日にすでに彼の書物を，賛同を期待しながら，ゲーテに送っているからである（Vgl. Br 3. 407-410 における，ホフマイスターによるこの経過の詳細な叙述）。ゲーテは，この書物を早速読んでしまったようである。なぜなら彼は，1829年1月27日にはすでに，日記に次のように記入しているからである。「正午，エッカーマン博士。シューバルトの反ヘーゲルをきっかけとして，この重要な事柄について決定的なことが論議された」（HBZ 391; vgl. 397. 1929年4月15日ダウプのヘーゲル宛書簡も参照）。

奇妙なことに，ゲーテのシューバルトについての判断は，その「反ヘーゲル」によっては本質的に濁らされなかった。エッカーマンは，1829年2月4日のゲーテの談話について次のように報告している。「わたしはシューバルトを読み続けている，とゲーテは言った。彼はもちろんすぐれた人物であるけれども，われわれ自身の言葉に翻訳してみるならば，彼は多くの実にすぐれたことを言っている。彼の書物の主旨は，次のようなものである。哲学の外に，一つの立場，すなわち健全な常識の立場というものがある。そして芸術や学問は，哲学とは無関係に，自然の人間の力を自由に発揮することによって，つねにもっとも繁栄をとげてきたのである，と。これは，まったく実にうってつけである。わたしはいつも，哲学から自由な立場に身をおいてきた。健全な常識の立場がわたしの立場でもあったのだから，シューバルトはわたしがすべての人生においてみずから言い，実行したことを確認してくれるのだ。彼についてただ一つ気に入らないのは，彼がある種のことになると，よくわかっているわりには口に出さないことであり，だから必ずしもつねに誠実に仕事に向かうとは言えないことである。ヘーゲル同様に，シューバルトもキリスト教を哲学の領域に引き込むのだが，それは何の役にも立たない。キリスト教はそれ自身力強い存在であり，そこにおいては折にふれては沈みこんだり，また悩んだりする人間が，つねに再び立ち直ってきたのである。キリスト教にこのような作用を認めるならば，それはあらゆる哲学を超越したものであり，哲学の力を借りる必要などない。同様に哲学のほうも，ある種の教え，たとえば魂の不滅を証明するために宗教の名声に頼る必要もないのである」。

(3)「答弁」においてヘーゲルは，名指しはしなかったが彼の反対者たちが無理解であると嘆くその一方で，自分に向かって投げかけられた非難に，とても詳細に，それどころか詳細すぎるほどに立ち入るのである。最初の論文について，ヘーゲルはたしかに次のように述べている。「個々のことを追求するのは，その論文にとって不可能である。ほとんど，すべての行につき一つの訂正が促されているところである。そのやりくちをまとめて性格づけすること，そして詳細を典拠としてつけくわえることだけが可能である」。しかしながら，ヘーゲルがゾルガーとハーマンにおいて成功したそのような性格づけを，自分がその攻撃をここではねつけようとしたパンフレットに対して行うことはない。そのパンフレットは「混乱した演繹の試みに」，そして「すぐれた志操，高き要求に満ちた大げさな熱弁に」かかずらい，「その努力ののちに情緒的でもったいぶった吐露に快適になってやすらうのである」（GW 16. 218）。「第2の記事」の冒頭では，ヘーゲルは「この測り知れない泥沼から，出口を見つけだそうと」たしかに「望み，努力する」。しかしこのことは，この記事の全体を通じて成功しないのである。ヘーゲルはまたしても「抽象的な諸定式と瑣末な心理学的な大衆気取りとの色とりどりの混合が，卓越した志操によるもったいぶった長広舌によって中断される」と診断する。ここではとりわけヘーゲルの『論理学』にかかわっているのであるが，しかしヘーゲルは再びそれを細部において反論することに従事する。場合によってヘーゲルが示すのは，この匿名の敵が思弁哲学に対する論争を練り上げるにあたって，思弁哲学に影響されていることである。そしてヘーゲルは，これを，ヤコービが彼の『アルヴィル』（1792年）のモットーとして採用した命題「人は，自分が拒絶する真理を奉じる（La verité en la repoussant, on l'embrasse）」の有効性の証拠として評価するのである（GW 16. 248）。しかしながら1831年に出版された第2の匿名の告発論文は——このときはもはや汎神論ではなく，無神論を告発するものであったの

であるが——このモットーが真理であることを疑わせたであろう。ヘーゲルがその論文をさらに読んでいたにせよ。

（4）シューバルトとカルガニコ（この人物については，それ以上なにも知られていない）による第2の論文には，ヘーゲルは第3の記事において立ち入る。その論文は，第1の記事よりもはるかに気負った調子で開始する。とりわけその著者は，「全哲学の領域をその視野のうちに収めようとする。それどころではない！　その視野を哲学の領域をこえて拡張し」ようとするのである。それにさいして著者は，しばしばただゲーテの引用でうまくゆくように装う。それはヴァイマールでは意図された効果をそこなうことはないが，ヘーゲルにはとりたてて印象もない。ヘーゲルは，それをたんにゲーテの洞察の「学生じみた」改悪として評価するだけなのである（GW 16. 262）。この論文の第2の部分を——それはみずから『エンツュクロペディー』（1827年）の概略であると考えるのであるが——ヘーゲルはほとんど完全に黙殺し，また第3の部分である「ヘーゲル体系の批判」についても比較的短くあしらっている。そのときヘーゲルは，シューバルトのさきの『ホメロスとその時代に関する注釈』（1821年）のさまざまな明瞭なくだらなさについて抗議しているのである（GW 16. 251-272）。

しかしながらヘーゲルは，当時市民生活を脅かすことがありえた二つの攻撃を退ける。第1にシューバルトは「気楽な意地悪」で繰り返しこう指摘した。ヘーゲルの立憲主義への傾向と，「本来的で展開された意味においては立憲的と称しかねるような」国家の官吏であるというヘーゲルの立場とのあいだに矛盾がある，と。そして，第2がヘーゲルの「不滅性についての学説」に対するシューバルトの攻撃である。そしてこれにはりっぱな根拠としてこう言われる。「不滅の学説は，政治的告発のほかに，ある哲学に憎悪を投げつけるのにもっともしばしば使われてきたものである」，と。しかしながら，不滅性の異端的把握に対する嫌疑が，シューバルトの次のような問い，つまりヘーゲルが「生きた肉体のまま天国に行くと」（GW 16. 272-274）思っているのかという問いにおいて絶頂に達するこの箇所においてほど，ずうずうしく述べられたことはほとんどない。

ヘーゲルとゲーテが死んだのちには，復古という先鋭化された条件の下で，シューバルトは彼の政治的告発を増幅された形式で繰り返した。また「ヘーゲルの国家論と，プロイセン国家の最高の生命の，そして展開の原理とが合一不可能であること」を主張することによって，ヘーゲル学派を無力化しようとしたのであった（本書645頁参照）。

（5）1829年の初秋に，また『第2の記事』が出版されてすぐあと，ヘーゲルはなお彼の答弁に確実に成果があるようにという希望を抱いていた。彼に向けられた攻撃について，ヘーゲルは9月27日にダウプに宛てて書いている。「このような論文は，ざっと通読して，おおよそ見落とせない部分に観察を限るなら，ふつうの不快の念から逃れることはできます。しかし批判をするとなれば，どうしても悪意と思考の無能ぶりをあらゆる細部にわたり味わいつくすことになります。とはいえ，批判の仕事は大衆にとっていかに苦いものであっても，全く忘れられてしまうことはありえません。大衆はしばしばこのような文書でもって空っぽな頭脳を大きく膨らませて，沈黙によってよい印象を証明してもらいながら，同様にまた，弱点が指摘されたなら，そんなものは簡単に捨ててしまって，何食わぬ顔をしているのです。実際のところ，これらの文書には多くのあまりに卑劣なことが含まれているのです」。このような性格づけがこの文書にはますますあてはまる。それをもってヘーゲルによって批評された文書の著者がその攻撃を繰り返し，またしても強化するのである。

（6）しかしながら，書評が予告されたさらに三つの論文について，ヘーゲルはもはや論評することはなかった。クリスティアン・ヘルマン・ヴァイセの文書を見るならば，これは残念なことである。というのも，この文書は上述のものの中で唯一，哲学的な対決が可能なものであったであろうからである。小著『存在，無そして生成について』を，ヘーゲルの「同僚であり友人であるシュマルツが，みずから送ってきた」（ここでの「友人」なる語は，皮肉と理解されなければならない）。ヘーゲルは1829年9月27日にダウプにこう報告している。そして『ヘーゲルのエンツュクロペディーに対する手紙』の著者として，シュライエルマッハーの名がヘーゲルに告げられるのである。これはきっと事実に反していた

推測であったのであるが，カール・ダウプもまたこれを共有していたのである（1829年10月11日ヘーゲル宛）。

ヘーゲルが彼の書評計画を遂行しなかったことは，部分的には彼がこの年の10月に総長に就任したというきっかけによるのかもしれない。この事情はまた，ヘーゲルがほかの書評を引き受けることをも妨げたのである。1830年2月23日にファルンハーゲンは，ゲーテに宛てて次のように書いている。ヘーゲルは「職務に忙殺されています。ヘーゲルの素敵な計画——ここでもミュンヘンでもほかの場所でも信心深い人々にとっての救いの養分，気高い人々にとっては激しく匂う珍味と化したプレフォルストの女預言者を，年報で書評するという計画——は，時間を奪う義務と総長という栄誉のうちで，かき消されてしまったかのようです。そうでなければ，彼は立派に理解し，彼の場所から動かされた多くのものを徹底的にそこに送り返したのでしょうが」（HBZ 410）。このことは，疑いなくヘーゲルの『エンツュクロペディー』（1830年）への序文における注釈と，一致している。「キリスト教徒らしさを所有しているのは自分たちだけである」と信じ込む多くの人々は，「プレフォルストの女預言者の信者たちと同じく，幽霊の群れと仲良くし，それを畏敬することが何か立派なことであるとする。キリスト教に反する奴隷的な迷信のこのような欺瞞を追い払い，締め出すこともなしに」（GW 20. 28f.）。

しかしヘーゲルは，のちにもなおオーレルトとゲレスの文書について論評している。だから職務が多忙すぎるというのは，一連の書評が中断したことへの十分な説明を提示するものでは決してないのである。ある別の，たしかにもっと深い理由が，1829年11月10日にK. F. ツェルターがゲーテに報告している。「先週ヘーゲルがわたしに白状したのですが（彼は，自分の書状にわたしの注意を惹こうとしたのです），残念ながら彼の敵を放っておかなければならないということでした」（HBZ 406）。すでに『ゾルガー書評』においてヘーゲルは，彼の——しかしそれは守られはしないのだが——洞察を次のような言葉によって定式化していた。「自分が誤解されているという哲学者の説明に対して，人々はすっかり飽き飽きしてしまっている」（GW 16. 107）。

初出：Jahrbücher für wissenschaftliche Kritik, 1829. Bd. 2. 77-80, 97-109, 293-308, 315-318, 956-960 (Nrr 10-11, 13-14, 37-40, 117-120.
テキスト：GW 16. 216-274; BSchr 354-428.
書評の対象：Anonym (Hülsemann?): Ueber die Hegelsche Lehre oder: absolutes Wissen und moderner Pantheismus. Leipzig 1829; Karl Ernst Schubarth/K. A. Carganico: Ueber Philosophie überhaupt, und Hegel's Encyclopädie der philosophischen Wissenschaften insbesondere. Ein Beitrag zur Beurtheilung der letztern. Berlin 1829.
書評が計画された文献：C. H. Weiße: Ueber den gegenwärtigen Standpunct der philosophischen Wissenschaft. In besonderer Beziehung auf das System Hegels. Leipzig 1829; Anonym: Briefe gegen die Hegel'sche Encyklopädie der philosophischen Wissenschaften. Erstes Heft, vom Standpuncte der Encyklopädie und der Philosophie. Berlin 1829; [Theodor Anton Heinrich Schmalz:] Ueber Seyn, Nichts und Werden. Einige Zweifel an der Lehre des Hrn. Prof. Hegel. Berlin, Posen, Bromberg 1829.
参考文献：Schubarth: Erklärung in Betreff der Recension des Hrn. Professor Hegel in den letzten Nummern Jahrbücher für wissenschaftliche Kritik vom voligen Jahre, Berlin 1830; Anonym (Hülsemann?): Ueber die Wissenschaft der Idee. Erste Abtheilung. Die neueste Idenltitätsphilosophie und Atheismus oder über immanente Polemik. Breslau 1831, V. XXXV; Schubarth: »Persönliches in biographischen Notizen«. In Schubarth: Gesammelte Schriften philosophischen, ästhetischen, historischen, biographischen Inhalts. Hirschberg 1835, 235-267; Schubarth: Ueber die Unvereinbarkeit der Hegel'schen Staatslehre mit dem obersten Lebens-und Entwickelungsprinzip des Preußischen Staats. Breslau 1839 (ND in Riedel: Materialien, Bd. 1. 249-266); Johann Eduard Erdmann: Grundriß der Geschichte der Philosophie. Berlin (4) 1896, § 332, 1, Bd. 2. 642; Johann Peter Eckermann: Gespräche mit Goethe in den letzten Jahren seines Lebens. Hg. von H. H. Houben, Wiesbaden 1957, 235.

8.7.7. オーレルト書評

(1) オーレルトの「観念実在論」についての論文，もっと正確にいえば『形而上学としての観念実在論』という特別な表題で第1部のみが出版されたこの著作についての書評は，ヘーゲルの書評群のうちでは特異な地位を占めている。それは論難でも，弁明でもなく，『ゾルガー書評』や『ハーマン書評』

がそうであるような包括的な性格づけでもなおさらない。たしかにオーレルトは彼の労作を1830年12月4日にヘーゲルに送っており，またその中でオーレルトはヘーゲルを引き合いに出している。『差異論文』におけるヘーゲルの絶対者の概念を中心に，オーレルトは「天才的なヘーゲル」（Ohlert 1830年, 57）についてすら語っている。しかしながら，このことはおそらくヘーゲルの『年報』で書評を行ったことの理由でないことはたしかである。

（2）アルベルト・レオポルド・ユリウス・オーレルトについてはほとんど知られていない。『観念実在論』の出版の時点では，彼はすでにフィヒテ以前およびフィヒテ哲学における自我概念の歴史についての論考（1823年），そして簡潔にまとめられた論理学（1825年）によって世に出ていた。カール・ローゼンクランツは，オーレルトを東プロイセン人であるとしているが，オーレルト自身はみずからを西プロイセン人だとしているし，しかも博士論文のタイトルでもそうであった。このタイトルページを，ローゼンクランツはよく見ていなかったのだ。ローゼンクランツは，オーレルトを「ヘルバルトの弟子」であると述べ，ヘーゲルのこの書評をヘルバルトの形而上学との対決として仕立て上げようとして骨折っている（R 405）。どうやらこのせいで，ヘルマン・グロックナーは，素朴にオーレルトを「ヘルバルト学派」であると説明するのであろう（『友人の会版著作集』, Bd. 20. XV）。だが，オーレルトの書物の中にも，ヘーゲルの書評のうちにも，ヘルバルトのことは述べられていない。しかもオーレルトは『宗教哲学』のうちで，ヘルバルトの体系は，もっとも大胆，かつ首尾一貫して，最高に明敏な実在論の実現であると述べてはいるが，そのことで一面的な観念論と同様に，彼が「観念実在論」によって克服しようとつとめる一面的な問題設定であると述べている。

（3）オーレルトの書簡に対するヘーゲルの返信は知られていない。書評では，ヘーゲルはオーレルトのことを「熟達していて，明敏な思想であり，哲学することの主要な要求であるところの，抽象的な思想に取り組む忍耐力をそなえていて」，オーレルトのこの4番目の書物は「まったくもって思弁的理念に」かかわると評している。ヘーゲルの書評は，四つの章，つまり「哲学するという状態一般における人間」，「純粋な観念論」，「純粋な実在論」，「純粋な観念実在論」を通してオーレルトの論証過程に従っている。とはいえ，ヘーゲルはオーレルトの体系的な核心をすでに書評の冒頭において取り除いているのである。一般的な矛盾，疑い，そして問いについての最初の章によれば，「ふたつの対立しあい，一面的な解決の道，つまり純粋な観念論と純粋な実在論との対決がなされ，また批判される。そして両者の宥和であり，哲学において当然なされるべき要求を満足させるような体系としての観念実在論が叙述される」（GW 16. 275f.）。

「純粋な」観念論と「純粋な」実在論とを克服しようというこのような意図は，いずれにせよヘーゲル哲学がその体系的彫琢の開始以来，遂行するものであった（本書223頁参照）。たしかにヘーゲル自身は，このようなどこか図式的な仕方で表明したり，遂行することはなかったのではあるけれども。このような一致点に，ヘーゲルの書評の動機があるのかもしれない。というわけで，ヘーゲルは本質的にオーレルトに同意しているのである。彼は，「根底にある内容にはまったくもって賛成である」。そしてヘーゲルは，ただどちらかといえば控えめに，ただ時折の定式化の不明瞭さや，扱われた諸々の立場の叙述における誤解を著者に指摘するにとどまるのである。

もちろんヘーゲルは，最終的には——流儀上，優しく，実質上は毅然と（suaviter in modo, fortiter in re）——次のように抗弁する。オーレルトの〔著書〕第4章の解明において，なによりもまずオーレルトが贔屓にしている「見ること」という表現ゆえに，「あらゆる読者が本質的に次のことの証明が欲しいと思うにちがいない。理念が，かの統一として規定されたように，実際に絶対的であり，真なるものであるということの」。観念論と実在論の一面性を証明することでは，十分ではない。むしろ必要なのは，精神的なものと感覚的なものが，「それ自身において，次のようにみられ，また認識されなければならない。つまり，それらはお互いに対して規定されていなければならないが，むしろみずからの対立物のうちでみずからを廃棄し，それゆえにそれぞれとその他者との同一性が，それら自身から

帰結するものと知られなければならない。それは真の弁証法であり，哲学がなしとげるべきただ一つの証明の遂行なのである」(GW 16. 287-289)。

(4) この書評に対するオーレルトの書簡による反応は知られていないが，それはおそらくヘーゲルの予期されざる死のゆえにであろう。しかしながら，オーレルトは彼の『宗教哲学』(XII) への序文において，『観念実在論』への批評に言及している。「ベックの一般便覧のうちの詳細な内容予告を除けば（[…]）1831年6月号の学的年報における故ヘーゲルの書評がはじめて目に入った。それはわたしにとって，讃えられるべきこの人物の最後に書いた仕事の一つとして興味深かったというばかりでない。むしろ，あらゆるヘーゲルの論文がそうであるように，根本的に，また深く浸透しながら，さまざまな仕方においても教えられるものだったのである。このことについて，今は亡き尊敬すべきまたきわめて功多き哲学者に感謝する」。

ここには，イマヌエル・ヘルマン・フィヒテとの詳細な対決が含まれる。これは，ヘーゲル哲学との距離からくるたんなるジェスチュアではない。さらなる論述の過程で，オーレルトはさらに哲学とキリスト教との関係について説明する。それによれば，近代ドイツ哲学においてカントによってその関係は準備され，シェリング——初期シェリングのことが考えられている——そしてヘーゲルによって独自の仕方で告知されたのである。「シェリングとヘーゲルから次のような主要な思想が輝き出る。つまり人間の内に現れる理性が，キリスト教の啓示において語る神的理性と一致しなければならず，いいかえれば相対的なものは絶対的なものと対立することはない。[…] だから理性の学問は，あるいは真の哲学は，直接的啓示が告知する真理と，現代においてますますきわめてかたい兄弟の交わりを結ぶべく努める。そして哲学とキリスト教との不幸な分裂，あるいは哲学と神学との分裂といっても構わないが，それはかつては起こったのではあるが，哲学において存在する限りでは，もはや生じてこないようになることが望まれる。」（同所，192頁）。

初出：Jahrbücher für wissenschaftliche Kritik, 1831. Bd. 1. 848-864 (Nrr 106-108).

テキスト：GW 16. 275-289; Bschr 490-508.
書評の対象：Albert Leopold Julius Ohlert: Der Idealrealismus. Erster Theil. Der Idealrealismus als Metaphysik. In die Stelle des Idealismus und Realismus gesetzt. Neustadt a. d. Orla 1830.
参考文献：Ohlert: De notione τον ego dissertatio [……]. Königsberg 1823; Ohlert: Grundriß der allgemeinen reinen Logik zum Gebrauche für seine Vorlesungen. Königsberg 1825; Ohlert: Religionsphilosophie in ihrer Übereinstimmung mit Vernunft, Geschichte und Offenbarung. Leipzig 1835.

8.7.8 ゲレス書評

(1) ヘーゲルの最後の書評は，ゲレスによる世界史についてのミュンヘン講義に関するものである。ヘーゲルはここでは攻撃から身を守る必要はなく，彼自身が攻撃する側に移っている。とはいえ，その鋭さにおいて，わずかにさきだって書かれた『答弁』に劣るものではない。すでにより早い時期の，ヘーゲルへと宛てた書簡でのゲレスの言及をみれば，少なくともきわめてよそよそしい関係が推察される。1807年の1月末にはもう，イェーナからハイデルベルクに移住した同僚であるフランツ・ヨーゼフ・シェルヴァー[1]が，「たとえば，ゲレスとヴィンディッシュマンによる作品の哲学的な方法を，まったく率直に説明すること」を，ヘーゲルに促している。ここから推測されるのは，ヘーゲルがすでに初期イェーナ時代には，ゲレスの神話学上の諸論文を知っていたということである。両者が互いに相手のことを知っていたということは，1810年初頭のクレメンス・ブレンターノ[2]のゲレス宛書簡からも立証される。ブレンターノは，次のように書いている。わたし〔ブレンターノ〕は「まじめで，堅苦しいヘーゲル」をニュルンベルクに訪問した。「ヘーゲルは，英雄叙事詩とニーベルンゲンの歌を講義しました。そしてそれらを鑑賞するために，講義の中でギリシア語に翻訳したのです」(HBZ 103)。ニュルンベルクでは，ヘーゲルは実科学校の同僚ヨハン・アルノルト・カンネによってゲレスの「方法」についてさらにくわしく習熟することができたし，ヘーゲルのハイデルベルクの友人クロイツァーもまたゲレスと緊密に交際していた。ベルリン時代には，ヘー

ゲルはゲレス編集『イランの英雄叙事詩』を入手し，それをまたみずからの宗教哲学についての講義に利用したのであった（V 4. 655, 726, 781, 803）。

1) フランツ・ヨーゼフ・シェルヴァー (1778-1832)。イェーナ大学私講師を経てハイデルベルク大学教授。シェリングの自然哲学に近い立場をとる。
2) クレメンス・ブレンターノ (1778-1842)。ドイツの文学者・小説家・詩人。ドイツロマン主義の最盛期の代表として著名。

（2）しかしヘーゲルの書評には，同時に彼自身の『ゾルガー書評』との若干の接点も見える。というのも，神話の取り扱いに関しても，ヘーゲルは自分がゾルガーと一致していると思っているからである。ゾルガーは，彼の友人であるフォン・デア・ハーゲンとの対決という枠組みのうちで，ヘーゲルに宛てて次のようにおよそ書いている。わたしは，「だんだんと確固として，またはっきりと確信するようになりました［…］。つまりその確信とは，すでにクロイツァーが，しかしまたさらにゲレス，カンネ，そしてその亜流たちが，宗教の歴史や，それに関係する世界史を取り扱うような仕方と方法では，これらのものごとの真なる本性を把握することは絶対にできないということです」(Solger, 1826, I. 745)。続くページで彼は，みずからの鋭い批評の根拠を述べるのである。

しかし理性と歴史の関係という問題は，ゾルガーにとってよりも，ヘーゲルにとってはさらに大きなものであった。しかし，理性と歴史はたがいに結び付けられないものだということには，すぐにはならない。また哲学は非歴史的な理性に属し，それに対して神話的研究は歴史に属するということにもならない。神話学派によって歴史概念が——あるいは厳密にはただたんに「歴史」という語が——占有されることに対抗して，ヘーゲルは非常に鋭く次のことを妥当させる。彼らはたしかに「歴史」なる語をいつも口にしてはいるけれども，しかし彼らの態度は非歴史的に図式化されており，また聖書からの嵌め込み細工で飾り立てられている。したがって歴史にあらゆる思想を不条理に（ad absurdum）持ち込み，空想を野放しにするのである。

このことは，方法論上の根本的な差異を提示しているいる。どうやら「彼には次のことがそもそも存在しておらず，まったく気付いていないようである。つまり必然性への洞察は，ただ思惟と概念把握を通じてのみ生じるのだということである。そして歴史的なことがらを実証することは，歴史記述的なドキュメントと，その批判的検証によってのみ基礎づけられうるということでもある。そしてただそのような認識のみが，学問的だといわれうるのである」。したがって「歴史」について，とりわけ「世界史」について述べるならば，「歴史記述的なドキュメントとその批判的検証」に依拠しなければならないのであって，どんなに生き生きとした，情熱的な比喩的言語を駆使しようとも，神話的，あるいはそのほかの宗教的空想に依拠してはならないのである（GW 16. 291）。ヘーゲルのゲレスとの論争は，歴史の概念をめぐる論争である。そしてもしヘーゲルが，ミュンヘンにおける最初の講義でのシェリング後期哲学についての情報を得ていたならば，ヘーゲルがシェリングを相手としてこの論争を戦い抜くこともありえたであろう。

（3）神話学派の歴史概念をこのように批判することによって，ヘーゲルは当時すでに広がっていた偏見に対抗しようとしたのである。その偏見は，ヘーゲル哲学をめぐるのちの対決をも歪め，またそれに負担をかけることになる。それはヘーゲルの書評が出版される直前には，ゲレス自身の周辺においても見られる。1831年5月15日に，ミュンヘンではシェリングに心酔し，その講義筆記も行ったエルンスト・フォン・ラゾーが，ゲレスに宛てて次のように書いている。「そういうわけで，わたしはエンツュクロペディーの新版，いくつかのそれに対する論争的な小冊子，そしてそれについてのヘーゲルの批判を読みました。……純粋思想を堅持することにおける，そして純粋思想にあらゆる内在的な概念契機を展開するように強いる，これよりも偉大な力というものを，わたしは〔他に〕見たことがありません。しかしこの概念の弁証法は，あらゆる自然のみずみずしい生命を吸い尽くしてしまう，知性の乾いた炎のようなものであり，緑なす生命を幽霊のような図式でもって置き換えてしまうのです。シェリングの自然哲学のいたるところを吹き抜ける溌剌とした生命，沸き立つ春のいぶきは，体系の終局においては

思弁的神学の意義を満たすところの論理学によって取って代わられてしまうのです」(HBZ 429)。ゲレスは1831年5月27日にこの印象を確認し,それを次のように普遍化している。「君のヘーゲルについての評価は,わたしにとっておおかた正しいものと思われます。だが,君は無味乾燥という廉でヘーゲルを非難するけれど,その不毛さときたら,あらゆる数学的な研究においてもまた最高度に存在しているし,学的な鋭敏さ——しかもヘーゲルは,この鋭敏さを大いに持ち合わせています——をもって遂行されたあらゆる探求から切り離すこともできません。ヘーゲルは,まさしく論理的測量技師なのであって,それ以上でもそれ以下でもありません。そしていくつかの認められたものから,彼の世界を打ち立てます。[…] しかしこの世界から,幾多の紆余曲折,諸力,そして生動性に満ちたきわめて豊かな現実世界へと至るには,まださらに一歩を踏み出さねばならないのです」(HBZ 430)。しかし本来の論争点は,ここで称されるところの「論理的測量術」から「自然の生命」へと歩むのかどうかということではない。むしろどのようにしてそう歩むのかということなのである。ゲレスのやるように「反省的形式主義」を神話的ファンタジーやキリスト教的敬虔とを混ぜ合わせることによってなのか,あるいはまさに歴史記述的研究によってなのか。

(4) 歴史記述的研究をこのように回顧することによってわかることは,ゲレスの「世界史」はまったく勝手気ままだということである。それは「歴史的諸時期 Perioden」の図式を展開するが,その時期はそれぞれいくつかの「時代 Zeiten」を通過する。しかしその時期の徴表は,それらの時期が一般に決して「歴史的な諸時期」ではなく,旧約の「原歴史」と緩やかに結びついているとはいえ,神話的フィクションであるというところなのである。最初の時期においては,神のみが活動したのであり,第二の時期には「悪の生成」が続き,第三の時期は堕罪からノアの大洪水へと至る。この時期について,ヘーゲルによれば,ゲレスは「もし堕罪が起こらず,また逆の場合に,罪への罰のみに支配されていたならば,アベル,セツ,そしてカインの末裔たちが,六つの時期において何をもたらしたのであるかということについて,多くの情報を与えることを」心得ている(GW 16. 305f)。そしてそれ以外の「歴史的諸時期」にしてもまた,あらゆる探求可能な歴史からははるかにかけ離れていることによって,際立っているのである。

(5) そのことをもって「ゲレス書評」は,ゲレスの「やり口」について言明するというシェルヴァーのかつてのヘーゲルへの要望に,遅まきながら応えたものとなった。しかしこの書評がこのときになって執筆されたということ,それはゲレスの論文が成立したさいの変化した状況とおそらく無関係ではないだろう。このときには,ゲレスはもはやたんなる空想的な神話学者ではない。ゲレスは政治的カトリック派の最も目だった代表者の一人であり,そのことをもって新設のミュンヘン大学に招聘され,シェリングの傍らで教鞭を執ったのである。ニートハンマーは1828年1月にヘーゲルに宛てて,ゲレスがちょうど開始されたシェリングのミュンヘン講義の聴講者のひとりであることを伝えている。「実際,この講義は今日の注目に値する諸現象への関連以上のものと数えられなければなりません。そのさい若干の外通的なことにも触れるならば,〔シェリングの講義は〕ゲレスの腹話術の傍らで,また神学校出身の多くの黒い僧服のもとで行われているのです!」

神話学派とロマン主義者がこのように政治的カトリック派と結びつくことに対して,ヘーゲルの攻撃——まさしく彼の政治的で宗教的な対決によって彩られた晩年の攻撃——は向けられるのである。もう一つほかにこのことの間接的証明ともなるのは,同じようにすでにシェルヴァーによって名指されていたヴィンディッシュマンへの関係を,ヘーゲルが絶ったことである。ヘーゲルは1822年と1827年の旅行においては,ヴィンディッシュマンと友好的に接触し続けていたのである(本書80, 82頁)。彼のヘーゲル宛の最後の書簡には,1829年8月1日という日付が書かれている。ヴィンディッシュマンは,さしあたりヘーゲルの一時的な同僚であるカール・エルンスト・ヤルケの,——のちのメッテルニッヒの秘書フリードリヒ・フォン・ゲンツの教皇権至上主義的後継者——の舅である。そして,ヤルケの転向にあたってはヴィンディッシュマンが大きな役割を果たしたのである。(レンツ 1910, 2/1. 386-388)。しかし「ゲレス書評」それ自体においては,このよ

な諸連関は背景にとどまっており，当時蔓延していた原啓示 Uroffenbarung という幻影に言及する箇所に至ってもそうなのである。この幻影は，ゲレスが「フリードリッヒ・シュレーゲルやそのほかのカトリックの論者たち，とりわけラメネー神父，エクスタイン男爵その他の現代のフランス人たち，また修道院と結びついた学者たちと共有するものである。カトリック宗教の関心で，それに現存からしてもまた，普遍性と根源性とを取り戻すよう請求するために」，神の似姿としての，霊としての人間のうちに，根源的に植えつけられた理性が，歴史の始まりにある状態としてイメージされる (GW 16. 294)。原啓示についてのこのようなイメージに対して，ヘーゲルはイェーナ時代の後期から論争しているが，このことは彼のベルリン時代の講義において顕著である。このイメージは，概念における第一のものを，歴史において最初にあらわれるものと取り違えているのである (V4. 146, 170-172, 注釈も参照)。しかしヘーゲルの晩年には，このようなロマン主義的イメージとカトリック的復古の集団との結合がフランスにおいて勃興していたのであり，ヘーゲルはそのことを新聞『カトリック』において見出している (GW 18. 187-189)。

　ゲレスの論文をのちに編集する M. A. シュトロトルは，神話学的な側面においても，神学的で＝政治的な側面においても，ヘーゲルの批判を逆手に取って却下する。ヘーゲルの批判がなすところの学問性の要求を中心にして，彼はヘーゲルの歴史哲学が歴史的な不正確さに満ちていることを咎める。また政治的側面を中心にして，彼はヘーゲルがプロイセンに肩入れしていたことを想起するのである。

　「ゲレス書評」は，1831年9月に出版された。だからこのテキストは，その出版時にヘーゲルがまだ生きていた，最後のテキストであることになる。「答弁」におけるのと似て，「ゲレス書評」においても，1830-40年代にヘーゲル哲学をめぐってなされた対決が告知されており，このおかげで宗教的気分にみちた集団におけるヘーゲル哲学の妥当性が決定的に失われることになったのであった。

初出：Jahrbücher für wissenschaftliche Kritik. 1831. Bd. 2. 438-463 (Nrr 55-58).

テキスト：GW 16. 290-310; BSchr 509-535. 書評の対象：J [oseph] Görres: Ueber die Grundlage, Gliederung und Zeitenfolge der Weltgeschichte. Drei Vorträge, gehalten an der Ludwig-Maximilians-Universität in München. Breslau 1830.

参考文献：Görres: Das Heldenbuch von Iran aus Schah Nameh des Firdussi. 2 Bde. Berlin 1820.; Solger: Nachgelassene Schriften und Briefwechsel. 2 Bde. Leipzig 1826; Görres: Ueber Grundlage, Gliederung und Zeitenfolge der Weltgeschichte. [......] In zweiter Auflage mit einem Vor- und Nachwort hg. Von M. A. Strodl, München 1880. 123. 152f.; Lenz: Geschichte der Universität Berlin (1910), Bd. 2/1.

8.8. アウグスブルク信仰告白祝三百年祭演説

(1) ヘーゲルは晩年に，外から見ると活動の絶頂期にあったのは明らかである。1829年/1830年の年度に，ヘーゲルはベルリン大学の総長に選出された。1829年10月16日に，ヘーゲルはこの新たな職務にあって，フォン・アルテンシュタイン大臣への謁見を要請している。10月18日には，ヘーゲルはラテン語演説を行って (W XVII. 311-317)，新しい役職に就任している (HBZ 404：これによると日付は10月19日ということである)。ヘーゲルが『アウグスブルク信仰告白 (Confessio Augustana)』記念祭のための演説冒頭に述べているように，信仰告白提出の三百年祭という機会に記念演説を行うことを大学の評議会から求められたのは，おそらくこのように〔総長という〕立場にあったゆえであろう。そしてこのときヘーゲルは，自分の日記帳の最初の記事のこと——1785年6月26日の——を思い出したかもしれない。「朝の礼拝で，神学校説教師のリーガー先生が説教した。彼は，アウグスブルク信仰告白を，まずはとりわけその導入部分を読みあげた。そして説教がなされた。もしわたしが他には何も受け取っていなかったとしても，わたしの歴史的知識は増大したといってよいであろう。わたしは次のことを学んだのである。1530年6月25日に，アウグスブルク信仰告白が達成されたこと。1535年の2月2日にヴュルテンベルクが改革されたこと，1599年のプラハ条約によって福音主義的宗教が確認されたというこ

と。その宗教にプロテスタントという名称が与えられたのは，1529年にシュパイアーの帝国議会での過酷な決定に対する抗議によるということ。さらにわたしが学んだのは，ルターが1546年2月18日に死んだこと，ザクセン選帝侯フリードリッヒ賢王が1547年4月24日に致命的な打撃を受け，捕らえられたことである」(GW 1. 3)。

（2）ヘーゲルは，この記念祭にフォン・アルテンシュタイン大臣も個人的に招待していた（アルテンシュタイン宛書簡，1830年6月21日）。これはフランス7月革命勃発の，ほんのわずか前であった。記念祭の3日前である1830年6月22日に，ヘーゲルは彼の生徒であり友人であるフリードリッヒ・フェルスターに，「キリストの涙（Lacrimae Christi）」を送ってくれたことへの感謝を伝えている。ヘーゲルは，このワインを「主がカトリックの悪事のために流された涙が，ただ塩気のある水であったのではなく，火の滴りおちる瓶であったこと」の証明であると評しており，この火が「わたしがこのところ盛んにこね回しているラテン語演説の流れ」の助けとなるという希望を表明している。

このような――いささか突拍子もない――キリストの涙へのきっかけの解釈は，すでにヘーゲルの演説の根本的な調子を露呈しており，それによってヘーゲルは教派政治的にデリケートな課題を抑制するのである。それどころか，「アウグスブルク信仰告白」は，ルター派の信仰箇条書である。元来それはルター派信徒と，改革派〔カルヴァン派〕とを区別していたのであるが，だんだんと――修正されたヴァージョンに基づいて――改革派の信仰箇条書ともなったのである。ここ10年間のあいだに，ルター派と改革派との差異がプロイセンにおけるプロテスタント諸派の「合同」によって克服されようとし，しかしまたまさにそれがゆえにルター派の側から対立が新たに勃発したのであった。その10年間の終わりにしかしヘーゲルは，他の場合にははっきりとルター主義を標榜していたにもかかわらず（BSchr hg. Hoffmeister, 572-575），このようなプロテスタント内部での差異にはまったく触れていない（vgl. R 409f.）。ヘーゲルはむしろこの機会を，『アウグスブルク信仰告白』の歴史的役割に与みして，それをカトリックに対抗する普遍的プロテスタント的信仰箇条書として提示し，またプロテスタント内部での差異を度外視したうえで，プロテスタンティズムを政治的原則として宣伝するために利用したのである。

（3）ヘーゲルはプロテスタント派とカトリック派のあいだの対立に，いつも，ベルリン時代の終わりの場合と，同じような意義を与えているわけではない。ベルリン時代のはじめ，『法哲学要綱』において，また同様に「歴史哲学講義」（1822/1823年, V 12.87f.）において，教派間の対立がヘーゲルにとっては無意味なものとなっているようである。当時の国家教会法上の規制と一致して，ヘーゲルは国家に次のような権利を認めるのである。つまり「〔国家は〕そこに属するすべての者に，一つの教会共同体に身を寄せることを要求することができる。ちなみにどれか一つといわれるのは，内容に〔…〕国家が立ち入ることができないからである」(GW 14. 215)。しかしながら当時――ドイツ同盟条約の第16条によれば――国家市民法はカトリック，ルター派，改革派という宗派への所属に拘束されていたのであるが，ヘーゲルはこの範囲を次のように著しく拡大するのである。まさしく強力な国家こそが，ほかの宗教共同体に対して非常に寛容にふるまうことができる。特筆に価するあてこすりでもって，ヘーゲルはとりわけ――三つのキリスト教宗派を法的に特権化することによって帰結する――ユダヤ人排斥に反対している。ユダヤ人に市民権を与えることに対して「あげられた叫び」は，ユダヤ人が「何よりもまず人間であること，そしてこのことはたんなる平板で，抽象的な性質などではないということ」を見逃しているのである（『法哲学要綱』§ 270 脚注, GW 14. 213f.）。

1820年代にロマンス語圏諸邦における，とりわけ復古的フランスにおける政治情勢の経験と，それがドイツ諸邦と「ニーダーラント連合王国」〔オランダ〕へと及ぼした影響ゆえに，ヘーゲルは宗派的な差異への政治的無関心という，かつての自分の想定を改めることになった。ヘーゲルは，以下のような個々人の無思慮な行為によって「あらゆる人倫的諸関係が破壊」される危険があるとはもはや見ていない。その行為とは「主である神を求め，陶治形成されていないみずからの思い込みの中ですべてを直接にもっていると確信しており」，おのれの敬虔で，

そしてそれゆえに不可謬であり，触れることのできない心情を援用することによって，政治的な殺戮への権利を行使し，またこのことでかてて加えて精神的な指導者によっても確証される，そういう行為である（同所，§270注解）。今やヘーゲルは，人倫的諸関係は一つの宗派によって脅かされているのだと考えている。その宗派は，みずからを国家の人倫性のもとに置くのではなく，国家をみずからの支配の下にもたらそうとする——世俗権力は，直接神によって与えられるのではなくて，地上の代理人によって与えられるのだという主張に立脚しながら。だから，どの宗派が国家において決定的な影響を及ぼすかということはどうでもよいことであると，ヘーゲルはもはや考えないのである。

　しかしここには，プロテスタンティズムを国家宗教へと昇格させるという要求は，おおよそ存在してはいない。これは，誤った途であったであろう。ヘーゲルにとって近代国家は，それが世俗国家である限りにおいて，「プロテスタント的原則」に立脚している。プロテスタントの基本は，ヘーゲルにとって，宗派的束縛を要求しないというところに存するのである。しかしヘーゲルはこの基本が現存することのうちに，次のことの徴候を見て取った。このような世俗国家は，それに対して宗派が妨害活動を行わないようなところにおいてのみ，実現されるのである。そのためには，いわば国家，宗教，そして哲学のあいだの同盟が必要なのである。というのも，「宗教と国家には自由という一つの概念がある」からである（V 3. 340, S. 397）。

　（4）　ヘーゲルの〔シュトゥットガルト時代における〕最初の文章での表白，そして最後の立場表明，そのいずれにおいても「アウグスブルク信仰告白」が重きをなしているということ，それどころか一致する観点すら明らかになっているということは，奇妙な符合である。ベルン時代の断片「あらゆる民族は……」においてヘーゲルは，「アウグスブルク信仰告白」の朗読というい わば少年時代の経験を想起している。「聴衆たちがきまって退屈をもよおすことになっている，いくつかのプロテスタント教会で慣例的に毎年行われるアウグスブルク信仰告白の朗読，そしてこの朗読に続く冷ややかな説教以外に，あの出来事の追憶を祝ったどのような祝祭があるだろうか。——かつてわれわれの先祖たちは，この〔みずからの宗教上の意見において，自分自身で獲得した信念に従うという〕権利を感じ，何千もの生命を賭してこのような権利を主張できたこと，そしてその追憶が現在のわれわれの中では眠りこけており，それどころか生き生きとは保たれてはいないことを，まるで教会や国家の権力者たちが満足げに眺めているようである」。反対に，1830年のベルリンでの祝祭は，「朗読」と「冷ややかな説教」に限定されてはいなかった。それは，「権利の主張」の（ヘーゲル的な意味での）「想起＝内－化」に役立つのである。そしてこの「権利の主張」は，ベルン時代のヘーゲルが言うように，「それに一部の国民が関心をもち，その関心たるや十字軍への関心のように想像力の冷却とともに蒸発してしまうようなものではない」という稀有な出来事に属する（GW 1. 360）。そして若きヘーゲルがここで忘却を促進することに対して告発している「祝祭」は，たとえば1830年にヘーゲルとゲーテの友人であるツェルターによって形づくられている。ツェルターは，ゲーテにこのことについて書いている。ツェルターの81人の学生たちが，「この機会にいまや教皇も聴いたことがないような音楽を聴かせました」。テ・デウムとルター派のコラールが，「大学の建物の屋根を圧し，周辺に鳴り響きました」（HBZ 413）。

　（5）　ヘーゲル晩年の祝祭演説の特質は，次の役割を強調することにある。つまり，ドイツ領邦の諸侯たちと帝国自由都市の市長たちが，すなわち教会的でも神学的でもないグループが，「アウグスブルク信仰告白」をもって宗教的権利を主張するにあたって演じた役割である。さらにヘーゲル演説の主旨は，『エンツュクロペディー』§552への包括的な注解と一致しており，「宗教哲学講義」における宗教と国家との関係についての，ほぼ同時期の詳しい論述とも一致している（V 3. 339-347：「宗教の国家への関係」）。たしかに自由概念は，まずは宗教のうちで把握される。——しかし国家とは自由の現実性なのであり，このような現実的自由と国家の人倫性は，宗教的原則を直接盾にとることで危険にさらされたり，ぐらつかされてはならないのである。敬虔さや，自分自身の心の純潔を自由主義ぶって持ち出してみるのであれ，あらゆる人倫的関係の宗教的基礎を復

古的に持ち出してみるのであれ。それは，あくまでこのような宗教的基礎を支配するという試みに終わらざるをえないのである。

(6) 自由の現実性のこのような観点のもとで，ヘーゲルの――さしあたりはラテン語の版のみが出版された――演説は，ほどなくしてF. A. メルカーによってはじめて翻訳され，いまや極度に先鋭化した政治的で宗教的な対決のうちに置かれることになった。メルカーは，この問題のアクチュアリティーをよく自覚していた。「ドイツ精神のもっともすばらしい発展期の産物であるキリスト教的自由という真の立場へとわたしたちを導くのには，ヘーゲルが1830年のアウグスブルク信仰告白祝三百年祭においてラテン語で行った大学での演説ほどに相応しいものはない。ここにそのドイツ語への翻訳を与えることは，われわれの時代の新しく呼び覚まされた宗派的な混乱のただ中で，適切で，有益なことと見る」(Maercker 1839, 195)。

初出：Oratio in Sacris saecularibus Tertiis Traditae Confessionis Augustanae ab Universitate Regia Friderica Guilelma Berolinensi die XXV. M. Iunii A. MDCCCXXX. rite peractis habita a Georgio Guilelmo Friderico Hegel, Rectore, Philosophiae Doctore, Professore Publico Ordinario. Berolini et Stettini, A. MDCCCXXX. In Libraria Nicolai.
最初の翻訳：F. A. Maerker: Hegel und die christliche Freiheit. In: Der Freihafen 2 (1839), 192-209.
テキスト：lateinische Fassung: GW 16. 511-322; deutsche Übersetzung: BSchr 429-442 bzw. Stefan Strohn, s. unten.
参考文献：Jaeschke: Staat aus christlichem Prinzip und christlicher Staat. Zur Ambivalenz der Berufung auf das Christentum in der Rechtsphilosophie Hegels und der Restauration. In: Der Staat 18/3 (1979),549-574; Stefan Strohn: Freiheit des Christenmenschen im Heiligtum des Gewissens. Die Fundierung des Hegelschen Staatsbegriffs nach seiner »Akademischen Festrede zur dritten Säkularfeier der Confessio Augustana«, gehalten am 25. Juni 1830 in Berlin. In: Blätter für württembergische Kirchengeschichte. Hg. von Gerhard Schäfer und Martin Brecht. Nr. 80/81 (1980/81), 204-278, Edition und Übersetzung: 208-229; Jaeschke: Hegels Begriff des Protestantismus. In: Richard Faber/Gesine Palmer (Hg.): Der Protestantismus-Ideologie, Konfession oder Kultur? Würzburg 2003, 77-91.

8.9. イギリス選挙法改正法案について

8.9.1. 成立の歴史的諸関連

(1) ヘーゲルの晩年には，総長就任と赤鷲勲章受勲のおかげで社会的に承認されたのであったが，まったく同様に，彼の哲学と人格への攻撃の激しさもさらに増すこととなった。しかし何よりもそのことは，ヨーロッパ規模での政治上の危機によって導かれているのである（本書92頁参照）。国外政治の上では，1831年は次のような出来事によって特色づけられる。フランスにおける7月革命。そして「ニーダーラント連合王国」〔オランダ〕の瓦解。この「ニーダーラント連合王国」のなりゆきについては，友人であり，学生であるペーター・ガブリエル・ファン・ゲールトのことや，そして二回にわたる旅行（本書86頁，89頁参照）のことがあって，ヘーゲルは特別な関心を寄せていた。さらにこの年は，ポーランドの蜂起，そしてまたイギリスの国内政治上の危機によっても特色づけられるのである（Losurdo 1989, 353-388）。

たしかに，このように不気味な展開が，ヘーゲル自身の定式化には反して（本書92頁参照），彼の哲学的関心を完全に飲み込んでしまうということはなかった。この年ヘーゲルは，教育活動と並行して，『大論理学』の第1部――「存在論」――の改訂を完成させてしまっており，また『精神現象学』の改訂と，『神の現存在の証明に関する講義』を出版するための推敲に着手していた（GW 21. 400-403; 9. 472-478; 18. 394-400）。それにもかかわらず，政治的関心はヘーゲルをとらえたのであり，このことはヘーゲルの論文「イギリスの選挙法改正法案について」に明らかである。

(2) この論文の第1部は，1831年4月の終わりに匿名で『プロイセン一般国家新聞』に発表された。この論文の成立についてまったく参照事項がないということは，このように匿名で発表されたということと関連がある。ヘーゲルは，たしかに政治的ジャーナリズムに対する関心をつねに明らかにして

きた。ヘーゲルの最初の出版物からすでに，政治的論争の書なのである（本書128頁参照）。そのあとに，1798年のヴュルテンベルクの統治機構の危機についての現存していないパンフレット（本書130頁参照），1800年のドイツ憲法についての論文が続き（本書153頁参照），さらに1817年にもヴュルテンベルクの地方民会における討論の論評（本書341頁参照）が続くのである。また，ヘーゲルはつねにイギリスとフランスの政治情勢を注意深く観察してきたのであった。しかし，イギリスの政治状況についてのこのように詳細で，哲学的であるというよりむしろ憲法学的な論文を，よりにもよって『一般国家新聞』で公表するということを説明するのは，このことからは困難である。しかしながら，ヘーゲルがこの論文を執筆したのは，外からのきっかけによるのか，それとも自身の動機からなのかということは分かっていない。カール・ローゼンクランツは，たしかに次のように報告している。選挙法改正法案をめぐる議論に直面すると，「ヘーゲルはきわめて苦悩に満ちた想いにとらわれ，この想いに昼も夜も動揺させられた」（R 418）。しかしこの伝記作家〔ローゼンクランツ〕は——彼は当時ベルリンに住んでもいなかったし，ヘーゲルをめぐる緊密なサークルにけっして属してもいなかった——7月革命に対するヘーゲルの態度についての彼のドラマティックな報告（本書92頁参照）と同じく，このことに関しても証拠にならない。フランツ・ローゼンツヴァイクは，典拠を明らかにすることもなくローゼンクランツの報告を借用している。——しかも伝説を作り上げるお定まりのとおりに，ローゼンクランツのすでに疑わしい証言を，ローゼンツヴァイクはもろもろの証言というように複数形へと変えてしまうのである。ヘーゲルは，「いくつかの信頼に足る証言によれば，きわめて苦悩に満ちた動揺」にとらわれたのだ，と。

(3) ヘーゲルは，彼の論文を——1831年3月の終わりから，4月26日の出版開始までの——たった四週間という，驚くべき短期間のうちに下書きしている。この論文は，イギリスとアイルランドの情勢についての，完璧とは言えないまでも，すばらしく詳細な知見を示している。このような知見は本質的に，議会での討議についての報告を含むイギリスの新聞を読むこと，そして議会の議事録に拠っている。しかしまたプロイセンの『一般国家新聞』の詳細な記述にも拠っており，その記述は大方のイギリスの新聞によって採用されているのである。

(4) しかしヘーゲルの論文は，『一般国家新聞』ではただ三回分の連続記事のみが出版された。しかも新聞の編集局によって，ただ磨きがかけられたばかりでなく，政治的に表現をやわらげられた形式においてなのである。このことは，ヘーゲルの自筆草稿と，新聞に印刷されたものとの違いから見て取ることができる。編集局は，一連の定式化を不快に感じ，それらを弱められたものに置き換えるか，あるいは完全に削除してしまった。しかもこの論文の最終部分の印刷は，国王の命令によってなされないままであった。このことについてマリー・ヘーゲルは，1831年12月2日にニートハンマーに次のように報告している。ヘーゲルは，この年に「選挙法改正法案についての論文（その半分は国家新聞で印刷されたのですが，国王のご命令で継続することができなくなりました）」を執筆した，と。脚注において，彼女はこの禁止を次のように説明している。「陛下はそもそも，政府の新聞にイギリスの情勢についての非難を掲載することについて，憂慮を抱かれただけなのです。——命令によって，続きはそれだけで印刷され，手渡しで配布されました。そしてヘーゲルは，名指しされることを望んではいなかったのですが，内々に大きな賛辞を授けられたのです」（HBZ 498）。

この報告の信頼性は，現在三通の書簡によって裏付けられる。印刷の中止を裏付けるのは，枢密院顧問官アルブレヒトが『一般国家新聞』の編集者（？）フィリップスボルンへと送った注意書きであり，ヘーゲルによる写しが現存している。「国王陛下は，選挙法改正法案についての論文を非難されなかったが，それを国家新聞に掲載することが適切であるとは考えられなかった。であるから，ご親切にも報告いただいた，論文のこれに続く終結部を放棄することを，お願いしなければならない。ポツダムにて。1831年5月3日，アルブレヒト」。フィリップスボルンは，アルブレヒトの照会からこの出来事に至るまでを，ヘーゲルに次のように報告した。「論文の御依頼のあった終結部は，同封します。容易にお聞き入れいただきましたように，大兄は内々

の閲覧の後の枢密院顧問官アルブレヒト殿の返事を，返還ノ請願（sub voto remissions）ということから，とても快くご理解いただいております。きわめて堅固なプロテスタントでなければ，まったく何になれというのでしょう？　尊敬に満ちて，従順な，つねにあなたのフィリップスボルン1831年5月8日」。これらの出来事をわれわれは，ヘーゲルが親しくしていたかつての大臣フリードリッヒ・フォン・バイメへと宛てた書簡から，より詳細に知ることができる。バイメは明らかに1831年5月16日の――伝承されていない――書簡で，論文への「耳に心地よい満足の証言」を示し，「大きな称賛を」寄せたのである。マリー・ヘーゲルの「大きな賛辞」についての表明は，ここに関係があるのかもしれない。

『一般国家新聞』と申し合わされた匿名性のために，ヘーゲルはフォン・バイメに対してすら，はっきりとみずからが筆者であることを明かさなかった。しかしヘーゲルは，バイメに論文の公刊中断の理由について説明している。「この論文が主張している諸原理は，とりわけプロイセンの国制や立法によってつねに行われる誤解や誹謗の源泉でもあるとともに，その諸原理に対してイギリス的自由という思い上がりや承認された名声が対置されるものです。そういう諸原理を主張せんとするこの論文の傾向は，イギリスの選挙法改正法案という機会をとらえました。そこから，次のような観点が生まれます。つまり，イギリスの国家統治機構はそのゆえに非難されるというものであり，それはプロイセン国家新聞には適していないゆえに，記事の終結部の印刷を妨げたのです。閣下が寛大にもお勧めくださったことが，決心した最大の理由ですが，この論文をそれだけで印刷するには，まったく多くの仕上げが必要です。そのためには実に素材よりも，時間のほうが足りません」。

かくてバイメは，ヘーゲルの論文の私的な印刷のきっかけを与えたようである。この抜刷りは残ってはいないが，『著作集』での出版の基礎となったことはきわめてたしからしい。それがこの抜刷りに由来しているということは，たしかに次のような推測を容易に起こさせる。つまり，マリー・ヘーゲルが書いている「大きな賛辞」は，フォン・バイメから寄せられたものばかりではないということである。

ローゼンツヴァイクはさらに，ヘーゲルが予想しなかったようなイギリスにおける衝突の劇的な展開――イギリス王による議会の解散――が，さらなる印刷を「最高に不適切なもの」とした，と推測している（Rosenzweig 1920, Bd. 2. 235）。ローゼンツヴァイクは，プロイセン王フリードリッヒ・ヴィルヘルム3世の励ましとなる厚情をさらに指示しているが，しかしそのよりどころとなるのは同じくマリー・ヘーゲルの書簡のみなのである。それには典拠固有の価値はまったくない。

8.9.2. 情勢と解決の分析

(1)「選挙法改正法案」とは，1831年，下院選挙に新しくて，より公正な選挙区の割り振りを導入することを意図した法律のことを指す。初期産業化によって，辺鄙な地域から都市への人口移動が誘発された。このことで，かつての状態に基づいて選挙区と議席の配分を行った場合，荒廃した地域の所有者が下院へと議員を送り込むのにひきかえ，都市は著しく冷遇されることとなった。1818/1819の法哲学講義においてすでに，ヘーゲルはこの不公正を批判している。「実にとるに足らず，それどころかきわめて多くの，無に帰してしまったような村が，イギリスでは選挙権を持っています。しかしたとえばマンチェスターのような，新興の大都市は持っていません」（V 1. 270）。こうして大土地所有者は，都市の住民を犠牲として，たいへんな政治的重要性を獲得することができたのである。議席の大部分の支配は，少数の家族の手の内にあった。そのうえ長い年月のうちに，乱用も頻発していた。つまり議席の買収，そして取引である。

(2) ヘーゲルは，彼を批判する人々によれば，「選挙法改正法案論文」によってはっきりと選挙法改正の保守的な反対者の側につく。つまり，不公正な議席配分という現状（status quo）から，たいてい利益を得ていた土地所有者や商店主の側につくのである。ヘーゲルの総じて鋭く，また疑いなく一方的なイギリスの政治情勢の批判も，このような印象へと寄与したかもしれない。弱体化した国王，腐敗した議会，「狐狩り」の社会，とりわけアイルランドにおける貴族と教会による躊躇のない住民の搾取。

ヘーゲルがこのように不都合な状況を，それ自体イギリスの典拠から，議会での討議の議事録と新聞から知るに至った。とはいえ，そうだとしてもヘーゲルはその状況をありのままに公言し，それによってイメージを広範囲にわたって規定することで，怒りを十分に示しているのである。というのも，イギリスの政治システムは，のちと同じように当時もドイツの「リベラル派」にとっては，しばしば模範という性格をもつからである。ヘーゲルによって弾劾された不都合な状況を鑑みると，ドイツにおける多くの欠乏，あるいはプロイセンにおける特殊な欠乏は，今や比較的小さく，比較的耐えやすい害悪であるようにみえるからである。

したがってすでにローゼンクランツが，次のように考えていた。この論文には，あらゆる手堅さの傍らに「病的な違和感」が感じられるのである（R 419）。つねにヘーゲルの批判者であった——より正確には，誹謗者であった——ルドルフ・ハイムは，抑制のない論争の機会を利用した。「際限のない不快感が，復古の哲学をも占拠してしまう」。「政治党派が自分に敵対する党派を性格づけるような，まったく偏見に満ちた偏狭さ，まったく情熱的な調子はずれが，ヘーゲルのイギリス議会についての批評を支配している」（1857, 455, 457）。「不気嫌な落ち着き」，あるいは「自己満足の屁理屈と不安に満ちた官僚主義」というのが，ハイムの論争のために豊かに満たされた兵器庫から引き出された他の表現なのである。

(3) しかし「選挙法改正法案論文」の真髄は，ヘーゲルが選挙法改正を支持する主張を取りあげ，それを反転させるところにある。暴力的に変革するのでなく，理性的に改革するべきであるという主張によって，賛成論者が革命への恐れを煽り立てるのに対し，ヘーゲルは次のことを示そうとするのである。つまり，改正法案によって選挙権が改革されたところで，革命の危険はなおも脅威のままなのである。「しかし法案は，その条項によるよりもむしろ原理によって，これまでの体制とは対立する諸原則に対して，統治権力の中心である議会への道を開く。これらの諸原則は，これまでの過激な改正論者が獲得しているより大きな意義をもって，議会へとあらわれてくるであろう。その結果，既得権益がもつ利害関心と実質的自由の要求とのあいだに，両者を抑制し，和解させる，より中間的で，より高い権力が欠けているだけに，闘争はきわめて危険なものとなるであろう。というのも，ほかの国家では，かつての純粋に既得権益に基づいた立法から実質的自由の原則に基づく立法へと移行すること，そしてしかも動乱，暴動，略奪をまったく伴わずに移行することは，君主権の要素がもつ力のおかげなのである。しかし，ここイギリスにおいては，君主権の要素が無力であるからである」。

ヘーゲルの「選挙法改正法案論文」は，このような言い回しで結ばれている。この中では，疑いなく最後の部分で与えられた基礎づけが決定的である。つまり，拡散するさまざまな立脚点を抑制することができるような，「より中間的で，より高い権力」の欠如である。それをもってヘーゲルは，改革をしないことで革命へと導かれるという主張を決して引き受けているのではない。——ヘーゲルが実際に存在する弊害を実にはっきりとみており，それどころかむしろ誇張して描いているということからして，そうではない。そして疑いもなくヘーゲルにとって，「実質的自由」の状態が追求に値するものである——このことはすでに〔実質的自由という〕造語のうちに存している。しかし問題は，選挙法改正法案がそこへと向けて採用しようとしている方途が，現実的にも望まれた成果へと導くのかということを，ヘーゲルが確信できていないというところにあるのだ。

すでにローゼンツヴァイクが，次のことを詳しく述べていた。計画された改革は，ヘーゲルにとってはある一面では進みすぎており，ほかの一面では十分に進んでいないものであったということを。たしかにヘーゲルは，特権を廃止し，選挙区の区分や議席の配分における不公平を是正しようという努力を支持していた。それでもなおヘーゲルが選挙法改正案を拒絶したのは，彼の考えでは，現にあり，叫ばれている弊害については，この改正案はおそらくは何事も変えないであろうからである——それが存続するという条件のもとでは，ヘーゲルは議会による解決が失敗することを見て取るのである。ヘーゲルが予想したことは，次のことである。計画されている選挙法変更にもかかわらず，古い権力構造を，拡

充するとまではいかなくとも，短い期間で復旧するぐらいのことは，支配的土地所有者階級にとってはたやすいことであろう，と——ただ自由化というマントを纏っただけで。しかしもちろん変化が起これば，支配階級の同質性の排除を実現するであろう——そしてこのことは，弊害が持続することにかんがみて，数の点では小さな内部での対立が議会外の大衆と結びつくとすれば，極端な場合には革命への危険な出発点となることが可能であろう。

それゆえにヘーゲルは，選挙法改正案が現存の社会的摩擦の解決には役立たないとして拒絶する。その解決のためには，別のやりかたが必要なのである。まずは社会的弊害が除去されなければならず，そこから結果する摩擦を緩和したのちにはじめて，より公正な選挙権の諸規定もあらわれることが可能となるのである。この議論がたんなる引き伸ばし戦術の産物に過ぎないわけではないということは，すでに次のことから見て取ることができる。つまりヘーゲルは，すでにヴュルテンベルク第1論文において，この議論を採用しているのである（本書134頁以下参照）。しかしそこでのこの議論は，ヘーゲルにとってたしかに弊害の撤廃にかかわることであった。ヘーゲルは，かつてのこの確信にここにおいても忠実である。つまり，選挙権を改変する以前に，社会的諸関係を改革しなければ，新しく構築されるべき代表機関のうちに社会的緊張を持ち込んでしまうにとどまる。

もちろんこのアナロジーへの指示によって同時に，ヴュルテンベルク第1論文に含まれていた挫折への関係も打ち立てられる。そこでヘーゲルが望んだのは，社会状況の物質的変化が，国家における形式ばった諸関係の変化に先行するということである。しかしながらヴュルテンベルクを見る限りでは，ヘーゲルはいかにして物質的諸関係が変化させられうるのかということを述べることは結局できないのである。同様のディレンマは，イギリスにもあてはまる。従来どおりの制度的諸関係の内部では，政治的に責任のある者にみずからの特権を自己放棄するという洞察を訴えることによるほかは，変化は引き起こされない。そしてヘーゲルは，このような道義的方法がつねに幻影であると考えていたのであった。

(4) かくのごとく困難な状況において，ヘーゲルはイギリスの代議統治機構形態のうちに最大の障害を見出していた。ヘーゲルの考えは，代議統治機構一般という道具に対して向けられていたわけではない。古代のポリスとは違って，もはや近代国家においてはその巨大さゆえに，代議統治機構を放棄しえないのである。しかしヘーゲルによる代議統治機構が必然だという洞察は，国民代表制へのヘーゲルの同意を含意しているわけではない。ヘーゲルは，「抽象的な」国民の代表という考えを，自由主義的な誤謬であると考えており，それは国民の至上性という考えとかわるところがないのである。反対にヘーゲルは，身分代表制という原則が望ましいと考えていた——まさにイギリスにとってもそうなのである。というのも，ここでステレオタイプにまで高められた要求，つまり国民の「大いなる利害関心」が議会において代表されなければならないという要求は，国民代表制の原理によるよりも，身分代表制によるほうが，よりよく実現されるとヘーゲルはみていたからである。国民代表制度は，ヘーゲルにとって，個別的意志のアトム化に基づく。個別的なものは，国家の普遍性に抽象的に対立する。それは特定の決定機関や，身分や職業団体によって媒介されることはなく，人倫国家の構造化された全体へと「有機的に」取り込まれることもない。そういうわけでヘーゲルは，普通選挙権が非現実的だということを示すことに，みずからの全弁舌の力を注ぐのである——とりわけ普通選挙権は，実際には普通（普遍的）ですらなくて，さまざまな制約が課せられているということを示すことに。身分代表制を支持するヘーゲルの意見表明は，疑いなく保守的な道を支持するものである。たとえ近代的「諸身分」が，中世における確固として不変の諸身分と等置できないものであるにしても。有機体思想の再興ということも——もちろんのちの回顧においてであるが——，保守的国家論を想起させるものである。特定の審級機関とは，悪しき意味での個体的なものを意味してはいけないのであって，ある普遍的なもの，すなわち人倫的国家の特殊化を意味しうるのである。

(5) もちろん国民代表制度に対するヘーゲルの拒絶には，もうひとつの，不当とはいえない側面がある。そのおかげでこの拒絶には，進歩的で，社会批判的な契機がはらまれているのである。国民代表制

の原理は，自由を実現する進歩に必然的に導くわけではない。代表制のシステムにおいては，自由の名のもとに，他者の利害関心が代理されるというより，むしろ握りつぶされてしまうことも決してまれではない。そしてこのような危険，つまり普遍的自由の名のもとに，所有階級のたんに私的利害関心が達成されるという危険を，ヘーゲルはとりわけ選挙法改正案が目指しているモデルにしたがう代表制に見出していた。そこで代表されなければならないとされる「国民」とは，それ自身一つの抽象なのである。つまり，具体的で個別的利害関心を捨象してしまっているのであるが，しかしそのような利害関心はこのことで消えたりはしないのである。「国民」のうちに，かくもばらばらな個別的利害関心が，それどころか階級的利害関心が存する限り——そして，まさにこの文脈においてヘーゲルでは階級概念が繰り返し使用されるのである——，また国民の代理という思想が，実際の所有関係に基づく階級的利害関心をただ隠蔽するだけの幻影であるにとどまる限り，そうなのである。しかし代表機関への選挙が，財産評価に基づく選挙法によって制御されているならば，おそらくこのような結果にはならない——政治的洞察がどうして10ポンドの地代と結びつけられなければならないのかを決して理解できないゆえに，これはヘーゲルがつねに笑いものにしていた逃道である。しかしながら，この——嘲笑された——財産評価に基づく選挙法の課題について，ヘーゲルは革命の傾向の優勢を予言している。避けることのできない結果は，国家の崩壊ということになろう。ヘーゲルによれば，身分によって区分された代理制度は，実際に現存している，人倫的国家の構造化された全体によりふさわしい。このような代理制度は，人倫的国家の所与の分肢構造，諸身分の差異，そして所有関係を，国民代表制よりもよく表現するのであり，それゆえ理性的な均衡にもたらしもする。

（6）しかしヘーゲルは，イギリスの状況には次のような特徴があるとみていた。つまりイギリスでは，さまざまな集団——土地所有者階級の集団および工業者の集団——の利害関心が，実際に議会で代表されていたということである——たしかにただ偶然的に，より正確には，それらの代表が買収することのできる利害関心の権力によってであるが。同様に，国民代表制の皮を被って，偽装された身分代表制が問題となるのである。ヘーゲルが首尾一貫したものとして評価する明確な身分代表制への展開は——当時それはヨーロッパの多くの国において有力であったのだが——，しかしイギリスにおいては際立ってこない。おまけに国民代表制の身分代表制への移行が，かつて存在した特権を廃止することによって，社会的摩擦の除去に対して十分な寄与をなしうるのかについては，疑う余地があろう。このことはとりわけ次のことのゆえにほとんどありえない。それは，議会が実際には，ヘーゲルの見解によれば，国民代表制よりも身分代表制に近いものであったということである。何らかの変更が現れることがなくてもである。それゆえイギリスの代表制の特異性のうちにも，ヘーゲルが分析した諸問題の固有の原因が存在しているわけではないのである。

（7）イギリスが解決しなければならず，またそれにともなってほかの諸問題も解決可能であるような固有の問題とは，ヘーゲルによれば，公共的=法的諸関係の私法的性格にあった。イギリスの政治的諸関係は，総じて実定法に拠っている。しかしながら実定法によって保護されて古くから存続してきた諸制度は，ことごとくその私法的な起源の痕跡をみずからのうちにきわめて明確にいまなお残している。イギリスに欠けているのは，このような私法によって基礎づけられた諸関係を，国法的諸関係へと転換することであり，ヘーゲルの見るところでは，大陸においてはそのもっとも初期の歴史において実現されたような展開なのである。

このような私法に基礎をもつ諸関係の歴史的起源とその運命については，ヘーゲルの歴史哲学講義のうちに興味深い指摘が含まれている。ヘーゲルは，次のように詳述している。フランスとイギリスは，中世以来あまりに異なった展開を経ているとはいえ，この観点からすれば結果的に一致するのである，と。フランスにおけるように，王が貴族を無力化するならば，それにもかかわらず——あるいは，まさにそれゆえに——貴族の私法的諸関係は王に従属することになるだろう。逆にイギリスにおけるように，男爵たちがおのれの法的な立場を王から奪取するならば，それによって貴族の私法的諸関係は，いかなる場合であれ，侵害されて従属的になることはなくな

る。イギリスの政治生活における現在の私法的諸関係も，いまもなお封建主義の封土制度からの起源の痕跡をそのうちにとどめている。当然ながら私法的諸関係は，私的利害関心の表現を形成し，それが近代国家のうちに入りこんでくる場合，それが実定法によって保護されるという理由によって，国法的諸関係を理性的に形成すること，そして法を国家の普遍的人倫性へと形成することを妨げるのである。本来ならば国法的である諸関係が，かくのごとく私法的性格を帯びている。そして，そのことによって，「普遍的身分」に，自立的で，特権に拠ることなく，能力を通じて構成された官吏が欠けているという結果に，ヘーゲルからするとイギリスでは至り着く（本書492頁参照）。

(8) 私法的なものを国法的に基礎づけられた諸関係へと移行させるというイギリスの核心的な課題を，ヘーゲルは大陸においては解決済みと考えていた。つまり，大陸においてはフランス革命以来の政治的展開，またとりわけ旧帝国法の廃止に対するその帰結，そしてナポレオンの改革によって，解決されたものとヘーゲルは考えていた。しかしこのような展開は，イギリスにおいては起こらなかった。そのことによって，ヘーゲルの分析の前面に控えている次のようなディレンマが明らかとなる。ヘーゲルが分析の対象としている状態は，大陸においては比類なき政治的，法的展開によって克服されたのであり，ヘーゲルが「理性的なもの」として好意的に評している一つの結果へと導かれているのである。しかしながらこのような解決は，イギリスのようなほかの国家に単純に転用されるわけにはいかないのである——政治的展開においても，憲法上の展開においても。

第二の契機がこれに付け加わるのであるが，このことが浮き彫りになることでヘーゲルは相当な批判を受けることになった。ヴュルテンベルクにおいては，君主制が「近代的」国法的諸規則を実現した。しかしイギリスの君主制に，そのような力があるとヘーゲルは考えなかった。それゆえヘーゲルは，イギリス王の政治的，法的立場の評価を誤ったことになる——「選挙法改正法案論文」の出版後わずか数日で，王による議会解散に示されたように。それでもなお，次のことをはっきりさせることは可能である。つまり王は，固有の権限から，私法によって基礎づけられた構造総体を，国法的なものへと移行させるような政治権力も，法的立場ももってはいなかったのだ，ということを。

(9) このようなイギリスと大陸の状況の比較が，「選挙法改正法案論文」の問題性を暴露している。ヘーゲルが解決策として思い浮かべているのは，革命後の大陸諸邦の政治的，法的展開なのである。それをこえては，イギリスでの同一の問題の解決がいかに実現しうるかということについて，本来ヘーゲルはいかなる提案も示すわけではない。だから「選挙法改正法案論文」のうちに，革命への恐れや，復古的解決策の名目的な宣伝活動にもまして，きわめて強く刻印されている独特の困惑をも説明することができるのである。どうすれば理性法による議論によって，私法によって根拠づけられた特権の法性格を廃止し，現実的法と現実的自由体系をつくりあげるのが可能となるのかを述べることは，たやすいことではない。というのは，選挙法改正案ののちにも，なお「公共物（res publica）」〔国家〕は「私物（res private）」のままであったからである。

だからローゼンツヴァイクがこの論文のアポリア的性格を際立たせるとき，彼はこの論文の独特の性格を的確にとらえていることになる。ヘーゲルは，支配的なもろもろの状態に対して鋭く批判を加え，作り上げられるべきものに対して共感を示している。にもかかわらず，彼は前者に対する勇気ある「否」，そして後者に対する決然たる「然り」を発するまでには至らないのである。「ヘーゲルにはかつて縁のなかったハムレット的性格が，彼の態度を覆いつくしている」（ローゼンツヴァイク 1920, Bd. 2. 236）。もちろんこのような「ハムレット的性格」は，これにおとらずすでに「第一ヴュルテンベルク論文」や，『ドイツ憲法論』の特徴とすらすでになっているのである。

そういうわけでヘーゲルは，党派に一面的に加担することや，具体的な諸提案を提示することを避けたのである。古いもろもろの状態に反対するには，目指されている新たな諸関係に反対するのと同じだけの根拠がある。しかしながら哲学者の役割を，いずれにせよヘーゲルは次のことに限定していた。つまり，とりわけ政治的争いへの参加者たちには

ひょっとするとまったく目に入らないような水準において，これらの情勢を比較し，分析し，注釈することに，である。しかし哲学者が，政治的決定のために具体的な行動指針を与えることはできない。哲学者は，しばしば前景的に議論されるにとどまる諸問題の真の原因について支配的であるところの無意識性を，ただ暴露することができるだけなのである。哲学者がこれを果たすことによって，彼はその諸問題の克服にも寄与することになる。しかしながらヘーゲルが解決を期待したのは，哲学的認識からではなく，そのほかの力，つまり歴史からである。イギリスを例として扱われた諸問題を見てみれば，このヘーゲルによって保証を与えられた審級〔歴史〕は，ヘーゲル自身——そしてまた多くのヘーゲルの同時代人たちが，それを選挙法改正をめぐる議論において，あえて期待しようとしたよりも，一層うまく解決に成功している。

初出：Preußische Allgemeine Staats-Zeitung 1831, Nrr 115/116 (Dienstag, 26. April), Nr 118 (Freitag, 29 April) (S. 853f., 867f.).

テキスト：GW 16. 325-404; BSchr 443-489.

参考文献：Haym: Hegel und seine Zeit, 454-459; Rosenzweig: Hegel und der Staat (1920), Bd 2. 225-239; Shlomo Avineri: Hegels Theorie des modernen Staates. Frankfurt am Mein 1976, 247-261; Domenico Lusurdo: Hegel und deutsche Erbe. Philosophie und nationale Frage zwischen Revolution und Reaktion. Köln 1989; Christoph Jamme/Elisabeth Weisser-Lohmann (Hg.): Politik und Geschichte. Zu den Intentionen von Hegels Reformbill-Schrift. HSB 35 (1995)

9

ハイデルベルク時代およびベルリン時代の講義（1816-31年）

9.0. 講義の中の体系

(1) 熱望していたハイデルベルクからベルリンへの転勤にさいしてヘーゲルが抱いていたのは，バーデン内務省の——大学教師の観点に立つ——思惑とは異なっていた。つまり，新設されてすでに声望も高かったベルリン大学で大学教育のためのいっそう恵まれた活動領域を見出すという希望ではなかった。むしろ「かなりな昇給」と「さらに齢を重ねると，哲学を大学で講義するという厄介な職務から他の仕事へ移り，任用されることもありうる」(本書72頁参照) という見込みとである。ヘーゲルはこの「厄介な職務」をイェーナ (1801-1806年) ではむしろ随員として引き受けたが，バンベルクとニュルンベルク (1807-1816年) ではそれを獲得できずに辛い思いを味わい，ようやくハイデルベルクの教授職に就いてから存分に手にすることができたのだった。しかしこれらの計画が頓挫することにより，ヘーゲルは「厄介な職務」をその死に至るまで果たすしかなくなった。したがって，『バンベルク新聞』での短い中休みを除けば，彼は後半生のすべてを通じて哲学を教えていたことになり——ギムナジウムで8年と大学で20年——，それはフィヒテやシェリングよりもずっと長きに渡っている。それゆえ彼が自らの哲学をも教育活動の文脈の中で展開したことは不思議でない。教育と，自らの哲学を体系へと形成することとは彼にとって一体なのである。

フランクフルトからイェーナへ転居して以来，ヘーゲルの関心は，自らの若者らしい理想的な思想を「反省形式へ，一つの体系へと同時に変貌させる」(シェリング宛1800年11月2日) ことへと向けられた。この変貌の最初の証拠となるのは「イェーナ体系構想」である。ただしたとえヘーゲルがこれら初期の年月にほぼ絶え間なく著書の出版を予告しているとしても，その体系構想は第1に著書の計画であるというのではない。むしろ，彼の当時の諸講義に組み込まれるのが明らかな資料，すなわち一部は講義草稿であり，一部はそのような草稿の草案と見られる文書である。ヘーゲルのイェーナ「体系構想」は講義草稿なのである。これに対してヘーゲルが当時公刊した著述——彼が教育活動を始める前の『差異論文』(本書163頁参照) やこれと並行したもので『哲学批判雑誌』所載の一部はかなり大部な諸論文 (本書186頁参照) ——は，それらの性格からすると「批判的著作」(GW 4 の題名もこのように銘打たれている) だが，講義草稿が「体系」の構想ないし礎石であるのと同じ仕方でではない。そしてこれらの諸講義，とりわけ「論理学および形而上学への導入」から最終的に生まれるのが，すでにローゼンクランツが報告しているとおり，「学の体系」への導入としての「現象学への素地」である。ヘーゲルはこれを——たとえその冒頭部しかたしかではないとしても——1806年の夏においてもなお，講義にさいしては校正刷りに基づいて講じていた (R 202, 214)。とはいうものの，講義の周辺から生まれたというその由来にもかかわらず，『現象学』は一冊で二冊の内実をもち，その枠組みをはるかに上回っている。すなわち，仕上げられた「学の体系」への導入でありながら，それ自身が体系の第一部なのである。

それ以外にヘーゲルは少し後にもう一冊 (三巻か

らなる）だけ公刊したが，これは講義の文脈には属していない——もっとも，これも講義とギムナジウムの授業とから「生まれた」のだが。すなわち，『大論理学』（1812-1816年，1832年）がこれである。これは根本的な体系部門であり，ヘーゲルが学の形式に仕上げた唯一の体系部門でもある。この点にこそ『大論理学』がヘーゲルの体系に占める比類のない地位が基づいている。これに対して『哲学的諸学問のエンツュクロペディー概要 Grundriss（！）』の三つの版，そして『法哲学要綱 Grundlinien（！）』も学の形式に仕上げられた「体系」の部門ではなく，便覧であり，大学教育のための「講義用書籍」である。この分類は「友人の会」が講義要綱の外見に手を加えて「哲学の体系」にしてしまったことにより，今日においてさえなお覆い隠されている。ヘルマン・グロックナーの『記念版』でははっきり「哲学の体系」というタイトルが付けられている（本書346頁参照）。そして「主観的精神の哲学」もヘーゲルは講義便覧の形で出版しようと考えた——つまり，概要 Grundriss としてであり，学の形式に仕上げられた体系部門としてではなかったのである（本書373頁以下参照）。

(2) したがって講義はいわば「本来の」著作に対する——根本においては無視してもよい——付録というのではない。たんに〔著作と〕同じ権利をもつというだけでなく，むしろヘーゲル哲学の「作品形態」の支配的な要素である。つまり彼は講義という形態においてこそ自らの哲学を彫琢したのである。人はこのことを遺憾に思うかもしれないが，ヘーゲル哲学のこの作品形態に着目すると『大論理学』の方がまさに変則的なのである——もっとも，だからといって『大論理学』が体系にとってもつ根本的で抜きん出た意味が小さくなどならないことに疑いはないが。おそらく『大論理学』は，ヘーゲルがこれを執筆していたときに自らの哲学を実際の講義という形では形成せず，労働力をすべて書物の形態に傾注することができたという事情の結果として生じたのだろう。しかしながらそれは後期の体系でヘーゲルが仕上げた唯一の部門である。彼の哲学の作品形態は「学の体系」ではない。学の形式に仕上げられた彼の後期の体系のうち存在するのは，『大論理学』だけである——そしてそれ以外には講義があり，そのいくつかをヘーゲルは体系部門へと彫琢しようとしたが，便覧やそれどころか便覧作成の試みの域を出ることがなかった。

それゆえ彼の哲学の直接の影響作用史がその作品形態の忠実な鏡像であることに不思議はない。すなわち，その影響は講義に，とりわけ彼の哲学の「実在哲学」部門についての講義に基づくのである。逆説的に表現すると，ヘーゲルの「体系」の影響は彼が仕上げることのなかった体系，少なくとも彼の念頭にあった「学の体系」の形式では仕上げることがなく，講義の中でスケッチしたにすぎない体系の影響である。ヘーゲルの「体系」とは何よりも「講義の中の体系」なのである。

(3) したがって，講義がヘーゲル哲学の作品形態に対してもつ支配的な意味は，残された資料形式の幸運な（あるいは不運な）偶然のようなものに基づくのではない。それはもちろんヘーゲルの長い教育活動を前提してはいるが，最終的には並々ならぬ教育愛の結果として生じたのではない——せいぜいのところ部分的に彼の悪名高い修辞能力の欠如がその原因となっており，これが彼を便覧や講義草稿の徹底的な彫琢に向かわせた。しかしながら，決定的なのはちょっと別のことである。すなわち，「講義」という作品形態が強く強調されること，あるいはさらに支配的にさえなることは，大学講義についての考え方とその役割が一般に変化したことから生じている。この変化は1800年前後の彼の同時代人にも見られる——ラインホルトではまだだが，フィヒテ以降これが認められる。フィヒテはイェーナでの教育活動に先立って『知識学の概念について』を『講義への招待書』として著し，『全知識学の基礎』に『聴講者のための草稿』という副題をつけている。シェリングにとっては初期の講義——現今知られる範囲で——は自らの哲学の作品形態にとってあまり意味はない。「後期哲学」に関しては事情が異なる。これに対してシュライエルマッハーにとっては再び講義は大きな意味をもつ——仮にその意味が説教や翻訳のような他の作品形態と並べられたときに突出したものではなくなるとしても。

出版から教育活動へのアクセントのこの移動は，疑いもなく18世紀の「学校哲学」が終焉したことの帰結である。すなわち，哲学諸分野を緊密に組み合

わせた学校哲学の正典と，便覧——自身のあるいは他の著者の——を基に自ら講義を行い，これを通じて，静的な傾向にある知識をそのつど新しい学生の世代に伝授していくという教育形式とが終焉したことの帰結である。啓蒙期の終わりにこの「学校哲学」が消滅したことに伴い，大学教育の文脈の中で哲学が育成されるきわめて実り多いエポックが始まる——そしてこのことがいえるのは二重の観点においてである。

第一に哲学にかかわる諸学問の正典が新たに作り上げられる。18世紀末期には論理学，存在論，合理的および経験的心理学，宇宙論，自然神学，「自然法」が講義されている。だが，カントの批判以降，次第に特殊形而上学の諸分野——合理的心理学，宇宙論，神学——が授業案から姿を消す。そして新たな分野が新たな名称の下に姿を現す。また，自然哲学，精神哲学，法哲学がまだそれまでの宇宙論，心理学，自然法とのつながりを維持しているのに対し，まったく新しい諸分野も付け加わる——「世界史の哲学」，「芸術哲学」，「宗教哲学」，「哲学史」のようなものがこれにあたる。この画期的な変化はヘーゲルの授業案から読み取ることができるし，彼自身の教育活動が新たな正典の成立に貢献したことは疑いない。

この変化についてヘーゲルはその思いのたけをきわめて正確に語った。それがベルリン招聘の事前調査が進む中で1816年8月2日に「プロイセン王国政府顧問官およびフリードリヒ・フォン・ラウマー教授宛」に送付された彼の意見書「大学における哲学の講義について」である（W XVII. 349-356）。彼はここで次のように断言する。哲学の「かつての学問的専門教育は［…］形式と内容の面で，多かれ少なかれ古くなってしまった。——しかし他面において，それに代わって登場した哲学の理念は，いまだ学問的専門教育を欠いたままであり，また，特殊諸科学の資料はといえば，新たな理念の中へ再編成され受容されることが完全にはなされていないか，あるいはまだまったく行われていない」。新たな理念は「哲学に含められるべき対象の広大な領域を，部分を貫いて形成された秩序ある全体へと形作れという要求をいまだ満たしていない」。「したがって，おしなべて大学や著作で語られているのをわれわれが目にするのは，いまだに二，三の古い学問，論理学，経験的心理学，自然法，それにたとえば道徳である。というのも，ふだんはいまだに比較的古いものをよりどころにする人々にとっても形而上学が没落したからであり，それは法学部にとってドイツ国法が没落するようなものである。ただし，かつては形而上学を構成していた他の諸学問が失われてもそれほど困っていないとはいえ，少なくとも，神の理性的認識を対象とした自然神学に関しては困惑せざるをえない」。

したがって，一方でこの哲学概念における変化は哲学の諸部門をなす分野の体系構成法に関係しているが，他方でこの新たな正典の分野は一つ一つ新たに構想されなければならない。このことについてもヘーゲルはそれが自分の課題であることをはっきり理解していたし，語ってもいた。そうこうするうちに1年がハイデルベルクで過ぎた1817年12月11日，彼はニートハンマーに宛てて，自分が講義する諸学問を「実際のところたいてい初めて行う」のでなければならない，と書いている。この表現は講義が哲学作品形式の構成的な，それどころか支配的な要素になった状況をきわめて的確に描写している。つまり，講義は新たな学問を発見する行為なのであって，既存の学問の展開ではなく，いわんやそのたんなる繰り返しなどではないのである。

（4）講義が産み出されるこうした事情や，講義がヘーゲル哲学の作品形態に対して，意に沿わないのかもしれないが事実として及ぼしている支配力を理解することにより，解釈者たちにはヘーゲル自身が講義に割り当てた役割を正当に評価すべき義務が生じる。講義は出版物と比べて権利の劣った領域なのではない。それどころか彼の哲学を展開する第一の形態ですらある——たとえヘーゲルの意図がつねに「学問の体系」に向けられていることに疑いはないとしても。たしかに講義は——その初期の影響作用史におけるように——学の形式に仕上げられ，学の形式にふさわしい体系部門であると誤解されてはならない。講義はその中で語られる学問をいちばん最初に案出しようとするヘーゲルの試みである。つまり，所与の素材からその内的形式をなんとか引き出そうとする試みである——それも大学で授業を行うという時間的に余裕のない条件下で。

この成立状況と規定を踏まえるだけでも，講義は論理の鎖につながれた硬直した精神ではなく，その時々の学問が生成していくドキュメントであると見なければならなくなる。それゆえ諸講義間に見られる発展史上の不一致が浮き彫りにされなければならないが，それは何か異議を申し立てているのだとか，いわんや自己矛盾しているなどとは見なされるべきでない。その思想上の変動に気づかない者は——たとえそれが不十分な版のせいであれ——むろん講義を静的なものとしか見なせない。しかし，講義が立証しているのは後期体系に進行しつつある硬化症だ，というディルタイ以来広まる異議よりもばかげたものはない。講義は学問の形式に仕上げられた体系の部門では決してないのだから。仕上げられた学問を主題にするのには別の仕方がある——ただしそれにすら『大論理学』の第2版が第1版に対してもつ関係のような不一致はある。『大論理学』でさえその絶対者認識についての高い自負にもかかわらず，つねに「生成の状態にある」学問である。いずれにしてもその哲学の他のすべての分野をヘーゲルは「学問の体系」の構成要素としてではなく，「講義」という準備的な作品形態をとりながら，また，これによって助長された不一致をおかしながら仕上げたのである。

(5) ヘーゲルの教育活動は1801/1802年の冬にきわめて性急に始まった。おそらくは彼の〔教授資格〕試験講義に間を置かずに続き，ひどく余裕のない準備期間の後のことである（本書209頁以下参照）。知られている限り，彼はこの初めての講義を講義草稿に基づいて行ったが，この草稿についてはわずかな断片しか伝わっていない（GW 5. 269-275）。しかし，すでに2度目の学期，1802年夏からヘーゲルの教育の形式は構成上，根本的にちがってくる。すなわち，①教科書に基づく（secundum librum）講義と②口述（ex dictatis）による講義，それにのちには③草稿に基づく朗読が付け加わる。1804年夏には詳しい指示がない——ひょっとするとこれは偶然なのかもしれない。というのも，1804/05年冬には細分化の施された完全な「口述による」講義が，1805年夏には「教科書による」二つの講義が告示されているからである。1805/06年にヘーゲルは実在哲学を再び「口述によって」講義する。これに対して哲学史にはそのような指示が見られない。そしてここでは講義草稿の存在が推定され，実際，その若干の部分が諸講義の版に入っている（W XIII-XV）。1806年夏にヘーゲルは再び，或る部分は「自身の書物による」，また或る部分は「口述による」講義を告示する。もちろんヘーゲルはこれらの年月のすべてにおいて——彼が『精神現象学』の校正刷りを配布する1806年夏まで——実際に教科書に依拠することができたのではなく，その時々で草稿を用いざるをえなかったのではあるが。

それでもこの早い時期に「教科書」か「口述」かという明確な二者択一が現れ，これに1805/06年の特殊なケースでは草稿に基づく講義が付け加わっている。この二者択一はハイデルベルクでの講義の特徴にもなっているように見える。最初の1816/17年冬学期ではたしかに告示からは何も読みとれないが，これに続く三つの学期でヘーゲルは「論理学と形而上学」を（告示された）『エンツュクロペディー』に基づいて，そして他のすべての講義を口述によって講義する——哲学史さえもである。しかしながら，このことはあたかもヘーゲルが口述しかしなかったかのように考えられるべきでない。むしろ彼は——少なくともニュルンベルクでの年月以来——そのつど一つの段落を口述し，それから自由な解説を付け加えたのである。

ベルリンではこの基本的な型が変化する。たしかに最初の学期ではもう一度「自然法と国家法（ius naturae et civitatis）」を口述によって講義している限りでそれをまだ維持している。しかしながら，これに続く年月では他の二重性が幅を利かせている。すなわち，便覧に基づく講義か講義草稿に基づく講義かという二者択一である。論理学と形而上学，自然哲学，精神哲学についてはヘーゲルは『エンツュクロペディー』に基づいて，法哲学については『法哲学綱要』に基づいて講義し，そして世界史の哲学，芸術の哲学，哲学史については草稿に依拠している。

(6) この「便覧による講義」と「草稿による講義」との違いはベルリン講義にとっては根本的であり，「講義」という作品形態にとってはいくつかの観点で重要である。残された資料の状態を見ればわかるとおり，学生たちのあいだで便覧による講義を草稿による講義の場合ほどは熱心に書き留めようと

することはない。したがって，便覧による講義については，すべて含めても，筆記録によって残された資料が草稿による講義よりもはるかに乏しい。この点，一つの学期で行われた講義が複数の筆記録により資料として残されているのは例外的である。「便覧による講義」の場合，確かにその作品形態のために便覧の真作性は問題にならない——だが，ヘーゲルが便覧の不可欠な補足として口頭で語った講義内容についての残された資料は，概して草稿による講義の場合よりもたしかさが落ちる。これに対して「草稿による講義」という作品形態では，草稿の構成部分は資料散逸のため大幅に後退している——だが，語られた言葉が筆記録によって残された資料は，たとえ筆記録の資料価値がかなり不安定なのは疑いないとしても，全体に濃密で比較的信頼もできる。しかしながら，だからといってすべてひとまとめにして何も信用してはいけないということになるのではない。むしろ資料として残された証言に資料批判的な処理を施すことやその思想内容にたしかさを与えることになってよいわけである。

（7）しかしながら，ヘーゲルの講義はその時々の版の『エンツュクロペディー』だけに依拠していたのではない。彼は追加で草稿（「ノート」と「文書の束」）を用いたが，これらについてはわずかな断片しか残されていない。これらの文書がかつてどれほど膨大だったのかは，もはや確定されえないのである。

このような追加草稿のあることからすでに推測されるように，ヘーゲルは講義を『エンツュクロペディー』の段落に強くは対応させなかったのだろう——そして知られうる限り，このことはすべての便覧による講義にあてはまる。ヘーゲルはそのつど段落を読み上げ，それに続けてコメントを付したという何度も語られてきた想定は，便覧による講義については裏づけがない。それよりもありそうなのは，二，三の筆記者が自宅でノートに手を加えるときに，便覧のその時々の段落を筆記録に挿入したということである。講義が便覧に立ち戻るという結びつきのあり方は，むしろ驚くほど弱い。わずかに現存する具体例から知られる限り，この結びつき方は講義草稿と講義筆記録との結びつき方よりもゆるくさえある。本質的に口頭での論述は便覧の繰り返しでも厳密な解説でもなく，自由な補足なのである。

さらに，より重要な違いが便覧による講義と草稿による講義とのあいだにある——ただし，あれやこれやといった特定の講義類型に関する個々の筆記録のあいだの違いではなく，この両方の作品形態で講義された諸分野のあいだの違いである。草稿による講義の場合，一つの分野についての諸講義間に見られる発展史上の差異がはるかに大きい。この差異はつねにその時々の分野の体系的な形式にもかかわる。この点，ヘーゲルは体系形式をいくつかの講義をこなしていく中で初めて獲得しているのである。これに対して便覧による講義は——変更のない便覧に対応することにより——構想の点で広範囲にわたり固定されている。この点，変動はほぼ細部の手直しに当たってアクセントをどこに置くかという違いに限られる。このためヘーゲル哲学についてのわたしたちの今日の知識にとっては草稿による講義の筆記録に，便覧による講義によりももっと大きな意味が帰される。それゆえ便覧による講義の個々の分野に関する以下の叙述は，便覧と筆記録との関係に限定されてよい。これに対して草稿による講義の場合は同時にその体系形式の発展をも顧慮しなければならない。

このようにして，便覧はたしかに聴講者にとっては概要としての機能を果たし，その時々の講義の展開にとっては足場としての機能を果たす——それに，ベルリン大学ではその頃アカデミックではないと見なされていただらだらとした口述を省いてくれる。他面で便覧は一つの分野の構想のさらなる展開を制限する。ただしヘーゲルは『エンツュクロペディー』をニュルンベルクでのギムナジウムの授業で長い準備の年月を費やしてから初めて公刊し，『法哲学』をハイデルベルクとベルリンで何度も法哲学を講義してから初めて公刊した——おそらくは，こう考えてのことなのだろう。たとえ必ずしも「学問」へと仕上げられていないとしても，少なくともこれらの学問の体系的形式をいま見出したという限りで「案出」はした，と。

（8）『大論理学』を別とすれば，ヘーゲルの「体系」のすべての分野はただ「講義」という作品形態でのみ存在する。それゆえ解釈にあたっては出版物に即すべきか講義に即すべきかという解釈学的な二

者択一ではなく，ひとえに残された資料が完全かどうかという問題とそれが真作かどうかという問題が生じるにすぎない。だが——大幅に文書が散逸したことで悪化した現在の残された資料の状態では，「講義」という作品形態に，それがヘーゲル哲学の当初の構想の中でかつてもっていた役割はそもそも具わることができるのだろうか。この疑問に対しては「講義」という作品形態の異なった要素——便覧，草稿，筆記録——についてそれぞれ異なった回答が与えられなければならない。

便覧の場合，以前の状態に比べて違いは認められない。これに対して講義草稿の場合，確かにここでも真作性は問題にならないが，甚だしい散逸があった——弟子たちが『友人の会版著作集』の編集のために手渡された草稿をヘーゲル家に返却することも王立図書館に寄託することもなかったためであれ（マールハイネケが『宗教哲学』の草稿をそうしたように 2W XI. VII），草稿がのちに意図的に家族によって破棄されたためであれ(Henrich/Becker 1981, 590, 613)。このように「講義」という作品形態は，伝承資料の状態のために完璧なものではすでになくなっている——そしてこれは『友人の会版著作集』の完結以降のことである。ヘーゲルの数多くの講義草稿，つまり「ノート」および補完的な「文書の束」と資料のうち，ただ宗教哲学の草稿だけが保存されている——だがこの草稿は，たとえヘーゲルがそれをのちの講義でもワンポイントで援用することがあったとしても，4回の宗教哲学講義のうち最初の講義に基礎として用いられたにすぎない（GW 17. 356-359）。2番目に大きいグループは歴史哲学講義の，3番目に大きいグループは哲学史講義に関する草稿である（GW 18. 35-111 あるいは 121-214）。しかし，後者の二グループが含むのはどちらもほとんど序論だけであり，しかもそれらは断片的でしかない。芸術の哲学についての講義に至っては二つの小さな断片が保存されたにすぎない（GW 18. 115-117）。

現有の講義草稿数とは異なり，資料として伝承されている筆記録の数は今日『友人の会版著作集』と比べてさえ多くなった。つまり，仮に当時の編集者たちが自分たちの用いたすべての典拠を挙げてはいないとしても，彼らの手許にあった筆記録が今日の編集者の手許にあるものよりも少なかった可能性はかなり高いということである。この増加は喜ばしいものの，筆記録に帰される真正性がヘーゲルによって著された文書の場合よりも低いということに変わりはない。それにもかかわらず，資料として伝承されている講義草稿はわずかな量にとどまるので，筆記録がヘーゲルの思想に関する不可欠の典拠となる。実際，上で言及された二つの小さな断片を除けば，美学は筆記録によって資料が伝承されているにすぎない。また，歴史哲学，宗教哲学，哲学史のような分野についてのわたしたちの知識もほぼ筆記録にのみ依拠しているのである。筆記録を放棄するということは，これらによって資料が伝承された分野を放棄することを意味する。そして，その放棄は，影響作用史において重要な役割を演じているだけでなく，ヘーゲル哲学の作品形態の欠くべからざる部分をなすそういう広大な領域を除去することにより，彼の哲学をゆがめてしまうことを意味する。もちろん筆記録は十分吟味されることのないまま編集されたり解釈されたりするべきではないだろう。資料批判的な作業やその真正性に関する検証が必要とされる。だが，筆記録がこの批判に耐え切る限り，一律に筆記録を信用しないという態度は正当なものではない——とりわけ他に選択肢がないことに鑑みるなら，生産的なものでもない。

現在の研究はヘーゲルのテキストを扱うにさいして哲学と文献学に関わる独特の二重モラルを示している。すなわち，筆記録の解釈に無理からぬためらいが示されているあいだに，多かれ少なかれ運よく見出された個々の筆記録の版が増加した。ところがこれらの版は筆記録が発見されたという事実だけを理由に公刊されている。そして，これらの版の刊行は，他のテキスト上の証言との——最小限のでさえ——批判的な比較を理由にしているのではなく，それゆえ出版されたテキストを制御できていないのである。そしてとりわけ，筆記録に対して示されたためらいはあまりにもしばしば『友人の会版著作集』の便覧，すなわち『エンツュクロペディー』と『法哲学』の「補遺」に対しては完全に停止される——「補遺」の真作性は筆記録のそれよりもはるかに乏しいにもかかわらず。「補遺」は巻や編集者によって変わる不透明な選択の仕方により，一部は

筆記録から，一部は他の資料から編まれており，場合によっては編集者自身の補足も含まれているかもしれないのである。それゆえ「補遺」に対して筆記録は典拠としての性格をもつ——たとえそれが時には典拠としては不純であるかもしれなくても。しかしながら，この純粋か不純かの程度を見定め，後者に対してはこれを押しとどめることが批判版の課題である。

(9) 歴史批判版の第1の課題は典拠を後世の歪曲から解放し，本来の形に復元することである。だが，まさにこの修復作業によって版は意図せずに，しかし不可避的にたんなる修復を越えて，受容状況を変えてしまう。すなわち，ヘーゲルの聴講者は一般的に個々の分野について一つの講義だけを聴講したのに，読者は複数の講義を読むことになるのである。このことによって読者には諸講義間の不一致が明らかになる——そしてすでにこの不一致のあるということが，あちらこちらで愛着をこめて育まれてきた〈どんどん硬直化していく体系家〉というヘーゲル像に対立している。また，おそらくはたんなる戯れから生じた不一致の背後を見てさえ，個々の分野の発展史までもが見て取れる——しかもヘーゲルによるベルリンでの最初の講義から最後の講義までずっとその跡を辿ることができるのである。

しかしながら，この発展に何かの広告文句のような激変を求めてはならない——いわばヘーゲルがヘーゲル右派からヘーゲル左派へ変貌するとかその逆，あるいはキリスト教の思想家から汎神論的思想家へ変貌する，といったことの中に求められてはならない。むしろ発展は個々の分野の練成に関係する——つまり，個々の分野が基礎づけられる過程や当初の問題設定が変更されたり拡充されたりする過程にかかわる。そして，それは一部はヘーゲルが講義ごとに新しく明らかにした出典資料を包括的かつ集中的に利用するからであり，また一部は思想の明確さが向上していくからである。そこにこそ発展の決定的な次元がある。すなわち，そのつど初めて「案出」されるべき学問の，体系形式の練成にこそ，また，問題設定一般の同一性とその設定一般の特殊形態化との差異とのあいだに張り詰める独特な緊張関係にこそ，その決定的な次元がある。確かにヘーゲルがイェーナで行った初めての講義（1801/1802年）からのちの講義まで一本の弓が引き絞られている。だが，この初めての講義以来，ヘーゲルの体系思想は同時に完全性（もちろん無際限なものではない）の原理と結びついている——そして両原理は互いに両立しえないと説明してみても，それは空虚な抗議だろう。個々の分野の特殊形態化は，たとえそれらが実質的に体系を表すのではなくとも，講義を通じて徐々に，しかなされないのである。

草稿による講義の体系形式が次第に形成されていく様を認識することのうちに，体系を発展史的に提示することの成果がある。というのも，この歴史的認識には，どのようにして思想が否定の道の途上で明確になっていくかを示す限りで，それだけとってみても体系的意義があるのだから。それゆえ，かつての編集者による空想力豊かなつぎはぎ細工に代えて，そのつど講義の最も遅い——そして少なくともこの意味において最も成熟した——形式を版の基礎に置いたとしても，誤りであることに変わりはないだろう。というのは，このことによってもこの体系形式が形成されていく過程やこの過程を導く動機についての洞察が見失われるだろうからである。この過程に関する了解こそが，個々の分野についてのわたしたちの知識を構成する要因となる。

したがって，筆記録版の課題は，講義草稿の版（GW 17-18）を補足しつつ，ヘーゲル哲学の作品形態とそれが資料として伝承された状態との溝を可能な限り架橋することである。大学教員として活動を始めて以来，ヘーゲルの哲学はほぼ教育活動の枠内でのみ，また教育活動に依存してのみ展開されたのである。教育はヘーゲルにとって——彼の同時代人の多くにとってと同様——出版されたものの「老廃物」ではなく，自らの哲学がその普遍的な姿と特殊な思想上の明確さを獲得する場所である——すなわち，ヘーゲルが二つの例外である『精神現象学』と『大論理学』でのみ，さらに「学問の体系」へと展開させた明確さを獲得する場所なのである。

参考文献：Jaeschke: Probleme der Edition der Nachschriften von Hegels Vorlesungen. In: Allgemeine Zeitschrift für Philosophie 5/3 (1980), 51-63; Fragen und Quellen zur Geschichte von Hegels Nachlaß. I. Dieter Henrich: Auf der Suche nach dem verlorenen Hegel. II. Willi Ferdinand Becker: Hegels hinterlassene Schriften im Briefwechsel seines Sohnes Immanuel. In: ZphF 35 (1981), 585-591 bzw. 592-614; Jaeschke: Gesprochenes und durch Überlieferung gebrochenes Wort. Zur Methodologie der Edition von Vorlesungsnachschriften. In: Zu Werk und Text. Beiträge zur Textologie. Hrsg. von Siegfried Scheibe und Christel Laufer. Berlin 1991, 157-168; Jaeschke: Manuskript und Nachschrift. Überlegungen zu ihrer Edition an Hand von Schreiermachers und Hegels Vorlesungen. In: Textkonstitution bei mündlicher und bei schriftlicher Überlieferung. [...] In: editio. Internationales Jahrbuch für Editionswissenschaft. Beiheft 1. Tübingen 1991, 82-89; Berichte über Nachschriften zu Hegels Vorlesungen. HS 26 (1991); Jaeschke: Eine neue Phantasie der Hegel-Edition. HS 36 (2001), 15-33.

9.1. エンツュクロペディー

(1) エンツュクロペディーについてのヘーゲルの講義は彼が教育活動を始めた頃にまで遡る——ただしそれはこの名称の下で行われたものではなかった。すでにイェーナで1803年の夏に彼はそれと比べることのできるようなものを「一般哲学の概要を今夏（テュービンゲンのコッタ書店より）出版される便覧によって（Philosophiae universae delineationem, ex compendio currente aestate (Tub. Cotta) prodituro)」という言葉で予告している。これのドイツ語訳はすでに「哲学のエンツュクロペディー」となっている。しかしながらこの訳がヘーゲルによるものでないことはたしかで、このことは他の学期に彼が公表されたドイツ語訳に抗議していることから見て取れる（本書222頁参照）。続く諸学期でもヘーゲルはそのたびに全体系についての講義を予告する——すなわち「思弁哲学の体系」(1803/1804年)、「哲学の一般的体系」(1804年)、「哲学の全学問 (totam philosophiae scientiam)」(1804/1805年および1805年) についての諸講義がこれにあたる。これに対して1805/1806年冬以降、彼は講義を個々の分野にしか割いていない。

しかし、そのつど全体系について講義を行うという予告をヘーゲルが守ったのは、1803/1804年冬の「思弁哲学の体系」においてのみである。しかしながらこの講義については自然哲学と精神哲学の断片しか資料が残されていない（本書220頁参照）。その後ヘーゲルはプログラムを一般的な予告とは裏腹に体系の個々の部門に限定したように見える。1804/1805年冬は「論理学，形而上学，自然哲学」（本書225頁参照）、1805/1806年冬は「自然哲学と精神哲学」というように。というのも、すでにこのイェーナ後期には「体系」のために彼が収集した資料が膨大なものになり、抜粋を講義するにとどめるか、それとも全体をあまり仕上げられていない概要に縮約するかという二者択一の前に立たされていることに彼が気づいたからである。

同じ理由から、彼は授業題目に関するニュルンベルクでの報告書で、「エンツュクロペディー」の授業を行うようにという『規準』の要求に対して留保を見せている。ヘーゲルによれば「エンツュクロペディー」は「哲学の一般的な内容，すなわちその特殊諸学問の基本概念や原理以外を含むものではない[…]。ギムナジウムで諸々の要素についてそのような概観を与えることは目的にかなっているとはいうものの、他方で詳しく考察するときにそれは余計なものになるかもしれない——なぜなら、エンツュクロペディーの中で手短に考察される諸学問は、実際のところすでにそれ自身もっと詳細なものとして——大部分がすでにそこにあるからである」（GW 10. 826）。

この最後に述べられた留保はもちろん、彼がハイデルベルクで講義を始めた時期にはあてはまらない。むしろヘーゲルは新しい聴講者たちにここでまず広い見通しを与え、それから当該領域について後の講義で個々に論じようとするのだと考えられる——そうであればこそ、彼がハイデルベルクの四学期で三度もエンツュクロペディーについて講義していることが納得できる。すなわち、最初の講義（1816/1817年）——これは彼が『エンツュクロペディー』初版の印刷稿を整理する機会にもなる——、次に1817/1818年冬にスウェーデンのグスタフ王子のために行われた非告示の個別講義（GW 13. 628, 639f.)、そしてもう一度1818年夏のものであり、このときはすでに「解説のための口述」を伴っており、したがってこれは印刷版に収まらないもののあることをすでに示している（GW 13. 581-596）。同じ理由から——彼の哲学について全般的な概観を与える

ために――彼はベルリンで同様にエンツュクロペディー講義（1818年）を始める――だが，その後は一度1826/1827年にエンツュクロペディーについて講義しただけで，これは彼が便覧の第２版を準備している時だった。

（2） したがって，エンツュクロペディーについての講義は厳密な意味ではヘーゲルの教説の正典に属さない。それが果たしているのは周辺的な役割である。彼がエンツュクロペディーについて講義するのは自身の哲学の大筋を広く解された概観の形で述べることが重要な場合に限られる――すなわち，ハイデルベルクとベルリンでの最初の学期やハイデルベルクでの個人講義がこれにあたる。しかし，彼がこの講義をハイデルベルク時代の最後の1818年夏にも繰り返していることにははっきり理由があるようで，ヘーゲルはこの理由をほぼ同じ頃ニートハンマーとフォン・ラウマーに対して挙げている。すなわち，哲学の新しい理念が「いまだ専門学問教育を欠いたままであり，また，特殊諸学問の資料はといえば新たな理念の中へ不完全にしか再編成され受容されていないか，あるいはいまだまったく行われていない」（1816年８月２日）ということ――あるいは，講義しなければならない諸学問を彼がまだ「作って」いないということ（ニートハンマー宛，1817年12月11日）である。したがって，たしかに彼はハイデルベルクでは四学期しか教えていないにもかかわらず美学と哲学史については二度も講義する。しかし個々の学問が彼によって仕上げられ，彼の聴講者たちがそれらに習熟するのに応じて，『エンツュクロペディー』について全体を講義する動機も失われていくのである。

（3） それゆえ『エンツュクロペディー』が筆記録による裏付けのない唯一の講義部門であることは理解できないことではない。したがってこの講義については何も知られていない。おそらくはヘーゲルが印刷されたテキストにあまりに密着して講義をしたので，聴講者たちはまとまった筆記録の作成を放棄したのだろう――たとえハイデルベルクの1816/1817年のように，予告された出版物を先取りするような場合でさえも。これに対して，ヘーゲルが1818年に「エンツュクロペディー」の講義に付け加えた「解説のための口述」は伝えられている。これは第１版公刊後一年もかけずに仕上げられた迅速な「修正（retractationes）」で，ヘーゲルにいまや修正ないし少なくとも解説が必要だと思われた個々の段落に付されている。それゆえこれは『エンツュクロペディー』の当該段落を解釈するさいにはつねに参照されなければならない。

講義：1816/17年冬；1817/18年（スウェーデンのグスタフ王子のための個人講義）；1818年；1818/19年；1826/27年。
初出：Friedhelm Nicolin (Hg.): Unveröffentliche Diktate aus einer Enzyklopädie-Vorlesung Hegels. HS 5 (1969), 9–30.
テキスト：GW 13, 581–596.

9.2. 論理学と形而上学

9.2.1. 伝承資料

（1） ヘーゲルの「論理学と形而上学」についての諸講義はいわば彼の教育活動全体――最初の講義から最後の講義まで――を貫く「赤い糸」である。どのような主題についてであれ，彼がこれより頻繁に講義を行ったことはない――たとえどれだけ彼の構想がこの30年間(1801-1831年)で変化しているにしても。そして数多くある論理学講義でさえこの主題の占める地位についてまだ完全に適切な観念を与えていない。というのも，「論理学と形而上学」はこの部分分野にのみ割かれた諸講義でだけ主題化されているのではないからである。すでにイェーナにおいてはたしかに最初の三学期間しか，つまり1801/1802年冬から1802/1803年冬までの三学期に関する告示でしか「論理学と形而上学（logica et metaphysica）」を講義の題目として挙げておらず，その後はもう１度1806年夏の告示がこれを挙げている。だが，その間の六学期間にヘーゲルは「論理学と形而上学」を五回，講義目録でこの部分分野にはっきりと言及した上で，彼の全体系について講義する文脈で取り扱い――あるいは少なくともこれを意図し――，そしてローゼンクランツが伝えるとおり（R 214），1806年夏に彼は論理学の前に「精神現象

学」を接続させた。1805/06年冬に限って彼は論理学を告示または講義しなかった。このときは「哲学史」が「論理学」の位置を占めている。

イェーナ時代に由来するものでこの点に関連する草稿が二つしか残されなかった（GW 5. 269-275, 7. 3-178；本書209頁ないし225頁参照）のは，ヘーゲルによる論理学の持続的な彫琢がとくに原因となっているのかもしれない。それはともかく，この時期に由来する筆記録は見出されない——トロックスラーがむしろシェリングの講義について作成した筆記録の欄外に書き残し，そのことだけでもヘーゲルとシェリングとの当時の共同作業を証言することになるわずかな数頁を除いて。

(2) ハイデルベルクでヘーゲルは——ダウプのたっての希望（1816年8月16日付）により——「論理学と形而上学」をまだ最初の学期で告示せず，ようやく1817年夏になってはっきりとこれについて講義を行ったのである（グッドによる筆記録，V 11）。これはすでに『エンツュクロペディー』の校正刷りに基づいている。だが彼が「論理学」を1816/17年冬と1818年夏という二つのエンツュクロペディー講義の文脈でも論じたことはたしかである——そしてのちのベルリン時代の二つのエンツュクロペディー講義にも同じことが言える。しかしながらこのことについては何も知られていない。

それはともかく，ベルリン時代に関しては状況の見通しはずっとよい。ここでヘーゲルは毎夏「論理学と形而上学」についての講義を，そのつど最も新しい版の『エンツュクロペディー』に基づいて行った——1819年夏（筆記録なし）から，数ある中でも彼の息子カールがその講義を筆記した（V 10）1831年夏学期まで。ベルリン期講義のその他の筆記録はGW 23 で出版されている。

9.2.2. エンツュクロペディーの論理学（1817年）と『大論理学』(1812-1816年；1832年)

(1) 「学問」の完成された形式で出版されたために，ヘーゲルの論理学は後期の「体系」の枠組みの中で——したがってイェーナ期構想は度外視して——二つの形態で存在している。すなわち，『大論理学 Wissenschaft der Logik』(1812-1816年；1832年）の三つの編と，「講義」という作品形式，すなわち筆記録および『エンツュクロペディー』の三つの版という形とである。『エンツュクロペディー』はこの体系部門を同様に——いささか誤解を招きやすいのだが——「A．論理学 Die Wissenschaft der Logik」というタイトルの下に置いている（その一方でヘーゲルは残る二つの部分を「自然哲学」および「精神哲学」と名づけている）。これら二つの形態が問題設定と議論進行の大筋との点において一致することは疑いない。このために『大論理学』（本書294頁参照）の後で，とにかくエンツュクロペディーの論理学のコンセプトをもう1度詳細に述べることは差し控える。とはいうものの，二つの版には一連の相違点がある——まさにこれらのことがここで強調されなければならない。

『大論理学』と『エンツュクロペディー』という二つの形に仕上げられたもののあいだに存するこれらの相違点は大部分が言葉の圧縮と資料の切りつめとにあり，これらは概説書である『エンツュクロペディー』が学問的に練り上げられた『大論理学』とは異なり不可避的に行わざるをえないことではある。ただし，これらの相違点を「圧縮」と「切りつめ」という二つの概念によっては完全に言い表すことはできない。エンツュクロペディーの論理学はたんに小型の『大論理学』であるというのではない——すなわち，精確ではないにせよしばしばそう呼ばれるように，「小論理学」という「大論理学」の簡約版ではない。そこには独自の推論の脈絡がある——そして，そうである以上，それは論理学の独自の一基本形なのである。

(2) このことは，エンツュクロペディーの論理学にしかなく，その講義にさいして不釣合いに大きな場所をとった「予備概念」（本書349頁参照）にのみあてはまるのではない。何よりも目を惹くのは——たんに外面的であるのではない——論理学の組み立て方の違いである。『大論理学』でヘーゲルは「主観的なものと客観的なものとの統一」という論理学の概念から，この統一を展開すること，しかも「それがそれ自身のうちに含むもの，すなわち存在と思惟とのあの区別の叙述」をつうじて展開することの必然性を導き出す。ここから彼に帰結するのが論理学の基本的な区分である。「したがって論理学は一

般に存在の論理学と思惟の論理学とに，客観的論理学と主観的論理学とに区分されうる」。この区別からは「客観的論理学」と「主観的論理学」という二つの「巻」への分割も帰結する。〔論理学の一般的〕区分〔を論じる箇所〕を結ぶに及んで初めてヘーゲルは次のように説明を加える。「たしかに論理学は一般に客観的論理学と主観的論理学とに分かれる。しかしさらに明確にいうならば論理学には三つの部分がある」，すなわち存在の論理学と本質の論理学と概念の論理学とである（GW 11. 30, 32）。

これに対して『エンツュクロペディー』は論理学の構造を思惟と存在とのそれ自身のうちに差異を含む統一の中にはっきりと基礎づけることを諦めて，客観的論理学と主観的論理学とへの細分化を取り消す。そのかわりにただ次のように言うだけで済ませている。「純粋な学ないし論理学は三つの部分，存在の論理学，本質の論理学，概念あるいは理念の論理学に分かれる。〔これらはそれぞれ〕直接的な思想の論理学，反省する思想の論理学，反省から自分へ行き，その実在性の中で自己自身のもとにある思想の論理学である」（第 1 版 § 37，第 3 版 § 83 参照）。「思想」の三つの形式というこの構造原理に基づくことにより，論理学の三つの部分の関係は，思惟と存在との内的に区別された統一の展開という原理による場合とは異なったものになっている。他面においてエンツュクロペディーの構造原理はヘーゲルと学校形而上学や超越論哲学の組み立て方との結びつきを覆い隠している（GW 11. 31 f.）。

(3) 『エンツュクロペディー』第 1 版とその中にまとめられた「論理学」を『大論理学』から隔てるのはわずか数年でしかない。それどころか概念論についてはその隔たりがほんの一年しかない。これだけでもう相違に関して発展史的な解釈を施すことは考えづらく，とりわけヘーゲルが，のちに存在論理学 Seinslogik を改訂したとき（1832 年）も，細部にはさまざまな変更があったにもかかわらず大筋で従っているのは存在論理学の第 1 版（1812 年）にであり，時間的に近い『エンツュクロペディー』（1830 年）にではないということからも，このことがいえる。——たとえば「量」の第 3 節で題名が「度」（第 1 版 § 55, 第 3 版 §103）ではなく「量的な関係」（GW 11. 179, 21. 310）となっている。また，「客観的」論理学と「主観的」論理学との区別ものちに存在論理学を改訂したさいに繰り返されている。とはいうものの，存在論理学の二つの基本形式の違いはいずれにせよ多くはない。すでに言及された序論部分と「予備概念」以外ではとくに本質論理学 Wesenslogik に違いがある——つまり，論理学の発展史の中ではその体系的な形式をいずれにせよ最後に見つけた部分にである。

(4) 『大論理学』がそうしたように『エンツュクロペディー』も本質論理学を三つの章に分けており，そのうえ第 2 章と第 3 章は『大論理学』と同じ題名までもち，それぞれ「現象」（§§ 74-89）と「現実性」（§§ 90-107）となっている。しかしながら第 1 章には徹底的な変更の加えられたことが証拠から分かる。『大論理学』で第 1 章は「それ自身のうちでの反省としての本質」と題されており，「仮象」「本質性または反省規定」「根拠」という三つの節に細分されている。これに対して『エンツュクロペディー』では『大論理学』の第 1 章第 1 節（「仮象」）が抜け落ちている。かつての第 3 節（「根拠」）はヘーゲルが非常に切りつめた形式で第 1 節に含めており，そしてこの第 1 節——すなわち反省規定についての論考——がこのことによって『エンツュクロペディー』第 1 章の唯一の内容になっている——ただしヘーゲルはそのさいに同一性・区別・矛盾という最初の系列を同一性と区別という二者関係に切りつめ，第 3 のものとして「根拠」を論じており，「根拠」はこのときその独自の地位を失ったのである。

これらの変更は『大論理学』のこの章が示す複雑な構造を単純化しようという外面的関心，そして見た目を整えようとする関心から生まれたように見える。だがこれらの変更は本質の論理学の奥深くに食い込んでいる。このことは以前の第 3 節「根拠」（GW 11. 291-322）の包括的で内容豊かな論述が反省規定としての「根拠」についての簡潔な二段落（第 1 版 §§ 72f.）に内容的に分断されたことにもあてはまるが，これは本質論理学の冒頭に加えられた変更に比べればまだたいしたものではない。というのも，第 1 節「仮象」が抜け落ちることによって本質概念の体系的な導入だけでなく「措定的反省」「外的反省」「規定的反省」の解説も抜け落ちして

しまっているからである——そしてまた近年の研究において注目度を増した箇所についても同じことがいえる。というのも、その箇所から本質論理学の弁証法に固有な形態や直接性と否定との関係が明らかにされると思われるからであり、それはその箇所が「〔論理学末尾における〕方法の抽象的な説明と比べて、それを上回って余りあるものを示している」(Henrich 1971, 105) からである。それゆえ、ヘーゲルがまさにこの方法論上重要な箇所を彼の論理学の二つ目の基本形式、すなわち『エンツュクロペディー』に採り入れなかったことには意外の感を受ける。そして彼の講義の伝承資料も『エンツュクロペディー』の新しい修正された大筋に従っている (V 11. 111 f.) ——ただしヘーゲルは講義の他の箇所で『大論理学』の内容を持ち出しているが、この箇所は紙幅上の制限のため便覧から排除された。そのかわりに彼は反省規定を解説するためにも再び哲学史と自然哲学から実例を持ち出している——ニュートンの色彩論までも。

しかしながら、これらの変更が本当に新しい形となっているのはきわめてわずかな部分でしかない。これらの変更は本質的に、本質論理学冒頭の形態——この形態を『大論理学』以前に、つまりニュルンベルク時代の「中級クラスのための論理学」(1810/11年) においてすでに本質論理学が見出していた (§§ [34-41])——を再生するものである。この「中級クラスのための論理学」も第1章で「本質の規定」、すなわち同一性、差異、対立、根拠だけを論じている。そこには仮象についての後続の節がないし、「根拠」が「第3の」——ただし「4.」」として数えられているが——反省規定として論じられてもいる (GW 10. 158-160：本書277頁参照)。

(5) 2つ目の変更はさしあたり同じく第1に切断の性格をもつように見える。形式と本質、形式と質料、形式と内容、形式的根拠と実在的根拠と完全な根拠、相対的無制約者と絶対的無制約者、これらを通じてヘーゲルは『大論理学』で現実存在 Existenz の概念へ導かれるのだが、こうした概念や対概念は『エンツュクロペディー』(1817年) には採り入れられない。講義ではこれに対して彼は『エンツュクロペディー』のテキストの背後で再び『大論理学』の論述を持ち出している (V 11. 120-125)。「現象」の扱いについてもこれと同様であることがわかる。ここでもヘーゲルは『エンツュクロペディー』で『大論理学』の文章を切りつめ、そのためにカントの現象概念、「現象する世界」と「それ自体で存在する世界」との対立、との哲学史的な連関がもはや見えなくなってしまっているが、筆記録には少なくともそれを漠然と暗示するものが残されている (V 11. 125 f.)。

しかしながら、『エンツュクロペディー』の後の両版はこの切断を修正すると同時に形式的に『大論理学』の組み立てに再び近づく。すなわち両版は第1章の二重の三区分へ戻り、今度はこれを「現実存在の根拠としての本質」という上位の表題下に置いている。だがヘーゲルはもはや「仮象」についての節と三つの反省を復旧しない。そのかわりにここで「根拠」という反省規定に続けて「現実存在」(第3版 §§ 123f.) の短い節と「物」についての長めの論述 (第3版 §§ 125-130)——これには形式と質料との弁証法が伴う——とを置く。これらは『大論理学』でも「中級クラスのための論理学」(1810/11年) でも第2章「現象」で初めて語りだされる (GW 10. 160-162; 11. 324-340)。したがって、本質論理学のエンツュクロペディー版 (1817年) が総じて『大論理学』以前での最後の改訂状態に近づくのに対し、後の両版はやはり『大論理学』の内容と構造を持ち出している。そしてまた彼の最後の論理学講義の伝承資料が描いているのも別の図柄ではない (V 10. 137-159)。

(6) 『エンツュクロペディー』の論理学にそなわる独自の基本形式の3つめの要素をなすのは「現実性」の章である。その変更のあり方は反省規定の論じ方との類比関係を示している。だがここで問題になるのはヘーゲルの着手点の特殊な主題ではなく、関係の諸カテゴリーと様相の諸カテゴリーとの連関という中心問題である。「現実性」の章で『大論理学』は第1節で絶対者の概念を論じる——「絶対者の開示」「絶対的属性」「絶対者の様態」の節がこれにあたる。これに続けてヘーゲルは第2節で——もう一度「現実性」の題名の下——様相の諸カテゴリーをとりあげる。ニュルンベルク時代のギムナジウム課程とは異なり、ここで彼はこれらを独自の領域として論じる。そしてここで述べられた「絶対的

必然性」，すなわち絶対者の必然的自己開示の思想に続けて，ヘーゲルは第3節に移行し，そこで「絶対的相関」の題名の下，関係の諸カテゴリーを論じる。

『エンツュクロペディー』ではこれに対応する章はずっと簡単に組み立てられている。『エンツュクロペディー』には絶対者についての節も様相諸規定に関する独自の扱いもないのである。絶対者の概念を述べる第1節は欠落し，第2節と第3節の様相諸カテゴリーと関係諸カテゴリーを扱う部分をヘーゲルはただ一つの章にまとめるものの，この章の構造はとりとめがない。この章は様相諸カテゴリーで始まるが（§§ 90-96），これらにはアラビア数字で下位区分が施されており，区切りのないままこれに関係諸カテゴリーが続くが（§§ 97-107），これらにはアルファベット文字で下位区分が施されている。このことによって後者の区分はいわば先行する数字「3）」の下位区分——したがって関係論理が様相論理の付録——か，あるいは反対に様相論理が関係論理の前座かのどちらかであることになる。これによって様相諸カテゴリーと関係諸カテゴリーとはたしかに区別されたままではあるものの，論理学の組み立ての中では不明確な仕方で一つになってしまっている。講義の伝承資料も別の図柄を示してはいない。それどころか様相諸カテゴリーと関係諸カテゴリーとの差異をさらに小さくしている（V 11. 130-141）。

しかしながら，この提示形式も完全に新しいというわけではない。というのも，すでに「哲学的エンツュクロペディー」（1808/09年）でヘーゲルは様相諸カテゴリーを関係論理の前に置かれた段落で論じているからである（§ 43）——ただしこの章も題名は「現実性」となっており，したがって様相論理は連想させるものの，関係論理はその限りでない。「中級クラスのための論理学」（1810/1811年）も「現実性」の題名の下で関係諸カテゴリーを論じており，ここでヘーゲルは様相諸カテゴリーを実体概念に組みこんでいる（§§ [66-69]）。それゆえ実際に様相論理と関係論理とを区別した上で並行させて論じているのは，『大論理学』においてだけということになる。というのも，『エンツュクロペディー』の後の諸版も「哲学的エンツュクロペディー」（1808/1809年）の形式に戻っているからである。

つまりこれらの版は様相諸カテゴリー（§§ 142-149）をこの章本来の主題である関係諸カテゴリー（§§ 150-159）についての考察の前に置いている——他方，関係諸カテゴリーのこのような優位は『エンツュクロペディー』（1817年）には見られない。とはいうものの，この相互関係は逆転もする。つまり，第3版§ 150の後（V 10. 167参照），関係諸カテゴリーの考察は全体として，先に述べられた「絶対的関係」としての必然性の概念を解説するものという姿をとるのである。

（7）このようにしてヘーゲルによる論理学の第2の基本形式の彫琢は『大論理学』の本質論が見出した形態に著しく干渉している。ここでもまた——彼自身によって述べられた方法の理想からすると——驚くべき自由さが論理的諸要素の編成にあること，またそれに劣らず意外な柔軟性が彼によって「必然的」とされた思惟規定間の関係の定式化にあることが明らかである。このことによってヘーゲルの方法概念はすべてこれにふさわしく柔軟に捉えられざるをえない。つまり，彼の方法概念は論理的連関のもう一つの説明方法と両立可能だということである——しかも〔一方が他方の〕さらなる展開として理解できる場合だけでなく,「エンツュクロペディー形式」と「学問形式」とが並立する場合にも。

『大論理学』から『エンツュクロペディー』への移行で行われた「本質についての変更」は広く本質論理学の以前の姿への復帰であると特徴づけられうる。このことはエンツュクロペディー的な基本形式を，本質が「生成」する一つの発展段階として理解することを疑わしくする。エンツュクロペディーの叙述の言語形態——むしろ隠されたように展開する思惟規定がそのつど到達した状態を，本来行われるべき論証を諦めてほとんど布告のように述べる簡素な伝達——が「中級クラスのための論理学」（1810/1811年）やこの早い時期の草稿の言語形態と一致するということは，『エンツュクロペディー』に具わる，講義のたんなる概説にすぎないというその全体的な性格の不可避的な帰結である。しかし，そうだからといって，乗り越えられたと思われる構想を復元することがもっともらしくなるというのではない。そして，簡素化の義務が『エンツュクロペディー』に負わされていることが疑いないとしても，

そのことによって後戻りが正当化されることも同様にない。

　ヘーゲルは『大論理学』で本質論の冒頭を「仮象」と三つの反省の導入によって改変した。なぜなら彼はこうしてのみ本質の概念へと真に到達できるからだ。このように議論を展開しようとすることには十分な根拠があるし，うまくいくことだろう。しかし，彼はほかならぬこの思考過程の改良と防護を『エンツュクロペディー』で再び撤回した――何か彼が成熟し，『大論理学』で試された道が予期に反して通行できないことがわかった結果そうした――とすることに，これと同じくらい十分な根拠を述べることはできない。とはいうものの，先に述べられた差異――ならびに「現実性」の章で様相に関する諸規定が扱われるときに見られる差異――を『大論理学』と『エンツュクロペディー』の文書形式上の違いに基づかせようという試みも，同様に望みが薄いと言ってよいだろう。そうすると，たんに『大論理学』の方が梗概である『エンツュクロペディー』よりも詳細であるというありふれた指摘を行うだけでなく，どうして一方で『大論理学』と他方で『エンツュクロペディー』ないし「中級クラスのための論理学」（1810/1811年）とのあいだに疑問の余地なく存在する叙述方式の違いが，思考過程の構造化における差異をも要求するのかを，明らかにするような論証を展開せねばならなくなる。しかしそのような論証はこれまでのところまだ述べられてはいない――たとえここに素描された差異が論理学解釈の未解決の問題として認知されてこなかったという，ただそれだけの理由によるのではないとしても。

講義：1817年；1819-1831年.
テキスト：a) 概説：GW 13, §§ 12-192; GW 19, §§ 19-244; GW 20, §§ 19-244; b) 筆記録：V 10 (1831), V 11 (1817); GW 23.
論理学関係文書：GW 13. 545-560, 565-569; GW 19. 419-435.
参考文献：Henrich: Hegels Logik der Reflexion (1971), 95-156; Klaus Düsing (Hg.): Schellings und Hegels erste absolute Metaphysik (1801-1802). Zusammenfassende Vorlesungsnachschriften von I.P.V. Troxler. Köln 1988, とくに 63-77.

9.3. 自然哲学

9.3.1. 伝承資料

（1）自然哲学は或る意味でヘーゲルのアカデミックな活動の開始時期に位置している――というのも，彼が教授資格を得たのは自然哲学上の主題についてであったからである（本書160頁参照）。それにもかかわらず彼は1801/1802年-1802/1803年のあいだに自然哲学についての講義を告知していない。それも学位請求論文にとどまることなく詳細な研究をこの領域で進めているのにである。この慎重さはシェリングの傍で彼の脇役を引き受けなければならないという，彼がイェーナで置かれた状況の帰結だといえるだろう。ようやく1803年から，つまりシェリングがイェーナを立ち去った後，ヘーゲルは毎学期自然哲学〔の開講〕を告知する――まずは彼の全体系を叙述する枠内で，そして1805/1806年と1806年の学期には「実在哲学」として，したがって精神哲学と併せてであった。この組み合わせをヘーゲルは1806/07年と1807年の学期でも告知するが，これらの学期にはもはや講義を行わなかった。――この1803年から1806年にかけてのあいだに筆記録は残されていないが，ヘーゲルの講義草稿である『体系構想Ⅰ，Ⅱ，Ⅲ』（本書220-236頁参照）は残っている。

（2）ニュルンベルクにおいてヘーゲルはすでに「哲学的エンツュクロペディー」（1808/1809年）の末尾で自然哲学に短く立ち入っている（GW 10. 80-83）。しかしながらこれらのわずかな段落には「Ⅰ．数学」と「Ⅱ．物理学一般」の章しか含まれていない。これらとともに，伝承された口述は中断されている。だが早くも次の学年で彼は「論理学」に続けて1810年の復活祭から「特殊諸学問の体系」を扱い，ここで「自然科学」にとりかかる。その中で彼は再び「数学」および「非有機的なものの一般的物理学」と「非有機的なものの特殊的物理学」を，そしてさらには「有機的なものの物理学」をも講じる（GW 10. 86-97）。これらの口述にヘーゲルは手を加え――おそらく1814/15年に――委細を尽くし

て述べなおす（GW 10. 311-339）。それにもかかわらず彼のニュルンベルクにおける体系展開の重点は自然哲学にない——これは自然哲学がギムナジウムの授業にはあまり適していないと彼が評価していたことに対応している（本書278頁参照）。

（3）ハイデルベルクでヘーゲルが自然哲学を講義するのはいつもエンツュクロペディーについての講義の枠内においてであり，つまり，1816/1817年の冬，1817/1818年冬のスウェーデン王子グスタフのための個人的講義，最後に1818年の夏であり，この最後の講義では「口述解説」も行われていた。しかしながら，残された口述の中では「§. 196［§. 197］以下について」の説明しか自然哲学に関係しない——が，まさにこの補足によってこそヘーゲルがここから自然哲学をどのように展開していったかが見て取れるのである（本書429頁参照）。しかし，総じて言えば『エンツュクロペディー』が二年間のハイデルベルク時代の自然哲学にとって唯一の典拠であるにとどまる。

（4）ベルリンでの1年目にもヘーゲルは自然哲学をエンツュクロペディー講義（1818/1819年）の枠内で論じている。しかしながら，1819/1820年の冬に彼は自然哲学を初めて講義の主要テーマにし，当初は二年おきに自然哲学を繰り返す。つまり，1821/1822年，1823/1824年，1825/1826年の冬学期にである。ところがその後，彼がその間に練り上げていた多くの広範囲にわたる講義に押しやられて自然哲学は期間の短い夏学期に移されてしまう。すなわちヘーゲルがようやく自然哲学についての講義を再開したのは1827/1828年の冬ではなく1828年の夏で，最後の回は1830年の夏であり，しかもこの二回はいずれも『エンツュクロペディー』第2版に基づくものだった。本来ならヘーゲルは最後の講義を第3版か少なくともその校正刷りに基づいて行いたいという意向をもっていたのだが——印刷の遅れにより——実現しなかった（GW 20. 586-590）。

（5）しかしながら，『エンツュクロペディー』の三つの版が自然哲学講義にとって唯一の基礎なのではない。『エンツュクロペディー』第2巻の序文でその編集者であるカール・ルートヴィヒ・ミシュレはヘーゲルの用いた資料について次のように報告する。「ベルリンで初めて行われた二つの講義にも四つ折判の完備したノートが基礎として用いられた。1823年から1824年にかけての講義のために彼は新しい緒論 Einleitung を草し，これに新しい補足ノートを続けたのであり，二つとも二つ折り判に書かれていた。とはいうものの，これらの講義やさらに後の講義のために以前のノート，イェーナのノートさえもが利用された」。これらのノートはミシュレによって利用されて以来散佚している。保存されているのはミシュレの記述だけである。「ヘーゲルによるベルリンのノートはエンツュクロペディー第2版が公刊される前に書かれたのではあるが，全体として題材の進展に従っている。この題材の進展は第2版ですでに見られ，第3版でもそのまま変更を加えられていない。唯一色彩論の一部分だけが先のノートではもう一つ別の一節を占めていた［…］。というのも，これらのノートとそこから生まれた講義では，多くの題材が異なった仕方で置かれたエンツュクロペディー第1版をまだ眼前に思い浮かべていたにもかかわらず，ヘーゲルはこの著作の刊行後すぐにこの配列に不完全なものを感じたからである。それでもこの配列はイェーナのノートの主調をなす配列によりも，最終的に採用された〔エンツュクロペディー第2版および第3版の〕配列にずっと近いものではあるのだが。［…］」（W VII/1. XVIII-XX）。

（6）エンツュクロペディーについて行われたハイデルベルクでの三回の講義とベルリンでの1818/1819年の講義の筆記録は保存されていない。自然哲学について行われたベルリンでの六回の講義のうち最初の五回は筆記録によって良好に記録されているが，1830年の講義は記録されていない。ただしこれまで公刊されたのは三つの筆記録にとどまる——1819/1820年の講義についての二つと1823/1824年の講義についての一つである。ミシュレが自分の編集した『エンツュクロペディー』第2部（W VII/1）に付した補遺はたしかに簡潔に述べられた諸段落を広範にわたり解説し補足する。とはいえその資料としての価値は疑わしく，それもミシュレがきわめて異なった資料を——ヘーゲルのイェーナの草稿もベルリンの筆記録も——寄せ集めて一冊の本にし，それを構成するさいの原則ももはやわからないとあってはなおさらである。

9.3.2. 体系形式

⑴　自然哲学の有効な体系形式が最初のエンツュクロペディー的概要（1817年）においてもまだ見出されていないのは，ヘーゲルがニュルンベルク時代に自然哲学に対してとった距離と関連しているのかもしれない。彼が後の版で行う変更は，この分野が他の分野よりもはるかに大きい。ニュルンベルク時代の構想と同様にヘーゲルは『エンツュクロペディー』（1817年）でも——自然哲学への導入の後——その第1部を「数学」という題名の下に置く。しかしながら，この題名が正当なのはせいぜいヘーゲルがここで空間の概念とその三つの次元に立ち入り，これらが幾何学の前提をなしており，またなしていると言ってよい限りのことである。だがそれに続けて彼は時間の概念とその諸次元に移行し，空間の有限な学問，幾何学には「直接，時間のそのような学問が対立することはない」と述べる。さらに彼は次のように認める。「数学」という名称が「空間と時間の哲学的考察のために用いられたのは，それがこの考察に最も近いからではあるが，ただし数学はこれらの対象の量規定しか」考察しない。そして，これに続く「哲学的数学」についての論考は自然科学よりもむしろ論理学に通じている（第1版§203，第3版§259）。

それゆえヘーゲルは後の版でもたしかに空間と時間の概念で始めるが，それは「数学」を後に見ながらではなく，「場所と運動」および「質料と運動」を前に見ながらである。彼はこの部分を今——すでにイェーナでそうしていたように（本書231頁参照）——「力学」という題名の下に置く。しかしながら，この新しいあらすじにヘーゲルが辿り着いたのは『エンツュクロペディー』（1827年）が初めてではない。彼が「数学」で始めることに不満を抱いていたことの根拠はすでに，ハイデルベルクで1818年の夏に行われた講義の口述に見出せる。すなわち，ヘーゲルはここで存在論理学に即して自然を「存在」として述べるという実験を行っているのである。これとは逆に「数学」についてはもはや語らないが，まだ「力学」について語ることもない。しかしながら「力学」は，ベルリンで最初に行われた自然哲学についての講義（1819/1820年）がすでに第1部のテーマであるとしてその名を挙げている——ただしヘーゲルはこの講義をまだ最初の『エンツュクロペディー』に基づいて行っており，そこでは「力学（たんに数学ではなく）」とされている。3回目の講義（1823/1824年）でもヘーゲルはこの便覧と講義との不一致にはっきり言及している。「しかしながらわたしはこの部門にわたしのエンツュクロペディーでそうなっているよりも多くの分量を与えるだろう。そして197節から217節で論じられていることをここに加えるだろう」（Gr 131）。

⑵　「力学」を「物理学」から切り離すことはこの第2部のさらなる広範な修正を招来する。ヘーゲルはこの部門をまったく新たに構成し直す。以前の2番目の章「B. 元素の物理学」を，広範な資料を挿入したり論理的規定に沿わせたりして拡張し，「A. 普遍的な個体性の物理学」と「B. 特殊な個体性の物理学」という二つの章にする（第3版§§ 290-307）。「物理学」の本来の3番目の章「C. 個体の物理学」をヘーゲルは新しい3番目の章「C. 統合された個体性の物理学」の——わずかではあれ——基礎として利用する。——これに対して自然哲学の3つめの部門「有機体の物理学」では地質学的な自然，植物的な自然，動物の有機体という系列や大筋に変化は見られない。ここでは変更が体系の形式にではなく細部の徹底的な仕上げに向けられている。

⑶　1819/1820年の講義以来有効になった新しいあらすじの長所は疑いもなく，「数学」を自然科学のうちで最初のものとしては扱わないということにある。しかしながらこの長所は次のような短所を代償にして得られている。すなわち，『エンツュクロペディー』（1817年）で「物理学」の最初の部門をなす「力学」は「物理学」から切り離され，その前に独立した部分として位置づけられるのだが，他方でヘーゲルは自然哲学の3つめの部門「有機体学」をこの先「有機体の物理学」と呼び，したがって「自然論」としての「物理学」という広い概念の下位に置くのである。

9.3.3. 自然の概念

(1) 「自然」と「理念」との関係をヘーゲルは，自然は「他在の形式にある理念」である，という定式で表現する。自然として理念は「外面性」の規定にある，とも言われる。自然の理解にとって明らかにすべてはこの「外面性」と先の「他在」とがどのように考えられるべきとされているかにかかっている。表面上は簡明的確であるにもかかわらずヘーゲルの定式はきわめて複雑であり，なにより両義的である。かつてのデカルト的な考えるもの（res cogitans）と延長するもの（res extensa）との二元論に対してヘーゲルの定式による「理念」と「自然」との関係の捉え方はたしかに二元的ではあるものの，それにもかかわらず一元的である。だが存在論的一元論，ここでは唯心論に対してそれは隔たりの契機を強調する。それどころか，自然は端的に「理念」ないし「精神」であるというのではなく，「他者」だからである。もしも自然が「他在」すなわち否定的なもの「という形式をとる理念」でないとすれば，理念と自然との差異がなくなってしまうだろう。もしも自然が他在の形式をとる理念でないとすれば，存在論的な割れ目，「醜い大きな溝」がそれらのあいだに横たわることになるだろう。この溝がどうにかすれば認識によっていつか架橋されるのかどうかは見通しがたい――もっとも，伝統的ではあれ啓蒙時代以後は方法論的にもはや正当でなくなった，神の思想への立ち戻りによるのなら話は別だが。

このようにしてヘーゲルの定式は「理念」と「自然」との関係を規定して，これが差異を含む統一であるとする。ただしシェリングの初期自然哲学と区別して，両者の平衡である――もしそうなら自然は石化した理念であり，理念は精神化した自然であることになる――とはせず，理念の優位下に置く。自然の中では理念は「自らにとって外面的」だが，逆に自然が理念の中で自らにとって外面的であるということは決してない。自然は理念の否定的なもの，外面性であり，そのような端的な外面性なので自然は理念との相対的関係においても外面的である。このあまり分かりやすいとはいえない決まりきった言い方でヘーゲルが試みているのは，自然と理念の関係にそなわる決定的な根本的特徴，すなわちそれらの同一性も差異も言い表すということである。というのも，最初からここで同一性か差異かのどちらか一方しか述べないとすれば，この関係を考えることなど決してできないだろうからである。このことは理念から自然への移行が前提されるだけで発生的には記述されえないとしてもあてはまる（第3版§247）。

(2) 自然の「外面性」はヘーゲルにとってその「延長」という形で現れるのではない――ただし自然が精神とは異なり延長するもの，したがって「延長実体 res extensa」であることに疑いはない。「外面性」が現れるのは諸概念規定の相互関係においてである。それらがここで「互いに対する無関心な存立と個別化という仮象」をもつという局面において，また同様に，諸概念規定が自然の中ではそれ自体として，つまり論理的な簡潔さのうちに堅持されていないという局面においてである。「確かに概念規定の痕跡をもっとも特殊なものに至るまで追うことはできるが，このもっとも特殊なものを概念規定によって汲み尽くすことはできない」。この鮮明な態度表明によってだけでも，繰り返しヘーゲルに向けられる汎論理主義という非難を否認できる。たとえば類と種の論理的関係は自然にもあてはまる――が，概念の規定性に代わって自然の場合は「概念を欠いた，種の多様性」がくる。オウム種は67かそれともさらに1ダース多いのかは経験的にならまだ数え上げられる。だが，概念によってはもはや規定されえないのであり（GW 12. 218），そしてこのことは空間の次元が三つであることにさえあてはまる。ヘーゲルが幾何学は哲学的な学問ではないのでこの三つの次元を演繹する責めがないとする状況を見る限り，たしかに自然哲学がこの課題を負うということを読み取ることができるだろう。また，それに講義の中でもヘーゲルはこの三つであることが「示されるのではなく，証明される」（Gr 143）のでなければならないと述べている――だが彼はこれについては何もしようとしていない。たんに論理的契機が三つであることを指摘するだけではこの場合十分ではない。ましてこれらの論理的契機は内容の上で互いに規定し合うのでもあればなおさらであるが，これは彼自身が空間の三次元性に関して否認し

また，ヘーゲルはそのような「〔概念規定の〕痕跡」を見つけ出そうとはしているものの，このことが可能であり望ましいと自分に思えるほどにはまだ進んでいないということも認める。だから彼はたしかに「いくつかの根本特徴」を挙げ，「どのようにして自由な運動の主要規定が概念と関連しているのか」を述べはする――だが，このことを「根拠づけるためにこれ以上詳しく展開することはできないし，それゆえ当面は運命に委ねるしかない」と率直に語る（§ 270）。

このような説明はヘーゲルの選択をきわめて明瞭に示している。すなわち，彼にとって自然の「形式の多様性」が告げているのは概念の単一性に対抗する自然の力では決してなく，むしろ「自然の無力」である。つまり，自然は概念を堅持できないということである。だが，概念の観点では「自然の無力」として現れるものが生命の観点では自然の豊かさとして現れる。ヘーゲルはここで「無限な豊かさ」についても語る――しかし彼がそこから獲得できたものはほとんどなく，ましてそれは哲学のテーマではないのだから，彼はそれを「偶然性」と結びつける。とはいえ，彼がこの「無限な豊かさ」を「自然の高貴な自由であるとして，また自然の神性あるいは少なくとも自然のうちにある神性であるとして称賛された」とみなすつもりがないのなら，それは理解できる。というのも，「自由」はここでは問題になどされえないのだし，「神性」は彼にとってでたらめに多様な形式の「外面性」にではなく，論理的規定の統一性にあるからである（第3版 § 250）。

(3) ヘーゲルの自然哲学が属す時代には自然概念が極度の対立と不和の渦中にあった。時代の進行に応じて合理化が進む中で18世紀に自然の「脱呪術化」の過程は基本的に完了し，概念化 konzeptualisieren されもした（JWA 2. 399）。もちろんその後史が現在にまで及んでいるとすることに差し支えがあるはずもない。だが初期近代的な自然解釈の力はそがれている。いまでは自然が堕罪によって堕落したもの，したがって魔につかれたものであるとみなすことはもはやなく，そして，奇跡が自然を構成する契機であることももはやない。そのような神学色の濃い解釈は自然を法則によって規定され，したがって計算可能な連関として理解することで排除される。

しかしながら，そのことによって除外されるのはわずかばかりの神学的なオプションにすぎず，それよりはるかに多くのものが残る。すなわち，18世紀の自然神学は自然をその法則性に着目して創造者の作品であると理解し，創造者の善意，知恵，力は逆に今度はその被造物から認識されうるとする。つまり，諸天は永遠なるものの栄光をほめたたえ，そして諸天だけでなくもっとも小さくもっともみすぼらしいものに至るまで全被造物がこれをほめたたえているとするのである。18世紀末葉の「感傷主義」の周辺では自然に神的な性質までもが与えられる。こうしていまや自然はそれ自身も「神聖なもの」，「神聖な自然」として経験されるのである。だが，反対の立場も見出される。ヤコービは多くの特徴や発言に照らして「感傷主義」に近いのだが，他の多くの者たちとともに，合法則的な自然とは「始まりも終わりもなくただ作用を及ぼし続ける原因の途切れることのない連鎖」としている。そのような自然は神を隠すので，それは中立的な意味で神を欠いた自然から神に反抗する自然になると考える。そして，これをいまや陰鬱な，ほとんどグノーシス的な色彩で描き出す。彼は自然を「永遠から永遠へとただ仮象と影の生命を孵化させる恐ろしい母なる夜――死と破壊，殺戮と嘘，朝が訪れるところ」と呼ぶ（JWA 3. 117, 12）。これに対してシェリングは学士院講演『造形芸術と自然との関係について』（1807年）で自然を――明らかにスピノザの「産出する自然（natura naturans）」を思わせるように――「あらゆる事物を自己自身から生産し，骨身惜しまず産み出す神聖な，永遠に産出する世界の根源的な力」と呼ぶ（SW I/7. 293）。

これらの印象的ではあるが対照的な自然像に比べるとヘーゲルの自然解釈は控え目と，いやそれどころかほとんど精彩を欠いているとさえ思われる。彼にとって自然は何か神に反抗するようなものでも何か神聖なものでもない――というのも自然は「理念」であり，「他在の形式にある」理念に他ならないと彼は考えるからである。それゆえ「ひとは自然の中に神の知恵を見て感嘆するかもしれないし，そうするべきでもある」――しかし，自然神学による

自然の固定化とは逆に,「精神のどのような表象も,それがどのようにひどい想像であれ,どのように偶然的な思いつきの戯れであれ,どのような言葉も,神が存在することの認識根拠として,個々のどのような自然対象よりもすぐれている」——たとえばヴァニーニの藁よりも。そしてヘーゲルはこの自然に対する精神の優越性を挑発的な仕方でさらに高めていく。「悪に走る」気紛れさえ「天体の合法則的な運行よりも,あるいは植物の無垢よりも限りなく高貴である。というのも,そのように道を誤るのも精神なのだから」(第3版§248)。このような発言は再三再四怒りを買った——そしてたしかにここほどヘーゲルがゲーテから遠く離れることは他にない。だがこのような発言は自然を敵視する情念に発するのではなく,自然を「さまざまな段階からなる一つの体系」と捉えるヘーゲルの理解から整合的に出てくる。つまり,その最終段階を超えると精神に至るのであり,したがって精神的なものが総じてたんに自然的なものよりも高い段階に属するからである。悪でさえ自由の所産なのである——そして,それゆえ悪はたんなる自然以上のものである(第3版§248)。自然の欠陥はいわばそれが決して悪ではありえないということのうちに明らかである。

(4) ヘーゲルの自然概念にそなわるこれ以外の特徴を彼はこれら『エンツュクロペディー』の導入部分で同様の明確さをもって語ってはいない——たしかにそれは彼の論じ方の全体を見ればいずれにしても自明だからというだけのことでもある。しかしながら講義での彼はこの点に関し次のようにきわめて詳しい。「自然」は何かたんに「客観的なもの」,意識に外から与えられたものなのではない。自然は「わたしに対置される実体的なものでも,わたしのものでも〔…〕」ない。「自然は精神にかかわる事柄でもあるし,非精神的なもの,精神に対立するものでもあるが,精神にとって異質ではなく,この他なるものの中に精神は自己自身をもつ」。自然はたんに直接的であるにすぎないものではなく,つねにすでに精神的に理解されたものである——そしてこの認識はまた,純粋に対象によって決定された経験知ではなく,むしろわたしたちの概念的あり方の補完である。それゆえ自然法則について次のように言われる。「わたしたちは自然を外から受け取るが,わたしたちはそこにわたしたちのものを受け取る。普遍性の形式がわたしたちのものである」(V 16. 5 f.)。

この論じ方は超越論哲学の遺産の恩恵を受けている。とはいうもののヘーゲルがこの知られた自然,つねにまた主観性の働きによって構成された自然を「自然それ自体」に対抗させることはない。意識のうちにあるとおりに自然はある——だから自然自身にさらにそれを越えた「真なる」存在,しかし認識されえない存在を帰しても意味はない。だがこの意識が描き出す自然像を構成するのは,認識の,無時間的に妥当するアプリオリな条件だけではなく,文化や人類の歴史的な展開の中で沈殿してきたものもそうなのである。このことは先に述べられた自然についてのさまざまな神学的解釈や,力学的解釈と目的論的解釈との対立に目をやるならすぐに明らかとなる。自然の経験は世界経験一般の不可欠の契機である。それはアプリオリな概念的あり方と個々の時代の包括的な精神性のどちらが欠けても成り立たないのである。

(5) このアプリオリな前提と歴史的な前提に基づいてヘーゲルにとって自然は「さまざまな段階からなる一つの体系とみなされねばならない。その一つの段階は他の段階から必然的に生じ,それを帰結させたそれ以前のさまざまな段階の次に来る真理である」。したがってこの論じ方の特質は自然を「さまざまな段階からなる一つの体系」と理解することにあるとするのでは十分でなく,それらの段階を結合することにこそある。ヘーゲルが描き出すのは「自然の印象的な全体像である。すなわちさまざまな段階の連続という形式をとった,自然現象のすべてを貫く連関というものであり,これは感覚において連関性と観念性が次第に増していく傾向を示す——元素のばらばらなあり方から始まり,心的なものの観念性にまで至るというように」(Wandschneider 2001, 166)。そしてこのすべてを貫く連関とされた「体系」はヘーゲルにとってたんに事実的なもの,不透明なものではない。ケプラーの「輝かしい発見」の前提であるとして彼は「この体系〔太陽系〕の中に理性があるという深い信念」を称賛する(§280)。理性が自然の中にあるということ,そして理性が自然の中にあるというまさにそのことによって,またその限りでのみ自然が認識されうるということ,

こうした「信念」に彼自身の構想も基づく。この「信念」がいささかも独断的でなく発見的な性格をもつことをヘーゲルは他の箇所で次のように表現している。「概念は一定の自然の中に自分が存在することを推測し，自然哲学の理念を捉えた」（§ 312）。したがって，この推測を確信に高めることが自然哲学の課題である。

(6) このようにすべてを貫き自然を越えたものを指し示す連続的な段階としての自然の「体系」という構想が示されると，これが進化論を先取りしているという読み方がなされるかもしれないし，まして進化論がとくに無理をすることもなくヘーゲルの構想の中に収まってしまうのだからなおさらだろう。しかし，まさにこのような誤解に反論するためにヘーゲルは文章を続けて強調する。「しかし，一つの段階が他の段階から自然に産み出されるというようなことではなく，自然の根拠をなす内的な理念の中で産み出されるのである。メタモルフォーゼは概念そのものにだけそなわる。なぜなら概念の変化だけが発展なのだから。」

しかしながら，ヘーゲルは19世紀の初頭に進化思想をはっきりと排除するが，進化思想はその後19世紀の中頃から凱旋行進を始める，という紋切り型の嘲笑はすべて差し置いて，二つのことが忘れられてはならない。ヘーゲルが進化思想を排除したのは，それが同時代の経験科学によって立証されていないからに他ならない。彼は進化思想を，そのような進化の過程を過去の暗闇へ移すことで明らかにしようとする，「古今の自然哲学の下手な考え」であると見なす（第3版 § 249）——そしてそのような考え方に彼は同調しようとしない。それゆえ彼は「進化」を「流出」や何と「メタモルフォーゼ」とさえ同様にいかがわしい解釈と見なす——「メタモルフォーゼ」はゲーテとの近さが明らかだし，それをいつも求めていたにもかかわらずこのように評価される（Gr 105-114）。そしてさらに，自然とはそれ自身のうちで連関する「さまざまな段階からなる一つの体系」であるとするヘーゲルの理解は進化論よりもはるかに構想が大きい。それどころか，進化論には「有機体の物理学」のための局地的な意味しかない。

9.3.4. 自然科学と自然哲学

(1) 自然哲学の格別な課題は自然の中にある「概念規定の痕跡」を証明することで自然全体を「体系」として，また哲学一般の体系内部で欠くことのできない契機として把握することである。これによって自然哲学はかつての特殊形而上学 metaphysica specialis から際立つが，同様にロマン主義とシェリングの自然哲学からも際立つ。二十年が経ってようやくヘーゲルの自然哲学はそれらの強力な影から出ることに成功したように見える。たしかにヘーゲルはすでにイェーナで，最初の自然哲学構想（本書220頁参照）によってシェリングに対して距離を置こうと試みている。続く時期に彼は何度も——そして部分的には正当にも論争的に——シェリングの「形式主義」と一線を画す。『精神現象学』の「序文」もそうだし，彼の——当時の——友人パウルスに対して断言した次のような個人的な言葉もそうである。すなわち，ヘーゲルは「〔わたしは〕数学に，最近は高次の分析である微分法に，物理学，自然史，化学にあまりにも力を割きすぎました。その結果，自然哲学のぺてんにとりつかれ，知識もないまま想像力で哲学し，無意味な思いつきをさえ思想とみなせるようになりました」（1814年7月30日）と述べている。ヘーゲルが1819/20年から講義し彫琢し続けた，『エンツュクロペディー』（1817年）以来の構想により，彼は取り違えようのない独自の論じ方を自分のものにした。それにもかかわらず，受容史では最近までこうした細かな区別を行うために必要な努力が払われず，そのかわりに，ヘーゲルが彼のいう思弁というもので実際の惑星を無視したという——誤って理解されてさえいる——逸話を好んで取り上げ，これをおもしろがっていたのである（本書162頁参照）。

(2) ヘーゲルの自然哲学は——後の区別を用いれば——「実質的な」分野であって自然科学の批判的反省という意味で，あるいは自然科学の科学哲学という意味でさえ「形式的な」分野ではない。また，それは「理論的な自然科学の分野を形而上学的に基礎づけること」を目指すのでもない。それは「経験科学の自然認識をアプリオリな理論的認識によって

基礎づけようと努力すること，あるいは数学的物理学者たちがそれなしではやっていけない形而上学的前提を暴き出すこと」を断念する。「この断念は利益である」（Fulda 2003, 143）。自然哲学がテーマにするのは自然科学ではなく——自然科学もそうであるように——自然である。それでもなお自然哲学はその対象を捉えるさいに用いる特有の問題提起の仕方によって自然科学から簡明的確に区別される。というのも，これを受け入れることは経験的研究にはできないからである。自然哲学は自然研究を行わないし，個々の自然現象を問題にすることもないのである。むしろ自然を——理念の他在として——全体として，しかも硬直した「さまざまな段階からなる体系」としてではなく，「生ける全体」として把握する。この全体はさまざまな主観性の構造が次第に発達していく様に応じて序列化されている。なぜならこのさまざまな主観性の構造が自然から「精神」への移行を表しているからであり，「この精神こそが自然の真理にして究極目的であり，理念の真なる現実性」だからである（第3版§251）。したがって，ヘーゲルにとっての問題は決して「自然」のなんらかの対象や現象に関するたんに理論的であるにすぎない理解ではなく，つねに，精神が自己自身へ向かう道に占める自然の地位である——たとえ彼が個々の対象にこだわり，それらを把握しようとしているとしても。

「自然」はヘーゲルにとってたんに「客観的なもの」なのではない。したがって自然とただ理論的にのみ関係することはたんなる抽象にすぎない。自然を把握することにはつねに精神による自己自身の把握が含まれる。ここからヘーゲルは自然哲学の概念を規定する。それによると自然哲学は「客観的で，純粋に理論的な分野ではなく，その最高の課題は「反対関係にあるものの合一」，つまり人間の自然関係を規定する対立的なもの，すなわち自然への理論的な近づき方と実践的な近づき方とを一致させることにある。理論的なつかみ方に「自然」はさしあたり，わたしたちによって賛嘆され崇敬されるもの，わたしたちには依存せずそれだけで存立するもの，活動的で目標を目指すもの，したがって主体として現れる。自然はまた決して抽象的に他なるもの，自由がいたずらに疲弊させられる，自由のたん

なる敵対者ではなく，何かそれ自身のうちに理性的な構造をもつもの，したがっていわばわたしたちの自由の玄関ホールである。

それにもかかわらず，自然はわたしたちにとって不可避的に実践的なつかみ方の対象であり，わたしたちによって利用され支配されるもの，搾取され破壊されるもの，それどころか人間の理性の狡知によってだめにされ打ち砕かれてしまうものでさえある。「これはわたしたちが直接的に自然に対してその中に置かれている無意識的な分裂である」。「したがって自然哲学の課題はこの対立を解決することである」。「詳しく言えば反対関係にあるものの合一とは，わたしが自然をわたしに対置された実体的なものと見なすだけでなく，わたしの自然とも見なすということ，またこれとは逆に，自然が自己を欠いたものであるだけでなく，対自的に存在するものでもあるということに存する」（V 16. 4 f.）。

(3) したがって，自然哲学の課題は第一に実践に関係するものとして理解されうる。つまり分裂の克服，精神の自然との和解としてである。ただしこの自然哲学の課題の実践的な規定は実行されるにあたって後退する——もちろん撤回されることはないが。この課題を遂行する一般的なやり方とは——先に引用された言葉を用いれば——自然の中に「概念規定の痕跡」を探すことであるといえる——ちなみに方法としては絶対精神の哲学でのやり方に他ならない。ひとはこのプログラムのことをカントの言葉を用いて「自然科学の形而上学的根拠」を浮き彫りにすることだと言うかもしれない——仮にヘーゲルがこのプログラムで形而上学的な基礎づけという意図は追究していないのだとしても。そして彼はここで問題になりうるのはそのような「痕跡」や「形而上学的原理」だけだということを明らかに重視する。「たしかに概念規定の痕跡をもっとも特殊なものに至るまで追うことはできるが，このもっとも特殊なものを概念規定によって汲み尽くすことはできない。この〔概念による〕先導と内的連関の痕跡は見る人をしばしば驚かすだろう。[…] しかし，そのような痕跡がその物の規定の全体だと受け取られないよう疑ってかからなければならない」（第3版§250）。というのも，このように受け取ることは偶然性や外面的な配列，そればかりか自然の無力をさえ含む，

自然の概念に矛盾し，自然を何かもっぱら論理的にのみ規定されたものにしてしまうからというだけではない。これに加えて自然規定の完全なる論理的導出というプログラムの中にヘーゲルは次のような危うさを見ている。すなわち，哲学的に誠実な仕方ではもはやアプリオリに捉えることのできない自然の次元が，理性に導かれていると勘違いされたレッテル貼りによって覆い隠され，その結果自然哲学が「類比による表象と空想（と夢想）というやり方」，対象に「諸々の規定と図式をただ外面的にのみ押し付ける」やり方に貶められてしまうのではないか，というのである（§ 246）。

（4）実践的課題に対する関心の中で，自然哲学は概念の「痕跡」を認識することを，したがって自然におけるアプリオリなものを認識することを目指すよう方向づけられている。しかしまさにこの概念の「痕跡」を掘り起こしながら汎論理主義に，そしてその結果として形式主義に陥らないでいるためには経験が必要とされる。このことをヘーゲルは実にはっきりと認めたし，彼よりも明瞭に述べることは難しい。「たんに哲学は自然経験と一致しなければならないというだけでなく，哲学的な学問の成立と形成は経験的な物理学を前提とし，条件とする」。そしてヘーゲルは次のように要求する。「対象はその概念規定に従って哲学の行程の中で示されなければならないが，これにとどまらず，さらに概念規定に対応する経験的な現象が指摘されなければならず，この経験的な現象について，それが実際に概念規定に対応していることが明示されなければならない」。経験的な学問が前提だという性格が強調されはするものの，もちろん自然哲学が今や経験的な学問をもって始まらなければならないとか，それどころか経験的な学問によって正当化されるというようなことが含意されているのではない——というのも，自然科学にさえ次の言葉があてはまるからである。「しかし，一つの学問の成立する行程と準備作業は，その学問自体とは別である」（第 3 版 § 246）。「学問が完成したなら，確かにもはや経験的なものからは始まらないが，学問が成り立つということには個，特殊が普遍へ進む行程が欠かせない」（V 9. 76）——つまり，帰納の行程が。

この発言は決してたんに計画的な告白——このあと自然哲学を彫琢するさいには聴かれることなく効力もないまま放置されてしまうような——というレベルに属するのではない。実際はこれと正反対であることを，ヘーゲルが同時代の個別科学の成果について詳細な知識をもっていたことや，個別科学の行う想定を折にふれて訂正していたことが告げている——ここ二十年の研究書だけでなく新編集版への注からも読み取れるように。ヘーゲルの批判が向けられるのは経験に立ち戻ることではなく，しばしば経験から引き出される誤った結論に対してであり，とりわけ自然科学の隠された「悟性形而上学」に対してである——それはいわば「経験にも概念にも反して」ただ数学的な規定ばかりを引き合いに出す「言われえない形而上学で物理的力学が溢れかえっていること」に対する批判である（§ 270）。この経験の結論を誤って形而上学的に理解してしまうことに対する批判，「形而上学的なたわごと」に対する批判が彼の全自然哲学を貫いている。これに対して彼は経験を尊重することを求める——たしかなのはこれが経験のもとに立ちとどまるためではなく，経験が悟性の悪しき形而上学と取り違えられることを終わらせるためだということである。言い換えれば，悟性の反省や悟性の形而上学によって歪曲されようとする現象を救い，現象によりよく適合した，経験の思弁的解釈を定着させるためである。だから彼は，自然現象を物素性に還元し，そうすることで同語反復にふけろうとする同時代人たちの試みに反対する——それはたとえば音を「音素」に，あるいは熱を「熱素」に還元する試みであり（§ 304 f.），それどころか最後には睡眠能力を「睡眠力（vis dormitiva）」に還元するというようなところに行き着く。そして，それゆえ彼の嘆きは次のような懇願・哀願の叫びで頂点に達する。「まったくいつになれば科学は自分の用いる形而上学的カテゴリーを自覚し，それに代えて事柄の概念を基礎に置くようになるのだろうか！」（§ 270）

（5）自然哲学が緊張関係にあるのは「経験」に対してではなく，経験による調査結果の悪い意味での形而上学的な解釈に対してである——そしてその数学的な解釈に対しても。ただしヘーゲルは数学の関数に目を留め，きわめて精確に二つの異なったつかみ方を区分する。彼は経験による調査結果の内的な

合法則性を数学を用いて公式化することを完全に正当なやり方だと見る——だから彼はラグランジュを称賛する。ラグランジュはその『解析関数論』で数学の関数を力学に応用することによって「これらの規定を法則の証明のためには用いようとせず，ここではこれがふさわしい仕方だが，法則を経験から受け取り，それから数学的な処理をこれに応用する」のである（§267）。自然科学が道を誤るのは数学の可能性を間違った仕方で用いる場合だけだとヘーゲルは見る——それは自然科学が「数学的な規定のために引かれねばならない線を物理的な現実に変えてしまう」場合である（§270）。というのも，そうすることで自然科学は或る基本的な洞察を忘れてしまうからである。「応用数学が自然法則を証明できないことを忘れてはならない」（V 16.41）。

ヘーゲルが経験的研究の中から科学史のその後の経過の中で真であることを確証され価値を認められたものをつねに見抜き，それを受け容れたわけでないことは疑いない——しかしその点に関しては彼の自然哲学と同時代の自然科学とに決して違いはない。それにもまして，ニュートンの色彩論に反対票を投じ，ゲーテの色彩論に賛成票を投じるという彼の一面的な意思表示も，経験に賛成するか反対するかという選択からは導き出されえない。ヘーゲルが非難されることがあるとすれば，それは経験科学を過小評価したことではなく，むしろ近代自然科学にとって経験概念がもつ意義を過大評価したことだということになるだろう。

(6) しかしながら，もしヘーゲルが経験科学によって「経験」であると宣言されているものは理論に関係することのない，個別的なものの収集であり，個別的なものにあくまで固執することにすぎないと理解しているとすれば，彼が経験科学にそのような，科学を構成する意義を帰すということはまずなかっただろう。だが彼は経験をそのように理解するなら，まさしく経験科学の概念が骨抜きにされてしまうだろうことを実にはっきりと見ている。「経験とはたんに感覚を受け取ることなのではなく，本質的には普遍的なもの，法則，さまざまな種を見出すことを目指しているのであり，またこれらを生み出すことにより，理念の基盤，概念の基盤に属すようなもの，概念の基盤に受け取られることのできるようなものを産出するのである」。この経験科学の概念はヘーゲルにとってすでに近代哲学の始まりに，あるいはもともとの始まり以前に存在している——フランシス・ベーコンの『ノヴム・オルガヌム』において（V 9.76）。

これにとどまらず，ヘーゲルが「経験的な物理学」に，したがって経験的な自然科学一般に「哲学的な学問の成立と形成」に貢献しているとして帰す構成上の意義は，文脈から理解できるとおり，とくに自然哲学にとってだけあてはまるのではない（§246）。この発言の意味は哲学史講義の或る一節から明らかになる。そこでヘーゲルは似たように，そしてかなりな強調をこめて言う。「経験科学が発達しなかったなら，哲学だけでは古人のもとで到達したところよりも先へは行けなかっただろう」（V 9.76）。つまり，ヘーゲルが経験諸科学に帰す構成上の働きは近代哲学全体にとってのものだということである——いや，そればかりか最終的にそれは「絶対知」の成立にとってのものなのでもある（GW 9.430）。

9.3.5. 力　　学

(1) 自然の最初の段階としてヘーゲルは「力学」を取り上げる——つまり自然現象の根拠を与えると同時に限定された一つの領域として。その場合の自然現象とは空間と時間，質料と運動，とりわけ天体の運動のことである。しかしながらその根拠を与えるという力学の機能がヘーゲルを自然の機械論的な説明へ誘い込むことはない（Wahsner 1996, 116）。つまり啓蒙時代の末期に支配的であった，自然を閉じられた因果連関とする決定論的解釈へ——純粋理性のアンチノミーの「第3の対立」（B 473）とヤコービへ誘い込むことはない。これとは逆にヘーゲルにとって問題なのは「力学的説明の場所を制限すること，自然とは原子という物質的な粒子の運動の力学的な体系に他ならないと称する，自然についての熱狂的なテーゼを抑え込むこと」（Stekeler-Weithofer 2001, 132）である。

最初の節でヘーゲルはまず「有限な力学」にも先立つ現象，空間と時間，場所と運動を論じる。空間と時間の概念に，彼は自然の最初の規定である「相互外在」，「自己外存在」を見る。この相互外在は空

間についてその述語の一つであるとは言われえない——あたかも空間がそれ以外の何か別のものであるかのように。空間は相互外在そのもの，「ただし絶対的な相互外在である」(V 16. 13)。だが空間はその中に設けることのできるさまざまな区別によって現実にも分割されているのではない——それゆえ空間は「相互外在や否定的なものの可能性にすぎず，それらの被定立存在 Gesetztseyn ではないのであり，したがって端的に連続的」であり，「純粋な量」，「直接的かつ外面的なものとして存在する」，あるいは「直接的な外面性の［…］抽象」である。

その限りでいえばヘーゲルはここでたしかにニュートンの絶対空間概念との接点をも見てはいるものの，それは「絶対空間」を「抽象的な空間」と考えることによってでしかない (V 16. 15)。これよりも密接な距離にあるのは直観の形式としての空間というカントの超越論哲学的な空間概念である。だが，明らかにヘーゲルは空間のこの形式性格を「主観的観念論」の意味において一面的に，主観的認識に属する直観形式として理解しているのではない。空間と時間はたしかに形式である。しかしこれらは実在性をも有している。とにかく「わたしたちを打ち殺すこともできる」——動かされた煉瓦 (V 16. 25) や鉛の玉 (Gr 181) によって——のだから。しかし，空間についても時間についてもこの観念性と実在性とを互いから分離し，互いに対置することはできない。空間とはいわば「中間物」である——そして空間と同様に，「時間にも客観性とこれに対置された主観的意識との区別はなにも関係ない」(§§ 253-261)。

(2) 空間と時間とが占める中間の位置——主観的解釈と客観的解釈とのあいだ——にヘーゲル的な着想の第1の特質がある。第2の，そしてとりわけ注目すべき特質はヘーゲルが空間と時間とのあいだに確立した，密接にかみ合う概念的な相互連関にある。それによると空間と時間は完全に区別されるものではない。「空間は自己自身に矛盾し，自己を時間にする」。「一方は他方の産出である」。ただ「表象の中でわたしたちはこれをばらばらにしている」にすぎない (V 16. 205)。表象は両者が互いに関係をもたず自立して存在しているかのような仮象を作りだすが，両者は一緒に——質料と運動とも一緒に——しか把握されえない。この表象批判は今日，当時よりも積極的に受け入れられている——ただし，このような批判をしているからといってヘーゲルに相対性理論の先駆けという姿をとらせるとすれば，それは誤りだろうが。

空間と時間との同一性が2つめの対概念で現実のものになっているのをヘーゲルは見る。その対概念とは運動と質料の概念である。運動は「〔空間と時間という〕両契機をそれらが対立する中で結び合わせる統一」であり，質料をヘーゲルは運動に内在する矛盾が「それ自身のうちへと崩壊すること」として導入する。したがってヘーゲルは質料を「合成されたもの」ないし「不可入なもの」とする規定には，質料を「重さ」とする規定ほどには関心を寄せていないことになる。質料を「重さ」と規定するということは次のように考えるということである。質料的な物体は「本質的に運動を有している。すなわち時間は自らを空間的に，空間は自らを時間的に措定する。質料は空間と時間との統一だが，〔空間と時間という〕その区別がまだその中に措定されていないような統一である」(V 16. 28)。質料は空間的だが，持続の，そしてとりわけ運動の時間的成分ももつのである。ほかならぬその重さにおいて。というのも，質料がその重さによって行う落下運動は，投げられるか放たれるかした物体の場合のように，外面的にのみ質料に属するのではないからである。この放物運動がたんに「偶然的」な運動であるのに対して，先の落下運動は物体にとって「本質的」で「内在的」な，自由落下の運動である。それゆえヘーゲルは次のように主張する。投げられることにおいても偶然的な運動と本質的な運動は互いに緊密な関係にあり，上述の運動を方法的に孤立させて——摩擦によってしか制動のかからない純粋な放物運動にして——しまうことは「経験でも概念でもなく，ただ抽象する反省にのみ」属し，「有限な運動は不可分に重さと結びつけられている」(§§ 261-268)。

したがって「重力」はヘーゲルにとって「質料の実体」である。あるいは「理念に現実化され」，「いくつもの天体からなる体系」を組織化する，「質料的な物体性の真にして規定された概念」である。というのも「運動それ自体はそもそも，ほかならぬいくつもの，しかも互いに対するさまざまな規定に従

って関係する物体の体系の中にだけ，意味をもち実在するのだから」。

（3）そこで重さの概念が自由にそれだけで実現されている，そうした諸天体の関係をヘーゲルは，「絶対的な力学」という題名の下で「絶対的に自由な運動」として論じる。ここで彼が証明しようとするのはとりわけ次のことである。ニュートンによるケプラーの法則の「証明」は実際のところ，或る部分はケプラーの法則そのものから導かれている。また或る部分は惑星軌道が「円錐切線」という形をとらなければならないということが証明されているだけで，とくに楕円の形をとらなければならないということは証明されていない以上，必要なところには届いていない。また或る部分は同様に「経験だけから帰納によって示されている」のである。彼は力をこめて「暗黙の形而上学で物理的力学が溢れかえっていること」を攻撃する。この形而上学は数学的な規定にしか基づかないのにもかかわらず，これに――「経験にも概念にも反して」――現実の力，とくに遠心力と求心力という姿をとらせるというのである。また，彼はここで――すでに『大論理学』でそうしていたように（GW 11. 228 f.）――，惑星軌道の特定の点，遠日点および近日点で一つの弱くさえある――力がそれよりも強い力を圧倒すると考える，粗雑で感覚的であるばかりかもっともらしさもない表象に憤慨する。ただし，1819/20年の講義で彼はニュートンと，フランスとドイツで彼の「口真似をする者たち」とを区別し，後者が「多大の混乱を持ち込んだ」としている（V 16.31）。彼自身は公転軌道が楕円であって円ではないということの根拠を，その根底にある規定の複雑性において追求する。ここで「空間的な規定と時間的な規定とが差異性 Verschiedenheit に入る，つまり互いに対する質的な関係に入るのだから，必然的にこの関係は空間的なものそれ自体においてその差異として生じるのであり，こうしてこの差異は二つの規定を要求することになる。このことによって，自分に戻る軌道の形は本質的に楕円となるのである」（§§ 269-271）。

9.3.6. 物理学

（1）自然哲学の中間部分をなすのは，まだ生命体とされていない自然のさまざまな段階からなる一つの体系としての「物理学」である。「普遍的な個体性の物理学」という題名の下でヘーゲルはまず天体の体系を論じる。これはイェーナでは（本書230頁参照）体系上，地上の物体の物理学と力学よりもまだ前に置かれていた。とはいえ，ここでヘーゲルは天体をそこにあるものとして単純に導入するわけではなく，質料の概念から光の概念へ移行する。「質料のこの現存する普遍的な自己が光である，――個体性としては星であり，一つの全体の契機としての星は，太陽である。」したがってヘーゲルにとって光は質料と，差異を含みながら同一であり――つまり，質料の単純な「純粋観念性」として，「抽象的なもの」（V 16.53）としてあり，それゆえ絶対的に軽く，計量不能であり――「無限な自己外存在（ただし純粋な顕示として）」である。しかし光そのものはまったく質料的ではない。ヘーゲルはむしろ質料性を指し示すあらゆる光の規定――「不連続な個々の光線やその微小部分や束」といった規定――を，光の純然たる単純性を擁護するために遠ざけようと努めている。

ヘーゲルがここで重点を置くのは個体性や中心体としての太陽の地位ではなく，光の概念であるが，その一方で彼が光の対立物として「闇」を論じることはほとんどなく，むしろ月や彗星といった天体を取り上げている。月や彗星はそれ自身の軸をめぐってではなく中心体をめぐって回転する点で太陽や地球とは異なる。これに対して惑星――とりわけ地球――はそれ自身の軸をめぐっても中心天体をめぐっても回転するという点で際立つとヘーゲルは見る。この異なった運動形式の多様な結びつき――軸をめぐる回転，中心天体をめぐる回転，軸も中心天体もめぐる回転――が天体の体系であるとヘーゲルは理解するのである。そして，この体系の多様性は彼にとって，「理性がこの体系〔太陽系〕の中にあること」の証明であり，たんなる偶然性ではない――これは彼がケプラーの発見と結びつける思想である。だがヘーゲルはこの体系の内的な関係にそなわる

さらなる規定性を体系の内在的な「理性」から導き出そうとはしない——わたしたちの太陽系が他の体系に対してもつ関係も，わたしたちの体系の数や大きさも，そしてすでに彼の教授資格論文が問題にしていた惑星間の距離の順序も，である（本書162頁参照）。また，彼はこの点について情報を提供してくれるような権威が他にあることも知らない。「惑星の系列に関して言えば，天文学は惑星の最も手近な規定性である距離についてさえまだ現実的な法則を発見していない」（第3版 §§ 272-280）。

　普遍から特殊，個へ降下していく系列においてヘーゲルが次に扱うのは「個体性の物体〔天体〕としての地球」に帰属する普遍的な規定である。それは「元素的な総体性の規定」ないし「普遍的な物理学的元素」であり，空気，火と水，土がこれにあたる——これらの中ではさらに火と水が対立関係にあり，それ自身のうちで分裂した媒介項となっている。ヘーゲルはここで意識的に「元素 Element」の伝統的な概念にこだわりを見せている。これは当時新しく登場し，彼が「恣意的」と格づけした「化学的な単純さ」の意義に抵抗してのことである。元素はヘーゲルが「地球の物理学的生命である気象学的過程」と呼ぶ過程の契機をなす——そしてこの広く解された題名の下に彼はまた地震と火山活動も置く。

　「地球の普遍的過程」を視野に置いてヘーゲルは，その過程の中に「個別化された物体性の過程に示される規定を再び認めて証明する」ことに反対する。また，とりわけ「さまざまな現象に見られるあらゆる関係を素材と質料，部分的には計測不能なそれらに変えてしまい，そのことによってどのような物理学的な存在もすでに述べられたように質料や質料同士が互いに想像上の孔に出たり入ったりすることという混沌たるものにされてしまう」ことに反対する。この抗議でさえ「思弁対経験」という見出しの下に置かれるなら正しくは理解されないだろう。実際ヘーゲルはむしろ上述したような理解の仕方が経験を拠りどころにすることができないことを強調する。「いまだに経験的な存在が想定されているのに，それはもはや経験的には示されない」（第3版 §§ 281-289）。

　(2)　思想の次のステップでヘーゲルは——「特殊的個体性の物理学」という題名の下——いまやもう元素的ではなく個体的となった物体に現れる規定を究明する。比重と凝集力，それに音と熱がこれにあたる。天体の体系の場合とは異なり，ここではこれらの現象の構成は意外な印象を与える。それによれば比重〔特殊な重さ〕が普遍的な重さから区別されるのは，そこでは求められていた統一点がもはや物体の外にではなく，重力の中心にあることによってである。そしてヘーゲルはとくに力をこめて次のように強調する。彼が「質料的な部分」という言葉を口にするとき，それによって「原子や分子，つまり切り離されてそれだけで存立するものが理解されてはならないのであり，ただ量的ないし偶然的にのみ区別され，それらの連続性が本質的にそれらの区別から分離されえないものが理解されなければならない」——ちょうどゼノンのパラドクスが解決できないのも，空間と時間が無限の孤立した空間点と時間点に分かれていると考えられるときだけであるように。——音という，彼が同時代の研究を手がかりに究明する現象においては，彼の見るところ，空間性と時間性が混ざり合っており，そして音の基礎にある振動からヘーゲルは熱の概念に移る。熱が延長の現象によって空間概念とも関連づけられるのだからなおさらである。これに対してヘーゲルはここで，彼にはまだ同時代の想定である「熱質料」を論難する。そこに彼は再び悪しき悟性形而上学による空想の産物を見ているのである（第3版 §§ 290-307）。

　(3)　3番目の節である個体的物体の物理学または「総体的個体性の」物理学は，その構成の点で見通すことがもっともできにくい。ヘーゲルはここで「形態」の概念で始める——しかし彼はそこからただちに磁気に移り，さらにその電気および化学機構との関係に移る。以上のことを中心にしながら彼は自然哲学に媒介者としての重要な役目を割りあてる。すなわち，これらの現象の同一性を堅持しながら，それでいてそれらの差異を手放さないでいるという役目である。「かつて磁気，電気，化学機構は完全に切り離され，相互連関のないまま，それぞれが自立的な力であると見なされていた。哲学がこれらの同一性という着想を得たのだが，しかしそれらが区別されたものだという明らかな留保もしていた。物理学による最近の考え方ではこれらの現象の同一性という極端へと一足飛びの飛躍がなされてしまい，

これらがそれと同時に別々に保たれねばならないということ，そしていかにしてそうなのかということが悩みになっているように思われる」（第3版§§308-315）。

「個体的物体の特殊化」という見出しの下でヘーゲルはまず詳細に光の現象と取り組む——そして，そこで再びニュートンの『光学』とゲーテの色彩論との違いに立ち入る。その他の現象としては臭いと味を題材にしている——しかしこれに続けてなお，やや唐突に，「電気」を取り上げている（第3版§§323-325）。

比較的詳しくヘーゲルは最後に「化学的過程」を論じる。『エンツュクロペディー』（1817年）で彼はこれをまだ「個別化」という見出し語の下に置いている（第1版§252-260）。これに対して後の二つの版では化学的過程の特質を「合一」の二重の運動に見ている——すなわち「無差別な物体からその活性化を経て中和性へ」という運動と，「この合一から戻って無差別な物体に区分することへ」という運動との二重の運動である。ここでもヘーゲルはさまざまな現象を同時代の科学から取り上げることに努める——とりわけガルヴァーニ電気がそうである。彼はガルヴァーニ電気と電気および化学的関係との関わりを究明し，ここでもまた同時代人による「電気と化学的な関係との同一視」を論難する。これらを同一視すると独自の現象としてのガルヴァーニ電気は解消されてしまうというのである。すべての「化学的過程に現れる，比重〔特殊な重さ〕，凝集力，形態，色彩などの変化，さらには酸性，苛性，カリ性などの性質の変化は不問に付され，すべてが電気という抽象の中に沈んだ」。それゆえ彼は個別科学に対して次のように要求する。「とにかく哲学のことを特殊なものを抽象するとか空虚な普遍性だとかといって非難することはもうしないでほしい。陽電気と陰電気にかまけてあの物体性のさまざまな性質が忘れられてかまわないというのなら」。これに対して彼は，ベルトレが化学反応の特殊な事情を分析することのない「選択親和性の一面的な条件」に加えた批判を，賛同しながら引用している。ヘーゲルによると，化学的な過程はつねに「その完全な総体性において受け取られなければならない」。すなわち「最内奥で互いに食い込み合う推論の三重構造として」である。そして「化学的過程一般をたんに一つの素材が他の素材に作用することであるとする抽象的な考え方」が乗り越えられなければならない。ここでもまたヘーゲルが目指すのは「化学ならびに物理学で支配的な形而上学，つまり素材はどのような事情の下であれ不変であるとする思想，あるいはむしろ粗雑な考え方，たとえば物体はこのような諸々の素材から合成され存立するというカテゴリーに対抗する」ことである。

すでに化学的な過程のうちにヘーゲルは「生命」を予示するさまざまな特徴を見る。「個体的の物体はその直接性において廃棄されるとともに産み出される」。彼はまた，化学においてはやくも「合目的性という規定」が説明のために援用されると書き留めてもいる。この化学機構から有機体への移行にとって決定的なのは，化学機構が，前提されていた条件や性質を否定して，これらを作り出されたものに引き下げていることであり，あるいは「直接的な実体や性質の相対性」を設定し，このことによってそれらを個体性の契機にしていることである。こうすることで化学機構は自己自身を産み出し維持する過程としての生命への概念的な移行となるのである（第3版§§326-336）。

9.3.7．有機的物理学

(1) すでに化学機構から有機体への移行のためにヘーゲルは「活動 Thätigkeit」の概念に手を出しており，「有機的物理学」の冒頭でこれを再び引き合いに出す。ただしここでは「主体性」の概念をもって。主体性の概念がこの領域を全体として構造化しており，その限りでこれがとくにここでのキーコンセプトであることがわかる。主体性の概念はすでに「地質学的有機体」の基礎にあり，そしてより強められながら，「特殊で形式的な主体性」としては植物的有機体としての生命の基礎に，最後に「個別的具体的主体性」としては動物的有機体の基礎にある。ここからして「有機的なもののさまざまな段階」とは主体性が現実化されるさまざまな段階のことであり，活動および自己関係的な活動のさまざまな段階のことである。それゆえ自然哲学もまた，実体を同様に主体としても理解するとはどういうこと

か，という問いへの回答に寄与している。もちろん主体性の展開はここでは活動および自己関係のさまざまな段階に制限されるにとどまっているが。思惟する自己関係，自己を意識する主体性に到達するためには小さいが決定的な一歩が必要になる。自然の国から精神の国への移行が。

(2) この構想の論理には最初の段階である「地質学的自然」が独特の仕方で両義的な位置を占めるということが含まれる。つまり，ヘーゲルはそれを一方で「生命」で呼ぶ——しかし生命とはいってもここでは「直接的理念」にすぎず，したがって本当は「非生命」，死んだ生命である。彼は「地質学的自然」を「最初の有機体」と名づける——しかしその有機体は「生命のないものとして現存する，機械的で物理学的な自然の総体性」であり，いわば非有機的なものの有機体である。それにはたしかに形成過程がある——しかしこの形成過程は過ぎ去ったものであり，「前提された過去」である。そしてそれにもかかわらず地球という物体は「個体的物体の普遍的体系」であるだけでなく，「気象学的過程の直接的主体」であり，そのようなものとしてあらゆる生命の基盤である。それは「あらゆる地点で無限に点のように一時的生命を生み出す」——「あいまいな発生」によって。あるいは今日用いられている考え方で言えば，〈創発 Emergenz〉によって（第3版 §§ 337-342）。

(3) 地質学的自然と植物的自然との差異も，「植物的自然」の国の内部の構造化も，ヘーゲルは主体性の展開を手引きにして規定する——点のように一時的な主体性と「客体的有機体」の姿との差異として，または，この有機体とその主体性との関係に従って。たとえば植物では両者はまだ同一であるとされる。植物は「まだそれだけで存在する主体性ではない」のであり，「その即自的に存在する有機体に抗う」こともない。植物はたしかに個体性ではあるが，まだ「主体性へと解放されてはいない」。植物は自分の場所を決めることをしない。その栄養摂取は恣意的にではなく「連続的な流れのように」行われ，そこで植物が関係しているのは「個体化された非有機的なものではなく普遍的元素」である。

植物的生命の過程をヘーゲルはより詳しく具体化し，それは形態形成の過程，植物の内面的分裂，新しい個体の成長と産出だとする。さらには植物的生命の外へと向かった特殊化——水，土，光，空気の方へそれが向きを変えることのうちに見られる——だとし，最後には類の過程だとする。しかし，この類の過程は植物的な生命の段階では広い範囲で形態形成の過程と重なるという。

ヘーゲルにとってここで重要なのは植物的生命に特有なものの規定である——これを化学的過程とも動物的過程とも区別するという点で。植物的生命を解釈するためにヘーゲルはゲーテと彼の同僚であるカール・ハインリッヒ・シュルツに拠りどころを求める。ゲーテの「植物のメタモルフォーゼは人々の考え方をたんなる個々のものに関する骨折りから引き剥がして生命の統一性の認識へと連れて行き，植物の本性についての理性的思想の始まりとなった」。生命過程を先行する諸段階から区別する「もっとも重要なこと」としてヘーゲルは「実体的変化，すなわち外にある素材または特殊な素材一般を直接他の素材に変えること」を強調する。「そこで媒介の追跡が，化学的な漸次性においてであれ，或る意味で機械的な漸次性においてであれ，途切れてしまい不可能になる点が現れる。この点は至るところにあり，隅々まで行渡っている。そして，この単純な同一視ならびに単純な分裂を知らないこと，またはむしろ認めないことが生命体の生理学を不可能にしている」（第3版 §§ 343-349）。

(4) 動物的有機体をようやくヘーゲルは「そこでは外面的な形態形成が概念と一致し，部分が本質的に分肢であり，主体性が全体を貫く一つのものとして現存する，そのような真なる有機体」と見なす。有機体をその部分において捉えようというのであれば，それは解剖学の問題だろうが，解剖学が分析するのは死せるものだけであり，生けるものは決して分析しない。「彼らは部分部分しか手にしていない。残念ながら精神的なつながりが欠けている」（V 16, 140）——ヘーゲルが再びメフィストフェレスとともにあざ笑うように（1938行以下）。動物の中に現存する有機的個体性は，「その形態の固有の外面性が分肢へと理念化され，有機体が，外へ向かう過程の中で自己としての統一をそれ自身のうちに獲得しているかぎりで，主体性として」ある。そして，この植物に比べていっそう複雑な主体性にそなわるその

他の特質としてヘーゲルは自己運動，声，動物的な熱，断続的な栄養の摂取，感情を挙げる。

　動物的な生命過程を規定するにあたってヘーゲルは植物的な生命過程との類比で「形態」，「同化」，「類の過程」という題名を用いる。しかし，「形態」はこの動物的生命においては本質的に「形態形成の過程」である。したがって彼がここで論じるのは当時盛んに議論されたテーマである感受性，興奮性，再生産であり，彼はこれらに「神経系，血液系，消化系」を組み込む――消化組織は「直接的で，植物的な再生産だが，内臓の本来的な組織においては媒介的な再生産」である。この形態形成過程の概念にとって決定的なのは，有機体が「自らを，すなわちまさにこの分節化の総体をそれ自身が産出し，したがって各々の分肢が相互に目的でもあり手段でもあり，他のものから自己を授かり，他のものに対して自己を維持する」ということである。

　まぎらわしく思われるのはヘーゲルが動物的な生命過程に目をやりながら「同化」について語っている点である――また，仮にこの題名を受け容れるとしても，彼がここで論じているさまざまな現象はほころびを伴いながらその下に包摂される。というのも，ヘーゲルはここでまず「理論的な過程」，五官の形成を感受性の概念と関連づけながら論じ，次に興奮性の概念と関連づけながら「実践的な関係」を論じる。すなわち欠落の感情とこの欠落を打ち消そうとする衝動である。衝動，本能，欲求をヘーゲルは否定として捉え，「主体そのものの肯定の中に含まれたものとして措定されている」とする。それゆえ彼にとってここは再び，主体性の概念を強調する場所である。「自分自身の矛盾を自分の中にもち，それに耐えることができるもの，そのようなものが主体である。このことが主体の無限性をなす。」

　この関連においてヘーゲルは当時広く行き渡っていた，ブラウン理論の興奮説にも立ち入る。それが病気をたった二つだけ――強壮 sthenisch と虚弱 asthenisch――に還元することを論評するヘーゲルの口調はたしかに嘲笑的ではある。「それならひとは30分で医者になれる」（V 16. 187）――ことによるとシェリングがカロリーネの娘アウグステ・ベーマーの治療に失敗したことを回顧しているのかもしれない。それにもかかわらずヘーゲルは興奮概念の導入を――外部の原因による作用を口にすることに比べれば――有機体理解への重要な一歩であるとみなす。生命体に対して肯定的な関係をもつということは，その関係の可能性が「概念によって規定され，したがって主体に内在している」ということを前提するからである。しかし彼は有機体の諸区別をたんに量的にしか理解しないことを厳しい言葉で攻撃する――そしてこのことで彼が非難するのはブラウンというよりも，むしろシェリングによるブラウン理論の受容と改変である。「この誤りのきっかけは，絶対者が主体的なものと客体的なものとの絶対的な無差別として規定されたあと，あらゆる規定はいまや量的な区別にすぎないとする，この根本的な誤りのうちにある。」それどころかまさにこの非難をヘーゲルは『大論理学』でまでもシェリングに向けている（GW 21. 227）。そして，これに続けて彼は「非哲学的で感覚そのままの」形式主義に対する一般的な批判を行う。この形式主義は「概念規定に代えてこともあろうに炭素と窒素，酸素と水素を据える」云々，というのである。そのような形式主義に対してヘーゲルはアリストテレスを思い出させる。すなわち，アリストテレスによる生命体の「根本的な規定」である，「生命体とは目的に向かって活動するものであるとみなされねばならない，という規定は，近代にほとんど失われてしまっていたが，カントは内的な合目的性，つまり，生命は自己目的として見なされねばならない，という考えにおいて，彼なりの仕方でこの概念を再びよみがえらせた」。これに対してヘーゲルはこの内的な合目的性の概念をたんにカントの「仕方」で，つまり反省的判断力の規定として捉えるだけではない。彼は内的な合目的性の概念に，有機体において「概念」一般の構造が現実化しているのを見る。すなわち，有機体の自己関係，自己還帰，「自分との〔推論的〕連結」を見るのである（第3版 §§ 350-366）。

　「類の過程」で動物的な生命は最高段階に達する。「類」と「種」の関係を規定することでヘーゲルには動物学と植物学による分類体系と取り組む機会が生まれる。彼によると，人為的な体系と比べて近代に比較解剖学は――動物学の補助学問として――いっそうの進歩を示した――しかも，経験的な観察を拡張する方向にというよりも，「その素材が概念

への道を開いた」点で，つまり個別科学による素材の構造化が哲学的な概念把握に近づく点で，である。そしてヘーゲルはさまざまな分類体系の長所を論じる——そこで取り上げられるのは脊椎による分類体系，「習性」による分類体系，歯と爪による分類体系，したがって動物の「武器」による分類体系である。

しかしながら，この経験科学の概念への接近には原理的な限界が設けられている。「生命の理念の直接性とは，概念が概念そのものとしては生命の中に現存しないということである。［…］動物界は自然の他の領域よりも，どれだけ組織がそれ自身において独立した理性的な体系であるかという点で劣っているとさえ言ってよい」——つまり自然における「概念の弱さ」のために。類と種の関係はたしかに理性的な関係だが，個々の類と種は理性によって十分には規定されない。それに加えて類も個体も外界での自然生活による多様な条件や変化に曝されており，こうした条件や変化のために類も個体も理性によって規定された関係からはさらに遠ざけられてしまうのである。

しかしながら，類の過程の根本規定は二重否定である。「類の内的普遍性の否定〔である〕と同様に，そこでは生命体がまだ自然のままのものとしてある，直接的でしかない個別性の否定〔で〕も〔ある〕」。つまり，種と個々の個体を措定するとともに廃棄することである。性的関係をヘーゲルは《独立して個別的なものになるという，この根源の否定》の否定として理解する。性的関係の根拠は個別的なものが自らに内在する類に適合していないこと，そしてそこから生じる欠如の感情にあり，この感情が欠如を補う行動への駆動となる。だが性的関係が産み出すのはこのような満足ではなく，何度繰り返してもつねに個別的なものでしかない。そのために生殖の過程は「悪無限的に進行することになる。類は個体が没落することによってのみ維持される。というのも個体は交尾の過程でその使命を果たし，それ以上の使命をもたない限り，交尾により死に至るからである」。個体の破壊が外的に生じることも強制的な死としてならたしかにあるが，そうすると死そのものは何か偶然的なものであることになる。ところが病と死はすでに個体そのものの概念のうちにある。

「普遍に適合していないことがそもそもの病であり，生まれながらに宿す死の芽である。」生命は自分自身から自分を殺すのである。〈自然的な悪〉はたしかに偶然的な悪でもありえるが，その究極的な根拠とその必然性は〈形而上学的な悪〉のうちにある。

（5）自然的なものの死からヘーゲルは「自然の真理であり究極目的であり，そして理念の真なる現実性である」「精神」への移行を行う（第3版§251）——「わたしたちの精神は自然の中で，わたしたち自身の自然的な現存が消滅するというまさにこの点に自らの鏡像を見る。このことはおそらくヘーゲルの深遠な思想の一部だろう」（Fulda 2003, 152）。しかしながらヘーゲルがここでしているのは自然で有限なものの儚さや虚しさについてありがたいお説教をたれるようなことではない。1819/20年の講義において彼はここで自然哲学の実践的な課題に立ち返っている。それによると，自然哲学の成果は「ひとが自然の本性を知ることで，このことが精神と自然との和解になるということである」（V 16. 189）。というのも，自然の本性を知るということは，自然の外面性を概念の外面性として認識することを，したがって，自然を主体性のさまざまな段階からなる一つの体系として認識することを意味するのだからである。

しかし，何にもましてヘーゲルは自然から精神への移行を論理的構造に即して示そうと努める。すなわち，自然的なものの死は「個体性にそなわる直接的な個別性と普遍性との形式的な対立を止揚することである」とされる。自然の特質は個別性にそなわる普遍性と直接性とのあいだの不均衡——直接的な個別的なものそれ自身が普遍的なものであるとされること——に存するのであり，それゆえ個別的なものは止揚される。だがこのことはヘーゲルにとって一つの側面，否定的な側面にすぎない。しかしこの側面が次の上位の領域への移行となる。というのも個別性と普遍性との，概念に適合した関係は精神——「概念の主体性」において初めて現れるからである。「この主体性の客体性そのものが個別性の止揚された直接性，具体的な普遍性であり，したがって，自らに適合した実在性を，概念をその定在としてもつ概念が措定されている——これが精神である」（第3版§§ 367-376）。

講義：1819/20年；1821/22年；1823/24年；1825/26年；1828年；1830年。

テキスト：a) 概説：GW 13, §§ 193-299; GW 19, §§ 245-376; GW 20, §§ 245-376; b) 筆記録：Hegel: Naturphilosophie. Bd. 1. Die Vorlesung von 1819/20. In Verbindung mit K.H. Ilting hg. von Manfred Gies. Napoli 1982; Hegel: Vorlesung über Naturphilosophie. Berlin 1823/24. Nachschrift von K.G.J. v. Griesheim. Hg. und eingeleitet von Gilles Marmasse. Frankfurt am Main u.a. 2000 (»Gr«の記号と原本の頁数で引用); Hegel Vorlesungen über die Philosophie der Natur. Berlin 1819/20. Nachgeschrieben von Johann Rudolf Ringier. Hg. von Martin Bondeli und Hoo Nam Seelmann. Hamburg 2002 = V 16; GW 24

自然哲学関連文書：GW 13.561-564.

参考文献：Dietrich von Engelhardt: Hegel und die Chemie. Studie zur Philosophie und Wissenschaft der Natur um 1800. Wiesbaden 1976; Olaf Breidbach: Das Organische in Hegels Denken. Studie zur Naturphilosophie und Biologie um 1800. Würzburg 1982; Dieter Wandschneider: Raum, Zeit, Relativität. Grundbestimmungen der Physik in der Hegelschen Naturphilosophie. Frankfurt am Main 1982; Wolfgang Bonsiepen: Hegels Raum-Zeit-Lehre. Dargestellt anhand zweier Vorlesungsnachschriften. HS 20 (1985), 9-78; Rolf-Peter Horstmann / Michael John Petry (Hg.): Hegels Philosophie der Natur. Beziehungen zwischen empirischer und spekulativer Naturerkenntnis. Stuttgart 1986; Olaf Breidbach: Hegels Evolutionskritik. HS 22 (1987), 165-172; Brigitte Falkenburg: Die Form der Materie. Zur Metaphysik der Natur bei Kant und Hegel. Frankfurt am Main 1987; Michael J. Petry (Hg.): Hegel und die Naturwissenschaften. Stuttgart-Bad Cannstatt 1987; Karl-Norbert Ihmig: Hegels Deutung der Gravitation. Eine Studie zu Hegel und Newton. Frankfurt am Main 1989; Stefan Büttner: Wozu taugt Hegels spekulative Naturphilosophie? Eine unzeitgemäße Naturbetrachtung dargestellt am Beispiel der spekulativen Rekonstruktion des Sonnensystems. In: Philosophie und Religion. Jb des Forschungsinstituts für Philosophie Hannover. Hildesheim 1990, 68-97; Wolfgang Bonsiepen: Hegels Vorlesung über Naturphilosophie. HS 26 (1991), 40-54; Stefan Büttner: Natur als sich fremde Vernunft. Studien zu Hegels Naturphilosophie. Diss. phil. München 1991, Darmstadt 1993; Karen Gloy / Paul Burger (Hg.): Die Naturphilosophie im Deutschen Idealismus. Stuttgart- Bad Cannstatt 1993; Michael J. Petry: Hegel and Newtonianism. Dordrecht u.a. 1993; Luca Illetterati: Natura e Ragione. Sullo sviluppo dell'Idea di Natura in Hegel. Trento 1995; Wolfgang Neuser: Natur und Begriff. Studien zur Theorienkonstitution und Begriffsgeschichte von Newton bis Hegel. Stuttgart / Weimar 1995, 148ff., 175-216; Renate Wahsner: Zur Kritik der Hegelschen Naturphilosophie. Über ihren Sinn im Lichte der heutigen Naturerkenntnis. Frankfurt am Main u. a. 1996; Paul Ziche: Mathematische und naturwissenschaftliche Modelle in der Philosophie Schellings und Hegels. Stuttgart-Bad Cannstatt 1996; Wolfgang Bonsiepen: Die Begründung einer Naturphilosophie bei Kant, Schelling, Fries und Hegel. Mathematische versus spekulative Naturphilosophie. Frankfurt am Main 1997; Thomas Kalenberg: Die Befreiung der Natur. Natur und Selbstbewußtsein in der Philosophie Hegels. Hamburg 1997; Stephen Houlgate (Hg.): Hegel and the Philosophy of Nature. Albany 1998; Bernard Mabille: L'épreuve de la contingence. Paris 1999; Nicolas Février: La mécanique hégélienne. Commentaire des paragraphes 245 à 271 de l'Encyclopédie de Hegel. Louvain / Paris 2000; Olaf Breidbach / Dietrich v. Engelhardt (Hg.): Hegel und die Lebenswissenschaften. Berlin 2001; Pirmin Stekeler-Weithofer: Hegels Naturphilosophie. Versuch einer topischen Bestimmung. HS 36 (2001), 147-169; Michael John Petry: Hegelianism and the Natural Sciences: Some Current Developments and Interpretations. HS 36 (2001), 199-237; Fulda: Hegel (2003), 133-156.; Cinzia Ferrini: From Geological to Animal Nature in Hegel's Idea of Life. HS 44 (2010) 45-93 (dort weitere Literatur)

9.4. 精神の哲学

9.4.1. 主観的精神の伝承資料と体系形式

(1) 「精神の哲学に関する講義」が資料的に伝承されている現在の状態は，満足のいくものではない。概説〔『エンツュクロペディー』〕のほかでヘーゲルの手によるものは，「主観的精神の哲学に関する断片」とごくわずかばかりの「紙片」が保存されているだけである。これらの講義録による裏づけも，（「論理学と形而上学」は別としても）概説に関するほかの講義よりさらに劣悪である。六つあった講義のうちの半分だけ，つまり1822年と1825年，1827/28年の講義しか講義録が保存されていない。

それはそうと，ヘーゲルの精神哲学——あるいは

正確には「人間学 Anthropologie と心理学 Psychologie」に関する講義——は，ヘーゲルが新たに考案したいくつかの哲学的な学問分野の中でも特殊な地位を占めている。すでにイェーナにいたときに，ヘーゲルは，1803/04年冬から始めて1807年夏学期に向けた最後の講義予告に至るまで毎回連続的に「心の哲学（philosophia mentis）」を予告している。この題目は，ヘーゲルが「精神哲学」の名のもとで理解しているものを現実的に認識させるものではない。1803/04年の学期に向けたドイツ語による講義予告は——これがヘーゲルの筆によるものでないことはたしかだが——，「心の哲学」を「魂論 Seelenlehre」だと言い換えている。このことで示されるように，講義予告は，この学問分野を学校哲学でいう合理的心理学なり経験的心理学なりの伝統に属するものとして分類している。1806年夏学期に向けては，「人間の悟性の哲学」というドイツ語訳になっている。これについては，ヘーゲルが，その訳の代わりに「精神の［…］哲学」と訳すべきだと「修正」を指示することになる。1806/07年冬にはこの訂正に従って記されるが，1807年夏には前年の誤りが繰り返される（Kimmerle 1967, 54-56）。このような誤った翻訳は，同時代の人々の理解の問題を反映している。つまり，「精神の哲学」という訳は，当時では分かりやすいものでなかったらしいのである。しかしながら，ヘーゲルにとっては，この訳こそが適切な言い換えである。それどころか，ヘーゲルは，1806/07年冬に向けて，みずからの『精神現象学』が「心の現象学（Phaenomenologia mentis）」だとしている。

（2）しかしながら，イェーナの「心の哲学（philosophia mentis）」は，精神哲学の総体——のちにはいわゆる「客観的精神」と「絶対的精神」という主題範囲を含むことになる——をまだ包括していないし，同様にニュルンベルクの「精神論 Geisteslehre」もそれらを包括していない。もちろん，資料的に伝承されているニュルンベルクのテキストでは，「主観的精神，客観的精神，絶対的精神」というトリアーデが準備されているが，まだはっきりと展開されておらず（本書281頁参照），それは，むしろ『エンツュクロペディー』（1817年）ではじめて展開される。そして，1817年夏にはじめて，ヘーゲルは，それに基づいて，主観的精神の哲学に関する最初の講義をしている。とはいえ，ヘーゲルは，この講義を「人間学と心理学」という題目で予告する。おそらく，ヘーゲルの哲学をまだ熟知していない学生に対しては，この専門用語は，「主観的精神」というよりも訴える力があるからであろう。この講義の中間部分は，意識論，つまり「精神の現象学」なのだが，ヘーゲルは，予告の中でこのことにもともとは言及していない。ヘーゲルは，最後の三つの講義——1825年，1827/28年，1829/30年のもの——では毎回，「人間学と心理学（Anthropologia et Psychologia）」という講義題目を「すなわち心の哲学（i.e. [bzw. sive] philosophia mentis）」と追加して補っている。だから，その時点で，この専門用語は，もはや『エンツュクロペディー』でいう「精神の哲学」章と同じ範囲のものではないわけである。というのも，「精神の哲学」は，もちろん，「客観的精神」と「絶対的精神」を包括するからである。またさらに，ヘーゲルは，最後の二つの講義で心理学を人間学の前に記したが，こうした交換が講義に反映することはまったくなかった。

（3）専門用語の点で，決して混同があるわけではないが，いくつか困難のあることが，この点で次第にはっきりしてくる。この手の困難は，主題となる対象をより詳細に見ていこうとすると，いっそう増大する。ヘーゲルは，魂論を——専門用語からすると期待されることなのに——「心理学」では展開せず，「人間学」で展開する。これに対して，ヘーゲルは，みずからの概念では「心理学」が本来的な精神論だと理解する。こうした混乱は，『エンツュクロペディー』（1817年）ではまだ起こっていなかった。ここでは，ヘーゲルは，主観的精神論を「魂」，「意識」，「精神」の章に分節する。とはいえ，同時に，ヘーゲルは，「人間学と心理学」についての講義を予告し，そのさい，「人間学」を「魂」の分野として分類し，「心理学」を「精神」に割り当てる。おそらく，ヘーゲルは，聴講者を一体のものとしてまとめあげより簡単に方向づける利害関心があって，のちに出た二つの版の『エンツュクロペディー』では，「主観的精神の哲学」にある三つの部分を，講義題目である「人間学」と「心理学」（そしてそれらに「精神の現象学」がさしはさまる）と名づけ，

当初のタイトルである「魂」，「意識」，「精神」をそのサブタイトルに格下げしたのだろう。

　ヘーゲルは，精神の概念をみる精神論に対して，一度はたしかに「霊魂論 Pneumatologie」という名称を検討したものの，それは不適当だと退けた。この用語は，18世紀の学校哲学にあった「霊魂論」を連想させるものだからである。学校哲学では，「霊魂論」は，「合理的心理学」に対する別の言葉なのであった。つまり「特殊形而上学（metaphysica specialis）」という分野に対する別の言葉なのであった。それに，ヘーゲルの目論見は，その分野とは一線を画するところにある。「霊魂論は，たとえば不死の根拠だとされる非物質性といった，精神の諸規定をもたらした。しかし，そのことによって，精神を具体的なものとして知ることがほぼできなくなってしまった。そこで，精神について知るためには，形而上学の中でなにかをえようとするのでない以上，経験に頼らなければならないし，経験から具体的なものを受け取らなければならない。経験は，形而上学的にアプリオリに精神を考察することの貧しさを補わなければならないのである。」「合理的心理学（psychologia rationalis）」（GW 15. 212 f. 参照）に関する1827/28年の講義でのこのような批判は，「誤謬推理」に対するカントの批判とはまったく別の議論となっている。その学問でヘーゲルが経験の必要を強調するのは，『エンツュクロペディー』第2版導入での第6節以下，あるいは「客観性に関する思想の第2の立場」でいう「経験」に固執するのとそもそも一致している（本書350頁参照）。精神の認識としては，ヘーゲルは，アプリオリな知よりも経験のほうにより大きな意味をいつも認めてきた。「経験，すなわち経験的な魂論と，哲学，すなわち概念把握する思考とは，互いに対立しあわない。これは，しばしば見かけでは間違われることである。」

　とはいえ，この場合であっても，経験は，必然的なエレメントを形成するものの，精神の学問でこれだけが生産力のある基盤を形成するわけではない。それに，このことは，とりわけ，精神の学問が，「経験的心理学」に対して概念把握する思考を断念しながら作り出している形式の点でいえることだ。すなわち，「知覚することの経験的な形式」は，哲学の基礎を形成することができないのである。「哲学は，現実的なものと一致しなければならない。哲学は，実際に存在するものを考察する。また，存在するものは，証明されなければならないが，哲学は必然性を示すものである。そこで，存在するものをこうした認識にまでもたらすのは，経験ではない。」そのうえまた，経験は，もともと——経験には覆い隠されているが——形而上学に基づいているとされる。そして同時に，ヘーゲルは，次のような——カントに繋がることになる——方向転換を拒否する。すなわち，心理学が「しかもその経験的な状態のまま形而上学の基礎をなすべきだ。人間の意識の事実，それも所与として経験的に把握され分解された事実以外のところに，形而上学が存立するはずがない」（第1版§367）という方向転換である。ヘーゲルがこのことを見たのは，ゴットロープ・エルンスト・シュルツェの『講義用哲学的諸学のエンツュクロペディー』（1814年）というよりは，フリースの『理性の新批判』（1807年）である。これに対して，ヘーゲルは，ここでも，自分なりの意味で思弁的に解釈することに反しない経験というものに戻る形式を際立たせている。「経験的心理学は，解体したものとして魂を叙述する。そこで，やはり，アリストテレスが魂について書き記したものが，もっとも哲学的なものとして推薦されなければならない。」（V 13. 8-11，第3版§378参照）

　以上のような評価や，心理学の「最高に劣悪な状態」についてのヘーゲルの嘆き（第1版§367）——これは主観的精神論全般に関係させてもよい——にもかかわらず，ヘーゲルは，同時代の人々がおこなった「経験的心理学」に分類される個別的研究を，しばしば批判的にではあるがとくに「人間学」において包括的に引っぱり出している。ニートハンマー宛の「私的所見」（1812年）のなかで，ヘーゲルは，「カールス風の」心理学の中で「知りえた」ものは「退屈で教えられるものがなく，生気も才気もないのでまったく辛抱ならない」と，挑発的であると同時にあけすけに見える言明をしている。この言明は，その当時ようやく20歳になろうとしていたカール・グスタフ・カールスに関するもの——多くの場合このように受け取られるが——ではまったくなくて，今日ではほとんど知られてい

ないフリードリッヒ・アウグスト・カールスに関するものである。カール・グスタフ・カールスがドレスデンで行った1829/30年の『心理学に関する講義』は，ヘーゲルの死後になってようやく出版されているし，エードゥアルト・ベネケの『自然学としての心理学教科書』——ヘーゲルがこれに拍手を送ることがないのは疑問の余地がないだろう——も1833年になってようやく出版されている。「主観的精神の哲学への断片」において，たんに経験的である以上に「高い立場の哲学に由来する」著作だとヘーゲルが言うのは，エッシェンマイアの『心理学』（1817年）とシュテッフェンスの『人間学』（1822年）である。

(4) ヘーゲルは，いつも『エンツュクロペディー』の第1版または第2版を基礎に「人間学と心理学」を講述した。それゆえ，魂／人間学，意識／精神の現象学，精神／心理学という『エンツュクロペディー』の三肢的な切り口のあとをとどめている。『エンツュクロペディー』は，ニュルンベルクでおこなった精神論の最後の推敲で，この切り口を見出していた（本書284頁以下参照）。その後のより包括的な推敲によって違った分肢化が必要とされたとはいえ，その切り口は，専門用語の差異にもかかわらず事柄としては変更されていない。『エンツュクロペディー』（1830年）ではじめて，ヘーゲルは，深刻な唯一の変更を企てた。すなわち，「心理学」の下位分肢で，「理論的精神」と「実践的精神」に次いで「自由な精神」という第3の形式を継ぎ足したのである。

そのことにより，まったく新しい内容が導入されたわけではない。みずからを手中に収めた精神が自由であることは，ヘーゲルにとってどのみち自明のことであったし，このことは，第2版第483節でも強調されていた。それゆえ，1827/28年の講義の緒論で「自由な精神」に3回にわたって言及することは，「自由な精神」を本来の第3形態として導入する早い段階の先取りとして理解されるべきものではない（この見解と異なるのは，Tuschling V 13. XVIII）。ヘーゲルが「自由な精神」を導入するのは，次のようにしてである。ヘーゲルは，第2版第481節の締め括りで，精神は，みずからの自己規定の真理において，「客観的意志であり，一般に客観的精神である」としていたのを，第3版第480節ではこれを変更して，意志は，自己規定するみずからの真理のかたちでは，「現実的に自由な意志」である，とした。さらに，1827年の第2版では「客観的精神」の始まりの部分である第482節以下を整理して，第3版では新たに，「自由な意志」に関する第481節以下とした。これは，1827年に「客観的精神」について言ったことを，ここでは「自由な意志」に書き換えたことによる。この「自由な意志」は，ここでは「理論的精神と実践的精神の統一」となる。そして，こうした土台があってはじめて，ヘーゲルは，「客観的精神」に移行するわけである。「理念は，もっぱら意志において現象する。この意志は，有限なものであるが活動態であり，理念を展開し，理念の繰り広げられた内容を，理念の定在としては現実態である定在として定立する。これが客観的精神である。」（第3版§482）

(5) このことによってすでに，1827年の版よりも「自由」というテーマにアクセントが置かれている。そして，ヘーゲルは，このことを，第3版第482節への註解によってさらに力説する。この註解では，自由というものをみずからの見解にしたがって知らない文化（アフリカやオリエント）との対比で，また他方で，自由を社会的な前提（自由な生まれ）または人格的な固有性（哲学によって獲得された性格的強さといった）に結びつけることにより自由を取り違えた文化（ギリシアとローマ）との対比でも，自由の理念——とてつもない「実践的な帰結」をともなう理念として——が強調されている。自由は，はじめて「キリスト教によって，世界に出現した。キリスト教によれば，個人は，そうした個人として無限な価値を有する。それは，個人が，神の愛の対象であるとともに目的であり，精神としての神に対してみずからが絶対的に関わっており，こうした精神をみずからのうちに住まわせていると規定されているからである。つまり，人間は，それ自体，最高に自由なものとして規定されている。」

講義：1817年，1820年，1822年，1825年，1827/28年，1829/30年。
テキスト：
a) 概説：GW 13, §§ 300–399; GW 19, §§ 377–481;

GW 20. §§ 377-482.

b) 講義録：V 13; Hegels Philosophie des subjektiven Geistes / Hegel's Philosophy of Subjective Spirit. Edited and translated with an introduction and explanatory notes by M. J. Petry. 3 Bde. Dordrecht / Boston ¹1978, ²1979; GW 25. 2. 551-917; GW 25. 3 所収予定。

精神哲学のための紙片：GW 13. 570-580.

主観的精神の哲学のための断片：本書373頁参照。

典拠：Friedrich August Carus: Nachgelassene Werke. Bde. 1-2: Psychologie. Leipzig 1808; Jakob Friedrich Fries: Neue Kritik der Vernunft. Heidelberg 1807; Gottlob Ernst Schulze: Enzyklopädie der philosophischen Wissenschaften zum Gebrauche für seine Vorlesungen. Göttingen 1814; Carl August Eschenmayer: Psychologie in drei Theilen als empirische, reine und angewandte. Zum Gebrauch seiner Zuhörer. Stuttgart / Tübingen ¹1817, ²1822; Henrik Steffens: Anthropologie. 2 Bde. Breslau 1822; Carl Gustav Carus: Vorlesungen über Psychologie, gehalten im Winter 1828/29 zu Dresden. Leipzig 1832; Friedrich Eduard Beneke: Lehrbuch der Psychologie als Naturwissenschaft. Berlin ¹1833.

参考文献：Kimmerle: Dokumente zu Hegels Jenaer Dozententätigkeit (1801-1807) (1967); Iring Fetscher: Hegels Lehre vom Menschen. Ein Kommentar zu den §§ 387-482 der Enzyklopädie der philosophischen Wissenschaften. Stuttgart 1970; Hermann Drüe: Psychologie aus dem Begriff. Hegels Persönlichkeitstheorie. Berlin / New York 1976; Lothar Eley (Hg.): Hegels Theorie des subjektiven Geistes in der »Enzyklopädie der philosophischen Wissenschaften im Grundrisse«. Stuttgart-Bad Cannstatt 1990; Rossella Bonito Oliva: La »magia dello spirito« e il »gioco del concetto«. Considerazioni sulla filosofia dello spirito soggetivo dell' Enciclopedia di Hegel. Milano 1995; Dirk Stederoth: Hegels Philosophie des subjektiven Geistes. Ein komparatorischer Kommentar. Berlin 2001.

9.4.2. 精神の概念

(1) これまでで唯一公刊されている1827/28年の講義の講義録から読み取ることのできる範囲で考えると，ヘーゲルは，——一般的に期待される緒論（V 13. 3-30）のあとで——「人間学」にコメントすることによりただちに講述を始めた。しかしながら，この最初の部分となる分野に対しては，『エンツュクロペディー』（1817年）の場合，独自の緒論（第1版 §§ 300-306）を前置きしていた。これらの節は，のちの二つの版では，「精神の概念」と「区分」という標題をつけて継承される（第2版・第3版 §§ 381-384）。そして，これらの節の前に四つの導入的な諸節（第2版・第3版 §§ 377-380）をさらに配列する。この導入的な諸節は，1827/28年の講義への緒論に主題のうえでは関係することを明らかに示している。とはいえ，『エンツュクロペディー』の三つの版すべてにある諸節は，講義では欠如しているものの導入の役割を果たすもので，まさにその諸節が，精神の概念に関して土台となる言明を含んでいるのである。しかし，この言明は，「主観的精神の哲学のための断片」や，よりいっそうの仕上げを見込むことによって，補完されなければならないものである。というのも，その言明は，たしかに重要な諸規定を解明しているが，「精神の概念」を現実的に解明しているわけでもないし，もちろん「予備概念」をほとんど解明していないからである。

(2) ヘーゲルは，精神の概念をさしあたり否定的なかたちで導入する。つまり，精神の概念が，自然の真理，自然の「絶対的な最初のもの」だとして，したがって自然であるという否定的なものにとって否定的なものだとして導入する。すなわち，概念の譲渡を廃棄するものとして，またそれゆえ「絶対的な否定態」として，精神の概念を導入するのである。しかし，このため，いったい「精神」とは本来なんであるのか，については，まだ肯定的に言われていない。すなわち，形式的に，精神は，「それだけで独立した存在に到達した理念であり […]，この理念の客観は，まさに同時に主観としてあって，概念である」とされる。知が補足的に付与されうるような実体的で「精神的な現実態」がなく，精神は，定在ではあるが，知や意志以外にいかなる現実態の形式も持たない定在なのである。自然も，思考により浸透されてつねに精神となにかしら区別されているものとして，直接的なものにとどまっていて，「概念」はこの直接的なものに向けられている。いわば，志向的なアクションの外的な対象である。精神においては，対象と概念が一つに帰している。「精神」は，概念把握するものであるとともに概念把握されたものである。精神は，「概念をみずからの定在とする」概念である（第3版 § 376）。ここに存立するのは，自然的な存在に対抗して原理的に区別された《精神の構造》である。「精神の認識」は，つねに

主観にも客観にも属するもの（genitivus subiectivus et objectivus）として読まれなければならない。認識するのも認識されるのも，精神なのである。

　それゆえ，精神的なものに向かっている精神は，自分のそばにいてそのことで自由である。そして，ヘーゲルは，このため，「精神の本質」を「自由」と規定して，「自分との同一性として，概念の絶対的な否定態」だとするのである。また，精神のこうした自由は，精神が自然に対抗して「絶対的に最初のもの」であり自然の真理であることによって媒介されているのだから，ヘーゲルは，思想がここで到達した段階を，新たな定義で，しかも「絶対的なものの最高の定義」で表現する。すなわち，「絶対的なものは，精神である」。まさに，これが，論理的なものと自然とに絶対的に先立つものとして証明され，そのことで真の現実態として証明されるものである。ヘーゲルは，「定義」に対してこれまで冷淡であったにもかかわらず，その定義が適合的なものであるとして，現実態の内部体制に関する十全な〈存在論的〉言明として際立たせているばかりではない。それに加えて，世界史の動因であるとともに目標としても際立たせているのである。「この定義を見出し，この定義の意味と内容を概念把握すること，このことが，あらゆる教養形成と哲学の絶対的な動向であったし，この点にこそあらゆる宗教と学問が駆り立てられてきた，と言うことができる。世界史は，もっぱらこのような駆り立てるものによってのみ概念把握されうる。」（第3版§§381-384）

　(3) 知るものと知られるものとの同一性の構造は，これに先立つ諸節において，概念把握された《精神の構造》としてヘーゲルが以前から示唆したり解明したりしたものであって，ここでは以前から知られた言葉や宗教的な「精神の表象」に対抗している。こうした同一性の構造は――適切かどうかはともかく――，「自己意識」に関して，フィヒテや初期シェリングの超越論的観念論ならびに初期シェリングの同一哲学から読み取られているものである。それはそうと，ヘーゲルの場合，このコンテキストに当てはまらない言葉がある。ヘーゲルの精神概念は，哲学史のより広い地平に置くこともできる。ヘーゲルは，ここで，ヌースの概念，すなわち《考えることを考える（Noesis Noeseos）》〔アリストテレス『形而上学』1074b35〕の概念を超越論的観念論のいう《知るものと知られるものの同一性》のモデルにしたがって解釈し，その概念を――プロティノスのエレメント（Enneade V, 3）を受け入れるかたちで――自己意識の近代的問題と結合するのである。

　このような主観-客観の同一性は，超越論的観念論にしてみれば，自己意識において――そしてただこの自己意識においてのみ――現実的である。知ることと知られることは，一つである。とはいえ，自己意識においては，知る自我と知られる自我という二つの相関項が実在的に違うのではなく，ただ概念的にのみ区別されうる。これに対して，ヘーゲルは，カントのように反省というそうした内部的な自己関係のモデルにしたがって「自己意識」を概念把握するのではない。また，自己意識は，そのように考えられるものでもない。それゆえ，自己意識の反省モデルから流出してくるように見える問題は，すべて，たんなるフィクションであって，事柄に適合しないばかりか，主題化もしそこねている。少なくとも，ヘーゲルやカントにかかわるものは，そうである。

　しかし，おそらく自己意識から読み取られた反省的なこうした構造を，まさにヘーゲルは，個別的な自己意識から引き離し，精神の概念に転用する。精神は，自分自身の他者のうちで自己を知ること（自己知）である。自己意識においてたんに想定されるだけの相関項は，ここ，精神においては，互いに区別される。自己意識の自己知と別であるのは，精神に密接に結びついている自己知が，実在的に違っているものの統一だということである。そして，相関というものが，自己意識の概念の中では必然的に空虚なものにとどまるのに対して，知る自己関係は，精神においては，実在的な精神がもつ過程の構造として考えられ，実在性に満ち溢れた《他者における自己知》として考えられる。

　(4) 精神がもつこうした自己関係的な構造は，知というものがつねに《或るものの知》であるという知の固有の体制ではまったく表明されることがない。したがって，そうしたたんなる〈志向性〉ではまったく表明されることがない。むしろ，そうした知の固有の体制に欠けているのは，反省性の契機である。「精神」が定在であり知であるとしても，《この知》の内容は，必然的に同時に《この定在》であるわけ

でない。知である定在は，他者をも自分として知りうる。知が自分自身との関係に立たない代物をも自分として知りうる。しかしながら，この反省性は，精神のあらゆる形態にとって根底にあるものである。この反省性は，「自己感情」あるいは「自己意識」といった基盤となる形式ですでに示されていた。（これは，あらゆる意識が反省性を含み込んでおり，或るものは，たんに「意識される」のではなく，むしろつねに「私に意識される」という意味でのことである。）他のものを知ることにとっても，反省的な構造は根底にあるものである。知というものが他のものに対するたんなる方向性であるなら，私は，他のものについてなにも知らないだろう。

(5) こうした自己関係性は，精神の個別的な形式を解明するなりゆきの中でますます明白に表立ってくる。主観的精神の諸形式，つまり理論的精神と実践的精神という形式ですでにそうである。しかしながら，精神の概念に特徴的な自己関係性の形態は，こうした内部的な反省性を超え出たところではじめて見出される。それは，意志による精神の客観化に至るものである。したがって，「精神から生み出されるべきでかつ生み出された世界としての実在性の形式――ここでは自由が現前する必然性としてある――，つまり客観的精神」に至るものである。というのも，〈客観化〉というのは，必然的に〈自己客観化〉であり，〈自己を世界として生み出すこと〉であるとともに，客観的に生成した「客観的精神」というこの世界での自己関係でもあるからである（本書469頁以下参照）。なお，ヘーゲルがこの世界と区別するのは，「絶対的精神」の世界である。この絶対的精神においては，一方で，精神の実在性は，精神が自分自身について知ることだと概念把握され，他方で，知の対象は，精神の概念に他ならない。このことにより，絶対的精神においては，「精神の客観性と精神の観念性もしくは概念とが統一して，それ自体でもそれだけで独立しても存在する永遠に自己産出的なこれらの統一であることに，精神が置かれている。つまり，「絶対的な真理のかたちをした精神」である（第3版§454）。

(6) 自己関係性と，自己生産，つまり客観的精神へと客観化するとともに，「絶対的精神」へも客観化することとは，精神概念を特徴づける二つのものである。ヘーゲルは，「精神の概念」（第3版§381）というタイトルのもとで，この二つの特徴づけに言及しなかったというよりは，ただ暗示的にしかそれに言及しなかったのである。そして，また第3のものも，注釈で次のようにただ漠然と触れているだけである。「世界史」は，ただ，駆り立てるものによってのみ概念把握され，絶対的なものの定義が精神として見出されうる，と。このことによって，「精神」と「歴史」とのあいだのつながりを暗示するのである。だが，精神哲学という導入的で同時に基礎的な部分では，このつながりを展開しない。これは，『エンツュクロペディー』であっても，講義であっても同様である。

精神と歴史は，もちろん，いわゆる相互関係にあるばかりではない。両者のつながりは，この相互関係によって緊密に結びつけられているのでもあるが。こういうのも，世界史の運動が精神としての絶対的なものの概念を見出すことにあるとすると，歴史というものは，そのような絶対的なものの自己認識の過程がもつ構成的な契機となるからである。しかしながら，このことがことほどそのようであるということは，歴史が一般に精神の特有な客観化形式であることに基づいている。これに対しては，たしかに次のように反論されるだろう。こうした客観化は，やはり，客観的精神と絶対的精神の領域を体系的に差異化するものとして第1に考えられなければならない，と。しかし，これらの領域が形成する諸形態もまた，歴史的に展開する。〔客観的精神である〕法や道徳，人倫が歴史的に展開するのと同じように〔絶対的精神である〕芸術や宗教，哲学も歴史的に展開する。ヘーゲルは，客観的精神の歴史を独自に主題化せずに，ただたんに「世界史」の由来を国家相互の関係に求めるにすぎない（本書506頁参照）。しかしながら，諸国家の過程としての「世界史」は，精神としての絶対的なものの概念を際立たせるがごとき「世界史」と同一視することができない。

ここで，ヘーゲルは，精神と歴史のつながりに触れているが，みずからの哲学を可能にし容易にする形式，すなわち，精神的なものはすべて歴史的なものとして考えられなければならない，とする形式で，精神と歴史のつながりを体系的に際立たせることを怠った。同時に歴史的なものでないような精神的な

ものはない。というのも，精神はもっぱら自由によって考えることができるので，歴史が精神の解明形式になるからである。同様に，逆もまた通用する。精神的な存在だけが歴史的な存在となる。というのも，なんらかの精神的なものだけが歴史を持ちうるからである。――その場合もちろん，歴史というのは時間的な変化という意味のものではなく，簡明的確な意味での歴史である。時間的な変化というものは，自然にとっても特徴的なものであるが，われわれは，こうしたものを――立派な根拠から――歴史と呼ばない。あらゆる歴史は，精神の歴史である。これは，ディルタイ以来われわれが精神史について語ることに慣れてきた不明確な意味での精神の歴史ではなく，簡明的確な意味での精神の歴史である。それゆえ，現実態の中にあるほかの非精神的な領域に歴史というものを認めることはない。あるいは，せいぜい現実態の中の他の非精神的領域が精神的な生活のうちに入り込み，精神的な生活の契機となる限りで，そこに歴史というものを認めるのである。

このことにより，やはりカント（「純粋理性の歴史」B880）以上に，しかしまたヘルダー以上に，ヘーゲルは，「歴史性」――これは見たところヘーゲルのもとで一度だけ見出される言葉である（本書510頁以下参照）――の発見者となっている。しかも，これは，精神の固有の解明形式としての歴史性である。しかしながら，ヘーゲルは，こうした発見もふたたび覆い隠してしまう。なぜなら，精神と歴史のつながりがどこでも体系的に露わにされず，その代わりにみずからの哲学の歴史的な部分でのみ両者のつながりを指摘するにすぎないからである。とはいえ，このつながりは，精神の概念そのものに係留せざるをえないものなのである。

参考文献：Adriaan Peperzak: Selbsterkenntnis des Absoluten. Grundlinien der Hegelschen Philosophie des Geistes. Stuttgart-Bad Cannstatt 1987. 17-37; Jaeschke: Die Geschichtlichkeit der Geschichte. In: Hegel-Jb 1995. Berlin 1996, 363-373.

9.4.3. 人間学

(1) 発展史的に見ると精神哲学の最後の部分だが，体系的に見るとその最初の部分となる人間学に，ヘーゲルは，講義において最大限のスペースを割いている。ふだんヘーゲルはかなり熟慮して素材を整理しているし，そのうえ本来的な精神論である「心理学」に体系上のアクセントがあるにもかかわらず，そうしているのである。それゆえ，『エンツュクロペディー』では，人間学はどこでもとても準備よく仕上げられている。

しかしながら，ヘーゲルの「人間学」で人間について語られることは，明確なところではほとんどなきに等しく，あってもきわめて局限したパースペクティヴでのことでしかない。ヘーゲルの人間学は，主要には「魂論」，――したがって言葉の意味では本来的に「心理学」である。『エンツュクロペディー』（1817年）の場合，この節のタイトルは，もちろんあけすけでぴったりと合ったものにもなっていて，「魂」とされている。これは，のちの二つの版では，サブタイトルになった。そして，この部分的な分野は，魂論としては，一方で，やはり特有な人間的なものの前に広がる領域を主題化しつつ，他方で，人間学の――「五感」論から人間の「生活世界」総体に至るまでの――一連のテーマを溶かし込んでいる。

(2) ヘーゲルの時代には，〈魂 Seele〉の概念は，人間学の自明な概念ではなかった。そればかりではなく，加えて，徹底して問題のある居場所のない概念であった。カントが行った「合理的心理学」への批判によって，〈魂〉は，実体的に存在するという意味では，市民権を奪われて形而上学から追放されていたのである。そこで，魂は，カントの『実用的観点における人間学』（1798年，AA VII）に入ることが許されなかった。古代から，それもキリスト教以来，「魂」は，非物質的なものとして，物質的な「身体」に対立するものであった。考えるもの（res cogitans）と延長しているもの（res extensa）というデカルトの二元論は，こうした伝統的な対立をいっそう深めて，「心（魂）と物体を実在的に区別する（realis mentis (animae) a corpore distinctio）」に至った。こうした前提があって，それにもかかわらず認められる身体と精神のあいだにある持続的なつながり，つまり「物体と心の交流（commercium corporis et mentis）」を概念的に把握することが，近代初頭の哲学にとっての重要問題となっ

たのである。魂と身体の実体的な差異を根拠に，両者が生理的に相互に影響しあうことを考えることができなかったので，それに反する両者の明らかなつながりを考えることができたのは，もっぱら神の思想にたち戻ることによってである。つまり，マールブランシュの「機会因論」の形式であるか，あるいはライプニッツの「予定調和」のかたちになるかであった。

こうした伝統は18世紀の終わりごろに衰えて，ヘーゲルの一元論的な存在論がはっきりとこの伝統に対立するようになった。ヘーゲルにとっても，魂は，たしかに非物質的なものであったが，実体二元論の意味でそうなのではなく，「自然がもつ普遍的な非物質性，自然の単純な観念的生命」（第3版§389）としてそうなのである。こうしたものとして，魂は，つねに「自然」と関係している。それゆえ，「人間学」は，精神と自然のあいだのつながりが考えられる——魂の概念のかたちをした——体系上の場であったし，まさに，以前の「合理的心理学」とは完全にかけ離れた形式で考えられた。魂という実体の単純性によってその不死を証明しようとする合理的心理学の苦労がカントによって論駁されたが，その苦労は，ヘーゲルにとって，もはや一度たりとも言及すべき価値すらないし，いわんや独自に論駁すべき価値すらない。ヘーゲルは，「自然的な魂」から「感ずる魂」（つまり「夢見る魂」，第2版§403）と「現実的な魂」とを区別する。しかし，この三つの形式すべてが自然に関係し続けている。自然への関係から完全には解放されることがないというのが，まさに魂の概念なのである。魂は，肉体であることが存在するところでのみ存在する。しかし，魂は，ヘーゲルにとって，肉体であることとのあいだで静止した調和のうちにあるわけでない。むしろ，総体的には，こうした肉体であることを意識の方向へと超越させていく運動なのである。

(3) 自然と魂のつながりを，ヘーゲルは，とくに第1の形式のもとで，つまり「自然的な魂」という狭い意味で与えられる形式のもとで見る。この形式では，精神はまだ「自然的な生命」を体験しているだけであって，自然的な生命は，「精神のうちでは部分的にまだ混濁した気分にしか至らない」。ヘーゲルは，一連の「自然規定態」を一覧表にまとめる。

気候，季節，昼夜の交替がそれである。しかし，「人間の宇宙的，星辰的，地上的生命」という当時普及していた言い方にヘーゲルが反対することは，きわめて明確である。動物はそうした共感の中で生きているし，人間が病的状態になったときも，自然規定態が一つの役割を演じるだろうが，全体として通用していることは，「人間のもとでは，同様のつながりが意味を失えば失うほど，人間はいっそう教養形成され，それゆえさらに人間のすべての状態が自由で精神的な基礎のうえに立てられる」ということである。ヘーゲルは，こうしたつながりのなかで，再びまた「人種の違い」に言及する。このことは，「主観的精神の哲学への断片」ですでにはっきりと表明されたものである（本書375頁以下参照）。——「自然規定態」のさらなる諸形式として，ヘーゲルは，気質や才能，性格，人相，性差，また，年齢といった変化や，覚醒と睡眠といった状態の交替（この場合，ヘーゲルは，覚醒と夢の区別に対して，「表象の客観性についてのカントの区別（表象がカテゴリーによって規定されることに関する区別）」）を引き合いに出している。そして，別の観点で，ヘーゲルは，明白に，ライプニッツ（『人間知性新論』，II, 13 f.）に同調している。「魂は，睡眠時にも活動しているか，と問われることがあった。精神，魂は，本質的に活動であり，物ではない。抽象的に自分を自分に関係づけて反省させられた静止して死んでいる存在ではない。それは，永遠の運動である。」

ここで論じられた最後のテーマ——「感覚 Empfindung」——によって，ヘーゲルはすでに「感じる魂 fühlende Seele」を先取りしている。というのも，「感覚と感じること Fühlen」ということでは，「この言葉を使用することによって，一貫した区別が提供されることがない」からである。せいぜいのところ，「感覚」は，よりいっそう，見出すことにおける受動的な側面に向かい，「感情は，同時に，よりいっそう，感覚の中にある自己性に向かう」として区別されるにすぎない。しかしながら，ヘーゲルは，ここで，シュライエルマッハーの神学に対する批判（本書370頁以下参照）や，《胸の神学》に対する批判の根拠となる見解ばかりを繰り返すわけではない。もちろん，あらゆることは，感覚のうち

に——つまり「心胸」のうちに——存在せざるをえない。なぜなら,感覚は,精神性の根源的な形式を示すものだからである。まさにそれゆえに,感覚は,「善や人倫的なもの,宗教的なものの基準として」役立ちえない。「少なくとも同時に悪く,劣悪で,神を恐れぬ,卑劣な,などなどの感覚や心胸があること以上にくだらない経験はありえない。」

しかしながら,ヘーゲルがここで要求するのも——彼にとってもかなり変則的なやり方によるもので——,たんなる生理学に対抗する,見たところは経験的な「独特の学問」,つまり「肉体化され特殊化がなされるさいの内的感覚のシステム」を探究する「心理的生理学」である。そして,ヘーゲルは,ことあるごとに,この学問によって概念把握されるべき「であろう」すべてのもの,といったかたちの未来指向的な接続法の叙法を用いて,将来性を見込んだその学問の内容を具体化する。最終的には,「涙というもの,また,一般的にいえば声,より詳細にいえば話し方や笑い,ため息というもの,そしてさらに,病状学的知見や人相学的知見に反するさらに多くのほかの部分的状態は,魂から形成されるが,これらの形成にかかわるもっともよく知られている連関についてこれまで以上に根本的な理解がなされなければならないであろう」(第3版 §§ 391 - 402)。

(4) 「自然的な魂」から「感ずる魂」への歩みは,「内面的な個体性」,つまり「それだけで独立した存在」の方向への歩みであり,最終的に,単純なものである「自我」に至る歩みであると,ヘーゲルは見ている。だが,こうした単純なものは,「規定を欠いた竪穴」のようなもので,このなかには,印象や表象の多様態が「現実存在しないでも保存されている」。もっとも,そうであればこそ,「相当長い時間,意識にもたらされなかったので長年忘れ去られていたといわれる表象や知識も,再び出現する」わけである。「感ずる魂」は,たしかに「直接的に規定されていて,したがって自然的で肉体的である。しかし,魂にとっては,そうした肉体的なものがもつ相互外在や感性的な多様態が実在のものとして通用しない。これは,概念にとってそれらがこのように通用しないのと同様である。したがって,それらは制限ともならないのである。魂は,現実存在する概念であり,思弁的なものの現実存在である」。このことによって,ヘーゲルは,「個体的な」魂としての「感ずる」魂に対して,いつもなら「自我」のために予約している規定をすでに背負わせている。そして,また,こうした魂とその内容との関わりを,ヘーゲルは,特有な差異があるにもかかわらず,自我とのアナロジーで規定するのである。魂が自分から区別するものは,「まだ意識の場合のような外的な客観ではなくて,むしろ魂が感覚する総体性の諸規定である」。

ヘーゲルは,「感ずる魂」を「受動的」と性格づけるが,それとともに,これを自分に反省した主観であるとまだ性格づけてはいない。それゆえ,この段階は,ヘーゲルにとって,当時大きな注目を喚起した現象であった「動物磁気」,つまり——その発見者がフランツ・アントーン・メスマー〔1734-1815,(独)医学者〕であることから——「メスメリズム」を解明する場であるが,しかしまた一般的に,夢遊病やこれに似たような現象を解明する場でもあった。講義においてヘーゲルが広い領域の詳述をするよう動機づけられたのは,決してたんに「時代精神」によるのではなく,むしろ,こうした領域がヘーゲルの「魂論」のテーマとまぎれもなく関係していたことによる。つまり,自然的なエレメントと精神的なエレメントが結合していたことによる。その当時報告されていた数多くの例は,それをたんに精神的な現象と意味づけるか,たんに物質的な現象と意味づけるかしかなく,学問体系にはぴったりと適合しないことで共通していた。その数多くの例が重要なのは,これがそうした厳密な区別を破ってしまうからであった。ヘーゲルの叙述からは,参照された事例を信頼するにたるとその当時見なしていたかどうか,あるいはそれがどの程度であるか,必ずしも察知できるものではない。「事実となるもの」は,実証にとって必要に見える。だが,こうした実証を要求する者たちはどのみちこの実証をアプリオリに拒むだろうし,「悟性カテゴリーにこだわらないこと」がこうした現象の理解にとってむしろ必要なことだとされる。だから,ヘーゲルは,こうした現象に一部分でかなり関わりあい,そのあとで普遍的な推論を引き出す。こうした現象は,「直接態」に属することだし,「感ずる生命がぼんやりしてい

ること」に属する。つまり，まったく人間の病歴に属することであって，自由な意識にまで展開した思考に属することではない。「夢遊状態の諸理念に関して啓示を期待することはばかげている。」このような判断は，ヘーゲルの詳述を通してさまざまなヴァリエーションで示される。「しかし，こうした状態を，精神が高まったものとして，それ自身で普遍的な認識を可能にするより真実な状態として見なすことは，悪趣味である。」そして，これに対して，ヘーゲル自身は，プラトンを証人として引き合いに出す。

動物磁気や夢遊病にとっての基礎は，自然的なものと精神的なものとの結合であるが，ヘーゲルにとって，これは，〈精神病〉にとっての一般的基礎を形成するものでもある。〈純粋な精神〉は，病気ではありえない。精神の自己感情という特殊態に固執することによってのみ，つまり精神の「部分的な肉体化」によってのみ，「理解力のある意識にまで教養形成された主観であっても，やはり病気になりうる」のである。「それゆえ，この病気は，肉体的なものと精神的なものとが不可分なもので，心理的なものの病気である。その端緒は，一方からでも他方からでもいずれかから出発するように見えることがあるし，その治癒についても同様である。」「自然的なものに対して慎重さや普遍的なものがもつ威力，つまり理論的な原則または道徳的な原則がもつ威力によって，自然的なものは，ふだんは屈服して隠れたまま保持されるのだが，こうした威力が弱まることで」この病気が発症する。これに対して，慎重な主観は，「そうした特殊態を支配する天才である」。かつて「自然的なもの（エス）個」であったものが，いまや「自我」となっている，と，先取りして言うことができるかもしれない。自然的なもの，肉体的なものは，漸進的に克服されなければならない。これは，なにも病気の領域だけのことではなく，習慣や技能といった形式であってもそうである。魂が内面的にみずからを規定し，みずからに目的を定立するとき，「肉体であることは，直接的で外面的な存在として，また制限として規定されている」。こうした目的を定立するさいに，「一般に物質的なものがもつ——そして特定の肉体であることがもつ——それ自体で存在する観念性が観念性として定立される」（第3版§§403-410）。

(5) 精神が自然態から解放される以上のような過程の中で，肉体であることは，最終的に貶められて「述語では主語がみずからをみずからにのみ関係させる，そういう述語としての意味をもった外面態」となる。そして，このようになった形態を，ヘーゲルは，「現実的な魂」と名づける。ここでは，「肉体であること」が決して端的に「反精神的なもの」，退けられるべきものとして評価されるわけではない。肉体であることは外的なものであり，この外的なものは，内的なものとの同一性となっているが，しかし，内的なものに屈服しているものである。そして，「屈服している」という言葉も，誤った挑発的な連想を呼びさます。ヘーゲルがみずからの思想をよりよく表現するのは，「全体に注ぎかけられた精神的な音調」について語り，「このような音調は，身体がより高次の自然にそなわる外面態であると直接的に表明する」とすることによる。直立歩行をし，手を「絶対的な道具」にする教養形成をするさいにも，また，笑ったり泣いたりするさいにも，こうした表明がなされる。精神的なものは，ヘーゲルにとって，肉体であることと抽象的に並び立つものではなく，むしろ，精神的なものが肉体であることに浸透するのである。フォイエルバッハがのちにヘーゲルに反対して掲げた要求，すなわち，人間の感性態は，たんに非精神的なもの，いや動物的なものとしてばかり考えるのではなく，むしろ特有に人間的な感性態として考えよ，とする要求を，ヘーゲルはここで先取りしながら満たしている。もっとも，人間が肉体であることは，精神によって変容しているにもかかわらず，やはり偶然性にとりつかれたままである。そして，このことによって，人間が肉体であることは「精神の最初の現象」にすぎず，「話し方がそのまま精神のより完全な表現になる」のである。ここから，ヘーゲルは，再び，当時のいくつかの流行現象に目配りして，次のような壊滅的な結論を引き出している。「頭蓋観察を完全に学問に高めようとする人相学は，もっとも空虚な発想の一つであり，植物の治療力はその形態から認識されるはずだとする《物の記号（signatura rerum[1]）》よりもさらに空虚な発想のものであった。」（第3版§§411以下）

1) Jacob Böhme, *De signatura rerum, Das ist: Von der Geburt und Bezeichnung aller Wesen* (1622), Amsterdam 1682.

参考文献：Murray Greene: Hegel and the Soul. A Speculative Anthropology. The Hague 1972; Dieter Sturma: Hegels Theorie des Unbewußten. Zum Zusammenhang von Naturphilosophie und Philosophischer Psychologie. HJb 1990, 81-99; Michael Wolff: Das Körper-Seele-Problem. Kommentar zu Hegel, Enzyklopädie (1830), § 389. Frankfurt am Main 1992.

9.4.4. 精神の現象学

(1) ヘーゲルは，精神哲学の中間にある章の「精神の現象学」，つまり「意識」（第1版§329）を概略的に講述している。この概略は，ヘーゲルがニュルンベルクの「精神論」でみずからの『現象学』の入り口部分を改造したものだが（本書279頁以下参照），それよりもいっそう推敲されたかたちのものになっている。ヘーゲルは，意識を精神の「相関関係」または「現象」として紹介する（そのことによって，この章のタイトルが正当化されるのである）。この「相関関係」の二つの側面は，さしあたりまさしく区別されている。このさい，一方の極は，「自我，意識の主観」である。

ヘーゲルは，この「自我」を，「自己意識」とは区別されたもの，「われわれの自己意識の単純な根底」としているが（V 13. 139），純粋な「自分自身の確信」だと性格づけている。しかし，こうした反省的な概念のあり方をしているにもかかわらず，ヘーゲルは，この自我の由来を内部的な自己関係から解明しようと試みない。「精神がみずからに無限に関係すること」は，自己意識の反省モデルにしたがって考えられてはならないのである。ヘーゲルにとって，自我は，たしかに，「それだけで存在する反省」であり，あるいは「純粋で観念的な同一性」であるが，これらは，論理的な諸規定である。そこで，ヘーゲルは，こうした自己確信がいかにして成立するか，という問題をまったく立てない。また，同様に，いかにして魂に自己感情が生まれるのか，という問いも立てない。ヘーゲルは，この問題や問いが自己相関関係の形式だと性格づけ，こうした自己相関関係の由来を記述する試みに着手しないのである。その代わりに，ヘーゲルは，自我を魂から取り外してしまう。自我は，形式的な同一性であるが，多様に規定された内容を，つまり「魂の自然生活」を自分から分離し，これが「自立的な客観だとして」これに対立し，またこれに関係する。自我は，この客観において，自分に反省するのであって，客観の相関関係の前にある内部構造のなかで自分に反省するのではない。そして，自我は，みずからの客観とのこうした関係では，たんに，はじめに現れたように意識の相関関係の一極としてあるのではなく，「相関関係の一つの側面でありながら相関関係全体でもある，つまり，みずからを顕現しながら他のものも顕現する光」である。ヘーゲルは，スピノザが光と真理の並行関係を，「光は，みずからと他のものを顕現する（lux seipsam, & tenebras manifestat）」（Ethica, II, 43）としたのを使って，そう言うのである。

ヘーゲルは，1827/28年の講義において（V 13. 138-148），とても詳細を極めて自我の概念に立ち入っている。そして，自我が実在哲学の一つの形態であるにもかかわらず，自我の無比の性格を描き出すために続けざまに論理的な諸規定を用いる。自我は，おのおのが「わたし（自我）」と言うときみずからを同一視するものとして，個別的なものである。しかし，そのことによって，自我は，同時に普遍的なものである。自我は，「まったく純粋で空虚で完全に単純な『自分自身と同じもの』」であり，まったく規定を欠いたものである」。つまり，「無限な個別態のかたちをした普遍的なもの」であり，普遍態と個別態との同一性である。自我は，すべての他のものを排除することによって，「否定の否定」であり，つまり「絶対的な否定態」である。自我は，抽象的な有限態であるが，同時に無限でもあり，したがって「無限な有限態」である。そして，自我は，自分を自分に関係づける普遍態としては，「現実存在する概念であり，そうでなければ概念は現実存在しない。概念は，自我であることにより，自由な概念として現実存在する」（本書320頁以下参照）。したがって，自我は，実在哲学でいう〈実在 Entität〉の特殊例なのである。〈実在〉は，そのまま「ens」のことではなく，規定された内容すべての純粋な否

定態であり否定なのであるから，総括的に論理的に規定されうるものである（第3版§§413-417）。

自我は，「抽象することとして現象する否定的な振る舞いによってのみ，みずからと統一し，これを通じてすべての規定を自分に解消して含んでいる統一」（GW 12.17）である。自我のこうした概念に決定的なことは，二つある。自我は，他のものによって規定されていることを否定することによって「のみ」統一であるということ，そして，否定に先行する内部的な自己関係によって統一なのではないということである。また，こうした否定態は，自我の意識的なはたらきとして捉えられたり，自由な行為として捉えられたりしてはならない。このように見てしまうと，自我が，いやむしろ一般に意識があらかじめ前提とされてしまうだろう。抽象の運動を部分的に意識し跡づけることもできるのは，疑いない。しかし，自我にとって構成的な否定態は，論理学の手段によってのみ記述可能な必然的な活動であって，ほとんどが自我の背後で働いている。

（2）ヘーゲルは，『現象学』に依拠して，意識と自己意識を通じて理性に至る精神の道を，自我の自己確信が真理に「高まること」として記述している。すなわち，自己意識の諸規定が対象自身の諸規定として認識される段階にまで「高まること」として記述している。ヘーゲルは，いくつかのアスペクトでは『現象学』と距離を置いているにもかかわらず，「意識」（感性的な意識，知覚，悟性）と「自己意識」（欲望，承認，普遍的な自己意識）の内部での個々の歩みも『現象学』からもってきている。「確信」についての話題を自我の自己確信のために予約しておくことによって，「感性的な確信」の代わりに「感性的な意識」についていまや話さなくてはならなくなった。そして，ヘーゲルによれば，「ここ」と「いま」は，感性的な意識の対象ではなくて，「本来は直観に」密接に結びつくとされる。しかし，ヘーゲルは，なによりも，『現象学』が持つ導入機能に基づくなら『現象学』の始めのところでは可能とならないようなものを強調して際立たせた。すなわち，相関関係である意識は，「抽象的な自我に，つまり形式的な思考に密接に結びつくカテゴリーしか含まない。そのカテゴリーが，自我にとって客観の規定である」。感性的な意識は，「したがって，客観について存在するもの，或るもの，現実存在する物，個別的なものとしてしか」知らないとされる。

引き続く「意識」と「自己意識」の叙述は通り一遍のもので，『現象学』に対応する章をかなり圧縮した形式のものである。しかし，こうした圧縮した形式は，講義においては再び拡張される（V 13.149-178）。ヘーゲルは，このさい，第418節では概略にとどまった思想を広範に詳論している。「感性的な意識」の根底には，感覚の豊かさと「規定態の貧しさ」のコントラストがある。自我は，魂に密接に結びつくこのような豊かさと，それとともにみずからの直接的な自然態を自分から排除してこれらに関係し，これらを論理的で「客観的な諸規定」によって概念的に把握される客観とみなす。しかしながら，普通の意識は，対象にしか関係せず，意識関係の総体には関係しない。それゆえ，普通の意識は，次のことを知らない。すなわち，「対象は，みずからが持っている諸規定をヌーメノンとして持っているが，これを持っているのは，自我によってでしかなく，自我との関係でしかない」ということを知らない。普通の意識は，「自我が規定するものであることを知らない」。

さらに確信から真理へと進展することの実質は，自我がもつそれ自体で認識構成的な機能をそのように知ることが意識に対しても生じる点にある。しかし，このことは，対象構成がなにか恣意的なものであるという趣旨ではない。そのように理解（誤解）された観念論は，「当然ながら愚かというものだ。諸物は，われわれが見出すとおりの姿に，おのずからなっているのであって，われわれはこの点で自由ではない」。しかし，対象は，「感覚規定態」の側面と並んで「カテゴリーの側面」も持っている。「この側面にしたがえば，対象は，ヌーメノンである。すなわち，思考規定の体系である。」「知覚」の場合，こうしたことは，「感性的な意識」の場合よりも明瞭に示される。知覚は，対象を「たんに直接的な対象としてではなく，むしろ，媒介されて自分のうちに反省させられた普遍的な対象」として受け取る。しかしながら，この普遍的な対象は，感性的なものと精神的なものとのあいだの矛盾から探し出すのではない。そして，対象を普遍的な対象として受け取ることは，経験科学の場合でも，また「悟性」の場

合でも，再び明瞭に示される。経験科学は，知覚のたんなる集合物を形成するわけではない。悟性は，「現象」を，カテゴリーによって規定された普遍的で「内的なもの」から分離し，そして意識に対してそうした普遍的で「内的なもの」の対象性を廃棄する。それゆえ，意識は，この「対象」のうちで自分自身を知り，自己意識となる（第3版§§418-425）。

(3) ヘーゲルにとって，「自己意識」は，意識の根拠である。「それゆえ，他の対象を意識することのすべては，現実存在の点では，自己意識である。」これに対して，自己意識がたんに「自我＝自我，すなわち抽象的な自由，純粋な観念性」として捉えられるなら，「そうした自己意識は実在性を欠いたものである。というのも，そうした自己意識自身は，みずからの対象であるが，自己意識と対象の区別が現前しないので，そうした自己意識自身は，対象というものではないからである」。そして，そもそも，いかなる対象的関係も許さないこうした無区別性のゆえに，自己意識の循環はありえない。

それゆえ，ヘーゲルは，「自己意識」という見出しのもとでも，ここで〈自我意識〉を内部的に構成する問題について扱わない。むしろ，自分の中で区別を欠いた自己意識が外的な区別の中に入り込み，この外的な区別をくぐりぬける中で自己意識が実在化する過程について扱うのである。つまり，欲望と承認の中で自己意識が実在化する過程について扱うのである。ここで話題になっている「合体 Zusammenschluß」は，主観的な自我と客観的な自我との合体ではなく，自我と外的な現実態との合体であり，外的な対象を消費することによってであれ，他の自己意識とのあいだでの承認をめぐる闘争によってであれ，自我が外的な現実態で満足することである。そして，この合体は，「普遍的な自己意識」において最終的に解消する。普遍的な自己意識では，二つの自己意識が「絶対的な自立性」を持つが，それらの普遍性の点で区別されず，むしろ他のもののうちでみずからが自由であると知るのである。自我は自我を対象とするが，内部的な自己関係の形式でそうするのではない。むしろ，「こうした自我は，定在するものであり，他のものであり，それ自身人格である。こうした自我は，普遍的なものであるのと同じくらい，排除するものであり，否定的なもの

であり，自分を自分に関係づけるものであり，人格的なものである」(V 13.167)。ヘーゲルによる自己意識の概念は，たしかに，主観性哲学の立場に囚われているものとしてしばしば批判される。とはいえ，自己意識の概念は，どのようなアプローチをしても，まさにヘーゲルのアプローチほどには，首尾一貫したかたちで間主観的に構想されていないというのもたしかである。ヘーゲルのアプローチは，〈自己意識〉という言葉の日常的な意味を失うほどに間主観的なのである（第3版§§424-437）。

(4) このような過程は，超越論的な哲学の分析によって解明されるべき主観性の内部的な構成ではない。そうした過程は，『精神現象学』の総体が包括する広義の「自己意識の歴史」に比べるならば，ヘーゲルにとって狭義における「自己意識の歴史」を形成するものである。この歴史の帰結である自己意識の普遍性と客観性のことを，ヘーゲルは，かなり頻繁に出会う「理性」という言葉で呼びならわす。

もっとも，こうした理性概念は，二つのアスペクトを包括する。この二つのアスペクトの干渉については，ヘーゲルはさほど十分に浮き彫りにしなかった。ヘーゲルは，意識されたもの自身が自己意識になる「普遍的な自己意識」という概念を超えたところで理性概念を取り入れる。「概念」と「実在性」は二つとも自己意識であるから，実際に両者のあいだにあるのは，「区別ではない区別」である。ヘーゲルは，同時に，「一般に概念と実在性との対立」がいまや克服されて，このように克服された「対立は，ここでは，それだけで独立して現実存在する概念のより詳細な形式，すなわち，意識の形式と，意識に対抗して外面的に現前する客観の形式を持った」(§437)。しかしながら，このように外面的に現前する「客観」は，他の自己意識とは別のものである。だが，結局，第2のアスペクトが理性概念において前面に出てくる。「みずからの諸規定が対象的に物の本質の諸規定であるのと同じくらい自分独自の思想であるといった確信がある自己意識は，理性である。」ここで，自己意識は，自己意識に関係するのではなく，自己意識にとって外的なものである「世界」に関係することが指摘されている。そして，ヘーゲルは，講義においても，この後者のアスペクトを強調している。「世界のうちに精神の内

容を見出し，疎遠なものに向き合っているのでも，精神にとって入り込めないものに向き合っているのでもない，という確信は，精神の理性性がもつものである。精神は，世界に向かって次のように言う。『君は私の理性から出た理性である』と。」精神は，「この世界が理性的である」という確信を持ち，「精神は，世界のうちに，みずからの思考規定，すなわちみずからの思考のシステムを見出す」（V 13. 177 f.）。とはいえ，こうした確信は，もちろん『現象学』の進行全体によって保証されるのであって，ここの『エンツュクロペディー』の「現象学」でざっと眺める自己意識の過程によってはまったく保証されない。「欲望」によっても「承認をめぐる闘争」によってもこれは保証されない（第3版§§ 438以下）。

参考文献：Dieter Henrich: Selbstbewußtsein. Kritische Einleitung in eine Theorie. In: Rüdiger Bubner u.a. (Hg.): Hermeneutik und Dialektik. Aufsätze I. Tübingen 257-284; Konrad Cramer: »Erlebnis«. Thesen zu Hegels Theorie des Selbstbewußtseins mit Rücksicht auf die Aporien eines Grundbegriffs nachhegelscher Philosophie. HSB 11 (1974), 537-603; Edith Düsing: Intersubjektivität und Selbstbewußtsein. Behavioristische, phänomenologische und idealistische Begründungstheorien bei Mead, Schütz, Fichte und Hegel. Köln 1986, 328-351; Konrad Cramer u.a. (Hg.): Theorie der Subjektivität. Frankfurt am Main 1987; Christof Schalhorn: Hegels enzyklopädischer Begriff von Selbstbewußtsein. HSB 43 (2000).

9.4.5. 心理学

(1) 「人間学」と「現象学」も「主観的精神の哲学」に属するとはいうものの，いくぶん不幸にも「心理学」と名づけてしまった本来的には精神論が始まったところで，ヘーゲルはようやく次の概念に到達する。すなわち，最初の体系草案（1801/02年，本書210頁参照）以来，ヘーゲル哲学が最高潮に達する概念，すなわち精神の概念である。実際のところ，ここではじめて，またここから先，主題となる諸概念は，もっぱら「精神」に密接に結びつくのである。魂が，それに先んじてある自然態に結びついていること，意識が，自我に対立する外面態に結びついていること，こうしたことが消えてなくなる。いまや，もはや「対象」を知ることは問題でなくなり，精神をそれ自身で知ることが問題となる。「したがって，精神は，自分独自の存在について話題にしはじめ，自分独自の諸規定にだけ関わる。」精神にはこうした自己関係があるために，ヘーゲルは，「精神の概念として規定されるものと，その概念の実在性として規定されるものが無関心である」と説明する。それは，「客観的な理性」であろうと「知」であろうとかまわない。だが，こうした自己関係にもかかわらず，ヘーゲルは，ここではさしあたりまだ「精神」を有限なものと見ている。すなわち，「知は，みずからの理性のそれ自体の存在とそれだけで独立した存在を把握していない」限り，「あるいは同じことだが，この理性が知において完全な顕現にもたらされていない」限りは，そうである。

ここで引用した言い回しは，それを理解するために特殊な秘伝の伝授が前提とされるかのような印象を呼び覚ますかもしれない。しかし，もちろん「精神」がいかに神話的に偉大かといったなにか秘密に満ちたことが問題なのではない。むしろ，まさに，人間自身の精神性が問題なのである（本書449頁以下参照）。ヘーゲルは，ここではたんに，精神哲学は，論理と自然というその前提となる領域に対して差異をもつことにアクセントを置いているだけである。論理と自然の領域では，（認識する）精神がそのつど精神以外のものに目を向けていた。これに対して，ヘーゲル哲学のこれ以降の部分では，理論的精神や実践的精神，自由な精神，そして最終的には客観的精神や絶対的精神といったように，精神は，もはや自分自身への関わりの中にしかない。今後の進行でさらに主題化されるすべての形態は，精神自身の形態であり，精神にとって疎遠なものではない。このことは，社会生活における意志の客観化に対して当てはまるし，ヘーゲルが精神の自己知の形式として理解している芸術や宗教，哲学に対しても同様に当てはまる。これらは，主観的精神に由来するから，精神は，これらの中で，なにか精神にとって疎遠なものに関わるのではなく，自分自身に関わるのである。これらを知ることは，精神の「現実存在」であるとともに，この知について承知した対象でもある。この対象は，まさにそれゆえに，もはや厳密な意味での「対象」ではないのである。

ヘーゲルは，ここで，精神の諸形式の説明を「進歩」すなわち「展開」と呼んでいる。たしかに，ヘーゲルは，「みずからの知を客観的に充実させ，そのことによってみずからの知の自由を同時に生み出す精神の目標」について話している。しかしながら，こうした言い回しについては，ヘーゲルがあたかもここで——先にも求めたように（本書451頁以下参照）——歴史が精神の説明形式であると示唆しようとしているかのように理解すべきではない。感性態が肯定的な出発点として根底にあり続ける「不可避的に自然な出現」によって「いわゆる精神の諸能力」の発生を説明すべきとする想定があるが，ヘーゲルは，ただこの想定に対立する立場を明確にしているだけである。ヘーゲルは，こうした「いわゆる諸能力」なるものを，いずれにしても自然的なものとしては理解せず，むしろ精神的なものとして理解し，さらに加えて精神の「解放」の段階の系列として理解する。こうした諸能力は，精神の「産物」である。そして，これは二重の観点でそうである。すなわち，こうした諸能力は，恣意的な産物ではなく，むしろ，「その内容がそれ自体で存在するものであるとともに，自由によって自分の内容となっているといった」産物である。精神の内容は，それ自体で存在するなにかであるとともに，精神から生み出されることによって精神の自由の産物である，という思想を通じて，ヘーゲルは，理論的精神と実践的精神の区別を手に入れる。内容のそれ自体の存在の側面からすると，内容は，理論的精神の対象である。内容が産物である側面からすると，内容は，実践的精神の自由に由来するものである。ヘーゲルは，『エンツュクロペディー』第3版で，このような区別のうちにある「二重化した一面性」を，第3の形態として「自由な精神」を挿入することによって廃棄しようとする（第3版§§440-444）。

　(2)　ヘーゲルは，「解放」と「高揚」を，より詳細に理論的精神と実践的精神の差異化のパースペクティヴで捉えようとする。しかし，このため同時に，この二つの精神は，ばらばらになることなく一緒に作用する。「知性は，みずからが規定されていることを見出す。このことは，知性の仮象であり，知性は，その直接態においてこの仮象から出発する。しかし，知性は，知としては，見出されたものを自分独自のものと定立することである。」実践的な契機は，事後になってはじめて理論的な知に付け加わるわけではない。むしろ，この契機は，知そのもののうちで作用している。この双方は，概念的には区別されるが，相互に孤立したものとして定立されてはならない。それゆえ，〈理論〉と〈実践〉の分離というのも，「ヘーゲルより後の抽象」なのである（Bubner, 1971）。ここでなされているのは，たしかに概念的には区別すべきものだが実在的には分離してはならないものを孤立させないように，という警告である。ヘーゲルは，理論的精神にそなわるいわゆる「力」または「能力」の孤立化に対しても同様にそうした警告を発している。ヘーゲルは，これらを，認識の「諸契機」として理解するが，認識の自立的な諸形式としては理解しないのである。自立的な諸形式であるなら，これらがともに作用することをとくに説明しなくてはならないだろう。たしかに，これらは，生活の中で互いに——直観，想起，空想などと——孤立化させられるが，こうした孤立化は，ヘーゲルにとって，恣意や無教養から惹き起こされた認識しそこないのしるしなのである。

　ヘーゲルは，「直観」や「表象」，「思考」という主要な見出しのもとで，認識の多様な契機をシステム化している。このさい，ヘーゲルは，たとえば「直観」に「感情」も組み込んでいる。（そして，そのさい，ヘーゲルが感情についておこなうステレオタイプでありながらアンビヴァレントな評価が繰り返される。）「表象」のもとでは，「想起」や「想像力」，「記憶」も取り扱われる。そして，これらは，さらに細別されて下位区分され，それぞれが精神による「解放」という指導原理のもとにある。したがって，たとえば「想起」は，知性がもつ「自然的な堅穴」のうちにある像を「ヴァーチャルな可能態で」保存しているが，「再生産的想像力」以上の直接態を，またさらに「空想」以上の直接態をも含んでいる。想起においてはじめて，「知性は，規定されていない堅穴としてとか，普遍的なものとしてとかではなくて，個別態として，つまり具体的な主観性としてある」。空想によって生産された像が主観的に直観的なものであるにすぎないのに対し，想起は，「記号」のかたちで「本来的な直観性をつけ」加えるとされる。たしかに，こうした直観性は，

「シンボル」にも付随するが, 「記号」は, シンボルに対立して, 解放のさらにまた一つ先の段階にあるとされる。これに対して, 記号そのものでは, 「直観の独自の内容と, その直観を記号とする内容は, 互いになんら関わらない」とされる。そして, その限り, 知性は, 記号のもとで, 「直観を使用するときに, シンボル化すること以上の自由な恣意と支配」があることを証明するとされる（第3版 §§ 446–458）。

ヘーゲルがここの「記号」で見ているのは, 「言語」を取り扱うための体系上の場所なのだが, この「言語」は, 「本来の趣旨では理論的な知性の行い」であり, 想起や空想などに対抗する知性の「外面的な外化表現」である（GW 18. 195）。しかし, ヘーゲルが制限するように哲学的な学問でのこの場では, 言語は, 「その固有の規定態にしたがって, 知性の表象を外面的なエレメントで顕現する知性の産物としてのみ考慮に値する」。ヘーゲルは, 「エレメントとなる材料」や「辞書的なもの」, また文法といった「形式的なもの」にもほとんど注意を向けない。このさい, ヘーゲルは, 『エンツュクロペディー』（1830年）そのほかで, ヤコブ・グリムの『ドイツ語文法』やヴィルヘルム・フォン・フンボルトの近刊である学術書『双数について』に関説している。18世紀後半の言語哲学に対比してとくに目立つことは, 言語の神的または自然的な起源に関する当時の相当激しい論争にヘーゲルが一切言及していないことである。ヘーゲルは, 言語へのコメントを最小限にとどめている。それは, 言語が20世紀の哲学で到達した意味の光に照らせば, 記号システムとしての言語の機能を簡潔にスケッチしたにすぎない。言語は, 「感覚や直観, 表象に, その直接的な定在よりも高い第2の定在を与える。すなわち, 表象の国において通用する現実存在を一般に与える」。

ヘーゲルが「根源的なものとしての音声言語」と並んで書き言葉も「ただ過ぎ去るものとしてのみ」言及しようとしているにもかかわらず, ヘーゲルの叙述の本来のアクセントは, 書き言葉にある。そして, とくに, 表音文字がまさっているのか象形文字がまさっているのかをめぐってなされた当時のライプニッツ以来の論争にある。ヘーゲルが, 象形文字という術語で関説しているのは, ほとんどが漢字であって, エジプトの文字ではない（当時は通常とりわけ双方を「停滞した」文化と見なしていた）。当時トーマス・ヤングによって始まった〔エジプトの〕象形文字の解読について講義で報告しているにもかかわらず, そうなのである（V 13. 213）。この解読は, 「ロゼッタ・ストーン」（1799年）の発見という幸運によって可能になった。ジャン・フランソワ・シャンポリオンは, ヤングの1822年と1824年の論文をさらに展開したが, ヘーゲルは, こうした経緯の伝承関係があるためか, シャンポリオンのことに言及していない。

ヘーゲルは, 表音文字よりも象形文字のほうが利点があることについてライプニッツが熟慮したことに反対して, 象形文字が「一般に言語の根本欲求となる名前というものに矛盾する」点に, 「この書き言葉の価値を決める根本規定」を見る。「表象の内容は, 象形文字という直接的な表象にとっては, いかに豊かに捉えられていようとも, 精神にとっては, 名前の点で単純であって, 同様に単純で直接的な記号を持つだけである。この記号は, 存在としてはそれだけで独立してなんの思考も与えず, 単純な表象をそのものとして意味し感性的に表象するという規定しか持たない。」名前は, 「それだけで独立すると, 意味を欠いた外面態であり, この外面態は, 記号としてはじめて意味を持つ」。そして, 言語にとって名前の不可欠な機能は, まさにこの点に基づく。「われわれが考えるということは, 名前のうちにある。」（第3版 §§ 458以下, §462）

しかしながら, 名前にはこのように独自の意味が欠けているから, 名前はその外にある意味を指示して「事柄」となるのに対し, ヘーゲルは, 記憶を「思想という活動態への移行」として見る。「思想は, もはや意味を持たない。すなわち, 主観的なものは, もはや思想の客観態との差異があるものではない。」同時代の人々が記憶を低く評価するのに対抗して, ヘーゲルは, 記憶がもつ意味というものに固執する。「精神に関する学説のうちこれまでまったく考慮されることがなく実際にもっとも困難な点は, 知性をシステム化するさいに, 記憶がもつ地位と意味を捉え, 記憶と思考との有機的なつながりを概念的に把握することである。」ヘーゲルが記憶に付与するこのような意味があるために, ヘーゲルは,

「しばらく前に［すなわち18世紀終わりに］蒸し返されて正当にもまた忘れ去られた古くからの記憶術」を鋭く批判する。なぜなら，この記憶術は，記憶を機械論に貶め，記憶を——それは一面的であるとしても——「思考の現実存在の契機として」概念把握しないからである（第3版§§461-464)。

　ヘーゲルは，講義（V 13.223-237）の場合と異なり『エンツュクロペディー』では，狭い意味での「思考」にほんの少しのパラグラフしか割いていない（第3版§§465-468)。とはいえ，「理論的精神」が思考で完結し，その思弁的な性格がここではじめて簡明的確に把握される。このことに対しては，『エンツュクロペディー』の第1版と第2版が，第3版と比べて，言葉のうえではよりうまい定式化を提供している。この定式化の構造は，『法哲学要綱』（本書363頁参照）への序文にある「二重命題」をあらかじめ示している。すなわち，「考えられているものは存在する。そして存在するものは，思想である限りでのみ存在する」（第2版§465，第1版§384)。講義筆記録で定式化されているものは，より簡明的確というわけではないが，たしかにいくぶん近づきやすいものである。「私が考えるものは，事柄である。そして，私は，事柄を（熟考して）思考によってはじめてその[1]真理のかたちで持つ。私が一般に対象性を思考した限りで，それが事柄である。——すべてのものは，思考の中ではじめて客観性を持ち，このようにして思考は客観的なものとなる。」（V 13.224）ここで思い浮かぶことは，〈客観性〉についての超越論的哲学の概念に近接していることである。〈客観性〉は，主観に対立するものではなく，むしろ一等最初に，主観によって構成されたものである。ここで「思想」は，明らかに，広い意味での思考の恣意的な所産ではない。肯定的な意味での「思想」は，思いつきではなく，「真に普遍的なもの」である。「真に普遍的なものは，自分自身がみずからの他者である存在をカバーする優越的な統一である。」言い換えれば，「主観的なものと客観的なものとの単純な同一性である」。このことにより，ヘーゲルは，「概念の主観性と概念の客観性や普遍性との単純な同一性」という理性概念の規定をここで引っ張り出している（第3版§§438以下)。そこで，こうした同一性は，思考自身に対して生成している。いまや「思想」が思考の独自の対象なのである。

1)　イェシュケは，「その」が seiner である点に感嘆符で注意を促している。意味を一貫させるには，ここは ihrer でなければならない。

　とはいえ，ヘーゲルは，こうした「思考する認識」について，それがさしあたりまだ形式的であるとも言う。なぜなら，思考に内面化した表象が依然として所与の内容であり，形式的な悟性である思考は，その内容を「類，種，法則，力などへと，一般にカテゴリーへと加工する」からである。ここには，「素材がこうした思考規定のかたちではじめてみずからの存在の真理をもつ，という意味」がある。そこで，思考の運動の実質は，直接態や所与性といったこうした残余を廃棄することにある。思考は，悟性としては，個別的なものをその普遍態というカテゴリーから説明する。思考は，否定態，分割，判断としては，個別的なものが「普遍的なもの（類，種）だと」説明し，所与としての内容は，この普遍的なものの中で現象する。そして，思考は，「形式的な理性である推論する悟性」としては，内容を自分から規定し，そのことにより自分と所与のものとのあいだにある形式の差異を廃棄する。

　このようにして，知性は，最後の直接態を抹消する。知性は，この直接態をわがものにし，「完結した占有になった点でいまや直接態を所有している」。これにより，ヘーゲルは，すでに言葉のうえでは，実践的なものの領域にあらかじめ手を伸ばしている。ここからその領域へは，ほんの小さな歩みを進めるだけでよい。というのも，知性に対立していると勘違いされた直接態というものを抹消してしまった知性は，自由であり，知性は，内容を規定するものとして自分を知ることによって，意志である。

（3）思考の概念から意志の概念へと，すなわち「理論的精神」の概念から一般に「実践的精神」の概念へとヘーゲルが移行する状況は，すでに，これらの概念のあいだに必須の差異化があるにもかかわらずヘーゲルが緊密なつながりを見ていることを暗示している。認識の契機を欠いたたんなる意志は，ヘーゲルにとっては端的に考えられないものである

が，しかし，実践的な契機，つまり「利害関心」が内在しないようなたんなる認識も，同様なのである。しかも，認識を導く機能は，こうした利害関心に帰属しうるのである。そして，ヘーゲルは，意志を「思考する意志」としてつねに考えるように，つねに意志を「自由な意志」としても考えている。自由でない意志があるとすれば，それは，考えない意志と同様のナンセンスである。それにもかかわらず，ヘーゲルは，ここでの移行を「思考する意志へと高揚する［…］意志の道」，すなわち，たんにそれ自体で思考する意志から，真に思考する自由な意志へと高揚する道として特徴づける。

　実践的精神についてのヘーゲルの叙述は，「理論的な」精神についての論述の貧弱な附録というよりは，すでにその範囲からしても，また概念的に十分に練り上げられていることからしても見栄えがするものである。とはいえ，「実践的精神」に帰属しているものは，それがより狭い意味で「客観的精神」の世界にとって基礎固めとなる限りでの体系上の重要な機能である。というのも，精神の客観化は，「認識」に基づくのではなくて，「意志」に基づくからである。「精神は，意志としては現実態に踏み込み，知としては概念の普遍態という地盤にある。」それゆえ，『法哲学要綱』（1821年）への「導入論」は，意志の概念を引っ張り出し，さらにいっそうの委曲を尽くしている。なぜなら，「実践的精神」は，『エンツュクロペディー』（1817年）の場合，あまり仕上げられてはいなかったからである。ヘーゲルは，「実践的な感情」，「衝動」，「恣意と幸福」に下位分類することを『エンツュクロペディー』第2版ではじめて取り入れる。そして，第3版ではさらにもう一度この下位分類を少しばかり修正して，「実践的な感情」，「衝動と恣意」，「幸福」としている。

　ヘーゲルは，こうしたシステム上の差異化を「客観的精神」への「意志の道」として特徴づける。この道を通っていく推進力は，自分自身を規定する自由な意志の概念と，形式的で個別的な意志がその規定に固執することとのあいだにある矛盾である。さしあたりただそれ自体で自由な意志のうちでは，最初に，自由が「現実存在に」もたらされなければならない。ヘーゲルは，最初の形式として「実践的な感情」を取り入れるが，これを理論的精神における「魂」の「感覚」および「感情」に対になるものとして取り入れる。そして，この感情に対するヘーゲルの批判は，再び周知の路線を走ることになる。とくに，ヘーゲルは，感情のこれまでの諸形式のもとでもそのつど実践的な諸契機をあらかじめつかんでいるからである。「しかし，感情は，主観のもつ直接的で固有な個別態の形式にほかならない。」この形式のうちには，最終的にどのような内容をも設定することができる。それゆえ，理性的な内容のかわりに，つまり法と人倫のかわりに，感情の形式のもとで真なるものを持とうと欲することは，「疑わしいことである。そして，それは，まったくもってこうした代物ではない」。もっとも，理性的な内容は，個別態の側面からして主観にも密接に結びつくためには，感情の形式でも存在しなければならない。

　こうしたつながりの中で，ヘーゲルは，みずからの著作で周辺に追いやった概念を取り入れることになる。この概念を周辺に追いやったことには，多くの批判者が異議を唱えた。すなわち，この概念とは，当為の概念である。近代はじめの自然法は，その「世俗的な」形式をとるさいにも，当為の概念を究極的には神の意志に固く結びつけた。こうした近代はじめの自然法の役割が終わると，当為の概念を体系的に根付かせることは，著しくより困難になった。ヘーゲルがこの概念につきあうのも，このことを証明している。ヘーゲルは，たしかに「二重の当為」について語ってさえいる。だが，その第1の形式は，ただたんに，自然的な意志が「外的な客観に対して」関わることに基づいている。外的な客観は，自然的な意志にふさわしいものになるべきである。したがって，この第1の形式は，偶然的な諸目的に基づいているのである。ヘーゲルは，ここで同時に，「世界における害悪の根源を尋ねる有名な問い」に対して答えを見出す。すなわち，ギリシア・ローマの古典古代や古代オリエントにまでさかのぼり，ライプニッツが「弁神論」と言うタイトルで立てた問いである〈悪はどこから来るか（unde malum）〉に対して答えを見出す。「害悪［すなわち，悪しき自然（malum physicum）に制限されたときの不快や苦痛］は，存在が当為にふさわしくないことに他

ならない。」だが，この問いを発する場と，その答えのラコニア〔スパルタ〕式のぶっきらぼうにはびっくりしないとしても，少なくとも次の点にはびっくりする。すなわち，かねてより「当為」は，「存在」を前にしてつねに正しいわけではない，という点である。偶然的で有限な目的と存在との不適合に起源がある当為は，真理というものを持たない。こうした目的に注目すると，「害悪は，その目的を想像するさいのうぬぼれや空無さに行使された正しさ（権利）にすぎないことになる。そうした目的そのものが，すでに害悪なのである」。したがって，害悪に対して不平を鳴らすことが，本来の害悪はむしろ不平そのものである，という回答によって棄却される。自然物理的な害悪に対してはもはや責任がなく，そうした目的への同様の不平に対しても責任ある名宛人がいないという意識の歴史の状況では，不平は意味のないものになってしまった。そこで，不平は，それが意味のないものであるがゆえに，それ自身害悪となる。なぜなら，不平は，生命体と精神の「存在」——この存在の体制には「内在的な区別だて」がある——への眼差しだけを不当な目的でずらしたからである。それゆえ，「害悪と苦痛の原理」は，「否定態であり，主観性であり，自我であり，自由なのである」。

ヘーゲルは，当為について哲学的に問題のある第2の次元に眼差しを向けるさい，「当為」を普遍態と個別態の対立に淵源するものとする限り，カントと似た道をたどることになる。外的な客観に対向する個別的な意志がもつ先に考察した「最初の自己規定」は，「さしあたり思考の普遍態」へと「高められて」いない。「したがって，この普遍態は，個別的な意志の自己規定に対して形式に関してそれ自体で当為であるとともに，内容に関しても当為でありうる。」したがって，「当為」は，外的な審級から出発するのではなく，正しく理解された「思考の普遍態」のうちにある。この普遍態そのものは，正当化された規範的な要求とともにすでにそれ自身登場している。そして，「形式的で実践的な感情の諸様態」——「楽しみ，喜び，痛みなど，恥ずかしさ，後悔，不満足など」（第3版 §§ 469-472）——は，すでにその要求の配下にある。

「実践的精神」の詳細な諸形式——衝動，傾向性，情熱——は，伝統的になんら特別の名声も享受しなかったし，そのような内在的な〈理性性〉に矛盾するような頑固な（a fortiori）見かけがある。だが，ヘーゲルは，みずからをこれらの形式の弁明者に任じようとするも同然のことをする。ヘーゲルは，これらの形式に概して貼りついている道徳的な汚点からこれらの形式を解放しようと試みる。これらの形式は，一方では「偶然性にとりつかれて」いるとしても，「他方では，同時に精神の理性的な自然を基礎としている」。形式的に見れば，「情熱」が含んでいるものは，内容に注目しなければ，多くの意志規定のもとで一つの特殊なものに制限することだけである。「しかし，こうした形式的なものがあるために，情熱は，善くも悪くもない。こうした形式は，主観がみずからの精神や才能，性格，享受といった生命ある利害関心全体を一つの内容においたということしか表現しない。」そして，ヘーゲルの歴史哲学にとってかなり大きな意味をもつ命題がここで締め括られる。「情熱なしには偉大なことがなにも成し遂げられなかったし，それなしには成し遂げることができなかった。情熱の形式そのものに対してこれをこき下ろすのは，死んだ道徳，いやかなりしばしば偽善となる道徳にすぎない。」（本書518頁参照）

こうした「偽善的な」評価に対してのみならず，一般に道徳的な評価に対して，ヘーゲルは，衝動や傾向性，情熱，「利害関心」のリハビリを行う。というのも，「利害関心なしにはなにごとも起こらない」からでもある。ヘーゲルは，まず，これらに対して，「主観自身の活動を通じて主観性を廃棄し，実現される」という「形式的な理性性」を認める。このことによって，これらは，生命や歴史に対して構成的な運動をする契機としてまじめに受け取られ，そしてその限り少なくとも形式的に正当化されることになる。「衝動や情熱は，主観の生命態に他ならない。主観自身は，この生命態よって，みずからの目的の中にあってこれを現に成し遂げるものとしてある。」そして，この生命態の「真の理性性」は，「外的な反省」に対して証明されるのではなく，「みずからの特殊性と自然的な直接態を超えていき，みずからの内容に理性性や客観態——このかたちで内容は必然的な関係として権利であり義務である——を与える精神自身の内在的な反省」に含まれ

るのである。したがって，主観の生命態は，みずからが人倫的な諸関係へと客観化する過程でみずからを顕現させ，この関係の考察は，「法的な義務，道徳的な義務，人倫的な義務の論で」「客観的精神の哲学」を遂行しなければならない（第3版§§ 473-475）。

ヘーゲルは，『エンツュクロペディー』の第1版と第2版で，「反省する意志」と「恣意」という概念に「幸福」の概念を緊密につなげている。後者の恣意は，言葉の伝統的な意味では，「傾向性のあいだを選び取る」という思考する自由な意志の能力として理解される。だが，この意志は，こうした——有限で実践的な——衝動や傾向性のあいだをたんに選ぶだけである限り，有限態というこうした領域にそれ自身とらわれたままである。この意志は，「みずからを特殊態の中で現実化しようとする矛盾である。この特殊態は，その意志にとっては同時に空無態である」。ある傾向性が他の傾向性によって押しのけられ，欲望から享受へと，また享受から欲望へとよろめくそうした過程から見かけとして見えてくるのは，伝統的には「幸福」の概念で考えられた包括的で恒常的な満足という表象を解放することである。だが，啓蒙の倫理学は，ヘーゲルがいくども批判的に註解するように，カントに至るまでたんなる幸福倫理学であったのだが（V 7. 171; 9. 149），カントの「純粋実践理性の分析」以来，まさに幸福の概念が信用されない目に遭ったとされている（AA V. 25）。ヘーゲルは，この批判を受け入れる。そして，ヘーゲルは，そのうえさらに，幸福の概念の概念性格を疑うのである。「幸福は，あらゆる衝動を満足させる混乱した表象である。しかし，この衝動のあるものは他のものよりも全体的または部分的に犠牲にされ，あるいは優先され，あるいは提供されるべきである。」（第1版§ 396）自分自身を破壊するこうした無思想の「真理」として判明するのは，むしろ「意志がもつそれ自身のもとでの普遍的な規定態であり，すなわち意志の自己規定そのものであり，自由である」。そして，このことによって，ヘーゲルは，『エンツュクロペディー』（1830年）で「主観的精神」の最終形態である「自由な精神」へと移行する（本書448頁以下参照。第3版§§ 476-482）。

典拠：Jacob Grimm: Deutsche Grammatik. Teil 1. Göttingen ²1822; Wilhelm v. Humboldt: Ueber den Dualis. Gelesen in der Akademie der Wissenschaften am 26. April 1827. Berlin 1828; Humboldt: Gesammelte Schriften. Hg. von Albert Leitzmann. Bd. 6. Berlin 1907, 4-30.

参考文献：Odo Marquard: Hegel und das Sollen. In: ders.: Schwierigkeiten mit der Geschichtsphilosophie. Frankfurt am Main 1973, 37-51; Henrich (Hg.): Hegels philosophische Psychologie. HSB 19 (1979); Adriaan Peperzak: Selbsterkenntnis des Absoluten. Grundlinien der Hegelschen Philosophie des Geistes. Stuttgart-Bad Cannstatt 1987, 38-57; Willem A. de Vries: Hegel's Theory of Mental Activity. An Introduction to Theoretical Spirit. Ithaca / London 1988; Adriaan Theodoor Peperzak: Hegels praktische Philosophie. Ein Kommentar zur enzyklopädischen Darstellung der menschlichen Freiheit und ihrer objektiven Verwirklichung. Stuttgart-Bad Cannstatt 1991, 17-106.

「言語」について：Theo Bodammer: Hegels Deutung der Sprache. Interpretationen zu Hegels Äußerungen über die Sprache. Hamburg 1969; Bruno Liebrucks: Sprache und Bewußtsein. Bde. 5-6. Frankfurt am Main 1970-1974; Josef Simon: Das Problem der Sprache bei Hegel. Stuttgart u.a. 1966; Manfred Züfle: Prosa der Welt. Die Sprache Hegels. Einsiedeln 1968; Bruno Schindler: Die Sagbarkeit des Unsagbaren. Hegels Weg zur Sprache des konkreten Begriffs. Würzburg 1994.

9.5. 法哲学

9.5.1. 伝承資料

(1)「自然法と国家学（ius naturae et civitatis）」に関する講義は，「論理学と形而上学」の講義に次いでヘーゲルが二番目に力を入れた教授活動である。その講義は，1802年夏学期のイェーナ大学の第2学期から（この講義は，もちろんまだ開講していなかったが，ヘーゲルにとってそのときすでに「わが文筆上の労働が要求する」ものだった。R 161）1831/32年冬学期の最終講義に至るまで，ヘーゲルの教授歴を特徴づけている。とはいえ，「自然法と国家学」というタイトルは，一般には用いられず，多くの翻訳でもまったく省かれているが，『法哲学要綱』のもともとのメイン・タイトルでもある。ヘ

ーゲルがこの講義を重要視していたことは，イェーナでみずからの体系全体——「一般哲学概要（Philosophiae universae delineationem）」など——を伝える場合に，自然法についての補講をときおり告知している点にも示されている。そうした告知は，1803年夏学期や1803/04年冬学期，さらに1805年夏学期にある。

とはいえ，これらの講義については，なにも知られていない。たとえ，それらの内容の輪郭が同時期の手稿から推測できたとしても，それは推測にすぎない（本書222頁以下，233頁以下参照）。ニュルンベルク・ギムナジウムの「法論と義務論」の課程でも，かならずしも十分には裏づけられない（本書285頁参照）。ヘーゲルの法哲学は，ハイデルベルクにおける最初の講義（1817/18年）以降にはじめてあますところなく資料的に伝承される。ヘーゲルは，ハイデルベルクで法哲学を述述するにあたり，まず各段落について口述筆記させてから，それを自由に詳しく解説した（V1）。ヘーゲルがベルリンに到着した直後の1818/19年のベルリンにおける最初の講義でも，こうした手順がとられた（Ig I. 227-351; V 1. 267-280）。しかし，『エンツュクロペディー』に続けて，講義のための広範な概説として『法哲学要綱』を公刊することが決心されたのは，遅くとも1819年の初めである（本書361頁参照）。資料的に伝承されている二つの筆記録で確認できる限りでは（Henrich; V 14），ヘーゲルは，1819/20年の講義ですでに口述筆記させることをやめていた。いずれにせよ，『要綱』の公刊後は，もう口述筆記をさせていない（講義記録（筆記者不明，1821/22年），ホトー版（1822/23年），グリースハイム版（1824/25年））。ヘーゲルは，これらの講義に続く数年のあいだ，友人でもある弟子のエードゥアルト・ガンスにその講義を委ねた。1830/31年の冬学期に向けてこの講義を予告したが，その後「体調不良のために」休講にした（Ig Bd. 4. 755）。1831年秋，前年に起こった革命と蜂起のあとの政治的騒乱の時期に，ようやく改めて法哲学を講義しようとしたが，結局，導入部しか論じえなかった（Ig Bd. 4. 917-925）。アーノルド・ルーゲが1867年（！）に伝えたところによれば，ヘーゲルが講義を再開したきっかけは，のちに国王フリードリッヒ・ヴィルヘルム四世となった皇太子がヘーゲルを食卓に招いたさいに要請したことにさかのぼるとされている（HBZ 437）。この逸話は，かなり長く語り継がれ，ヨハン・エードゥアルト・エルトマンによって遠慮がちにだが受け入れられてきた（ADB XI. 272 f.）。しかし，この逸話は，それ以上に良質な典拠によって確証されない限り，お伽噺の国へ追いやられなければならないだろう。

講義：1817/18年，1818/19年，1819/20年，1821/22年，1822/23年，1824/25年，1831/32年（緒論）。

テキスト：

ａ）**概説**：GW 14; GW 13, §§ 400-452; GW 19, §§ 482-552; GW 20, §§ 483-552.

ｂ）**筆記録**：Hegel: Vorlesungen über Rechtsphilosophie 1818-1831. Edition und Kommentar in sechs Bänden von Karl-Heinz Ilting. Stuttgart-Bad Cannstatt. Bd. 1: 1973; Bde. 2 4. 1974 (続刊なし); Hegel: Philosophie des Rechts. Die Vorlesung von 1819/20 in einer Nachschrift. Hg. von Dieter Henrich. Frankfurt am Main 1983; Hegel: Vorlesungen über Naturrecht und Staatswissenschaft. Heidelberg 1817/18 mit Nachträgen aus der Vorlesung 1818/19. Nachgeschrieben von P. Wannenmann. Hamburg 1983 (= V1); Hegel: Die Philosophie des Rechts. Die Mitschriften Wannenmann (Heidelberg 1817-18) und Homeyer (Berlin 1818-19). Hg. von Karl-Heinz Ilting. Stuttgart 1983; Hegel: Philosophie des Rechts. Nachschrift der Verlesung von 1822/23 von Karl Wilhelm Ludwig Heyse. Hg. von Erich Schilbach. Frankfurt am Main u. a. 1999; Hegel: Vorlesungen über die Philosophie des Rechts. Berlin 1819/20. Nachgeschrieben von Johann Rudolf Ringier. Hg. von Emil Angehrn, Martin Bondeli und Hoo Nam Seelmann. Hamburg 2000 (= V14); GW 26. 1.1-590; GW 26.2. 593-1046; GW 26.3. 1047-1498.

参考文献：Carl Friedrich Göschel: Zerstreute Blätter aus den Hand- und Hülfsacten eines Juristen. 3 Bde. Erfurt, Schleusingen 1832-1842; Friedrich Julius Stahl: Die Philosophie des Rechts nach geschichtlicher Ansicht. Heidelberg. Bde. 1, 2/1 und 2/2: ^{1}1830, 1833, 1837; Bd. 1: ^{3}1854; Lenz: Geschichte der Universität Berlin. Bd. 2 (1910); Rosenzweig: Hegel und der Staat (1920), Bd. 2. 75-204; Hermann Heller: Hegel und der nationale Machtstaatsgedanke in Deutschland. Ein Beitrag zur politischen Geistesgeschichte. ^{1}1921, 新版 Aalen 1963; Julius Binder / Martin Busse / Karl Larenz: Einführung in Hegels Rechtsphilosophie. Berlin 1931; Gerhart Dulckeit: Rechtsbegriff und Rechtsgestalt. Untersuchungen zu Hegels Philosophie des Rechts und ihrer Gegenwartsbedeutung. Berlin 1936; Eric Weil: Hegel et l'état. Paris 1950; Bernard Bourgeois: La pensée politique de Hegel. Paris 1969; Joachim Ritter: Hegel und die französische Revolution. In: Ritter: Metaphysik und Politik. Studien zu Aristoteles und Hegel. Frankfurt am Main 1969, 183-255; Manfred Riedel: Studien zu Hegels Rechtsphilosophie. Frankfurt am Main [1]1969, Stuttgart [2]1982; Rolf Konrad Hočevar; Hegel und der preußische Staat. Ein Kommentar zur Rechtsphilosophie von 1821. München 1973; Henning Ottomann: Individuum und Gemeinschaft bei Hegel. Bd. 1. Berlin / New York 1977; Vittorio Hösle (Hg.): Die Rechtsphilosophie des deutschen Idealismus. Hamburg 1989; Peperzak: Hegels praktische Philosophie (1991), 107-370; Ludwig Siep: Praktische Philosophie im Deutschen Idealismus. Frankfurt am Main 1992; Siep (Hg.): G. W. F. Hegel, Grundlinien der Philosophie des Rechts. Berlin 1997; Schnädelbach: Hegels praktische Philosophie (2000), 163-370; Adriaan T. Peperzak: Modern Freedom. Hegel's Legal, Moral, and Political Philosophy. Dordrecht u. a. 2001; Michael Salter (Hg.): Hegel and Law. Hants / Burlington 2002.

9.5.2. 自然法，法哲学，客観的精神の哲学

(1) ヘーゲルが法哲学に関して講義したのは，理論上の変革期にあたると同時に，政治と社会の変革期にもあたっている。この点を間接的に立証するのは，なによりも，「自然法と国家学（ius naturae et civitatis）」を講ずるという予告と，ヘーゲルが自然法の概念に対して極端に低い評価を与えたこととのあいだの奇妙な食い違いである。ヘーゲルは，すでに1817/18年の講義で，きわめて明瞭に次のように定式化している。「自然法という名前は放棄されてしかるべきであり，『哲学的法論』という名称に，あるいはおのずと明らかにもなるだろうが，客観的精神についての論説に置き換えられなければならない。」その理由は，自然法という名前が，「その名前の下で，(1) 或るものの本質と概念が理解されるとともに，(2) 意識を欠いた直接的な自然そのものが理解される」（V 1.6）という二義性を含んでいるからである。

(2) もちろん，ヘーゲルは，決して自然法概念に対する最初の批判者ではない。この厳かで由緒あり，18世紀中葉までなら疑われもしなかった「自然法」

というタイトルは，18世紀末以降，二つの側面から攻撃されてきた。その一つの攻撃は，カントが『人倫の形而上学の基礎づけ』で行ったもので，しかも「理性」の名のもとになされたものである。「自然」が存在するものの包括概念で記述の対象としてある限り，そうした記述からは，いかなる規範も定立されない。たとえば，人間の自然といったものを記述することは，体系において人間学という居場所がある。しかし，人間とは何かについてのそうした叙述によって，人間がいかにあるべきかについての認識はえられない。道徳的な拘束性なり法的な拘束性なりの根拠は，「自然」の中にはなく，「むしろ，純粋理性の概念の中にただアプリオリに」あるのである（AA IV. 389）。したがって，かつての「自然法」は，「理性法」として再構成されなければならない。ただし，この場合は，とくに，理性法と実定法の二重性が存続したままになる。おそらく，この対立があるために，カントは，『人倫の形而上学』の中で——ヘーゲルに似たところがあるが，術語上の動揺を示し——みずからの哲学的法論をあらためて「自然法」と称したのだろう（AA VI. 237, 242）。

自然法への第2の攻撃は，現実の中に前々からいつも現前しながら歴史的に展開している法の名のもとに行われた。この批判は，とくに成果を収めた。なぜなら，それは，法哲学の議論に依拠しているだけでなく，むしろ，フランス革命後の歳月で決定的なものとして証明される政治的含意が込められているからである。その含意とは，《自然＝理性＝啓蒙＝革命》という同一化である。影響史的にみて成果を収めたのは，とりわけエドマンド・バークの『フランス革命の省察』（1790年）による批判——とくにフリードリッヒ・ゲンツによるドイツ語訳と補足で先鋭化されたもの（1793年）——である。革命への批判は，「歴史」にさかのぼることと結びついているのである。

こうした理論状況ではじめて，自然法と実定法との学問体系上の伝統的な対立に重なって，法の基礎づけにおける普遍性と文脈依存性という学問実用上の新たな対立が現れる。この新たな対立は，今日でもなお，規約主義と文脈主義の論争，リベラリズムとコミュニタリアニズムの論争を貫いている。こうして，自然法や理性法に対する伝統的な異議がなく

なった。伝統的な異議とは，法の侵犯に対して少なくともなんの直接的な制裁も起きないならば，厳密な意味で法は存在しないはずだ，というものであった。しかし，新たに掲げられた反駁によると，法を普遍的に請求することは，歴史的に現前する法の現実態を破壊してしまいかねず，しかも，一般によく知られた破局的な政治上の帰結を伴うのだ，というのである。

　もちろん，自然法の場合と同じく，バークにとっても，社会は同意に基づくものである。しかし，バークの場合の同意は，理性の働きの成果ではなく，むしろ長いあいだかけて獲得された習慣や先入見，よりよくいえば生活形式の成果である。この生活形式には，そのときどきの支配形式に対する同意が表現されている。政治的支配の正統化は，能動的であれ受動的であれ，征服というアクションに基づくのでも，また，理性法的に表象された社会契約に基づくのでもない。その正統化は，むしろ，市民たちの欲求充足や繁栄を保証する政治システムの歴史的な展開に基づいている。これに対して，一般に近代国家ではすべてが人為的であるのと同様に，近代の理性的なあり方は，人為的であり，それゆえ支えも欠いてもいるとされる。近代の理性哲学は，たしかにフマニテートという理想を掲げているが，端的にいって，その人為的な「作られた」理想では，現実的なフマニテートを実現できず，革命に迷い込み，野蛮な獣性で終わるとされる。この批判は，半世紀以上にわたって流布し，オーストリア宰相メッテルニッヒの名が特徴づける王政復古の時期の最後にまで及んだ。1848年の挫折した革命以後も，その批判は，フリードリッヒ・ユリウス・シュタールによって繰り返された。シュタールは，ヘーゲルの死後20年間にもっとも影響力をもった保守的思想家であり，「自由主義，すなわちこの意味での革命は，まさに〈自然法〉が依拠する諸原理の結果である」と主張したのである（Stahl 1830/1854，第3版289）。

　(3) ヘーゲルが自分の法哲学を基礎づけようと構想し，20年もの時をかけてこれを推敲したとき，それをとりまく状況をかたちづくったのが，自然法と歴史をめぐるこのような対決である。ヘーゲルは，早くから，この時期を画する葛藤に親しみ，そこから次のような結論を導いた。すなわち，理性派か，さもなくば歴史派かといった，そのどちらに与するのではなく，抗争する両極を包括し合一することを試みる，という結論である。ヘーゲルのいだいた関心の二重性は，二つの並行する論文の中で分かりやすく説明される。『ドイツ憲法論』（GW 5.1-219，本書153頁参照）で示されるのは，ヘーゲルが，歴史的に形成された諸関係に関する政治状況や歴史的論証，権利の承認というものに密接に親しみ，また同時に，根底的に変化した政治的現実に直面する諸関係の正統性という課題に真剣に取り組んでいたことである。しかしながら，ヘーゲルは，この仕事を終えたのちにすぐ，『自然法論文』で近代の自然法をめぐる論争に介入していく。もちろん，近代初期の「経験的」な自然法に対する批判者としてのみ介入したのではなく，カントやフィヒテの「純粋に形式的な自然法」，つまり理性法に対する批判者としても介入したのである。ヘーゲルによる批判は，次の挑発的な命題で頂点に達する。「自然法の以前の取り扱いについて，また，自然法のさまざまな諸原理と見なされなければならないものについては，学問の本質に対するどんな意味もないと非難されなければならない。」（GW 4.419，本書204頁参照）

　(4) ここで略述した対決は，ヘーゲルのハイデルベルク時代まで尾を引き，当時，「民法典」と憲法の編纂をめぐってなされた「理性法」学派と「歴史」学派とのあいだの（ティボー対サヴィニーの）争いのなかで新たな絶頂にまで達した。それゆえ，その対決は，たとえヘーゲルがはっきりと取り上げることがめったになかったにせよ，ヘーゲルの法哲学的なアプローチを構想することに対して構成的なものである。ヘーゲルの法哲学は，理性法というスキュラと，正統化の力を要求しつつ現れながら史実でしかない法思想というカリュブディスとの隙間に通路を探し求める[1]。

---

1) オデュッセウスがトロイアからの帰還途中にシケリア島近海を通過するさい，スキュラとカリュブディスの二つの怪物に出会ったことにちなむ。

少なくともヘーゲルが作り上げた手続きにしたがうなら，その両者を媒介するのは，それらを二つの側面として思考することである。すなわち，理性は，

書き言葉で案出されたたんなる抽象的な原理ではなく，政治的－社会的現実と無媒介なままこの現実に対して抽象的に適用されるものではない。むしろ，理性がまぎれもなく理性であるのは，理性がこうした現実とあらかじめ媒介されているときである。しかも同時に，歴史自身は，たんなる事実性ではなく，むしろ精神を説明する形式，したがって「自由の歴史」である。これらを示すことが肝要なのである。規範的な要求が歴史に復権するとしたら，歴史の運動が規範的な内容を同時に繰り広げる場合だけである。その逆に，現実に対して規範的な要求をすることが理性に許されるのは，この要求が現実の破壊という結果をもたらさないときだけであり，むしろ，理性が当該の現実とあらかじめ和解していると思考される場合にのみ理性が正しく思考されている，ということが論証されるときだけである。

(5)「理性」か，それとも「歴史」か。法の最終的な支えをこのいずれかに見出す考えに対して，ヘーゲルは，対抗案をかなり明確に繰り返し表明している。すでにハイデルベルク時代には，「法の領域は，自然を地盤としない。［…］むしろ，法の領域は，精神的な領域であって，しかも自由の領域である」という言葉が残されている（V 1. 6, § 2）。『要綱』では，もっと簡潔にして意味深長に次のように述べられる。「法の地盤は，一般に精神的なものであり，法のもっとも精確な場所と開始点は，自由である意志である。したがって，自由は，法の実体と規定をなし，法の体系は，現実化された自由の国であり，精神自身からもたらされた第二の自然としての精神の世界である」（§ 4）。法についてのヘーゲルの時代における考えを特徴づけるものは，理性と歴史の対立であるが，ヘーゲルは，そのように精神と自由の概念でこの対立に架橋しようと試みる。

新たなアプローチを担う概念は，いまや，もはやイェーナにおける「人倫」の概念のようなものではなくて，「精神」の概念であり，『エンツュクロペディー』（1817年）以降は，より精確にいうと「客観的精神」の概念である（第1版§400）。ところで，精神の概念は，20世紀に至るまで，ハンス・フライヤーやニコライ・ハルトマンへと及ぶ独自の歴史をもつことになるが，ヘーゲルは，才気豊かに簡潔にして意味深長に，この精神の概念のかたちで社会生活の性格を捉えている。「客観的精神」は精神的世界であり，そこでは，「主観的精神」が，より精確には意志が，客観的になり自分にとって対象的になる。このように概念を形成することによって，社会生活のもつ成果としての性格が強調される。社会生活は，精神的な生活であり，自然的な諸関係に基づくのではなく，むしろ，人間の生活を際立たせる精神性という主観的精神に基づくのである。精神性が欠けるところでは，いかなる社会的諸制度も――それが俗悪なあり方をしていたとしても――存在しない。法や道徳，人倫は，もちろん「自然のままに」あるわけではない。それらは，精神，より精確にいえば，意志，それも自由な意志によってもたらされた諸形式である。つまり，ヘーゲルが言うように，精神がそれらの「実体」である。それらは，たしかに精神から完全に説明されるわけではないが，このような自由な意志なしには決して存在しない。こうしたことは，平凡なことのように見えるかもしれない。しかし，そうはいっても，この真理は，しばしば忘れられ，以前にはそのようにまったく明言されもしなかったのだから，これを意識へ呼び戻すことは，誤りではない。この真理は，ヘーゲルの時代でもまだ自明ではなかったのである。たとえば，ヘーゲルの同僚でライバルであったシュライエルマッハーは，『国家論講義』の中で「国家の生理学」を提示すべく定式化して，その綱領を宣言した（KGA II/8. 496, 69）。こうした「生理学」の対象が，国家の自然である「ピュシス」すなわち精神であり，しかも意志の働きによって定立された精神，それゆえ「客観的精神」であることがせめて明示されたならば，ヘーゲルもこの定式化を共有できたかもしれないが。

(6) 客観的精神の概念は，法や道徳，人倫を包括的に捉え社会生活を統一的に解釈できるようにする。それゆえ，社会生活の学問は「統一性をもった学問」――もちろんそのなかは細分されるが――である。社会生活の学問は，今日と同様に――これは「実践哲学の回復」という動向の中で今日でも法哲学がそもそも忘れられていない限りでのことだが――，一方で倫理学に他方で法哲学にといったかたちで分けることができない。そして，ヘーゲルは，客観的精神の概念で法と道徳と人倫の統一を考える

が，この統一をえていくために，あたかもヘーゲルがみずから倫理学を忘れてしまったかのような代償を払ったわけでもない。ヘーゲルは，「客観的精神の哲学」を倫理学の継承分野としても位置づけていた。法と人倫的諸制度という文脈の中に倫理学をはめ込むことは，おそらくは方法上〔の困難から〕一時的に保留されるだろうが，しかし，成果が見込めないということで無視できるものでもないのである。

　客観的精神の領域内では，「法」と「道徳」の差異，または，「道徳」と「人倫」の差異が精密に提示される。これに対して，「法」と「人倫」の関わりは，いくぶん混乱しているように見える。こうした外見は，ヘーゲルが「法 Recht」という術語を二重の意味で用いているからである。その一方は，ヘーゲルが概説に『法哲学要綱』という題名を与えたさいの広い意味であり，他方は，「抽象的な法」に制限された狭い意味である。広い意味での「法」は，たんに「制限された法律上の権利」だけではなく，むしろ「自由がもつあらゆる規定の定在」を含み，それゆえ人倫の諸形式も包括している（第3版§486）。人倫の諸形式は，一般に社会生活の諸形式だが，そうしたものとして当然ながら法の諸形式でもある。つまり，〔その意味で〕家族は，「市民社会」や国家と異なるものではない。人倫の諸形式は，法の諸形式として概念把握されなければならない。ただし，人倫の諸形式は，法の諸形式として・の・み・概念把握されてよいわけでもないし，また，なによりもまず優先的にそうされてよいわけでもない。たとえば，カントが『法論の形而上学的基礎論』で行ったように，国家の内実をもっぱら「公法」という題名のもとで取り扱う場合，それは，人倫の形式であるはずの国家がもつ内実をどうしても切り詰めてしまうのである。

　人倫の諸形態は，自由な意志の現実態の諸形式，つまり自由の生活諸形式である。人倫の諸形態は，こうした諸形式としてたしかに法的な側面をもってはいる。とはいえ，人倫の諸形態は，法的な側面に埋没するのでも，法的な側面に還元されるのでもない。それに対して，「形式的な法」や道徳という狭い意味での法は，「ともに抽象的なものであり，それらの真理は，主観性と意志の概念との統一である人倫的なものである」（Ig 3. 182）。それゆえ，人倫の諸形式が優先的に法の諸形式として知覚されるとすれば，これは，ヘーゲルにとって，史的な形式での頽廃の徴候である。――そうした頽廃は，古代ギリシアから古代ローマへの移行の場合にも，ヘーゲルがそれと同様にまさしく「法制化」の時期と記した啓蒙の場合にもあった。――ヘーゲルは，当時，法制化過程の始まりしか体験していないわけだが，この法制化は，ダイナミックに加速しながらわれわれのいる現代にまで続き，おそらくさらに続いていくだろう。

　こうした法の広い概念と狭い概念の差異化によって，ヘーゲルの言葉遣いはとても柔軟に見える。このため，ヘーゲルに対し次のような反論がなされる。「自由の定在」である法の概念を世界史にまで拡張することは，その内実をあまりにも希薄にしすぎてしまっている，という反論である。この反対に，「形式的」とも「法律学的」とも「市民的」とも形容される狭い法の概念では，むしろあまりに狭く捉えられているのではないか。とくに，ヘーゲルは，「抽象的な法」の題名のもとでは，普遍的に自然法的な，つまり理性法的な諸規定を，申し訳程度に私法と刑法の領域から論究するだけで，これと反対に公法については論究しないからである。それゆえ，ヘーゲルの体系的な意図にとっても，『要綱』がかかえた主題の範囲にとっても，「法哲学」という題名よりか「客観的精神の哲学」という題名の方がいっそうふさわしい。というのも，法哲学に位置を占めるすべての現象は，疑いなく「客観的精神」だからである。

参考文献：Hans Welzel: Naturrecht und materiale Gerechtigkeit. Göttingen ⁴1980; Karl-Heinz Ilting: Naturrecht und Sittlichkeit. Begriffsgeschichtliche Studien. Stuttgart 1983.

9.5.3. 自由と必然性

(1) ヘーゲルの法哲学を担うもう一つの概念については，すでに言明している。それは，自由の概念である。この概念の中心的な意味を強調した最初のひとは，エードゥアルト・ガンスであった。ガンスは，

『要綱』のみずからが手がけた新版に寄せた序言で，この著作全体が「自由という金属で建てられている」と記した。自由は，たんにこの著作の「基本要素」なのではなく，むしろその「唯一の素材」なのである（W VIII. X f.）。──もちろん，ここでの自由とは，「ああした主観的に騒がしい自由，ああした花火のように反抗的なシュプレヒコールを鳴らす熱狂的な」自由ではなく，「むしろ反対に，満腹になって，それを通してより大きな安定性に成長した」自由のことである。それは，あたかもヘーゲルの最後の講義──それも法哲学に関する講義──にある言葉にガンスが言及しているかのようですらある。「自由とはもっとも内的なものであり，そこから精神的世界の建造物全体がたち上がってくるのである」（Ig 4. 925）。

法哲学は，「もっとも内的なもの」というこうした自由の概念を，主観的精神の哲学に由来するものとして前提としている。主観的精神の哲学は，「自由な意志」という意志の概念を繰り広げるが，ヘーゲルは，法哲学の文脈における導入のために，前提とされたこの概念へとたち戻る（『要綱』§§ 1-32）。ヘーゲルは，自由な意志の概念が主観の概念と分かちがたく結びついているとみなしている。この場合，主観とは，一方で思考し他方で意志するものではなく，むしろ，このように分割されずに思考すると同時に意志するものである。それゆえ，自由が「もっとも内的なもの」であるのは，自由が一般に主観性の構成契機をなすからである。自由は，規定の廃棄，つまり「絶対的抽象ないし普遍性という無制限な無限性」，すなわち否定的な自由であるとともに，「規定し，規定性をある内容や対象として定立すること」でもある（§§ 5 以下）。そして，自由は，規定性の唯一の源である。それ自体で現前する理念の世界の中にあるにせよ，神の御心の中にあるにせよ，別のあり方で起源や妥当根拠をもつような，人倫的な善や習俗の掟についての知は，その源ではない。むしろ反対に，自由は，それ自身，原理であり，人倫的な善についてそのように語ることを根拠づける審級である。しかも，自由は，このような原理として，自己立法であり，すなわち自律性である。この概念は，カントが与えた特別な含意があるため，ヘーゲルの場合はたしかに背景に退くが，決して破棄

されたのではなく，むしろより具体的に規定されるのである。

とはいえ，ヘーゲルがカントの自由概念に刃向かうのは，次の点である。すなわち，ホッブズにまでさかのぼる自然法の伝統にみられたのと同様に，カントの場合でも，原初的に現前して制限のないという意志の質，たとえば「自然状態」で表象された意志の質として自由が考えられている点である。そうした意志の質は，のちに社会状態へ入り込むことによって，はじめて制約を受けることになろう。しかしながら，元来は無制限な自由というこのような概念は，ヘーゲルにとって真ではない抽象にすぎない。しかも，そこには憂慮すべき副作用が伴う。なぜなら，この抽象は，法によって規制された人間の共同生活を欠陥ある状態として現象させてしまうからである。これに対して，ヘーゲルは，つねに，自由な意志相互の関わりとして自由を考える。ヘーゲルに訴えて頻繁に請求されている今日的概念を用いるならば，こうである。自由は，つねに，「間主観的に」媒介されたものとして考えられなければならない。

（2） 社会的－政治的な生活の世界のみならず，「絶対的精神」の世界も含むような，精神的世界の建造物全体が，このような自由からたち上がってくる。そして，精神的世界のこうした発生は，主観があらゆる認識と意欲の最終原理として，またこの建造物を築きあげるものとして自分を知る，ということを決して前提としない。自由そのものが意識されず，もしかすると自由の自律性が誤解されて概念把握されている自由にも，同程度に精神的世界の発生は負うところがある。というのも，精神の世界のうちに見出されるものはすべて，非自然的なものであり，別の仕方で主観に与えられたものでもないからである。そのすべては，主観自身によって，それゆえ主観の自由によってもたらされており，それ自体で自由な意志や自由な認識によってもたらされる。そして，ここは，主観がみずからの自由のそうした産物を自由の制限として経験するところでもある。

ヘーゲルは，法も，自由が現実化するものとして，つまり自由の定在──少なくとも形式的な自由の定在──として把握する。というのも，あらゆる法は，法を定立する自由な意志のうちに，それが通用する根拠を持つからである。いわば自然あるいは神の御

心のうちに根拠をもっていて，法を定立する主観の自由な意志から現れ出ないといった法などは存在しない。すべての法は，自由に由来する。ただし，周知のように，この自由は，法を共有する同胞すべてにとって必ずしも普遍的な自由になっていないのだが。それゆえ，法は，法を共有する同胞の普遍的意志のうちに基礎づけられたときにはじめて，自由の現実的定在になる。こうした普遍性があるために，法的な自由や政治的な自由が現実的な自由であるのは，この自由が特殊性を排除するときでしかない。あるいは，別のかたちで定式化すれば，この自由がたんに私の自由であるだけではなく，むしろ同時に他者の自由でもあるときでしかない。そのため，精神的世界の建造物全体に関しては，これが自由から現れ出る，ということの証明が，暗示されるだけではなく，現実的にも導かれうるのである。精神的世界の建造物は，さしあたり，自然的なもの，実定的なもの，自由を妨害するものとして現象する場合ですら，自由からもたらされているのである。

(3) 精神的世界全体を自由に由来するものとして同じくらい強調しながらも説得力をもったかたちで理解する哲学は，他にほとんど見受けられないだろう。だが，ヘーゲルは，自由に由来するこうした側面だけを見ているのではなく，同時に，その由来に必然性も発見する。自由に由来するものは，おのずと内的な必然性に従うのである。ヘーゲルによる客観的精神の哲学の目印は，まさしく，自由と必然性の両側面がともにあること，そして，それらが特別な形式で結合することのうちにある。自由の意識に対立しているように見える必然性は，おのずから，自由が展開するさいの必然性なのである。

自由な意志の「論理」，つまり「必然性」について話すことは，矛盾であると思われよう。とはいえ，そうした容易に見咎めることのできる疑念にもかかわらず，この定式化は，納得のいく意味をもち，それによって特徴づけられる問題は，必ずしも，ヘーゲルの法哲学の内部問題であるだけではない。この問題は，一般に社会的諸関係の形態化における中心問題なのである。ヘーゲルは，法哲学において，まさにこの問題をはじめて鋭敏に認識し表明したのである。それゆえ，ヘーゲルによる解決は，なるほど矛盾しているように見える。しかし，一般に「人倫」がいったい何に依拠しているのか，という問いが立てられた場合，このように矛盾だと思いついたことは事柄そのものにある矛盾であることが証明されるだろう。

少しばかり過去を振り返れば，この問いには容易に答えられる。古い自然法に対しては，この問いが立てられなかった。というのも，それは，前々から二重の意味で答えられていたからである。人倫の諸形態──家族と国家──が通用するのは，神の命令によって基礎づけられたものとしてであるか，さもなければ「自然のままに」存在する諸形態としてであるかのいずれかであった。しかし，この「自然」は，キリスト教の考え方のなかでは，おそらく堕落した自然と考えられているとしても，神によって創造されたものであるとつねに考えられているから，両方の答えは結局のところ一つに帰するのである。17世紀に至るまで，この想定がどれほど恐ろしい威力で人心を覆っていたか。今日では，このことを思い浮かべることすらもほとんどできない。

近代初期の自然法が行った変革は，その思想にふさわしく根本的である。法と人倫は，自由な意志に依拠する。そして，こうした自由な意志は，実在的な状態では，とくに葛藤しあう多数の自由な意志として登場するのだから，契約が法を基礎づける関係だと考えられる。契約思想は，国家権力の限界づけに寄与するが，国家権力の正統化にも貢献する。しかし同時に，契約思想は，国家権力の発生の歴史的な説明としては役立たないとしても，その仮説的な説明としては役立つ。というのも，家族や国家が自由な意志のうちに根源をもつ，と想定されたときにのみ，自由な意志は，既存の諸関係を批判的に正統化する審級として機能するからである。社会的諸関係が神の意志なり「自然」なりに基づくものとして通用する限り，自由な意志は権利を欠いている。つまり，自由な意志そのもののうちに現実態の根拠をもつものを正統化したり棄却したりできるのは，自由な意志だけなのである。

契約論の果たした役割が画期的であったことは，疑う余地がない。だが，そうしたことは，契約論を一切の批判から免れさせるわけではない。ヘーゲルの時代になると，契約論は，フランス革命を精神的に切り拓いたものとして主要には政治的理由で棄却

される。そして，まさしくこうした棄却があればこそ，今日の解釈者たちにとっては，契約論が自由主義擁護の理論として適切なものになるのである。だが，それにもかかわらず，以上のような事情があるからといって，ヘーゲルによって暴かれた契約論の欠陥が存在しないかのような錯覚に陥ってはならない。契約論は，人倫の諸形態を，意識的に遂行された自由な意志アクションによる直接的な所産とし，蔑称的な意味でのまったくの恣意とはいわないまでも任意の自由処分による所産とする。そして，そうすることによって，契約論は，ほとんど見当はずれのことをやらかす。というのも，人倫のすべての形態や法のあらゆる形式が自由な意志によって存立しているとしても，契約論は，これらの存立の形式を，意識的に遂行された意志アクションに決して負わせることがなく，むしろ，このアクションの背後でうごめく必然性に負わせるからである。

カントは，契約論のこうした弱点の相を，すでに法論の中で指摘していた。契約当事者が自然状態から市民状態へと移行しようと決心するかどうかは，決して彼らの自由処分によるわけではない。契約当事者は，自然状態にとどまろうと一致して決心した場合，たしかに互いに対しては不法を行っていないが，一般的にはやはり不法を行っている。「なぜなら，契約当事者は，法の概念そのものから一切の妥当性を奪い取っているからである。」実際に，自然状態を脱け出し，法をつかさどる市民社会（この表現は伝統的な意味で用いている）を形成するようにとの要求は，定言的な要求なのである（AA VI. 307 f.）。ここで，カントは，『人倫の形而上学』の他の若干の箇所と同様に，契約を結ぶ当事者の意志よりも深いところにある理性の構造を暗示しているとはいっても，そのことによって近代の契約論の原理的洞察に疑問を呈しているわけではない。もちろん，カントの場合，その要求は，当為として，外的ないわば道徳的性格をもつ。それゆえ，ここでは，内在的論理の証明が問題になっているのではない。これに対して，ヘーゲルの法哲学の特徴は，みずからを客観化する自由な意志の内なる論理と，自由の自己意識に対してこの論理がもつ位置づけという問題状況とを，はじめて意識に上らせた点にある。

ヘーゲルは，近代の契約論にあまり意味を認めなかった点で，しばしば非難されている。だが，次のようなヘーゲルの洞察からすると，そのように意味を認めないことがかなり整合的に導かれてくる。すなわち，社会生活，つまり人倫は，内部論理によって構成されており，この内部論理は，契約思想や自由な意志に立ち返っても説明できないのである。ただし，ヘーゲルの新たな洞察は，個別者の意志に対する社会的諸関係の優位という〔古代〕ギリシア的思想への単純な回帰なのでもない。ヘーゲルにとって大事なのは，むしろ，他の実在哲学と同様に法哲学においても，体系的な根本問題へのまったく新しい洞察である。その洞察とは，法と人倫は，それらの概念からして「自己意識的な自由」である——ただし，自己意識的な自由が「自然」に，換言すれば「世界」になっている，という洞察である（第3版 § 430，『要綱』 § 142）。人倫は，世界という現実態へと形態化した自由である（第3版 § 484）。だが，自己意識的な自由が世界という現実態へと形態化したとき，この自由は，自分の思うようにならない必然性という内部論理のもとにある。しかし，このとき，決して自然ではなく，自由が人倫の世界へと形態化される，という主張によって何が語られているのだろうか？　実際，諸々の社会的な構造や制度を形成したり改造したりする内部論理は，自由の思想，すなわち自分自身を意識し自由を意志する自由な意志の思想から構成されうるものではなく，むしろ，法哲学にできることは，もっぱら現実的諸関係からその内部論理を再構成することにすぎない。そこではっきりすることになるのは，この必然性が自己意識的な自由にとってなんら疎遠なものではなく，むしろ，この自由に独自の必然性だという点である。

法哲学によるこの内部論理の再構成には，決して哲学的‐体系的な関心だけがあるわけではない。そこには，同時に，著しく政治的な側面も伴っている。それは，人倫の諸形態と，それらが法によって抽象的に定式化されることとが，それ自身自由な意志の所産であることを意識させるものである。それゆえ，このような制度的諸形式が自由な意志に対立するからというだけでそれらを破壊してしまおうとする革命的な跳躍は，自由についての次のような誤った自己了解の表れでしかない。すなわち，意識的なアク

ションから生じるものこそが自由な意志の所産であり，これに対し，自由な意志が無意識的に産出することの帰結はそうではない，という自由についての誤った自己了解である。制度的諸形式は，自由を繰り広げることに伴う内部論理のそうした帰結である，ということから前もって教えられることは，制度的諸形式は決して自由な意志以外の起源をもちえない，という否定形の見解である。たしかに，制度的諸形式は，「自然のまま」存在するわけではない。制度的諸形式が存在するゆえんの「自然」とは，ひとえに精神の自然そのものであり，したがって，精神に内在する論理である。そのさいに決定的な問いは，どの程度この論理そのもののうちに自由が認識されうるのか，ということである。

　人倫と法のこのような二重性格に絡んでいるのは，決して，ヘーゲルの体系に課せられたなんらかの強制から生ずるような特異な性質でもないし，あるいは，ヘーゲルがもっていた矛盾への先天的な憧憬から生ずるような特異な性質でもない。問題なのは，人間の共同生活にそなわる緊張に満ちた内部体制にヘーゲルが眼差しを向けたことからくる帰結の方である。ヘーゲルは，社会生活における重要な問題層を，とても的確に分析している。すなわち，社会生活のあらゆる形態や形式は，主観的自由に由来するということである。ただし，精神的世界の建造物が主観的自由からたち上がる場合，また，自由が社会的諸制度のうちで「自然」になる場合，この建造物は，たんなる自由思想からは理解されない内在的論理に従うこととなる。そして，この論理は，まさしく自由に対する不自由として現象するに至ることがある。まさに自由を意志する自由が，自由を客観化するアクションにおいて，自由の内部論理にしたがって必然的な諸関係を発生させるのである。しかも，この諸関係は，自由を抑圧しようと脅かす「鋼鉄のように硬い外被」として経験される。こうしたことは，人倫の諸形態に妥当すると同時に，人倫的な諸関係を規制する法にも妥当する。

　このことによって露呈しているのは，ヘーゲルの法哲学がもつ決定的な問題であるとともに，社会生活を哲学的に主題化するさいにそのつど決定的となる問題である。人倫の——自由に由来する——諸構造は，どれくらい自由な意志の責任とされるのか，また，どのくらい自由な意志の任意になるものなのか，また，これらの諸構造の由来となる自由をどのくらい封じ込めてしまうのか？　別の言い方で問うならば，人倫の諸形態や法の諸形式が，それら自身の内的な論理に基づいて，自由から生じたという素性からどのくらい解き放たれるのか？　また，人倫の諸形態や法の諸形式は，たしかに自由に由来するにせよそれらの内的な論理の展開にしたがうのだとすれば，やはりどのくらい自由によって規制できるのか？　これらは，まさしく，ヘーゲルが浮き彫りにした問題であると同時に，現代政治学の問題でもある。自由に由来する「事柄の本性」に対立するのは，次のような自由の意識である（『要綱』§ 144）。すなわち，自由そのものに由来するこうした「事柄の本性」の中にもはや十分には認識されなくなった自由の意識である。その様子は，魔法使いの弟子が，自分が呼び出した霊たちを追い払う術をなくしてしまうのに似ている。社会的諸関係の必然性は，自由な意志によって絶えず廃棄されうるだろう。にもかかわらず，この必然性は，自由な意志を自分に奉仕するよう強制し，自由な意志が必然性を廃棄するより以上に自由な意志を廃棄するのである。

　この洞察のラディカルさに直面すると，ヘーゲルが個人の価値を蔑視していたというしばしばもち出される抗議は，皮相なものとして退けなければならない。そのように蔑視していたとされる理由は，こうである。ヘーゲルによると，自由は，客観的なものとして，すなわち諸々の人倫的威力の「必然性の円環」として，諸個人の生活を規制し，諸個人は，ただ客観的な人倫的威力が現象する形態や現実態にすぎないからだという。こうしたことは，実際に，ヘーゲルがしばしば言明した帰結であるが（『要綱』§ 145)，しかし，誹謗中傷を伴う先ほどの分析に反発したり，それを道徳的に非難したりするのでは，不十分である。重要なのは，ひとえに，こうした帰結が適切か否か，であって，望ましいかどうか，なのではない。

　ヘーゲル自身は，自由の自己意識と客観的な自由の必然性とのあいだの緊張についての洞察を，決して切迫したものとしては感じていなかった。そうした客観的側面そのものが自由の理念の説明であるがゆえに，主観的理性性と客観的理性性は媒介される

だろう，という信念をヘーゲルはいだいていた。しかも，ヘーゲルからすると，自由の現実態は，主観的なアクションにおけるよりも，自由を繰り広げる客観的な論理においてこそよりよく保全されると思われたのである。今日ではもちろん，ヘーゲルがいだいたそうした信念は，希薄になり，もはや望みようもないたんなる希望と化している。とはいえ，人倫の内部論理が，自分の自由を意志する意志から概念的に把握されえない場合，人倫の内部論理が事実上自由の論理であると，何を根拠に想定してよいのだろうか？

(4) 自由と必然性の関係についての以上のような問いは，さらに次のような総括的問題で締め括られる。社会的諸関係がその内部論理によって操縦され，この内部論理と自分の自由を意志する自由な意志とのあいだの裂け目がみるみる広がっていくように見えるとき，「規範」の地位は，どのように変化するのか？　というのも，規範の根拠がもはや自己意識的な自由な意志ではなく，「必然性の円環」の中で魔法にかけられ客観化された意志である場合，規範の概念は変化してしまうからである。ここでは，人倫的規範から「事実的なものの規範性」への転換がくっきりと浮かび上がるように見える。

ヘーゲルは，この問題をはっきり意識している。だが，ヘーゲルは，この問題が解決可能だと想定している。そのさい，自由と必然性という二つの側面は，われわれからするとますます離れ離れになっているが，これらを統一しうるという信念が根拠になっている。それゆえ，「人倫」概念は，規範と記述のあいだを揺れ動くことになる。ヘーゲルは，この概念の来歴を通して，人倫の規範的性格を確保しようとする。すなわち，「人倫的必然性の円環の体系的展開」が「倫理的な義務論」だとされる。もちろん，「倫理的な義務論」は，「それが客観的である以上，道徳的主観性という空虚な原理のうちで捉えられるはずがない」。このように述べることで，ヘーゲルは，人倫の客観的諸規定の展開に規範的性格を与えようとするわけである。ヘーゲルは，「したがって，この規定は人間にとって義務である」という本来そのつど付け加えなければならない結語を断念しようとしているようだ。哲学的でない道徳論は，現前する諸関係から素材を手に入れるとされるのに対して，「内在的で首尾一貫した義務論は，自由の理念によって必然的であるような，それゆえその全範囲で，つまり国家において現実的であるような諸関係の展開以外のものではありえない」(『要綱』§148)。それゆえ，「諸関係の展開」という規範的性格は，この諸関係が「自由の理念によって必然的」であるというヘーゲルがしがみつく信念の中だけに根拠をもつ。したがって，現前する諸関係が「自由の理念によって必然的」であるとする信念が失われる度合にまさに応じて，その規範的性格も消失していく。そのとき，規範的な理論は，記述的な理論へと移行する。諸関係の人倫的必然性は，倒錯して，事実的強制になる。

9.5.4．客観的精神の哲学の体系形式

(1) ヘーゲルは，すでに『エンツュクロペディー』(1817年) の中で，「主観的精神の哲学」の見取り図ほど細かに描いていないのは明らかであるとはいえ，「客観的精神の哲学」の見取り図を素描している。ヘーゲルは，ハイデルベルク時代の「自然法と国家学」に関する講義で，その見取り図を具体化するが，もはやそれを修正せず，その後の講義や『要綱』でも同様であった。『エンツュクロペディー』(1817年) 以来，ヘーゲルのコンセプトは一貫し続けたのである。ところが，そうした構想が成立した時期は，はっきりしていない。イェーナ時代の諸々の構想は，まだそこから遠く隔たっているし，ニュルンベルク時代の「特殊な学問の体系」(1810/11年) の場合でも，のちの修正稿 (1814/15年) の場合でも，客観的精神の概念 (この時期，最初には「実在化したかたちの精神」，次いで「実在的な精神」と呼ばれる (GW 10. 341 あるいは359-362))や客観的精神の哲学の体系形式は，あいまいな輪郭しかほのめかしていない。とくに，「実在的な精神」に対する「実践的精神」の関わりは，ここではまだ明らかにされていない (本書283頁参照)。概念と体系形式が明瞭になるのは，ようやく『エンツュクロペディー』でのことである。

これまでのヘーゲル研究では，一つの体系にある別々の分野に関し，その二つとも同じ体系形式を示すものではない，ということが問題にならなかった。

その体系形式が，伝統的に有利な条件であるとか，経験的な制約であるとか，まったくの偶然による発見や決断であるとかに負っている，という解決に満足したくないなら，個々の章を究明するに先立ち整理されるべき解釈上の課題は，それぞれの分野の概念からその体系形式を獲得することにある。

（2）ヘーゲルは，『エンツュクロペディー』の中で，客観的精神の哲学の区分を別の仕方で獲得する。第1版では，絶対的精神の概念を知ることである個別的な意志から客観的精神が出発する。「絶対的精神が客観的精神の内容や目的をなし，絶対的精神のたんに形式的に活動している状態が客観的精神である。——このような同一性は，(1)単純な直接的概念としては，法である。(2)反省，すなわち判断としては，道徳である。(3)それらの概念にふさわしい実在性，すなわち推理の総体性としては，人倫である。」（第1版§401）のちの二つの版では，法，道徳，人倫という三重性が——『要綱』の第33節に準拠して——直接的な意志，みずからのうちへと反省した意志，実体的な意志という三重性にたち戻って関係づけられる（第3版§487）。

そこで，ヘーゲルは，「それ自体でもそれだけで独立しても存在する自由な意志という理念の展開」を構造原理と呼んでいる。そのさい，前の二つの契機に対して，第3の契機を「これら両方の抽象的な契機の統一であり真理である」とはっきり概念把握する。「思考された善の理念は，みずからのうちへと反省した意志のうちで，また外面的世界のうちで実在化する。——それゆえ，実体としての自由は，主観的意志として現実存在するのと同程度に，現実態や必然態としても現実存在するのである。——これが，それ自体でもそれだけで独立しても普遍的な現実存在にある理念であり，すなわち人倫である。」このような区分を正当化するために，ヘーゲルは，第33節への註解で，みずからの「思弁的論理学」を参照する。「内容は，それがその概念にしたがって，換言すればそれがそれ自体であるがままにはじめて定立されるものであると，直接態の形態，つまり存在の形態を持つ。」しかし，このように詳論したからといって，法と道徳の領域の分類を十分に根拠づけることもできなければ，法哲学の体系形式全体を決して概念的に把握できるようにすることもできない。しかし，こうした詳論は，ヘーゲルの学問理解から要求されているのである。それゆえ，ヘーゲルは，前もって「序文」の中で論理学を引き合いに出す。「思弁的な知の本性を，私はみずからの『大論理学』において詳細に展開した。それゆえ，この要綱では，あちらこちらで，進行や方法についての解説が付け加えられるにとどまる。対象が具体的でしかもそれ自身とても多様な性状をしているため，たしかに，おのおのの個別の例すべてにおいて論理的な導出を証明したり強調したりすることがおろそかになっている。一方で，こうしたことは，学問的方法が前提とされ周知の事柄になっている場合，余計なことと見なされよう。しかし他方では，全体も，その諸分肢を十分に発達させることも，同様に，論理的精神に基づいていることにおのずから注意がいく。私は，おもにこの後者の側面で，この論考が理解され評価されるよう望んでいる。というのも，この論考において肝心なのは，学問であり，学問において内容は，本質的に形式に結びついているからである。」（GW 14. 8）

このように，法哲学が論理学的な土台に基づくと繰り返し立ち返っているが，そうした箇所——『要綱』への「序文」——には，学問的機能だけでなく政治的機能が当然ながら与えられていると推測できる。つまり，そこでは，この本が学問的である限り日々の政治的な出来事には向けられていないといった性格をもつことが強調されているのである。もちろん，ヘーゲルにとっても，こうした意図の失敗は隠しおおせるものではなかった。1822年7月18日付のニートハンマー宛書簡には，「しかし，国家という題材について概念や理性が問題にされるのはもっとも拙いことです」と書いているのである。こう書くのは，ヘーゲルが挑発的な定式化そのものによって，政治路線として受け取るよう誘導したこと（本書363頁参照）に理由があるだけではない。むしろ，次のことに理由がある。すなわち，基礎としての論理学に強引にさかのぼろうとすればするほどなおさら，この遡及は具体性を失っていくのであり，それゆえ，細部の構造はもちろんのこと，体系形式ですら論理学から概念把握できなかったことに理由がある。「抽象法を叙述した後，論理学的な概念や形態化についてのヘーゲル独自の指摘は，ほぼ全体にわ

たって消え失せている。ヘーゲルがそのつど論理学に言及している移行の場面においてすら，まったく論理学的な諸規定が与えられていない。」(de Vos 1981, 119 f.)

(3) ともかく，法哲学――あるいは体系にある任意の他の分野――に対する論理学がもつ基礎づけ機能を，むしろ特種な対象に内在する論理に訴えるのではなく，単刀直入に論理学の構造へと直接回帰して証明しようとすることは，無駄だと思われる。すでに，美学と法哲学のように密接に隣接した分野が非常に異なった構図を描いていることは，精神哲学の諸分野が体系形式の点で広いヴァリエーションをもちうることを示すものである。

ヘーゲルは，宗教哲学講義（1827年）の中で，そうした普遍的な体系形式がもつ拘束力ある図式を一度定式化したことがある。「あらゆる学問の進行は，つねに」こうである。「まず概念，次いで概念の規定性，つまり実在性や客観性，最後に，最初の概念が自分自身にとって対象であること，つまり，自分自身に対してあり，自分自身にとって対象的になり，自分を自分自身に関係づけることである。」(V 5. 177, V 3. 83以下参照) だが，ここで，概念，歴史，完成した形態というこうした順序を，「学問」一般に対して宣言しているにもかかわらず，ヘーゲルは，自分の体系における個々の学問をこうした形式で形態化していない。もし，概念，歴史，完成した形態という配列のモデルが体系統一的なモデルであり，それにしたがっているのならば，法哲学は，別のかたちで，つまり客観的精神の概念，その歴史，その完成形態という組み立てとして構想されるはずであろうが。

このようなコンセプトの正当な意義は，次の点にある。つまり，精神のすべての形態は，歴史的な諸形態であり，したがって，この諸形態の内容を歴史的に進展させるかたちで解説することによって性格づけられるのである。最初のアプローチにおいてこうしたことが主観的精神にかねてから通用することを，ヘーゲルはまだ考慮していなかった。しかし，絶対的精神の領域よりも客観的精神の領域にはそうしたことが通用しないでもない。ところが，ヘーゲルは，絶対的精神についての論考とは違って，法哲学の中に歴史的な要素を挿入していない。法哲学の概念は，はじめから歴史的に刻印された姿で現在しているにもかかわらず，歴史的要素を挿入しないのである。ヘーゲルは，たとえば，人格や所有といった「抽象法」の諸概念がもつ歴史的性格そのものを強調し，「道徳」に関する章でも「人倫」に関する章でも他の諸概念の歴史性をとくに強調している。それらのまさしく現代史における含意は，いわば明白である。それにもかかわらず，ヘーゲルは，法や道徳，ならびに家族・市民社会・国家という人倫的諸制度をも，ヒエラルキーにしたがって整理された諸形式として提示するが，歴史的な諸形態としては提示しないのである。それゆえ，ヘーゲルのアプローチは，社会的現実を静態的－理性法的に提示している印象を与える。そして，このアプローチに対して，法や諸制度の歴史が目にありありと浮かぶにつれて断固として，ヘーゲルは，それらについての解説を自分の法哲学から追い出してしまうのである。

(4) しかし，法が「自由の定在」であるならば（『要綱』§ 30），法の歴史は，自由の歴史であり，自由の進展する現実化である。精神的世界の全体が自由からたち上がることは，突然一挙に生じるのではなく，むしろ歴史として，しかも法の歴史として生じる。この法の歴史は，ヘーゲルが意味する世界史的な考察にさらに先立つ段階ですでに開始しているだろう。つまり「法（ius）」が「神法（fas）」から分離するという法概念の構築とともに開始しているだろう。そして，法の歴史は，すべての法制度の歴史的展開を――みずからを現実化する理性の諸形式として――記述しなければならないだろうし，また，たとえば帰責や拘束力といった諸概念の構築を越えて――今日ではヘーゲルをも越えて――近代国際法（これは，20世紀以前には知られていなかった，独特の構造をもつ法の形態である）の十分な発達に至るまで進展しなければならないだろう。というのも，法制度すべてと政治制度の構築が理性の現実化の諸形式として概念把握される場合にのみ，歴史的にも体系的にもヘーゲル法哲学の出発点を形成する〈理性と歴史の葛藤〉が克服されうるからである。したがって，自由概念を歴史的に繰り広げるという文脈においてのみ，理性の内実を解説する（『要綱』§ 3）という自由概念の概念展開にそなわる規範的内実と，法秩序や法体系の事実性との対

立が媒介されうるのである。

(5) 思うに，学問の歴史における特種な対決が存在していたということがある。この対決があるために，ヘーゲルは，普遍的観点からみてふさわしいばかりでなく自分独自の体系的なアプローチからも当然な地位を法の歴史に対して容認することを思いとどまったのである。この対決こそは，歴史法学派，つまりグスタフ・フーゴーやフリードリッヒ・カール・フォン・サヴィニーとの対決である。こうした説明に有利な材料を提供するのは，諸学派が歴史法学派との論争にのめりこんでいた事情である。ヘーゲルは，この諸学派の中にあって，概念的な方法と歴史的な方法とをまったく非ヘーゲル的に険しく切り離すのである。ヘーゲルは，歴史法学派を次のように非難する。歴史法学派は，概念からの真の正当化を「事情からの正当化」にすりかえてしまい，外面的な成立を概念からの成立と取り違え，みずから「歴史」法学派と称しているにもかかわらず，むしろ反対に，まったく非歴史的に思考している。そして，歴史法学派は，社会状況のこの間の変化によって昨日の法が時代遅れになっていたとしても，今日の法を昨日の法で基礎づけるのである（『要綱』§3）。『哲学史講義』でも，この葛藤が何度も示されている。そこでは次のように述べられる。「法律学者が，法が昔のままに保たれているとほらを吹く術を心得ている場合は，法を事柄の理解として尊重するように」と法律学者がひとに要求するのは不当である（GW 18. 85, V 6. 73）。

しかし，哲学史講義の中では，ヘーゲルによる歴史法学派への批判が的外れであることも明らかになっている。それは，ヘーゲルが，法の歴史に規範的性格をまったく認めず，法の歴史のうちでは精神がぼんやりしている，と主張する箇所である。われわれはもうゼウスの前で膝を屈したりはしないといった宗教の歴史をとりあげて，これと同様に，法の歴史も地域性を含んでいるというのは（V 6. 327），もちろん理に適った論証ではない。これが理に適っているのならば，ゼウスの例は，さしあたり，精神が宗教の歴史のうちで目覚めることに対する証拠になるのだろうが，それなのに，ヘーゲルは，困難なくせにこのことに反論しようとするのである。膝を屈することを拒むわれわれ現代の精神とそれ以前の宗教とに相違があるからといって，ヘーゲルは，みずからの宗教哲学の文脈の中に宗教の概念の現実化である宗教の歴史を取り入れることを少なくとも思いとどまらなかった。このように，ヘーゲルは，法の歴史に対して拒んだものを，芸術・宗教・哲学の歴史には容認したのである。

ヘーゲルは，歴史法学派との対決に臨むさいに，歴史を度外視して法概念が体系的に繰り広げられることと，みずからが明瞭な仕方で非難したもの，すなわち法の歴史のたんなる歴史的な扱い方とのあいだに，第3の道，すなわち法の歴史を哲学的に概念的に把握する道があることから明らかに目をそらしていた。この道こそは，法の現実化を哲学的に再構成する道のはずである。こうした歴史は，法の歴史のたんなる歴史的な取り扱い――それはもちろん哲学的視座からしても正統化の関心からしても不十分な取り扱いだが――によって衰弱したりはしない。それは，わずかばかりの諸々の外面性に関わりあうだけの教会史の歴史的な考察によって宗教史が衰弱しないのと同様である。そうした考察は，教会のなんらかの教義や組織構造が決議された公会議の日付ぐらいしか知りはしない（V 3. 76 など）。ヘーゲルは，歴史法学派の方法と自分独自のアプローチとのあいだに鮮明な境界線を引こうとしていた。法の歴史の経験的な取り扱い方は，哲学的な要求からすると十分な方法をもたないし，この歴史そのものを独特の仕方でまとめ上げるさいになんの根拠も持たない。ヘーゲルがこのことから目をそらしたのは，見たところ，その境界線を引こうとしたからである。

このことは，ヘーゲルが宗教史から法の歴史を区別した熟慮に即して分かりやすく説明できる。「ここでは（すなわち宗教哲学では），たとえば法を経験的に取り扱うような具合にはいかない。法の歴史の諸々の規定性は，概念からは出てこないもので，ひとはむしろそれらを別なところから受け取る。ひとは，まずもって一般に，法というものを概念で規定する。しかし，諸々の特定の法であるローマ法やドイツ法は，経験から受け取られなければならないのである。これに対して，ここでは（すなわち宗教哲学においては），概念そのものから規定性が判明しなければならない。」（V 3. 84）こうしたことが法の歴史への眼差しの点でつじつまが合うのなら，法

の歴史というものも，精神の概念ほどには異議をはさまれないのだろう。だがこの場合でも，ヘーゲルは，理由も挙げずに次のように主張する。すなわち，歴史に対する関係は，客観的精神としての精神，つまり法としての精神と，絶対的精神としての精神，つまり宗教としての精神とは異なっている，という主張である。しかも，このことは，ヘーゲル的な手だてによっても基礎づけられない。ヘーゲルは，宗教や政治体制，人倫，法体系に共通の刻印を与える一つの原理，一つの精神だけがその時々に存在する，ということをいつもは強く請けあっている（GW 18. 196 f.）。ただし，そのさい，この一つの精神のうちでは，歴史性と非歴史性の対立がまったく生じない。いや，その反対である。宗教史は，宗教のうちに理性を認識するすべを知り，しかも，さしあたりわずかにしか理性的に現象していない宗教の諸形態の中にすら理性を認識するすべを知るのだから，宗教哲学にとって宗教史の哲学が不可欠であるのと同様に，法哲学にとっても，法の歴史の哲学は不可欠である。法哲学は，法の歴史を自由の歴史として理解することを教えるからである。しかし，ヘーゲルは，まさにみずからのアプローチによって可能になり，このアプローチから要求された法の歴史を取り扱わなかった。その代わり，法哲学を公式に理性法的な構築物として繰り広げたのである。しかし，そうした構築物は，ヘーゲルのコンセプトに内在する文脈主義的で歴史的な諸契機を，理性法的な諸契機と一致させることがないのである。

(6) もちろん，ヘーゲルの法哲学も歴史的契機を十分に含んではいる。法哲学がほんとに頂点に達するのは，内外に対する国法を取り扱ったのち，世界史を見渡すときだからである。ところが，世界史は，ヘーゲルがそれを「対外国法」に続けて意外にも諸国家の歴史としてスケッチしていることから分かるように（本書508頁参照），客観的精神の哲学の体系形式に欠けている法の歴史と同等のものではない。

そのため，「客観的精神」の歴史的性格についてのヘーゲル独自の洞察から獲得されるもの，また，彼の体系をなす諸分野の構成に関するプログラム上の定式化から獲得されるものは，次のような議論である。それは，ヘーゲルが意外にも『エンツュクロペディー』（1817年）で構想した体系形式を疑問視するものである。法哲学の講義を構造化する目的にとっては，その体系形式で十分であっただろう。しかし，「学問」として導入された客観的精神の哲学へと目をやったとき，ヘーゲルがこのコンセプトをわずか数年後に「正典化」して『要綱』で文書に書き記したことは，欠点だと思われる。それは，たとえば，宗教哲学講義の場合と異なっている。ヘーゲルは，多くの授業を通してやっと宗教哲学講義の形式を仕上げたのだった。だが，法哲学の現実化された体系形式は，体系的なアプローチからすると客観的精神の哲学にとって意のままになるような選択肢をすべて汲み尽くしたわけではないのである。

参考文献：Gustav Hugo: Lehrbuch der Geshichte des Römischen Rechts. Berlin ⁵1815; Friedrich Carl v. Savigny: Über den Zweck dieser Zeitschrift. In: Zeitschrift für geschichtliche Rechtswissenschaft 1 (1815), 1-12, in Hans Hattenhauser (Hg.): Thibaut und Savigny. Ihre programmatischen Schriften. München 1973, 261-268; Gerhard Dulckeit: Rechtsbegriff und Rechtsgestalt. Untersuchungen zu Hegels Philosophie des Rechts und ihrer Gegenwartsbedeutung. Berlin 1936; Hans Friedrich Fulda: Das Recht der Philosophie in Hegels Philosophie des Rechts. Frankfurt am Main 1968; Henrich / Horstmann (Hg.): Hegels Philosophie des Rechts. Die Theorie der Rechtsformen und ihre Logik. Stuttgart 1982, darin 393-427: Hans Friedrich Fulda: Zum Theorietypus der Hegelschen Rechtsphilosophie, 428-450: Dieter Henrich: Logische Form und reale Totalität. Über die Begriffsform von Hegels eigentlichem Staatsbegriff; Lu de Vos: Die Logik der Hegelschen Rechtsphilosophie: eine Vermutung. HS 16 (1981), 99-121; Jaeschke: Die vergessene Geschichte der Freiheit. In: Hegel-Jb 1993/94, Berlin 1995, 65-73.

9.5.5. 抽象法

(1) ヘーゲルが法哲学の第1部に「抽象法 Das abstrakte Recht」という見出しを与えたことは，誤解を招くきっかけになった。そうした誤解は，ヘーゲルがこの見出しのもとでローマ法を扱っているが，ローマ法はまったく抽象法ではなく，むしろ「具体的」であるとする見解にまで及ぶ（Villey 1975, 145 f.）。しかし，ヘーゲルがここで何度もローマ法を引き合いに出していたとしても，彼が企てているのは，

決してそれを描写することではない。ともかく，ヘーゲルの概念的な発想は，近代の自然法，とくに18世紀の自然法に沿ったものである。だが，この最初の領域で問題になるのは，自然法を取り扱うことでもなく，むしろ，まだ「抽象的」な意志としての自由な意志という基礎的な諸規定を体系的に提示することである。しかも〔ここで「抽象的」というのは〕，この意志がまだ具体的な生活連関にのめりこんでいないかのような虚構という意味ではなく，むしろ，それを考察するにあたって，現前するこうしたしがらみが捨象された意志という意味なのである。人格——別の言い方をすると人格性——は，「完全に抽象的な自我としての自分についての自己意識であり，この抽象的自我の中では具体的な制限性や通用性は，すべて否定され通用しなくなる」。「人格性のうちにあるのは，次のことである。私は，このものとしては，完全にあらゆる側面から〔…〕規定され有限であるが，端的に，自分に対する純粋な関係であり，有限態のうちにありながらも，自分を無限なもの，普遍的なもの，そして，自由なものとして知るのである。」（『要綱』§ 35）

ヘーゲルは，「人格」を，「抽象的であるがゆえに形式的な法のそれ自身抽象的な基礎」と特徴づけている（§ 36）。そして，このように法哲学のアプローチの地点をマークするとき，ヘーゲルは，明らかにカントの『人倫の形而上学』を越え出ている。人格性は，その普遍性ゆえに，具体的で個体化されたたんなる自己意識以上のものである。自己意識が以上のように人格概念で考えられた普遍性にまで到達していないような世界では，いかなる法も存在しないであろう。というのも，法は，普遍的意志としての個別的な意志に向けられているからである。したがって，人格性は，「権利能力」の原理なのである。

それにもかかわらず，ヘーゲルは，この基礎的概念そのものを歴史的な概念と見なす。「たしかに，この1500年で，人格の自由は，キリスト教を通して花開き始め，人類の一つのしかも小さな部分で普遍的な原理となった。」（『要綱』§ 62）このような由来は，遺漏のない案内として考えられていないのはたしかである。疑いもなく，これは，「個別者がもつみずからのうちで無限な自立的人格性という原理」の中で働いている精神的思潮を，一つの個別的な伝統へと還元し，とりわけヘーゲルがあとの部分で（§ 185）それ自身強調するローマ的伝統の衰弱のもとへと切り詰めてしまっている。それ以上に重要なのは，それ自身歴史上はじめて意識にもたらされなければならない概念として人格概念が主題化されている点である。このことは，もちろん，人格概念がその普遍性のかたちで思考されず，自己意識の形式で言明されないところでは，いかなる法も存在しない，ということを意味していない。しかし，人格概念がまだ普遍的意識にもたらされていないような歴史的諸条件のもとでは，法も，依然として普遍的ではなく欠陥をもった様式でしか形成されないことが推測される。ヘーゲルは，この原理の完全な現実化について，あとの部分で次のように言明する。「人間が人間として通用するのは，そのひとが人間であるからであって，そのひとがユダヤ人であったりカトリックであったりプロテスタントであったり，ドイツ人であったりイタリア人であったり，などであるからではない。——そうした思想が通用する意識は，無限の重要性をもつのである。」（§ 209）

（2）直前に引用した命題の意義は，世界史の中で1500年かけて花開いてきた「人格の自由」に「所有の自由」を対抗させている点にある。ヘーゲルがそれら両方の概念のあいだに密接なつながりを認識するにもかかわらず，「所有の自由」は，ようやく「昨今，いわばあちらこちらで，原理として承認される」ようになったばかりのものなのである。というのも，ヘーゲルが所有の概念を持ち込んだのは，カントと同様に，外的な《私のもの》という可能性や外的な《あなたのもの》という可能性がないならば，恣意それ自体の諸対象は無主であろう（AA Ⅵ. 246），という思想に関してではなく，むしろ人格性に必然的な補足としてのことである。すなわち，「人格は，理念としてあるために，自分の自由の外的な領域をみずからに与えなければならない」（『要綱』§ 41）。そして，自由な意志のこうした外面性が所有なのである。したがって，ヘーゲルは，所有を欲求の満足のために有用な手段として理解していない。むしろ，「自由の立場からすれば，自由の最初の定在としての所有は，それだけで独立して本質的な目的である」という点に所有の「真の位置づけ」を見出すのである（§ 45）。

人格と所有とのあいだのこのようなつながりを，近代の自然法は確立しなかった。しかも，疑いなく，それは起爆力のあるつながりである。ヘーゲルがブルジョワのイデオローグ，私的所有の弁護者のように見えてしまうのは，このつながりのせいである。「人格／所有」という概念配置の真理性に対する問いは，もちろん，この種のレッテル貼りから独立している。この配置自身が歴史的－過渡的にすぎず，しかも問題をはらんでいる，つまり，この配置が自由の現実化という外見のもとにもっぱら自由の物象化を隠している，ということであり，そのことを示しうるなら，話は別なのだが。また，たしかに所有は理性的なものであるが，だれがどの程度占有するかは偶然である，というヘーゲルが与えた制限も，理性に対する不信を生み出した。この理性は，平等要求を「悟性の抽象的な同一性」の鬼子として過小評価し，万人のための「生計」への要求を，一方では道徳的で慈悲深い願望として，他方では市民社会の事前配慮への要求として先送りする（§49）。だが他方で，「人格」と人格がもつ自由の外的領域とのあいだにある必然的なつながりについての認識に平等要求を背負わせることは，イデオロギー的に見えないこともない。そして，そのつながりの必然性に対して，ヘーゲルは，この必然性を想定しない場合，（私の意志が外的な所有物において私の身体のような「この直接的な現在と現実態のうちにない」（§48）としても）私の所有物を傷つける者が私を傷つけているのはなぜか，という点が説明できなくなることをたてに取るのである。また，そのつながりを相互的－構成的なものとする潜在的な誤解——相互的－構成的であれば，所有物をもたない者は人格でもありえないことになろう——に対しては，次のことを必ず参照するよう求めなければならない。すなわち，「人格性」は，決して「所有」によって構成されるのではなく，むしろ唯一，あらゆる規定性の捨象から帰結する自己関係を通して構成されること，つまり，人格性は自由であり，この自由からはじめて外的領域への客観化の必然性が出てくること，逆に言えば，所有から人格性が生ずるわけではないことである。

人格と所有とのこのような連結を指摘することに，ヘーゲルの所有概念にそなわる特別な功績がある。

ヘーゲルの詳細な解説——「使用」や「時効」に関しても——は，自然法に馴染みの論題を取り上げる。ヘーゲルは，「原初的な占有獲得（prima occupatio）」というトポスを，次のようなコメントによって皮肉る。原初的な占有獲得が自明であるのは，「すでに他者の所有物であるものを二番手が占有取得できないから」（§50）だが，一番手の所有権は，彼が一番手であることから出てくるのではなく，むしろ，「彼が自由な意志であるから」出てくるのである（Ig 3. 219）。所有の土台が物件に対する意志の関係のうちにある，と何度も繰り返し強調することで，ヘーゲルは，カントの超越論的な所有概念に接近する。もちろん，外的な占有取得も，身体的把握や加工，所有物の標識づけによって，たんなる意志に加えられなければならない。これによって，ジョン・ロックにとってとても重要だった加工理論は，意志規定を補足し他の諸形式によって置き換えうる外的な行いに相対化されるのである。

(3) ヘーゲルは，「所有から契約への移行」にあたってようやく，みずからの自由な意志の概念でかねてから一緒に考えている含意を明文にして言明する。「意志の定在として」の所有は，「ただ他の人格の意志に対してのみ」存在する。「意志に対する意志のこのような関係が，自由が定在をそなえる固有にして真の地盤である。」（§71）客観的精神の諸関係のうちでは，承認の契機がもともと「含まれ前提とされている」ということも，ここに明文で強調されている。このように，「間主観性」は，ある特定の段階ではじめて客観的精神の哲学に登場するようなものではない。むしろ，客観的精神のすべての形式が間主観的なものとして考えられている。——すでに所有を概念把握したように，ヘーゲルは，欲求を充足するための有用性という側面からではなく，むしろ，「自由な人格性の実在的な（すなわち意志のうちにのみ現前する）定在という理念」に発する制度として「契約」を概念把握する。契約が存在するのは，それが契約締結者に有用性をもたらすからではなく，むしろ，契約が，互いの自由な意志で成り立つ形式だからである。

すでに所有の章を特徴づけていた意志概念をこのように強調するのに応じて，ヘーゲルは，「二つの人格が共通意志の形成へと一致することのうちに」

契約の本質を見出すのであって,「履行の交換のうちには」それを認めていない (Landau 1975, 188 f.)。しかし,このような徹底した意志の強調に反して,近代自然法に支配的な伝統やヘーゲルの時代の法的実践と一緒になって,実質的な正義の原理と,契約によって一致しうる等価な履行という原理にヘーゲルがしがみつくことは,奇妙なことではない。このさい,物件の価値は,アリストテレスからの伝統にしたがって欲求で測定されており,——アダム・スミスの場合のように使用価値や交換価値という区別をされることもなく,——デビッド・リカードの価値理論のように労働量から算出されることもない。他面で,ヘーゲルが等価にこだわるさい,支配的な公益という観点を根拠にしない。むしろ,再び,個別者は,自分の意志規定によって客観的定在を獲得し,この定在の中では傷つけられない,という思想を根拠とする。「その限りで,ヘーゲルの契約論は,自然法論から基礎的な諸概念を受け入れているにもかかわらず,自然法のたんなる繰り返しではない。むしろ,この論説は,実質的な契約の正義という自然法的な思想と,私的自律性の原理との綜合なのである。」(Landau 1975, 188)

(4) よくない意味で伝統にとらわれているものとして通用しているのが,とくに,「抽象法」の第3節であり,ヘーゲルの「不法」の取り扱いととりわけ刑罰論である。ヘーゲルは,啓蒙における高名な刑罰理論家に対して妥協なき反駁をすることによって,すでにこうした評価にあずかっていた。ベッカリーア侯爵が国家に死刑の権利を認めないのは,「社会契約には自分が殺されてもいいという個人の承諾が含まれている,とは推定されえないから」である。しかし,「国家は総じて契約ではない」(§100)。そして,誤った諸前提からは決して正しい結論が導かれえないのである。これに対して,哲学者ルートヴィッヒ・フォイエルバッハの父親パウル・ヨハン・アンセルム・フォイエルバッハは,刑罰は脅迫されたものであり,犯罪者はその脅迫を知りながらも違反した,という点に国家の刑罰権を根拠づける。だが,「しかし,いったい脅迫の正しさはいかにして成り立つのか?」このことからすると,刑罰が根拠づけられるあり方は,「あたかも人が犬に棒を振り挙げるようにしてである。したがって,そこでは,人間が犬のように扱われているのであり,人間の尊厳,人間の自由という面から扱われていない」(Ig 3. 311 f.)。そして,また,ヘーゲルは,エルンスト・フェルディナント・クラインによる『ドイツ共通の刑法の原則』に対して,「不法」を「害悪」として過小評価していると非難する。犯罪も刑罰も両方ともに「害悪」と規定された場合,「すでに他の害悪〔犯罪〕が現前しているからというだけで,ある害悪〔刑罰〕を意志するというのは,当然,理性的ではないと見なされうる。[…] しかし,問題なのは,たんに害悪でも,あれこれの善でもなく,むしろ明確に,不法にかかわり,正義にかかわることなのである」(『要綱』§99)。

目的(予防や矯正)に対する相関関係から刑罰を正当化するという同時代の相対的なアプローチに対して,ヘーゲルは「絶対的」な刑罰論を代介する。処罰されるのは,不法が生じているから(「犯罪が起きたがゆえ (quia peccatum est)」)であり,(相対的な理論によるように)さらに不法が生じないために(「犯罪が起きぬように (ne peccetur)」)ではない。こうしたアプローチとともに,ヘーゲルも,彼に先立つカント同様,「同害報復の法理 (ius talionis)」という報復原理の古い表象へと逆戻りし,啓蒙の精神によって刻印された同時代の刑罰論からその背後へと退いているように見える。しかし,一方で,「逆戻り」というこうしたイメージは,啓蒙の刑罰論に同質のイメージを前提としている。ただ,こうした同質のイメージは裏づけのないものである。他方で,隠しようもないのは,刑罰を与える国家の権利を相対的に基礎づける「近代性」が,社会契約あるいは効用考量へとさかのぼることで示すことができるように,疑問の余地がないわけでもないことである (Seelmann 1987, 229-233)。すでにカントは,ベッカリーアの根拠づけを「すべてが詭弁にして曲解」(AA VI. 335) だと簡単にやっつけている。

また,フォイエルバッハによる次の短いスケッチからも,当時の議論が決して広く信念をもたれ共有されたアプローチを提供するものではなかったことが見て取れる。「ある者にとって,刑罰は,それを加えることで他者を直接威嚇することであり,他の者は,市民的刑罰を加えることに,法律によって生ずる脅迫の実現しか見出さず,第三の者にとって,

刑罰と，犯罪者に対して直接身を守ることとは，一つのことである。──そして，体系の帰結の前でたじろぐ者は，正しく確実に進むためにこれらのさまざまな理論を互いにこねあわせ，それを，感情のスープの中に浸して，簡素な刑法に対して食卓に供する。」(Feuerbach 1800b, 5) 可能な基礎づけをこのように列挙することは，簡単に増やすことができる。たとえば，「刑罰権とは，命令権者が服従者に対してもつ，その犯罪ゆえに服従者に苦痛を課す権利である」というカントの綱領的な命題も，その一つである（AA VI. 331）。

古代を思わせるこうした定式は，犯人が処罰されるのは「その犯罪ゆえである」という同じく古代風に作用する根拠づけを含んでいる。しかし，この定式化は，無反省に受け継がれた伝統の遺産なのではない。むしろ，カントは，相対的な刑罰論に対抗する，とくに一般予防ないし社会的予防の理論に対抗する，かなり考慮に値する議論を展開したのである。「裁判による刑罰を犯罪者に対抗して下しうるのは［…］，犯罪者自身のためであれ市民社会のためであれ，決して他人の善を促進する手段としてだけのことではなく，むしろいつのときでも，もっぱら犯罪者が犯罪をおかしたがゆえのことである。」(AA VI. 331) このことにより，古い「同害報復の法理（ius talionis）」，すなわち報復の掟が勝ち誇っているように見える。しかし，カントが自分の言明を基礎づけるさいに考慮したことは，単純に骨董品として片付けられないものである。「というのも，人間は，決してたんに他人の意図のための手段としてだけ扱われることができず，物権の対象のもとに混ぜ込まれることができないからである。人間に生まれつきの人格性は，物権に逆らって人間を保護しているのである。」カントがこの論証を手に入れたのは，定言命法の第二定式からである。この第二定式は，かねてより広範な賛同を得ている。「君の人格における人間性と同様に，他のどの人の人格における人間性を，いつも同時に目的として使用し，決して手段としてのみ使用しないように行為せよ。」(AA IV. 429) そして，そこから次のような結論が導かれる。犯罪者は，「犯罪者自身または同胞にとっての若干の利益をこの刑罰から引き出すことを考えるのに先立ち，前もって処罰可能と見なされていなければならない」(AA VI. 331)。「犯罪をおかすこと（peccare）」がそれ自身処罰に値するものでないにせよ，「犯罪が起きぬように（ne peccetur）」処罰することは不法である。

ヘーゲルは，所有論の場合と同様，相対的な刑罰論を拒絶する場合にも，カントに接近する。ヘーゲルは，このことにより，かつてゲーテが似たような機会で記したように，ここでカントとだけは「一つの隊列に就くに至っている」とも言えよう（JWA 1. 381）。しかし，カントとヘーゲルは，行為が一般に処罰可能であることの根拠づけの点で区別される。ここで，カントが「厳密な報復法」をもって論証するのに対して，ヘーゲルは，主として，侵害された法の回復の必然性をもって論証するのである。侵害された法は復旧されなければならない。さもなくば，法は廃棄され，その代わりに，犯罪が通用してしまうだろう（『要綱』§ 99）。侵害されて否定された法に必要な復旧を施すことは，法の侵害を否定することによってのみ生じうる。犯罪者に対して向けられる国家による強制は，外側から犯罪者に届くのではない。むしろ，この強制は，同時に，彼の犯罪がもつ裏面である。神話的なイメージで言えば，エウメニデスは眠っているが，犯罪はこの眠っているエウメニデスを目覚めさせてしまうのである。刑罰は，犯罪者に突然降りかかってくる疎遠な「害悪」ではなく，むしろ，みずからの犯罪そのものによって演出されるものである。なぜなら，犯罪とは，（超越論的な意味で）それ自体で否定的なものだからである。法の侵害「は，もちろん肯定的で外面的な現実存在であるが，この現実存在は自分のうちでは空無である」。そして，否定の否定を通して，この空無を，そうした空無として証明する必要がある（§ 97）。ただし，犯罪がすでに生じたこととして逆戻りさせられたりしないのだから，この否定は，すなわち犯罪が空無であることの証明は，犯罪が出発点とした地点で開始しなければならない。その地点とは，犯罪者の意志である。というのも，「侵害の肯定的な現実存在は，ただ犯罪者の特殊な意志としてのみ存在する」からである〔§ 99〕。

また，法のこのような侵害を侵害することによってなされる法の回復は，たんに犯罪者の意志に反したものとして，つまり犯罪者に外からやってくる強

制として考えられてはならない。犯罪者によって侵害されたそれ自体で存在する意志は，犯罪者独自の理性的な意志でもある。それゆえ，犯罪者の身に起きる侵害も，「それ自体で正当なだけではない。――この侵害は，正当なものとしては同時に，犯罪者がもつそれ自体で存在する意志であり，犯罪者の自由の定在であり，犯罪者の権利なのである」（§100）。

ヘーゲルが，刑罰だけでは足りなくて，刑罰の量定や執行にあたっての同意までも犯罪者がしていると言い張ることは，批判者たちにとって露骨なシニシズムとして映っている。しかし，ヘーゲルは，ここで，それ以外の点でみずから非難していた契約論による刑罰の基礎づけから，正当な契機を受け入れる。犯罪者に向けられる強制は，国家的な反対強制として正統であるだけではない。この強制は，外的なメカニズムにしたがって出てくるのでもなく，むしろ，犯罪者自身の理性的な意志から出てくるものである。この理性的な意志は，犯罪者のそれだけで独立して存在する意志に並存している。そして，もし犯罪者を動物へと貶めることを欲しないのならば，このような理性的な意志を犯罪者に対しても否認してはならない。ヘーゲルにとって，この論証はとても真剣なものである。この論証は，「道徳」章でも，簡単に変形された形態で繰り返される。犯罪者は，「主観として，この瞬間の個別的なものでも，あるいは，復讐の激情というこの孤立した感覚でもない。もしそうだとしたら，犯罪者は，その有害さのゆえに，また，憤怒の発作に屈服しているという不穏さゆえに，頭を殴られなければならないような動物だということになってしまうだろう」（§132。§120も参照）。

典拠：Cesare Beccaria: Dei delitti e delle pene. (anonym ^{1}1764) Milano 1977; Paul Johann Anselm Feuerbach: Revision der Grundsätze und Grundbegriffe des positiven peinlichen Rechts. Bd. 1. Erfurt 1799, Bd. 2. Chemnitz 1800a; Feuerbach: Ueber die Strafe als Sicherungsmittel vor künftigen Beleidigungen des Verbrechers. Chemnitz 1800b; Ernst Ferdinand Klein: Grundsätze des gemeinen Deutschen peinlichen Rechts, nebst Bemerkung der Preußischen Gesetze. Halle ^{1}1795, ^{2}1799.

参考文献：Karl Larenz: Hegel und das Privatrecht. In: B. Wigersma (Hg.): Verhandlungen des zweiten Hegelkongresses von 18. bis 21. Oktober 1931 in Berlin. Tübingen / Haarlem 1932, 135-148; Ossip K. Flechtheim: Hegels Strafrechtstheorie. Berlin ^{2}1975; Riedel: Materialien zu Hegels Rechtsphilosophie (1974), Bd. 2; darin 131-151: Michel Villey: Das Römische Recht in Hegels Rechtsphilosophie, 152-175; Joachim Ritter: Person und Eigentum. Zu Hegels »Grundlinien der Philosophie des Rechts« §§ 34-81, 176-197; Peter Landau: Hegels Begründung des Vertragsrechts; Wolfgang Schild: Die Aktualität des Hegelschen Strafbegriffes. In: Erich Heintel (Hg.): Philosophische Elemente der Tradition des politischen Denkens. Wien / München 1979, 199-233; Igor Primoratz: Banquos Geist. Hegels Theorie der Strafe. HSB 29 (1986); Christoph Jermann (Hg.): Anspruch und Leistung von Hegels Rechtsphilosophie. Stuttgart-Bad Cannstatt 1987; darin 55-99: Vittorio Hösle: Das abstrakte Recht, 227-237; Kurt Seelmann: Hegel und die Strafrechtsphilosophie der Aufklärung; Diethelm Klesczewski: Die Rolle der Strafe in Hegels Theorie der bürgerlichen Gesellschaft. Eine systematische Analyse des Verbrechens- und des Strafbegriffs in Hegels Grundlinien der Philosophie des Rechts. Berlin 1991; Siep (Hg.): Hegel. Grundlinien der Philosophie des Rechts (1997), 95-124; Schnädelbach: Hegels praktische Philosophie (2000), 199-218.

9.5.6. 道徳

(1) 受容史から見たとき，法哲学の第2部は，「自然法と国家学」あるいはむしろ「法と人倫」という大テーマの影に隠れている。そして，不都合にも，とくに「道徳 Moralität」という第2部の見出しの効果によって，ヘーゲルがここでいわばみずからの体系の地盤で「徳論の形而上学的原論」を提示しているという期待を解釈者たちにいだかせてしまう。しかし，その期待はかなえられない。ヘーゲルにとって「道徳」で問題になるのは，倫理学ではない。ヘーゲルの言う「道徳」は，次のような過程を踏む領域のすべてを意味する。すなわち，これは，「それ自体で存在する意志を，正確にいうと普遍的意志と直接的にただそれ自体で同一であるにすぎないさしあたりのただそれだけで独立して存在する意志を，この意志がみずからに没頭するさいの区別の面で廃棄し，この意志をそれ自体で存在する意志と同一な

ものとしてそれだけで独立して定立する」過程である（『要綱』§ 106）。それ自体で存在する普遍的意志と，それだけで独立して存在する個別的な意志とのあいだのこのような差異は，この個別的な意志によって「当為」として経験される。それゆえ，道徳の領域は，個別的な主観のそれだけで独立して存在する意志と，それ自体で存在する意志すなわち「普遍的意志」との媒介の領野なのである。したがって，この領域は，いわば「一般意志（volonté générale）」の概念的発生でもある。

「道徳」を語る意義についてのヘーゲルの解説でも，いつも適切にその輪郭線を鮮明に際立たせているわけではない。『エンツュクロペディー』第3版の第503節には，次のような註釈が与えられている。ここで，道徳的なものは，「広い意味で受け取られ」なければならない。「その意味で道徳的なものは，たんに道徳的に善いものを意味するのではない。フランス語での道徳（Le Moral）は自然物理に対立し，精神的なもの，知的なもの一般を意味する。」だが，こうした意味での道徳的なものは，おそらく「道徳的存在（esse morale）」という伝統的な概念であり，カントが自然の形而上学に『人倫の形而上学』を対立させるさいにも，依然として影響している。「道徳的なもの」は，ヘーゲルにとってたしかに，たんに道徳的に善いものだけでなく，むしろ，「善い」あるいは「悪い」という表示が有意味に使用される領野全体を意味している。しかし，この領野は，ヘーゲルからすると，非常に狭く，「一般に意志の内的なものである限りでの意志の規定性」に限定されている。だが，このような意志の規定性は，ただ「内的なもの」に閉じ込められたままではおらず，むしろ，意志は自分を「行為」において外化する。

それゆえ，「道徳」という見出しのもとでヘーゲルが提供するのは，現代的な言い方をすると行為理論であり（Quante, 1993），しかも，意志の自己規定と行為の相関関係の分析としての行為理論である。期待された倫理学を提供する代わりに，ヘーゲルは，カント倫理学からは目に入らない新種の分野の基本的特徴を構想する。そして，彼は，「それによって，19世紀と20世紀の価値自由な道徳心理学と道徳社会学を用意するのである」（Schnädelbach 2000, 224）。

「抽象法」に対して「道徳」が新たな領域を形成するのは，いま問題になっているのが，もはや外的物件における人格の自由の定在ではなく，「一般に意志における定在という意志の規定性，つまり自分の意志規定」だからである。「主観的意志が道徳的に自由なのは，これらの規定が，内的に，自分の規定として定立され，意志によって意志される限りのことである。こうした自由を伴う意志の活動的な外化が，行為である。」（第3版 § 503）

自分のうちへ立ち返って自分を内的に規定する意志として意志をそのように考察することは，「抽象法」における「人格と物件」という——抽象的な——分類を「主観と行為」という一対の概念へと拡張する。しかも，そうすることによって，前者の領域の善い意味が廃棄されることもないだろう。個別的な意志は，法において，その普遍性の側面からしか言明されず，その特殊性の側面，すなわち自分のうちへの立ち返りや自己規定の側面からは言明されない。これらは，「道徳」になってはじめて出てくるのである。自分のうちへと立ち返り，意志し行為する「道徳的な」主観は，法の領域の「人格」よりも具体的に規定される。法の領域では，主観的意志が周縁に追いやられるのに対して，「道徳」では，主観的意志がみずからの権利に達する。ヘーゲルは，まさに，「主観的意志の権利の展開」として道徳を直截に規定するのである（『要綱』§ 107）。

ただし，この主観的意志は，主観的なものという限界に閉じ込められたままではいない。というのも，それは，ある内容，つまりある目的へと向けられているからである。しかも，それゆえに，外的なものに対する主観的意志の関係は，自己関係になっている。つまり，主観的意志は，「ただ私の内的な目的としてだけではなく，むしろ，この目的が外面的な客観性を手に入れる限りでも，私の主観性を私に対して含むのである」（§ 110）。ただし，主観的意志は，こうした主観性を含むだけではなく，同時に，（つねに普遍的でもある）意志の対象として，同時に「概念の客観性」も，他の意志への関係も含んでいる（§§ 110-112）。ヘーゲルは，自分の〔手稿の〕箇条書きの中で，この領域の鍵概念を導入する。「主観的ないし道徳的なものとしての意志の外化が行為である。行為は，ここで指摘する諸規定を含んでいる。それは，（a）行為が，その外面性におい

て，私によって私のものとして知られ，(β) 当為としての概念に対する本質的関係であり，(γ) 他の人々の意志に対する本質的関係である，という諸規定である。」〔§133〕

(2) 第1節「故意 Vorsatz と責任 Schuld」(§§115-118) の中でヘーゲルが扱うのは，帰責問題のさまざまな次元である。ここで，ヘーゲルは，一面で，本来的に私の「為したこと」ではなく，むしろたとえば私の所有によって惹き起こされた事例にまで及ぶような過失や損害賠償責任といった広い概念を提供している。〔しかし，〕私の「為したこと」であるものやその結末として生ずるものの範囲は，もっと狭い。そこで，ヘーゲルは，私の「為したこと」を附帯状況抜きに帰責することに反して，「自分の為したことの中でも，自分の行為としての為したことだけを承認し，意志が自分の目的のうち行為の諸前提として知っているもの，つまり自分の故意のうち行為の諸前提となるものについてだけ責任を負う」という「意志の権利」を強調する（§117）。このようにして，故意というこの契機は，為したことという概念から行為概念を分離する。にもかかわらず，ヘーゲルは，故意の概念をたんに主観的にすぎぬものとして捉えているわけではない。この概念は，結末を含んでいて，もちろん行為の目的と直接につながる結末だけを含むもので，外面性や偶然に服する広範な結末全体を含むものではない。

ヘーゲルが暗示しているのは，ここでも，このような仕方で「故意」を根拠とした「行為」にだけ帰責することが法の歴史という過程の成果だ，という点である。ヘーゲルは，法の歴史が姿を消すのに応じて，たしかにその過程を詳細に追うのをやめるのだが，少なくとも国家的な諸関係を「英雄的自己意識」から区別する。この英雄的自己意識は，「純真さがあるために，為したこと That と行為 Handlung との区別，つまり，外面的な出来事と故意との区別，またその出来事と諸事情についての知との区別を反省すること，ならびに，結末を細分化することへは進まず，むしろ，為したことの全範囲で責任を引き受ける」のである〔§118〕。ヘーゲルは，この事例やこれに似た事例に即して次のことを簡単に指摘できたであろうに。すなわち，法の意識の形態が，アプリオリな基本モデルによって固定されておらず，むしろ，主観性がそれ自身に深化し，すなわち「自由の意識における進歩」に負っていることである。

(3) 「意図 Absicht と幸せ Wohl」という第2節（§§119-128）でも，ヘーゲルは，歴史的な区切りから出発する。近代では，動機への問いが頻繁にいだかれる。「動機については，人間の心胸に視線を向けたものだとも言われてきた。そこで前提とされているのは，行為という客観的なものと，動機という主観的なもの，つまり内的なもののあいだの裂け目である。」「この裂け目は，人間の自己意識という立場にあり，おのおのの個人においても世界史においてもともに時代を画する。」(Jg 3, 374, 378) しかし，この分離に抗してヘーゲルが強調するのは，「行為の中に自分の満足を見出す，という主観の権利」(§121)，「意図の権利」，さらに「行為の客観性の権利」である。つまり，行為の意志と行為の客観的な質という両者が，離れ離れでないことが強調されるのである。ヘーゲルは，「意図」の概念の中で，語源からも捉えうるアンビヴァレンスを指摘する。意図は，一面では，普遍的なエレメント，つまり抽象の意味でいう見渡すことを含意し，他面では，特殊なエレメント，すなわち「具体的な事柄の特殊な側面を取り出すこと」を含意する（『要綱』§119）。それゆえ，普遍的なものと特殊なもの，それ自体でもそれだけで独立しても通用する諸目的と主観的な満足は，分離することができない。したがって，ヘーゲルは，両者が互いに排除しあうだろうという見解に逆らうと同時に，ただ普遍的な諸目的のみを意志してもらいたいとの要求にも刃向かっていく。ただし，その一方で，ヘーゲルは，それと同時に，客観的目的を主観的満足の手段に貶めることに対しても攻撃を加える。というのも，主観は，自分の行為についての意図のもとでは，自分の価値を主張できないからである。「主観がなにであるかは，主観の行為の系列である。」

ヘーゲルは，主観に対して自分の行為の中に自己自身を見出し満足するという資格を付与している。そして，主観に対するこのような資格付与は，再び，意識の歴史における大いなる革命に由来するものだとする。この革命は，法の歴史の中にも反映している。「自分が満足していると見出す，という主観の

特殊性の権利は，つまり同じことだが，主観的自由の権利は，古代と近代とを区別する転回点にして中間点をなしている。無限性のあり方をするこうした権利は，キリスト教の中で言明され，世界の新たな形式の普遍的な現実的原理にされたのである。」（§ 124）

（4） 主観的自由の権利を新たな世界史的原理としてこのように際立たせることは，この原理に対立するすべての客観性を蒸発させるか，あるいは少なくとも，一つの契機へと引き下げてしまうように見えるかもしれない。だが，第3節「善 Gut と良心 Gewissen」（§§ 129-141）において，ヘーゲルは，そうした見かけからかけ離れている。「私が理性的と洞察しないものはなにも承認しないという権利は，主観の最高の権利なのだが，その主観的な規定によって同時に形式的であり，また，これに対して，主観に対する客観的なものとしての理性的なものの権利は，ゆるぎなくあり続ける。」（§ 132）したがって，重要なのは，一方の権利にとって有利になるために，他方の権利を断念させることではなく，むしろ，両者を満足させることである。そして，ヘーゲルは，意志の主観的側面と並んで外面性をも──「外的定在の偶然性」に至るまで──包括する「理念」である善の概念で，その満足を考えている。というのも，そうした満足が「実現された自由であり，世界の絶対的な究極目的である」からである（§ 129）。

このような外面性という意味での客観性より重要なのは，主観のもっとも内的な自己知，つまり「良心」に対して，それ自身で人倫的な審級として対抗してくる客観性である。たしかに，良心は，「触れることが冒瀆となるような聖なるものである。しかし，特定の個人の良心が良心のこの理念にふさわしいかどうか，良心が善いと見なしたり称したりするものが現実的にも善いかどうか，こうしたことは，この善くあるべきものの内容からのみ認識される。［…］それゆえ，国家は，良心に独特の形式をとる良心を，すなわち主観的な知としての良心を承認しないのである」（§ 137）。

良心の権利と，普遍的なものによるその権利の非承認とをこのように先鋭に対照させた背景に，ザントによるコッツェブー殺害をめぐる論争の経験があることは，疑いない（本書76頁参照）。ヘーゲルは，ここで率直に，犯人の「純粋な心胸」や「善き良心」に反して，その行為を殺人として実質的に特定し，それに応じた処罰を与える権利を国家に対して認めている。そして，疑いなくそれで当然なのである。ここで，良心は，極端に両義的なものとして示されている。良心は，自己意識が形式的に自分のうちに立ち返ること以外のなにものでもないところでも，「神聖さ」を要求する。だが，この神聖さは，良心と真なる善が同一であるところでのみ良心に属するのである。しかしながら，こうでない場合には，良心は，主観的に偏狭な状態にあって，むしろ悪である。そして，ヘーゲルは，しょっちゅう「悪へと急転しようとしているの」を見るのである（§ 139）。

ここでは，悪も，その根源を，もっぱら「神秘の中に，すなわち自由の思弁的なものの中に，つまり意志の自然態から歩み出て自然態に対抗して内面的であるという自由の必然性の中に」もっている（§ 139）。ヘーゲルは，講義の中で，「いずこより悪は来たりしか（unde malum）」という伝統的な問いにさらにより詳細に立ち入り，この問いが神話や「弁神論」の中に見出したような答えにも立ち入っている。ヘーゲルは，この伝統的な神学的方便を，原理的に不十分とみなす。「世界創造のさいに神が絶対的に肯定的なものとして前提とされた場合，ひとは，どうであれ言い逃れをして，この肯定的なもののうちに否定的なものが認識されえないとする」（Ig 3. 440）。悪の由来への問いは，ヘーゲルからすると明瞭である。善と悪は，それらの根源をもっぱら意志の中だけにもち，「意志は，その概念において善くも悪くもある」。しかも，意志は，自然的な意志であるとともに，自分のうちへ立ち返った意志でもある。というのも，自然的なものは，自由に対立しており，自分のうちへの立ち返りは，意志の普遍性に対立しているからである。

ヘーゲルは，以上のように善と悪の根源を主観性から説明することに，みずから過ちを犯す主観性の諸形態に対する批判を結びつけていく。それらの諸形態は，総体としてまず，近代世界に密接に結びつく。近代世界は，主観性の原理に対してそうした高い地位を容認する。そして，この地位は，過ちを犯

すことをそのように宿命的にし，この過ちを「もっとも難解な究極の悪の形式」たらしめる。主観は，いつでも，「義務や卓越した意図」といった肯定的な目的によって，劣悪な行為ですら正当化することができる。他の人々の前で「偽善になる」場合であれ，自分自身に対して「自分を絶対的なものとして主張するような，さらにより高い頂点になる——すなわち主観性になる」場合であれ，そうなるのである。偽善が前提としているのは，あいかわらず「特定の行為は，それ自体でもそれだけで独立しても非行であり，悪徳であり，犯罪である」ということである。それゆえ，偽善は，依然として客観的な評価基準をしっかりともっている。「しかし，諸々の行為に価値を与えるものとして善い心胸や善い意図，主観的な信念を説明しようとした場合，もはや偽善も悪も存在しない。というのも，ある者は，善い意図や運動根拠についての反省によって自分が為すことをなにか善いものたらしめるすべを心得ており，自分が為すことは，みずからの信念という契機によって善いとされるからである。」〔§140〕

たしかに，こうした見解に反駁するために，ヘーゲルがヤコービのホルマー伯爵宛書簡を引用したのは，偶然ではない（§140）。というのも，ヤコービは，たんなる主観性から善を基礎づけることに反対して，それだけで独立して存立している人倫の契機を通用させながらも（JWA 1. 129-135），時代の意識においては誤解があって，主観性という直接態へのこの種の退行，つまり「美しい魂」へのこの種の退行を代表しているからである。

ヘーゲルは，最後に，「イロニー」を，このように「自分を究極的なものとして捉える主観性」の「最高の形式」だと性格づける。こうした弾劾は，プラトンやフィヒテが免れないのはもちろんであるが，いくつかの批判的な註釈があるにもかかわらず，亡き同僚ゾルガー（本書386頁参照）も免れない。ヘーゲルは，（ロマン主義的）イロニーを次のような立場だとして特徴づける。すなわち，それは，「真理や法や義務にかんして決心し決断するもの」として自分を知り，ついには，「自分自身をあらゆる内容のこの空虚さとして知り，この知の中で，自分を絶対的なものとして知る」という絶頂にまで登りつめる立場である。ヘーゲルは，この講義において，当時の聴講者であってもほとんど聞き逃すことのないほど明瞭に次のことを言明している。すなわち，ヘーゲルは，ここで，フリードリッヒ・フォン・シュレーゲルを非難しているのであり，シュレーゲルがこの立場について主張していることは，すなわち，アウグスト・ヴィルヘルム・フォン・シュレーゲルが諷刺詩の中でとても的確に強調しているように（本書85頁参照），「ヘーゲルを悪魔に押しつけ轟かす」ものなのである。

参考文献：Karl Ludwig Michelet: Das System der philosophischen Moral, mit Rücksicht auf die juridische Imputation, die Geschichte der Moral und das christliche Moralprinzip. Berlin 1828, 新版 Bruxelles 1968; Karl Larenz: Hegels Zurechnungslehre und der Begriff der objektiven Zurechnung. Leipzig 1927; Riedel: Materialien zu Hegels Rechtsphilosophie (1975), Bd. 2, darin 201-216; Josef Derbolav: Hegels Theorie der Handlung, 217-244; Joachim Ritter: Moralität und Sittlichkeit. Zu Hegels Auseinandersetzung mit der Kantischen Ethik; Miguel Giusti: Bemerkungen zu Hegels Begriff der Handlung. HS 22 (1987), 51-71; Christoph Jermann: Die Moralität. In: Jermann (Hg.): Anspruch und Leistung von Hegels Rechtsphilosophie. Stuttgart-Bad Cannstatt 1987, 101-144; Michael Quante: Hegels Begriff der Handlung. Stuttgart-Bad Cannstatt 1993; Siep (Hg.): Hegel, Grundlinien der Philosophie des Rechts (1997), 125-192; Schnädelbach: Hegels praktische Philosophie (2000), 219-245.

9.5.7. 人倫

9.5.7.1. 人倫の概念

(1) 客観的精神の哲学の中で，分量の点ばかりでなくもっとも重厚なのが，その第3部である。ヘーゲルは，この第3部に「人倫 Sittlichkeit」という見出しをつけている。「人倫」は，「道徳」概念とははっきりと区別された概念であり，すでにイェーナ時代には，ヘーゲルの実践哲学の中心概念になっていた（本書206頁以下参照）。「道徳」と「人倫」の差異をこのように持続させているにもかかわらず，「人倫」概念の内実は，イェーナからハイデルベルクやベルリンへの途上で変化した。イェーナ時代でも，「人倫」の概念は，歴史の特定の時期である古代に決して固定されていないにもかかわらず，しかし，強烈な歴史的含意をそなえていた。それに対し

て，いまや，「人倫」の概念は，歴史に無関心な形式的概念になっている。この概念は，『自然法と国家学』に関する講義（1817/18年）以来，カントやフィヒテでもまだ見出されていなかったきわめて近代的な差異化，すなわち「市民社会」と「国家」の差異化によって，内容的に構造化されているのではあるが。このさいヘーゲルがとくに強調しているのは，もはや「人倫」の「実体的性格」ではなく，むしろ，人倫が自由から発生する点である。人倫に密接に結びつくすべての規定は，まさに自由に由来する。たとえ，さしあたり自分自身を意識せず，それゆえに真ならざる自由に由来するとしてもである。人倫は，「現前する世界と自己意識の本性となった《自由の概念》」であり，したがって，「自由の理念」なのである（『要綱』§142）。

だが，まさしく，人倫は，このような構造をもつがゆえに，それ自身で矛盾したものとして現象する。「諸々の法律や権力」といった人倫の諸契機は，個別的な主観にとって，当初は自由という性格をもたず，むしろ，疎遠で拘束するもの，いや強制するものという性格をもつ。すなわち，その諸契機は，「最高の意味で自立性，——無限により堅固で絶対的な権威と威力を自然の存在として」もつ〔§146〕。また，それにもかかわらず，その諸契機は，主観独自の所産であり，主観独自の本質の証である。その諸契機は，まさに「自然のままに」あるのではなく，むしろ，ただ意志にのみ由来するのである。客観的精神におけるヘーゲル哲学の特徴は，このように〔人倫に〕内在する矛盾した状態を強調する点にある。そして，ヘーゲルの哲学の長所は，矛盾しあう両方の陳述のいずれをも無視しないようにしなければならなくなる，あるいは，それぞれの真理性を否認しなければならなくなる，という点にある。

(2) 個別的な意志に対して人倫がこのようにそれだけで独立して存立することによって，ヘーゲルの法哲学は，近代初期の支配的趨勢に対立し，「反啓蒙主義」として現象する。人倫の諸形式がもつ堅固な権威は，契約思想を相対化し否認する。ヘーゲルの視角からすると，家族と国家を契約理論的に根拠づけることは，人倫的な契約関係と任意の契約関係との区別を消し去ってしまう。後者の恣意性は，任意の契約関係が契約締結者の数や契約の内容に無関係である，という点にすでに表現されている。すぐれて近代的な概念としての「人倫」は，自由の理念の現実態として現象する。しかし，自由がそれだけで独立して存立しているような現実態としての人倫は，個別的主観の意志のかたちで根拠づけることに対立する。ヘーゲルにとって，契約思想の居場所は，もっぱら私法の中だけにある。これに対して，人倫の諸形式は，契約を結ぶ個別的な意志の恣意的な自由処分に服するものではない。むしろ，人倫の諸形式がそうした意志の「実体」なのである。しかも，人倫の概念の諸形式は，精神的なものであるのと同時に歴史的に繰り広げることに服するのであって，それは，家族や結婚も「市民社会」や「国家」と違わない。ヘーゲルは，このことが人倫のそうした概念に対する説得力のある反駁だとは見なさないのである。

9.5.7.2. 家族

(1) 契約思想に人倫の概念をこのように対置させることが，ヘーゲルによる家族や結婚の取り扱い方を決めている。家族が契約の契機も含むことは，そのことによって否認されているわけではない。ただし，契約の契機がはじめて前面に出てくるのは，人倫的な関係が脅かされるか破壊されるかしているところでのことである。もし結婚が契約として理解されたならば，実際，契約締結者の数も契約内容も任意であろう——これは，見たところ事実ではないし，契約で解釈することの代弁者にとってもそうではないが——。それゆえ，ヘーゲルは，カントの契約主義者的な結婚理解の「恥ずべき姿」をすでに非難している『要綱』第75節に戻るように指示する。人倫に関するヘーゲルの概念は，一面で，人倫の契約論的還元に対抗するが，同時に他面で，結婚の自然主義的還元——結婚はパートナーの性差でもってすでに十分に規定された自然の関係であるかのようにいわれる——にも対抗する。両方の解釈は，一般に人倫的なものに固有の中間性格を，とくに結婚と家族に関する中間性格を誤解している。ここで言う中間性格とは，意志アクションによって構成されているが決して任意の契約関係ではなく，たんなる自然ではないのに自然的契機をもっている，という性格のことである。——もちろん，ヘーゲルは，結婚の自然

的基礎をこのように強調することによって，性別役割を記述するさい彼の時代に「自然的」と見なされていたものに従うきっかけも作った。それは，男性には，「自由な普遍性」，つまり公共性のかたちでの思想と客観的意志が割り当てられ，女性には，家族における「具体的な個別性」と「感覚」が割り当てられる，という考えである（§ 166）。

(2) さらに，もっと広いアスペクトでも，ヘーゲルは，結婚がこうした自然的契機，すなわち性差を免れることができないという当時の見方にとどまっている。もちろん，このことは，ヘーゲルにとってだけでなく今日でも一般に表象できないわけではない。ヘーゲル以降，そうした見方を断念することが，結婚の自然的契機を放棄してその精神的－人格的な性格を深めることとして特徴づけられるようになったにもかかわらずである。実際，ヘーゲルは，結婚に固有の核心を次の点に見出している。すなわち，「自然的両性のただ外面的であるにすぎない統一が」，「これら人格性の分かちえない相互献身」によって，また新たな支配的な人格性を形成することによって，「精神的なものへと，自己意識的な愛へと」転換し，つまり孤立した人格を放棄する，という点にある（§§ 161, 167）。

しかし，新たな人格のこのような形成は，人倫の一形態としては，たんに相互の約束だけではなく，儀式的なアクションや「家族や自治体」による承認を必要とする。そして，ヘーゲルは，当時の法的状況に矛盾してビスマルク時代の婚姻法の改正を先取りしつつ，次のように付け加える。「この点を考慮して教会が登場してくることは，ここでは詳論できないもっと先の規定である」（§ 164）。この規定は，ヘーゲルが国家を真の人倫として理解していることにまさに矛盾する。しかし，制度的枠組みが結婚の成就を保証せず，人倫的な関係も破壊されうるのに，ヘーゲルは，結婚を「もっぱらそれ自体では解消できないもの」として説明し，離婚の可能性に対しては，キリストさえも引き合いに出す。ところが，ヘーゲルは立法に対して次のように切望する。立法は「〔結婚を〕解消する可能性をきわめて困難としなければならず，人倫的なものの権利を可能な限りまっとうに維持しなければならない」のであり，「もっとも身近な好みというもの」に結婚を引き渡してはいけない（Ig 4. 434）。こうしたよろめきやすい好みというものを予防するために，ヘーゲルは，次の立場を論難する。その立場とは，儀式による固定化をなにか無用なもの，あるいはまったくの妨害だと説明するような立場であり，「厚顔無恥とそれを支持する悟性」（§ 164）のことである。はっきり言うなら，フリードリッヒ・シュレーゲルの『ルチンデ』（1799, KFSA V. 1-82）やシュライエルマッハーの『フリードリッヒ・シュレーゲルのルチンデについての親展書簡』（1800, KGA I/3. 139-216）を論難するのである。

9.5.7.3.「市民社会」

(1) 結婚と家族について入念にバランスをとった叙述をするさい，ヘーゲルの法哲学は，全体的にどちらかといえば伝統的な側面を示している。これに対して，人倫の第2の形態である「市民社会」の理論は，法哲学のもっとも進歩的で，影響史的にももっとも重要な要素として通用している。ただし，ヘーゲルは，いつでも読める『要綱』（1821年）ではじめて「市民社会」を取り入れたわけではない。すでに1817/18年の講義が，「市民社会」についてのよく推敲された論述を含んでいる。

ラテン語で「市民社会」に対応する言葉（societas civilis）は，もちろんそれ自身が古典古代までさかのぼる伝統的な術語である。近代初期の自然法では，ホッブズ以来，「市民社会」が「自然状態」の対立概念として機能している。人間は，自然状態（status naturalis）のもとから去って，市民社会（社会（societas）ないしは市民状態（status civilis））あるいは「国家」を創設しなければならないのである。これに対して，ヘーゲルは，こうした狭い意味でだけその術語を用いたりしなかった。「市民社会」が特徴づけるものは，みずからの私的利害を追求する諸個人が家族のレベルと国家的諸制度のレベルとのあいだに移動して相互に絡みあうことなのである。だが，それゆえに，市民社会は，もはや「自然状態」の対立概念ではない。むしろ，市民社会は，近代国家理論の中では虚構にすぎない「自然状態」がいわば歴史的現実態のある姿なのである。というのも，ホッブズが「自然状態」を「万人の万人に対する闘い」と性格づけ，そこから「市民社

会」へと脱け出さなければならないとしたのに対して，ヘーゲルにしてみれば，この「市民社会」こそが「万人の個体的な私的利害の万人に対する闘いの場」だからである（§289）。より簡潔に言えば，「市民社会」とは，以前には考えられたにすぎない自然状態のことなのである。

(2)　この転換は，挑発的に思いついてウケを狙ったたんなる洒落なのではない。ここで，ヘーゲルは，伝統的な概念に対して，それに対立する新たな意義を与えただけではない。むしろ，古典古代の政治的現実や理論にも，近代初期の政治的現実や理論にも前例のない社会生活の形式を概念にもたらしたのである。社会生活のこの形式が構築されたのは，フランス革命のあとになってはじめてのことであって，この形式は，政治生活が特殊近代において非政治的に変異したものなのである。この社会は，自分の私生活や経済的諸関係を配慮する市民である「私人（bourgeois）」（§190）の生活空間として「市民的」である。この「私人」は，「国家市民」すなわち「公民（citoyen）」に対立する。「私人」の概念には，新たに発見された領域が「市民社会」と名づけられることを術語上で正当化することが含まれる。さもなければ，「市民社会」について語ることは，術語上の悪ふざけであると格付けされかねないだろう。そして，虚構の自然状態と「市民的な自然状態」とのあいだのアナロジーは，その両方を「万人の万人に対する闘い（bellum omnium contra omnes）」にしてしまうが，国家的な秩序構造の不在の点に成り立っている。それゆえ，この新たな「市民的自然状態」に対しても，引き続き，「自然状態を脱すべし（exeundum esse e statu naturali）」というホッブズの命法が通用する（『市民論』Ⅰ）。前者の自然状態からも後者の自然状態からも脱け出て，国家へと至らなければならないわけである。

(3)　しかし，「脱すべし（exeundum esse）」という命法は，「市民社会」を見渡したとき，別の意味をもつ。市民社会は，法を免れた自然状態のように打ち捨てられてはならず，その上位に置かれた領域である本来的に政治的なもの，つまり国家によって制御されなければならない，という意味である。市民社会は，最高のものとして定立されてはならない。ただし，国家の優位は別としても，「市民社会」は，決して否定的なものとして描かれてはいない。もっとも，市民社会は，万人の万人に対する闘いであり，また，諸々の欲求を満足させることの追求を通して，「放蕩や困窮の光景を，ならびに，それら両方に共通する肉体的かつ人倫的な頽廃の光景を」（§185）示すのであるが。

しかしながら，個人的な諸欲求のこのような満足はまったく正当なものであり，そのうえ，「市民社会」は経済領域に制限されてもいない。「市民社会」は，諸個人が自分たちの特殊性の権利に気づき，「人間」として自分たちの生活を送る社会生活の領域である。抽象法におけるたんなる「人格」とも，道徳における「主観」とも区別された「人間と呼ばれる，表象にとって具体的なもの」として自分たちの生活を送るのである（§190）。ヘーゲルは，特殊性の権利をこのように承認している点に，古典古代の国家に対して近代国家がもつ決定的な違いを見出す。「古代の国家」は，「特殊性の自立的展開」によって破壊された。「個別者が自分の中で無限な自立的人格性であるという原理，つまり主観的自由の原理は，内面的にはキリスト教で芽生えて，外面的にはそれに由来して抽象的な普遍性と結びつきながらローマ世界で開花した。この原理は，現実的な精神が古代国家におけるたんに実体的でしかない形式のうちでは権利に到達しない。」これに対して，ヘーゲルは，このような特殊性にとって正当となる統一のうちに近代国家の原理を見出す。その統一は，「理性がもつ対立をまったく激しくなるまで広げさせながらも，この対立を圧倒しており，したがってこの対立の中で保たれ，この対立を自分の中でまとめている」のである（§185）。

(4)　だが，「市民社会」を安定させるのは，決して国家による外からの働きかけだけではない。当初はカオスのように見える〈諸欲求の満足〉も，「諸欲求の体系」へと組織化されていく。そして，ヘーゲルは，この「市民社会」という見出しのもとで，「国家−経済学」の洞察に手を出す。政治哲学のなかに国民経済学をこのように受容することは，19世紀の初頭ですら決して当たり前ではなかった。カントの『人倫の形而上学』（1797年）に対しては，国民経済学がまだなんの役割も果たしていない。これに対して，フィヒテは，『閉鎖商業国家』（1800年，

GA I/7)という自分の「哲学的構想」を「法論への付録」として理解するものの，そこで独自の道を歩むことになり，その道の跡を継ぐ者は見つからなかった。シュライエルマッハーの『国家論講義』（KGA II/8）にも国民経済学を受容した形跡が見出されるが，ヘーゲルほどにはさほど展開していない。したがって，マルクスが，あとになってとくにヘーゲルに目配りして彼を乗り越えようと政治経済学に対するみずからの批判を展開したことは，もっともなことなのである。

　ヘーゲルが国民経済学から受け取ったのは，とりわけ，諸欲求とその満足の領域が一つの「システム」を形成している，という洞察である。「システム」は，自分自身を組織化する全体である。そして，システムの内的な合法則性は，理論的に記述しうるし，それゆえ，システムは，実践哲学の部分領野だとはもはや理解されない。そのうえ，客観的精神の哲学というヘーゲルのアプローチは，このことに妥協している。諸欲求とその満足の領域に内在する理性は，諸欲求とその満足を分節化して「諸区別項からなる一つの有機的全体」とする。そうした区別項は，諸欲求とその満足が自然的なものに立ち返るところでも，同時に「精神から産み出される」（§§ 200 f.）。このことは，それ自身，直接的にまた自然的に現象する諸欲求に通用することである。諸欲求は，まったく「それらの欲求をもつとされた者からでは」なく，「むしろ，快適でないことに気づき，それを除去しようとする他者から」出てくるだろう。そして，ついには，「この他者が快適でないことを回避すると，快適でないことに注意を喚起する他者の利得欲望が起こり，この利得欲望から」諸欲求が出てくるだろう。したがって，欲求は，結局のところ，満足を得たい「主観的な恣意の，私見の事柄」なのである（Ig 3. 593, 4. 492）。

　このように諸欲求が社会的に媒介されている状態は，次の事態を納得できるようにする。すなわち，自分の私的利害関心を追求しているように見える者が，まさにこのことによって，全体の福祉に貢献している，という事態である。こうした事態は，自分自身を調節するシステムへと経済的領域を高める「見えざる手」（アダム・スミス）の演出のおかげである。「主観的な我執」は，「すべての他人の欲求を満足させることへの貢献」に変貌するわけである（§ 199）。それゆえ，「市民社会」とは，次のような領域である。市民社会において，諸個人は，互いに闘っているにもかかわらず，みずからの生計を立てるだけでなく，むしろそれと同時に，全体の「幸せ」を実現しているのである。ヘーゲルは，こうしたシステムの性格をもつ条件を「市民社会」が三つの経済的な「諸身分」——実体的ないし直接的身分，反省的ないし形式的身分，普遍的身分，つまり農業，営業，公務員——へと差異化する点に見る。ヘーゲルからすると，この分節化は，たんに事実的なものではなく，むしろ，なにかそれ自体で理性的なものである。というのも，自分自身を組織化する「システム」は，内部での差異化なしにはありえないからである。ただし，それらの諸身分への所属は，ヘーゲルにとって，固定したものではない。この所属は，たしかに「自然的なもの，誕生，諸事情」に制約されている。「しかし，最終的で本質的な規定は，主観的な私見や特殊な恣意の中にある。」（§ 206）

　(5) しかしながら，「市民社会」は，このような「欲求の体系」に制限されるわけではない。ヘーゲルは，内部調節するさらに広汎な構造を市民社会に認めている。その内部調節は，まず第1に，「司法活動 Rechtspflege」である（§§ 209-229）。「国家主義者」ヘーゲルが司法活動を国家権力の一つと考えず，「市民社会」に組み込んでいることは，奇異な感じをかき立てた。これには，相関的なものの領域そのものが，「普遍的に承認され意識され意志されるものだという定在を法に与える」（§ 209）という論拠がある。したがって，その法は，「外部」すなわち「上位」，つまり国家の領域からはじめて「市民社会」に侵入してくるようなものではなく，むしろ，市民社会そのものの中で生まれるのである。しかし，この法も，市民社会の中で言明され，周知徹底されなければならない。それゆえ，ヘーゲルは，現実の中に前々からいつも現前している「理性的な」法の法典編纂を擁護する。しかし，そうした擁護は，とくに，名前を伏しているけれども，フォン・サヴィニーが法典編纂に敵対したことに対するきわめて露骨な批判にとどまるものではない（§ 211）。『プロイセン国家のための一般ラント法』（1794年）をフォン・サヴィニーが拒絶したことに

反対して，ヘーゲルは次のことを強調した。諸国民に法典を与える支配者，とくに，体系的に整理された「ラント法」を与える支配者は，「諸国民に対する偉大な善行者になるだろう」。しかも，この法典が「完成」し修正不能になることなど決して求めることができないとされる場合でも，その見解は通用する（§§ 215 f.）。ヘーゲルが強調したのはこのことであった。いずれにせよ，法律の諸形式が事実の生活形式に結びつき，法の展開が社会の展開に結びつき続ける限り，完成は不可能である。それゆえ，シュネーデルバッハからすると，「ヘーゲルの司法活動論は，近代的な法社会学の前史に」属するのである（Schnädelbach 2000, 284）。──ここでさらに，ヘーゲルは，領主裁判権の強化へと向かう復古的趨勢に抗して，「司法活動の公開性」と「陪審裁判」を求める同時代の要求を自分のものにしている（§§ 224, 228）。

（6）ヘーゲルは，「司法活動」と並んで，「市民社会」のより広汎な領域を「ポリツァイ Polizei」と「コルポラツィオーン Corporation」に割り当てる（§§ 230-256）。ヘーゲルがここでポリツァイを扱っていることは，それほど驚くにあたらない。ヘーゲルが「ポリツァイ」という18世紀に属する古い概念に一目置くのは，とりたてて犯罪に対する安全確保だけを担当する審級としてではなく，むしろ，全体の繁栄を配慮することを──「監視と事前配慮」を──ひっくるめて担当する審級としてである（§ 235）。ここでもヘーゲルにとって問題となるのは，決して犯罪撲滅のことだけではなく，「市民社会」の内部のダイナミクスが解き放ってしまう誤った経済発展に対して治安維持に必要な是正を施すことである。市民社会は，富を増加させる一方で，他方では，「特殊な労働の個別化と制限を，したがって，労働に結びついたこうした階級の依存性と困窮を」増大させる。市民社会が生産する「富が過剰な場合」でも，市民社会は，「貧困の過剰と賤民の発生を操る」のに十分なほど豊かではないのである（§§ 243, 245）。

ヘーゲルは，このような誤った発展に対して，「ポリツァイ」だけでなく「コルポラツィオーン」も定立する。コルポラツィオーンは，以前挙げた三つの身分による，とくに営業の身分による，仲間意識をもった職業身分的な組織体である。そうでもしなければそれだけで独立して孤立してしまう営業というものが人倫的になるという課題を，ヘーゲルは，コルポラツィオーンに担わせる。それゆえに，コルポラツィオーンは，家族と並んで，「国家の第二の根，すなわち，市民社会に基づいた人倫的な根」と理解されるのである（§ 255）。ところが，ヘーゲルは，逆コースで，コルポラツィオーンの監視を国家に割り当ててもいる。「というのも」，かつてのツンフトの場合のように，「こうしたものは，しばしば頑なになり，自閉してしまうからである」。また，「ツンフト精神は，心情の面でも法的側面でもひじょうに狭量になりうる」。したがって，コルポラツィオーンでも同様である。「しかし，これらの不都合は，本質には関わらない。つまり，事柄そのものの内的な正当さには関わらないのである。」(Ig 3. 711, 4. 628 f.)

（7）しかし，結局，「市民社会」に内在するこれらの諸制度──「ポリツァイとコルポラツィオーン」──は，市民社会に由来する誤った発展を制限するには不十分である。そのため，威力をもつ普遍者としての国家が必要になる。国家が「市民社会」に対して有益であるからといって国家を正統化する，ということをヘーゲルが頑として避けているとしても，国家は必要になる。もっとも，今日では，ヘーゲルの目指した国家の優位というものが，他の観点からとてもドラスティックに描かれていた「市民社会」のダイナミクスと折り合わないように見える。「市民社会」は自分のうちに，伝統的な経済基盤である家族をすでに吸収している。「市民社会」は，家族という紐帯から個人を引きずり出し，「家族の成員相互を疎遠にし，彼らを自立的な人格として承認する」。このような承認によって，個人は，両親の息子である代わりに，「市民社会の息子になる」のである（§ 238）。市民社会は，「恐るべき威力」であり，この威力は，「人間を自分のものとし，人間に対してこの威力のために労働するよう要求し，すべてがこの威力を通して存在し，この威力を媒介として行うよう要求するのである」(Ig 3. 700)。まさにその間，「市民社会」は，ヘーゲルによって指定された，国家に対する従属的関係を逆転し，国家も自分の利害を貫徹するための道具にしてしまって

9.5.7.4. 国家

(1) ハイデルベルク時代とベルリン時代のヘーゲルにとって，人倫の完成形態は，国家であって，もはや「国民 Volk」ではない。「国民」は，ヘルダーやロマン主義に影響を受けたイェーナ時代の構想で使われた。「国民精神」といういくども議論された概念も，ベルリン時代の法哲学では——歴史哲学の場合と違って——体系の中にもはやなんの位置も占めていない。国民精神という概念が見出されるのは，アテネを指示することに関連して一度しかない（『要綱』§257）。複数形のものを含めても，3度にすぎない。国民概念からのこのような決別には，次のようなさまざまな動向が集約されている。まず，体系を実体的な存在に方向づける代わりに意志の概念へと方向づけること。次に，政治的な領域をより堅固に法制化すること。また，この法制化と結びついて政治的な領域を「有機的に」構造化すること。このとき，国民概念は，その生物学的な含意に基づけば有機体概念と結びつくように見えるとしても，そうした意味の国民概念で素直に「有機的な」構造化が考えられたわけではない。そして最後に，ロマン主義に対して距離をとること。とりわけ国民国家へ向けた要求やドイツへの心酔といった当時の現象形式に対して距離をとること。これらが，国民概念との決別をめぐる動向である。この動向とは反対に，ヘーゲルにとっては，国民は，いまや自然的な統一なのであって，政治的な統一なのではない。まさに国民がもつ政治的分肢を考慮しないならば，「国民についての粗雑な表象」しか国民には残らない（§279）。それゆえ，国民ではなく，国家こそが「人倫的理念の現実態」である。国家は，直接的な現実存在のうちに存立する「習俗」と，個々人の自己意識との統一である。個々人は，国家を自分の目的として知ると同時に自分の活動の産物としても知り，この点に自分の自由をもつのである（§257）。もちろん，ヘーゲルは，ここで，その生産がどのように理解されるべきか，という点をかなり厳密に明確化する。「自由に関しては，個別性，つまり個別的な自己意識からではなく，むしろもっぱら自己意識の本質から出発しなければならない。自己意識の本質は，それを人間が知っているか否かにかかわらず，自由である。また，自己意識の本質は，自立的な権力として実現されるのであって，この権力においては，個別的な諸個体は契機にすぎない。」(Ig 4. 632)

(2) ヘーゲルの国家概念に対して頻繁に湧き起こる嫌疑が，もっぱら国家の諸契機の一つ，すなわち普遍性の契機に向けられていることは，特徴的である。しかしながら，ヘーゲルにとって，国家であることの目印は，普遍性と個別性の媒介のうちにある。国家がもつ「理性性」の実質は，「普遍性と個別性とが相互に浸透する統一にある。ここで具体的に言うなら，内容からすると，客観的な自由，すなわち普遍的で実体的な意志と，個体的な知であり自分の特殊な諸目的を追求する意志である主観的自由との統一にある。——それゆえ，形式からすれば，思考されたすなわち普遍的な法律や原則にしたがってみずからを規定する行為との統一にある」（§258）。そして，この統一は，ヘーゲルにとって，直接的なものではなく，むしろ古典古代から出発した国制史的展開の帰結である。「近代国家の原理は，主観性の原理が人格的特殊性という自立的な極点として完成することを許すと同時に，実体的統一のうちへとこの原理を連れ戻し，そのようにして主観性の原理そのもののうちに実体的統一を保つ，というおそるべき強さと深さをもっている。」（§260）「個別者そのものの利害が究極目的」であるという考え方からすると（§258），もちろん，普遍性と個体の「合一」をヘーゲルが強要することは，個体の不可侵性に背くことであるかのように見える。これに対して，ヘーゲルからすれば，個別者へのこのような固執は，現前する普遍者を捨象することで贖われている。したがって，個別者への固執は，たんにリアルでないだけではなく望まれる価値すらない政治的幻想なのである。

ヘーゲルが国家に神的な名誉を付与したことに対しては，よりいっそうの反論が加えられる。だが，そうした神的な名誉が通用するのは，一方では，国家のたんなる——したがって抽象的な——普遍性に対してではなく，むしろ，普遍性と個別性とのまさにそうした媒介に対してのことである。つまり，

個体が国家のうちで自分を知り，自分を自由なものとして知ることに対してのことである。他方で，ヘーゲルは，講義の中で，「現実的な神」はなにか特殊な国家ではなく，むしろ現実態と知との統一という原理としての「理念」である，と強調している（Ig 4. 632）。さらに，神的な名誉をこのように要求することには，望ましい政治的な効果がある。すなわち，国家にとって外的な宗教的諸目的の下に国家を直接的に従属させようとする復古の目論みを封殺する政治的な効果である。「現実的な神」としての国家は，宗教に奉仕する道具にはされえないのである。このことは，ホッブズにとって，国家を「死せる神」（『リヴァイアサン』XVII）として顕彰することが教会の支配要求に対して国家の独自性を強調することだったのと似ている。そして，最終的には，このような国家の「神性」がなにを意味するのかが，厳密に検討されなければならない。国家は，もはや超越しえない究極的な真の現実態である。しかし，このように明確化しても，ヘーゲルの表現の仕方は，政治的な領域が宗教的な根拠づけの段階からようやく徐々に解き放たれつつあった時代の名残であることを隠しきれない。ヘーゲルの時代に挑発的に聞こえたものは，世俗的な国家の時期になると，過去のさまざまな時代への先祖返りとして現象するのである。

(3) ヘーゲルは，近代国家の概念を認識するために，おおかたの予想に反してルソーをもち出す。予想に反してというのは，ヘーゲルは，ルソーの抽象的な自由概念を理由にしてたいていはルソーを批判しているからである。それなのに，ヘーゲルは，このさい，次の点がルソーの功績だと顕彰するのである。それは，「（たとえば社会性衝動や神的権威などのような）たんに形式の面だけでなくむしろ内容の面でも思想である原理，しかも思考そのものである原理を，すなわち意志を，国家の原理として据えた」という点である。にもかかわらず，ヘーゲルは，ルソーが意志を誤って捉えた，つまり個別的な意志として捉えた，と非難する。また，他面では，ルソーが「普遍的意志」を「意志のそれ自体でもそれだけで独立しても理性的なものとしてではなく，むしろ意識されたものであるこの個別的な意志から現れ出る共通なものとしてだけ捉えた」と非難する（§ 258）。

ヘーゲルは，わずかだが決定的なこの言葉で，近代国家の発生がもつ逆説的な性格を素描している。近代国家は，思考に，意志に，したがって「主観性の原理」に端を発する。それゆえ，個別者は，和解したものとして国家の中に自分を見出すことができる。しかし，国家は，自分自身を意識した思考や意志にそのまま端を発するのではなく，むしろいわば「自己意識の背後」に端を発する。そのため，国家は，なにか自然的なものと見なされたとき，近代国家の思想にあてはまらなくなる。つまり，理性的な意志から現れ出るとは見なされなくなるのである。しかし，国家が自己意識的な意志の産物として理解されているときにも，それに劣らず同様のことが起こる。そのさい，当然ながら，国家は，契約というものからすると，私法のモデルにしたがって個別者の明示的な同意のおかげであるかのように見える。そして，ヘーゲルは，フランス革命という「恐るべきドラマ」を上演したアンビバレントな結論がそのような誤解に端を発すると見る。「現実的な大きな国家の国制は，存立しているものや所与のものをすべて転覆するとともに，いまやまったく最初からまた思想から始めて，思い込みの理性的なものだけを土台に据えようと意志する。その一方で，あるのは理念なき抽象物にすぎないため，この抽象物によって，もっとも恐ろしくどぎつい事件が試みられたのである。」〔§ 258〕フランス革命へのこうしたアンビバレントな評価は，ヘーゲルのベルン時代の手紙（本書17頁参照）から最晩年における意見表明に至るまで変わらなかった。

(4) ヘーゲルは，「国内法」のタイトルのもとで，国家の体制構造に論及する。1819/20年の講義以降は，このタイトルを，「それだけで独立した内部国制」と「外国に対する主権」へとさらに細分化する。「国内法」の論述は，ほぼ全体が「内部国制」に，つまり国家の三つの権力の提示に割かれるから，この細分化は，まったく非対称的であるのだが。ただし，ヘーゲルは，国家の基礎に関する一般的な詳論をそれらの前置きとしている（§§ 260-271, 272-274）。この詳論では，国家にとっての中心的な課題，すなわち，普遍性と個別性の媒介，「普遍的な究極目的と諸個人の特殊な利害」の媒介，そして，必然

性と自由の媒介が再び取り上げられ詳しく論じられている。たとえば，「政治的な心情」と，「国家の有機組織」ないし政治体制との二重構造が論じられるわけである（§§ 267 ff.）。ただし，ヘーゲルは，「政治的な心情」と「国家の有機組織」の中に，理念がもつ同等に根源的で同等に正当化される二つの契機を見ているわけではない。なぜなら，ヘーゲルは，「理性性が現実的に現前する国家のうちで存立する諸制度の帰結」（§ 268）として，「心情」――あるいは一般的な意味でいう「愛国心」――を理解しているからである。この場合，ハーバーマスのいう「国制を愛する心 Verfassnugspatriotismus」というスローガンは的外れではない。「国制 Verfassung」で理解されているのが，編纂された「基本法」ではなく，むしろ，理性的に分肢化された存立する国家の現実態でしかない以上，そうである。この現実態は，国家を安定させる契機を「心情」の中に再び生み出す。「国家は（しばしば表象のうえでは）権力を通してまとまっているが，国家を支えているのは，万人がもっている秩序についての基本感情である。」（Ig 3.725）

このような秩序が現実に存立していることは，ヘーゲルにとって決定的である。それゆえ，ヘーゲルは，次のことをたしかに容認する。すなわち，「最高に重要なことは，新たな時代において，国家についてより明確な直観が普遍的にもたれていること」である。「つまり，国制を作ることが最高に普遍的なことになった。しかし，それについては，まだ決着をみていない。」（Ig 3.744）このように述べながら，ヘーゲルは，「だれが国制を作るべきか？」という問いが「無意味」であることにまったく疑いを挟まない。というのも，国制は，「作られたもの」ではなく，むしろ「端的にそれ自体でもそれだけで独立しても存在するものであり，それゆえ，これは，神的で持続するものとして，作られたものの領域を超えたものとして考察されなければならない」からである。しかしながら，国制にふさわしい書き直しを決して妨げたりしないものとして考察されなければならない（§ 273）。それゆえ，ヘーゲルは，ルソーのいう「立法者（législateur）」，つまり賢明な立法者という古典古代にまでさかのぼる表象に刃向かい，それと同時に，ナポレオンによる国制の独裁にも刃向かう。このような抵抗に伴ってくるのは，「思想物」しか帰結しえない理性法的に「作ること」に対して，歴史法学派が示した抗議に類似する論証である。

国制にふさわしい秩序が現実に存立するのを強調することに対しては，二次的に，次のようなさらなる問いが生ずる。すなわち，こうした国制が文書として編纂されるのかどうか，という問いである。今日では「リベラル派」と見なされている国家学者ですら，1830年代でもまだ，成文憲法を望む声にあまり理解を示していない。たとえば，シュライエルマッハーは，そうした切望に対して，こんな「紙には〔国制を〕保証する意味が付与されない」と論駁している（KGA II/8. 585）。言い回しとしては似たようなかたちで，ほどなく，プロイセン国王フリードリッヒ・ヴィルヘルム四世は，以前の憲法制定公約を履行することを拒絶する。国王は，自分と国民とのあいだにこうした「紙」があることを望まなかったとされる。憲法編纂要求に対してそのように距離をとることには，たとえば国王が行った憲法制定公約の不履行に対するご都合主義的な順応が言明されているわけではない。むしろ，そのように距離をとることは，憲法編纂が決定的なものではない，という政治的経験の表現である。というのも，当時，すでに編纂された憲法をもっていたフランスのような国々は，編纂された憲法が政治的な諸関係の安定を保証する，という印象をまったく伝えていなかったからである。これに対して，イギリスは，成文憲法なしでも，いっそうしっかりした安定というものを示している。それにもかかわらず，ヘーゲルは，憲法編纂が有利になるような選択をしたが，もちろんこれは，暗黙のことであったにもかかわらずバレバレであった。そうした選択は，たとえば，フォン・サヴィニーが民法編纂を拒絶したこと（その背景には憲法の編纂が控えていた）に対する論駁，そして，フォン・ハラーが示した「法律への憎悪」に対する論駁にみられる（§§ 211, 258, 本書363頁参照）。

(5) ヘーゲル国家論の構造原理は，権力分割にある（§§ 272-320）。しかし，ヘーゲルが権力分割に与えた形態は，当時すでに明確に形造られ今日まで国制の現実を規定しているような形態とは――しかも形式的な観点からみても実質的な観点からみて

も——隔たっている。ヘーゲルは，権力分割を，「最高に重要な規定」だと評価する。「すなわち，権力分割は，その真の意味で受け取られているとすれば，正当にも，公的な自由の保証として考察されうるだろう。［…］——というのも，権力分割のうちには，まさに，理性的な規定性という契機があるからである。」（§272）しかしながら，「権力分割」という話題は，それによって「諸権力相互の絶対的な自立性」が言明されているかのような，悟性による誤った連想をすでに呼び起こしているとされる。そして，そのように誤った連想の末路は，フランス革命の例が教えているように，「国家の破壊」であろう（§272）。

ところで，権力の分割に対する以上のような留保をヘーゲルが挑発的に言明したのは，シュライエルマッハーのものと異ならない（KGA II/8. 539）。いずれにせよ，疑いないのは，現在の国制の現実でも，諸権力の画然とした分割が成立しているのではなく，むしろ，その差異化が成立しているにすぎない，ということである。この差異化によると，たとえば，行政権の首長が立法権によって選ばれることを許容する。司法権にも類似のことが言える。さらに，法律立案の主導権も実例となる。すでにこれらのことによって，ヘーゲルが危惧していた権力間の「闘い」は，ヘーゲルのいう意味で完全に阻止されている。しかし，それよりも，ヘーゲルのモデルが求めているのは，もっと先に進んだ媒介である。「それらおのおのの権力自身がそれら自身のうちで総体性であるのは，それらが他の諸契機をみずからのうちに実効性をもって具え維持することによってである。」（§272）個々の権力についてのヘーゲルの描写は，この原理の現実化を立証しようとする。そのさい，ヘーゲルが直面したのは，彼のいう三権が，当時の標準的な三権と実質的に区別されていることである。

当時，諸権力の区別は，たとえばカントの『法論』やシュライエルマッハーの『国家論講義』からうかがわれるように，立法・行政・司法という三区分として——すでにこれらが支配的であったとしても——まだ固定されていない。ヘーゲルは，複数の権力を恣意的に数え上げていくことに逆らう一方で，概念の諸契機を尺度にしながら諸権力を繰り広げようとする。立法権と執行権は，「普遍性」と「特殊性」に対応するだろうが，司法権は「概念の第三項ではない」とされる。「というのも，司法権にとっての個別性は，諸権力の領域の外側に位置するからである。」（Ig 3. 748）ヘーゲルは，司法権を「君主権」と取り替える。今日では怪しげに見えるこうした処置によって，ヘーゲルは三つの問題を同時に解決する。概念の論理的な構造を政治的な現実態の構造としても示し，三権の形態を立憲君主制の要件に適応させ，概念による正統化という見かけを立憲君主制に授けるのである。まさにその当時，他の諸権力を合一するという，国制にみあった「権力」を君主が具現することは，疑われていなかった。君主を三つの権力の一つとして概念把握しないならば，君主を〈より高い秩序の権力〉として，つまり〈他の諸権力を越える権力〉として規定しなければならないだろう。これは，ほかに劣らずひどく怪しげなことになるだろう。

このように司法権を「君主権」と取り替えたことは，再び多くの批判を惹き起こした。そうした批判を強めたのは，やはり，ヘーゲルが三つの権力を通常の論理学的順序では扱わずに，「個別性」たる君主権から始めて，特殊性（行政権）を通って普遍性（立法権）へと進んでいったという事情であった。もっとも，こうした順序の問題は，主要には叙述の問題であって，政治的に正しい態度の表現ではないだろう。とくにヘーゲルの場合，第三のカテゴリーは，まさに本来，先行するカテゴリーの根拠として示される。それゆえ，その配置換えは，むしろ，君主権から勢力を剥奪することと等しい。この配置換えは，プロイセンの国家哲学とも，「カールスバート決議」とも関わりがない。というのも，ヘーゲルは，すでにハイデルベルクでの1817/18年の講義で，こうした「カテゴリーの交替」に着手していたからである（V 1. 200）。

ヘーゲルからすると，立憲君主制は疑いなく最高に展開した国家形式である。シュライエルマッハーにとっては（KGA II/8），そういうことにならない。また，まさしくフランス革命に注目し，したがって「テロル」に注目したことに端を発した一般にヘーゲルの時代の国家哲学にとっても，そういうことにならない。にもかかわらず，ヘーゲルはそう見るの

である。それにしても,「テロル」は,自由の現実化に対立するから,決して最高の国家形式ではない。むしろ,まさに君主体制こそが,自由の確保にもっとも適したかたちで現れる体制なのである(§286)。これは,当時の政治状況を考慮すれば,不当ではない。だが,ヘーゲルが「君主権」を通常と異なる仕方で扱ったことは,ヘーゲルが成し遂げたことの両刃の剣を鈍らせる。たしかに,ヘーゲルは,君主の地位をふさわしく取り上げている。まさに,その地位が「神的権威に基づくものとして君主の権利を考察する」「表象」に近いものだと見なしている。だが,ヘーゲルは,「しかし,どのような誤解が神的権威に結びついているかは,よく知られている」(§279)と続ける。国家の業務は,「外的で偶然的な仕方で」しか「特殊な人格性と結びついて」おらず,「それゆえ私的－所有物である」ことができない,という点を強調することで,王政復古に反対するのである(§277)。「主権」は,その現実存在を君主という人格性のうちにもつが,その主権は,国家の主権である(§§278 f.)。人格性の契機の中には偶然性の契機や自然態の契機もある。したがって,「君主の尊厳を規定するのは自然的な出生」だとされる。以上のような君主権の理解は,今日でも欧州連合(EU)に少なからず存在する君主制でも違わない。そして,この理解は,ヘーゲルにとって,形式的な「決定の頂点」だけを問題とすることと分かち難く関連している。「したがって,君主制として必要なことは,『然り』と言う一人の人間をもつことである。」君主の「われ意志す」は──君主である以外は選挙された大統領の意志と違いがないが──,もっぱら法律の客観的側面に効力を与える。その「われ」は,「Ｉの上に点を」置く。「というのも,その頂点は,性格の特殊性が意味をもたないように存在すべきだからである。」(Ig 3. 764)──ファルンハーゲンが日記の中で次のように伝えている(1840年1月9日,Bd. 1. 161)。ヘーゲルの学説はとくに以上のような主張をするから君主制・宗教・人倫の地位を掘り崩してしまう,という告発に対して,国王[1]は,ただ嘲りながら,「だとしたら,いったいヘーゲルはいつになったらそうしなくなるのか？」と答えた。コゼレックは,この返答の中に,君主の当時の立場が適切に特徴づけられていると見

る。「官庁が君主を強制できなかったとしても,君主は行為を止めえた。しかし,内閣の同意が確実でないことには,君主は行為できなかった。」(Koselleck 1975, 278)

1) プロイセン国王フリードリッヒ・ヴィルヘルム三世(1770-1840, 在位1797-1840)。

(6) ヘーゲルは,「統治権」の行使に対しては,君主に対するのとは異なって,「資格」の証明を求める(§291)。また,同様のことは,一般に「国務」についても,つまり公務員についてもいえる。当時,公務員は比較的新しい現象であり,ヘーゲルは,「公務員の社会学にとって注目すべき近代的テーゼでもって」(Schnädelbach 2000, 317)それを概念に取り入れようと試みた。ただし,ヘーゲルは,公務員と政治的な同盟を結ぼうと努力もする。なぜなら,公務員は,三月革命以前の早期には,さまざまな復古勢力に抗う進歩的要素を形成していたからである(Koselleck 1975, 263, 387-389)。

(7) 最後に,ヘーゲルは,みずからの媒介プログラムにしたがって,「立法権」の中に君主制的要素と統治権も作用しているのを見出す。しかしながら,立法権を描写するさいの核心をなしているのは,議会と代表制に関するヘーゲルの学説である。そして,これをひっさげて同時代の論争の場に入りこめば入りこむほど,ヘーゲルの学説は,今日では,古風なモデルという外観を呈してしまう。身分制議会の代表制は,国民代表制や政党民主主義に取って代わられているからである。

もっとも,ヘーゲルの国家論は,政党原理を知らない。それは,現在の意味での政党が存在していなかったという,ヘーゲルにとっての政治的環境と一致している。これに対して,国民代表制のモデルは,フランス革命以来,ヘーゲルにとって親しみあるものであった。しかし,ヘーゲルは,たいていの同時代の人々と一緒になってそのモデルを拒絶している。同時代の有機体思想を背景にしつつ,国民代表制に反対するために原理的にも実用的にも論証を積み重ねたのである。国民代表制は,原子論的であり,抽象的な個人に依存するものである。国民代表制は,投票に対して無関心になるよう誘導し,それによっ

て，本来は全体に結びついているべき利害関心を，唯一の党派の偶然的な利害関心が優越するように誘導する。国民代表制で勘違いされている普遍性は，いたるところで，理性に逆らう選挙資格財産調査によって制約されているとされ，この選挙資格財産調査は，投票能力を生涯年金と関連させるという。むしろ，全体の「有機的な」分肢にとって正当であるといわれる代表制は，身分制議会のかたちでの代表制であらざるをえないといわれる。代表者であれば，まさに，「個別者たち，つまり大衆の代表者という意味での代表者ではなく，むしろ，社会の本質的な諸領域の一つの代表者」であり，「大きな利害関心」の真価を発揮させるべきなのだろう。

議会論ほど明らかに古風に見える部分は，法哲学では少ないといえる。ヘーゲルは，以前にヴュルテンベルクの地方議会についての記事で鋭く批判していた古い封建制議会を復権しようとしていたわけではないにもかかわらず（本書342頁以下参照），そう見えるのである。ヘーゲルは，政治的な議会において，「主観的で形式的な自由の契機が，つまり公共的な意識が，多くの者の見方や思想という経験的な普遍性として」現実存在に至ると見る。政治的な議会は，「特殊な領域や個人に分解した国民」と政府とを「媒介する機関」として位置する（§§ 301 f.）。それ以外に，これには，「多くの者が参与するようにもなり，経験的普遍性が参与する権利を手に入れ，つまり主観的自由の契機を手に入れる」という意図的な効果も伴う（Ig 4. 706）。しかし，ヘーゲルは，1817/18年の講義の中で，以上のような媒介を越えて，さらにより広い任務を議会の会議に与えている。すなわち，その任務とは，「統治権に対するコントロール」である。さらに，このコントロールを図るために，「野党」も議会の会議の「主要契機」だと見なすのである（V 1. 226 f., 240）。

しかし，議会によって媒介された政治生活への参加，つまり「ともに知り，ともに審議し，ともに決議すること」（§ 314）は，はっきりと分離した二つのレベルでも生じることである。たしかに，ヘーゲルは，「市民社会」の職業身分が国家の領域でいわば変異したものとして，政治的な議会を構想する。もっとも，「自然的人倫の身分」の場合には，出生によって優遇された長子相続権者が農民の地位に代わり，独自の「院」——すなわち「貴族院」——を形成するという（§§ 305-307），独特な区別がある。ヘーゲルは，「〔議会に〕出席（現象）するための」権限をこの第一身分に対して十把ひとからげに付与する（§ 308）。これに対して，「身分制議会の要素の他の部分」では，代表制の問題が登場する。（残りの本来的な）「市民社会」は，そこに属する人々が大勢なため，代議士によって代表されなければならない。そして，ヘーゲルは，君主権による召集に応じてその代議士団を組織させる。この組織は，「もともと設立されている同業組合・地方自治体・職業組合」（§ 308）というかたちで市民社会に現前する分肢化に依拠している。

ヘーゲルは，以上のようにして，身分制議会の代表制がもつ当時のかたちを大まかな輪郭で描いている。そして，この場合，プロイセンのことをまったく念頭においていないだけではない。当時の国制は，圧倒的に身分制議会のものである。スウェーデン国会の古い身分制議会が四分肢であったとか，イタリアにおいてナポレオンが公布した国制が「地主層（Possidenti），職人層（Dotti），商人層（Merchanti）」という区分を伴っていたとか。また，「大きな利害関心」（§ 311）を代表することを求めるヘーゲルの要求は，言葉のうえで，イギリス下院の構成に関して彼が与えたコメントを思い起こさせる（GW 16. 365, 361）。しかしながら，ヘーゲルは，「君主権」を構築する場合とは異なり，ここではもはや，特定の国制規定を「概念」によって正当化するというみずからの要求に応えようとしない。こうした要求は，すでに二院制のところで挫折しているだろう。ヘーゲルは，ただ実用的な考慮によって，二院制を正当化するのである。たしかに，ヘーゲルは，我が物顔で，「進歩的」な要求，たとえば「議会討論の公開」といった要求をしており，しかも，「世論」のもつアンビバレントな意義を指摘してもいる（§§ 314-320）。それにもかかわらず，ヘーゲルの議会論は，事実的なものを理性的なものへと美化しようとしているのではないか，という嫌疑をかけられたままになっている。そうであっても，ヘーゲルのモデルに従った場合，今日の国会におけるよりは，住民の多様性がより広範に代表され，「大きな利害関心」がよりごまかしのないかたちで代表さ

れるであろう，という点は，当然，進歩にとっての
イロニーとみなされなければならない。

参考文献：Karl August Varnhagen von Ense: Tage-bücher. Bd. 1. Leipzig ²1863; Trott zu Solz, Adam von: Hegels Staatsphilosophie und das Internationale Recht. Göttingen ¹1932, 新版 1967; Riedel: Bürgerliche Gesellschaft und Staat. Grundproblem und Struktur der Hegelschen Rechtsphilosophie. Neuwied / Berlin 1970; Riedel: Materialien zu Hegels Rechtsphilosophie, Bd. 2 (1975); darin 247-275: Riedel: Hegels Begriff der »Bürgerlichen Gesellschaft« und das Problem seines geschichtlichen Ursprungs, 312-337; Siegfried Blasche: Natürliche Sittlichkeit und bürgerliche Gesellschaft. Hegels Konstruktion der Familie als sittliche Intimität im entsittlichten Leben, 361-392; Werner Maihofer: Hegels Prinzip des modernen Staates; Reinhart Koselleck: Preußen zwischen Reform und Revolution. Allgemeines Landrecht, Verwaltung und soziale Bewegung von 1791 bis 1848. Stuttgart ¹1967, ²1975; Georg Ahrweiler: Hegels Gesellschaftslehre. Darmstadt / Neuwied 1976; Shlomo Avineri: Hegels Theorie des modernen Staates, Frankfurt am Main 1976 (= Hegel's Theory of the Modern State, Cambridge 1972); Charles Tayler: Hegel and Modern Society. Cambridge u.a. 1979; Udo Rameil: Sittliches Sein und Subjektivität. Zur Genese des Begriffs der Sittlichkeit in Hegels Rechtsphilosophie. HS 16 (1981), 123-162; Lucas / Pöggeler (Hg.): Hegels Rechtsphilosophie im Zusammenhang der europäischen Verfassungsgeschichte. Stuttgart-Bad Cannstatt 1986; H. Tristram Engelhardt, Jr. / Terry Pinkard (Hg.): Hegel Reconsidered. Beyond Metaphysics and the Authoritarian State. Dordrecht u.a. 1994; Siep (Hg.): Hegel, Grundlinien der Philosophie des Rechts (1997), 193-265; Schnädelbach: Hegels praktische Philosophie (2000), 245-323.

9.5.8. 国家と宗教

(1) ところで，一般的には「対内国法」章の入り口の部分として配慮されている箇所である§270への註解においても，ヘーゲルは，彼の時代の大テーマの一つである宗教と国家の関係に詳細に立ち入っている。当時の論争は，互いに反発しあう動向によって特徴づけられている。その一方としては，大規模な教会世俗化[1]があり，これが行われたのはつい十数年前のことであった。諸侯は，この教会世俗化にあたって，ライン川左岸の領地を失うことに対して補償を得たいという利害にとらわれ，教会の統合についてはほとんど配慮しなかった。また他方としては，プロテスタントの諸侯が，領主であると同時に，領邦にある教会の最上位を占める監督でもあったことがある。そこで，ロマン主義者，とりわけノヴァーリスは，キリスト教世界に古くからある統一を再建するという思想を宣伝した。すなわち，宗教改革以来分離されている宗派の統一を再建するだけではなく，むしろ一般に教会と国家の統一を再建する思想を宣伝したのである。

1) 教会世俗化 Säkularisation. フランスに併合されるライン左岸の領土補償のために行われた神聖ローマ帝国の帝国代表者会議主要決議（1803年）は，あわせて，教会から政治的地位と税収基盤を奪った。

(2) ヘーゲルは，こうしたロマン主義の動向に対抗して，次のような洞察を言明する。すなわち，教会と国家の緊迫した関係は，それらの統一を復旧することでは――それに先立って宗派分裂を修復しておいたとしても――鎮めることができない，という洞察である。とくに，この緊張は，国家を「完全に引き裂いて」いた。しかし，宗派ごとの教会やセクトがこのように国家を引き裂くことによって，はじめて，「国家の依拠しうる若干の原則が驚くべきやり方で同時に知られるようになったのである」。国家の古くからある実体的統一は，教会によってうち建てられたものでもあるが，その代わりに，「近代国家の原理」としては，ある外面的な結合が登場するというのである。振り返ってみれば，宗派分裂や，その結果である教会と国家の分離は，国家の概念にとって必須条件（conditio sine qua non）でさえあることが証明されている。「ただ一つの国家が可能であるためには，宗教と政治との分離が必要なのである。」（本書157頁参照）

したがって，国家は，教会分裂という事実で引き裂かれたと補足することができる。しかし，教会分裂によって国家が引き裂かれているのは，意味をうち建てる中心としての教会に国家が本質的に関係し続けている限りでのことである。この中心を失ったとき，国家は，外面的な結合として新たに構成されなければならない。この外面的な結合は，近代国家の原理であり，再び内実を植えこむ多様な試みに

も，また宗教的な内実を植えこむことにも用心しなければならない。ここで，ヘーゲルは，同時代の人々よりも——しかも同時代の人々だけでなく20世紀の理論家たちよりも——はるかに先鋭かつ適切に近代国家の原理を述べている。20世紀初頭になっても，エルンスト・トレルチは，宗派の分裂状態を，ドイツ国家の先天的欠陥でわれわれには癒し難いものだと特徴づけているからである（Troeltsch 1906, 30）。

(3)　近代国家の原理はたんなる外面的な結合である，というヘーゲルによる早くからの洞察は，もちろん，のちに多くの国家哲学者たちが下した判断よりもずっと先を進んでいるだけではない。この洞察は，『要綱』に記された諸節において，完全ではないが，人倫的な生活の現実形態というかたちで国家の基礎を規範的に繰り広げることによって取り入れられた。とはいえ，「人倫的国家」として国家をまとめる紐帯は，もはやたんに外面的なだけの紐帯ではない。この紐帯は，宗教をも包括するのである。ただし，そのためには次のような重要な留保が伴わないわけではない。宗教は，たしかに，国家を「心情の最深部として統合する契機」である。しかし，そうであるのは，ただ，宗教がそれだけで独立して特別に位置づけられないときだけであって，むしろ，宗教が宗教自身の面で国家という普遍的人倫にぴったりはまるときだけである。「主を求め，教養形成されていないみずからの私見の中にすべてを直接にもっていることを請けあう者たちからは，［…］あらゆる人倫的な諸関係の粉砕，愚行，暴虐が始まるしかない。」「法律や国家機構の本性を見抜き，それらについて非難し，それらがどのような性状にあるべきか，あらねばならないかを申し立てるために，［…］あらかじめすべての必要条件を信心深さに求めることは，もっとも安易なことである。しかも，このことが敬虔な心胸から生ずるがゆえに，不可謬で不可侵なやり方で求められるのである。」このような位置関係では，宗教に対して「むしろ救済の威力が要求される」ということが起こりうる。しかし，「この威力は，理性の権利や自己意識の権利に想定されるものである」。ただし，こうした聞き捨てならないヘーゲルの警告は，教会に対して一般的に向けられたものではなく，教会をとり巻くところから誤った方向に導かれた行動に対して向けられている。換言すれば，有機組織の中で繰り広げられた現実的な国家理性に抗してより高次の権利に依拠しうると信じる神学的な認可を伴った行動——たとえば表向き純粋な心胸によって実行された政治的暗殺——に対して向けられているのである（本書76頁参照）。

このような懸念があったにもかかわらず，19世紀初頭，宗教的な信仰告白の事実性が広く尊重されていたのは，統合をもたらす政治的な潜在力のためである。そのため，やはりヘーゲルも，「国家の構成員すべてに対し教団に入るよう要求する」権利を国家に認めたのである。ただし，ヘーゲルは，「それはそうと，どの教団でもよい。というのも，国家は［…］内容に関わりあうことができないからだ」と続ける。そのうえ，クウェーカー教徒や再洗礼派のように国家に対してなんの義務も承認しない宗教共同体も，その教団たりうるのである。それゆえ，当時のドイツにおいて特権化された三つの宗派教会の一つに帰属するよう公民権上拘束することが当時のドイツ同盟で通用していたのだが，ヘーゲルがこうした拘束を嘲笑するのは，注目に値する。ユダヤ人に対して市民権を付与することに反対して「大声で騒ぎ立てる」のは，ユダヤ人が「まずもって人間であることを，そして，このことが表面的で抽象的な性質であるだけではないことを」見過ごしている，とする。独自の権利や独自のエートスの形成物として国家を理解する代わりに，キリスト教的な諸原理のうえに国家を基礎づけたり，特定の宗教的共同体に帰属するよう公民権上拘束したりすることで国家を政治的に安定させようとする見地は，当時は良いと考えられていたが，今日のわれわれは，この見地がどれほど破滅的な結果をもたらしたかを知っている。

(4)　しかしながら，とくにフランスで進行したヨーロッパ王政復古運動の流れの中で1820年代が進み宗教政策が先鋭化してきたことによって，ヘーゲルは，『要綱』や『世界史哲学講義』（1822/23, V 12. 87 f.）で示した立場をある重要な点で修正するように強いられた。それは，『エンツュクロペディー』のあとに出た二つの版（第2版§563, 第3版§552）や宗教哲学講義（V 3. 339-347），ならびに「アウグスブルク信仰告白」記念祭に寄せる講演

（本書404頁以下参照）でなされている。ヘーゲルは，教会の政治的な中立化や無力化が自分の当初想定していたようには——その時代の新プロテスタンティズムをもってしても——まったく進展していない，と気づかざるをえなかった。そこで，ヘーゲルは，諸宗派の相違した態度を「近代国家」の原理に反するものと見なす。それゆえ，個々人がどの教会共同体に属するか，という点に関しても，もはや任意であるとは見なさない。「人倫的」なものとして国家は，世俗性と神聖性という先だつ分裂を自分の中で廃棄している。「神性」は，国家に対立しない。国家は，自分自身のうちに神性を具えている。したがって，国家の安定性は，個々人の軽率な行動や同様の正当化によってはさほど危うくならない。むしろ，国家の安定性を脅かすのは，国家というそうした人倫の下に立たず，国家を自分の支配下に置こうとする教会である。それは，神が世俗的な威力を直接的に授けるのではなく，地上での神の代理人を通してそれを授けるのだ，という主張に支えられている。国家の外部にある聖なるものの名において発せられる要求に国家を従わせようとするいかなる試みも，国家の人倫的な生活を破壊せずにはいないのである。

それゆえ，ヘーゲルは，宗派の区別に対して以前から示していた無関心を修正する。そこで，『世界史哲学講義』(1830/31年) でも，(数年前にはヘーゲルも分かちあっていた)「宗教から独立した国家体制を考案して実施しようというわれわれの時代の愚かさ」に論駁するのである。「カトリックの宗教は，たとえキリスト教の宗教の内部でプロテスタントの宗教と共通性があるとしても，国家の内的な正義と人倫を許容しない。そうした正義や人倫は，プロテスタントの原理と親密なところにある。」(GW 18. 173) こうした自由の思想の担い手としてみずからを理解し世俗での自足を承認するような宗派と結合した場合にのみ，人倫的な生活と自由な国制を繰り広げることができる。そして，このような宗派とは，近年の経験からすると，プロテスタントの宗教である。それゆえ，ヘーゲルがプロテスタントの宗教を特筆するのは，プロテスタント的に宗派的な基礎を人倫的な生活に与えるのに適しているのがプロテスタントの宗教かもしれないからではない。むしろ，「プロテスタントの原理」の実質が，国家という人倫を承認し，外側から宗教的に動機づけられた要求にこの人倫を従属させたりしない，という点にあるからである。というのも，この人倫だけが，キリスト教の原理を自由の自己意識として言明するからである。つまり，「宗教と国家のうちには自由という一つの概念がある」わけである (V 3. 340)。

このようなヘーゲルの「政治的プロテスタンティズム」は，ヘーゲルがいまやプロテスタンティズムを国家宗教として王位につけ，すくなくともプロテスタンティズムに由来する信仰を個人的な自由の番人，国家という人倫の番人として任命しようとしているかのように容易に誤解されてしまう。しかしながら，プロテスタンティズムは，このような自由の消極的な条件にすぎない。しかも，それは，プロテスタンティズムが，国家自身に根拠をもつものとして，特種に宗教的な基礎づけや操縦から独立して存立するものとして，国家という人倫を承認しているからである。逆説的に定式化するならば，1820年代末のヘーゲルにとって，自由な国家とはプロテスタントの国家のことなのだが，それは，プロテスタンティズムが国家を基礎づけるのに適しているかもしれないからではない。それどころか逆に，「プロテスタントの国家」は，むしろ明示的な宗教によって基礎づけられた国家ではなく，自分の基礎を自分自身のうちに具えているからである。

とはいえ，ヘーゲルは，ここでも，こうした基礎を支える力に関して動揺したり疑念をもったりすることから抜け出せていない。ヘーゲルは，他の箇所で，宗教を国家から切り離すことをたしかに必然的なものと見なしている。しかし，それにもかかわらず，この切り離しを最終的には幸福ではない解決とみ見すのである。「それ自体で存在するものとして，つまり実体的なものとして法や人倫を承認しない宗教の特異性があるために，上述のような国法的なもの，つまり国制が引き裂かれてしまう〔のは〕必然的〔である〕。しかし，そのような内面性，良心という最終的な聖なるもの，宗教がその座を占める静かな場所から引き裂かれたとき，国法的な諸原理や諸機構は，現実的な中心になることがないばかりか，同時に，抽象や無規定性の中にとどまってしまうのである。」(GW 18. 173)

参考文献：Ernst Troeltsch: Die Trennung von Staat und Kirche, der staatliche Religionsunterricht und die theologischen Fakultäten. [...] Heidelberg 1906; Reinhart Maurer: Hegels politischer Protestantismus. HSB 11 (1974), 383-415; Ernst-Wolfgang Böckenförde: Der Staat als sittlicher Staat. Vortrag bei der Entgegennahme des Reuchlinpreises der Stadt Pforzheim 1978 am 22. April 1978; Jaeschke: Staat aus christlichem Prinzip und christlicher Staat. Zur Ambivalenz der Berufung auf das Christentum in der Rechtsphilosophie Hegels und der Restauration. In: Der Staat 18/3 (1979), 349-374; Jörg Dierken: Hegels »protestantisches Prinzip«. HSB 38 (1998), 123-146.

9.5.9. 対外主権と対外国法

(1) 国家は，「有機体」や「それだけで独立した存在」，「個体」，「人格」として，必然的に他の諸国家に対する関係の中にある。この関係においてはじめて，国家は，現実的な個体となる（§ 322）。このため，外的な相関関係は，国家の概念が展開されたあとになってはじめてつけ加わってくるのではなく，むしろ，国家の概念そのものに不可欠な契機を形成する。国家は，内的な「主権」と同時に外的な「主権」も包含している。おそらく，それゆえに，ヘーゲルは，――1817/18年の講義とは対照的に――1819/20年には「対外主権」と「対外国法」とのあいだを差別化することに着手し（ed. Henrich, 276-278, V 14. 194-197），翌年には『要綱』で次のような構成を組み立てる。すなわち，「それだけで独立した内部体制」のあとに「対外主権」が「対内国法」の第2の要素になり，そのあとにはじめて「対外国法」が続く，という構成である（§§ 321-329, 330-340）。ヘーゲルが「対外国法」という術語を用い，「国際法 Völkerrecht」に言及しないのは，次のような事情に制約されてのことだろう。「諸国の法（ius gentium）」という伝統的な概念では，諸々の国民において一致して通用している法が考えられており，今日のわれわれの「国際法」が考えられていないのである。また，おそらく，近代初期の古典的「国際法」ということで，ヘーゲルは，それが通用する根拠を個体主義的に個々の国家の意志のうちに見出していた，という事情にも制約されている。

もちろん，「対外主権」と「対外国法」とのあいだを区別することは，主題的に終始一貫して維持されたわけではなく，これを受容するにあたっても，区別を再びなし崩しにしてしまった。ヘーゲルの批判者たちからすると，これら二つの章は，「序文」で前もって宣言されたヘーゲルのアプローチにある問題設定が取り消しえないほどにまた驚くほどに明瞭になっている部分として，区別なく通用する。すなわち，その問題設定は，リアルな政治構造がいかにしてより良いものへと変えられるべきか，というモデルの構想を断念して，理論的なものにとどまって，いやそれどころか記述にとどまって政治構造を憶測的に概念把握する，ということである。だが，存在するものの概念把握とは，ヘーゲルにとって，たんなる記述，換言すればまったく「価値自由な」記述なのではない。概念把握は，いつも同時に，規範的な含意をもっている。「というのも，存在するものは，理性だからである。」（GW 14. 17）この理性は，カント的な意味での「実践理性」ではなく，むしろ内在的な論理である。この内在的な論理に反するなら，道徳的なアピールは効果がなく，それゆえ無意味なのである。

(2) 「存在するものの概念把握」という定式は，ヘーゲルの基本計画を全体的に描き出すのだとしても，この場におけるほどに，また世界史に関する結びの部分におけるほどに絶望的な診断に達することはまずないことである。これは，ヘーゲルにしばしばなすりつけられているような安易な和解というものを素朴に楽観的に信ずることとはまったく対立している。ヘーゲルは，諸国家からなる世界の状態について，冷静に正気に戻って描き出す。その（悲しむべき）正確さは，ヘーゲルに続く時代があまりにも頻繁にたしかめてきたし，今日に至るまでいつでも繰り返したしかめている。ヘーゲルは，幻想をいだかないというパトスをもって国家間の関係を分析しており，その情熱からする容赦ない頑なさは，この関係に対して賛同を示すシグナルを送っていると見えてしまう。しかし，ここでは，その点については問題にしない。

ヘーゲルは，国家間の関係の分析のさい，近代初期の自然法での中心概念である自然状態にさかのぼる（§ 333）。近代初期の自然法では国家の正統化

に貢献する方法上の虚構であったものが（どんなに未発達な法であろうともそれによって規制された社会的文脈がつねにあって，この文脈には個別的な意志があらかじめ包み込まれているから），主権国家相互の関係の中では実在性である。諸国家に優越して威力をもち法を定立する審級は，存在しない。諸国家は，あらかじめ存在する優越的な法秩序という枠組みの中ではなく，むしろ法的に規制されていない空間で活動する。そして，諸国家は，互いに法的関係の中にいないから，またそうである限り，互いに対して不法をなすこともできない。諸国家は，いわば「万物に対する権利」を持っている。ホッブズは，考えて作った自然状態においてこの権利を諸個人に対して必然的なかたちで付与した。そこから帰結することは，20世紀初頭になってようやく疑問視された，国家は戦争への権利（ius ad bellum）を持つ，という想定である。なるほど，戦争への権利は，力が使い尽くされるとしても，必ずしも「万人の万人に対する戦い（bellum omnium contra omnes）」へと至りはしない。とはいえ，しかし，戦争への権利が持続的な平和を導くことはほとんどなく，むしろ反対に，条約の遵守と破棄を「繰り返す」状態を導いてしまう。「約束は守られるべし（pacta sunt servanda）」という古い自然法の命題は，まさに，空虚な「当為」しか言明していない。事実上，主権国家は，自分たちの取り分を計算してこの当為に従うかどうかを決定する。そして，その限り，拘束力をもって条約を解釈し，その遵守を監視し，違反に対して制裁を加えるような大法官は，存在しないのである。こうした状態では，「侵害」という概念それ自身が，関係諸国家による解釈に委ねられてしまう（§334）。それゆえ，戦争は，抗争の最終決着であり続ける。たとえば（カント的な）国家連合による調停を先行させるという援助によっても「諸々の特殊な意志が一致点を見出せない限りで」（§§333 f.）は，そうなる。ヘーゲルは，決してこのような手続きに反対することを表明しているわけではない。しかし，紛争を阻止する保証は，国家連合の中にまったく見出せないのである。それゆえ，ヘーゲルは，「みずからの思考のまったく無慈悲な結論」（Schnädelbach 2000, 324）を次のように定式化する。「戦争は，事柄の本性に根ざしているところで起きる。種子は再び発芽する。そして，たわ言は，歴史の真面目な繰り返しの前で黙り込む。」（§324追加）

ヘーゲルは，このような抗争における「究極的な理性（ultima ratio）」として戦争を受け入れただけではない。戦争は「絶対的な害悪としても，たんなる外的な偶然性としても考察してはならない」という「理性」をも戦争に見出した。むしろ，こうしたことが，やはり戦争のメカニズムの分析以上に憤慨させるものである。実体は，戦争において，自分がすべての個別者や特殊者に対する普遍的威力であることを実証する。実体は，有限なものを，その概念にふさわしく有限にして偶然的なものとして定立する。それゆえ，有限なものは，たんに自然の必然性によって没落するのではなく，むしろ自由の作用によって没落するのである（§324）。もちろん，ここで，有限なものを破壊する仕事を自然から引き取り，さらにより根本的に徹底してこの仕事を遂行することが，現実的に精神の課題であるのかどうか，という点については，異議を唱えることができる。しかし，このような破壊が自然の国とともに精神の国にも居を定めている，という洞察だけは，やはりこのさい大切なことである。

ヘーゲルは，さらにもっと積極的な成果をこの洞察に書き加える。ヘーゲルは，以上の思想をとくに重要視したので，自己引用というきわめてまれな手段に訴えて次のように主張する。「諸々の有限な規定態が固定化することに対して諸国民が無関心であるとき，諸国民の人倫的な健全さが保たれる。それは，風の動きが海を腐敗から守るのと同様である。持続的な凪は，海を腐敗させるであろうし，同様に，持続的な平和は，いわんや永遠平和は，諸国民を腐敗させるであろう。」ただし，ヘーゲルは，二度とないほどめったにない言い回しで次のことを急いで確認する。「ところで」，このことは，「哲学的な理念にすぎず，あるいはよく用いられがちな表現をすれば摂理の弁護であり，そして，現実の戦争は，なおそれとは別の弁護を必要とする。」（§324, GW 4. 450参照）

摂理をこのように味気なく弁護することに対して憤慨するには，もっともな理由がある。もちろん，「よく用いられがちな表現をすれば」というよそよ

そしい言い回しは，次のことをはっきりと指摘している。すなわち，これは，適切な表現の仕方ではないこと，しかしながら，そのように表現されることを好む者は，書かれた事実を理解するだろう，ということである。しかし，ヘーゲルは，そのとき，かつて自分が定式化したときのように「口が滑った」のではなく，生涯のほとんどを通して戦争や革命を経験したことから話しているということは，とりわけ今後もずっと指摘されなければならないことである。それ以外にも，ヘーゲルが同じころにクロイツァーに向かって戦争や革命を悲しんでいる，ということがある（1819年10月30日付）。それにもかかわらず，ヘーゲルは，革命的な諸戦争やナポレオンの諸戦争から現れてきた新たな国家を，18世紀末の政治的情況より進歩したものとして歓迎する。そして，いわゆる戦争からより良いものが現れてくる，という（議論し難い）経験が，ヘーゲルによる評価のきっかけになったのかもしれない。

　(3) いずれにせよ，ここまでに述べられてきたことで捉えられるのは，ヘーゲルが遂行したことの一つのアスペクトにすぎない。諸国家を自然状態における諸個人と比較することは，もちろん危うい要素とともに，未来を指し示す要素も含んでいる。自然状態を想起することは，「自然状態を脱すべし（exeundum esse e statu naturali）」という要求を含意する。諸個人と同じく，諸国家も，自然状態から抜け出す方がいい。というのも，諸国家は，自然状態の中にとどまっている場合，たしかに互いに対しては不法をなしてはいないとしても，一般的には不法をなしているからである。これは，もちろんカント的な言い回しだが（AA VI. 307），ヘーゲルの法哲学も——ヘーゲルが完全には汲み尽くしていないにせよ——諸国家が自然状態から抜け出すための潜在力を含んでいる。すでに，「就職テーゼ」第9は，まさに，「自然状態は不法ではなく，それゆえに，われわれはこの状態を脱け出さねばならない（Status naturae non est injustus, et eam ob causam ex illo exeundum）」と銘記しているのである（GW 5. 227）。

　諸個人と似たようにして互いに対して振る舞う諸国家も，自由な意志としてはいつも，最小限に未発達な法的関係の中にあらかじめ立っている。ヘーゲルがルソーやカントに抗して絶えずもち出すように，自由の概念は，根源的に制限を欠いた《個別的な意志の自由》に対する事後的な制限として考えてはならず，むしろ具体的な自由として考えなければならない。だとすれば，諸国家の自由も，似たように考えなければならない。このような自由の基礎的な契機の実質は，相互「承認」にあり，また条約による法的関係の基礎づけにある。たしかに，条約は，破棄しうるし，「威力をもつ普遍者」がその遵守を強制しない限り，なおのこと破棄できる。しかし，条約を破る者は，もはや法から自由な空間で行為するのではなく，不法をなしているのである。戦争に至った場合ですら，相互承認が共通の土台を形成し，「それゆえに，戦争そのものにおいて，戦争は過ぎ去るべきものとして規定されている」。そして，ヘーゲルは，当時の個体主義的な国際法思想に対して距離をとり，また，今日の普遍主義的でありながらもそれぞれが相当に異なる国際法思想からも距離をとっている。それにもかかわらず，ヘーゲルは，ここで，戦争時でも依然として通用する国際法的な諸規定を数え上げていく。すなわち，第338節以降で挙げられるが，この諸規定は，「平和の可能性を含む」べきだから，外交使節および内的諸制度ならびに家族生活および私生活の尊重，戦争遂行を諸国民の習俗に沿うものとすること，といったものである。このように，これらは，今日の兵器技術によって圧倒されてもっぱら美しい夢や実現不可能な理想の国へと追いやられている諸規定である。また，ヘーゲルが，国際法にとって将来性のあるもののなおまだ相当脆弱な諸形式を自分の時代に依然として予期していなかったことには，驚く必要がない。そうした諸形式は，20世紀における歴史的な破局や課題に反応する中でようやく少しずつ形成されてきたものだからである。

　それゆえ，ヘーゲルにとっても，戦争は「過ぎ去っていくべき」ものである。ただし，ヘーゲルにとって，戦争は，端的に存在すべきではないものなのでもない。そこで，ヘーゲルは，「戦争は存在すべきではない」という理性の定言的命令に関知しないのである。戦争に進む趨勢は，否定の契機をつねに包含する《諸国家の個体性》のうちにある。その趨勢は，単純に（たとえば当時の「神聖同盟」のよう

な) 諸国家の連合によっても片付けることができない。というのも,「だから一定数の国家が一つの家族をなすとしても,この連合が,個体性としてあるがゆえに,対立を創始し,対立や敵を生み出さざるをえないからである」(Ig 4. 735)。大きな政治ブロックを形成するこうした論理は,カントの『永遠平和のために』という論文では問題視されていない。たしかに,この論理は,20世紀の場合ほどにはまったく強く確認されていなかった。この論理に対して,道徳的な当為にアピールすることはなんの効果もない。この論理は,おそらく同じ水準での統合措置によって相殺される。また,ヘーゲルの見立てによると,この論理は,啓蒙の時代に求められた普遍国家,つまり「最大国家（civitas maxima)」の創設によっても実現されないだろう。実際,普遍国家をこのように創設することは,他の個体に対する否定的関係を含む国家の個体性という概念に矛盾するであろう。そして,そのさい,この内在的な否定態は,世界国家に刃向かい,それを内側から食い破るであろう。しかし,諸々の道具立てが国家間の抗争を合意に基づいて仲裁しない場合,抗争を決着させるような「大法官」も存在し「ない」。そこで,その決着は,事柄に適ったものと判定されることも,ましてや道徳的に正当と判定されることもないままに,世界史に属することとなる。

9.6. 世界史の哲学

9.6.1. 伝承資料

(1) ヘーゲルは,1822/23年の冬学期にはじめて,「世界史の哲学（Philosophiam historiae universalis) に関する講義」をはじめる。ヘーゲルはこの講義を2年周期で繰り返した。より詳しく言うと,哲学史の講義と隔年のかたちで1824/25年,1826/27年,1828/29年,1830/31年と,その素材の豊富さを考慮してか,そのつどより期間が長い冬学期を選んで繰り返した。このように,「世界史の哲学」は,ヘーゲルがみずからの哲学分野のうち生涯で最後のものとして仕上げたものである。ただし,1829年の夏に一度だけなされた「神の存在証明講義」は,自立した体系部分ではない（本書616頁以下参照)。もちろん,世界史の講義もまた,厳密な意味では,独立した分野ではなく,「客観的精神の哲学」である「法哲学」の最終章を拡張して仕上げられたものである。ヘーゲルは,体系の中では,すでに『エンツュクロペディー』(1817年)（第1版 §§ 448-452) において「世界史」というテーマにその場所を割りあてているが,これはまだ,1822年に歴史哲学に関する最初の講義をする前のことである。『法哲学要綱』になるとすでに,それよりずっと詳細に「世界史」に立ち入ることになるが,ヘーゲルはこの『法哲学要綱』でその当時のみずからの決定を追認しており（§§ 341-360),この決定は,『エンツュクロペディー』ののちの諸版でも有効であり続けている（第3版 §§ 548-552)。

(2) 「世界史の哲学」に関する講義は,ヘーゲルの「体系」がもつ諸分野を構築する中で,ヘーゲルが概説の助けを借りずに自筆完成稿に基づいた最初の講義,つまり最初の「手稿講義」である。伝承資料にある特有の問題は,このことと結びついており,これまで取り扱ってきた諸分野では生じなかったことである。膨大な量の講義に比べて,今日ではほんのわずかな紙片しか保存されていない。すなわち,保存されているのは,1828/29年講義における序論用の3紙片で,「歴史記述のあり方」についてのもの (GW 18. 121-137),そして,1830/31年講義用のほぼ完全なかたちをしたいわゆる「導入論」で,本来的に講義の第1部を提示するもの (GW 18. 138-207),さらに,この第1部への前段階にある2断片 (GW 18. 208-214) である。歴史を扱った部分である第2部については,ただ,「オリエントの歴史について」という断片が,二次的な伝承資料として保存されているにすぎない (GW 18. 221-227)。第2部についてのこれ以外の詳論は,現在編集中の講義筆記録——目下17巻ある——によって,資料として伝承されているだけである (V 12. GW 27)。

(3) ヘーゲルが自分の歴史哲学を公刊する計画をしていたという特別な証拠資料は存在しない。しかし,この計画は,講義の第1部を含んでいる1830/31年草稿が記された状態から推測することができる。この草稿は,全体として,よりいっそう清

書稿に近づいた完成稿というさらに進んだ状態を示しており（GW 18. 381），アステリスクによる脚注の記載まである。それゆえ，この草稿がもつ清書稿としての性格は，たとえば，ほぼ同時期の『〔イギリス〕選挙法改正案について』がもつ清書稿としての性格よりもさらに進んでいる。『選挙法改正案について』の草稿は，1830/31年草稿と比べるとほとんど構想にすぎないような印象を与える。それに加えて，ヘーゲルは，この学期に対しては，通例のように「世界史の哲学（Philosophiam historiae universalis）」と予告するのではなく，ただ「世界史の哲学第1部（Philosophiae historiae universalis partem priorem）」とだけ予告している。これはおそらく，この部分を最終的なかたちに仕上げるためだろう。とはいえ，その講義筆記録が証拠づけていることは，ヘーゲルが予告に反してやはり結局のところ「世界史」全体を再び講じていたということである。

9.6.2. 世界史と歴史性

(1) ヘーゲルが，比較的後年になってはじめて「世界史の哲学」を自分の講義群の対象とした理由は，「歴史哲学 Geschichtsphilosophie」というものが，19世紀のはじめには一般的になっていたものの，少なくともアカデミックな授業科目としては通例の対象ではなかったことにあるかもしれない。アカデミックな哲学の多様化の中で歴史哲学が創始されたことに対して，ヘーゲルが重要な役割を果たしたことは疑いない。このことは，ヘーゲルの個人的な関心といった根拠からも理解できる。たしかに，ヘーゲルほど思考において「歴史」がより広い場所を占めた哲学者はいないだろう。それは，ベルン時代におけるギボンやヒュームへの取組み（Waszek, 1997）から，1830年革命における歴史的な変革に対して集中的になされた論争にまで至る。ヴァート地方に関する論文の註釈，『〔ドイツ〕憲法論』，『バンベルク新聞』でのニュースの編集，あるいは，ヴュルテンベルクの憲法論争への介入，そして最後に『〔イギリス〕選挙法改正法案について』は，その時々の歴史的状況を集中的に研究するものであるとともに，一部ではかなり過去にさかのぼってその状況の根源をも集中的に研究したものである。これらの例が同時に示していることは，歴史に対するヘーゲルの関心が，まったくもって古道具に対してのものではなく，重要な部分で政治的関心に由来しているということである。すなわち，ヘーゲルが他の文脈で定式化しているように，「人間の生命に介入すること」（1800年11月2日付シェリング宛書簡）への関心に由来しているということである。

しかし，歴史は，ヘーゲルにとって，たんに個人的・政治的な利害関心の対象のみならず，哲学の認識対象をも形成している。そして，このことは，二重の形態でそうである。歴史は，いわば〈客観的な過程〉の形式では，国家の歴史であり，究極的には「世界史」である。しかし，同時に，「歴史」は，一般に客観的精神と絶対的精神の説明形式である（本書451頁以下参照）。そして，この客観的な側面は，体系上の優先権とともに時間上の優先権も持っている。歴史が精神のこのような説明形式であるがゆえに，ただそれゆえに〈客観的な〉歴史があるのである。精神を失っている世界では，国家も歴史もない。普遍的に精神哲学的な歴史概念と，「国家の歴史」に方向づけられた歴史概念という二つの方向の中で，歴史に対するヘーゲルの関心はつねに末広がりになっている。しかし，ヘーゲルは，精神哲学のアプローチをまさにうなずかせるような的確な形式でその二つの方向を差異化していないし，これらの方向を互いに関係づけてもいない。ここから帰結するのは，体系的な制限や緊張であるが，しかし，これらは，両側面がそれぞれそれだけで独立して持っている意味をこじ開けるものではない。

(2) 「歴史の哲学 Philosophie der Geschichte」という造語は，一般に精神の歴史というよりも，むしろ「世界史 Weltgeschichte」の意味での「歴史」を連想させる。この造語は，啓蒙主義と密接に結びつくもので，このため，当時ではまだ新しいものであった。それを定式化し歴史上創始した者としてとくに挙げるべき人物は，ヴォルテールとヘルダーである。伝統的な「普遍史（historia universalis あるいは historie universelle）」とは異なり，「世界史の哲学 Philosophie der Weltgeschichte」には，二重の前提がある。「普遍史（historia universalis）」は，個々の出来事に関する普遍的で包括的な報告を意味

しているが，これに対して，「世界史」は，〈客観的な〉あるいは準客観的な独特の現実態を意味している。「歴史の哲学」は，現実態のうちこうした特有の領域を思考して把握することであり，決して「史伝 Historie」や《物語 Erzählung》をそうするのではない。それゆえ，「普遍史の哲学（philosophia historiae universalis）」というヘーゲルの講義予告は，伝統的な用語を取り上げているにもかかわらず，18世紀中葉以降「歴史（historia あるいは Geschichte）」という言葉の意味が〈主観的な〉報告や物語から〈客観的な〉つながりへとずれたことを前提としている。哲学的な考察の対象は，もちろん報告などではなく，報告された対象なのである。

しかし，哲学概念がまだインフレ的な価値低下をしていない時代においても，このように〈主観的な歴史〉から〈客観的な歴史〉へと根本的に意味がずれたからといって，いまやなによりも最初に自主性や独自性を帯びて意識に登場するその領域が「哲学」の可能な対象であるということは，まだ保証の限りではない。合理主義的な哲学概念という条件のもとでは，「事実（Fakta）」は，「学問」である哲学の対象ではなく，「史伝」の対象である。その限りで，「歴史の哲学」の概念形成は，さらなる——しかも二重の——媒介に基づいている。すなわち，「事実」と「理性」のあいだの鋭い対立の克服，および，この対立に支えられた哲学概念の克服に基づいている。しかし，哲学が，もはや合理主義的な理性概念には拘束されないとしても，それにもかかわらずなお現実態を「思考して考察すること」として捉えられるとしたら，このことにより，その現実態は，普遍的なものでなければならない。すなわち，「事実性」のかたちで物語ることができるのみならず，むしろ思考できるようななにかでなければならない。あるいは，ヘーゲルの周知の言い回しをするなら，「歴史の哲学」は，「歴史のうちに理性が」あるときにのみ可能になる。同じことは——必要な変更を加えれば（mutatis mutandis）——「絶対的精神」の分野にもあてはまる。

(3) ヘーゲルは，〈客観的な歴史〉を諸国家の歴史に限定している。その場合の「国家」は，近代特有の支配形式という簡明な意味で理解されているのではなく，「ポリス」や「帝国」のようなそれ以前の支配形式も包括している。国家概念をこのように拡張しているとしても，ヘーゲルが国家以前の生活形式を歴史から除外することは，さしあたり恣意的なものと思われており，それどころか体系構成の欠陥による好ましくない結果とさえ思われている。ヘーゲルは，『エンツュクロペディー』や『法哲学要綱』では，つねに「国家」の章で「世界史」を扱っている。ヘーゲルは，その箇所で，問題がないわけではないが巧みな言い回しでもって，上位の法務官を知らない「対外国法」から「世界史」へと移行し，国家間の争いを世界史による「世界法廷（最後の審判）」の判決に委ねる。

世界法廷は，このような移行を根拠として現れるのかもしれないが，しかし，「世界史」は，既成の国家間にある諸関係の歴史ばかりなのではない。世界史は，国家体制を作り上げること，とくに「国家が立憲君主制へと発達すること」をも包括する。「人倫的な生命のこうした真の形態化の歴史は，普遍的な世界史の事柄である」（『要綱』§ 273）。それゆえ，「世界史」は，国家の〈内的な〉歴史でもあれば〈外的な〉歴史でもある。

それはそうと，ヘーゲルは，「世界史」のこうした部分的な概念と並んで，さらに包括的な概念も用いている。ヘーゲルにとっての世界史は，国家に関する部分的な概念の歴史に汲み尽くされるものではなく，究極的には，一般的な精神の展開も包括している。ヘーゲルは，世界史を体系的に提示するさいに，世界史を精神が顕現するそうした総体性として規定している。世界史は，「内面性と外面性のその全領域における精神的な現実態」を含んでいるという（『要綱』§ 341）。ヘーゲルは，その次の節で，世界史が「普遍的な精神を開示し現実化する」と称している。この〈普遍的な世界史〉は，「法哲学」の終わりにある「国家」に関する章には体系的な場所をまったく持つことができない。それどころか，〈普遍的な世界史〉は，「法哲学」の終わりでもまだまったく扱われていない芸術や宗教，哲学の歴史をも包括しているのである。

それにしても，「世界史」の部分的な概念と包括的な概念とのあいだのこのような緊張は，たんに首尾一貫しないだけではない。むしろ，精神的な世界の領域が相互に依存しあうことから体系構成に生じ

てくるおそらくは不可避の問題が，この緊張によってほのめかされている。すなわち，「世界史」は，「絶対的精神」の諸形式を度外視すると，国家の〈内的な歴史〉としても，国家の〈外的な歴史〉としても書くことができない，という問題である。国内的な国家体制の展開でさえも，「世界の精神がみずからに没頭する」という文脈のうちにある。それゆえ，ヘーゲルは，講義の中で，前もって「絶対的精神」の領域をきわめて詳細に捉えている。他方，それと同時に，世界史は，「絶対的精神」の成熟に端的に依存しているわけではない。というのも，絶対的精神の完全な展開は，反対に，国家の地盤のうえではじめてなされるからである。たとえ国家のはじまりが絶対的精神より劣っているとしても，そうなのである。したがって，国家史という部分的な意味での「世界史」は，ただ，精神の「普遍的な」世界史との相互関係の中でのみ考えることができる。このため，ヘーゲルは，その意味を強調して歴史を国家の登場と結びつける。国家の発生とともにはじめて「絶対的精神」の諸形態が形成される。また，国家が「没頭する」ための〈必須条件（conditio sine qua non)〉だけではなく，とりわけ，国家の運動が歴史として知られるための〈必須条件〉を表現する知の諸形式も，国家の発生とともに形成されるのである。

(4) それゆえ，〈普遍的な〉概念での「世界史」は，国家の内的また外的な部分の歴史が，芸術や宗教，哲学といった部分の歴史と組み合わされている歴史である。発展史的に見ると，「絶対的精神」のこれらの歴史は，先行してさえいる。ヘーゲルは，すでに，哲学史を1805/06にイェーナで，芸術の歴史をおそらく1818年にハイデルベルクで，そして宗教の歴史を1821年にベルリンで扱っている。これに対して，「世界史」がはじめて扱われるのは，1822/23年である。しかし，世界史をあとになって提示することは，精神的な生命の部分領域に対して浮かび上がった上部構造といったものを案出するのには役立たないけれども，むしろそれよりも，世界史にとって疑いなく存立している関係を，それも相互依存というものを概念的に規定するのには役立つものである。その時々の現実態を貫く一つの精神は，孤立した部分の歴史に分割されるべきではない。

〈歴史の統一〉は，部分の歴史のアスペクトすべてにおいてやはりその時々に応じて精神の歴史であることに基づいている。このため，それは，今日通例となっている曖昧な意味ではなく，的確な意味で〈精神史〉なのである。それどころか，たとえ自然的要素——気候や地形などなど——が歴史に関与しているのだとしても，「歴史」は，精神の特有な展開形式に他ならないのである（V 12. 91-113）。

「世界史」をきわめて大胆に精神の一つの歴史として構想することは，ヘーゲルが仕上げなかったことである。これは，たしかに，ヘーゲルの講義の編成と区分が毎回一つの学期に扱われるべき主題設定に制限される必要があったためではあるが，しかし，疑いなく，そうした構想の大きさのためでもある。とはいえ，ヘーゲルが歴史的な展開のいくつもの段階で指摘していることは，精神的な生命のさまざまなアスペクトがいかに互いに食い込んで，統一的なアプローチの中でいかに主題化されるべきであるかということである。そのアスペクトとは，政治史や国制史ならびに芸術史や宗教史，哲学史，さらにまた現代的な理解での〈学問史〉のことである。しかし，いずれにせよ，歴史哲学の課題は，この意味で「世界史」を書くことではなく，歴史に関する〈客観的〉概念をも越えて「歴史」の概念を解明することにある。

(5) ヘーゲルは，みずからの「歴史哲学」全体を，「世界史の哲学」として，つまり思考することで世界史を考察することとして構想している。このことによって，ヘーゲルは，「歴史」というテーマをもちろん縮小している。ヘーゲルは，歴史の概念を「導入論」で取り扱っているだけである。ヘーゲルが1830/31年の講義予告においてこの導入論を「第1部」と表示していたとしても，ヘーゲルによる歴史概念の取り扱いは，やはり，たとえば宗教の概念の取り扱いよりもはるかに貧弱なものになってしまっている。それにもかかわらず，この導入論は——「絶対的精神」の哲学の関連するテキストと共通して——歴史哲学の根本問題に対する決定的な起爆剤となっている。ここでいう歴史哲学とは，もちろん，このテーマの地平全体をまっさきに切り開き，測定して，現在の流行という制約に屈服しないもののことである。その根本問題は，たとえば「歴史の意

味」(これについてはどのみちヘーゲルは語っていない) や「歴史の終わり」に照準をあてるのではなく，そもそも歴史とは何か，ということに照準をあてている。すなわち，歴史を歴史とするものは何か，そして，歴史を，自然的な存在の領域や，おそらくはまた精神的な存在の領域といった別の領域と区別するものは何か，ということに照準をあてている。また，そもそも歴史といったものが存在するということ，いやむしろ存在しないということは，結局のところいかに理解されうるのか，ということに照準をあてているのである。

歴史を体系化しようとする啓蒙主義の初期の試み，すなわち，教育あるいは進歩，それどころか無限の完成可能性というパラダイムに基づいて歴史が進行するという解釈は，歴史の特有な概念内実に関する前述の問いをまだ立てていない。言葉をそのように使用するさいの意味のずれに照らしてみても，それまでのところ歴史として表示された〈客観的な過程〉は，その内部状態にたち入ったかたちでは哲学の問題とはならない。このため，コンドルセやヘルダーのように思想家はまちまちでも，歴史を素朴客観主義的に受け取って理解している。彼らが仮定したことは，歴史といったものが存在するということであり，歴史は，どのような進行形式を持つのか，後退と結びつけられるのか，それともより偉大な完全性にすすむ方向を取るのか，ということについて熟考することができるということである。そのさい，歴史概念そのものは，さしあたり哲学の問題とはなっていない。当時の歴史哲学は，歴史ということで，その起源，目的，構造，あるいはまた摂理の遂行といったものに取り組むのだが，歴史の概念的な規定を解明することがない。

このことに関するヘーゲルのもっとも重要な言明が歴史哲学の講義ではなく哲学史の講義の中に見出されるということは，偶然ではない。『現象学』と時間的にも近い哲学史講義 (1805/06年) は，ヘーゲルがまさに「歴史」というテーマをみずからの哲学のテーマとして発見した場所である。これは，ヘーゲルが「世界史の哲学」を最初に講義するだいぶ前のことである。さらに，その「世界史の哲学」の講義よりも美学講義や宗教哲学講義の方が先行してもいるのである。ヘーゲルは，哲学史の講義において，歴史とはそもそも何であるのかという問題を立て，そしてこれによって，精神の歴史性の発見，それどころか，一般に直截な意味での歴史性というものの発見に成功した。それゆえ，「歴史性 Geschichtlichkeit」という言葉は，その後20世紀に至るまでセンセーショナルな概念史をくぐりぬけるのだが，ヘーゲルの講義ではじめて証示されるということは驚くにあたらない。ほぼ同時代の他の使用例が示しているように (Renthe-Fink, Bauer)，またそのほかではズアベディッセン[1]の場合のように，たとえ「歴史性」という言葉が当時いわば〈今にも用いられそうな気配があった〉としても，そうである。「歴史性」が表示するものは，ヘーゲルの場合，ある出来事というたんなる事実性ではなく，そのような事実的な出来事を時間的なつながりで整理することだけでもない。「事実性」に対する「歴史性」の意味の近さや違いも，「歴史性」という言葉の最初期の二つの使用法に現れており，そしてこの二つの使用法は，のちに現在に至るまでそれぞれ独自の伝統を育んでいる。

1) ダーフィット・テーオドール・アウグスト・ズアベディッセン (1773-1835)，プロテスタント神学者，教育学者，哲学者。レンテ＝フィンク，バウアー，ズアベディッセンについては，9.6.6末尾にある文献を参照のこと。

その一つの使用法で，ヘーゲルは，グノーシス派に対抗しながら，キリストに関する教会の見方を性格づけている。「このため，精神の真の理念は，歴史性の特定の形式でも同時に存在する。」(W_1 XV. 137：同じく W_2 XV. 107) このように，ここでの「歴史性」は，事実的なものが神秘的な像へとグノーシス的に揮発することに対抗して，事実性しか表していない。この使用法は，ヘーゲルに続く神学史では少しあとになって重要な役割を手に入れる。それは，「歴史的なイエス」への問いにおける重要な役割である。二つめの使用例が見出されるのは，ヘーゲルが，ギリシア世界では精神の臨在 Beisichsein があるということを一般的に特徴づける文脈の中である。「ムネモシュネ〔記憶の女神〕という自由で美しい歴史性がもつこの性格には――（ギリシア人がなんであるかはムネモシュネとしてギリシア人に臨在している）――思考する自由の萌芽もあ

り，それゆえ，それはギリシア人のもとで哲学が成立するような性格である」(W₁ 13. 173 f.)。ここで「歴史性」が表しているのは，〈事実性〉ではなく，「ムネモシュネ」の名前を挙げることによって暗示されるように，時間性と，時間性への反省という二重構造，すなわち，知ることによって精神が臨在することである。「歴史性」は，あるつながりへ埋め込まれるという特有な構造を表しているのだが，その構造とは，時間性と，時間性への反省とが相互に重なりあうことによってはじめて完全な意味で構成されるものであり，結局のところ歴史の構造そのものである。つまり，歴史を歴史とするもの，また，歴史として他のものから区別されているものなのである。「歴史」は，決して出来事のたんなる連続ではない。この出来事の連鎖のうちにある主観が自分独自の存在をこの連鎖によって規定されていると知ること，また，同じアクションでみずからを「歴史的な」関係へと定立すること，そしてまさにこのようにしてはじめて出来事の連続を歴史へと構成すること，これらのことによってはじめて出来事のたんなる連続が歴史になるのである。

「歴史性」という名詞を使用することへの以上二つの指摘は，ヘーゲルの「哲学史講義」の導入論において〈歴史的 geschichtlich〉という形容詞を使用することへの二つの指摘によって拡張することができる。ヘーゲルは，1820年の手稿で，われわれに先行する哲学の歴史が苦労して手に入れ，その後の世代がそのつど拡大していく理性認識の宝について話している。「われわれが歴史的になにものであるのかは，［…］人類の先行する世代すべての［…］労働の遺産であり帰結である。」(GW 18. 36) われわれの「歴史性」は，ここではさしあたり，もっぱら他者の労働の遺産や結果としてのみ現象しているにすぎない。しかし，この場合には，想起や反省という先ほど挙げた契機がまさに欠けている。だが，ヘーゲルは，みずからの手稿を3年後にもう一度清書したとき，この文言の中心的な意味をさらに次のように拡張して強調し，こうしてはじめて，歴史性についての完全な思想を言明する。「われわれというのは，同時に歴史的にみて，われわれがなにものであるか，ということである。より正確にいうなら，思考の歴史というこの領域のうちでは過ぎ去ったものがただ一側面にすぎないように，われわれがなにものであるかということには，われわれが歴史的であることと離れることなく，共通する過ぎ去らないものが結びつけられている。」(GW 18. 100 f.) それゆえ，「歴史的」であるということが意味するのは，たんに，事実的に存在するということではないし，同様に，変化し，生まれ死に，あれこれの世紀に生きて，歴史に屈服し過去の遺産となってしまうという，こうしたことでもない。とりわけこのことで意味しているのは，理性すなわち精神の展開という歴史の過程のうちにあるということ，また，この過程における精神の位置をムネモシュネによってたしかめるということであり，そして，過ぎ去ったものに向き合うことである。このため，過ぎ去ったものに対するこのような関係，すなわちムネモシュネは，独自の存在を構成するものなのである。それゆえにまた，そのことで意味しているのは，《われわれというのは，ただ歴史的にみて，われわれがなにものであるか，ということである》と知ることなのである。

《歴史的である》と言われるものがなんであるのかをこのように定式化することは，1820年と1823年の哲学史についてのヘーゲルの手稿と，歴史哲学講義の中でわれわれははじめてつかむことができる。資料的に見れば，「歴史性」という新語は，すでに哲学史に関するヘーゲルのイェーナ講義（1805/06年）に密接に結びつくものだろう。しかし，『精神現象学』は，この言葉を使用していない。『精神現象学』は，理性の歴史性という思想に関する十分に明確な解明を与えており，また，この思想が一般にヘーゲル哲学に対して持つ結論に関しても，ヘーゲルがさしあたり哲学や宗教，のちには芸術を取り扱って引き出している結論に関しても，十分に明確な解明を与えているにもかかわらず，そうなのである。芸術や宗教の哲学は，歴史的に構想されなければならないし，また最終的に哲学が自分自身へと回帰することも，歴史的に構想されなければならない。芸術や宗教，哲学については，絶対的精神のこうした三形態の歴史を捨象して論ずることはまったく不可能である。なぜなら，まさに，それらの歴史性が精神の概念そのものに属しているからである。

それゆえ，「歴史」は──『エンツュクロペディー』

や『法哲学要綱』での「世界史」として取り扱われることによって呼び起こす外観に反して——，たんに客観的なものでも目の前に見出されているものでもなく，「自然的なもの」でもない。歴史の基となるのは，過ぎ去ったものをそのものとして時間的に引き離しながら，過ぎ去ったものに対する同一性と差異の関係にみずからを定立するという精神の特有な状態である。この構造は，のちの呼称に合わせるなら，「精神的な世界の構築」にとって根本的なものである。19世紀末期および20世紀初頭の歴史主義がヘーゲルの洞察を受け継ぐのは，《われわれというのは，ただ歴史的にみて，なにものかなのである》ということだが，ただし，ヘーゲル哲学の精神哲学的な枠組みは引き継がない。ヨハン・グスターフ・ドロイゼン[2]の『史学』はその例外だが，それにしてもヘーゲルへの依存の痕跡を拭い去る努力をかなり一生懸命している。このように，ヘーゲルにとって，変化というものは，つねに意識されたものとしてはじめて，反省やムネモシュネによって「歴史的な」性格を獲得するのであって，こうした変化というものが再び準自然的で〈客観的な歴史〉となるのである。

9.6.3. 歴史の構成

(1) この歴史性の概念は，精神的な生命のあらゆる分野にとって，すなわち政治的な領域や芸術，宗教，哲学といった学問にとって，根本的なものである。これらの分野が「歴史的に」著述されていることの意味は，人間の自然的な経歴に類似した自然過程の趣旨で〈生成していること〉がそれらの分野に帰属しているということではない。われわれは，もちろん，人間の自然的な経歴が人間の「歴史」であると特徴づけることなどしない。むしろ，それらの分野に帰属しているのは，精神的な生産や習得によって，すなわち「労働」や「遺産」によって——過ぎ去ったことを想起する反省のかたちで——〈創造されていること〉である。ここでおのずと浮かんでくると思われるより広いアスペクトをヘーゲルは考慮に入れていない。すなわち，歴史性の概念がはじめて完全に把握されるのは，「ムネモシュネ」に未来の構想もまた加わるときだ，ということを考慮に入れていない。

こうした歴史性の概念は，明確な表現で「歴史」という特徴づけを担う分野に関して反省することにとってはとくに根本的である。歴史は，（憶測上の）客観的な側面に照らしてみても，精神性としての歴史性に根本がある。それゆえ，歴史は，目の前に見出されたものではない。歴史は，歴史的な意識によって作られ概念把握されるものなのであり，つまり，歴史として構成されるものである。そのような構成のアクションなしに存在するのは，降って沸いたこと，起こってしまったことではあっても，「歴史」ではない。出来事は，歴史の考察によって「表象の作品」へと変形される。そして，このような作品に構成されてはじめて，出来事は，「歴史」となる。このことではっきりするのは，歴史概念の性格であって，そのヘーゲル的な意味でいう「思弁的」で特有な性格である。「客観的な歴史」として現象するものは，それ自身，主観的な表象の作品である。この主観的な表象は，われわれが歴史に帰する客観性をはじめて作り出す。主観的な表象は，べつに余計な追加物というわけではなく，端的に歴史を構成する契機であるので，われわれは歴史に正しく客観性を帰しているのである。しかし，主観的な表象は，その作品を無から作り出すのではない。主観的な表象にあらかじめ与えられているがそれ自身としてはまだ「歴史」ではない材料からその作品を作り出すのである。

(2) 精神的な生命がもっている広範な分野や時期を「非歴史的」なものだとして歴史概念から締め出してしまうのは，歴史概念についてのそうした非客観主義的な把握の結論である。その締め出された分野は，決して未展開のものではなく，おそらく高度に展開してさえいる精神性の分野である。しかしながら，こうした精神性においては，精神の歴史性という契機がそれ自身いまだ覆い隠されており，客観的な側面でも主観的な側面でも際立っていない。精神は自然的なものではないので，精神の契機の実在化は，たんに時間的な経過に服するのではなく，わざわざ把握され現実化されなければならない。ある国民は，「2と2分の1」千年つまり2500年もの教養形成のコースをたどっても，歴史が可能となるような教養に到達することがない（GW 18, 124）。こ

のことは,〈歴史性の欠如〉というヘーゲルの診断がそれぞれ事実に合致しているのかどうかといった問い,あるいは,その診断が情報の不足によって惹き起こされているのかどうかといった問いからは,独立したものだとみなされる。たとえその診断が,あれこれの事例で今日のより深められた資料源泉の知識によって修正されなければならないとしても,それでもなお次のことは,反駁されないまま残る。すなわち,「家族から氏族へ,氏族から民族へと膨張するあのひじょうに豊かでじつに果てしない仕事」でさえも,「歴史なしにただ起こった」ということである。つまり,客観主義的な歴史概念の意味で,一連の出来事として,それゆえ歴史として要求しなければならないようななりゆきがないということである。同じことは,「理論的な知性の行い」である言語の発達についてもあてはまる。言語の起源は,歴史に属するものではなく,「沈黙した過去の混濁に包まれたままである」。したがって,言語は,「自己を意識するようになった意志の行い」のおかげで生じたものではないし,「他の外面態,本来の現実態をみずからに与える自由」のおかげで生じたものでも「ない」。このことは,現世以外に言語の起源の徴しがあるかのようなことでもない。「言語の先行性」は歴史に先立つのであり,そして,そのような言語の歴史が明らかになるのは,他の条件,とくに国家形成という条件のもとにあるずっとあとの局面を包括してようやくのことなのである (GW 18. 195 f.)。

(3) 「客観的な歴史」は,ヘーゲルにとって,たえず〈客観化された〉歴史,すなわち歴史的な意識によって構成された歴史である。もちろん,「客観的な歴史」をこのように構成する手続きを踏むのは,それぞれの個別的な意識ではなく,歴史記述である。年代記は,歴史記述の前段階と見なされるべきであるものの,「客観的な歴史」を構成する手続きを踏むものではない。しかしながら,ヘーゲルにとって,「主観的な側面」である史伝 Historie は,決して,出来事の素材的な側面にただ付け加わるにすぎないようなものでも,この側面を「歴史」へと構成するようなものでもない。むしろ,「主観的な側面」が付け加わることによって,素材的な側面は,みずからの性格を変える。「ある国民の本来の客観的な歴史は,出来事が史伝も持つところではじめて始まる。」(GW 18. 124) このため,客観的な歴史は,二重の意味で史伝によってようやく始まる。すなわち,客観的な歴史は,そのたどる形式が変わる,すなわち行為の素材的な性格が変わるかたちで始まり,また,史伝が歴史として構成されるかたちで始まるのである。

それゆえ,歴史は,たえず客観的な歴史と主観的な歴史とのあいだの中間分野で踏み固められる。よりよく言い換えれば,歴史とは,外的な対象性も主観的な構成も包括し,決してたんに〈客観的〉なのではなく,かといって同様にたんに〈主観的〉なのでもない,そのような複合的な現実態である。すなわち,歴史とは,こうした現実態が現在のアプローチからするとどのようになるのか,ということなのである。そして,こうしたアプローチが持つ語りの概念は,結局のところ,起こったことを物語ることと空想の産物とをもはや区別することができない。

ヘーゲルは,「客観的な歴史」と「主観的な歴史」とが以上のように持ちつ持たれつの関係であることを力をこめて強調している。「われわれは,その二つの意味の一体化を,外面的な偶然性よりも高いあり方であると見なさなければならない。このことについて考えておかなければならないことは,本来的に歴史的な行いや出来事とともに同時代的に歴史物語が現れるということである。歴史物語を一緒に生み出すのは,共通の内面的な基礎である。」諸国民は,「主観的な歴史,すなわち歴史物語を示さなければ,客観的な歴史を欠いている」。「進展や展開の究極目的なしには,[…] 思考による回想も,ムネモシュネのための対象も現前していない。」(GW 18. 192-194) これによれば,意識の側面に,すなわち,そのような究極目的を定式化する側面に主導権が割り当てられているように見える。だが,とくに,ヘーゲルにとってはいつものようにここでは両側面の緊密な関係が問題となるので,ヘーゲルは,最終的に優先権を問うことを不明確なままにしておく。なぜあの条件のもとではなく,この条件のもとで歴史としての「歴史」の構成に至るのかということを概念把握するためには,多数の要因が——自然的な条件に至るまで——つねに考慮に入れられるべきである。国家関係を発達させる要因や「絶対的精神」

を発達させる要因もまた，やはりそれ自身は直接的なものではなく，要因自身の側で啓蒙が必要なのである。

(4)「客観的な歴史」は，つねに「主観的な歴史」によって構成されている。これに対して，アクターの行為に反作用するある精神的な地平を「主観的な歴史」が開示することによって，歴史がもつ素材的な性格に影響を与えようとしても，「主観的な歴史」は，たいていはかなり遅れてやってくる。このことは，ヘーゲルが1822/23年と1828/29年の講義において区別した「歴史記述の種類」でいえば，「根源的な歴史記述」でおそらく起こりうる。それは，「根源的な歴史記述」にとってもまた証明するのは困難であるのだが。とはいえ，トゥキュディデスやカエサルの歴史著作に対してギリシア世界やローマ世界にとっての「主観的な歴史」の機能を否認することは，少なくとも性急なのかもしれない。いずれにせよ，それらの歴史著作は，よりのちの時代に対しては前提とされなければならない。しかし，直接的に歴史を変化させる意味をある歴史著作がもっていることについて蓋然的に判断すること自身は，その歴史著作が歴史を構成する意味をもつことと接点はないのかもしれない。目撃者や同時代の人々の「根源的な歴史記述」によってすでに，出来事は「表象の作品」へと変形されている。「客観的な歴史」も，つねに「表象の作品」なのである（GW 18. 124）。「現実においてすでに過ぎ去ってしまったもので主観的で偶然的な想起のなかで散り散りになったもの，それ自身は一時的でしかない想起に保管されているもの，こうしたものを一つの全体へと組み立ててムネモシュネの神殿へと安置し，そうしたものがこのように死ぬことのない持続を手に入れるようにする」のは，いつもはじめは歴史記述者である（GW 18. 123）。

そのような「根源的な歴史記述」へのヘーゲルの共感は，近代にまで及んでおり，『フリードリッヒ二世のわが時代の歴史』にも寄せられる。ヘーゲルがそのような歴史記述の成功の条件とみなしているのは，「ある国民の教養形成がある高い段階に現前するということだけではない。歴史が，聖職者，学者などのところで寂しく孤立しているのではなく，歴史が国家指導者や軍司令官と一体化していること」も，成功の条件と見なされている。というのも，「上に」立った人々に関しては，「なにか道徳上の秘め事（瓶）にできた穴であるとかその他の知恵に穴があるとかによって」歴史が「考察される」のではないとされるからである（GW 18. 128 f.）。

しかし，「根源的な」歴史は，短い時期しか包括できない。そのため，根源的な歴史は，「反省された歴史」を「編集すること」によって補わなければならない。編集によって歴史を構成する労働は，よりのちの時代のことであり，変わってしまった条件のもとでなされる。この労働がみずからの課題を遂行し損なうのは，リウィウスの『歴史』やヨハネス・フォン・ミュラーの『スイス連邦の歴史』のように，根源的な歴史と反省された歴史の差異を消し去ろうとし，直接性を装おうとするときである。ヘーゲルは，ゲーテを引き合いに出してこれを批判している（*Faust*, V. 578）。「歴史記述者が時代の精神を描写するときには，時代を支配する主人の精神そのものになるのがつねである。」そして，ヘーゲルは，とくにそのタイプの歴史記述者を厳しく非難する。その歴史記述者は，「ときおり道徳的に切り込むことで出来事や個人の脇腹を突き，敬虔な気持ちを起こさせるキリスト教その他の反省でもってガアガアがなり立てることから覚める」のである。ヘーゲルがより好意的に評価しているのは，「実用的な」歴史である。そして，「実用的な」歴史ということで，ヘーゲルは，次のことを思い出したかもしれない。すなわち，自分が最初の日記帳に，「実用的な歴史といわれるもののうちにはかなり曖昧で一面的な理念が含まれているにもかかわらず」，自分は実用的な歴史を持っている，と書き留めていることである（GW 1.5）。こうした歴史記述は，また，「現在の関心」を持っているという。しかし，この歴史記述は，その表現されたものと同時代であるように装うことは断念するという。それにもかかわらず，「歴史記述者の対象と目的も，国民の目的や時代そのものの目的も」一致しうるという。ヘーゲルは，挿入された「実用的な反省」に対しても全般的に反駁しているのではない。「そのような実用的な反省は，非常に抽象的であればあるほど実際には，それだけ現在的なものになり，過去の物語に生気を与えて現在に生きるものにするはずのものである。」ヘ

ーゲルは，ドイツの歴史家における最新の傾向と区別して，この形式を「フランス人」のもとでより多く見出している。「ドイツ人は，それがそのようになったということで，よりいっそう満足する。」これは，〔このテキストの〕少し前に言及したヘーゲルの同僚，レオポルト・フォン・ランケへのなぞめいたあてこすりである。そして，ヘーゲルは，実用的な歴史記述についてのみずからの判断を，もう一度ゲーテを用いて次のようにまとめている。「ところで，そのような反省が実際に興味をそそったり生気を与えたりするかどうかということは，著述者の独自の精神次第である。」(GW 18. 136 f.)

9.6.4. 歴史における理性

(1) ヘーゲルは，以上のような実用的な歴史記述の評価でもって1828/29年に起こした導入論への草稿を中断している。おそらく，「哲学的な歴史」(V 12. 14-24 参照)に関してそのあとに続く詳しい記述が1830/31年の膨大な草稿に入り込んだからであろう。さらに，他ならぬヘーゲルが導入した叙述である「歴史記述の種類」に見出された関心にもかかわらず，1828/29年版の導入論に関してヘーゲルが下した独自の判断は忘れるべきではない。すなわち，問題となるのは，「哲学的なものをなにも含みえない観点」(GW 18. 122)に関わることである。とはいえ，「哲学的な歴史」については，あらかじめ外側の視点で報告すべきではない。「哲学的な歴史」を説明することが，ヘーゲルの講義の全体プログラムなのである。

この「哲学的な歴史」の中心的な概念は，理性の概念である。ヘーゲルは，みずからの著作のわずかな文言であっても理性をよりどころとしているが，それはとても包括的でかつ頑強である。しかも，ヘーゲルが無規定にそうすることはめったになく，それはここでも同様である。哲学は，理性という唯一の思想だけを歴史に持ち込む。すなわち，「理性が世界を支配し，それゆえ，世界史でもまた理性的ななりゆきがある」という思想だけを歴史に持ち込む。もちろん，ヘーゲルは，思弁哲学を参照するよう求めている。思弁哲学が証明しているとされるのは，「理性は，［…］実体であり，無限な力のようにそれ自身あらゆる自然的な生命および精神的な生命の無限な素材であり，無限な形式のようにそうした理性の内容を活動させることである」(GW 18. 140, § 549 参照)。

(2) ヘーゲルの哲学を「汎論理主義」呼ばわりすることを支えているのは，このような定式化なのかもしれない。もっとも，この「汎論理主義」という言葉は，理性の支配を話題とすることで言われていることのなにごともはっきりさせてはいない。また，ヘーゲルは，「哲学的な歴史」というみずからのプログラムに，さまざまな異議に対する免疫を方法論的に与えていることによっても，そのプログラムの信用を落としているように見える。というのも，理性が世界を統治しているという思想を哲学がすでに持ち込んでいて，世界を理性的だと見なす思想が反対に世界からも理性的だと見なされるとするならば，歴史に見られるセンセーショナルな反理性性から唱えざるをえないようなありうべきあらゆる異議に対して，帰結は前々から先取りされているように見えるからである。このようなアプリオリな歴史記述は，最初から歴史の細部に関わりあう必要がないとされる。しかしながら，他方では，どのような分析でもみられるように，内在的な理性の認識に向けられた歴史考察のみが，そうした細部の「実体」を掘り出すであろうことも，同時に納得できることである。

みずからの解釈学的な前提そのものによって，ヘーゲルは，経験的な歴史研究の帰結が腐敗しうる問題を立てた。だが，ヘーゲルは，この問題がぼかされていると見なしたが，それは，次の二つの根拠からである。第1の根拠は，どちらかというとより戦術的なやり方である。ヘーゲルの時代になされている史伝が勘違いしたかたちで経験的に振る舞っていることに対して，ヘーゲルは，それがアプリオリな歴史記述だという非難で応酬する。これは，ローマ初期に関するバルトホルト・ゲオルク・ニーブールの主張にそれ自身目を向けたものだが，まことに当然のことである。哲学は，「そのようなアプリオリ性を［…］才気に満ちた専門の歴史家に」委ねているとする。しかし，こうした批判は，哲学が別の種類のアプリオリ性に固執するだけではなく，むしろより良い道を選んでいる，ということをまだ保証するものではない。だが，ヘーゲルがここで挙げる二

つめの根拠は，少なくともみずからのプログラム形式の中では十分な支えを持つものとして現れる。すなわち，哲学は，先ほどの歴史家によっては誘惑されないし，その歴史家とは違って，経験的な知識に対する忠実さの点で能力を発揮するというのである。「しかし，われわれは，歴史を，そのあるがままに受け取らなければならない。われわれは，史伝的で経験的な態度を取らなければならない。」「だから，世界史そのものの考察からはじめて明らかになったこと，また明らかになるであろうことは，世界史には理性的ななりゆきがあるということである。」（GW 18. 142）それゆえ，方法論的にみると，ヘーゲルの企ては，歴史の中にある現実的な理性を浮き彫りにする発見的な原理によって導かれた経験的な態度として記述されなければならない。

(3) しかし，やはり，理性の世界統治というたんなる思想が，信用できる帰結をまだ決して保証していないということを，ヘーゲル自身は，二つの有名な形態で示している。理性の世界統治というこの原理を最初に立てたのはアナクサゴラスであった。ソクラテスとともにヘーゲルが異議を唱えるのは，その原理に対してではない。また，アナクサゴラスが理性を「知性」として，あるいは，「自己意識的理性」として捉えていないということに対してでもない。そうではなくて，アナクサゴラスが，原理を自然に制限し，原理と，表向きその原理から導かれるとされるものとのあいだの具体的な媒介を行っていないということに対してのみ，ヘーゲルはソクラテスとともに異議を唱えるのである。ヘーゲルがいっそう批判的に反対している第2の形式は，人格的に考えられた「摂理」が一つのプランによって世界を統治しているとする信心深い抜け道である。「摂理」へのこの信仰もまた無規定なものであり，そして，とりわけヘーゲルは，一つの「摂理のプラン」について語りながら，そのプランを認識することが「不遜」であると言い張る不一致を論駁している。信心深い心は，個々の出来事のうちで自分の確信が実行に移されることを見て，たしかに敬虔な気持ちになるかもしれない。しかし，哲学は，このような「摂理の信仰の穿鑿家」にとどまることができないとされる。哲学は，最終的には，「創造的な理性のこの豊かな産物——これが世界史である——をも概念把握すること」に移行しなければならないとされる。しかも，いまや，「最終的に，世界の究極目的であるものが普遍的で意識的な仕方で現実態に踏み込んできた」ところである。すなわち，そうなってはじめて，「摂理のプラン」に関する表象にとくに関係するものを概念把握することができる。歴史における理性は，歴史が「世界精神の理性的で必然的な進行」として概念把握されうる点にある。それ自体で歴史の究極目的であること，すなわち，精神がみずからの自由を知ることは，そうした進行としても意識されるのである（GW 18. 142-150,『要綱』§ 343 参照）。

(4) 歴史の究極目的とその実現についてのこうした言明でもって，ヘーゲルは，哲学的な不遜の頂点によじ登ったように見える。そして，その言明の不遜な性格を見咎めないとしても，そうした言明は，明らかに不十分な前提に基づいているように見える。というのも，「歴史の究極目的」については，やはり，歴史の終わりになってはじめて語りうるとされるし，それ以前にはせいぜいのところ，歴史神学によって遂行されるように，この終わりの先取りの形式でしか語られないとされるからである。それゆえ，歴史哲学は，構造的にどうしても歴史神学に依存したままだとされる。歴史哲学は，その成立からして，聖書にある終末論の世俗化だとされ，また今後も，歴史神学のままでしかありえないとされる。そのため，歴史哲学は，以前は影響力があったものの，歴史的なテーゼとしても体系的なテーゼとしても維持できない想定にとどまるとされる（これを批判するのは Jaeschke 1976）。しかし，いわゆる「予弁法 Prolepsis」によるこうした思考スタイルは，ヘーゲルからほど遠いものである。ヘーゲルにとって「世界精神」の究極目的の規定は，むしろ精神の概念から導かれる。精神は，つねに，自己意識，すなわち自分がみずからを知ることを目指しており，それどころか自己意識の構造を持っている。「世界精神」は，個別的で精神的な主観に他ならない。このようにみずからを知ることは，世界精神の内在的なテロス（目的）である。精神は，エンテレケイア（目的の実現）としてそのようにみずからを知ることを目指しており，みずからを知ることで完成する。精神は，アリストテレスのノエシスに対応するもの

だが，神がみずからを思考することで完成するというわけではなく，現実態で完成するのである。そして，現実態は，そのような知として完成する。精神の概念の説明として歴史を解することが必然的に意味しているものは，精神の自己意識が現実化する——つまり精神の自由を知る——過程として歴史を解することである。

「歴史」は，まったくもって自然的な発展でもなければ，形式的な過程に関わることでもなく，精神の説明である。歴史は，もともと「歴史性」に基づくものであり，すでに，この歴史性には，媒介された自己関係がそなわっていて，「思考する自由の萌芽」(本書510頁以下参照) がある。ヘーゲルにとって，簡明な意味での「歴史」は，「理性性が世俗の現実存在に進み出てきはじめるところ」ではじめて始まる。そして，歴史は，理性性に外面的に接近するようなものなどではない。歴史の〈材料〉は，それ自身すでに自由のアクションである。「自由は，もっぱら，法則や法といった普遍的で実体的な対象を知って意志することであり，また，その対象にふさわしい現実態，すなわち国家を産み出すことである。」(GW 18. 190 f.)

(5) 歴史のこうした概念は，精神についてのヘーゲルの概念にのみ基づいている。この概念は，歴史的な現実態とはまだ媒介されていない。しかし，それにもかかわらず，ヘーゲルは，みずからのプログラムを次のように定式化する。すなわち，「歴史が理性的に進行していることは，世界史そのものの考察から明らかになら」なければならないとし，このことを確かめるためには，歴史的に経験的な態度を取らなければならないとするのである (GW 18. 142)。ヘーゲルの「哲学的な歴史」，すなわち，ヘーゲルによる世界史の取り扱いは，もっぱら，こうしたアプローチをすることや，前提とされた概念を歴史的に立証することに役立つものでしかない。ヘーゲルのアプリオリ主義について苦情を言うことは，あまり感心できることではない。また同様に，ヘーゲルがみずからの歴史概念の優れた意味を実証しようとする (すなわち，歴史を概観することで，歴史は精神と自由の自己意識を現実化するものとして適切に解釈しうることを示す) 手段である「大きな物語」について苦情を言うことも，あまり感心できることではない。

ヘーゲルは，精神哲学的な歴史概念を経験的に実証するというこの目標をとても真剣に受け取っているので，それだけにいっそうのこと，経験的知識にどっぷり浸っているようにときどき見えてくる。まさにこのことによって，ヘーゲルのやり方は，同時代の人々のあいだで蔓延していた原始状態への空想とは心地よいほど対照をなしている。こうした原始状態への空想は，王政復古の取り巻きや，シェリング，フリードリッヒ・シュレーゲルのもとでも見出されるものである。歴史のはじまりには神によって創造された完全な原始状態があり，それが破壊されたのちは，今日，「残骸」にときおり出会うだけだという想定と比べれば，ヘーゲルのやり方は対照的である。それに加えて，ヨーゼフ・フォン・ゲレスが『世界史の基礎，区分，順序について』というタイトルで口走る神話的なうわごとに対して，ヘーゲルはとても明確に一線を画し，経験的な実証というみずからのプログラムを押し出す。ヘーゲルは，ゲレスに対してとても強烈に自明の理を思い出させるよう余儀なくされたようである。その自明の理とは，「歴史的なことがらを実証することは，歴史記述的なドキュメントと，その批判的検証によってのみ基礎づけられうる」ということ，「そしてただそのような認識のみが学問的だといわれうる」(本書402頁参照) ということである。

(6) ヘーゲルの歴史哲学にとって難しい問題は，彼の純粋に精神哲学的な歴史概念と，歴史の考察者にさしあたり目に入る個々の行いや出来事との媒介にある。もちろん，「世界精神」は，その意味するところは，歴史の中で行為する諸個人といった歴史の「アクター」のことではない。精神の「普遍的な目的」と諸個人の「意識的な目的」とは，ばらばらになっている。とりわけ，ヘーゲルは，歴史的な諸個人が「普遍的な目的」をもつことを概して否認することにより，二つの目的のあいだにどのみち存続している溝をそのうえさらにいっそうこじ開けるので，それはなおさらのことである。ヘーゲルは，歴史に実在する原動力をそもそも「観念論的なやり方」以外で考える。歴史は，(崇高な) 理念によって動かされるものではないし，また，歴史的に振る舞っている諸主観が精神の究極目的の現実化を標榜

したかのようなことによってすら動かされるものでもない。歴史は，諸主観の利害関心や欲求，衝動によって規定され，利己的な目的や情熱によって規定されている。「このため，そこで活動している諸個人も満足することなしには，なにも起こらず，なにも成し遂げられない。」そして，このことは，決して非難されるべきことではなく，それどころか残念なことですらない。「主観が活動や労働で自分自身に満足を見出すことは，主観の無限な権利であり，自由の第2の本質的なモメントである。」そして，ヘーゲルはここで，先に（本書464頁参照）引用した『エンツュクロペディー』の命題——「世界では，情熱なしには偉大なことがなにも成し遂げられなかった」（GW 18. 158-161）——をほぼ言葉通りに繰り返している。

精神の概念にはあるものの，歴史のアクターたちが意識せずに追求している「普遍的な」目的と，歴史のアクターたちが「意識している」としてもまったく普遍的なものに向かっていない目的とのあいだの以上のような不一致を，ヘーゲルは二重の仕方で調停しようとする。すなわち，「世界史的な個人」という〈評判の悪い〉思想による仕方と，「理性の狡知」というそれにも劣らず〈評判の悪い〉定理による仕方とである。もちろん，後者の「狡知」については，ヘーゲルのテキストよりもヘーゲルに関する文献の中で話題となっている。世界史の哲学のためになされた——たしかに断片的ではあるが主題の部分では完全な——ヘーゲルの草稿では，この表現は見出されず，ただ一度，『世界史の哲学に関する講義』（W IX. 41）で見出される。ヘーゲルは，たしかに，『大論理学』（GW 12. 166）で，また『エンツュクロペディー』第3版§209でも同様に，「理性の狡知」について話をしているのだが，しかし，それは神学の概念をとりあげて話をしているのであって，より詳しくいえば，歴史の文脈ではなく，むしろ自然哲学的な色彩を帯びた文脈で話をしているのである。

それにもかかわらず，この表現を選び取ったことは，まさにそれが挑発的な力をそなえている点で幸運であった。「世界精神」を話題とするさいにもすでにそうだったように，たしかにここでもまた，神話的な姿形を歴史理論的なアプローチに組み込んでいるように見える。しかし，ここでも，気に障るように意識して選択したイメージは，さし迫った問題をとりあえず指摘しながら，それとともにはやばやとその問題の解決もほのめかすことに役立つだけである。その問題とは，歴史のなりゆきと，アクターたちの欲求や利害関心とのあいだの不一致のことである。すなわち，スムーズにはいかないとしてもやはり総じて「直線的な」展開，いやそれどころかおそらく「進歩」とさえ特徴づけるべき展開によって規定されている歴史のなりゆきと，たしかにいつでも別のアクターであるのにそれでもつねに同等であり続ける有限なアクターたちがもつつねに同等な欲求や利害関心とのあいだの不一致のことである。

「理性の狡知」という定式は，カントが『世界市民的な見地における歴史の理念』（1784. AA VIII）において「自然の見地」という見出しで似たような隠喩として立てたのと同じ問題を提出している。たとえ行為する人格が歴史を自分の意志の目標としてまったく設定しなかったとしても，歴史に内在する敵対関係は，歴史を一つの方向へと導く。より新しい分析的な歴史哲学は，生活実践的に重要ではなくなって理論的にも切り詰められた認識関心をもつのだが，こうした認識関心に制限されまいとする歴史哲学は，次のことに答えようとしなければならない。すなわち，のろのろとした動きによって，それどころか以前の段階への後戻りによって邪魔をされ，自然や人倫のカタストロフによって邪魔をされるとしても，歴史のプロセスが，自然のプロセスとは違って，なりゆきで不可逆的に一つの方向に進むのはなぜなのか，ということに答えようとしなければならない。これは，20世紀の歴史がそれ自身実証したものであるのだが。歴史には，唯一のアクターである諸個人がめいめいの目的を携えて登場するけれども，諸個人の一致した意志から生ずるのではなく，はなはだしく異なった個人的な目標設定の合力としても記述できず，むしろ内的な論理に従うような一つの方向を，歴史がどのようにしてたどるのかということについて，歴史哲学は案内しなければならない。そのようなアプローチに対して，ヘーゲルは個人を軽蔑しているのだ，と容易に異議を唱えることもできる。だが，重要なことは，そのような歴史を形づくる包括的な意味を個人が獲得すべきかどうかとい

う道徳的な問いではなく，ただ，どのようにして歴史の過程が適切に記述され概念把握されうるのか，ということである。

歴史において普遍的なものと特殊なものとを媒介するこうした難点を，ヘーゲルは，必要とされる明晰さで浮き彫りにしていない。ヘーゲルは，たんに問題状況を暴露するだけである。「世界史は，なんらかの意識された目的をもって始まるのではない。」〔GW 18. 161〕世界史は，「精神の概念が満足するというみずからの普遍的な目的をもってただそれ自体で——すなわち自然として——始まる。世界史の普遍的な目的とは，内的な，もっとも内的な無意識の衝動である。——そして，世界史の仕事の全体は，先に一般的なかたちですでに指摘したように，世界史の普遍的な目的を意識にもたらす労働である」〔GW 18. 161 f.〕。この「労働」をする者たちは，「より高次のものの手段や道具なのであり，［…］このより高次のものについてなにも知らず，無意識にそれをもたらすのである」〔GW 18. 162 f.〕。

しかし，いわば「手段と道具」の意識の背後でどのようにしてそうした「普遍的な目的」が作用するのか，どのようにして普遍的なものが特殊な諸目的のうちにあり，またその特殊な諸目的によって成し遂げられるのか，ということを説明する代わりに，ヘーゲルは，一方で，普遍的なものと個別的なものとの合一という思弁的な本性を明示するとされる「論理学」を参照する。もちろん，「論理学」は，歴史的な媒介というこの特有の問題に対してなんの解明も与えはしない。ヘーゲルは，他方で，例を使って具体的にその合一を説明しようとする。その例は，本来は非難の問いかけに関わるが，その限りでもさほど適切に選ばれてすらいないものである。一つの答えがあったとすれば，それは，それぞれの個体が，みずからの「特殊な」生命のほかに，「普遍的な」生命や「歴史的な」生命をつねに導いているし，普遍的な〈つながり〉のうちにもつねにあることを次のように指摘することにあったかもしれない。すなわち，個体は，「市民社会」の「身分」の構成員として，あるいは，国家の市民として，宗教教団の構成員として，戦争への参加者としてあり，そして，この媒介性の中で普遍的なものの契機であるし，普遍的なものの運動に参加してもいるのであ

る。別の答え，しかもより重要な答えが成り立つとすれば，それは，客観的精神の顕現としての歴史的な諸行為は，自由のアクションとしてたえず相互に関係しており，アクションの内在的な論理によって自由を現実化することに狙いが定められていることを証明しなければならなかったのかもしれない。

これに対して，この「普遍的なものと特殊なものとの合一」は，「世界史的な諸個人」についてのヘーゲルの教義で直観できるものになる。「世界史的な諸個人」とは，その特殊な目的が普遍的な目的と重なる際立った人格たちであり，そしてそれゆえに，世界精神の目的の「手段」ではなくて「業務遂行者」なのである。もちろん，世界史的な諸個人の特殊な目的と普遍的な目的とのこうした統一は，たんに思い込みの統一なのではなく，むしろ，世界史的な諸個人の部分的な目的が世界史の進行に因果的に結果したものとして——「ローマの独裁政治」はローマの歴史のテロス（目的）なのではなくカエサルの権力追求の結果としてあると——考察されるべきなのかどうか，という疑問は残る。だが，やはり，そのような部分的な目的の現実化された状況が，まさに，そうした部分性の貫徹した歴史的な状況を前提としていることもよくよく考えなければならない。これは，まさに，その部分性が客観的な傾向と一致していたからである。

ヘーゲルが個体を「手段や道具」として語ること——これはしばしば挑発だと感じられている——に比べてあまり周知のことでもないこととして，個人の自己目的—性格についてのヘーゲルの議論がある。この議論が間違いなく支配的であるにもかかわらず，そうなのである。ヘーゲルは，手段—性格（GW 18. 159）に対する議論の文脈でも，満足に対する「主観の無限の権利」をもちろん誤解の余地なく強調しており，その後もこれを引き継いでいる。すでに自然にある物の領域でも，「手段」と「目的」は，たんなる外面的な〈関わり〉のうちにはなく，なおさらのこと，人間は，理性目的との外面的な〈関わり〉のうちにはない（GW 18. 166）。人間は，理性目的に関与し，「そしてまさにそのことによって自己目的である」。これは，有機体といった意味だけではなく，むしろ目的の内容にしたがってのことである。道徳，人倫，宗教性，理性，自由は，

〈解放された〉という意味で,「手段のカテゴリーから取りのけられている」。人間は,単純で素朴な形態でも「無限の価値」を持っている。人間は,「手つかずのもの」であり続け,「世界史の大きな喧噪から」取り除かれている。この歴史が——つねに新しい有限なものを産出することしかしないとしても——有限なものをすべて廃棄するのだから,この歴史が人間を越えて回転していくにもかかわらず,そうなのである(GW 18.161-171)。

9.6.5. 弁神論

(1) それゆえ,個体に道具という性格が帰せられるのは,個体の「普遍的な」側面によるものであり,個体は,この普遍的な側面によって,国家の生命に結びつけられており,その普遍的な目的を現実化する。個体は,みずからの特殊態の側面によれば,「自己目的」であるのだが。こうした「手段や道具」の話題よりもさらにひとを憤慨させるものとして現れるのは,概して,歴史に関するヘーゲルの判断にみられる途方もない不一致である。ヘーゲルは,世界史が「支離滅裂な瓦礫の山」であり,「諸国民の幸福,国家の知恵,そして諸個人の徳が犠牲に供される屠殺台」だと話している。そして,飾り気のないこうした言明にもかかわらず,ヘーゲルは,哲学的な歴史考察に弁神論の機能,すなわち「神の正当化」の機能を割り当てる。「ライプニッツは,彼一流のやり方で,依然として抽象的で無規定なカテゴリーを用いて形而上学的に神の正当化を試みた。一般に世界にある害悪,世界に含まれている悪は,概念把握されるべきであり,思考する精神は,否定的なものと和解すべきである。」「和解」についての話題はどれも,犠牲者を目の前にしては,人々を愚弄するものとして現れる。そして,こうしたことは,20世紀の大量殺戮によって疑いなく無限に増大したとはいっても,これがはじめてのことなのではない。

(2) 結局のところ牢獄よりも家屋の方が多く存在しているのだから,ありうべきあらゆる世界のうちでこの最良の部分は,やはりそんなにひどくはないだろうというライプニッツの慰めの請け合いは言うに及ばず(『弁神論』B 148),ヘーゲルは,世界史の性格を,たとえばカントよりもはるかに劇的に記

しているので,ヘーゲルの歴史哲学においてもまた,弁神論のどの試みにも内在している緊張がきわめて明晰に意識に上ってくる。これに対して,ヘーゲルは,害悪の現実態を美化しないように努めている。「世界史は幸運の地盤ではない。というのも,幸運であった期間は,歴史にとって空虚なページにすぎないからである」(V 12.64)と注意するだけではない。だが,世界史は,もっぱら幸運の不在によって性格づけられるだけなのでもない。「世界史では具体的な害悪の塊全体が目の前に置かれることがある。」できることといえば,世界史の叙述を「もっとも恐ろしい絵画へと高めることである。そして,同じくこのことによって,もっとも深く途方にくれた悲しみへと感覚を高めることである。和解するという帰結が,こうした悲しみに対して均衡を保つわけではないのである」。

だが,このように幻想をいだかない描き方をするにもかかわらず,ヘーゲルは,「そうした否定的な帰結の空虚で実りのない崇高さで悲しい気持ちに浸ること」を誤った道だと見なしている。ヘーゲルの「哲学的な歴史」は,「和解」の可能性にこだわっている。いうなれば,ライプニッツの『弁神論』とヴォルテールの『カンディード』とのあいだの和解の可能性にこだわっているのである。「この仲直りは,肯定的なものを認識することによってのみ達成される。この肯定的なものでは,あの否定的なものが消滅して,従属的なものになり,乗り越えられたものとなる。すなわち,この仲直りが達成されるのは,一つには,世界の究極目的が真実には何かという意識によってなされるし,もう一つには,世界の究極目的が世界のうちで現実化されており,悪は,世界の究極目的と同列に並んで効力をもつのでも,その究極目的と一緒に効力をもつのでもなかった,という意識によってなされる。しかしながら,この二重の知——究極目的を概念把握する知と,歴史的な経験によってこの知を確証すること——のうちに和解がある。和解への別の道は存在しない。和解は,足早に犠牲者を飛び越えて急ぐ勝利至上主義的な性格を持つものでは決してなく,むしろ,〈それにもかかわらず〉という反抗的な性格を持つのである。ヘーゲルにとってここで問題なのは,カントと変わらず,完全な国家体制という究極目的が実現する

「ささやかなもの」や「かすかな痕跡」（AA VIII. 27）を発見することである。そのさい，カントは，「自然の意図」について隠喩的に話すのに対して，ヘーゲルは，歴史そのもののうちにある究極目的への傾向を自由の論理として浮き彫りにしようとしているのである。

（3）ヘーゲルが世界史を「弁神論」として考察することに対する大方の批判は，犠牲者の地位を剥奪し，道具化し，さらには愚弄していると非難の声をあげる。だが，この批判は，（アドルノを除いて）不誠実なまでに不適切である。それが不適切であるのは，世界史の慰めようのない外観を他にみられないような陰鬱な色彩で描き，真実にふさわしく世界史が諸国民と諸個人の「屠殺台」だと称することに尻込みもしないヘーゲルが，だからといって決してそうした帰結を望ましいとか，道徳的に正当化できるとか称しているわけではないからであるが，ただそれだけでもない。むしろ，ヘーゲルの歴史哲学は，道具化という非難を浴びせることができない唯一の古典的な構想なのである。

このようにいえる根拠は，容易に認識することができる。道具化は，人格主義的で神学的な思考モデルに含まれているような意識的な目的を前提としている。だが，意識的に目的を定立するさいに，「和解」として，人類の運命を一つの「プラン」にしたがって導く神というものは，ヘーゲルの構想が関知するところではない。このため，弁神論の手続によって惹き起こされざるをえない告発を受け取る人が欠けている。たしかに，ヘーゲルは，当時支配的なこの術語を——修正しないわけではないけれども——まだ用いているのだが，この術語は，もはや硬直化したファサード（表面）でしかない。「手段」と「目的」を意のままにする——教会信仰にとっての——人格的な神は，もはやこのファサードの背後に隠れていない。また，ありうべきあらゆる世界のうち最善の世界を——これは残念ながらいまだに害悪を十分に含んでいる（それゆえ，批判者たちは，善き根拠でもって，その最善の世界をありうべきあらゆる世界のうち最悪の世界として評価することができた）にもかかわらず——道徳的な必然性によって選び取らざるをえないライプニッツ的な神もまた，このファサードの背後に隠れていない。若きヘルダーがかつてとても上品に約束したような（hg. Suphan V. 576），何百万という屍を越えてでも目標に至るような摂理による祝福に満ちた導きも，そのファサードの背後ではもはや行われない。ヘーゲルの「弁神論」において正当化される神的なものは，「精神」であり，自由へと，そして自由の意識へと向けられた行為や知であって，もはや道徳的な非難に適した主観ではない。それゆえ，「弁神論」という言葉もまた，ここではただ〈いくぶん割り引いて（cum grano salis）〉使用すべきなのである。

神についての人格的な思想をとることで「弁神論」が働くなら，そうしたどのような「弁神論」に対しても，当然ながら犠牲者を愚弄することへの批判があてはまる。そして，おおよそ「弁神論」のすべての形態は，古代からこうしたものである。しかし，そうした批判は，ヘーゲルのアプローチを完全に無視している。「弁神論」の伝統的で神学的な形態に対しては不可避的に批判可能な進め方ではあるが，まさにそれゆえにヘーゲルの構想からは排除されている進め方そのものがあるという理由でヘーゲルの構想を批判することは，多くの場合にかなり意図的に行われているけれども，おかしな間違いである。

このことは，シラーの詩「諦念」によってヘーゲルがあらかじめ与えることのできた定式である「世界審判は世界史である」（『要綱』§340; Jüngel 2001; Hüffer 2002, 185）にもあてはまる。もちろん，これが言っていることは，世界史の形態をした正真正銘に権限があり清廉潔白な裁判官が裁判官席に着くということではない。むしろ，超越的な正義による事後の審理を期待して「断念する」しかない，ということである。世界史はすでにして世界審判なのである。われわれは，それ以外のものを期待する必要がなく，正しい者たちの涙が乾く手はずとしてそれ以外に期待する必要がない。世界史の〈判決〉に対しては，たとえそれが個々にはやはり非常に破滅的なものになってしまったとしても，控訴することもできない。唯一の「和解」は，ただ，究極目的についての知と，その究極目的が前向きに進展して実現することについての知のうちにある。つまり，歴史がわれわれの前に最初に差し出されたときには「もっとも恐ろしい絵画」であるにもかかわらず，

「歴史のうちには理性」もあるという認識のうちにその「和解」があるのである（GW 18. 150-158）。

9.6.6. 自由の意識における進歩

(1) この「歴史における理性」は，主観的でもあれば客観的でもあるという二重性格をもった歴史が自由の歴史である，という点にある。たしかに，「客観的な歴史」は，自由な行為の中以外に現実存在を持たず，「主観的な歴史」は，その自由な行為から客観的な歴史を構成している。しかし，歴史は，「自由という一種の金属から作られている」（『要綱』に関するエードゥアルト・ガンスの有名な言葉の転用。W VIII. X）だけではなく，歴史は，その最高の規定からすると，「自由の意識における進歩」（GW 18. 153）なのである。

ヘーゲルにとって歴史哲学は，この進歩を認識し，しかも進歩の「必然性」のかたちでそれを認識することを課題としている。それゆえ，歴史哲学は〈自由の解釈学〉だ，と言えるかもしれない。歴史哲学は，その内実を，それを問う者だけに明らかにする。これと矛盾しているように見えるのが，歴史に関するゲーテの次の言葉——これはしばしば引用されローゼンツヴァイク（Rosenzweig 1920, Bd 2.1）も引き合いに出している——である。「ひとがこの膨大な経験的知識に見ているものは，自然にほかならず，われわれ哲学者がよく好んで自由と呼びたがるものについてではさらさらない」（1802年3月9日付シラー宛 WA IV/16.49）。だが，「膨大な経験的知識」に関するゲーテの発言は，一般に歴史の性格描写をするものではなく，フランス革命の個々の叙述でこの自由のアスペクトを引き出さないものに関係している。そして，この種の叙述がなされるならば，ヘーゲルは，これに対してとりわけ次のように主張するだろう。たしかに大部分は，自由だと誤解されたもののアクションだとしても，その経験的知識が「自然」として現れるようにするものもまた，自由のアクションに他ならない，と。

(2) ヘーゲルは，「進歩」に関する風当たりの強いそうした発言によって，啓蒙主義のいわゆるナイーヴな進歩主義に同調しているように見える。だが，ヘーゲルは，啓蒙主義の諸々の進歩構想に対抗して，みずからの進歩の概念に対し形式的にも実質的にもはっきりした特色を与えている。

形式の点からすると，ヘーゲルは，完成可能性の思想に対抗するかたちでみずからの進歩の概念を限定している。「歴史の中で進行する一般の抽象的な変化は，とうの昔に普遍的な仕方で捉えられており，そのため，歴史は，より善いもの，より完全なものへの進展をも同時に含むものとされていた。」そのような進歩構想の正しさは，完成可能性が，地上ではなにも新しいことの起きない自然の「円環」から，歴史のなりゆきの形式を区別するところにある。完成可能性が仮定しているのは，「現実的な変化能力，しかもより善いものへ，より完全なものへと言われているようなそれであり，すなわち完成可能性の衝動」である。この原理は，「カトリックのような宗教から」も，安定性を盾にとる国家からも，「悪く受け取られて理解されている」と，ヘーゲルは述べている。しかし，ヘーゲルもまた，別の理由からとはいえ，その原理を決して弁護することはない。「実際に，完成可能性は，一般の変化と同様におおよそ規定を欠いたものである。完成可能性は，目的や目標を伴わない。完成可能性が目指すというより善いもの，より完全なものは，まったく無規定なものである。」それゆえ，ヘーゲルが抵抗を感じているのは，変化に対してではなく，その目標のなさに対してである。すなわち，ヘーゲルがカントの道徳神学のもとでももちろん退けた無限の過程というものに完成可能性が帰着してしまうことに対して，ヘーゲルは抵抗を感じているのである（GW 18. 181 f.）。

しかしながら，完成可能性に対するヘーゲルの批判は，啓蒙主義がもつ別の歴史哲学モデルである「人類の教育」というモデルには当てはまらない。「レッシングの信奉者」（本書22頁参照）であるヘーゲルの念頭にあるそのモデルは，間違いなくレッシング版のものであり，ヘルダーの変種ではない（LM 13. 413-436）。しかしながら，ヘーゲルは，その宗教史的な背景には関わらないし，教育概念の転用可能性の問題にも関わらない（Jaeschke 1976, 273-324）。ヘーゲルは，ある欄外注で，レッシングの意図に反して，自由の歴史という自分独自の構想にそのモデルを統合する。「なになるための人類

の教育か？　自由になるために。人間は自由になるために教育される。〔自由は〕直接的にはなく，結果である。」(GW 18. 153) 内容的にみると，レッシングの『人類の教育』は，ヘーゲルの歴史哲学よりも宗教哲学にとって重要となる。

実質の点からすると，ヘーゲルの進歩概念は，その範囲を縮小することによって，啓蒙主義がもっとも練り上げられた構想とも区別される。たとえば，コンドルセは，人間の生命のあらゆる領域における包括的で統一的な「進歩」を期待しており，それは生命への期待を高めるところにまで至っている。というのも，自然が，真理，幸運，徳を相互に解きがたいほどにつなぎ合わせているからである。コンドルセが予想した将来の進歩は，諸国民の不平等が除去され，国民の内部で平等の点で進歩が起こり，そして，人間が現実的に完璧なものになることと関係している。これほど広範に捉えられた期待に対しては，ヘーゲルはいつでもただ嘲笑することを好んだ。たとえば，このことは，「道徳的な世界秩序の理想では，もはや，火山などもいまあるようにつねにあり続けるものではないので，それは次第に燃え尽きるのであり，大暴風もより穏やかとなり，病気も痛みが引いていき，森林や沼地の霞も晴れていきますように」(GW 4. 407) というフィヒテの希望に対しても当てはまる。自然の生命条件なり道徳なり人間の幸福なりが改善していくというそのような期待に対抗して，ヘーゲルは，厳格に，「進歩」を「自由の意識における進歩」に限定している。なぜなら，自由の現実化や自覚に向かうという内在的で抹殺できない運動を，ヘーゲルが精神の概念の構成的な契機だと見ているからである。

(3) ヘーゲルの定式は，進歩というものを，あまりにも観念論的なかたちで意識の中にのみ設定して，現実態の中にも設定していないと，ときどき非難される。だが，こうした異議もまた，ヘーゲルの思想を捉えそこなっている。進歩は，《それ自体》の側面に関わることができない。というのも，人間は，それ自体で自由であるからだ。そうでなければ，人間は，決して自由になることもできないだろう。それゆえ，歴史的に可変であるのは，進歩の対象の方である。進歩の対象とは，この《それ自体》が人間に対してもあるのかどうか，また，どのぐらいあるのか，ということだけである。世界史は，「精神がそれ自体でなんであるかを知るに至るよう骨を折る」精神の道程である (GW 18. 152 f.)。

この思想の内実は，縮めて言うなら，「人間そのものはそれ自体で自由である」というポピュラーな定式にすることができる。こうした自由の思想は，たしかに，歴史のはじまりには見出されず，ヨーロッパの歴史のはじまりにも見出されない。こうした自由の思想は，それを作り出すための一つの長い歴史が最初に必要とされる。すなわち，ヘーゲルが同様にポピュラーな定式で次のように凝縮している一つの歴史が必要とされるのである。オリエントでは，ただ一人だけが自由であったとされる。つまり，専制君主である。古代ギリシアやローマでは，ただ若干の者だけが自由であったとされる。つまり，奴隷と対立している自由人である。そのような条件のもとでは，自由も，「一部では，偶然的でうつろいやすく開ききっていない制限された花にすぎず，同時に一部では，人間的なものの，人道的なものの苛酷な奴隷状態にすぎない。――ゲルマン諸国民がはじめて，キリスト教というかたちで，《人間は人間として自由であり，精神の自由が人間のもっとも独自な自然をなしている》という意識へと到達するのである」。

ヘーゲルは，自由の意識に至るこの第4の歩みを，それ自身の中で二分されているものとして重層的に記述している。すなわち，意識は，「最初は宗教に，しかも精神がもつもっとも内的な宗教に没頭している」とされる。しかし，時間の経過に応じてより進んだ歩みは，「現実態への原理の適用であり，浸透」であったとされる。つまり，これは，その原理を「世界の本質」(GW 18. 152 f.) へと形成することであり，したがって，ヘーゲルの弟子たちがのちに「世俗化」と呼んだ世界化の過程である。そして，弟子たちは，このことにより，文化史的な概念を「世俗化」で刻印するのである (Jaeschke 2001, 10 f.)。だが，「原理」と「適用」とのあいだに差異があるにもかかわらず，このモデルはやはり不適当である。すなわち，このモデルが想定するのは，その原理は，幸運にも発見されたらこんどはただそれを適用しさえすればよい，ということである。しかしながら，必要なのは，むしろ，この原理の最初の

「萌芽」からそれを明文で定式化するに至る長い道程である。そして，この定式化によってようやく，その原理の現実化の決定的な局面が始まるのである。

ヘーゲルは，みずからの哲学史講義の中で，歴史哲学講義よりも詳細にこの過程を記述している。キリスト教においては，人間が神の恩寵の対象として自由になっているとされる。そして，ヘーゲルは，自由思想の歴史におけるこうした進歩を，はっきりとは言わないが，自由思想を精神の力と結びつけるストア派の自由思想に対抗するものとして称賛する。「この〔すなわちキリスト教の〕諸規定は，自由を，生まれや身分や教養形成（Bildung）などに依存しないものとしており，これによって前に進められたものは，ものすごく多い。」だが，ヘーゲルはこう続ける。「しかし，それらは〔すなわちこれらの宗教的諸規定は〕，自由であることが人間の概念をなす，ということとはやはり異なっている。」（GW. 18. 57）そして，ヘーゲルがここで史伝として正確に続けているように，そのような知は，「そんなに古いものではない」。そのような知をさかのぼれば，ローマの法学者ウルピアヌスの命題（D. 1, 1, 4 pr.）「自然法によってすべての者は自由な者として生まれついている（cum iure naturali omnes liberi nascerentur）」に行き着くのだとしても，この命題は，記憶に値するものであるとはいえ，ウルピアヌスの時代にも歴史的な現実としてまったく形態化されていなかったし，そのような知が自然法によってはじめて普遍的な原理として定式化されたのは，じつに18世紀も半ばからなのである。プーフェンドルフやロックにしても，人間を人間として自由だとする原理のもとに包摂しえない「奴隷」というものをやはり認知していた。そこで，この原理を原理として定式化することによってはじめて，世界精神の「緩慢さ」にふさわしく徐々にためらいながらも，その原理の政治的な現実化が始まるのである（GW 18. 56）。

(4) ヨーロッパの国制史のもとで，また，人権の歴史，すなわち人間を人間として自由だとする思想の歴史のもとで，歴史のダイナミクスに関するヘーゲルの規定は，「自由の意識における進歩」として印象深く具体化して説明することができる。ヘーゲルにとって「歴史」は，この状態の幕開けである。自由の原理によって「世界の状態を完全に形成するDurchbildung」過程における一局面としてヘーゲルとともに現在を概念把握することに対しては，真剣に異論を唱えることもできない。問題となるのは，どのような道筋でこの目標にもっとも良く到達しうるのか，ということだけである。

それにもかかわらず，たんなる法的な解釈をするとすれば，この思想を切り詰めてしまうことになるだろう。もっとも，ヘーゲルが選択した歴史哲学の体系上の場所が，そう解釈するきっかけを作っているのである。しかしながら，ヘーゲルが見ているのは，法的な自由についての人間の意識が社会的諸制度の成熟とつながっており，この諸制度においてその自由が現実的であるということである。しかも，ヘーゲルは，こうしたつながりを解釈するさい，自由の意識がそのような制度を前進させるよう駆り立てて変化させるという仕方で「観念的に」するのではない。諸制度のうちで概念把握される意識を変化させるのもまた，諸制度なのである。たとえ社会の歴史，経済の歴史，意識の歴史の複雑なつながりが，そのように「完全に形成すること」にとっての原因となる個々の契機を際立たせることを拒否するとしてもである。

ヘーゲルは，「客観的精神」の領域でこうした絡み合いを見ているのだが，さらにその領域を越えて芸術や宗教，哲学に関する「絶対的精神」の部門史とその絡み合いとのつながりも見ている。しかし，精神の自己意識化の歴史に関係するすべての要素を記述すること，そして精神が目指す歴史論理を包括的に浮き彫りにすることには，ヘーゲルはもはや成功することがない。もちろん，「技術は長く，人生は短い（ars longa vita brevis）」ということだけは，とても納得いくことではある。その限りで，自由の解釈学としての歴史の論理というヘーゲルのプロジェクトは，まだまだ改訂が待ち望まれているのである。ヘーゲルの完成原稿があったならば，それは，包括的な概念の意味で「世界史の哲学」になったかもしれない。

(5) しかしながら，ヘーゲルによる世界史の構想は，さらに別の観点も持っている。この観点は，すでにヘーゲル学派内で問いが投げかけられ，さらについ最近は「歴史の終わり」というキャッチフレーズで混乱を惹き起こしたものである（Fukuyama

1992参照)。歴史性にかんする概念という簡明な意味での「歴史」は、つねに精神をみずから繰り広げることとして考えられている。無限な完成可能性として考えられているのではなく、あるテロス〔Telos 目的・終わり〕を目指して突き抜ける運動として、しかも目標に向かうとともに終わりに向かうというテロスの二重の意味で考えられている。しかし、ヘーゲルがすでに早くから言っているように、概念の完成によって時間は消し去られる(GW 9. 429)。あるいは、おそらくもっと容易に洞察できることは、こうである。すなわち、精神がみずからに至ることによってその歴史を消し去ってしまうのは、まさに、歴史が精神を繰り広げる形式に他ならないからである。無限に完成可能なものとしては考えられていないような目的論的に捉えられた歴史は、必然的な仕方で有限なものとして考えられなければならない。しかし、このさいの消し去られる歴史は、出来事の連続という意味での〈歴史〉ではない。こうした出来事の連続は、時間をそのように消し去ることには無頓着に空虚な無限性へと続いていくと想定してよいものである。こうした出来事の連続は、歴史性についてのヘーゲルの概念に決して従わないだろう。それでもヘーゲルの概念に従うとするなら、出来事の連続は、もちろん実際に中断されなければならなくなってしまうだろう。これは、周知のように、かねてより決してヘーゲルの主張するところではない。

みずからの目標や終わりに至る歴史は、精神の歴史であり、しかも、法制史や国制史といった客観的精神の歴史であるとともに、絶対的精神の歴史でもある。「歴史の終わり」とは——さしあたりは——この絶対的な歴史の終わりである。厳密な意味で歴史が終わっているのは、「有限な意識にとってその外部に現れた絶対的な自己意識に対する有限な自己意識の闘争」が終息するときである。それゆえ、ヘーゲルが1805/06年の哲学史講義の終わりでとくに強調して宣言していることは、「世界に新しいエポックが生じた」(W XV. 689, R 202 参照)ということである。「世界史」の原理の定式化に従えば、この「新しいエポック」の内実は、もっぱら「世界状態を完全に形成すること」にある。もちろん、「新しいエポック」についての話題が示しているのは、決して歴史が終わるということではなく、歴史がある新しい性格を獲得するということである。

もちろん、原理の定式化からその歴史的な現実化へとこのように前進することによって、完成可能性の原理が裏口から再びヘーゲルの構想に入り込んでくる。というのも、歴史の「新しいエポック」を、「世俗化」として考えること、すなわち自由の原理を形成し「世界の本質」にする(Hineinbildung)という趣旨で「構想 Einbildung」として考えることに問題がないなら、そのように「完全に形成すること」や、それとともにヘーゲルが宣言した「新しいエポック」を遮断してしまうような状態は、ますます考えられないからである。完成可能性に対する(空虚な)代替案となるのは、新手の最終的な「歴史の終わり」にまったく触れずにすむとされるたんなる出来事の連続という意味での〈歴史〉であろう。なぜなら、まさに、こうした〈歴史〉であれば、それは、精神を繰り広げることではないであろうからである。もしこうした〈歴史〉が精神を繰り広げることであるのだとしたら、こうした〈歴史〉もまたみずからの終わりに至らなければならないだろう。だが、空虚な出来事の連続という意味でのそうした〈歴史〉が《終わらない》という利点を仕入れるのは、その歴史が、精神の歴史を際立たせる歴史性なしですませることによってである。あるいは、逆説的に言うならば、そうした〈歴史〉であれば、それは、歴史的ではないであろう、ということによってである。もちろん、ヘーゲルは、そのような空虚な可能性を考慮する領野へは赴かない。というのも、哲学は、そしてまさに歴史哲学も、存在するものを認識しなければならないからであり、哲学が関わるのは、予言ではないからである。

講義：1822/23年、1824/25年、1826/27年、1828/29年、1830/31年。
最初の出版：W₁ bzw.W₂ IX.
テキスト：
a）草稿と二次的な伝承資料：GW 18. 119-214, 221-227.
b）筆記録：Hegel: Vorlesungen über die Philosophie der Weltgeschichte. Bd. 1: Die Vernunft in der Geschichte (hg. Hoffmeister). Hamburg ⁵1955 および新版; Bde. 2-4: Die orientalische Welt. Die griechische und römische Welt. Die germanische Welt (hg. Lasson). Hamburg

²1923 および新版; V 12; GW 27. 1-464.

典拠：Johann Gottfried Herder: Auch eine Philosophie der Geschichte zur Bildung der Menschheit. In: Sämmtliche Werke. Hg. Bernhard Suphan. Bd. V. Berlin 1891; Marie-Jean-Antoine-Nicolas Caritat, Marquis de Condorcet: Entwurf einer historischen Darstellung der Fortschritte des menschlichen Geistes. (¹1793), Frankfurt am Mein 1963.

参考文献：Ernst Schulin: Die weltgeschichtliche Erfassung des Orients bei Hegel und Ranke. Göttingen 1958; Theodor W. Adorno: Negative Dialektik. Frankfurt (¹1966) 1992; Jörn Rüsen: Begriffene Geschichte. Genesis und Begründung der Geschichtstheorie J. G. Droysens. Paderborn 1969; Jaeschke: Die Suche nach den eschatologischen Wurzeln der Geschichtsphilosophie. Eine historische Kritik der Säkularisierungsthese. München 1976; Emil Angehrn: Vernunft in der Geschichte? Zum Problem der Hegelschen Geschichtsphilosophie. ZphF 35 (1981), 341-364; Stephan Otto: Rekonstruktion der Geschichte. Zur Kritik der historischen Vernunft. München 1982; Robert L. Perkins (Hg.): History and System. Hegel's Philosophy of History. Albany 1984; Oscar Daniel Brauer: Dialektik der Zeit. Untersuchungen zu Hegels Metaphysik der Weltgeschichte. Stuttgart-Bad Cannstatt 1982; Timo Bautz: Hegels Lehre von der Weltgeschichte. Zur logischen und systematischen Grundlegung der Hegelschen Geschichtsphilosophie. München 1988; Francis Fukuyama: Das Ende der Geschichte. Wo stehen wir? München 1992; Norbert Waszek: David Hume als Historiker und die Anfänge der Hegelschen Geschichtsphilosophie. In: Schneider / Waszek (Hg.): Hegel in der Schweiz (1997), 173-206; Hayden White: Metahistory. Die historische Einbildungskraft im 19. Jahrhundert in Europa. Aus dem Amerikanischen von Peter Kohlhaas. Frankfurt am Main 1991 (Original: Baltimore/London 1973); Hegel-Jb 1995/1996, Berlin 1996/1997, zum Thema »Vernunft in der Geschichte?«; darin u.a. in Bd. 1. 363-373: Jaeschke: Die Geschichtlichkeit der Geschichte; Elisabeth Weisser-Lohmann / Dietmar Köhler (Hg.): Hegels Vorlesungen über die Philosophie der Weltgeschichte. HSB 38 (1998); Christoph Johannes Bauer: »Das Geheimnis aller Bewegung ist ihr Zweck«. Geschichtsphilosophie bei Hegel und Droysen. HSB 44 (2001); Eberhard Jüngel: »Die Weltgeschichte ist das Weltgericht« aus theologischer Perspektiv. In Rüdiger Bubner / Walter Mesch (Hg.): Die Weltgeschichte - das Weltgericht? Stuttgart 2001, 13-33; Jaeschke: Art. »Säkularisierung«, in: Handbuch religionswissenschaftlicher Grundbegriffe. Bd. 5. Stuttgart u. a. 2001, 9-20; Wilm Hüffer: Theodizee der Freiheit. Hegels Philosophie des geschichtlichen Denkens. HSB 46 (2002); Jong-Seok Na: Praktische Vernunft und Geschichte bei Vico und Hegel. Würzburg 2002.

「**歴史性**」については，以下を参照。David Theodor August Suabedissen: Die Grundzüge der philosophischen Religionslehre. Marburg und Cassel 1831, III ff., 196 ff; Leonhard v. Renthe-Finck: Geschichtlichkeit. Ihr terminologischer und begrifflicher Ursprung bei Hegel, Haym, Dilthey und Yorck, Göttingen ²1968; Gerhard Bauer: Geschichtlichkeit. Wege und Irrwege eines Begriffs, Berlin 1963.

9.7. 芸術の哲学

9.7.1. 伝承資料

(1) 「美学的プラトニズム」の範囲内にある形而上学的概念としての「美」がヘーゲルの初期の記録の中でどれほど重要な機能をもっているにしても，その記録の中で，より狭い意味での芸術に捧げられているものは，やはりわずかである。それに対してヘーゲルの最初の体系草案（1801/02年）はすでに，──宗教哲学とともに──芸術の哲学に体系的に際立った意義を割り当てている。体系の完結部である第4部は，「自由な国民 freyes Volk」が「宗教および芸術の哲学において純粋な理念に還帰し，神の直観を組織化する」（GW 5. 264）さまを描くとされている。したがって芸術は神の直観である。こうした規定にもかかわらず，そしてほぼ同時期のシェリングの芸術の哲学（SW I/5）講義にもかかわらず──またおそらくはその講義ゆえに──，ヘーゲルはさしあたり芸術というこの対象を──彼の体系の他の諸部分と比べて──どちらかといえばなおざりにしてしまったのである。ヘーゲルの「体系」が彫琢されるさいに芸術の哲学が強調されることはさしあたりはない。精神哲学のためのある断片（1803年）でたしかにヘーゲルは「詩文芸 Poesie」を話題にするに至るが，とはいえすでにして──芸術はなるほど「絶対的精神」であるが，しかし芸術はある制限されたなにかであるという──後期のステレオタイプ的な両価性がそこに伴っている。「絶

対的精神は［……］詩文芸それ自身から逃れ去る。絶対的精神はただ哲学においてのみ語られ、描出されうる」(GW 5. 373) というわけである。この時期の『体系掉尾の一断片』も同様の傾向を示している。芸術は自分の内容から、「その本質的な部分、すなわち芸術の内容はいかなる現在ももたずただ絶対的な憧憬を抱くにすぎないという本質的な部分を、形式を通して奪う」(GW 6. 331) ことはできない。『自然哲学と精神の哲学』の草稿、つまり『体系構想Ⅲ』において、ヘーゲルはもっと詳しく説明するようになっている。ここでヘーゲルはさらに「絶対的芸術」という概念を導入する。――とはいえ、直接性と直観という絶対的芸術に固有の形式は精神にとってふさわしくない、つまり、芸術は「その諸形態にたんにある制限された精神を与えるにすぎない」、――かくして芸術はその真理において宗教である (GW 8. 277-280) とヘーゲルは判断する。それゆえに、『精神現象学』は芸術を、自立的形態としてではなくただ宗教史の一形態としてのみ、すなわち「芸術宗教」としてのみ主題化するのである (GW 9. 376-399)。そして、ニュルンベルクではヘーゲルは、ギムナジウム教育において美学にもっと大きな持分を認めるよう求める。――もちろんそれはある条件下でのことである。すなわち、美学は、「一方では芸術の本質と目的に関する、もっと新しく、もっとよい見方をもたらしてくれるかもしれないが、しかし他方では芸術に関するたんなるおしゃべりにとどまってはならないであろう」(本書273頁参照) というわけである。

(2) ヘーゲルはハイデルベルクにおいてようやく、詳細に芸術の哲学に取り組み始める。『エンツュクロペディー』ではまだ芸術を――イェーナにおいてと同様に――「芸術の宗教」というタイトルのもとに立ててはいるが (第1版 §§ 456-464)、ヘーゲルは、ハイデルベルクでの4回のゼメスターのうち1817年、1818年の各夏学期の2回については、そのつど口述によって美学の講義を行っている。ベルリンでは、ヘーゲルは、「美学あるいは芸術哲学 (Aestheticen s. philosophiam artis)」を講義したが、一度目は1820/21年の冬学期に、もはや口述によらずに講義しており、さらに1823年と1826年の各夏学期、ならびに1828/29年冬学期にも講義してい

る。――したがって、この講義は他の諸分野のように定期に行われたわけではない。もちろんヘーゲルは、すでに最初のベルリン講義のあとにこの分野にかなり確信をいだくようになっており、1821年5月の終わりにはクロイツァーに宛てて、「時間をかけてそれに関するものをなにか、きっと印刷させることも」考えていると書いている。この企図は果たされはしなかったが、それでも、おそらくは1828/29年の講義の周辺から出てきた「B. 想像的象徴論」に関する残された一枚の断片が、美学に関する概説 (Kompendium) を仕上げていたことの証拠になりうるという事態を排除することはできない。――もっともこの断片が、口述原本 (Diktatvorlage) として明白にパラグラフ毎に分節化されていたハイデルベルク期のノートに由来するものではない場合の話であるが (GW 18. 117)。しかしヘーゲルは『エンツュクロペディー』の美学に関する数パラグラフを、のちの二つの版においていくらか拡張している。――またとりわけ、ヘーゲルは体系の建築術では「芸術」を宗教による束縛から解放し、芸術を「啓示された宗教」と並ぶ「絶対的精神」の独自の一形態として立てたのである (第2版・第3版 §§ 556-563)。

(3) 現在は、資料の伝承状況も編集状況も不十分である。もっとも重要な資料群であるハイデルベルク期およびベルリン期のヘーゲルの「ノート」は行方不明になっている。膨大な分量があったベルリンのノートのうち、保存されているのは「芸術作品の真の客観性」に関するたった一枚の紙片だけである (GW 18. 115f.)。二つのノートに関してはただ、ヘーゲルの弟子のハインリヒ・グスタフ・ホトーが、自分が作った『友人の会版著作集』に収められた「美学講義」の前書きで、次のように報告しているだけである。「一番古いノートはハイデルベルク期から書かれ、1818年の日付がついている。手短に要約されたパラグラフと詳細な註解に分けられるエンツュクロペディーやのちの法哲学の手法からみるならば、そのノートはおそらく口述用に使われたもので、［……］すでに1820年10月にヘーゲルが一貫した新たな改訂を始め、この改訂から新しいノートが出来上がり、このノートがそれ以後同じ主題に関するヘーゲルの後期のすべての講義の基礎であり続け

たのであり，こうして，1823年と1826年の各夏学期および1828/29年の冬学期でのもっと本質的な修正は個々の紙片や用紙に書き込まれ，付録として挿入されただけになったのである」(GW 18. 342)。1820年のノートをこのように「基礎」であり続けたと性格づけることは，上述の1821年5月の「それに関するものを何か，きっと印刷させる」というヘーゲルの企図と一致している。——もっともそれによって構想ののちの訂正が不可能にされてしまうわけではないが。

ハイデルベルク期の筆記録に関してもなにも知られていない。ヘーゲルは口述を行っているので，そうした記録が存在していたことは間違いない。——けれども，それらはホトーの手元にもなかったようである (GW 18. 343)。今日伝承されている諸資料はベルリンの講義からのものが最初である。1820/21年のベルリンでの最初の講義は一つの筆記録によって裏づけられ，同様に第二の講義もホトーの筆記録によって裏づけられている。両者は数年前に刊行されている。1826年と1828/29年の講義は，六つないし三つの筆記録によって裏づけられるが，残念ながらそれらはまだ刊行されていない (V 2. LXVI-LXXVII)。

(4) これら二つの筆記録が公刊されるまでは，ヘーゲル「美学」のための唯一の資料はホトーの手になる版であったし，そのほかの後の諸版も結局はそれに基づいている。『友人の会版著作集』に収められたそのほかの講義録の版と同様，もちろんホトー版もまったく疑わしい資料である——それもおそらくいかがわしさの程度はもっと高い。というのも，ホトーは，自分がまったく当時の編者の感覚で綱領的に表明しているやり方に，すなわち「しばしば意のままにならないまったく異種の素材を混ぜ合わせ，最大の注意と控えめさをもってして修訂し，できるかぎり彫琢された一個の全体にすること」(W X/1. VII) に，全般的に成功したからである。『美学』が学派内で称賛されたのも，ホトーの編集作業がヘーゲルの諸講義から一冊の〈本〉を作ることに，いわば『論理学 Wissenschaft der Logik』と類比的に『美学の学 Wissenschaft der Ästhetik』を作ることに成功しているとみられたからである。しかし今日ではまさにこうした綱領的な考え方こそが真正さを損なうものだという疑念を呼び起こす。——しかもこれにはそれなりの理由がある。

『美学』は，ヘーゲルが口述にも概説にも基づかずに行った最初の講義である。——それは1820/21年の冬学期のことであった。続く1821年の夏学期には，彼は初めて宗教哲学の講義を行っている。両講義は——世界史の哲学講義と哲学史講義と共通して——「草稿による講義」群を形成している。それにもかかわらず，後者の二つの講義は，前者の二つの講義とは次の重要な点で区別される。すなわち，「世界史」および「哲学史」においては，ヘーゲルはそのつど「序論」とともに始め——もちろん序論はあらかじめ一つの基礎づけを形成するものであるが——，続いて，たしかに諸々の変様を許容しはするけれども，しかし完全に自由に処理可能なわけではない歴史的展開という導きの糸に従っている。これに対して，「美学」と「宗教哲学」に関しては体系形式の問題は補足的に立てられている。

ホトーの編集原理と実際の編集作業に対して，アンネマリー・ゲートマン＝ジーフェルトはここ20年間に数多くの論文で，またとくに1823年の講義のホトーの筆記録を自身が編集した刊本への序論で，次のような重大な非難を唱えてきた。つまり，ホトーは彼独自の感覚で何度もヘーゲルの判断を改ざんしており，なによりもまず筆記録には「多くの部分でもっと根源的な〈ヘーゲル〉が現前して」おり，「印刷版とはしばしば決定的に異なる美学の構想」(V 2. XIX) がある，と。また，「ホトーの手で後に統合された体系によって，ヘーゲルの『美学』は一つの思弁的美学として完成される」(V 2. CIX) が，しかしそれによって改ざんされるのだ，と。また，諸々の筆記録の中では，「『新たなヘーゲル』」〔(V 2. XX)〕や，「慣れ親しんだのとは別のヘーゲル」だけではなく，別の哲学的関心やよりよい成果とともに受け入れられうる「アクチュアルなヘーゲル」〔(V 2. LXXXVIII)〕に出会うのだ，と。つまり，筆記録は，「ヘーゲル批判の数多くの偏見にそのままですでにして反対するものとなるはるかに適切な基盤を，哲学的議論に提供する」が，それというのも，そうした基盤によって，ヘーゲルが歴史的現象に「弁証法的で非生動的な思考のメカニズムの体系」を覆いかぶせているとの非難は，「はなから

論破される」からである（V 2, XX, LXXXVIIf.）．「美学へのホトーの序文から明らかになるように，美学体系がヘーゲルにではなくホトーに由来するというのであれば，美学のいわゆる根本的アポリアは自動的に回避できるのである」（V 2, XCI）．

こうした非難のいくつかは，同じ様に「故人の友人」による別の講義編集に対しても唱えることができる．異なった諸資料を融合して一冊の〈本〉にするというそれらの試みがどうしようもなく暴力的なのは，三分的分割法を事後的に挿入することによってテキストを体系的に改善するという思い込みが愚かであるのと同様である．それでも，ホトーによるヘーゲルの構想のかずかずの体系的歪曲の方が，たとえば宗教哲学講義の場合より程度は軽いようである．——もちろん後者は，文言の，ありうべき意図的な改ざんという現象に関知してはいない．またしばしば悪口をいわれる筆記録の真正さの方が，不透明な諸原理にしたがってそれら筆記録に手を加えた版の真正さよりも重要であることは疑いがない．そのかぎりで，ホトー版批判のこれまでの成果として強調されるのは，全資料の歴史的-批判的な編集の必要性である．まずは全年度分の講義の刊行，したがって1826年と1828/29年の講義の刊行も，ホトーの版の埋め合わせをすることになろうし，この刊行によって，現在必要とされている筆記録と全集本との〈二元化〉した研究を終結させ，ホトーの編集作業に関する最終的な判断を可能にすることになるだろう．

しかし，そうなったとしても，最終的な確証は得られないだろう．なぜなら，ホトーが自分の編集の際に依拠していた筆記録のいくつかが行方不明であり，なによりもヘーゲルの講義草稿と彼があとから作った抜き書き集も失われてしまっているからである．それゆえホトーの編集作業が見込み違いをしている危険性は決して完全には除去されえないのである．ヘーゲルの草稿が伝えられていなかったのであれば，『友人の会版著作集』の宗教哲学の編集に対してもさらにいくつか非難の声が付け加わったことであろう．

しかし現段階でも一つ明白なことがある．それは，「現象」を「体系」に対抗させることによって，したがって最終的には，ヘーゲルにとってみずからの実在哲学の独特な性格が成り立っている場面，その場面を除去することによって，ヘーゲルの美学，とりわけその「アクチュアリティ」を救済しようというのは，無駄な努力だということである．ヘーゲルの実在哲学の独特な性格は，実在性をはぎ取られた「機械論的-弁証法的概念構築物」においてではなく，諸現象が，したがってここでは芸術作品が，思想的に貫徹するところに存在するのである．ヘーゲルの美学もまた，「その独特な性格を，つねにすでに［…］体系的関心と現象的-歴史的関心との構築的組み合せから得ているのである」（V 2, XCI, CVII）．

9.7.2. 体系形式

(1) ヘーゲルの時代には，美学は哲学の比較的新しい分野であり，美学という用語でさえ18世紀中葉にようやく「芸術の哲学」という意義を獲得したのであった．しかしその歴史が浅いにもかかわらず，ヘーゲル以前の美学の歴史は，ヴィンケルマン，レッシング，カント，シラーの名がすでに暗示しているように，すでにきわめて集約的な推移をみせていた．「新旧論争」という，古代芸術と近代芸術の優位をめぐる抗争もまた，レッシング，シラー，フリードリッヒ・シュレーゲルそしてシェリングらにみられる「新旧論争」のドイツ的後奏曲も含めて，ヘーゲルの美学にはるかに先立っている．最終的にはシェリングが，『超越論的観念論の体系』（1800年）と彼の同一哲学において，したがってヘーゲルとの親密な協働期間（1801/03年）に，美学を自然哲学および超越論的哲学さえも越えた体系の頂点へと高めたのである．なぜなら，美学の対象は，最高の対象であり，つまりは，芸術は絶対的なものの直観だから，というのである．そしてヘーゲルものちに芸術に対して体系内に高い位階を与えるが，もちろん最高の位階ではない．芸術は，「神的なもの，人間の最も深い関心，精神の最も包括的な諸真理を意識にもたらし表明する［…］一つのやり方」（W X/1. 11）であり，したがって精神の自己直観の一形式である．——そしてそれゆえにまた，精神的生が，たとえなお未発達であるにしろ展開されるところであればどこにでも，芸術は存在するのである．

(2) ヘーゲルの著作の中で『美学』に捧げられている部分は——『エンツュクロペディー』第1版の§§456-464に至るまで——，たしかに『美学』の根本的着手点を認識させてくれはするけれども，しかし，美学の体系形式を形態化するのに十分に規定された原理をなに一つ提供してはくれない。それだから，何といってもヘーゲルは，この学問の形式を他の諸学科の形式と同じようなやり方でまずもって案出するというわけにはいかなかったのである。このことはホトーの編集からは認識することはできない。なぜならホトーの編集では「序論」に続いて，I.「芸術美の理念あるいは理想」，II.「芸術美の特殊な形式にむかう理想の展開」，III.「個別的諸芸術の体系」の三部構成になっているからである。今では，1820/21年と1823年の講義に基づく筆記録の諸編集，および1826年の講義に関する報告（V 2. XXXVI）から分かることだが，ヘーゲルはこの3年間は自分の講義をこうしたやり方で構成していなかったのである。つまりこれらの場合には，「序論」のあとに，［1］「美一般」と［2］「一般的芸術形式」（すなわち象徴的形式，古典的形式，ロマン主義的形式）とに細分化された「一般部門」が続き，そして最後に，建築，彫刻，絵画，音楽，詩文芸という個々の芸術の叙述を伴う「特殊部門」がくる。

他の諸学科と比較すると，この二分法は独特であるように思われる。この二分法は，ヘーゲルにではなくむしろシェリングに由来するものである。なぜなら，シェリングの息子の編集が信頼できる限りでは，シェリングは自分のイェーナ講義（1802年）をヘーゲルと同様に「一般部門」と「特殊部門」とに区分し，「特殊部門」の中で，「実在的側面」（音楽，絵画，建築を含めた彫塑術）と「観念的側面」（詩文芸）という個々の「芸術形式」を論じているからである。ヘーゲルはたしかに，一般部門において芸術とその素材とその形式を「構成」するという点でも，また特殊部門において「実在的系列と観念的系列とを対置」するという点でも，シェリングに従ってはいない。——がしかし，『美学』を一般部門と（諸芸術の叙述を伴う）特殊部門とに区分するという気を起こさせたものが，シェリングにまで遡ることに疑いはない。ホトーの編集はこの形式的一致と依存関係とを覆い隠してしまう。——ホトーは——ヘーゲルとは違い——シェリングの講義を知ることができなかったのだから（ただし，出回っていたシェリングの講義の筆記録の一つを彼が見ていたと仮定するなら話は別であるが），おそらくは意図せずに覆い隠すことになったのであろう。

ヘーゲルが二区分するさいにさしあたってシェリングの見取り図に定位していたのだと想定するなら，この構想の内的な断絶も，この構想がのちに拡張されることも納得のいくものになる。第一の「一般部門」は，けっして均質なものではない。「美一般」に関する叙述の筆法は，いわゆる「一般的芸術諸形式」の歴史的展開とは著しく違っている。——これは「一般部門」の内部でも同様である。ヘーゲルの精神概念に導かれて，芸術の歴史における「一般概念」の展開に眼を向けるならば，「一般部門」での「芸術諸形式」のシェリングの論究の破綻が明らかになる。「一般的芸術諸形式」はそれぞれの形式の歴史的な規定性においてはむしろ「特殊な芸術諸形式」である。——そしてヘーゲルはみずからの最後の講義の中で，一見するとそのようなものとして芸術形式を扱っており，その講義では第三の「個別部門」が続くが，この部門ではいまや個々の芸術が諸事例を手がかりに詳細に叙述されるのである（V 2. XXXVIII, LXXIVf.）。この最後の構想によって，すなわち，芸術の歴史を「一般部門」から切り離し，それを「特殊部門」へとずらすことによって，ヘーゲルは，みずからのシェリング的建築術への定位を克服し，こうして次のような一つの理解に到達する。つまり，美学のこの部分に対して，美学の概念にも美学の内容的重要性にも相応する位置づけを与え，さらに体系的建築術においては宗教哲学での宗教の歴史の取り扱いに類比的な位置づけを与える理解に到達したのである。ホトーが——最初の三つの講義の構想と第4の講義の構想とのあいだでの選択に迫られて——自分の編集の根本にこの後者の構想を据えていることは，理解できないわけではない。

9.7.3. 精神の自己意識と美

(1) 諸芸術の解釈という観点からするならば，体系形式のこの変化は，「徹底化された体系的前提のもとで意識的に取り組まれた題材の変様と再構成と

して記述されうるが，この変様と再構成が問題的な諸部門との，すなわち〈象徴的芸術形式〉の構想および〈ロマン主義的芸術形式〉というとりわけ同時代の事例とのさらに立ち入った対決を要求する」のである（V 2.LXXIV）。しかしこの変化は同じく，ヘーゲルの包括的な精神哲学的着手点からも要求されている。宗教哲学の綱領的な定式化によれば，「あらゆる学問のうちで」第1のものは普遍的概念である。──すなわち，この場合の「絶対的精神」の領域においては，精神の概念である。第2のものは「概念の規定性，すなわち概念の規定された形式における概念」であり，そして第3のものは，概念が対自的になることである（V 3.83-85）。精神的なものはすべて歴史的なものなのであるから，規定されたものを歴史的なものとして取り扱うことで，客観的精神や絶対的精神の哲学に不可欠の構成要素が形成されるのである。

（2） 宗教や哲学と共通に，ヘーゲルにとって芸術は絶対的精神の一形式である。──そしてこれら三つの形式が，ヘーゲルが「絶対的精神」と呼ぶものの全体を論じ尽くす。精神は，おのれをおのれに関係づけ，即自的に存在するがままにおのれを認識するが，おのれの即自をこのように認識することで対自的に存在し，そしてそれゆえに自由である。この精神哲学的な根拠づけは，「芸術の哲学」にとっても決定的なものである。──そしてこれは体系的にも発展史的にも言えることである。ヘーゲルは芸術に関する体系スケッチという形で最初期に属する覚書を残しているが，この覚書においてすでに，まずもって──個別的なものに立ち入ることなしに──こうした精神哲学的な枠組みが構想されている。芸術の哲学は，そのうちで精神が「自由な国民」という形態で「純粋な理念に還帰し，神の直観を組織化する」（GW 5.264）──宗教の哲学と共有する──形式なのである。ヘーゲルは，芸術──ないし芸術の哲学──について何らかの個々の規定を述べるに先立って，芸術と美学のこのような精神哲学的根拠づけをしている。芸術がどれほど詳細に規定されうるにせよ──芸術はつねに，精神のおのれについての知であり，その知における自己還帰であり，知る自己関係なのである。

この精神哲学的根拠づけは，芸術にいくらか詳しく立ち入っていて，すでに諸芸術の体系をスケッチしている最初のテクスト，すなわち『体系構想Ⅲ』においても同じく明瞭になる。しかし同時に，この根拠づけによってヘーゲルはすでに，絶対的精神の他の二つの形式に対する芸術の差異を示唆している。つまり芸術は，おのれを知る精神の一形式であり，「世界を精神的な世界として，直観に対して生み出す」というのである。しかし芸術は，この自己直観の第一の形式であるにすぎない。精神は芸術において，主観的精神から生まれた形態でおのれを直観するが，この形態はなお自然的直接性を具えている。まさにそれゆえに，芸術はインド的バッカスだが，これは，「おのれを知る明晰な精神ではなく，熱狂した精神──そのもとに恐ろしいものが隠されている，感覚と像とのうちに己れを包み込む精神──」である。芸術のエレメントは直観であり，それゆえ媒介されない直接性──つまり精神に適合しないエレメント，制限された精神，「私念された無限性」，「私念された，真ならざる表象」である。美はここでは「絶対的生動性の錯覚」であって，それは「真理の叙述というよりむしろ真理を覆うヴェール」である（GW 8.278 f.）。

『ハイデルベルク・エンツュクロペディー』もまた，芸術の精神哲学的基礎づけと，宗教と哲学に対する芸術の位置づけを──おのれを知る精神の諸形態の第一の形態として──強化する。そしてそれにもかかわらず，ここでは強調のずれが示唆されている。芸術は「絶対的精神を理想として直観することであり表象すること」である。──そして理想としての絶対的精神の意義は「自然と精神との同一かつ具体的な本質としての実体性であり，その精神の具体的本質が神と呼ばれる」（第1版§456f.）のである。さらに数パラグラフにわたってヘーゲルは，この知の直接的諸形態の真理として，「精神から生まれた具体的形態」を導入しているが，「この形態において自然的直接性は，その偶然性から解放され」，「思想の記号としてのみ」存在するのであって，つまりは，「形態がそれ自身で他になにも示さないように精神それ自身によって思想の表現へと変容している」のである。──それがつまり「美という形態」（第1版§459）というわけである。

『エンツュクロペディー』（§§ 556-563）のベル

リン期の二つの版〔1827/30年〕は，部分的に同じ言葉を繰り返している。そしてそれにもかかわらず，それらは力点をもっとほかに移している。ヘーゲルが今まさに引用した文を，やがてみずからの芸術論の第一パラグラフに引くとき（第2版§556），『ハイデルベルク・エンツュクロペディー』ではまだなにも体系的に目立った位階をもっていなかった美の概念が，いまや精神の自己知の概念と並んで，さらなる一つの鍵概念となる。──そして続く諸パラグラフは，重ねて美を話題にすることでこの機能を立証する。

『芸術哲学講義』も結局のところ，──ホトーの編集とホトーの筆記録のどちらを取ろうと──芸術そのものによって促されたこの強調のずれをもう一度裏づける。どちらも同じくその第一の命題は，講義の対象を「美の国として，詳しく言えば芸術の領域として」（V 2.1）規定しており，ホトーの編集は幾分尾ひれをつけて次のようにこれを繰り返している。すなわち，対象は「美の広大な国であり，詳しく言えば芸術であり，しかも美的芸術がこの講義の領域なのである」。学問における「第1のもの」すなわち「概念」の位置に，したがってここでは芸術の概念において精神が獲得する特殊な形式での精神の概念の位置に，ヘーゲルは『美学』において「美」の概念の解明を置いているのである。

これによってもちろん，重大な決定が，それも美学を──それどころか講義のテクストを──形成するという状況を前にしてけっして自明ではない決定が下される。それどころかヘーゲルは，美の概念を非常に際立たせて，本来不適切な「感性論〔美学〕Ästhetik」という名称を，──ヘーゲルの言葉によれば──以前考えられていた「美論 Kallistik」という名称に替えるという考えをめぐらせている。しかもヘーゲルがこの名称変更が適切でないと判断するのも，そうすることで美の概念が強調されて，それがまさしく中心に立てられることになるだろうからという理由からではなく，むしろヘーゲルの諸講義は「美一般というよりもむしろ芸術の美を純粋に」考察するものだという理由からなのである（W X/1. 3）。「芸術の哲学」は，「美論」や「美の理論」であるなどとも言いうるであろうが，「美論」の領域が広範に理解されているという理由からだけで，ヘーゲルはそれを，みずからの企図に関しては「感性論〔美学〕」と「芸術の哲学」という名称のままにしている。

(3) 美の概念をこのように極度に強調するからといって，精神哲学的着手点の優位が否認されるわけでないことは疑いない。──このことは，『エンツュクロペディー』も，さらに進展していく講義群も十分はっきりと証明している。それでもやはり，精神の自己意識の概念への定位と美の概念への定位という二つの観点の総合をヘーゲルは十分に仕上げているわけではない。いずれにせよ美の概念はもはや，初期の言明におけるような他の概念と並ぶひとつの概念にすぎないというのではない。そのうえなお，美のうちに含意される「仮象」のゆえに問題的な概念なのである。芸術の哲学の基本構想にとって美の概念はいまや根本的な概念となったのである。──このことは芸術の哲学がハイデルベルク期以来ヘーゲルの教授活動にとって比重を増していることとおそらく無関係ではないだろう。他方，講義を実施していくことは，美を体系綱領構想的に際立たせることと適合しなくなる。美を体系綱領構想的に際立たせるのに特徴的なのが，次のような一般精神哲学的着手点である。すなわち，「芸術は，真なるものを，精神のうちにあるがままに，つまり，その全体性からみて客観性および感性的なものと和解しているがままに，感性的直観の前にもたらすという以外のいかなる使命ももっていない」。芸術の第一に根源的な欲求は，「精神から生み出されたある表象，ある思想が，人間によって人間の作品として産出され，人間によって提示される」（W X/2. 255, 272）ということである。芸術は，自己の産出であると同時にそこに自己を表示することであることなしに，存在のたんなる描出であるなどということはけっしてない。──それは芸術が，たんにある自然物の〈客観的描出〉でしかないような見かけを呼び起こすような場合ですらそうなのである。「というのも，芸術作品にとってなにが重要かといえば他でもない，理性と精神の真理とに相応するものを描出することだからである」（W X/3. 531）。芸術作品は，たしかに精神から生まれたものであり，それに加えてたんに使用や消費のためにあるのではなく，精神的受容のために存在している。──つまり特定の自己から生

じて，自己一般のために存在しているのである。こうした観点からの芸術を，ひとは「上からの美学」として中傷するかもしれない。それにもかかわらず，芸術とはそもそも何であるかを普遍的に解釈することは（そしてこのような解釈のみが単数形としての「芸術」に権利を与えるのだが），「上から」はじめて生じうるのである。いずれにしても最終的に重要なのは，解釈が「上から」生じるのか「下から」生じるのかではなくて，むしろ解釈が何ものかを見えるようにし，解釈された現象を明らかにしているかどうかなのである。

それゆえに，美の概念と精神の自己意識の概念との関係への問いが，つまり，精神哲学的に構想された芸術の哲学の中心概念として美の概念が体系的に際立つことの根拠への問いが立てられるわけである。美の概念は，精神の自己意識の一形式としての芸術の概念から概念分析的操作によって獲得されうるわけではないし，同様に美の概念から精神の自己意識の概念が獲得されうるわけでもない。またこうしたことは，一つの概念の分析によってそのつど別の概念を獲得するという可能性にのみあてはまるばかりではなく，練り上げられたある構想の文脈の中の二つの概念の関係にもあてはまる。すなわち，たしかに，精神哲学的に基礎づけられた美学という文脈の中で美の概念を断念することなど，およそ納得のえられるはずもないであろうが，しかし，この美の概念の強調された意義を格下げして，それを再び他の概念と並ぶ一概念にするのにはほとんど労を要しない。もっと容易に理解されるのは，おのれを知る精神の解明として理解されないような芸術の哲学の中心に，美の概念が立てられうるということである。美の概念を，精神の自己意識の適切な，それどころか唯一適切な表現だと誤って思い込まれるよう予め定めているもの，それもやはりヘーゲルにとっては芸術なのであろうか。

「精神の自己意識」と「美」という二つの概念の結びつきは——精神の生の諸領域を「真・善・美」の三対の理念や価値によって基礎づける形而上学ないしたんに価値哲学的なだけのやり方という意味で——，「美の理念」に関連づけることによっても獲得されはしない。最初はもっともらしく思われるこの種の試みも，やはりあまりにも容易に図式主義やさまざまな困難に巻き込まれてしまう。哲学の部分領域をそのつどそのような一つの価値概念に従属させるという，新カント派の努力のことを想起しさえすればよい。——つまり，「聖なるもの」という新たな価値によって真・善・美の三対の理念を補完することになっただけでなく，「聖なるもの」というこの価値がそれまでの三つと並ぶ第4の価値として立つことになるのか，それともそれら三つより上位に置かれる価値として立つことになるのかに関して，ほとんど果てしのない論議を引き起こしたのであった。

いずれにせよ，ヘーゲルは「絶対的精神」の建築術を伝統的な三対の理念に関連づけて基礎づけようとはどこでもしていない。たしかに，真と善の理念を理論哲学と実践哲学とに関連づけることはできる。だがしかし，ニュルンベルク期の草稿の中で，抹消され書き直されて再び抹消されたいくつかの着想によれば（本書276頁以下参照），ヘーゲルは美の理念を最終的には『論理学』の中に含めなかった。そして中でもヘーゲルは，絶対的精神の他の二つの形式〔真と善〕を論ずるさいには『芸術哲学講義』における美の概念と類比的な仕方で，この種の概念を際立たせようとは一切していないのである。宗教哲学は体系的基盤としての「聖なるものの理念」になどまったく関知していないし，哲学の哲学はたしかに「真」と「善」とに関わるが，しかし，美学にとっての美の理念の機能はこれらの概念におよそふさわしくないものである。では一体，美の理念のこの機能や，この理念と精神の自己意識の概念との関係はどのように理解されうるのだろうか。

(4) この関係の説明は，美学の第1部「一般部門」に期待されるべきであろうが，この期待は裏切られることになる。たしかに別の諸学科においてと同じくヘーゲルはそこでも，体系の個々の部分は「全体の概念から生じているものとして叙述され」(V 2.32) なければならないと強調しているが，それにもかかわらず，みずからの講義を「一般部門」と「特殊部門」とに二分していることを正当化しているわけでもなければ，「一般部門」を破壊して，美の理念と，いわゆる「普遍的な」——とはいえその多元性ゆえにむしろすでにして特殊な——芸術諸形式とを論じることを正当化しているわけでもない。

なるほど，美学にとっての美の概念にこのような鍵となる性格を与えることはけっして自明なことではない。美の概念を中心概念として体系的に際立たせるためにそのような正当化を行う代わりに，ただ次のような簡潔な主張が見出されるばかりである。すなわち，「一般部門は美の理念一般を考察しなければならない」――つまり美を「内容とこの内容の定在の仕方との統一として，あるいは，実在が概念に適合しかつ実在を概念に適合させること」（V 2.34）として考察しなければならない，と。

　ヘーゲルによる美の概念の導入は体系的に明らかにされていないというこうした批判は，ホトーの編集と同じように彼の筆記録にも――若干の違いを考慮すればの話だが――当てはまる。芸術の哲学は機械的な諸技芸（Kunst）の哲学ではなく「美的技芸 die schöne Kunst」の哲学であると言ったところで〔例えば（V 2.21）〕，それは「芸術 Kunst」という語の多義性に直面したさいの用語上の困惑を表すものではあっても，美の概念へと集中していくことを十分に根拠づけるものではない。そして，どちらもともにこうした正当化を欠いていることとは無関係に，同じく両者に――筆記録にも編集にも――ともに当てはまるのは，美の概念に関するそのつどの詳述でさえも，中心概念を論述するために要求してよいし，また要求しなければならない概念的な仕上げの度合いには遠く及ぶものではない，ということである。

　美は「理念」として，「しかも規定された形式での理念として」導入される。美は「抽象的形式」としては把握されえない，たとえば合規則性や形式的調和によっては把握されえない。美には自然的なものと精神的なものの断絶を癒すという形而上学的な意義がある。美的技芸の作品は，「たんに外的で感性的で可変的なものと純粋な思想とのあいだの，つまり自然や有限の現実性と概念把握的思考の無限な自由とのあいだの第一の和解的媒介項」（W X/1.12）なのである。技芸の作品としては，直接性は理念の記号にすぎない。それも美における記号である。その媒介的性格ゆえにカントの『判断力批判』の中で前景に出ている自然美は，ヘーゲルにとっては「精神に内属した美の」たんなる「反射」（W X/1.5）にすぎず，それゆえ，ヘーゲルは自然美を「美的技芸の哲学」ないし「芸術美」の哲学としての美学から排除する。それは「ミメーシス」，つまり，自然の模倣としての芸術の規定を排除するのと同様である。自然的なものはすべて，ヘーゲルにとっては精神より劣ったものである。――たとえ精神が最初に分裂を生み出し，その分裂を絶対的精神の諸形式のうちで再び和解させることになるのだとしてもである。この形而上学的な意義が，現実性と対立した「たんなる仮象」にすぎないという非難からも芸術作品を解放する。つまり，「仮象的」で精神から生まれた芸術作品の現実性は，むしろ「悪しき可変的世界」よりも「もっと高次の実在性」（W X/1.13）を持ち，美として同時に真理を持つのである。

　それにもかかわらず，こうした窮屈な体系綱領的な諸規定に，「概念そのものの本性」や「概念の実在性」に関する，そして，「もっと高次の本性」に概念の区別が独立に生じてくるさまに関する長い叙述が続き，こうして一つの「体系」が生じることになる。この叙述は，一般的に美学に関わるわけでもなければ，特殊的にも美の概念に関わるというわけでもなく，〔むしろ〕他の講義に――とりわけ自然哲学講義に属してもよさそうなものである。というのも，ヘーゲルがここで展開しているのは「生あるものの諸規定」一般，すなわち生命，個別性，有機体，身体性という諸概念であり，ヘーゲルが「生動性の観念論」とか，「客観的観念論」〔（V 2.51）〕ないし「実践的観念論」〔（V 2.53）〕として解釈するものであって，これは美の概念とはほとんど関係がないからである。というのも，生あるものは，なるほど合目的性の現象であるが，芸術において主題的に存在する特殊な現れではまったくないからである。

　ここに結びついて徐々に主題へと移行するとされる叙述ですら，主題からいまだかなり隔たったままである。――それどころか，ほとんど主題に接近してさえいない。すなわち，これは色とりどりだけれども同じ服を着た兵士たちの連隊にも見られるようなたんなる「合規則性」〔（V 2.55）〕に比べて，有機的なもののもつそれ自身のうちで差異化された統一性を際立たせるというやり方なのである。「主体的統一は部分形成の多様性を前提にする」〔（V 2.57）〕――これは疑いなく正しいとしても，このような「主体的統一」は，それが存在する場で「美し

い」として際立たされる必要はまったくない。〔たとえば〕「巨大な頭」と「小さな尾ひれ」をもつ魚たちがいるとしよう。部分形成の多様性の主体的統一がここに存在している。それにもかかわらずわれわれはその魚たちを美しいとは呼ばない。たとえそれとは別の大きさの割合をわれわれに示す「習慣」という主観的必然性に基づいているだけだとしても（V 2. 52）。「内的連関は全体であり，魂そのものである」〔（V 2. 59）〕——がしかし，この内的連関は思想にとってのみ存在するのであって，芸術にとっては存在せず，この連関は美ですらないのである。万一なにかがわれわれに美しいと思われるとしても，それは「われわれが自然の諸形成物のうちにそのような概念の必然性を予感する限りで」（V 2. 60 f.）のことである。たしかに，神や「概念の必然性」からはなにも完全に離れてしまうことなどない——なぜなら，存在するすべてのものは，神やあの必然性によって存在し，これらなしには存在しないだろうからであるが——限り，こうした予感はもちろんあらゆる自然物に当てはまるはずである。

ヘーゲルは美の概念への第一歩を，形相と質料の同一性の規定，形相が質料のうちに住み込むことという規定とともに進め，こうして形相が「これら質料的なものの本来的本性」に成る——たとえば水晶の場合がそうである。さりながら，ヘーゲルはこの場合結局はまたもたんなる「対称性と合規則性」に注意を向けさせているのである（V 2. 61, 64ff.）。「それよりもっと美しいのは有機的生命体であり，自由で内的な活発さを告げるそもそもすべてのものである」（V 2. 61）。——このような場合，たしかにナマケモノではこの「活発さ」を欠くがゆえに空しい結果に終わるが，それに対して，カモノハシはなるほど活動性に欠けるからといって人気をなくしたり美しくなくなったりするわけではないものの，しかし，「鳥と四足動物とのごちゃまぜ」（V 2. 61f.）だ，という意味からすれば，そもそも天使にさえもあてはまるはずの評定が下されるのである。その一方で，「風景の美」〔（V 2. 61）〕についてわれわれに語らせるのは「概念の必然性」ではなくて，「そのような諸対象と心情との関係性」〔（V 2. 62）〕だというのである。自然美はヘーゲルにとって本来的に美しいものではないにもかかわらず，「美一般」に

関するヘーゲルの叙述は，きわめて長く自然美のもとに留まっている。たしかにそれらの叙述は自然美の考察と批判とで汲み尽くされるわけではないが，しかし，何度も芸術美の考察に着手するにもかかわらず（V 2. 73-79），ヘーゲルは「美一般」というタイトルのもとに繰り返し自然美へと立ち戻り，自然美の不十分さについて批判的な意見を述べている。——それどころか有機体とその自己保存へと，血液の拍動へと，そして自然のエレメントと動物との結びつきへと立ち戻っているのである。

主題を目指しながら外してしまうこの叙述と比較して，第 2 節「芸術美あるいは理想一般」（V 2. 79-82）は，芸術美の体系的な特権的位置づけにもかかわらず，たしかに量的にきわめてわずかである。それに対して「理想の定在」に関する第 3 節は〔（V 2. 82-118）正確な節の名称は「理想の定在あるいは芸術美の現実性」〕たしかにこれまたきわめて広範囲にわたるものであるが，しかし個々の形態の方に向かいながらも原理的な問いから逸れており，その結果，この第 3 節もまたこれら原理的な問いにとっては同様に生産的なものではない。そして最終的には芸術美が主題となるはずの第 2 節においてすら，ヘーゲルはもう一度「説明のため」〔（V 2. 79）〕と称して人間の形態に助けを求めている。自分で定立した課題から回避している姿をここに見ないですますのは困難である。

それに応じて芸術の課題に関する教示も不十分なものになっている。すなわち，芸術は「散文的意識にとってたんに有限なものとしてのみ現前しているものを，それがあらゆる感官に魂の音色 Ton や精神的なものを啓示するように，至るところで透明にしなければならない」〔（V 2. 80）〕というのである。芸術は「定在の真理の描出を対象として」〔（同前）〕いるが，しかし，まさにたんに概念においてではなく，直観において対象としているのである。芸術は精神から「外的偶然という有限性や概念の定在の不具」〔（同前）〕を取り除くとされるのだが，このことで理解されるべきなのは，概念がその定在において被るさまざまな不具のことである。それゆえ，芸術は感覚的なものを影や理想の国へと高める，と言われ，芸術が「真の現実性」を創出するのは，眼差しにとってさしあたり「真の現実性」として現前し

ているものを，それが存在するに至らないままにまさしく廃棄することによってである，と言われるわけである。

とはいえ，ここで遂行されるべき運動は，たんに高揚という一元的運動ではなくて，二重の運動である。ヘーゲルはこの運動を，「精神は感覚的なものに足を踏み入れるが，しかしすぐに引っこめる」（V 2. 80-82, vgl. 21）〔(V 2. 82)〕という，必ずしも的確ではないが，しかしまさにそれゆえにとりわけ可塑的なイメージの中にはめ込む。『エンツュクロペディー』はこれと同じ思想をいくぶん高級な概念形式で表している。すなわち，美とは「主観的精神から生まれた具体的形態であるが，この形態においては自然の直接性はたんに理念の記号にすぎず，この形態が表現されるのは，この形態がそれ自身においてそれ以外のなにも示さないように，構想する精神によって変容されているからなのである」（§556）。

ここでは，精神がその足をほんのちょっと，いわばごくわずかな間だけ突き出しているだけで，ほとんどなんの直接性も精神に付着してはいない。——あるいは別の言い方をするなら，それでもなお精神に付着しているものがあるとすれば，それは，完全に精神のうちへと変容され昇華されるのである。なんといってもひとは「具体的形態」を感覚に算入する傾向があるが，この具体的な形態でさえここでは自然性から受容されたものとしてではなく，むしろ「主観的精神から生まれた」ものと見なされている。——そしてこのことは，まさしくまったく正当なのである。ここでは，けっして感覚的なものと精神的なものとのある種の「調和」が目指されているのではない。むしろ，感覚的なものは，いわば，精神的なものがそこに留まるようにみえて，むろんそこから身を引き離すためだけの拠り所として用いられるにすぎない。すなわち，感覚的なものは，精神それ自身によって創造され，あらかじめ据えおかれたマッチの側薬面として用いられるのであり，この面でこすれてはじめて精神はそれ自身が燃え始めるのである。あるいは別の箇所では次のように述べられている。つまり，「精神が欲する」〔(V 2. 20)〕のは「物の質料性」〔(V 2. 21)〕ではなく，たんに「感覚的なものの表皮」（V 2. 20）にすぎない。——しかも，これは音楽や詩文芸といったより精神的な諸芸術においていま，この感覚の表皮そのものが精神から生みだされた地点にまで至る。とはいえ，この「表皮」はたんに表面的に生成しさえすればよいというわけではない。——もし表面的に生成するのであれば，まさしく真剣さやもっと深い美の次元を欠くことになるだろう。

美——芸術美としての美——の概念は，こうした限りでは，純粋に精神哲学的に捉えられている。もとより，対象に内属した「客観的」な関係によってではないが。事実まったく対象の質料性によってでもなければ，対称性や規則性などによってでもなく，けっして自然的なものと精神的なものとの調和として捉えられているのでもない。美の概念のこの捉え方は，自然美と芸術美とのあいだにあるヘーゲルにとってかくも重要な差異を正確に捉えるのに適している。美の概念は精神の領域のために依然として取っておかれているが，自然が精神との和解せざる対立物ではなく，精神の他者である限りで，そして自然そのものが精神への移行である限りで——ヘーゲルにとって自然とはまさしくそういうものであるが——，美の概念はまた，自然と結びつけられうるのである。ひょっとすると，比喩的な意味で，ひとは美の概念を精神の外の諸関係に結びつけることがありうる。——たとえば，精神的変容のアナロジーとして解釈されうる自然的諸形式に，つまり，いわば脱質料化を遂行する諸形式に美の概念を結びつけたり，あるいは，美しい風景やさまざまに引かれ歌に歌われる月夜といった状態に美の概念を結びつけたりするのである。こうした状態は，直接的には，精神的諸作用を解き放ち，その限りで自然性から精神性への類比的な変換を遂行するものなのである。

(5) こうして，精神哲学的な道と美の概念に関する道という，芸術を解釈するさいに切り離された二つの着想を結合しようと試みられたわけだが，こうした結びつきは，美の概念が，もっぱら精神哲学的に規定されたものとして証示されることによって果たされるように思われる。この解決には洗練さという長所があるように思える。——しかし，この解決に対して二重の疑念が生じてくる。

第一の疑念は，この概念の内部構造に，なによりもこの概念とヘーゲルがこの概念の着手点を仕上げ

るやり方とが合致可能であるかという点に，向けられる。自然的なものが精神的なものへと変容することだとする，美の概念の純粋に精神哲学的な解釈は，もしもこの解釈が首尾一貫させられるのであれば，古代芸術の解釈に定位したヘーゲル的な美の概念を変様させるに至る。美の純粋に精神哲学的な概念は，「変容」という，いわば有限性と自然性の超越という契機へと，きわめて強固に目標を定め置かれているのであって——だからこの概念は，結局のところ，ヘーゲルが行う完成された美の叙述には適さないものとなる。なぜなら，精神哲学的な概念の力学に基づくならば，美の典型とされるものは，その「内なるものと外なるものとの一致」（V 2. 109）を具えた，すなわち自然性と精神性との完成された調和を具えたギリシアの神々の彫像ではなく，むしろ，「有限性の苛酷な痛み」（V 2. 83）を表明すると同時にこれを変化させ純化し変容させるピエタの方だからである。この概念に照らせば，美の歴史としての芸術の歴史は，諸々の象徴的な始元から完成された美へと上昇し，引き下がって，精神が己れのうちへと深化するとともに再び下降する運動などといったものではないであろう。芸術の歴史は——少なくともキリスト教芸術までは——，むしろ，たえず上昇していく直線をなしているのであろう。

　美の純粋に精神哲学的な概念に対するこの疑念は，ある相補的な疑念によって補完される。それは，芸術の哲学に対して——そしてさらに，ヘーゲル独自の芸術哲学に対して「美」の概念がもつ体系的な射程と負荷能力とに関わる。たとえ美の概念を純粋-精神哲学的に捉えたところで，この美の概念と，〈芸術は精神の自己意識の一形式である〉とする包括的で精神哲学的な着想とのあいだには，やはり割れ目が口を開いている。この自己意識は，なるほど，たんに美の概念のうちにおのれを表明するばかりではない。自己意識はもっと豊かなものである。自己意識のうちには，美における自然的なものと精神的なものとの統一の実現よりはるかに多くのものがあり，精神的なものへの自然性の変容よりもはるかに多くのものがある。美の概念に芸術の概念の中心を定めることは，精神哲学的な着想の一つの，しかもただ一つの要素だけを重視することであり，この要素の内部でこそ，芸術は——すでにヘーゲル的な体系建築術の諸根拠からして——第1に解釈されなければならないことになる。しかしながら，この中心化は同時に，「芸術」という現象に対する，まさしくヘーゲルの着想から生じてくる豊かな観点を曇らせてしまい，それによって——もちろんふさわしいことではないが——擬古典主義という非難を生み，助長する。

　(6)　ヘーゲルが芸術の概念一般の代わりに「美の理念」に広範囲にわたって定位したために，この包括的で精神哲学的な芸術の解釈は，宗教や哲学史のそれに比べると，あまりよく仕上げられるには至らなかった。この観点からみれば，「美の理念」に定位することは芸術の概念を狭めるということが明らかになる。それにもかかわらず，講義の始めの部分は，精神哲学的な解釈にとっていくつかの重要で基本的な糸口をすでに提供してくれている。

　ヘーゲルはその冒頭で，「芸術の欲求」への問いを立てている。「人間はなぜ芸術作品を生みだすのか」と。そしてその答えは，みずからの芸術の哲学が再構築され再定式化されるべき次のような普遍的次元に向けられる。すなわち，こうである。——なぜなら「人間は思考し，意識する者であり，人間は意識であることによって，自分がなんであるかを，そしてそもそも存在しているものを，自分の前に立て，それを対象として対自的に持たなければならない」からである，と。ここでは「美」が問題なのではない——むしろ，ただ意識と精神に固有な構造だけが問題なのである。芸術作品は，「人間のなんであるかを人間その人の目の前にもたらす」ための，人間自身によって創造された一つのやり方である。芸術作品は人間の精神性を映す一つの鏡である——もとより，肖像画や彫像という形で芸術作品が人間を明示的に写し出す場合にのみ，またそうした場合に第一義的に，そうだというのではない。むしろ芸術作品であるものすべてにおいて，芸術作品は人間の精神性の客観化であり，それゆえ，人間の精神性の自己意識なのである。

　この二重化の源泉は——今日の理解からすると大げさに聞こえるかもしれないが——「精神の本質」の内よりほかにない。言いかえれば，分裂ないし外化，あるいは投影といった，精神的なものにとっての本質的な構造の内よりほかにない。しかしそれば

かりではなく，とりわけ芸術において，人間は，「諸物の形態に基づいて自分自身を再び認識するために」，自然性に対して自分の印を押す。芸術は，ヘーゲルが「理性的」とはっきりと分類する，このような精神的なものの構造の傑出した形式である。つまり，芸術は，「人間が意識として自分を外化し，自分を二重化し，自分と他者に対し自分を直観させる」，卓越した形式なのである。だからそこでは，芸術は人間の実践の一つのエレメントでもある。「したがって，芸術作品は，意識が己れ自身にとって対象になるために，人間によって作られたのである。そして，このことが人間の理性性の偉大なる必然性である。」(V 2. 12f.) このように人間の本質を精神的本質として客観化することは，精神と自然および，神的なものとの関係をも包括している。――その関係は，まさしく精神のそのような自己関係に他ならない。

こうした基本的な言い方は，美の概念をよりどころにしてなされることではない。それゆえ，芸術が美の理念の実現として規定され，講義の「一般部門」でまず第一に美の理念が説明されるべきだというのであれば――そこではいずれにせよ美の概念についてほとんどわずかしか言及されていないのだからなおさらなのだが――，芸術の概念はあまりに狭く把握されている。まず第一に芸術は，美の理念の表示なのではなく，精神の概念一般のうちに存する分裂と対象化の構造を表現したものである。――しかも，芸術作品の制作がもとより仕えることもできる特定の諸目的を度外視してのことであるが。そのような諸目的を立てることはできる――けれどもそれらは，ヘーゲルが緊迫した面もちで好んで「精神の本性」と呼ぶものに比べれば，二次的，あるいはそれどころか三次的なものにとどまっている。芸術は個別的な目的から生じるのではなく，精神のこの本性それ自身から生じる。――このことは，ヘーゲルにはまだまったく知られていなかった最初の芸術作品から今日の芸術作品に至るまで，当てはまることである。この精神哲学的な基礎づけに比べるならば，諸目的を立てることは，上のような普遍的な構造をあとから合理化して意識的な個々の活動にしたものでしかない。それゆえ，そのような諸目的も適切に定式化されるようになればなるほど，それだけいっそう精神の普遍的な構造に接近していくのである。

精神の現前する構造がある意識的な目的にまでこのように高まることが，欲求に応じるものであることは明白であるから，ヘーゲルは結局次のことを容認する。「ところで，芸術作品の〔一つの〕究極目的を立てたいのであれば，その目的とは，真理を顕わにすること，人間の胸中に揺れ動くものを表象することであり，しかも具象的で具体的な仕方でそうすることである。芸術はそのような究極目的を歴史や宗教そのほかと共有する。」(V 2. 30)。芸術の目的のこの定式が――そして，芸術と手を組んで絶対的精神のほかの諸形式の定式もまた――，それとは別の例の定式を想起させるのもたしかに偶然ではない。フリードリッヒ・ハインリッヒ・ヤコービが繰り返し，レッシングとの対話から後期著作に至るまで，自分の芸術――およびまさに自分の小説さえも――の課題を要約している定式のことである。彼は言う。「私の判断からすると，現存在を顕わにし明らかにすることこそが探求者の最大の功績である」(JWA 1. 29)。ヤコービの定式は，もちろん芸術に関する明確な精神哲学的な構想の文脈に組み込まれているわけではない。それにもかかわらず，真理と人間の胸中を揺り動かすものとを顕わにすることと，現存在を顕わにすることとのあいだの並行関係は聞き逃すことができない。そして真理を顕わにし，現存在を顕わにするという芸術のこの目的は，この現存在そのものがそうであるのと同じように，際限のないものである。それというのもすでに，その目的は本来，けっして主観的に提供された「目的」ではなく，精神それ自身のある構造的な特性に根差しているからである。

『美学』を美の概念に定位させても，芸術に関してヘーゲルの精神哲学的な着手点から語られうることのごく一部分しか汲み取ることはできない。――それに加えて，そうすることで，絶対的精神の三つの形式の統一が損なわれてしまう。絶対的精神の領域全体にとって基本的なのは，たしかに，おのれ自身の他者の内で精神が自己を知るという概念である。芸術もまた第一にはここから理解されなければならない。では，さらにその上で，美の概念には，この知る自己関係に関して，どのような役割が与えられ

るのだろうか。この知る自己関係が，美の概念から眺められるよりもはるかに多くのものを含んでいることは，疑いがない。したがって，精神哲学的な着手点は，美の概念につきまとう制限に比べてはるかに柔軟で〈持続可能な〉ものである。もっとも，「精神哲学」という語が今日では耳障りであるとしても，けっして疑えないことがある。それは，精神の対象化として，対象のうちにおのれを知ることとして，すなわち存在と自己との統一として，芸術を把握するという解釈の方が，「芸術」現象の多様化や芸術現象の同時代の諸形式をも把握するうえでは，美の概念に——証明されないままに——固着するよりもむしろはるかにふさわしいということなのである。芸術の哲学の精神哲学的な基礎づけが切り開く解釈の潜在的な力は，芸術の哲学を美の概念に基づけるやり方よりもかなり大きい。精神哲学的な基礎づけに定位することによって，芸術の哲学は視野が美の概念に狭められることから解放される。こうして，芸術の哲学は，美の概念とつなぎ合わされた偏狭な操作からも解放される——少なくとも，芸術の歴史の眼目として古典芸術を論じるさいに，ヘーゲルが美の概念に刻印したような形式での操作からは解き放たれるのである。

9.7.4.「芸術形式」の歴史

(1)「一般部門」の中でまずはじめに，また最後の講義では「特殊部門」において，ヘーゲルは『美学』の基礎づけのあとに「芸術形式」の考察を行っている。——それは厳密には芸術の諸時代の歴史である。ヘーゲルはなるほど「芸術形式」という概念をシェリングから受容しており，シェリングもその「一般部門」でまさしく同じように「芸術形式」を扱っているけれども，しかし，ヘーゲルはこの概念を歴史的に解釈し直している。このように芸術の歴史を『美学』に含めるからといって，ヘーゲルにとってそれは美学者の意向に従うということではない。芸術は精神の一形態であり，それゆえ芸術の現実性は必然的に，歴史的な発展形式を持つ。したがって，包括的な芸術哲学というものであるならば，この形式を歴史的現象として理解しなければならない。——さもなければ，そのような哲学は不可避的にみずからの対象を切り詰めてしまうことになるだろう。

美の概念という基準にしたがって，ヘーゲルは芸術の歴史を「象徴芸術」の時代，「古典芸術」の時代，そして「ロマン主義芸術」の時代に区分する。——つまり，いまだ美しくない芸術，美しい芸術，もはや美しくない芸術に区分する。この三分化を，鼻につく図式主義の表現と見なして嘲笑する者がいるかもしれない。しかし，この三分化それ自体が，ある図式主義に対抗するための言い回しから生まれたものなのである。ヘーゲルが三分化によって回避するのは，「新旧論争」に呪縛されている，ほとんど独断論的な，シェリング（SW I, 5. 372）によってなおも主張されている——古代芸術と近代芸術への——二区分法である。ヘーゲルが，ギリシア芸術の背後へと遡り，とりわけオリエント世界の芸術を一つの独立した時代として，包括的な芸術の歴史の中へと統合することができるようになったのも，「象徴芸術」の概念によってである。——象徴芸術というタイトルのもとで考察される諸現象の多様性を把握するには，その手の着手点ではあまりにも概括的に過ぎるということについては今日疑いようがないとしても，そうした統一的な観点をもつというのは，有益なことなのである。

9.7.4.1. 象徴芸術

(1) 芸術の第一の時代を「象徴的」と名づけることで，ヘーゲルは当時種々に用いられたひとつの用語を取り上げるわけだが，しかし彼はこれにある——彼自身の以前の言葉遣い（Kwon 2001, 39-65）に比べても——新しい意義を与える。象徴的なものが表すのは今や，およそシェリングにとってのように，有限なものと無限なものとを見事に一つにすることではもはやなく，むしろ，最初であるがゆえに不完全で両義性のうちにとどまるような，自然から精神的な内実を作り出す営みのことである。ヘーゲルの「象徴」理解は，ハイデルベルク時代の友人フリードリッヒ・クロイツァーの『象徴と神話』における象徴概念とかなりの程度まで合致する。——そしておそらく，ヘーゲルが「象徴芸術」という一時代を際立たせるのは，クロイツァーとの結びつきに遡ることができる。宗教哲学におけるのと同じように，

ここでもまた，ヘーゲルはクロイツァーをとりわけヨハン・ハインリッヒ・フォスによる攻撃から擁護している。それでも，オリエント文化に対しギリシア文化の独自性を強調するという点では，ヘーゲルはクロイツァーよりフォスに近い。他方でヘーゲルは，象徴的かつ神話的な諸表象の「より深い意義」，「理性的なもの」，「内的理性性」を際立たせるというクロイツァーの着想に従う。しかもヘーゲルは，その解釈からある道徳的な尊厳を取り出しさえするのである。「だが，人間をその精神的な形成や形態化の働きにおいて是認することは，一つの高貴な仕事であり，史的などうでもいいことをたんに集めることよりもずっと高貴なことなのである。」(V 2. 122f., W X/1. 401f.)

認識記号としての象徴はクロイツァーの場合にはまだギリシア的な意味をもっていたが，ヘーゲルがその意味を取り上げることはない。――認識記号というのは，たとえば，あとからつなぎ合わせるともともと一つであることがわかるような，一本の棒や骨が折れてできた二つの部分のようなもののことである。もともと像の中心にある「断絶」は，ヘーゲルにとって，もっぱら隠喩的なものとなってしまう。つまり，外と内とのあいだにある断絶，表出と意義とのあいだにある断絶になっている。このさいヘーゲルが引き合いに出すのは，みずからの「主観的精神の哲学」(本書460頁以下参照)の〈記号論〉である。象徴は記号であるが，しかし任意の記号ではなくて，「その外面性に，描出すべき表象の内実を同時に含んでいるような記号」〔(V 2. 119)〕である。象徴とは「ある普遍的な表象や内的なものの具象的な描出である」〔(V 2. 122)〕。意義が表現からこのように分離することで，象徴は，意義が適合しない側面を止揚しえないままにもつ。――そしてこのことから，描出されたもののもつ，しばしば見受けられる独自性が説明される。「描出されたものが意味をもつためには，それは歪められなければならない。人が材料を見て，それには意味があると見なすためには，その材料に暴力が加えられなければならない」(V 2. 154)。意義は描出とは別ものであり，描出によって確定されるのではないのであるから，象徴は「本質的に両義的」である。だから，象徴芸術は「意義と形態とが適合するか適合しないかの継続的な抗争と捉えることができるのである。」(V 2. 119-122, W X/1, 391-395, 410)

こうした内的な緊張は象徴芸術にとって本質的であり，また任意に克服されるようなものでもない。なぜなら，その緊張は本質的には，材料と形式とがまだ互いに媒介されていないような，意識の歴史の初期の段階に属するからである。しかし，材料と形式間の通約不可能性は，けっして芸術的-手仕事上の能力不足のせいではない。むしろ，「描出が完全ではないのは，意義がまだ絶対的な内実をもっていないからである」(V 2. 127)。なぜなら，ただ真の内実しか，完全な形式において描出されえないからである。しかし，象徴的なものは，「真なる描出の能力であるというよりも，むしろ，具象化をたんに求める試みであるにすぎない」(W X/1. 99)。理念はなおも，「みずからの真実の芸術表現を求める。なぜなら理念はおのれ自身のうちではまだ抽象的で無規定だからである」。というのも，精神はここではまだ自由な主体として意識されることも描出されることもないからである。それゆえ，ヘーゲルは象徴芸術をひとまとめにして「まだ……ない Noch nicht」というカテゴリーのもとにおくわけである。象徴芸術は「芸術以前」(W X/1. 388-391, 406)という様態の芸術なのである。

「象徴芸術」というタイトルのもとで本来ヘーゲルが構想しているのは，意識の歴史の初期の時代における芸術の特殊な解釈というよりは，むしろその時代の芸術の像である。――たしかに，オリエント芸術の知識が当時はまだ乏しかったという制約はあるが。ヘーゲルは，歴史的には芸術を宗教のあとにはじめて登場させている。宗教はすでに，まだそれだけでは象徴的に捉えられてはいない自然物の崇拝，たとえば光の崇拝とともに始まるが，その一方で，宗教と芸術における象徴的なものは，普遍的なものを定在の特殊なあり方から引き離すことではじめて起こる，と言うのである (V 2. 127)。後期の宗教哲学講義ではヘーゲルはもちろん十分同意することだが，いわゆる「自然の神格化」でさえも，たんなる自然対象のもとにとどまるものではけっしてなく（とりわけ，散文的な自然対象という私たちの概念はここではまったく想定されてはならないのであって），むしろ，いつも必ず一つの精神的な側面を際

立たせるものだと言うのである（V 4. 428f.）。したがってそうなれば，——宗教において——実存する形態が普遍的な意義をもつか，それとも，象徴芸術において，そのような意義が認められるような形態がわざわざ作り出されるか，のいずれかである。しかし総じてヘーゲルは，けっして宗教の優位のもとにではないにしろ，宗教と強く関連させて，象徴芸術を見ている。なぜなら，描出から切り離されたこの「普遍的な意義」は，まさしくある固有な文脈の中で，そしてそれゆえ神話や「神聖な詩文芸」（V 2. 140）の中で説明されねばならないからである。——こうして，宗教への移行が淀みなく行われるようになる。

「芸術形式」の歴史的な概観をよりどころにして，ヘーゲルはここでさらに内部を細分化して三つの「象徴の段階」を導入する。——〔ホトーの〕刊行版によれば「無意識的象徴性」，「崇高の象徴性」，そして「比較芸術形式の意識的象徴性」がそれである。筆記録では，この順番はたしかにそれほど的確に強調されているわけではないが，しかし同じように存在する。とはいえ，ヘーゲルは，イランの宗教の根本規定を象徴的と見なしていないし，そこに芸術作品を認めることもない。象徴的であることと芸術作品の両者は，インドにおいてはじめて萌芽的なかたちで見出され，そしてエジプトにおいてはっきりと見出されることになる。——しかしどうやらヘーゲルはこうした理解を，「崇高の象徴性」がそうであるように（したがってイスラエルの象徴性も，〔友人の会版〕『著作集』によれば，イスラム世界の詩文芸も同じように）ひとからげにして，象徴がまだ象徴として定立されていない「素朴で無意識的な象徴性」（W X/1. 487）に数え入れているようである。——この芸術の時代区分の全体的な特徴は，「動物の形態」，「謎めき」，（有限なものと無限なものとの通約不可能性という意味での）「崇高」という見出し語によって手短にその概略を示すことができる。とはいえ，象徴的なものというタイトルのもとに集約されている非常に多様な諸文化の統一性は，せいぜい否定的に表されうるにすぎない。すなわち，そうした統一性とは，「理念に適合した形態がまだ見出されていない」（§ 561）ような芸術である，と。ヘーゲルにとってそうした芸術はことごとく，古典芸術に先立って「芸術以前」としてある不十分な形態なのである。

それに対して，まったく別の特徴を有するのが，第3の形式，つまり，「比較芸術形式の意識的象徴性」である。この形式が歴史的に規定された形式であるのはただ，それが「象徴芸術」の時代に属していない限りにおいてのみのことである。なぜなら，象徴をそのものとしてまだ意識的に用いてはいないという点に，まさにこの形式の特徴があるからである。「意識的象徴性」というタイトルのもとに，ヘーゲルは——当代の詩作品からも——数多くの例をあげてそこに立ち戻りながら，寓話，たとえ話，なぞなぞ，アレゴリー，隠喩などの文学的な諸形式を開陳していく（V 2. 142-153, W X/1. 486-547）。

9.7.4.2. 古典芸術

(1) 「古典芸術」はヘーゲル美学の中心に位置する。——しかもこのことは，たんに体系建築術という観点においてだけのことではない。古典芸術は，まさに古代ギリシアの「美しき世界」がみずからの十分な表現を見出した形式であり，この形式で，ギリシア古代の美しき世界はわれわれの現代にまでもなお輝きを投げかけているのである。古典芸術はまた，芸術の歴史の三つの時代のうちのたんなる一つの真ん中に位置する時代にすぎないのでもなく，芸術の絶対的な尺度である。古典芸術において，芸術は，美しき芸術としてその最高の可能性にしたがって完成されたのである。「それ以上に美しいものは何もありえないし，それ以上に美しいものは何も生じることはできない。」（W X/2. 121; V 2. 179）なぜなら，象徴芸術におけるのとは異なり，古典芸術においては，形式と内容が相互に適合するようになったのであり，概念と実在性，自然と精神が不可分に統一して合体されているから，というのである。かくして，人間の意識の歴史のほんのわずかな期間にすぎないにもかかわらず，この時代には端的に際立ったある地位が与えられる。このようにして，この時代は同時に全体を有機的に構成する中心となり，この中心によって芸術の歴史は完成形態への上向とその完成形態からの下降という形で分節化され，こうしてそれ以前のあらゆる芸術は「以前のもの」に，それ以後のあらゆる芸術は「以後のもの」に格下げ

されるのである。とはいえ，古典芸術以後の歴史は完成形態からもはや完全に解き放たれることはできない。以後の歴史は同時に，ギリシア人たちと彼らの神々からなる「美しき世界」の喪失を嘆き悲しむ歴史なのである。

このようなほとんど頌歌風の表現のうちには，ヘーゲルの古典主義が包み隠さず表明されているように思われる。こうした表現はその程度からみて，すでに言葉上は歴史記述と哲学的解釈を越えているが，まさにその同じ程度からみて次のような疑念が呼び起こされることになる。すなわち，『美学講義』のヘーゲルでさえも，ヘルダーリンの友人として学生時代にすでに圧倒されていたギリシア熱（Graecomanie）からも，また同様に当時の古典主義からも解放されていなかったのではないか，という疑念である。そうだとすれば，ヘーゲルには，ギリシア芸術をこのように高く評価する代わりに，それ以前と以後のすべての芸術を貶めるという法外な代償を喜んで支払うつもりがあることになろう。ところが，このような古典主義的な執着を示す表現と並んで，そのほかを力説することを許容する別の視点がある。

ヘーゲルはこの芸術の「古典的な」特質を，象徴芸術を考慮しつつ，象徴芸術において分離されているものの「絶対的合一」（V 2. 154）として形式的に規定する。つまり，形式と内容，概念と実在性，そして同様に，描出されたものと意義が，古典芸術においては相互に適合している，というのである。この言明は一見すると検証困難にみえるが，ヘーゲルの美学の精神哲学的な諸前提から帰結するものなのである。まず，芸術は直観の形式における精神の自己意識である。それゆえ，芸術は直観の形式において，芸術の対象である精神的なものが，その真理にしたがって直観されるみずからの真の形態を見出さなければならない。しかし，精神的なものは，人間的な形態においてのみ顕わになり，直観されることができる。人間的なものが，「真の美と芸術の中心点および内容をなす」。ただ──有限性のすべての欠陥から純化された──人間的形態においてのみ，精神は「感性的にして自然的なものという形でのみずからにふさわしい存在」（W X/2. 10, 13）を保持する。「人間の感性的な形態こそ，精神が現象しう

る唯一の形態である。その形態は，それ自体で意味をもつ。それが意味するものは，そこに現れる精神である」──まさしく感性的な形態は「精神の鏡」（V 2. 157）なのである。人間の感性的な形態は，精神の象徴ではないし，それ自身とは別のなにかを意味するわけではけっしてない。形態がたんに精神を示すだけではなく，精神が形態のうちに現在する。古典芸術は感性的な仕方で精神的なものを顕わにし，こうして「真の美と芸術との中心点にして内容」（W X/2. 10）を形成するのである。

しかし，人間的な形態が神の形態でもあり，したがって，神的なものが人間的な形態のもつ精神性を否定しない場合だけ，人間的な形態は精神的なものの最高の表現でありうる。それゆえ，ギリシアの神々の擬人観は，この芸術の完成の本質的な契機である。ところで事実また，神的なものはもはや動物的な形態で現れることはできない。動物的な形態は神的なものにふさわしくないし，──仮に神がたとえば白鳥のような動物的な形態をいったんとったとすれば，神はけっして善いことを企てたりしなくなる。人間的な形態を精神にふさわしい顕示として際立たせることには，不可避的に，動物的なものや，たんに自然的なものを貶めることが，それどころかたんなる自然の威力などはなおさら，したがって，象徴的なものでさえも貶めることが結びついているのである。

ヘーゲルはギリシア世界と概念的にも感情的にも結びついているが，この結びつきによってヘーゲルが，ギリシア世界が象徴的なものの意識形式に由来することを否定するよう誘導されることはなかった。「古典的」世界は象徴的な意識を土台としているとヘーゲルは見ている。歴史的には，このことはすでに，ギリシアの国民宗教とオリエントの宗教との多様な関係のなかに示されている。古典芸術は──すでに象徴芸術が，そして後にはロマン主義芸術がそうであるのと同じ様に──宗教を前提するが，ギリシアの国民宗教は国民宗教で，象徴的世界に属する宗教性の初期の諸形式を前提にしている。ヘーゲルがしばしば引用するヘロドトスの言葉（II, 53）によれば，ホメロスとヘシオドスはなるほど，ギリシア人に対して彼らの神々を創作したのであった──がしかし，無からではなく，諸々の象徴的な宗教を

ギリシア的精神の意味で作り変えることによって創作したのである。――これは，オリンポスの神々とティタン族との闘いとして，あるいはもっと一般的に言えば，新旧の神々の不和として神話そのものの中に受け入れられ，その神話の中で観られ反省されるような歴史的な出来事なのである。ここでヘーゲルがこうした意味で強調するのは，前提となる宗教的な内容がそれだけで出来上がっていたのであって，芸術家はその内容を眼前にしただけであって――ところがまさしくその内容に変更を加えさえして，そうしてはじめて古典芸術の完成された作品を創造した，ということである。芸術家の想像力は，宗教的な諸表象を我がものにし，それらを美という目的によって自由に形態化する。――さらにいえば，この形態化は，それらの宗教的な諸表象のうちにもともと表明されている宗教性に対して何らかの結果を伴わざるをえない。それゆえ，ヘーゲルは，一方では，古典的なものと象徴的なものとのこの連続性についてあれほどまでに強調し，他方でまた，こうした内容の変更によって生じる転換をも際立たせるわけである。――しかも，この点ではむしろすみやかな移行を描いてみせるクロイツァーよりもヘーゲルははるかに強い調子を示しているのである（V 2. 158-160, W X/2. 98）。

ヘーゲルが古典芸術を論じるさいの鍵概念は，精神の概念であり，人間的な形態でおのれを顕わにする精神の概念である。これに対して，そしてとりわけホトーの筆記録において目立つのは，美の概念がただ付随的にしか登場しないということである。ヘーゲルが古典芸術の概念を導入するのは精神概念のうえにである。芸術が精神から，すなわち自由から生みだされるということは，たしかにあらゆる芸術に対して妥当する。――しかしここで，特徴的で決定的な規定がさらに加わる。「古典芸術は内容において自由である。古典芸術の内容は，みずからの自由における精神である。」そして，ヘーゲルが古典芸術に対して最終的に神々の形態での「実体的な美」を認める場合でさえ，この美を彼はふたたび精神概念によって規定する。「実体的な美はみずからの絶対的な内容として，精神的なものを思想というその抽象的な精神性という形でもつのではなく」，人間的な形態で現象する「精神的な主体性として」，あるいは「主体的な精神性」としてもつのである（V 2. 154-157）。

『著作集』は美の概念に対してたしかにより多くの余地を与えるが，しかし，その概念がみずからの本来的な場所を見出すのは，その場合でも神話や悲劇の文脈においてではなく，むしろヘーゲルにとって古典芸術の範型と見なされるような芸術，すなわち彫刻の文脈においてである。ヘーゲルは彫刻に関してはほとんどなんの視覚的な資料も援用することができず，それに関するほとんどもっぱら文書的な報告だけにしか頼ることができなかったにもかかわらず，彼は彫刻を古典芸術の中心に据え，美の概念の具体化として位置づけている。つまり，自由な精神を人間的な形態のうちに直観することとして位置づけているのである。彫刻は完成した美を示す。つまり「それ以上に美しいものはなにもありえないし，それ以上に美しいものはなにも生じることはできない」（W X/2. 121）のである。しかし，古典芸術が，とりわけその彫刻が，達成可能な最高の仕方で美を高めているまさしくそれゆえにこそ，ここに芸術の（そして宗教の）さらなる歴史を規定するさまざまな緊張状態が姿を現すのである。

彫刻は人間的な形態を表す，おそらくは，人間的な形態をした神さえも表すだろう。――しかし，彫刻は，現前する材料から芸術家が労働を費やして作り上げたなにかであり，人間によって破壊されうるものでもある。精神は彫刻のうちにおのれを知る――しかし，精神は同時に，彫刻が自分とは別のなにかであるということを知っている。精神は神像の中におのれにとって現実的に現前しているわけではない。「ともかく美と芸術に望むだけ熱狂したいというのであれば，この熱狂は主観的なものであり，主観的なものにとどまる。その熱狂の直観の対象である神々のうちに，おのれを見出すことのない主観的なものにとどまる。」（W X/2. 103）人間的な形態でわかりやすく具象化された神は，まだ十分に人間的ではないし，神人同型説がそれほど広汎に行われているわけでもない。「古代の神像に欠けているのは眼光である。つまり，神はおのれを知らない。」（V 2. 180）それゆえヘーゲルは，

「神々がまだより人間的であったとき，
　人間はより神的であった」

という，シラーの詩『ギリシアの神々』〔1788年〕を，きわめて鋭い調子で「ことごとく誤り」だと言う一方で，

> 「詩の中で不死を生きるべきものは，
> 生においては滅びなくてはならぬ。」

という〔1800年に〕変更された結びの部分に関して，この神々がただ「表象と想像」のうちにのみその座を占めているにすぎないことを示す証拠であると，評している。この神々は「生の現実性のうちにみずからの場所を主張することも，有限な精神に最終的な満足を与えることもできない」（W Ⅹ/2. 108）。ここに，いわばより高次の段階において，象徴芸術にとって特有な，描出と意義との間の不一致が再び現れている。

しかし，描出そのものもまた，その美しさにもかかわらずというよりも，むしろその美しさゆえに，それが描出すべきものに最終的には適合しないものであることが判明する。古典芸術自体の中にすでに，精神が自体的にそうであるもの，すなわち精神的な自己内存在と，必然的に外面性や身体性に拘束されている美とのあいだの対立が現れている（W Ⅹ/2. 74-76）。たしかに，古典芸術は人間的な形態や容貌だけでなく，それどころか主観性一般をも表すことができるが，しかし，自由な精神性，おのれを無限なものとして知る内面性を表すことはできない。もっとも，この論拠はすでにギリシア世界のものではなく，むしろ，意識の歴史の後代からの回顧に属することである。先鋭化して言うならば，精神は何ら美しいものではなく，精神を美として描出する試みは，精神がなおも自然と統一していることを知っていて，まだ自分についての明証性を獲得していなかったような歴史段階に属している。この歴史段階から，美の過去性を嘆き悲しむ静かな傾向が生じるが，しかし，それと一緒に，この移ろいの必然性に関する知も生じる。ヘーゲルは両者が古典的彫刻それ自身の中に表現されている，と見ている。両者はヘーゲル自身の解釈にとって本質的なものである。そしてこのことによって，芸術の幸福を古典古代の模倣に求める擬古典主義からヘーゲルは守られるのである（W Ⅹ/2. 101f.）。

9.7.4.3. ロマン主義芸術

（1）「古典芸術」に対するこうした批判は，とくに第3の段階にまで，つまり「ロマン主義芸術」にまで伸びていく。ロマン主義芸術の叙述の始めに，ヘーゲルは古典芸術に対して感情的な結びつきを感じているにもかかわらず，つねにこの芸術に関して留保する態度をとっているが，彼はそれをもう一度次のように総括している。たしかに「古典芸術」は美の完成した描出である。「しかし，美の国そのものは，それだけではまだ不完全である。なぜなら，自由な概念は，この国においては感性的に現前しているにすぎず，いかなる精神的な実在性もそれ自身のうちにもっていないからである。［…］精神はおのれ自身を自らの定在の基盤としてもっていなければならないし，みずからに叡知的な世界を創造しなければならない。ここでこそ，内面性がそれ自身において完成される。」（V 2. 179）しかし，自然から解放された内面性という「精神的な実在性」は，もはや美の対象ではなく，その限りで美は精神哲学的に相対化されている。

「ロマン主義芸術」ということで，今日的な意味におけるロマン主義の芸術が理解されてはならない。「ロマン主義芸術」という語が今日的なロマン主義の芸術という意義をもつようになるのは，ヘーゲルの時代にワイマールの「古典主義」に対する反対概念として用いられてからのことである。この新たな語法はヘーゲルの死後ほどなくしてようやく広く受け入れられるのであるが，それはとくにハインリッヒ・ハイネの『ロマン派』と，その少しあとのテオドール・エヒターマイヤーとアーノルト・ルーゲの声明『プロテスタンティズムとロマン主義』（PLS 4. 1. 192-225）の出版によってである。ヘーゲルが「ロマン主義」と——これを正当化することなく——呼ぶのは，キリスト教世界の芸術のことであり，あるいは，『歴史哲学』の表現でいえば，「ゲルマン的」世界の芸術のこと，つまり民族大移動から生じた世界の芸術のことである。さらにこの時期には，象徴芸術よりも程度はわずかに劣りはするものの，その統一が否定的な統一であるということが当てはまる。すなわち，象徴芸術が古典芸術の「前」であるのと同じように，この時代は古典芸術の「後」だからである。その統一は，たしかに内容か

らみても，キリスト教と結びつきを重ねることによって与えられているように見える。しかもそれは，「古典芸術」とギリシアの国民宗教との関係や，「象徴芸術」と非常に多様な東方宗教との関係の場合よりももっと厳密な形で（聖徒伝説をも含めた）キリスト教の表象世界を教義上固定化するゆえに，そのように見えるのである。とはいえ，「ロマン主義芸術」の場合は，芸術と宗教の関係にとって重大な展開が生じる。すでに中世において，たとえばキリスト教が8世紀と9世紀の「聖画像論争」によって造形芸術との関係を確定した時代に，詩文芸というひとつの新たな主題領域が，宗教的なモチーフへのあからさまな拘束から解放されるのである。芸術は，あらかじめ定められた宗教的な内容を義務として課されていたが，ルネサンス以降，その義務からの解放が速度を早め，この解放がますます他の諸芸術をも捕らえるようになっていく。——その結果，「ロマン主義芸術」の統一は，たとえそれぞれが別の根拠に基づいているとしても，「象徴芸術」の統一に劣らず不確かなものになる。

　このようにロマン主義芸術がキリスト教への結びつきを重ねていることは，そのモチーフから言えば，まずは，この芸術が明らかに宗教的な主題領域へ制限されるという形で現れる。つまり「キリストの救済史」，「宗教的愛」——とくにマリアのそれ——，「教団の精神」といった主題領域に，すなわち殉教者を描いたもの，聖人伝説，奇跡に関する言い伝えなどに制限されるという形で現れるのである。——このように列挙しても，それが完全なものでないことは，旧約聖書の表象世界がもつ優れた意義に言及されていないということからしてすでに明らかである。しかしやはり「ロマン主義芸術」がこれらのモチーフから際立たせる内実，すなわち精神の高揚，それも精神による自然の支配という内実は決定的である。

　「古典芸術」に比べた「ロマン主義芸術」の差異は，キリスト教の神は彫像によって描出不可能であるという指摘による以上に，はっきりと具体的に示されることは難しいであろう。このことは，初期キリスト教が「異教の神々」の立像と一線を画したいと望んでいたこと——このよくあるもっともな願望——に由来するのではけっしてなく，むしろ旧約聖書的な偶像崇拝禁止の伝統の中で生じることであり，言いかえれば，いかなる「自然」ももたず自然の支配者であるという，この旧約の神自身の「本性」の伝統の中で生じることなのである。絵画における神の描出も——比較的数は少ないものの——，綿密さと陳腐さの間を揺れ動いており，その描出が成功していることの証拠というよりも，むしろ神は描出が不可能だというこのことの証拠となっている。

　それゆえ「ロマン主義的」描出の特殊な対象は，「神」そのものではなく，人間になった神であり，「現実的な主体」である。この点をロマン主義的な描出は「古典芸術」と分かちあっているように見える。——とはいえ，人間の姿をした神という「古典的」な描出から「ロマン主義的」なそれが区別されるのも，ロマン主義的な描出が，礼拝像とは違い「眼の光」をもはや欠くことのない現実的な人間の描出である，ということによる。さらに，ロマン主義的な描出は，それとは別の，精神性と身体性との関係によって特徴づけられる。ヘーゲルにとって，キリストはもはや「ヘラクレスの兄弟」でもなければ，古代の神々の中の最後の神でもないのであって，したがってここでは，身体はもはや神の現実性の美しい形式ではない。そこからとくに「キリストの頭部と形姿」の描出に関して諸々の問題が生じるが，これらの問題を，ヘーゲルは非常にはっきりと名指してこう言ったのである。「真剣さ，安寧，および尊厳」を表すだけでは十分ではない，と。——これはたしかにヘーゲルが，1820年のドレスデンへの旅行中に見たキューゲルゲンのキリストの肖像に認めたことである（GW 15. 204-206）。「しかし，キリストには，一方で，内面性と端的に普遍的な精神性をもたせるべきであり，他方で，主観的な人格性と個別性をもたせるべきである。この両者は，人間的な形態という感性的な形をとれば，浄福に反するものとなる」——そして，両者を結びつけること，すなわち「特殊自然的なものと理念的な美の間との」媒辞を的確に捉えるのは，「はるかに困難」なことである，というのである（W X/2. 145）。

　しかし，イエスを描くさいにも，聖人や人間一般を描くさいにも当てはまるのは次のことである。つまり，「ここではわれわれには，魂と魂それ自身との親密さがある。魂は叡知的世界に存在し，その世

界に現実的に存在し，その親密さのうちにみずからの美をもつ。ここでは，魂の美は，直接的な世界の形態化に対して没交渉であることと結びつけられている。なぜなら，直接的な世界は，魂のそれ自身における浄福にふさわしくないからである」（V 2. 182)。ここで真理と美が分離する。「現実の主観」は，その本来的な実在性をみずからの身体のうちにではなく，みずからの内面性のうちにもっている。この現実の主観は同時に「無限の主観」でもあり，この主観に「美」も認められうる限り，美はやはり，「従来の」「古典的な」美とは別物，「精神的な美」である（Ｗ X/2. 122)。

「親密さ」と身体性ないし感性とのこの関係は，マリアの愛を描くさいにも，そしてとりわけそのさいにあてはまる。ヘーゲルにとって，マリアの愛は「ロマン主義芸術のもっとも成功した主題」である（V 2. 187)。魂がそれ自身のうちに実在性をもつという「親密さ」は，「古典的な」美とは別のものを告知している。ここで「親密性」と実在性とのあいだにある差異は，ここではまだ際立った対立へと移行していない。言いかえれば，その差異は，精神的なものが有限なものから身を引き剥がすところまで移行していないし，殉教の描写，それも残虐行為をほしいままにするところにはっきりと表されてくるような，「世界」に対する精神的なものの勝利にまで移行してはいない。こうしたことを描く芸術は「理想的な美」をはねつけざるをえないというだけではない。そうした芸術は必然的に「美しくない」ものとならざるをえない。そしてこの対立が「神的な現象の絶対的な歴史」に属し，その限りで必然的に「ロマン主義芸術」の特徴に属しているにもかかわらず，ヘーゲルは，概念の必然性と並んで病的な幻想が働いていると見受けられるいくつかの描き方とは，距離をおかざるをえない，と考えていた。こうした幻想はさらに実践的な作用をなにももたらさないからである。「苦難とは，他者による残虐な行為であり，心情はそれ自身において自然的な意志を引き裂くまでに至ることはない。ここには死刑執行人，あらゆる種類の苦悶，身体の歪曲が認められるが，その結果，叙述に関して美からあまりに大きくかけ離れてしまっていて，そのような主題が健全な芸術によって選択されることなどありえないのである。」（V 2. 188)

精神が自分自身の内へと，「ロマン主義的」，キリスト教的に後退すること，つまり自分自身へと解放することは，人間ばかりではなく，同じように非人間的な自然をも芸術的に描くことにとって重大な結果をもたらす。「内面性」の誕生は同時に「外面性」の誕生である。──これは厄介で非常に複雑な過程──〔内面性と外面性という〕これらの極をそれぞれに固有な「世界」として固定化するに至る過程──を最小限にまとめた論証である。ヘーゲルは，その過程を「脱神化 Entgötterung」という標語で表しているが，この語は，すでにシラーが『ギリシアの神々』の中で用い，またヘーゲル自身も『自然法講義』（本書214頁以下参照）の中で用いているものである。そこでは，もちろんヘーゲルはその過程を，『美学』とは少なくともどこか異なった仕方で叙述している。──なぜなら，『美学』では上にいう精神の後退が束の間の一幕であるかのように見えるし，自然を原理的に脱神化することに伴って，自然を宗教的に確保しようとする試みのことごとくが，同じく根本的かつ変更不可能な仕方で排除されているかのように見えるからである。──これは自然の魔力化でもあれば，同じく自然の変容でもある。これによって，認識し行動する精神と自然との関係の中にあるきわめて多様な変化を記述することが，したがって，たとえば「風景」という現象が近代芸術に登場してきたことを理解することが不可能にされてしまうであろう。

ヘーゲルは，「宗教的な領域」から「ロマン主義芸術」の第二の主題領域へ，すなわち「世俗的な領域」へと内在的に移っていく。もっとも，その根源的な内実からすれば，「世俗的なもの」がそれだけで存在する一つの範囲を形成することは認められないのであるが。「キリスト教的な敬虔という諸々の徳は，それぞれが抽象的な姿勢をとることで，世俗的なものを押し殺してしまい，主観がおのれ自身をおのれの人間性において絶対的に否定するときだけ，主観を自由にするのである。」「しかし，神の国が世界にその所を得て，世俗的な目的や関心を貫通することでそれらを浄化すべく活動するとすれば，［…］世俗的なものも，その立場から，みずからの妥当性の権利を主張し押し通そうとし始める。［…］われ

われはこの移行を，主観的な個別性はいまや個別性として，神との媒介に依存せず，それだけで自由になる，と言うことによって言い表すことができる。」(W X/2. 170, 166)

けれども，「騎士道の領野」というこの領域に，ヘーゲルはわずかしか注意を払っていないので，騎士の独自性が正当化されることは困難である。とくに，現在の諸版から認められる限りでは，ヘーゲルはこの時代の芸術作品──たとえばニーベルンゲンの歌や中世の恋愛歌を，それどころか中世末期の絵画やゴシック様式の大聖堂でさえ，どこにも引き合いに出していない。この点に関してヘーゲルがそもそも挙げているわずかな詩（Dichtung）は，なるほどこの時期を主題にするものではあるが，しかし，それらはヘーゲルの時代の作品である。ヘーゲルはシュレーゲルの『アラルコス Alarcos』，クライストの『ハイルブロンのケートヒェン』，ゲーテの『狐のライネケ』を，さらにはシェークスピアさえも挙げているのである。ヘーゲルはもともと「芸術形式」ではなく，意識の形式を論じているのであり，これを「名誉」「愛」「忠誠」といった主要概念のもとで，さらにいえば，意識形式をそのものとしてではなく，古代を回顧しながら論じているのである。というのも，ヘーゲルはこの誤って理解された「徳」を，ここでは「騎士」に即してではなく，古代の神話と叙事詩という諸形態の対照的な引き立て役に照らして説明しているからである（V 2. 190-194, W X/2. 165-190）。

ヘーゲルは再び，「ロマン主義芸術」の第3の領域を論じるのにいっそう力点を置く。たしかに，1823年の講義（V 2. 194-204：「主観性の形式主義」）ではまだそうではないが，それでも，〔ホトーの〕刊行版──たとえ問題をはらんだものではあるとしても──の証言（W X/2. 191-240：「個人的特殊性の形式的な自立性」）から見ればそうである。宗教的な領域で始まり，それに内在する力学によってそこから離脱して終わる展開の最終形態として，ヘーゲルはその主題領域を記述しているが，そうすることによって，ヘーゲルはその領域をも「ロマン主義芸術」の統一へと導こうとしているのである。「ロマン主義的な世界には，キリスト教の伝播という，ただ一つの絶対的な仕事しかない。〔…〕世俗の仕事は，ムーア人たちの駆逐と，十字軍の遠征である。しかし，この仕事の成果もまた，むしろ冒険である。〔…〕行為に目的がないということは，このような冒険がそれ自身で消え失せ，喜劇的な扱いに委ねられるという事態なのである。」(V 2. 196)

ここでヘーゲルが視野に置いているのは，近代への移行，とくに「騎士道の崩壊」のことである。もっと形式的には，主題的な展開は，実体的な統一の瓦解として，つまり，それ自身へ深まりゆく主体性と素材とが分離することとして捉えられなくてはならない。ここにも，宗教的に推論される内面性への後退がみられるが，この後退が外面性をそのものとして構成し，こうして解き放つ。「世俗」は，もはや再び「絶対的なものの統一」に引き戻されることなく，「それ自身の足」(W X/2. 192)で立つ──そしてこのことが芸術にとって重大な帰結をもたらすのである。つまり，「素材と主体性が切り離されているので，〔劇の〕進行は，両者が元通りにばらばらになるまで，両者を一つにしておくことである。両者の絶対的な統一は芸術では実現しない。内面性は純粋な思想へと高められ，そこではじめて真なる統一が生じうる」(V 2. 196, 198)。しかし，芸術において，「親密さ」は性格の特殊性にまで，──特にシェークスピアの場合がそうであるが──「堅固さ」や「特殊な主観性の無限な意志の力」にまで進展し，それどころか──コツェブーの場合には──「近代的な性格の惨めさ」にまで進展していく（W X/2. 198）。親密さに対立するのは，主観の精神性から見放された，それゆえ，どうでもいいつまらない素材である。「ロマン主義的なものは精神的な自己内存在であり，これに対しては，世俗性はとるに足らないものとして定立されている。」(V 2. 203) 芸術の諸対象はもはや実体的で精神的な統一へと受け入れられることはないのであるから，結局のところ，それら諸対象がどのように描かれるか──つまり「それらの諸対象があるがままの直接的な現実性の領域」として描かれるか，それとも──さらに続けていいとすれば──抽象的に描かれるかということは，どうでもよいことである。というのも，もはや対象には関心がなく，対象の論じ方にだけ関心があるにすぎないからである。つまり，絵を描く技術や，一般に「芸術作品の主観的な

把握と仕上げ」（W Ⅹ/2. 220）にのみ関心があるからなのである。

　ヘーゲルがその模範的な例と見なしているのが,「後期オランダの風俗画」である。ヘーゲルはこの風俗画を「世俗の現実」との和解の形式と, つまり「生の散文」の中に住み着くことと解釈する。とはいえ, このような営みそれ自身に政治的－宗教的な根がある。ヘーゲルは言う。「オランダの都市は世俗的で精神的な〔支配〕から解き放たれた。政治的な自由やこの自由の維持といったあらゆることを, 都市は自分たち自身によって, 市民の徳とプロテスタント的敬虔さによって〔獲得した〕。」たしかに, 風俗画の諸対象は「より高次の意味を満たすことはできないが, しかし, より詳細に考察するなら, われわれを高次の意味と和解させてくれる」——すなわち「画家の無限な技能 Kunst」,「仮象の技能」によって。「ここで関心をなすものこそこの仮象であり, それ自身の内へと深まっていく仮象である。美においては, 仮象という側面が際立たせられる。」「実体的なものは流れ去り, 仮象は引き留められている。」（V 2. 200f.; W Ⅹ/2. 222f.）

　ヘーゲルは自分の現在の芸術を, こうしたその展開の終着点とみなす。その芸術の固有性は,「芸術家の主観性はその素材と産物を超えている」という点にある。「なぜなら, 芸術家の主観性はもはや, それ自身に即してすでに規定されている内容および形式の領域の所与の諸条件によって支配されるのではなく, むしろ, 内容をも, 内容の形態化のやり方をも, まったくみずからの暴力と選択のままに保持するからである」（W Ⅹ/2. 228）。——わかる範囲で言えば, ヘーゲルはこうした特性描写に照らして, とくにゲーテの『西東詩集』やフリードリッヒ・リュッケルトの詩, あるいは, ハーフィズの叙情詩の翻案のなかに東洋的な素材が取り上げられているさまをまなざしているのである。しかし, この特性描写は,「ゲーテ的芸術の時代」（Heine 1835, 125）の終焉の, したがってまた彼の生涯の終焉のあとにはじめて続いて現れたまさしくその芸術にも同じように, またよりいっそう当てはまる（本書623頁参照）。

9.7.5. 諸芸術の体系

(1)　「一般部門」の第二部は, 初期の構想にしたがえば「芸術の諸形式」の考察で締め括られている。続く「特殊部門」で個別諸芸術が叙述される。ところが, 最後の講義では, ヘーゲルは「芸術の諸形式」の考察を独立した第２部に引き上げたので, 個別諸芸術は第３部に位置づけられることになる（本書529頁以下参照）。さらに, 現在知りうる限りでは, ヘーゲルはここで個別芸術作品により詳細に立ち入っているばかりではない。彼の講義は——それぞれに欠落していたり誤りがあったり簡略化されていたりするように見なされるかもしれないものがあるにもかかわらず——芸術作品に関するまったく圧倒的な知識を明らかにしているし, 芸術に関する深い理解を示してもいる。そのように広範な多彩さを意のままにする芸術哲学はほかにないであろう。——たとえ他の着想の方が, ある特定の細部に関してはより多くの知識を提供しうるとしてもである。それゆえ,「私は, 人が知るべきであるし, また知りうるほとんどすべてのことを知っている」（W Ⅹ/3. 556）というヘーゲル自身の主張は, たしかに挑発的に見えはするが, しかしけっして不当なものではない。

　各講義でそのつど最後になるこの部分において, ヘーゲルは芸術を——建築, 彫刻, 絵画, 音楽, 詩文芸——の五つに区別しているが, それでも, この区別の原理はけっして自明ではない。ヘーゲルは, 1823年の講義で, 感覚的なものの二つの形式を用いている。それは, 直接的に外的な意識としての直観という形式と,「すでに始動している内的な様式」としての表象という形式, つまり, 感性と思想のあいだを揺れ動くものとしての表象という形式である。この原理からみて, 諸芸術は, 感性を洗練させ, より粗雑な素材から解放するという尺度に従って区分される。——建築, 彫刻, 絵画, 音楽からはじまって, 詩文芸に至るまでに区分される。前者は, 視覚と聴覚という二つの理論的な感覚に割り当てられる諸芸術であり, 後者は, 表象と結びついてつねに感性への後退を含みはするが, 感性に直接的に帰属するわけではない芸術である。この五区分をヘーゲルはさらに造形芸術, 音の芸術, 言葉の芸術の三項区

分に還元してしまったように見える。――これは少なくともホトーの欄外注では優勢な区分である（V 2. 205f., 270）。

しかし，『友人の会版著作集』の証拠によれば，感性の諸形式に従ったこの区分は，「事柄そのものの具体的な概念からではなく，たんに事柄そのものの最も抽象的な側面から調達されたすぎない」と，ヘーゲルは異論を唱えている。「より深く把握する区分の仕方」からすれば，芸術の「媒語」とは，「絶対的なもの，すなわち，神としての神そのものを」，それにふさわしい外的な現象のうちに「描出すること」であり，この神的な主体は「外的な周囲の世界をみずからに対峙させ」，この世界に「主観的な内面」を対峙させる，というのである。この原理に基づけば，象徴的形式，古典的形式，ロマン主義的形式という三つの「芸術形式」の区分が帰結することになろう。さらに，ヘーゲルはこの原理を拡張して，個々の諸芸術を区分するための原理にする。彼は，象徴芸術に建築を，古典芸術に彫刻を，ロマン主義芸術に絵画と音楽を割り当てるのである。――もちろん，それは，そのときどきの芸術形式の内部にはこの芸術しかなかった，という意味においてではなく，芸術形式と個々の芸術とのあいだに特別な親和性がある，という意味において割り当てるわけである。いずれにせよ，ヘーゲルは詩文芸を，歴史的に割り振られた芸術形式を越えて，時代と無関係なものとして位置づけている。芸術形式に定位したこの区分は，たしかに，感性に定位したそれとは違った仕方で個々の諸芸術を分類しているが，それでも，それぞれの順序を変えることまではしていない。この区分が諸芸術を歴史的な時代区分に割り当てることで，いっそう厄介なものになることは疑いのないところであって，ヘーゲルはこの区分のために，部分的には，経験的な証拠を引き合いに出すこともできたはずである。古典的世界における彫刻の際立った位置や，近代の絵画や音楽のより高次な発展を引き合いに出すこともできたはずである。前者の卓越した位置は諸々の内的な理由からして，象徴芸術において先取りされることもできないし，ロマン主義芸術において繰り返されることもできないのであって，後者の発展についてならば，まことに当然なことに，それを主体性のそれ自身への深化へと帰することができるのである。包括的で歴史的な運動の中で，芸術一般の内実は，芸術諸形式とそれら諸形式に特別に割り当てられる諸芸術との系列をなして展開されるわけだが，ヘーゲルはこの運動にさらに加えて，精神の諸形態としての個々の諸芸術にも内的な歴史を帰属させる。より独特な仕方で，ヘーゲルはこの内的な歴史を，精神的な展開の特殊な経過形式という形で叙述するのではなく，むしろ，自然の過程として叙述している。すなわち，「始まり，前進し，完成し，そして終焉する，つまり芽生え，花咲き，衰退する」過程として描くわけである（W X/2. 255-264, 245）。

9.7.5.1. 建築

(1) 諸芸術のうちの最初のものは建築であり，これをヘーゲルは厳密に歴史的な区分を行って論じている。――象徴的，古典的，ロマン主義的ないし「ゴシック的」という具合に。ヘーゲルにとって建築は「概念からみた端初」をなすものではあるが，しかし，建築においてつねにすでに，主体を保護しながら包み込むことが問題である限りでは，建築は歴史的でもある。もっとも，ヘーゲルは初期の建築を彫刻の近くに見てもいる。ヘーゲルがみずからの叙述の中に建築を数え入れるのは，建築が，その有用性を超えて「美しい芸術」であるという特質や，さらには「精神の持ち主たちに対する声なき言葉」として，精神的な重要性という特質をもつ場合にはじめてのことである。それと同時に，建築は，人間どうしを「結びつける」という特質をもつ。――歴史的には「バベルの塔」において初めてそれが現れるが，ヘーゲルはこれをヘロドトスによって記録された「ベルの神殿」と同じように，「とてつもない彫刻作品」と理解する。とはいえ，ヘーゲルはこの神殿と「バベルの塔」との関係については規定しないままにしている。彫刻へのこの近さゆえに，ヘーゲルは建築の最初の時代区分の中で，円柱，とくに男根柱をも，また音の出るエジプトのメムノン像，オベリスク，ヘルメス神の柱像，極東のパゴダ（Pagode）をも取り扱っている（V 2. 207-220, W X/2. 265-302）。

(2) 古典的建築術に関しては，ヘーゲルは「合目的性」という観点を持ち出すが，それは美との対立

においてではなく，むしろ美との統一においてのことである。「この点で，美は厳密な合目的性のうちにある。」美が合致する目的とは——寺院のように——「精神的なものや神的なもののために空間を区切ることであるが，古典的建築術はこの神的なものを宿らせつつ包み込み保護しようとするのである」。ヘーゲルはここで古典的な寺院の詳細を取り上げるが，しかし，とくにアーチ技術に関しては，ギリシア的建築術とキリスト教的建築術のあいだの「中間形式」であるロマン主義的建築も取り上げている。ヘーゲルは，当時議論されていた一連の問題を論じている。——たとえば，木造建築と石造建築のどちらが優れているかという問題や，円柱の機能と自由な配置に関する問題である。そして，ヘーゲルはここで，とくにアロイス・ヒルトの『古代における建築術の歴史』に取り組んでいる。さらに，ヘーゲルはゲーテを——つねに賛意を表しながら——引き合いに出しており，建築は「凍てついた音楽」である，という箴言の作者であるフリードリッヒ・シュレーゲルを例外的に一度引き合いに出している（V 2. 220-226, W X/2, 303-331）。

（3）「ロマン主義的」建築術の範型としてヘーゲルが扱うのは，彼の時代に（今日的な意味での）「ロマン主義」によって発見される「ゴシック的」建築術である。「前ゴシック的」建築術，したがってロマネスク様式の建築術に関して，ヘーゲルは，それは「円と曲線を重要視する」と述べるにとどまり，のちの諸形式——ルネサンス，バロック——をそれぞれの独自性において真に受けとめるまでには至っていない。その代わりに，ヘーゲルは造園術に関する註解をほんの少しだけ付け加えている。——ヘーゲルがゴシック建築の「主な特質」と見なしているのは，人間に役立つという目的からそれが独立していることである。つまり，「ゴシックの教会はそれだけで存在する作品であり，人間たちはそのうちでは点のように消失する」。「あわただしく動きまわる人間たちはこの圧倒的なもののうちに消え失せてしまう。」古典時代の寺院がもつ合目的性は，「ゴシック的なものには些末なこと」だと言うのである。ヘーゲルにとって，このことはゴシックの丸天井の「自然の形式」においても明白なことである。この「自然の形式」は，ヘーゲルに——ロマン派の同時代人と同じように——次のことを想起させる。つまり，「森林のごとき丸天井，身もおののくばかりの，省察へと人をいざなうものである。この特質をもつのは，尖頭アーチであり，円柱どうしの交叉である。木の枝が密集し丸天井形になって広がるさまが，まさにその流儀である」。——言うまでもなく，ここで丸天井形というのは，「内面性にとって明確に存在する」それのことであり，高揚へと促すもののことである（V 2. 226-228, W X/2. 332-352）。

9.7.5.2. 彫刻

（1）ヘーゲルは，すべての時代の建築の特性を，精神的な形態を包み込むことのうちに，つまり，外面性と自由な精神性との緊張関係のうちに見ている。これに対して，彫刻ではこの緊張関係が廃棄されている。彫刻は「精神的な個体性を対象とし，直接的な物質性において精神を現象させる。[…] したがって，ここでは精神があるがままに描出される，と言うことができる」。それどころか，彫刻はさらに，「精神が質料におのれを刻み込むさまを，すなわち精神が質料のうちにおのれを現在的に示しうるさまを，まさしく驚きをもって描出する」。ヘーゲルは，精神と質料とのこの統一のことを，スピノザ的な言いまわし（『エチカ』第 2 部，定理 7）でも表現している。つまり，この統一は「延長する物の秩序（ordo rerum extensarum）と観念的な物の秩序（ordo rerum idearum）との統一であり，彫刻の中の精神的な内面がその身体的な定在において表現される限りで，魂と肉体との最初の美しい統合である」（W X/2. 365），と。それでも，この統一は依然として問題をはらんでいる。絵画が平面に拘束されているのに比べて，ヘーゲルは，自然性の優位を彫刻に認める。——とはいえ，この自然性は「外的な質料性の自然性であって，精神としての精神の自然ではない」，と述べている。

（2）ヘーゲルは，彫刻を「古典的芸術形式」に根ざしたものと考えている。古典的芸術形式は，端的に理想的な，比類のない作品群を創造してきた。——そして，また個々の作品に詳しくふれるさいにも，ヘーゲルはしばしばヴィンケルマンの判断に定位するのだが，しかし，ここでは，古典的な顔

の造作の独特の影響を分析するために，骨相学や，『現象学』では批判したフランツ・ヨーゼフ・ガルにさえ助けを求めている。こうした方向づけが優勢であるために，ヘーゲルはここ彫刻の場面ですでに，彫刻の内的な歴史をたどるのを断念する。1823年の講義では，ヘーゲルは象徴的な彫刻についてほんのわずか言及しているだけで，のちの「ロマン主義」彫刻には言及していない。〔友人の会版著作集〕刊行版では，ヘーゲルは章の最後で，手短にローマの彫刻とキリスト教の彫刻も取り上げている。「ロマン主義芸術」において彫刻はたしかに「しばしばすぐれた名人の域にもたらされるが，いずれにせよ，それは，ギリシアの彫刻のように，真にふさわしい神像を立てる芸術ではない」。――なぜなら，「宗教的な直観と表象が頂点に達するのはキリスト教的な感覚においてであるが，その感覚の方向性のことごとくが［…］，彫刻にもっとも近しい，最高の規定である理想性という古典的形式に向けられているわけではない」からである。彫刻は，むしろ「〔宗教的な〕建築の装飾」にとどまるが，他方で「日常生活」のなかにも入り込んでくるというのである。――そして，ヘーゲルはこの周囲から多くの事例を引き合いに出すすべを得ており，自分のニュルンベルク期からも，ベルリンの同時代人シャドー，ラウヒ，ティークらの彫刻からも多くを引いている。――このように直接作品を観たからといって，ヘーゲルの判断が変わることはなかったように思われる（V 2. 229-247, W X/2. 353-465）。

9.7.5.3. 絵画

(1) 彫刻の「客観的実体性」に比べ，ヘーゲルは絵画に「対自的に存在する主観性」をおもな規定として認めているが，しかしこの「対自的に存在する主観性」は，特殊なものを自由に解き放つとともに偶然的なものを引き受けさえもする，とされる。絵画は，平面や，要素とする「光」や「色彩」と結びつくことで，「質料という客観的な規定」からみずからを解き放つというのである。これによって，絵画の主題の範囲は「無限に拡張され」，もはや規定できなくなる，というわけである。ここではどんな特殊なものでも「場所を見出す」ことができる。そして，絵画は人間的な形態を描くという方向性から解放されているにもかかわらず，ヘーゲルは絵画の方が「はるかに擬人観的」だと見なしている。――つまり，絵画が人間の生の全領域を主題化しているという点において，しかも精神的な内面性というパースペクティヴからそう呼んでいるのである（V 2. 248f.）。ここで際立ってくる「主観性の原理」は，「一方では外的なものから内面性を取り出すために，精神がその身体性と無邪気に結合している状態を放棄して，身体的なものを多かれ少なかれ否定的に措定すること」を要求し，「他方では，精神的なものならびに感覚的なものの，分裂し運動する多様な個々の相に対して，自由な活動の余地を調達すること」を要求するとされる。絵画の「基本型」は「精神的なものと身体的なものとの端的に実現された一体化［…］」ではなく，「むしろ逆に，みずからのうちに集中した内面が輝き出ること」であり，みずからの内なる無限な主観性が輝き出ることである（W X/3. 6f.）。

(2) それゆえ，歴史的に最初の絵画の主題領域は，宗教的な領域である。――つまり，愛の中の，それも無欲な聖母の愛に包まれた人間的なものを描くことであり，もちろんそれと同様に苦悩の中にある人間的なもの，すなわち古代彫刻の客観性にみられたものとは別の性格をもった苦悩の中にある人間的なものを描くことである。「ロマン主義的な苦悩には，つねにみずからの内への還帰があり，心からの幸せがある。」とはいえ，こうした描出は宗教的な領域に制限されてはいない。その領域のさまざまなモチーフが人間的なもの一般の領域から取られているのだからなおさらである。それゆえ，ヘーゲルは次のように書き留める。すなわち，教会が欲する絵画は「崇拝されるべきものであるが，しかし，芸術がより高みに登れば登るほど，このような絵の主題はますます現在のなかへとそびえ立たせられることになる。絵画は主題を現世的で，現在的なものにし，主題に対して世俗的な定在の完全性を与えるのである」〔(V 2. 254)〕。魂の親密さは，別の主題にも，たとえば風景にも，また日常の諸主題にも広がるものである。しかし，その場合，芸術は自然を超え出ていく。「このような知覚されたものの厳密な模倣ではなく，むしろ個体化に際してこそ，芸術は直接的な現在より高いところに位置するのでなければな

らない。」〔(V 2. 257)〕

(3) ヘーゲルは絵画にみられる特殊なものを，絵画が平面と色彩に結びついていることから理解しようとする。ヘーゲルは絵画の構図が根源的には彫刻に定位していると考えている。ところが，平面によって，絵画はその対象を彫刻よりも自由に配列できるようになる，というのである。——そればかりか，ここからさらに，ヘーゲルは絵画の内在的な展開を，彫刻からの分離が進展していくことだと理解する。しかし，絵画の特質にとって決定的なのは色彩であり，また色彩とともに，明暗の対立が，とくに人間の肉体の彩色が決定的だというのである。——1823年の講義の筆記録によれば，ヘーゲルはこれらの規定を，ほとんど個別の絵に関連づけることなく論じている。それに対して，『友人の会版著作集』によれば，ヘーゲルはみずからの構想を逐一個々の作品に即して説明している。——おそらくこの違いは，ヘーゲルが——いつもより長い——冬学期に初めて受け持った後年の講義で，それまでよりももっと詳しく論じたことに起因するのであろう（V 2. 248-262, W X/3. 9-124）。

9.7.5.4. 音楽

(1) 絵画に続く「第二のロマン主義芸術」は音楽である。——それと同時に，ヘーゲルにとって，音楽はすぐれた意味での「ロマン主義芸術」である。なぜなら，音楽は「主観的なものそのものを，内容とも形式ともする」（W X/3. 127）からである。音楽はまったく主観的である。音楽の内面性は，「究極的で」，「もっとも抽象的な内面性であり，まったく客観を欠いた客観性，すなわちまったく主観的な客観性である」（V 2. 262f.）。——これは，けっして奇異な解釈ではなく，音楽に関する特殊な構造をもっぱら記述しただけである。彫刻や絵画ばかりか，厳密な意味では，文学作品とも違い，音楽作品は「客観性」を，つまり存立を，それだけでもつことができない。すなわち音楽作品は主観に感受されることによってのみ存在するのである。

それだけで成り立つ外面性に対する音楽の関連をこのように解消したり，音楽の「客観性」をもっぱら「主観性」や「内面性」で規定したりすれば，音楽の内実の〈主観化〉を助成するようにみえるかもしれない。それも，まさしくそれゆえにまたたんに「主観性」にとってのみ音楽が「感覚」という意味で現前するかのように。ヘーゲルは，音楽のこうした次元を問題にしようなどとは考えない。音楽は，心情に働きかけ，興奮させ，高揚させるのであり，こうした働きが，効果をあげるために——たとえば，軍楽の場合のように——意識的に投入されることもあるというのである。しかし，ヘーゲルはむしろ，心情への働きというこうした側面を過大評価しないよう注意を喚起する。今日ではもはやトランペットがイェリコの壁を崩落させることはない——それには別の手段が必要である——し，オルフェウスによるように，もはや音楽によって掟が与えられることもない。とはいえ，このように音楽のもつ効果を皮肉な調子で疑ってかかったとしても，音楽にとって「主観性」のもつ意義が否定されるわけではない。なぜなら，ヘーゲルがここでそれほどまでに強く際立たせている「内面性」は，たんに感情や感覚にだけ限定されるわけではないからである。感情的な側面と並んで合理的な側面が現れる。すなわち，音楽では，「もっとも厳密な悟性と同時にもっとも深い内面性と魂」が支配しており，「こうして音楽は，互いに独立しがちな二つの極を，みずからのうちで統一しており」，——そして両者が一緒になってはじめて，音楽の性格は包括的に表されるのである（W X/3. 133）。

(2) ヘーゲルは，1823年の講義の中で，上述のような「外的なものと内的なものという要素の一般的な規定」と関連して，音を，内的な器官がみずからを聴取する働きとして，つまり，音の外面性の否定として論じている。そこでは，人間の声や他の楽器などによるさまざまな音の出し方が，さらには音楽にとっての時間——つまり拍子——の意義，さらにはハーモニーとメロディーが取り上げられている。「ハーモニーとメロディーの統一のうちには，ハーモニーのもつもっとも深い諸対立を呼び起こし，これら対立から還帰する深遠な作曲の秘密がある。——われわれにとってここに描出されるのは，いわば，自由と必然の闘争である」。しかしながら，この資料は，『友人の会版著作集』の当該の章と比べれば，不十分に思われる。——しかも，それは，たんに量的なことではない。1823年の講義では，音

楽に関する章では作品についてのヘーゲルの知識はまったく示されていないし，音楽のジャンルに関しても同じ様に沈黙を守っているばかりか，ひどくお粗末な判断で締めくくっている。「建築が神を必要とするように，音楽の主観性は，規定された内容として音楽の内に存在していないひとつのテクストや諸々の思想や表象を必要とする。」言葉の芸術の精神的な内実によってはじめて，音楽に「充実」が与えられる，というのである。「非自立的な音楽は付随的なもの（伴奏）にすぎない。音楽は自立的になればなるほど，ますます悟性のものとなり，識者にとってのみ存在し芸術の目的にそぐわなくなるような，たんなる人為物である。」(V 2. 270)

(3) このような誤った判断は，ヘーゲルの陳述に起因するものであって，たんにその筆記者にのみ起因するものではない。これに似た判断は1821年と1826年の講義にも見られる。1826年の講義からは，器楽に関して次のような文章が残されている。「これについて私は多くを語ることはできない。音楽がかくも自立的かつ元素的に構成されるのを，私は不幸なことだと見なさざるをえない。肝心なのは，歌うようなものであること，旋律的なものであることである。［…］音楽がこのようにして，完全性と自立性を獲得したときに，理論的な識者のみが十分な満足を見出すのである。」(Olivier. 39) それでも，『友人の会版著作集』は，不足部分と誤った判断を十分補っている。最後の美学講義 (1828/1829年) に基づけば，おそらく『友人の会版著作集』の広範な経験的な背景が明らかになるであろう。——当時の「現代」歌劇と交響曲から遡って，バッハやイタリアの古典宗教音楽に至るまで（そのさい，ティボーの名前が付け加えられるべきである (本書69頁参照))のそれのことであるが。この版は，とりわけ，言葉に対する音楽の依存性に関する誤った判断を修正している。また，「付随的な（伴奏）」音楽と「自立的な」音楽とを（すでに1826年の講義でなされたように）区別しているだけでなく，次のような印象を与えるものとなっている。つまり，ヘーゲルの新たな洞察からみれば，後者の自立的な音楽のうちで，言いかえれば，言葉から離れることで，音楽はまったくそれ自身に至った，という印象を与えるのである。

これに対しては，たしかになお次のような刺激的な主張が対立する。「すべての芸術の中で音楽が，あらゆる現実のテクストからだけでなく，何らかの特定の内容の表現からも自由になる最大の可能性を内に含んでいる。それも音という純粋に音楽的な領域の内部に属している諸編成や，諸々の変化や対立，そして諸々の媒介といった自己完結した経過の，ただその中だけで充足するためにである。」「しかしそのさい，音楽は空虚で無意味なものにとどまるのであって，音楽にはあらゆる芸術の主要な一側面である，精神的な内容と表現が欠けているがゆえに，本来的な意味での芸術に数え入れることができない。」このことは，初期の三つの講義の意味でなら理解されうるであろう。——しかし，文章はさらに続いている。「さまざまな音色とその多様な装飾という感覚的なエレメントの中で，精神的なものが適切な仕方で表現されていてはじめて，音楽も真実の芸術へと高められる。そのさい，この内容がそれだけで自らの細部にわたる特徴を，言葉によってはっきりと保持しているか否かはどうでもいいことであり，その内容がさまざまな音色とそれらが織りなすハーモニーの関係やメロディーの躍動感から不確かに感じられなければならないか否かも，どうでもいいことである。」(W X/3. 142f.) したがって，音楽を「真実の芸術」へと高める精神的な内実は，語りへと遡ることに拘束されないし，——また別の箇所ではっきりとしてくるように，これはたんに一つの可能性を示しているというのではなく，音楽の本来的な規定が，このように言葉から離れ「解放されること」のうちにあるということなのである。「しかし，音楽は純粋に音楽的であろうとするならば，音楽に固有ではないこの〔言葉という〕要素を我が身から遠ざけ，こうしてはじめて完全に自由になって，言葉の規定性と一貫して関係を絶たなければならない。」(W X/3. 211)

(4) ヘーゲルは，この「解放」をすでに声楽のところで始めさせているが，それは，声楽が言葉への拘束から解き放たれて，声によって生み出されたむき出しの音のうちで最高潮に達する時のことである (本書88頁以下参照)。自律的な器楽であれば，「精神」を言葉から借りる必要はもはやまったくない。器楽では形式それ自身が精神になる。ところが，器

楽が「自律的な」音楽へと——したがって「絶対的な音楽」へと——成長するこの過程を，ヘーゲルが音楽のそのもっとも内的な規定への解放として叙述しているまさにそれゆえに，依然として謎のままになっていることがある。それは，たしかにヘーゲルはモーツァルトの交響曲に言及しているが，ベートーヴェンをこの展開の重要証人として——少なくとも現在わかっている限りでは——どこにも引き合いに出していないということである。ベートーヴェンに関してヘーゲルが「意味深長な沈黙」を守り，ヘーゲルがE.T.Aホフマンのベートーヴェン解釈に対して緊張関係にあったことを論じたカール・ダールハウスの論考（1983年）もあるが，それでも依然として謎のままなのである（V 2. 262-270, W X/3. 125-219）。

9.7.5.5. 詩文芸

(1)「言葉の芸術」である詩文芸は，さまざまな観点で，諸芸術の体系のうちに，ある特別な位置を占めている。すなわち，詩文芸は——他のすべての芸術とは違って——，芸術の三つの時代区分の一つにだけ重点的に組み込まれることのできない芸術である。詩文芸はあらゆる時代に存在しているし，ほぼすべての文化の中に同じように存在してきた。そしてなんといっても，音楽のように外的な客観性から解放され「内面性」へと向けられた芸術であっても，なお直接的な感性という媒体に従属しているが，詩文芸はその媒体からも完全に解き放たれた唯一の芸術なのである。詩文芸は「音」を「たんなる手段」に格下げする。すなわち，表象の外面的な記号である語に格下げするが，それゆえ語は——翻訳に際しては——原義を失わずに他の記号で置き換えることもできる。詩文芸の制約の徴として捉えられていたこと——詩文芸がある言語に組み込まれていて他の言語に翻訳される必然性があること——を，ヘーゲルは反対に詩文芸の精神性を示す徴として評価する。つまり，精神は感性的な材料から退いて，「それ自身に固有な基盤のうえで，みずからにとって対象的になる」（V 2. 271），と。

このように，より粗野な素材から解放されるだけでなく，感性的な媒体一般からも解放されることで，詩文芸には芸術の位階の中で最高位が与えられる。しかし，それにもかかわらず，詩文芸もまた——芸術として——なお感性に関係づけられたままである。つまり，ヘーゲルはここで「感性」の代わりに概念を持ち出すが，それは表象の概念であって，「表象」もまた，つねに感性に固定されたままなのである。表象は「直観と思想の媒語」を保持する（V 2. 275）からである。重要なのは，このような理由から，ヘーゲルが諸芸術の中のこの最高の芸術に，芸術に続く「絶対的精神」の形態——つまり宗教——と同じ主観的精神の概念を割り当てていることである。芸術と宗教の両者は，たしかに直観に結びつけられたままである。——しかし，直観といっても，もはや直接的に遂行される直観ではなく，精神的なものへと止揚された直観のことである。感性的に描出されたものからこのように解放されることで，詩文芸は普遍芸術にもなる。つまり，詩文芸は表象という媒体のうちで運動するので，精神のあらゆる富をほぼ手中にしているのである。詩文芸に閉ざされているのは，感性的なものからまったく解放されていて，それゆえに詩的に描出することのできない純粋な思想だけである。それとは逆に，空間と時間のうちで思考されうるものすべては，表象にとっても存在するのである。

(2) 表象の概念がこのように広い範囲にわたるものであるからこそ，一体，いつどのようにそのような表象が詩文芸の素材になるのかが具体的に述べられなくてはならない。それゆえ，ヘーゲルは散文的なもの一般に対して詩文芸を区別し，とくにまた修辞学と歴史記述に対して詩文芸を区別するわけである。また，ヘーゲルは三つの肯定的で，むろん相応に普遍的な基準を挙げている。それは，詩的な芸術作品は一つの「有機的な全体」でなければならない〔(V 2. 272-3)〕，その作品はある個別的な目的をもっていなければならない〔(V 2. 273)〕，部分は「有機的なものの部分として現象し」なければならない〔(V 2. 274)〕，というものである。それゆえさらに，自然哲学に定位したこれらの基準以上に特殊なのが，精神的な産出という契機である。つまり，なるほど，芸術は「出来事の色とりどりの内容」を前もって与えられることができるし，それを表象の中に受け取ることができる——だがしかし，その内容を「そこから創造し，表象として描出しなくてはならないし，

さらに目的がこの描出から生じるよう，連関をつくりださなければならない」(V 2. 273)。そのさい，歴史の叙述とは違い，詩文芸は外的な出来事への拘束から完全に解放される権利をもっている。また，「目的」がそうした出来事のうちに認識できるような場合であっても，目的は芸術家の意志から新たに生じてくるのでなければならないし，彼の意志によって目的はその内的な統一と形態とを保持しなければならないはずなのである。さらに，詩文芸によって構想される，それゆえ意図的な統一は，「意図的でないものとして現れる」のでなければならない。——その点では，一つの全体を明確な意図と外的な合目的性とに基づいて描き出す修辞学とは異なっている。詩的なもののさらなる基準には，特殊な「表現」——つまり，「本来的でない〔比喩的・転義的な〕」語り方を用いること，イメージや隠喩に関連づけること，そしてなによりもまず，リズムや韻によって作詩すること，この三つがある〔(V 2. 278ff.)〕。——リズムと韻という二つの形式のさまざまな言語での用い方をヘーゲルは詳細に論じている。

これらの一般的な叙述は，1823年講義の筆記録ではきわめて切りつめられた形で収められている。それらはどちらかといえば導入的な特徴を備えている。『著作集』ではそれが大幅に敷衍されている——それどころか『著作集』の中の詩文芸に関する叙述の総量は，筆記録の分量のおよそ9倍にもなっている。これらの一般的な説明が，『著作集』では，詩文芸の叙述の二つの最初の主要部分を占めているが，それに対して，筆記録の主要部分の主題——つまり詩のジャンルの論じ方——は，『著作集』では，たんに第3の部分へと格下げされ，再び数多くの個別的な例を挙げてより詳細で広範な議論とともに扱われている。

（3）ヘーゲルは，叙事的，叙情的，演劇的な詩文芸という三ジャンルをそれぞれの内容の概念から導き出す。素材が「外的に繰り広げられた世界であり，〔…〕そこで事柄が自由にそれだけで進行し，客観性の形をとって展開されていて，詩人が背景に退いているのであれば」，それは叙事詩に形態化される。それに対して，素材が「内容をそれ自身のうちにもち，その内容を表現する主体の主観的な気分や主体の充実」である場合には，その形態は叙情的である。ヘーゲルは，演劇的な詩文芸を最初の二つの形式の「合一」として理解する。もちろん，最初の二つの形式はそれだけでも演劇に数え入れることも可能であるが，しかしヘーゲルは演劇というジャンルの積極的な規定を，ギリシア語の語義に照らしてことさらに強調する。「最後に，演劇の内容は，客観的な内容，すなわち，精神的で具体的な客観性であり，行為である」(V 2. 282-284)。

（4）叙事詩の内容をさらに詳細に規定するさいに，ヘーゲルはまさに今挙げた言明を次のように具体的に展開している。叙事詩は，外的に繰り広げられた世界の叙述であるだけでなく，個別的な行為が生じる世界の全体である。——それゆえ，その世界は，「その行為を必然的なものとする特殊な状態のうちで捉えられなければならない」，と。したがって，叙事詩は，世界史を描出できないし，世界史の英雄として人間精神を，つまり，「人間のこと（Humanus）」を描き出すことはできない。「この素材は芸術にとってはあまりにも高尚すぎるであろう。」なぜなら，芸術は「個別的な形態を与えなければならない」からである (V 2. 287-289)。しかし，このように，叙事詩は個別的な形式での全体の描出である，と限定することも形式的すぎる。個々の行為は衝突によって引き起こされるが，叙事詩は一つの客観的な全体性を目指すものなので，個々の行為といえば，民族どうしの衝突であり，したがって，「戦争状態」であって，しかも「なじみ深い」状態でもなければ「偶然的な」状態でもなく，むしろ，「実質をもった」人倫の発展にとって本質的な衝突のことである。そこにさらなる要求が続く。つまり，「出来事の時代は，人倫的な生という人間関係が展開されてきた，そうした関係が望まれる英雄の時代でなければならない」という要求である。叙事的な詩は，「無知蒙昧から目覚め，かくしてまさしく意義として，習俗として生まれ出る民族の最初の時代に属する。その意義や習俗がやがて法になる」(V 2. 291-293)。

ヘーゲルが叙事詩のこうした概念をホメロスの叙事詩から得ているのは疑いのないことであるが，それでも，その概念には偉大なるインドの叙事詩も同じように含まれる。なるほど，叙事詩を英雄時代に

制限することで，ヘーゲルは「最初期の英雄叙事詩とやがて作られるそれとを区別」〔(Ｖ2.293)〕せざるをえなくなる。後者の場合には，「表象のあり方が内容とは別の時代に属しており」〔同上〕，しかも内容に関してはまったく真剣さが欠けている。——ウェルギリウスの『アエネイス』がそうであるし，クロプシュトックの『メシア』もそうである。「現代」は叙事詩を持つことはできない。なぜなら，人倫的な諸関係をそのように根源的に形成することなど，現代にはほど遠いことだからである。現代では，あらゆる生の諸関係が固着し，散文的になっている。こうして，ヘーゲルはたしかに詩文芸一般を特定の歴史時期に割り当てるわけではないが，しかし，詩のジャンルに関してはそうするわけである。——この割り振りがもっともはっきりしているのは叙事詩の場合であるが，『著作集』によれば，叙情詩もそうである（Ｖ2.284-297. Ｗ Ⅹ/3.326-418）。

(5) ヘーゲルは，叙事詩における「対象の客観性」に比して，叙情詩が——なるほど「内面性」ではあるが，まだ「行為」として存在していない——「主観性」を正当に取り扱うような詩文芸の形式である点を強調する。精神は「自分自身の内へと下りて行き，自身の意識を見つめ，次のような欲求に対して満足を与える。すなわち，事柄の外的な実在性のかわりに，事柄の現在と現実性を，主観的な心情や心の経験と表象の反省のうちに描き出し，したがって，内的な生そのものの内実と活動を描き出すという欲求である」。叙情詩は，「みずからを表明し，心情をそれ自身の表現において聞き取るという欲求」から生じる。ヘーゲルはここで驚くほど多く「心」について言及しているが，心とは，「沈黙したままで，また表象ももたずに心を集中した後に，自分自身を表明するためにみずからを開き，そうすることで，以前は感受されるにすぎなかったものを自己意識的な直観と表象の形式で捉えて表現する」もののことである。

ヘーゲルは，とりわけ叙事詩と対比しながら，叙情詩の次のような諸規定を展開してもいる。なるほど，ヘーゲルは叙情詩のさまざまな形式——エピグラム〔格言詩〕，ロマンツェ〔民謡調の物語詩〕，バラード〔物語詩〕，即興詩，頌歌，民謡——や，叙情詩に適した「非常に多様な」韻律について論評している。しかし他方で，ヘーゲルはこれらを，叙情詩の主観的な起源からの帰結と見なしている。「内的な主観性が叙情詩の本来の源泉」なのであるから，内的主観性はたしかに，偉大な叙事詩のように，「詩的な聖書」としてふさわしくはないかもしれないが，他方で，主観性はある民族の「英雄のいた」原初の時代のものであるばかりではなくて，その民族の発展段階すべてに属しているというのである。このように個別的な主体へと再帰的に関わるからこそ，「時代の特殊性と国民性，ならびに主観的な天才の個別性が，芸術作品の内容と形式を規定するもの」となった，というわけである。ここからヘーゲルは，歴史的な諸形式——「東洋的」叙情詩，古典的叙情詩，「ロマン主義的叙情詩」——への区分だけでなく，「ロマン主義」時代において叙情詩が優勢であることも概念的に理解する。「これら諸国民の生全体が主観性の原理から展開される」とき，叙情詩は「圧倒的な重要性」を獲得する。「詩文芸と芸術一般の最高の段階」を築き上げるのが，叙情詩ではなく演劇であるとしてもである（Ｗ Ⅹ/3.419-478）。

(6) ヘーゲルが，この最高位を「演劇的詩文芸」に認めるのは，演劇的詩文芸が，「自己完結した行為を直接的な現在において表象することによって，叙事詩の客観性を叙情詩の主観的な原理と結合している」からである。演劇は——叙事詩と同じように——なんらかの客観的なものの描出であるが，それでも，この客観的なものは，演劇においては，それ自身が行為〔筋〕となってあらわれた主観性である。つまり演劇は「現前する人間の行為および関係の，表象する意識に対する描出である」。したがって，ここでは，主観性はたんなる「内面性」という側面から主題化されるのではなく，行為するものとして，それも「衝突しあう状況」のうちで行為するものとして主題化される。「真に演劇的なものとは結局のところ，諸個人がそれぞれに利害関係を争い，それぞれの性格と情熱の葛藤にさいなまれながら，みずからを表明することなのである。」相互にぶつかりあう諸性格や諸目的のこの衝突によって，同時に「筋の統一」がもたらされる。——そしてこの筋の統一だけを，ヘーゲルは演劇にとって本質的なものとして認めており，同じように伝統的に挙げられ

るような，所と時の一致を本質的なものとは認めていない。行為を行為として描くというこの核心から，演劇は有機的に組織立てられるのである。演劇は，叙事詩の回りくどさも「みずからの心の吐露」も回避して，すべてを一つの内実に，つまり筋に従属させなければならない。しかし，「筋」はけっして抽象的ななにかではない。むしろ，その「材料」は「生き人間，感覚，表象，思想を外化するだけではなく，具体的な行為の中に巻き込まれながら，みずからの全体的な現存在に従って，他者の表象や意図や行為や態度に働きかける人間であり，しかも似たような反作用を経験したり，それに対抗して自己主張したりする人間なのである」。

とはいえ，演劇的なものは，それがそもそもたんに些細な利害関係や悪意をもった個別者どうしが「衝突すること」として捉えられるとすれば，過小に規定されていることになるであろう。演劇の主題は，それぞれのうちで正当化された人倫的な諸力の衝突である。——それゆえ，ヘーゲルは，すでに叙事詩の場合がそうであったように，歴史とは無関係な，ないしは，傾向としてむしろ「近代的な」叙情詩に比べて，演劇もまた最終的には「英雄のいる世界状態」のうちに根づかせる。このような歴史の関係は，喜劇にも当てはまる。なるほどヘーゲルによれば喜劇では「主観性」が優位に立ってはいるものの——しかし，叙情詩と同じように「近代的な」主観性が優位を占めているわけではないからである。というのも，喜劇の範もまた，アリストファネスがもたらしたものだからである。ヘーゲルはそれをあからさまな次のような表現で捉えている。「アリストファネスを読んだことがなければ，人間がどれほど愉快な気分になれるものかを知ることはできない」(V 2. 310)。いずれにせよ，悲劇は，「永遠に実体的なもの」を，「実体的な利害関係」の衝突を対象にするわけだが，このような「実体的な」衝突として，ヘーゲルは，行為する人物たちの側に，罪と同時に無垢を要求する。「古代の登場人物の場合には，罪を負っているということは，役柄として名誉なことである。［…］そのような英雄に対しては，彼は無垢のままに生きたと言うことほど悪しざまな陰口はありえないであろう。」(V 2. 305)「真に悲劇的な受苦」は，正当でありながら衝突によって罪深いものとなる行為からのみ成り立つのである。

とはいえ，悲劇の目標は，そのような受苦を描くことではないし，かといって——この場合はアリストテレスに反することになるが——恐怖と同情を呼び起こすことでも「浄化」でもなく，むしろ，「永遠の正義」を目の当たりにすることによる「和解」である。ヘーゲルが，このような悲劇的な和解から区別するのが，「出来事の領野での叙事詩的な正義，つまり，たんなる調停という意味での一般的な和解である。これに対して，より高次の悲劇的和合は，特定の人倫的な実体性どうしが互いに対立しあうことから真実の調和が生じることと関係している」。このような精神の調和と充足は，人倫的なものの一面的な要求を止揚することによって生み出される。——そして，ヘーゲルはその成果を，とりわけソフォクレスの『アンティゴネー』のうちに見出し，それゆえ，『アンティゴネー』を「もっとも完成された芸術作品」であると宣言する。ヘーゲルはさらに，和解のこの形式と，たとえば『コロノスのオイディプス』にみられるような「内的な和合」とを区別している。とはいえ，和解という語を選んではいるものの，他のさまざまな解釈とは反対に，ヘーゲルはここでも「キリスト教的な基調」に対して距離を見ている。というのも，この場合，問題となっているのは，ヘーゲルによれば，「永遠なる救いの泉の中」でキリスト教的に沐浴することでもなければ，「心そのものを［…］心のうちの墓とする」「魂の変容」でもなく，むしろ，「この人倫的な内実そのものの統一と調和」だからである。

このように古代の悲劇を高く評価するからといって，シェークスピアからゲーテにいたるまでの「現代の悲劇」に対する肯定的な関係を展開することが，ヘーゲルにとって容易になるわけではない。たしかに，現代の悲劇は，「主観性の原理」によって，言いかえれば，「役柄のもつ主観的な内面性」によって規定されており，その限りで，一見すると古代の「人倫的な諸力」に対立する原理によって規定されているように見える。ヘーゲルは，主観性それ自体をいわば実体的な力だと言明し，さらに主観性が他者に対して主張する充足への「権利」の返還を主観性に対して請求することによって，その「矛盾」を解消しようとしている。しかし，そうすることで，

主観性は，一方で――故意か否かにかかわらず――『マクベス』のように「不正と犯罪」を犯してしまう。また一方で，主観性は，『ロミオとジュリエット』のように，「地上のもののもつはかなさ」と「有限性のもつ運命」に屈服させられて，こうして偶然的な状況の連鎖が不幸な結末を引き起こすことになる。この結末自体は，本来は悲劇的と名づけられうるものではないし，それゆえまた，「たんなる苦悩にみちた和解を，幸福とはいいがたい不幸中の幸い」をもたらすものである。それでも，近代の悲劇がその「主観性の原理」のゆえに悲劇の最高点にもはや達することができない限りでは，近代悲劇の傾向は，喜劇のそれと――つまり，「芸術一般の解消へと」向かう傾向と――一つになる（W X/3. 479-581, V 2. 298-312）。

9.7.6. 芸術の終焉

⑴　ヘーゲルは「芸術一般の解消」について語っているわけだが，だからといって，この出来事に関して彼にとってとくに「近代的」な，しかも，詩文芸の領域に限定された傾向が問題であるのかどうかはさしあたって判然としない。とはいえ，この発言は，ヘーゲルの「芸術の終焉」というテーゼの一面をなすにすぎない。しかもこのテーゼは，挑発的であるがゆえに多くの議論を呼んではいるものの，あまりに明白なテーゼであるにもかかわらず，フェリックス・メンデルスゾーン＝バルトルディス（HBZ 430, 432）の無理解な意見以来，繰り返し誤解されてきたものである。この哲学者が講義で芸術の終焉を告げたのちにオペラや劇場へと足早に向かったことは，当時からすでに嘲笑の種になっていた（本書86頁以下参照）。しかし，この思想は精神哲学の枠組み内の美学というヘーゲルの構想から不可避的に帰結するものなのである。

　この思想は，ヘーゲルのイェーナ期の講義『自然法について』にまで遡ることができる（本書214頁以下参照）。ヘーゲルは芸術の終焉を，この初期の形式においては，もちろん精神と自然との根源的統一の破壊を伴った神話的な構成によって基礎づけている。――しかし，ヘーゲルはこの構成をイェーナ期の半ばには捨て去ってしまう。『美学講義』の体系的枠組みは変更されるのだが，そうなると，芸術の終焉の基礎づけにさいして，ある重点の移動が必要になる。芸術の形式が歴史的な柔軟性をもつことが新たに洞察されるようになったことで，芸術の終焉というテーゼは，不変なものに――あらゆる芸術に固有で芸術が芸術としては超えることのできないものに――基づかざるをえなくなる。

　ヘーゲルはそうしたさまざまな根拠を，すでに『体系構想Ⅲ』にある1805/06年の「精神哲学」の中で意のままに用いている。そこでは，そうした根拠は，制作する自己の個別性と享受の自己喪失のうちに，また芸術作品の個別性のうちにも置かれている。のちの「絶対的精神の哲学」は，この根拠づけを踏襲している。『エンツュクロペディー』の中で芸術の論述に割り当てられた最初の段落においてすでにして，芸術の構造的な固有性がその最高の課題に適合していないことが主題的に論じられている。ヘーゲルはここで「外的で一般的な定在からなる作品と，それを制作する主観と，直観し崇拝する主観との分裂」について語っている。「他方で，この知の形態である芸術は，即自的に絶対的な精神を，理想的なものとして具体的に直観し表象することである。」（第３版§556）「分裂」という語が示唆しているように，ある欠陥がそこに見られるはずだとすれば，それは，近代芸術の反省的性格が指摘されることによってはとうてい取り除かれることはできない。ヘーゲルの批判に基づくなら，このような反省的性格は，せいぜい構造的に制約された，それゆえに変更不可能な欠陥分の代用品として捉えられなくてはならなくなろう。制作するものと制作されたものとがばらばらになることも回避することはできない。では，一体なぜ芸術の欠陥の表現もしくは根拠がこの三項区分のうちに存在するのであろうか。もちろんそれはそれなりに根拠づけられなければならないし，その理由は，中立的なものでもなければましてや好みなどではありえない。ヘーゲルはその欠陥のありようを，三つの異なる要素に分裂することによって芸術の直接性とそれに伴う任意性とが登場する点に見ている。直接性というのは，内容，素材および制作するものの直接性のことである。――すなわち，制作者のもつ天賦の才能と同時に自由な意志のことである。直接性と自然性とがこ

のように登場するという理由によって，形式と内容の一致である美における芸術の完成は歴史的な特例となる。

(2) この異議は，形式としての芸術一般に，したがって，ギリシア芸術にも向けられている。しかし，まさにそれゆえに，この異議は，それだけでは芸術の終焉を基礎づけるのに適したものではない。というのも，すべての芸術にはすでに指摘したような欠陥があるにもかかわらず，ギリシア芸術——ヘーゲルはつねにこの芸術にこだわるわけだが——はやはり，精神の最高の欲求を満たすのにふさわしい芸術だったからである。したがって，ギリシアの美しき芸術に完成された特質を認める論拠があると信じられている場合には，変更不可能な芸術の構造的な欠陥をたんに確認するだけでは，芸術の終焉のテーゼを根拠づけることはできない。

芸術の不十分さが真にはじめて明らかになるのは，構造的な欠陥を洞察することと芸術の不適合を洞察することとを結びつけることによってである。——言いかえれば，上述のような芸術のあり方と，何といっても芸術の課題であるものとを対照することによってである。芸術の課題とは，すなわち，即自的に絶対的な精神を具体的に直観することである。この第二の契機は，歴史的に変動する。それゆえ，次のような時代がありうることになる。つまり，たしかに，他のあらゆる時代と同じように，芸術の構造的な不十分さが見られる時代ではあっても，その一方で，構造的な欠陥に基づく自然性というまさしくその契機ゆえに，形式と内容の不適合が起こらず，結果として，この両者が，互いに手を結び合って，もはや凌駕することのできない最高の芸術形態が生じるような時代のことである。

このように芸術の構造的な制約と内容とが一致することはそれ自身，内容の形成が不可逆的な歴史過程の結果として生じるものである限り，精神の歴史の特殊な一段階に結びつけられている。たんに形式的ではない意味での美は，ギリシア世界においてのみ可能である。なぜなら，その世界においては，描かれた内容，つまり，精神的なもの，神的なものは，それ自身がなお自然性をまとっているからである。直接的な自然性が「理念の記号」や「美の形態」へと「変容」（第3版§556）可能なのは，ギリシア世界においてのみである。なぜならそこでは精神の対象である神的なものそれ自身がなお自然性をまとっているからである。それゆえ，なるほど，神の思想のもつ構造的な欠陥と自然性とが調和することで，神的なものを人間的な形態のうちに描き出すという完成された美の歴史的な前提が形成されることになる。しかし，それと同時にその調和は，神的なものの把握の仕方がなお不適合であることの指標である。つまり，人間の姿をしたギリシア芸術の美しい神は，芸術家によって自然的な素材から作られた神にとどまっているのである。

絶対的な芸術の真実の意味において美が完成される可能性の制約は，一つの歴史的な立場である。すなわち，神の概念がたんなる自然的なものをすでに越えていて，神が自由な精神として意識されるほどにまで展開されてはいるけれども，神の概念が自然性から完全に解放されてしまって，自然性が神の概念の端的に否定的なものとなるまでにはまだ展開されていないような立場である。この論証に基づけば，芸術の終焉にとっての美の機能も，イェーナ期になされた基礎づけに比して新たに規定されうる。古典期以後の世界の美的芸術の不可能性が，イェーナ期と同じように，ギリシア世界の直接的な調和の崩壊を理由に説明されるのであれば，その不可能性は，のちのすべての芸術がぬぐい去ることのできない欠陥であり続ける。加えてこの欠陥は，そのような美が可能であった生の諸関係を再興しようとする傾向をもっている。この危険と上の欠陥は，神の影像の美それ自体は精神の自己意識の——それゆえ神の概念の——形成過程のある不完全な歴史的な位置の所産にすぎない，という洞察を通じてはじめて取り除かれる。したがって，神的なものを「象徴的に」描き出すという長所を，シェリングは古代の人々の卓越性の理由としたわけだが，その長所はけっして範型的なものではなく，むしろ古代の人々の不完全性の表現なのである。

(3) ヘーゲルにとって，古典的な理想のうちで現実化された美は究極のものではない。この美は，歴史的に，また芸術的な描出において，それ自身のうちへと深められた主観性の精神的な美が把握されることによって排除されていく。時代に左右されない芸術の構造的な欠陥を顧慮するならば，芸術の終焉

を測る尺度は，芸術のうちに描出される内容の歴史的な展開の中に含まれている。もっともこの内容は，非歴史的な絶対的なものではなく，精神の自己意識であり，宗教的な形式でいえば，神の受肉であって，すでに『差異論文』でヘーゲルはこれを絶対的なものの自己構成と呼んでいた（GW 4.75）。たしかに，実体の主体化は――したがって，ヘーゲルが実体と主体の両者の間に作り出す緊密な連関もまた――，キリスト教以前の諸宗教においてよりもギリシアの芸術においての方がはるかに優れた仕方で成功している。しかし，特殊キリスト教的なものの予感をギリシアの芸術家に帰するのであれば，この連関の理解は教化的なものに下落してしまう。このような予想モデルは，外的な関係を想定している。それは，誰がなぜ予想するのかを説明できないが，それでも，このモデルが機知に富むだけでもなければ，またキリスト教的な終末論を連想させるだけでもないというのであれば，必要なものなのであろう。もっともこのモデルも同じように，厳密にいえば，的はずれなのだが。

それにもかかわらず，人間の姿をした神の像を制作した芸術家を，ヘーゲルがキリスト教者フェイディアス〔BC.490頃～430頃。古代ギリシアの彫刻家〕だと考えているのは正しい。しかし，その根拠はこの場合，暗い予感の中でのちの歴史的な出来事が先取りされるというところにではなく，むしろ，芸術と宗教の歴史の展開全体が他でもなくまさしく自己意識の展開を内容としているというところにある。しかもその自己意識の展開は，宗教において神の受肉の思想という形式で表象されるのであり，――しかもそれはキリスト教をも越えていくものである。もちろん，神の受肉はギリシアの芸術ではまだ成功していないし，芸術においてはそもそも成功することもありえない。それには本質的に二つの理由が挙げられるが，両者の関係はキリスト教における神の受肉を理解するうえでも決定的なものである。神の受肉がまだ成功していないのは，神がまだ「現実的に他なるもの」となっていないからである（Theunissen 1970年，192頁以下）。しかし，神はここではまだあまりにも他なるものでありすぎるのであって，まだ現実的に他なるものではないからこそ，神の受肉は成功していない，と述べることも同様に正しい。神の受肉が彫像では失敗するのは，彫像が芸術家によって制作されたものであり，それと同時に直接的なものにして自然的なものであり，その限りで現実的に他なるものではないからである。他性の思想は，人格性への要求が三位一体論にもたらしたのと似たような先鋭化を受肉の思想にもたらしたが，けれども他性は自己目的ではない。受肉した神は，個別的な自己意識とは現実的に別なものでなければならない。なぜなら，神はそのような他なるものとしてのみ，自己意識と同じように同一のものであることができるからである。ギリシアの神が他なるものでないのは，その神が自己意識ではないからである。言いかえれば，自己意識的な精神性ではないからである。このようなヘーゲルの輝かしく成功した弁証法に基づいてはじめて，ギリシアの芸術における和解の不成立という事態を，同時にキリスト教的なものの理解がずらされることがないような仕方で批判することができるのである。

ギリシアの神々が人間に似ているからといって，ギリシアの神々は人間精神の鏡像であるといって批判してはならない。むしろ，神がまだ自己意識として表象されないために，この鏡は人間精神の像を歪めて再現する他ないのだ，と批判しなくてはならない。それゆえ，シラーが『ギリシアの神々』という詩で描いた像に対してヘーゲルの申し立てた異議は，そこに描かれたギリシアの神々があまりに人間的であって，ひとはこの神々の中に，《他のものにおいて自己のもとにあること》の代わりに，ただ，キルケゴール的に，美的自己享受という独我論的な自由をもつばかりだ，というのでもない。ヘーゲルにとってギリシアの神々の欠陥はむしろ，まだ十分に人間的ではない，つまり，まだ自己意識ではない，ということである。ギリシア世界の悲嘆願望もそこに由来する。それは，神的なもののうちでたんにナルシス的に自己に出会うことについての神秘的な知に由来するのではなく，自己に出会うことがいまだ起こりえない，という洞察に由来する。それゆえ，ヘーゲルにとっては，ホメロス的な神々のうちで人間が《自己のもとにあること》についてたんにアイロニカルに語ること以外何も残っていない。この《自己のもとにあること》は，故郷にあることという特質の根本をなしているのであって，ギリシア世界は

その特質を，東洋から現れてそれ自身の内へと向かう精神のためにもつわけである。この《自己のもとにあること》に対してなんらかの異議を申し立てることができるとすれば，それによって可能になる投影に，なんらかの原理的に不当なものが含まれているような場合に限られるであろう。

なるほど，投影は，それがこの場合，投影されるものの側の取り戻しを現実的に許容しないような仕方で生じる限りでは，批判されなければならない。というのも，人間の精神的な実体を投影すれば，同一性が失われてしまうからである。神的なものは，神性が抽象態になってしまうような任意に多様で個別的な形態で現れる。しかし，その抽象態はやっと人間の精神的な実体の投影でしかないといって，その抽象態に――あたかも他に実体があるかのように――異議を申し立てることはできない。そうなると，まさしく神的なものと人間的なものという，二つの精神的な実体をもつことになるだろう。〔しかし，〕このようなものは思想ではないということを，ヘーゲル哲学は初めから証明しようとしているのである。ヘーゲル哲学がただ一つのことだけを明示したのであったとすれば，それは，神的な精神は，その真理において，その「実体」において捉えられる限りでの人間精神に他ならない，ということである。初期の著作以来，ヘーゲルはこの一点を絶えず銘記しようとしている。『体系構想Ⅲ』の，はじめて思いつき的に表現された宗教の章に，次のように言われている。「神的な自然本性は，人間的な自然本性と別のものではない」――それも，人間的な自然本性が真実に，その実体において捉えられる限りで（GW 8. 280）。さらに，それは，宗教哲学講義のための後の草稿でも変わっていない。「神的な自然本性と人間的な自然本性との統一である」というのが精神の理念であり，この統一こそは絶対的精神である，と述べられている（V 5. 6）。他のあらゆる宗教は，まだそのような神的精神と人間精神との実体的な統一のこの認識に達していないという理由で，低く評価される。その統一の認識こそ，神的精神が人間のうちで自分自身を知ることを可能にするというのである。キリスト教以前のあらゆる宗教と芸術はそこを目指すけれども，そこには，この統一が獲得されていないという不完全さも残っている。それゆえ，ギリシア的な神像という形で精神的な実体を投影するのは人間をたんに投影するものでしかない，といって低く評価するのは，ヘーゲルにとっては，キリスト教によって獲得された認識の水準から後退することに他ならない。――たとえ，それがキリスト教そのものの関心を誤解したままのものであったとしてもである。この中心点が的確に捉えられないならば，ギリシア芸術とキリスト教との連関を理解し損なうだけでなく，絶対的精神の哲学において頂点に達する体系を全体的に理解することにも失敗する。というのも，精神の実体の二元論をヘーゲルに押しつけるならば，「絶対的精神」はいまだ空虚な言葉でしかないからである。

(4) しかし，神的なものが人間の姿をした彫像のうちに直観され崇拝されるだけでなく，その彫像に真に人間的なものが，つまり，自己意識が欠けている場合には，美的芸術の世界は，最終的に乗り越えられている。自己意識は，芸術には原理的に構成不可能なものなのであって，芸術の挫折の原因はそこにある。その限りで，精神の別の自己意識がはじめて生じてきたとき，芸術は人間の最高の関心を満たすことができなくなる。そうなれば，芸術作品そのものは，もはや崇拝の対象ではない。「はるかな広がりを見はるかす精神」は，芸術によって形態化された客観性から「それ自身の内奥へと立ち返り，その客観性を突き放す」（W X/1. 135）。キリスト教は，もはや自然的なものとの調和の中に組み入れられることのできない段階に，すなわち精神の自己知という段階に到達している。本来的に人間的なもの，つまり自己意識が神的なものとして承認されれば，外的な形態はもはや神的なものとして直観されることはできない。それゆえ，この精神の自己知は，その完全な形態をもはや芸術のうちに見出すことはできないのである。

キリスト教時代に人々がもはやアポロンやユピテルの彫像の前に跪くことがないとすれば，その理由は，たんに描き出された神々が過去の宗教のものであるからというだけではない。むしろ新たな宗教とともに精神の概念が変貌し，それと同時に芸術と宗教の関係も根本的に変化してしまったからである。ギリシアの神々の形態からなる美しい世界では，真理は芸術作品における現前から切り離しえないのに

対して，キリスト教世界では，真理は芸術作品とは独立して意識のうちに現前する。——したがって，芸術的描出を度外視するだけでは到底十分ではなく，さらに真理の芸術的な描出と対立することさえ必要になる。真理は宗教によってあらかじめ与えられているが，それに比べ，真理の芸術的な形態化は補足的なものにとどまる。本来的に人間的なもの，つまり自己意識が，神的なものとして意識されれば，人間の外的で自然的な形態はもはや神的なものとしては直観されえないのである。

かくして，神は人間もまたそうであるのと同じものとして意識される。この同一性を打ち立てるためには，神は作られたものではなく「現実的に他なるもの」である，ということが不可欠である。ところが，神の他性の真の形式はまさに，神がその「現実的に他なるもの」であるということのうちにある。芸術に絶対的な内容を認める限り——そして，この精神哲学的な前提のもとではじめて，芸術と宗教の連関に関するヘーゲルの定理が構想されているわけだが——，この内容が宗教のうちにより適した描出を見出したという結論も避けることができない。しかもこれは偶然にそうなるのではなく，精神がみずからの自己意識の歴史の中で，ある段階へと，すなわち芸術にとって，一方では，もはや自然性との調和のうちに描き出すことのできないものにとどまり，他方では，原理的に到達できないものにとどまる段階へと高まっているからなのである。

(5) 外的な出来事として表象される内容をありありと思い浮かべることと，精神がそれ自身へと深まるのを描き出すことという二重の課題から必然的に帰結するのは，非-理想的なものを描くこと，それどころか美しくないものや歪められたものを描き出すことである。たとえば，キリストの受難史の熾烈さや不和を絵画に表そうとすれば，醜く低劣なものさえ描かざるをえなくなるが，それは，他方で，教会音楽の「十字架の受難」の場面で不協和音を導入せざるをえないのと同様である。この不協和音がなければ——むろん最終的に不協和音が解消されることはないのだが——表象された分裂と宥和が表現されることはないであろう。美しい形式と内容の一致としてのまったき意味における美だけでなく，形式的な美も，ここにはそぐわない。形式的で不協和音を欠いた美ではキリスト教的な宥和の概念を取り逃し，それゆえまた，ロマン主義芸術の概念をも取り逃がしてしまうだろう。キリスト教芸術のこうした課題設定に照らして見るならば，同時代の古典主義が模倣を要請するのは，ヘーゲルにとって，キリスト教芸術と古典的ギリシアの芸術とのあいだにある根本的で廃棄不可能な差異を基本的に誤解しているとしか言い表しえないものなのである。

(6) キリスト教が世界史に登場したあとには，芸術はもはや精神の最高の関心を形成することができなくなる。芸術は二次的なものにとどまる。——これは，キリスト教には「絶対的な内容」があらかじめ与えられているはずだから，という理由によるのではけっしてない。絶対的な内容があらかじめ与えられているのは，象徴芸術と古典芸術にとっても同じことであり，それは，これらの芸術の場合に，「絶対的な内容」がキリスト教の場合と同じ意味で教条主義的に基準が統一されているわけではないとしてもである。しかし，真理として知られる「絶対的な内容」が，芸術の完成を可能にするような仕方ではもはや，芸術的描出の手の届かないものとなっている，ということは決定的である。芸術の終焉のテーゼが意味するのはこのことに他ならない。そもそも宗教がキリスト教世界における芸術に二次的な役割を割り当てるということは知られていないわけではないし，すでに歴史的に議論の余地のないことである。しかし，ヘーゲルの立場の重要性は，宗教哲学的な基礎づけがもつ独占性が受け入れられる場合にのみ，適切に捉えられる。芸術の終焉というヘーゲルのテーゼは芸術と宗教の関係という文脈のなかでもっぱら解明されるべきである。このテーゼは，芸術哲学のテーゼではなく，宗教哲学のテーゼなのである。したがって，ヘーゲルが芸術の終焉を論じているにもかかわらず，同じ様に次のように認めているとしても，自己矛盾ではない。すなわち，「芸術がますます高く上昇し，自身を完成するのだとたしかに期待してもよいが，しかし，その形式は精神の最高の欲求ではなくなってしまったのである。私たちは，ギリシアの神々の像がどれほど卓越したものであって欲しいと思ったり，父なる神，キリスト，マリアもどれほど荘厳で完璧に描き出されているのを見たいと望んだりしたとしてもどうしようもない

し，私たちはそれらを前にしてもはや跪くことはないのである」(W X/1. 135)。

そのほかのあらゆる基礎も，そしてまさに〈よりアクチュアルに〉みえる基礎づけもまた，ヘーゲルにとっては，一方では的はずれであり，また一方では二次的なものだということになろう。現代世界の反省的文化における芸術の局所性，それどころか芸術を資本主義システムのニッチや域外に押しのけてしまうと自称する政治-経済的諸関係などを，芸術の終焉の論拠として持ち出してはならない。なぜなら，芸術は，精神の最高の関心を表現するというその地位を，精神の展開の歩みをつうじて，すでに二千年前に宗教に譲り渡してしまったからである。それに対して，現代世界における芸術の終焉を政治的に現代化して根拠づける試みは，ヘーゲルの視野の中では，まがいものの現象を主題化するものにとどまる。それと同時に，政治-社会的関係の変貌によって，あるいは芸術の自己反省を通じて，芸術の終焉を撤回しえたかのような希望をヘーゲルの立場から正当化することも排除されている。そのためには，宗教の歴史を転倒させることができなければならなかっただろう。——たとえそれを成し遂げた場合でさえ，それは逆戻り以外のなにものでもないだろう。もっとも，芸術の終焉の根拠づけに見られるまさしくその排除的特性によって生じていることがある。すなわち，芸術と宗教とが内容を同じくするというヘーゲルの精神哲学的な立場を分かちあうような構想の枠組みの中でしかその根拠づけは説得力をもたないということである。この立場を受け入れない者は，たしかに現代における芸術の位置づけに関して別の論証に到達できはするけれども，しかし，そうした論証はもはやヘーゲルの論証ではないし，ヘーゲル哲学から独立した固有の根拠づけを必要とするものなのである。

講義：1817; 1818; 1820/21; 1823; 1826; 1828/29;
初出：W1 bzw. W2 10/1-3.
テキスト：a) 草稿：GW 18.113-117; b) 筆記録：W X/1-3; Hegel: Vorlesung über Ästhetik. Berlin 1820/21. Eine Nachschrift. Hg. von Helmut Schneider. Frankfurt am Main 1995; V 2; künftig: GW 28. 1. 1-511.
典拠：Friedrich Creuzer: Symbolik und Mythologie der alten Völker, besonders der Griechen. Zweite, völlig umgearbeitete Ausgabe. 4 Bde und 1 Bd. Abbildungen. Leipzig und Darmstadt 1819-1821; Aloys Hirt: *Geschichte der Baukunst bei Alten*. 3 Bde. Berlin 1820-1827.
参考文献：Heinrich Heine: *Die romantische Schule* (1835). Düsseldorfer Heine-Ausgabe Bd. 8/1. Hg. von Manfred Windfuhr. Hamburg 1979, 121-249; Helmut Kuhn: Die Vollendung der klassischen deutschen Ästhetik durch Hegel. Berlin 1931; Heinz Heimsoeth: Hegels Philosophie der Musik. HS 2 (1963), 161-201; Dieter Henrich: Kunst und Kunstphilosophie der Gegenwart. Überlegungen mit Rücksicht auf Hegel. In: Immanente Ästhetik. Ästhetische Reflexion. Hg. von Wolfgang Iser. München 1966, 11-32; Manfred Züfle: Prosa der Welt. Die Sprache Hegels. Einsiedeln 1968; Michael Theunissen: Hegels Lehre vom absoluten Geist als theologisch-politischer Traktat. Berlin 1970, 148-215; Henrich: Zur Aktualität von Hegels Ästhetik. Überlegungen am Schluß des Kolloquiums über Hegels Kunstphilosophie. HSB 11 (1974), 295-301; Peter Szondi: Poetik und Geschichtsphilosophie I. Frankfurt am Main 1974, insbes. 267-511: Hegels Lehre von der Dichtung; Jaeschke: Kunst und Religion. In: Graf/ Wagner (Hg.): Flucht in den Begriff (1982), 163-195; Carl Dahlhaus: Hegel und die Musik seiner Zeit. In: Pöggeler/ Gethmann-Siefert (Hg.): Kunsterfahrung und Kulturpolitik im Berlin Hegels. HSB 22 (1983), 333-350; Neue Quellen zu Hegels Ästhetik. Mitgeteilt und erläutert von Helmut Schneider. HS 19 (1984), 9-44; Annemarie Gethmann-Siefert: Hegels These vom Ende der Kunst und der »Klassizismus« der Ästhetik. HS 19 (1984), 205-258; Gethmann-Siefert: Die Funktion der Kunst in der Geschichte. Untersuchungen zu Hegels Ästhetik. HSB 25 (1984); Gethmann-Siefert/ Otto Pöggeler (Hg.): Welt und Wirkung von Hegels Ästhetik. HSB 27 (1986); Jens Kulenkampff: Musik bei Kant und Hegel. HS 22 (1987), 143-163; Hans Friedrich Fulda/ Rolf Peter Horstmann (Hg.): Hegel und die »Kritik der Urteilskraft«. Stuttgart 1990; Gethmann-Siefert (Hg.): Phänomen versus System. Zum Verhältnis von philosophischer Systematik und Kunsturteil in Hegels Berliner Vorlesungen über Ästhetik oder Philosphie der Kunst. HSB 34 (1992); Christoph Menke: Tragödie im Sittlichen. Gerechtigkeit und Freiheit nach Hegel. Frankfurt am Main 1996; Brigitte Hilmer: Scheinen des Begriffs. Hegels Logik der Kunst. Hamburg 1997; Beate Bradl: Die Rationalität des Schönen bei Kant und Hegel. München 1998; Das Musikkapitel aus Hegels Ästhetikvorlesung von 1826. Hg. und erläutert von Alain Olivier. HS 33 (1998), 9-52; Gethmann-Siefert: Die Kunst (§§ 553-577).

In: Hegels Enzyklopädie, hg. Schnädelbach (2000), 317–374; William Maker (Hg.): Hegel and Aesthetics. Albany 2000; Silvia Vizzardelli: L'esitazione del senso. La musica nel pensiero di Hegel. Roma 2000; Jeong-Im Kwon: Hegels Bestimmung der Kunst. Die Bedeutung der »symbolischen Kunstform« in Hegels Ästhetik. München 2001.

9.8. 宗教哲学

9.8.1. 伝承資料

(1) ヘーゲルはすでにその最初のイェーナの体系スケッチの中で，宗教哲学に，精神哲学の最終形態として「一者への全体の概括」（R 179; GW 5. 263 も参照）を遂行するという際立った体系的機能を割り当てている。——もっとも宗教哲学がこの課題をどのように引き受けるようになるのかをヘーゲルはここではまだ示唆してはいないが。イェーナ期のあいだに，宗教哲学はさらに進展して内容と輪郭を獲得していくが，それでも体系的展開に固有の形式を見出すには至っていない。『体系構想Ⅲ』においても，『現象学』においても，歴史的概説の方が依然として決定的である。『エンツュクロペディー』（第1版 §§ 465–471）においてはじめて宗教哲学はこの歴史的概説を越えて拡張され，「絶対的精神」の文脈の中に位置づけられる。それと並んで『エンツュクロペディー』は，芸術に対する宗教の優位を認めているが，その芸術のことをここでもまだヘーゲルは「芸術宗教」（第1版 § 456）と呼んでいるのである。他方，ハイデルベルクにおいてヘーゲルは二度美学を講じているが，宗教哲学は講じておらず，そのために，美学が前面に押し出されているように見える。1820年5月5日にベルリン大学総長に宛てた，提供可能な哲学の講義科目に関するヘーゲルの所見もまた，そうした印象を喚起する。ここでは，精神哲学の枠組みの中で，「人間学と心理学」と並んで，「同時に宗教哲学と関連する美学」（V 3. Xf.）に言及しているだけである。宗教哲学はなお後景にとどまっている。——そしてこれは驚くことではない。歴史哲学と美学のように，やはり宗教哲学もまた，当時は大学での講義の自明な正規の科目にまったく数えられてはいなかったからである。ところが，ヘーゲルはわずか数か月後に宗教を美学に従属させたまま，1821年夏学期に突如「宗教哲学（philosophia religionis）」を予告する。そしてその後もさらに三度，1824年，1827年，1831年の夏学期に予告するのである。

(2) ヘーゲルがこの時点で宗教哲学を講じる決意をするということは，自分の「体系」の諸分野を順次自分の教説の対象にし，それによってそれら諸分野をおよそはじめて「形成」しようとする関心から説明ができる。それでもヘーゲルの決意がかくも唐突に起こったということは，別のある動機を推測させる。1821年6月，それゆえヘーゲルの宗教哲学の最初の講義と時を同じくして，彼の同僚でありかつ論敵でもあるシュライエルマッハーの『教義論』第一巻が出版されたのである。この書が動機であったということは証明できないが——それにもかかわらず，ヘーゲルは講義草稿やその予備段階からシュライエルマッハーの『教義論』に直接対決しており，この時期のヘーゲルの書簡の文面からも，この敵対状況がたしかに彼に意識されていたことがわかる。ヘーゲルは1821年5月9日カール・ダウプに宛てて，シュライエルマッハーの『教義論』が出るのを熱望しており，同時に自分自身がちょうど宗教哲学を講じているところだと書いている。そして次のように続ける。「私の聞いた限りでは，シュライエルマッハーは現在，教義学も印刷させているそうです。次の二行詩が思い浮かびます。〈長いこと模造貨幣で払うことができるにしても，結局のところはやっぱり財布の紐をゆるめなければならないのだ！〉——しかしこの財布が模造貨幣以上のものをなにも出してこないかどうか，われわれは見ていなくてはなりません。[1]」

[1] Br. Bd. II. 262 ホフマイスターの註によれば二行詩は Schiller, *Xenien* Nr. 72 による。

この張りつめた態度は，たんに個人的な敵対状況の表現であるというだけではない。この態度は教会政策的な側面をもっている。『教義論』の出版ののち，ヘーゲルは1822年4月4日にヒンリッヒスに宛

てて次のように書いている。「ダウプに私ははっきりとした説明を期待しているのです。いったい統一福音教会の教義学とは——もちろん第一部の初めの箇所だけのことではありますが——［…］あのように恥知らずで陳腐なことをわれわれに示さざるをえなかったものであるのかどうかということを。」この争いはわずか三日後の書簡でもっとはっきりとする。「われわれはもっともっと声をあげるようになる必要があります。」ヒンリッヒスの宗教哲学（本書369頁以下参照）への序文におけるヘーゲルの鋭い論議は，この文脈から理解されなくてはならない。彼の論駁は，同僚を私的に中傷するものというよりは，プロイセン連邦福音教会の神学的基盤をめぐる宗教政策的論争に臨むさいの手段なのである（Jaeschke 1985）。

(3)「宗教哲学」講義の伝承資料はもとより，——比喩が許されるなら——光を放つだけでなく影をも落とす，幸運な星のもとにある。少なくともこの講義の一つの草稿だけは伝承されているという喜ばしい状況が，あまり喜ばしくはない副次的な効果と結びついているのである。どうやら，ヘーゲルは十分な予備作業もせず最初の講義のほんの少し前に草稿を執筆し始め，講義と並行しながら書き進めたようである。だから，この草稿には急いで下書きされた構想のあらゆる記号が記されている。——それも文章内容の型にばかりではなく，ヘーゲルがこの講義のためにまさしくはじめて起草している構想にもみられる。数多くの講義筆記録があることで伝承状態が良好な二回目の講義（1824年）において，すでにヘーゲルはほぼ全般的にこの草稿から離れており，同じく筆記録によって十分に伝承されている三回目の講義（1827年）では，その草稿にまったく立ち返っていない。同じことは四回目の講義（1831年）にもあてはまる。この講義は，今日ではわずかな抜粋で裏づけられるにすぎないが，その抜粋はダヴィット・フリードリッヒ・シュトラウスがベルリン到着後に，夏学期にすでに開講されていた講義の未詳の筆記録から作成したものである（V 3. XXXXV）。

ヘーゲルがのちにみずからの講義草稿に対してとったこの距離は，草稿の構想上の価値を相対化するものである。草稿はたしかに〈正真正銘その人自身の声（ipsissima vox）〉だが，それでもその距離はその草稿が最初の準備段階にあったことの証に他ならない。筆記録よりも草稿の方が真正さの度合いが大きいことは疑いのないところであるが，それに惑わされて，草稿によって表されている宗教哲学の体系形式と仕上げにさえ，のちの講義に関する筆記録が証明する拘束力よりも大きなものを認めることにもなりかねない。そうなればもちろん，この先十年間の，この分野の発展の成果を放棄してしまうことになるだろう。

(4) 一連の四度の講義は，一つの主題のたんに静態的なバリエーションを含んでいるというのではない。これらの講義は宗教哲学の体系形式を目指す試みとして理解されなくてはならない。——しかも最終的にその目標に到達する試みとして理解されなくてはならない。ここ宗教哲学においては，体系形式の生成は美学の場合とは別様に概観することができる。なぜなら，1821年のヘーゲルの草稿だけが伝承されているというわけではなくて，その後の講義の諸筆記録も出版されているからである（V 3-5）。『友人の会版著作集』（W 11/12）とラッソンの手になる以前の諸版では，もちろんこの過程は識別できない。というのも，それらの版は，それぞれに統合した形をもっている四度の講義すべての異なる構想を破壊し，四度の講義を混合して一続きのテクストにしたからである。それゆえ，思想の体系的な発展に対して切り離された個々の証拠文書（Dicta probantia）にだけ関心を抱くわけではない，宗教哲学を主題化するどのような試みに関しても，それらの版は役に立たない。

9.8.2. 体系形式

(1) しかしながら，けっしてたんに形式的でもなければ，ステレオタイプ的-図式的でもまったくない体系形式の特徴を，ヘーゲルはすでにその最初の構想において作り出していた。すなわち，宗教哲学が次の三つに区分されていたのである。つまり，「宗教の概念」の提示部，「規定宗教」の論述，それゆえ宗教史の考察，および，ヘーゲルにとってはキリスト教にあたる「完成した宗教」の論述，の三つである。美学や他の諸分野との比較が示しているよう

に，この三項区分はけっして一つの分野のありきたりの略図ではない——たとえヘーゲルが次のように述べているとしてもである。つまり，「すべての学問には必ず歩みというものがある。すなわち，まず概念があり，次いで概念の規定性である実在性，客観性があり，そして最後には，最初の概念がおのれ自身にとって対象であり，おのれ自身にとって存在し，おのれ自身にとって対象的になり，おのれ自身に関係するということである」(V 5. 177:, V 3. 83f. も参照)。

もしもこれが的確であるとすれば，ヘーゲルの体系の中で宗教哲学が唯一「概念に適合した」分野だということになろう。だがしかし，この言明が普遍性を要求しているにもかかわらず，その妥当範囲は，客観的精神の哲学および絶対的精神の哲学への第一段階に制限されるべきである。というのも，これらの哲学だけが，「概念の規定性」を概念の歴史的な展開という形式で再構成するものだからである。構想上もっとも宗教哲学に類似しているのが美学であることは疑いない。——とはいえ，美学においては，ヘーゲルは歴史的芸術形式を最初の三回の講義では第一の「一般部門」の中で論究し，他方で「特殊部門」は個々の技芸を対象としている (本書529頁以下参照)。かくして美学においては，規定性は第一義的に歴史的な規定性として理解されてはいない。最後の美学講義においてはじめて，ヘーゲルはその構想を宗教哲学の構想に近づけるのである。

第二段階ではそのうえさらに，ヘーゲルの普遍的な定式化は宗教哲学に制限されなければならない。宗教哲学に特有な三項区分の根拠は，宗教哲学が精神の概念に対して特に体系的に親密な関係をもつところにある。哲学から見た精神の最高形態としての宗教のうちに，三項区分が宗教の構造原理にさえなるほどに，精神の構造がすでに純粋に刻み込まれている，とヘーゲルは見ているのである。このように，宗教の概念と精神の概念一般との近さを，ヘーゲル自身次のように述べさえしている。「われわれがここでもっている概念は，いずれにせよまさに精神そのものである。精神自身こそ，この展開そのものであり，このようにして活動的な当のものなのである。」(V 3. 85)

(2) 宗教哲学の特殊な体系形式は精神の概念から結果として生じたものであり，さらに詳しく言えば，精神的諸形式のもつあらゆる規定性，一切の客観化は同時に歴史的である，という精神の概念の含意から結果として生じたものなのである。——もっとも，これらすべての規定性と客観化は，精神的諸形式にとって疎遠な媒体に属するように，〈歴史に属する〉ばかりではなく，歴史としての歴史を構成している (本書511頁以下参照)。ヘーゲルが精神の概念のこの契機を，宗教哲学においてよりも明確に体系的に仕上げたことはけっしてなかった。宗教である精神の自己関係は，精神的なものとして本質的に歴史的なものである特定の諸形態で具体化される。宗教の哲学的な考察というものは，宗教的意識のこの歴史的な体制を洞察しなければならない。この考察が歴史的な方法をとらざるをえないのは，そうしなければ歴史的に作成されたその考察の対象にふさわしいものにならないだろうからである。また，そうしなければ，この考察は宗教の歴史から一断片を提供するだけであろうし，そうなればこの事態を意識することがなく，それゆえ独断的に短縮したり硬化したりする危険を伴うことになるだろう。これに対して，ヘーゲルにとって宗教史を論じることは宗教哲学の本質的な契機をなし，したがってその構造を形成する契機ともなっている。宗教史が，どうでもよいものから，それどころか誤謬の歴史といったものから，精神の自己認識の歴史になる。哲学は「汝自身を知れ」というデルフォイの神の古き命令をそのような精神の自己認識への促しとして理解するが，まさしく宗教史はそのような哲学の優先的な主題になる。

(3) 宗教哲学の建築術における「学問的な」順序，つまり概念から歴史的な規定性への移行は，もちろん宗教哲学の発展に相応しているわけではない。この発展史のパースペクティヴからすれば，ヘーゲルが宗教史をみずからの宗教哲学に含めてしまった，と語ることは適切ではないであろう。むしろ，歴史的な優位は宗教史の側にある。体系形式の中で仕上げられた宗教哲学は，ヘーゲルの精神概念とヘーゲルの宗教史的な考察という，いわば二つの根から生い育ったものである。歴史的な諸宗教の哲学的な解釈を超えてその「概念」を展開するという宗教哲学の諸部分は，もともとはたんなる歴史的な略図であったものから，ベルリン期の諸講義の中ではじめて

結晶するのである。イェーナ期には，ヘーゲルの宗教哲学はさしあたり歴史的な諸宗教の論述以上のものを含んではいなかった。——たとえ，この時代の彼の宗教哲学が，すでにそれがその段階で比較宗教史の要素をどれほど含んでいようが，純粋に歴史的な叙述にはけっして没頭していないにしてもである。イェーナ期のヘーゲルの宗教哲学は諸宗教をすでに，精神の発展という文脈において主題化している。ここにいう精神はその自己知を，歴史的な歩みの中でも，体系的な歩みの中でも完成させ，かくして，宗教史の形而上学においてその知を完成させるのである。だがしかし，この〈宗教史の形而上学〉はいまだ宗教の概念の体系的な提示部から出発してはいない。

(4)「宗教の概念」の提示部と並んで，ベルリン期のヘーゲルの構想がイェーナ期のそれに対してさらに際立つのが，前者の第2の独自性である。キリスト教とそれに先行する宗教史とを建築術的に分離させるすべを，イェーナ期の構想はまだ知らない。のちにこの分離は，「規定宗教」と「完成した宗教」を区別するという形で，宗教哲学の第2部と第3部の区別となって表現されることになる。イェーナ期の詳述では，キリスト教は——たとえ際立った形態としてであるにしても——他の歴史的諸宗教と同じ系列の中に切れ目なく置かれている。『精神現象学』ではそのうえさらに，キリスト教は「絶対的宗教」と呼ばれる（本書261頁参照）。——この呼称は，たしかにヘーゲルがのちになってもなおも時折用いることはあるが，もはや表題として表立った位置づけをして用いられることはない。

ヘーゲルはベルリン期の講義において，二度広範に構想を変更するが，それによって，宗教哲学のこうした根源的で純粋に歴史的な構造化という困難を乗り越える。つまり，「宗教の概念」を新たな手法によって提示すること，そして「完成した宗教」としてのキリスト教を先行する宗教史から切り離すこと，という二つのことによって乗り越えるのである。しかし，ここで重要なのは，思想的にみて相互に独立した二つの改造ではなく，むしろ，同じ一つの転換の二側面である。つまり，キリスト教を完成した宗教として取り出すこと，すなわちキリスト教を先行する宗教史に対置することは，概念的には宗教の概念の自立的な解釈に基づくのだが，しかしその反対に，「宗教の概念」をそのように独自に提示することがキリスト教を完成した宗教として取り出すよう促すのである。そして，「完成した」宗教をこのように切り離すことによってはじめて，他の諸宗教は「規定宗教」となる。

ヘーゲルはベルリン期の講義ではもはや，宗教の完成態を，宗教史の概念的な規定における——想像上の——完全性と関連づけて基礎づけたりはしない。「絶対的宗教」が世界に登場しえないうちは，概念のあらゆる契機が現実に存在しなければならないいわれはもはやない。ヘーゲルの定式的表現が時折こうした印象を喚起させることがあるが，これらの表現は，ヘーゲルの構想の展開の，ある古びた局面を永続させるものである。というのも，キリスト教が完成態であるという性格は，いまや，「宗教の概念」と「完成した宗教」との呼応関係のうちに存するからである。すなわち，キリスト教が完成しているというのは，この宗教が宗教の概念に適合しているからである。そのことによって——たとえば，キリスト教は〈規定宗教より完全〉であるといった——他の諸宗教に対するキリスト教のたんなる優位が表明されているわけではない。同じように，キリスト教に特徴的な動向によって，それ以上に越えられることができないような人倫的あるいは普遍的に精神的な水準が達成される，などといったことが言われているわけでもなければ，ましてやキリスト教のみが真なる神の真なる啓示と見なされるべきだ，などといったことが言われているわけでもない。キリスト教においてはむしろ——ヘーゲルがよく言うように，そしてまた以下で詳述されるように（本書583頁参照）——宗教の概念がみずからにとって対象的になったのである。

(5) このように宗教史から「完成した宗教」を分離することは——さしあたっては，それがどれほど非歴史的態度の表現や，キリスト教への独断的に制約された偏愛の表現だと思われるにしても——「規定宗教」を解釈するに際して，広範かつ好ましい帰結をもたらす。このようにキリスト教を宗教史から切り離すことに基づくからといって，キリスト教の構造が『精神現象学』においてよりもずっとよく確定されるというわけではないというのは，たしかに

容易に理解できはするものの、やはりどこか妙である。「完成した宗教」のもつ「完成」という性格が、「宗教の概念」によって定義されるのだとすれば、この性格は、もはや宗教史を完全に通過することで保証される必要はない。そうなればむしろ、完成した宗教の範囲と仕上げはほとんど放置され、とりわけ——精神の概念としての——宗教の概念においては、宗教史のまさしくどのような構造原理も承認されないことになる。「完成した宗教」を先行の宗教史から切り離すことがまさしく、完成した宗教への問いが——自然物でいえば——〈オウム〉類を枚挙し尽くすという問いと類似した二重の仕方で答えられることができるための条件なのである。つまり、概念的にはオウムの規定性を申し立てることで、そして経験的には知られている67種を数え上げることで（GW 12. 218)、すなわち経験的で歴史的な研究によって可能になるという二重の仕方で。それでも、「さらに1ダースも〔の種類〕が発見される」かどうかは類の概念にとってどうでもよいことであるのと同じように、宗教の概念にとっても、さらにもっと多くの宗教が歴史的考察の中に収集されるかどうかはどうでもよいことなのである。こうしたことは偶然的な悲しむべき欠陥ではない。〔なぜなら〕歴史としてみれば、宗教史は——自然とよく似て——、概念的な諸原理によって徹頭徹尾規定されるわけではない〔からである〕。「学問」はたしかに「概念の規定性」を汲み尽くさなければならないが、しかし、こうしたことは経験的な完全性によって生じるものではない。——もっとも、ヘーゲル自身もまた、何度も講義を重ねる中で自分の宗教哲学の経験的な基盤の幅を広げていったのではあるが。それでもしかし、「完成した宗教」には、「規定宗教」の二つないし二十の形態が歴史的に先行するのか、それとも後続するのかということが、完成した宗教の概念によって確定されるわけではない。

9.8.3. 精神の自己意識としての宗教

(1) 宗教哲学の根本概念は精神の概念である。——それは、現実性としての精神の概念、すなわちなるほど、この現実性は人間の所産であるが、しかしそれにもかかわらず、ヤコービの実体的な理性の概念との類比でいえば、人間がこの現実性をもつという以上に、この現実性の方が人間をより多くもっているような現実性としての精神の概念である（JWA 1. 259)。宗教が精神の一形態であるということのうちには、すでに、宗教は神のたんなる意識ではないということが含まれている。宗教を意識関係の一形態として理解すれば、まさに精神の概念を捉えそこねてしまうことになるだろう。宗教は、人間が——たとえどんな根拠からであれ——おのれに相対する神に向かって取り結ぶ関係態度でもなければ、神が人間に向かって取り結ぶ関係でもない。宗教は神の意識ではなく、精神の自己意識であり、そのようなものとして、宗教はもはや、人間の神に対する関係とか、神の人間に対する関係として捉えられてはならない。神と人間を、二つの固定された、それだけで自立的に存立する主体として想定すれば、かえって宗教の本来的なものをずらしてしまう。——その想定が、一般には宗教固有のものに思われる場合であってもそうである。

ヘーゲルにとってみれば、この種の神–人間構造の前提のもとでは、宗教の固有性はけっして視野にもたらされることができない。宗教は精神の一つの自己関係なのであり、——「みずからの本質を意識し、自分自身を意識する精神である。精神はみずからを意識し、精神が意識するものは真実の本質的な精神である。この精神はおのれの本質であり、他のものの本質ではない」（V 3. 86)。それゆえ、神の思想は、おのれを知る精神の思想として、哲学的神学と宗教哲学との統一において解明されなければならない。つまり、哲学が神を「精神」とたんに呼ぶだけでなく、神を精神として考えようとするのであれば、哲学は本質的には神を、宗教において己れを知る精神として、考えなければならないのである。そしてそれと同様に、宗教において知られる内容が有限な意識の規定性ではなく、まさに神的なものである限りで、宗教哲学は哲学的神学となる。

この思想をこそ、宗教哲学は展開しなければならない。宗教哲学は、敬虔を生じさせたり、護教論を行ったりしてはならない。宗教哲学が敬虔史的な影響のみならず護教論的な影響をも結果としてもたらすかもしれないとしてもである。しかし宗教哲学は、また宗教を批判的に解体してはならないし、むし

ろ——芸術および哲学との類比でいえば——宗教を精神の一形式として，すなわちそこにおいて，精神が己れ自身へと向きなおり，自分についてのみずからの意識を獲得し，そうしてその点でまさに「絶対精神の自己意識」として，「絶対的精神」であるような形式として把握しなければならない。宗教は，精神の彼岸においてはじめて出会われるような神との関係ではない——つまり，それだけで自立的に現前しているものとしてのそれへと，精神を越えて立ち至るべきであるような神との関係ではない。宗教哲学は精神の自己知の三形式のうちの一つである。——しかも，個別的で精神的な存在者がみずからを個別的なものとして知る知，すなわちこの存在者の自閉的な自己関係ではなく，むしろ，この存在者が精神的な存在者一般としてなんであるかについての知である。それゆえ，この自己意識は孤立した自己意識でもない。精神的な生の諸形式は——当時かなり知られていたように——つねに間主観的なのである。

（2）精神のそのような形態として，宗教は芸術と哲学，つまり己れを知る精神以外のいかなる内容ももたない。とはいえ，この「絶対的な内容」は，絶対的精神の諸形態においてさまざまな形式をとって現れるのであり，まさに宗教においては，表象という形式において現れることになる。——この形式が「直観」に優るのは，それが精神のなにであるかを把握するのにより適しているからである。したがって，宗教は，体系の序列において芸術より上位にあり，また，精神の自己知の真の表現であるという点で，歴史的にも（キリスト教的な）宗教は美的芸術の遺産を受け継いでいる。ヘーゲルが「表象」と名づけるのは——直観にとって芸術作品がそうであるように——直接的に現前するというわけではないが，それにもかかわらず，空間と時間という座標や，像的なものにも依然として結びつき続けているような諸対象に関する意識形式のことである。このことは，内的な三位一体の関係を表す「父」と「子」の無邪気な絵にも当てはまるのと同じように，さらに，聖書の神と，人間に対するその神の行為にも当てはまるが，その行為はまさしく空間と時間の中で生じるものとして表象されるからである。

たしかにヘーゲルは，表象という形式をすでに詩文芸にも与えているが（本書554頁参照），それはまさしく詩文芸もまた，対象の直接的で感性的な現在と直観とを越えて高揚するからである。詩文芸の諸対象はたしかに〈観念的〉であり，それらはもはや外的に現前する感性的なものに属していないが，さりとてなお空間と時間の中で表象される。ところが，詩文芸と宗教は，このように共通に表象に結びついているにもかかわらず，次のような著しい差異を示している。つまり，詩人がたしかに自ら構想した形態に「真理」を，つまり詩的な真理を求めるのに対して，宗教は自らの表象形態に「絶対的な真理」を認めるのであって，宗教は詩作との美学的な関係を目指すのではなく，こうした表象の諸々の内容に対する信仰を目指すのである。

しかし，そのようにヘーゲルが他の諸芸術の直観に比べて詩文芸のより精神的な捉え方として表象をどれほど際立たせるとしても，詩文芸も——時間性と空間性に立ち返ることを不可欠としているがために——最終的には精神的なものに適合するものではない。ヘーゲルは詩文芸に，直観と概念把握的な思考との中間の位置を割り当てる。それゆえ，宗教を〈表象形式における精神の自己意識〉として特徴づけることは，ある両価的な強調を許しかつ必要とすることになる。つまり，〔一方では，〕——宗教的表象の言語で——実定的な啓示としてわれわれに到来するものは，精神の所産であり，それゆえ，それ自体理性的である。それは，たんに偶然的なものではないし，抜け目のない僧侶の惑わしの道具などではまったくない。——ここには，ヘーゲルの宗教哲学の護教論的な作用が含まれている。しかし〔他方では〕，次のようにも言いうる。つまり，最初は実定的なものとして，理性の他者として現れ，哲学によって——少なくともその内容からみて——理性的なものとして認識されるもの，それが理性の形式で再構成されなければならない。——そして，その点に批判的な特徴が存在するということである。宗教哲学の解釈学的な課題と仕事は，次の二つの見方を展開するところに成り立つ。つまり，反理性的なものとしてであれ，超理性的なものとしてであれ，さしあたって「実定的なもの」としてわれわれに到来するものを，理性的なものとして——たとえそれが不適格な形態であったとしても，精神の自己意識の

一形態として——概念把握することと，次いでそのものを，精神の自己意識に適合する概念形態で思考すること，この二つである。この概念把握のためには，宗教の素材という契機と，同じく他方で哲学的な「概念」の形式という二つの契機が必要である。たしかに，表象は概念の対象であると同時に，概念の歴史的前提でもあるが，だからといって表象は概念の正当化根拠ではない。むしろ，概念は認識根拠であり，表象の真理にとっての尺度である。キリスト教のそれも含むさまざまな宗教的表象のうちにある理性の象形文字を解読するためには，概念を予めもっていなくてはならないのである。

それゆえ，概念把握する思考に対する表象する思考の差異は，結局のところ宗教哲学をも越え出てしまう。というのも，表象と概念とはたしかに一つの内容の二つの形式ではあるにしても，しかし，等しく妥当する，同等の権利をもった二つの形式ではないからである。精神の自己認識の過程では，表象の形式はたしかに歴史的にも体系構築のうえでも先なるものではあるが，だからといって精神の真の先行者（Prius）というわけではない。精神の本質は，空間と時間の上に固定する形で捉えられうるものではない。それゆえ，精神的なものにふさわしい形式とは，精神が表象形式においてみずからを理解したり，それと同時にいつも誤解さえしてしまうことなどもはやないような，そうした形式——したがって，概念の形式なのである。

(3) ヘーゲルによる純粋に精神哲学的な宗教解釈は，同時代の他のすべての解釈と対照的である。——啓蒙的な自然神学ばかりか，道徳的な宗教概念やロマン主義的な宗教概念とも対照的であるし，さらには，合理主義神学や敬虔主義神学とも対照的である。ヘーゲルはそれらの解釈すべてを，それらは，たしかに神を「精神」と名づけはしたが，神を精神として思考したわけではなく，それゆえ「最高存在者」という悟性的な抽象であれ，未規定な感情内容であれ，あてもなく輪郭を描くにせよ，そのような形で神の思想を解消してしまったのだと非難する。たしかに，宗教は「感情」のうちにもなくてはならない。——しかし宗教は，感情のうちにその根拠をもたない。それでもやはり，ヘーゲルの解釈は宗教の自己理解とも対照的である。ヘーゲルにとっては，芸術作品がそうであるように，あらゆる宗教もまた，絶対的精神の，つまり，みずからの本質を知り，みずからをその本質と一つのものとして定立する精神の諸形態である。歴史的な諸宗教が，こうした理解をどれほど捉えそこなったり，すり替えたりしてきたのだとしても，それら諸宗教はこの精神的な統一の諸形態なのであり，諸宗教はこの統一を，普遍的精神としての神の精神と，個別的精神としての人間の精神との関係として，さまざまな仕方で表象しているのである。最初は自然的なものとして現れる宗教的な崇拝の対象もまた，さらに詳しく考察すれば，精神的なものであることがわかる。——宗教の初めの段階では，自然的なものと精神的なものとのカテゴリー的な差異が，われわれ現代人にとっては当たり前になっているような的確さにおいてはまだ全然できあがっていない，というかぎりでのことでしかないにしてもである。宗教の対象——あるいは，ヘーゲルが時々端的に言う「本質 Wesen」——は，より自然的なものや，より精神的なものとして，より畏怖すべきものとして，あるいは，人間にとってより好意的なものとして経験されうる。その本質のイメージは，むしろ，人倫的なものや美によって浮き彫りにすることができる。その本質は著しい彼岸性を示して人間に相対したり，人間的な形態をとって現れたりすることができる。——その本質はつねに，人間の精神が真なるものとして表象するものの忠実な表現である。

(4) 精神の概念には，個別的精神と普遍的精神との差異化された同一性の契機も，みずからの本質との同一性についての精神の知における展開と止揚という契機も，したがって絶対的精神の自己意識も含まれる。しかし，これら諸契機が宗教の構造を形作っている。そこから，ヘーゲルは次のような結論を導き出す。つまり，神が「真実に概念的に把握されうるのは，神が精神として存在し，こうして自分自身を教団の対の像となし，しかも，教団の活動性を自分に関係づけるときだけであるし，そして，神の教えは宗教の教えとしてのみ捉えられ，述べ伝えられるべきである」，と（V 3. 33）。

これによって，ヘーゲルの思弁的な宗教哲学の特質と主張とが，的確に言い表されている。ヘーゲルの宗教哲学は，哲学的神学であると同時に宗教哲学

である。——もっとも，ヘーゲルの宗教哲学が哲学的神学だというのは，それが神概念を展開するというよりもむしろ，論理学の絶対的な理念の哲学的-神学的な尊厳を叙述する（V 3. 35）という点においてのことだが。哲学的神学は，結局は宗教哲学として，遂行されなければならない。それに対して，哲学的神学の伝統的で形而上学的な形式は，神の思想をとらえ損なっている。なぜなら，宗教に抗して，神の思想を堅持しようとするからである。神は精神として，それゆえ，本質的には宗教のうちで知られる神として，有限な精神との同一性のうちで思考されなければならない。他方で，宗教哲学は，最内奥において哲学的神学である。それも，まさに宗教が絶対的精神である限りでのことであり，そして宗教が絶対的精神として，みずからに固有な本質を最高の現実性として知る精神の知である限りでのことである。

　(5)　ヘーゲルは，宗教哲学のこの構想を，一方では，みずからの哲学の体系的基礎一般に，それもとりわけ精神の概念に，緊密に結びつけなおしながら作り上げ，他方では，歴史的に現在する諸宗教に，すなわち，ヘーゲルがどちらかというと当時得ることができる限りで完全な形で主題化している諸宗教に，その構想を結びつけなおしながら作り上げている。この課題の二重性は，哲学一般の本質と諸課題についてのヘーゲルの理解から帰結するのであるが，ヘーゲルは哲学を，《存在するところのものを概念的に把握することが哲学の課題である。なぜなら存在するところのものとは理性だからである》という命題で確認している（本書365頁参照）。かくして，ヘーゲルが何度も銘記しているように，宗教哲学もまた，あれやこれやの「主体がみずからのうちに宗教に関してなにももたず，またもとうとしないのに，そうした主体を宗教に向わせようとしたり，宗教的にすること」を課題としているわけではないし，理想的な宗教を構想することを課題としているわけでもない。そうではなく，宗教哲学は，「現にある宗教を認識し概念的に把握することを，その究極目的として」いる（V 3. 10）。

　しかし，こうした認識と概念把握は，原資料によって伝承されたもののたんなる報告ではないことはたしかである。それは，歴史的な所与と哲学のうちに展開された「概念」とを媒介するところに成り立つのだが，この媒介は，正当化と批判とを含むがゆえに両価的に現れる。このようにしてはじめて，存在するところのものが理性的なものとして認識されうる。とはいえ，そこから，宗教の概念化された形態が宗教の自己理解と同一であるわけではない，ということが不可避的に帰結する。しかし，宗教は，概念的に把握されるべきものの理解と概念的に把握されたものの自己理解とのこの差異を，宗教現象のあらゆる学問的な主題化と共有している。——この差異ゆえに，この種の認識を端的に却下してよいということになるわけではないが。

　あらゆる宗教は，それがまさに宗教一般である限り，ヘーゲルの宗教哲学にとっては，精神の精神に対する関係という意味をもっている。——精神がまだみずからをその概念に適した仕方で捉えていないような，なお不完全な関係である場合であってもそうである。それゆえ，あらゆる宗教は絶対的精神の一形態である。——とはいえ，歴史からすでに解き放たれた，宗教史上の究極の形態だけはけっしてそうではないが。「絶対的精神」——今日では護教的かもしくは批判的な傾向のもとであまりにも誤解されているこの言い回しは，神秘化を意味するのではけっしてなく，むしろ，精神がそれ自身を目指し，みずからの本質を認識しようとするさいの形態のことを意味している。精神のこの自己関係から，精神の自己認識の形態が生じる。その形態には，東洋的な「自然宗教」の様式においてであれ古代の神話の様式においてであれ，あるいは，ユダヤ教やキリスト教の様式においてであれ，ともかく多少とも成功したものもあればそうでないものもある。しかし，だからといって，その領野が任意に開かれているというわけではない。成功か不成功かの程度を規定することを可能にする基準が存在している。——そして，これこそまさしく精神の概念それ自体である。

　それゆえ，宗教哲学の形成に関わるこれら二つの側面——つまり，歴史的側面と概念的側面——が，ばらばらになることはない。歴史的な素材の仕上げは，概念的な原理に従って行われるが，それでも，この仕上げにさいして，ヘーゲルはみずからの諸原理を点検し修正している。たしかに，絶対的精神の自己認識としての宗教という概念に関しては修正を

施してはいないが，しかし，この解釈を体系連関のなかで納得のいく仕方で貫くためにヘーゲルが組み入れる概念的な道具立てに関しては修正を施している。宗教哲学の三つの主要部分からなる具体的な体系形式に対するこの連関を企画編成し続けるところに，四つの講義の固有性と力学が存している。

9.8.4. 宗教の概念

(1) この推敲作業の体系的な意義は，とりわけ「宗教の概念」の一連の改変の中で，かなり明白になる。したがって，それは，諸講義において宗教の概念の説明に当てられた第1部の内部構造の改変の中で明白になる。もっとも，ここでは「宗教の概念」ということで，宗教とは何であるかというたんなる名目的定義といったことが理解されてはならない。同じように，ここでは，宗教に関する一般的な表象から宗教の思弁的な概念へとどのように高揚することができるのか，といった方法を申し立てることが問題となっているのでもなければ，〈宗教〉と関係する——たとえば，宗教と芸術の関係や，宗教と哲学の関係などといった——諸テーマに関して外面的に多弁をもてあそぶことが問題となっているのでもない。

たしかに，1821年のヘーゲルの草稿は，そのような不適切な印象を抱かせる。そこでは，まさに，宗教の概念を表象から高め（a節），概念の必然性を認識し（bおよびc節），最後に，宗教の芸術および哲学に対する関係を申し立てる（d節）ことこそが，宗教哲学の第1部の課題であるかのように見える。しかし，それからのちの講義，とりわけ1827年の講義以降明らかになるように，そうしたことはけっして「宗教の概念」の体系的な意味ではない。とはいえ，のちのこの入念な仕上げからは，後年になってはじめて完成した精神の概念の着手点が，すでに草稿の段階でヘーゲルの念頭に浮かんでいたことも認められる。というのも，ヘーゲルはすでにそこでもまた——『エンツュクロペディー』の第1版§§453，455および第3版§553以下でも定式化しているような精神の概念との類比で——宗教の概念の諸契機を列挙しているからである。すなわち，まず第1に「絶対的な統一の規定」，すなわち絶対的で実体的な内容の規定，第2に「分離という契機」，すなわち他在という契機，そして最後に「主体的な契機」，すなわち「精神的なものの自己意識それ自体が，永遠で絶対的な契機であるということ」を挙げているからである（V 3. 103-106）。

宗教哲学の第1部の体系的に重要な唯一の課題は，これら三つの契機のうちで宗教の概念を展開することにある。というのも，それらが，精神の形態として，宗教の概念を，つまり宗教の内的な構造を構成しているからである。ところが，ヘーゲルは草稿の中でそれらの契機を挙げているだけで，それぞれの講義の第1部の構造をそれらの契機によって決定しているわけではない。二回目の講義では，ヘーゲルは「われわれの考察の歩みの外観」の中で，宗教の概念を開陳している。「したがって，第1のものは実体的なもの，第2のものは意識の立場，第3のものは意識のこの有限な立場の廃棄であり，言いかえれば，実体と意識という二つの側面の合一，すなわち祭祀である。」（V 3. 55f.）しかし，たとえヘーゲルがこの区分をプログラム的に構想しているとしても，第1部の仕上げにさいしてはここでもまたその区分に従っていない。その代わりに，ヘーゲルはなお最初の講義の諸テーマに依拠している。最後の二つの講義になってはじめて，「宗教の概念」を上に述べた形式で展開している。「宗教の概念」はそれらの契機を体系的に展開することのうちにしか存しない，というわけである。こうしてはじめて，宗教哲学の第1部が，それに適した体系形式を見出したのである。「A．神の概念」の章は，第一の契機，すなわち絶対的な統一の契機を論じる。「B．神の知」の章は，第2の契機，すなわち自我とその対象との分離という契機を説明する。この第2の契機のうちにこそ，宗教の自己理解にとって宗教的な関係の徴が存するのである。そして，「C．祭祀」の章は，第3の契機を展開する。——それはつまり，精神的なものの自己意識のことであり，この自己意識は，表象が廃棄することのできない自我とその対象との分離を克服し，宗教の段階で現実化されうる限りでの精神の自己知，すなわち絶対的精神の自己意識をもたらす。

(2) それゆえ，この三項区分をするさいにヘーゲルにとって問題なのは，他の選択肢もありうるよ

なたんなる任意の描出形式ではなく，内容の本性から生じる必然的な構造化である。「宗教の概念」の叙述がこの概念の解明となるような尺度の中でこそ，その叙述にさいして内容そのものの解明が問題になり，事柄にとって外的なものにとどまる多弁など問題ではなくなる。したがって，この体系形式の仕上げのうちには，その数年のあいだの宗教哲学の進展のひとつの局面がみられる。そして，まさにそれゆえに，これらの差異を確認する解釈だけが，宗教哲学講義の概念的な内実を正当に評価できるのである。そうでなければ，はじめの二回の講義の内容が異なっているということで解釈は必然的に間違った方向に導かれることになる。というのも，ヘーゲルの〔1821年の〕草稿に描かれている宗教の概念への道は——これはヘーゲルが宗教的な表象から採りいれているものだが——，正確な意味で学問的な宗教概念に行き着くわけではないからである。このことは，のちの箇所でヘーゲル自身も認めている。すなわち，宗教哲学的な認識は，「われわれが神と宗教の概念を前提し，a）この概念について『それは正しい』ということを示さなければならないはずだとか，β）いまやこの内実に対する主観的な認識根拠を探求するなどといったこと」のうちに，存在してはいないのだ（V 3. 131），と。

同様に，宗教の概念に至るには，——1824年の講義で最初に述べられているように——経験的な道と思弁的な道という二つの道がありうるというわけでもない（V 3. 165）。経験的な道をたどるのでは宗教の概念に到達しない，とヘーゲルははっきりと同じ講義のあとの方で述べている（V 3. 218）。経験的な道を記述しようとする試みをそこで企てたところで，その方法的な意味は，その道が目標にたどり着かない，という証明のうちにしかない。——そしてそれゆえに，経験的な道は，宗教哲学の本来的で体系的な関心にとっては外的なものにとどまる。そうなれば，最初の二つの講義でかくも多くのスペースが割かれた，宗教的な立場の必然性の証明でさえも，厳密な意味では宗教の概念に属さない主題として認識されなければならなくなる。というのも，宗教的な立場の必然性の真の証明は，体系の展開のうちに——つまり，論理学からはじまり，自然哲学，そして精神の概念へと至る展開のうちにあるからであ

る。もちろん，宗教哲学の最初に，教授法上の諸理由からその証明を足早に復唱することはできる。しかし，この展開をもう一度遂行することは，厳密な意味での宗教哲学そのものの課題ではありえない。

(3) 宗教哲学は，むしろ補題的なかたちで精神の概念に取りかからなければならない。「宗教学は，一つの学問，しかも哲学における最後の学問である。その限りで宗教学は，他の哲学の諸部門を前提しており，したがって成果である。」それゆえ，この学問においては，哲学の成果としての精神の概念の中に存在するもの以外話題になりえない。——たとえヘーゲルが，この成果，つまりこの究極的にして最高の現実性を表すのに「神」という名前に助けを求めているとしてもである。「哲学の歩みは，何よりこの歩み一切の究極の成果が神である，というところへと通じている。そうなれば，この最高の到達点は，神が存在するということの証明である。言いかえれば，この即かつ対自的に普遍的なもの，端的に一切を包括するもの，一切を保持するもの，一切がそれによってはじめて存在するもの，それが存立するということ——すなわちこれこそが真理であるということ，その証明である。」（V 3. 265, 267）

たんに準備としてではなく体系的に書きおこされた宗教哲学の第一の課題は，「体系」から成果として生じる神概念を，精神や端的に普遍的なものの概念として展開することであり，その神概念を「絶対的な存立」として展開することである。ヘーゲルは出発点としてこう定式化している。「神は絶対的な実体であり，唯一真なる現実性である」（V 3. 269）と。しかし，この言い方は，ヘーゲルもよく知っているように，当時彼の哲学に対しても申し立てられていた「スピノザ主義や汎神論」という疑念を抱かせる。そこで，ヘーゲルは——すでに『精神現象学』の序文でそうしているように（本書245頁以下参照）——「実体」概念を「主体」概念と媒介させることで，自分に向けられた非難を論駁し，しかも「絶対的な実体」としての神というこの規定を堅持しようとする。真なる一つの現実性としての神は「精神」であり，精神性のうちには，たんなる実体性以上のものが含まれている。精神性のうちには，知と自己知があり，思考する自己関係がある。しかも，たんに個体のそればかりではなく，共同体のそ

れがある。ヘーゲルにとって「唯一」重要なのは，一切を包括する現実性としての神というこの思想が，いかにしてより詳細に規定されるか，言いかえれば「その現実性が実体や精神として規定されるかどうか」ということである。「哲学全体は一性 Einheit を規定する研究に他ならない。それと同じ様に，宗教哲学も諸々の一性の系列にすぎないのだが，そこではつねに一性が，この一性こそがどんどん規定されていくのである」（V 3. 276）。

9.8.5. 規定宗教

(1) しかしまた，この一性がさまざまに形態化することで，歴史的な「規定宗教」も形成される。ヘーゲルは，それら諸宗教を講義の第2部で扱い，それによって，宗教の概念が歴史の中でどのように形成されるのか，したがって，「宗教の概念」のうちで考えられた精神の自己関係の相関がどのように形態化されるのかを明らかにし，宗教の概念をこれらの諸形態に即して確証する。

ヘーゲルは，規定宗教の考察に，そのつど自由にできた講義時間のぎりぎり半分を当てている。残りの半分は，「序論」，「宗教の概念」，「完成した宗教」に分けられている。この歴史的な部門こそ，宗教哲学にとって抜きんでて重要なのだと確信していたのでなかったなら，ヘーゲルが講義時間をそのように配分することはなかったであろう。ヘーゲルは先駆者の一人として，「宗教哲学」——当時はまだ生まれたばかりの (in statu nascendi) 分野であった——に，包括的で体系的な仕上げを施しているし，先駆者として，宗教の歴史に対し，この宗教哲学のうちで中心的な位置づけを与えている。ヘーゲルの講義が他の同時代人たちの構想と比べて際立っているのは，彼の講義が対象を捉えるまなざしが，広範で，普遍的で現実性に満ちた傾向をもつものだからである。

ヘーゲルの宗教哲学に特徴的で，いわば革新的な相貌を形作っているものの一つに，次のようなものがある。それは，歴史的な諸宗教を，ギリシアの「国民宗教」や支配的なキリスト教といった周知の形態で主題化するばかりではなく，それぞれの歴史的地理的な多様性の中で主題化している，という点である。ヘーゲルは思想的に諸宗教の全体にまで手を拡げる傾向があるのだが，それによって彼は，伝統的にも当時としても非キリスト教の諸宗教が主題化されてきたさいの二つの三項図式を打破する。その図式というのは，異教，ユダヤ教，キリスト教という古代後期の図式であり，また中世後期以来「キリスト教的西洋」の歴史的な経験から生じてきて，レッシングの『賢者ナータン』の根底にも存在している，キリスト教，ユダヤ教，イスラム教という図式である。また，これらの図式を押し破るといっても，たとえば「中国人の知恵」とか「東洋の宝」といったものをキリスト教に対して論争的にもち出すといったようにして行われるわけではない。——これは啓蒙（ライプニッツ，ヴォルフ）や初期ロマン派（フリードリッヒ・シュレーゲル，PLS I/1. 119）のいくつかの着想に特徴的なものであるが。

(2) ヘーゲルは最終的にキリスト教を「完成した宗教」として際立たせる。——とはいえ，先行する諸宗教に対するヘーゲルのまなざしは，人間にとって価値のない迷信であるとか，悪質な聖職者による欺瞞であるとして諸宗教の内実を忌避するために役立つようなものではない。ところで，徹底的に啓蒙主義的な宗教批判のこれらの解釈モデルは，もともとキリスト教の護教論に由来する。そこでは，それらのモデルは，もちろんたんに「異教」の諸宗教を，それらが神ならぬ起源をもち真理の特性を欠落しているがゆえに中傷するという目的をもつにすぎない。それに対して，諸宗教をそれぞれの歴史的な多様性のうちで認識しようとするヘーゲルの関心は，キリスト教の権威を損なうことを主張するものでもなければ，キリスト教を護教論的に支援することを主張するものでもない。ヘーゲルの関心は，自らの宗教哲学の根底にある仮定を歴史的に証明することを主張するわけだが，しかしそれにもかかわらず，その関心は，独断的な定立というよりはむしろ，解釈学的な準則と見なされなければならない。むしろ，宗教のうちに理性が存在する，という自分の仮定を証明することを主張するものなのである。しかし，宗教のうちに理性が存在するのであれば，このような歴史的に現実化された理性は，哲学的な認識のうちで現実的であるような理性にとっても明らかになるのでなければならない。

(3) ヘーゲルはこの「先入見」を，綱領的に記された草稿のある文章の中で明瞭に表明していた。「諸宗教の歴史は，神の諸表象のより詳細な形態と関連している。この歴史は，それが収集され推敲されているものである限り，主としてそのように外的なものを，現象するものを，提示するだけである。より高次の欲求は，意味，肯定的なもの，真なるもの，真なるものとの連関——つまり理性的なものを，そこに認識することである。そのような諸宗教を考えつくのは人間であり，したがって，宗教のうちには理性が存在しなければならない，言いかえれば，あらゆる偶然性のうちにはより高次の必然性が存在しなければならない。こうした意味で諸宗教の歴史を研究することは，同時に，そこに生じる身の毛もよだつものや馬鹿げたものと和解したり，それを正当化したり，それが全体としてどのような形態であるか（たとえば成人か子供の犠牲者か）を正当に，真に知ることであるが，こうしたことがここでの問題となるわけではない。しかし少なくとも，それがそこから生じた端緒や源泉を人間的なものとして認識すること——これこそは，より高次の和解である。」（V 3. 107f.）

あらゆる宗教の根底にあるこの人間的で理性的なもののことを，ヘーゲルは別の箇所で，より正確に，精神的なものと呼んでいる。ヘーゲルから見れば，「絶対的な宗教」としてのキリスト教だけでなく——歴史上に現れた諸宗教もまた，絶対的精神の，つまり自己自身に関係しそれ自身を認識する精神の，諸形態を形成している。——たとえ，諸宗教のこのような哲学的な理解が，それら諸宗教の自己理解とけっして一致していないとしてもである。すべての宗教は，みずからの本質を知りみずからをその本質と一つのものとして定立する精神の，そうした諸形態なのである。すべての精神的なものにとって本質的な，個別的な精神と普遍的な精神とのこのような相関関係は——ヘーゲルは講義の第1部でそれを思想的に解明し，第3部でそれを歴史的に取り戻したと考えているのだが——，宗教の歴史のうちではさしあたりたしかにまだその真実態に従って認識されるわけでも生きられるわけでもない。人々は個々の宗教の中で神的なものとみずからとの関係をきわめて多様で——ヘーゲルの宗教概念に即して言えば——きわめて不完全な仕方で規定している。とはいえ，意識が，歴史的に現実的な諸宗教のうちで，どれほどこの関係を捉えそこなってきたかもしれないとしても，それにもかかわらず，歴史的に現実的な諸宗教で問題なのは，精神的な一性に関する一連の諸規定，すなわち普遍的な精神としての神的な精神と，個別的な精神としての人間的な精神との自己関係に関する一連の諸形式である。——そしてこの関係が，ある宗教の信者をもって任じている人たちの現実理解の総体のいわば結晶点を形成するのである。

(4) ヘーゲルの宗教史構想は，講義の第1部の構想が初めのうちそうであったのと同じくらい急速に変わっていった。その構想は，宗教史を思想的に一貫させて形成するための絶え間ない新しい着手点を示している——たとえ，ヘーゲルがそこにある選択肢をいまだ最善の形で利用していないとしても。宗教史の構想を練り上げることは，宗教哲学の構想全般を展開させることからは，次の二つの力点の移動によって区別される。〔第1に〕宗教史の構想化は，宗教哲学の体系的な形成に先行するし，また〔第2に〕宗教史の構想化は，宗教哲学の概念的な基礎がすでに据えられ，その構想の入念な体系的な仕上げが次第にヘーゲルの体系の基本線と一つになり，こうして確固たるものとなったあとでも（とりわけ1827年の講義以降のことであるが），さらになお流動し続けるのである。後期の三回のどの講義でも，新しい「さまざまな民族宗教」（Goethe, V 4. 4）を全体の構想の中に取り入れることによって，中間部の「規定宗教」に当てられた部分の内容が豊かなものになっている。ヘーゲルが，さらにもう一度講義を行ってそれまで以上に広範な宗教——たとえば，ゲルマン人や日本人，あるいはインド人の宗教など——をその宗教史の枠組みの中に取り入れるようなことがあったとすれば，経験的な完全性を意識的に断念しているにもかかわらずこうした支配的な傾向をとり続けて，どの講義でも，歴史的な記述を拡張させたことであろう。

このように宗教哲学の枠組みに徐々に手が加えられたことのうちには，ヘーゲルが，主にベルリン時代に，他の文化，とりわけオリエントの文化に関して獲得する知識が広がり深まったことが反映されて

いる。このような知識の広範な習得は，たんに宗教哲学講義を準備するという枠組みの中でなされただけではなく，並行して行われた美学や世界史の哲学，さらには哲学史に関する講義の準備という枠組みの中でも同じようになされている。ヘーゲルの典拠には，アフリカやアジア諸国から宣教師たちがもたらした旅行記や報告が含まれており，とりわけ，当時はまだできて間もない中国学とインド学がもたらした翻訳と論文が含まれる。——その中で言及されているのは，ヘーゲルが高く評価した『アジア研究』所収の沢山の論考，その中でもとりわけヘンリー・トーマス・コールブルクのものや，ベルリン大学の同僚でインド学者のフランツ・ボップの仕事も含まれる（本書80頁参照）。また，古代ギリシアや地中海の南部と東部——この地域にヘーゲルは若い頃から慣れ親しんでいた——にも，当時，ヘーゲルの友人クロイツァー（本書540頁参照）やカール・オットフリート・ミュラーらの象徴学と神話学に関する研究によって，また同じくそれに関する激しい論争によって新たな光が投げかけられていた。

それゆえ，ヘーゲルがはじめて歴史的諸宗教を完全に哲学的に取り扱おうとした試みに対して，19世紀後半に得られた知識を対置するのは安直な批判であるし，今日のわれわれのそれを対置するのはなおさらである。講義の改訂は，同時代の研究の成果を得ようとするヘーゲルの絶え間ない努力を示しており，この事実によって，講義の——そうでなくてもたいていはいずれにしても見過ごされていた——この部分に対して行われてきた批判を根本的に修正することが必要になっている。ヘーゲルはそのような豊富な材料を哲学的に概念把握しようと努めたが，この姿は，歴史的な現実という多彩な資源に対し，「体系的強迫」によって，つまり抽象的な規定であらかじめしつらえた網によって，生気のない分別づけをしようとする講壇哲学者の一般的イメージとは無縁である。

（5）ヘーゲルは歴史的な視野を拡張し続けていたが，それによって以下の三つの水準で，彼の講義も同じように絶え間なく変更された。第1の水準は，そのつどの個々の宗教の像に関わる。つまり，講義から講義へとその像が根本的に変化したということである。とくに中国の宗教の場合，ヘーゲルは，たった一つの解釈を与えるというより，むしろ，けっして一つの全体像へと統合されることのない，一連のさまざまな解釈を与えている。イスラエルの宗教の叙述に関しても事情は同様である。——この場合には，さまざまな力点よりもむしろ差異の方が描写されなければならないにしても。ヘーゲルは，のちの講義になればなるほど，旧約聖書や「光の存在者」としての旧約の神に関するヘルダーの宗教解釈の圏域からますます離れていき，それとは別の，旧約聖書の伝統や鍵概念が現れる。それに伴い，〔いままでの刊本では〕別々の講義から混ぜあわせてできたために輪郭を失っていたイスラエルの宗教像に代わって，一つの連続した像が登場しなくてはならないし，これらの像は相互に比較対照され，それぞれ異なる力点を置いて把握されなければならない。

変更に関する第2の水準は，個々それぞれの宗教の描写というよりも，むしろ，つねに位階秩序のもとに構造化された宗教史全体の内部での個々の宗教の位置づけに関わっている。諸宗教がそれぞれの規定性を保持するのは，内的な具体化によるだけでなく，それとまったく同様に他の宗教との相関にもよる。たとえば，ヒンドゥー教，あるいはギリシアや旧約の宗教の前後に仏教が位置づけられることによって，同時に，宗教史の内部での特定の段階と機能を割り当てることが表明されるわけである。

これらの変化の中でもっとも重要なものは，自然宗教の概念に関わっている。ギリシア宗教と自然宗教とを同一視するイェーナ初期の考え方をヘーゲルはいまや放棄するが，だからといって，それで自然宗教の概念の解釈史が終わるわけではけっしてない。ベルリンでの最初の講義では，自然宗教の概念は——一度言及されるだけで（V 4.27）——背後へ退いている。自然宗教の段階は，ここでもまた，さしあたってまだ歴史的な具体性を獲得していない。自然宗教は，ヘーゲルにとって，東洋の宗教そのものであり，その形而上学的な概念は単一で純粋な存在である。二回目と三回目の講義では，ヘーゲルは——魔術に並べて——〈自然宗教〉というタイトルのもとに，中国，インド，イラン，エジプトの諸宗教を挙げている。ところが，ヘーゲルは最後の講義でこの概念に，全面的に新しくしかもきわめて狭い規定を与えている。ヘーゲルがここで〈自然宗

教〉と呼んでいるのは，まだ「魔術の宗教」という宗教史の初期段階のことでしかない。ヘーゲルが中国とインドの宗教（仏教とラマ教も含む）を取り扱うのは，中間部において，すなわち「宗教的意識それ自身のうちでの分裂」(V 4. 615-623) というタイトルのもとでのことであり，そのあとには「自由の宗教」が続くのだが，それはこの最終講義では早くもイランの宗教とユダヤの宗教とともに開始されるである（V 4. 623-642)。

このように，さまざまな宗教を宗教史の諸段階に分類する仕方を変更していく中で，ヘーゲルは諸宗教の思想的内実への洞察をさらに進展させ，ある三重の意味をもつ表現を見出すことになる。すなわち，あらゆる宗教は——宗教として——精神の一形態なのであるから，「存在」というカテゴリーは宗教の形而上学的な内実を表現するのにふさわしくない。また，自然的なもの——これ自体は外面的な自然という意味ではなく，直接的で自然的な主観性という意味であるが——というカテゴリーも，中国とインドの宗教を取り扱うにはけっしてふさわしいものではない。さらに，イランの宗教は——「善の宗教」として——光という自然性がなお付着しているものの，神的なものを，それ自身のうちで精神的なもの，みずからを規定するものとして知っており，それゆえ，より高次の圏域に分類されなければならない，ということである。とはいえ，1831年の講義に見られるその構想は，根本的な理解の改変を示すものであるためにまさしく，時間的には最後の構想だと認めなければならなくなろう。——またそれは，ヘーゲルの宗教史的な洞察が，思想の形成という意味でも最終的で拘束力をもった形態を獲得した，そうした構想と見なされてはならないことになろう。

「規定宗教」を配置するさいの叙述の転換や変更に加えて，なお第3の，しかも体系的に意義深い変更水準がある。それは叙述の諸原理における転換である。ヘーゲルにとってもっとも重要なのは，「規定宗教」の歴史的な考察ではない。ヘーゲルは，「宗教の概念」と「完成した宗教」を「規定宗教」から分離することによって得られた歴史的な余地を利用すること，すなわち個々の宗教を記述し，それらをまったく年代順に——いつもの経験的な順序で——配置することにけっしてとどまりはしな

い。ヘーゲルの意図は，歴史的な諸宗教のうちに理性を認識すること，つまり，諸宗教を，みずからの本質を思考する精神の諸形態として概念的に把握することである。そして，ヘーゲルにとってそれ以上に重要なのは，精神の自己意識の任意の数の型式を提示することではなく，普遍的な精神と個別的な精神とを媒介するさまざまな形態を，最終的には歴史的な秩序と同一のものであると判明する根本的に思想的な秩序へともたらすことである。とはいえ，そのような思想的秩序の諸原理は，たんなる宗教概念からは十分に導出されえない。この概念——これは，精神および判断が，それ自身のうちで，そして精神がまさしくそのものに対して存在している知のうちで実体的に統一するという概念であり，普遍的な精神と個別的な精神との媒介的同一性という概念であるが——からだけでは，たしかに，多数の宗教が存在するという事実を納得させうるには是非とも補足的な仮定が必要である。

それゆえヘーゲルは，このような秩序づけのための諸原理を宗教哲学の外部に求めざるをえないと考える。しかしこれらの原理もまた，それが秩序づけるべく定められている諸宗教と同じように，急速な変化に従っている。ヘーゲルは，原理化されるものに対する原理の位置を変えずに，たんに一つの原理をそのつど別の原理に代えるだけというのではない。むしろ，のちの三回の講義が経過する中で，ヘーゲルは，元々の諸原理を，宗教史の概念的な構造化のために，徐々に回収してゆき，それら元々の原理を，そのつどより柔軟でより特殊な，しかも，多数の宗教とこの領域に特殊な性格とにより適した原理と取りかえている。存在-本質-概念という論理的な規定による「規定宗教」の周知の厳密に図式的な分類は，草稿にのみ見られ，後の講義にはもはや見られない。宗教の歴史的な多様性は，ヘーゲルの『論理学』には収まるかもしれないような概念性によって表現されうるものではない。ヘーゲルはそのような概念性を宗教史の領域に転用することなど，いずれにせよしなかったし，試みようともしなかった。さらにヘーゲルの二つの原理——「規定宗教」を神の存在の宇宙論的証明と目的論的証明とに組み込むこと——は，ヘーゲルが扱った多くの宗教を秩序づける原理として機能しうるに十分なほどにはまったく区分さ

れていない。いわゆる「形而上学的な諸概念」は結局のところ，そもそもそのつどの諸宗教の内実を構想化するのに役立つだけで，秩序づけをする原理となるわけではないのであり，とくにそれ自体では一つの原理によって秩序づけられたものとして現れるわけではないのである。このようにして，講義を重ねるにつれて，問題の重点は，体系構成と歴史から，後者の歴史に都合のよい方向にずらされていく——たとえヘーゲルが，一連の宗教を概念によって秩序づけられたものとして概念把握するというみずからの主張につねに固執しているとしても。

(6) しかし，当時手に入れることのできた資料を可能な限りみずからの宗教哲学のために援用しようというヘーゲルの要求は，きわめて新奇であるどころか前代未聞のことであり，だからヘーゲルが個々の宗教やその秩序だった全体について構想する像がどれほど際立っているにしても，それでもやはり，この像がずっと以前からもはや人を満足させなくなっているとしても不思議ではない。歴史科学，東洋文献学，宗教学は，ヘーゲルの時代以降になってはじめて，アカデミックな分野として創設されてきた。これらの学問は疑いもなく，ヘーゲルが描いた像を著しく変えてしまった。このことそれ自体は，イスラエルの宗教や，ヘーゲルの時代頃に東洋よりもはるかに多く受け入れられた知識が広まっていたギリシアとローマの宗教に関しては正しい。それゆえ，ヘーゲルが考察した諸宗教のうちの一つでもいいから情報を得ようと思って，ヘーゲルの宗教哲学を手に取る者はまずいないだろう。この——第1にして不適切な——観点からみれば，ヘーゲルの叙述は，せいぜいのところ学術史的な関心を引くにすぎない。その叙述は，東洋の諸宗教に関する最初の詳細な報告がヨーロッパに届いたさいの歴史的な状況や，たとえばインドの文献が最初に翻訳された時の歴史的な状況——最初はラテン語やドイツ語以外の言語で訳されることが多かったが——を映し出している。さらに，そのような状況で，他方では，ヨーゼフ・ゲレスのようなロマン主義的な神話熱の大家たち（本書401頁以下参照）がその奇抜な著作のなかで難解な主張を展開したばかりでなく，学者たちもまた専門誌でそのような主張を展開した。——彼らはその情報提供者たちから欺かれていたからにすぎないのだとしても。

しかし，ヘーゲルの詳述を今日の宗教学的な叙述との類比で読んだり評価したりせず，ヘーゲルにとって哲学的に重要であったまさにそうした諸々の問題設定と関わりあうならば，まったく別のイメージが現れてくる。そうした問題設定ゆえに，ヘーゲルはまだあまり開拓されていなかった宗教史という領域を，みずからの宗教概念を証明するための場にまで高めたからである。このように見るならば，ヘーゲルの着手点は今日の宗教学や宗教史の研究と類似した諸問題に取り組まなければならなかったことがわかる。つまり，宗教概念の統一という問題や，国家，社会，芸術や哲学と，宗教がどのような関係をもつのかという問題，さらには，数多くの宗教が存在し変化しながらもそれぞれが真理を申し立てているという問題，あるいは，宗教と歴史の関係の問題が，それである。

(7) ここでは最後に挙げた主題についてだけ明らかにしておきたい。19世紀以来，〈宗教史〉は周知の用語になった——けれども，この語に一定の意味を結びつけるのはけっして容易ではない。〈宗教史〉ということで考えられているのは，比較的あたらしいスタイルの比較宗教学でもなければ，伝統的に理解された〈歴史〉や〈史実〉という意味での宗教の物語でもなく，諸宗教が互いに位置づけあっている客観的な相互関係のことである。しかし，多様な宗教が人間の歴史の中に登場するのを宗教史として構成するのはなんであろうか。概念を刻み込む論理学は，継続的な展開という意味での宗教の歴史が存在し，それが少なくとも種々の宗教の中に含まれていると想定する。つまり，宗教それ自身が，芸術や哲学と同じように〈客観的な歴史〉をもち，現実の諸宗教はこの歴史の中で個々の段階として相互に関係しあうものだと想定するのである。

「規定宗教」は宗教の概念によって秩序づけられねばならない，というのがヘーゲルの——幾重にも変奏されて具体化される——主張である。すなわち規定宗教は，普遍的な精神と個別的な精神との同一性という尺度，それぞれの宗教の中でそのつど表象され現実化されるその同一性という尺度に即して秩序づけられなければならない——たとえ，必ずしも一義的で確定される秩序になるとは限らないが，と

いうのである。観察者によって作り上げられるこのような秩序は——ヘーゲルが「完成した宗教」と「規定宗教」とを分けることで考慮していたように——、いわば最後から二番目の段を踏んで、一貫した最後の歩みを通して「完成した宗教」へと上れるような梯子を作る必要はない。しかもその秩序はけっして歴史的な順序として考えられてもならない。さまざまな時代と文化から生じた諸宗教は、たとえばそれぞれのうちで構想される人間的な精神と神的な精神との和解という導きの糸に沿って、したがって、精神の自己意識という導きの糸に沿って秩序づけられうるであろうが——だからといってそれで諸宗教の概念的な関係だけでなく、実在的で歴史的な関係も捉えられると主張しているわけではない。とはいえ、ヘーゲルは、哲学史講義においてと同じ様にここでも、概念による秩序を同時に歴史的な秩序としても証明できるという主張を掲げているのである（V 6. 27）。「物の秩序（ordo rerum）」は「観念の秩序（ordo idearum）」に一致するはずだ、すなわち、諸宗教の思想的な位階秩序には、それぞれの宗教相互の歴史的な位置が合致するはずだ、というのである。こうして概念の道が歴史のたどる道になる。

しかし、厳密に言えば、ヘーゲルはこの主張を実行したわけではないし、しかも宗教哲学に関しては、納得のいく仕方でというその程度でいうなら、哲学史講義におけるそれと比べはるかに劣っている。ヘーゲルの主張には、証明しようとする試みが呼応しているわけでもまったくないし、それどころかそのような証明の必然的な諸前提についての反省でさえもが対応していない。哲学史講義や世界史講義とは違って、ヘーゲルの〈宗教の歴史〉では、年代順の考察はすでにほとんどわずかな役割しか果たしていない。さらに、ヘーゲルは中国とインドの文化の最盛期の年代設定をあまりに早いところに置くことを批判しているが、それでも、本質的には、宗教の領域での世界精神の道を、仏教を含んだ中国とインドの宗教とともに始めさせている。しかも、他の宗教——特にエジプトとイスラエルの宗教——は年代的に中国やインドの宗教よりけっして後のものではないにもかかわらず、そうしているのである。

さらに言えば、ヘーゲルは、仏教に対するヒンドゥー教の関係や、中国の宗教に対する仏教の影響についても、他方またインドの宗教とイスラムの宗教の関係についてもたどることができるような連続性を、つまりは、少なくとも部分的にでも歴史的な連続性を証明することに励んでいるわけでもけっしてない。もちろんヘーゲルの用いた資料では、その種の連関について詳細に洞察するには不十分であったし、大部分はけっしてそうした洞察を許すものではなかった。また、ギリシア神話がオリエントに起源をもつという仮説のような、当時主張されていた連続性に対しても、ヘーゲルはしかるべくきわめて慎重に対処している。ハイデルベルク時代以来の友人であるフリードリッヒ・クロイツァーによってそのような見解が主張されていたにもかかわらず、ヘーゲルはむしろ、ゴットフリート・ヘルマンやヨハン・ゴットリープ・ローデのようなクロイツァーを批判する者たちの見解に好感を抱いていたのである。

ヘーゲルは最終的には、宗教を歴史的に論じるのに必須とされていた、そのほかの二つの見方を無視している。〔第1に〕たとえば、後期ヒンドゥー教とヴェーダの関係やミトラの形態とパルーシー教の関係に関して点在している二義的な註記は別にして、ヘーゲルは個々の宗教の内的な歴史を無視している。もっともヘーゲルはキリスト教に関してはなんと言ってもみずからは、なんらかの〈根源史〉や源初の啓示よりも、むしろ歴史的な発展の経過の中で一つの思想の真理を形成することの方が重要だと強調しているのであるが。歴史的な考察にとって際立って重要な出来事——たとえば、イスラエルの宗教内で一神教が次第に形成されたこと——は、宗教に対するヘーゲルの視野のまったく彼岸にとどまっている。その理由もたんに、当時の研究状況では、旧約聖書の諸々の伝統の特殊性やそれらの伝統が一体化して漸次発展した様を概観することが可能ではなかったから、というだけではない。〔第2に〕そのような内的な歴史がすでに終わりを迎えたかのどうか、当該の諸宗教のうちでなお生きている宗教が問題なのか、それとも過去のものとなった宗教が問題なのか、ということも、ヘーゲルにとっての関心事ではない。キリスト教との関係からみて、他の宗教が過去のものであるか同時代のものであるかということは、ヘーゲルの考察法にとって問題をなさないばかりか、

一度も関心の対象になったことがない。ヘーゲルにとって重要なのは，普遍的な精神と個別的な精神との媒介形態が多様に形成される仕方だけである。それに反して，しばしば外的な変革によって制約される諸宗教の後期の運命は，みずからを概念把握する精神には——ヘーゲルの言い分では——まったく関わらない。

それにもかかわらず，ヘーゲルが叙述している諸宗教はある順序で，それも概念のみによって規定されているわけではないし，そのうちでは——しばしば言われるように——経験に対してというよりもむしろ概念に対して暴力が加えられるような順序で現れる。思想的な秩序が補足され，ゆがめられる。——しかし，それは，歴史的な原理によってではなく，むしろ地理的な原理によってである。要するに「規定宗教」に関するヘーゲルの論述は，宗教史というよりも宗教地理学を形成しているわけである。宗教の道は中国にはじまり，空間的な中断もなくインドと近東を越え地中海へと進む。さらに，エジプトとイスラエルからギリシアとローマに向かう。このようにして，ヘーゲルが講義ごとに取り入れる宗教の数は増えていき，この道にはめ込まれる。この増大は地理的に——もちろん時間的にも——いったん定められた目標を越えていくわけではない。しかし，東洋から西洋への外見のうえでだけ歴史的なこの道程を，ヘーゲルは同時に思想がより高次に展開することだと，つまり，精神の自己意識における進展だと解釈する。

(8) ここに，ヘーゲルの構想に向けられるべきさまざまな問いが積み重なることになる。ヘーゲルによる「規定宗教」の論述が——ヘーゲルが申し立てているような——宗教の歴史としてではなく，宗教地理学として解釈されなければならないとしたら，精神の自己意識における「進展」とはなにを意味するのであろうか。その場合さらに，とりわけ，先行する宗教が後の宗教の前提を形成するということは，なにを意味しうるのであろうか。この前提構造は，精神の——ヘーゲルの宗教概念によれば——より高次の形態が，その前提と見なされる先行形態となんら歴史的な媒介関係にないとしても，世界史のある一定の地点に現れる，ということによってすでに実現されているのであろうか。仏教はエジプトの宗教の前提であるという主張には，どのような理性的な意味が結びつけられうるのであろうか。そのような問いに対する答えが満足のいくものにならないとしても，これらの問いはある重要な方向を指し示している。

ヘーゲルの概念装置からするならば，これらの問いに対しては，一見すると相反するようにみえるけれども実際には互いに一致するに至る二つの答えが可能になる。もっとも，この二つの答えはいずれもヘーゲルの着手点をはみ出るものであるが。すべての宗教は精神がそれ自身の意識を獲得するさいにとる形態である，というヘーゲルの解釈は——それだけで受け取れば——，それらの宗教が歴史的にひとつの連関をなすという想定に対して独立している。このヘーゲルの解釈は，異なる文化間のいかなる接触も認めず，したがっていかなる歴史的な連関も許さないことを自然本性とするような世界においてさえ妥当することを要求したのである。たしかに，精神の自己意識の形態としての諸宗教は，必ずしも他の宗教との歴史的な接触や他の宗教に由来するきっかけによってはじめて形成されるというわけではない。さらにそうした宗教は，同時代に蔓延していた原啓示という妄想に反対してヘーゲルが繰り返し銘記していたように，けっして根源的な啓示の残骸などとして理解されてはならないのである。むしろ，こうした宗教は精神的なものが存在するところにはどこにでもそれだけで現れるものなのである。なぜなら，精神的なものはすべてその本性によって，自分自身についての意識を獲得することを目標としているからである。この意識は，個々の民族で異なるし，さらにのちには，それぞれに違う自然的で文化的な制約に基づいた，もっと大きな文化圏でも異なってくる。宗教の真なる概念を意のままにする者であれば，これらのモナド的な諸宗教に——その概念に適合する度合いが少ないか多いかという尺度に従って——一つの思想的な秩序を与えることができるであろう。しかし，このような秩序は，歴史的な連関に対しても空間的な隣接関係に対しても無関係なものとなるであろう。精神が——ヘーゲルとともに——東から西へ向かう道をたどるというのは，ばらばらの経験内実を折り込まれた旧い解釈モデルのひとつにすぎない。しかしこのモデルは，宗教の思

弁的な概念にとっては歴史的な秩序よりもっとはるかに外的なものである。

いまここで，さしあたって多数のモナド的な宗教が直接的に存在すると想定したわけだが，ところが他方で，この想定は精神の歴史性というヘーゲルの概念と矛盾する。ここでいう数多性はどうみても，自分自身の知を生み出すという精神に固有な活動性にとって，擬似-本性的な前提でしかない。というのも，ヘーゲル的な宗教概念の意味での，普遍的な精神と個別的な精神との関係の「正しく」「完全な」把握とは，けっして直接的なものではありえないからである。精神は歴史を経めぐる中ではじめておのれについてのみずからの意識を獲得する。隠喩的な言い方をすれば，精神がいわば本性からしておのれ自身の適切な意識をもっているということは，「精神の本性」に矛盾する。というのも，精神の本質は自由であり，この自由はけっして直接的なものではありえないからである。自由は生み出され仕上げられなければならないものであり，まさにこの過程が歴史——すなわち，芸術，宗教，および哲学の歴史なのである。そして，この過程の中では，過ぎ去ったものが記憶されたものとして保存されているのであって，原理的に無視されることはありえないのであるから，この過程はヘーゲルにとって必然的に精神の自己意識における進歩である（本書521頁以下参照）。加えて精神の形態は，後のものになるほど，先行する形態をあとからみずからの意識のうちに取り込むので，その限りでも，みずからの歴史的な前提としての先行形態に関係することができる。——もっとも先行形態がさしあたっては別の文化圏に属していたかもしれないし，後の形態と体制の歴史を共有していなかった場合もあるだろうが，そのような場合でもそうなのである。

(9) こうしてみると，われわれは回り道をしたあげく，ヘーゲルの講義を不注意な仕方で聴く者がどのみち抱くような宗教史のイメージにたどり着いたように思うかもしれない。しかし，二つの本質的な区別が残っている。

精神が歴史性に基づいて，歴史を経めぐって自分自身の意識へと到達するということは，精神の自己へのこの到達が，先行する諸形式の概念的にも歴史的にも秩序づけられた全体性として考えられなければならない，ということを含意しているわけではない。先行する形式の全体性を宗教の唯一の歴史として概念的に把握することは不可能である。——もっとも，展開の年代順の規定も連続性も必要としないようないい加減な歴史の概念でなんとかしようとするのなら話は別である。しかし，さまざまな宗教についてたんに語るだけのことが，精神の展開だと称されることはありえないであろう。精神の歴史と，そして宗教の歴史こそは——概念によって規定されたのではない——多数の部分的で歴史的な諸連関としてのみ存在する。しかもその諸連関の範囲は，そのつどの文化圏によって拡張され限定されるのである。歴史家の眼差しがはじめて，これらの部分的な歴史を概観するのである。とはいえこれは，宗教史そのものに属するのではなくて，宗教史の中で錬成される知の本質に関しては登場するのが遅すぎる視点である。

これまで，ヘーゲル的なモデルの修正を素描してきたが，これによって次の二つの「なぜ」の問いが納得のいくものとなる。すなわち，なぜ時間的にあとの諸宗教が，それにもかかわらず，概念の展開の初期の段階に属することができるのか，そして，完成形態に到達しても，一体なぜさらなる宗教や部分的な宗教史の登場がけっして排除されることがないのか。——もっともわれわれがヘーゲルとともに「宗教の概念」の形成や「完成した宗教」の主張を意味のあるものとして想定した場合のことではあるが。もしも——ヘーゲルの場合実際そう見えるように——諸宗教の全体性が唯一の歴史へと止揚されたものだと考えられなければならないとしたら，精神の自己意識において獲得された進展のあとに逆戻りして理解するのはもちろん困難なことであろう。つまり，歴史的にのちの宗教がいわばすでに克服された一段階を表すのだとすれば，それは記憶の女神ムネモシュネーが破綻することであろう。けれども，そのような部分的な歴史の外部では——そこはどのムネモシュネーも支配していないのだが——，精神の展開の中ですでに獲得された段階はその歩みを妨げられてはならないというのは，意味の無い要求である。精神がみずからの本質をその中で表現しようとするまさにそれらの表象が，他の文化的な文脈から生まれた諸形態によって追い越されることも不要

なものとされることもけっしてない——完成形態を想定することによってさえ余計なものとされることはない。そうでなければ，ヘーゲル的な着想の内部では，イスラム教の成立と歴史を概念的に把握できないことになるであろう。概念は時間を滅ぼすという，それゆえ完成した歴史的な概念の刻印はもはや時間的な改変にさらされることはないという，ヘーゲルが幾度も用いている決まり文句は，部分的な歴史のそのつどの限界の内部でしか妥当しない。それゆえ——ヘーゲルに反して——，宗教史の多様性と部分性は，「規定宗教」というヘーゲルの概念を納得のいくものにするまさに条件なのである。

以上のような諸々の問いこそが，講義の第2部を，宗教哲学的な諸問題を論じるための——まだあまり利用されていないにしても——第一級の資料にしているのである。ヘーゲルの宗教概念がもつ解明の力は，この第2部でヘーゲルが論じている諸宗教に基づいて——第3部に基づくのに劣らず——明瞭に示されている。さらに，第2部で見出されうる解説の多さと深さによって，この箇所が神学的な関心には向かないとしても，宗教哲学的な関心にはきわめてよく適したものであることが分かる。そのほかの多くの諸問題についても，この第2部ではるかにより詳細に論じられているのが見出せる。たとえば，表象と祭祀の関係，人が自分自身について描く像と人が神について描く像との関係，あるいは，芸術や哲学と宗教との関係，宗教と人倫的な生一般との関係についての問いがそれである。狭義の宗教哲学の向こう側の問題設定に関しても，第2部は豊富な洞察を提供してくれる。たとえば，精神の本質や，精神の歴史性，あるいは論理的な諸契機と経験的-現象学的な契機との関係への問いに関して。

9.8.6. 完成した宗教

(1) キリスト教の理念に関するヘーゲルの哲学的な説明も，以上のような体系的-歴史的な連関の中に位置している。キリスト教はヘーゲル哲学の対象であって基礎ではない。ヘーゲルは講義の第3部をもっぱらキリスト教に当てているが，キリスト教を，それに先行する諸宗教よりも際立たせるのはそうすることによってばかりではない。ヘーゲルは諸宗教の方を「規定宗教」と呼ぶ一方で，キリスト教を「完成した宗教」と呼んでいる。——少なくとも今の場面では，この「完成した」という形容詞の方が，そのほかに同じように用いられる「絶対的」という形容詞よりも優勢である。多くの解釈者たちにとってヘーゲルの宗教哲学の性格は，これによってすでに十分指示されている。すなわち，一種の哲学的な独断論——ある者には手本となり，別の者には恐ろしい像——となる。

しかし，ヘーゲルはこの種の通り名でキリスト教だけを飾り立てているわけではない。ヘーゲルは他の諸宗教をも，さしあたってはそのような擬似概念的な表題のもとに導入している。あとになってようやく，ヘーゲルはそれらの宗教の歴史的な同一性をあらわにする。——たとえば「美の宗教」ないしは「合目的性の宗教」が，ギリシアの宗教ないしはローマの宗教であることを明らかにする。こうした通り名——度量，自己内存在，想像，善，謎，崇高——のほとんどは，厳密な概念規定ではない。それゆえ，ある名称が別の宗教の方にふさわしいのではないかと熟慮することが可能である。たとえば「崇高」は，ヘーゲルの時代にはしばしばインド芸術の特性として挙げられていた。これに対して，「完成した宗教」という呼称はすでに一つの概念規定を表現している。これによって，たとえば，中国やエジプトの宗教を視野において「度量」や「謎」について語ることがなぜもっともであるとされるのかについて，たんに指摘するのとは違った，別の種類の正当化が必要になる。

「完成した宗教」——これは「完成した芸術作品」についての慣用的な語法のことを思い起こさせる。しかし芸術作品の場合とは違って，「完成した宗教」の場合には，最高に上昇した成功例のことだけが考えられてはならない。そのことで表明されているのは，先行する諸宗教と質的に異なる，正確に記述可能な「完成した宗教」の構造的固有性である。ヘーゲルは，キリスト教の完成したこのような特質を二つの定式で捉えている。第1の定式によれば，キリスト教はまさに概念に一致した宗教である。ここに言う「概念」は，端的な「概念」のことではなく，より詳しく，宗教の概念のことだと理解されるべきである。とはいえ，この定式それだけでは一つの宗

教を他の諸宗教から際立たせるのにまだ適していない，ということがすぐに判明する。たしかに，あらゆる宗教は宗教の概念に一致している。——さもなければ，そのようなものは宗教でなくなってしまうだろう。だから，他の多くの宗教の中の一つを「完成した宗教」として取り出すことができるためには，たんなる「一致」を越えて，その一致の特殊なあり方が表明されなければならない。

　この特殊なあり方が，第2の定式によって言い表される。すなわち，まさにキリスト教こそは，宗教の概念がそれ自身にとって客観的になった，言いかえれば対象となった宗教である，というのである。これはまったく文字通りに受け取られなくてはならない。宗教の概念そのものが，キリスト教の対象をなす，というのである。この定式は，無意味でないにしても誤解を招くものだと見えるかもしれない。というのも，概念が自分自身を対象にするというばかりではなくて，とりわけキリスト教が概念を対象にするなどということがどのようにして成り立つというのであろうかと問われるからである。——そうであればそれはむしろ概念の偶像崇拝を行っていることになるのではないだろうか。しかし，ヘーゲルの理解からみれば，宗教の概念は「抽象的な概念」ではないし，宗教の個々の特徴的な規定の総体でもない。むしろそれは，知る精神の自己関係にとって本質的な三つの契機という形をとったもの，すなわち，宗教の理性構造であり，いわば宗教の内的なロゴスであって，精神それ自身に他ならない。これら三つの契機を，ヘーゲルは講義の第1部で，(1)実体的な一性としての精神，(2)対象としての精神と，この精神の自分自身の知とに分割判断するという契機，(3)精神の媒介された同一性という契機として導入したのである（V 3. 102-106）。これら三つの契機は，宗教の概念一般のうちに保持されており，それゆえあらゆる宗教の中に見出される。というのも，それらの契機は，精神の自己意識の本質的な契機だからである。しかし，キリスト教においては，それらが同時に表象の内容を形成している。宗教それ自体であるもの——いま挙げた諸契機によって構成される精神の自己意識——は，ここキリスト教にとっては，三位一体的な神の思想という形をとって，その表象の対象になる。それゆえヘーゲルは，当時の神学に反して三位一体論に固執するのだが，それも彼が三位一体論の意味を精神概念のうちに見出すからである。

　したがって，ヘーゲルは「規定宗教」と「完成した宗教」とのあいだの区別を，ある長い一節の中で非常に厳密に際立たせている。——その一節は，「完成した宗教」の概念を理解するのに重要な意義をもつので，ここに再掲しておきたい。「しかしこれまでのところでは，学問の方法に関してと同時に概念のさらなる規定に関しても，次のことが述べられてきた。つまり，宗教の完成それ自身が宗教の概念を生み出し，その概念をそれ自身にとって対象的にするということである。宗教の概念は，そのように対象化されてはじめて展開され，この概念それ自身のうちにその全体性の諸規定が定立される。aa）注意されるべきなのは，それらの諸規定は，この啓示宗教において内容の本質的な契機として，内容の意識とともに，そして真理であるという規定とともに現れるということである。——すなわち，客観的なものとして現象すると同時に，客観的な対象の体系のうちで現象するということである。しかし，規定宗教においては，これらの諸規定は自然の花や産物のようにどこから生じどこへ向かうのかも知らないままに偶然的に生え出てきたものとして現象する——。つまり，予感，像，表象として現象するだけなのである」（V 3. 106）。

　要するに，すべての宗教がこれら三つの契機によって構造化されるのに対して，キリスト教は，これら三つの契機の中で三位一体の神の思想という形で精神を宗教的な表象の対象としている。宗教それ自体の本質——先に挙げた諸契機によって構成される精神の自己意識——は，キリスト教にとっても存在するし，その教義内容を形成している。ヘーゲルは，キリスト教においてはじめてそのような精神の対自存在が獲得されると考えている。——ヘーゲルはそのような宗教の自覚の痕跡を，いくつかの「規定宗教」のうちに，とりわけインドの三神一体（Trimurti）のうちに認め，三神一体がヒンドゥー教にとってもつ意義を，ヘーゲルは三位一体性の神学をそこに読みとろうと熱望する当時のいく人かのインド学者や——似たような領域での——中国学者らと同じように，過大評価をしている。けれども，

ヘーゲルは彼らとは違い，「痕跡」を（ロマン主義的に）「原啓示」の遺物として捉えるわけでも，文化を支配する歴史的な媒介過程の帰結として（史的に）捉えるわけでもない。また，キリスト教の予感として（神学的に）捉えるわけでもなければ，素朴にも〈古代ギリシア人たち（と同時に東洋人たち）の盗品〉として（護教論的に）捉えるわけでもない。ヘーゲルはその「痕跡」を一つの〈精神の本質〉の顕現として理解する。というのも，〈精神〉はつねに，ヘーゲルが自己意識に読み取る，このような二元構造をもつからである。すなわち，精神はみずからを対象とし，そうすることで自分にとって存在するのである。

(2) 先の発言はまったく文字通りに受け取られなくてはならない。宗教の概念そのものが，キリスト教の対象を形成している。これはたしかに，キリスト教においては抽象的な概念が神の栄光に到達するということを意味するわけではない。というのも，宗教の概念は，ヘーゲルにとって，〈抽象的な概念〉でもなければ，諸宗教に特徴的な個々の規定の総体でもなく，むしろそれは，精神そのものに他ならない。——それも，先に挙げた三つの契機における精神に他ならない。しかし，キリスト教においては，精神そのものが三位一体的な神の思想という形をとって，先の三つの契機の中で宗教的な表象の内容となったのである。また，まさにその宗教を，完成した宗教として際立たせることはもっともなことである。この完成した宗教の場合には，宗教の概念の自体的に存在するこれらの契機が観察者の意識に属しているというだけではない。この宗教がこれらの契機そのものをみずからの対象としてもっているのである。その宗教の自体的な本質——すなわち，先に挙げた三つの契機の中で展開される精神——が，ここではその宗教自身に自覚され，それ自身に固有な表象の主題になり，神概念そのものの内容となる。ヘーゲルがキリスト教を完成した宗教と呼ぶのも，（「essentia」の意味での）精神の「本質 Wesen」であるところのものがここでは，（「対象」の意味での）精神の「実在 Wesen」だからである。言いかえれば，精神にとってここでその「本質 Wesen」であるのが，精神それ自身だからである。

「完成した宗教」の概念のこのような理解に抗して，たとえばエルンスト・トレルチ（³1929, 35）のように，歴史は絶対宗教にとっての場所ではない（絶対的な人格性にとってもそうである）などという机上の知識を主張してみても，とりたてて証明として有力というわけではない。ヘーゲルの精神概念そのものがすでにキリスト教的に形成されているのであって，その限りで，キリスト教が完成態という特質をもつとする彼の論証は循環しているという異論はもっと真剣に受け取られなければならない。たしかにこの批判は表面的にはもっともではあるが，しかし，そのようなキリスト教的な根元を証明するのはけっして容易なことではない。というのも，ヘーゲルの精神概念は一般に知られたものとして前提されるべきキリスト教の伝統的在庫品には数え入れられないし，新約聖書の聖霊（πνεῦμα ἅγιον）とほとんど共通点をもたないからである。——「新約聖書にある〈聖霊〉という概念はたんなる誤解」である，というニーチェの論駁（『ワーグナーの場合』，§9）に同調しない場合でもそうだからである。そのうえ，発展史的に検討してみても，そのような推論と矛盾するのである。ヘーゲル的な精神概念の生成は，1801年以降になされた超越論哲学と思弁とのあいだの対決の場面に属するものであり，ヘーゲルは精神概念の構想によってはじめて，キリスト教を新たに解釈することに成功し，キリスト教との肯定的であると同時に体系的に実り豊かな関係に身をおくことができたのである。

(3)「宗教の概念」および「規定宗教」に関するものとは別に，ヘーゲルはキリスト教を「完成した宗教」として叙述するにさいして，1821年の講義草稿の中ですでに円熟した叙述形式を実現していた。2回目の講義（1824年）以降，ヘーゲルはたしかにもう一度その形式を変えているけれども，しかし本当のところそれを越えることはなかった。ヘーゲルがこの形式をすでにこれほど早くから見出していた根拠を，二つの点に帰してよいだろう。ヘーゲルはキリスト教に習熟していたので，ここでは，以前は知らなかった資料や幾重にもおよぶ解釈の変転について新たな情報に照らして手間をかけて習得したり，それらを思想的に透徹したりする必要はなかったのである。——ヘーゲルがいくつかの東洋の宗教を解釈する場合もそうであったし，イスラエルの宗教の

解釈の場合でさえそうであった。そして第2に，キリスト教を「完成した宗教」とする精神哲学的な解釈——キリスト教は精神の構造と一致するという解釈——がまさしく，キリスト教を叙述する基本線を決定している。

ヘーゲルは講義草稿では，さしあたって，すでに「規定宗教」の論述を構造化するさいに従った構成を踏襲している。すなわち彼は叙述を，A. 抽象的概念，B. 具体的表象，C. 祭祀という項目に分けているのである。キリスト教を論述する全体の中で第1節の占める位置，つまり，第1節本来の内容は，以前の諸刊本によって，識別できないまでに歪められている。『友人の会版著作集』では，たしかにそのタイトルは「神の理念の形而上学的概念」となってはいるものの，しかし，それがそこでは導入的な部分の下，しかも「区分」よりも前に追いやられ，かくして，キリスト教についての本来的な叙述の構成要素ですらなくなっている。それゆえ，この節は，他の諸宗教の形而上学的概念を論じるための構造的な類似物として認められていないことになる。そのうえ，ヘーゲルにとってこの節で問題なのは，けっして「神の理念の形而上学的概念」ではなく，むしろキリスト教の概念なのである。ゲオルク・ラッソンは，自分が編集した刊本において，この節の体系的な機能を覆い隠すためにさらに多くのことを行った。すなわちラッソンはその版の中で，この「形而上学的概念」を，それゆえキリスト教の概念的な基礎づけの説明を，「父の国」という表題の下に置いている。——つまりラッソンは，「形而上学的概念」の論述を，三位一体的な神の思想の研究報告と混同しているのである。もちろんヘーゲルは，この報告を「具体的表象」の最初の領域として何の根拠もなく導入しているわけではない。ラッソンはそのようにして，キリスト教の概念的な解明とその表象世界の研究報告とのあいだにヘーゲルが厳密に施した区別を無視してしまい，そのように区別された二つの部分の体系的位置価がもはや識別できなくなってしまったのである。

ヘーゲルがキリスト教の「抽象的概念」として論じているのは，本質的には存在論的証明である（V 5. 5-12）が——それは，以前に宇宙論的証明と自然神学的証明を，自然宗教ないしローマの宗教の形而上学的概念として論じていた（V 4. 5ff bzw. 100ff.）のと同様の関係にある。しかし，この証明があの形而上学的概念と一致するなどと単純に言うことはできない。というのも，ヘーゲルにとって，神の存在証明はことごとく概念関係をたんに表象と悟性に適合した形で表現したものでしかないからである。——存在論的証明の場合でさえ，概念と存在の同一性を結局は不十分な形で表現したものでしかないからである（本書325頁参照）。しかし，神の存在の諸証明を諸宗教にこのように割り当てるやり方が「規定宗教」の領域では揺らいでいるのに対して，キリスト教と存在論的な神の存在証明との結びつきが変わることはない。——もとより，存在論的証明をキリスト教の形而上学的概念にふさわしいものとするのは何であるのかはまったく明らかではないのだが。

ヘーゲルは「具体的表象」という表題のもとで，キリスト教の教義の内実を解明しているが，特徴的なことに，この表題を以前の諸版は隠していたのである。——もちろんヘーゲルの解明には独特の変化が認められるのであって，それは明らかに彼自身の満足のいくものではなく，のちに構想を変更するきっかけになったものである。この「具体的表象」の構造は，ヘーゲルにとっては，この場合さしあたって『エンツュクロペディー』に基づいて設定されなくてはならない。すなわち，宗教哲学講義が，神の思想，自然と有限的精神との関係，そして「救済と和解」（V 5. 28）の神的な歴史という三つを論じる場である三つの表象領域（V 5. 16-69）は，反省ないし宗教的な表象が普遍・特殊・個別というこの三つの論理的契機を「分離して析出する」「特殊諸領域」に正確に対応している（第1版§ 466; 第2版・第3版§ 566）。それゆえ講義を見るだけでも，ヘーゲルのキリスト教解釈にとっての，これら『エンツュクロペディー』の諸節の体系的な機能が明白になる。これらの節は，概念に基づく教義の内実の演繹としてではなく，宗教的な表象の調査報告として理解されるべきである。もちろんヘーゲルはその宗教的な表象のうちに，別の資料に基づいてすでに意のままに自由にできていた精神の概念を探り出そうとしていたのである。『エンツュクロペディー』を用いた講義に共通する——宗教哲学講義におけ

る——この部分の前に，形而上学的概念の論述を置いているように，ヘーゲルはここ〔「完成した宗教」〕でもまたさらに祭祀に関する一節を，すなわち教団の成立，存続，消滅に関する一節を付け加えている（V 5. 69-97）。

これまでの刊本では，概念的に論じている部分と表象を取り上げて解釈している部分とのあいだの区別づけが消し去られている。そのことによってこれまでの刊本は，ヘーゲルの根源的な構想が教義学と一致させられえないということを認識できなくしてしまっている。普遍・特殊・個別という概念論理の諸契機，あるいはそれらに支えられた「具体的表象」の諸領域は，三位一体的な神の思想と完全に一致するわけではない。というのは，キリスト論と救済論には第二の領域，すなわち特殊性の契機のうちに占める場所がないからである。両者は第三の領域になってはじめて主題を形成することになる。——これらはしたがって，三位一体性の神学として「精神」が要求する位置を占めるが，しかし，当の「精神」は，先にあげた三つの「契機」のうちにそれ自身の場を割り当てられてもらってはいない。

神学的な教義学と宗教哲学とのあいだにあるこの種の相違は——それだけで受け取れば——，たしかに，哲学的論証が変化する十分な理由ではない。しかし講義のこの節で問題になっているのは，そもそも哲学的な思想なるものの基礎づけと展開なのではなく，「具体的表象」の提示である。——方法的にはそれは，その前に述べられた「規定宗教」にあたる章と異ならない。それゆえ，この場合は，第三の位格としての「聖霊」が宗教的表象の諸対象に数え入れられうるということが度外視されてはならないのである。表象の調査報告は現実的表象に相応するものでなければならないのであって，精神を考慮に入れないようなキリスト教の「具体的表象」の論述では，論じる対象にふさわしいものとは言えないであろう。このことゆえにヘーゲルは，やがて根源的な構想を構造的に転換させてしまうことになったのである。しかし，草稿で第2と第3の領域を形成している主題を，彼が新たな第2の領域として集約し，精神を——第3のものとして——「具体的表象」に含めてしまうことによって，分けられていた祭祀，すなわち教団の論述は必要ではないものになる。——というのも，この論述こそまさにヘーゲルにとって「精神の国」を成すものだからである。祭祀と表象という二つの国は，ここ「完成した宗教」では，すでに先行する諸宗教の場合にそうであったよりももっと互いに切り離しえないものとなっている。

この変化によって，「完成した宗教」の叙述は，2回目の講義以降本質的に三位一体論的な構造をもつことになった。1824年だけでなく1831年の講義でも，たしかに，三位一体神学的に構想された三つの領域や要素についての論述に，キリスト教の形而上学的概念としての存在論的な神の存在証明の論述が先行している。しかし本来的な強調は「具体的表象」のあの三つの領域に置かれている。ヘーゲルは1827年の講義では，神の存在証明を「宗教の概念」の中で一緒にして論じている。それゆえこの講義だけが，キリスト教の純粋に三位一体論的な叙述を実行しているわけである。たしかに，最後の講義も再び存在論的な神の存在証明とともに始まるが，しかし，それとは反対の措置として，ヘーゲルは，この講義では三位一体神学的に動機づけられた分類を，すなわち「父の国」「子の国」「聖霊の国」という周知の表題による三つの要素ないしは領域への分類を強調している（V 5. 281）。ヘーゲルもまた，これらの表題をそれ以前にもすでに暫定的に用いてはいたのだが，しかし最後の講義のような目立つ仕方で使用することはけっしてなかったのである。

それゆえヘーゲルは2回目の講義から，「完成した宗教」の自己意識はこの宗教の概念に反して，この宗教の表象の対象のもとには現れないという不一致を取り除く。取り除かれたその不整合に代わって，もちろんそこに新たな不整合が現れる。先に見たようにヘーゲルの草稿は，『エンツュクロペディー』と一致して，宗教の概念の契機として，実体的な統一や判断の契機ばかりか媒介された同一性の契機をもあげている（V 3. 102-106, § 554 参照）。これら諸契機が三つであることが——ヘーゲルの草稿からみても『エンツュクロペディー』からみても——，「具体的表象」の構造を形成しており，しかも三つであることがキリスト教の三位一体の神学と関係しているのは明らかである。ただしそれが，この三位一体の神学に正確に反映させられることがない。し

かしヘーゲルは2回目の講義から「具体的表象」を三位一体神学的に構造化することで，宗教概念の三つの契機を提示するというそれ以前のやり方に反することになる。とはいえ，ヘーゲル自身の以前の提示のやり方は，同じように三位一体神学的なモデルによって単純に修正されうるものではない。なぜなら，それは普遍・特殊・個別という概念論理的な契機を拠り所にしているからである。おそらくそれゆえに，ヘーゲルはこのやり方を『エンツュクロペディー』ののちの二つの版でも維持したのであろう。そこには，概念論理的な構造化と三位一体神学的な構造化とのあいだの不一致が見られる。刊本の歴史をたどることで，それゆえ影響作用史をたどることでも，成果として明らかになったことだが，ヘーゲルはたしかにこの不一致を糊塗しようとしてはいるものの，しかし実際にはその不一致を取り除くことができなかったわけである。宗教哲学的な観点からみるなら，この不一致の原因は，宗教的な表象では精神の構造を絶対的な内容として純粋に把握することができないという点に求められなければならない。この不一致はたしかに別の箇所でも概念的な認識の背後に残存しているのである。

（4）法哲学講義とともにヘーゲルの宗教哲学講義は，彼の体系の中でもとりわけ論議されるべき部分に数えられる。これらの講義がヘーゲルの没後に公刊されてわずか数年後には，すぐにそれらをめぐって激しい論争が燃えさかり，その結果としてまずは，ヘーゲルの学派に食い違いが生じ，次に諸派が誕生し，最終的にはそれらの諸派が分裂するに至った（本書641頁以下参照）。しかし，すでにヘーゲルの最晩年には，彼の哲学のキリスト教的性格一般に関して告発が増えつつあった。ヘーゲル哲学は，汎神論と無神論の嫌疑をかけられたのである。

これらの攻撃はまずはなによりもヘーゲルの『論理学』に向けられ，それと並んで『精神現象学』と『エンツュクロペディー』にも向けられるようになった。しかし宗教哲学講義が公刊されると，それらの攻撃が著しく広範囲な基盤を保持することになったというだけではない。すでによく知られた哲学-神学的な論争問題に，いまや，宗教哲学一般はいかに解釈されなければならないかという問いが付け加わったのである。この論争は，おもに講義の中のこの第3部を考慮することで引き起こされたものであった。すでにその中で明らかなように，この論争はヘーゲルの宗教概念をめぐる哲学的な対決と見なされるべきであるというのではなくて，むしろキリスト教とその神学に対するヘーゲルの宗教概念の位置づけがとくに問題だということである。すなわち，ヘーゲルの哲学はキリスト教とどの程度一致するのか，それどころか，ヘーゲルの哲学は敬虔な心情のかなり広範にわたる諸要求を満たすものであるのかどうか，という問題である。

この論争は現在に至るまで延々と続いており，どちらの側もこの論争の中でそれぞれの明瞭な証拠文書（dicta probantia）と称するものを引きあいに出すことができたのである。どちらもがこのように等しい耐力（Isosthenie）をもつことを理由に，ヘーゲルの諸講義は「初めから本質的に両義的」なのだ（Löwith 1964, 194）とする見解が作られてきたのである。――正統派も異説派もその点では意見を同じくするというわけである。ところが，ヘーゲルの宗教哲学をその文面から理解するのではなくて，その根底にある構想，すなわち以前の刊本ではもちろん広範にわたって覆い隠されていた構想から理解するならば，――つまり，論証の構造やヘーゲルの叙述の位置価について十分に納得し，ヘーゲルが宗教的表象の内容を調査報告しているだけの諸々の章句をあたかも〈形而上学的演繹〉だと誤解しなければ――「本質的に両義的である」といった印象は消え去っていく。

ヘーゲルは，キリスト教を論じるために自分の講義の固有な一部を割り当てているが，その限りではたしかに，他の宗教からキリスト教を切り離して際立たせている。しかしその手法は，ここでもまた，すでに第2部で用いられたもの，すなわち規定宗教の場合と同じものである。第1に，ヘーゲルは前もって「形而上学的概念」について述べる。それゆえキリスト教の場合は，存在論的な神の存在証明について述べている。それに続く叙述では，ヘーゲルはそのつどのよく知られた宗教的表象や祭祀の諸形式に定位する。ヘーゲルはこの具体的な表象そのものをけっして〈概念〉から〈演繹している〉わけではないし，あらかじめ立てられた「形而上学的概念」から演繹しているわけでもない。そうした表象を，

彼はそのつど入手できた所与の情報の中から拾い上げている。——キリスト教の教義内容や祭祀形式に関してもそうである。第2の歩みは，第一のそれと素材的に結びついているとしても，それとは論理的に切り離されている。つまり，拾い上げた表象を精神哲学的な宗教概念の観点から解釈していくのである。両者が一致するかどうかをみる尺度は，同時に両者を正当化する尺度でもある。というのも，概念を欠いていれば，表象はたんなる肯定的なものでしかないであろうし，それゆえ没理性的で瑣末なものであろうし，表象を欠いていれば，概念は純粋に精神哲学的な概念ではあっても宗教の概念ではなくなるし，歴史的な照会先を欠いたものになるだろうからである。

このような二重性に呼応して，解釈のさいにも二つの歩みが区別できなくてはならない。第1のものを神学的な解釈と呼ぶことができる。第2のものによってはじめて哲学的な解釈が始まる。第1のものにおいて重要なのは，ヘーゲルがキリスト教的だと称しているものがはたして現実的にもキリスト教的なものと見なされねばならないかどうかという，正当な，それどころか不可避の問いである。——ヘーゲル自身が自分の哲学がキリスト教と一致することに大きな価値を置いているからなおのことそうである。この前提は問題を孕んでいないように思われるが，しかし，これを吟味するさいには三様の配慮がなされてしかるべきである。

〈キリスト教的〉と見なされなければならないものについて合意することからして，まったく問題がないというわけではない。この合意のためにあまりにも素朴で原理主義的な基準——このような基準はたんにヘーゲル哲学のキリスト教性をめぐる以前のような議論を悩ませたばかりではないのだが——を持ち出すとすれば，その基準の前にはわずかな体系的で神学的な構想しか成り立ちえない，ということがただちに判明することになる。そうなるとすでにヘーゲルの時代からしてそうであったし，今日に至ってはますますそうであるように，より新しい聖書解釈の成果についてはまったく沈黙せざるをえなくなる。それゆえ，ヘーゲル宗教哲学との実り豊かな哲学-神学的議論は，ただキリスト教神学を反省した概念に基づいてしかなされえない。さらに——教義学の内容は〈哲学的な〉定式で表現したり，その内容に〈哲学的な認識〉という品質保証を取りつけたりすることをヘーゲルがもっぱら目論んでいたかのように——，思弁的な宗教哲学とキリスト教との一致をたんなる同語反復として受け取るべきではない。同じように，ヘーゲルの関心は宗教史的に叙述することにあるわけでも宗教現象学的に叙述するところにあるわけでもない。——どれほど彼が，こうした経験的な知の獲得を目指しているにせよ。むしろ彼の関心は，理性が宗教のうちに存在するということの証明に向けられており，言いかえれば，そのつどの表象世界とこれに関連する祭祀的な実践が，精神がみずからの自己意識を獲得するさいにとる形態として理解されなくてはならないということの証明に向けられている。しかしこの証明のためには，伝えられてきた諸々の証拠をヘーゲルの精神哲学的な宗教概念の光に照らして解釈することが必要である。——このことによって，これら諸々の証拠の本来の意味が必然的に精神哲学的な証拠として確認されるわけである。それに加えて，ヘーゲルは頻繁に力を込めて指摘している。自分が主張する一致が，一方では宗教と哲学の内容の同一性と，他方では両者の形式的差異という，二つの規定によって特徴づけられる，と。哲学は宗教と同一の内容——すなわち絶対者あるいは精神——をもっているが，しかし，それは表象の形式においてではなく，概念把握的な思考においてのことである。それゆえ，すでに述べた不一致が一体どの程度表象と概念の形式的差異によって制約されたものとして概念的に把握されるべきなのか，ということがつねに問われなければならない。

ヘーゲルはこれらの二つの知のあり方——空間性，時間性，形象性に拘束された知のあり方としての表象と，こうした再帰的関係を捨て去る認識としての概念把握的な思考と——の区別をすでに講義の第1部で次のように詳細に論じている。表象と概念は一つの内容に関する二つの等価な形式なのではなく，その内容に適した形式は概念形式だけである。それゆえ，「絶対的な素材」を「絶対的な形式」においても，すなわち概念把握的な思考においても捉えることが重要である。そして，この論理的な優位性のために，概念はまさに表象を理解することができる

が，しかし表象は概念を理解することはできない。したがって，表象は概念に対していかなる妥当性も要求することはできない。その反対に，表象は概念によって訂正されざるをえない。たしかに，表象——ないし啓示として表象されたもの——と理性は互いに対立しあっているが，異質で宥和できないものとして対立しているわけではない。というのも，啓示的な真理は，理性的な真理として再構成されうるからである。——すでにレッシングが『人類の教育』の72節で綱領的に形式化しているように，理性が啓示的な真理の由来を「それとは別の形成された真理」に求め，さらに前者を後者と結びつけてしまうまでは，われわれは啓示的な真理を啓示として見つめなくてはならない（LM XIII. 430）。

したがって，表象の概念への「変形」ないし「止揚」と呼びうるものは，のちのヘーゲルにおいてと同じようにすでにレッシングにおいても，もともと思考という別の次元での再構成のこと，すなわち概念に基づく内容の産出のことである。この再構成が可能なのは，表象と概念はなるほど異なるが本質的に別種のものではないからである。それらは一つの思考の二つの形式である。というのも——神的理性と人間的理性という——二重の理性が存在するわけではないのと同じように，種々の形式へと形態化される場合でも存在しているのはただ一つの思考だけだからである。表象されるもの——しかも啓示されたものとして表象されるもの——は，即自的にはこの一つの理性の契機なのである。

表象と概念のこの差異にこそ，概念的な把握による宗教的な表象の肯定と破壊という独特な二重性は基づいている。それゆえ，この二重性は両義性としてではなく，両刃性として捉えられるべきである。宗教批判の急進的な諸形式——たとえばフォイエルバッハによるのちの〈発生的-破壊的な批判〉のそれ（本書657頁参照）のようなもの——に比べると，ヘーゲルは宗教的表象を絶対的内容の知として際立たせている。哲学的な概念把握と対比して，ヘーゲルは宗教的表象をより不完全な形式として貶めている。というのも，表象と概念把握的な理性とは等しい権利をもった形式ではないからである。概念は表象の尺度である。両者のすべての非同一性は表象の重荷になる。ヘーゲルはこのことをもちろん非常に

はっきりと述べている。すなわち，思考は洞察のもっとも深くもっとも内的なあり方である，と。思考がある内容をたしかめたときには，思考はこの内容に矛盾するなにものも認めることができない。それゆえ哲学史講義は，二重真理説との対決姿勢を次のような簡潔な命題に取りまとめるわけである。「理性は神のように，自分と異なる神々を併存させようとはしないし，ましてや自分をわずかでも越えた神々を認めるはずもない。」（V 6. 304）

ヘーゲルは宗教的表象に対して，概念把握的な思考から引き離された領域を認めながらも，いわば固有の権利をもったそれだけで完結した領域を認めるわけではない。概念的認識の優位が示されるのはとりわけこうした点においてである。表象の言明を肯定するためであれ，一致しない場合にその言明をそれに固有な次元で明確に訂正するためであれ，ともかくヘーゲルは概念による認識を援用する。その実例を，三つの表象領域すべてが提示してくれる。まず第一の領域において，ヘーゲルは三位一体的な神思想を取り上げている。——それも，当時の合理主義的神学に対してだけでなく，シュライエルマッハーおよびトルックにも対抗するためである。この二人は同じように三位一体的な神思想から始める術をほとんど知らなかったのである。だがしかし，ヘーゲルは次のように文句をつける。表象は第3のものを第1と第2のものの統一として捉えていないし，同じように，信仰における表象は世界創造の思想を，本来は内在的-三位一体的なものとして表象されるべき神思想の領域の中にすでに持ち込んでおり，それによってこの領域の概念論理的な秩序を混乱させている，と（第1版§461; 第2版・第3版§567）。第2の（ないし根源的には第3の）領域において，ヘーゲルは神人的統一の教説を叙述しており，思弁的解釈と宗教的表象の近さを強調している。——この叙述は，啓蒙に特徴的なたんなる道徳的なイエスの観方に対抗するものであり，このようにイエスを善き人間にして徳の教師として描く観方には，ヘーゲル自身も初期の著作，とりわけ『イエスの生涯』では見習っていた（本書109頁以下参照）。しかし，表象が神の受肉の思想，すなわち神的自然本性と人間的自然本性との統一という思想の真理をどれほど強調するとしても，表象はその思想を表象するのと

同じように，やはりその思想をずらしてしまう。表象は神的自然本性と人間的自然本性とを対立させたまま固定し，両者をひとりの神人においてのみ結びつけることで，この思想の真理を取り違えてしまう。「神的にして人間的な自然本性というのはやっかいで難しい表現である。ひとがそこに結びつける表象は忘れられるべきである。」(V 5. 143) そして第3の領域すなわち「聖霊」の領域の中に，先行する諸宗教の場合にそうであったようにここでもまた，ヘーゲルは宗教に固有な中心点を見出している。というのも，ここでは特殊な仕方で精神の自己意識が問題になっているからである。しかしだからといって，ヘーゲルが教団に対して鋭い批判を行う妨げになることはない。たしかに，個々の自己意識は教団において自らの本質を意識するに至る (V 5. 100)。——だがしかし，教団はこの本質を別の本質として表象する。教団は普遍的精神と個別的精神との同一性を知ってはいるが，この統一をひとりの特殊な人間の中に置き移してしまうのである。なるほど，教団は自ら「いつも一回限り」と言うが，しかしそれを，あたかもそれによってただ「一度で十分だ」と——なにか月並みに——言われているかのように誤解している。教団は，その概念からみれば，精神の現実的自己意識であるが，しかし，教団はみずからの濁った表象の中で，この充実せる現在を過去と将来へと分断してしまうのである (GW 9. 420f. 参照)。

9.8.7. 宗教の終焉

(1) ヘーゲルの宗教に対する関心は，宗教の認識を精神の自己意識の一形態として捉えるところに向けられている。それゆえ，宗教哲学はヘーゲルの体系の中の，突飛で，どちらかというとどうでもよい領域を主題にしているなどというのではない。むしろ宗教哲学は，ヘーゲル哲学の全体的な理解にとって不可欠な精神哲学の一部であり，いわば体系を締めくくる最後の部門である。その課題は，美学および哲学史との類比からいえば，宗教を精神の一形式として，すなわち精神が自己自身へと環帰して自分自身についてのみずからの意識を獲得し，まさにその点で絶対的精神であるような精神の諸形式の中の一つ——すなわち，絶対的精神の自己意識——として，宗教を概念的に把握することである。

このような哲学的認識は直接的には二つある。概念による表象の批判と正当化である。しかし，正当化と批判は任意に要求されうるものではないし，余計で不適切だとしてはねつけられるようなものでもない。それらは不可避的につねに，ある特殊な意識史的な状況から生じてくる。ヘーゲルはこの状況をちょっとした皮肉を込めて，黙示録的‐聖書的な〈時は満てり〉という慣用的表現 (Mk 1, 15; Gal 4, 4) で次のように書き記している。つまり，今「時が満ちている，概念による正当化が欲せられている」，と。しかし，この時が満ちたのも，「絶対的内容」——すなわち霊性，伝統，聖書——のそれ以前の正統化の諸形式が，啓蒙によってその結束力と正当化の力とを失ってしまったからである。それゆえまさに，〈満てる時〉は〈空虚の時〉であることが判明するのである。

(2) 宗教にとって危機的になった状況から脱する方策だとヘーゲルが見ていたのは，概念把握的な思考による正当化だけである。だからして「宗教は哲学に逃げ込まざるをえない」(V 5. 96) というわけである。ヘーゲルが宗教に対してそのように概念への逃走を勧めることができるのも，彼が宗教をもっぱら精神哲学的に，したがって哲学と同一のものとして捉えているからに他ならない。もしも宗教が「絶対的内容」を哲学と共有していないのであれば，哲学の「絶対的形式」の中にさえ逃げ込むことはできない。しかし，この内容の同一性ゆえに，ヘーゲルが宗教に勧める逃走は，宗教にとって疎遠で十分に近寄ることのできない領域への大急ぎの逃走ではなく，むしろ宗教に固有な根拠への逃亡である。——いわば思考がみずからに固有な領域へと行き着くさいにたどる〈幸福な逃走 (felix fuga)〉である。さらに，「概念への逃走」とは宗教を哲学によってたんに置きかえる計画ではなく，宗教を新たに基礎づける計画である。伝統，聖書，霊性，歴史といった諸々の支えばかりか共同体的な有用性までもが崩れ落ちたところに，精神哲学において展開された理性が登場するのである。

批判的歴史叙述は，「教団の没落」というこの意識史的で共同体史的な状況においては，絶対的内容を確保するという課題を受け継ぐことができないと

いうことを，ヘーゲルは非常にはっきりと洞察している。しかも，歴史－批判的神学の認識能力を過大評価してしまったといってヘーゲルを今日でもなお非難している人たちよりもヘーゲルはそのことをはるかに明瞭に洞察している。「歴史的に論じるならば，もうおしまいだ」（V 5. 95）。さらに，新約聖書の中で語られている歴史をヘーゲル自身が「絶対的な歴史」として——すなわちまさに精神の本性に適した歴史として——強調していることは，彼が批判的な歴史叙述を過小評価していることとなんら矛盾していない。というのも，この絶対的な歴史は，歴史的批判に到達できるようなものという意味での歴史ではないし，ましてや無感覚の事実（facta bruta）という意味での歴史ではけっしてないからである。表象に適合した歴史ですら，精神がすでに注ぎかけられた教説によって語られていた（V 5. 246）。したがって，この歴史は——現代風に言えば——「福音宣教的な歴史」であり，〈歴史的な事実〉に後退することは，宣教的な歴史像よりもむしろに逆戻りすることであろう。たしかに，歴史的につかみ取ることでなんらかの詳細が明るみに出たり，空っぽの墓に残された足跡がたしかめられることもあろう。——しかし，そのような仕方では，信仰の対象でもあれば概念的把握の対象でもある絶対的内容は見出されえないのである。

これに対して，上に述べたような「概念への逃走」を前にしりごみし，さらに歴史的にないしは啓示実証主義的におのれを正当化するような宗教は，自分自身の誤解にとらわれたままである。——それも，みずからの基礎に関してもみずからの内容に関してもという，二重の幻想にとらわれ続けることになる。というのも，そのような宗教は，基礎とともに自らの内容をも失って，「真理と真理の展開とを断念した」うえであらゆるものの主人となったあの主観性へと萎縮してしまうからである。たしかに，すでにヤコービとの対決以来ヘーゲルもまたますます明瞭に理解していたように，主観性に立ち戻ることは正当な，それどころか不可欠の契機である。——しかし，そうなれば主観性は内容を今後はみずから産出しなければならないし，同時にそれを産出されたものとしてではなく，客観的なものとして，すなわち即かつ対自的に真なるものとして承認しなければならない（V 5. 267f.）。しかしヘーゲルは，そのような主観性のうちに，もはや宗教の徴を見るのではなく，哲学の徴をみている。

(3) それゆえ，宗教の基底と同時に内容までもがこのように浸食されていくのと並んで，宗教が「概念への逃走」をせざるをえないそれ以上の根拠が存在している。つまり，宗教が概念把握的な思考である哲学の，したがって精神の高次の形態である哲学の側に見出す終焉がそれである。この定理はヘーゲルの宗教概念がもつ両刃性をいま一度映し出す。ヘーゲルは宗教に対して大きな歴史的な意義と高次の真理内実をも認めている。——しかし，最高のそれを認めているわけではない。なぜなら，宗教は表象にまさしくぬぐいがたく拘束されたままだからである。それゆえ，ヘーゲルは宗教の移行性格，すなわち宗教の「止揚」，〈宗教の終焉〉さえも——これは構造的には〈芸術の終焉〉と類比的である——診断し予測している。それゆえ，〈芸術の終焉〉説は〈宗教の終焉〉説の範型を形成してもいる。以前にみた宗教との関係における芸術と同じように，宗教はいまや精神の最高の欲求をもはや満たすことができないのである。精神の把握としての哲学がはじめて概念形式において育成され，「絶対的内容」を「絶対的形式」において把握するからである。ここで別々に導入されているこれら二つの過程——すなわち宗教の基底および内容の侵食と，最高の真理形式としての哲学の確立——にさいして，分離されたことの成り行きが事実上問題になるのであって，その出来事の展開の二側面はむしろ問題とはならないのではないかという問いについて，ヘーゲルはもはやはっきりと主題化することはなかった。

哲学が宗教の媒介なしに形成されてきたことは疑いがない。——とはいえ，いまや哲学がこれら諸概念を表明し解明する水準では，宗教はもはや哲学に従うことはできないのであって，こうして宗教はその最高の意義を失ってしまう。その理由からしても，「絶対的内容」はいまや哲学へと逃れざるをえなくなる。絶対的内容は哲学によってのみその正当化を獲得する。なぜなら，哲学的な形式だけが精神の自己意識の自由な形式だからである。それゆえ，宗教哲学講義の終わりに理性の法廷という啓蒙のメタファーが出てくるのも偶然ではない（V 5. 268）。——

ここにいう理性とはもちろん，他者を裁くことを目指す理性のことではなく，他者を自分の他者として承認し，この他者を歴史的で哲学的に理解することによってこの他者と和解しようとする理性のことである。

(4) したがって「概念への逃走」とは，この表現がさしあたって示唆しているような構想のことを表すものではない。つまり，ヘーゲルの1821年の最初の講義で目論まれていた「教団の没落」に直面したさいの，たんなる，おそらくはまったく一時的な方便を目標とする構想のことではない。ヘーゲルの抱いたこの構想は，時代的に制約された否定的な前兆である〈空虚の時〉をきっかけにして，宗教が本来的になんであるのかを理解するさいのいずれにせよ必要な前進を果たしている。さらに，〈宗教の終焉〉，すなわち哲学への宗教の止揚，「概念への逃走」について語っているにもかかわらず，世界に無頓着な聖職者階級という隔離された聖域への逃走を推奨することは，宗教，哲学および共同体的な現実性との関係に対するヘーゲルの最後通牒ではけっしてない。——これは，発展史的な差異をかたくなに無視して繰り返し主張されることではあるにしても (Habermas 1985, 49)。というのも，この関係をまなざしつつヘーゲルは晩年の三回の講義において根本的な転換を果たしているからである。ヘーゲルはこの世界からの逃走を促す代わりに，「教団の精神的なものの実現」という構想を掲げている。最初の講義の最終部は諦めたような気分を漂わせていたが，第二回目の講義以降はそれに代わって，宗教の精神的内実を漸進的に実現するという，すなわちその内実を世俗世界のうちに組み込むという構想が登場する (V 5. 262-270)。

これは〈宗教の終焉〉説となんら矛盾するものではない。仮に宗教が別個の内実としては精神の最高の欲求をもはや満たすことができないとしても，それにもかかわらず宗教の「実体」も宗教の精神的内実も，それがすでに哲学に手渡されていたように，社会的な現実性の中に組み込まれることは可能である。ヘーゲルの弟子たちはこの思想をさらに展開したのであった。カール・ルートヴィッヒ・ミシュレ (1843, 305f.) はそうした思想を「現世化 Verweltlichung」と捉えている。——ただしそれは，教会史的な退廃の範疇という伝統的な意味においてのそれではなく，文化史的な範疇の意味においてのそれのことであり，言いかえれば，キリスト教的な原理の現実化のことである。リヒャルト・ローテがはじめてこの「現世化」を「世俗化 Säkularisierung」と言い表し (1837, 85)，これによって〈国有化 Säkularisation〉という国法上の概念の対概念である「世俗化」という文化史的な概念を作り出した。ここにいう「世俗化」は宗教的「実体」の疎外や窃取ではなく，宗教的実体が世俗世界のなかに入り込みその世界に出現することだと考えられている (Jaeschke 2001, 10f.)。

ヘーゲルは，この「教団の精神的なものの実現」を，「世俗世界との和解」の，世界史的な三つの「実在的な段階」という形で描いている。ヘーゲルは，第三の段階は近代の人倫的な諸制度のうちで達成されたと見ている。「世俗世界そのもののうちに自由の原理が浸透したということ，そして世俗世界が，概念や，理性や，永遠の真理に適合した仕方で形成されていることによって，具体的になった自由であり理性的な意志であるということ」が達成されたというわけである。ヘーゲルはさらに「実在的な段階」から「理念的な側面」を区別している。後者は，近代的な意識が世俗世界に対抗してみずからに与える立場のことである。これら最初の二つの形式においては，まだ精神的なものの実現に成功していない。啓蒙は宗教のうちに獲得された「理性の自由」を，あらゆる隷属状態に対抗して，したがって，宗教的な隷属状態に対抗しても差し向ける。そうなれば，思考の自己確信は主観性の最先端の部分に制限され，その結果主観においてはあらゆる内容が「除去されてしまい，客観性や確固とした規定性もなければ，神の展開もなく，その神ですら最終的にはもはやなんら内容をもたないものになってしまう」。これに対して，第三の形式は次のことのうちにある。つまり，「主観性はたしかに内容を自ら展開させるが，しかしそれは必然性に即してのことであるし，主観性はある内容を必然的に存在するものとして知りかつ承認するだけではなく，この必然的な内容を客観的に，すなわち即かつ対自的に存在するものとしても知りかつ承認する。これが哲学の立場である」。概念はなるほど「真理を——すなわち

主観的自由を──産出するが、しかし、概念はこの真理を同時に産出されないものとして、すなわち即かつ対自的に存在する真なるものとしても承認する」。その限りで、宗教がかくも長いあいだ保持してきた精神的な「実体」は、現代の人倫的世界でさえもの構造的な条件の中に入り込んでおり、したがってそれが「和解」に、すなわち「神による平和」に寄与していることになる。もっともここにいう神とは、もはや以前のように「あらゆる理性より高次のものなのではなく、理性によってはじめて知られ、思考され、さらに真なるものとして認識されるものである」（V 5. 267-269, V 9. 8f. 参照）。

講義：1821, 1824, 1827, 1831.
初出：W₁ bzw. W₂ XI-XII.
テキスト：a) 草稿：GW 17; V 3-5; b) 筆記録：V /3-5, künftig GW 29.
参考文献：Carl Ludwig Michelet: Entwicklungsgeschichte der neuesten deutschen Philosophie mit besonderer Rücksicht auf den gegenwärtigen Kampf Schellings mit der Hegelschen Schule. Berlin 1843; Richard Rothe: Die Anfänge der Christlichen Kirche und ilirer Verfassung. Wittenberg 1837; Ernst Troeltsch: Die Absolutheit des Christentums und die Religionsgeschichte. Tübingen ³1929. - Karl Löwith: Hegels Aufhebung der christlichen Religion. HSB 1 (1964), 194; Michael Theunissen: Hegels Lehre vom absoluten Geist als theologischpolitischer Traktat. Berlin 1970; Scheit: Geist und Gemeinde, 143-268; Falk Wagner: Der Gedanke der Persönlichkeit Gottes bei Fichte und Hegel. Gütersloh 1971; Reinhard Leuze: Die außerchristlichen Religionen bei Hegel. Göttingen 1975; Joachim Ringleben: Hegels Theorie der Sünde. Die subjektivitäts-logische Konstruktion eines theologischen Begriffs. Berlin / New York 1977; Franco Biasutti: Assolutezza e Soggetività. L'idea di Religione in Hegel. Trento 1979; Graf / Wagner (Hg.): Die Flucht in den Begriff (1982); Quentin Lauer: Hegel's Concept of God. Albany 1982; Guy Planty-Bonjour (Hg.): Hegel et la religion. Paris 1982; Jaeschke: Die Religionsphilosophie Hegels. Darmstadt 1983; Jürgen Habermas: Der philosophische Diskurs der Moderne. Zwölf Vorlesungen. Frankfurt am Main 1985; Jaeschke: Paralipomena Hegeliana zur Wirkungsgeschichte Schleiermachers. In: Kurt-Victor Selge (Hg.): Internationaler Schleiermacher-Kongreß Berlin 1984. Berlin / New York 1985, 1157-1169; Jaeschke: Die Vernunft in der Religion. Studien zur Grundlegung der Religionsphilosophie Hegels. Stuttgart-Bad Cannstatt 1986; Adriaan Peperzak: Selbsterkenntnis des Absoluten. Grundlinien der Hegelschen Philosophie des Geistes. Stuttgart-Bad Cannstatt 1987, 79-110; Michael Schulz: Sein und Trinität. Systematische Erörterungen zur Religionsphilosophie G. W. F. Hegels im ontologiegeschichtlichen Rückblick auf J. Duns Scotus und I. Kant und die Hegel-Rezeption in der Seinsauslegung und Trinitätstheologie bei W. Pannenberg, E. Jüngel, K. Rahner und H. U. v. Balthasar. St. Ottilien 1997; Gerhard Wölfle: Kult und Opfer in Hegels Religionsphilosophie. Tübingen 1999; Jaeschke: Die geoffenbarte Religion. In: Schnädelbach (Hg.): Hegels Enzyklopädie (2000), 375-466; Jaeschke: Säkularisierung. In: Handbuch religionswissenschaftlicher Grundbegriffe. Bd. V. Stuttgart 2001, 10f.; Jean Greisch: Le buisson ardent et les lumières de la raison. L' invention de la philosophie de la religion. Bd. 1: Héritages et héritiers du XIXe siècle. Paris 2002, 121-173: Religion et Savoir absolu. G. W. F. Hegel.

9.9. 哲学史

9.9.1. 伝承資料と「前史」

（1）ヘーゲルは『エンツュクロペディー』の中で、哲学を絶対的精神の第三の形態と呼んでいる（§§ 572-577）。芸術の哲学と宗教の哲学との類比からいえば、いまや「哲学の哲学に関する講義」が期待されうるであろうし、『エンツュクロペディー』を締めくくるその数節の中には、同時代にフリードリヒ・シュレーゲルも目指していたようなプロジェクトへの示唆も見出すことができる。──それゆえ哲学の哲学それ自身へのたんに歴史的なだけではない反省への示唆も見出されるのである（Jaeschke 2000, 466）。ヘーゲルはそれにもかかわらず、そのような部門のために講義をすることはなく、哲学史のためだけに講義をしたのであった。

「論理学と形而上学」を除けば、ヘーゲルが哲学史ほど定期的にしかも詳細に講義した主題はほかにない。──最初はイェーナで1805/06年に、その次はハイデルベルクで1816/17年と1817/18年に講義が行われている。しかし、これに関する資料は一切保存されていない。ヘーゲルの弟子であり、『友人の

会版著作集』の哲学史講義の最初の編集者であるカール・ルートヴィヒ・ミシュレは,「イェーナのノート」について報告しているが,このノートはハイデルベルク時代に起草された「哲学の歴史に関する短い概要」と同様失われてしまった。資料が残されているのは,ヘーゲルがベルリンで行った六つの講義になってやっとのことである。1819年の夏学期,1820/21年の冬学期,次いで二年周期で,1823/24年,1825/26年,1827/28年,1829/30年のそれぞれ冬学期が,それである。1831/32年の冬学期には,11月14日の死の数日前にこの講義を新たに始めたが,序論を終わらせることさえできなかった。開始された講義をミシュレが引き継いだのであった。しかし,これらの年のものとしては序論への二つの草稿断片(1820/21年および1823/24年)しか保存されていないが,どの講義も少なくとも一つの筆記録が残されているし,しばしばたくさんの筆記録が残されており,それらによって伝承されている (V 6. XI-XXXVII)。

(2) ヘーゲルは——同時代の哲学者たちだけでなく——それ以前の哲学者たちの立場と非常に早くから対決してきた。フランクフルト期はプラトンと懐疑主義について集中的に研究したことが裏づけられる (R 100)。とくに懐疑主義は1802年の批判的論文の主題にもなっている(本書190頁以下参照)。しかし,ヘーゲルの初期の著作は「哲学史」の構想を一切取り上げていない。「哲学諸体系の歴史的見解」(GW 4.9-12) に関する『差異論文』での導入的な発言さえ,ヘーゲルがすぐあとにこの領域に関心を向けることになるであろうなどといささかも期待させるものではない。この発言は,独立した哲学的部門としての哲学史という構想を発展させる手がかりをなにも示してはいない (本書170頁以下参照)。

ところが,ヘーゲルはすでに1805/06年の冬学期には「哲学史」をはじめて講じている。——そのためには,ヘーゲルは初期の見方に別れを告げ,理性と歴史の関係の問題を自分なりに解決するための最初の根本概念を獲得しておく必要があった。ヘーゲルは1803年以来継続的に精神の概念を彫琢しているが,おそらくこの概念が哲学史に関心を向ける思想的な基底を提供したのであろう。もっとも,当の1805/06年の講義に関する資料が保存されていないのであってみれば,この推測は裏づけをえられない。しかしミシュレが『友人の会版著作集』の枠内で講義を編集するにさいして,ヘーゲルの「イェーナのノート」を援用していたわけだし,一方で文体的な根拠から,また一方でローゼンクランツの証言 (R 202) に基づいて,ミシュレのこの刊本に含まれるその「ノート」に由来するいくつかの部分は同定可能である。もっとも重要な部分が W XV. 686-690 にある歴史的な概要であることは明らかである。この概要は,ほぼ同時期の『精神現象学』と並行した思想の営みによって際立たせられる。しかしのちのハイデルベルクおよびベルリンの構想に対しては,たしかにかなりの差異が存在していた。というのもミシュレが言うように,「イェーナのノート」にある序論はミシュレ自身の刊本にとっては,「個々の部分にまで及んで使用不可能」だったからである (W_1 XIII. VII)。

(3) 哲学史講義の資料の伝承状況は,世界史の哲学および美学の講義のそれと同じである。ヘーゲルの草稿が保存されていない以上,『友人の会版著作集』の当該諸巻にはなおも資料の価値が認められるべきである。——もっとも資料的価値という点に関しては,導入部は除外される。というのも,この部分に関しては,膨大でしかもよく仕上げられた断片とすべての年度の講義筆記録とによって,今日ではミシュレ版よりもずっとよく裏づけられるようになったからである (V 6)。とはいえ,ミシュレ版は哲学史の叙述に関して,ヘーゲルの草稿とさまざまな講義の筆記録から収集されたまことに豊かな材料を見せてくれる。——たとえ繰り返しや改ざんや強調点の変更が明白であるとしてもそうなのである。ミシュレはこれら豊富な材料を整理しようとして,まったく硬直した三分法的な,したがって誤って〈弁証法的〉だと思い込まれた図式をそこに押しつけてしまったのである。少なくとも——1825/26年の講義に見ることができるような——ベルリンの講義の諸々の筆記録は,そのような図式を裏づけるものではない (V 7-9)。

9.9.2. 哲学としての哲学史

(1) 他の精神哲学的な諸主題からしてすでにそうで

あるように，哲学史講義もまた，ヘーゲルの時代には大学の授業の自明な科目に含まれていない。たしかに，哲学史の叙述は当時——またもやカントに，しかも彼の「純粋理性の歴史」(B 880) という有名な言葉と関連して——大きな飛躍を遂げていたが，しかし，当時流布していたテンネマン，ティーデマン，ブーレらの哲学史の著作はこの主題に関する講義と連関していない。哲学史は伝統的な専門規範のどの部門も形成してはいない。歴史的な分野として哲学史には合理主義によって作り出された学問性という概念が認定されることはなかった。18世紀後半になるとはじめて，すなわち学校哲学が消滅し諸科学が歴史化し始める時代にむけて，専門規範を根本的に改造する趨勢の中，哲学史は哲学の諸分野の新たな全体の中に一つの場所を手に入れる。やがて歴史主義の結果として，専門規範は著しく改造される——もちろん，哲学史において重要なのは理性の歴史である，と仮定する重荷を負ったうえでのことではあるが。

(2) きわめて重要な水準に属する二つの展開がヘーゲルの構想の前提を成している。第1の前提は「歴史 Geschichte」の意味の転換のうちにある（本書507頁以下参照）。影響力が強く，ヘーゲルによってもしばしば引き合いに出されるヤーコプ・ブルッカーの『哲学史』は，「哲学の批判的歴史 (Historia critica philosophiae)」という表題をもっている。——そして，「批判的」という形容詞からしてすでに分かるように，ここでの「歴史」は「報告」という意味で，したがって伝統的な主観的な意味で理解されなければならない，というわけである。客観的な出来事の連関としての「歴史」という意義はまだブルッカーの念頭にはなかった。だから，彼のいう「historia」，すなわち物語 (Erzählung) にとっては，素材を厳密に時代順に構成することはけっして重要ではない。しかし，先にふれたテンネマンやそのほかの人たちの哲学史的な著作においては，すでに「歴史」の意味の転換が遂行されている。テンネマンはさまざまな哲学の報告を提供しているのではない。彼はほぼ客観的といっていい連関を叙述している。そしてヘーゲルもまさしくその通りである。彼の1820年の断片は，「この講義は哲学の歴史を対象とする」(V 6.5) と告知するところから始まっている。この講義は少なくともそれ自身第一義的には「物語」ではない。「歴史」がその対象である。

第二の前提はすでに示唆した試みの中に含まれている。つまり，合理主義のなかに残された溝，すなわち必然的な理性的真理と偶然的な歴史的真理との間にある「大きくひらいた不快な溝」(LM XIII.7) を，たとえ埋められないとしても，少なくともこちらと向こうを架橋しようとする試みのことである。1800年頃には，理性的（アプリオリな）契機と歴史的（アポステリオリな）契機とを結びつけようとする試みの中に，哲学史の理論の特別の徴が存在している。この徴は一般的な歴史記述の場合よりも哲学史記述の場合の方がより容易に見出すことができるし，その限りで哲学史には重要な方法論的意義が認められるべきである。哲学史は，それが歴史に関する一分野である限りでは，一般的な歴史記述の方法から完全に分離されることはできない。しかし，哲学史は他の歴史に関する分野に比べて，みずからに固有な対象に特権を与える。というのも，哲学史の対象——アプリオリなものや理性的なもの——の展開はこの対象の状態と関係する，という期待があるからである。言いかえれば，その展開はたんに偶然に従うだけでなく，それ自身が理性に導かれている，と期待されるからである。個々の思考体系の本質的に偶然的な生成と消滅についての，たんなる「歴史記述 (Historie)」を与えることに制限されなければならないのか，あるいは，挙げられた領域を越え出て，哲学そのものの理性的な内容からなる理性主導の歴史を再構築することに成功するかどうか，ということが，哲学史記述の哲学的な威厳の基準になる。

(3) ヘーゲルのベルリン期の講義は，哲学的な哲学史記述の古典的形態をとっている。——たとえばテンネマンが自分の12巻からなる『哲学史』のために書いた序論のような直接的に先行する諸著作が，ヘーゲル自身にそう思われていたほど彼自身の講義とかけ離れていたわけではないとしても，そうである。それにもかかわらず，新しい見方はとりわけヘーゲルの名前と結びつけられる。哲学の個々の歴史的な形態，すなわち自己を知る精神のなしたことは，たんに歴史的-偶然的なものとして捉えられるべきではないというのは，すべての個別的な叙述を貫く

ヘーゲルの優れた思想である。哲学の個々の歴史的諸形態のなかで哲学それ自身の生成が遂行され，そして一連の諸形態でさえ外的な事情によって導かれるというのではなく，それら自身の内的な論理によって制御されるのである。

　一般的な世界史からしてすでに，偶然と情熱によって支配された出来事の継起だと考えられてはならない。——いい加減な観察者に向けられた出来事のうわべならそうした印象を抱かせるし，出来事の精神的な内実が外的でたんに経験的なものの外見の背後ではじめて認識されうるのだとしてもそうである。このことは哲学史にとってはなおのこと妥当する。哲学史とは，精神の国に生じた意見や誤謬や反証の無際限に続く系列ではないし，かといって，思考する理性の英雄たちの業のたんなる「記憶（memoria）」でもなく，むしろ精神それ自身の展開の媒体である。——発展史的にみて，もちろんヘーゲルはけっして世界史から哲学史を推理したのではなく，むしろその反対であろう。ヘーゲルが「絶対的精神」の歴史において得た数々の洞察が，彼の世界史像をも変えてしまったのである。世界史にとって体系的に中心に位置する「歴史性」という概念も，ヘーゲルはまずは哲学史叙述の方法論の文脈の中で手に入れるのである（本書510頁以下参照）。

　「理性」と「歴史」の本質的な連関について，ヘーゲルはほぼ公理的な形式でこう表現する。「哲学は理性の認識であり，哲学の展開の歴史はそれ自身理性的なものでなければならず，哲学の歴史それ自体が哲学的でなければならない」（V 6. 14），と。しかし，歴史に内在するこの理性が歴史を——世界史や絶対的精神のそのほかの部分的な歴史と同じように——開示するのは，歴史を理性的に見る準備のできた人に対してだけである。というのも，理性を知ることもなく，哲学の歴史を理性の歴史として思いきって解釈しようとしない人には，歴史に内在する理性もまた顕わになることができないからである。哲学史を評価するためには理念を必ず持ち出さなければならないのであって，それは行為を評価するために，正しくふさわしいものについての概念を持ち出さざるをえないのと別のことではない（V 6. 28）。

　これは，哲学史の理性内実を捉えるさいの解釈学的に正当な条件であって，けっして論点先取の虚偽ではない。理念をもってくるという要求は，先行する哲学を論じるさいには，「まったく厳密に正確に，歴史記述的に正確にもっとも固有な言葉に依拠しなければならない」（V 6. 44）といったようにして他の人たちの勘定につくようなことではない。二つの要求がそろってはじめて哲学史家の課題が描き出される。もちろんヘーゲルは強調して次のように主張することによってさらに一歩先に進む——学問史的に見ればそれは合理主義の圏域への一歩後退であるかもしれないが。つまり，もってこられた理念の助けを借りて「もっとも固有な言葉」を概念的に把握することによってはじめて，したがって，「理念の展開のそのような体系として捉えられた哲学史がはじめて，学問という名に値する」（V 6. 28f.），と主張しているのである。さもなければ，それはたんなる歴史記述であり，したがってまたヘーゲル的な意味での学問ではない。哲学史の理性内実と理念から導出された歴史記述とが共同して，哲学史が哲学的学問の体系へと統合される前提を形成するわけである。「だからこそ私は哲学史に携わり，それについて講義をするのである」（V 6. 28）。

　(4)　その点をさらに越えてヘーゲルは，哲学史の学問性格を次のような力強いテーゼで表現しようとする。つまり，「歴史上のさまざまな哲学体系の連続は，理念の概念的諸規定の論理的導出における連続と同じものである」（V 6. 27）。この大胆な主張には，「観念の秩序および結合は，物の秩序および結合と同一である（ordo et connexio idearum idem est, ac ordo et connexio rerum）」（*Ethica* II, 7）というスピノザの命題の余韻が残っている。けれども，歴史的な秩序と論理的な秩序との一致をこのように主張することは，その実行の細部にわたる再検討に，あるいはその実行可能性の条件の吟味にさえ耐えられはしない。このことは，エレア派およびヘラクレイトスをもってする哲学史の始まりが『論理学』の始まりと一致するという主張からして，すでに明らかである。その一致を主張しようとすれば，歴史的正確さの点でも論理的正確さの点でもかなりの低減を行わなくてはならない。ヘーゲル自身はエレア派から哲学史を開始させているわけではない。——ヘーゲルは正当にもエレア派に対して，イオニアの自然哲学者やピュタゴラス派よりもずっと高い栄誉を

与えてはいるにしても。ヘラクレイトスを「生成」という思考規定に分類するとすればさらに，ヘラクレイトスをエレア派に比べてうしろに位置づける必要が出てくるが——これはもちろん問題をはらんだ処置である。『論理学』の第二の規定である無に関しては，いずれにしても歴史的に対応するものが見出せないのである。

論理的展開と歴史的展開との不可避的な差異に直面すれば，このような論理学と歴史との調和の要請は維持できない。そればかりか，哲学史講義においても，法哲学講義においても（V 6.27; Ig 3.168），ヘーゲル自身も時間の順序と概念の順序との区別を認めているのである。——もとより，なぜ，そしてどの程度，事情がそうであるのかについては，根拠が挙げられていない。哲学史の理性とその学問性は，論理的-歴史的な並行論のような単純な原理によっては保証されえない。そのためには，もっと複雑な着手点が必要である。

(5) 観念の秩序（ordo idearum）は為されたことの秩序（ordo rerum gestarum）に等しいということ，すなわち哲学史の構造原理もヘーゲルによる哲学史の叙述の構造原理も『論理学』のカテゴリーの順番であるということ，このことを否認するのであれば，両者の現実的な関係についての問いが立てられる。ヘーゲルの哲学史講義の秩序原理についての問いであれば容易に——そしてどこか月並みな形で——答えられるであろう。つまり，その原理は時間経過そのものに他ならない，と。——ちなみにこれは，ヘーゲルの宗教史叙述におけるよりもはるかに反省された形式をとっている。

思考諸規定の論理と歴史記述との関係には，二つの考察が結びつけられうる。哲学史で仕上げられたあらゆる思考規定は，必然的に『論理学』に現れなければならない。——さもなければ，『論理学』は思考規定の完全で体系的な認識ではないことになろう。反対に，『論理学』が体系的な筆法で説明するすべての思考規定が哲学史においても考えられているにちがいないというのは，必然的でもあれば陳腐なことでもある。——そうでなければ，それらの思考規定はけっして知られることはなかったであろうし，『論理学』の可能的主題でもなかったであろう。歴史的な秩序と論理的な秩序とを切り離すことで，両者の同一性の原理は，〔両者の〕内実が同一空間に存在するという，より控えめな原理になる。

とはいえ，その場合にも，両者の秩序の相互交差もしくは独立の尺度は，依然として規定されなくてはならない。ヘーゲルがそのつど論理的順序と歴史的順序との同一性を呼び出してくるのは，歴史的な経過の「必然性」を承認するのに賛成意見を表明したり，哲学史を「無秩序な堆積物」であるとか，「一連のたんなる私念，誤謬，思想の戯れ」などとする誤解に対して抗議したりする範囲内でのことである（V 6.28）。しかしそこに，論理と歴史の同一性に対する不可避的な二者択一が存在しているわけではない。むしろ，思考規定が出現する不可逆の歴史的順序の「必然性」は，そのつど固有な「論理」に従う，多数の世界史的，宗教的，社会的，精神史的な文脈から結果として生じるのである。純粋な思考規定の内在的連関についての学問である『論理学』が同時に，純粋な思考規定が歴史のうちに秩序立って出現することについての学問であるというわけではない。そのためには，独自のはるかに複雑な哲学史の論理学が必要であるが——これは「哲学の哲学」という一分野であり，その体系的な位置を，『エンツュクロペディー』の最後で哲学に当てられた数節が際立たせている。けれども，ヘーゲル自身はこの分野の歴史的な局面を述べただけである。

(6) しかし，範疇的でもあれば歴史的でもある展開を包括するそのような普遍的な「論理学」がなくても，哲学史はすべての理性からけっして見捨てられることはない。——しかもそれは，哲学史が理性の対象であるからという理由によるばかりではない。芸術や宗教の歴史のように哲学の歴史もまた，精神の自己認識の歴史としての精神の歴史である。——そのうえ，哲学史は芸術や宗教と比べて，より反省された形式においてあるだけでなく，明らかに概念把握的な思考の展開に向けられている。哲学史は「自己意識の歴史」としての理性の歴史である。——それはもはや，超越論哲学が掲げた認識能力の発生的展開という意味においてではなく，現実との関係において自分自身を思惟する思惟としての理性の，その現実的な歴史という意味でのことである。

ヘーゲルの言葉で言えば，次のようになる。哲学

史はわれわれに「疎遠な事物の生成」を提示するのではなく,「われわれの学問の生成」を叙述することでわれわれに固有な生成を提示する,と。そしてこの生成は,「われわれの現実の彼岸に」あるような,われわれにとって外的なものではまったくないし,「過去の事柄」でもない。むしろ,「われわれが,われわれがそうであるところのものであるのは,同時に歴史的にそうだからである」(V 6. 9. 6)。この二重の同一性こそが(客観的)哲学史を歴史のもっとも内的なものに変じ,哲学史の(主観的)歴史記述を「哲学そのものの歴史」(V 6. 3)に変じるものなのである。すなわち,われわれ自身とわれわれの歴史との同一性,つまり,われわれの「歴史性」が,そして「われわれの学問の生成」とわれわれ自身の生成との同一性が,それである。

「歴史性」は個々の生の狭い限界によって制限されるのではけっしてなく,われわれが精神的なもの一般に関与する程度によって制限される。——というのも,「われわれがそうであるところのものにおいては,共同体的な不変なものは,われわれが歴史的に存在しているということと分かちがたく結びつけられている」(V 6. 6)からである。この不変的なものの共同性は,いわば精神的な「実体」,言いかえれば理性であるが,「われわれ」も,それぞれの個別的な「私」の集合名詞ではなく,むしろ,この共同体的なものが,個別的な私を構成する必須の契機なのである。とはいえ,この「不変的なもの」は,多が「共同体的なもの」と取り結ぶ共同的な関係によってはじめて生じるのではなく,共同体的なものに固有の本質の諸条件によってすでに生じているのである。哲学はまさしく「真理の客観的学問」であって,「私念を紡ぎ出すことではない」(V 6. 18)。それゆえ,この「共同体的な不変なもの」が「卓越したものになればなるほど」,それだけそれは産出的な主観の特殊性によって影響されることがますます少なくなり,むしろ,つねにかならず「人間の,人間としての普遍的な特質に」属していることになる。——「この固有性を欠いた思考それ自身がますます産出的な主観であることになる」。それにもかかわらず,この固有性を欠いた不変的なものは,運動しないものではない。それは「普遍的な精神」に属しており,「普遍的な精神は静止し続けるものではない」(V 6. 6f.)。普遍的精神の存在もまたその精神の行為であり,その行為はすなわち自己知である。——そして,この自己知の真正な場所こそまさに,哲学史なのである。

(7) しかしヘーゲルは,哲学史に現れる像にはこのような非常に注文の多い概念に対応するものがないということをきわめてよく知っている。一般に哲学史は,各人がそれぞれ好きなことを気の向くままに主張したり否定したりすることが許される私念の運動場の,それどころか闘技場の様相を呈する。そうして最終的には,「思考する理性の英雄たちの画廊」は——たとえ歪んだ視点でのことにすぎないとしても——「阿呆の画廊」であることが判明する (V 6. 5 bzw. 15)。けれども,仮にこのような歪曲を哲学史の不適切な主題化のせいにするとしても,哲学史は単純に脇へ置いておくことのできない二重の内的な葛藤を示している。すなわち,哲学史が要求する永遠的なものと,哲学史の現実の姿である可変的なものとのあいだの葛藤であり,そして同じく,多数の真理を主張し,かつ真理の統一を求めるという葛藤である。

この葛藤の二つの形式は直接的には,つまり詳細な根拠づけをせずとも,哲学史にとってもっともでありまた特徴的なものであるようにみえる。真理は一つであるということは,なるほど多数の真理を主張することと端的に矛盾するわけではない。というのも,このような多数の真理の主張のもとでは「真の」正当な主張が隠されてしまう,ということがありうるからである。——とはいえ,それぞれがまさしくみずから,そして他を犠牲にしてこの真理を主張すると,なにも得られないことになる。同じように,永遠的なものと時間的なものは互いに異質であり,哲学が得ようとするのは「真であるがゆえに永遠で不変であるものの認識」である。それに対して歴史は,「歴史にもっとも近い表象からすれば,出来事に,したがって偶然事や可変的なものや過ぎ去ったものに関係する」(V 6. 13)。しかしこの定式のうちには,ヘーゲルがやがてそれを用いて二重の葛藤を解くことになる鍵が隠されている。すなわち,自身をみずからのうちで差異化する全体性の形式としての歴史についての反省された概念を使って,ヘーゲルはその葛藤を解決するのである。

ヘーゲルの観点からすれば，この葛藤の二つの形式は抽象的な悟性概念をもって作用する。永遠性と時間性，多性と一性が互いにただ対置されるだけである。——それではまるで，時間的に展開しないような永遠なものと，多性がただ対立しているにすぎないような一なるものが真なるなにものかであって，むしろ死せるものではないかのようである。論理学や「時間の形而上学」と同じように，まさに哲学史もまた，そうした対概念が直接的な対立項として考えられてはならない，ということを示している。すなわち，真なるものは，時間を自身の外部にもつような永遠的なものではないし，そのものの彼岸にはじめて多性が存在しているようなものは一なるものではない，というのである。哲学は無時間的な体系ではなく，「展開の中の体系」である。——「理念の展開のそのような体系として捉えられた哲学史だけが，学問の名に」値するのである（V 6. 28f.）。

この哲学史の概念においてヘーゲルは，「体系」と「歴史」という一見すると矛盾しあう二つの概念を一括して思考しようとしている。——しかもこれは二つの異なるもののたんなる言葉のうえでの「綜合」ではない。ヘーゲルにとって「歴史」とは，精神の展開形式に他ならない。したがって，歴史は精神の概念から消去されてはならない。だからといってもちろん，この歴史の特殊な運動法則が認識されているわけではない。——そのうえヘーゲルは，精神的なもののうちにもさまざまな運動形式と歴史経過が存在する，と示唆している。たとえば宗教や諸学問の諸々の歴史は，哲学のそれとは別の仕方で経過する。哲学史が提示するのは，「付加物のない単一な内容に固執すること〔すなわち宗教のように〕でもなければ，新たな財宝を既得のものに静かに継ぎ足していく経過〔すなわち諸学問のように〕でもなく，むしろ，哲学史はどんどん更新されていく全体の変化のドラマを上演しているように見える」し，こうして，最終的には理性的な認識そのものが消え去ってしまうかのようである（V 6. 12）。

このような発言を，哲学史と学問史のさまざまな展開形式に関するヘーゲルの指摘が正当であると認めるためだからといって，学問史の的確な記述だと受けとめなければならないわけではない。——これには，学問史の構想を哲学史に転用するさいにも注意を強く喚起するはずのことである。今日哲学史に特徴的な展開という思想がとりわけ否認するのは，初期のイェーナ期の構想である。つまり，哲学史の始原に位置するのは，「もっとも古いもの」（本書211頁参照）ではなく，まさにこの始原性ゆえに必然的に「抽象的」な概念形式，すなわち，まだそれほど規定されていない概念形式である。しかし，概念規定の進展は「新たな財宝を静かに継ぎ足すこと」としてではなく，実際には「全体の変化」として遂行されるものである。しかもこの変化は，「理念」を所持している哲学史家のまなざしによってのみ，変化でありながらまさに一つの全体の展開として捉えられることができる。——すなわち一見すると不断の新たな発端であるにもかかわらず，やはり世界史と類比的な仕方で，「自由の意識における進展」と見なすことができる展開として捉えられうる。しかしこれによってまた言われているのは，この展開は空虚な無限性へと向かうのではない，ということである。すなわちこの展開は，「自由な思想がそれだけで，みずからの対象を思想として捉えながら現れるときに」（V 6. 103）始まり，自由な思想の自己認識とともに終わる。

9.9.3. 哲学史の発端

(1) 思想の自己関係である哲学史の，その始まりを思想として規定することによって同時に理解できるようになることがある。それは，哲学史が芸術や宗教の歴史よりも遅く始まるということである。芸術と宗教という思考の自己客観化の二つの形式——そしてとりわけ神話——は，両者に比肩できる高次の段階の客観化である哲学の始まりよりももっと根源的である。思想はまずみずからの対象を捉えたそのあとで，これを自己自身として捉え，こうして自己へと向かい，みずからのもとに存在することになる。だから「思想のエレメントにおける理性的なものの叙述」だけが哲学の名に値する（V 6. 84, 103）わけである。

それゆえ，芸術と宗教の歴史的な優先権に関する根拠は容易に理解されうる。それよりもずっと説得力がないのは，芸術と宗教がたんに哲学よりも前に現れるというばかりではなく，それらが哲学よりも

広範に流布していたという主張である。——もっと的確にいえば，方法的に仕上げられた知の自己反省の伝統的な形態をもち，しばしば制度的でもある連関としての哲学が，たんにあとから「灰色に灰色を」塗り重ね始めるばかりではなく（GW 14. 18），むしろ歴史的な別物を形成している，という主張である。

(2) ヘーゲルはこのことを——まず第1に——二つの社会史的な論拠を用いて概念的に把握しようとする。この点に関してヘーゲルが頻繁に引き合いに出すのがアリストテレスである（981b）。日常的な生活や直接的な利益に対する配慮から解放されてはじめて，人間は不可欠な欲求や生活の快適さに関わることのない諸学問に，したがってまた哲学へと解き放たれるのである。そのためには，人間はまず「必要性の欲求がまったく満たされていることを欲求するところまで，すなわち無欲求にまで」達しているのでなければならない（GW 21. 12）。これによって，たしかに必要条件が挙げられているが，しかしけっして十分条件まで挙げられているわけではない。というのも，分業社会のこの発展段階はほとんどいたるところで達成されるのであって，アリストテレスもエジプトの僧侶たちのゆとりを数学形成の基盤として引き合いに出しはするものの，哲学形成の基盤として挙げたりはしないからである。

第2の論拠は，政治的な自由を思想の自由の前提としても規定する。「市民的な自由が栄えたところではじめて，哲学は出現しえた。市民的な自由は絶対的に尊重さるべきものとしての意志の無限性に基づいている。」（V 6. 93f.）ギリシアのポリスでは政治的な自由は哲学の自由な思考が発生するための前提であるというこのことを，ヘーゲルは序論の中で絶えず新たな言い方で強調している。「主体がそれだけで妥当するということが政治的自由の原理なのだから，そこには対象を自由に思考することも含まれている。」（V 6. 265）

政治的自由の現実化と哲学の自由な思考の形成とのあいだの連関についてのこのようにきわめて肯定的な見方を，以後ヘーゲルはけっして否認することはない。——とはいえ，その見方をある本質的な点で変更する。両者の結びつきはけっして問題がないわけではないのである。少なくとも，この結びつきはギリシアでは意識史的な発展によって覆い尽くされる。すなわち，思考する精神はその自然的で実体的な形態を，したがって直接的な人倫を越え出て行くのである。「かの実在的世界との対立において，精神は自分自身にとって一つの理念的世界を生み出し，観念的世界の中に逃れ去る。それゆえ哲学が誕生するというのであれば，実在的世界に裂開が生じていたのでなければならない。そのとき哲学は，思想が引き起こした破滅の和解である。この和解は，この世が思想をもはや満足させなくなったときに，思想が逃れ去る観念の世界で生じる。」哲学が「灰色に灰色を」塗り重ねるときには，「青年期と生の新鮮さはすでに過ぎ去っており」，哲学が創建する和解は「現実そのもののうちではなく，ただ思想の世界のうちでしか生じない」〔(V 6. 239)〕。

この論拠はギリシア哲学の第3の段階に，すなわちいわゆる「ローマ世界」におけるギリシア哲学の仕上げの時期に該当するように思われる。ヘーゲルは意識史的な「裂開」の日付をソクラテス後の時代に定めている。すなわち，「意識が自立して内面的に存在するという原理こそが，ソクラテス以降の哲学者たちが国務から退いて観念的世界を形成することに専念した原因である」（V 7. 163）というわけである。とはいえすでにそれ以前に，イオニア地方やマグナ・グラエキア地方において，哲学者たちは「国務」から退いていた。そこではすでに，政治的世界に対する疎外が，そしてそれに伴う哲学の「観念的世界」の展開が始まっている。しかも「ローマ世界」以前にすでにしてこの意識史的な「裂開」は世界史的な切り替えによってわきを固められ，強化される。すなわち，ポリスにおける政治的自由が肯定的に現実化することによってではなく，むしろそのポリス的な自由が脅かされ否定されることによってはじめて，言いかえれば「小アジアにおけるイオニア的な生活の没落」と「アテナイの国民の滅亡とともにはじめて，アテナイで哲学が和解的に姿を現す時代が始まるのである」（V 6. 239f.）。

以上の四つの論拠がギリシアにおける哲学発生の歴史的に重要な条件であることは明らかである。——しかし，その過程の複雑さを完全に概念的に把握するためには，それらの論拠だけではけっして十分ではない。ギリシアの国民宗教と芸術の特殊

な形成過程のような，さらなる局面が付け加えられるべきであろう。それにもかかわらず，以上の四つの論拠は，哲学が世界の別の地域ではなく他ならぬギリシアで生じた理由を尋ねるこの問いにヘーゲルが熱心に取り組んだ証拠を示しているのである。

(3) このようにギリシア的な伝統に限定するやり方に対して，今日ではヨーロッパ中心主義という非難が申し立てられる。——こうした非難は，その方法的な限定が当時としてはまったく伝統的なものではなく，むしろヘーゲルの時代には——テンネマンやティーデマンによっても——きわめて意識的に，しかも旧来の伝統の抵抗に対抗して導入されたものであったという背景からすれば，ますます正当だと思えることだろう。18世紀に特徴的なのはむしろ，ギリシア的な伝統と並んで古代と東洋のほぼすべての国民の「哲学」を提示する「民族誌的な」哲学史である。——すなわち，ペルシア人やインド人だけでなく，エジプト人やカルデア人，スキタイ人やモンゴル人などの哲学も，たとえば，エジプト人たちのもとで「唯物論」となった「カルデア-ペルシア的実在論」や「チベット的観念論」などが提示されるのである（V 7.192f.）。ヘーゲルはそのような哲学史には嘲るだけで済ませている。——そうするのには三つの理由がある。第1に，この哲学史がまったく非反省的な哲学概念にかかずらっていること，第2に，同じように——たとえば『〔アリストテレスの〕自然学 第4巻 (de natura libros quattuor)』をゾロアスターのものだとする古代の報告のような——不十分な資料に依拠していることであり，第3に，このような資料の欠陥そのものを，博識を過度に費やすことで相殺していることである。イオニアの哲学についてのヘーゲルの次のような言及はここにあってもよかったであろう。「ひとはほとんど何も知らないものに限って，もっとも博識になりうるものである」（V 7.22）。概念も経験も伴っていないこのようなやり方に比べて，西洋の伝統に制約されながらも確固とした資料的基盤にもとづいて概念的に深みのある哲学史を構成する方に，際立った優位が認められるべきなのである。

(4) もっとも，哲学史についての当時の方法論的に新たな意識が——さらに「インド的な智恵の自惚れ」（V 6.269）に対するヘーゲルの反ロマン主義的感情によって強化されて——結果的にもたらしたのは，そのような的確な哲学がいくつかの伝統に対しては否認されてしまったということである。〔もっとも，〕19世紀の研究以降これらの伝統に関しては，とりわけ中国とインドの文化に関しては，またもや変更された像が生み出されるのではあるが。ヘーゲルは最初の講義の中で，そのつど序論の終わりで，「東洋の見解」について，いわば哲学史の前提として言及している。「東洋的な高貴な智恵の古い言い伝え」（さらにロマン主義的な神話熱によって蒸し返されたそれ）が挙げられ——またここでヘーゲルは，宗教哲学講義において詳しく論じた神話的な表象のうちのいくつかを概観しているにしても，しかし，それは哲学と何の関係もないということを明らかにするためのものにすぎない。そしてこう断ずるわけである。「東洋のいわゆる哲学なるものについてはこれまでのところで片がついた」（V 6.86, 94），と。

ヘーゲルはこの評価を1825/26年の講義でも繰り返している。東洋の世界には，「本来の哲学は存在することが」できない，なぜなら，東洋の世界は普遍と個の関係の実体モデルから解き放たれておらず，したがって「人格」の概念を形成するまでに至っていないからである（V 6.266f.），と。しかしヘーゲルは，東洋の宗教的表象がもつ一般的な特質から二つの文化を浮かび上がらせる。ヘーゲルが中国に関して伝えることができるものは，すでに以前に論じた内容をわずかしか越え出ていない。「抽象的思想」に関しては，中国の古典作家たち，とりわけ八つの卦（Gua）〔いわゆる八卦〕と原理論とに手短に言及し，実践的なものに関しては，孔子に言及し，彼は「良き立派な道徳的教訓」を示したが，しかし，と次のように述べている。「深い哲学的探求を孔子に求めてはならない。われわれにとってそこには何も得るものはない。おそらくわれわれにとってはキケロの『義務について（De officiis）』のほうが，孔子のどんな書物よりも好ましいであろう。」——この査定を正しく評価するためには，ヘーゲルがキケロを低く判断していることも考慮しなければならない（V 6. 369-373）。

インドに関しては事情は別である。この場合もインド哲学は「宗教と同じである」という見解を繰り

返しているにもかかわらず，ヘーゲルはいまやはじめてインド哲学の固有性を理解する。「インド哲学についての明確な知識をわれわれはついにこのあいだはじめて手に入れた。全体としてインド哲学ということで宗教的な表象のことを考えてきた。しかし近年になって，インド人たちの固有な哲学的書物が伝え知られるようになってきている。とりわけ，コールブルックは［…］〈アジア社会学報 第1巻〉の中で，二つのインド哲学の書物から抜粋を紹介しており，これはわれわれがインド哲学についてもつ初めてのものである。」

ヘーゲルがコールブルックのこの顕彰をフリードリッヒ・シュレーゲルに対する紋切り型の当てこすりとして再び利用するとしても，それはヘーゲルが自己訂正する用意のあることを，それに加えて彼の受容姿勢の熱烈さも証明している。——というのも，コールブルックの包括的な論文は1824年に，すなわちヘーゲルの講義の前年にはじめて公刊されたからである。いまやヘーゲルはその論文から「東洋における高く評価されるべきものと欠点とを」浮かび上がらせる。「思考はそれだけで存在し，思考こそ真理の根底であるという観念論」は，「東洋一般の偉大なる発見である」。東洋の「知性的な実体性」に，ヘーゲルはヨーロッパの「知性的な主観性」を対置する。——そして，あらゆる客観的なものを気化させてしまうヨーロッパの「主観的虚栄心」に比べて，「あの主観的な虚栄心をその中で忘れさせてしまうこと」を東洋の「知性的な実体性」の「長所」と見なすのである。またそれとは反対に，同じように東洋的な実体性の「抽象」を批判して，客観的な形式が欠如しているとかすべての規定が普遍的実体の中に消えうせてしまうとか批判する場合であっても，ヘーゲルにとって東洋的な実体性はこの場合もやはりまじめに受け取られるべきになる。たとえ，それが最終的にはヨーロッパ的な主観性に対するこれまた同様に抽象的な代案だとしても，そうである（V 6. 374-400）。

9.9.4. 予備概念，時代区分，資料

(1) けれども，ヘーゲルは両者〔中国とインド〕の一面性を克服する責任をギリシア哲学によって基礎づけられた伝統に負わせる。ギリシア哲学はいわば両側面を包括するものである。というのも，ギリシア哲学にとって，思考は普遍的なものとしてと同時に自我として，自由な主観として実在するからである。この伝統とともに始まる哲学史に対しては，とりわけキリスト教によって刻印された時代を念頭におきながらヘーゲルが述べていることもことごとく当てはまる。つまり哲学史とは，精神がみずからの自己意識へと高揚する過程である（V 9. 5）ということである。哲学史のすべての規定は，自分自身へと向かう思考の規定であり，すなわち思考の自己客観化の規定である。思考がこの客観化の構造をいまだそのものとして主題化しておらず，いわば「素朴に」他者と関わっている場合であっても，思考はこの他者を思想の形式へと高め，それによってみずからを対象と化し，ここでまさに自由な思想の形式において，すなわち哲学として存在するのである。

思考のこの自己関係について，ヘーゲルは別の概念を用いても表現する。たとえば，「主観性の原理」であるとか，自己を思考するヌースの原理と言って。思考，すなわちヌースは，自分自身を規定する活動性である。——これはアナクサゴラスによってはまだそのように定式化されていないとしてもそうである（V 7. 101）。これに対してアリストテレスはこの統一，すなわち「主観的なものと客観的なものとの絶対的統一」のことをすでに表明している。「それ自身を思考するヌース（νοῦς）は絶対的な究極目的，すなわち善である。善はそれ自身のために，ただそれ自身のもとにのみ存在する。」自分自身を思考するアリストテレスのこの思想（νόησις νοήσεως）のことを，ヘーゲルは「思考されうる限りでのもっとも思弁的なもの」と言っている。——アリストテレスはなお，この場合に問題なのはヌース一般ではなく「特殊なものの思考」のことだという外観を呼び起こすにもかかわらず（V 8. 91）。けれども，アリストテレスが神概念の固有性を際立たせている，それ自身の思考というこの構造は，まさに精神一般の構造をなしており，それゆえ精神の歴史の根底に置かれているものである。——しかも，それも，この歴史のすべての形態がまさにそれ自身の思考という構造を示すという意味においてばかりではなく，むしろ，歴史が全体として再びそのような自己思考の

形式をなすという意味においてのことである。
　「精神」はつねにみずからの自己認識へと向けられている。精神のすべての客観化は精神の自己認識の形式である。というのも、精神とは自己を認識しながらこの客観化と関係するものだからである。したがって、精神の自己認識の形式でないような精神の客観化など存在しない。それゆえ「客観的」なものとしての哲学史も、「主観的」なものとしての哲学の歴史記述と同じように、精神のこの自己認識の同一の形式なのである。――哲学史がこのことをことさら意識するに至らない場合でもそうなのである。哲学の歴史記述を含む広い意味での哲学史に属する諸概念は、それゆえそれ自身を思考する思考の形式として、同時に思考と存在の統一の規定でもある。――というのも、思考は「その存在と同一」だからである（V 7.56）。だから、パルメニデスのこの命題は他の存在と違って、ある思想に属している「存在」にとってのみ当てはまるわけではない。つまり、思考されていないような存在を見出そうとするのは無駄なのである。それゆえに、この命題は哲学史の「本来的な」発端をなす。「思想はエレア派とともに真にはじめて、自由にそれだけで、すなわち実在として、唯一真なるものとして存在し始めた。すなわち、思想がいまや自分自身を捉えているのである。」（V 7.53）それゆえ思想の歴史は同時に思想の自由の歴史である。さらに形式を変えて、この思想が哲学史全体を貫いてつねに新たに表明されるのである――ある時は暗示的に、またある時は明示的に。

　(2) ヘーゲル哲学の他のあらゆる部門と違い、哲学史講義にはなんら特別な「体系形式」も必要ではない。ヘーゲルはこの講義を――芸術と宗教の哲学と類比的な仕方で――「哲学の哲学」として、すなわち哲学の「三つの推論」からなる蓋然的な教説に依拠して構想しているわけではない（本書354頁以下参照）。この講義は「体系」を提示するのではなく、ただ「哲学史」を提示しているにすぎないのであり、こうして、構造原理として体系形式の代わりに、時代区分が登場する。

　知られている限り、哲学史の中心的な時代区分法はヘーゲルのどの構想でも一切変わっていない。――それは、古代哲学と、「新しい哲学」ないし「現代哲学」という区分である。この二区分は美学における「新旧論争（Querelle des Anciens et des Modernes）」を思い起こさせるだけではない。それはすでに伝統的な哲学の歴史記述によって形式的に定められていたものでもあり、古代といえば異教の哲学、近代といえばキリスト教の哲学という、哲学の二形式しか存在しない、という仮定のもとに定着した区分である。それどころか、18世紀初頭までは、この区別づけによって、近代には独立した哲学など認められず、それにとって代わってキリスト教が登場する、という形式が採用されることができたのである（V 9.88）。すなわち、キリスト教こそ伝統的に「我らの哲学（nostra philosophia）」として通用するというわけである。それに対してヘーゲルにとっては、新たな哲学とは宗教的な基礎づけに依存しない近代の哲学のことである。それゆえ哲学史には、本来は――古代と近代という――二つの時代しかないが、しかし、ヘーゲルはこの二つの時代のあいだに、キリスト教ととくに結びついた哲学として中世哲学を置く。それでもヘーゲルは中世哲学に対して他の二つの時代と同等の独立した地位を認めるのをためらっている。中世哲学はヘーゲルにとって「中間の時代、すなわち発酵の期間」なのである（V 6.275）。結局のところは、中世はヘーゲルにとって時代という意味をもたず、むしろ〔古代と近代という〕二つの時代のあいだの時間を満たすだけであり、「キリスト教の原理」は近代哲学においてはじめてその適切な表現を見出すのである。

　ヘーゲルは二つの「本来の」時代を「理念」と「精神」ないし「自らを知る理念」という概念を用いて区別する。――そして、はじめはどこか図式的な印象を与えるこの区別づけが、主観性の歴史として考えられる哲学史を構造化するのに適していることを明らかにする。「理念ないし即かつ対自的に存在する永遠の事柄こそが、ギリシア世界の原理である。この永遠なる事柄は思想によって作り上げられ、意識へともたらされる。」ギリシア哲学において、思考はたしかに「叡知界」を、すなわち「真理の世界」を対象的な世界として産出する。――しかしその思考は、その世界が思考する主観によって産出されたものであることをまだ反省していない、だから、「主観性はなお偶然的に現れている」というわけで

ある。第2の時代においてはじめて，主観によって産出されながらも主観にとって客観的に現れる世界が，産出された世界として認識され主観へと取り戻される。「理念それ自身のうちで自我が認識され，知は無限なる形式として捉えられる。……そしてこの形式は自我として，すなわち知る原理として把握されなければならない。」この知によってはじめて，主観性は「無限の価値」を手に入れる。「主観的側面は事柄と，すなわち客観的側面とまったく同一なものにされている。——それも，主観的側面が，まさに産出するものであるとともに産出されたものにおいてみずからにとって対象的であるものとして意識され，つまり，思考が存在として意識され，存在が思考として意識される限りでのことである。」(V 7. 4f.)

もちろん，あたかも境界線が二つの時代を根本的に互いに分けてしまって，主観性の新たな自己知が——たとえばキリスト教の形態をして——いわば天から降ってくるかのように，哲学史のこの区分が誤解されてはならない。歴史的な展開には連続性も飛躍も含まれているのであって，「主観性の原理」もたんなる非連続性の結果として生じたわけではない。この原理はすでにギリシア世界において，「真であるものは思考によって媒介されている」，という「ソクラテスの原理」(V 7. 128) として登場している。しかしここでは，この原理はギリシア世界に対して否定的に向けられたものであるように，すなわちギリシア世界の内的な破滅として——それゆえ，「ギリシアの悲劇」(V 7. 130) として姿を現す。たとえ最初は抽象的であれ，「自己意識がそれ自身へ還帰すること」(V 8. 159) のうちには，さらにプラトンとアリストテレスに続く「ローマ世界の哲学」の刻印が存在しており，だからヘーゲルはアレキサンドリアの哲学のことをすでに，精神が「みずから主観性から抜け出て客観性へと，しかも同時にある知性的な客観性へと再び立ち至る」時代，また「みずからをたんに主観的に捉えていただけの思考の，その無限性がいまやみずからにとって対象的となる」時代と解するわけである。「かくして世界の喪失からある世界が，その外面性において同時に内的なものであり続ける世界が，したがって宥和されたものである世界が生み出されるが，これはこうして精神性の世界であり，この世界がここに始まったのである」(V 8. 161, 164)。しかし「主観性の原理」が支配的になるのは第2の時代になって初めてのことである。——この時代ですら主観性の原理はデカルト以降きわめて論争に富んだ過程の中でやっと漸進的に受け入れられていったのである。ヘーゲルはカント以前の講壇の形而上学を，まだ「客観性に至る思想の最初の立場」に，すなわち対象をなおも客観的なものと受け取って主観性を偶然的なものと見なす無邪気な思考に分類している（本書349頁以下参照）。したがって，哲学史を全体として二つに分けることは，それぞれにおいて同質的な二つの時代を対照させるのではない。むしろそれは，曲がりくねり緊張感にあふれる哲学史の中に決定的な転換点を際立たせるのである。

(3) ヘーゲルの講義は独自の仕方で哲学史を自由な思考の歴史として，すなわち自分自身を客観化しみずからの客観化において自分を知り，自己のもとに存在する思考の歴史として包括的に解釈するが，この解釈をさらに，詳細でしかも歴史的な細部にまで及ぶ個々の構想の叙述と結びつけ，個々の命題の意味の提示とも結びつける。その限りでその講義は，ヘーゲルによる哲学史全般の解釈のほかに，同時に一般哲学記述史的な情報提供という特色をもっている。——それも，個々の構想についてだけでなく，それら相互の結びつき，学派の創設や学派間の抗争，および直接の受容史とあとからの受容史についての情報も扱っている。さらにそれだけでなく，哲学史を芸術，宗教および国家の歴史と結びつけている。——これは外的で補足的な結合ではない。これらの歴史すべては，精神のただ一つの歴史のたんなる部分史を形成するにすぎず，むしろ精神のそのつどの原理がすべての歴史を取りまとめているのである。しかし哲学史は——精神がその中で自分独自の形態となって自分を概念把握する歴史として——たしかに精神をその全体性において表明するわけではないが，それでも精神をその純粋な形式において表明しているのである。

(4) ヘーゲルは哲学史のイメージを構想するにあたって，ギリシア語，ラテン語，フランス語に英語の，さらに最新のものとしてもちろんドイツ語のテクストを資料として読むことで自分のものにしてい

く。ただ，東洋を叙述するにさいしてだけは，彼は翻訳に頼らざるをえなかった。この場合忘れてならないのは，当時の資料の伝承状況と今日のそれとには雲泥の差がある，ということである。つまり，当時は，ソクラテス以前の哲学者の断片の収集がやっと始まったばかりであった。ストア派の断片もまだ集められてはおらず，アリストテレスの著作ですら，信頼できる版で公刊されてはいなかった。ヘーゲルが比較的新しい哲学記述史の著作を拠り所にするのは，ほとんどもっぱら哲学者たちの生活状況を報告するためにだけなのであるが，当の生活状況の記述は，実はそれらの著作の対象でさえないのである。とはいえこの規則には，一つの，しかも重要な例外がある。中世哲学について，どうやらヘーゲルは新しい哲学史記述に基づいて叙述しているだけらしい，ということである。——ヘーゲル自身も，多数の大型本を眼にすると「他の人たちの仕事に頼らざるをえなくなる」(V 6. 360)，と述べている。ヘーゲルはカンタベリーのアンセルムスの「神の存在の存在論的証明」には大きな関心を示してはいるが，おそらくその著作それ自身を一度も研究したことはなかったであろう。原典を取り扱うことを視野に入れて中世哲学を叙述するというこの例外にも，これまたもう一つの例外がある。広範な構想のもとに集められたヘーゲルの膨大な蔵書の中には，この時代の唯一の書物としてモーゼス・マイモニデスの『迷える人々の教師（Doctor perplexorum）』が見出される。

9.9.5. 古典古代

(1) ヘーゲルはギリシア哲学の叙述にとりわけ長い時間を割いている。これに関するヘーゲルの詳論は，歴史的叙述全体のうち3分の2を占めている。おそらくこれは，構想を誤ったせいなどではないであろう。事実他の一連の講義群でも，ヘーゲルがみずからの題材を，そうじてきわめてバランスのとれた仕方で論じていたことが分かるからである。それゆえ，ヘーゲルはギリシア哲学の叙述にこうした大きな分量をかなり意識的に割り当てたと推察しなければならない。それどころか，ヘーゲルは，ヨハン・ゴットリープ・ブーレとヴィルヘルム・ゴットリープ・テンネマンに対して，彼らが古代の人々の哲学をあまりに性急に取り扱った，もしくは内容的に不適切に扱ったとして非難してさえいるのである（V 6. 362）。——そして，こうしたやり方に，ヘーゲルはたしかに立ち向かおうとしたのである。

とはいえ，ヘーゲルをそれほどまでに長くギリシア人たちのもとにとどまらせるのには，なにより一つの理由があってのことである。すなわち，東方民族の芸術や宗教や未発達な哲学を主題化したのちにギリシアに向かう近代のヨーロッパ人を，故郷性 Heimatlichkeit の感情がとらえてやまない，というのである。ヘーゲルは言う，ヨーロッパはたしかにその宗教を「シリア」から授かった——しかし「精神的生活にうるおいを与えてこれを威厳あるものにするすべての学問と芸術は，一部は直接的にギリシアから出てきたのであり，一部は間接的にローマ人という迂路を経てわれわれのもとに到来したのである」，と。とはいえ，「故郷性」という感情は，たんに自分の文化のルーツとの出会いを熟知していることより以上のものである。「ギリシア人たちのもとでわれわれが故郷にいるような気分になるのは，ギリシア人たち自身がみずからのもとで自分たちの世界に精通していたからであり，自分たちの世界を自分自身にとっての故郷としていたからである。彼らがみずからのもとで心地よさを感じたからこそ，われわれは彼らのもとで心地よさを感じる。故郷性という共同精神がわれわれを結びつけているのである。」(V 7. 1f.)

このように強調しているにもかかわらず，ヘーゲルは「故郷性」の無区別なイメージを描き出しているわけではまったくない。「故郷性」は二つのものを含意している。つまり，自己客観化，現実化，それゆえまた世界において《自己のもとにあること Beisichsein》，すなわち「精神の晴朗さ」を含意すると同時に，外的世界との断絶をも含意しているのである。とはいえ，インドの場合とは違って，知的世界の形成のさなかにあるこの反省された《自己のもとにあること》も，「逃避すなわち抽象によって，つまり自己自身へと還帰することによって魂を解放することではなく，むしろ現在における充足」である。もちろんこの場合ヘーゲルは彼独自の哲学史の時代区分を飛び越えているわけだが，それはヘーゲルが「ギリシア哲学の原理」を，「主観の自由」と

して規定していて，しかもたんに即自的に現前する自由としてではなく，「みずからを無限に知っている自我」として規定している限りでそうなのである。というのも，ヘーゲルにとって，この自我はもちろん通常であれば近代的自我のことであり――近代的自我の方がそうであるのはたしかに至極当然であるからである（V 7.3, 14）。

（2）ヘーゲルはギリシア哲学を――現在のところ認められうる限りで――またしても次のような三つの時期に分類する。(I)「思想が自己自身のうちで学問の全体性にまで自己展開する」時期――すなわちタレスからアリストテレスまでの時期，(II)「それ自身が全体性であるような諸々の特殊な体系へと学問が分かれていく」時期――つまりはストア派やエピクロス派，ならびにそれへの反動としての新アカデメイア派と懐疑主義の時期，そして(III)「思想が個体的，知性的世界へと展開する」時期――すなわち新プラトン主義の時期である（V 7.5）。

第一期は，たんに〈学問史的に〉画定されることはできない。政治的にみれば，この第一期はギリシアのポリスの隆盛と滅亡の時代であり，アレクサンダー大王の〈世界帝国〉創建とともに幕を閉じる。ヘーゲルはこの第一期をさらに三つの節に分けるのだが，そうはいっても――〈ソクラテス以前の人々〉（タレスからアナクサゴラスまで），ソフィストたちとソクラテスとソクラテス派の人々，そして最後にプラトンとアリストテレスというように分けるが――この内的な構造化を，一つの原理から導き出しているわけではない。ヘーゲルは，最終的に地理的な中間地点であるアテナイへと融合していき，ギリシア哲学の古典的形態の開始を告げることになるイオニアとイタリアという二つの伝統から始める。この場合も〈必然性〉が支配するのだが，それは思想的な展開一般の必然性である。

それにもかかわらず，ヘーゲルはここでもなお，いとも簡単に，歴史的展開と論理とのあいだの並行関係を指摘することに成功している。この両者は，とりわけイオニアとイタリアの哲学から伝承されているような諸々の単純な思想に始まるが，このイオニアとイタリアの哲学がさらに本来的には，厳密な意味ではエレア派とヘラクレイトスとともにはじめて始まった哲学史への〈入り口のあいだ〉を形成しているのである。哲学の大きなテーマ――思考と存在の関係，存在と無と，この両者が「生成」へと転化することとの関係――をはじめて練り上げるのも，エレア派とヘラクレイトスだというのである。ヘーゲルは，原子論者――レウキッポスとデモクリトス――をエンペドクレスに引き続いて取りあげる。ヘーゲルは，原子論者に対自存在の原理を帰すのであるが，彼が言うには，アナクサゴラスにあって展開は「尺度の規定より先には」進まなかった。とはいえ，アナクサゴラスの偉大な原理はもちろん，「尺度」ではなく「ヌース」なのであって，こうして――ヘーゲルの意図に反して――ギリシア哲学のこの第一局面の像ですらもが，論理的-歴史的並行関係が哲学史の構造を解明するのには適してはいないことを示すわけである。

第2の局面をなすのは，ソフィストたち，ソクラテス，ソクラテス派の人々である。――ここにはヘーゲルの哲学史叙述に固有の特徴が示されている。哲学史とは，ヘーゲルにとってまさしく，「私念」についての歴史などといったものではなく，みずからを展開して規定を獲得し，みずからの時代を表明する思考の歴史である。そのため，〈誤った〉哲学などは本来まったく存在しえず，せいぜいのところ，一面的な構想が存在しうるだけである。この解釈学的な格率が求めているのは，すべての「哲学」のうちに「哲学」を認識すること，すなわち自己規定的思考を際立たせ，また――すべて後代の伝統においてのことであるにせよ，ヘーゲルの時代にしかなされなかったにせよ――さまざまな根拠から理論的ないし道徳的に不評を買ってしまう哲学の諸形態についても，その「必然性」を際立たせる「哲学」を認識することである。ヘーゲルの哲学記述史はそれゆえに，レッシングのいう意味での，長大な一連の「救済」から成っている。――ヘーゲルが個別に一つ一つ批判することをけっして惜しんだりはせず，また「すべてはよい」といった教皇然とした物言いをするつもりなどまったくない場合であっても，そうなのである。

最初の「救済」はソフィストに適用される。ヘーゲルは，流布しているソフィスト像にじつに現在に至っても刻印されている伝統的な教訓めいた批判には同調しない。それとは反対にヘーゲルは，ソフィ

ストをはじめて，意識の歴史からみて抜きんでているグループとして，すなわち，ギリシアという太古のしっかりとつなぎ合わされた世界を解消して，概念へと——つまり「人間は万物の尺度である」という命題へともたらすグループとして理解する。ヘーゲルがここに見るのは，不遜な思い上がりの表現などではなく，むしろ「偉大な感受性Sinn」であり，まさしく「その時以来ほとんどすべてがその周りをまわっている」，「偉大な命題」なのである。——しかしこの命題にはなお，「人間」が「その特殊な個体性に従って」理解されるのか，それとも「その理性的な本性に従って」理解されるのかといった「曖昧さ」が伴っている（V 7. 123）。

人間のこうした理性的本性を洞察している点で，ソクラテスはソフィストを越えるとされる。ヘーゲルは次のように考える。すなわち，ソクラテスとともに，「存在するところのものが思考によって媒介されている」という意識が生じる。それにもかかわらず，この「意識の自分自身への還帰」は同時に，「特殊な主観性から抜け出すこと」でもある。それだけで自立的に存立する客観的なものだと誤って考えられていたものは，いまや主観的なものとして認識されるが，しかし主観的なものといっても，それ自身は客観的であり，それももちろん「外的な客観性ではなく精神的な普遍性」であるような主観的なものなのである。しかしソクラテスは，以前の客観性にこの「主観性の原理」を対置することで，両原理の悲劇的な衝突を引き起こし，そうして彼の運命が「ギリシアの悲劇」を表すことになる。以上のように考えるヘーゲルは，もはやソクラテスとキリストとのあいだに啓蒙的な類似関係を求めたりはしないし，またソクラテスに無実の死を遂げさせたりもしない。むしろ，ヘーゲルはソクラテスを，自分で罪責を背負い，罪責を自覚して死ぬ，ひとりの悲劇的な英雄として描くのである（V 7. 127-164）。

ソクラテス派の人々，すなわちメガラ派，キュレネ派，キュニコス派についてのヘーゲルの叙述もまた，幾度も〈救済〉の特徴を表すが，それはヘーゲルが，たとえば彼らの得ようとした「至福」を，普遍的で「理性的な」至福として描くからである（V 7. 165-182）。しかし——ヘーゲルが，プラトンをソクラテスの主観性原理の反対者と特徴づける場合でさえも——ソクラテスの哲学を本来継続するのはプラトンである。というのも，ヘーゲルによれば，プラトンの哲学は「みずからの時代の実体的なものを基礎に」置いたが，それによって「意識を伴った主観的自由というのちの原理がプラトンの国家から排除される」からである。それにもかかわらず，ヘーゲルにとってプラトンは「世界史的個人のひとりであり，プラトンの哲学は，それが成立することによって精神の形成や精神の展開に関して，続くすべての時代にもっとも重大な影響を与えてきた諸々の世界史的存在物の中の一つである」。プラトンによって「超感性的な基盤がすでにして築かれ」，その基盤をキリスト教はずっと頼りにしてきたのだという（V 8. 53, 1）。しかし，ヘーゲルがプラトンに対して関心を抱くのは，経験的世界と叡知的世界とをこのように区別するという点というよりはむしろ，プラトンがエレア派とは反対に存在と思考の関係を展開するさいに用いる方法，すなわち「高次の弁証法」の方である——たとえその方法がプラトンにあっては「抽象的に始まる」にすぎない（V 8. 138）のだとしても。——プラトンが哲学を「学問」にまで高めたからこそ，ヘーゲルは哲学を，たんにその原理に従ってではなく，「弁証法」，自然哲学，精神哲学といった，さまざまな諸学科において論究するのである。ヘーゲルはこうした区分を——部分的には些細な点で修正があるものの——遵守するが，それはプラトンの後継者たちの場合にはおおむねそうであり，さしあたりアリストテレスの場合もそうである。

アリストテレスは「かつて現れた中で，最も豊かで，もっとも学問的で，もっとも包括的で，もっとも深遠な天才たちのなかのひとりであった」。この言葉をもって「救済」の第二段階が始まる。——というのもアリストテレスは，ヘーゲルの時代では格別評価されていたわけではないからである。アリストテレス主義も，精神史的に影響を与える力としては，遅くとも18世紀には見限られていた。ヘーゲルの同時代人たちにとってアリストテレスは，実践面では幸福の哲学の支持者だと，理論面では実在論者および経験論者だと，それゆえにまたプラトンの「観念論」とは対極にあるものと見なされていた。——それに対して，ヘーゲルは，経験的契機と

思弁的契機との結びつきを，アリストテレスの思考の特性として際立たせようと努め，その特性ゆえにアリストテレスの思考は世界史的位階に立つ——しかも，自然哲学と倫理学においても，論理学と形而上学においてもそうだと強調する。「思考の思考（νόησις νοήσεως）」という思想のうちに，ヘーゲルは「主観的なものと客観的なものとの絶対的な統一」が表明されているのを見てとる。——ここにヘーゲルは——「思考されうる限りもっとも思弁的なもの」である——「アリストテレス形而上学の頂点」が達成されると考えるのである（V 8. 91）。それゆえ「ドイツのアリストテレス」（Br I. 497）であるヘーゲルは，みずからの『エンツュクロペディー』を，したがって自身の思考の綱要の展開を，アリストテレスの形而上学から採られたこの思想で締めくくるわけである。——もとよりヘーゲルは明らかに自身の精神哲学の文脈の中でアリストテレスのこの思想を根本的に刷新しているのであるが。

ヘーゲルは，ギリシア哲学の第2期を——歴史的には少々正確ではないが——ローマ世界における哲学とする。とはいえ，主としてヘーゲルがここで取り扱っているのは，ヘーゲルの弟子のヨハン・グスタフ・ドロイゼン以来われわれが「ヘレニズム」と呼んでいる時期——すなわちストア派とエピクロス派という二つの「独断哲学」，それらと相対する二つの懐疑主義的方向，すなわち新アカデメイア派と本来の懐疑主義である。先に挙げた二つをヘーゲルが「独断哲学」と名づけるのは，それらがプラトンとアリストテレスに対抗して変更した「学問的特徴」をもつからであり，すなわち，そのつど一つの「原理」ないしは「試金石」——ストア派の人々の場合は思考，エピクロス派の人々の場合は「感覚」——へと立ち返ることによって，それぞれより大きな体系的まとまりをもっているからである。後の二つの学派をヘーゲルは「懐疑主義的」と称するのだが，それは両者が，なるほどヘーゲルが皮肉を込めて言うとおり，「存在と思考との有名な区別」を主張するからである——しかし，この呼称はけっして不当なものではない。すなわち，ヘーゲルはこう述べているのである。「この区別に関する意識をもつことは重要であり，またその区別はストア派の人々の原理に反対して主張されなければならない。

というのも，このストア派の人々は，諸々の表象や想像，すなわち思考の主観的なものと，客観的なものとが，それぞれに異なっていながら本質的には，相互に移行し合い，互いに同一のものとして定立し合うものであることを示さなかったからである。」（V 8. 138）

この時期の全部で四つの哲学に共通の特徴としてヘーゲルが際立たせるのは，これらの哲学にとって「精神の充足は一切に対する無関心や自由にのみ存する」ということ，すなわち「なにものにも動じないこと Imperturbabilität」に存するということ（V 8. 102）——しかも，一方では思想の内在的な発展に基づいて，また一方では歴史的諸状況に基づいて，そのようになっているということである。つまりこれらの哲学は，主観を，もはやなんら充足をもたらしてくれない公的，政治的生活から，内面性へと，すなわち私的生活へと後退させてしまう，というわけである。ここにおいて「主観性の原理」は，「内的自由の意識」へと，すなわち「精神の自由」へと，つまり主観性の無限性の先行形式へと発展する。とはいえ，この先行形式は，それが意志の内的な力に基づいていることによってキリスト教的な形式から区別される。これによって，その前形式はたしかに道徳的に際立たせられるけれども，しかしそれはやはり依然として特殊なものにとどまっており，普遍的なものになることはない。

こうした文脈において，ヘーゲルは第3の「救済」，つまりエピクロスの救済に取りかかる。キリスト教世界においてエピクロスの哲学ほど，社会的に放逐されたものはなかった。ヘーゲルはエピクロスの論理学と形而上学を，主として「最高に単純で抽象的だが，きわめて陳腐でもある」（V 8. 122）と見なしている。——ところがエピクロスの自然哲学にはたしかに「価値が与えられ」なければならない，という。エピクロスは「経験的自然学や経験的心理学などの創始者」だというわけである。——これは，けっして批判として言われているのではない。むしろ，当時まさしくストア派の哲学が発祥の地とされていた，「鳥の飛翔，卜占，鳥占いの前兆などといった，くだらないもの」に比べて卓越したものと考えられているのである（V 8. 127f.）。

とはいえ，本来的な「救済」に関わるのがエピク

ロスの実践哲学である。「エピクロスの道徳は、もっとも悪名の高いものであるが、それゆえにまたもっとも興味深いものでもある。」ヘーゲルによれば、エピクロスの道徳に関する判断は、たしかにさしあたりは、「きわめて不利な」結果になるが——しかしエピクロスは幸福を、幸福は「諸々の外的な偶然性、感覚の偶然性から自由なものになり、またそれらから独立のものになる」というやり方で探究するのであり、「したがってここには、ストア派の哲学の場合と同様の目的がある」。こうした判断の裏づけをヘーゲルは「疑いようもない証拠」であるセネカから得ている。ヘーゲルがそのほかの点では低く評価するそのセネカは、エピクロスの道徳を、ストア派-エピクロス派の対立があるにもかかわらず、「神聖かつ正当な学説」と呼んでいるからである。また、ストア派以降さまざまになされてきたエピクロス神学にさえも、ヘーゲルは積極的な側面を認めている。すなわち、「諸世界の中間領域 Intermundien」〔空虚な空間（V 8. 132）〕に住まう神々は「普遍的なもの一般」に他ならないし、——「最高存在者 höchstes Wesen」あるいは「最高存在者（être suprême）」としての神についての近代の発言は、その優越感にもかかわらず、エピクロスの神学より一歩も先に踏み出していないというわけである（V 8. 128-132）。

ギリシア哲学の第3の局面は、第2の局面よりもっと厳密な意味でローマ世界に属している。すなわち、「アレキサンドリアの哲学」がそれである。ヘーゲルが第3の局面を主としてそのように呼んでいるのは、「新プラトン主義」という語が、古典古代の哲学の諸派を包括するこの第3の局面の特質を狭めるものだからだという。ところが第3の局面はむしろ、それ以前の諸原理の合一、「先行するもの全体の成果」であり、その点では先行するもの全体の否定態でもあるというわけである。というのも、第3の局面の直接的な前提、とりわけ懐疑主義は、「自己意識のみずからのうちへの還帰、客観性を欠いたこの無限な主観性」であり、「すべての客観的なものを殲滅すること」、「純粋に無限に抽象することにより意識がみずからのうちで充足すること」だからである。これに対しアレキサンドリアの哲学が提供するのは、「客観的なものからの逃避による浄福ではなく、むしろ本質的には、客観的なものへと向かうことによる浄福」である。「したがって世界の喪失からひとつの世界が、すなわちその外面性において同時に内面的世界であり続け、それゆえ和解した世界であるような世界が生み出されるのであるが、これこそがここに始まる精神性の世界なのである」。——この世界とは、そこにおいて精神が「それ自身のうちで崩壊していて、精神の主観性から再び客観性へと出ていくが、しかし同時に、知性的な客観性へと、すなわち精神のうちにあり真理のうちにあるような客観性へと出ていく」、そのような世界である（V 8. 159-168）。

こうした言い回しによってヘーゲルは同時に、自分がアレキサンドリアの哲学を、意識の歴史のうえではキリスト教と並行するものと見なしているということを示唆している。この連関が歴史的に明白になる哲学の諸形態を、ヘーゲルはフィロン、カバラ、グノーシスに即しながら狭義の新プラトン主義の前史として取り扱うわけである。ヘーゲルは、プロティノスとグノーシス主義者たちとの論争にも立ち入っている。グノーシス主義者たちに対して、プロティノスは「知性的なもの das Intelligible と現実的に存在するものとの連関」を主張しているというのである。ヘーゲルは他にも「なお数多く個々の点で美しいもの」をプロティノスに認めており、とりわけ思考（νοῦς）と思考されたもの（νοητόν）の統一というアリストテレス的な思想を強調している。しかしヘーゲルは、プロティノスよりも高いところにプロクロスを置く。なぜなら、後者にあって「新プラトン主義的な理念が、そしてとくにプロティノス的な理念が、プロティノスその人の場合にそうであったより以上に仕上げられ、より明確に規定されていた」からである。すなわち、プロクロスには、「新プラトン主義者たちの中でもっとも高次に発展し、かつもっとも卓越したもの」が見出されうるというのである。また、プロクロスの「一者の弁証法」においては最高のトリアーデの諸契機がそれ自体再び全体性として考えられているのだが、プロクロスのこの「もっとも明敏かつもっとも委曲を尽くした一者の弁証法」を、ヘーゲルは再びまた、キリスト教の三位一体思想への懸け橋とするのである（V 8. 169-191；本書372頁以下参照）。

9.9.6. 中世

(1) 哲学史の「第2期」は，第1期と同様に一千年の範囲をもつ。——しかしヘーゲルは，この第二期を足早に「乗り越える」ために，「概念という魔法の長靴」を履く。ヘーゲルは，この「激動期」(V 6.276)に独立した位階を認めているが，それもただしぶしぶそうしているにすぎない。教父，ユダヤ教徒，アラビア人，スコラ哲学者，ルネサンス，宗教改革が，だらだらと続いて登場してくる。方法論的にも，ヘーゲルの叙述は，他の二つの時期の叙述とは区別される。この第2期の叙述は，原資料に基づいて作成されたものではなく，比較的新しい哲学史記述に基づいている。——この記述でさえ，一番得意の分野から考慮されたものではない。たしかにヘーゲルがこの時期を独自の原資料研究を通して解明するにいたっていなかったということは，課題の大きさのためであることは納得できるが，しかしそれにもかかわらずやはり依然としていぶかしく思われる。われわれが神についてなにも知りえないという近代の底の浅さに対して，ヘーゲルが繰り返しスコラ哲学の思想家たちを，彼らの仕事の中で神学と哲学の統一が実現されているという理由で称賛しているだけに，やはり奇妙だと思われるのである (V 9.10, GW 18.230)。

(2) この第2期においては，哲学はキリスト教と緊密に結びついており，これが哲学の特質を作り出している。哲学は「キリスト教の理念」を捉えなければならないのであって，この理念は「さまざまな時代にさまざまなかたちで捉えられてきたのである」。そのためヘーゲルはこの結びつきを，哲学の宗教への依存関係として把握するわけではない——その逆である。ヘーゲルが言うには，宗教はたしかに歴史的には哲学に先行するものであるが，しかし「キリスト教の理念を捉えるためには，いまやその理念がそれだけで認識されるにいたっていなければならないし，この理念だけが唯一真実のものであるという知に到達してしまっているのでなければならない」。すなわち，「理念という具体的なものの真理が，つまり精神としての精神の真理が認識されていなければならないのであって，これが，教父たちの場合に固有の形式なのである」。「教父たちは，キリスト教の原理を哲学的理念に適合させるとともに，哲学的理念をキリスト教の原理の中に組み込み，こうしてキリスト教の教義概念を形成したのである。」(V 9.3, 5, 10)

ここには，史実的と称される内容に対する思考の優位がきわめて明確なかたちで要求されている。そうした内容は何ら「固定的なもの」ではない。思考が史実的と称される内容に関わる場合であっても，生じているのは，「人間のうちにある精神が，説明されるべき言葉の中に自分自身を認識しようとし，自分のうちにあるもの以外はなにも認識することができないということ」に他ならない (V 9.13)。ヘーゲルが，たとえば「キリスト教の理念」を，「即かつ対自的に存在するもの，すなわち神は，精神である」(V 9.1) という文言で言い表すとき，この命題の意味が聖書の言葉 (ヨハネ4, 24) に比べて変えられていることは明白である。すなわち，ヘーゲルによれば，この理念にあって重要なのは，「世俗的なもの，特殊なものが，もはやその直接性のままに放置されるということではなく，むしろ，それが普遍的なもの，知性的なものとして，すなわち神のうちにみずからの根をもちみずからの真理をもつものとして，考察され，こうして神が具体的なものとして考えられるということ」である。「神は自分自身を区別するものとして，つまり具体的なものとして捉えられ，だから，人間が自分自身の根元を神のうちに見るというまさにその点にこそ，われわれが意識と名づけたものとの媒介が，連関が存在するのである。」「キリスト教の理念」はしたがって，「みずからの自己意識というこの立場に高まる」という，精神の自己認識の普遍的な過程の中に組み入れられるわけである (V 9.4f.)。

(3) ところがヘーゲルは，講義では，所定の宗教的内容と思考とのこうした関係をさらに越え出る。ヘーゲルはモーゼス・マイモニデスのところで，ユダヤ哲学に簡単に触れている。ヘーゲルはアラビア人たちの哲学，とりわけ彼らのアリストテレス受容に関しても報告し——，彼らが「具体的理念をそれ以上規定することもなく，学問と哲学を形成し」てしまったようだとする結論に至っている。世界史的諸事件——十字軍など——を背景にして，ヘーゲ

ルはスコラ哲学者に関してはもっと詳細に述べている。彼らにとって思考は「絶対的な前提をしょいこんで」いた，とこう述べる。「したがって，思考は自由に自分から出発するものとしても，みずからのうちで運動するものとしても現れず，むしろ，思弁的ではあってもみずからのうちにまだ直接的な定在というあり方を含んでいるような，与えられた内容に依存するものとして現れる」のであり，それゆえ宗教的表象の形式なのだ，と。

しかし，ヘーゲルは，詳細な叙述は「文献史」に委ねて，「外的な進行の主要契機を際立たせること」に限定する（V 9.31）。ヘーゲルは，ヨハネス・スコトゥス・エリウゲナ，アンセルムスとアベラール，ナバラのペトルス，トマス・アクィナス，ヨハネス・ドゥンス・スコトゥスとアルベルトゥス・マグヌスについて手短に報告しているが——しかしこれらの報告は，じっさいには外的なものにとどまっている。ヘーゲルが「神秘主義者」として手短に言及するのは，ジャン・シャルリエとライムンドゥス・サブンドゥスである。当時キリスト教の教義概念をわがものとし席巻していた，突飛な機知に関する諸々の逸話をヘーゲルはもっと詳細に報告している。ヘーゲルにしてみれば，この教義概念すべてのうちには，たしかに「形式的に論理的な学問の形成」（V 9.45）は認められるが，しかし哲学的思想の現実的なさらなる形成発展を認めることはできないのであって，——このさらなる形成発展は，もっとも早くは，普遍的なものと個別的なものの関係をめぐる実在論と唯名論との抗争において，すなわち「この普遍的なものがじっさいに存在するのか否か，あるいはそれはただ名前の上でのみ存在するのか否か，言いかえれば主観的表象ないしは思考物か，といった主要な問いの中に認められる」（V 9.41）というわけである。

（4）独特なのは，ヘーゲルがルネサンスと宗教改革を，第三期の始まりとしてではなく，この第二期の最終形態として扱う点である。というのも，ヘーゲルがここで際立たせる諸々の主要な点——人間の自由の強調，世俗性の内的な権利，古典古代の哲学の復活，イタリア人文主義の「特殊な諸個人」——は，たしかにより正当に近代に分類されることもできるはずだからである。同じことは宗教改革にも当てはまり，とりわけヘーゲルは宗教改革を，決然たる新プロテスタント主義の展望のもとで，「主観性の原理」の実現における決定的な段階として，すなわちまさしく「人間の自分自身との和解の始まり」として解釈する。「したがってここでは，主観性，自分自身との純粋な関係，他のすべてのものが拠り所とする真の自由といった原理がただ承認されているばかりではなく，むしろ祭祀すなわち宗教においてはただその原理だけが重要なのだということが，端的に要求されている。」「精神のうちで神を崇拝するというキリスト教の掟はここではじめて果たされる。神という一つの精神は，主観の自由な精神性というこの条件のもとにのみ存在する。というのも，この条件こそは，精神に関係しうるものに他ならないからである。不自由が存在している主観は精神的に振る舞うことがないし，精神のうちで神を崇拝することもない。これが，原理の普遍的な点である。」（V 9.62f., 65）ヘーゲルは，なによりルターの聖餐論を宗教改革のこうした見地の拠りどころとしている。それに対立する観点——たとえば義認論〔行為でなく信仰によって義と認められる〕や聖書主義——を，ヘーゲルは，18世紀中葉までかなりの影響力をもったルターの正統派信仰と同様，黙って無視する。とはいえヘーゲルは，このように「主観性」へとむかう趨勢の中で「教義の哲学的展開がなおざりにされて」しまったと書き添える。「哲学的なもの，思弁的なものはむしろカトリックの教義学の方にこそある。」プロテスタントの教義概念の方では，内容が，「教義を無味乾燥なものにする歴史的なやり方の形式で保たれている」。しかしまさしくこうした欠陥を通じて，ヘーゲルはまたもや，内的証明すなわち「精神の証」にむかう傾向が強まるのを見てとる。もちろんヘーゲルは，このようなかたちでの「主観性」への方向性を，哲学におけるそれから区別する。「プロテスタントの教会においては［…］主観的で宗教的な原理が哲学から分離されてしまった。しかし，哲学において，この原理は真の仕方で再びよみがえったのである。」（V 9.66f.）

9.9.7. 近代

(1) 哲学における「主観性の原理」のこの真実の復活は，ヘーゲルによれば，哲学と「神学との統一」が解消したあとにはじめて生じるのであるが，しかし，それは一つの行為において起こるのではなく，この復活こそが近代哲学の歴史の〈実体〉を形成するのである。近代哲学の歴史の始まりにおける思考の状態は，「主観的なものとして，みずからの自己内存在という反省を伴っており，そのため思考は存在するもの一般に対立項をもつ。その場合の関心は，まったくただ一つ，この対立を和解させること，この和解をその最高の極において把握すること，存在と思考とのもっとも抽象的で最高の分裂を捉えることにある。すべての哲学はその時から，この統一への関心を抱くのである」(V 9.71)。

(2) 近代哲学はまさしくこの一つの関心を，幾多の形態をとりながら，また主要問題の特別な諸形式として一瞥するだけでは認識できないような諸々の問題設定という形をとってたどっていくのである。この場合もヘーゲルは，またしても包括的な問題提起を細部の論述で補おうとする。ヘーゲルにとってそうするための助けとなるのが題材のゆるやかな組み立てである。『友人の会版著作集』では，この章が——1823/24年講義に依拠して——三部に分けられており，そのいくつかは再び三項目に区分されている。しかし他の講義において，ヘーゲルは，一方では対照をなし一方では共通の原理を支持するような四組ないし三組を際立たせることによって，自分の題材を構造化している。つまり，ベーコンとベーメ，デカルトとスピノザ（およびマールブランシュ），ロックとライプニッツ（およびヴォルフ），カントとフィヒテとシェリング，という四組である。ヘーゲルは他の哲学者たちについては，そのつどこうした優勢な組分けの一つに割り当てている。

(3) 最初の，きわめて不釣り合いな一組，イギリスの大宰相であるフランシス・ベーコンとドイツの靴職人ヤーコプ・ベーメは，ヘーゲルにとってはまだ「近代哲学の黎明期」に属している。——これは，場合によっては，ベーコンの『学問の進歩』に関してはもっともであるが，『ノヴム・オルガヌム』に関しては納得できるものではない。ヘーゲルはほとんどいつも，ベーコンを「経験哲学の将軍」と呼んでいる。とはいえ，この称号が侮蔑的に見えるし，またしばしばそう考えられてもいるにもかかわらず，ヘーゲルは敬意を込めてベーコン哲学の像を描く。ベーコンが「学問および哲学の歴史の中で注目すべき人物」だというのは，彼が「学問的認識を考慮した方法と，認識作用のあり方に関する一般的な原理とをうち立てた」からである。ヘーゲルは次のように述べている。思弁的な認識作用は，「後者の認識作用に対してお上品ぶること」はできるが，「しかし，学問的理念にとっては内容の特殊性が形成されることが必要である」。とはいえ経験概念が的確に捉えられなければならない。「経験とは，たんなる感覚の受容の働きのことではなく，本質的には普遍的なもの，諸法則，類を見出すことに向かうものであり，これらを作り出すことによって，経験は，理念や概念の基盤に属し，概念の基盤のうちに受容されうるようなものを産出する。」それだけではなく，ヘーゲルはさらに一歩進めて，経験に，哲学にとって本質的な機能を認めている。「哲学は，経験諸科学を自覚的に形成することなくしては，かつて古代の人々のもとでそうであったよりも，さらに先に達することはできないであろう。」(V 9.75f.)

ベーメに対する，すなわち「ドイツの哲学者 (philosophus teutonicus)」に対するヘーゲルの見解は，イェーナ時代以来変わっていない。ヘーゲルはベーメのうちに内容的に親縁的なものを見出す。それはとりわけ三位一体の理念であり，ヘーゲルはベーメが「無限なもの，永遠なもの，最高存在者などという，空虚な抽象物を無限に越えている」と見なす。しかしヘーゲルは，「論述上での蒙昧」に突き当たる。「それは叙述や表現の蒙昧な形式であり，みずからの心情と言葉との闘争であり，そしてその闘争の内容たるや，もっとも絶対的な対立を合一しようとするもっとも深遠な理念なのである」。総じてヘーゲルの見解は，人々はベーメに最近「過剰な栄誉をふりそそぎすぎ」てきた，というものである。——そしてこれはフリードリッヒ・シュレーゲル，シェリング，フランツ・フォン・バーダーに対して向けられたものなのである。しかしなにより，ベーメを読むのには，宗教的テクスト一般を読むの

と同じ前提が要求される。「人は，このようなこのうえなくもつれたやり方で真なるものを見出すためには，理念に精通していなければならない。」(V 9. 78-87)「近代世界の哲学」に「本来的に」至るには，デカルトをまたなくてはならない。

(4) ヘーゲルはデカルトにあってはじめて，新プラトン主義以来途絶していた「本来の哲学」の開始を見る。「ここでは言ってみれば，われわれは我が家にいるのであって，長い間の漂流を経た船乗りのように，ついに『陸だ』と叫ぶことができるのである。」こうして，ヘーゲルは，彼にとってギリシア哲学にも通底している「故郷性」のモチーフを思い起こさせるわけである。ギリシア哲学の場合と同様に，ヘーゲルはここでもまた「自由な思考」の登場を見る。「思考が原理であり，妥当すべきものは思考によってのみ妥当する」。しかしここには，思考と存在とが不可分であることだけではなく，存在に対する思考の優位も明確に言い表されており，方法的に根拠づけられている。——哲学の揺るぎない基盤としての「コギト (cogito)」からデカルトが出発したことにおいても，第五省察における神の存在証明においても，そうである。もちろんヘーゲルは，デカルト自身にも隠されていたデカルト哲学の主観性の歴史的な動機を，著者であるデカルトその人よりももっと明確に表明しようと考えているのである。「根底にあるのは自由の関心である」が，これはしかしデカルトによっては「そのものとして際立たせ」られるのではなく，「確実性」と誤謬の回避という関心の背後に隠されている (V 9. 90-102) というわけである。

第2点目として，ヘーゲルは次のような批判をおこなう。デカルトは「思考と存在の統一」をたしかに原理としてはうち立てたが，しかしそれらの同一性を証明するという負債をかかえこんだままである。ところが，それによって，デカルトはみずからのあとに続く形而上学に主題を用意することになった。スピノザの根本概念，すなわち「絶対的実体」の概念においても，「思考と存在の統一」は表明されている。——ここにはもちろん，思考の優位は存在せず，しかもそのやり方たるや，すべての特殊なもの，それゆえ個体的な精神性も，たんなる様態と捉えられ，したがって結局は非現実的ななにかとして，「ひとつの絶対的実体」の深淵へと沈み込められているといった具合である。——これに対して「主観の自由の表象は反抗する」。ヘーゲルは，スピノザの体系形式の観点からして，この反抗はもっともだと見なしている。「身体的なものとみずからとを自覚的に区別するものとしての精神は，実体的であり，現実的なのであって，たんに欠如や否定にすぎないのではない。同様に，自由は存在するのであって，自由はたんなる欠如ではない。」生動性，精神性，自由は理念そのもののうちで捉えられなければならない。——しかしスピノザはこのことに成功しなかったのであり，スピノザの体系のこの欠陥は，ライプニッツの個体性の原理によって，また他方ではロックによって補完統合されることになる (V 9. 102-113)。

(5) とはいえ，ロックとライプニッツに関するヘーゲルの叙述の力点は，このようにスピノザ主義の欠陥を補完することにあるのではなく，むしろ個体的なものに各々が定位するさいの彼らの対立にある。普遍的なものを個別的なものから導出するのがロックの「簡潔な思想」であり，この方法は一面では「まったく正当」ではある。というのも，普遍的なものは個別的なものよりもあとに意識に至るからである。しかし，ロックは普遍的なものの状態についての本来的に重要な問いを見失ってしまった。「この普遍的諸規定は即かつ対自的に真であるのか。またそれらは，私の意識，私の悟性のうちばかりでなく諸事物のなかで，一体どこからやってくるのだろうか。」それゆえここでは，思考と存在の統一という大きな主題はそれ以上展開されることはない。ロックは「形而上学化された経験論」にはまったままなのである。——しかしヘーゲルは，これが「通常の学問における道」なのだと，隠し立てせずに言う。——ロックの多大な影響は次のことに基づいている，すなわち，これこそが「現在一般的となっており，精神の位置づけの全革新を生み出した論弁的思考という哲学の作用である」(V 9. 116-123) と。

独特なのは，ヘーゲルがロックとライプニッツを対照してはいるものの，ロックの『人間知性論』とライプニッツの『人間知性新論』とのあいだにある対立に定位してはいないという点である。ヘーゲルはたしかに，ライプニッツがなしとげた学問的かつ

政治的な実効性に言及し，また『弁神論』にも言及して――「きわめて有名な著作だがわれわれにはもはやまともに味わえる代物ではない」――と述べている。ところがそれ以上にヘーゲルは，とりわけライプニッツのモナド論と，「予定調和」説に論及する。モナド論によってライプニッツは，スピノザの「絶対的統一の原理」に，――モナドの中のモナド（Monas Monadum）である神においてのみ合一される――「個体的実体の絶対的数多性」を対置させ，「予定調和」の説によって，デカルト的二元論によって引き裂かれてできた思考と延長とのあいだの溝を架橋する（V 9. 128-136）。

(6) これまで考察された諸形態を，ヘーゲルは，広い意味で，一般悟性の諸規定から出発するとともにそれら諸規定に観察と経験とを結びつける一つの思考形式としての「形而上学」に数え入れる。ヘーゲルはこの形而上学に，「思考の諸々の対立を意識にもたらし，矛盾の解消に関心を向けた」功績を認める。とはいえ，この解消は「神のうちに定立されている。したがって神は，そこにおいてこれらすべての矛盾が解消されているものである」。しかしそれゆえに，矛盾は，解消されたものとしてただ主張されるだけで，把握されているわけではない。――というのも，解消されるためには「諸々の対立や前提の無効」が証明されていなければならなかったはずだからである。それゆえ，近代形而上学はギリシアの形而上学の背後に後退する。前者にはたしかに「絶対的矛盾への諸々の対立があり，それゆえ古典古代の哲学におけるより深遠な，したがってそれより高次のものに達する展開を見せている」。しかしやはり，絶対的矛盾の解決は，たんに彼岸へとずらされているにすぎないのである。

そのため彼岸的なものへのこうした後退に対して，人間精神に内在している諸々の固定的な対立を見出そうとする試みが形づくられる。「此岸的な悟性的態度が生じてきた。此岸的な諸原理が，健全なる理性，健全なる良識，自然的感情と呼ばれたものから汲みとられてきた。」ここでヘーゲルが挙げるのは，フランス哲学とスコットランドの哲学，ならびにドイツの啓蒙であり，しかもそれは理論的領域でも，実践的領域でも，また宗教批判の領域においても同じである。そしてヘーゲルはデヴィッド・ヒュームを，この傾向において傑出した代表的人物と見なす。ヒュームはとりわけ経験概念の批判によって「カント哲学への直接的な移行」を果たした（V 9. 140-146）とされるのである。

(7) 当時の最新のドイツ哲学――すなわちカント，ヤコービ，フィヒテ，シェリング――の叙述をもって，ヘーゲルは，みずからの自己意識へと至るべく精神があとにする長い道程を締め括る。――というのも，この哲学は「自己意識」ないし「自我」，したがって「主観性の原理」に即して始まるからである。しかし，ヘーゲルの叙述の力点はさしあたり，彼らの構想やそれらの関連に関する詳細な情報におかれる。――すなわち，それは，彼ら同士の批判や彼らの内部でのさらなる形成であり，それはカントの超越論哲学からフィヒテによるその徹底的なさらなる形成，ヤコービによるその批判を経て，シェリングの「同一性の体系」に至るものである。

シェリングの「同一性の体系」のうちに，ヘーゲルは「本来的な思弁が再び出現している」のを見る。――もちろん，対立の合一，すなわち「主観的なものと客観的なものの無差別が前提とされていて，証明されてはいない」という欠陥を伴ったものとして。そしてこれに対しヘーゲルは，この証明がいかにして成し遂げられなければならないかということの概略を述べる。つまり，それは「主観的なものと客観的なものとが，それぞれそれだけで，みずからの論理的諸規定において探究されるならば，［…］そしてそこから次に生じるに違いないのは，主観的なものとは，変化すること，すなわち主観的にとどまるのではなくみずからを客観的にすることであり，客観的なものとは，客観的にとどまるのではなくみずからを主観的にすることだということである」。「しかし論理的なものの考察こそ，シェリングが自らの叙述において到達しなかったものである。」――シェリングの叙述によってはただ，主観と客観，思考と存在との同一性が真理として認識されるにすぎない。とはいえ，こうした批判にもかかわらず，ヘーゲルにとってシェリングは「哲学の，興味深い真実の最後の形態」であり続ける（V 9. 182, 184, 188）。――これは，ヘーゲルの哲学をたんなる「エピソード」として見下すのみならず，あらゆる点で中傷しようとする後期シェリングの間断な

き努力とは好対照をなす高い評価である（SW I/10, 126-161）。

(8) こうしたシェリング批判の有り様の中で，ヘーゲルは，対立の正しい媒介がいかにして構想されなければならないかということを示唆する。——しかしヘーゲルは，自身の哲学を，哲学史におけるすべての難問をめでたく解消するものとして提示したりはしない。その代わりにヘーゲルは，ギリシア古典の哲学の「理念」から「新プラトン主義における具体的理念」を経て，「精神すなわちみずからを知る理念」としての絶対的なものの把捉に至るまでの，哲学史の歩みの主要契機を簡潔に要約して再述するのである。主観的なものと客観的なものの対立の真の解消および和解を，ヘーゲルは，「この対立が，その絶対的な頂点へと駆り立てられ，自分自身を解消するという洞察」のうちに見ており，「これらの対立を永遠に産出し，永遠に同一性において定立するという，このことこそが永遠の生である」という。——もちろん，この表現からみて思われるかもしれないような，最終的に運動を欠いた遊戯という形における生ではなく，互いから必然的に現れ出て，けっして空虚な無限性に進んでいくことのない一連の精神的諸形態という形における生のことである。

ヘーゲルが〈哲学史の終焉〉を，そのあとにはもはや哲学が存在しないかのように，また精神的諸形態の系列がこの終焉をもって断たれてしまうかのように理解したと，ヘーゲルのせいにして想定するのははばかげたことであろう。ヘーゲルの弟子であるフォン・グリースハイムは，ここでさらに，「精神的諸形態の系列は今のところこれでもって終結した」という文章を残している。とはいえ他方で，この「今のところ」という言葉は——もしもヘーゲルがそのように表現したというのであれば——けっして任意の今を指すものではない。ヘーゲルにとって今というのは，疑いもなく一つの傑出した点，すなわち全哲学史の内的構造と運動がそれに即して認識される時点であって，しかもその認識は未来の最終形態を性急に先取りすることによってではなく，その始まりからヘーゲルの現在に至るまでの哲学史の経過を回顧することによってなされるものなのである。

こうした回顧にあって明らかになるのは，哲学史が精神の労働であるということであり——それと同時に，歴史として，つねにかならず自己関係的な認識の構造をもった世界史の，そのもっとも内的なものであるということである。「精神が自分自身を認識することは，かくも困難であった（Tantae molis erat se ipsam cognoscere mentem）」（W 15. 685）——このようにヘーゲルは，ウェルギリウスの『アエネイス』の（I, 33）ローマ創建に関わる韻文を作りかえる。そしてヘーゲルは同じ文脈で，この労働，まったく苛酷な精神の労働を，「精神そのものの生」であると，しかしそれも——イェーナ時代の講義の言葉を用いるなら——たんに苦労に満ちた展開であるばかりではなく，「有限な自己意識と，この自己意識にとってそれみずからの外部に現れる絶対的な自己意識との闘争」だと言い表す（W XV. 689）。世界史と，そのもっとも内的なものである哲学の歴史は，この闘争を叙述したのであって，この闘争が終わるとき，世界史と哲学史は目的地に到着しているというわけである。

講義：1805/06; 1816/17; 1817/18; 1819; 1820/21; 1823/24; 1825/26; 1827/28; 1829/30; 1831/32 (angefangen, fortgeführt durch C. L. Michelet).
初出：W₁ bzw. W₂ XIII-XV
テキスト a) 草稿：GW 18.33-111; V 6.1-81.
-b) 筆記録：W XIII-XV; V 6-9; künftig GW 30.
典拠：Moses Maimonides: Doctor perplexorum […]. Basileae 1629; John Locke: An Essay Concerning Human Understanding. 2 Bde. London ⁸1721; Gottfried Wilhelm Leibniz: Nouveaux Essais, in: OEuvres philosophiques latines & françoises. Hg. von Rud. Eric Raspe. Amsterdam / Leipzig 1765; Jakob Brucker: Historia critica philosophiae a mundi incunabulis ad nostram usque aetatem deducta. 4 Bde. Lipsiae 1742-1744; Dietrich Tiedemann: Geist der spekulativen Philosophie. 6 Bde. Marburg 1791-1797; Johann Gottlieb Buhle: Lehrbuch der Geschichte der Philosophie. 8 Bde. Göttingen 1796-1804; Wilhelm Gottlieb Tennemann: Geschichte der Philosophie. 11 Bde. Leipzig 1798-1819; Buhle: Geschichte der neuern Philosophie seit der Epoche der Wiederherstellung der Wissenschaften. 6 Bde. Göttingen 1800-1804; Henry Thomas Colebrooke: On the Philosophy of the Hindus. In: Transactions of the Royal Asiatic Society of Great Britain and Ireland. Vol I. London 1824, 19-43, 92-118, 439-466, 549-579.
参考文献：Lutz Geldsetzer: Die Philosophie der

Philosophiegeschichte im 19. Jahrhundert. Zur Wissenschaftstheorie der Philosophiegeschichtsschreibung und -betrachtung. Meisenheim 1968; Werner Beierwaltes: Platonismus und Idealismus. Frankfurt am Main 1972; Joseph O'Malley, Keith W Algozin, Frederick G. Weiss (Hg): Hegel and the History of Philosophy. Den Haag 1974; Klaus Düsing: Hegel und die Geschichte der Philosophie. Ontologie und Dialektik in Antike und Neuzeit. Darmstadt 1983; Hans-Christian Lucas / Guy Planty-Bonjour (Hg.) : Logik und Geschichte in Hegels System. Stuttgart-Bad Cannstatt 1989; Petra Kolmer: Philosophiegeschichte als philosophisches Problem. Kritische Überlegungen namentlich zu Kant und Hegel. Freiburg / München 1998; Jens Halfwassen : Hegel und der spätantike Neuplatonismus. Untersuchungen zur Metaphysik des Einen und des Nous in Hegels spekulativer und geschichtlicher Deutung. HSB 40 (1999); Jaeschke: Die Philosophie (§§ 572-577). In: Hegels Enzyklopädie, hg. Schnädelbach (2000), 375-466; David A. Duquette (Hg.) : Hegel's History of Philosophy. New Interpretations. Albany 2003.

9.10. 神の現存在の証明

9.10.1. 伝承資料

(1) ヘーゲルの「神の現存在の証明に関する一連の講義」は，多くの点で彼の講義活動の連関の中での特例を成している。そのほかのすべての講義にはそれぞれヘーゲルの「体系」の個々の分野が割り当てられているのに対し，1829年の夏学期に行われた「神の実在の証明について（de existentiae Dei demonstrationibus）」という講義は，論理学とも宗教哲学とも関係するある特殊な問題を論じている。それにもかかわらず最初の編者たち――コンラート・フィリップ・マールハイネケとブルーノ・バウアー――は，ヘーゲルがいずれにせよ宗教哲学講義の文脈で神の存在証明を取り扱ったという理由で，それら一連の講義を宗教哲学の刊本に付け加えたのである。

ヘーゲルは1829年の夏に，通常週4ないし5時間行われる二つの講義を中断したが，しかも，別の関係でプロセインの文部大臣フォン・アルテンシュタインに対して詳しく伝えているように，それは「私の健康状態が悪いためと，私の『大論理学』の新版を改訂するのに必要なゆとりを得るため」（1829年5月16日）であった。ヘーゲルはこの目的のために，新しい講義を構想せずに以前の講義の一つを繰り返すこともできたはずであるが，しかし，彼は神の存在証明講義を1時間だけ行い，こうして時間的な負担軽減を図ったのである。

(2) これまでに述べた分野の場合とは違って，「神の現存在の証明に関する講義」の資料として重要なのは（場合によってはヘーゲルの講義草稿断片と合わせた）学生による講義筆記録ではなく，むしろ――以前の編者たちの書簡を通じてわれわれが知る限りでは――今日では公開されていないヘーゲルの「清書稿」であり――したがって，公刊されているものを除いても膨大な量の――たとえ断片的であるにしても――ヘーゲル自筆のテクストである。

残念ながらこのテクストの状態やその成立についてのすべての問いに確信をもって答えることはできない。最初の編者であるマールハイネケは次のように報告している。「神の現存在の証明の原稿は，ヘーゲル自身の手によって書かれたものであり，それについて夏学期に開講された講義の中では内容的区分が施されてはいたものの，完成されてはいなかった。彼はそれを昨年〔1831年〕の冬の間に完全に仕上げようと思い，本ヘーゲル著作集の出版社にそのための相談をしたが，まさにそのわずか数日後，死が彼を奪ってしまったのである。」出版する意図があったことは，マリー・ヘーゲルの報告（GW 21. 403）からも，「1831年10月1日」と記された出版契約書からも確認される（GW 18. 395-399）。

(3) したがって，ヘーゲルの草稿は1829年の夏の講義のために出来上がったものであるように思われるし，この草稿には，講義草稿であることを証拠立てる多くの特徴的な言い回しがみられる。――とくに，この学期の講義主題に関する冒頭の考察や，（「以上の」ないし「以下の」と言う代わりに）「先述」という参照指示や，さらに，「1829年8月19日閉講」という伝統的な結びの言葉や，この夏学期にあわせて16回に講義を分けていることが挙げられる。他方では，個々の講義はひどくまちまちな分量で作成されており，それに加えてヘーゲルが自分のテク

ストを「論文」として引き合いに出している。──これはどんな講義草稿の場合でもありそうもないことである。

(4) 講義草稿か論文かという対照的な解釈を，次の二つの仮定によって互いに結びつけようと試みることはできる。(1) ヘーゲルはすでに1829年の講義の根本に，印刷のために手を加えた草稿を置いていたが，この草稿は同時に講義草稿に見られる重要な特徴を示している。(2) ヘーゲルは出版することを視野に入れてこの草稿を1831年の夏に推敲していた。──これによって関連する諸々の特徴の説明がつくことになろう。そうであれば，ヘーゲルの草稿はこうした推敲の痕跡を示していなければならないことになるであろう（GW 18.396）が，その一方で編者たちの書簡においては「清書稿」のことが話題になっているのである。それゆえそこにさらなる仮定を加えなければならないだろう。すなわち，ヘーゲルは (3) 少なくとも草稿の最初の部分を推敲すると同時にそれを清書稿にまで仕上げたが，しかしそれは講義としての性格を保持したままだったので，もともとの閉講の言い回しがなおも残ってしまったのだ，と。──とはいえこれは，不十分な仮説の編み細工であるように見える。

加えて二次的な証拠が互いに矛盾する。マールハイネケは「ヘーゲルは神の存在証明の文章をこの前〔1831年〕の冬のあいだに仕上げようと考えていた」（GW 18.395）と記しているが，マリー・ヘーゲルは，夫が印刷のためにこの草稿の仕上げに「従事した」のは1831年の夏であった，と報告しているのである。もっとも彼女はそこで，その時点ですでに出版されていたそのほかのいくつかの計画のこと──「オーレルトとガンス〔おそらく「ゲレス」の誤読であろう〕についての批評」および「英国選挙法改正法案論文」（GW 21.403）──も挙げている。ひょっとすると1831年の夏に，ヘーゲルはなおゲレス批評に（本書403頁以下参照）従事することができていたのかもしれない。したがって，神の存在証明文書の性格とその起草時点とに関してより正確な決定をくだすことは可能ではない。

(5) まして「神の存在の宇宙論的証明」の断片の日付を決定することなど，なおさら可能ではない。この断片の場合に問題なのは講義草稿ではなく，そのほかの神の存在証明も，それどころか諸宗教をも含んでいた論文の断片なのである。大まかに，いわばほとんど初学者のようにカントのテクストに迫っているところからして，この断片はずっと早い時期の，おそらくニュルンベルク期のものとみて差しつかえないだろう。ヘーゲルはこの時期に神の存在証明を授業で取り扱っており，当時も同様の構想に言及していたからである（GW 18.400-402）。

9.10.2. 体系における位置

(1) 神の存在証明に関する予定された文書のことをヘーゲルが最初に言及したのは，『大論理学』においてであり，神の存在証明の先行する不十分な諸形態を批判する文脈においてのことである。「しかし，論理的形式主義によって存在論的証明ばかりか，そのほかのいわゆる神の現存在の証明の中にまでもち込まれてしまった幾重もの誤解と，神の存在証明のカントによる批判とを詳しく調べること，またその真の意義を確立することで，神の存在証明の根底にある諸思想にそれぞれの価値と尊厳とを取り戻すこと，それは別の機会に委ねよう。」（GW 12.129）この告知を『エンツュクロペディー』の中の注記と関係づけることはできない。というのも，ヘーゲルはその告知を書き記していた頃，すなわちハイデルベルクに移籍する機会が訪れる以前の数か月のあいだに，『エンツュクロペディー』の刊行のことなど計画してはいなかったからである。

とりわけ冒頭部の注記におけるのと同じようにここでもまた，ヘーゲルは神の存在証明のことごとくを──存在論的証明だけではなくて──論理学の文脈の中におく。彼はある対象を選んだが，この対象はその夏の論理学講義と「関係するものであり，それは，そのものが論理学の根本規定の固有の一形態にすぎないがゆえに，内容からではなく形式からその講義の一種の補完となることになる」。しかしそれによって諸々の神の存在証明と宗教哲学とのあいだの関係が否定されるわけではない。というのも，内容的に見て，諸々の神の存在証明は宗教哲学の一部をなしているからである。こうして，神の存在証明が形式的には論理学に，内容的には宗教哲学に属しているかのような印象が生まれる。──ところが

ヘーゲルはこの印象を変えてしまう。すなわち，やがて明らかになるように，宗教哲学と「論理的なものとは，宗教哲学が学問的なものである限り，われわれの目的の最初の見かけからしてそうみえるほどにばらばらになっているわけではないし，論理的なものはたんに形式的な側面をなすばかりではなく，実際にはそれと同時に内容の中心点に位置しているのである」(GW 18. 228)。

(2) ヘーゲルは自分の講義が〈時代に合わない考察〉であることをよく自覚していた。神の存在証明はまったく信用を失ってしまっているし，評判も悪い，それも，たとえば，たんに神の存在証明の失敗をカントが証明したからというばかりではなく，神の存在証明がかつての形而上学に属しているから，というわけである。「われわれはその形而上学の不毛の荒野から救われて生ける信仰へと立ち戻ったのであり，その形而上学のひからびた分別から宗教の温かな感情へと再び高められたのである。」

思考と感情のこの対立こそまさに，ヘーゲルがその講義で克服しようとしていたものに他ならない。神の存在証明は「思考や理性を満たそうとする欲求から生じた」というわけである。だから第一回目の講義の最後ではやくも，みずからの主題を扱おうとするさいの「普遍的な意味」を申し立てるのである。すなわち，神の存在証明は「人間精神の神への高揚」を含んでおり，高揚そのものが思想の高揚であり思想の国への高揚であるように，この高揚を思想に対して表現すべきものである（GW18.229,234），と。ヘーゲルは『エンツュクロペディー』において，これと同じ思想をこう表現している，「これらの証明はまったくただあの感情の内実と内容を」，すなわち「感じることのある精神が神へと高揚することを表現するものに他ならない」(第３版§398)と。

ヘーゲルは非常に広範に講義を構想している。彼が取り扱う内容はおよそ次の通りである。「第２講義」さまざまな証明，「第３講義」媒介と直接性，「第４講義」感情，「第５講義」神の認識，「第６講義」形而上学的神の存在証明とそれ以外の神の存在証明とのあいだの差異，「第７講義」自然神学の神概念，「第８講義」神の存在証明が多数存在することについて，「第９講義」神の存在証明の――すでにカント以来知られている――体系構制。「第10講義」からはじめて宇宙論的神の存在証明を取りあげ，ヘーゲルはこの証明を「世界の偶然性に基づく（ex contingentia mundi）」証明よりも特殊な仕方で導入し，ここではじめて彼の論述が論理学の領域に触れることになる。「第11講義」はさらに「世界の偶然性から世界の絶対的に必然的な存在者を推論すること」を詳細に考察する。「第12講義」は絶対的必然性というこの概念を受け継いでいる。――また，「きわめてよくあるように『絶対的』とは『抽象的』というよりほかのことを意味しないがゆえに，絶対的必然性は抽象的必然性を意味する」とも言われる。「第13講義」は根源的偶然の証明という証明の工程をさらに詳しく扱い，次のような結論に達している。「一方のもの，すなわち偶然的なものが実在し，存在するのであるから，他方のもの，すなわち絶対的に必然的なものも存在する。」――ヘーゲルはここで，神を認識しようとする試みは無制約なものを制約されたものに，すなわち派生したものにすることになる，というヤコービの抗議を想起しているのである（JWA 1. 258 参照）。有限なものの「存在」から無限なものの「存在」へ移行しようとするのはばかげている。というのも，そうなると有限なものが「絶対的」に定立され，偶然的なものが絶対的に必然的なものから分離され，こうして必然的なものへと高められるからである。「第14講義」は批判的な意図からこの「有限なものと無限なものの絶対的分離という独断論」をむき出しにし――この場合もヤコービを念頭に置いて次のように述べている。もしも有限なものと無限なものをそのようにばらばらに孤立させて置くとすれば，一方から他方への「移行」などもちろん可能ではなく，ただ「飛躍」があるだけである（JWA 1. 30, 20 参照）と。「第15講義」は，「偶然的なものそれ自体をそれが解消するさなかに認識する」ことによって，「思弁的考察」を深め，「第16講義」は以上の「成果」である「絶対的に必然的な存在者」を考察する。――しかし，これによっては証明はまったくその目標に到達していない。なぜなら，「この存在者は主体でも精神でもなく」，それゆえ「この規定はわれわれの神の表象にとって十分なものではない」からである。ヘーゲルはその具体的な例として，絶

対的必然性の概念が宗教史の「もっと具体的な諸形態」をとって表されている様を引き合いに出している。ヘーゲルは汎神論のうちに，絶対的必然性の概念が特殊宗教的に仕上げられているのを見ている。——そしてここでも，ヘーゲルは汎神論に関する通常の表象についての彼のよく知られている批判を繰り返している（GW 19.8-10 参照）。次いで彼は，この立場の哲学的形式である「実体性の諸体系」へと，すなわち神を一者ないし「すべての現存在のなかの存在」として（JWA 1. 39 参照），言いかえれば「絶対的実体」ないし「自己原因（causa sui）」として規定する諸体系へと，移っていく。——これらの概念もまた，ヤコービを仲介して手渡されたものである。

（3）こうして，「神の現存在に関する証明講義」はヤコービと詳細に対決するものになっていく。しかし「カント」という名前，および宇宙論的証明の特殊カント的な批判もまた，そこに姿を現すことはない。ヘーゲルの批判がヤコービに向けられているのは，ヤコービが時代を「信仰」と「感情」へと方向転換するよう導いてきたからである。さらにヘーゲルは，ヤコービが，「思想を論じるさいにかくも厳しく悟性を退けるこの人，直接知や信仰を奉ずる輩の主導者が，たんなる悟性を越えてさえいない」様を，明らかにするのである。

この箇所でヘーゲルの講義は終わる。——そして「1829年8月19日閉講」という結びの言葉にもかかわらず，この終わりは完結というよりも中断である。「第16講義」の後の部分にある，アリストテレス，パルメニデスそしてスピノザに関する言及は，それまでの講義の部分よりもはるかに完成度が低い。それは宇宙論的証明の論述の締めくくりにもなっていないし——ここではいずれにせよ，ヘーゲルは目的論的証明どころか存在論的証明さえもはや論ずるまでには至っていない。なるほど，彼はそれらを宗教哲学講義の中で，宗教史の諸段階の中の「形而上学的諸概念」（V 4/5）の文脈でそのつど論じてはいる。——しかし，そこでの詳論はまったく別の性格を持っている。

（4）エッカーマンは次のように報告している。ヘーゲルは「神の現存在の証明に関する講義」を行いましたとゲーテに話したところ，「ゲーテは，そのような講義はもはや時代にそぐわないと言って私に同意した」（HBZ 402），と。してみるとゲーテは——彼以後の多くの者と同じように——講義のたんなるタイトルから，ヘーゲルが批判以前の自然神学の神の存在証明の復興を目論んでいた，と推測したのであろう。——この対話が行われたのは時あたかもフランスの七月革命の前夜のことであった。しかし，このような見方ほど的はずれなものはない。同時代人たちが概念把握的な思考をやめて「生ける信仰」や「温かな感情」（GW 18. 229）に退却しようとした代わりに，ヘーゲルが想起しているのは，伝統的な神の存在証明の意義のことであり，つまりは神へと「思考しつつ高揚すること」の必然性である。とはいえこの「思考しつつ高揚すること」は，かつての形而上学の悟性形式からみずからを解き放たなければならない。しかもそれは——ヘーゲルがヤコービと対決する中で示しているように——，有限なものと無限なものとの動かし難い悟性的な対立を克服しなければならない。というのも，そのような対立においては絶対的内容が実際には捉えられえないからである。さらにそのような高揚は，概念と実在性の関係，思考と存在の関係を『大論理学』と『哲学史講義』で設定された基準に従って新たに規定しなければならない。ヘーゲルによってなされたこのような変更は，カントによる神の存在証明批判に劣らず革命的なものである。カントの批判はといえば，有限なものと無限なものという概念だけでなく人格神の思想にさえ影響を与えるものではない。カントの批判はただ，人格神の現存在は概念的に証明されうる，ということを否認しているにすぎない。それに対してヘーゲルの批判は，そのような神の概念を否定している。——こうしたことは，ヘーゲルの影響史の第一段階，すなわち三月革命以前の時代に行われたさまざまな論争の中で，すでによく知られていたのである。

講義：1829.
初出：W_1, XII.289-483, W_2 XII.357-553.
テキスト：a) **二次資料**：GW 18.228-336; b) **筆記録**：- Hegel: Vorlesungen über die Beweise vom Dasein Gottes. Hg. von Georg Lasson. Hamburg ^{1}1930, ND 1973, 1-72 (Nachschrift Werner); künftig GW 31.
参　考　文　献：Dieter Henrich: Der ontologische

Gottesbeweis. Tübingen 1960; Wolfgang Cramer: Gottesbeweise und ihre Kritik. Prüfung ihrer Beweiskraft. Frankfurt am Main 1967; Michael Theunissen: Hegels Lehhe vom absoluten Geist als theologisch-politischer Traktat. Berlin 1970; Harald Knudsen: Gottesbeweise im deutschen Idealismus. Die modaltheoretische Begründung des Absoluten dargestellt an Kant, Hegel und Weiße. Berlin / New York 1972; Jan Rohls: Theologie und Metaphysik: Der ontologische Gottesbeweis und seine Kritiker. Gütersloh 1987.

III

学 派

1

三月革命を前にした時代の初期における哲学の状況

1.1. 時代意識

(1) 七月革命はたしかにフランスの王政復古を倒すが，それ以外の点ではきわめてわずかな範囲でしか社会的変革を引き起こしていない——当然のことながら当時のドイツ諸領邦国家ではそれがさらに限られる。それにもかかわらず，七月革命に続く「三月革命を前にした時代」の時期にはドイツでも意識の著しい変化が刻まれている。この政治的な原因——ドイツでも王政復古の命運が尽きたのではという希望，あるいはむしろ恐れ——からだけでなく，それ以上に，やっと少しばかりが達成されたにすぎないものの，それでも進展していく産業化に続く社会的な変化からも当該の変化が生じていることはたしかである。この変化に対応して或る変化が精神的な分野でも起き，これはおまけに世代断絶によって強化される。ヘーゲル（1831年），ゲーテ（1832年），シュライエルマッハー（1834年），ヴィルヘルム・フォン・フンボルト（1835年）の死とともに，数年も経たないうちに長期間にわたり「時代の精神」を体現していた一つの世代が退場するのである。この精神の代弁者たちの死とともにドイツ古典哲学の時代が終わると同時に——ハインリヒ・ハイネが直接的に，しかし一定の慎重さをもって述べるように——「ゲーテ的芸術の時代」（本書534頁参照）が終わる。

哲学史上，この世代断絶は今日「形而上学の終焉」または「ドイツ観念論の崩壊」という題名を広告のようにつけられることが多く，理解されることは少ない。当時ドイツでも始まった初期産業時代，深刻な社会的帰結，経験科学の急速な発展，こうしたものの圧迫を受けて形而上学的な体系は砂上の楼閣のようにあえなく崩れ去るように見える。だがこのもっともらしいと誤って思われている解釈は，今日的な考え方がドイツ古典哲学に対してもつ隔たりをこの年月へと逆投射しているにすぎない。歴史をさかのぼってみれば，この解釈とはかなりな違いがあるだけでなく部分的には正反対でさえある当時の意識状態のイメージが現れてくる。

流布している誤解の根底には「三月革命を前にした時代」の哲学史上の時代概念と特質概念との混同がある——これと似た混同が「ドイツ観念論」の時代概念と当時の観念論的な哲学の特質概念との混同の中にも見られる。「三月革命を前にした時代」とはまず1830年のフランスでの七月革命と1848年の失敗した三月革命とのあいだの時代のことをいうが，次には特質的な意味で，とくに青年ヘーゲル派や，彼らに続くマルクスやエンゲルスの1840年代の初期著作に見られる，特殊に「革命的な」，三月革命を準備する思想のことをいう。しかしながら，現代哲学の関心がとりわけ思想のこのレールに向けられると，この——特質的な意味で——「三月革命を前にした時代の」哲学が三月革命を前にした時代の哲学全般と同一視される——まるで前者が後者の特徴をなしているかのように。あるいは前者が後者を完全に満たしてさえいるかのように。これに対して他の——決して周縁的ではなく，当時は支配的でさえあった哲学上の諸潮流は後景に退くというだけではない。忘れ去られてしまうのである。だが，三月革命を前にした時代の哲学（時代概念の意味での）は，そのごくわずかな部分だけが「三月革命を前にした

時代の」哲学（特質的な意味での）であるにすぎない。したがって，広く行き渡った，「19世紀の思想における革命的な断絶」に心を奪われることで決定づけられ，カール・レーヴィットの手によって作られた像は，三月革命を前にした時代の哲学全般の適切な叙述というよりもむしろカリカチュアに近い。

(2) 一つの時代が終わってしまったという意識とならんで，当時の一グループの特徴をなすのは，確かにもはや古い時代に生きているのではないが，さりとて新しい時代に生きているのでもない，むしろ——終末論的なトポスを用いるなら——「時代の狭間」(Gedö 1995)に生きているのだ，という思いである。「古い世界時代（アイオーン）」は終わってしまったが，「新しい」，予感された世界時代（アイオーン）はどうにか輪郭が見える程度で，まだ現実には封を切られていない。それに代わって支配するのは未決定状態——時代錯誤で過ぎ去った古いものと独自の形態をまだ確立していない新しいものとがとりとめもなく混じり合った状態——である。

(3) この不確実さの表現はとくに1848年の挫折した革命に至るこの20年間の文献に現れている——ハイネ，ボェルネ[1]，「青年ドイツ派」に。そして，このことは同時に次のことを意味している。この表現は，文学的には注目に値するが，数の上でごくわずかでとりたてて影響力があったわけでもない。むしろ孤立へと，それどころか亡命へとさえ押しやられたグループの生活感情に対応しているということである。これに対して，当時の意識を代表するのは政治的および社会的な変革の風潮に対する反動と，この風潮によって生み出された不確実性への反動である。すなわち，人々は自由と理性，つまり「思想」に基づく秩序，政治的な契約思想，神学的な合理主義に背を向け，確実だと信じられたもの，「既成のもの」へ回帰する。政治的な生活においても，とりわけ宗教的な生活においてもである。この1789年の革命と——これより程度は落ちるが——1830年の革命とに対する反動の広範な流れによる支持を，当時の復古的な勢力は獲得できた。

---

1) ルートヴィッヒ・ボェルネ（1786-1835）。ジャーナリズムや政治文学で注目された。青年ドイツ派の代表的存在。

(4) ヘーゲルの門下生たちは，後年，王政復古，正統信仰，敬虔主義につく「保守」派に近づく者と，「青年ドイツ派」につく「進歩」派に近づく者があるにもかかわらず，上記の生活感情を分かち合うことはなかった。たしかにヘーゲル学派は上記の生活感情と同様に時代断絶を意識しているが，それを或る部分は諸原理の基礎づけと大衆化されるまで進められた細部の彫琢との差異として理解し（Michelet 1841, 5 f.)，また或る部分は概念的な「完成」と「概念の現実化」というモデル，精神的原理の現実化ないし「世俗-化」，しかも精神的原理の体系的彫琢と既存の現実の中への形成という二重の意味においての現実化というモデルの下で理解する。ということはつまり，ヘーゲルが歴史哲学講義と宗教哲学講義で（本書511頁および578頁参照）構想しているが，人々によってなんとも頑なに無視されてきたモデルに即して，ということである。そのモデルからすればのちに「行為の哲学」(Stuke 1963)や世界を「変える」というスローガン（MEW 3. 7）へ移行が行われるということが容易に理解される。

同じ理由から，この「現実化」の時代がヘーゲルの影響作用史の決定的な段階になっていることが理解される。ヘーゲル哲学の生成と体系的発展の時期と同様に，その直接的な影響作用史，フランツ・オーヴァーベックの言う意味での「根源的歴史」も，革命によって限りをつけることができる。すなわち，それは1830年のフランス七月革命の直後に始まり，1848年の挫折したドイツの革命まで続くのである。その結果において初めてドイツ古典哲学の後世に及ぼす影響は行政上の措置をも通じて根を絶たれる。しかしこれらの革命にはさまれた期間のドイツにおける哲学上の論争は，その大半がヘーゲルの哲学をめぐる論争である——その哲学概念をめぐる論争であるとともに，ヘーゲルの死をもって始まる新しい時代を形作れるかどうかというその潜在能力をめぐる論争である。

1.2. 影響作用史の基礎としての『友人の会版著作集』

(1) ヘーゲルの死をもって彼の哲学をめぐる長く激

しい論争における決定的な局面が幕を開ける——それはかつてヤコービがスピノザの教説をめぐる論争を視野に置いて述べた「モーゼの死体に関する大天使と悪魔のあいだの」論争に似ている（JWA 1.91, 119）。ヘーゲルの哲学をめぐるこの論争の始まりはヘーゲルの予期せぬ死によって引き起こされたともいえるのかもしれない。それは彼の生命が突然絶たれたことで断ち切られた議論の脈絡を継続したいという思いによって引き起こされたということである。しかし，この論争の始まりは，明確に哲学の普遍的性格を言い表し，それを現実のものにしようと，つまり「その時代を思想において捉え」ようと努める哲学が，際立った仕方で同時代人たちの思想的な自己理解の対象になる，ということとも関連しているのかもしれない。

しかし決定的なのは別の何かだといえるだろう。カント，フィヒテ，シェリングの作品とは異なり，ヘーゲルの哲学は彼の存命中に公の注目を浴びることも論争の中心になることもほとんどなかった。そのほんとうの影響作用史は彼の死後に初めて始まるのであり，この点でも前述の最も近い関係にある哲学者たちとは好対照をなしている。『精神現象学』も『大論理学』もドイツ古典哲学初期（1801年前後）の哲学的な論争文化が鳴りやんだ後でようやく出版されている。カント，ラインホールト，フィヒテは当時，半ばは死んでいたし，半ばは公の論争にもはや参加していない。シェリングも同様で，彼はほぼ一貫して沈黙を守り，挑発にのってかろうじて1812年にヤコービに返答を書くことしかしていない（SW I/8. 19-136）。問題の多い政治的状況が受容を鈍らせたのもたしかであり，この点ではこれらの作品の難易度が関係していることも疑いない。『法哲学要綱』でさえたしかに書評で二，三の攻撃を受けることにはなったものの，哲学的な議論を呼び起こすことはなかった。ヘーゲルにその時代の哲学的な皇帝という姿をとらせる伝説が流布しているが，この伝説とは反対に，彼の影響は彼が生きているあいだの彼の講義室に限られるし，それが及んだのはハレだけである——そしてベルリンにおいてさえ影響は部分的なものにすぎなかった。

ヘーゲル哲学受容史の実り豊かな段階は遅れてしか，つまり彼の死後にしか始まらない——彼の門下生たちが彼のモデルのとおり精神的なものの現実化と解釈した段階において。この段階は彼の哲学像に広範な影響を与えた。そして，その哲学像は，よく知られた定式と観念を用いるなら，いわばこの哲学そのものの不可欠な契機となったのであり，現代にまで至るその受容のされ方に重大な帰結をもたらした。イマヌエル・ヘルマン・フィヒテ（ヨハン・ゴットリープ・フィヒテの息子），クリスティアン・ヘルマン・ヴァイセ，カール・フリードリッヒ・バッハマンのような批判者たちは哲学の状況を「ヘーゲルが死去した時点において」分析し，その時点に「転換点」という姿を与え，「哲学がもう一度変革されなければならない必然性」を説明する。しかし彼らの意図とは逆にヘーゲルの門下生たちは彼の哲学を精神的・社会的な現実性の中に血肉化することができるようにと，それに永続的な形態を与えようと努める——そしてこれには二つのやり方があった。

(2) ヘーゲルの哲学はその活動中，たとえばカントがその三つの「批判」を通じてしたように主に出版物を通じて影響を及ぼしたのではない。彼の初期に属する著作はいずれにしても出版されていないし，イェーナ体系構想についても同様である。イェーナの批判的著作はベルリン時代に少なくともその一部が絶版となっているが，新しく刊行されることはなく，したがって広く知られないでいた。これに対して『精神現象学』については1829年にもまだ初版（いずれにせよ750部しかなかったが）が入手可能だった。公刊後25年が経ってようやく第2版が出される——ただしこのこともその幅広い受容を物語るものではない。同じことは『大論理学』にもあてはまる。ヘーゲルが影響力を及ぼしたのはとくにハイデルベルクでの2年ととりわけベルリンでの13年に彼が行った講義を通じてである。これらの講義は当然のことながら——二，三の筆記録は度外視するなら——彼の門下生たちのサークルを越えて広まることはほとんどなかった。ヘーゲルが死去した直後に結成された「故人の友人の会」が初めて——それまで前例がなかったものの，まもなくシュライエルマッハーの門下生たちによって踏襲された手法で——ヘーゲルによって公刊された著作を新たに編集しただけでなく，彼の講義草稿や学生の講義筆記録も収

集して公刊した。こうして「故人の友人たち」は初めてヘーゲルの全作品（Corpus Hegelianum）とヘーゲル哲学の全体像を作り出したのである。これが——その強さも不十分さもあわせて——直後の影響作用史を規定し，それが後世に及ぼす影響は現在に至るまで感じ取られる。

　論争が激しくなっていったために，ヘーゲル哲学の全体像は最初から「哲学政治的」な観点の下で作られ，次第に弁護する観点が強くなっていく。もちろんテキストが改竄されたとか，「ヘーゲル未亡人」が「世界が保存すべきものとそうでないもの」を選択したとかという何度も自信満々に主張された意味でではない（とりわけ Beyer 1967, 564）。彼女がこれをヘーゲルの死後初めて出した手紙の一つで書いたからといって，それだけでこの版が改竄された性格をもつといえるわけではない。編集作業を導いていたのは，著作を完結性のある形で提供しようという意図である。そしてこの目的が資料の選択についての決断に一定の方向性を与える。この目的のために〈体系の統一性〉を危うくしたり，あるいは少なくとも疑わしくすると考えられたすべてのテキストが——初期著作やイェーナ体系構想のように——犠牲になったのであって，敬虔な「ヘーゲル未亡人」のせいなのではない。そしてハイデルベルクとベルリンの講義においてもなお思想の構築が内側で続いていることも，覆い隠され消去された。この操作も，たとえ表面だけであれ印象深い完結性を示して見せようという関心に基づいている。編集を導いているのはつねに，ヘーゲルのテキストがそれ自身の語るところだけで明らかであり，せいぜいのところそれを提示するやり方のまずさが誤解を呼び起こすことならある，という確信である。たとえばヘーゲルの宗教哲学に対する攻撃に「故人の友人たち」は，いまやヘーゲルの草稿にも基づいているというこの講義の新しい版をもって答える。もちろんこの新しい版がそのような攻撃を黙らせるのに適していないことも明らかである。それどころか初版との違いのためにいっそう多くの批判と仮説を引き起こすが，これらの検証が新版によって可能になるわけではない（V 3. XLIII-LIV）。

　重要なのはヘーゲル自身に語らせることだけだ，というこの判断によって『エンツュクロペディー』や『法哲学要綱』への補遺も，最後の編集部分であるニュルンベルクの入門学のカール・ローゼンクランツによる版も，決定的な影響を受けている。序文の中でローゼンクランツは道徳性についてのヘーゲルの論述を取り入れた理由を次のように述べる。「たしかにヘーゲルの体系を非道徳的だと非難することは，とうの昔に不可能となっているといえるだろう。それなのに，ヘーゲルの体系についての正確な知識が精神的雰囲気全体の中にあるはずの街ベルリンの真っ只中で，敬虔主義はヘーゲルの汎神論の自由思想家ぶりと極端なエゴイズムという言葉を用い，〔ヘーゲル〕体系の破廉恥さや非倫理性をなじる，他のろくでもない弾劾に同調している。そうであるからには，この虚偽のうわさを打ち消す，〔道徳性についてのヘーゲルの論述という〕心のこもった深い心情の新たな反論を手に入れることを，われわれはただ喜んでよい」（W XVIII. XX）。

1.3. 体系の拡張改装

　『友人の会版著作集』で権威的に語り出されるヘーゲルの言葉の説得力をこのように信頼しているにもかかわらず，彼の門下生たちはこれに満足しない。彼の作品を提示するというこの影響力の大きいやり方に加えて，彼らはヘーゲルの体系を現実化する二つめの形式を試みる。それは彼ら自身の手で体系構築を進めるということである。或る部門ではヘーゲルが講義でしか論じなかった体系分野を彼らは個別研究書に仕上げ——たとえば哲学史の諸部分のように——，また或る部門ではヘーゲル哲学の主要な見解を，彼自身がとくには扱わなかった素材に応用する——たとえば法哲学や美学の部門領域におけるように。そして門下生たちの現実離れし，行き過ぎた自己理解の一端を表しているのは，彼らが自分たちの仕事をヘーゲルの仕事と同じ価値をもつものとしてこれに並べるか，これよりも壮大な「体系的」あるいは「弁証法的」論述のゆえに，これの上位に置きさえすることである——本質的には自分たちのもらい受けた精神的な資産で身を養っているにもかかわらず。

　この体系構築をさらに進める後の方のやり方は，

管轄領域を体系の部分領域へと十分に限定することを必要とする。それはたんに門下生たちには師の全般的な眼差しが欠けているからというだけでなく，細部の個別研究的論述にはより専門的なアクセントのつけ方が必要になるからである。この体系の分割はヘーゲルの墓前で行われたフェルスターによる演説（本書95頁参照）以来，しばしばアレクサンダーの帝国の後継者たちへの分割に比されてきた。しかしそのさいに見過ごされてはならないのは，この分割が戦略的な計画に従うものではなく，哲学的な傾向と能力から生まれているということである――そして，後継者戦争は起こらないということも。この文献はきわめて膨大である。優に百を超える――そして重要でないものは一冊も含まれない――専門研究が挙げられうるだろう（Rosenkranz 1878）。

　二，三の領域では複数の門下生が同時に作業している。論理学は根本的な分野であるためか，きわめて多くの門下生たちによって扱われている――たとえばヘルマン・フリードリッヒ・ヴィルヘルム・ヒンリッヒス，ルートヴィヒ・フォイエルバッハ，レオポルト・フォン・ヘニング，ヨハン・エードゥアルト・エルトマン，カール・ヴェルダー[1)]，カール・ローゼンクランツである。主観的精神の哲学はまたエルトマン，ローゼンクランツ，ユーリウス・シャラーによって仕上げられ（Exner 1842/44），法哲学はとくにエードゥアルト・ガンスによって，最初は同じくカール・フリードリヒ・ゲシェルによって，のちにはエルトマンとヒンリッヒスによっても仕上げられ，美学は当初クリスティアン・ヘルマン・ヴァイセ――彼はヘーゲルの存命中，まだ自分が広い意味での門下生だと理解している――によって，それからとくにハインリッヒ・グスタフ・ホトーとローゼンクランツによって，最後にフリードリッヒ・テオドア・フィッシャーとテオドア・ムントによって仕上げられる。哲学史については再びフォイエルバッハ，カール・ルートヴィヒ・ミシュレ，エルトマンの名が挙げられなければならない。哲学史はヘーゲルの影響が三月革命を前にした時代をはるかに越えて持続的に作用し続けた分野である。ギリシア哲学史家のエードゥアルト・ツェラーもこの伝統に属する。唯一，自然哲学だけが継承されていない。だが，このように体系を概ね元の分量のまま前進させているにもかかわらず，また，ここに挙げられた分野をすべて包括する議論があるにもかかわらず，ヘーゲルの影響作用史にとって決定的な論争は十年にわたりほぼたった一つの分野でだけ生じる。それは宗教哲学である。そして，論理学や法哲学をめぐる論争と異ならず，この論争も主に学派の内部で，つまり「右派」と「左派」とのあいだで行われるのではなく，学派とこれに競合する諸々のグループとの論争として行われるのである。

1) カール・フリードリッヒ・ヴェルダー（1806-1893）。哲学者で詩人。ベルリン大学でヘーゲルに学び，そこで私講師となった。ヘーゲル哲学の帰依者。

典拠：C.H. Weiße: Ueber das Verhältniß des Publicums zur Philosophie in dem Zeitpuncte von Hegels Abscheiden. Nebst einer kurzen Darlegung meiner Ansicht des Systems der Philosophie. Leipzig 1832; Carl Friedrich Bachmann: Ueber Hegel's System und die Nothwendigkeit einer nochmaligen Umgestaltung der Philosophie. Leipzig 1833.

参考文献：Franz Exner: Die Psychologie der Hegelschen Schule. 2 Bde. Leipzig 1842-1844; Karl Rosenkranz: Alphabetische Bibliographie der Hegelschen Schule. [1]1861. In: Neue Studien. Bd. 4. Zur Literaturgeschichte. Zur Geschichte der neueren deutschen Philosophie, besonders der Hegel'schen. Leipzig 1878, 440-462; Willy Moog: Hegel und die Hegelsche Schule. München 1930; Karl Löwith: Von Hegel zu Nietzsche. Der revolutionäre Bruch im Denken des 19. Jahrhunderts. Marx und Kierkegaard. [1]1941, Stuttgart [5]1964 u.ö.〔K. レーヴィット『ヘーゲルからニーチェへ』2分冊，柴田治三郎訳，岩波書店，1952-1953年〕; Karl Löwith (Hg.): Die Hegelsche Linke. Texte aus den Werken [...]. Stuttgart-Bad Cannstatt 1962; Hermann Lübbe (Hg.): Politische Philosophie in Deutschland. Studien zu ihrer Geschichte. [1]1963, ND München 1974; Horst Stuke: Philosophie der Tat. Studien zu »Verwirklichung der Philosophie« bei den Junghegelianern und den Wahren Sozialisten. Stuttgart 1963; Wilhelm Raimund Beyer: Wie die Hegelsche Freundesvereinsausgabe entstand. (Aus neu aufgefundenen Briefen der Witwe Hegels.) In: Deutsche Zeitschrift für Philosophie (1976), 563-569; Peter Cornehl: Die Zukunft der Versöhnung. Eschatologie und Emanzipation in der Aufklärung, bei Hegel und in der Hegelschen Schule. Göttingen 1971; Udo Köster: Literarischer Radikalismus. Zeitbewußtsein und Geschichtsphilosophie in der Entwicklung vom Jungen Deutschland zur Hegelschen Linken. Frankfurt am Main 1972; Ingrid Pepperle: Junghegelianische Geschichtsphilosophie und Kunsttheorie. Berlin 1978; Herbert Schnädelbach: Philosophie in Deutschland 1831-1933. Frankfurt am Main 1983, 25-35; András Gedö: Philosophie zwischen den Zeiten. Auseinandersetzungen um den Philosophiebegriff im Vormärz. PLS 4.1-39.

2

宗教をめぐる論争

2.1. キリスト教哲学と理性哲学との対立

(1) ヘーゲルの宗教哲学はすでに彼の存命中からとくに議論の多い体系部門の一つに数えられている。早くも1820年代半ばから彼の哲学に対する攻撃が積み重なる——それは哲学論争の形式というよりも——しばしば匿名で行われる——宗教上，倫理上の嫌疑という形式をとっている。ヘーゲルのベルリンでの同僚にして神学者フリードリッヒ・アウグスト・ゴットロイ・トールクが初めて匿名で彼を汎神論のかどでとがめたように思われる(第1版1823年，234；第2版1825年，231)。そのような——成功はしていないが——攻撃はベルリン大学内部でもフォン・カイザーリンクによるものがある (Lenz 1910, Bd. 2/1.294)。汎神論史家のゴットロープ・ベンヤミン・イェーシェはヘーゲルを「汎神論」の名の下に自明であるかのように括り (XXII, XXVII, XLIV)，その後この名は諸々の告発文でも引き継がれている。そして，これらの告発文に対してヘーゲルは講義でだけではなく，1827年の『エンツュクロペディー』第2版の序文と573節でも，そして最後は『学的批判年報』で行った返答でもわが身を守るべく防戦している(本書396頁参照)。シェリングにとってもヘーゲルの哲学は汎神論である——そのうえ「スピノザの純粋で静謐な汎神論ではなく」，人工的な汎神論であり，「そこでは神の自由を救い維持しようと望んでいると見せかけられたせいで，それだけいっそう神の自由が恥辱にまみれて失われていく」(SW I/10. 159 f.)。

(2) このような攻撃は当時，汎神論論争，無神論論争，有神論論争が証言するように，とうてい無害とはいえなかった(本書56, 163, 338頁参照)。しかしながら王政復古時代においてそのような告発が生い育つ温床はますます肥沃になった。というのも，新敬虔主義による宗教的生活態度の一新と，新しく形成された正統主義〔の両者〕が政治的王政復古体制と結びつくからである。当時の急激な変化は政治や社会にも原因がある。政治的には，国家構造とあわせて革命前の世界の考え方も一新することが問題となる。社会的には，この急激な変化は，確かに最初はほんのわずかなものでしかなかったもののやがて顕著な進行を見せる近代化や，それとともにすでに浮かび上がってきていた宗教の社会的な分割に対する初期の反動を意味しているとされなければならない——つまり宗教が社会生活の一分野に，私的なものにまで抑え込まれることに対する反動を意味している。しかしそこからは神学的正統主義と政治的王政復古体制との同盟にとって注目すべき政治的影響が生育する。1830年になってもなお，ベルリン近くのハレで二人の合理的神学者ゲゼニウスとヴェークシャイダーが神学的に非正統的だとして（また，したがって政治的に信用できないとして）告発されるのである（本書91頁参照）。

しかしそのようなねらいすました告発の向こう側でも，王政復古時代の諸条件の下で哲学と宗教との関係も変化する。以前は「理性哲学」としての哲学と実定的宗教としてのキリスト教哲学とのあいだに引かれていた境界線が今は哲学の中へと移される。哲学は今やキリスト教と対立するのではなく，ただ自

らの基盤の上に新しく建て直されるべきなのである――「キリスト教哲学」として。この表現は「キリスト教哲学 philosophia christiana」ないし「われらの哲学 nostra philosophia」という伝統的な言い方を引き継いでおり，これを用いてアウグスティヌス以来，キリスト教は新時代の精神的態度として古代哲学に対置される。似た仕方で今や新しい「キリスト教哲学」が新しい〈異教〉哲学，つまり啓蒙哲学と対決させられねばならない。〈理性哲学かキリスト教哲学か〉という二者択一が挙げるのは，いわば同じ権利をもつ二つの選択肢などではなく，おそらく互いに補い合う選択肢ですらない。今やメッテルニヒに仕えるフリードリッヒ・シュレーゲルはいくつもの文書で「理性哲学」の啓蒙の伝統が完全に崩壊したことと，「キリスト教哲学」がこれに代わらなければならない必然性を宣言する。「キリスト教〔哲学〕」とシュレーゲルがこれを呼ぶのは，これが「啓示」に基づくからで，それも自然を通じた啓示やヤコービが以前に語っていた「内面的な啓示」のようなものではなく，キリスト教の「実定的な啓示」に基づくからである。この啓示が他の啓示に初めて内的なよりどころを与えることになる。

シュレーゲルは今や近代哲学史を〈弁証法的〉に構築して，この「キリスト教哲学」が唯一残された選択肢であることを証明しようとする。それは彼によると理性哲学ないし主観性哲学がフィヒテにおいて「あの頂点に達した」からである。すなわち「その頂点は主観性哲学の道を辿ることではもはや乗り越えられなかったのであり，したがってそこからまた精神の急激な変化が正反対の方向へ，つまり無制約な思考が自ら招いた深淵を脱け出して啓示の認識へ，または神的で実定的なものの認識へ立ち還ることがまったく当然にも始まった」。三月革命を前にした時代にとって特徴となるドイツ古典哲学の理性概念に対する批判が生じてくるのは，この理性と発展を続ける経験科学との対立からではなく，宗教的に希求された成果を請合う権限がこの理性にはないことからである。それゆえ，シュレーゲルは勝ち誇って主観性哲学の終焉を告知する。「誤った自我性というセンターは途絶え，もはや存在しない。」そして彼は理性哲学の道を先へ進めようとするのはまったく「無駄な努力」だと主張する。この道には，ヨハン・ゴットリープ・フィヒテのまだしも「高貴な不整合さ」に代わり，せいぜいのところ，「空虚な抽象的思考が無際限に流れたり流れ込んだりするときの，すべての神的なものに対する絶対的な鈍感さという，はるかに下賎な制約が登場する。たとえばヘーゲルの体系と著作に見出されるもののように」(Jaeschke 1989, 491-495)。

これによって戦線の輪郭ははっきりする。シュレーゲルの戦いは観念論的な哲学に向けられる。この哲学はその内容を「自我」から，思惟する主体から展開し，啓示ではなく理性を，根拠にするとともに発言の基準にする。シュレーゲルの論戦は宗教にも政治にも供給源をもつ。『時代の徴候』（1820-1823年）についての論稿でシュレーゲルはエドマンド・バークの『フランス革命についての省察』（1790年）以来流布した理性哲学と革命との同一視を一新する――しかしながら，そのさいシュレーゲルは「理性哲学」ということで，もはやフランスの「百科全書」ではなく，カントからヘーゲルまでのドイツ哲学を理解し，〈革命〉ということで1789年の革命ではなく，将来に危惧される革命を理解している。

(3) この「理性哲学」と「キリスト教哲学」との対比はシュレーゲルが初めて行ったように思われる。少なくとも彼がそれを最初に影響力のある仕方で主張した。「キリスト教哲学」を擁護して戦う中で，彼はまもなく数多くの同志を見つけた――その中にシェリングもいた。かつては厳しくシュレーゲルと敵対していたにもかかわらず，彼は教師としての活動をミュンヘン大学で新たに始めるにさいして（1827年），自らの新しい哲学をはっきりと「キリスト教哲学」として紹介する。「わたしの哲学のための本当に決定的な名称はキリスト教哲学であり，この決定的なものをわたしは真剣につかみ取った。」「しかしキリスト教は哲学にとって権威というよりは対象である。とはいうよりもそれは権威になる。というのもキリスト教はわたしに正しい認識を強いて取得させ，これまでの哲学では完全なものに到達しないということを，洞察するようわたしに教えてくれるのだから」(1827/1828年, 9, 13)。この対立は「歴史的哲学」と「論理的哲学」との対比または「消極的哲学」と「積極的哲学」との対比をも支配

している。

(4) この精神的環境の中ですでに宗教哲学的問題と政治的問題との或る結びつきが次第に姿を現してくる。だがそれは続く年月の中で段階的にしか歴史的な影響をもつに至らない。フリードリッヒ・ユーリウス・シュタールはのちにプロイセンの保守主義者たちの中で重要人物となるが、当時はまだミュンヘンにおり、その影響力の強い、何度も版を重ねた『法の哲学』においてシェリングを援用しながら「キリスト教哲学」という標語を取り上げている。彼によれば哲学はキリスト教の助力を必要としており、とくに法哲学の諸問題は神の人格性についてのキリスト教の教えがなければ解決されえない。とはいえもし哲学がヘーゲル哲学のようにキリスト教の必然性を疑うのであれば、宗教の本質は破壊される(1830, Bd. 1. 353-362)。だがこのことは今や乗り越えられたという。「哲学そのものは、今、シェリングを通じて、アプリオリには何も知られえないということ、すべての創造、すべての歴史は神の自由なわざであり、被造物の自由な協力であるということを承認する段階に到達した」(1833, Bd. 2/1. 17)。

(5) このシェリング発の思想傾向にこれとは別の思想傾向が合流する。これは前者と宗教的な姿勢は共有するものの、政治的な姿勢は共有しない思想傾向である。シェリングが講義を始めるよりも前に、イマヌエル・ヘルマン・フィヒテは、無制約的なものの中に人格的な神を認識することが昔から思弁の最高の目的である、と書いている(1826, XXXVIII)。ヘーゲルの死直後に彼は綱領的著作『今日の哲学の原則、転換点、目標について』(1832年)において、この意味でヘーゲルの死を現代哲学の「転換点」として理解しようとする。ここで彼はクリスティアン・ヘルマン・ヴァイセと出会う。ヴァイセは同時期の著作『ヘーゲル死去時における公衆の哲学への関係について』において同様に、ヘーゲルの「概念汎神論」に対抗して、哲学が変革され人格的神へと方向づけられることへの希望をいだく(1832年, 34-41)。続く数年にフィヒテとヴァイセと彼らの編集する『哲学・思弁的神学雑誌』を中心として結びつきはゆるくて、のちに彼らの争いで分裂するサークルが形成される。このサークルは「思弁的有神論」ないし「後期観念論」という名称の下で十年以上にわたり大きな影響力をもつようになる。

(6) このように芸術と学問を含めて全社会生活をキリスト教化すべしという要請が王政復古体制の周辺で唱えられたが、しかしこの王政復古体制の周辺以外にも広がりを見せた。その要請の前に、ヘーゲルはすでに1820年代の過程の中で変わることなくはっきりと、そして次第に迫力を増しながら立ちはだかっている。最も厳しい姿勢を見せたのは、1831年の彼が行った最後の講義、したがってフランスの七月革命の後である。人倫的法治国家生活はそれ自身がこの分野における神性であり、したがって神的なもののそれまでの拡張をすべてそれが吸収しているのである(V 5. 289)。この理由から、ヘーゲルの構想する国家は王政復古の意味での「キリスト教国家」ではないし(Jaeschke 1978)、彼の哲学は「キリスト教哲学」ではない。たしかに国家と哲学はいずれもキリスト教による影響も受けた来歴をもつ。しかしそれらは「自由の原理」から構築されており、この原理をヘーゲルは同時に「キリスト教の原理」として考えている。だが、表象に縛りつけられているというそれだけのために、キリスト教には哲学のための基礎づけという役割は与えられず、同様に、哲学の成果を判定するための基準としての地位も与えられない。キリスト教に基礎づけないし拘束力のある方向づけを帰するような哲学概念があるとすれば、それは中世的な「神学との統一」に逆戻りしていることになるが、その一致を解体することにこそ近代哲学の特質が存するのである。類似した仕方でこのことは宗教と国家との関係にもあてはまる(本書612頁ないし500-503頁参照)。

(7) もちろんヘーゲルの着想にもこのような一致を目指す契機が含まれる。《宗教と哲学は内容が同一である》という定理である。だが、どれほどそれが「キリスト教哲学」のプログラムに近いと思われようとも、これには鋭く対立している。なぜならその理由づけの意味が正反対の方向を向いているからである。「キリスト教哲学」は理性が破産したあと――あるいは少なくともその不十分さが告白されたあと――宗教を土台に、宗教に準じて建築されなければならない。これとは反対に《宗教と哲学は内容が同一である》というヘーゲルの定理は、たしかに一方では理性による宗教の正当化を含むとはいえ、

他方では宗教の哲学への止揚を含んでいる。この正当化と止揚との両義性——止揚が優越していたが——をヘーゲルの同時代人たちはよく意識していた。それゆえ内容の同一性の定理に激しく反論し、論理的カテゴリーが「生きた信仰」の理解には適していないと嘆くのである（Weiße 1829, 209-213）。

（8）ヘーゲルは、すでに彼に向けられていた告発を、『答弁』や『エンツュクロペディー』（1827年）序文で退けた（本書396頁ないし346頁以下参照）。もっとも、このように彼が退けたからといってそれで納得する者は批判者たちの中には一人もおらず、かえって新しい批判者たちを元気づけてしまった。すでにこの影響作用史の初期段階が、現代にまでその跡を追うことのできる或る特質を示している。それはヘーゲル（および他の者）の哲学のキリスト教性をめぐる論争に、神学的反省によるキリスト教概念を尺度にして決着がつけられることはきわめて稀だ、ということである。宗教を概念把握しようとするヘーゲルの試みに対して切られるカードは、キリスト教的なものについての前学問的でナイーヴな理解であることの方がはるかに多い。《宗教と哲学は内容が同一である》という定理が、それらのキリスト教性を審査することの正当性を容認しているような印象を強く与えることから、批判者たちはこの定理から説得力をもって帰結してくる諸規則であっても、これらを尊重することは免除されていると考える。宗教的関心がヘーゲル哲学によっては満たされない者や侮辱までされた者はみな、批判者となることが自分たちの使命であると感じる。彼らの馴染む宗教由来の神像がヘーゲルに見出せないということが、彼らにとっては十分ヘーゲルの哲学に対する抗議になりうる。そしてそこから彼らは、哲学一般を放棄すべきだ、あるいは宗教的な欲求を満たす「キリスト教哲学」の方に向かうべきだ、という結論を引き出す。

実のところ、宗教哲学に対してナイーヴな宗教性の立場からなされる論駁は同時に、学問的な神学の大部分にもあてはまる。しかもそれがあてはまるのは、この論駁が「ドイツ民族の宗教感覚」とその「心情の深さ」に訴える場面が初めてではない。また、ヘーゲルの示したキリスト教の真理性の基準に異議を唱えて、啓示された宗教が真なのはそれが理性と一致するからではなく、それがまさに神の啓示だからであり、「神の啓示として［…］どのような関係の中にあっても神の啓示」（[Hülsemann] 1831, 210, 14）だからだと反論する場面が初めてではない。すでにヘーゲルの宗教解釈に対するこれらの最初の反応は——のちにシュトラウスとブルーノ・バウアーとをめぐる論争で強められる——ナイーヴな宗教的意識と学問的に営まれる神学との分裂という道に重要な一歩を踏み出している。

（9）ヘーゲル哲学のキリスト教性をめぐる論争の第1段階（1828-1831年）はそのような方法論的にナイーヴな批判によって象徴される。そのうえそれは貧弱なテキストに基づいている。諸講義はまだ出版されておらず、ヘーゲル自身当時は、講義筆記録が誤った手に渡って彼がそのようなノートの内容について責任を負わされることのないように苦心している（V 3. XV）。『精神現象学』の宗教章（本書258頁以下参照）が論争のこの段階で演じるのは意外にも脇役でしかない。とはいえ『精神現象学』は学派内における宗教哲学の受容に決定的な影響を与えている。実際、他ならぬ古参の門下生たち——ヘーゲルの講座のあまりにも弱々しい後継者ゲオルク・アンドレアス・ガープラー、それにヘルマン・フリードリッヒ・ヒンリッヒス——が後の学派内の論争において、現象学の立場に立ちとどまっているという非難を受けている。この非難は学派内から生まれた、宗教哲学の最も古い翻案にあてはまる。すなわち、ヒンリッヒスの『学問との内的な関係における宗教』（本書369頁参照）、イザーク・ルスト[1]の『哲学とキリスト教』（1825年）、わずかにではあれゲッシェルの『アフォリズム集』（本書392頁参照）、高い程度にカシミール・コンラートの『自己意識と啓示』（1831年）である。

---

1) イザーク・ルスト（1796-1833）。神学者。ハイデルベルク大学でヘーゲルにも学んだことがある。

だが、同じことが後の左派についても言える。シュトラウスの『論争文』（本書642頁以下参照）でどのような証明する聖句（dicta probantia）が選ばれているのかを見ても、彼の宗教哲学理解にとって『精神現象学』がもつ意義が理解される。また、

1824年の宗教哲学講義を聴講したにもかかわらず、どれほど強くフォイエルバッハが『精神現象学』から影響を受けているかは、彼の『キリスト教の本質』（本書657頁参照）からも明らかになる。『精神現象学』の宗教章がキリスト教性をめぐって始まったばかりの論争において触れられることがないのは、どちらかといえば著しい理解の困難さに逢着するためなのか、それとも批判者たちが現実的な問題への対応に努めていたためなのかは、依然としてはっきりしない。いずれにしても論争はまず論理学——とくにエンツュクロペディーの論理学——および『エンツュクロペディー』全般の思弁・神学的性格をめぐって進行する。とくに『エンツュクロペディー』が——これは不当なことではないが——三つの「客観性に対する思想の諸立場」（本書349頁参照）についての章のゆえに議論にとっては重要になる。それらのうち三つめの態度が、ヘーゲルがこの客観的な思考を論じる文脈において信仰と理性との伝統的な対立を止揚しているという点で、宗教哲学の基礎に関係する。このテキストはかなり詳細であるために『エンツュクロペディー』の宗教章よりもよく信仰、直接知、直観、思考の射程と無能力とについて議論することが可能になる。それゆえヒュルゼマンの2つめの、今度も匿名で公刊されたヘーゲルの告発——今回は汎神論だけでなく無神論をも的にする——は、その構想においてしっかりとこの「予備概念」に準拠する。というのも、ここには宗教哲学の論理的および認識論的な基礎が、諸講義の出版される前のどのような箇所にも見られないほど明確に解説されているからである。

典拠：Edmund Burke: Reflections on the Revolution in France, 1970〔エドマンド・バーク『フランス革命の省察』、半沢孝磨訳、『エドマンド・バーク著作集』第3巻、みすず書房、1978年〕; übersetzt von Friedrich Gentz: Betrachtungen über die Französische Revolution. Berlin 1793; Friedrich Schlegel: Signatur des Zeitalters (1820-1823). PLS IV/1. 3-90, KFSA VII. 483-596; Hermann Friedrich Hinrichs: Die Religion im inneren Verhältnisse zur Wissenschaft. Nebst Darstellung und Beurtheilung der von Jacobi, Kant, Fichte und Schelling gemachten Versuche, dieselbe wissenschaftlich zu erfassen, und nach ihrem Hauptinhalte zu entwickeln. Heidelberg 1822; [Friedrich August Gottreu Tholuck:] Die Lehre von der Sünde und von Versöhner, oder: Die wahre Weihe des Zweiflers. Hamburg ^{1}1823, 234; ^{2}1825, 231; Isaak Rust: Philosophie und Christentum oder Wissen und Glauben. Mannheim ^{1}1825, ^{2}1833; Immanuel Hermann Fichte: Sätze zur Vorschule der Theologie. Stuttgart/Tübingen 1826; Friedrich Wilhelm Joseph Schelling: System der Weltalter. Münchener Vorlesung 1827/28 in einer Nachschrift von Ernst von Lasaulx. Hg. und eingeleitet von Siegbert Peetz. Frankfurt am Main 1990; Gottlob Benjamin Jäsche: Der Pantheismus nach seinen verschiedenen Hauptformen. Bd. 2. Berlin 1828; [Carl Friedrich Göschel:] Aphorismen über Nichtwissen und absolutes Wissen im Verhältnisse zur christlichen Glaubenserkenntniß. Ein Beitrag zum Verständnisse der Philosophie unserer Zeit. Berlin 1829; Anonymus [Hülsemann]: Ueber die Hegelsche Lehre oder: absolutes Wissen und moderner Pantheismus. Leipzig 1829; Stahl: Philosophie des Rechts. Bd. 1-2/1; ^{1}1830-1833; Bd. 1: ^{3}1854; Anonymus [Hülsemann]: Ueber die Wissenschaft der Idee. 1. Abt. Die neueste Identitätsphilosophie und Atheismus oder über immanente Polemik. Breslau 1831; Kasimir Conradi: Selbstbewußtseyn und Offenbarung, oder Entwickelung des religiösen Bewußtseyns. Mainz 1831; Fichte: Ueber Gegensatz, Wendepunkt und Ziel heutiger Philosophie. Erster kritischer Theil. Heidelberg 1832; Weiße: Verhältniß des Publicums zur Philosophie in dem Zeitpuncte von Hegels Abscheiden. (1832); Bachmann: Hegel's System und die Nothwendigkeit einer nochmaligen Umgestaltung der Philosophie (1833); Ludwig Feuerbach: Das Wesen des Christentums (1841). In: Feuerbach: Gesammelte Werke. Bd. 5.〔L. フォイエルバッハ『キリスト教の本質』、船山信一訳、『フォイエルバッハ全集』第9、10巻、福村出版、1975年〕

参考文献：Lenz: Geschichte der Universität Berlin. Bd. 2/1 (1910); Emerich Coreth/Walter M. Neidl/Georg Pfligersdorffer (Hg.): Christliche Philosophie im katholischen Denken des 19. und 20. Jahrhunderts. Bd. 1. Graz u. a. 1987; Jaeschke: Die hohle Nuß der Subjektivität oder: Über die Verklärung der Philosophie ins Positive. In: Albert Mues (Hg.): Transzendentalphilosophie als System. Die Auseinandersetzung zwischen 1794 und 1806. Hamburg 1989, 483-496.

2.2. 神の人格性と霊魂の不滅性

(1) 「キリスト教哲学」を求める訴えは、近代哲学史の流れをかんがみるとどれだけ思いがけなく響くものではあっても、決してほんの小さな、大学世界

の一グループによって起こされたものではない。この訴えは，宗教的な信仰が自己を補うべく洞察を熱心に求めるものの，ドイツ古典哲学，とくにヘーゲル哲学がその問題設定からして提出できる回答に失望させられているところなら，どこででも耳にすることができる。主に二つの密接に結びついた要求があり，これらは自明のように哲学に向けられ，少なくともヘーゲル哲学では満足させることができないと宗教的な意識は判断する。すなわち，哲学は神の人格性と霊魂の不滅性を証明すべきだ，という要求である。

これにより，決して1830年代に新しい問題設定が掲示されたわけではない。問題になっているのは，むしろ「キリスト教哲学」の二つの大きな主題である。これらは——「世界」という近代的な主題によって拡張され——18世紀の合理主義的な「特殊形而上学（metaphysica specialis）」まで命脈を保った。合理的心理学は霊魂の不滅性を，合理的神学は人格的な神の現存在を証明したのである。しかしここで問題にされているのは，尊ぶべき伝統の断片ではなく，有神論の核心をなす二つの命題であり，そして——その時代の三つの大きな哲学・神学的「訴訟事項」の中に示されているように——それによって有神論が無神論からはっきりと区別される二つの基準である。

このためにカントも——あまり説得力があるとはいえないものの——『実践理性批判』で，彼の破壊した「合理的心理学」と「自然神学」を，少なくとも要請という形で取り戻さざるをえないと考えた。彼は神の人格性と霊魂の不滅性はたしかに認識の対象ではないが，実践理性の要請であり，したがって実践的関心において必要不可欠な理論的想定であるとする。そして早くも1790年頃に次のことが示されていた。いちど要請された神にあとから，ひとが神学上ないし宗教上の関心から必要だと考える述語を，すべて備えつけるのは難しいことではない。

(2) それゆえ批判者たちから見ると，カントの道徳神学でさえ，人格性と不滅性を確認することへの敬虔な思いという関心へ，ヘーゲルの宗教哲学よりもずっと近くまで歩み寄っている。それどころか，ヘーゲルの体系を基礎にして考えることのできる神の人格性と霊魂の不滅性の形式は，キリスト教の教える形式とは何の関係もないのではないか。そういう嫌疑は，すでに彼の生涯の最後の日々から，彼の汎神論と無神論に対する告発の前提となっている。カール・エルンスト・シューバルトとK・A・カルガニコはヘーゲルを非難して，彼の体系が霊魂の不滅性に言及しないままでいるのは，偶然ではなかろうと言う（1828年，146 f.）。ヘーゲルは——説得力のある仕方で打ち消す代わりに——彼の批判者たちの不滅性理解を反対に攻撃することで返答する（本書398頁参照）。しかしながら彼の釈明の仕方は，思弁的な不滅性概念のキリスト教性への疑念を一掃することには決して適していない。だが，不滅性の問題はさしあたりまだ論争の中心にはなっていない。既存の資料だけでは根拠のある批判ができないからである。それゆえフォイエルバッハによる匿名の『死と不死〔不滅性〕についての思想』（1830年）もさして注目されるには至らない。たしかにこの著作は著者の講壇への道を生涯にわたってさえぎることになるが，かといって学問的な議論の場ですぐに手応えのえられるような広い反響を呼ぶのでもない。神の人格性と霊魂の不滅性についての議論が——時間的にヘーゲルの宗教哲学講義の出版とほぼ一致して——始まるのは，ようやくフリードリッヒ・リヒターの終末論と不滅性とについての著作が現れてからのことである。

(3) これらの主題を再び哲学に返還するよう請求する試みが行われることから，三月革命を前にした時代には次の問題に決着がつけられねばならなくなる。すなわち，後期啓蒙主義の合理主義的形而上学に対する批判から帰結する哲学概念の時代的な変化，つまりかつての特殊形而上学（metaphysica specialis）の意味での「形而上学」の「終焉」は存続するのか，それともエピソードになってしまうのかという問題である。つまり，近代初期にはまだ伝統的な神学上の諸主題と調和しうるように見えたが，その後これらにはふさわしくなく，資格も有さないと認識される合理性概念は，この哲学・神学的な不十分さのために今や別れを告げられるべきなのかどうか，という問題である。

このために1830年代はこの二つの主題をめぐる哲学・神学上の論争で埋め尽くされた。すなわち，神の人格性と個々人の霊魂の不滅性とをめぐる論争と，

両者の内的な結びつきをめぐる論争とである。カール・ルートヴィッヒ・ミシュレはヘーゲルの門下生たちのあいだにあって，その著作の中で最もヘーゲルに忠実に従い，世紀の変わり目を目前に死去する（1893年）までこの忠実さを保つ者であり，したがってその彼が回顧して次のように判断を下しても不当ではない。「最近十年間〔すなわちヘーゲルの死から〕の哲学の歴史は実際のところ哲学の内部でこれらの対象について起きた諍いの歴史にすぎない。」二つの問題は似通っているというだけではなく，「絶対的に同一」でさえある——一方は他方の「反対」であるにすぎない（1841年，7 ff.）。

（4）1830年代の始めまでにヘーゲルの批判者たちは不利な立場に置かれていたが，それはヘーゲルがこれらの主題について出版物——たとえば『エンツュクロペディー』——の中ではきわめて圧縮した形でしか述べておらず，それには期待されるようなわかりやすさもなかったからである。コンラート・フィリップ・マールハイネケによって宗教哲学講義が出版されると，このさしあたりは不利な状態が変わったように見える。というのも，この講義が分析に必要な十分に詳しい情報を提供してくれるからである。だが，この講義について正反対の解釈が可能であることが即座に判明する。そしてヘーゲルの死去と彼の講義公刊が緊密に連関しているので，出版の時点で信頼のおける解釈が不可能になっている。

学派のためにゲッシェルは個々人の不滅性がヘーゲルの体系から帰結することであると証明しようと試みる——まずはリヒターに対する書評という形で（1834年）。しかしながら，ヘーゲルの弁明かと勘違いされたゲッシェルの弁明は，それと意図しないままに，思弁的宗教哲学のどこに宗教的な不滅性信仰を引き受けることへの決定的な抵抗があるのかを明らかにする。時間概念からすると無限の持続という思想は，永遠を終わりのない時間という悪無限的な進行によって置き換えることだとして非難されざるをえない。他方で普遍的な精神の永遠な個体化という定理は，個々の《この人》の悪無限的な連続性を決して含まない。したがってゲッシェルの書評は期待に反して議論にけりをつけていない。それどころか，不滅性に関して哲学と神学が論じていることの正統性を根本的に見きわめようという徹底的な論争のきっかけとなる。しかしながら，個々人の不滅性というキリスト教の教えの支持者たちが，その教えの要請に背いて肉体の復活への聖書的な信仰よりもむしろ霊魂の不滅性（immortalitas animae）を支持するというのは奇妙なことである。

シェリングは1830年代にこれらの議論に出版物を通じては介入していないので，いわゆる「後期観念論」ないし「積極哲学」，あるいはむしろ「思弁的有神論」の主唱者たちが批判者たちの最も重要なグループとなる。I. H. フィヒテ（1834年）とヴァイセ（1834年）はゲッシェルに異議を唱えて，個々人の不滅性という思想はヘーゲルの哲学ではまったく意味をもたないか，非宗教的な意味をもつだけだとする。彼らが問題にするのはヘーゲルの個人的な信仰心ではなく，また彼の作品にキリスト教と調和しうる「人格性と不滅性」についての発言が見出されるかどうかという個別的な問いでもない。むしろ哲学のような理性哲学がこの主題を論じるにあたって一般に正当な仕方で，つまり理論的な詐取によってだけではなく，肯定的な命題に到達できるのかどうかという原理的な問いである。その点で彼らの議論はゲッシェルのものよりも方法的に優れている。それは彼らが，あるいは個々人の不滅性の意味で解釈されるかもしれない個別的なテキストの箇所からではなく，ヘーゲルの哲学の方法的な問題設定から出発するからである。彼らによると，理性哲学としてのヘーゲル哲学は不滅性の教説を決して詳しく説明できない。というのも理性はそのような不滅性について何も知らないからである。これらの批判者たちの見るところでは，ヘーゲルの哲学はその全体構想からするとまったく発言権がないといえることは要求しておらず，このことはヘーゲル哲学の思想的統一性と知的誠実をはっきりと表している。だが，まさにこのまったく適切な評価が批判者たちにとってはそのような理性哲学をまとめて乗り越えていく十分な理由となる——すなわち「キリスト教哲学」へと乗り越えていくのである。なぜならキリスト教哲学は啓示を出発点とするので，宗教的な意識には諦めがたく思われるさまざまな成果をもたらすことができるように見えるからである。個々人の不滅性を無視することで，ヘーゲルはたしかに自分の問題設定に整合的に従う。だが，まさにそれゆえにこそ，

この問題設定は有神論の問題設定のために見捨てられなければならない，というのである。

このようにして独特の配置図が生まれる。ヘーゲルの批判者たちは彼をその整合性ゆえに正当化するが，それは彼のたんに「論理的な」哲学がそのことによって原理的に不十分なものになっているということを証明するためにすぎない。これとは反対に彼らはゲッシェルを批判する。なぜならゲッシェルは不滅性の教説をヘーゲルに見出すことができると誤って考えるからである。だが，彼らは，ゲッシェルがこの教説を堅持するので，彼を正当化する。その返答——「復活祭の贈り物」(1835年)——の中で，ゲッシェルは議論のこの水準には到達できず，自らの以前の立場を強調した。それに向けてベッカース (1836年) はフィヒテとヴァイセによる批判を更新した。

この二，三のヘーゲル門下生と思弁的有神論者とのあいだで行われた論争では，後者が理性哲学の認識領域が限定されざるをえないことに関して優れた議論を展開していたことに疑いはない。ゲッシェルもガーブラーもヘーゲルの講義の中から彼らの思惑通りに語っている，あるいは語っていると思われる証明の聖句 (dicta probantia) を提供することでは，そのような抗議に対抗するのに十分でないことを理解していない。逆にまさにそのような理性に到達可能なものに限られるというこの理性哲学の不可避的な限定性を啓示に回帰することで補足し，それでいて哲学の内部にとどまろうという思弁的有神論者たちの試みは，理性哲学の主唱者たちには，哲学から非哲学への死の跳躍であると思われてしまうのである。

(5) 不滅性の問題にヘーゲルは宗教哲学でついでに言及しているにすぎない。したがってコンラーディ (1837年) やミシュレ (1841年；1844-1852年) のように彼の立場を継承する門下生たちには，これらの文章を体系に基づいて解説するより以上のことはほとんど残されていない。おまけにこうした文章の主旨はどれも一致している。すなわち，不滅性の思想において宗教的意識は自分には永遠の現在として捉えることのできない精神の無限性を表象しているということである。この——ヘーゲルから見ると——どちらかといえば馴染みの薄い主題とは異なり，神概念をめぐる論争は宗教哲学の根幹に触れている。論理学的な契機と特殊宗教哲学的な契機とがヘーゲルの神概念にどのように浸透しているか——絶対的理念と絶対的精神とがどのように関係しているか——は，これまで不鮮明にしか知ることができなかったが，諸講義の公刊された今はこれを一義的に確定できる。諸講義の裏付けるところによると，ヘーゲルの神思想は『大論理学』の絶対的理念と同一視されてはならない。だが，それに加えて「絶対的精神」も『大論理学』に結びつけられているように見える。すなわちこの場合の「絶対的精神」は弁証法的な過程であって，ひとがそれに祈りをささげることのできる生きた人格性ではない。さらにそれは未完成な神であって，わざわざ自分を手に入れなければならないのであり，そのためには，ヘーゲルの——本当はホトーの (V 3, 213) ——当時からすでにしばしば引用された寸評が言うように，世界だけでなく，とりわけ人間の自己意識が必要となる。人間の自己意識がなければ「絶対的精神」はせいぜいのところ精神も自己も欠いたさまざまな要素の寄せ集めでしかなく，このようなものが意識をもつことなど決してない (Fichte 1834, 33ff.; Weiße 1833, 222ff.; Jakob Sengler 1837, 315ff.; Fischer 1839, 38f.)。盲目的ではあるが，広く行われている批判を代表する論駁にとって，最終的に宗教哲学の神は「紙でできた学派の偶像」(Bachmann 1833, 282)，「ベルリンのクプファーグラーベンにあるヘーゲル工場で制作されたガラス製のマリオネット」(Bachmann 1835, 161f.)，「哲学者が彼自身の内臓から産み出す理性偶像」(Eschenmayer 1834, 57) であると思われるようになる。これとはまったく対照的にヘーゲル派の人々——ゲッシェル，ユーリウス・シャラー (1837年，VI)，ガーブラー (1836年)，ローゼンクランツ (1834年，123ff.)，エルトマン (1845年，62-117) はヘーゲルの神概念がキリスト教の神概念と一致しうると主張する。ヘーゲルの神概念を教会の教説と対比的に見ながら，それだけでは彼の神概念を非難しないという者の声が増してくるのは，議論がようやく後の段階に至ってからである (Baur 1835, 707ff.; Michelet 1838, 643ff.; 1843, 388; Conradi 1839, XIIIf.)。

(6) 神の人格性と霊魂の不滅性をめぐるこれらの

議論は何の成果もあげていないようだが，それは見かけにすぎない。確かにこれらの議論がヘーゲル哲学の「キリスト教性」についてあらゆる方面に受け容れられる決着をつけることはない。しかし，理性哲学が神について語ることを可能にする諸条件を解明することにはつながるだろう。ひとはヘーゲルのカテゴリーを「わたしたちのカテゴリーや反省規定の範囲に」属するので神認識にはふさわしくないとして拒絶し，それに代えて神のために「わたしたちのカテゴリーに由来する」のとは異なる属性，すなわち，創造されたのではないとか，永遠なとか，無限なとか，始まりをもたない，という属性を要請する——あるいはヘーゲルの「概念の凝乳」に「敬虔な興奮」を真に大切なこととして対置するが，このようなことがあまりに軽々しいということがわかる（Eschenmayer 1834, 3f., 30）。そのようなナイーヴさに学派の嘲笑が向けられても，それは正当なことである。神を世界に対立させること——これはヘーゲルの汎神論と称されるものに対抗する中で宣伝されている——の疑わしさも，宗教哲学の弁証法によって明らかにされうる。神は世界の以前にも世界の外部でも自己意識的な精神として捉えられなければならない，という要求に対して門下生たちは，それでは〈精神〉がはっきりしたことは何も考えさせない空虚な言葉でしかない，という抗議で応じる。彼らが世界以前や世界外部にある神の自己意識という論点を非難するのは，それが支持しがたい擬人観だからというだけでなく，理論的な詐取だからでもある。また，創造の必然性というヘーゲルの概念を神にふさわしくないとして批判する者は，〈永遠の中でいつか〉神の意志行為によって生じた創造という表象が神概念にいっそう似つかわしいということを証明するよう門下生たちによって求められていることを知る——この表象に含意されている哲学的問題は言うに及ばず。

そして最後に門下生たちは長いあいだ一致して，まさにヘーゲルの宗教哲学が神の人格性という意義深い論点にとって構成的な条件を幸運にも所有していると確信している。すなわち三位一体としての神概念である。この神概念は同時代の神学——たとえばヘーゲルと歩調を合わせるカール・ダウプとコンラート・フィリップ・マールハイネケの「思弁的神学」とは対立的なシュライエルマッハーとトールクの神学——とは一般に異質なものになっていた。学派がヘーゲルの三位一体思想を強く主張すると，当時たしかに，ヘーゲルの三位一体論はキリスト教の三位一体論とたんなる名称以上に共有するものはない，という反応を引き起こす（Bachmann 1833, 309; 1835, 109f.; Fichte 1841, 985ff.）。だが，三位一体論と神の人格性論との体系上の連関は，それによって疑われる余地はない。またこの連関はヘーゲルの宗教哲学におけるほどには説得力のある仕方で確立されていない。というのも，神の内在的・三位一体的な客観性を堅持する場合ですら，これが人格的な客観性と考えられることや，それどころか三つのペルソナからなる客観性と考えられることさえ必ずしも必要ではないからである。どれほどヘーゲルを批判するにしても，たとえば I. H. フィヒテは自分の構想をヘーゲルの構想からと同様に教会の構想からも区別しなければならない。フィヒテが非難するのは父，子，聖霊という名称を経綸的な三位一体から内在的な三位一体へ逆投射して，これらを「根源人格性 Urpersönlichkeit」，つまり神の一なる自己意識の諸契機を名づけるために用いることである。それに代えて彼は内在的な三位一体の新しい構想を立てる必要があるとする。すなわち，三つの契機からなる，神の一なる人格性という思弁的・有神論的な想定を彼は構想する（Fichte 1834, 70; 1841, 986; Weiße 1833, 14, 252ff.）。

こうしてこれらの議論においてヘーゲルの宗教哲学の体系的アクチュアリティが裏づけられるのは，彼の宗教哲学によって哲学的認識の王道を進みながらも，最後には従来どおりの聖書・教会的な表象に辿り着き，そしてこれを以前よりもうまく基礎づけただけということによって，つまり補足的にのみ理性に基礎を求めたということによってではない。アクチュアリティはむしろ，彼の宗教哲学が実定的な教説や伝統的な教義学と思弁的な真理との消し去ることのできない差異を明らかにしていることにある。なぜならその主張はキリスト教の理念を概念把握しているとする点にこそあるのだから。そうではあるがこの差異は形式的なものにすぎない，という主張が学派全体をその敵対者たちから区別する。これらの敵対者たちの中で神学的——ただしたいていはあ

りふれた神学的——議論を展開する向きは，すべての哲学に対して啓示のもつ到達不可能な聖性を対置する（Eschenmayer 1834, 25, 44ff.）。このグループとの対決は哲学的に実りがない。それは基本的に論争の中で迷走している（Strauß 1837; Rosenkranz 1840, 267ff., 309ff.）。

これとは逆に哲学的に意義深いのは，学派と「思弁的有神論者たち」，つまりフィヒテ，ヴァイセ，フィッシャー，ゼングラーとの対決である。後者が堅持するのは「宗教および経験と真に和解する［…］哲学」という理念である（Weiße 1832, 41）。彼らによればそのような和解はヘーゲルの体系においてはその誤った構想のために必然的に失敗せざるをえなかった。そこでは「神がただ弁証法的な過程，絶対的な理性，根源思惟 Urdenken としてしか捉えられていない」。思弁的な思惟は「あの神的な根源思惟の適切な似姿」なのだから，たしかにアプリオリな神認識がそこで完成している——しかし，神認識一般が，完成しているのではない。しかしながら，思弁はアプリオリな糸を手繰ることによっては「根源理性 Urvernunft の人格性という理念へ」高まることができない（Fichte 1834, 10f.）。思弁の閉じられた体系の中へ人格性と不滅性の理念が導入されることなど，それらの宗教的な意味が失われることなしには決してありえないという。したがって，これらの理念がヘーゲルの体系の文脈に欠落していることがとがめられるのではない。むしろ，あらかじめ設定された体系連関の中では完全に整合的な欠落が，原理的にヘーゲルの哲学を乗り越えるきっかけとなる。これは新たな存在論的・認識論的基礎づけを必要とする企てである（Fichte 1833/1836, Weiße 1835, Fischer 1834）。

理性哲学の射程を明らかにしようとするフィヒテとヴァイセの試みは〔ヘーゲル〕学派と思弁的有神論とのあいだで展開する議論のレベルを原理的に高めた。そして，宗教哲学のあれやこれやといった命題が有神論の意味で理解可能かどうかということについて争っている場合ではなくなる。それゆえゲッシェルやガーブラーが弁明するかのように，引用を積み重ねるのは論争の水準を見誤っている。彼らがまずしなければならなかったのは，ヘーゲル哲学をそれ自身の中で整合的な理性認識の連関とするフィヒテの解釈を訂正し，有神論的命題の可能性をヘーゲルの哲学の文脈の中で示してみせることだろう。これとは逆にゲッシェルとガーブラーによって代表される解釈の形式は，理性認識と信仰命題という二種の光から動こうとしない。このためにこの解釈形式は意図しないまま，有神論的な考えをもつもっとも重要な批判の同盟者になってしまう。神を論理的な理念の意味で絶対的な人格性，絶対的な主観性として，同時にまた最高の個体としても概念把握しようという彼らの試みは，同時代の批判者たちから見ると，全体としては誤っているもののよく秩序づけられたヘーゲルの体系を不整合，中途半端，矛盾に陥れることでしかない（Fichte 1834, 24f.; Schelling: SW 13.91f.）。とりわけ伝統的な人格性や不滅性の観念を哲学的に基礎づけることの必然性に賛成票を投じるヘーゲル右派のふるまいは，ヘーゲルの宗教哲学の真理主張に背くことになる。批判は，この基本的な問いにおいてヘーゲルを乗り越えている点を，ヘーゲル右派の長所として評価する——たとえそのことをヘーゲル右派がはっきり意識していなかったとしても（Fichte 1834, 8; Fischer 1839, 38f.; Staudenmaier 1844, 867f.）。同時代人の目には，学派の見解が《老ヘーゲル派は純粋な教説を保存した》という今日行われている回顧とはまったく違ったものに映っている。後の中央派と穏健な左派がヘーゲルの体系の立場に固執しているのに対して，ヘーゲル右派の解釈は人格性と不滅性の理念へ進んでいくため，まさに〈進歩的〉であると思われている。ヘーゲルの敵対者たちは，哲学も伝統的にキリスト教的な教説に行き着き，これを裏づけなければならない，とする点で右派と一致する。その一方で宗教哲学を解釈するにあたり，学派の中央と左に位置する人々とヘーゲルのテキストについての解釈で基本的に同じ結論に達する。中央派と左派の偉大ではあるがしばしば誤解された，今日もはや繰り返すことのできない解釈上の業績とは次の点にある。すなわち，表象と概念との形式的な非同一性の契機をしっかりと保持し，ヘーゲルによって呼び覚まされた理性的な思惟の力を信じて思弁的宗教哲学の真理を証明するという点である。その証明は，積極的には個々の主題群を概念的に彫琢することで，消極的には表象の土台を，それによりかかる哲学説ともど

も批判することでなされている。それに比べていかにヘーゲル右派が宗教的な表象と概念把握する思惟との形式上の差異をならし、そのことでヘーゲルよりも後退しているかは、とりわけ学派の運命を決めることになる問いの中で明らかになる。

典拠：Karl Ernst Schubarth / K. A. Carganico: Ueber Philosophie überhaupt, und Hegel's Encyclopädie der philosophischen Wissenschaften insbesondere. Ein Beitrag zur Beurtheilung der letztern. Berlin 1829; [Ludwig Feuerbach:] Gedanken über Tod und Unsterblichkeit aus den Papieren eines Denkers [...]. In: Feuerbach: Gesammelte Werke. Bd. 1.175-515〔L. フォイエルバッハ『死の思想』船山信一訳,『フォイエルバッハ全集』第16巻, 福村出版, 1974年〕; Weiße: Verhältniß des Publicums zur Philosophie in dem Zeitpuncte von Hegels Abscheiden (1832); Bachmann: Hegel's System und die Nothwendigkeit einer nochmaligen Umgestaltung der Philosophie (1833); Immanuel Hermann Fichte: Grundzüge zum System der Philosophie. Abt. 1. Das Erkennen als Selbsterkennen; Abt. 2. Die Ontologie. Heidelberg 1833/1836; Friedrich Richter: Die Lehre von den letzten Dingen. Eine wissenschaftliche Kritik, aus dem Standpuncte der Religion unternommen. Bd. 1. Breslau 1833, Bd. 2. Berlin 1844; Richter: Die neue Unsterblichkeitslehre. Gespräch einer Abendgesellschaft, als Supplement zu Wielands Euthanasia. Breslau 1833; Weiße: Die Idee der Gottheit. Eine philosophische Abhandlung. Als wissenschaftliche Grundlegung zur Philosophie der Religion. Dresden 1833; Carl August Eschenmayer: Die Hegels Religions-Philosophie verglichen mit dem christlichen Princip. Tübingen 1834; Fichte: Die Idee der Persönlichkeit und der individuellen Fortdauer. Elberfeld 1834; Carl Philipp Fischer: Die Wissenschaft der Metaphysik im Grundrisse. Stuttgart 1834; Göschel: Rezension zu Richter, in: Jahrbücher für wissenschaftliche Kritik (1834), Nr. 1-3, 17-19; Weiße: Die philosophische Geheimlehre von der Unsterblichkeit des menschlichen Individuums. Dresden [1834]; Rosenkranz: Hegel. Sendschreiben an den Hofrath und Professor der Philosophie Herrn Dr. C. Fr. Bachmann in Jena. Königsburg 1834; Bachmann: Anti-Hegel. Jena 1835; Ferdinand Christian Baur: Die christliche Gnosis oder die christliche Religionsphilosophie in ihrer geschichtlichen Entwicklung. Tübingen 1835; Göschel: Von den Beweisen für die Unsterblichkeit der menschlichen Seele im Lichte der speculativen Philosophie. Eine Ostergabe. Berlin 1835; Weiße: Grundzüge der Metaphysik. Hamburg 1835; Hubert Beckers: Ueber C. F. Göschel's Versuch eines Erweises der persönlichen Unsterblichkeit vom Standpunkte der Hegel'schen Lehre aus. Mit einem Anhang über die Anwendung der Hegel'schen Methode auf die Wissenschaft der Metaphysik. Hamburg 1836; Georg Andreas Gabler: De verae philosophiae erga religionem christianam pietate. Berlin 1836; Kasimir Conradi: Unsterblichkeit und ewiges Leben. Versuch einer Entwickelung des Unsterblichkeitsbegriffs der menschlichen Seele. Mainz 1837; Julius Schaller: Die Philosophie unserer Zeit. Zur Apologie und Erläuterung des Hegelschen Systems. Leipzig 1837; Jakob Sengler: Ueber das Wesen und die Bedeutung der speculativen Philosophie und Theologie [...]. Specielle Einleitung [...]. Heidelberg 1837; David Friedrich Strauß: Streitschriften zur Vertheidigung meiner Schrift über das Leben Jesu und zur Charakteristik der gegenwärtigen Theologie. Heft 3, Tübingen 1837; Carl Ludwig Michelet: Geschichte der letzten Systeme der Philosophie in Deutschland von Kant bis Hegel. Bd. 2. Berlin 1838; Conradi: Christus in der Gegenwart, Vergangenheit und Zukunft. Drei Abhandlungen, als Beiträge zur richtigen Fassung des Begriffs der Persönlichkeit. Mainz 1839; Fischer: Die Idee der Gottheit. Ein Versuch, den Theismus speculativ zu begründen und zu entwickeln. Stuttgart 1838; Rosenkranz: Kritische Erläuterungen des Hegel'schen Systems. Königsberg 1840; Fichte: Beiträge Charakteristik der neueren Philosophie, oder kritische Geschichte derselben von Des Cartes und Lock bis auf Hegel. Sulzbach ²1841; Michelet: Vorlesungen über die Persönlichkeit Gottes und die Unsterblichkeit der Seele oder die ewige Persönlichkeit des Geistes. Berlin 1841; Michelet: Entwicklungsgeschichte der neuesten deutschen Philosophie mit besonderer Rücksicht auf den gegenwärtigen Kampf Schellings mit der Hegelschen Schule. Berlin 1843; Michelet: Die Epiphanie der ewigen Persönlichkeit des Geistes. Eine philosophische Trilogie. Bd. 1. Nürnberg 1844, Bd. 2. Darmstadt 1847; Bd. 3. Berlin 1852; Franz Anton Staudenmaier: Darstellung und Kritik des Hegelschen Systems. Aus dem Standpunkt der christlichen Philosophie. Mainz 1844; Johann Eduard Erdmann: Die Religionsphilosophie als Phänomenologie des religiösen Bewußtseins. In: Erdmann: Vermischte Aufsätze. Leipzig 1845.

2.3. 理念の優位か歴史の優位か

(1) 神の人格性と霊魂の不滅性の教説に関する学派内の差異は門下生たちによる数多くの著作や書評の

中で明白なものとなっている。それにもかかわらず学派はまだこの論争では派閥に分解せず，また論理学と形而上学をめぐる論争でも，政治的に火種を含む法哲学をめぐる論争でも分解に至らず，むしろ哲学問題の伝統的な在庫目録には数え入れられていない或る主題をめぐる論争で分解する。それがイエスの生涯という主題である。それは決して神学の伝統に属する主題ではない。思想の歴史化が進んで初めて，それは18世紀後半以来何度も神学で論じられるようになり，聖書を批判する『無名氏の断片』というヘルマン・ザームエル・ライマールスの書をレッシングが公刊したことをめぐる激しい論争以来，それまでにない衝撃性を手に入れる。イエスの生涯という主題においてキリスト教の歴史的な基盤が危険にさらされているのである。しかしそれはヘーゲル哲学の影響作用史にとっても中心的な意味をもつようになる。ダーフィト・フリードリッヒ・シュトラウスが1835/36年に自著『イエスの生涯，批判的に論じられた』を公刊したとき，そうした意味はまだ予見されていないし，今日においても明白ではなく，解説を必要とする。

（2） ヘーゲルの死のわずか数日前にシュトラウスはヘーゲルを聴講するためにベルリンに来た。彼は法哲学と哲学史についての講義（1831/32年）の冒頭も〔講義時に〕筆記し（Ig 4. 917-925 bzw. V 6. 351-357），1831年夏の宗教哲学講義の清書筆記録を抜粋し（V 3-5），同じくシュライエルマッハーの「イエスの生涯に関する講義」の清書筆記録二冊を抜粋する。彼がのちに欄外に書き込んだ文言からわかるように，これらの講義は，心ならずも見事なまでにキリスト教の歴史的基盤の破壊に成功している，という印象をシュトラウスに残した。心ならずもというのは，シュライエルマッハーは何度も行った講義の中でこの主題をこの限界まで運んでいくのだが，いつもその前でしり込みしてしまうからである。彼はたしかに自分自身と聴講生たち——その中には若きシュトラウスもいる——に歴史的・批判的な研究の結論に対して目を閉ざさせるために，もてる博識と弁舌の才をすべてつぎ込む。彼はかなり歴史的批判に踏み込むが，それはそれ以上進んではいけないということを確認するためである。「福音書——わたしたちが所有する唯一の歴史的資料——は奇跡を物語る。それゆえ奇跡についてのわたしたちの判断はこうでなければならない。すなわち，福音書の信憑性は傷つけられない。というのも，そうでなければキリストの人物へのわたしたちの信仰は失われ，彼［すなわち，キリスト］はわたしたちにとって神話上の人物になってしまうだろうから。」このような議論が告げるのは，教義と歴史との綱領的な同一性の挫折が動かしようもなく明白になる神学史の段階である（Jaeschke 1985, 1161-1167; 1986a, 361-436, 328-348）。

シュトラウスの『イエスの生涯』は今日もなお広く近代的で歴史的・批判的聖書釈義を基礎づける作品とみなされている。しかしながら彼のねらいは，磐石と思い込まれているキリスト教の歴史的基盤が壊れていること，それも偶然に壊れているのではないことを証明することにある。歴史的・批判的な研究は福音書の物語をほんとうはたしかなものにするはずだった歴史的基盤を破壊するのである。しかし，こうした洞察を得ることで，これらの物語がシュトラウスにとって無意味なものになったのではない。歴史的基盤の代わりに，彼はまったくヘーゲル的な意味で概念把握された基盤を据えようとする。彼は聖書の物語を歴史的な報告としてではなく，ヘーゲル的な概念を用いるとともに彼との密接な思想的一致を見せながら，「哲学的な神話」と理解する——つまり，本来ならば概念把握する思惟にのみ到達可能な真理を表象に合わせて表現したものだということである。もし暴き出された神話がたんに「歴史的」なものでしかないとすれば，神話的な解釈によってたしかに多くの障害が取り除かれるだろうが，内容の真理性は保証されえないだろう。しかし，シュトラウスはこの神話が哲学的な神話であると解釈する。神話の言葉で起こったこととして表象されるものは，真実には精神の本性の表現なのである。歴史的な基礎づけが挫折することで，これらのテキストの真実の性格に対する目が開かれ，概念への撤退を余儀なくされる。

シュトラウスの精神哲学的な解釈——神人同一性思想を「哲学的な神話」とする理解——は歴史的な事実性を解体する。神人同一性思想は歴史的には証明不可能だし，思想的には重要でないというのである。しかしこれは，そのような事実性が保障されて

いるというナイーヴな確信もしくは期待に浸りきった人々すべてにとっては受け容れがたいものと，いや，「イスカリオテ主義 Ischariothismus」（Eschenmayer 1835)[1]だとさえ思われた。これとは逆にシュトラウスの手法は厳密にヘーゲルの洞察に対応している。真理は歴史的な研究によっては証明されえないように，歴史的な批判によっても反駁されえない。歴史的に反駁されえるのはただ，ここで問題になっているのが事実であるかのような仮象だけである。

[1] イスカリオテとはキリストを裏切ったユダの別名で「カリオテ村出身の男」を意味する。エッシェンマイヤーが『現代のイスカリオテ主義』でシュトラウスの『イエスの生涯』を念頭に置きながら，神聖なるものを人間に引き下げる考えを総称した。

その限りでシュトラウスの成果は決して過激なものではない。いずれにしてもヘーゲルにとってその成果はたしかなことだが，それはたんに時代診断に基づいて前提されたこととしてにすぎず，証明されたこととしてではない。ただ概念だけがキリスト教の真理を保証しうるのである。だがシュトラウスは，次のことを驚くほど的確に認識している。ヘーゲルが，形成途上にある歴史的神学に対して侮蔑的な反駁を行うあまり，この流派による攻撃から体系を防御することが必要なはずなのに，これをなおざりにしていることを。それゆえシュトラウスは歴史的批判にしか認められない位置価を規定する。新約聖書のテキストを哲学的神話として解釈することは，思弁的概念が事実的なものの排除を通じて自己媒介するための契機となる。この解釈によってキリスト教の歴史的基礎づけに対するヘーゲルの非難が補足的に正当化される。ヘーゲルが予見するにすぎないものを，シュトラウスは実際に引き起こす。すなわち，ヘーゲルの時代にはまだ損なわれていないように見えたキリスト教の土台を歴史的批判が破壊し，キリスト教に概念への逃避を強いるのである。

シュトラウスがその戦略を思弁的宗教哲学の解釈からのみ手に入れたのでないことは疑いない。それには同時代に見られる神学史上の諸傾向についての深い洞察が前提されている。シュライエルマッハーの「イエスの生涯に関する講義」からシュトラウスが作成したきわめて膨大な抜粋にそなわる重要性は，研究によってこれまで実際には顧みられてこなかった。仮に自分では認めないとしても，この抜粋は教義と歴史とが調停不可能であることを証言している。そしてそこからシュトラウスは歴史へのではなく概念への逃避の促しを読み取る。このことの必然性がどこよりも歴然としているのが，この抜粋とシュトラウスの『イエスの生涯』である。

だが，ヘーゲルの宗教哲学はこの戦略を補足的に支えるだけではない。シュトラウスの方法論的な反省によると，この宗教哲学が彼の構想を促進したのであり，そればかりか可能にしたとさえいえるという。キリスト教の真理を概念の中に基礎づけることによって，シュトラウスが同時代の神学に特有だと見なす，事実性への硬直した（が，失敗している）執着から解放されるのである。この基礎づけは事実的なものをどうでもよいものに引き下げる。他面でこうすることにより思いがけず歴史的研究をさまざまな教義上の配慮から解放する。さもなければ──シュライエルマッハーの例も示すように──歴史的研究がそれらから逃れることはできなかっただろう。一度解放された歴史的研究がこの抱き合わせをもはや必要としなくなったこと，そして自己思惟する理性に基づいて真理を基礎づけることの信用性を失墜させることに寄与したこと，こうしたことはヘーゲルの宗教哲学の影響作用史における決定的な過程の一部に数えられる。

典　拠：David Friedrich Strauß: Das Leben Jesu, kritisch bearbeitet. 2 Bde. Tübingen 1835/1836, とくに Bd. 2, 732-744〔D.F. シュトラウス『イエスの生涯』2分冊，岩波哲男訳，教文館，1996年〕; Carl August Eschenmayer: Der Ischariothismus unserer Tage. Eine Zugabe zu dem jüngst erschienenen Werke: Das Leben Jesu von Strauß. I. Teil, Tübingen 1835.

参 考 文 献：Jaeschke: Paralipomena Hegeliana zur Wirkungsgeschichte Schleiermachers. In: Internationaler Schleiermacher-Kongreß Berlin 1984. Hg. von K.-V. Selge. Berlin / New York 1985, 1157-1169; Jaeschke: Die Vernunft in der Religion (1986a), 328-348.

2.4. 学派の分裂

(1) しかし，この解釈によってシュトラウスは憤激の嵐を引き起こす。それは，激しい哲学・神学上の論戦に慣れた時代にあってさえその規模と徹底性の点で耳を引いた。ところが，攻撃は彼個人へだけでなく，学派の「イスカリオテ主義」へも向けられるが，彼を学派の代弁者と見なすことは不当ではない。というのも，シュトラウスによる委曲を尽くしたキリスト教の歴史的基盤の破壊は完全にヘーゲルからは独立して行われるものの，その大胆さは概念的基盤に対する確信から生まれており，彼の成果もヘーゲル哲学という基礎の上に立つからである。それゆえ学派を代表する人々にとってこの問いに関して賛成か反対の立場をとることは避けられなくなる。それまでは門下生たちは――ヘーゲル哲学の習得にさいして強調点の置き方はさまざまだったが――外部，とりわけ思弁的神学側からの攻撃には一致団結して立ち向かっている。この新たに先鋭化された状況に至って初めて，いずれにせよ彼らのあいだにある解釈上の差異が学派内でのあからさまな論争に発展する。

(2) エルトマン，ブルーノ・バウアー，シャラー，ガープラー，ヒンリッヒス，そして中でもゲッシェルはシュトラウスによるヘーゲルの受け継ぎ方の適切さを猛烈に否認し，彼ら自身の立場をヘーゲルとの連続性の中で定式化できると思い違える。だが彼らも統一戦線をはらない。たとえばシャラーがシュトラウスの神話の解釈を決して適切には理解していないにもかかわらずこれを一般に受け容れていることは注目に値する。ゲッシェル（1838年）でさえシュトラウスに多くの点で賛意を表明して，不当な攻撃に対しては彼を擁護せざるをえない。というのも，学派のメンバーを弁護することは同時に自分を弁護することだからである。ゲッシェルの著作は学派内の他の批判者たちのものよりもずっと，彼らの批判が何を意図しているのかを明らかにしている。すなわち，シュトラウスとはっきり一線を画すことが必要なのは，ヘーゲルの敵対者たちにヘーゲル哲学をそのような果実のゆえに非難することを拒むためである。悪はその根――ヘーゲル――において捉えるべきだという神学側からの要求に対して，ゲッシェルは動揺することなく師の宗教哲学をシュトラウスの謬見に対する効き目のたしかな治療薬として推奨する。

(3) ヘーゲル右派の弁護的な著作は意図しない形でその思弁的宗教哲学との距離を，以前に人格性と個々人の不滅性が問題にされた場合よりもいっそう仮借なく際立たせる。エルトマンは発展史的な区分を施すことで，シュトラウスが引き合いに出すいくつかの典拠の問題点を解消しようとする。それらはたしかに宗教的な感情を害するが，ヘーゲルのイェーナ期の哲学史ノートに属しており，したがって成熟期の宗教哲学では背後に退くものにちがいない，とするのである（1853年，846）。他ならぬヘーゲルの門下生たちが引き受けた『友人の会版著作集』が発展史上の差異を拭い去り，そのうえ後の門下生たちによる筆記録を『精神現象学』と同時期に成立したヘーゲルの草稿と組み合わせるのは厄介なことなのだから，この論じ方には驚かされる。ゲッシェルでさえためらうことなく，何回か不明瞭な箇所ないし熟さない部分を宗教哲学の中に容認する。ただしそれらの重要性をできる限り軽く扱おうと努めてはいるが（1838年，16ff., 45）。だが，自分がヘーゲルと完全に一致していると彼の信じる諸主題も，同時代人たちが気づかずにはいない重大な意見の不一致を露呈する。とりわけヘーゲルの宗教哲学を歴史的実証に結びつけようとし，そればかりかそれが奇跡信仰のなごりに同意しているとさえ説明しようとするゲッシェルの試みについてこのことがいえる（1838年，35-40）。同じようにこのことはシャラー（1839年，19ff.）に，そのうえローゼンクランツ（1840年，XXIVff.）にまであてはまる。こうした証明の意図によってヘーゲル右派の解釈はヘーゲルの宗教哲学よりも，またそれに劣らずシュライエルマッハーよりも後退する――思弁的な装いを施された正統主義という水準にまで。そのようなものとしてヘーゲル右派の解釈は中央派と左派によってと同様「思弁的有神論者たち」によっても非難される。これに対して中央派と中央左派はシュトラウスの解釈を基本的に正当な宗教哲学解釈だと認める。ただしいくつかの本質的な点では彼に反対する立場をと

る——主として，一人のこの者の神人性は理念によってあるいは時間的・外面的な状況によって制約されているのかという問い，またはイエスの神性という原理への問いに関して。これらの問いや他の問いは学派内部で比較的高い水準において議論される（Rosenkranz 1836, XVIff.; 1840, XXff.; Michelet 1841, 186ff.; Vatke 1840）。しかしすでに挙げられたグループよりもはるかに数の多いのが——『一般教会新聞』周辺の「思弁的有神論者たち」，後期合理主義および『福音主義教会新聞』周辺の新正統主義の——なるほど同じようにシュトラウスの解釈の適切さは確信しているものの，その中にヘーゲルの宗教哲学の危険性があらためて証明されていることをしか見ない人々である。

（4）溢れるばかりの攻撃が自分に向けられることでシュトラウスは『イエスの生涯』の出版後二年を経たときに『わが著「イエスの生涯」を弁護する論争書』（1837年）を公刊せざるをえないと考える。その第3分冊で彼はヘーゲル学派内の論争に取り組み，どのようにヘーゲルが彼の言及した問いに関して考えたのか，そしてどのように考えられるのが必然的なのかを明らかにしようとする。シュトラウスがここで基準にするのは一見したところ純粋に神学的と思われる，神人イエスの復活への問いである。しかし即座にそれは理念と歴史との関係への哲学的な問いであることが露わになる。「神の本性と人間の本性との同一性の理念に関して福音書の物語 Geschichte は歴史 Geschichte として与えられているのか，あるいはどの程度までそうなのか，という問いには即かつ対自的に三つの答えが可能である。すなわち，あの概念に関しては福音書の物語の全体が歴史であるか，その一部分だけが歴史であるか，全体的にも部分的にも理念からすれば歴史として受け取ることはできないかのいずれかである。」三つの可能な答えにシュトラウスはヘーゲル学派の代表者たちを配分する——ヘーゲル右派，中央派，左派として。しかし，三つの可能な答えは決して同じ権利をもった選択肢ではない。というのも，当時は今日と同様，哲学的には最後の答え，つまりヘーゲル左派の答えだけが支持できるものだということに疑いがもたれないからである。したがって学派の各派閥への分裂は安定した状態を生み出さない。一つめの答えは哲学的に支持されえず，その潜在的な支持者たちは宗教的な関心を哲学の外に，少なくとも理性哲学の外に移住させることを余儀なくされる。そして，これほどではないものの，このことは二つめの答えにもあてはまる。それとは逆に三つめの答えはしっかりとした根拠をもって弁護されうるものだが，これは同時代人の大多数が最も受け容れることのできない答えである。そしてこれは無知によるものではなく，宗教が世俗的な内容に取って代わられる意識史的な過程が啓蒙期に速度を上げたあと，復古時代になり速度を遅らせる局面を経ているからである。

典拠：Karl Rosenkranz: Kritik der Schleiermacherschen Glaubenslehre. Königsberg 1836; David Friedrich Strauß: Streitschriften zur Vertheidigung meiner Schrift über das Leben Jesu und zur Charakteristik der gegenwärtigen Theologie. Heft 3. Tübingen 1837; Carl Friedrich Göschel: Beiträge zur spekulativen Philosophie von Gott und dem Menschen und von dem Gott-Menschen. Mit Rücksicht auf Dr. D.F. Strauß' Christologie. Berlin 1838; Julius Schaller: Der historische Christus und die Philosophie. Kritik der Grundidee des Werks Das Leben Jesu von Dr. D.F. Strauß. Leipzig 1838; Wilhelm Vatke: Beitrag zur Kritik der neueren philosophischen Theologie. In: Hallische Jbb 3 (1840), Nrr. 1-8; Johann Eduard Erdmann: Versuch einer wissenschaftlichen Darstellung der Geschichte der neueren Philosophie. Bd. 3. Abt. 2. Leipzig 1853.

2.5. 宗教哲学をめぐる論争の政治的な意味

（1）シュトラウスによる問題状況の先鋭化をめぐり激しい論戦が行われることでヘーゲルの宗教哲学のキリスト教性をめぐる論争の新しい段階が始まる。というのも，この先鋭化はヘーゲルの問題設定の結果であるとしても，不当ではないからである——少なくともこの先鋭化が「理念」および「哲学的神話」とたんなる事実性という意味での歴史との分裂にかかわる限りでいえば。「理性哲学」が神の人格性と霊魂の不滅性を教義的に正しく述べることに困難を有するということは，少なくとも「思弁的有神

論者たち」にとっては決して思いがけないことではない——その逆である。しかし理性哲学がイエスの生涯を神話に解消する道を開くことは，最終的に理性哲学に有罪を宣告する。とはいえ，これによってさえ，当時の人々がこの思弁の果実に対して唱えなければならないと考える異議は，決して尽くされていない。シュトラウスの『イエスの生涯』をめぐる論争はヘーゲル学派を分裂させるだけではない。この論争は宗教哲学の観点からヘーゲル哲学を議論の中心にする時期から，第2の法哲学的な，あるいはむしろ政治的な局面に移行する（本書651頁以下参照）。

形式的にはたしかに大きく分離しているものの，強い内的な結びつきが宗教と国家とのあいだにはあり，国王の王権神授説にその最高の表現をもつ。このような条件下で神学と宗教へのどのような——本当のものであれ，思い込みによるものであれ——攻撃にも，同時に著しい政治的な重要性がそなわる。信仰の基盤への攻撃は国家的および人間的な共同生活一般の基盤への攻撃として現れるのである。道徳および国家的共同生活の法的基盤が宗教から剥ぎ取られていくその始まりは，たしかに少なくとも17世紀にまで遡られうるが，今日もまだ完結していないこの過程は1830年代のドイツにおいて当時の「ケルン教会闘争」——後のビスマルク時代に属する「文化闘争」の前奏曲——とのかかわりの中でまさに初めてその決定的な局面に入っていく。当時の支配的な世論に迷いはない。伝統的な有神論的神思想を信奉しない者には法的および政治的な信頼性は保証されない。実際，こうした者は決して宣誓できないし，それゆえ公的生活において地位につくこともできない——たとえば大学の教師として。場合によってはそのような地位から退けられねばならないのである。

(2) このような一般的戦略が当時復古体制の側から——たとえばハインリヒ・レオから強く——ヘーゲル左派に対してとられたものの，それを越えてシュトラウスのヘーゲル宗教哲学の解釈からはさらに別の革命的な政治的帰結がさまざまに生じるように見える。それらの暗黙の，シュトラウス自身も当初は気づかなかった政治的観点は実に「反逆」という姿を与えられる。それゆえここには同時にこの嫌われ者の宗教哲学に政治的にとどめを刺す好機が訪れているように見える。そのうえこうすることでわざわざ理論的に対決する苦労が省略された。ここにこそヘーゲル右派と左派についての広く流通している文献においてたびたび見落とされ，同時に一貫して無視されている，宗教哲学的な議論の政治的な議論への転換点がある。

というのも，シュトラウスはイエスの生涯を哲学的な神話に解消するだけではないからである。彼はまた（そしてこの点ではヘーゲルに対立するが）神人が多数存在することをありそうなことだと見なす。「一つの個体へ中味のすべてを注ぎ込み，他のすべての個体に対してはそれを惜しむ」というのは，理念が自己を現実化する仕方ではまったくないというのである（1835/1836年，Bd. 2.734）。王政復古派の政治的神学にとってこの神人の単一性否認は神への冒瀆であるだけでない。それは，君主制に対する微妙ではあるが強力な攻撃でもあり，「多数者」を擁護する破壊的な最終弁論でもある。したがってそれは共和制を擁護していることになる。

この神学的なものから政治的なものへの転換は，政治的神学の地平でしか跡づけることができない。この地平は，当時は存在したものの，今日ではもはや直接には理解できない。後期シェリングの「キリスト教哲学」を援用しつつ当時の「積極的で」「キリスト教的法論および国家論」——たとえばフリードリッヒ・ユーリウス・シュタールのもの（本書651頁以下参照）——は神の人格性の原理を国家の単一性の基礎にしようとする。すなわち，君主の単一性を神の単一性の流出として理解しようとするのである。シェリングはこの結びつきを自分自身でも述べている。神の人格性を求めることに国家において対応するのは，人間が愛することができて，その前では神の前でと同じようにだれもが等しい王を望むことであるという（SW 11.569f.）。フォン・アルテンシュタイン大臣がゲッシェルにブレートシュナイダーのシュトラウスとヘーゲル学派に対する合理主義的批判を反駁するよう求めると，ゲッシェルはまず大臣に宛てた手書きの所見で，次に自らの『寄稿論集』（1838年）でこの政治的神学を，伝統的な頭と胴体との象徴的表現を用いて政治的キリスト論へと先鋭化させる。人間が国家において頭，つまり君主に臣従するように，人類も頭，つまり神人に臣従する，というのである。こうして政治的な現

実は神人の単一性のしっかりとした基礎となり，それと同時にシュトラウスの解釈が誤っているとすることの基準となる。しかしこれとともに——ヘーゲル「右派」を代表する或る人物によって——「左派」の思想は無神論的であるだけでなく，同時に反逆でもあるという烙印が押された——そして宗教哲学をめぐる論争は政治をめぐる論争になった (Jaeschke 1979b)。もっとも，この平行線を引いた気まぐれは反対方向の理由づけをも容認する。そしてこちらの理由づけの方が三月革命を前にした時代の最終局面を支配する。すなわち，わたしたちは汎神論者なのだから，民主主義者でもなければならない，というのである (Briese 1998, 81)。

(3) この状況の中で，以前は成功を収めることのなかった，古くからヘーゲルに敵対する者たちも——カール・エルンスト・シューバルト (1839年) のように——再び発言を求めて手を挙げる。それは今やヘーゲルの教説が宗教にと同時に国家の基盤に抵触することが，公然と証明されたのを見たからである。そのような議論は出版されるだけでなく，依然として在任中の文部大臣アルテンシュタインにさえ，専門家の所見として報告される。アルテンシュタインはヘーゲルをベルリンに呼び，ヘーゲルを（シュライエルマッハーと同様に）何度も王政復古派の攻撃から守った当人であるのに。このためそれらの議論はアルテンシュタイン時代の終わり (1839年) まで直接的な政治的成功はおさめないが，ただしその後はかえってそれだけ長く命脈を保つのではあるが。

典拠：Göschel: Beiträge zur spekulativen Philosophie von Gott und dem Menschen und von dem Gott-Menschen. Mit Rücksicht auf Dr. D.F. Strauß' Christologie. Berlin 1838; Karl Ernst Schubarth: Ueber die Unvereinbarkeit der Hegelschen Staatslehre mit dem obersten Lebens- und Entwicklungsprinzips des Preußischen Staats. Breslau 1839, Teilabdruck in Riedel: Materialien zu Hegels Rechtsphilosophie. Bd. 1.249-266.
参考文献：Jaeschke: Urmenschheit und Monarchie. Eine politische Christologie der Hegelschen Rechten. HS 14 (1979b), 73-107; Marilyn Chapin Massey: Christ unmasked. The Meaning of »The Life of Jesus« in German Politics. Chapel Hill / London 1983; Olaf Briese: Konkurrenzen. Philosophische Kultur in Deutschland 1830-1850. Porträts und Profile. Würzburg 1998.

2.6. キリスト教性と反キリスト教性

(1) この論争が激化し思想的に皮相化していくことに次のような事実が力を貸している。批判者たちのグループが，かつて自分自身ヘーゲルを中心とするサークルの一人であった或る男から思いがけず援軍をえるのである。その男とはハインリヒ・レオである。たしかに「ヘーゲル一派」に対する彼の攻撃は形式的にはヘーゲル左派だけに向けられている。だが，レオは，左派がヘーゲルと対立するのは，とりわけ，ヘーゲルが「自分の教説には国民の宗教意識をむしばんでいく帰結がそなわるという，まさにこのことについて明確に述べなかった」(1838年，7) ためだと見るので，レオの攻撃はヘーゲル左派にだけではなくて師の宗教哲学にもあてはまる。その〈不明確さ〉によってヘーゲルの教説は左派の〈明確さ〉よりも危険でさえある。一年後大幅に増補されたレオの小著，主にはミシュレとバイロッファーの著作からの長い引用を含み，これを脚注で論争的に論評している。レオが議論による対決を放棄するのはおそらく，引用された「神への冒瀆」が言わずもがな明らかであり，青年ヘーゲル派の「地獄の生まれの者ども」がいずれにしても互いに喰らい合うことを彼が確信しているからであろう (1838年，26)。それにまた，序文に並べられた告発も，新しくはない。いわく，青年ヘーゲル派が教えるのは「無神論」であり，「福音書は神話である」ことであり，「現世だけの宗教」である。それにもかかわらずヘーゲル一派は「キリスト教の宣誓やキリスト教の聖礼典への外的な参加への許可」を詐取する，という第4の告発点は，論争が新たに政治的な先鋭化を見せていることの表れである。そして，そこでは哲学的言明が真理かどうかということの検証が，破壊的だといわれるその社会的・政治的諸帰結を告発することや国家による介入を要請することに置き換えられる。これによって論戦は，宗教哲学をめぐって学問的でアカデミックな論調で行われる論争が聞きもらされてしまいかねない水準へ落ちてしまっている。

(2) かつてのヘーゲル右派ブルーノ・バウアーは

この威嚇するような状況から結論を引き出す。きわめて豊富な聖書の言葉で武装された敬虔主義者を装って，彼は『無神論者にして反キリスト者ヘーゲルを裁く最後の審判ラッパ』(1841年)を吹き鳴らす。レオの告発書は直接的には左派(シュトラウス)と中央左派(ミシュレ，バイロッファー[1])にのみ矛先を向け，これらの派閥を形式上は悪者扱いする。それに反してバウアーはヘーゲル左派の解釈とヘーゲルの宗教哲学との一致をあくまで主張し続ける。彼によると，右派が師の宗教哲学を有神論の眼鏡を通して見ることで誤解し，その革命的な潜在力を——意図的にであれ，そうでないのであれ——隠匿してしまうのに対して，ヘーゲル左派は師の忠実な弟子であるという。この解釈は，たとえラッパ奏者が正反対の意図を追求しているにせよ，形式上「思弁的有神論」側からの論駁と一致する。ヘーゲル左派の解釈を，それに異端者の烙印を押すことで，広めるという彼の戦略は，哲学史に例がない。それにもかかわらず，彼の著作は論じるに足る議論に比較的乏しい。その構想は著者〔バウアー〕を，天才的な仕方で選び出された引用を整合的に解釈する作業から免除する。(なお，彼はヘーゲル『宗教哲学講義』第2版［1840年］の実際の編集者なので，これらの引用をたっぷり使うことができる。)彼が反キリスト者ヘーゲルに対する唯一の防衛策とするのは，哲学的な議論を無条件に放棄することと，信心家ぶる立場へ撤退することである。ヘーゲルに対する哲学的な批判はすべて理性という娼婦と肉体関係をもつことだと彼は告発し，そのような所業が破滅に追い込まれるまであとわずかだという——「思弁的有神論」の自己破壊が示すように。理性と啓示との一致というヘーゲルの教説だけではない。宗教と哲学とを媒介しようとするすべての試みは，非ヘーゲル的なものも含めて悪魔の仕業であることを，彼は力をこめて暴きだす。その結果，悪魔の党派が不可避的に結成されるようにさえ思われるほどである。ヘーゲルによって宣言された宗教と哲学との和解が政治的に挫折したことを，ここより極端に述べているところは他にない。

1) カール・ラオドア・バイロッファー(1812-1888)。マールブルク大学で学位取得後，哲学教授となった。ヘーゲル主義者。

ヘーゲルが教会と国家と人倫にはいりこんでいることについてしつこいぐらい誇示された懸念には，レオの『ヘーゲル一派』に倣ったスタイルが与えられている。しかし，本来の主題は宗教哲学の理論的な帰結，つまり無神論である。それは二重のヴェールの下に隠されていると，ラッパ奏者〔バウアー〕は見る。第1のヴェール——キリスト教性——によって欺かれるのは，たしかに愚か者だけである。だが，宗教哲学は実体の立場，汎神論で自らを偽装し，このいっそう深いヴェールは信仰の批判的なナイフによってしか引き剥がすことができない。最後に「恐ろしい，身の毛のよだつ，どのような敬虔さも宗教性も殺してしまう，体系の核心」として現れるのは，「宗教的な関係とは自己意識の自分自身との内的な関係に他ならない」ということである (Bauer 1841, 48)。

このように宗教哲学の核心は「自己意識の専制」 (ebd. 127) であると限定する，ラッパ奏者の捉え方は簡潔にすぎる。彼がヘーゲルの立場を「理性」の立場であり，「精神」の立場であるとさえするなら，宗教と哲学は両立しえないという彼のテーゼを保持することは難しくなるだろう。それでもこのテーゼは宗教哲学をめぐる十年来の論争に決着をつける。1830年代の終わりまでは，宗教哲学の神髄である《理性と宗教は内容が同一である》というテーゼは宗教の名においてのみ否認される。今やこの同一性に対する激しい抵抗がこの同一性へのどのような固執もなしにするというだけではない。「思弁的有神論」によって並行して行われた媒介の試みが示すように，理性はあまりにも性急に媒介へ突き進むと，すぐにまたもはや理性的ではない啓示に制御されるようになってしまう。宗教哲学による媒介の主張が事実上挫折したことを見て取り，そこからラッパ奏者の現れる少し前には，すでにくつがえることのない結論が出されていた。この状況に端を発しヘーゲルを弁護する中から，ドイツ古典哲学をそれに対する伝統的な批判ともども越えたと信じる立場が，数年も経たないうちに育ってくる。これは意外ではあるものの，回想してみれば整合的に思われる，そんな近代哲学史の過程の一部である。

(3) ヘーゲルの宗教哲学に対するルートヴィッヒ・フォイエルバッハの複雑な議論戦略は根本的に

すべての他の門下生のものとは異なる。『実定的哲学の批判』(1838年)および『哲学とキリスト教』(1839年)——ゼングラーとレオの著作の書評として計画された——の論述は最初にヘーゲルの宗教哲学を非キリスト教性の汚名から自由にしようとするのではない。ヘーゲルの宗教哲学がキリスト教と一致するかどうかは「悪意に満ちた問いというだけでなく、絶対的に間の抜けた無意味で、哲学の本質を見誤った問い」でもある (Feuerbach 1839, 250)。これに対して、キリスト教とヘーゲルがキリスト教的であると称するものとが一致するかという問いは、たしかにもっともな問いではあるが、「宗教哲学における対象と宗教そのものにおけるまさに同じ対象との限りない違い」を考慮に入れて、検討されなければならない。この違いは、取り除くことのできる宗教哲学の誤りにあるのではない。むしろ宗教哲学の哲学としての性格から不可避的に生じてくる (Frauenstädt 1840, IXf. 108 参照)。そこまでは門下生のだれもが宗教哲学とキリスト教との相違を、《宗教と哲学は内容が同一で形式が異なる》という定理によって解釈した。だが、ヘーゲルの哲学に対する攻撃によっていよいよ明らかになったのは、この定理はたしかに宗教的な表象を概念によって批判する機会を開くものの、反対に思弁を表象の側からの批判にさらしもする、ということである。哲学をこの制御機関から引き離すために、フォイエルバッハの両刃の弁明は思弁的宗教哲学の根本定理を放棄する——宗教と哲学との「消しがたい差異」という主張にとって有利になるように。哲学は思想を、宗教は「想像と心情」を内容とするとされるのである (Feuerbach 1839, 220)。

フォイエルバッハのようにキリスト教と哲学一般、とくには宗教哲学との差異を強調するのであれば、そのような本質的に非キリスト教的な哲学など完全に放棄されるべきだという結論も引き出せたはずだろう。正統主義の考え方をもつ批判者たちも実際、理性と啓示は相容れないと主張し、そこから哲学はむなしいと結論づけた。それゆえフォイエルバッハは宗教の後見から哲学を解放することを支援するために、非キリスト教的であるという非難を同時代の神学に向ける——すなわち、近代的な「博士の信仰」に。これは「偽装された温室栽培植物、無信仰による打算的な反省の産物にすぎない」 (Feuerbach 1839, 235f.)、と。彼はコンスタンティヌス1世以前のキリスト教を真なるキリスト教性の尺度に選び、当代の宗教哲学だけでなく哲学一般のキリスト教性を否認する——そしてこのことを他の立場に対する非難として用いる権利をも否認する。というのも、この初期の形式へ帰ることは近代世界の条件下ではどのようなものであれ不可能でしかないのだから。

ヘーゲルの敵対者たちに対するフォイエルバッハの批判は、思弁的宗教哲学の構想が本来属す議論の脈絡の枠内で生産的な解釈を行う最後の手がかりとなる。だが、彼の表向きの弁明は思弁的宗教哲学の構想を敵対者たちの激しい攻撃よりも強く疑う。彼の戦略はわかりやすい。ところが実行は議論を経ない一連の決定に基づく。自分の宗教哲学がキリスト教と一致するというヘーゲルの主張は、フォイエルバッハの方法論的に疑わしく歴史に無関係な演出——純粋な起源を同時代の堕落に対抗させる——によっては揺るがされない。同様に信仰と理性は同一であるというヘーゲルの教説も、極端に狭められた、敬虔な心情の高ぶりに限定された宗教概念が対案として出されるだけで通用しなくなることはない。宗教と哲学との内容の同一性を解体することが正当であることを、フォイエルバッハはこの局面に証明しない。彼がこの思弁的宗教哲学の基礎定理に与しないことはすでに十年前に、彼が教授資格論文をヘーゲルに送付するさいに添えた書面 (1828年11月22日) から聞き取ることができる。だが、彼がのちに行った論駁から分かるとおり、この初期の見解は宗教哲学をめぐる論争から受ける印象の下で固まったのであり、その見解に基づけば、宗教と哲学との完全な区別は理性のもつ関心という点においても不可避的であると思われる。

(4) ヘーゲルの宗教哲学が本質的に非キリスト教的であることを証明しても、それを意に介することなくフォイエルバッハは『哲学の改革のための暫定的テーゼ』(1842b) や『将来の哲学の根本命題』(1843年) で思弁的哲学の秘密として神学を暴きだす。死んだ神学の霊がヘーゲルの哲学の中に幽霊となってうろついているという (1842b, 243, 247)。フォイエルバッハが新たに到達した立場は、体系の諸分野のあいだにある違いをどうでもよいものに引き

下げる。このように非難されるのはとくに宗教哲学というのではなく，全体としての体系にそなわる神学的な性格なのである。1830年代の議論の特殊宗教哲学的な諸問題が後退することに不思議はない。すべての神学上の学説が人間の願いに基づいているのなら，神の人格性，個々人の不滅性，神人の現実性への問いはもはや重要でなく，そこでのみこれらの問いが有意義に論じられうる水準を原則的に乗り越えることが重要となる。そしてこの水準には思弁的宗教哲学も位置する。

　この時期の或る機会に書かれた文でフォイエルバッハはもう一度立ち入って彼のヘーゲル宗教哲学に対する態度を表明している。その動機に応じて彼はコントラストを強調する。ヘーゲルは宗教の本質を誤解した――シュライエルマッハーとは対照的に，と。しかし，フォイエルバッハがこの評価から引き出す結論はヘーゲル的なものである。すなわち，主観的に感情が宗教の最も重要なものであるのなら，「客観的に神自身は感情の本質以外のなにものでもない」(1842a, 230) ということしか残らない，というのである。ヘーゲルが宗教の内容を思惟のうちへ置き入れるのに対して，フォイエルバッハは論争の過程を通じてシュライエルマッハーに近い分析へ逆戻りしている。それとは逆に，彼がそこから引き出す実践的な結論ではヘーゲルと合流する。「宗教の暗い，光を忌み嫌う本質を完全に理性の支配下に置くことは道徳的な必然性であり，人間の聖なる義務である」(1842a, 234) と彼は考える。ヘーゲルが「世界史的な偽善」を乗り越えることに失敗したことは，正統主義も異端も思弁的哲学に拠りどころを求めたことによって証明されていると彼は見る。

　宗教哲学の内在的な矛盾をフォイエルバッハは定式化してつねに新しく着手し直しながら捉えようとする。宗教哲学はたしかに神学の否定ではあるが，まだ神学の地盤の上にあり (1843年，285)，神学の完全な，矛盾のない否定ではない。このように矛盾を含むことがフォイエルバッハの思弁に対する両義的な態度を生み出している。彼は，思弁が「宗教にとって彼岸にあり対象となることのない神を合理的ないし理論的に理解し解明する」限りで，これを支持する (1843年，266)。だが，思弁がそのさいにあらゆる神学が犯す誤りに陥り，神的な存在の真理として認識された理性を再び切り離し，異質で自存する存在として人間に対置するかぎりで，これを非難する。それは絶対的精神の幽霊だというのである。どこまで思弁的哲学がこの〔理性の絶対化という〕自らに帰された固定化を本当に行っているかを，フォイエルバッハはもはや追求しない。彼は新たに「理性哲学」に異議を申し立てて「感性」と「現実性」に訴えたり，徹底的に宗教を批判したりするのだが，これらのことを通じて彼にはヘーゲルの思弁的な解釈が伝統的な意味での宗教に対して引き起こす対立がいよいよ無意味に思われてくる。それゆえ彼の批判の信憑性は，ヘーゲル左派の解釈が宗教哲学の適切な解釈であると認められる程度に応じて消失する。また同様に，ひとがフォイエルバッハの宗教概念に従わない程度に応じてもそれは消失する。すなわち，ひとが宗教で最も重要なのは感情だと理解する場合である。ただしこの理解を右派も左派も多くの批判者たちが共有する。その適切さはたしかに証明されたとは言いがたい。それでもこの理解は思弁的宗教哲学をめぐる論争の結果を先取りしていた。というのは，もし感情が――フォイエルバッハや右派の批判者たちの言うとおり――宗教において最も重要なものでないのなら，神も感情の本質であるとは見なされえないからである。そして，神が最高の感情ではなく，最高の思想であることの十分な理由もたしかに存在するのである。

　(5)　かくして宗教哲学をめぐる論議において錯綜した外見を呈する立場や議論の多様さは驚くべき帰結の段階を迎える。自然神学 (theologia naturalis) への批判は理性による神認識の可能性に疑問を投げかけ，そうしてたった今宣言されたばかりの理性と啓示との一致を疑うのであり，歴史的な批判はキリスト教の外見上は歴史的な基礎づけを揺るがす。同様にこの状況から宗教を主観性――狭い意味での――のうちに基礎づけることがなされるようになるが，これと競うようにヘーゲルは「概念」が宗教の真理の基盤であると証明しようとする。彼の宗教哲学は抽象的な主観性による問題の立て方と歴史的な批判とに対抗して構想された。それは歴史的な批判によっては確証もされないし反駁もされない。したがって，シュトラウスの神話的解釈はヘーゲルの試みを乗り越えてはいない。はるかに先を行くヘー

ゲルの解決策を後から追いかけて証明しているだけである。したがってフォイエルバッハは正当にも自らの宗教批判がシュトラウスの神話的解釈よりも根本的に優れていると称することができるし，それと同時にヘーゲルの宗教哲学を正統主義の最後の避難所であるとして攻撃することもできる。というのも，彼は批判にまだ開かれたままだった道を発見するからである――しかもこの批判が最終的に正しいのかどうかという問いとは無関係に。たしかに思弁的哲学は「客観的な真理」に歴史的な批判からの避難所を提供する。しかしそれが批判する主観的な論調と同様，キリスト教を宗教心理学的解釈から守ることはできない――すなわち投影理論から（これはフォイエルバッハがヘーゲルの精神概念との生産的な対決の中で構想したもので，フォイエルバッハは解釈を投影として行う構造を提示するのである）。というのも，これによってヘーゲルの哲学自体に疑問が投げかけられたのだから。これが正当なのかどうかについてはそれ自身論議を必要とする。たしかにフォイエルバッハが思弁的哲学と袂を分かつことになるのは，本質的には論理学に対する抗議によってである。しかしながら，独立自存しもはや「現実」に帰ることのない思考に対する彼の批判が歴史上初めて効力をもつのは，『キリスト教の本質』（1841年）における宗教批判の文脈においてである。こうした理由づけの文脈によって，宗教に対する批判が思弁的哲学，いやあらゆる哲学一般に対する批判の手本となる。フォイエルバッハがすでにレオを攻撃する文書で要求していたとおり，今や神学が世界の秘密として暴き出されただけでなく，宗教と哲学との内容の同一性をめぐる論争，神の人格性と個々人の不滅性をめぐる論争，そして神人の事実性をめぐる論争に根本的に別れが告げられた。わずかのちに出たフランツ・アントン・シュタウデンマイアー，ヘルマン・ウルリーツィ[1]，ルートヴィヒ・ノアクの著作は，フォイエルバッハに至る思想の生産的な運動の向こう側にやっと立っている。

1) ヘルマン・ウルリーツィ（1806-1884）。ヘーゲルの批判者にしてハレ大学教授。『哲学と哲学批判雑誌』編集者。

典拠：Heinrich Leo: Die Hegelingen. Actenstücke und Belege zu der s.g. Denunciation der ewigen Wahrheit. Halle 1838; Feuerbach: Zur Kritik der »positiven Philosophie« [...] (1838). In: Feuerbach: Gesammelte Werke. Bd. 8.181-207〔L. フォイエルバッハ「キリスト教的哲学または『積極』哲学の批判〔…〕」船山信一訳，『フォイエルバッハ全集』第4巻，福村出版，1974年〕; Feuerbach: Über Philosophie und Christentum in Beziehung auf den der Hegelschen Philosophie gemachten Vorwurf der Unchristlichkeit(1839), Bd. 8.219-292〔L. フォイエルバッハ「哲学とキリスト教に関して」船山信一訳，『フォイエルバッハ全集』第1巻, 福村出版, 1973年〕; Bruno Bauer: Die Posaune des Jüngsten Gerichts über Hegel den Atheisten und Antichristen. Ein Ultimatum. Leipzig 1841〔B. バウアー『ヘーゲルを裁く最後の審判ラッパ』大庭健訳，良知力・広松渉編『ヘーゲル左派論叢』第4巻，お茶の水書房，1987年〕; Hermann Ulrici: Ueber Princip und Methode der Hegel'schen Philosophie. Ein Beitrag zur Kritik derselben. Halle 1841; Bruno Bauer: Hegel's Lehre von der Religion und Kunst von dem Standpuncte des Glaubens aus beurtheilt. Leipzig 1842; Feuerbach: Zur Beurteilung der Schrift »Das Wesen des Christentums« (1842a), Gesammelte Werke. Bd. 9.229-242; Feuerbach: Vorläufige Thesen zur Reformation der Philosophie (1842b), Bd. 9. 243-263; Feuerbach: Grundsätze der Philosophie der Zukunft (1843), Bd. 9.264-341〔L. フォイエルバッハ『将来の哲学のための根本命題』船山信一訳，『フォイエルバッハ全集』第2巻，福村出版，1974年〕; Franz Anton Staudenmaier: Darstellung und Kritik des Hegelschen Systems. Aus dem Standpunkte der christlichen Philosophie. Mainz 1844; Ludwig Noack: Der Religionsbegriff Hegel's. Ein Beitrag zur Kritik der Hegel'schen Religionsphilosophie. Darmstadt 1845.

3

法と国家をめぐる論争

3.1.「キリスト教国家」をめぐる闘争

(1)「ドイツにとって、宗教の批判は本質的な点で終結しており、宗教の批判はあらゆる批判の前提なのである。」(1844年, MEW 1.378) よく引用されるカール・マルクスの言葉が、10年以上にわたりきわめて激烈に行われていた議論に終止符を打つ。このことは、フォイエルバッハ的な前提が——マルクスはそこでこの前提についてほのめかしているのだが——いかなる批判的な問い直しも免れていたかのように理解すべきではない。だが、フォイエルバッハによるキリスト教批判は、ヘーゲルの宗教哲学を直接的に習得したり批判したりする時期を終結させる。その時代について、ヘーゲルの宗教哲学をめぐる論争で本来的な哲学的決定が下されていた、とミシュレが言うのも不当ではない (1843, 315 f.; 1841, 7)。この時点ののちに思弁的な宗教哲学の問題のために出版された諸労作は、もはや、現在の哲学的な諸問題をめぐる生きた論争から生まれたものではない。この諸労作は、引き続きヘーゲルを主題としているところでも、やはり、すでに歴史的に距離が置かれたものとして再びヘーゲルに向かうのである。こうした変遷に関する一つの間接的な事実ともなっているのは、ローゼンクランツが著した今日まで権威を保つ『ヘーゲル伝』(1844年) の出版である。しかしながら、ヘーゲルの宗教哲学は、シェリングの後期哲学をめぐる論争においても、思弁的な人格神論の内部分裂に対しても、また、キルケゴールの立場を定式化することに対しても、やはり体系的な現実性があることを引き続き実証している (Jaeschke 1986a, 410-436)。

(2) 宗教哲学的なテーマとは異なり、「法」と「国家」については、1830年代の終わりまで、諸労作のうちヘーゲル学派からのものはささやかな地位しか占めていない。ヘーゲルの『法哲学要綱』をめぐる直接的な論争が起こってから10年が経っている (本書366頁以下参照)。『法哲学要綱』に強く影響された著作は二つあるが、その一つ、エードゥアルト・ガンスの『相続法の世界史的発展』(1824-1835年) は、サヴィニーの「歴史法学派」とヘーゲルとのあいだにもともとあった隔たりをもちろん深刻にしているのだが、法哲学をめぐる一般的な論争の結晶点とはならなかった。これは、もっぱら、ガンスが、歴史法学派から対話の相手として受け入れられていなかったからである。また、もう一つのゲッシェルによる『法学者手元参考資料雑誌』(1832-1842年) は、そもそもほとんど受容されていない。ヒンリッヒス[1] やミシュレによる法や国家についての包括的な歴史の著作は、あまり注目を呼び起こさなかっただけではない。それらの著作は、ヘーゲルの影響史の中でみると、ようやくのこと、直接的で生産的な段階が終わったあとのより遅れた時代に属するものでもある。ヘーゲルの直接の弟子たちが、法哲学の歴史、それも政治学の歴史に、あるいは三月革命以前の時代の政治史に名をとどめなかったのは、宗教哲学の議論が優勢であったせいかもしれない (Bleek 2001, 91-142 参照)。しかしながら、ガンスは、その早い死 (1839年) を迎えるまで、ベルリン大学の学生に大きな影響を及ぼした。たとえば、自然法と一般法制史の講義 (1832/33年) によって、

しかも，ヘーゲル法哲学の意味で影響を及ぼしたのであるが，七月革命に対する熱狂ぶりにみてとることができるように，ガンスは，間違いなく自分の師よりも〈進歩的〉でさえあった。ガンスの『人物と状況の回顧』は，とくに七月革命前夜とその後のフランスにおける状況を回顧し，サン・シモン主義をも回顧しているが，同じく初期資本主義国家についての社会的な観点——労働者階級のおかれた状況——にも叙述を割いている。これは，その当時としては異例な注意の払い方であり，学生たちにきっと感銘を与えたことであろう（Gans 1836, 99 f.）。その学生の中には，ほんの数年後にヘーゲル法哲学を批判するのみならず，その影響史のまったく新しいエポックを開くことになる者もいた。カール・マルクスである。

1) Hinrichs, *Geschichte der Rechts- und Staatsprinzipien seit der Reformation bis auf die Gegenwart*, 3 Bde., Leipzig 1848-52.

（3）1830 年代にはヘーゲルの法哲学についての論争がわずかしかみられないにもかかわらず，その前のヘーゲルの晩年に，フリードリッヒ・ユリウス・シュタールがヘーゲルの法哲学に対するきわめて効果的な攻撃をしかけていたということは，ヘーゲル研究の中で考慮されることがまれである。自分とは「正反対の人間」（Kaufmann 1906, VIII）にヘーゲルがどうやら気付いていたという証拠となるものはない。フリードリッヒ・シュレーゲルやシェリングの「キリスト教哲学」といったスローガンや彼らの「積極哲学」に依拠して，シュタールは，カントからヘーゲルまでの時期の，したがって「理性哲学」の法哲学および国家哲学に対して，包括的な攻撃を開始する。法哲学的な「合理主義」に対するシュタールの攻勢は，「実定的なもの」に傾く時代のムードと一致している。それゆえ，たとえ影響力が強くてもいつも小さなサークルの賛成しか見当たらないカール・ルートヴィッヒ・フォン・ハラーの『国家学の復興』（本書363頁以下参照）よりも，シュタールはいっそう影響力があった（Jaeschke, 1986b）。

シュタールは，『歴史的観点による法の哲学』（1830-37年）において，改宗者としての決意を固めて，シェリングのミュンヘン講義から知るに至った「キリスト教哲学」に立脚する（本書631頁参照）。このさい，「キリスト教哲学」あるいは「キリスト教の法・国家論」は，かつてシュレーゲルの場合にフィヒテの「合理主義」に対する闘争概念であったように，ここではとくにヘーゲルの「合理主義」に対する闘争概念となっている。法と国家を理性によって基礎づける代わりに——あるいは，軽蔑的な言い方をするならば，哲学者の《仮定で編みあげた穴だらけの議論》によって基礎づける代わりに——，ここで登場するのは，「実定的なもの」，啓示という欺くことのない言葉，そしてとくに，すでに挙げられた神の人格性の原理による基礎づけである（Jaeschke 1979a）。シュタールは，このためにシェリングを引き合いに出す。「いまやシェリングによって，アプリオリにはなにも知られえないということ，すべてのものが神の被造物であり，神の歴史であり，神の自由な行いであって，被造物の自由な協力によるものであるということを認識する段階に哲学は到達したのである。」（Bd. 2/1. 17）

「実定的」で「歴史的」な法論と国家論，つまりキリスト教の法論と国家論の根拠は，理性ではなく，神のうちにある。移り変わる多様なものすべては，神の人格性のうちにみずからの体系的な統一を見出す。「われわれがあらゆるものを体系的にしようと努力するのは，ただ，神が人格的だからである。」「国家は，一つの統一体でもあるべきであり，神が内面的になんであるかを，つまり人格性の統一を外面的に具現すべきものである。」「したがって，ただ人格的な神のみが真の［…］統一を認めるのである。」こうした思考のあり方のために，シュタールは，さらに（真の）思弁という概念を要求する。「したがって，思弁哲学は，世界を人格的な神の自由な行いとして考察するものである。」これに対して，ヘーゲルは神の人格性も自由な行いも否認する，とし，神の人格性なしには法哲学の問題が解決されえない，とするのである（Bd. 1. 330-332, 362）。そのさいに，神の言葉を引き合いに出すのか，あるいは人間の言葉を引き合いに出すのか，これらのあいだの厳格な二者択一を迫ることによって，それ以上の論争をすべて省いてしまう。というのも，哲学者

がいう「理性」を引き合いに出すことによって予期すべきことは，あらゆる国家的な関係や法的な関係を破壊することだけだから，というわけである。つまり，「国民主権」の原理であり，その原理の帰結としての革命である。この革命は，すでにシュレーゲルが『時代の刻印』において，「罪」がもたらした結果であると暴露したものである。

(4) こうしたアプローチにはばかげた性格があるために，シュタールは——フォン・ハラーの『国家学の復興』(本書363頁以下参照) や復古の他のテキストと同様——，今日ではほとんど受け継がれていない結果となっているのであろう。だが，それゆえに，法哲学と国家哲学の当時の状況に関して現在いだかれている像の座標はずれてしまっている。復古について当時影響力が大きかった綱領的な著作が現在の研究ではもはや意識されず，そうしたずれが理由となって，同時代のスペクトルの中で復古と革命の中間を保っている著作が，今日では復古のマニフェストとして現れている。

復古側の諸著作がその当時経験していた決定的な矛盾は，一見したところ，数の点でも影響の点でも，保守主義者がもった有効性に反比例している。それなのに，ルートヴィッヒ・フォイエルバッハは——自身が，啓蒙主義の，中でもとくにカントの影響を受けた著名な法思想家パウル・ヨハン・アンセルム・フォイエルバッハの息子である——，まだまったくヘーゲルの精神をもって書いた初期の批評 (1835年) において，シュタールのアプローチに対し壊滅的な批判をしている。

あらゆる「理性哲学」やあらゆる「合理主義」に対して，そしてとくにその最終的なヘーゲル的形態に対して突きつけられているこの「キリスト教の法哲学」の究極原理は，フォイエルバッハによれば，神の啓示という「無知の避難所」(asylum ignorantiae) であり，これは，どんな望み通りの国家法規や人倫的な制度であっても，神の意志から流出するものとして正当化することを許すものであり，そのうえ，現実的な関係をたえず反転するかたちでそうなのである。「キリスト教の法哲学」は，たとえば，われわれの人格性の根拠を神の人格性のうちに見るように，家族の根拠も神の永遠の息子の創造のうちに見る。フォイエルバッハは，次のことをとても鋭く認識していた。すなわち，キリスト教の法や国家を誤った考えで神学的に基礎づけるよう求めるその種の要求が表現しているものは，意識の歴史から見るならば先祖返りであり，哲学から見るならば根拠関係の転倒であり，そして，実用主義的に見るならば役立たずの態度である，ということをとても鋭く認識していた。そのうえ，この要求は，知性の犠牲 (sacrificium intellectus) によって贖われている。フォイエルバッハが見ていることは，社会生活のさまざまな領域を近代初期にまで戻るようにすべく直接に神学的なかたちで基礎づけることが，世俗的な秩序によって補完されている，ということである。また，「歴史的なもの」という決まりきったプログラムは，キリスト教を引き合いに出すだけでなく世俗の心をも持っている精神に差し出されているものだが，この学派がその決まりきったプログラムをもたらすことができるというのは，本来的に「イロニーからでしかない」ということも，フォイエルバッハは同じく明晰に見ているのである。

というのも，「歴史的なもの」についてのまさにこの手の話題は，あらゆる歴史的なものを歴史から追い出すからである。そうなるのは，歴史を，キリスト教的と自称する復古的な世界展望の，あるいは少なくとも保守的な世界展望の不動の基礎とするためである。この学派は，歴史の神学的なアスペクトの点で「歴史的な」テキストへの責務を独断的に主張するが，まさにこのことにより「歴史的な」テキストの歴史的性格を廃棄するのであり，また，法哲学でも国家哲学でも，社会的関係の法的な適切さをめぐる理性的な論争を，みずからが受け継いできた事実性を参照することに置き換えてしまう。この最後の点について，とくにマルクスは，その『ヘーゲル法哲学批判』の序論の中で，まったくヘーゲル的な意味をこめて次のような痛烈な言葉で批判している。歴史法学派は——シュタールもその取り巻きだと分類される——「今日の卑劣さを昨日の卑劣さによって正統化する」ものであり，「圧政というものが，是認されてきた圧制であり，先祖伝来の圧政であり，歴史的な圧政であるからには，圧政に対する農奴のいかなる叫び声も反逆的なものとして説明するもの」なのである (MEW 1. 380)。

(5) 宗教哲学上の論争が政治的なレベル (1838

年）で拡大したのちにも，ヘーゲル左派は，あらゆる急進主義から遠ざかり，引き続き当分のあいだプロテスタンティズムや啓蒙主義における精神的な根底に対する責務をプロイセンに負わせようとする。「時代とその敵対者について理解する」というこの目標に貢献したのが『ハレ年報』である。『ハレ年報』は，テオドア・エヒターマイヤーやアルノルト・ルーゲといったヘーゲル派が1838年に創刊した，とくにヘーゲル左派の機関誌で，ベルリンの『学的批判年報』（本書378頁以下参照）とはライバル関係にあった。しかし，青年ヘーゲル派のほかにも，ヨハン・グスタフ・ドロイゼン，ヤコブ・グリム，ヘルマン・ウルリーツィといった他の執筆者も協力者に数えられる。『ハレ年報』は，1841年に差し止められたあと，まもなく『学問と文芸のためのドイツ年報』というタイトルに変えてドレスデンで継続されたが，1843年1月初めにまたそこで同様に差し止められる。

『ハレ年報』は，みずからの目標を，自由な国家においてプロテスタンティズムと自由な学問とを総合することに設定している。この選択にとくに役立ったのが，テオドア・エヒターマイヤーとアルノルト・ルーゲの「宣言」，『プロテスタンティズムとロマン主義』（1839/40年）である。「宗教改革の最近始まった最終段階に対し，すなわち，われわれの精神的な現実の自由な教養形成に対して，意気消沈して陰鬱な心の動きによってふさぎこんだ精神の反抗が闘いをけしかけ，それがいまやわれわれを動かしている。」編者たちがこの宣言で意図していることは，戦闘的な像を結び，「真で自由な精神への敵対者に対し，そのすべての隠れ家や砦へ戦列を組んで急追すること」（PLS 4/1. 192 f.）にある。その闘いは，その当時，決してキリスト教に対して向かっていたのではなく，ただ政治とキリスト教とロマン主義の結合に対して向かっていた。それゆえ，その当時，自由な思考が排除されているもとで以前の状態を部分的に復古しようとし，あるいは少なくとも現在を保守しようとする力が集っていた――「キリスト教の国家」や「キリスト教の学問」における――総合に対して，その闘いは向かっていたのである。

（6）フォイエルバッハによるシュタールへの批判は，「知者に注釈は不要である」（Sat sapienti）という，いらついた叫びのかたちでたしかに頂点に達する。しかし，その批判は，時代精神にはやはり効果なく跳ね返される。時代精神は，その当時，知者（sapientes）によっては言明されていなかったのである。アルテンシュタインが死に，「ロマン主義者」のフリードリッヒ・ヴィルヘルム四世が即位したのちの1840年に，ヘーゲル主義の「不和の種」を根絶するため，シュタールがシェリングと同時にベルリンへ招聘されることになるが，フォイエルバッハの批評も，また，シュタールの『法の哲学』のうち1837年に出版された最終巻に対してミシュレが1839年に出版した批評も，これを阻止することができなかった。ただちに免職や激しい検閲措置が開始された。これは，ルートヴィッヒ・フォイエルバッハ，ブルーノ・バウアー，アルノルト・ルーゲのようなヘーゲル左派のみならず，ヒンリッヒスのようなヘーゲル右派にも打撃を与えた。ヒンリッヒスは，政治的な講義を禁止されたのである。「理性」と「プロテスタンティズム」が結合する兆候があるなかで，そうした免職や検閲措置によって，国家を改革する希望が幻想となった。

もちろん，ブルーノ・バウアーは，もう一度，「キリスト教の国家」というイデオロギーに対して激しく攻撃し，ビザンチウム以来あったそのような国家のぞっとするような歴史像を描いてみせた。そして，バウアーは，そのプログラムを断念することを，より正確には学問との同盟を結ぶことを，同時代の人々に懇願した。「よく考えてみよ。おそらくまだ時間はある！だが，おそらくもう一瞬しかない。それに，君たちは，あらゆることをしそこない失ってしまっているんだぞ。」（1841, 43）しかし，アルノルト・ルーゲは，1839年と40年の変わり目まではまだ，プロイセン国家と，啓蒙主義の伝統や啓蒙主義に影響を受けたプロテスタンティズムとの同盟のために争っていたが，彼もまた，この同盟を現実化する希望を諦める。1840年4月4日，ルーゲは，ローゼンクランツに次のように書いている。「哲学の代わりに，またプロテスタンティズムによって鍛えあげる代わりに，愚かなキリスト教への激変が，そして貴族支配の支柱である悪趣味で嘘つきの神学への激変が，めまいがするほどすばやく進行している。」そして，少しあとに（1844年）エードゥアル

ト・ツェラーが行った復古の「キリスト教の国家」への批判——政治情勢に直面しての腹立ちや驚きや途方に暮れた状態によっても刻印された批判——は，次のように説明する。すなわち，キリスト教の国家というこの「キマイラ」に対する闘争において，ヘーゲルに特有の，思弁的な理性によって刻印されたキリスト教の概念が失われていること，また，ヘーゲルは国家と宗教と哲学の和解を目指して努力したが，この和解を政治的に現実化する機会がまったくつかめなかったということである。

典拠：Friedrich Schlegel: Signatur des Zeitalters (1820-1823); Eduard Gans: Das Erbrecht in weltgeschichtlicher Entwicklung. 4 Bde. Berlin 1824-1835; Stahl: Philosophie des Rechts (^{1}1830-1837); Eduard Gans: Naturrecht und Universalrechtsgeschichte [1832/33]. Hg. von Manfred Riedel. Stuttgart 1981; Carl Friedrich Göschel: Zerstreute Blätter aus den Hand- und Hülfsacten eines Juristen. 3 Bde. Erfurt/Schleusingen 1832-1842; Gans (Hg.): Beiträge zur Revision der Preußischen Gesetzgebung. Berlin 1830-1832; Feuerbach: Rezension zu Stahl: Die Philosophie des Rechts nach gesichtlicher Ansicht. In: Feuerbach: Gesammelte Werke. Bd. 7. 24-43; Gans: Rückblicke auf Personen und Zustände. Berlin 1836, 新版 Stuttgart-Bad Cannstatt 1994; Theodor Echtermeyer und Arnold Ruge (Hg.): Hallische Jahrbücher für deutsche Wissenschaft und Kunst. Leipzig 1838-1841, danach: Deutsche Jahrbücher für Wissenschaft und Kunst. Leipzig 1841-1843; Michelet: Rezension zu Stahl: Philosophie des Rechts, Bd. 2/2. In: Jahrbücher für wissenschaftliche Kritik. August 1839, 177-223; Arnold Ruges Briefwechsel und Tagebuchblätter aus den Jahren 1825-1880. Hg. von Paul Nerrlich. Bd. 1. Berlin 1886; Bruno Bauer: Der christliche Staat und unsere Zeit (1841). In: Bauer: Feldzüge der reinen Kritik. Hg. von Hans-Martin Saß. Frankfurt am Main 1968, 7-43; Karl Marx: Zur Kritik der Hegel'schen Rechts-Philosophie. In: Deutsch-Französische Jbb hg. von Arnold Ruge und Karl Marx. Paris 1844, 71-85, MEW 1. 380; Eduard Zeller: Der christliche Staat und die Wissenschaft. In: Jahrbücher der Gegenwart. Tübingen 1844, 8-23, 110-164.

参考文献：Erich Kaufmann: Studien zur Staatslehre des monarchischen Prinzips. Leipzig 1906; Lenz: Geschichte der Universität Berlin. Bd. 2/1 (1910); Heinz-Joachim Heydorn: Vom Hegelschen Staat zur permanenten Revolution. Eine Einleitung zur Neuherausgabe der »Hallischen« und »Deutschen Jahrbücher« 1838-1843. In: Heydorn/Gernot Koneffke: Studien zur Sozialgeschichte und Philosophie der Bildung. II. Aspekte des 19. Jahrhunderts in Deutschland. München 1973, 133-177; Jaeschke: Staat aus christlichem Prinzip und christlicher Staat. Zur Ambivalenz der Berufung auf das Christentum in der Rechtsphilosophie Hegels und der Restauration. In: Der Staat 18/3 (1979a), 349-374; Jaeschke: Vernunft in der Religion (1986a); Jaeschke: Die Vernünftigkeit des Gesetzes. Hegel und die Restauration im Streit um Zivilrecht und Verfassungsrecht. In: Lucas/Pöggeler (Hg.): Hegels Rechtsphilosophie im Zusammenhang der europäischen Verfassungsgeschichte. Stuttgart-Bad Cannstatt 1986b, 221-256.

3.2. 直接的な影響史の終わり

(1) マルクスの詳細で鋭い『ヘーゲル国法論批判』（1843年）とその「序論」『ヘーゲル法哲学批判のために』（1843/44年）は，ヘーゲルの法哲学による直接的な影響史の境界点をすでに示している。最初に挙げた『ヘーゲル国法論批判』のテキストは，執筆当時には公刊されず，二つめの『ヘーゲル法哲学批判のために』のテキストは，パリで『独仏年誌』（1844年）において公刊された。しかし，マルクスによるその執筆は，とりわけ，フォイエルバッハがただちに撤回するものの1842年のはじめに宣言した《思弁との「ラディカルな断絶」》に従っている（本書662頁参照）。遅れてきたマルクスのパースペクティヴからすると，すなわち，批判したものに対する時間的な隔たりからすると，マルクスが批判するさまざまな対象のあいだにある隔たりも消えている。すなわち，一方では神学上および政治上の復古と，他方ではヘーゲル哲学とのあいだにある隔たりも消えている。たしかに，マルクスは，ドイツの国家・法哲学が「ヘーゲルによってそのもっとも首尾一貫したもっとも豊かで最終的な把握を獲得した」と承認しており，その把握を「現代の公式的な現在が額面どおりに書かれている唯一のドイツ史」だと強調している（MEW 1.383 f.）。だが，このことは，その把握を次のことから守りはしない。すなわち，同様にして，また「断固たる否認」でもって，転倒した世界意識の一形式として拒否されることからその把握を守りはしない。マルクスは，その把握を，

「ドイツの政治意識および法意識の従来のあり方全体を」「学問へと高められたもっとも重要でもっとも普遍的な表現」にするものだと見なしている。まさにその把握が相対的に優越した地位にあるために，その把握は，なにか受け入れ可能な選択肢，あるいは少なくとも許容しうる選択肢になるのではなく，ラディカルな批判のもっとも重要な対象となる運命にあるのである（MEW 1. 384）。

(2) しかし，1840年ごろの歴史的な経験によってその当時の政治的な現実とのラディカルな断絶の必然性が示されたあとでは，ヘーゲル哲学との「ラディカルな断絶」は，やはり不可避であるように見える。現実を概念把握する，しかも「理性的なもの」として概念把握するような理論的なプログラムは，その現実を目の前にすると，挫折すべき運命にあるように見える。というのも，この現実は，もはや生きながらえることのできないものであり，せいぜいできるのは，批判され見捨てられることぐらいだからである。宗教や政治から目を背けた人々は，ヘーゲルの宗教哲学や法哲学を断固として撲滅しようとして闘い，出版や雑誌の差し止めによって行政的な「成果」も挙げた。そのような人々は，ヘーゲル右派——またもゲッシェルの名を挙げられよう——をみずからの陣営へと引き入れ，ヘーゲル中央派に嫌疑をかけてこれを孤立させ，そして左派を，改革者として政治的にともに与する用意がある状態から徐々に急進性へと押しやり，さらには国内亡命や国外亡命をも余儀なくさせる。これは，時代の支配的な危険思想との「ラディカルな断絶」が不可避的に現れるまで続く。じつに，その当時音頭をとっていたグループが，一方で，宗教上の信仰と政治的な正統性とを同一視し，他方で，理性と革命とを同一視するならば，革命は，政治的理性の適切な現実化として現れざるをえないのである。

これらの闘争——そしてこれに伴うヘーゲルの哲学の直接的な影響史——は，1848年の革命の失敗とともに終結する。1848年の革命は，この学派を誹謗中傷しそれを粉砕する究極的なきっかけを保守主義者たちに提供する。それは，まさにこの学派が《関与しなかった》がゆえに，という風変わりな仕方でなされる。すなわち，こうである。「ヘーゲルの哲学は，［…］世界精神のこの大破局のあいだ，沈黙し，なにもせずにぶらぶらしていた。ヘーゲルの哲学は，ひとを教導したり感動させたりするなんの言葉も持たなかったし，ヘーゲル哲学をスローガンにして旗をひらめかせ闘うこともなかった。この間，古い実定的な信仰や，実定的な歴史秩序に対する古い忠誠が，大勢の人々を戦場へと送り出し，突然襲いかかる野蛮行為に抗して，精神的な財産のための闘争を，また学問や哲学——これらはヘーゲル哲学をとても低く評価した——のための闘争を導いたのである。」(Stahl 1854, PLS 4/1. 436) シュレーゲルが言い出し，シュタールが根気強く反復した，理性哲学と政治的な「革命」や「罪」とのあいだの方程式によって（Stahl, 1854），その当時は，ドイツ古典哲学が終わるよう政治的に強制され，同時にその遺産もやはり投げ売りされたのである。

典拠：Karl Marx: Kritik des Hegelschen Staatsrechts (§§ 261-313) (1843), MEW 1. 203-333; Marx: Zur Kritik der Hegel'schen Rechts-Philosophie. In: Deutsch-Französische Jbb hg. von Arnold Ruge und Karl Marx. Paris 1844, 71- 85, MEW 1. 380; Stahl: Was ist die Revolution? […] Berlin 1852, PLS 4/1. 422-432; ders.: Philosophie des Rechts. Vorrede zur dritten Auflage. Heidelberg 1854, PLS 4/1. 433-444.

参考文献：Jaeschke: Staat aus christlichem Prinzip und christlicher Staat. Zur Ambivalenz der Berufung auf das Christentum in der Rechtsphilosophie Hegels und der Restauration. In: Der Staat 18/3 (1979a), 349-374; Kurt Rainer Meist: Altenstein und Gans. Eine frühe politische Option für Hegels Rechtsphilosophie. HS 14 (1979), 39-72; Unzeit des Biedermeiers. Historische Miniaturen zum Deutschen Vormärz 1830-1848. Hg. von der Akademie der Wissenschaften der DDR. Leipzig u.a. 1985; Jaeschke: Die Vernünftigkeit des Gesetzes. Hegel und die Restauration im Streit um Zivilrecht und Verfassungsrecht. In: Lucas/Pöggeler (Hg.): Hegels Rechtsphilosophie im Zusammenhang der europäischen Verfassungsgeschichte. Stuttgart-Bad Cannstatt 1986b, 221-256; Domenico Losurdo: Zwischen Hegel und Bismarck. Die achtundvierziger Revolution und die Krise der deutschen Kultur. (italienisch 1983) Berlin 1993; Hermann Klenner: Rechtsphilosophie zwischen Restauration und Revolution. PLS 4. 87-99; Wilhelm Bleek: Geschichte der Politikwissenschaft in Deutschland. München 2001.

4

形而上学をめぐる論争

4.1. 宗教批判と「形而上学の終焉」

（1）ヘーゲル哲学の直接の影響史はヘーゲル哲学の二つの重要な路線〔宗教哲学と政治哲学〕においてある特徴的な経過を示す。その経過はヘーゲル的モデル〔否定の否定〕でもって記述されても、不自然ではないものである。彼の哲学はまず「キリスト教哲学」の側から激しい批判に直面する〔第一の否定〕。それは保守的な傾向から王政復古的な傾向まで含むものだが、「神の人格性」や「魂の不滅性」というテーマを要求した。だがその結果、結局、ルートヴィッヒ・フォイエルバッハの『キリスト教の本質』（1841年）に見られるような、発生的-批判的な宗教哲学の形成が誘発されることになった〔第二の否定〕。フォイエルバッハの宗教哲学はヘーゲルの宗教哲学を踏まえている。というのは、それは精神の自己産出というヘーゲルの思想に基づいているからである。したがってそれは同時代者によってまさしくヘーゲル学派の所産として捉えられている。晩年のフリードリッヒ・エンゲルスは1886/88年にフォイエルバッハの宗教哲学をヘーゲルとは反対の「唯物論的」な立場と捉えたが、これは独断的な主張であり、歴史を偽造する見方である（MEW21. 272）。けれども同時にフォイエルバッハの投射 Projektion の思想はヘーゲルに対するある対立を意味してもいる。そうは言っても、両者の対立は、この対象化がヘーゲルにおいては精神の自己認識に役立つのに対して、フォイエルバッハにおいては人間の類的本質の宗教的意識を対象化するものだという点にあるのではない。実際、これは自己認識の行為としても捉えられるのである。しかも両者ともこの過程の「必然性」を等しく認めている。両者の違いはただ次の点に認められるにすぎない。それは、なるほどヘーゲルがこの対象化から出てくる宗教的表象を概念において「止揚する」ものの、それを、——歴史的人間学の意味で——正当化された、つまり歴史的に必然的な形態として理解するのに対して、フォイエルバッハはこの投射の幻想的性格、およびそれと結びつけられる有害な結果を強調するという点である。

少なくともドイツにおいてはそのような宗教批判はそれまでは知られなかったものである。以前においては宗教の個々の特徴が批判されはしても、それは他の面を強調するためであった。——たとえば、宗教の「制度的な」内容を犠牲にして、その道徳的内容を強調するというように。けれどもフォイエルバッハの発生的-破壊的な宗教批判は、いまや宗教そのものを問題視する。彼は宗教そのものを、人間精神の本質に根ざしているものの、人間精神自身によっては見通されず、結局は廃棄されるべき投射とみなす。ニーチェによる後のアフォリスム『最終的反駁としての歴史的反駁』はフォイエルバッハの戦略を、——名前を挙げずにだが——次のように特徴づけている。「かつて人は、神が存在しないことを証明しようとした。しかし今日では人は、神が存在するという信仰がいかにして発生しえたか、何によってこの信仰がその重みと重要性を獲得したかを示す。それによって、いかなる神も存在しないという反論は余計になる」（『曙光』95; KSA3. 86）。

このラディカルな宗教批判を誘発したのは、それ

に劣らずラディカルな，生活全体の非キリスト教化への要求である。つまり政治哲学における展開も，正統派の要求によって誘発されたラディカルな宗教批判と厳密に並行して経過していく。まず，ヘーゲルの法哲学に対して「キリスト教の国家」のスローガンが唱えられる〔第一の否定〕。そしてこの国家を樹立しようとする同時代の試みが，1840年以後，当時の社会形態に対する批判を誘発する〔第二の否定〕。それは国家の革命と廃絶の呼びかけに行き着くようになる。

(2) カール・レーヴィットは「19世紀の思想における革命的断絶」を「老年ヘーゲル派によるヘーゲル哲学の擁護」と「青年ヘーゲル派によるヘーゲル哲学の転覆」(1941年第1版，1964年第5版，65, 78) とのあいだで起きたと捉えた。しかしこの指摘も1830年代に影響力があった議論をまったく無視した独断的な見方である。この断絶は，——およそ断絶について語られうる限り——むしろ一層複雑な構造をもっている。それは，哲学と宗教と国家において1830年代にヘーゲル哲学に対して向けられた，広い意味で王政復古的な傾向に対する反作用なのである。つまり本来「二重の断絶」について語られるべきである。王政復古時代の初めに起きた「王政復古的な断絶」，すなわち宗教と国家において「実定的なものへ戻れ」という影響力をもった合言葉が，それに対抗した「革命的断絶」の精神的および政治的な前提をなしているのである。

ただいずれにせよ，そのような「断絶」について語るときに忘れてはならないことがある。それは，この断絶は，——数の点からしても，また当時もっていた意味という点からしても——当時の哲学の世界のうちではたんに周辺的な部分を，しかも政治的に周辺化された部分をしか——今日から振り返るならば，それは影響力があり革新的な部分であろうとも——捉えていないということである。この時代の大学における哲学の広範な流れは，この断絶に巻きこまれてはいない (Köhnke 1986)。大学における哲学からは，3月革命以後，新カント派と生の哲学への移行が生じる。「断絶」がアカデミックな哲学と触れ合うのは，せいぜい間接的でしかない。それは，1848年の革命の挫折後，ヘーゲル主義の嫌疑がもたれた若干の者が教壇に立つことを禁止された限

りにおいてである。なお3月革命以後に哲学の歴史的傾向が生じ，それはもとより時代精神の歴史化と符合していたが，その傾向が政治的な圧力によってさらに一層強められ，むしろ強いられることになる。最後には，その傾向を当初は自己の王政復古的な目的のために利用していた人々に対して向けられるようになる。ニーチェはこの転換をも大層含蓄深く捉えていた。——『啓蒙思想に対するドイツ人の敵対』というアフォリズムにおいて (『曙光』197; KSA3, 171f.)。

4.2.「形而上学」の改造ないし限界づけ

(1) 通常の哲学史の見方によれば，「19世紀の思想における断絶」はとりわけ形而上学に対して当てはまる。つまりヘーゲルの「絶対的精神」の終焉は同時に「形而上学の終焉」一般を意味する。けれどもこの見方は3月革命以前において公刊された哲学的著作をほとんど無視することに基づいている。「形而上学」というタイトルがついた書物や論理学的—形而上学的な内容の論文は，おそらくまさに，いわゆる「形而上学の終焉」が起きたとされる，3月革命以前においてほど多く出版されたことはなかったろう。3月革命以前という時期は「形而上学の終焉」の時代ではなく，形而上学の，——たとえ儚いものであれ——復活の時代なのである。なぜなら形而上学は原理的にはすでに啓蒙思想の終わり頃にカントの批判によって終焉を見ていたからである。

(2) ヘーゲル哲学は，「形而上学の終焉」という言葉の歴史的に限定された厳密な意味において——すなわち，17世紀および18世紀の合理論的な学校哲学の形而上学の終焉という意味において——それをすでに前提している。カントの『純粋理性批判』を前にして「形而上学と呼ばれたものは，言わば，根こそぎ引き抜かれ，学問の列から消え去ってしまった」。そこで，——ヘーゲルは『大論理学』でこう続ける——「ある場合にはかつての形而上学の内容に対する関心が失われ，他の場合にはその形式に対する関心が失われ，さらにまた他の場合にはその形式と内容の両方に対する関心が同時に失われてしまった」(GW11. 5)。彼は同様なことを1816年8月2

日にラウマーに対しても述べている。「法学部にとってドイツの国内法が地に落ちてしまったように，普段は過去のものに固執する人々にとっても，形而上学は没落してしまった。」ヘーゲルはこの「事実」を驚きの念をもって，つまりある慨嘆の念を内に秘めつつ，確認している。しかし彼はこの形而上学をけっしてかつての栄光の地位に戻そうと企てはしない。彼にとっても以前の「特殊形而上学」は過ぎ去ってしまっている。そして「一般形而上学」，存在論に関していえば，彼は，形而上学を論理学に改造するというカントによって敷かれた路線に従っている（本書296頁以下を参照）。彼はこの論理学に改造された形而上学において，「精神が自己の純粋な本質に取り組む」（GW11. 5）営みに新たな存在を与えようとする。それによってたしかに彼は「理性の哲学」の枠内に留まっている。理性の哲学の諸条件のもとで，形而上学はただなおも精神の自己認識として，精神の内的構造，精神の「論理」の自己認識としてのみ，可能である。この洞察が『体系構想Ⅱ』（1804/05年）（それは実際まだ「客観性の形而上学」を知っている（本書227頁以下を参照））から『大論理学』にいたるヘーゲルの思想の発展を導いている。たしかに精神の自己認識という形式において，そのような形而上学は哲学において放棄されえない基礎的な領域をなす。それを放棄することは，知性の犠牲（sacrificum intellectus）という高い代償を払うことになる。

（3）この「形而上学」に対して「キリスト教哲学」の側から「理性の哲学」に対して行われた非難は，社会生活に影響を及ぼす「宗教と国家」の領域においてほど，効果的な成果を収めなかった。それはここではむしろ「アカデミー内部の」対決という性格を帯びている。それはここではまた，結局のところ，そのような「形而上学」の一般的な廃棄を目指すのではなく，形而上学を「キリスト教哲学」に改造すること，つまり形而上学をキリスト教的啓示のもとで基礎づけることを目指すか，それとも，「理性の哲学」の枠内で可能な「形而上学」の範囲を──たとえば「消極哲学」として──厳密に限定し，それを「積極哲学」によって補足し克服することを目指すか，どちらかである。今日ではただ後期シェリングとの関連でかろうじて知られているにすぎないこの〔消極哲学と積極哲学との〕区別は，実際は，いわゆる「理性の哲学」の体系的範囲をめぐる当時の議論に広く浸透していた。

当時形而上学的な企てを行った著者がヘーゲル学派に属する場合，彼らは巨匠の『大論理学』に対し，たえず一連の現実の修正あるいは修正と称するものを，行おうとしたが，むしろヘーゲルの「論理学と形而上学」の構想を変更している。彼らは主にヘーゲルにおける論理学と形而上学の厳密な統一を緩めようとする傾向を追求する。──一方では論理学を範疇的に拡大することによって，他方では論理学と形而上学との内的な差異に戻ることによって。ここには例えば，ヒンリッヒス，ムスマン，エルトマン，クーノー・フィッシャー，ローゼンククランツの仕事，またヘーゲルとその批判者，フェルディナント・ラサールやミシェレとの対立も挙げられよう（Jaeschke 1980, Burkhardt 1993）。アドルフ・トレンデレンブルクの『論理学研究』（第1版1840）というこの「後期ロマン派」の著作は，たしかに政治的また宗教的な関心を抱いた者の側からは，ヘーゲルの論駁として持て囃された。しかしヘーゲル学派による論理学の修正というこの仕事を妨げはしなかった（Köhnke 1986, 48-57）。

それに対して，当時「形而上学」を企てた著者が「思弁的な有神論者」である，あるいはそれに近い立場である場合，そういう者は「論理学的哲学」を神の人格性の思想のうちで新たに基礎づけようとするか，もしくは「論理学的哲学」を「理性の哲学」としてそのままにしておくものの，それを，実定的なもの，すなわち神の人格性とその啓示という理念に繋ぎとめられた哲学によって補おうとするか，いずれかである。そういう者としては，イマヌエル・ヘルマン・フィヒテ，ヴァイセ，フィッシャー，そしてまたシュペングラーやシャリボイスも挙げられよう。この議論の路線における頂点と転換点をなすのは，疑いもなく，ヴァイセとフィヒテのあいだで1842/43年に交わされた「書簡」と「返答」における議論である。この議論も，ヘーゲル学派という一層狭い範囲における活動に劣らず，ヘーゲルの影響史に属する。というのはこの議論においても，ヘーゲル学派の場合と同様に，ヘーゲル哲学の解釈とその遺産の意味が，また一般に現代の哲学的状況にお

ける「形而上学的な哲学」ないし「アプリオリな哲学」の体系的な有効性が問われているからである。

(4) この問題に対して，1830年代に特徴的なある展開，すなわち認識論を独自な体系部分に形成するという展開は，いかなる直接的な影響も与えていない。認識論のこの自立化においてカントの遺産が影響を及ぼしているが，カントのこの遺産はヘーゲル哲学においては抑え付けられているか，少なくともその特有の重要性が見損なわれているように見える。実際，ヘーゲルは認識の前に認識を認識しようとする努力に対して，つねに嘲笑を——「水に入る前に泳ぎを学ぼうとする」(V3, 79) ようなものだという，スコラ哲学の意図について言われた古い格言でもって——浴びせかけている。それにもかかわらず，1830年代以後のこのような独自な認識論の形成は，形而上学の地位に対して必ずしも影響を与えるものではない。それは実際のところ形而上学に取って代わるというのではなく，形而上学のための領域を準備しようとする課題を担っている。この点はフィヒテの息子〔イマヌエル・ヘルマン・フィヒテ〕にすでに認められる。彼は『哲学体系要綱』においても認識論を存在論に先行させている。

(5) この徹底的に体面を保とうとする方向にとって問題とされたのは，「形而上学の終焉」をもたらすことではなく，カントによって引き起こされ，ヘーゲルによって撤回されなかった「形而上学の終焉」を今や最終的に解消し，批判以前の特殊形而上学において思想の頂点をなした，神の人格性と霊魂の不滅性という対象を，哲学に返還要求することである。この関心の点で，フィヒテとヴァイセ周辺の「思弁的な有神論」は後期シェリング哲学と一致する。後期シェリング哲学はそのもっとも内的な動機と「回心ならびに積極哲学への合図」を，実際，人格神と救済を求める自我の要求として語っている。「神を，神を自我は心に抱こうとする。行為する神，摂理をつかさどる神を。〔…〕つまり，存在の主である神を」(SW11, 566)。

4.3. 人間学と「形而上学」の対立

(1) 形而上学をめぐるこれらの方向とヘーゲル学派とのあいだで行われた論争は，批判以前の形而上学という形式の再獲得をめぐる論争ではないとしても，啓蒙思想以来破壊された内容の再獲得をめぐる論争である。宗教と政治をめぐる論争においてヘーゲル学派は事実上政治的な敗北を喫した。しかしその後，形而上学をめぐる闘いにおいてまた新たな戦線が開かれる。そしてようやくにしてこの闘いは，ヘーゲル哲学の影響史において決定的な段階となる。すなわち，ヘーゲル哲学はあまりに少ししか神学を含んでいないという批判ではなく，相変わらずあまりに多くの神学を含んでいるという批判によって。

(2) ルートヴィッヒ・フォイエルバッハは彼自身の証言によれば，すでに以前から「疑念 Zweifel」を定式化していた。1827/28年の同名の〔「疑念」という〕断片ではこう述べている。「いかに思考は存在に関係し，いかに「論理」は自然に関係するのだろうか。前者から後者への移行は根拠づけられているのだろうか。この移行の必然性，この移行の原理はどこにあるのだろうか〔…〕，もしも自然が存在しなければ，無垢の処女である「論理」はもはや自然を自らもたらすことはないだろう。」そして彼はこの点をただちに哲学と宗教の関係の問題と結びつける (Bd. 10. 155f.)。このような疑念にもかかわらず，フォイエルバッハはまったくヘーゲル的な調子の学位論文を書いている。彼はそれを1828年に『一なる，普遍的，無限な理性について (De ratione, una, uiversali, infinita)』というタイトルで教授資格論文として公刊している。しかも，彼が1830年頃にエアランゲンで論理学について行った講義は，〔ヘーゲルの〕論理学に対して弟子筋からなされた〈きわめて正統的な〉改訂である。そしてそれに続く時期に，フォイエルバッハは宗教哲学や法哲学の領域においてもヘーゲル哲学を保守的な批判者に対して擁護している。

1838/39年において宗教哲学をめぐる論議によって，ヘーゲルの哲学と宗教の内容的同一性のテーゼからの離反が強いられるようになって初めて，フォイエルバッハにとって，ヘーゲルの論理学からも離反する時が到来することになった。『ヘーゲル哲学批判について』(1839) という論文は，たまたま，『実定的哲学の批判について』(1838) および『哲学と宗教』(1839) という論文に続けて出たもので

はない。そして彼のヘーゲル批判においてさえ，彼は「実定主義者」[すなわち，キリスト教的-実定的哲学の信奉者]の「思弁」に反対している。「なぜなら，そのような思弁はヘーゲルを乗り越えるのではなく，ヘーゲルよりもずっと下に落ちてしまっているからである」(Bd. 9. 61)。

(3) フォイエルバッハの「ヘーゲル哲学批判」はさしあたり，シュトラウスが「類が特定の個人に絶対的に受肉すること」に対して行った批判と，結びついている。しかし彼はこの批判に，当時王政復古が反発した，反君主制という政治的な方向を与えるのではなく，ヘーゲルに矛先をむけている。つまり，ヘーゲルの哲学も「哲学の理念の絶対的現在」ではありえない。さもなくば，実際，時間は静止したままとなろう。だがすべての哲学は「特定の時代に現れてきた」。それゆえすべての哲学は有限的な性格をもち，過ぎ去りゆく。なぜなら，「人間と時代は過ぎ去りゆき，そして人間は先祖の遺産をもとに生きようとするのではなく，自分で獲得した財産によって生きようとするからである」。ここで，また他の箇所でも，フォイエルバッハはヘーゲルからの転向の歴史的-相対的契機とともに，意志的な契機を強調して語っている。それは，自分の同一性のためには父祖の世代から離脱する勇気を，いな，歴史的な不正義を行う気概さえももたねばならないという契機である。けれどもそれと並んで客観的な面が存在する。時代はいずれにせよすべての精神的生産を相対化し，したがってまたヘーゲルの哲学をも相対化するので，「時代の必然的不可避的な働きを理性によって予測し」，「理性によって時代に先んじ，ヘーゲル哲学が実際に特定の特殊な哲学だということを論証すること」が，「思考する人間の義務にして課題」(Bd. 9. 20-23) である。

この時点におけるフォイエルバッハのヘーゲル論理学批判はまだ牧歌的で探求的な性格，論弁的というより挑発的な性格をもっている。彼は，ヘーゲルが存在という概念から始めたことに反対し，むしろ「存在そのもの，すなわち現実の存在から始める」(Bd. 9. 23) ほうが良いという。——これでは，まるで「現実の存在」でさえも語られたり，書かれたりする限り，つねに考えられたものであるのではないかのようであるが。「主観的なものと客観的なものとの統一」は彼にとって今や「実りが無いだけでなく，有害な原理」と認められる。「というのは，この統一はまたとりわけ主観的なものと客観的なものとの区別を廃棄するからでもある」(Bd. 9. 53)。彼はヘーゲルの「媒介性」の代わりに「直接性」を要求する。ただしそれはもちろんヤコービの主観的な直接性とは「異なる直接性」であり，そこでは同時に「私と君」の媒介性が真理の条件として認められる (Bd. 9. 26-30)。そして「弁証法」が「思弁の自己自身による独白ではなく，思弁と経験との対話」であることも，フォイエルバッハは他ならぬヘーゲルから学んだのだが，今や彼はこの思想をヘーゲルに対置する。

(4) フォイエルバッハは「思弁との断絶」を，ヘーゲルの『精神現象学』における「感覚的確信との絶対的な断絶」を批判することによって，準備する。それゆえ，ヘーゲルは決して「思想とは異なる存在」には到達せず，ただ「思想とは異なる存在という思想」(Bd. 9. 45) に到達するにすぎない。こうして彼の「思弁との断絶」は，思弁によって遂行された直接性，感性，直観との断絶の是正，——とりわけ「現実の総括」である「自然」との断絶の是正という方向をめざしている。そこで彼の主張の眼目はルソー主義的な響きをもつ。「自然に帰れということが，ただ一つ救いの出発点なのだ。」(Bd. 9. 61)

フォイエルバッハの『哲学の改革および将来の哲学のための暫定的テーゼ』は彼の形而上学からの離反をもっとも鋭く定式化している。しかしそれはまた，彼の形而上学批判の激しさと形而上学を人間学に取り替えることへの関心が宗教批判および神学批判から培われていることを，きわめて明瞭に示している。それゆえ彼は「思弁的哲学」を第一義的に「思弁的神学」として批判している。彼は草稿『哲学の根本命題。変革の必要性』においてもその変革の「必要性」をキリスト教との関係において——とりわけ近代のキリスト教との関係において指摘している。形而上学批判においても彼にとって第一に問題なのは，このキリスト教からの解放である。それゆえ，まだ神学の疑いがかかるような哲学，もしくは宗教に肯定的な態度を取る哲学からはすべて——したがってヘーゲル哲学からも，離反しなければな

らない。

　フォイエルバッハは彼のかつてのいっそう良かった洞察とは異なり、今やヘーゲル哲学を神学として解釈し、それによってヘーゲル哲学をいっそう大いなる正当性をもって非難できるようになる。またヘーゲル哲学とともにそれ以前のすべての哲学を非難できるようになる。

　今やヘーゲルの「絶対的精神」の概念に、神学において「別れたはずの精神」がその中に「まだ幽霊として徘徊している」(Bd. 9. 247) という嫌疑がかけられる。思弁的理性は神の知性に他ならないが、──しかし神が理性に変身することは、神を廃棄しはしない (Feuerbach 1996, 107, 125)。ともあれ、このような批判のやり方、つまり思想をそっくりかつての神学の遺物と見なして、中傷することは、好んで繰り返されるようになる。そして、神学に対する嫌疑を繰り返すことは、少し後にはフォイエルバッハ自身の新たな観点に対しても向けられるようになる。なぜならフォイエルバッハが思弁的哲学の理性概念のうちにかつての神の考えが働いていると見て、人間を神の秘密として論証したように、フリードリッヒ・エンゲルスは、マックス・シュティルナー（別名、ヨハン・カスパール・シュミット）の影響を受けて、フォイエルバッハに対していっそう正当にも、次のような異議を唱えるようになるからである。「フォイエルバッハの「人間」は神から導き出されており、フォイエルバッハは神から「人間」におりて来た。だから「人間」はたしかにまだ抽象の神学的後光でもって飾られている」（マルクスに宛てた1844年11月19日の手紙、MEW27. 11f.）。

　神学に対する嫌疑を表明することに論証上の価値を認めるならば、このような異議は、フォイエルバッハがヘーゲルに対置した自分の新たな哲学を、ヘーゲル哲学の「実現」というヘーゲル的な思考様式において定式化した限り、ますます正当なものとなる。──ただし、ヘーゲル哲学の「実現」といっても、もちろん、それは同時にヘーゲル哲学を「異議なく否定する」ものであるが。なぜなら、「近代哲学の完成はヘーゲル哲学である。近代哲学の[すなわち、フォイエルバッハ哲学の]歴史的必然性と正当性は、それゆえ、おもにヘーゲルの批判に結びついている」(Bd. 9. 295) からである。それどころか、まずもって、近代哲学は「積極的な仕方で」導き出されうるのではなく、「ヘーゲル哲学の否定としてのみヘーゲル哲学から導き出されうる」(Bd. 9. 247) とされる。

　こうして、新たにめざされた「直接性」は哲学史的な媒介過程から導きだされる。それゆえ、フォイエルバッハのラディカルな断絶への要求、形而上学の終焉への要求は、方向づけと口先だけのラディカルな断絶にとどまっている。彼は1842年2月13日のルーゲに宛てた手紙の中でその方向づけを、「ラディカルな断絶が必要である」と定式化しはする。──だが、彼はこう続ける。「しかしそれとともにもちろんそれは「徐々に（peu à peu）」排除されねばならない。したがって、目下問題なのは、とりわけなにか教えられるものを提供することである。最善の策は、ヘーゲルに結びつくことであり、──ヘーゲルの道は一つのまったく正しい道である。──ただし、もちろん、その道を新しい原理によって修正することであるが」(Bd. 18. 159)。

　それゆえ、フォイエルバッハのヘーゲル批判の多くが、かつての形而上学に対するヘーゲルの批判を、すなわち、意識に「現実的な存在」(Bd. 9. 252) というレッテルを貼るということを、ただ繰り返しているにすぎないが、それは驚くにあたらない。それに対して、フォイエルバッハが神学への嫌疑の反復を越えて、かつての形而上学とヘーゲル論理学を内容的に──思考と存在の関係などに関して──批判する場合には、彼の論述が本来もっている示唆的な力はなくなってしまう。彼が「思考される存在」に対して容認するところの「現実的な存在」は、彼にとって「語りえないもの」である。「言葉が止むところで、初めて生が始まり、初めて存在の秘密が開示される。」「存在」「実存 Existenz」は彼にとって、結局のところ、語りえないものである。しかしそれは無ではない。「実存は、それが語られなくとも、それ自体において意味と道理をもっている。」(Bd. 9. 308)

　(5) 「存在」、「直接性」、「実存」という言葉を再評価するという点において、時代の意識史においてある普遍的な傾向が示されている。それは、──ヘーゲルの影響史の外で──キルケゴールやシェリングにおいても辿られる傾向である。ただし、そこで

は宗教や神学に対する対立関係の中で生じてはいない。フィヒテの息子がヴァイスの『公開書簡』に対して出した『返答書簡』は，フォイエルバッハとの近さを示しているものの，この点は少ししか注目されてこなかった。抽象的な概念を弁証法的に紡ぎだす妄想的な基盤から経験主義へ傾けようとする傾向が，当時の哲学でふたたび生じていた。フィヒテはここでこの傾向を確証している。——そしてこのことは，それに加えて，経験の領域では思弁的な才能が弱くてもいくらかの事をもたらしうるという長所を自らもたらすという。抽象の不毛の荒地で新鮮な水が出る泉を求めて大地を掘るのではなく，実在的なものが絶え間なく湧き出てくる生命の泉の方に向かうべきであるという。しかしここで前面に出てきているのは，およそ科学史的な転換というものではなく，神的な精神が世界に内在することを洞察したいという要求なのである。——つまり，伝統的な宗教の枠の中ではもはや到達できないように思われ，また思弁的な道では獲得されるべきではないような，洞察への要求なのである（Fichte 1843, 207-211）。

同じ傾向はフィヒテの『思弁神学』（1846年）の序論をも貫徹している。ヘーゲル的な思想が重くのしかかる権威からの解放は，——学派のスタイルで——つねに新たな概念的区別によって生じてくるのではなく，この「抽象的な概念」の放棄によってのみ生じるのである。——たとえフィヒテ自身そのような概念をたっぷり含んだ，分厚い『思弁神学もしくは一般的な宗教論』を書いているとしても。「概念の抽象的超越的世界」に対して，彼は直観できる現実的なものや直接的なものを対置する。概念的認識によっては神は認識されず，神は今や学に対して「英知的存在（praesens noumen）」になってしまったという。このような仕方で彼は個別科学の形成の過程やそこから出てきた学問概念の変化を，彼の宗教的関心のための道具にしようとする。こうして彼は，「神に照らされた学問の共通の光のもとで」哲学的な思索を行い，「自分で作った体系の虚しさと利己心が消えてなくなる」時代を夢見る。一面的で味気ないわれわれの思弁的な教養のゆえに，神は自然と現実を欠いた純粋な思想物になってしまったが，そういうものをもはや信じることはできない。このような哲学的な「えせ学問」に対して，フィヒテは宗教の永遠で根源的な力を呼び出す。——宗教が思弁的哲学と協調するよりも，生成しつつある個別科学といっそう問題なく協調することができる，という根拠がなくはない期待をもって（Fichte 1846, II-XX）。

(6) 20年以上もの間繰り返されたこのような神学的な選択肢は，政治的な選択肢との緊密な連携において，ついにヘーゲル哲学の影響史の最初の局面を終わらせた。この政治的-神学的布置は，3月革命前の時代における市民的で，少しも「3月革命前的」革命的な心情をもたない時代において多くの反響を，——アカデミックな世界においても政治的に限定された世界においても見出した。そしてこれによって，ヘーゲル哲学の直接的な影響史の終焉をもたらした。それに対して，ヘーゲル哲学と形成しつつある個別諸科学とのあいだの直接の対決は存在しない。それどころか，この点では幾つかの〔ヘーゲルの〕影響の線が描写される。たとえば，「唯物論論争」（1835年）の前史において，生理学者ヤコブ・モレショットは，フォイエルバッハによって媒介されてではあるが，ヘーゲル哲学を受容した。ただし3月革命前の時代における哲学と科学史との関係は，従来は総じてただ個々の点において研究されてきたにすぎない。そしてこのことは，いわゆる「ドイツ観念論の崩壊」が個別諸科学によってもたらされたという，広く行き渡っている確信とは鋭い対照を見せている。

これとは別なことがいっそう重要である。個別科学の形成はそれ自身の領域においてそれ自身の論理によって，思弁的哲学を引き合いに出すことなく行われる。個別科学の細分化は形而上学だけでなく，およそ哲学一般を必要としなくなり，こうして哲学を余計なものとするように見える。哲学は科学の成功に対していかなる寄与も果たさない。哲学は宗教と政治の側からは闘いを仕掛けられるのに対して，個別科学の側からは無視される。このような条件のもとで初めて，世紀の半ば以後の「観念論」と「唯物論」の論争において，ドイツ古典哲学が「ドイツ観念論」と呼ばれて，そこでは一括したレッテル貼りが優勢をしめるようになる（Jaeschke 2000b）。この過程をドイツ古典哲学の問題提起と問題水準に対する「反駁」としても，また「崩壊」としても

ちろん描くことはできない。それは，良く言えば，ドイツ古典哲学の「歴史化」として，悪く言えば，追放，無視，中傷として述べられうる。ヘーゲル哲学の影響史はここでは，「純粋な存在者に従事する精神」が場違いになり疎遠になってしまった意識史的過程に吸収される。ヘーゲルがすでに『大論理学』の始めに置いていた言葉は，すでに1812年においてではなく，3月革命前の時代の終わりの頃になって初めて完全な正当性を帯びるようになる。その言葉は今や，精神の自己認識のみを対象とする，「論理学」に改造された形而上学にも該当する。「或る場合にはかつての形而上学の内容に対する関心が失われ，他の場合にはその形式に対する関心が失われ，さらにまた他の場合にはその形式と内容の両方に対する関心が同時に失われてしまった」（GW11, 5）。

典拠：Ludwig Feuerbach: De ratione, una, universali, infinita (1828). In: Feuerbach: Gesammelte Werke. Bd. 1. 1-173; Immanuel Hermann Fichte: Grundzüge zum System der Philosophie. 1. Abt.: Das Erkennen als Selbsterkennen. Heidelberg 1833; 2. Abt.: Die Ontologie. Heidelberg 1836; 3. Abt.: Die speculative Thelogie oder allgemeine Religionslehre. Heidelberg 1846; Carl Philipp Fischer: Die Wissenschaft der Metaphysik im Grundrisse. Zum Gebrauch für seine Vorlesungen. Stuttgart 1834; Weiße: Grundzüge der Metaphysik. Hamburg 1835; Feuerbach: Zur Kritik der positiven Philosophie [...] (1838, Bd. 8. 181-207); Feuerbach: Über Philosophie und Christentum in Beziehung auf den der Hegelschen Philosophie gemachten Vorwurf der Urchristlichkeit (1839, Bd. 8. 219-292); Feuerbach: Zur Kritik der Hegelschen Philosophie (1839, Bd. 9. 16-62); Feuerbach: Das Wesen des Christentums (1841, Bd. 5); Feuerbach: Vorläufige Thesen zur Reformation der Philosophie (1842, Bd. 9. 243-263); Feuerbach: Grundzüge der Philosophie der Zukunft (1843, Bd. 9. 264-341); Feuerbach: Grundzüge der Philosophie. Notwendigkeit einer Veränderung. In: Feuerbach: Entwürfe zu einer Neuen Philosophie. Hg. Walter Jaeschke und Werner Suffenhauer. Hamburg 1996, 119-135; Adolf Trendelenburg: Logische Untersuchungen. Berlin [1]1840; Christian Hermann Weiße: Das philosophische Problem der Gegenward. Sendschreiben an Immanuel Hermann Fichte. Leipzig 1842; Fichte: Der Begriff des negativen Absoluten und der negativen Philosophie. Antwortschreiben am [...] C. H. Weiße. In: Zeitschrift für Philosophie und speculative Theologie (1843), 157-217; Fischer: Speculative Charakteristik und Kritik des Hegelschen Systems und Begründung der Umgestaltung der Philosophie zur objektiven Vernunftwissenschaft, mit besondrer Rücksicht auf die Geschichte der Philosophie. Erlangen 1845; Heinrich Moritz Chalybäus: Entwurf eines Systems der Wissenschaftlehre. Kiel 1846; Jacob Spengler: Die Idee Gottes. Heidelberg 1847; Rosenkranz: Wissenschaft der logischen Idee. In zwei Bänden. Bd. 1. Metaphysik; Bd. 2. Logik und Ideenlehre. Königsberg 1858/59; Friedrich Nietzsche: Morgenröthe. Gedanken über die moralische Vorurteile (1881). In: Nietzsche: Kritische Studienausgabe. Bd. 3. München und Berlin / New York 1980; Friedrich Engels: Ludwig Feuerbach und der Ausgang der klassischen deutschen Philosophie. [1]1886, redivierter Sonderabdruck, Stuttgart 1888, MEW 21. 261-307.

参考文献：Karl Löwith: Von Hegel zu Nietzsche. Der revolutionäre Bruch im Denken des 19. Jahrhunderts. Marx und Kierkegaard. 1 1941, Stuttgart 5 1964 u. ö.; Jaeschke: Art. »Logik, (speculative-) dialektische«. In: Historisches Wörterbuch der Philosophie. Band L-Mn. Basel / Stuttgart 1980, Sp. 389-398; Jaeschke (1986a), 410-436; Klaus Christian Köhnke: Entstehung und Aufstieg des Neukantianismus. Die deutsche Universitätsphilosophie zwischen Idealimus und Positivismus. Frankfurt am Main 1986; Bernd Burkhardt: Hegels »Wissenschaft der Logik« im Spannungsfeld der Kritik. Historische und systematische Untersuchungen zur Diskussion um Funktion und Leistungsfähigkeit von Hegels »Wissenschaft der Logik«. Hildesheim u. a. 1993; Jaeschke: Zur Genealogie des Deutschen Idealismus. Konstitutionsgeschichtliche Bemerkungen in methodischer Absicht. In: Anderas Arndt / Walter Jaeschke (Hg.): Materialismus und Spriatualismus. Philosophie und Wissenschaften nach 1848. Hamburg 2000, 219-234.; Kurt Bayertz/Myriam Gerhard/Walter Jaeschke (Hg.): Weltanschauung, Philosophie und Naturwissenschaft in 19. Jahrhundert. Bd. 1: Der Materialismus-Streit; Bd. 2: Der Darwinismus-Streit; Bd. 3: Der Ignorabismus-Streit. Hamburg 2007.

訳者あとがき

　本書は，Walter Jaeschke の "Hegel-Handbuch. Leben-Werk-Wirkung"（メッツラー社，初版，2003年）の翻訳である。著者のイェシュケは，1998年以後ペゲラーの跡を受けて，ボーフムのヘーゲル・アルヒーフの所長となり，歴史的批判的全集版（アカデミー版）のヘーゲル全集の編集を導いてきている。ヘーゲル研究は戦後ヘンリッヒ，ペゲラーなどによって目覚ましい進歩を遂げたが，彼は，それに続く世代の中で現在もっとも活躍している研究者の一人と目される。2005年秋に来日したこともあり，彼の著書ですでに邦訳されたものも幾つかある。

　まず，イェシュケの経歴と業績について簡単に触れておくことにしよう。彼は1945年に生まれ，当初，ベルリン自由大学，ベルリン工科大学で哲学を学び，論文「歴史哲学の終末論的根源の研究」で博士号を取得した。その後，ヘーゲル・アルヒーフの共同研究者（1974-89年）となり，ルール大学（ボーフム）でヘーゲル宗教哲学講義に関する論文「宗教における理性　ヘーゲル宗教哲学の基礎づけに関する研究」により教授資格を取得した。実は私が彼と最初にあったのは，この頃，1983-84年にボーフムに滞在した時のことであり，彼はすでに，当時話題になっていた宗教哲学講義録の新進気鋭の研究者として登場していた。その後，彼はベルリン自由大学の員外教授（1989-98年）を経た後，ルール大学哲学科の教授（1998-2010年）となり，定年後の現在もヘーゲル・アルヒーフの所長を務めている。

　彼の主な業績としては，『ヘーゲルの宗教哲学』（1983年：岩波哲男訳，早稲田大学出版部，1990年），ヘーゲル宗教哲学講義録の編集（1983-85年。その一部の1827年度版が『ヘーゲル，宗教哲学講義』（山崎純訳，創文社，2001年）で邦訳された），『宗教における理性』（1986年）などヘーゲルの宗教哲学に関するものがよく知られている。それだけでなく，ヘーゲルの論理学や法哲学，またヘーゲル学派などヘーゲル哲学全般にわたり，最近では，編著『第一哲学の形態をめぐる論争（1797-1807年）』（1999年），『カント後のドイツ古典哲学』（アルントとの共著，2012年）のようにドイツ古典哲学全般にまで研究の範囲を拡げている。彼の研究スタイルの特徴は何といっても綿密な文献学的歴史的な研究であり，テキスト・クリティーク，発展史，概念史，背景事情，影響史などに関する最新の研究成果に基づき，バランスの取れた，しかしまた時に斬新な解釈を示している。

　そのような特色は，ヘーゲルを理解するための手引書をめざした本書においても，いかんなく発揮されている。本書は大きく「生涯」と「作品」と「学派」に分けられているが，とくに本書の主要部分をしめる第Ⅱ部「作品」がさらに二つの部分に分けられているのが，目を引く。一方は，ヘーゲルの草稿および公刊された著作を最初の記録から最後の刊行物に至るまで発展史的に叙述した部分（第Ⅱ部，第1章―第8章）である。他方は，ほぼ「エンツュクロペディー」の順序（論理学―自然哲学―精神哲学）に従って，後期の講義において素描された「体系」を叙述した部分である（第Ⅱ部，第9章）。この区分は，もっかアカデミー版ヘーゲル全集が一方でヘーゲル自身の草稿や公刊著作の部分と他方で聴講生による講義録の部分とを分けて編成しようとしている，その方針に

即したものである。とくに後者の講義録の部分は，従来の諸版ではしばしば疑念の余地がある条件のもとで編集が企てられ，それに基づきヘーゲルの「体系」に関する虚像がまかり通っていたところである。そこで，その虚像をただすことが現在のヘーゲル研究の課題の一つとされている。ただしアカデミー版ヘーゲル全集の刊行はまだ途上にあり，完結していない。イェシュケは本書を2003年に書き下ろしたが，その当時はまだ講義録のテキストだけでなく，フランクフルト時代の自筆草稿（全集第二巻）も刊行されておらず，そのためそれらに関するイェシュケの叙述は慎重をきわめるものになっている。ちなみに本書と同じころに出たフルダの『ヘーゲル』（2003年，海老沢善一訳，梓出版社，2013年）も，芸術哲学，宗教哲学，哲学史の講義録を『エンツュクロペディー』の当該箇所の解説のための補助資料としてしか扱っていない。今後のヘーゲル研究はテキストの扱いにおいてまずはこのような慎重さを受け止めることから出発する必要があると思われる。

　しかし重要なことは，確かなテキストに依拠することだけでなく，いかにそのテキストを，しかもきわめて難解な内容を読み解くかである。さらに，そのテキスト解釈をめぐって，これまで膨大な研究の蓄積があり，それらを見渡すことは至難の業になってきている。そういう二重三重の困難のために，研究者が迷路に陥ってしまわないようにするには，良質な道案内というものが必要と思われる。イェシュケは，そのためにとりわけ概念史や発展史や研究史に関する該博な知識をもとに，論点を整理して，的確な読解の見通しを与えてくれている。彼は，とりわけ，ヘーゲルのテキストにおける思想がそもそも哲学史や概念史においていかなる位置をしめるものか，またそれがヘーゲル自身の中でいかに形成されたかを見極めるとともに，その意味の理解や評価に関する従来の二次文献を吟味し，その中で妥当性の高い見方を提示しようとする。それが本書に一貫して認められる特徴である。ただし，意外に思われることだが，彼は『精神現象学』や『大論理学』についてはそれほど詳しい解説をせず，むしろ「小さなテキスト」に比較的詳しい叙述を割いている。それは「大きい著作」に対しては，最近の諸版において包括的な文献解説が行われているためだという。いずれにせよ，イェシュケは各テキストの解説の後に，そのつど，該当するテキストと二次文献のリストを作成して，研究者が最低限踏まえるべき文献――ただし，二次文献に関しては，現在の研究にとって意味があるものに限られ，すでに乗り越えられた古い文献は省かれる――を提示してくれている。その点だけでも本書は今後の研究にとって資するところ大なるものがあると思われる。それに加えて，彼は本書の最後でヘーゲル哲学の影響史にも触れている。ただし影響史の範囲を，「影響の最初の決定的な局面」である，1815-1848年3月革命の時期におけるヘーゲル学派の論争過程に限定している。それによって，彼は，そこで行われたヘーゲルの論理学や国家論や宗教論に関する議論が，すでに今日のヘーゲルに対する批判や受容の基本線を形作っていることに注意を促している。いずれにせよ，普通ならば複数の専門研究者の共同作業として行われるような，ヘーゲルの伝記とすべてのテキストの解説と影響史の叙述を，すべてただ一人で成し遂げたことは，驚嘆に値する。やや大げさに言えば，今後のヘーゲル研究は，このイェシュケの画期的な手引書を踏まえることなしには，先へ進むことはできないとさえ思われる。

　そこで，私は2006年に本書の翻訳を企てたが，ただ，本書はたいへん大部なものであり，内容的に多岐にわたるものであるため，一人で訳しきることは難しく，複数の研究者の力をお借りすることにした。まず，神山伸弘氏，座小田豊氏，島崎隆氏，高山守氏，山口誠一氏に監訳者に加わっていただき，さらにそれぞれの監訳者が1～3名，全部で12名の共訳者（赤石憲昭氏，阿部ふくこ氏，伊藤功氏，大河内泰樹氏，大橋基氏，片山義博氏，小島優子氏，渋谷繁明氏，鈴木亮三氏，三重野清顕氏，

満井裕子氏，山田有希子氏）の援助を求めることとなり，総勢18名の訳者からなる共同訳になった。最初に各グループで下訳を作り，それを各監訳者が担当箇所全体にわたって目を通して仕上げ，さらにそれを他の監訳者がチェックし，最後に全体を久保が調整するという手順で作業を進めた。そのような共同作業のために，幾たびか編集会議をもち，表記や訳語，用字用語に関して可能な限り統一をはかり，調整を行った。それに加えて，本書の内容を一層理解しやすくし，また初版以後に生じた文献事情の進展を考慮したものにするために，訳者の側で付け加えた部分が幾つかある。第一に，段落ごとに訳注を作成し，また本文中に訳者による補足〔　〕を加えたところがある。第二に，本書の改定版（2010年）において新たに付け加えられた文献表の中の文献をも訳出した。それ以外の訳文はすべて初版に従っている。第三に，巻末のヘーゲルの著作一覧などにおいて，本書の公刊後に出版されたアカデミー版全集のテキストに依拠して，記述を一部修正した。第四に，索引（人名，地名，事項）を新たに作成し，読者の便宜を図るものにした。

　この翻訳は当初3年ぐらいで仕上げるつもりで計画したものの，種々の事情で思うように捗らず，結局9年ほどの年月を要してしまった。著者のイェシュケ教授からはすでに2010年秋に日本語版読者へのご挨拶を頂いたにも拘わらず，遅延を重ねてしまい，申し訳なく思っている。2006年に本書の刊行を知泉書館の小山光夫氏にご相談した時には，果たしてこのような大部なものを出版していただけるかどうか，不安であったが，小山氏は出版の意義を認めて快く引き受けてくださり，感謝の念にたえない。そしてこの間，われわれの作業を辛抱強く見守り，また文章整理などで種々お世話をいただいたことに，おおいに感謝申し上げる。

　　2015年4月

　　　　　　　　　　　　　　　　　　　　　　　　　　　　　　　久　保　陽　一

年　表

1770年8月27日　主税局書記官ルートヴィッヒ・ヘーゲル（1733-1799）とその妻マリア・マクダレーナ・ルイーザ・フロム〔実家の姓〕（1741-1783）の長男として誕生する。
1773年4月　妹クリスティアーネ・ルイーゼ誕生する（1832年死亡）。ドイツ語学校に通う。
1776年　恐らくギムナジウムに通い始める。弟ゲオルク・ルートヴィッヒ誕生する（1812年年死亡）。
1780年　初めて領邦試験を受ける。
1783年9月20日　母死亡する。
1784年　上級ギムナジウムの生徒になる。
1788年9月　ギムナジウムを卒業する。告別の辞を述べる。
　　　10月　テュービンゲン神学寮に入り，テュービンゲン大学で研究を始める。
　　　12月　新入生の演説
1790年9月　修士の学位を取得し，神学部に移る。
1793年9月　シュトゥットガルトにおいて宗務局の試験を受ける。
　　　10月　ベルン・チュッグにおけるカール・フリードリッヒ・フォン・シュタイガーの家庭教師に就任する。
1795年5月　ジュネーブに旅行する。
1796年7月　ベルンのアルプス地方を徒歩旅行する。
　　　年末　ベルンからシュトゥットガルトに旅行する。
1797年1月　フランクフルトにおけるヨハン・ノエ・ゴーゲルの家庭教師に就任する。
1798年　匿名で『ヴァート地方（ヴォー地方）のベルン史に対するかつての国法上の関係についての親書。ベルン市のかつての寡頭政治の完全な暴露。或る物故したスイス人によるフランス語版から翻訳され，注釈が付けられている』を出版する。
1799年1月14日　父死亡する。
1800年9月　マインツに旅行する。
1801年初め　イェーナに移住する。
　　　8月27日　教授資格取得のための討論会が行われる。
　　　10月　教授資格請求論文「惑星の軌道に関する哲学的論文 Dissertatio philosophica de Orbitus Planetarum」を提出する。
　　　　　『フィヒテの哲学体系とシェリングの哲学体系の差異』を刊行する。
1802／03年　『哲学批判雑誌』（フリードリッヒ・ヴィルヘルム・ヨーゼフ・シェリングとの共編）を刊行する。
1805年　員外教授に昇任する。
1807年2月5日　庶子の息子ルートヴィッヒ・ルイーゼ・フィッシャーが誕生する。
　　　3月　バンベルクに移住し，『バンベルク新聞』の編集者になる。
　　　4月　『精神現象学』を刊行する。
1808年11月　ニュルンベルクのギムナジウムの校長になる。
1811年9月　マリー・ヘレナ・スザンナ・フォン・トゥーヒャー（1791-1855）と結婚する。
1812年4月／5月　『大論理学』第1巻「存在論」を刊行する。
　　　夏　フリードリッヒ・ハインリッヒ・ヤコービ（1744-1855）と個人的に知り合う。
1812年12月　『大論理学』第2巻「本質論」（公刊年は1813年）を刊行する。
　　　学校学術報告官を委嘱される。

　　　　　6月7日　息子カール・フリードリッヒ・ヴィルヘルム（1901年死亡）が誕生する。
1814年9月25日　息子トーマス・イマヌエル・クリスティアン（1891年死亡）が誕生する。
1816年9月／10月　『大論理学』第3巻「概念論」を刊行する。
　　　　　10月　ハイデルベルク大学教授に就任する。10月28日，就任演説を行う。
1817年　　『ハイデルベルク文芸年報』の共編者になる。
　　　　　1月　「ヤコービ書評」を『ハイデルベルク年報』に掲載する。
　　　　　6月　『哲学的諸学のエンツュクロペディー要綱』を刊行する。
　　　　　11月／12月　「ヴュルテンブルク王国議会における討論」を批評する。
1818年10月　ヨハン・ゴットリープ・フィヒテ（1762-1814）の後任として，ベルリン大学教授に就任する。
　　　　　10月22日
1820年10月　『法哲学要綱』を刊行する（刊行年は，1821年）。
1822年　ヒンリッヒスの『学問との内的関係における宗教』（ハイデルベルク1822年）の序文を書く。
　　　　　9月-10月　ケルンを経てオランダに旅行する。
1824年9月-10月　ドレスデン，プラハを経てウィーンに旅行する。
1826年1月　エルンスト・ラウバッハの『改宗者たちについて』に関する批評を書く。
1827年　『学的批判年報』の発行が開始される。
　　　　　1月／10月　フンボルトについて論評する。
　　　　　7月　『哲学的諸学のエンツュクロペディー要綱』第二版を刊行する。
　　　　　8月-10月　パリとブリュッセルに旅行する。
1828年3月　ゾルガーについて論評する。
　　　　　10月-12月　ハーマンについて論評する。
1829年7月／8月／12月　『答弁』を書く。
　　　　　9月　プラハに旅行する。ゲーテを訪ねる。
　　　　　10月　ベルリン大学総長に就任する。
1830年6月　「アウグスブルク信仰告白300年祭のための演説」を行う。
　　　　　10月　『哲学的諸学のエンツュクロペディー要綱』第三版を刊行する。
1831年4月　「イギリス選挙法改正法案について」を発表する。
　　　　　6月　オーレルトについて論評する。
　　　　　9月　ゲレスについて論評する。
　　　　　11月7日　『大論理学』第1巻「存在論」第二版のための序文に日付を記入する。
　　　　　11月14日　（コレラに罹って？）死亡する。

文献案内

1. ヘーゲルの著作

著作集
全集
Gesammelte Werke. In Verbindung mit der Deutschen Forschungsgemeinschaft hg. von der Nordrhein-Westfälischen (1968-1995: Rheinisch-Westfälischen) Akademie der Wissenschaften. Hamburg 1968ff. (= GW).
Sämtliche Werke. Hg. von einem Verein von Freunden des Verewigten. Berlin 1832-1845 (= W).
再刊行版
Jubiläumsausgabe. Hg. von Hermann Glockner. Stuttgart 1927ff.
Hegel: Werke in zwanzig Bänden. Theorie Werkausgabe. Redaktion: Eva Moldenhauer und Karl Markus Michel. Frankfurt am Main 1970ff.

単行本
Theologische Jugendschriften nach den Handschriften der Kgl. Bibliothek in Berlin hg. von Herman Nohl. Tübingen 1907, 新版 Frankfurt am Main 1966.（『初期神学論集　Ⅰ・Ⅱ』久野昭・水野建雄訳，以文社，1973-74年）

手紙
Briefe von und an Hegel. Hg. von Johannes Hoffmeister. Hamburg ^{1}1956, Bde. I-III: Hamburg ^{3}1969, Bde IV/1 und IV/2: Hg. von Friedhelm Nicolin. Hamburg 1977 bzw. 1981 (= Br).（『ヘーゲル書簡集』小島貞介訳，岩波書店，1939年）

追加テキスト
Hegel an Sigmund von Tucher. Ein unbekannter Brief Hegels aus dem Jahre 1815. Mitgeteilt von Gerhard Hirschmann. HS 17 (1982), 41-43.
Aus Hegels Briefwechsel mit Karl Daub. Mitteilungen von Friedhelm Nicolin. HS 17 (1982), 45-52.
Hegel an Kirejewskij. Ein unbekannter Brief mitgeteilt von Arsen Gulyga. HS 19 (1984), 47f.
An Mademoiselle Christiane Hegel. Ein unveröffentlichter Brief Hegels und ein Briefkonzept des Dekans Göriz. Mitgeteilt und erläutert von Hans-Christian Lucas. HS 22 (1987), 9-16.
Ein unbekannter Brief Hegels an F L. Göriz, mitgeteilt und erläutert von B. Kortländer. HS 24 (1989), 9-13.
»Ihr so interessantes Vaterland«. Ein Brief Hegels an den ungarischen Gelehrten Ludwig Schedius. Mitgeteilt und erläutert von Klaus Vieweg. HS 30 (1995), 39-44.

講義録
全集
Vorlesungen. Ausgewählte Manuskripte und Nachschriften, Hamburg 1985ff. (= V).
単行本
Vorlesungen über Rechtsphilosophie 1818-1831. Edition und Kommentar in sechs Bänden von Karl Heinz

Ilting. Stuttgart-Bad Cannstatt. Bd. 1: 1973; Bde. 2-4: 1974 (第5巻，第6巻は出版されない) (= Ig).

Naturphilosophie. Bd. 1. Die Vorlesung von 1819/20. In Verbindung mit K. H. Ilting hg. von Manfred Gies. Napoli 1982.

Henrich, Dieter (Hg.): Hegel. Philosophie des Rechts. Die Vorlesung von 1819/20 in einer Nachschrift. Frankfurt am Main 1983.

Vorlesung über Ästhetik. Berlin 1820/21. Eine Nachschrift. Hg. von Helmut Schneider. Frankfurt am Main 1995.

Vorlesung über Naturphilosophie. Berlin 1823/24. Nachschrift von K.G.J. v. Griesheim. Hg. und eingeleitet von Gilles Marmasse. Frankfurt am Main u. a. 2000.

2．文献目録

Kurt Steinhauer (Hg.): Hegel Bibliographie. Materialien zur Geschichte der internationalen Hegel-Rezeption und zur Philosophie-Geschichte. München u. a. 1980. Teil II, Bde. 1-2: München 1998.

Gernot U. Gabel: Hegel. Ein Verzeichnis der Dissertationen aus sieben westeuropäischen Ländern 1885-1980. Köln 1986.

Erwin Hasselberg/Frank Radtke: Hegels »Wissenschaft der Logik«. Eine internationale Bibliographie ihrer Rezeption im 20. Jahrhundert. 3 Bde. Wien 1993.

Gloy, Karen/Lambrecht, Rainer: Bibliographie zu Hegels »Enzyklopädie der philosophischen Wissenschaften im Grundrisse«. Primär- und Sekundärliteratur 1817-1994. Stuttgart-Bad Cannstatt 1995.

»Hegel-Studien« はその「文献目録」の欄で継続的に，新たに刊行されたヘーゲル研究の諸著作にかんして報告している。

3．定期刊行物

Hegel-Jahrbuch. Begründet von Wilhelm Raimund Beyer. Hg. von Andreas Arndt, Karol Bal und Henning Ottmann. Seit HJb 1993/94: Berlin.

Hegel-Studien. Hg. von Friedhelm Nicolin und Otto Pöggeler (Bde 1-35) bzw. Walter Jaeschke und Ludwig Siep (Bde 36ff.). Bonn 1961-1997 bzw. Hamburg 1998ff.

Hegel-Studien Beihefte. Hg. von Friedhelm Nicolin und Otto Pöggeler (Bde 1-46) bzw. Walter Jaeschke und Ludwig Siep (Bde 47ff.) Bonn 1963-1999 bzw. Hamburg 2000ff.

Jahrbuch für Hegelforschung. Hg. von Helmut Schneider. Sankt Augustin 1995ff.

Owl of Minerva. Biannual Journal of the Hegel Society of America. 1969ff.

4．伝記，入門書，論集

伝記

Rosenkranz, Karl: Georg Wilhelm Friedrich Hegel's Leben. Berlin 1844.（K. ローゼンクランツ『ヘーゲル伝』中埜肇訳，みすず書房，2001年（再版））

Haym, Rudolf: Hegel und seine Zeit. Vorlesungen über Entstehung und Entwickelung, Wesen und Werth der Hegel'schen Philosophie. Berlin 1857.（R. ハイム『ヘーゲルと其の時代』松本芳景訳，白揚社，1932年）

Hondt, Jacques d': Hegel Biographie. Paris 1998.（J. ドント『ヘーゲル伝』飯塚勝久訳，未来社，2001年）

Pinkard, Terry: Hegel. A Biography. Cambridge u. a. 2000.

入門書, 論集

Fetscher, Iring (Hg.): Hegel in der Sicht der neueren Forschung. Darmstadt 1973.（I. フェッチャー『ヘーゲル―その偉大さと限界』加藤尚武・座小田豊訳, 理想社, 1978年）

Pöggeler, Otto (Hg.): Hegel. Einführung in seine Philosophie. Freiburg/München 1977.（O. ペゲラー編『ヘーゲルの全体像』谷嶋喬四郎他訳, 以文社, 1988年）

Helferich, Christoph: Georg Wilhelm Friedrich Hegel. Stuttgart 1979.

Inwood, Michael: Hegel. Oxford Readings in Philosophy. Oxford 1985.

Inwood, Michael: A Hegel Dictionary. Oxford/Cambridge, MA 1992.

Rossi, P (Hg.): Hegel. Guida storica e critica. Bari 1992.

Beiser, Frederick C. (Hg.), The Cambridge Companion to Hegel. Cambridge 1993.

Cesa, Claudio (Hg.): Hegel. Fenomenologia, Logica, Filosofia della natura, Morale, Politica, Estetica, Religione, Storia. Roma/Bari 1997.

Schnädelbach, Herbert: Hegel zur Einführung. Hamburg 1999.

Emundts, Dina/Horstmann, Rolf-Peter: G.W.F. Hegel. Eine Einführung. Stuttgart 2002.

5. 資料集

Blank, Inge: Dokumente zu Hegels Reise nach Österreich. HS 16 (1981), 41-55.

Fragen und Quellen zur Geschichte von Hegels Nachlaß. I. Dieter Henrich: Auf der Suche nach dem verlorenen Hegel. II. Willi Ferdinand Becker: Hegels hinterlassene Schriften im Briefwechsel seines Sohnes Immanuel. In: ZphF 35 (1981), 585-591 bzw. 592-614.

Georg Wilhelm Friedrich Hegel als Rektor des Nürnberger Gymnasiums 1808-1816. Ausgewählte Dokumente. Nürnberg 1977.

Hegel 1770-1970. Leben, Werk, Wirkung. Eine Ausstellung des Archivs der Stadt Stuttgart. Katalog von Friedhelm Nicolin. Stuttgart 1970.

Henrich, Dieter: Leutwein über Hegel. Ein Dokument zu Hegels Biographie. HS 3 (1965), 39-77.

Hölderlin. Zum 200. Geburtstag. Eine Ausstellung des Schiller-Nationalmuseums Marbach a. N. Katalog von Werner Volke. München 1970.

Kimmerle, Heinz (Hg.): Dokumente zu Hegels Jenaer Dozententätigkeit (1801-1807). HS 4 (1967), 21-99.

Kimmerle, Heinz: Zur Chronologie von Hegels Jenaer Schriften. HS 4 (1967), 125-176.

Kimmerle, Heinz: Die Chronologie der Manuskripte Hegels in den Bänden 4 bis 9. GW 8. 348-361.

Nicolin, Friedhelm: Der junge Hegel in Stuttgart. Aufsätze und Tagebuchaufzeichnungen 1785-1788. Stuttgart 1970.

Nicolin, Friedhelm: Hegel als Professor in Heidelberg. Aus den Akten der philosophischen Fakultät 1816-18. HS 2 (1963), 71-98.

Nicolin, Friedhelm: Hegels Haushaltsbuch von 1831. HS 9 (1974), 49-72.

Nicolin, Günther: Hegel in Berichten seiner Zeitgenossen. Hamburg 1970.

Schneider, Helmut: Hegel und der Verlag Schrag. Neue Dokumente. HS 12 (1977), 9-18.

Schüler, Gisela: Zur Chronologie von Hegels Jugendschriften. HS 2 (1963), 111-159.

Schumm, Karl: Bildnisse des Philosophen Georg Wilhelm Friedrich Hegel. Stuttgart 1974 (Veröffentlichungen des Archivs der Stadt Stuttgart. Hg. von Kurt Leipner. Sonderband 5).

Verzeichnis der von dem Professor Herrn Dr. Hegel und dem Dr. Herrn Seebeck hinterlassenen Bücher-Sammlungen [...]. Berlin 1832.

Ziesche, Eva: Der handschriftliche Nachlaß Georg Wilhelm Friedrich Hegels und die Hegel-Bestände der Staatsbibliothek zu Berlin Preußischer Kulturbesitz. Wiesbaden 1995, 2 Teile. (= Staatsbibliothek zu

Berlin Preußischer Kulturbesitz. Kataloge der Handschriftenabteilung. Hg. von Tilo Brandis. Zweite Reihe: Nachlässe. Bd. 4).

Ziesche, Eva: Unbekannte Manuskripte aus der Jenaer und Nürnberger Zeit im Berliner Hegel-Nachlaß. In: ZphF 29 (1975), 430-444.

6. 二次文献

以下では本文中の文献案内において二回以上引用されている文献のみを記す。

匿名 (Hülsemann?): Ueber die Wissenschaft der Idee. Erste Abtheilung. Die neueste Identitätsphilosophie und Atheismus oder über immanente Polemik. Breslau 1831.

Avineri, Shlomo: Hegels Theorie des modernen Staates, Frankfurt am Main 1976 (= Hegel's Theory of the Modern State, Cambridge 1972). (S. アヴィネリ『ヘーゲルの近代国家論』高柳良治訳，未来社，1978年)

Baum, Manfred: Die Entstehung der Hegelschen Dialektik. Bonn 1986.

Bertaux, Pierre: Hölderlin und die Französische Revolution. Frankfurt am Main 1969.

Bondeli, Martin / Linneweber-Lammerskitten, Helmut (Hg.): Hegels Denkentwicklung in der Berner und Frankfurter Zeit. München 1999.

Bondeli, Martin: Hegel in Bern. HSB 33 (1990).

Bubner, Rüdiger (Hg.): Das älteste Systemprogramm. Studien zur Frühgeschichte des deutschen Idealismus. HSB 9 (1973).

Dilthey, Wilhelm: Die Jugendgeschichte Hegels und andere Abhandlungen zur Geschichte des deutschen Idealismus [1905]. In: Dilthey: Gesammelte Schriften. Bd. 4. Stuttgart 1959, 5-187. (W. ディルタイ『青年時代のヘーゲル』甘粕石介訳，三笠書房，1938年)

Düsing, Edith: Intersubjektivität und Selbstbewußtsein. Behavioristische, phänomenologische und idealistische Begründungstheorien bei Mead, Schütz, Fichte und Hegel. Köln 1986.

Düsing, Klaus (Hg.): Schellings und Hegels erste absolute Metaphysik (1801-1802). Zusammenfassende Vorlesungsnachschriften von I.P.V. Troxler, hrsg, eingeleitet und mit Interpretationen versehen. Köln 1988.

Düsing, Klaus: Das Problem der Subjektivität in Hegels Logik. HSB 15 (^{1}1976, ^{2}1984).

Fulda, Hans Friedrich/Henrich, Dieter (Hg.): Materialien zu Hegels »Phänomenologie des Geistes«. Frankfurt am Main 1973.

Fulda, Hans Friedrich/Horstmann, Rolf-Peter (Hg.): Hegel und die »Kritik der Urteilskraft«. Stuttgart 1990.

Fulda, Hans Friedrich/Horstmann, Rolf-Peter (Hg.): Rousseau, die Revolution und der junge Hegel. Stuttgart 1991.

Fulda, Hans Friedrich/Horstmann, Rolf-Peter (Hg.): Vernunftbegriffe in der Moderne. Stuttgart 1994.

Fulda, Hans Friedrich/Horstmann, Rolf-Peter (Hg.): Skeptizismus und spekulatives Denken in der Philosophie Hegels. Stuttgart 1996.

Fulda, Hans Friedrich: Das Problem einer Einleitung in Hegels Wissenschaft der Logik. Frankfurt am Main 1965. (H.-F. フルダ『導入としての現象学』久保陽一・高山守訳，法政大学出版局，2002年)

Fulda, Hans Friedrich: Georg Wilhelm Friedrich Hegel. München 2003.

Gadamer, Hans Georg: Hegels Dialektik. Sechs hermeneutische Studien. Tübingen ^{2}1980 ; Tübingen ^{1}1971 unter dem Titel Fünf hermeneutische Studien. (H.-G. ガダマー『ヘーゲルの弁証法—6篇の解釈学的研究』山口誠一・高山守訳，未来社，1991年)

Görland, Ingtraud: Die Kantkritik des jungen Hegel. Frankfurt am Main 1966.

Göschel, Carl Friedrich: Zerstreute Blätter aus den Hand- und Hülfsacten eines Juristen. 3 Bde. Erfurt/Schleusingen 1832-1842.

Graf, Friedrich Wilhelm/Wagner, Falk (Hg.): Die Flucht in den Begriff. Materialien zu Hegels Religionsphilosophie. Stuttgart 1982.

Guzzoni, Ute/Rang, Bernhard/Siep, Ludwig (Hg.): Der Idealismus und seine Gegenwart. Festschrift für Werner Marx zum 65. Geburtstag. Hamburg 1976.

Halbig, Christoph: Objektives Denken. Erkenntnistheorie und Philosophy of Mind in Hegels System. Stuttgart-Bad Cannstatt 2002.

Halfwassen, Jens: Hegel und der spätantike Neuplatonismus. Untersuchungen zur Metaphysik des Einen und des Nous in Hegels spekulativer und geschichtlicher Deutung. HSB 40 (1999).

Hartkopf, Werner: Der Durchbruch zur Dialektik in Hegels Denken. Studien zur Entwicklung der modernen Dialektik III. Meisenheim am Glan 1976.

Hartmann, Klaus (Hg.): Die ontologische Option. Studien zu Hegels Propädeutik, Schellings Hegel-Kritik und Hegels Phänomenologie des Geistes. Mit Beiträgen von Klaus Hartmann, Friedhelm Schneider, Klaus Brinkmann und Reinhold Aschenberg. Berlin/New York 1976.

Hegel 1770-1970. Leben, Werk, Wirkung. Eine Ausstellung des Archivs der Stadt Stuttgart. Katalog von Friedhelm Nicolin. Stuttgart 1970.

Henrich, Dieter: Hegel im Kontext. Frankfurt am Main 1971.（D. ヘンリッヒ『ヘーゲル哲学のコンテクスト』中埜肇訳，晢書房，1987年）

Henrich, Dieter: Der Grund im Bewußtsein. Untersuchungen zu Hölderlins Denken (1795-1795). [Stuttgart 1992].

Henrich, Dieter: Konstellationen. Probleme und Debatten am Ursprung der idealistischen Philosophie (1789-1795). Stuttgart 1990.

Henrich, Dieter (Hg.): Die Wissenschaft der Logik und die Logik der Reflexion. Hegel-Tage Chantilly 1971. HSB 18 (1978).

Henrich, Dieter (Hg.): Immanuel Carl Diez: Briefwechsel und Kantische Schriften. Wissensbegründung in der Glaubenskrise. Tübingen/Jena (1790-1792). Stuttgart 1997.

Henrich, Dieter/Düsing, Klaus (Hg.): Hegel in Jena. Die Entwicklung des Systems und die Zusammenarbeit mit Schelling. HSB 20 (1980).

Henrich, Dieter/Horstmann, Rolf-Peter (Hg.): Hegels Philosophie des Rechts. Die Theorie der Rechtsformen und ihre Logik. Stuttgart 1982.

Hölderlin. Zum 200. Geburtstag. Eine Ausstellung des Schiller-Nationalmuseums Marbach a.N. Katalog von Werner Volke. München 1970.

Hondt, Jacques d': Hegel en son tems. Paris 1968, deutsch: Hegel in seiner Zeit. Berlin, 1818-1831. Berlin 1973, ²1984.（J. ドント『ベルリンのヘーゲル』杉山吉弘訳，法政大学出版局，1983年）

Hondt, Jacques d': Hegel secret. Recherches sur les sources cachées de la pensée de Hegel. Paris 1968; deutsch: Verborgene Quellen des Hegelschen Denkens. Berlin 1972.（J. ドント『知られざるヘーゲル——ヘーゲル思想の源流に関する研究』飯塚勝久訳，未来社，1980年）

Horstmann, Rolf-Peter (Hg.): Seminar: Dialektik in der Philosophie Hegels. Frankfurt am Main 1978.

Horstmann, Rolf-Peter/Petry, Michael John (Hg.): Hegels Philosophie der Natur. Beziehungen zwischen empirischer und spekulativer Naturerkenntnis. Stuttgart 1986.

Hösle, Vittorio: Hegels System. Der Idealismus der Subjektivität und das Problem der Intersubjektivität. 2 Bde. Hamburg ¹1987.

Hočevar, Rolf Konrad: Stände und Repräsentation beim jungen Hegel. Ein Beitrag zu seiner Staats-und Gesellschaftslehre sowie zur Theorie der Repräsentation. München 1968.（R. K. ホッチェヴァール『ヘ

ーゲルとプロイセン国家』寿福真美訳，法政大学出版局，1982年）

Jaeschke, Walter: Staat aus christlichem Prinzip und christlicher Staat. Zur Ambivalenz der Berufung auf das Christentum in der Rechtsphilosophie Hegels und der Restauration. In: Der Staat 18/3 (1979), 349-374.

Jaeschke, Walter: Die Religionsphilosophie Hegels. Darmstadt 1983.（W. イェシュケ『ヘーゲルの宗教哲学』岩波哲男訳，早稲田大学出版部，1990年）

Jaeschke, Walter: Paralipomena Hegeliana zur Wirkungsgeschichte Schleiermachers. In: Kurt-Victor Selge (Hg.): Internationaler Schleiermacher-Kongreß Berlin 1984. Berlin/New York 1985, 1157-1169.

Jaeschke, Walter: Die Vernunft in der Religion. Studien zur Grundlegung der Religionsphilosophie Hegels. Stuttgart-Bad Cannstatt 1986a.

Jaeschke, Walter: Die Vernünftigkeit des Gesetzes. Hegel und die Restauration im Streit um Zivilrecht und Verfassungsrecht. In: Lucas, Hans Christian/Pöggeler, Otto (Hg.): Hegels Rechtsphilosophie im Zusammenhang der europäischen Verfassungsgeschichte. Stuttgart-Bad Cannstatt 1986b, 221-256.

Jamme, Christoph (Hg.): Die »Jahrbücher für wissenschaftliche Kritik« - Hegels Berliner Gegenakademie. Stuttgart-Bad Cannstatt 1994.

Jamme, Christoph/Pöggeler, Otto (Hg.): »Frankfurt aber ist der Nabel dieser Erde«. Das Schicksal einer Generation der Goethezeit. Stuttgart 1983.

Jamme, Christoph/Pöggeler, Otto (Hg.): »O Fürstin der Heimath! Glückliches Stuttgard« Politik, Kultur und Gesellschaft im deutschen Südwesten um 1800. Stuttgart 1988.

Jamme, Christoph: >Ein ungelehrtes Buch<. Die philosophische Gemeinschaft zwischen Hölderlin und Hegel in Frankfurt 1797-1800. HSB 23 (1983).

Jermann, Christoph (Hg.): Anspruch und Leistung von Hegels Rechtsphilosophie. Stuttgart-Bad Cannstatt 1987.

Kimmerle, Heinz: Das Problem der Abgeschlossenheit des Denkens. Hegels »System der Philoophie« in den Jahren 1800-1804. HSB 8 (1970).

Köhler, Dietmar/Pöggeler, Otto (Hg.): Hegel. Phänomenologie des Geistes. Berlin 1998.

Kondylis, Panajotis: Die Entstehung der Dialektik. Eine Analyse der geistigen Entwicklung von Hölderlin, Schelling und Hegel bis 1802. Stuttgart 1979.

Lenz, Max: Geschichte der Königlichen Friedrich-Wilhelms-Universität zu Berlin. 4 Bde. Halle 1910; insbesondere Bd. 2/1: Ministerium Altenstein, 177-404: Unter dem Gestirn Hegels.

Lucas, Hans-Christian/Planty-Bonjour, Guy (Hg.): Logik und Geschichte in Hegels System. Stuttgart-Bad Cannstatt 1989.

Lucas, Hans-Christian/Pöggeler, Otto (Hg.): Hegels Rechtsphilosophie im Zusammenhang der europäischen Verfassungsgeschichte. Stuttgart-Bad Cannstatt 1986.

Peperzak, Adriaan Theodoor: Hegels praktische Philosophie. Ein Kommentar zur enzyklopädischen Darstellung der menschlichen Freiheit und ihrer objektiven Verwirklichung. Stuttgart-Bad Cannstatt 1991.

Peperzak, Adriaan: Selbsterkenntnis des Absoluten. Grundlinien der Hegelschen Philosophie des Geistes. Stuttgart-Bad Cannstatt 1987.

Pöggeler, Otto (Hg.): Hegel in Berlin. Preußische Kulturpolitik und idealistische Ästhetik. Zum 150. Todestag des Philosophen. Berlin 1981. Ausstellung der Staatsbibliothek Preußischer Kulturbesitz Berlin in Verbindung mit dem Hegel-Archiv der Ruhr-Universität Bochum und dem Goethe-Museum Düsseldorf Anton-und-Katharina-Kippenberg-Stiftung. (Staatsbibliothek Preußischer Kulturbesitz. Ausstellungskataloge 16). Wiesbaden 1981.

Pöggeler, Otto/Gethmann-Siefert, Annemarie (Hg.): Kunsterfahrung und Kulturpolitik im Berlin Hegels.

HSB 22 (1983).

Pöggeler, Otto: Hegels Idee einer Phänomenologie des Geistes. Freiburg/München ^{1}1973, ^{2}1993.

Riedel, Manfred (Hg.): Materialien zu Hegels Rechtsphilosophie. 2 Bde. Frankfurt am Main 1974.

Rosenkranz, Karl: Aus Hegels Leben. In: R.E. Prutz (Hg.): Literarhistorisches Taschenbuch. Bd. 1. Leipzig 1843.

Rosenzweig, Franz: Hegel und der Staat. 2 Bde. München/Berlin 1920.

Schäfer, Rainer: Die Dialektik und ihre besonderen Formen in Hegels Logik. Hamburg 2001 (HSB 45).

Scheit, Herbert: Geist und Gemeinde. Zum Verhältnis von Religion und Politik bei Hegel. München/Salzburg 1973.

Schmidt, Thomas M.: Anerkennung und absolute Religion. Formierung der Gesellschaftstheorie und Genese der spekulativen Religionsphilosophie in Hegels Frühschriften. Stuttgart-Bad Cannstatt 1997.

Schnädelbach, Herbert (Hg.): Hegels »Enzyklopädie der philosophischen Wissenschaften« (1850). Frankfurt am Main 2000.

Schnädelbach, Herbert: Hegels praktische Philosophie. Ein Kommentar der Texte in der Reihenfolge ihrer Entstehung. Frankfurt am Main 2000.

Schneider, Helmut/Waszek, Norbert (Hg.): Hegel in der Schweiz (1793-1796). Frankfurt am Main u.a. 1997.

Siep, Ludwig (Hg.): G.W.F. Hegel, Grundlinien der Philosophie des Rechts. Berlin 1997.

Siep, Ludwig: Anerkennung als Prinzip der praktischen Philosophie. Untersuchungen zu Hegels Jenaer Philosophie des Geistes. Freiburg/München 1979.

Siep, Ludwig: Praktische Philosophie im Deutschen Idealismus. Frankfurt am Main 1992.（L. ジープ『ドイツ観念論における実践哲学』上妻精監訳, 晢書房, 1995年）

Siep, Ludwig: Der Weg der »Phänomenologie des Geistes«. Ein einführender Kommentar zu Hegels »Differenzschrift« und zur »Phänomenologie des Geistes«. Frankfurt am Main 2000.

Solger, Karl Wilhelm Ferdinand: Nachgelassene Schriften und Briefwechsel. Hg. von Ludwig Tieck und Friedrich von Raumer. 2 Bde. Leipzig 1826.

Stahl, Friedrich Julius: Die Philosophie des Rechts nach geschichtlicher Ansicht. Heidelberg. Bde. 1, 2/1 und 2/2: ^{1}1830, 1835, 1837. Bd. 1: ^{3}1854.

Stewart, Jon Bartley (Hg.): The Phenomenology of Spirit Reader. Critical and Interpretive Essays. Albany 1998.

Strahm, Hans: Aus Hegels Berner Zeit. In: Archiv für Geschichte der Philosophie 41 (1932), 514-533, 新版 in: Schneider/Waszek (Hg.): Hegel in der Schweiz (1997), 287-316.

Theunissen, Michael: Hegels Lehre vom absoluten Geist als theologisch-politischer Traktat. Berlin 1970.

Varnier, Giuseppe: Ragione, negatività, autocoscienza. La genesi della dialettica hegeliana a Jena tra teoria della conoscenza e razionalità assoluta. Napoli 1990.

Weckwerth, Christine: Metaphysik als Phänomenologie. Eine Studie zur Entstehung und Struktur der Hegelschen »Phänomenologie des Geistes«. Würzburg 2000.

Weisser-Lohmann, Elisabeth/Köhler, Dietmar (Hg.): Verfassung und Revolution. Hegels Verfassungskonzeption und die Revolutionen der Neuzeit. HSB 42 (2000).

Wildt, Andreas: Autonomie und Anerkennung. Hegels Moralitätskritik im Lichte seiner Fichte-Rezeption. Stuttgart 1982.

Züfle, Manfred: Prosa der Welt. Die Sprache Hegels. Einsiedeln [1968].

著 作 一 覧

1. ヘーゲルの著作

日記（1785-87年）（GW 1.1-33）
ギムナジウム時代の習作（1785-87年）（GW 1.37-50）
  「ギリシア人とローマ人の宗教について」（1787年）（GW 1.42-45）
  「古代詩人〔と近代詩人と〕の若干の特徴的差異について」（1788年）（GW 1.46-48）
  ギムナジウム卒業演説（1788年）（GW 1.49f.）
ギムナジウム時代の抜粋（1785-88年）（GW 3.1-200）
様々な対象の定義（1785年6月10日から）（GW 3.201-206）
テュービンゲン神学寮時代の論文
  「ギリシア・ローマの古典作家の作品の読書によって与えられる若干の利点について」（GW 1.51-54）
四つの説教（1792-93年）（GW 1.55-72）
「民族宗教とキリスト教」に関する研究（1792/93-94年）（GW 1.73-164）
  「いかなる意味で宗教は……」（GW 1.75）
  「しかし主要部分……」（GW 1.78）
  「われわれの伝統……」（GW 1.80）
  「すでに建築様式において……」（GW 1.81）
  「宗教はもっとも大切な事柄のひとつである……」（GW 1.83）
  「口頭の教育以外では……」（GW 1.115）
  「否定しがたいのは……」（GW 1.121）
  「国家の体制……」（GW 1.123）
  「客観的な宗教はきわめてわずかのことしか……」（GW 1.127）
  「公的権力は……」（GW 1.131）
  「死の場面の相違点について」（GW 1.136）
  「客観的宗教という言葉で……」（GW 1.138）
  「困難な課題とされていた……」（GW 1.141）
  「もしもキリスト教について……」（GW 1.153）
  「いま，大衆が必要としているのは……」（GW 1.163-164）
ベルン時代の抜粋（1794-96年）（GW 3.207-219）
心理学と論理学に関する草稿（1794年）（GW 1.165-192）
研究（1795年）（GW 1.193-203）
  「超越論的理念……」（GW 1.195）
  「物語の知識の欠如……」（GW 1.197）
  「共和制においては……」（GW 1.203）
「イエスの生涯」（1795年）（GW 1.205-278）
「キリスト教の実定性」に関する研究（1795-96年）（GW 1.279-378）
  「互いにきわめて矛盾した考察は，いかなるものであれ，……」（GW 1.281）
  「実定的信仰は……」（GW 1.352）
  「あらゆる民族は……」（GW 1.359-378）

ベルンの国家体制に関する抜粋（恐らく1795/96年）（GW 3.221-233）
アルプス徒歩旅行記（1796年）（GW 1.381）
「エレウシス」（ヘルダーリンに宛てて）（1796年夏）（GW 1.399-402）
執筆時期不詳のテキスト（GW 1.1.403-410）
  「レッシングと妻との往復書簡について」（GW 1.405）
  「人間は幼少期には……」（GW 1.408）
  「……についての論争は」（GW 1.409-410）
散逸テキストに関する報告（GW 1.411-415）
  「詩の効用について（De ulitiate poeseos）」（GW 1.413）
  新入生の演説（GW 1.413）
  修士試験の自作論文（Specimina）（GW 1.413）
  宗務局試験における説教（GW 1.413）
  諸福音書の調和に関する図式（GW 1.413）
  シラーの『フィエスコ』に関する分析（GW 1.413）
  翻訳（GW 1.414）
  古代の作家の下調べ（GW 1.415）
  〔ギムナジウムの〕授業ノートと〔大学の〕講義ノート（GW 1.415）
「信仰と宗教について」（GW 2.3-78）
「信仰が実定的と呼ばれるのは……」（GW 2.5-7）
「宗教……」（GW 2.8-9）
「信仰は……という仕方である」（GW 2.10-13）
「イスラエルの歴史について」（GW 2.15-78）
  「ユダヤ人の歴史は教える……」（GW 2.17-18）
  「律法の進展……」（GW 2.19-25）
  「ヨセフスのユダヤ古代誌」（GW 2.26-28）
  「アブラハムはカルデアに生まれ……」（GW 2.29-31）
  「アブラハムの時代には……」（GW 2.32-34）
  「アブラハムはカルデアに生まれ……」（GW 2.35-78）
「合一と愛について」（GW 2.81-97）
  「その目的に……」（GW 2.83-95）
  「彼らが一層多くの類を……」（GW 2.96-97）
第一のヴュルテンベルク草稿〔「ヴュルテンベルクの国家体制について。四つの断片」〕（1798年）（R 91-94, Haym 65-68, 483-485; GW 2.99-109）
「キリスト教について」（GW 2.111-328）
  「イエスが……時代に」（GW 2.113-133）
  「B　道徳」（GW 2.134-140）
  「イエスが……少し前に現れた」（GW 2.141-178）
  「徳は実定性であるだけでなく……」（GW 2.179-244）
  「……は非常に興味深いであろう」（GW 2.245-247）
  「純粋な自己意識―純粋な生」（GW 2.248-253）
  「……状態は……できる」（GW 2.254-268）
  「イエスの本質は……」（GW 2.269-285）
  「……気概をもって」（GW 2.286-328）
「ユダヤ教について」（GW 2.329-338）
  「アブラハムと共に……」（GW 2.331-336）

「その本性からして美しい……」（GW 2.337-338）
体系の二つの断片（1800年）〔「宗教について。二つの断片」〕（N 343-351; GW 2.339-348）
　　「絶対的な対立……」（GW 2.341-344）
　　「客観的な中心……」（(GW 2.345-348）
実定性論文の改稿（1800年）〔「実定性の概念について」〕（N 139-151; GW 2.351-367）
『ヴァート地方（ヴォー地方）のベルン市に対するかつての国法上の関係についての親書』（1798年）（GW 2.396-581）
執筆時期不詳のテキスト（GW 3.235-240）
散逸テキストに関する報告（GW 3.241-245）
散逸テキストに関する報告（R 85-88）
　　フランクフルト時代の抜粋（R 85）
　　〔プロイセン〕一般国法について（1797-1800年）〔「……が問われていた」〕（R 85f.; GW 2.586）
　　ステュアートの国家経済学の注釈（1799年）（R 86; GW 2.621）
　　カントの『人倫の形而上学』の注釈から（1798年）（R 86-88; GW 2.587）
詩（1798-1800年）
　　「プードル」（R 83; GW 2.609）
　　「自然に寄せて」（R 83; GW 2.609-610）
　　「春」（R 84; GW 2.610）
　　「月の光を浴びて」（1800年）（R 84; GW 2.610）
「ドイツ国制批判」の諸断片（1799-1803年）（GW 5.1-219）
教授資格取得に関するテキスト（1801年）
　　「惑星の軌道に関する哲学的論文に先立って報告される諸テーゼ〔暫定テーゼ〕（Dissertationi Philosophicae De Orbitis Planetarium Praemissae Theses）」（GW 5.323）
「討論のために」（GW 5.229）
「惑星の軌道に関する哲学的論文（Dissertation Philosophica de Orbitis Planetarum）」（GW 5.233-253）
『フィヒテとシェリングの哲学体系の差異』（1801年）（GW 4.1-92）
『エアランゲン文芸新聞』における書評（1801/02年）（GW 4.93-112）
　　ブーターヴェク『思弁哲学原理』（1801年）（GW 4.95-112）
　　ヴェルネブルクの二つの著書（GW 4.105f.）
　　ゲルシュテッカー『法概念の演繹』（1802年）（GW 4.107-111）
　　クルーク『哲学の新オルガノンの構想』（1802年）（GW 4.112）
『哲学批判雑誌』（1802/03年）（GW 4.113-505）
　　「緒論．哲学的批判一般の本質について……」（GW 4.117-128）
　　「常識は哲学をどのように理解しているのか」（GW 4.174-187）
　　「メモ書き」（1802年）（GW 4.190）
　　「懐疑主義と哲学の関係」（GW 4.197-238）
　　「信仰と知または主観性の反省哲学」（1802年）（GW 4.315-414）
　　「自然法の学的取り扱いについて」（1802/03年）（GW 4.415-485）
メモ（1801年）（GW 5.512）
散逸テキストに関する報告（GW 4.517-518）
　　1.ヘルダー『神』（1802年）の第二版の書評（1802年）（GW 4.517）
　　2.フィヒテについてのフィッシュハーバーの著作の書評（1802年）（GW 4.517）
　　3.ザラートの著作の書評（1806年）（GW 4.518）
講義草稿からの断片（1801/02年）
哲学入門（GW 5.257）

「これらの講義は……」
「絶対的実在の理念は……」
論理学と形而上学（GW 5.267-275）
　　「哲学は……」
「人倫の体系」（1802/03年）（GW 5.277-361）
講義草稿からの断片（1803年）（GW 5.363-377）
　　「普遍的なものを目指して……」（GW 5.365）
　　「精神の本質は……」（GW 5.370）
　　「その形式に……」（GW 5.374-377）
二次的伝承資料（GW 5.449-508）
　　三角形の三角形についての断片（1798年頃?）（GW 5.477）
　　「決意」（1801年）（GW 5.511）
　　「ドイツ国制の批判について」（1801/03年）（GW 5.451）
イェーナ時代の講義から
　　論理学と形而上学について（1802/03年頃）（GW 5.457f.）
　　自然法について（1802/03年頃）（GW 5.459-467）
　　哲学の体系について（1803-05年）（GW 5.468-472）
　　「思弁的哲学」について（1806年）（GW 5.473-475）
イェーナ時代のメモ帳（1803-06年）（GW 5.483-508）
H.E.G. パウルスによるスピノザ刊行への寄稿（1802/03年）（GW 5.513-516）
諸三角形からなるスケッチ（疑わしいもの）（執筆時期不詳）（GW 5.531-533）
散逸テキストに関する報告（GW 5.535-593）
　　1.教授資格取得について（1801年）（GW 5.537）
　　2.イェーナ時代の草稿から（1804年）（GW 5.537）
　　3.哲学史についての講義（1805/06年）（GW 5.538）
　　4.自然哲学および精神哲学についての講義（1805/06年）（GW 5.538f.）
体系構想Ⅰ：思弁哲学の体系（1803/04年）（GW 6.1-326）
体系についての一葉（1803/04年）
　　「絶対的な総体性は……」（GW 7.348-349）
編別構成のメモ（1804年頃）
　　「Ⅰ　知性」（GW 6.329）
体系の最後についての断片（1804年頃）
　　「形式にしかすぎない…」（GW 6.330-331）
形而上学の編別構成の構想（1804年）
　　「形而上学」（GW 7.341-342）（1804年頃）
体系についての二つの注釈
　　注釈（GW 7.343-347）
　　　体系構想Ⅱ：論理学・形而上学・自然哲学（1804/05年）（GW 7.1-338）
　　　体系構想Ⅲ：自然哲学と精神哲学（1804/05年）（GW 8.1-287）
自然哲学についての一葉（1805年）（GW 8.291-293）
自然哲学の編別構成断片（1805年）（GW 8.294-308）
『精神現象学』（1807年）（GW 9.1-434）
準備労作からの三つの断片（GW 9.437-443）
　　「絶対知」（1805年）（GW 9.437）
　　a）「神の法」（1805年）（GW 9.427）

c)「学」(1806年)(GW 9.438-443)
〔『精神現象学』の〕最初の中間表題(1806年)(GW 9.444)
『精神現象学』の著者広告(1807年)(GW 9.446f.)
『ドイツ文芸雑誌の格律集』(1807年)(GW 4.507-514)
「抽象的に考えるのは誰か」(1807年)(GW 5.379-387)
バンベルク新聞(1807/08年)(GW 5.389-447)
論理学の二つの断片(1807/08年)
　　　認識について(GW 12.257-258)
　　　機械的連関，化学的連関，有機的連関，および，認識について(GW 12.259-298)
ギムナジウムの教育課程，および，ギムナジウムでの演説(1808-16年)(GW 10)
草稿，口述，および，残された二次資料(GW 10.1-445)
演説(GW 10.447-505)
断片(GW 10.509-521)
受講生のノート(GW 10.523-818)
残された二次資料
　　　1814／15年中級クラスの論理学の教育課程から(GW 10.819)
　　　1815／16年中級クラスの心理学の教育課程から(GW 10.821)
推論論について(1809年)
　　　「下記における述語について……」(GW 12.299-309)
フリースに関するメモ(1811年)
　　　フリースの序論(GW 12.311-312)
ライプニッツに関するメモ(1811/12年)
　　　「7つの命題のもとで……」(GW 12.310)
『大論理学』(1812-16年)(GW 11.1-409, GW 12.1-253)
大学での哲学の講義について(1816年)(Br 2.96-102)
ハイデルベルク大学就任演説(1816年)(GW 18.1-8)
「ヤコービ書評」(1817年)(GW 15.7-29)
「領邦議会における諸討論」(1817年)(GW 15.30-125)
『哲学的諸学のエンツュクロペディー要綱』(1817年)(GW 13.1-245)
エンツュクロペディー第3部に関する「メモ」(1817-27年)(GW 13.251-543)
論理学・形而上学Ⅰ講義に関するメモ(1817年)
　　　「諸君　私は昨年の冬に……した後」(GW 13.545f.)
　　　「これが人間を動物から区別する……」(GW 13.545f.)
論理学・形而上学Ⅱ講義に関するメモ(1818-20年頃)
　　　「論理学・形而上学に関するこの講義は……」(GW 13.549f.)
　　　「論理学は普遍についての学……」(GW 13.551-554)
講義「論理学・形而上学，自然哲学，および人間学，心理学」に関するメモ(1817-27年)(GW 13.555-580)
解説付き口述エンツュクロペディー(1818年)(GW 13.581-596)
ベルリン就任演説(1818年)(GW 18.9-31)
自然法と国家学に関する口述講義(1817/18年，および1818/19年)(GW 14.279-381)
『法哲学要綱』(1821年)(GW 14.1-276)
反フーゴー宣言(1821年)
　　　断片(GW 14.387-392)
「世襲の王位継承」(1821年)(GW 14.389)

講義メモ「法とは何か」（GW 14.391f.）
『法哲学要綱』に関する自筆メモ（1821/22-24/25年）（GW 14.393-545）
「文芸批判雑誌の発刊について」（1820年）（GW 15.147-188, 189-203; GW 16.423-439）
キューゲルゲン殿の肖像について（1820年）（GW 15.204-206）
クロイツァーのプロクロス刊行についての註記（1821年）（GW15.253-254）
H・F・W・ヒンリッヒス『宗教』への序説（1822年）（GW 15.126-143）
色彩論についての二編の論稿（1822年）（GW 15.255-276）
主観的精神の哲学に関する断片（1822/23年）（GW 15.207-249）
哲学に関する断片（GW 15.277-278）（執筆時期不詳）
「改宗者たちについて」（1826年）（GW 16.3-15）
『学的批判年報』掲載書評（1827/31年）（GW 16.19-310）
    フンボルト書評（1827年）（GW 16.19-75）
    ゾルガー書評（1828年）（GW 16.77-128）
    ハーマン書評（1828年）（GW 16.129-187）
    ゲッシェル書評（1829年）（GW 16.188-215）
    「答弁」（1829年）（GW 16.216-274）
    オーレルト書評（1831年）（GW 16.275-289）
    ゲレス書評（1831年）（GW 16.290-310）
ハーマンについてのメモ（1828年）（GW 16.407f.）
「答弁」の第三記事についての断片（1829年）（GW 16.409-415）
『哲学的諸学のエンツュクロペディー要綱』（1827年）（GW 19.1-416）
論理学・形而上学講義（1829/30年）に関するメモ（GW 19.419-433）
ベルリン大学学長就任演説（1827年）（『ベルリン時代の文書』，ホフマイスター編，25-29）
アウグスブルク信仰告白祝300年祭演説（1830年）（GW 16.311-322）
『哲学的諸学のエンツュクロペディー要綱』（1830年）（GW 20.1-572）
選挙法改政法案文書のための断片（1831年）（GW 16.416-419）
「イギリス選挙法改正法案について」（1831年）（GW 16.323-404）
『大論理学』第二版序文のためのメモ（1831年）（GW 21.387-390）
1807年の著作［『精神現象学』］改訂のためのメモ（1831年）（GW 9.448）
『大論理学』「存在論」（1832年）（GW 21.1-383）
ベルリン時代の抜粋（1818-31年）（GW 22.3-223）
哲学的諸学のエンツュクロペディー講義（1816/17-26/27年）（伝承されていない）
論理学・形而上学講義（1817-31年）（V 10; V 11; GW 23.1.15-433; GW 23.2.757-1163; GW 24.3）
自然哲学講義（1819/20-30年）（V 16; GW 13.11-175; GW 19.181-283; GW 20.233-375; GW 24.1.1-752; GW 24.2.595-1043; GW 26.3.1051-1495所収予定）
精神哲学講義（人間学と心理学）（1817-1829/30年）（V 13; GW 13.179-223; GW 19.287-351; GW 20.379-477; GW 25 .2.551-917; GW 25.3所収予定）
法哲学講義（1817/18-31/32年（冒頭のみ））（GW 14; Ig Bde. 1-4; V 1; V 14; GW 26.1.1-590; GW 26.2所収予定）
世界史哲学講義（1822/23-30/1831年）（GW 18.119-214; V 12; GW 27.1.5-511; GW 27.2-4所収予定）
オリエントの歴史について（1822/23年）（GW 18.221-227）
美学講義（1818-28/29年）（W X/1-3, V 2; GW 28.1-3所収予定）
宗教哲学講義（1821-31年）（GW 17.1-334; V 3-5; GW 29.1-2所収予定）
哲学史講義（1805/06年; 1816/17-31/32年（冒頭のみ））（GW 18.33-111; W XIII-XV; V 6-9; GW 30.1.7-456; GW 30.2-5所収予定）

神の存在証明講義（1829年）（GW 18.215-217, 228-336; GW 31所収予定）

2．他の著者たちの著作
（数字は記載頁）

アイスキュロス Aeschylus
 オレステイア……………………………………………………………………………………207
 テーバイ攻めの七将……………………………………………………………………………255
アウグスブルク信仰告白 Confessio Augustana……………………………5, 92, 390, 404-05, 502
アリストテレス Aristoteles
 形而上学…………………………………………………………………………………………296
 オルガノン………………………………………………………………………………………296
ヴァイセ，クリスチャン・ヘルマン Weiße, Christian Hermann
 現代の哲学的問題，イマヌエル・ヘルマン・フィヒテへの公開書簡………………659, 663
 ヘーゲル死去時における公衆の哲学への関係について……………………………………631
ヴェルギリウス Vergil
 アエネイス…………………………………………………………………………………556, 615
ヴォルツォーゲン，カロリーネ・フォン Wolzogen, Karoline von
 百合のアグネス……………………………………………………………………………………24
ヴォルテール Voltaire
 アルジール…………………………………………………………………………………………89
 カンディード……………………………………………………………………………………520
エッシェンマイアー，カール・アウグスト Eschenmayer, Carl August
 心理学……………………………………………………………………………………………448
エヒターマイヤー，テオドール/ルーゲ，アーノルト Echtermeyer, Theodor/ Ruge, Arnold
 プロテスタンティズムとロマン主義――ひとつの宣言………………196, 386, 544, 654
エンゲルス，フリードリッヒ Engels, Friedrich
 マルクスへの手紙………………………………………………………………………………662
 ルートヴィッヒ・フォイエルバッハとドイツ古典哲学の終わり…………………………657
オーレルト，アルベルト・レオポルト・ユリウス Ohlert, Albert Leopold Julius
 観念実在論…………………………………………………………………………………399-400
 理性，歴史および啓示と一致した宗教哲学……………………………………………399-400
カル，ジャン・ジャック Carl, Jean Jacques
 ベルナール・ド・ミュラルへの手紙〔カル親書〕…………………………………19, 30, 128
ガルヴェ，クリスチャン Garve, Christien
 能力検査試論………………………………………………………………………………………7
カールス，カール・グスタフ Carus, Carl Gustav
 ドレスデン心理学講義…………………………………………………………………………447
カールス，フリードリッヒ・アウグスト Carus, Friedrich August
 心理学……………………………………………………………………………………272, 279, 447
ガンス，エドゥアルト Gans, Eduard
 相続法の世界史的発展…………………………………………………………………………651
 人物と状況の回顧………………………………………………………………………………652
カント，イマヌエル Kant, Immanuel

実用的観点における人間学……………………………………………………………452
　　道徳の形而上学の基礎づけ……………………………………………………467, 482-83
　　世界市民的見地における歴史への理念………………………………………518, 521
　　実践理性批判………………………………………102, 105, 198, 230, 258, 297, 465, 634
　　純粋理性批判………………………………6, 102, 112-13, 151, 198, 323, 339, 351, 658
　　判断力批判…………………………………………………112, 176, 198, 326-27, 351, 534
　　人倫の形而上学……………………31, 149, 205, 212, 233, 467, 473, 480-81, 483, 485, 492, 505
　　自然科学の形而上学的原理……………………………………………………………176
　　単なる理性の限界内の宗教……………………13, 100-01, 105, 110, 114, 148-49, 182
　　啓蒙とは何か………………………………………………………………………22, 256
　　永遠平和のために………………………………………………………………………504
カンペ, ヨハン・ハインリッヒ Campe, Johann Heinrich
　　児童心理学冊子……………………………………………………………………………7
ギボン, エドワード Gibbon, Edward
　　ローマ帝国衰亡史……………………………………………………………116, 206-07
クナウス, ヨハン・クリストフ Knaus, Johann Christoph
　　合理的哲学の基礎，あるいは論理学概説………………………………………………5
クライスト, ハインリッヒ・フォン Kleist, Heinrich von
　　ハイルブロンのケートヘン……………………………………………………………547
クライン, エルンスト・フェルディナント Klein, Ernst Ferdinand
　　ドイツ共通の刑法の原則………………………………………………………………547
グリム, ヤーコプ Grimm, Jacob
　　ドイツ語文法……………………………………………………………………………461
クリンガー, フリードリッヒ・マキシミリアン Klinger, Friedrich Maximilian
　　ボナヴェントゥラの夜警人……………………………………………………………123
クルーク, ヴィルヘルム・トラウゴット Krug, Wilhelm Traugott
　　最近の観念論に関する書簡………………………………………………………188-89
　　知識学に関する書簡……………………………………………………………………188
　　哲学の新オルガノンの構想………………………………………………………183, 188
クロイツァー, フリードリッヒ Creuzer, Friedrich
　　象徴と神話……………………………………………………………………372, 540, 576
クロプシュトック, フリードリッヒ・ゴットリープ Klopstock, Friedrich Gottlieb
　　救世主（メシア）………………………………………………………………103, 556
　　頌歌………………………………………………………………………………6, 19, 116
グローマン, ヨハン・クリスチャン・アウグスト Grohmann, Johann Christian August
　　啓示と神話について……………………………………………………………………182
ゲッシェル, カール・フリードリッヒ Göschel, Carl Friedrich
　　アフォリスム集……………………………………………………………392-93, 632
　　神と人間，および神─人に関する思弁哲学をめぐる寄稿論集………………………644
　　法学者手元参考資料雑誌………………………………………………368, 394, 651
ケッペン, フリードリッヒ Köppen, Friedrich
　　シェリングの教説または絶対無の哲学の全体……………………………………185-86
ゲーテ, ヨハン・ヴォルフガング Goethe, Johann Wolfgang
　　ヤコービとの往復書簡…………………………………………………………………126
　　シラーとの往復書簡……………………………………………………………………522

シューバルトとの往復書簡···303, 396
　　ファウスト···28, 55, 155, 219, 253, 264, 300-01, 514
　　格律と反省··126
　　ボヘミア祖国博物館協会月報···83, 380
　　狐ライネケ··547
　　御者クロノス··377
　　西東詩集··548
　　自然科学一般について···71
ゲレス，ヨーゼフ Görres, Joseph
　　アジア世界の神話の歴史··384
　　世界史の基礎，区分，時代順序について···401-02, 517
コツェブー，アウグスト Kotzebue, August
　　ドイツ帝国史···76
コンランディ，カシミーア Conrandi, Kasimir
　　自己意識と啓示··632
ザラート，ヤーコブ Salat, Jakob
　　破壊の精神と対する改良の精神について··184
サルトリウス，クリストフ・フリードリッヒ Sartorius, Christoph Friedrich
　　神学教義概説··12
シェイクスピア，ウィリアム Shakespeare, William
　　マクベス···134, 558
　　ロミオとジュリエット··558
シェリング，フリードリッヒ・ヴィルヘルム・ヨーゼフ Schelling, Friedrich Willhelm Joseph
　　最近の哲学文献の一般的概観··170
　　自然哲学への導入に関するアフォリズム集···193
　　フィヒテとの往復書簡··163
　　ブルーノ，あるいは事物の神的原理と自然的原理···161, 165, 236, 358
　　わが哲学体系の叙述··33, 163, 172-76, 177, 180, 189, 309, 312
　　神的事物に関する著作の記念碑··56, 625
　　序論，哲学的批判一般の本質について··186-87
　　哲学体系に基づく更なる叙述··162
　　自然哲学の理念··161
　　芸術の哲学···209, 526, 539
　　神話の哲学···644, 660
　　啓示の哲学··638
　　哲学と宗教··229, 358
　　独断主義と批判主義に関する哲学的書簡··116, 179
　　人間的自由の本質に関する哲学的探究···238
　　リュッケルトとヴァイセ，あるいは思考も知も必要としない哲学··································182
　　超越論的観念論の体系··33, 163, 174-75, 178-80, 188-89, 529
　　絶対的同一性体系と，最近の（ラインホルトの）二元論に対するその関係について·······186
　　自然に対する形成的芸術の関係について···432, 629
　　自然科学の哲学一般との関係について··186
　　哲学における構成について··186
　　哲学一般の形式の可能性について··106

2. 他の著者たちの著作

　　学術的研究の方法に関する講義 ……………………………………………………… 215
　　芸術哲学講義 …………………………………………………………………………… 177
　　近代哲学史講義 ………………………………………………………………………… 615
シュタール，フリードリッヒ・ユリウス Stahl, Friedrich Julius
　　歴史的見地から見た法の哲学 ……………………………… 468，631，644，652-53，656
シュテッフェンス，ヘンリク Steffens, Henrik
　　人間学 …………………………………………………………………………… 374，448
シュトラウス，ダーフィト・フリードリッヒ Strauß, David Friedrich
　　イエスの生涯，批判的に論じられた …………………………………… 109，395，640-43
　　わが著「イエスの生涯」を弁護する論争書 ………………………………………… 632，643
シュトル，ゴットロープ・クリスチャン Storr, Gottlob Christian
　　カントの哲学的宗教論に関する注釈 ………………………………………………………… 112
シューバルト，カール・エルンスト Schubarth, Karl Ernst
　　ホメロスとその時代についての構想 ………………………………………………………… 398
　　哲学一般，とりわけヘーゲルの哲学的諸学のエンツュクロペディーについて ……… 398
　　ヘーゲルの国家論とプロシア国家の不一致について ……………………………………… 398
シューベルト，ゴットヒルフ・ハインリッヒ Schubert, Gotthilf Heinrich
　　自然哲学の暗黒面に関する諸見解 …………………………………………………………… 54
シュマルツ，テオドール・アントン・ハインリッヒ Schmalz, Theodor Anton Heinrich
　　存在，無，生成について ……………………………………………………………………… 398
シュミット，カール・クリスチャン・エアハルト Schmid, Carl Christian Erhard
　　経験心理学 …………………………………………………………………………………… 112-13
シュライエルマッハー，フリードリッヒ・ダニエル・エルンスト Schleiermacher, Friedrich Daniel Ernst
　　福音教会の原則から見たキリスト教の信仰 ………………………………………… 370-71，564
　　宗教論 …………………………………………………………………………… 103，144，149，200
　　フリードリッヒ・シュレーゲルのルチンデについての親展書簡 …………………………… 490
　　イエスの生涯に関する講義 …………………………………………………………… 109，640-41
　　国家論講義 ……………………………………………………………………… 469，492，496-97
シュルツ，カール・ハインリッヒ Schultz, Carl Heinrich
　　生きた植物の自然 ……………………………………………………………………………… 442
シュルツ，クリストフ・ルートヴィッヒ・フリードリッヒ Schultz, Christoph Ludwig Friedrich
　　生理学的な視覚現象と色彩現象 ……………………………………………………………… 376
シュルツェ，ゴットロープ・エルンスト Schulze, Gottlob Ernst
　　アエネシデムス …………………………………………………………………………… 164，191
　　絶対者に関するアフォリズム集 ………………………………………………………… 193，243
　　講義用哲学的諸学のエンツュクロペディー ………………………………………………… 447
　　人間の認識に関する懐疑的思考法の主要契機 ……………………………………… 193-94
　　理論哲学批判 …………………………………………………………………… 182，190，191
シュルツェ，ヨハン Schulze (Schulz), Johann
　　カント教授『純粋理性批判』の解明 ………………………………………………………… 112
シュレーゲル，アウグスト・ヴィルヘルム Schlegel, August Wilhelm
　　バガヴァット・ギータ，あるいはテスペシオン・メロス ………………………………… 383
　　フリードリッヒ・シュレーゲルとヘーゲル ……………………………………………… 85，488
　　ラシーヌのパイドラとエウリピデスのパイドラの比較 ……………………………………… 47
シュレーゲル，フリードリッヒ Schlegel, Friedrich

アラルコス……………………………………………………………………………547
　　アテネウム断片集………………………………………………………………308
　　詩文芸に関する対話，神話論……………………………………216,384,574
　　ルチンデ……………………………………………………………………………490
　　時代の特徴………………………………………………………………………630,652
　　ヴォルデマール書評…………………………………………………………241,387
シラー，フリードリッヒ Schiller, Friedrich
　　歓喜に寄せて……………………………………………………………………135
　　優美と尊厳……………………………………………………………………119,135
　　ギリシアの神々………………………………………………………120,544,546,560
　　ホーレン……………………………………………………………………………24
　　芸術家………………………………………………………………………………236
　　諦念…………………………………………………………………………………522
　　ユリウスの神智学………………………………………………………………135
　　ヴァレンシュタインの陣営……………………………………………………377
シンクレア，イザク・フォン Sinclair, Issac von
　　交友…………………………………………………………………………………29
ステュアート，ジェームズ・デンハム Steuart, James Denham
　　経済学原理…………………………………………………………………………31
スピノザ，バルーフ・デ Spinoza, Baruch (Benedict) de
　　エチカ………………………………………………………175,311,326,456,550,597
スミス，アダム Smith, Adam
　　諸国民の富の本性と原因に関する研究………………………………………223
ズルツァー，ヨハン・ゲオルク Sulzer, Johann Georg
　　すべての学問の精髄………………………………………………………………7
ソフォクレス Sophokles
　　アンティゴネー……………………………………………………………254-55,557
　　コロノスのオイディプス………………………………………………………557
ゾルガー，カール・ヴィルヘルム・フェルディナンド Solger, Karl Wilhelm Ferdinan
　　遺稿著作・書簡集………………………………………………………………384-88
ダウプ，カール Daub, Carl
　　現代の教義学的神学………………………………………………………………70
ツィマーマン，ヨハン・ゲオルク Zimmermann, Johann Georg
　　孤独について………………………………………………………………………7
ディドロー，ドニ Diderot, Denis
　　ラモーの甥…………………………………………………………………………255
デカルト，ルネ Descartes, René
　　第一哲学についての省察……………………………………………………198,613
テンネマン，ヴィルヘルム・ゴットリープ Tennemann, Wilhelm Gottlieb
　　哲学史………………………………………………………………………………595
ドゥーシュ，ヨハン・ヤーコプ Dusch, Johann Jakob
　　趣味の形成にかんする手紙………………………………………………………7
トレンデレンブルク，アドルフ Trendelenburg, Adolf
　　論理学研究…………………………………………………………………………659
ドロイゼン，ヨハン・グスタフ Droysen, Johann Gustav

2. 他の著者たちの著作

　史学……………………………………………………………………………………………512
ニートハンマー, フリードリッヒ・イマヌエル Niethammer, Friedrich Immanuel
　王国における公教育機関の一般的設置規準………………51, 272, 278, 279, 285, 291, 344, 422, 475
ニコライ, フリードリッヒ Nicolai, Friedrich
　ドイツ・スイス旅行記……………………………………………………………………………7
ニコラウス・クザーヌス Nicolaus Cusanus
　学識ある無知について…………………………………………………………………………165
ニュートン, アイザック Newton, Isaac
　光学…………………………………………………………………………………………81, 441
ハイネ, ハインリッヒ Heine, Heinrich
　ルートヴィヒ・ベルネ覚書………………………………………………………………………93
　ロマン派…………………………………………………………………………………544, 623
ハイム, ヨハン・ルートヴィッヒ Haim, Johann Ludwig
　過去の地表と現在の月の表面との類似について……………………………………………232
バウアー, ブルーノ Bauer, Bruno
　無神論者にして反キリスト者ヘーゲルを裁く最後の審判ラッパ…………………………645
バウターヴェク, フリードリッヒ Bouterwek, Friedrich
　思弁哲学の始元根拠……………………………………………………………………………182
バウムガルテン, アレクサンダー・ゴットリープ Baumgarten, Alexander Gottlieb
　形而上学…………………………………………………………………………………………298
パウルス, ハインリッヒ・エーベルハルト・ゴットロープ Paulus, Heinrich Eberhard Gottlob
　フォン・ヴァンゲンハイムの憲法理念に関する哲学的評価…………………………………67
『バガヴァット・ギータ』………………………………………………………………………381, 383
バーク, エドモント Burke, Edmund
　フランス革命の省察………………………………………………………………………467, 630
バトー, シャルル Batteux, Charles
　文学入門……………………………………………………………………………………………6
ハーマン, ヨハン・ゲオルク Hamann, Johann Georg
　ゴルゴタとシェプリミニ………………………………………………………………………391
　純粋理性の純粋主義のメタクリティーク……………………………………………………391
　著作集（ロート編）………………………………………………………………………388, 391
ハラー, カール・ルートヴィッヒ・フォン Haller, Carl Ludwig von
　国家学の復権………………………………………………………………………155, 361, 652
バルディリ, クリストフ・ゴットフリート Bardili, Christoph Gottlfried
　第一論理学概要…………………………………………………………………………163, 179
ヒッペル, テオドール・フォン Hippel, Theeodor v.
　上昇する人生行路…………………………………………………………………………………23
ヒルト, アロワス Hirt, Aloyes
　古代における建築術の歴史……………………………………………………………………550
ビュンシュ, クリスチャン・エルンスト Wünsch, Christian Ernst
　青年のための宇宙論談義…………………………………………………………………………7
ヒンリッヒス, ヘルマン・フリードリッヒ・ヴィルヘルム Hinrichs, Hermann Friedrich Willhelm
　学問との内的関係における宗教………………………………………………369-72, 389, 565, 632
フィヒテ, イマヌエル・ヘルマン Fichte, Immanuel Hermann
　否定的に絶対的なものおよび否定哲学の概念, ヴァイセへの返答書簡………………659, 663

哲学体系要綱···660
　　思弁神学，あるいは一般宗教論···663
　　今日の哲学の原則，転換点および目標···631
フィヒテ，ヨハン・ゴットリープ Fichte, Johann Gottlieb
　　ラインホルト教授への返答書簡··163, 168
　　公衆に訴える···145
　　バルディリ書評··163, 179
　　シェリングの超越論的観念論を読んだ際のコメント···163
　　人間の使命···37, 195-96, 201
　　ヤコービとの往復書簡···187, 209-10
　　閉鎖商業国家···492
　　全知識学の基礎···22, 126, 136, 150, 163, 164, 166, 167, 172, 173, 175, 180, 188, 195, 201, 205, 238, 304, 309, 417
　　自然法の基礎···173, 205, 212, 214, 224, 321
　　ドイツ国民に告ぐ···47, 154
　　より多くの公衆への陽のごとく明らかな報告··182
　　道徳論の体系···174, 212
　　知識学の概念について···417
　　あらゆる啓示の批判の試み··22, 100
　　知識学の新しい叙述の試み···172
　　新しい方法による知識学（1798/99）···164
　　シェリングの同一性の体系の叙述について··167, 309
『フィルダウスィーのシャー・ナメーに基づくイランの英雄叙事詩』（ヨセフ・ゲレス編）······401
フェーダー，ヨハン・ゲオルク・ハインリッヒ Feder, Johann Georg Heinrich
　　新エミール··7
フォイエルバッハ，パウル・ヨハン・アンセルム Feuerbach, Paul Johann Anselm
　　実定刑法の原則と根本概念（改訂版）···482
　　犯罪者の将来の暴力行為を予防する保障手段としての刑罰について··483
フォイエルバッハ，ルートヴィッヒ Feuerbach, Ludwig
　　死と不死についての思想···634
　　将来の哲学の根本命題···647, 662
　　哲学の根本命題，変革の必要性··661
　　一なる，普遍的，無限な理性について（教授資格論文）··660
　　哲学とキリスト教···646, 660
　　哲学の改革のための暫定的テーゼ··647, 661
　　キリスト教の本質···633, 649, 657
　　実定的哲学の批判について···646, 660
　　ヘーゲル哲学の批判について··660
フーゴー，グスタフ Hugo, Gustav
　　ローマ法史教本··361
プファフ，クリストフ・ハインリッヒ Pfaff, Christoph Heinrich
　　ニュートンの色彩論について··376
プラトン Platon
　　パルメニデス···192, 331
　　ソフィステス···331
　　ティマイオス···265, 355, 359

フリース，ヤーコプ・フリードリッヒ Fries, Jacob Friedrich
 理性の新批判······339, 374, 447
 論理の体系······294
ブルッカー，ヤーコプ Brucker, Jakob
 哲学の批判的歴史······595
ブルーノ，ジョルダーノ Bruno, Giornard
 原因について······165
プロクロス Proclus
 神学要綱······70, 372-73
『プロイセン一般ラント法』······31, 140-41, 493
プロティノス Plotin
 エネアデス······450
フンボルト，ヴィルヘルム・フォン Humboldt, Wilhelm von
 バガヴァット・ギータの名で知られたマハーバーラタのエピソードについて······381-84
 ヤコービとの往復書簡······387
 双数について······461
ベーコン，フランシス Bacon, Francis
 学問の進歩······612
 ノヴム・オルガヌム······457, 612
ヘス，ヨハン・ヤーコプ Heß, Johann Jacob
 イエス伝······109
ベーネケ，フリードリッヒ・エドゥアルト Beneke, Friedrich Eduard
 自然科学としての心理学教本······447
ヘムステルホイス，フランス Hemsterhuis, Frans
 アレクシスあるいは黄金時代について······134
 欲望に関する書簡······135
ヘルダー，ヨハン・ゴットフリート Herder, Johann Gottfried
 神，いくつかの対話（第一，第二版）······184
 愛と自己性······135
ヘルダーリン，フリードリッヒ Hölderlin, Friedrich
 エムペドクレス······138
 ヒュペーリオン······29-30, 135, 138
 判断と存在······137
ホッブズ，トマス Hobbes, Thomas
 市民論······490-91
 リヴァイアサン······495
マイナース，クリストフ Meiners, Christoph
 スイスに関する手紙······119
マルクス，カール Marx, Karl
 ヘーゲル国法論批判······655
 経済学‐哲学草稿······238
 フォイエルバッハに関するテーゼ······624
 ヘーゲル法哲学批判······342, 368, 651, 653-56
ミュラー，ヨハネス・フォン Müller, Johannes von
 スイス連邦の歴史······514

ミル，ジェームズ Mill, James
 英領インドの歴史……383
メストル，ジョセフ・ド Maistre, Joseph de
 ペテルブルク夜話……395
メンデルスゾーン，モーゼス Mendelssohn, Moses
 イェルサレムあるいは宗教的力とユダヤ教……391
 パイドンあるいは不死について……6
 啓蒙とは何かという問いについて……6
モーゼス・マイモニデス Moses Maimonides
 迷える人々の教師……605
モリエール，ジャン・バプティスト Molière, Jean Baptiste
 亭主学校……89
 タルチョフ……87
モンテスキュー，シャルル Montesquieu, Charles
 法の精神……206
ヤコービ，フリードリッヒ・ハインリッヒ Jacobi, Friedrich Heinrich
 アルヴィル……397
 往復書簡選集……391
 ジャン・パウルとの往復書簡……179
 デーヴィド・ヒューム……174, 196, 223, 296
 フリードリッヒ・ケッペンへの三つの手紙……185, 200
 ヤコービのフィヒテ宛書簡……163, 198, 201, 258, 338-40
 批判主義の企てについて……197, 199, 339
 モーゼス・メンデルスゾーン氏宛書簡におけるスピノザの教説について〔スピノザ書簡〕
  ……6, 22, 138, 151, 165, 184, 195, 199, 213, 229, 290, 305, 319, 320, 333, 338, 367, 483, 488, 538, 568, 619, 625
 リヒテンベルクの予言について……238-39, 432
 先頃出版された著作の機会について……206
 神的な事物とその啓示について……195-96, 337-40, 394, 432
 著者の哲学全集への序文と同時に入門……197, 432
 著作集 第2巻……57
 著作集 第3巻……337
 ヴォルデマール……198, 253, 387, 387
ライプニッツ，ゴットフリート・ヴィルヘルム Leibniz, Gottfried Wilhelm
 人間知性新論……165, 453, 614
 弁神論……520, 614
ライマールス，ヘルマン・ザームエル Reimarus, Hermann Samuel
 神の理性的崇拝者のための弁明あるいは擁護論……109, 640
ラインホルト，カール・レオンハルト Reinhold, Carl Leonhard
 19世紀初めの哲学の状態を簡単に概観するための寄与……164, 179, 180
 フィヒテとの往復書簡……179
 独断論一般の解読……178
 バルディリの概要にかんする第二書評についてのフィヒテ教授への公開書簡……168
 フィヒテ宛公開書簡……163
 絶対的同一性体系について……178
 私の公開書簡に対するフィヒテの返答書簡について……164, 168

人間の表象能力の新理論の試み	180

ラウパッハ，エルンスト・ベンヤミン・ザローモ Raupach, Ernst Benjamin Salom
   改宗者たち ………………………………………………………… 377, 391

ラグランジュ，ジョセフ・ルイ Lagrange, Joseph Louis
   解析関数論 ……………………………………………………………… 437

ラップ Rapp
   道徳的動機について …………………………………………………… 112

ラヴァーター，ヨハン・カスパール Lavater, Johann Kaspar
   ポンティウス・ピラト ………………………………………………… 109

『ラーマーヤナ』 …………………………………………………………… 383

リウィウス，ティトゥス Livius, Titus
   ローマ建国史 …………………………………………………………… 514

リヒター（ジャン・パウル）フリードリッヒ Richter, Jean Paul Friedrich
   政治的な四旬節説法 …………………………………………………… 238

リュッケルト，ヨーゼフ Rückert, Joseph
   観念論 …………………………………………………………………… 182

ルスト，イザーク Rust, Isaak
   哲学とキリスト教 ……………………………………………………… 632

ルソー，ジャン・ジャック Rousseau, Jean Jacques
   告白 ……………………………………………………………………… 6
   社会契約論 ……………………………………………………………… 102

レオ，ハインリッヒ Leo, Heinrich
   ヘーゲル一派 ………………………………………………………… 645-46

レッシング，ゴットホルト・エフライム Lessing, Gotthold Ephram
   人類の教育 ……………………………………………………… 523, 589
   ナータン ………………………………………… 105, 109, 114, 117, 574
   精神と力の証明について ……………………………………………… 595

ロック，ジョン Locke, John
   人間知性論 ……………………………………………………… 197, 614

匿名　ドイツ観念論最古の体系プログラム ……………… 123-28, 142, 180, 216
匿名　ヘーゲルのエンツュクロペディーに反対する手紙 ………………… 398
匿名　ヘーゲルの教説について，あるいは絶対知と現代の汎神論 ……… 397
   理念の学について ……………………………………………………… 396

3. 定期刊行物
(数字は記載頁)

アジア研究（Asiatic Researches）……………………………………………………………………… 383, 576
一般教会新聞（Allgemeine Kirchen-Zeitung）……………………………………………………………… 643
一般国家新聞（Allgemeine Staats-Zeitung）……………………………………………………… 407, 409
一般文芸新聞（Allgemeine Literatur-Zeitung）………………………… 7, 35, 38, 82, 105, 369, 379
医療科学年報（Jahrbücher der Medizin als Wissenschaft）……………………………………………… 38
ウィーン文芸年報（Wiener Jahrbücher der Literatur）…………………………………………… 83, 379
エアランゲン文芸新聞（Erlanger Literatur-Zeitung）…………………………… 33, 182-85, 188, 190
王立アジア学会紀要（Transactions of the Royal Asiatic Society）……………………………………… 383
学的批判年報（Jahrbücher für wissenschaftliche Kritik）………… 69, 82, 83, 378, 379, 381, 389, 629
学問と文芸のためのドイツ年報（Deutsche Jahrbücher für Wissenschaft und Kunst）…………… 654
カトリック（Le Catholique）……………………………………………………………………………… 404
教養人のための朝刊紙（Morgenblatt für gebildete Stände）…………………………………………… 269
経験的心理学および類似の学問のための一般的便覧（Allgemeine Repertorium für empirische Psychologie）
　……… 105
上部ドイツ一般文芸新聞（Oberdeutche allgemeine Literaturzeitung）…………………………… 105, 112
新ベルリン月報（Neue Berliner Monatschrift für Philosophie）……………………………………… 379
知識人の新聞（Journal des Savans）…………………………………………………………………… 83, 379
哲学雑誌（Philosophisches Journal）…………………………………………………………………… 172
哲学・思弁的神学雑誌（Zeitschrift für Philosophie und spekulative Theologie）………………… 631
哲学批判雑誌（Kritisches Journal der Philosophie）……………………… 34, 182, 183, 185-88, 415
ドイツ一般図書新聞（Allgemeine deutsche Bibliothek）…………………………………………………… 7
独仏年誌（Deutsch-französische Jahrbücher）…………………………………………………………… 655
ハイデルベルク年報（Heidelbergische Jahrbücher）…………………………… 42, 337, 341, 379, 389
ハレ年報（Hallische Jahrbücher）…………………………………………………………………… 356, 654
バンベルク新聞（Bamberger Zeitung）………………………… 45-47, 55, 154, 240, 269, 379, 415
フォス新聞（Vossische Zeitung）…………………………………………………………………………… 80
福音主義教会新聞（Evangelische Kirchen-Zeitung）……………………………………………………… 643
文学・演劇・社交のためのベルリン速達便（Berliner Schnellpost für Literatur, Theater und Geselligkeit）
　……… 86, 377
文学と学芸の新図書新聞（Neue Bibliothek der schönen Wissenschaften und freyen Künste）………… 7
ヘルベチア年代記（Helvetische Annalen）………………………………………………………………… 86
ベルリン・クーリエ（Berliner Courlier）………………………………………………………………… 86
ベルリン政治週報（Berliner Politisches Wochenblatt）………………………………………………… 83, 380
ミネルヴァ（Minerva）…………………………………………………………………………………………… 19

人名索引

ア　行

アウグスティヌス　Aurelius Augustinus 354-430　　106, 630
アナクサゴラス　Anaxagoras BC.ca.500-ca.428　　516, 602, 606
アベッグ　Julius Friedrich Heinrich Abegg 1796-1868　　271, 284, 290, 292
アベラール　Pierre Abélard 1079-1142　　611
アベーケン　Bernhard Rudolf Abeken 1780-1866　　36
アリストテレス　Aristoteles BC.354/3-322/1　　296-98, 301, 326, 340, 347, 443, 447, 450, 482, 600, 601, 603-06, 608, 610, 611, 619
アルテンシュタイン　Karl Siegmund Franz von Stein zum Altenstein 1770-1840　　71-73, 75, 78, 80, 81, 83, 88, 90, 91, 616, 645, 654
アルベルトゥス・マグヌス　Albertus Magnus 1193-1280　　611
アレクサンダー大王　Alexander der Große BC.356-323　　95, 606
アンション　Johann Peter Friedrich Ancillon 1769-1837　　84, 92
アンセルムス　Anselmus Cantaberiensis 1033-1109　　605, 611
イェシェ　Gottlob Benjamin Jäsche 1762-1842　　90
イエス　Jesus von Nazareth (Christus) BC.ca.4-ca.30　　80, 395, 510, 546, 590
イェレス　Jarig Jelles 1620-1683　　305
ヴァイセ　Christian Hermann Weiße 1802-1866　　398
ヴァニーニ　Lucilius Caesar Vanini 1585-1619　　433
ヴァンゲンハイム　Karl August von Wangenheim 1778-1850　　67, 341, 343
ヴァルター　Ferdinand Warter 1794-1879　　70
ヴァルラフ　Ferdinand Franz Wallraf 1748-1824　　88
ヴィヒマン　Ludwig Wilhelm Wichmann 1788-1859　　86
ウィルキンス　Charles Wilkins 1749-1836　　383
ヴィルケン　Friedrich Wilken 1777-1840　　67, 385
ヴィルツ　Johann Georg August Wirth 1798-1848　　52
ヴィルヘルム　Karl Friedrich Wilhelm 1813-1901　　29, 53, 75, 77-82
ヴィンケルマン　Johann Joahim Winckelmann 1717-1768　　529, 550
ヴィンター　Christian Friedrich Winter 1773-1858　　361
ヴィンディッシュマン　Karl Joseph Hieronymus Windischmann 1775-1839　　88, 90, 395, 401
ヴェークシャイダー　Ludwig Wegescneider 1771-1849　　91, 629
ヴェッセルヘフト　Betty Wesselhöft 1765-1830　　69
ヴェーバー　Carl Maria v. Weber 1786-1826　　87
ウェーバー　Max Weber 1864-1920　　197
ヴェルッカー　Karl Theodor Welcker 1790-1869　　67
ヴェルダー　Karl Werder 1806-1893　　627
ヴォルテール　Voltaire 1694-1778　　89, 507, 520
ヴォルフ　Christian Wolff 1679-1754　　574, 612
ウルピアヌス　Domitis Ulpianus ca. 170-228　　524
ウルリーツィ　Hermann Ulrici 1806-1884　　649, 654
エアハルト　Johann Benjamin Erhard 1766-1826　　29
エックシュタイン　Ferdinad v. Eckstein 1790-1861　　92

エッシェンマイア Carl August Eschenmayer 1768-1852　　448
エヒターマイヤー Theodor Echtermeyer 1805-1844　　196, 386, 544, 654
エーベル Johann Gottfried Ebel 1764-1830　　24, 29
エーリヒゾーン Johann Erichson 1777-1856　　29
エルスナー Konrad Engelbert Oelsner 1764-1828　　19
エルトマン Johann Eduard Erdmann 1805-1892　　80, 466, 627, 642
エンケ Johann Franz Encke 1791-1805　　78
エンゲルス Friedrich Engels 1820-1895　　623

カ 行

カイザリンク Hermann v. Keyserlingk 1880-1946　　629
カエサル Caius Iulius Caesar BC. 102-44　　514, 519
カストナー Karl Wilhelm Gottlob Kastner 1783-1857　　40
カタラーニ Angelica Catalani ca. 1780-1849　　86
ガーブラー Georg Andreas Gabler 1786-1853　　38-41
カル Jean Jacques Cart 1748-1813　　19, 30, 405
カール・オイゲン Carl Eugen 1782-1813　　9
カールス（グスタフ）Carl Gustav Carus　　447, 448
カールス（フリードリッヒ）Friedrich August Carus 1770-1807　　272, 279, 448
カール大帝 Karl der Große 742-814　　88, 119
カルノー Lazare Nicolas Carnot 1753-1823　　88
カルマー Johann Heinrich Kaschmir von Carmer 1720-1801　　30
カローヴェ Friedrich Wilhelm Carové 1789-1852　　66, 70, 379
ガンス Eduard Gans 1797-1839　　92, 379, 466, 471, 522, 617, 651, 652
カント Immanuel Kant 17241-1804　　21-23, 31, 417, 426, 435, 438, 447, 450, 452, 465, 467, 470, 473, 480-83, 485, 489, 491, 497, 503, 506, 518, 520-22, 529, 533, 534, 595, 604, 612, 614, 617-20, 625, 630, 634, 652, 653
カンネ Johann Arnold Kanne 1773-1824　　54-56, 401
ギボン Edward Gibbon 1737-1794　　116, 507
キューゲルゲン Gerhard von Kügelgen 1772-1820　　545
キルケゴール Sören Kierkegaard 1813-1855　　560, 651
キンメルレ Heinz Kimmerle 1930-2016　　265, 267
クーザン Victor Cousin 1792-1867　　89, 93, 372, 389
クザーヌス Nikolaus von Kues 1401-1464　　165, 304
グスタフ王子/スウェーデン皇太子 Gustav/Kronprinzen von Schweden 1799-1877　　422, 423
クセラー Christian Xeller 1784-1882　　94
クネーベル Karl Ludwig von Knebel 1744-1834　　43, 45, 46, 52, 53, 73
クライスト Heinrich von Kleist 1777-1811　　547
クライン Ernst Ferdinand Klein 1744-1832　　482
クラウゼ Karl Christian Friedrich Krause 1781-1832　　39, 85
クラウディウス Matthias Claudius 1740-1815　　390
クリスチャン Thomas Immanuel Christian 1814-1891　　39, 53, 54
グリム Jacob Grimm 1785-1863　　461, 654
クルーク Wilhelm Traugott Krug 1770-1842　　182-84, 188, 189
グルック Christoph Willibald Gluck 1714-1787　　86, 87
クロイツァー Georg Friedrich Creuzer 1771-1858　　76, 80, 83, 95, 369, 372, 373, 380, 401, 402, 505, 527, 540, 543, 576, 579
グロックナー Hermann Glockner 1896-1979　　346, 400, 416
ケスター Christian Philipp Köster 1784-1851　　71

人名索引

ゲーゼニウス Wilhelm Gesenius 1786-1842　　629
ゲッシェル Carl Friedrich Göschel 1781-1861　　93, 368, 392-96, 632, 635, 636, 638, 642, 644, 651, 656
ケッペン Friedrich Köppen 1775-1858　　389
ゲーテ Johann Wolfgang von Goethe 1749-1832　　80, 81, 83, 85, 90, 483, 514, 515, 547, 548, 550, 557, 619
ゲールト Peter Gabriel van Ghert 1782-1852　　39, 88, 90, 92, 407
ゲルラハ兄弟 Ludwich v. Gerlach 1795-1877; Leopold v. Gerlach 1790-1861　　91
ゲレス Joseph von Görres 1776-1848　　384, 399, 401-04, 517, 578, 617
ゲンテ Arnold Genthe 1869-1942　　271
ゲンツ Friedrich von Gentz 1764-1832　　79, 467
ケンブル Charles Kemble 1775-185　　89
孔子 Konfuzius BC.551-479　　602
ゴーゲル Johann Noe Gogel 1758-1825　　20, 23, 27
コツェブー August von Kotzebue (kotzebuisch) 1761-1819　　547
コッタ Johann Friedrich Cotta 1764-1832　　94, 379
コールブルック Henry Thomas Colebrooke 1765-1837　　383, 602
コレッジョ Antoni Allgri Correggio 1494-1534　　87, 89
コンドルセ Marie Jean Antoine Nicolas Caritat, Marquis de Condorcet 1743-1794　　510, 523

サ　行

サヴィニー Friedrich Karl von Savigny 1779-1816　　48, 92, 363, 468, 478, 492, 651
ザーフィル Moritz Gottlieb Saphir 1795-1837　　86
サブンドゥス Raimund Sabunde (Raimundus Sabundus) 1385-1436　　611
ザント Karl Sand 1795-1820　　76
シェイクスピア William Shakespeare 1564-1616　　6, 76, 87, 90, 134, 547, 557
シェリング（カール・エーベルハルト）Karl Eberhard Schelling 1783-1854　　54
シェリング（フリードリッヒ・ヴィルヘルム・ヨーゼフ）Friedrich Wilhelm Joseph Schelling 1775-1854
　　19-24, 27, 28, 32, 85, 367, 369, 385, 401-03, 416, 424, 431, 434, 443, 450, 526, 529, 530, 539, 559, 612, 614, 615,
　　625, 629, 644, 645, 651, 652, 654
シェリング（弟）　　160
シェルファー Franz Joseph Schelver 1778-1832　　39, 42, 66, 67
シャドウ Johann Gottfried Schadow 1764-1850　　551
シャルリエ Johann Charlier (Jean Charlier de Gerson) 1363-1429　　611
シャルル十世 Charles X. 1757-1832　　92
シャルンホルスト Gerhard Johann David Scharnhorst 1755-1813　　267
ジャン・パウル Jean Paul Friedrich Richter 1763-1825　　390
シャンポリオン Jean François Champllion 1790-1832　　461
シュタイガー Carl Friedrich von Steiger 1754-1841　　19-21
シュタプファー Philipp Albert Stapfer 1766-1840　　21
シュタール Friedrich Julius Stahl 1802-1855　　468, 631, 644, 652-54, 656
シュックマン Kaspar Friedrich von Schuckmann 1755-1834　　61, 62
シュティークリッツ夫妻 Heinrich Wilhelm August Stieglitz 1801-1849; Charlotte Stieglitz 1806-1834　　80,
　　94
シュテッフェンス Henrik Steffens 1773-1845　　222, 374, 448
シュトラウス David Friedrich Strauß 1808-1874　　80, 94, 123, 395, 565, 632, 640-45, 648
シュトル Gottlob Chrstian Storr 1746-1805　　12
シュヌーラー Chhrstian Friedrich Schnurrer 1742-1822　　10, 11, 13
シューベルト Gotthilf Heinrich von Schubert 1780-1860　　54-56, 58
シュライエルマッハー Friedrich Ernst Daniel Schleiermacher 1768-1834　　34, 76, 78, 79, 81, 82, 92, 144,

200, 338, 381, 453, 469, 490, 492, 496-98, 564, 589, 625, 637, 640-42
シュラーク　Johann Reonhard Schrag 1783-1858　　57
シュルツ　Christoph Ludwig Friedrich Schultz 1808-1874　　93
シュルツェ　Gottlob Ernst Shulze 1761-1833　　447
シュレーゲル（アウグスト・ヴィルヘルム・フォン）August Wilhelm Schlegel 1767-1845　　33, 85, 90, 160, 488
シュレーゲル（カロリーネ）Caroline Schlegel 1763-1809　　34
シュレーゲル（フリードリッヒ・フォン）Friedrich Schlegel 1772-1829　　29, 84, 85, 92, 488, 490, 517, 529, 547, 550, 574, 594, 602, 612, 652, 653, 656
シュレジンガー　Johann Jakob Schlesinger 1792-1855　　71
ショーペンハウアー　Artur Schopenhauer 1788-1860　　84
シラー　Johann Christoph Friedrich von Schiller 1759-1805　　21, 24, 521, 522, 529, 544, 546, 560
シンクレア　Isaak v. Sinclair 1775-1815　　28-30
ズアベディッセン　David Thodor August Suabedissen 1773-1865　　510
スコトゥス・エリウゲナ　Johann Scotus Eriugena 815-877　　611
スティッヒ　Auguste Stich 1795-1865　　86
スピノザ　Baruch de Spinoza 1632-1677　　22, 151, 367, 373, 392, 432, 456, 550, 573, 597, 612-14, 619, 625, 629
スポンティーニ　Gasparo Luigi Pacifio Spontini 1774-1851　　87
スミス　Adam Smith 1723-1790　　223, 482, 492
セクストゥス・エンピリクス　Sextus Empiricus 2-3世紀　　28
ゼーベック　Thomas Johann Seebeck 1770-1831　　76
ゼメリング　Samuel Thomas Sömmering 1755-1830　　375
ソクラテス　Soktates BC.ca.470-399　　105, 516, 600, 604-07
ソフォクレス　Sophokles 496/5-406　　557
ゾルガー　Karl Wilhelm Ferdinand Solger 1780-1819　　77-79, 95, 384-87, 390, 397, 399, 402, 488
ゾンターク　Henriette Gertrude Walpurgis Sontag 1806-1854　　86
ゾンネンシャイン　Johann Valentin Sonnenschein 1749-1828　　21, 27

タ　行

ダウプ　Carl Daub 1763-1836　　83, 86, 92, 367, 370, 371, 380, 381, 397, 398, 424, 564, 565
ターデン　Nikolaus von Thaden 1770-1848　　340, 361, 366, 374
ダンテ　Dante Alighieri 1265-1321　　368
ツァハリーエ　Carl Salomo Zachariae 1769-1843 (Z.C.)　　367
ツィーシェ　Eva Ziesche 1939-2005　　111, 153, 154, 271
ツヴィリング　Jacob Zwilling 1776-1809　　28, 29
ツェラー　Eduard Zeller 1814-1908　　99, 654
ツェルター　Karl Friedrich Zelter 1758-1832　　87, 91, 94, 399, 406
ティーク　Ludwig Tieck 1773-1853　　79, 88, 385, 386, 551
ディーツ　Carl Immanuel Diez 1766-1796　　11
ティツィアーノ　Vacelli Tiziano 1490-1576　　89
ティーデマン　Dietrich Tiedemann 1748-1803　　372, 595, 601
ディドロ　Denis Didrot 1713-1784　　255
ティボー　Anton Friedrich Justus Thibaut 1772-1840　　83, 380, 468, 553
デ・ヴェッテ　Wilhelm Martin Leberrecht de Wette 1780-1849　　78, 370
デカルト　René Descartes 1596-1650　　187, 452, 604, 612-14
デブリエント　Ludwig Devrient 1784-1832　　87
デモクリトス　Demokrit BC.ca.460-370　　606
デュボック　Edouard Casimir Benjamin Duboc 1786-1829　　345

テンネマン Wilhelm Gottlieb Tennemann' 1761-1819　　595, 601, 605
トゥキュディデス Thukydides BC.460-ca.400　　514
ドゥンス・スコトゥス Johannes Duns Scotus 1265/66-1308　　611
トマス・アクィナス Thomas von Aquin 1225-1274　　611
トゥーヒャー（マリー・ヘレナ・スザンナ・フォン）Maria Helena Susanna von Tucher 1791-1832　　53
ドラクロア Delacroix Eugène 1798-1863　　94
トルック Friedrich August Gotttreu Tholuck 1799-1877　　90, 347, 589
ドロイゼン Johann Gustav Droysen 1808-1884　　92, 512, 608, 654
トロックスラー Ignaz Paul Vitalis Troxler 1780-1866　　35, 36, 71, 209, 210, 424

ナ　行

ナポレオン（ボナパルト）Napoleon Bonaparte 1769-1821　　76, 88, 379, 413, 496, 499, 505
ナポレオン（二世）Napoleon-François-Joceph-Charles-Bonaparte 1811-1832　　89
ニコライ Friedrich Nicolai 1733-1811　　363
ニコロビウス Georg Heinrich Ludwig Nicolovius 1767-1839　　61
ニートハンマー Friedrich Immanuel Niethammer 1766-1828　　32, 77, 366, 367, 379, 380, 388-90, 408, 417, 423, 447, 476
ニープ Johann Neeb 1767-1843　　340
ニーブール Barthohold Georg Niebuhr 1776-1831　　92, 515
ニュートン Isaac Newton 1643-1727　　31, 81, 376, 426, 437
ノヴァーリス Novalis（フリードリッヒ・フォン・ハルデンベルク）1772-1801　　157, 238, 500

ハ　行

ハイネ Heinrich Heine 1797-1856　　365, 379, 544
ハイム Rudolf Haym 1821-1901　　9, 13, 92, 99, 112, 130, 132, 142, 153, 154, 157, 212, 215, 216, 263, 343, 410
バイメ Carl Friedrich v. Beyme 1765-1838　　409
バウアー（ブルーノ）Bruno Bauer 1809-1882　　616, 632, 642, 645, 646, 654
バウアー（フェルディナント・クリスティアン）Ferdinand Christian Baur 1792-1860　　636
バウターヴェク Friedrich Bouterweg 1766-1828　　182
バウマン Ludwig Boumann 1801-71　　267, 377
バウムガルテン Alexander Gottlieb Baumgarten 1714-1762　　298
パウルス Heinrich Eberhard Gottlob Paulus 1761-1851　　21, 32, 91, 366, 367, 373, 434
バイロッファー Karl Theodor Bayrhoffer 1812-1888　　645
バーク Edmund Burke 1729-1797　　467, 468, 630
バゲッゼン Jens Baggesen 1764-1826　　21
バーダー Franz Xaver von Baader 1765-1841　　612
バッハ Johann Sebastian Bach 1685-1750　　87, 553
バッハマン Carl Friedrich Bachmann 1785-1855　　46, 625
ハーマン Johann Georg Hamann 1730-1788　　366, 388-92, 397, 399
ハラー Carl Ludwig von Haller 1768-1854　　19, 92, 363, 366, 496, 652, 653
バルディリ Christoph Gottfried Bardili 1761-1808　　11, 163, 179, 180, 188
ハルデンベルク Karl August von Hardenberg 1750-1822　　75, 363
パルメニデス Parmenides BC. ca.515-ca.445　　603, 619
ヒッペル Theodor von Hippel 1741-1796　　23
ヒューム David Hume 1711-76　　196, 507, 614
ピュロン Pyrron BC. ca.365-ca.270　　191, 192
ヒルツ Aloys Hirt 1759-1839　　88

ヒンリッヒス Hermann Friedrich Wilhelm Hinrichs 1794-1861　　92, 369, 370, 374, 389, 565, 627, 632, 642, 651, 654
ファブリキウス Johann Albert Fabricius 1899-1981　　372
ファルンハーゲン Karl August Varnhagen von Ense 1785-1858　　78, 81, 86, 91, 498
ファトケ Wilhelm Vatke 1806-1882　　643
ファン・アイク Hubert van Eyck ca. 1370-1426; Jan van Ecyk 1380-1441　　90
ファン・ゲールト Peter Gabriel van Ghert 1782-185　　60, 69
フィッシャー（フリードリッヒ・テオドーア） Friedrich Theodor Vischer 1807-1887　　627
フィッシャー（クーノ） Kuno Fischer 1824-1907　　377
フィッシャー（ゲオルク・ルートヴィッヒ） Georg Ludwig Friedrich Fischer 1807-1831　　66
フィヒテ（イマヌエル） Immanuel Hermann Fichte 1796-1879　　395, 401, 625, 631, 635-38
フィヒテ（ヨハン・ゴットリープ） Johann Gottlieb Fichte 1762-1814　　84, 85, 91, 95, 450, 468, 488, 491, 523, 652
フェイディアス Phidias BC.ca.500-432　　56
フェルスター Friedrich Förster 1791-1868　　86, 87, 95
フェルノフ Karl Ludwig Fernow 1763-1808　　38
フォイエルバッハ（パウル・ヨハン・アンセルム） Paul Johann Anselm Feuerbach 1755-1833　　482, 653
フォイエルバッハ（ルートヴィッヒ・アンドレアス） Ludwig Andreas Feuerbach 1804-1872　　455, 482, 589, 651, 653-55
フォス Johann Heinrich Voß 1751-1826　　540
フォンターネ Theodor Fontane 1819-1898　　86
フーゴー Gustav Hugo 1764-1844　　362, 366, 367, 377, 478
プファッフ Johann Wilhelm Andreas Pfaff 1774-1835　　54, 55, 58
プファッフ Christoph Heinrich Pfaff 1773-1852　　54, 55
フーフェラント Gottlieb Hufeland 1760-1817　　38, 367
プーフェンドルフ Samuel Pufendorf 1632-1694　　524
フーフナーゲル Willhelm Friedrich Hufnagel 1754-1830　　28, 32
フラット Johann Friedrich Flatt 1739-1821　　10, 11, 112, 113
プラトン Platon BC.427-327　　455, 488, 594, 604, 606-10, 613, 615
フリードリッヒ・ヴィルヘルム三世 Friedrich Wilhelm III., König von Preußen 1770-1840　　75, 80
フリードリッヒ・ヴィルヘルム四世 Friedrich Wilhelm IV., Kronprinz, seit 1840 König von Preußen　　78, 466, 496, 654
フリードリッヒ大王 Friedrich II. (der Große) 1712-1786　　89
フリース Jakob Friedrich Fries 1773-1843　　76, 78, 364, 367, 374, 387, 447
ブルックハルト Christiane Charlotte Burckhardt 1778-1817　　68, 69, 659
ブルッカー Jakob Brucker 1696-1770　　595
ブルーノ Giordano Bruno 1548-1600　　632
ブーレ Johann Gottlieb Buhle 1763-1821　　595, 605
ブレンターノ Clemens Brentano 1778-1842　　48, 401
プロクロス Proclus 412-485　　372, 373, 609
プロティノス Plotin ca.205-ca.270　　372, 450, 609
フロムマン Karl Friedrich Ernst Frommann 1765-1837　　39, 41, 42, 47, 66, 68, 69, 73
フンボルト Karl Wilhelm von Humboldt 1767-1835　　78, 79, 81-83, 91, 461
ベーア Heinrich Beer 1794-1842　　94
ベーク August Friedrich Boeck 1739-1815　　10
ベアレプシュ Emilie von Berlepsch 1757-1830　　21
ペゲラー Otto Pöggeler 1928-2014　　29
ヘーゲル（息子，カール） Karl Friedrich Wilhelm Hegel 1813-1901　　92
ベッカース Hubert Beckers 1806-1889　　636

ベッカリーア Cesare Beccaria 1738-1794　　482
ベッティガー Karl August Böttiger 1760-1835　　88
ペテロ Petros ?-60年頃　　120, 347
ベネケ Friedrich Eduard Beneke 1798-1854　　448
ベートーヴェン Ludwig van Beethoven 1770-1827　　554
ヘラクレイトス Heraklit ca. BC.540-480　　597, 606
ヘルダー Johann Gottfried von Herder 1744-1803　　391, 452, 494, 507, 510, 521, 522
ヘルダーリン Johann Christian Friedrich Hölderin 1770-1843　　20-24, 27-30, 32, 542
ヘルト August Ludwig Held 1805-1839　　91
ヘルバルト Johann Friedrich Herbart 1776-1841　　57, 366, 367, 400
ヘルマン Gottfried Herrmann 1772-1848　　383, 395, 398, 400, 401, 416, 579, 625, 627, 631, 632, 640
ヘーレン Arnold Hermann Ludwig Heeren 1760-1842　　383
ベンホールト＝トムゼン Anke Bennholdt-Thomsen 1937-　　268
ヘンリッヒ Dieter Henrich 1927-　　29
ボアスレ Sulpiz Boisseree 1783-1854　　85, 87
ボェック August Boeckh 1785-1867　　81
ボェルネ Ludwig Börne 1786-1837　　624
ボップ Franz Bopp 1791-1867　　80, 81, 83, 380, 383, 576
ホッブズ Thomas Hobbes 1588-1679　　471, 490, 495, 504
ホトー Heinrich Gustav Hotho 1802-1873　　80, 368, 527-30, 532, 534, 541, 543, 547, 549
ホフバウアー Johann Christian Hoffbauer 1766-1827　　367
ホフマイスター Johannes Hoffmeister 1907-1955　　397, 565
ホフマン Ernst Theodor Amadeus Hoffmann 1776-1822　　554
ホルマー伯爵 Friedrich Levin Graf Holmer 1741-1806　　488

マ　行

マイスト Kurt Rainer Meist 1944-2013　　193, 264
マイモニデス Moses Maimonides 1135-1204　　605, 610
マイモン Salomon Maimon 1753-1800　　190
マース Johann Gebhard Ehrenreich Maaß 1766-1823　　367
マルクス Karl Heinrich Marx 1818-1883　　368, 492, 623, 651-53, 655
マールハイネケ Konrad Philipp Marheineke 1780-1846　　92, 94, 95, 616, 617, 635, 637
マールブランシュ Nicolas Malebranche 1638-1715　　453, 612
ミシュレ Karl Ludwig Michelet 1801-1893　　80, 92, 374, 429, 592, 594, 595, 627, 635, 636, 645, 651, 654
ミュラー（ヨハネス・フォン） Johannes von Müller 1752-1809　　128, 514
ミュラー（カール・オトフリード） Karl Otfried Müller 1797-1840　　84, 381, 576
ミルダー＝ハウプトマン Anna Pauline Milder-Hauptmann 1785-1838　　86, 88
ムールベック Friedrich Muhrbeck 1775-1827　　29
ムント Theodor Mundt 1808-1861　　86, 627
メスマー Franz Anton Mesmer 1734-1815　　454
メッテルニッヒ Klemens Wenzel Lothar, Fürst von Metternich 1773-1859　　75, 468
メムリング Hans Memling ca. 1430-1494　　90
メルカダンテ Giuseppe Saverio Raffaelo Marcadante 1795-1870　　88
メルケル Paul Wolfgang Merkel 1756-1820　　52, 53
メンデルスゾーン Moses Mendelssohn 1729-1786　　22, 87, 148
メンデルスゾーン＝バルトルディー Felix Mendelssohn-Bartholdy　　558
モーゼ Moses 前13世紀頃　　625
モーツァルト Wolfgang Amadeus Mozart 1756-1791　　87-89, 554

モリエール Jean Baptiste Molière 1622-1673　87, 89
モリトール Joseph Franz Molitor 1779-1860　29
モンテスキュー Charles-Louis de Secondat, Baron de la Brede et de Montesquieu 1689-1755　155, 206

ヤ　行

ヤコービ Friedrich Heinrich Jacobi 1743-1819　22, 82, 85, 367, 369, 379, 387-92, 394, 397, 432, 437, 488, 538, 568, 591, 614, 619
ヤルケ Karl Ernst Jarcke 1801-1852　380, 395, 403
ヤーン Friedrich Ludwig Jahn (Turnvater) 1778-1852　76
ヤング Thomas Young 1773-1829　461
ユクスキュル Boris von Uexküll 1793-1870　66

ラ　行

ライプニッツ Gottfried Wilhelm Leibniz 1646-1716　453, 461, 463, 520, 521, 574, 612-14
ライマールス Hermann Samuel Reimarus 1694-1768　109, 110, 640
ラインホルト Karl Leonhard Reinhold 1758-1823　416, 625
ラウパッハ Ernst Benjamin Salomo Raupach 1784-1852　87, 377, 391
ラウヒ Christian Daniel Rauch 1777-1857　86, 551
ラウマー Friedrich Ludwig Georg v. Raumer 1781-1873　89, 94
ラファエッロ Santi Raffaelo 1483-1520　87, 89
ラムネ神父 Hugues-Félicite-Robert de Lamennais 1782-1854　92
ランケ Leopold v. Ranke 1795-1886　85, 515
ランベルト Johann Heinrich Lambert 1728-1777　263
リウィウス Livius Titus BC.59-AC.17　514
リーガー Karl Heinrich Rieger 1726-1791　404
リカード David Ricardo, 1772-1823　482
リヒテンベルク Georg Christoph Lichtenberg 1742-99　222, 338, 340
リュバースベルク Jakob Johann Lyversberg 1761-1834　88
ルーゲ Arnold Ruge 1802-1880　77, 466, 544, 654
ルソー Jean-Jacques Rousseau 1712-1778　23, 28, 495, 496, 505
ルスト Isaak Rust 1797-1862　632, 633
レーヴェンベルク Jakob Löwenberg 1856-1929　271
レウキッポス Leukipp 前5世紀頃　606
レオ Heinrich Leo 1799-1878　644-46
レオナルド・ダ・ヴィンチ Leonardo da Vinci 1452-1519　89
レオンハルディ Hermann Karl v. Leonhardi 1809-1875　85
レーゼル Johann Gottlieb Samuel Rösel 1768-1843　94
レッシング Gotthold Ephraim Lessing 1729-1781　22, 390, 522, 529, 538, 574, 589, 607, 640
レーベルク August Wilhelm Rehberg 1757-1840　22
ロイトヴァイン Christian Philipp Friedrich Leutwein 1758-1823　12, 14, 15
ローゼンクランツ Johann Karl Friedrich Rosenkranz 1805-1879　21, 23, 28-32, 92, 94, 367, 376, 395, 400, 408, 410, 415, 423, 594, 626, 627, 636, 642, 651, 654
ローゼンツヴァイク Franz Rosenzweig 1886-1929　123, 408-10, 413, 522
ロック John Locke 1632-1704　481, 524, 612, 613
ロッシーニ Gioacchino Antonio Rossini 1792-1868　87-89
ローテ，リチャード Richard Rothe 1799-1867　66, 72
ローデ Johann Gottlieb Rhode 1762-1827　579

ロート Karl Johann Friedrich Roth 1780-1852　　366, 380, 388-91
ロットマナー Karl Rottmanner 1783-1824　　48

地名索引

アテネ Athene　494
アドリアノープル Adrianopel　85
アフリカ Afrika　259, 448, 576
アーヘン Aachen　88, 90, 119
アムステルダム Amsterdam　88
アルケン Alkin　29
アルトドルフ　33, 48
アルプス Alpen　118-120
アレクサンドリア Alexandria　192, 259
アーレン Aalen　54
アンスバッハ Ansbach　54
アントウェルペン Antwerpen　88
イェーナ Jena　53, 54, 57, 58, 60, 65, 66, 68, 69, 71, 73, 88, 91, 93, 267, 269, 271, 274, 275, 278, 282, 283, 292, 294, 296, 299, 304, 310, 313, 324, 338, 343, 349, 357, 358, 446, 465, 466, 469, 475, 488, 494, 509, 511
イオニア Ionien　597, 601, 606
イギリス England　89, 92, 94, 496, 507
イスラエル Israel　40, 134, 139, 140, 219, 259, 371, 541, 576, 578-80, 585
イタリア Italien　88, 499
イラン Iran　259, 401, 541, 577
インド Indien　80, 259, 383, 384, 531, 541, 556, 576-80, 582, 584, 601, 602, 606
ヴァイセンフェルス Weißenfels　73
ヴァイマル Weimar　90
ヴァート地方 Waadtland　128, 507
ヴァルトブルク Wartburg　76, 77, 364, 366
ヴィッテンベルク Wittenberg　73
ウィーン Wien　75, 83, 85-88, 90, 379
ヴェストファーレン Westfalen　39, 47, 157
ヴォルフェンビュッテル Wolfenbüttel　388
ヴュルツブルク Würzburg　55
ヴュルテンベルク Württemberg　67, 130-33, 341-43, 404, 413
エアフルト Erfurt　47
エアランゲン Erlangen　54, 55, 60, 62
エジプト ägyptisch（の）　461
オーストリア Österreich　58, 67, 75, 76, 267, 468
オリエント Orient　448, 463, 506, 523
カッセル Kassel　89
カールスバート Karlsbad　76, 81, 85, 362
カールスルーエ Karlsruhe　61
カルルシュテイン Karlstein　88
ギリシア Griechenland　290, 448
クプァーグラーベン Kupfergraben　90
グライフスヴァルト Greifswald　29, 92
クロイツベルク Kreuzberg　94
ゲッティンゲン Göttingen　69, 92

地名索引

ケーニヒスベルク Königsberg　　92
ケルン Köln　　61, 88, 90, 644
ゴータ Gotha　　38, 47
コブレンツ Koblenz　　89
シェルブール Cherbourg　　92
ジョクジャカルタ Djokjakarta　　69
シュトゥットガルト Stuttgart　　5-7, 54, 68, 69, 131
ジュネーブ Genf　　23, 118, 154
小アジア Kleinasien　　601
スイス Schweiz　　18, 24, 36, 42, 128, 129
スウェーデン Sweden　　422, 423, 429
スコットランド Schottland　　7, 614
ダルムシュタット Darmstadt　　76
中国 China　　574, 576, 577, 579, 580, 582, 584, 601, 602
チュッグ Tschugg　　20, 21, 120
ツヴィーファルテン Zwiefalten　　54
テプリツェ Teplitz　　88
テュービンゲン Tübingen　　9-16, 54, 60, 92, 343
デン・ハーグ Den Haag　　88
ドイツ Deuschland　　67, 72, 75, 372, 388, 410, 501, 623, 630, 651, 655
トリーア Trier　　89
ドレスデン Dresden　　85, 87-89, 448, 654
ナーゴルト川 Nagold　　54
ナント Nantes　　19, 36, 384, 659
ニーダーラント〔オランダ〕Niederland　　69, 87, 88, 90, 376, 405, 407
ニュルンベルク　　51-54, 57, 58, 60-62, 68, 71, 76, 88, 269-72, 274, 275, 278, 279, 284, 285, 292, 293, 296, 304, 311, 313, 314, 324, 325, 344, 345, 389, 415, 428, 446, 475, 626
バイエルン Bayern　　59, 62
ハイデルベルク Heidelberg　　54, 56, 58, 60-62, 65-73, 75, 82, 87, 89, 92, 271, 292, 295, 337, 344, 345, 369, 385, 415, 431, 466, 468, 488, 494, 509, 625, 626, 633
バスティーユ Bastille　　87
バーデン Baden　　72, 371, 415
パリ Paris　　59, 87-90, 655
ハレ Halle　　66, 91, 92
ハンガリー Ungarn　　86
ハンブルク Hamburg　　88
バンベルク Bamberg　　54, 55, 60, 267, 269, 274, 275, 290, 296, 299, 379, 415
ピヒェルベルク Pichelsberg　　76
ピルニッツ Pillnitz　　87
フェルトベルク Feldberg　　29
フォルクスガルテン Volksgarten　　88
プファウエンインゼル Pfaueninsel　　89
プファルツ Pfalz　　23
フラッチャニ Hradschin　　88
プラハ Prag　　88
フランクフルト Frankfurt　　73, 75, 76, 87, 138, 362, 415
フランケン Franken　　68
フランス Frankreich　　76, 92-94, 158, 384, 395, 404, 405, 407, 408, 412, 413, 439, 467, 496, 501, 623, 624, 630, 631, 633, 652

ブリュッセル Brüssel　　88, 90
ブリュッヘ Brügge　　90
ブレスラウ Breslau　　69, 92
ブレダ Breda　　88
ベルギー belgisch（の）　　92
ベルリン Berlin　　57, 58, 60-62, 66-73, 75, 80, 86, 87, 89-92, 94, 267, 370, 406, 415, 466, 488, 494, 509, 651, 654
ベルン Bern　　17-24, 128-30, 495, 507
プロイセン Preußen　　67, 82, 90-94, 363, 398, 496, 499, 631, 654
ヘント Gent　　88, 90
ペンペルフォルト Pempelfort　　388
ポツダム Potsdam　　89, 408
ボナメス Bonamös　　29
ボヘミア Bohemia　　393
ポーランド Polen　　79, 92, 407
ボン Bonn　　90, 92
マインツ Mainz　　28, 89
マクデブルク Magdeburg　　88
マグナ・グラエキア Magna Graecia　　601
マールブルク Marburg　　79, 646
マンハイム Manheim　　71, 76
ミュンヘン München　　53, 55, 57, 71, 72, 82, 92, 630, 631, 652
メス Metz　　89
ヨーロッパ Europa　　140, 383, 407, 412
ライプツィヒ Leipzig　　73
ライン川国境 Rheingrenze　　93
ライン川左岸 linksrheinisch　　500
リエージュ Lüttich　　90
ルクセンブルク Luxemburg　　89
ルーフェン Leuven　　88, 90
ルーブル Louvre　　89
ロシア Rußland　　58, 75, 76, 268
ロッテルダム Rotterdam　　88
ロンドン London　　88
ローマ Rom　　60, 448, 519

事項索引

ア　行

愛 Liebe　　82, 136-39, 150, 364, 372, 377, 378, 382, 386, 393, 545, 547, 551
アウグスブルク信仰告白 Confessio Augustana　　118
悪 Böses　　76-78, 82, 364, 371, 386, 391, 392, 395, 398, 403, 405, 410, 411, 416, 420, 436, 440, 625, 635, 642, 646, 647
アプリオリ（な）a priori, apriorisch　　198, 595
　　──主義 Apriorismus　　517
　　──性 Apriorität　　515, 516
アンチノミー（二律背反）Antinomie　　112, 151, 168, 182, 277, 302-04
意志 Wille　　134, 222, 286-89, 340, 546, 547, 555, 559, 600, 608
　　無限な── unendlicher -　　547
　　悪意 böser -　　557
意識 Bewußtseyn　　131, 137-39, 147, 212, 279-84, 348-52, 370, 371, 381, 394, 414, 435, 438, 440, 537, 538, 540, 548, 556, 562, 568-69, 572, 573, 575-77, 580, 581, 590, 599, 600, 607-09, 611, 614, 624, 632, 634, 662
　　近代的な── neuzeitliches -　　592
　　散文的── prosaisches -　　535
　　宗教的── religiöses -　　371, 566, 577, 632, 636, 657
　　象徴的な── symbolisches -　　542
　　表象する── vorstellendes -　　556
　　有限な── endliches -　　525, 569
　　──形式 -sform　　542, 547, 569
　　──の事実 Tatsachen des -s　　191, 192
生けるもの（生けるもの）Lebendiges　　31, 119, 138, 140, 142, 144, 146
偉人 grosser Mensch　　223
一にして全 hen kai pan　　322
一般意志 allgemeiner Wille　　118, 246
威力 Macht　　542
色 Farbe　　210, 551-53
イロニー，イローニッシュ Ironie: ironisch　　59, 62, 219, 243, 267, 386, 488, 500, 653
美しき魂 schöne Seele　　177, 247
宇宙論 Kosmologie　　112, 219, 578, 585, 617-19
運動 Bewegung　　316, 536, 537, 599, 611, 615
運命 Schicksal　　139, 141, 558, 607
迂路 Umweg　　105, 605
永遠平和 ewiger Frieden　　224
エーテル Äther　　219
エピクロス派 Epikuräer　　606, 608, 609
エレウシス Eleusis　　23, 120
円環 Kreis　　332
行い Tat　　136
音楽 Musik　　20, 28, 103, 530, 536, 548-50, 552-54

カ　行

懐疑 Zweifel　　243,
懐疑主義 Skeptizismus　　192, 252, 594, 606, 608, 609
概説書（便覧）Kompendium　　11, 65, 105, 112, 362, 374, 416, 417-19, 420, 422-24, 426, 430
外的 äußerlich　　374, 419, 425, 444, 534, 548, 549, 551, 552, 554-56, 558, 560-62, 569, 611, 645
　　――なもの Äußeres　　551, 552, 573, 581, 598, 611
概念 Begriff　　23, 31, 79, 157-59, 165-69, 171-79, 233, 278, 306, 308, 320-32, 333, 334, 349, 364-68, 370, 371, 374, 375, 383, 386, 387, 391, 394, 395, 400, 402, 404, 406, 412, 416, 417, 422, 424-28, 430-44, 522-27, 530-39, 541-44, 546, 547, 549, 554-56, 559, 562, 566-99, 601-05, 607, 610-14, 619, 620, 666
　　――の自己運動 Selbstbewegung des -s　　310
　　――の概念 - des Begriffs　　320, 322
解放 Befreiung　　171, 174, 333, 334, 554, 555
化学機構，化学的連関 Chemismus　　269, 270, 326, 232
学，学問 Wissenschaft　　6, 7, 123-26, 159-222, 242, 247, 284, 296, 353, 361-410, 412-59, 531, 551, 566, 568, 573, 578, 583, 596-99, 606, 607, 612
　　経験的な―― empirische-　　436
　　純粋（な）―― reine -　　274, 299, 300, 308, 309, 330, 349
　　純粋概念の―― - des reinen Begriffs　　274
　　――の体系 System der -　　417-19, 596
　　――の形式 -sform　　418, 530
確信 Gewißheit　　180, 593
革命 Revolution　　18-20, 22, 101, 149, 173
　　ベルギー―― belgische -　　92
仮象（映現）Schein　　532, 534, 548
家族 Familie　　223, 287-89
家庭教師 Hofmeister　　17-21, 23, 27, 28, 31
学校哲学 Schulphilosophie　　416, 417, 446, 447, 595
カトリック Katholizismus　　32, 216, 612
活動（活動性，活動態）Tätigkeit　　75, 79, 80, 82, 151, 168, 172, 183, 184, 316, 374, 375, 385, 403-07, 413, 415-18, 421-23, 428, 435, 440-43, 535, 551, 581, 602, 625, 630
神 Gott　　5-7, 21-23, 75-77, 80, 82, 99-106, 114-16, 123-26, 133-45, 165, 176-79, 236, 289, 290, 311, 322, 325, 334, 339, 352, 355, 365, 369, 370, 378, 384, 388, 390-92, 394, 395, 397, 400-07, 416-18, 421-24, 428, 431-35, 442-65, 526, 529, 531, 535, 542-47, 549, 553, 559-63, 568-71, 573-76, 578, 583, 585, 589-90, 593, 609-11, 614, 619, 620, 623-27, 629-49, 651-66
　　――の国 Reich -es　　13, 16, 138, 547
　　――の三角形 göttliches Dreieck　　265
　　――の存在証明 -esbeweise　　291, 585, 586, 588, 613, 616-20
　　――の存在の道徳的証明 moralischer -esbeweis　　21
　　――の（定在に関する）存在論的証明 ontologischer Beweis vom Dasein -es　　325
　　――の人間化 Menschenwerdung -es　　247, 259
カールスバートの決議 Karlsbader Beschlüsse　　76, 362
感覚 Empfindung　　174, 531, 536, 548, 549, 551-53, 608, 609, 612, 661
感覚的確信 sinnliche Gewißheit　　250
関係 Beziehung, Verhältnis, Relation　　129, 131, 132, 134-40, 142-45, 166-71, 173-77, 310, 364, 366, 369-71, 375, 380, 381, 383-89, 391, 396, 397, 401-03, 405, 406, 409, 411-13, 417-19, 421, 425-29, 431, 432, 435-44, 531, 538, 539, 566, 568, 569, 571, 574, 575, 583, 600, 611, 625, 629, 631-34, 636, 643, 646, 647, 649
　　――のカテゴリー Relationskategorie　　226, 276, 313, 314, 318, 319

観察する理性 beobachtende Vernunft　　252
感傷 Empfindsamkeit　　55, 101, 245, 432
感傷的 empfindsam　　245
感情 Gefühl　　137, 282, 552, 570, 605, 618, 619
　　宗教的―― religiöses -　　103
感性，感性態 Sinnlichkeit　　102, 103
感性的なもの Sinnliches　　532, 554, 569
感性論（美学）Ästhetik　　19, 272, 273, 532-34, 538, 539, 541, 542, 546, 564, 566, 569, 576, 590, 594, 603
完成可能性 Perfektivität　　510, 522, 525
観念実在論 Idealrealismus　　399-401
観念性 Idealität　　189, 215, 221, 228, 433, 438, 439, 451, 455, 458
観念論 Idealismus　　223, 229, 252, 263, 534, 601, 602, 608
記憶 Gedächtnis　　222
記憶の女神 Mnemosyne　　220
議会（国民代表）Parlament: Volksvertretung　　19, 341-43
機械 Maschine　　223
機械的なもの Mechanisches　　126
機械的連関（メカニズム），機械論 Mechanismus　　221, 325, 326, 529
喜劇 Komödie, Lustspiel　　27, 260, 557, 558
記号 Zeichen　　534, 536, 540, 554, 559
犠牲 Opfer　　144
擬人的 anthropomorph　　542, 543, 551
規定された否定 bestimmte Negation　　242, 249
義務 Pflicht　　288, 289
ギムナジウム Gymnasium　　5-7
客観，客体 Objekt　　375, 386, 391, 424, 425, 433, 435, 438, 556, 591, 602, 606-09, 614, 615, 633, 637, 649, 659
　　――的なもの Objektives　　443
客観的精神 objektiver Geist　　235, 254
客観性，客体性，客観態 Objektivität　　325-29, 349-51, 554-56, 561, 566, 593, 604, 607, 609
究極目的 Endzweck　　538, 571, 603
救世主待望論 Messiaserwartung　　114
教会 Kirche　　28, 31, 117, 550, 551, 562, 565, 592, 612
　　プロテスタント――（福音教会）protestantische (evangelische) -　　565, 612
　　――法 -nrecht　　117
教科書 Lehrbuch　　6, 217, 344, 362, 418, 448
教義 Lehre　　21, 22, 101, 103, 584, 588, 612
教義学，教義学的 Dogmatik: dogmatisch　　564, 565, 586, 588, 612
強制 Zwang　　119, 134, 137, 154, 155, 157, 173, 174, 209, 287, 348, 362, 444, 474, 475, 483, 484, 489, 498, 505, 656
教団 Gemeine　　261
教養形成 Bildung　　250, 255
キリスト教 Christentum　　103-06, 113-17, 236, 544, 545, 547, 560-62, 566-71, 574, 575, 579, 580, 582-88, 602-04, 607, 609-11, 661
儀礼 Kultus　　144
近代 Neuzeit　　411, 413, 432, 546, 549, 592, 603, 604, 609, 612, 613, 640, 647
　　――的 neuzeitlich, modern　　411, 413, 432, 547, 557, 558, 606, 634, 640, 647
空間 Raum　　143, 278, 550, 554, 569, 570, 580, 581, 597, 609
　　――性 -lichkeit　　440, 569, 589
空想 Fantasie　　94, 102, 215, 244, 262, 327, 402, 403, 421, 436, 440, 460, 461, 513, 517

偶然 Zufall　　318, 319, 444, 536, 538, 555, 558, 562, 568, 583, 592, 595, 599
偶然性 Zufälligkeit　　531, 609, 618
偶然的なもの Zufälliges　　444, 551, 569, 596, 604, 618, 619
具体的普遍 konkrete Allgemeinheit 322
君主 Monarch　　10, 234, 288, 410, 413, 497-99, 508, 523, 644, 661
　――権 fürstliche Gewalt　　410, 497-99
　――制 Monarchie　　288
形式 Form　　362, 365, 369-71, 373, 374, 377, 387, 394, 398, 403, 408, 411, 415, 419, 421, 424-28, 430, 436, 438, 439, 441, 443, 527-34, 536-43, 545, 547-52, 554-60, 562-64, 567, 569-71, 581, 585, 588-93, 596-600, 602-05, 609-13, 618, 619, 626, 629, 634, 637, 638, 644-47
　――主義 Formalismus　　324, 332, 403, 434, 436, 443, 547, 617
　――的 formell　　235, 370, 394, 426, 434, 441, 547, 562, 618, 637, 638, 644, 645
啓示，明らかな Offenbarung: offenbar　　527, 567, 569, 579, 580, 584, 589
形而上学 Metaphysik　　147, 210, 294-300, 309, 315, 328, 329, 533, 567, 585-88, 594, 599, 604, 608, 609, 613, 614, 618, 619, 657-64
芸術，技術 Kunst　　235, 236, 283, 353, 354, 526-66, 569, 570, 572, 578, 579, 581-83, 591, 593, 598, 600, 601, 603-05
芸術宗教 Kunstreligion　　259, 527, 564
啓蒙，啓蒙主義 Aufklärung　　6, 256, 570, 574, 590, 592, 593, 614
言語 Sprache　　222
経験，経験的 Empirie: empirisch　　78, 351, 367, 374-76, 379, 386, 391, 405, 406, 417, 431-40, 443, 444, 568, 573, 574, 576, 580, 581, 588, 607, 608, 612, 614
　歴史的な―― geschichtliche-　　574
　――概念 -sbegriff　　375, 437, 612, 614
　――科学 -swissenschaft　　176, 204, 434, 437, 444, 457, 623, 630
敬虔 Frömmigkeit　　546, 548, 569, 587
　――主義 Pietismus　　570
　――主義的 pietistisch　　347
傾向性 Neigung　　135-37, 464, 465
刑法 Strafrecht　　288
契約 Vertrag, Kontrakt　　342
決意 Entschluß　　564
検閲 Zensur　　46, 47, 76, 83, 362, 363, 380, 654
言語 Sprache　　554, 555, 569
現実性，現実，現実態 Wirklichkeit　　140, 318, 319, 327, 329, 330, 333, 348-50, 364-67, 371, 375, 386, 388, 403, 406, 407, 410, 413, 425-28, 435, 437-41, 443, 534-36, 539, 544-46, 548, 556, 567, 568, 573-76, 579, 592, 598, 624-26, 644
　社会的現実 gesellschaftliche -t　　469, 477
　最高の現実 höchste -　　571, 573
　現実化 Realisierung　　606, 624-26, 644
　現実化する realisieren　　601
現実存在，現実在，現存 Existenz　　317, 565
現象 Erscheinung　　13, 14, 23, 24, 317, 355, 356, 358, 529, 534, 539, 546, 549, 575
現代的 modern　　172, 206, 214, 223, 485, 498, 509
原子論的 atomistisch　　174, 250, 499
幻想 Illusion　　546, 591
憲法 Konstitution　　283
権利 Recht　　20, 117, 118, 128, 129, 287, 533, 547, 555, 558, 570, 589
　内的な――　　611

権力 Gewalt　　154-59, 342
原理 Prizip, Grundsatz　　31, 362, 379, 392, 398, 409-11, 421, 422, 425, 435, 444, 530, 548, 549, 551, 556-58, 566, 568, 572, 577, 578, 580, 592, 597, 600, 602, 603, 604-08, 610-14
行為 Handlung　　286-89, 329, 405-06, 417, 547, 555-57, 569, 596, 598, 612
合一哲学 Vereinigungsphilosophie　　135, 136, 149-51
口述筆記 Diktat, diktieren　　52, 211, 272, 275-78, 280, 281, 284, 285, 290, 292, 466, 527, 528
幸福 Glückseligkeit　　145, 287, 288, 608, 609
合目的性 Zweckmäßigkeit　　277, 326, 327, 534, 550, 555, 582
合目的的 zweckmäßig　　120
合理主義 Rationalismus　　570, 589, 595, 596, 634, 644
　　──的 rationalistisch　　325, 328, 347, 348, 350, 589
合理性 Rationalität　　197, 634
国際法 Völkerrecht　　288
国制 Verfassung　　153, 208, 212, 409, 494-97, 499, 502, 507, 509, 524, 525
国民 Nation, Volk　　19, 129, 131, 133, 288, 342, 526, 531, 556, 601
　　──的 national　　58, 87, 158, 215
国民経済学 Nationalökonomie　　213
国民国家 Nationalstaat　　76, 494,
心 Herz, Gemüt　　20, 27-29, 76-81, 103, 340, 364, 369, 372-75, 377, 380-33, 385-97, 399, 400, 402-07, 409-13, 415, 417, 418, 425, 425, 426, 431, 433, 436, 438, 439, 440, 546, 552, 556, 557, 587, 613, 623, 626, 631-35, 640, 643-47, 649
個人 Individuum　　75, 140, 283, 289, 356, 365, 367, 377, 380, 381, 383, 388-90, 393, 396, 405, 423, 429, 434, 607, 611
個体 Individuum　　288, 328, 574, 614
　　──性 Individualität　　140, 142, 550, 607, 613,
悟性 Verstand　　111, 112, 116, 137, 147, 148, 167, 168, 170, 222, 245, 250, 274, 276, 279, 282, 298, 317, 326, 338-40, 347, 351, 553, 585, 599, 614, 619
　　たんなる── blosser-　　340, 619
　　もっとも厳密な── strengster -　　552
　　──形式 -esform　　619
　　──的思考 -esdenken　　140
国家 Staat, Nation　　19, 21, 31, 154-59, 234, 237, 255, 283, 285, 287-89, 379, 380, 398, 578, 605
　　寡頭制貴族── Patrizierstaat　　19
　　宗教と── Religion und -　　106, 156, 406, 500, 502, 631, 644, 658, 659
　　精神的な── geistlicher -　　117
　　ドイツ── deutscher -　　366
　　プラトンの── platonischer -　　607
　　──学 -wissenschaft　　285
　　──体制 -sverfassung, (staatliche) Verfassung　　128, 232-34, 502, 508, 509, 521
　　──哲学 -philosophie　　157, 497, 501, 652, 653
　　──論 -lehre　　77, 398, 411
国家的 national　　379, 380
国権（国法）Staatrecht:　　155-57
骨相学 Schädellehre　　252, 551
古典古代 Antike　　6, 605, 606
古典古代の antik　　7, 10, 491, 544, 609, 611, 614
事，事柄 Sache　　75-78, 253, 277, 300, 322, 356-59, 361-66, 372-78, 380-83, 385, 387, 389-91, 393, 394, 396-401, 404-10, 415-17, 420, 432, 433, 436, 441, 549, 555, 556, 573, 598, 604
個別化の原理 principium individuationis　　322

根源的啓示 Uroffenbarung　384

サ　行

最高存在 höchstes Wesen　227, 570, 609, 613
作品 Werk　224, 527, 529, 532, 534, 537, 538, 541, 543, 547-54, 556-58, 561, 569, 570, 583
差別 Differenz　210
査法的理性 gesetzprüfende Vernunft　253
三重構造 Triplizität　198, 311, 332
三位一体 Trinität　332, 347, 560, 569, 583, 584, 586, 587, 610, 613, 637
　　――説 -slehe　236
　　――的 trinitarisch　583-86, 589, 637
　　――の関係 trinitarisches Verhältnis　265, 569
三月革命以前 Vormärz　620
死 Tod　32, 224, 257, 599, 607, 651, 658
恣意 Willkür　329, 353
時間 Zeit　278, 312, 316, 330,
時代 Zeit　146, 348, 361-73, 375-77, 379-81, 383-85, 387-91, 393-95, 397-99, 401, 403-07, 409, 411, 413-17, 419, 421, 423-27, 429-37, 439-41, 443, 529, 539, 540-42, 544, 545, 547-50, 554-56, 560-62, 579, 595, 602-04
色彩論 Farbenlehre　71
自我 Ich　22, 172, 201, 236, 287, 320-22, 328, 358, 572, 573, 602, 604, 606, 614
自己意識 Selbstbewußtsein　137, 251, 274, 280, 281, 283, 284, 300, 309, 320, 328, 340, 349, 351, 370, 531-33, 537, 538, 542, 556, 559, 560-62, 568-70, 572, 573, 577, 579-84, 586, 588, 590, 592, 598, 602, 604, 609, 611, 614, 615, 632, 636, 636, 637, 637, 637, 643, 646, 646,
自己運動 Selbstbewegung　247, 302, 306, 310, 316, 330, 331
自己関係 Selbstbeziehung, Selbsthezug　286, 287, 314, 321, 322, 531, 539, 568, 569, 571, 575, 602
　精神の―― - des Geistes　566, 574, 583
　　――的 selbstbezüglich　322, 615
自己原因 causa sui　246, 619
自己－知 Sich-Wissen　245
自己直観 Selbstanschauung　529, 531
自己に対して Fürsich　229
自己のもとにあること Beisichsein　218, 560, 561, 606
思考 Denken　138, 143, 268, 269, 272, 273, 275, 279, 282, 283, 286, 289, 291, 296-03, 305-07, 309-16, 318, 321, 322, 327, 328, 330-34, 337-39, 341, 346, 348-53, 386, 388, 398, 428, 529, 537, 554, 570, 571, 574, 577, 589-91, 593, 596-98, 600, 602-04, 606-08, 610-15, 618-20, 630, 633, 649
　概念把握する―― begreifendes -　278, 284, 534, 569, 570, 588-91, 605
　空虚な―― leeres -　45, 86, 146, 183, 196, 198, 219, 228, 233, 243, 253, 257, 274, 310, 318, 332, 347, 347, 371, 421, 441, 450, 455, 475, 504, 520, 525, 561, 599, 609, 613, 615, 637
　固有性を欠いた―― eigentümlichkeitsloses-　598
　思弁的―― speculatives -　272, 279, 316
　抽象的―― abstraktes -　630
　自由な―― freies -　600, 604, 613
　表象する―― vorstellendes　570
　無邪気な―― unbefangenes-　604
　無制約的―― unbedingtes -　631
　――の―― - des -s (noesis noeseos)　608
　――規定 Denkbestimmung　300, 302, 309, 312, 330, 331, 350, 457, 597
システム　563

自然（本性）Natur　　28, 76, 79, 82-85, 119, 142, 173-78, 201, 219, 230, 278, 283-85, 312, 328, 329, 332-35, 355-58, 361, 362, 364, 366, 367, 373-75, 380, 397, 402, 403, 417, 418, 422, 424, 426, 428-37, 439-42, 444, 531, 532, 534-38, 540-42, 544-46, 549-52, 558-62, 568, 570, 577, 580, 583, 585, 590
　神的── göttliche -　　210, 590
　人間的── menschliche -　　590
　人間の── - der Menschen　　435
　──学 Physik　　278, 310, 312, 358, 601, 609
　──宗教 -religion　　215, 571, 576, 577, 585
　──状態 -zustand　　234, 288, 410, 504
　──神学 Physikotheologie　　272, 291, 319, 570, 618
　──哲学 -philosophie　　31, 269, 272, 278, 279, 281, 284, 290, 292, 293, 325, 326, 328, 332, 334, 335, 340, 345, 346, 353, 355, 358, 527, 529, 534, 555, 573, 597, 608
　──のエレメント -element　　535
　──の形式 -form　　326, 550
　──の神格化 -vergötterung　　541
　──法 -recht　　173, 287, 288, 504
思想 Gedanke　　118, 295, 349-52, 355, 365, 371, 375, 383, 386, 400-02, 411, 412, 415, 418-21, 425, 427, 431, 434, 439, 440-42, 444, 532, 534, 535, 543, 547, 548, 554, 557, 565, 585, 586, 599, 600, 602-06, 610, 611, 613, 618
時代精神 Zeitgeist　　117, 454, 654, 658
七月革命 Juli-Revolution　　94, 619
実現 Verwirklichung　　276, 537, 538, 592, 611
実在論 Realismus　　189, 223, 601, 611
実在性 Realität　　278, 298, 310, 322, 325, 327, 327, 330, 331, 333, 529, 534, 541, 542, 546, 566, 620
　外的な── äußere -　　556
　高次の── höhere -　　534
　精神的な── geistige -　　278, 312, 316, 326, 334, 359, 400, 406, 433, 442, 544, 623, 625, 626
実在哲学 Realphilosophie　　529
実践的自我 praktisches Ich　　228
実体 Substanz　　22, 224, 245, 252, 275-77, 289, 319-21, 326-28, 338, 339, 347, 354, 560, 561, 583, 592, 601, 612
　個体的── individuelle -　　614
　精神的── geistige -　　354
　普遍的── allgemeine -　　602
実体性 Substantialität　　327, 339, 531, 551, 557, 574, 602
実定性 Positivität　　135, 145-50
支配 Herrschaft　　72, 79, 371, 392, 403, 406, 407, 409-11, 413, 414, 416, 417, 435, 437, 441, 545, 548, 623, 624, 630, 644, 645, 648
思弁（的）Spekulation, (spekulativ)　　52, 61, 67, 82, 168, 210, 269, 272-75, 279, 291, 294, 299, 304, 316, 321, 342, 346, 386, 387, 393, 394, 397, 400, 402, 422, 436, 440, 528, 571-73, 581, 584, 588, 590, 603, 608, 611, 612, 614, 619, 631, 633-38, 641-43, 646-49
　──哲学 -e Philosophie　　237, 269, 274, 294, 346
　──的命題 -es Satz　　248
私念（臆見）Meinung　　531, 597, 598, 606
私法 Privatrecht　　155
市民社会 bürgerliche Gesellschaft　　293, 519
社会 Gesellschaft　　28, 115, 407, 411, 412, 578
　──的 gesellschaftlich　　21, 27, 563, 592, 597, 609, 623-25, 629, 645
終末論的 eschatologisch　　16, 624, 665
自由 Freiheit　　20, 76, 77, 83, 158, 173, 235, 286-90, 320, 321, 326, 327, 333, 334, 341, 344, 347-49, 356, 362,

363, 367, 368, 371, 374, 375, 379, 382, 397, 406, 407, 409-13, 418, 419, 427, 432, 433, 435, 438, 439, 543, 553, 560, 581, 592, 593, 600, 603, 606-08, 611, 613, 624, 629, 631, 647
 市民的—— bürgerliche -   118
 真の—— wahre -   173, 363, 611
 政治的—— politische -   287, 548, 600, 601
 精神の—— - des Geistes   608
 ドイツ的—— deutsche -   76
 普遍的—— allgemeine -   412
 無限な—— unendliche -   534
 ——の意識における進歩 Fortschritt im Bewußtsein der -   599
 ——の樹 -sbaum   15
宗教 Religion   21-23, 133-51, 156, 235, 236, 281-83, 285-93, 322, 330, 334, 347-49, 353, 354, 369, 383, 384, 386, 387, 389, 390, 394-97, 400-07, 417, 420, 526-31, 537, 538, 554, 561-93, 597, 598, 600, 603, 605, 610, 611, 618, 624, 626, 627, 629-49, 653-61
 インドの—— indische -   577, 579
 イランの—— iranische -   541, 577
 完成した—— vollendete -   566-68, 574, 577, 579, 581-86
 客体的—— objektive -   101
 規定—— bestimmte -   566-68, 574, 577, 597
 キリスト教 christliche -   353, 354, 537, 544, 560-62, 567, 568, 571, 574, 575, 582-88, 603, 604, 609-11
 ギリシアの—— griechische -   582
 啓示—— offenbare -   259-61
 公共的—— öffentliche -   101
 実定的—— positive -   101, 114, 115
 私的—— private -   101, 102, 104
 市民—— religion civile   102
 主体的—— subjektive -   101
 象徴的な—— symbollische -   543
 絶対的—— absolute -   236, 261, 567
 中国の—— chinesische -   576, 579
 道徳的—— moralische -   114
 動物の—— Thier -   259
 東洋の—— orientarische -   577, 585, 602
 花の—— Blumens -   259
 民族—— Volks -   100-03
 理性—— Vernunft-   101
 理想的な—— ideale -   571
 歴史的な—— geschichtliche -   567, 570, 574, 577
 ——改革 Reformation   610, 611
 ——解釈 -sdeutung   67, 70, 576
 ——概念 -sbegriff   23, 570, 573, 575, 577, 578, 580-82, 587, 588, 591, 647, 648
 ——的制度 religiöse Einrichtungen   105
 ——哲学 -sphiosophie   99, 334, 353, 526, 528, 529-31, 533, 540, 561, 562, 564-93, 616, 618
 ——批判 -skritik   574, 589, 614, 648
習俗 Sitte   288, 556
主観（主体，主語）Subjekt   167, 227, 244, 248, 272, 290, 305, 307, 309, 315, 316, 321, 323, 324, 334, 348, 356, 373, 394, 416, 424, 425, 433, 435, 438, 455, 540, 545-47, 549, 555, 556, 558, 568, 571, 574, 593, 598, 600, 602, 604, 606, 608, 611-13, 615, 619, 627, 630, 638, 648, 649
 絶対的—— absolutes -   172, 201

――性（主体性）Subjektivität　　　136, 144, 172, 178, 300, 321, 322, 325-27, 329, 331, 333, 351, 356, 543, 544, 547, 548, 549, 551-53, 556-58, 560, 577, 591, 593, 602, 604, 607-09, 611-14
　　――的なもの（主体的なもの）Subjektives　　　178, 543, 544, 552, 603, 607, 608, 612, 614, 615
　　―― ―客観（主体―客体）Subjekt-Objekt　　　172f. , 175.
　　――客観性 Subjectobjectivität　　　213
　　――性哲学 Subjektivitätsphilosophie　　　458, 630
　　――性の原理 Subjektivitätsprinzip　　　551, 556-58, 602, 604, 607, 608, 611, 612, 614
　　――的精神 subjektiver Geist　　　235, 531, 536, 540, 554
主権 Souveränität　　　154-56, 158, 410, 495, 497-99, 503, 504, 653
守護神 Genius　　　104
主人と奴隷 Herrschaft und Knechtschaft　　　251
手段 Mittel　　　326, 554
呪物信仰 Fetischglauben　　　101, 102
純粋知 reines Wissen　　　308
純粋透見 reine Einsicht　　　256
象徴 Symbol　　　540-45, 562, 644
　　――的 symbolisch　　　530, 531, 537, 539-43, 549, 551, 559
証明 Beweis　　　21, 573, 578, 579, 585, 586, 588, 605, 613, 616-20
衝動 Trieb　　　283, 286, 316, 346
承認 Anerkennen, Anerkennung　　　224, 233, 251, 592, 593, 597
所業 Tat　　　19, 76, 103, 646
所有 Eigentum　　　283, 287
磁気 Magnetismus　　　278, 440, 455
進化 Evolution　　　130, 434
知ること Wissen　　　539, 561, 575
神学 Theologie　　　12, 13, 21-23, 99, 290, 297, 569, 570, 582-89, 591, 610, 612, 619, 662
　　　エピクロス―― epikuräische -　　　609
　　　合理主義的―― rationalistische -　　　589
　　　自然―― natürliche -　　　22, 23, 272, 291, 319, 570, 618
　　　思弁的―― spekulative -　　　92, 99, 402, 631, 637, 642, 661
　　　哲学的―― philosophische -　　　568, 569, 571
　　　道徳―― Ethiko-　　　22, 23, 99, 202, 522, 634
　　　歴史―― Geschichts-　　　516
神学寮 Stift　　　9, 16, 126
人格 Person　　　21, 22, 287-89, 602, 620
人格性 Persönlichkeit　　　322, 332, 545, 560, 584
　　　神の―― Gottes　　　395, 631, 633, 634, 636, 637, 639, 643, 644, 648, 649, 652, 653, 657, 659, 660
新旧論争 Querelle des Anciens et des Modernes　　　283, 529, 539, 603
心胸 Herz　　　454, 486, 488, 501
人権 Menschenrecht　　　118
進行/後退 Progreß/Regreß　　　166, 202
　　　無限―― unendlicher Progreß　　　311
信仰（信念）Glaube　　　76, 101-03, 106, 111, 114-18, 139, 146, 151, 196, 199, 256, 370, 371, 387, 390, 393-95, 404-07, 569, 589, 591, 611, 612, 618, 619, 624, 632, 633, 635, 638, 640, 642, 644, 646, 647
信仰告白 Konfession　　　22
心情 Gemüt　　　24, 31, 287-89, 535, 546, 552, 556, 587, 613
神的事物 göttliche Dinge　　　337-38, 394
神的なもの Göttliches　　　137-39, 529, 538, 542, 550, 559, 561, 562, 569, 575, 577
神秘主義 Mystizismus　　　55, 59, 61, 611

神話 Mythologie　　103, 220, 541, 543, 547, 571, 576
神話（ミュートス）Mythos　　401, 579, 600, 648
　──（論）的 mythisch, mythologisch　　402, 403, 558, 601, 640, 642, 648
　非神話化 Entmythologisierung　　110
新プラトン主義 Neuplatonismus　　135, 606, 609, 610, 613, 615
進歩 Fortschritt　　581
真理 Wahrheit　　77, 140, 160, 242, 300, 308, 315-17, 320, 323, 327-32, 347, 348, 350-52, 359, 369, 375, 384, 385, 394, 397, 401, 433, 435, 444, 527, 531, 533-35, 538, 546, 561, 562, 569, 570, 573, 574, 578, 579, 589-93, 598, 599, 602, 604, 609-11, 615, 632, 637, 638, 640, 641, 641, 645, 648, 649
　理性的な── Vernunft-en　　589, 595
　歴史的── Geschichts-　　106, 247, 595
心理学 Psychologie, Seelenlehre　　111-14, 272, 279, 281, 284, 285, 293, 297, 321, 344
人倫 Sittlichkeit　　31, 555, 600
人類 Menschengeschlecht　　22
推論 Schluß　　269, 275-77, 282, 299, 324, 325, 354, 359, 584, 603
崇高 Erhabenheit　　541, 582
数学 Mathematik　　161, 600
ストア主義 Stoizismus　　251
スピノザ主義 Spinozismus　　573, 613
　──的 spinozistisch　　290
すべての規定は否定である omnis determinatio est negatio　　305, 338
生 Leben　　76-82, 135-51, 276, 277, 363-66, 368-71, 376, 377, 380, 383, 385, 387, 388, 390, 392, 393, 395, 397, 401-07, 409, 412, 415-18, 420, 421, 425-27, 429, 431-33, 435, 437, 439-44, 533-34, 544, 548, 556, 623-27, 629-32, 634-37, 639
　国家的── staatliches -　　157, 236
　自然の── - der Natur　　403, 523
　宗教的な── religiöses -　　624
　政治的── politisches -　　20, 608
生死を賭ける闘争 Kampf auf Leben und Tod　　224
生活 Leben　　103, 144, 209, 213, 551, 600, 605, 608
　社会── gesellschaftliches -　　157, 459, 469, 470, 473, 474, 491, 629, 631, 653, 659
　政治── politisches -　　412, 491, 499
正義 Gerechtigkeit　　289, 557
制限 Schranke　　143, 165-69, 539
政治 Politik　　22, 30, 31, 75, 84, 103, 283, 349, 362-66, 369-71, 375, 379, 380, 387, 392, 393, 398, 608
　──的 politisch　　28, 30, 548, 563, 600, 606, 614, 623-26, 629, 631, 640, 643-46
精神 Geist　　20, 27-30, 80, 82, 103, 142, 207, 210-16, 222, 254, 308, 328-31, 339, 353-59, 365, 366, 371, 373-75, 384, 400, 527, 529, 531-34, 536-47, 549-51, 554-63, 566-75, 577, 579, 580-86, 590-92, 602-04, 608-15, 623-27, 630-32, 648
　感じることのある── fühlender-　　618
　客観的── objektiver -　　285, 531, 566
　国民── Volks-　　283
　時代の── - der Zeiten　　117, 348, 623, 630
　主観的── subjektiver -　　531, 536, 540, 554
　世界── Welt-　　59, 65, 283, 579
　絶対的── absoluter -　　235, 280-84, 289, 339, 353-54, 357-59, 527, 531, 529, 533, 534, 538, 539, 547, 549, 554, 558, 560, 561, 564, 566, 569-73, 575, 590, 593, 596, 615, 636, 648
　普遍的── allgemeiner -　　570, 590, 598
　──性 -igkeit　　255, 433, 454, 459, 469, 512, 536-38, 542-45, 547, 550, 554, 560, 574, 604, 609, 611, 613

──的なもの -iges　　　359, 400, 433, 531, 534-38, 542, 543, 546, 550, 551, 553, 554, 559, 566, 569, 570, 572,
　　　　573, 575, 577, 580, 592, 598, 599
　　　──哲学 -esphilosophie　　　79, 281-84, 291-93, 345, 373-75, 417, 418, 422, 424, 428, 526, 531, 537-39, 558,
　　　　564, 590, 591, 608, 640
　　　──と自然 - und Natur　　　546, 558
　　　──の概念 Begriff des -es　　　374, 375, 531, 532, 538, 543, 562, 566, 568, 570-73, 586, 594, 599
　　　──の国 Reich des -es　　　586, 596
　　　──の自己関係 Selbstbeziehung des -es　　　566, 574, 583
　　　──の歴史 Geschichte des -es　　　384, 581, 598, 603
　　　──論 -eslehre　　　275-77, 279-85, 373
正統主義 Orthodoxie　　　115, 116, 629, 642, 643, 647-49
正統的 orthodox　　　629
生動性（生き生きしていること）Lebendigkeit　　　403, 531, 534, 613
聖なるもの Heiliges　　　533
生命 Leben　　　119, 218, 316, 328, 331, 534, 535
生命過程 Lebensprozeß　　　422, 443
世界 Welt　　　29, 138-40, 227, 364, 365, 374, 384, 388, 391, 401-03, 417, 418, 426, 432, 433, 531, 541-46, 549, 555,
　　　559, 580, 592, 593, 600, 601, 604, 606-09, 618, 624, 626, 629, 633, 634, 636, 637, 647-49
　　　イスラム── islamische -　　　541
　　　叡知的── intelligible -　　　544, 546, 607
　　　可変的── vergängliche -　　　534
　　　近代── moderne -　　　104, 207, 252, 487, 613, 647
　　　経験的── empirische -　　　607
　　　芸術の── - der Kunst　　　561
　　　現象する── erscheinende -　　　426
　　　古代── antike -　　　116
　　　古代末期の── spätantike -　　　116
　　　この世（──）・世俗── irdische -　　　600
　　　象徴的── symbolische -　　　543
　　　真理の── - der Wahrheit　　　604
　　　直接的な── unmittelbare -　　　546
　　　東洋の── orientarische -　　　601
　　　ロマン主義的な── romantische -　　　547
　　　──意識 -bewußtsein　　　655
　　　──解釈 -deutung　　　173, 197
　　　──経験 -erfahrung　　　433
　　　──状態 -zustand　　　557
　　　──像 -bild　　　231
　　　──創造 -schöpfung　　　589
　　　──の関係 -verhältnis　　　218
世界史 Weltgeschichte　　　509, 528, 555, 562, 576, 579, 580, 594, 596, 597, 599, 607, 608, 611, 615, 648
　　　──的 weltgeschichtlich　　　592, 601, 607, 608, 611, 648
世界法廷 Weltgericht　　　508
責任 Schuld　　　286, 288, 602
世俗 Welt　　　21, 592, 610, 611
　　　──化 Säkularisierung　　　592
　　　──的 säkular　　　21, 546-48, 552, 610
説教 Predigt　　　100
絶対者（絶対的なもの）Absolutes　　　164-71, 175, 176, 193, 205, 237, 243, 247, 277, 312, 318, 329-31, 338, 358,

588
絶対知 absolutes Wissen　　239-41, 258, 262, 277, 309, 330, 349, 394, 437
絶対的自由 absolute Freiheit　　59, 257
絶対的人倫 absolute Sittlichkeit　　213
絶対的対立 absolute Entgegensetzung　　201
絶望 Verzweifelung　　242
摂理 Vorsehung　　23, 102, 103, 504, 510, 516, 521, 660
善 Gutes　　22, 276, 277, 329, 351, 533, 576, 603
　　──の理念 Idee des Guten　　329, 533
選挙 Wahl　　19, 617
　　──制度改革 Reformbill　　94
全実体変化説 Transsubstantiationslehre　　90
専制 Despotismus　　22
戦争 Krieg　　207, 505, 555
全体 Ganzes　　31, 151, 326, 362-64, 373, 377, 382, 386, 387, 397, 411, 412, 417, 419, 422, 423, 427-29, 433-35, 437, 439, 441, 442, 533, 535, 542, 554, 555, 564, 575, 578, 599, 626, 635, 637, 638, 643, 647
選択的親和性 Wahlverwandtschaft　　221
煽動家 Demagogen　　89
占有 Besitz　　287
想起 Erinnerung　　111, 282, 314, 315
相互承認 gegenseitige Anerkennen　　258
相互包摂 wechselseitige Subsumtion　　212
疎外 Entfremdung　　254, 592, 601
総体性 Totalität　　195, 203, 204, 206, 213, 221-24, 230, 233, 440-42, 454, 476, 508
想像 Phantasie　　103, 105, 106, 111, 116, 140, 220, 543, 544, 582, 608
　　──力 Einbildungskraft　　103, 114, 140
疎遠なもの Fremdes　　58, 136, 255, 260, 289, 459, 473
存在 Sein　　77, 83, 143, 151, 168, 274-77, 281, 284, 290, 305, 308-22, 327, 333, 352, 358, 363-65, 367, 374, 375, 378, 380, 383, 389, 392, 394, 397, 398, 401-03, 406, 407, 410, 412, 416-19, 424-26, 428, 431, 433-35, 437-40, 442, 532, 542, 577, 585, 603, 608, 612, 613-15, 619, 624, 630, 634, 638, 644
存在者（もの）Wesen(ens)　　21, 22, 569, 609, 610, 618, 619
存在論 Ontologie　　297-99, 308, 309, 314, 364, 431, 586, 638
　　──的 ontologisch　　585, 586, 588, 605, 617-19

タ　行

脱魔術化 Entgötterung, Entzauberung　　197
単純実体 substantia simplex　　227
体系 System　　22, 79, 126, 142, 163-81, 269-75, 278-85, 291-300, 302-10, 332, 333-35, 344-49, 361, 372-75, 383, 386, 398, 400, 402, 413, 415-19, 421-25, 428-30, 433, 434, 437-40, 526-32, 534, 548, 554, 561, 564-66, 569, 573, 575, 587, 590, 594, 596, 597, 599, 603, 606, 613, 616, 623-27, 629, 630, 634-38, 641, 646, 647
体系形式 Systemform　　419, 421, 430, 528, 529, 530, 531, 565-67, 572, 573, 603, 613
体系プログラム Systemprogramm　　123-27, 142, 180
代表制 Repräsentation　　118, 411, 412, 498, 499
対立 Entgegensetzung　　31, 76, 78, 134, 134, 142, 143, 145, 167, 173, 175, 186, 193, 201, 202, 205, 216, 303-06, 364, 370, 384, 387, 392, 394, 395, 400, 401, 405, 410, 411, 421, 426, 430, 432, 433, 435, 437, 439, 440, 444, 546, 552, 553, 612, 614, 615, 618, 620, 629-31, 633, 637, 644, 645, 648
他在 Anderssein　　572
魂 Seele　　328, 535, 546, 550, 552, 557, 606

知 Wissen　　71-73, 168, 172, 289, 308, 361-63, 366-73, 375-77, 379-82, 384-86, 388, 390, 392-98, 400-02, 404, 408-10, 416-21, 423, 424, 428, 432-37, 440, 442, 444, 531, 532, 539, 544, 558, 561, 567, 569, 570, 571, 573, 574, 577, 581, 583-88, 589, 598, 600-04, 610, 619, 625, 626, 630, 631, 633, 635-37, 643, 649

知覚 Wahrnehmung　　250

知性 Intelligenz　　207, 232

力 Kraft　　70-73, 75, 77-80, 83, 363, 366, 371, 372, 378, 379, 382, 384-86, 391, 393, 395-98, 400, 402, 403, 405, 406, 410-14, 416, 417, 421, 430, 432-41, 443, 539, 558, 624-27, 630-34, 637, 638, 644-46

抽象（的）Abstraktion (abstrakt)　　267-69, 273, 280, 322, 324, 391, 397, 400, 405, 411, 412, 426, 435, 438, 439, 441, 534, 540, 543, 547-49, 552, 557, 561, 570, 576, 583-85, 599, 602, 604, 606, 607, 609, 612, 613, 618

中世 Mittelalter　　545, 547, 603-05, 610, 611, 631

超越論的観念論 transzendentaler Idealismus　　189, 190, 298, 304

超越論哲学 Transzendentalphilosophie　　111-13, 584, 598, 614

直接性（直接態）Unmittelbarkeit　　317, 527, 531, 534, 536, 559, 610, 618, 661

直接知 unmittelbares Wissen　　346, 352, 619

直接的なもの Unmittelbares　　560, 581

直観 Anschauung　　168, 338, 351, 358, 526, 527, 529, 531, 532, 535, 542, 543, 548, 551, 554, 556, 561, 569, 588, 590, 615

直観的悟性 intuitiver Verstand　　198

哲学 Philosophie　　19, 21, 22, 27, 28, 30, 31, 78-86, 166, 235, 237, 329-30, 340, 348-50, 352-54, 356, 361-75, 379-89, 391-402, 404, 410, 412-41, 526-34, 537, 539, 561, 564-76, 578, 581, 582, 587-615, 623-27, 640-49

　　アレキサンドリアの―― alexandrinische -　　604, 609
　　イオニアの―― jonische -　　601
　　イタリアの―― italienische -　　606
　　キリスト教―― christliche -　　644
　　近代―― moderne -, neuzeitliche -　　383, 437, 603, 604, 612, 630, 631, 633, 646
　　悟性的―― verständige -　　338
　　古代の―― antike -　　609, 611, 614
　　国家―― Staats-　　157, 497, 498, 501, 652, 653
　　思弁―― spekulative -　　274, 294, 346
　　新プラトン主義―― neuplatonische -　　70
　　同一―― Identitäts-　　230, 358
　　――史 Geschichte der -　　306, 308, 310, 353, 528, 537, 576, 579, 589, 590, 593, 594, 606, 615
　　――的革命 philosophische Revolution　　22
　　――の欲求 Bedürfnis der -　　169, 218
　　――の理念 Idee der -　　188

展開 Entwicklung　　371, 375, 390, 398, 402, 403, 407, 409, 412, 413, 415, 417, 419, 421, 424, 425, 427-29, 432, 433, 442, 528, 530, 547-49, 552, 554, 560, 563, 564, 566, 570-73, 578, 581, 582, 586, 591-93, 595-99, 601, 604, 606, 607, 615, 630, 636-38, 658

天国 himmliche Sphäre　　116

当為 Sollen　　23, 173, 253, 463, 464, 473, 485, 486, 504, 506

統一 Einheit　　151, 156-58, 173, 304, 306, 321, 331, 351, 394, 400, 424, 425, 431, 432, 438, 440, 442, 534, 537, 539, 541, 545, 547, 550, 553, 555, 557, 558, 561, 568, 570, 572, 578, 587, 589, 590, 598, 603, 608, 610, 612-14, 626, 635, 642

　　概念の―― Begriff des -s　　248, 324, 578
　　思考と存在の―― - von Denken und Sein　　603, 613, 614
　　主体的―― subjektive -　　535
　　真なる―― wahre-　　547
　　真理の―― - der Wahrheit　　598
　　精神的な―― geistige-　　570

絶対的なものの── - des Absoluten　　547
同一性 Identität　　167-69, 175-78, 198, 204, 205, 215-17, 355, 535, 561, 570, 571, 577, 579, 582, 583, 585, 587,
　　　588, 590, 591, 597, 598, 614, 615
同一性と非同一性との同一性 Identität der Identität und der Nichtidentität　　175
投影 Projektion　　538, 561
同害報復 ius talionis　　482, 483
統治 Regierung　　81, 117, 126, 127, 212, 214, 288, 342, 363, 408-11, 498, 499, 515, 516
　　　──権 Regierungsgewalt　　288
道具 Werkzeug　　223
道徳 Moral　　21-23, 102, 110, 287-89, 540, 570, 590, 602, 607, 609
　　　──性 Moralität　　31, 114, 116, 135-38, 283, 287, 288
動物磁気 animalischer Magnetismus　　454, 455
東洋 Orient　　561, 574, 577, 578, 580, 585, 601, 605
　　　──的 orientalisch　　548, 556, 571, 601, 602
徳 Tugend　　21, 115, 135, 253, 540, 547, 548, 570, 590, 602, 607, 609
特殊形而上学 metaphysica specialis　　227, 228, 230, 272, 297, 351, 417, 434, 447, 634, 634, 659
独断主義・独断論 Dogmatismus　　195, 298, 582, 619
度量 Maaß　　298, 311, 312, 582
トロポス Tropus　　191

ナ　行

名前 Name　　33, 222, 573, 611
内的なもの Inneres　　540, 552, 598, 604, 615
内面性，内面的 Innerlichkeit, Inneres: innerlich　　544-47, 550-52, 554, 556, 558, 608
肉体であること Leiblichkeit　　453, 455
二元論 Dualismus　　31, 561, 614
二元的 dualistisch　　431
二律背反 Antinomie　　302-04
入門 Einleitung　　209
人間（人，ひと）Mensch　　24, 144-47, 289, 320, 529, 532, 535, 537, 538, 540, 542-47, 550-52, 555-57,
　　　559-62, 568-70, 575, 578, 590, 598, 600, 607, 610, 611, 618
人間学 Anthropologie　　285, 564
人間性 Menschlichkeit　　102, 547
人間的なもの Menschliches　　367, 542, 551, 561, 562, 575
人相学 Physiognomik　　252
認識 Erkenntnis　　328-32, 339, 356-58, 364-66, 374, 375, 384, 394, 400, 402, 414, 417, 418, 421, 432-34, 436,
　　　438, 442, 444, 561, 573, 589, 590, 596, 597, 599, 607, 612, 615, 630, 631, 633, 634, 636-38, 641, 648
　　　神の── - Gottes　　289, 618
　　　主観的── subjektive -　　438
　　　絶対者の── - des Absoluten　　149, 192, 197, 243
　　　体系的── systematische-　　597
　　　哲学的── philosophische -　　637
　　　──根拠 -sgrund　　433, 570, 573
　　　──作用 Erkennen　　303, 356, 357, 612

ハ　行

媒介 Vermittlung　　308, 309, 312, 315, 318, 319, 322, 324, 325, 327, 329, 331-33, 352, 355, 356, 358, 359, 395,

411, 440, 442, 531, 534, 547, 571, 577, 580, 584, 587, 604, 611, 615, 641, 646
始まり Anfang　　304, 308, 309, 330-32, 597, 600, 611, 612
発展 Entwicklung　　331, 348, 349, 354, 390, 407, 418, 419, 421, 425, 427, 434, 549, 555-55, 565-67, 579, 580, 600, 623, 624, 630, 642
　歴史的── geschichtliche -　　117, 155, 157, 208
汎神論 Pantheismus　　338, 347, 573, 587, 619
　──論争 Pantheismusstreit　　56, 338, 347
反省 Reflexion　　167, 210, 286, 287, 290, 294, 296, 299, 313-18, 323, 324, 327, 329, 331, 339, 348, 356, 403, 415, 425, 428, 434, 436, 443, 558, 579, 594, 612, 632, 637, 641, 647
　外的（疎遠な）── äußere (fremde) -　　301, 307, 312, 315, 318, 330, 339
　規定的── bestimmende -　　425
　自己── Selbst -　　563, 600
　措定的── setzende -　　425
　──規定 -sbestimmung　　315
　──形式 -sform　　188, 415
　──哲学 -sphilosophie　　188, 195, 202
判断 Urteil　　112, 275-78, 282, 297, 298, 299, 301, 302, 313, 323, 324, 350, 359, 577
万人の作品 das Werk aller　　220
万人の万人に対する闘争 bellum omnium contra omnes　　204
美 Schönheit, Schönes　　125, 137, 236, 268, 276, 277, 283, 328, 526, 530-39, 541-44, 546, 548, 550, 559, 560, 562, 570, 610
　──的宗教 schöne Religion　　236
　芸術── Kunstschönes　　530, 534-36
　自然── Naturschönes　　534-36
美学 Ästhetik　　65, 272, 273, 285, 292, 353, 526-34, 538, 539, 541, 546, 558, 564-66, 576, 590, 594, 603
　──の ästhetisch　　285, 533, 565
美的 schön　　283, 534, 559-61, 569
彼岸 Jenseits　　106, 261, 303, 311, 318, 329, 350, 569, 570, 580, 598, 599, 614
悲劇 Tragödie　　543, 557, 558, 604, 607
必然性（必然態）Notwendigkeit　　159, 217, 308, 318-20, 323, 324, 329, 348, 352, 356, 535, 538, 544, 546, 554, 572, 573, 575, 593, 597, 606, 607, 618
　絶対的── absolute -　　618
否定 Negation　　282, 303-06, 310, 313-18, 321, 323, 328, 331, 332, 338, 339, 347, 356, 365, 367, 386, 394, 395, 421, 431, 438, 441, 444, 613, 648
　──性（否定態）Negativität　　298, 306, 310, 313, 316, 322, 339, 609
　──の否定 Negtion der Negation　　338, 352
批判主義 Kritizismus　　195, 331, 338, 339, 350
批判哲学 kritische Philosophie　　188, 296, 299, 339, 350, 351
非物質的なもの Immaterielles　　452, 453
病気（病）Krankheit　　69, 282, 285, 316
表象 Vorstellung　　111, 261, 281-83, 286, 312, 316, 322, 323, 328, 331, 334, 338, 350, 352, 359, 369, 394, 433, 436, 438, 439, 531, 532, 538, 540, 545, 548, 549, 551, 553-58, 569, 570, 572, 579, 583-91, 602, 611, 613, 619, 631, 636-38, 640, 647
不幸な意識 unglückliches Bewußtsein　　251, 252, 260
復活 Restauration　　13, 34, 37, 42, 59, 100, 109, 140, 203, 213, 261, 292, 294, 389, 428, 611, 612, 635, 636, 643, 658
復古（王政復古）Restauration　　19, 347
仏教 Buddhismus　　576, 577, 579, 580
物質的なもの Materielles　　452, 453, 455

物理学 Physik　　231, 278
不滅性 Unsterblichkeit　　101, 147, 398, 633-36, 638, 639, 642, 643, 648, 649, 657, 660
不死 Unsterblichkeit　　297, 328, 544
プラトン主義 Platonismus　　70
フランス革命 französische Revolution　　15, 19, 20, 28, 257, 472, 497
プロテスタンティズム Protestantismus　　60, 196, 216, 611
分析 Analysis, Analyse　　296-98, 328, 351, 533
分割 Entzweiung　　583
分裂 Entzweiung　　138-40, 156-58, 169, 175, 179, 534, 538, 558, 612
平和 Friede　　593
弁証法 Dialektik　　148, 150, 151, 193, 229, 273, 276, 277, 282, 302-06, 314, 316, 323, 331, 332, 339, 560, 595, 607, 608, 610, 661, 663
弁神論 Theodizee　　614
法 Recht　　51, 59, 65, 67, 78-81, 83, 117, 118, 141, 155, 158, 183, 272, 279, 283, 285-89, 293, 341-43, 353, 372, 374, 375, 379, 383, 385, 386, 389, 393, 395, 401, 402, 405, 407-14, 416-20, 426, 427, 431-35, 437-40, 556, 627, 630-32, 635-38, 640, 641, 644, 647
　　実定―― positives -　　207, 287, 412, 413, 467, 467
　　抽象―― abstraktes -　　233, 476, 477, 479, 479, 479, 482, 485, 485, 491
　　ラント―― Land-　　30, 141
　　ローマ―― römisches -　　70, 158, 367, 478, 479
法状態 Rechtszustand　　254
法則 Gesetz　　274, 275, 296, 299, 312, 315-17, 321, 324, 340, 599, 612
法典 Gesetzbuch　　67, 69, 70, 363, 366, 468, 492, 493
　　――編纂 Kodifikation　　366, 492
法律 Gesetz　　283
封建制 Feudalismus　　155, 255, 499
報復 Wiedervergeltung, Vergeltung　　288
方法 Methode　　52, 62, 271, 273, 283, 288, 296, 297, 298, 300-02, 304, 306-10, 313, 314, 317, 329-32, 344, 350, 352, 353, 362, 375, 383, 411, 426, 427, 431, 435, 438, 566, 583, 595,
保守（主義）的 konservativ　　12, 69, 83, 380, 409, 411, 468, 653, 657, 660
ポテンツ Potenz　　212, 212, 221, 222
本質 Wesen(ens)　　24, 83, 272-77, 287, 289, 293, 294, 310, 312-15, 317, 320, 322, 363, 364, 375, 378, 379, 391, 397, 400, 408, 419, 425-28, 437-40, 442, 443, 527, 531, 538, 557, 568, 570, 571, 575, 577-79, 581, 582, 584, 590, 598, 626, 631-33, 642, 647-49

マ　行

身分 Stand, Stände　　214, 234, 282
　　――制議会 Stände　　498, 499
民族，民衆 Volk, Nation　　58, 145, 206, 288, 555, 556, 605
　　――精神 Volksgeist　　219, 223
　　――的 national　　103, 104, 116
民法典 bürgerliches Gesetzbuch　　67, 468
無 Nichts　　77, 78, 242, 275, 298, 309, 327, 331, 364-66, 369-71, 376-378, 380, 382, 386, 393-95, 397, 398, 403, 405, 409, 410, 412, 414, 416, 420, 421, 426, 431-35, 439-44, 543, 597, 606, 624, 629, 630, 631, 633-37, 640, 643-49
無限（無限者）Unendliches　　142-44, 332, 333, 352, 353, 364, 371, 432, 439, 440, 442, 444, 539, 541, 544, 613, 615, 619, 620, 635-37
　　――性 Unendlichkeit　　275, 277, 310, 311, 321, 329, 531, 599, 600, 604, 608, 615

——な unendlich　　305, 321, 322, 534, 546-48, 551, 604, 609
　　　——の苦痛 unendlicher Schmerz　　216
無差別 Indifferenz　　205, 312, 313, 358, 614
　　　——点 Indifferenzpunkt　　210, 357
矛盾 Widerspruch　　193, 276, 300, 302-06, 315-17, 331, 558, 563, 614
　　　——律 Satz des -s　　192
無神論 Atheismus　　56, 338, 346, 587
　　　——論争 Atheismusstreit　　56, 338, 339
無制約者，無制約的なもの Unbedingtes　　327, 315, 318, 327
無制約的 unbedingt　　276, 348, 631
夢想 Phantasie　　146, 155, 216, 220, 436
命題 Satz　　248, 275, 305, 307, 315-17, 323, 350, 352, 357, 532, 571, 589, 597, 603, 604, 607, 610
迷信 Aberglauben　　574
メカニズム Mechanismus　　529
盲目的威力 blinde Macht　　218
盲目的必然性 blinde Notwendigkeit　　218
目的 Zweck　　22, 23, 77, 78, 83, 246, 270, 275-77, 282, 321, 325-27, 329, 356, 374, 378, 380, 381, 413, 422, 435,
　　　441, 443, 444, 527, 538, 543, 550, 553-55, 560, 571, 603, 609, 616, 626, 631, 636
　　世俗的な—— weltlicher -　　547
モナド Monade　　227, 581, 614
物 Ding　　77, 80, 81, 196, 267-69, 274, 277, 279, 299, 304-06, 309, 312, 316, 317, 320, 328, 330, 331, 350, 351,
　　　362, 364, 366, 368-70, 372, 377, 378, 380, 382, 384, 385, 389, 391, 392, 394-98, 400, 401, 406, 407, 411, 413,
　　　416-19, 423, 426, 428, 430, 432-44, 536, 538, 550, 579, 597, 598, 625, 631, 635, 636, 640, 643, 644

　　　　　　　　　　　　　　　　　　　ヤ　行

有機的なもの Organisches　　232, 312, 535, 555
有機的連関，有機組織（有機体）Organismus　　269, 270
有限者（有限なもの）Endliches　　307
有限態 Endlichkeit　　456, 465, 480
有神論 Theismus　　56
　　思弁的—— spekulativer -　　52
　　——論争 -streit　　56, 338, 340, 629
ユダヤ教 Judentum　　571, 574
ユダヤ教徒，ユダヤ人 Jude　　65, 405, 610
ユダヤ的 judisch　　138, 139
欲求 Bedürfnis　　223, 286, 348, 532, 537, 538, 556, 559, 563, 575, 591, 592, 600, 618
　　　——の体系 System der Bedürfnisse　　213, 491, 492
世の成り行き Weltlauf　　242
予弁法 Prolepsis　　516

　　　　　　　　　　　　　　　　　　　ラ　行

力学 Mechanik　　31, 231, 278, 537, 547, 572
利害関心 Interesse　　65
理性 Vernunft　　20, 24, 56, 60, 77, 102, 105, 111-13, 124, 167, 169, 170, 273-77, 280-82, 284, 287, 287, 294, 298,
　　　299, 300, 302, 303, 316, 317, 320, 321, 324, 326, 327, 331, 338-40, 342, 343, 346, 347, 348, 349, 351, 352, 356,
　　　358, 364-67, 370, 374, 375, 391, 394, 401, 410, 412, 413, 417, 435-37, 439, 442, 444, 533, 538, 540, 568, 569,
　　　570, 571, 575, 577, 583, 588, 589, 591-98, 607, 614, 618, 624, 626, 629-38, 640, 641, 643, 646-48

概念把握的な── begreifende -　589
　　　実践── praktische -　21-23, 297, 634
　　　思弁的── spekulative-　191, 394, 662
　　　純粋── reine -　273, 276, 277, 290, 297, 299, 302-04, 306, 311, 323, 326, 334, 339, 351, 595
　　　立法的── gesetzgebende -　253
　　　──概念 -begriff　165, 206, 275, 280, 281, 299, 324, 458, 462, 508, 630, 634, 662
　　　──的なもの -iges　540, 569-71, 575, 595, 596, 600
　　　──哲学 -philosophie　85, 468, 629, 630, 635-38, 643, 648, 652, 653, 656
　　　──と歴史 - und Geschichte　594
　　　──認識 -erkenntnis　193, 364, 511, 638
　　　──の学 Wissenschaft der -　210, 348, 401
　　　──の関心 Interesse der -　169
　　　──の狡知 List der -　435, 518
　　　──法 -recht　203, 289, 340, 413, 467, 468, 470, 477, 479, 496
理想 Ideal　19, 105, 142, 146, 530, 531, 535, 551, 560
立法権 gesetzgebende Gewalt, legislative Gewalt, Legislatives　283, 288, 497, 498
理念 Idee　22, 23, 77, 79, 366, 372, 375, 382, 400, 417, 423, 432, 434, 435, 437, 442, 526, 530, 531, 533, 534, 536-38, 540, 541, 559, 561, 571, 585, 596, 597, 599, 604, 610-13, 615, 636-39, 642-44
　　　キリスト教の── - des Christentums　582, 610, 611
　　　生命の──（直接的─） - des Lebens (unmittelbare -)　275, 444
　　　絶対的── absolute -　204, 206, 229, 230, 247, 275, 277, 329, 330, 333, 636
　　　哲学の── - der Philosophie　187, 188, 356, 417, 661
　　　──論 -nlehre　112, 226, 270, 274-77, 292, 313, 325, 328
理論的自我 theoretisches Ich　228
良心 Gewissen　258
領邦議会 Landstände　67, 131, 132, 341-43
倫理学 Ethik　608
類過程 Gattungsprozeß　227
ルター主義 Luthertum　118
ルネサンス Renaissance　545, 550, 610, 611
霊魂 Seele　227
　　　──論 Psychologie, Seelenlehre　279, 280, 328, 447
礼拝 Kultus　144, 237
歴史 Geschichte　20, 31, 101, 147, 170, 171, 366, 373, 379, 380, 382-84, 389, 400, 402-05, 407, 412, 414, 420, 421, 433, 529, 530, 531, 537-44, 546, 549-51, 554-57, 560, 562, 563, 566-68, 571, 574, 575, 578, 579-82, 584, 585, 587, 591, 592, 594-601, 603-09, 612, 615, 623, 624, 630, 631, 635, 639-43, 647-49
　　　絶対精神の── - des absoluten Geistes　384
　　　絶対的── absolute -　354
　　　──主義 Historismus　595
　　　──性 Geschicht lichkeit　510, 581, 582, 596, 598
　　　──哲学 -sphilosophie　506, 544, 564
歴史法学派 Historischer Rechtsschule　208, 366, 478, 496, 651, 653
労働 Arbeit　31, 223, 543, 615
ロマン主義 Romantik　196, 539, 543, 544-52, 556, 562
　　　──者 Romantiker　386, 403, 500, 654
　　　──的 romantisch　530, 531, 549-51, 556, 570, 578, 584, 601
論理学 Logik, Wissenschaft der Logik　179, 209-11, 220, 230, 571, 573, 578, 587, 597-99, 616-18, 620
　　　存在論的── ontologische -　275, 298,
　　　超越論的── transzendentale -　111, 226, 296-301, 309, 310, 314, 321

論理的なるもの Logisches　　298, 300, 304, 355, 356

ワ　行

和解 Versöhnung　　216, 219, 237, 258, 534, 536, 548, 557, 558, 560, 575, 579, 592, 593, 600, 601, 611, 612, 615
惑星 Planet　　35, 160-62
われわれに対して Füruns　　229

監　訳　者
(50音順)

神山　伸弘（かみやま・のぶひろ）
（担当箇所：Ⅰ8.6-8.8, Ⅱ9.4-9.6, Ⅲ3）
1959年生まれ。一橋大学大学院社会学研究科社会学専攻博士課程単位修得退学，跡見学園女子大学文学部教授（哲学）。
〔主要業績〕『ヘーゲル国家学』（法政大学出版局，2016年），神山伸弘編著『ヘーゲルとオリエント——ヘーゲル世界史哲学にオリエント世界像を結ばせた文化接触資料とその世界像の反歴史性』（科学研究費補助金基盤研究（B）課題番号21320008 研究成果報告書，2012年），加藤哲郎・今井晋哉・神山伸弘編著『〈政治を問い直す第2巻〉差異のデモクラシー』（日本経済評論社，2010年）

久保　陽一（くぼ・よういち）
（担当箇所：Ⅰ0-1, Ⅱ1-4.4, Ⅲ4）
1943年生まれ。東京大学大学院人文科学研究科哲学専攻博士過程単位取得退学，文学博士（東京大学），駒澤大学名誉教授。
〔主要業績〕『ドイツ観念論とは何か』（ちくま学芸文庫，2012年），Der Weg zur Metaphysik（Fink Verlag, 2000），『初期ヘーゲル哲学研究』（東京大学出版会，1993年）

座小田　豊（ざこた・ゆたか）
（担当箇所：Ⅰ2-3, Ⅱ9.7-9.10）
1949年生まれ。東北大学大学院文学研究科博士課程単位取得退学，東北大学総長特命教授（東北大学名誉教授）。
〔主要業績〕『自然観の変遷と人間の運命』（編著，東北大学出版会，2015年），『今を生きる——東日本大震災から明日へ！第一巻　人間として』（共編著，東北大学出版会，2012年），『ヘーゲル『精神現象学』入門』（共著，講談社学術文庫，2012年），『ヘーゲル——知の教科書』（共編著，講談社メチエ，2004年），『ヘーゲル哲学への新視角』（共著，創文社，1999年）

島崎　隆（しまざき・たかし）
（担当箇所：Ⅰ4-5, Ⅱ4.5-4.8.3）
1946年生まれ。一橋大学社会学研究科博士課程単位取得退学，博士（社会学），一橋大学名誉教授。
〔主要業績〕「弁証法的矛盾概念と矛盾律との関係」（『ヘーゲル論理学研究』第16号，2010年），『精神の哲学者　ヘーゲル』（共著，創風社，2003年），『ヘーゲル弁証法と近代認識』（未来社，1993年）

高山　守（たかやま・まもる）
（担当箇所：Ⅰ6-7, Ⅱ5-7）
1948年生まれ。東京大学大学院人文科学研究科博士課程中退，東京大学名誉教授。
〔主要業績〕『自由論の構築　自分自身を生きるために』（東京大学出版会，2013年），『因果論の超克　自由の成立にむけて』（東京大学出版会，2010年），『ヘーゲル哲学と無の論理』（東京大学出版会，2001年）

山口　誠一（やまぐち・せいいち）
（担当箇所：Ⅰ8.1-8.5, Ⅱ8.1-9.3, Ⅲ1-2）
1953年生まれ。東京都立大学大学院人文科学研究科哲学専攻博士課程単位取得退学，法政大学文学部教授（哲学）。
〔主要業績〕Hegel in Japan. Studien zur Philosophie Hegels（共編著, Lit Verlag, 2015），Die japanischsprachige Hegel-Rezeption von 1878 bis 2001. Eine Bibliographie（共編著, Peter Lang Edition, 2013），『ニーチェとヘーゲル——ディオニュソス哲学の地下通路』（法政大学出版局，2010年），『ヘーゲルのギリシア哲学論』（創文社，1998年）

共　訳　者
(50音順)

赤石　憲昭（あかいし・のりあき）
（担当箇所：Ⅱ9.6, Ⅲ3）
1974年生まれ。一橋大学大学院社会学研究科総合社会科学専攻博士課程修了，日本福祉大学子ども発達学部准教授，博士（社会学）。
〔主要業績〕「ヘーゲル判断論の論理——ヘーゲル判断論の人間論的解釈の試み」（『ヘーゲル体系の見直し』理想社，2010年），「ヘーゲルのジェンダー論をどう読むか？——ヘーゲルの男女観に関する一考察」（『ジェンダーと社会——男性史・軍隊・セクシュアリティ』旬報社，2010年），「ヘーゲルの「仮言判断」の具体例をめぐって」（『ヘーゲル論理学研究』第9号，天下堂書店，2003年）

阿部ふく子（あべ・ふくこ）
（担当箇所：Ⅰ2, Ⅱ9.7, 9.9.5-9.9.7）
1981年生まれ。東北大学大学院文学研究科博士後期課程修了，新潟大学人文学部准教授，博士（文学）。
〔主要業績〕『生の倫理と世界の論理』（共著，東北大学出版会，2015年），『人文学と制度』（共著，未来社，2013年），『ヘーゲル体系の見直し』（共著，理想社，2010年）

伊藤　功（いとう・いさお）
（担当箇所：Ⅱ9.0-9.3.7, Ⅲ1-2.6）
1966年生まれ。早稲田大学大学院文学研究科博士後期課程単位取得満期退学，横浜国立大学非常勤講師。
〔主要業績〕「ヘーゲルとプロクロス」（『新プラトン主義研究』第11号，2012年），「ヘーゲルの『デ・アニマ』解釈」

(『ヘーゲル哲学研究』第13号，2007年），『ヘーゲル「新プラトン主義哲学」註解』（共著，知泉書館，2005年）

大河内　泰樹（おおこうち・たいじゅ）
（担当箇所：Ⅱ 4.5-4.5.6)
1973年生まれ。一橋大学大学院社会学研究科博士課程単位取得退学，哲学博士（ボーフム・ルール大学）。
一橋大学・大学院社会学研究科教授
〔主要業績〕『人文学と制度』（共著，未来社，2013年），Logik und Realität. Wie systematisch ist Hegels System? （共著，Fink Verlag, 2012），Ontologie und Reflexionsbestimmungen. Zur Genealogie der Wesenslogik Hegels (Würzburg: Königshausen & Neumann, 2008)

大橋　基（おおはし・もとい）
（担当箇所：Ⅰ 8.6-8.8, Ⅱ 9.5)
1965年生まれ。法政大学大学院人文科学研究科哲学専攻博士課程単位取得満期退学，法政大学社会学部兼任講師
〔主要業績〕「『愛国心』の源泉と『君主』の威厳」（『法政大学文学部紀要』第72号，2016年），「『戦争』の倫理と『平和』の技法」（『法政大学文学部紀要』第70号，2015年），「官僚倫理と不偏性請求――ヘーゲル『法の哲学』「国家」論によせて」（『ヘーゲル哲学研究』第20号，2014年）

片山　善博（かたやま・よしひろ）
（担当箇所：Ⅱ 4.7-4.8.3)
1973年生まれ。一橋大学大学院社会学研究科博士課程単位習得満期退学 博士，日本福祉大学社会福祉学部教授，（社会学・一橋大学）。
〔主要業績〕『生と死の倫理「死生学」への招待』（DTP出版，2014年），『自己の水脈　ヘーゲル「精神現象学」の方法と経験』（創風社，2002年），『差異と承認　矯正理念の構築を目指して』（創風社，2007年）

小島　優子（こじま・ゆうこ）
（担当箇所：Ⅱ 1-3.1)
1973年生まれ。上智大学大学院哲学研究科哲学専攻博士後期課程修了，高知大学教育研究部人文社会科学系人文社会科学部門准教授，博士（哲学）。
〔主要業績〕『生命倫理の教科書――何が問題なのか』（共著，ミネルヴァ書房，2014年），『ヘーゲル　精神の深さ――『精神現象学』における「外化」と「内化」』（知泉書館，2011年），『最新哲学がよ～くわかる本』（秀和システム，2006年）

渋谷　繁明（しぶや・しげあき）
（担当箇所：Ⅱ 4-4.4)
1964年生まれ。ライプツィヒ大学哲学研究科にて博士号取得（哲学），駒澤大学非常勤講師。

〔主要業績〕シュテフェン・ディーチュ『超越論哲学の次元』（共訳，知泉書館，2013年），マンフレート・フランク「同一性と非同一性との同一性」（日本ヘーゲル学会編『ヘーゲル哲学研究』第19号，2013年），ミヒャエル・クヴァンテ『ヘーゲルの行為概念――現代行為論との対話』（共訳，リベルタス出版，2011年）

鈴木　亮三（すずき・りょうぞう）
（担当箇所：Ⅰ 3, Ⅱ 9.8, 9.9-9.9.4, 9.10)
1975年生まれ。東北大学大学院文学研究科博士後期課程修了，博士（文学）東北大学文学研究科専門研究員，日本医科大学非常勤講師。
〔主要業績〕「『所有の運命』の行方――フランクフルト・イェーナ期ヘーゲル哲学生成の一断面」（『思索』第47号，2014年），「変転から持続へ――『精神現象学』における感情行為論」（『思索』第46号，2013年），「ヘーゲル哲学におけるオイディプス問題」（『ヘーゲル哲学研究』第19号，2013年）

三重野　清顕（みえの・きよあき）
（担当箇所：Ⅱ 8.1-8.9)
1977年生まれ。東京大学大学院人文社会系研究科博士後期課程単位取得退学，お茶の水女子大学ほか非常勤講師，博士（文学）。
〔主要業績〕「超越論的な過去――初期シェリングの時間論」（『倫理学年報』第59集，2010年），「共同体の倫理――時間論的視座より」（『理想』第685号「特集 倫理学の再発見」，2010年），「真理の生成――ヘーゲルにおける時間の真理開示機能をめぐって」『KAWADE 道の手帖・ヘーゲル入門』所収（河出書房新社，2010年）

満井　裕子（みつい・ゆうこ）
（担当箇所：Ⅱ 3.2-3.7)
ドイツ国オスナブリュック大学博士号取得，実践女子大学ドイツ語非常勤講師。
〔主要業績〕Die Dialektik des Gewissens in der Phänomenologie des Geistes (ペーター・ラング社，2004年）

山田有希子（やまだ・ゆきこ）
（担当箇所：Ⅰ 6-7.5, Ⅱ 5-7.2.7)
1974年生まれ。東京大学大学院人文社会系研究科，博士（文学）2014年。宇都宮大学准教授
〔主要業績〕「ヘーゲルにおける言葉と論理――『論理学』の課題から」（宇都宮大学教育学部紀要第1部64号，2014年），「ヘーゲル哲学における生と死の概念について――『論理学』における『生命の矛盾』を基盤として」（宇都宮大学教育学部紀要第1部63号，2013年），「ヘーゲル論理学における『矛盾』の概念とカントのアンチノミー論批判」（ヘーゲル哲学研究17号，2011年）

| 〔ヘーゲルハンドブック〕 | ISBN978-4-86285-234-2 |

2016年6月15日　第1刷印刷
2016年6月20日　第1刷発行

監訳者　神山伸弘・久保陽一
　　　　座小田豊・島崎　隆
　　　　高山　守・山口誠一

発行者　小山光夫

印刷者　藤原愛子

発行所　〒113-0033 東京都文京区本郷1-13-2
　　　　電話03(3814)6161　振替00120-6-117170
　　　　http://www.chisen.co.jp
　　　　株式会社 知泉書館

Printed in Japan　　　　印刷・製本／藤原印刷